ABRAHAM LINCOLN

A HISTORY

［美］约翰·乔治·尼古拉 著　　王伟芳 译

林肯时代 Ⅰ

废奴运动与南北战争

人民东方出版传媒
People's Oriental Publishing & Media
东方出版社
The Oriental Press

图书在版编目（CIP）数据

林肯时代：废奴运动与南北战争 /(美) 约翰·乔治·尼古拉 著；王伟芳 译. -- 北京：东方出版社,2020.8

ISBN 978-7-5207-1524-9

Ⅰ.①林… Ⅱ.①约… ②王… Ⅲ.①林肯(Lincoln, Abraham 1809-1865)—传记②美国—近代史Ⅳ.①K837.127=41②K712.4

中国版本图书馆CIP数据核字(2020)第090171号

林肯时代：废奴运动与南北战争
（LINKEN SHIDAI:FEINU YUNDONG YU NANBEI ZHANZHENG）

作　　者：[美] 约翰·乔治·尼古拉

译　　者：王伟芳

责任编辑：辛春来

出　　版：东方出版社

发　　行：人民东方出版传媒有限公司

地　　址：北京市朝阳区西坝河北里51号

邮　　编：100028

印　　刷：三河市刚利印务有限公司

版　　次：2020年8月第1版

印　　次：2020年8月第1次印刷

开　　本：710毫米×1000毫米　1 / 16

印　　张：88.25

字　　数：968千字

书　　号：ISBN 978-7-5207-1524-9

定　　价：348.00元

发行电话：（010）85924663　85924664　85924641

自 序

　　自从亚伯拉罕·林肯总统逝世后，新一代美国人已经长大成人。但许多与亚伯拉罕·林肯总统同时代的人依然健在，他们因亚伯拉罕·林肯总统的高远志向而追随他。在亚伯拉罕·林肯总统短暂坎坷的一生中，这些人与他并肩战斗，当他溘然长逝时，他们悲痛万分。凭借高洁的人格、崇高的理想以及杰出的成就，同时代的人几乎异口同声地高呼，亚伯拉罕·林肯总统是当时绝无仅有的最伟大的人。熟悉亚伯拉罕·林肯总统的人对他做出的这一评价，逐渐演变成了人们心中的信仰。虽然距亚伯拉罕·林肯总统遇刺仅过去了二十五年，但信仰已经形成。敌对派系的声音渐渐沉寂，受到社会的冷落，人们对他们的批评也日益变得温和谨慎。历史已有定论。但除了现有的相关记载，我们对亚伯拉罕·林肯总统知之甚少。然而，无论真实的文献资料多么匮乏，无论谣传多么歪曲事实，亚伯拉罕·林肯总统的事迹和精神将永垂不朽，代代相传。解放的民族为他虔心祈福，将他视为自己的救星。国家将他视为一位伟大的顾问。在最黑暗的时刻，他的耐心、勇气和智慧拯救了美利坚合众国。作为演说家、政治家、领导人，他的地位越来越突出。他在人们的记忆中将永远闪耀着夺目的光芒。作为美国人民的同胞和朋友，他和众人将一起在充满人性温情和基督教博爱的光环的照耀下，共同前行。

因此，这本书的目的并不是要给亚伯拉罕·林肯总统已经取得的成就锦上添花，而是希望为子孙后代提供可供参考的史实资料。萨姆特堡①战后出生的年轻人有权从前辈那里了解他们没来得及参与的重大历史事件。我们有必要将亚伯拉罕·林肯总统的真实事迹告诉从未见过他的人们，为年轻人树立榜样，指导年轻人更好地为理想奋斗。

　　为这位伟大的美国总统作传，揭示他与那个时代的关系以及他参与的重大历史事件，介绍他周围的杰出人物，是笔者多年来不懈追求的目标。我无法对自己的劳动成果给出评价。也许那些被写进书里的人会发现作品中的一些不足。但即便有这样的缺憾，我依然尊重自己的作品。我为这部作品付出了二十年的不懈努力，竭尽全力寻找真相，通过各种途径搜集素材，只为真实地再现历史。我的目的很纯粹，旨在真实还原一个伟人和一个伟大时代的历史。因此，书中绝对没有推测臆想的地方，也没有任何不可告人的目的。虽然在这样一部鸿篇巨制中，谬误和差错在所难免。但我保证，作品中绝没有一句怀有恶意或不公平的话。

　　我希望这部作品可以得到读者的认可，因此，接受了《世纪杂志》的慷慨帮助。这本期刊首次刊登了这部作品。与我期待的一样，通过这种方式，这部作品中记述的事件受到了一些专业人士的批评。从1886年11月到1890年初，《世纪杂志》连续刊登这部作品。其间，读者提出的很多建议让我们受益匪浅。在此，我想对提供了宝贵建议和友好评论的广大读者表示衷心的感谢。

　　《世纪杂志》多年来一直致力于对内战战况的讨论和阐释。因此，该杂志的编辑认为，将我已经准备好的、完整叙述这场内战的框架刊登出来是不明智的。这与我的想法不谋而合。我们删减了大量描述历史细节的章节。虽然这些章节与亚伯拉罕·林肯总统的生活有直接关系，但它们本质上只是一些片段、插曲。要理解林肯执政期间的大事件，这些章节也许并不是不可或缺的。《世纪杂志》省略的章节全部被收录在了这部作品中。我甚至还添加了一些额外的

---

① 萨姆特堡（Fort Sumter）位于美国南卡罗来纳州查尔斯顿港，是建于1827年的一处防御工事，以美国独立战争中的英雄托马斯·萨姆特将军的姓命名。美国内战的第一枪就是在萨姆特堡打响的。——译者注（本书中除原注外，均为译者注，不再另行说明）

章节。额外添加的章节在长度和重要性方面与《世纪杂志》刊登的章节几乎一样。整部作品中，在描述相关事件和特殊历史时期时，我还加上了亚伯拉罕·林肯总统的一些重要书信，使这部历史作品更加丰富和完整。

在前期的准备工作中，我从前的工作和经历提供了很多便利和指导。在亚伯拉罕·林肯当选总统前，我便与他熟识。我和他从伊利诺伊州来到华盛顿，时常在他身边为他效力，直到他去世。我目睹了很多事件，同时感受到了弥漫在总统府和首都华盛顿的焦虑、恐惧及希望等情绪。亚伯拉罕·林肯总统的所有信都会经过我的手，他给了我充分的信任。我认识许多内阁官员、国会议员、州长以及各级陆军和海军军官。他们每天都来白宫公干，和我有很多公务上的来往。内战期间，我开始构思这部历史作品，并开始着手准备。我得到了亚伯拉罕·林肯总统的授权。他承诺会尽全力帮助我。旅居欧洲几年后，我回到了祖国，并开始实施梦寐以求的计划。亚伯拉罕·林肯总统的长子罗伯特·托德·林肯先生将他手中的所有公务以及私人文件和手稿都交给了我。我也通过不懈努力购买、搜集了大量文献资料，丰富了现有的资料。因此，我熟识参与内战的所有主要人物，也熟悉相关手稿资料，并掌握了 1865 年以来积累的大量史料和专著。有了这些准备工作，我才有了将这项工作继续做下去的能力，直至完成。

我虽然在与亚伯拉罕·林肯总统的长期交往中并没有得到什么，但从他身上学会了如何公平公正地评价人和事。我掌握的资料在价值和完整性方面都是独一无二的。因此，我有责任在使用过程中认真对待这些资料。我力求客观地评价每一个人。当事实对敌人有利时，我会毫无保留地将其记录下来。当事实对我敬爱的政治家和军队将领不利时，我也会冒着背负骂名的风险，毫无顾忌地将其公之于众。一些朋友也许会指责我冷酷无情，忘恩负义，但这些朋友永远是我自豪和快乐的源泉。这部作品没有朋友之间的包庇，只有历史真相。我绝不会只依靠自己的经历和记忆。虽然很多事情就发生在我们面前，但我发现，在回忆一些事情时，仅凭自己的记忆并不可靠。我只相信自己的日记和当时的备忘录。对书中引用的所有文件和报告，我不敢有丝毫懈怠，力求其真实性和可靠性，竭力做到对每一个故事追根溯源，阅读每一份官方记录或文件原稿。

我不仅对整部作品负责，也对所有细节负责。无论读者对我的作品持何种态度，我都将承担所有责任。

　　我将自己多年来苦心研究的成果展现给所有同胞，不论北方人还是南方人。希望这部作品有助于真实还原这场历史大战。这场大战展示了美国南北方人的高贵品质。也希望在全国范围内，这本书可以从某种程度上维护亚伯拉罕·林肯总统为之奉献一生的自由精神和民族精神。

目 录

第 1 章

林肯家族

先驱亚伯拉罕·林肯 ① 出生在今弗吉尼亚州罗金厄姆县一个富裕的小康家庭。1780 年，他举家向西迁移，打算迁到肯塔基州新开发的乡村。他卖掉弗吉尼亚州的庄园后，在肯塔基州登记购买了几块肥沃的土地，带着妻子和五个孩子来到了肯塔基州的杰斐逊县。我们对林肯家族的这位先驱以及他的父亲知之甚少，相关记录在内战期间都已被毁。先驱亚伯拉罕·林肯早年沦为孤儿，后来在边疆过着原始蒙昧的生活，与东部的亲戚日益疏远。在美国，这类事情时常发生。美国西部诸州约有几百个拥有古老姓氏的家庭，大都是美国早期诸州或英格兰贵族的后裔。但随着时间的流逝，他们渐渐失去了家族谱系的连贯性。由于上世纪 ② 和本世纪 ③ 初的社会动乱，他们的家族史变成了一片空白。在不通书信的年代，一些家族的父系族姓常因错误的发音或拼写变得无法辨认。肯塔基州和田纳西州都有与亚伯拉罕·林肯总统同源的家族。它们的姓氏被拼成 Linkhorn 和 Linkhern。我们从先驱亚伯拉罕·林肯的直系后裔那里了解到，他们的祖先来自今宾夕法尼亚州的伯克斯县，是基督教公谊会教徒，后迁到弗吉尼亚州，并在那里发家致富。于是，我们围绕这一姓氏展开了广泛彻底的调查，发现了林肯家族来到北美大陆后的迁徙历史，以及弗吉尼亚州的先驱亚伯拉罕·林肯向肯塔基州迁徙的背景。

---

① 亚伯拉罕·林肯（Abraham Lincoln），亚伯拉罕·林肯总统的祖父。——译者注（本文如无特殊说明，均为译者注）
② 指18世纪。
③ 指19世纪。

我们了解到，北美大陆的林肯家族的第一位祖先是塞缪尔·林肯。1638年，塞缪尔·林肯从英格兰的诺维奇来到今马萨诸塞州的欣厄姆，并在那里去世。他只留下了一个儿子，叫莫迪凯·林肯。莫迪凯·林肯的儿子与自己同名。这一名字在林肯家族的每个分支都有沿用。小莫迪凯·林肯的儿子搬到了今新泽西州的莫默思县。当时的莫默思县还属于阿米蒂镇，现在是宾夕法尼亚州伯克斯县的一部分。1735年，小莫迪凯·林肯在那里去世，享年五十五岁。我们在费城的官方记录簿里找到了小莫迪凯·林肯遗嘱的复印件，从中了解到他是一个非常富有的人。小莫迪凯·林肯去世后，在他的个人财产清单中，估价官尊称他为"莫迪凯·林肯绅士"。"莫迪凯·林肯绅士"的儿子约翰·林肯按照父亲的遗嘱，得到了"新泽西州一块三百英亩的土地"。其他儿子和女儿分得了宾夕法尼亚州的大部分财产。几年后，约翰·林肯离开了新泽西州。约1750年，他在弗吉尼亚州的罗金厄姆县安家。约翰·林肯有五个儿子，分别取名亚伯拉罕·林肯、艾萨克·林肯、雅各布·林肯、托马斯·林肯和约翰·林肯。这几个名字都是林肯家族中的传统名字。雅各布·林肯和小约翰·林肯留在了弗吉尼亚州。雅各布·林肯是一名士兵，参加了独立战争。在围困约克镇时，

围困约克镇

他是弗吉尼亚军团的一名陆军中尉。艾萨克·林肯去了田纳西州霍斯顿河附近的某个地方。托马斯·林肯随先驱亚伯拉罕·林肯去了肯塔基州，在那里度过了余生。他的孩子们后来又迁到了田纳西州。除了罗伯特·林肯，托马斯·林肯的后代似乎都很谦虚、节俭、不慕名利，亚伯拉罕·林肯总统的名望和成就并没有使他们放弃自己平淡的隐居生活。伊利诺伊州汉考克县的罗伯特·林肯是亚伯拉罕·林肯总统的一位表亲，后来当上了上尉和志愿者代表。据我们所知，亚伯拉罕·林肯总统执政期间，他的其他亲戚都未曾出现过。

亚伯拉罕·林肯总统去世很多年后，他的儿子罗伯特·托德·林肯才了解到先驱亚伯拉罕·林肯搬迁到西部的原因，以及林肯家族与西部早期著名人物间的亲密关系。几乎可以肯定的是，正是由于与丹尼尔·布恩 [1] 的关系，先驱

丹尼尔·布恩

---

① 丹尼尔·布恩（Daniel Boone, 1734—1820），肯塔基州的垦荒先驱，也是美国历史上最著名的拓荒者之一。1767年，丹尼尔·布恩抵达荒芜的肯塔基州，致力于当地的殖民事业。

亚伯拉罕·林肯才搬到了肯塔基州。一个世纪以来，这两个家族来往密切，通婚频繁。双方都是基督教公谊会教徒。莫迪凯·林肯的遗嘱指定"可爱的朋友和邻居"乔治·布恩为委托人，帮助他的遗孀管理财产。乔治·布恩是丹尼尔·布恩的父亲，是为莫迪凯·林肯的私人财产列出清单的估价官之一。布恩家族迁居到北卡罗来纳州、约翰·林肯去了弗吉尼亚州后，两个家族一直保持交往。约翰·林肯的儿子亚伯拉罕·林肯，即亚伯拉罕·林肯总统的祖父，娶了北卡罗来纳州的玛丽·希普利。促使亚伯拉罕·林肯离开弗吉尼亚州的原因，极有

丹尼尔·布恩到达肯塔基州

可能是他与伟大的丹尼尔·布恩亲密的家族关系。丹尼尔·布恩是广袤丰饶的肯塔基州的拓荒英雄。当时，这位正值壮年的英勇猎人在东部诸州声名远播。人们对他的赫赫功勋津津乐道。这些功勋足以让他成为美国历史上最具传奇色彩的人物之一。因此，他的朋友们跃跃欲试，试图仿效他去西部大展身手。

在先驱亚伯拉罕·林肯前去投奔丹尼尔·布恩的十几年前，探险家斯奎尔·布恩已经开始探索和开发肯塔基州。1769年，斯奎尔·布恩进入了那片荒芜大地，开启了一段难忘的旅程。他在去世前还常常谈到那里的美景。肯塔基州的野生动物种类和数量繁多。斯奎尔·布恩常说："我在那里看到的野牛比在定居地看到的家养牛还多。这些野牛咀嚼着甘蔗叶子，或在辽阔的平原上吃着草。由于不了解人类的暴力，它们一点儿也不畏惧人。有时，我们能看到几百头野牛。盐泉的数量也多得惊人。"然而，一年冬季，斯奎尔·布恩和一位同伴在打猎时落到了印第安人手里。他们试图逃跑，却没有找到其他同伴的任何踪迹。几天后，他们看到两个人向他们慢慢靠近，便用猎人特有的谨慎问道："喂，外乡人，你们是干什么的？"那两个人回答道："我们是白人朋友。"原来那两个人竟然是丹尼尔·布恩和来自北卡罗来纳州的一名探险家。斯奎尔·布恩比丹尼尔·布恩小几岁。在漫长的旅程中，斯奎尔·布恩凭借顽强的意志，穿过了人迹罕至的树林，遇到了自己的兄长丹尼尔·布恩，与兄长共同经历了乡村生活的乐趣与危险。不久，他们的两个同伴都遭到了拦截并遇害。布恩兄弟在无边的孤寂中度过了漫漫长冬。春天来临，他们赖以生存的弹药越来越短缺，必须有一个人回到定居地补充弹药。年轻的斯奎尔·布恩毫不犹豫地上了路，留下丹尼尔·布恩独自度过了三个月。正如丹尼尔·布恩自己说的那样："我独自一人，没有面包、盐和糖，也没有同伴，甚至连一匹马或一只狗都没有。"他知道自己身处险境。因此，每次靠近营地时，他都非常谨慎。一旦发现危险的迹象，他就会睡在丛林中。然而，丹尼尔·布恩在回忆录中用一段略显苍白的文字写下了自己的奇怪感想，显得有些矫揉造作。他在回忆录中写道："这种处境对一个饱受恐惧折磨的人来说，十分痛苦。如果危险没有出现，恐惧就成了多余。如果危险出现了，只会增加我的恐惧。这样的痛苦对我来说不可避

丹尼尔·布恩穿过坎伯兰山口

免。但我庆幸自己并不在意。"斯奎尔·布恩回来后，接下来的一年中，他们在这片美丽的荒野上继续探险，然后回到了北卡罗来纳州的亚德金县，将家人都接到了肯塔基州。五百英里的漫长回程，平静且安全。

在短时间内，丹尼尔·布恩对肯塔基州的开拓并没有取得显著成效。1773年，他率领一队人马离开亚德金县远行，在坎伯兰山口遇险。他的长子和其他五六个年轻人都被印第安人杀害。远行队遭到了重大打击，被迫退回克林奇河附近的安全地带。与此同时，勇敢无畏的投机分子理查德·亨德森 [①]，极尽总督的排场与奢华，开始了对肯塔基州的拓殖。他不仅修建了哈罗兹堡，种植了玉米，还在俄亥俄河的瀑布附近建了一个繁荣的殖民地。1774 年，丹尼尔·布恩应弗吉尼亚总督理查德·亨德森的邀请，护送一支勘查队穿过了肯塔基州。

---

① 理查德·亨德森是北美洲早期殖民者，在弗吉尼亚州和肯塔基州一带拓殖。

回来后，弗吉尼亚总督理查德·亨德森任命他担任三支守备军的司令。后来很多年，弗吉尼亚州的历史实际上就是对丹尼尔·布恩军功的记录。没有人比他更了解印第安人的性格。他在这些野蛮人中的影响对他以及印第安人来说都是一个未解之谜。他曾三次落到印第安人手中，但都未遭到任何伤害。当殖民者和印第安人处于敌对状态时，印第安人的部落竟然两次收留了丹尼尔·布恩。一次，这些野蛮人将丹尼尔·布恩带到了底特律，并向英王乔治一世的长刀①

英王乔治一世

---

① 长刀（Long-Knife）是北美印第安人对弗吉尼亚英国殖民者的称呼，以区别纽约和宾夕法尼亚的英国殖民者。

丹尼尔·布恩在布鲁林克斯的木屋

首领们炫耀，展示自己的战利品，但拒绝将丹尼尔·布恩交给英国殖民者。丹尼尔·布恩虽然没有任何丛林生活的技巧，但他跑得比狗和鹿都快，还能不吃不喝、通宵达旦地穿过丛林，像美洲豹那样轻而易举地找到走出森林的路。他是一位身强力壮的运动健将，也是一位英勇无畏的士兵，但憎恶争斗，只为和平而战。

他在议会和战争中扮演着重要角色。如果有人拒绝他的建议就会遭遇危险，而听从他的建议常会得到好处。在战斗中，肯塔基州的枪手们无人能与丹尼尔·布恩的枪法匹敌。在包围布恩斯布罗的九天中，他成功射杀了一个叛变的黑奴。当时，这名黑奴正躲在五百二十五英尺远的一棵树上，监视丹尼尔·布恩的卫队。站在要塞里看去，只能看到他的脑袋隐在树冠中。这样一个性情温和、含蓄内敛的人，曾亲手杀了几十个敌人。令人感到惊讶的是，敌人竟然从未对丹尼尔·布恩有任何怨恨和恶意。丹尼尔·布恩自尊自爱，不贪慕虚荣。在布鲁林克斯战役[①]中，丹尼尔·布恩虽然早已预料到无力阻止这场灾难，但还是凭借智慧和勇气挽回了一部分损失。当时，作为一名幸免于难的高级军官，他有责任向本杰明·哈里森五世[②]汇报这场战役。他用冷淡直率的陈述方式向本杰明·哈里森五世做了汇报，没有任何邀功之意，也没有提及他英勇牺牲的儿子和受伤的兄弟。他唯一想到的是公众的利益，并说道："我已经竭尽全力

布鲁林克斯战役

---

① 布鲁林克斯战役发生在1782年8月19日，是美国独立战争的最后几场战役之一。在这场战役中，肯塔基民兵溃败。

② 本杰明·哈里森五世（Benjamin Harrison V, 1726—1791），革命领袖和美国国父。在第二次大陆会议期间，他签署了《独立宣言》，并在1781年到1784年担任弗吉尼亚州第五任州长。他的儿子老威廉·亨利·哈里森和曾孙本杰明·哈里森曾任美国总统。

去鼓励民众。但我没有权力让他们拿自己的生命去冒险。"因此，他乞求本杰明·哈里森五世立刻采取救援措施。虽然以理查德·亨德森为首的州议会成立不久，但丹尼尔·布恩是议会中一位举足轻重的成员。他曾提出保护野生动物。

相关史料记载表明，正是在著名的开拓者丹尼尔·布恩的资助下，先驱亚伯拉罕·林肯才离开罗金厄姆县，在那片荒蛮之地上建起了自己的小家。他用自己的财富购买了一大片土地。如果他的后代能守住这份家业，也许可以生活得很富足。县志表明，先驱亚伯拉罕·林肯曾拥有约一千七百英亩土地。他在1780年3月4日签署的地契原件保留至今。上面清楚地表明，他曾"向财政部门支付了一百六十英镑通行货币"，购买了四百英亩土地。一份由土地测量员颁发的证书复印件表明，弗洛伊兹河附近的地产多年来一直掌握在先驱亚伯拉罕·林肯的长子和继承人莫迪凯·林肯手中。土地局的书记员因疏忽将他的姓误拼成了 Linkhorn。这一错误在后续记录中被保留了下来。

多年来，对弗吉尼亚人来说，肯塔基州充满浪漫与神秘色彩。二十年前，亚历山大·斯波茨伍德① 翻过埃利格哈尼斯山脉，回来后在威廉斯堡的一个小酒馆里，创立了贵族勋位金马掌骑士，并带着与中世纪的骑士精神格格不入的世故，力劝英国政府修建边防要塞，抵御法兰西人，保卫俄亥俄河。后来，弗吉尼亚人中的杰出人物对移民计划越来越感兴趣，并再次翻过了大山。一些美国人时刻在心中盘算着这些计划。最终由于形势所迫，移民计划得以实施。乔治·华盛顿获得了西部的三四万英亩土地。本杰明·富兰克林和李氏家族② 在这场土地投机买卖中，成了大地主。事实上，他们对这些土地的占有只是名义上的。在英国王室或州议会的资助下，十几个不同的个人与公司或投机商人从印第安人手中购买了这些土地，并强调对这些土地的占有。然而，当殖民地的移民精神几乎消失殆尽时，络绎不绝的开拓者蜂拥而至，进入了肯塔基州和田纳西州葱郁肥沃的山谷。借助前期殖民者的经验教训，他们在最适合居住的地

---

① 亚历山大·斯波茨伍德（Alexander Spotswood, 1676—1740），英国陆军中校和弗吉尼亚州副总督，曾翻越蓝岭进行探险活动，参与了《奥尔巴尼条约》的谈判。

② 李氏家族是美国历史上最悠久、显赫的家族之一，最早踏上美洲大陆的李氏家族的成员是俄亥俄公司的创始人托马斯·李。

乔治·华盛顿

方安家落户。但他们毫不关心这片土地的归属问题。因此，他们辛苦开拓这片荒野，却常为他人做了嫁衣。丹尼尔·布恩有勇有谋、经验丰富，且熟悉土著人，他在肯塔基州本应获得比其他人更多尊重，但他在晚年时，由于对法律的无知失去了辛苦建起来的家园，被迫迁到了密苏里州，在那片陌生的土地上重新开始。

先驱亚伯拉罕·林肯迁居到西部的那段时期，是肯塔基州历史上的一个重要时期。当时，理查德·亨德森的努力和特兰西瓦尼亚公司①的大面积种植活动，以及一系列要塞修建计划开始初见成效。由于资助方不同，人们在土地占

① 特兰西瓦尼亚公司是理查德·亨德森于1775年建立的一个短暂的、非法的殖民组织。

肖尼人村落

有问题上产生了矛盾。此外，殖民者根据不同的占领习惯随意抢占土地。肯塔基州的土地法规不得不整顿这种混乱局面。丹尼尔·布恩在布恩斯布罗打败了肖尼人[①]。智勇双全的乔治·罗杰斯·克拉克[②]占领了卡斯卡斯基亚和万塞纳斯。因此，肯塔基州引起了大西洋沿海诸州的高度关注，并吸引了那些躁动不安、热爱探险的人。大规模移民推动了北美洲的文明进程。直到这一时期，除了猎人和探险家，很少有人会翻过大山。即使一些移民或印第安人翻越了大山，也只是为了猎杀野生动物，或是为投机买卖秘密勘查土地的肥沃程度。但在 1780 年到 1781 年，无数家庭来到肯塔基州。1781 年，很多妇女在本能的

---

① 肖尼人是北美印第安人的一个分支。

② 乔治·罗杰斯·克拉克（George Rogers Clark, 1752—1818），美国独立战争期间成为西北边境的高级军官，担任肯塔基州的民兵首领，1778年和1779年分别夺取了卡斯卡斯基亚与万塞纳斯，削弱了英国在美国西北地区的势力，常被誉为"旧西北的征服者"。

驱使下，加入了这支拓荒队伍。于是，这一地区越来越兴旺。然而，除了牺牲印第安人的生命和财产，没有其他方式可以增加肯塔基州的人口。很多地区的历史表明，一旦某一地区成为人们觊觎的目标，杀戮和掠夺就会成为家常便饭。与先驱亚伯拉罕·林肯同时来到这里的人很多，他们为建立新的社会秩序打下了基础。1780 年初，三百艘"家用大船"抵达俄亥俄河的瀑布附近。早在七年前，托马斯·布利特[①]上尉就对那里的土地进行了勘测。1780 年 5 月，弗吉尼亚州议会通过了一项法律，合并了当时有六百多居民的路易斯维尔镇。这

万塞纳斯向乔治·罗杰斯·克拉克投降

---

① 托马斯·布利特（Thomas Bullitt, 1730—1778），来自弗吉尼亚州的一名军官和拓荒者。

次会议还通过了另一项法律，没收了一些英国移民的财产，将其捐给了肯塔基州的一所教育机构。立法机构称"这是为了广大移民的利益……为了鼓励并促进每一项启迪民智、传播知识的计划。一些民众也许是身处蛮荒之地的乡野村夫，或是住在穷乡僻壤的粗俗白丁。这种处境也许会让他们对科学采取不友好的态度"。这所接受捐赠的教育机构是位于莱克星敦的特兰西瓦尼亚大学的前身。几年后，这所大学兴起并繁荣，促进了当地文化的发展。

毫无疑问，"蛮荒之地"与"穷乡僻壤"会对移民们的行为和道德产生影响。然而，如果我们想当然地认为开拓者都来自同一个群体，那就大错特错了。大多数开拓者来到这片荒野的主要动机是盎格鲁－撒克逊人与生俱来的对土地的渴望。通过占领就能够拥有一片四百英亩的土地，或用一篮子毫无价值的大陆币①就能以每英亩四十美分的价格换取一片一眼望不到边的土地。这样的前景和特权，对成千上万渴望土地的弗吉尼亚人和卡罗来纳人来说，无疑是难以抗拒的诱惑。这些人对土地的占有欲远远超过他们对金钱的渴望。与这股以诚信为基础的移民洪流相伴而行的，是一些得过且过的闲人懒汉和胸无大志的冒险家。他们要么一文不名，无力抵制这股洪流，因此，只能随波逐流，要么为了迁到民风淳朴的地方，继续聚敛不义之财。就这样，开拓者的善与恶从他们原来生活的地方转移到了新的地方。他们不在乎人命，因为与艰苦的生存环境相比，人命根本不值一提。然而，他们很清楚地产的价值，对待窃贼从不心慈手软，甚至会在社交领域排斥偷盗者。他们处理盗马案比处理凶杀案更迅速，认为盗马贼比杀人犯更可恨。人比动物低贱。懒惰是最致命的缺点。一个积习难改的醉鬼在"邻里小聚"和"滚木头游戏"中，比一个臭名昭著的懒汉更受欢迎。如果一个人没有承担自己的责任，完成自己应该完成的事，就会得到"懒汉劳伦斯"的诨名，这意味着他的社交生活的结束。胆小怯懦者会遭到无情的羞辱。这里与最懒散、虚伪的社会一样，人们严格奉行"名声大于天"的信条。如果一个人指责另一个人撒谎，众人会立刻用拳头惩戒撒谎者。但很少有人会在这类侠义之举中使用武器。武器是用来对

---

① 大陆币是美国独立战争期间流通的纸币。

付印第安人和野兽的。然而，拳头、牙齿和大拇指足以让人丧命。有人会用大拇指抠别人的眼珠。

但这样一群粗鄙的乡民却对法律有着无比虔诚、异于常人的敬畏，他们将法律视为生存必须具备的规约。在肯塔基州以及伊利诺伊州，从县治到属地再到州的好几个过渡阶段。当地没有任何正规的权力机构，但人们的自我约束力很强。他们通过临时法庭和委员会主持公道，按照合同收缴账款，根据规约维持秩序和整顿治安。总之，这些人的品行与他们的境遇并不相称。我们习惯用生活中的艺术品来评价社区和种族的文明程度。但在原始蒙昧的社会中，这些东西几乎没有。人们穿着自己猎杀的野兽的皮或亲手缝制的麻布衣服。除了枪械和刀具，他们几乎不懂得如何使用铁器，食物也全是猎物、鱼类和经过粗加工的玉米。他们以物易物，很多孩子从小到大没有见过货币。他们的居住条件和土著人相差无几，一家人常挤在一幢小木屋里。由于缺少钢铁配件的固定，小木屋四处漏风，根本抵御不了严冬酷暑，甚至还比不上现在一些细心的农民建的猪圈。早期的一名小学教师说，他寄宿的第一个家庭是卢卡斯家。卢卡斯夫妇和十个孩子租住在一间十六平方英尺的房间里，还有三只狗和两只猫，后来又加上了这名小学教师。其他很多人睡在狗窝一样的窝棚里，天气冷的时候，他们不得不穿着鞋子睡觉，以免第二天早上鞋子被冻住穿不进去脚。孩子们渐渐习惯了这样的艰苦生活，光着脚在雪地里玩耍。然而，如果我们认为他们只承受着生活艰辛带来的痛苦，就又错了。他们受到疟疾和风湿的无情折磨，很少有人能身体健康、无病无痛地活着。许多人极度缺乏道德和精神寄托，虽然也有信教的倾向，但布道对他们来说非常奢侈，而且要花大量宝贵时间去聆听。这里几乎没有书籍，人和人之间也很少交流思想。任何变故都会给他们枯燥乏味的生活增添无尽的乐趣。一桩谋杀案会为人们茶余饭后的聊天提供谈资。一场审判会成为全县人民欢度的节日。生活贫乏，加上对社交的渴望，催生出了人们对低级趣味和恶俗玩笑的喜爱。在这种生活中，人们似乎愿意为快乐付出任何代价。

虽然拓殖者的生活在各个方面都接近原始蒙昧状态，但他们在政治生活中

美军与印第安人谈判，签订《格林维尔条约》

却一点儿也不蒙昧。几个世纪以来，他们的祖祖辈辈都在世界上最好的学校里接受教育，并接受政府的监管。因此，无论他们身在何方，都会组建乡镇、县治和法庭，确立完整的法律体系。这一切都是在经常受到行踪难觅的可怕的土著人的侵袭下完成的。土著人总是带着戒备和敌意袭击他们不堪一击的定居点。直到 1795 年签订了《格林维尔条约》[①]，这段漫长血腥而古老的印第安战争史才算结束。在这之前，开拓者们从未享受过一天安宁的日子。他们出门劳作时，从不敢保证家里会安然无恙。回到家时，等待他们的往往是化为灰烬的小屋或被宰杀的家禽。更糟糕的是，他们有时还会被囚禁。夜幕降临，如果男主人还没有回家，他的妻儿并不会牵肠挂肚、苦苦等待，因为这种事早已司空见惯。

---

① 《格林维尔条约》是1795年殖民者强迫印第安人签订的不平等条约，印第安人被迫割让了大片土地。

先驱亚伯拉罕·林肯的生命很快因灾难终结了。在杰斐逊县，他从政府手中购买了土地，然后安顿了下来，并在森林中开垦出了一小块空地。1784年的一天清晨，他与三个儿子莫迪凯·林肯、约西亚·林肯、托马斯·林肯出发前往林中空地，打算开始一天的工作。灌木丛中传出的一声枪响结束了先驱亚伯拉罕·林肯的生命。他的长子莫迪凯·林肯本能地跑回了木屋。约西亚·林肯去了附近的要塞寻求帮助。年仅六岁的小儿子托马斯·林肯独自留在父亲身边。回到小屋的莫迪凯·林肯抓起一把步枪，从步枪的观察孔看到一个浑身涂

托马斯·林肯

满油彩的印第安人从地上抓起了托马斯·林肯。他瞄准那个土著人胸口上的白色装饰品，然后开了火。印第安人应声倒地。托马斯·林肯得以脱身，向小屋跑去。一群印第安人从灌木丛中钻出来。莫迪凯·林肯站在阁楼上，不断向他们开火。直到约西亚·林肯带着援军赶来，袭击者们才仓皇逃离。这场悲剧给莫迪凯·林肯的心中留下了永远无法磨灭的印记。也许是由于为父报仇的决心或成功射杀敌人的快感，他变成了一个冷酷无情的杀手，甚至很少询问进入他步枪射程范围内的红种人是敌是友。

先驱亚伯拉罕·林肯去世后不久，他的遗孀搬到了华盛顿县一个人口稠密的社区。孩子们在那里长大成人。莫迪凯·林肯和约西亚·林肯成了正派的公民。两个女儿分别嫁给了拉尔夫·克鲁姆和布鲁姆菲尔德。继承了父亲遗产和荣耀的托马斯·林肯学会了木匠的手艺。他性情随和，虽然没有凌云壮志，但不乏自尊自爱。对人们的闲言碎语，他总是一笑置之，毫不在意。然而，面对侮辱和冒犯，他也不会无动于衷。一旦被激怒，他会像下山的猛虎一样，无人能敌。好几次，边境上几个不知天高地厚、经常恃强凌弱的无赖围住了他，他以迅雷不及掩耳之势痛打了这几个无赖。托马斯·林肯身体强健、动作灵活，个头中等偏上。他的儿子亚伯拉罕·林肯，即亚伯拉罕·林肯总统，除了个子比他高出很多外，长相与他极其相似。

1806 年 6 月 12 日，在华盛顿县的比奇兰德附近，托马斯·林肯与木工作坊老板的侄女南希·汉克斯结婚。当时，托马斯·林肯在伊丽莎白镇的约瑟夫·汉克斯的木工作坊里当学徒。南希·汉克斯来自一个大家庭。这家人和林肯家族以及另一个斯帕罗家族一起从弗吉尼亚州迁过来，共同经历了开拓生活的严峻考验。频繁通婚使他们之间的关系更加亲密。这种亲密关系维持了很多年。

南希·汉克斯的母亲是露西·汉克斯。露西·汉克斯姊妹分别叫贝蒂、波丽和南希。她们分别嫁给了托马斯·斯帕罗、杰瑟·弗兰德和利瓦伊·霍尔。南希·汉克斯的童年是在斯帕罗家度过的，因此，人们有时候会叫她南希·斯帕罗。因为家庭成员的称呼比较混乱，所以很难确定他们的具体姓名，以及年轻一代之间的关系。然而，那些与托马斯·林肯一起去印第安纳州并和他的孩子一起长大的亲属才是我们应该关注的。

并没有迹象表明南希·林肯会给林肯家族带来荣耀。但所有记录都将她描述成一个二十三岁的美丽女子，才貌双全却命途多舛。此外，她还识文断字，这在她生活的那个年代是很了不起的。她还曾教丈夫拼读自己的姓氏。托马斯·林肯没有钱买昂贵的结婚礼物，只能在伊丽莎白镇买了一间十四平方英尺的小屋做婚房。第二年，他们的女儿出生。又过了一年，托马斯·林肯发现自己入不敷出，生活捉襟见肘，于是，搬到了一个小农庄。这个农庄是他按照当时的购地方式和条件购买的，在诺林溪的大南汉附近，位于当时的哈丁县境内，现在叫拉瑞县，距霍金维尔三英里。这片土地除了便宜，没有任何吸引人的地方。新英格兰的石坡也许比这里更让人感到愉快。这片土地的主人需要通过不懈努力、精耕细作，才能使人相信他能在这片贫瘠的山丘上、杂草丛生的洼地里以及灌木覆盖的山谷中生存，这与使人们相信他能在北部海岸的岩石和沙砾中谋生一样。

托马斯·林肯在这片荒芜的原野上定居了下来，日子过得比从前更艰难。然而，正是这种毫无希望的困境见证了一位英雄人物的诞生。1809 年 2 月 12 日，亚伯拉罕·林肯出生。

四年后，托马斯·林肯在诺布溪与罗陵河汉的交汇处买了一个占地二百三十八英亩的农场，并在一部分土地上成功播种。然而，这个农场的所有权并不掌握在他手中。于是，当农场成为别人的财产后，他不得不到别处谋生。

我们对亚伯拉罕·林肯总统的童年几乎一无所知，只知道他在树林中独自玩耍，过着孤寂的生活，家里毫无生气。亚伯拉罕·林肯对最亲密的朋友也从未提起过这些往事。一次，当有人问到他是否记得 1812 年美英战争时，他回答道："别的都不记得了，只记得有一天，我在河边钓鱼，后来钓到了一条小鱼，我就将它提回家。路上，我遇到了一名士兵。家里人总对我说军人很伟大，于是，我将那条鱼送给了他。"这虽然是一件微不足道的小事，但其中体现出的真情令人感动。幼年的亚伯拉罕·林肯的慷慨大方和他的家庭的爱国热忱让人动容。毫无疑问，这些童年经历对这位伟人乐观而忧郁的性格产生了深远影响。他几乎从来没有接受过正规的学校教育，只是陪姐姐莎拉·林肯在附近的两所学校里学会了字母和一些基础知识。这两所学校分别由撒凯利亚·瑞尼和凯莱布·黑泽儿掌管。然而，现在每个家庭为孩子提供的所有开发智力的条件，譬如书籍、玩具、益智游戏，以及父母日常的爱护，幼年的亚伯拉罕·林肯都没有。

第 2 章

徙居印第安纳州

精彩
看点

托马斯·林肯七岁时，和开拓初期相比，肯塔基州的社会状况已经得到极大改善。人们的生活恬静怡然，社会秩序井然。原始蒙昧时期人人平等的观念已经荡然无存，社会出现了阶级划分。拥有奴隶的人比没有奴隶的人明显更具社会优越感。托马斯·林肯觉得肯塔基州不是穷人待的地方。他听说印第安纳州的佩里县有闲置的肥沃土地，于是，决定去那里碰碰运气。他做了一个简易的木筏，带上木匠工具箱和四百加仑威士忌，便将命运交给了一条蜿蜒曲折的河流。他一路上只遇到了一次险情，在俄亥俄河中不慎翻船，但他将工具箱和大部分烈酒捞了上来，并安全抵达了开拓者波西的领地。他将屈指可数的几件行李寄存到波西家后，便赤脚走进了荒野，前往密林深处寻找安家之地。第一天，他找到了一个不错的地方。然后，他回到诺林溪，带着家人前往新家。进入印第安纳州的丛林时，他们一家显得十分寒酸。除了妻子和两个孩子，托马斯·林肯几乎没有任何财物。因此，借来的两匹马足以将他们送到目的地。他们唯一能带走的行李只有几件破衣烂衫和几床寒衾薄被，以及几把水壶和几口锅。托马斯·林肯靠工具箱打了几件家具，用打来的猎物充饥。他们雇了波西家的一辆马车，在荒野中开辟出了一条路，终于到达了小鸽溪附近的新住处。这里土地肥沃，森林茂密，距金特里维尔只有一英里半。

　　在妻儿的帮助下，托马斯·林肯修建了一个临时住处。用边境上的话说，就是"半脸营"，即用杆子搭建的窝棚。这个窝棚只有三面能避风雨，朝南的一面完全开放，暴露在大自然中。托马斯·林肯的妻儿一整年都住在这个简陋的窝棚里。他清理出了一小片土地，用来种植玉米，并修了一座简易的小木屋。小屋刚完成一半，他们就搬了进去。因为斯帕罗一家从肯塔基州搬了过来，托马斯·林肯将"半脸营"让给了他们。然而，与"半脸营"的肮脏拥挤相比，这座简易的小木屋显得宽敞舒适。因此，很长一段时间内，托马斯·林肯都没有进一步修缮木屋。就这样，他们在没有门窗和地板的屋子里将就了一两年。为了解决全家人的温饱问题，托马斯·林肯没有时间考虑一些看似不重要的事。他种的玉米足够全家人食用。周围的森林里有各种各样的飞禽走兽。离小屋不远的空地上，有一片吸引鹿群的盐沼。只要耐心等待一两个小时，他就可以射杀一只肥美的鹿。鹿肉可供他们吃一个星期，鹿皮可以制成衣服和鞋。这座小木屋与其他开拓者的小屋别无二致。屋里有几条三条腿的凳子。小屋的一角是用杆子卡在原木之间搭成的床架，床角用一根钉进地面的叉状棍子支撑。桌子是一张四条腿的巨大原木墩。家里还有一口锅和一口长柄煎锅、一把壶、几个锡餐盘和合金碗碟。这些就是他们的全部家当。到了晚上，年少的亚伯拉罕·林肯会通过一架原木制成的简易梯子爬到阁楼上。阁楼上有一张树叶铺成的小床。

诗人和浪漫主义小说家经常赞美这种快乐健康的生活。丹尼斯·汉克斯[①]提起自己小时候住的"半脸营"时，感慨地说道："告诉你吧，我觉得那才是我一生中最快乐的时光。"但年老的开拓者回忆往事时经常会夸大其词，因为他们总是对自己逝去的青春岁月感到无比自豪。那时的生活既不快乐也不健康。草木繁茂的树林里疟疾肆虐。定居点经常弥漫着可怕的流行病。1818 年秋季，一种叫"乳毒病"的可怕瘟疫差点儿毁灭整个小鸽溪社区。当地人将这种病称作"牛奶病"。这是一种奇怪的瘟疫。西方内科医生们对此争论不休，但一直没有查明致病原因。当地人非常敏感，没有人愿意承认自己社区里有确诊的病例。"虽然只隔了一条小溪，但即使在邻县，这种病的严重程度也会有所不同"。引发高热的原因很多，可能是疟疾，也可能是牲畜吃了有毒的牧草，人又喝了牲畜的乳汁。因此，牲畜和人都出现了剧烈干呕和胃部灼烧的症状，一般不到

---

① 丹尼斯·汉克斯是亚伯拉罕·林肯总统的亲戚和幼时的玩伴。

三天就会毙命。许多情况下，一些渐渐恢复健康的人在很长一段时期内，身体依然很虚弱。小鸽溪的开拓者们食不果腹、衣不蔽体、缺医少药，甚至没有一间可以遮风挡雨的庇护所。因此，得了这种重病的人几乎没有生还的可能。1818 年 10 月初，斯帕罗夫妇去世。南希·林肯过了几天也去世了。托马斯·林肯"锯下新鲜的板材"，给去世的亲人们做棺材。简单的葬礼后，逝者被草草埋在了一片小树林中的空地上。年少的亚伯拉罕·林肯说他最遗憾的事就是母亲的葬礼太过简陋。几个月后，他设法将一个叫戴维·埃尔金的牧师请到了定居点，为母亲举行了葬礼。当时，初冬的雪已经染白了他母亲的坟头。

这是亚伯拉罕·林肯一生中度过的最阴郁的一个冬天。1819 年 12 月初，托马斯·林肯从肯塔基州娶来了第二任妻子。这个女人的到来改变了林肯家的命运，使他们的生活有了很大改善。第一次结婚前，托马斯·林肯就已经与莎拉·布什相识。据说当时，莎拉·布什拒绝了托马斯·林肯的求婚，嫁给了伊丽莎白镇一个叫约翰斯顿的狱警。但没过几年，约翰斯顿就撇下妻儿撒手人寰。托马斯·林肯丧妻一年后，前往伊丽莎白镇再次向莎拉·布什求婚。一见到她，他就直接说明了来意，并没有费多少口舌。第二天早上，两人举行了婚礼。当时已经是深秋时分，小鸽溪的开拓者们正在为如何平安度过孤寂凄苦的寒冬发愁。莎拉·布什并不是一无所有，她有一间卖家庭用品的商店。托马斯·林肯从姐夫拉尔夫·克鲁姆那里借来了一辆马车，装上新娘的行李，与新娘一起回到了印第安纳州。这位充满活力、虔诚善良的女基督徒很快适应了新环境，开始操持家务。在这种令人绝望的环境中，她让托马斯·林肯和孩子们感受到了家庭的温暖。小屋的门窗和地板都修好了。受新婚妻子的影响，托马斯·林肯越来越勤俭。为了将自己带来的货物和小屋里的其他物件搭配使用，她费了很多心思。孩子们都穿上了暖和的衣服。小床也变得整洁舒适。莎拉·布什的努力使这个小家焕然一新。孩子们的品行都有了很大的改观。

1823年，托马斯·林肯加入了浸礼会。三年后，他的长女莎拉·林肯也加入浸礼会。人们认为他们是这一教会中最活跃、稳定的成员。托马斯·林肯选择木匠这一行业时，本身就具有做木匠的天赋。现在，他所属的教会依然在使用一张他用胡桃木制成的圆桌。

像莎拉·布什这样能干的女人，不可能忽视孩子们的教育问题。孩子们充分利用社区提供的少得可怜的学习机会，积极学习。在一些珍贵的自述中，亚伯拉罕·林肯总统写道："那里人烟稀少，熊和其他野生动物经常出没在林子里。一些所谓的学校里的教师只会读写和三种计算法则。如果碰到一个懂拉丁文的流浪汉，人们会非常惊讶，将他称为天才。没有什么能激发人们对教育的热情。"但这个笨拙的男孩并不需要任何外部激励，知识可以改变命运，他对知识的渴求是与生俱来的。然而，亚伯拉罕·林肯对知识的渴望与那些身份卑微的专家学者对科学的纯粹热爱不同。为了弄清楚世界是科学的产物还是上帝的杰作，很多科学家付出了宝贵的生命。但他将学到的所有零碎知识当作改善生活条件的工具。只有学会字母，才能读书，才能了解林子外的大千世界以及人们如何在激烈的生存斗争中存活下来。很快，他学会了书写，他具有了一项同伴们没有的技能。因此，他帮长辈们写信，并从中得到了满足感和自豪感，他还将一些打动自己的语句抄写下来，留着以后用。后来，他学会了计算，但他并不热爱数学，只是觉得在一些工作中可能会用到计算，并且数学不像农活，不会限制人们的眼界。正是由于这种内在动机，他时刻保持头脑清醒，刻苦学习，但学校教育对他的帮助微乎其微，因为他所有接受学校教育的时间加起来还不到一年。他曾在肯塔基州的两所学校和印第安纳州的三所学校学习。这些学校大同小异，都设在废弃的原木小屋里，没有地板，室内光线昏暗，窗户就是几个小洞，光线犹如从油纸糊的窗户中透进来的模糊微光。老师们和周围原始的环境一样，大都才疏学浅。由于工资太低，受过教育或有能力的人都不愿来这里当教师。经过几个月断断续续的学习，年幼的亚伯拉罕·林肯已经学会老师教给他的所有知识。1826年，他在斯沃尼^①的学校里度过了最后的求学生涯，这所学校距林肯家的小屋约四英里半。毫无疑问，来回九英里的路程对托马斯·林肯来说就是浪费时间。因此，他辍学回家，踏踏实实帮父亲干农活。

然而，失去了千载难逢的学习机会，并不意味着亚伯拉罕·林肯真的失去了什么。劳动之余，学习成了他生活中的主要乐趣。虽然在劳动中得不到任何乐趣，但他清楚自己生来就是要干大事的。每天干完农活后，他都会利用一切时间学习。当时，书籍在边远地区是非常珍贵的奢侈品。林肯很少有阅读机会，但只要能找到书，他都会如饥似渴地阅读。幸运的是，他拥有几本属于自己的书。在当时的环境中，除了几本日夜翻看的《圣经》《伊索寓言》《鲁滨孙漂流记》《天路历程》《美国历史》《华盛顿传》，青少年几乎没有机会选择更多更好的经典著作，这些书已经是最好的了。亚伯拉罕·林肯一遍遍地阅读，将每一句话铭记于心。他对所有印刷品都爱不释手，经常坐在暮光下阅读一本字典，直到夜色朦胧。小时候，他常常去镇上的巡警戴维·特纳姆家，阅读《印第安纳州修订法规》，就像小男孩迷恋《三个火枪手》那样。对那些不属于他的书籍，他一般会将其中的精华部分抄写在笔记本上，然后细细研读，直到完全理解。他不会将纸张浪费在初稿上。因此，晚上他常常坐在火堆旁，在木铲上写文章，演算数学题，然后刮掉再次使用。这个胸怀大志的男孩与自己多舛的命运抗争，将慧心巧思全部用在了寻找学习用具的替代品上。他虽然很聪慧，但小时候甚至不能拥有现在免费提供给最贫穷、最平庸的人的最简单的学习用

---

① 斯沃尼是亚伯拉罕·林肯总统幼年时上过的小学的校长兼教师。

具。离开学校后，亚伯拉罕·林肯成了家里的壮劳力。他的体格和力量远比一般男子强健。虽然对农活毫无热情，但他还是任劳任怨地完成指派给自己的任务。当完成自己的任务后，剩下的时间就由他自己支配了。约翰·汉克斯[①]说："当亚伯[②]和我干完活回家后，他会从壁橱里拿一片玉米饼，然后取来一本书，跷着二郎腿，一边吃玉米饼，一边孜孜不倦地读书。"这一画面或许不太文雅，却真实可信。亚伯拉罕·林肯总统一直保留着这个生活习惯，常常将二郎腿高高跷起，与头平齐，肩胛骨紧贴坐具。他后期的很多伟大著作都是通过这种奇特的西方式坐姿完成的。

　　亚伯拉罕·林肯的生活在其他方面与普通农民相差无几。他出众的体格使他成了一个能干的劳动者。始终如一的好脾气和质朴的幽默感使他结交了很多朋友。他乐于助人，总是和颜悦色，善良仗义。一次，他发现镇上的醉汉冻僵在路边，就将他背到了客栈，并精心照料，直到他醒来。然而，这一普通善行却被社区中其他人视为了不起的壮举。被他救了的酒徒常说："那天晚上非常冷，亚伯背着我走了很远，他真是个大好人！"林肯十分憎恨虐待动物的行为，并常常劝说人们善待动物。但很多人认为他的这种行为非常古怪。他的一些伙伴回忆说，林肯曾义正词严、怒不可遏地斥责一个肆意杀害海龟和其他动物的男孩。即使是在那些蒙昧无知的岁月里，他的身体也比其他同伴健康。他还给自己的家庭带来了活力。家里除了父亲、继母和他，还有他的亲姐姐、继母带来的两个女儿和一个儿子，以及斯帕罗家留下的孩子丹尼斯·斯帕罗，还有几年后来到肯塔基州的约翰·汉克斯。约翰·汉克斯是木匠约瑟夫·汉克斯的儿子。托马斯·林肯就是跟约瑟夫·汉克斯学会的木匠手艺。或许是因为年轻的林肯脾气温和、心地善良、乐于助人，或许是因为继母的积极乐观和坚定意志，这些脾性各异的人在同一屋檐下相处融洽。这个只有一个房间的林中小屋总是洋溢着青春的活力。这是一个幸福团结的大家庭。在善良的继母的辛勤管理下，兄弟姊妹和表兄弟姊妹都相处得很好，而且他们从小就认为亚伯拉罕·林肯非

---

① 约翰·汉克斯是亚伯拉罕·林肯总统的亲戚，木匠约瑟夫·汉克斯之子。
② 亚伯是林肯的昵称。

常聪明善良。继母去世前不久，对亚伯拉罕·林肯招人喜欢和忠诚可靠的性格给予了充分肯定。她对威廉·亨利·赫尔登[①]先生说道："我敢说，亚伯从未对我说过一句丧气的话，也从未对我瞪过眼。一千个母亲中几乎没有一个敢这么说。事实上，我让他做什么他就做什么。我们俩似乎心有灵犀，凡事总能想到一块儿去……我自己的儿子约翰·约翰斯顿和亚伯一起长大。他们俩都是好孩子，现在他俩都去世了。但我必须说，亚伯是我见过的或期望见到的最好的孩子。"从亚伯拉罕·林肯总统的童年生活中，我们看到了他值得所有人尊敬的责任感和仁慈。

我们并不是说亚伯拉罕·林肯总统从小就像个圣徒，他只是一个好孩子，是一个普普通通的人。亚伯拉罕·林肯的一位雇主对过去发生的事记忆犹新，这位雇主回忆说，与工作相比，小亚伯更喜欢晚餐和薪水。当然，普通人大都如此，这没有什么奇怪的。还有报告称，亚伯拉罕·林肯有时候会站在高高的树桩上，做滑稽的讽刺演讲，有时甚至会学牧师做可笑的布道。然而，这一行为妨碍了农人们收获庄稼，虽然雇工们很高兴，但农场主却很愤怒。亚伯拉罕·林肯并没有将自己刚刚萌发的写作天分埋藏起来，他将很多时间花在了创作讽刺作品或编年记录上。这些作品包括散文和诗歌。当然，所谓的诗歌只是有一点押韵的感觉罢了。但这有时会招致嫉妒或怨恨。当时，根据当地的风俗习惯，亚伯拉罕·林肯会在森林边缘某一棵高大的橡树下面，将挑衅自己的家伙逐个摆平。冷静而公正的旁观者们围成一个圈，嘴里嚼着烟草。虽然亚伯拉罕·林肯的祖先是基督教公谊会教徒，自己也天生热爱和平，但他不会逆来顺受。一旦他和别人发生争斗，输的往往是他的对手。不过，他总是很宽宏大量，愿意和解，他的很多挚友都曾是他的冤家对头。在我们结束描述亚伯拉罕·林肯总统这一阶段的生活前，先来看一下这一重要阶段与他命运息息相关的人们所处的社会状况。

自从这一地区拓殖以来，人们在精神生活和物质生活方面几乎没有得到太

---

① 威廉·亨利·赫尔登（William Henry Herndon, 1818—1891），亚伯拉罕·林肯总统的律师伙伴和传记作者，也是共和党的早期成员，曾当选伊利诺伊州斯普林菲尔德市市长。

大改善。很多人的房子通常只有一间，用带皮的原木建成。我们了解到，一个人因用斧头细细砍削过的圆木建了一座精致的小屋，人们便给他取了"劈木大神米切尔"的绰号。当地人的衣服主要是用鞣酸处理过的鹿皮制成的，一旦淋了雨，这种材料就会让人感到很不舒服。人们穿的鞋子都是没有后跟的莫卡辛软皮平底鞋。一位受人尊敬的西方学者曾说道："人们赤脚的最合理借口就是一双浸湿的莫卡辛皮鞋。"然而，当亚伯拉罕·林肯即将长大成人时，人们开始穿用灰胡桃或白胡桃汁染过的羊毛或粗麻制成的衣服，并开始用鞣酸加工处理纯牛皮。但在很长一段时间里，只有女性喜欢这些新奇的东西。因此，这种材质的衣物并没有受到公众的推崇。如果一位巡回牧师来到一个县上，方圆几英里的开拓者们都会蜂拥而至，听他讲道。拥有马车的人家会自豪地坐着马车前去。普通人一般都是男人牵着马步行，女人抱着孩子坐在马背上。人们认为，扛一把来复枪不仅不会亵渎这一神圣时刻，还能在漫漫长路上捕猎。天气恶劣时，集会的地点一般设在某个圆木小屋内。如果天气晴朗，牧师就会在大树下布道。到了集会地点后，聚集在一起的信徒们会将带来的食物和饮用水丢在一个公用仓库里，并和邻居们一起野餐。随后，牧师会脱下外套，抖擞精神，意气风发地开始讲道。这些神采奕奕的牧师是我们这一时代从未见过的。

除了布道集会，其他社交集会屈指可数。如果有人建成了一座房子，男人们会来一场"邻里小聚"。"滚木头游戏"中，人们将大量优质的木材堆放在一起，然后点燃焚烧，白白浪费。"围猎游戏"中，人们会在树林中的空地中央竖起一根长长的杆子。一大群猎人围绕杆子形成一个直径长达几英里的圆圈，然后大呼小叫，像狼群捕猎那样，慢慢缩小包围圈，将森林中的猎物驱赶到杆子周围，肆意猎杀。"赛马比赛"与现在肯塔基州引以为傲的华丽盛大的赛马会几乎没有任何相似之处。妇女不会参加这些活动。她们专有的娱乐项目是粗俗喧闹的婚礼。婚礼庆典一般会持续一整天。早上，客人们聚到一起，举行一个争夺威士忌酒瓶的赛跑。午宴一般十分丰盛。下午是粗野的游戏和离谱的恶作剧。晚上会有晚餐和舞会，但舞会常因新郎和新娘的离开而中断。新人要参加很多仪式，还要遭受客人们拉伯雷式①的粗俗滑稽的恶搞。

人们自觉地与文明紧紧相依的结合点是对法律的尊重和对法庭的敬畏。然而，这是他们最质朴的品性，完全不掺杂任何外部矫饰。早年间，当地的一位法律专家写道："在福尔溪的瀑布旁边，也就是现在的彭德尔顿所处的位置，开审判大会时，我是一名巡回检察官。当时，四名囚犯被判谋杀罪。其中三名要被处以绞刑，因为他们杀害了印第安人。法庭设在一座双料的小原木屋中。大陪审团坐在林子里的一根圆木上。首席陪审员将我准备好的诉状垫在膝盖上签署。小陪审团的所有陪审员都没有穿正式的鞋子，只穿着没有后跟的莫卡辛软皮平底鞋，并扎着腰带，佩戴着猎人们使用的单刃匕首。"然而，虽然这幅场景看上去有些野蛮，但正义得到了伸张。法律证明这些开拓者陪审员对印第安人根深蒂固的偏见是没有道理的。

开拓者一般非常迷信。多年前，人们对巫术的迷信早已随着新英格兰殖民者的火把的浓烟烟消云散，但在19世纪的肯塔基州、印第安纳州南部和伊利诺伊州南部，巫术又开始流行起来，甚至还带一点神秘的非洲巫术色彩。开拓者迷信巫术，并用它占卜。甚至给牲畜看病时，他们也是靠魔法和咒语。如果一个人相信自己中了邪，就会将半美元银币熔化，然后铸成子弹，用这颗子弹射中邪魔鬼怪的画影图形。人们认为这是最有效的办法。开拓者认为，运气是一种活跃的神性，有保佑或降灾的能力。普通的迹象预示着祸福。奇特的仪式可以消灾避祸。如果一只狗横穿过猎人走的羊肠小路，就会破坏猎人一天的好运。除非他立即将两个小拇指勾到一起，等那只狗消失后再松开。金缕梅枝条做成的占卜棒常常表现出神秘迹象，人们对此已经习以为常。在更复杂的社会中，人们对"信仰疗法"非常熟悉。开拓者认为的"信则灵"与"信仰疗法"大同小异。最寻常的事情可能意味着死亡和厄运，譬如，一只鸟撞进窗户，一只狗在特定的时间吠叫，一匹马对着一个孩子咳嗽。更可怕的预兆是，看到或触到一条死蛇预示着家中会有灾祸降临。房子旁边驶过的一辆装满篮子的马车

---

① 拉伯雷是法国讽刺作家，其风格粗俗幽默。这里指美国西部早期开拓者粗俗的玩笑方式。

预示着骚动。一知半解的天文知识支配着人们的农事活动、牲畜繁殖以及其他农活。人们必须在正午之前或月圆之夜砍伐树木，制作篱笆和围栏。如果没有月亮，人们就不能修建篱笆和围栏，却可以种植土豆和其他在地下结果的农作物。果实长在空中的农作物必须在月圆之夜种植。月亮的神奇魔力对人们生活的方方面面产生了深远影响。

在开拓地，亚伯拉罕·林肯度过了自己的童年和青年时期，但他显得不是很成熟。在获取知识方面，他的思维并不敏捷，不过，随着年龄的增长，直到去世，他的推理和辩论能力不断得到提高。他的进步一直处在匀速发展状态。据说，直到去世林肯十九岁时，推崇他的朋友们预言他将来会大有作为，他们的猜测不无道理。林肯积极阅读自己找到的所有书籍，在全县拼字比赛中拔得头筹。通过不断的练习，他的字越写越好，书法精妙，令人叹服。有时，他也会提到神秘的科学，譬如世界是圆的、太阳是相对静止的等。他的同伴们对此非常震惊。他为了提升自我和打发时间，写了一些关于政治的小品文。一些受人尊敬、德高望重的绅士细细品读了他的文章后，在十字路口的杂货店信誓旦旦地说："此人不可小觑！"后来，这些文章中的一两篇在当地出版，使亚伯拉罕·林肯变得小有名气。亚伯拉罕·林肯还是个宽宏大量的男孩，他比一般人更厚道、更温和。当时，他的慷慨、勇敢，以及明辨是非的能力显得与众不同，赢得了一些缺乏这些品质的人的敬慕。但在一定程度上，他赢得同伴的爱戴，并在他们中间树立威信的原因可能是他健壮的体格和强大的力量。他的身体发育很好，在成年之前，即十五六岁的时候，他的身高已经达到 6.4 英尺，接近两米。他很少遇到自己对付不了的人。在斯潘塞县，亚伯拉罕·林肯的神力被传得神乎其神。一个上了年纪的人说，他曾看见亚伯拉罕·林肯将一个重达六百磅的鸡舍举起来。还有一次，看到一些人绞尽脑汁地想要将一些粗大的杆子抬起来，亚伯拉罕·林肯走过去，轻松地将杆子扛在了肩上，并将杆子送到了指定的地方。他的一个雇主说："他用斧子砍木头的时候，比我见过的任何人都入木更深。"亚伯拉罕·林肯不仅拥有神力，还有运用神力的头脑，是天生的领袖。当然，一些可笑的传言说他曾吹牛自

俄亥俄河

己以后会当上总统，其他人也经常预言。很多男孩连警察都当不了，但他们相信亚伯拉罕·林肯总有一天会当上总统。

有证据证明，亚伯拉罕·林肯认为自己在小鸽溪当农民是大材小用。当西部的男孩们纷纷离开家出去闯荡时，他开始变得躁动不安，想法也发生了变化，甚至将河流视为逃离封闭落后的林中生活的途径之一。亚伯拉罕·林肯曾央求一位老朋友介绍他去俄亥俄河的一艘汽船上工作，但他还有一年多的时间必须听父亲的支配，便很快放弃了这个念头。1828 年，有人给亚伯拉罕·林肯提供了一个去外面的世界看看的机会。他欣然接受了这个来之不易的机会。金特里维尔的所有者金特里先生雇他陪自己的儿子艾伦·金特里去新奥尔良，运送一艘平底船上的货物。他们需要在沿途的几个地方上岸。总的来说，这次旅途非常顺利，由于管理和销售货物有方，亚伯拉罕·林肯赢得了金特里先生的高度赞扬和充分信任。途中，唯一值得一提的是在杜申夫人的种植园发生的事。

新奥尔良

在巴吞鲁日南边几英里的地方，这两个年轻商人将船系在岸边过夜。夜里，他们在船舱中睡着的时候，一阵杂乱的脚步声吵醒了他们。原来是一伙四处抢劫的黑人前来抢劫他们的货物。亚伯拉罕·林肯立刻抄起一根棍棒和强盗们展开了搏斗，将几个人打倒在船舱里。其余人四散逃离。艾伦·金特里和亚伯拉罕·林肯一时打红了眼，将战火蔓延到了敌人的地盘上。他们在黑暗中追击逃离的黑人，追了很久。然后，他们回到了船上。虽然两人都受伤了，但并没有损失任何货物。他们匆忙将船划到河中央，然后顺流而下，一直到天亮。在后来的岁月中，亚伯拉罕·林肯总统一直为解放黑人努力，说明他并没有因为这次经历草率地对所有黑人产生敌意。

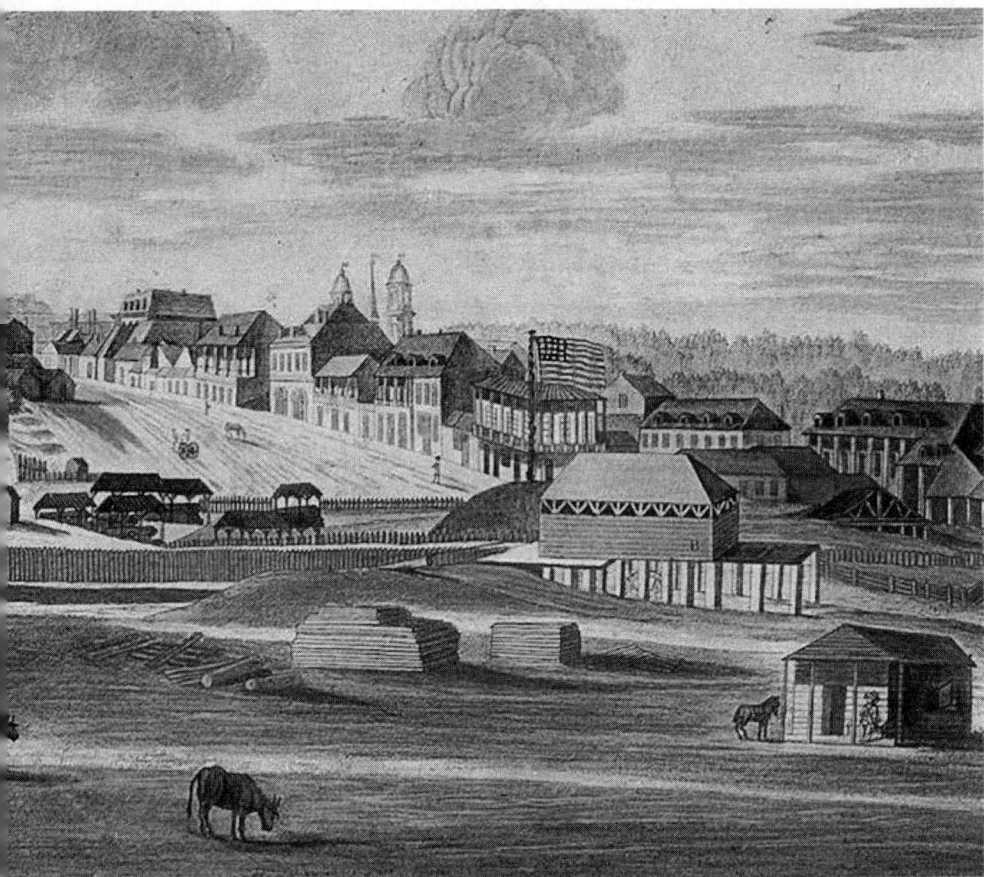

　　1829年秋，约翰·林肯家中最稳重可靠的约翰·汉克斯去了伊利诺伊州。他虽然不识字，也很迟钝木讷，但很实诚，因此，他在家里得到了大家的尊敬和信赖。约翰·汉克斯在梅肯县安顿下来。他非常喜欢这个地方，很满意这里的草原和森林。他曾多次送信给印第安纳州的朋友们，让他们来梅肯县和自己一起生活。托马斯·林肯已经做好了搬家的准备。这次，他或许已经绝望，因为他在印第安纳州从来不曾拥有任何不用承担义务的房地产，也无权将孩子们束缚在一个只能靠辛勤劳作艰难生活、看不到任何希望的地方。他将自己的农场交给了金特里先生，卖掉了家里的猪和地里还没有收获的玉米，并将家庭用具和孩子们以及女婿们的物品全部装在一辆马车上。两头公牛拉着马车，前往

伊利诺伊州。托马斯·林肯的一个女儿叫莎拉或南希，几年前嫁给了艾伦·格里斯贝，生孩子时因难产去世。随亚伯拉罕·林肯一家搬迁的还有霍尔夫妇和汉克斯夫妇。

他们沿小路穿过森林和泥泞的平原，跨越湍急的溪流。1830年2月，融化的雪水淹没了河流的渡口。经过两个月的艰苦跋涉，他们终于到达了约翰·汉克斯位于迪凯特附近的新家。约翰·汉克斯真诚热情地迎接了自己的朋友们。他已经在距自己房子几英里的地方为朋友们选好了一片土地，并准备好了建房子的原木。现在，修建房子的人手已经足够，不需要请附近的邻居帮忙。很快，在桑加蒙河的北河汊附近，一座圆木小屋建成了。亚伯拉罕·林肯全家有了遮风挡雨的地方。剩下的一些活都留给了亚伯拉罕·林肯。家人希望他在独立生活前为家里再做点儿事。在约翰·汉克斯的帮助下，林肯开垦出了十五亩耕地，并从原始森林中高大的胡桃树上砍下很多枝条，做成围栏将地圈了起来。当亚伯拉罕·林肯和约翰·汉克斯忙着这件事时，两个人都没有想到，有朝一日，当约翰·汉克斯扛着同样的两根篱笆桩出现在全州代表大会上时，整个会场人声鼎沸。所有人情绪激动，其结果将影响到无数代人。

第 3 章

定居伊利诺伊州

精彩
看点

当林肯一家抵达伊利诺伊州时，恰逢开拓者们开始确认自己的身份。接下来的几年中，当"老开拓者"协会在伊利诺伊州中部地区成立时，能够入会的成员必须是在"冰冻三尺的那个冬天"前来到定居点的居民，并拥有一座住宅。1830年底到1831年初，天气异常寒冷。因为当时没有日记和日志，所以对伊利诺伊州中部诸县的人们来说，那是半个世纪以来值得被记住的时刻。圣诞节时开始下雪，积雪厚达三英尺。接着又是一场冻雨。积雪表面覆盖了一层厚厚的冰壳。天气变得极其寒冷。温度计显示气温降到了零下二十华氏度①。低温持续了整整两个星期。暴风雪来得非常迅猛。出门在外的人几乎很难顺利回家。很多人被冻死在野外。有人说，他和一两个朋友赶着牛拉马车外出打猎，将冻死的猎物装在车上满载而归，但在回家的路上遭遇了暴风雪。他们走了四英里后，被迫放弃了马车。鹅毛般的雪花漫天飞舞，"就像从挖土机的车斗里倾泻而出一样"。当他们到达距定居点两英里的地方时，只能依靠牲畜的本能辨别道路和方向。就这样，他们抓着公牛的尾巴回到了家。并不是所有人都这样幸运。几周后，人们发现了一些埋在雪堆里的尸体。饿狼将尸体啃噬得支离破碎。还有一些人下落不明。直到春天即将过去时，太阳才暴露出了他们安息的地方。对那些逃过这场浩劫的人来说，这个冬天不但漫长乏味，而且狰狞可怕。我们不知道这样恶劣的天气会使开拓者们陷入怎样的绝望境地。连续几周，他们只能待在小木屋里，盼

①　零下二十华氏度约为零下二十九摄氏度。

伊利诺伊州徽章

望冰雪消融，天气转暖。最后，饥饿和恐惧将他们赶出了房子，但要想与外界取得联系，依然是极其艰巨的任务。最终，正如伊利诺伊州一位史学家说的那样，他们通过"在雪地上打滚"的方式开辟出了道路，并小心翼翼地走过一条小径，将脚下的雪踩实磨光。这些路像一条条快车道，一直保留到了春天。等到平原上的积雪融化，在肥沃的黑土地的映衬下，这些路就像铺在草原上的银色丝线。

严冬过后，伊利诺伊州的野生动物数量锐减。当然，很多动物依然活着，但在大自然的严酷环境和开拓边疆的猎人们的肆意捕杀下，野生动物的数量再也不可能恢复如初。猎人们走出自己被积雪掩埋的小屋后，便开始追杀饥肠辘辘的麋鹿。这时，捕猎对他们来说易如反掌。因为积雪上的冰壳足以支撑人和猎狗的体重，但纤细的鹿蹄弹跳几下便会刺穿危险的冰壳。这次毁灭性的大屠杀持续了很久。最后，只有一些不值得猎杀、瘦骨嶙峋的动物幸免于难。冬天过后，各类野生动物的数量急剧减少。上了年纪的开拓者们说，早年间，捕杀行动缓慢、生性胆小的草原狼就像宰杀绵羊那样容易。但大多数草原狼没有熬过那个冬天，只有极少数动作敏捷、身体强壮的狼活了下来。

此后，伊利诺伊州只出现过一次极端天气，当地人称其为"突如其来的变化"。1836年12月20日早晨，一场温润的中雨过后，地面变得非常泥泞。到了中午，气温骤降四十华氏度。一个骑马去斯普林菲尔德领结婚证的人说，呼啸怒吼的狂风吹得他东倒西歪。马缰绳和他的胡子上的雨水瞬间变成了叮当作响的冰凌。他快马加鞭飞驰到镇子上。虽然几分钟就到了目的地，但他的衣服冻得像铁皮一样。人们不得不将他和马鞍一起抬到屋子里。鸡和鹅淋了冻雨后，翅膀都冻僵了。鸡爪子和鹅蹼也与泥泞的地面冻在了一起。赶往圣路易斯的几千头阉猪挤到一起取暖，结果冻成了一坨。里面的猪被闷死了，外面的猪都冻死了，可怕的猪群"金字塔"留在平原上长达几周。赶猪的人也几乎丧命。人们将马杀掉，拿出内脏，爬进马的腹腔躲避凛冽刺骨的寒风。

当林肯一家赶着牛车，跨过印第安纳州的边界时，伊利诺伊州的开拓期已经接近尾声。全州人口总数为十五万七千四百四十七人。人们的聚居地主要分布在河道两岸林木茂盛的边界地带。定居点都散布在密西西比河及其支流沿岸。

圣路易斯

迪尔伯恩堡

开罗市在俄亥俄河与密西西比河交汇处的湿地沼泽中艰难发展。近年来，铅矿的发现使热闹的采矿营地变成了现在的扎利纳市。奥尔顿和皮奥里亚之间的一座座村落点缀在伊利诺伊河沿岸的林地上。伊利诺伊河像一条绿色的肩带，斜穿伊利诺伊州南部。来到迪尔伯恩堡，展现在眼前的是无垠的旷野。当时，这里荒无人烟。人们做梦也想不到，即将到来的奇迹般的快速发展使芝加哥市被世界熟知。在土壤肥沃、被称为"军事用地"的地区有几个定居点。伊利诺伊州的南部也散落着一些居民点。人们可以自由进入桑加蒙地区。扎利纳和芝加哥之间是一片碧绿的原野。伊利诺伊州的北部也是连绵的荒野。早期移民主要是来自南方的穷苦农民，由于迷信，他们远远地避开了草原。来到伊利诺伊州的前几年，开拓者们宁可辛苦开垦出一片林中空地种植玉米，也不愿进入容易开发、土壤肥沃的平原。1835年，约书亚·福瑞·斯皮德[1]写道："没有一个人愿意占领草原。"人们认为草原将永远成为牲畜的牧场。多年来，大批"迁移的人们"绕过那些肥沃的平原，并没有注意到周围繁茂的植物暗示出来的财富。布满鲜花的草地覆盖在青翠欲滴的小山上。齐腰深的青草在风中摇曳，散发着旺盛的生命气息。随后几年中，大量北方和东部诸州的移民涌入伊利诺伊州，他们迅速占领了草原，立即将伊利诺伊州的北部和南部的发展状况与重要性颠倒了过来。1847年，托马斯·福特[2]州长写下了造成这一结果的原因："在向不能蓄奴的州移民时，南方的富人阶层行动缓慢。北方的开拓者与南方开拓者不同。州宪法并没有限制他们携带财产。起初，伊利诺伊州北部被富农、积

约书亚·福瑞·斯皮德与夫人

---

① 约书亚·福瑞·斯皮德是亚伯拉罕·林肯总统青年时期的朋友。

② 托马斯·福特（Thomas Ford, 1800—1850），伊利诺伊州第八任州长（1842—1846），曾参加摩门教战争，著有《伊利诺伊州史》。

极进取的商人、磨房主和制造商们占领。他们像变魔术般开垦农田，修建磨房、教堂、校舍、城镇，修路架桥，建设速度快得令人不敢相信。虽然伊利诺伊州的定居点比北部的早二十到五十年，但就财富和文明程度而言，南方比北方差不多落后十年。"

然而，引起人们高度关注的这一时期，南部和中部的极少数居民主要来自所谓的边疆蓄奴州。他们大都单纯善良，淡泊名利，习惯了粗茶淡饭，安于现状，而且生活比较闭塞，文化程度普遍较低。当然，他们也没有任何奢侈品，即便拥有财富，也不会享受精致舒适的生活。此外，人们之间的交易方式主要是最原始的以物易物。社会中几乎没有流通的货币。每个家庭靠自己的双手获取生活资料。新来的人修建圆木小屋时，邻居们会过来帮忙。房子建成后，大多数情况下，就得自谋生计了。很多人从老居民点搬到这里，但他们没有充分认识到生活必需品的重要性，冬天渐渐逼近时，才突然发现自己没有任何过冬的衣物。于是，要么自己学着做鞋，要么光着脚过冬。家里的家具都是用森林里的木材制成的。衣物也都是手工缝制的。可以说，穿兽皮的日子已经结束，但偶尔还会有人穿着狩猎服和没有后跟的莫卡辛软皮平底鞋。然而，人们已经开始种植亚麻和大麻。由于猎人们对狼群赶尽杀绝，羊的数量多了起来。家庭妇女们开始纺织、剪裁、缝制近似文明社会的服装。如果一个男人有一套用黑胡桃汁染成的牛仔服，他的妻子有一条亚麻和羊毛混纺的长裙，他们就可以和上流社会的人一起参加婚礼或参加"缝被子比赛"了。在一个男人自己制作纽扣、女人在树林里挖植物的根茎泡茶、孩子们在长大前从未见过糖果的社会里，绝对不会有"过剩"的现象出现。人们唯一知道的甜肉是由一名技艺高超的厨师用从橡树洞里掏来的野蜂蜜做成的。尽管如此，大自然的馈赠依然很丰富，林子里到处都是猎物。开始养猪后，人们有了腊肉和酥皮玉米饼。任何一个西南地区的农民都会说，这两样食物好得足以孝敬国王。铁器是最匮乏的生活资料。斧头对开拓者来说就像游侠骑士的宝剑一样珍贵。约翰·雷诺兹州长曾提到，当他父亲的斧头掉进一条溪流时，全家人都很惊慌失措。人们会小心翼翼地保存一块残破的锡片，并将它打磨光滑，制成鲜玉米研磨器。

约翰·雷诺兹

当然，这些边疆居民也有自己特有的娱乐活动和娱乐方式。任何社会群体都有自己的娱乐活动和娱乐方式。开拓者们的娱乐方式都比较粗俗野蛮。与他们同时代的编年史作家以及热心的致颂辞家威廉·亨利·赫尔登先生写道："这些人会剪掉一匹马的鬃毛和尾巴，给马涂上油彩，将它变得丑陋不堪，然后明码标价卖给别人。他们会将一个醉鬼塞进一个大桶，让他蜷缩在里面，然后将他的头固定好，连人带桶滚下一百英尺高的山坡，但他们自己也都醉醺醺的。有时，他们会撞倒一头骨瘦如柴、饥肠辘辘的野猪，抓住它，将一个带有十个

吉格舞

烤盘的火炉加热，塞到野猪的肚子里，一边烤食野猪，一边跳着欢快的吉格舞。"这种野蛮的娱乐方式似乎很难与文明社会相提并论。但人们相信，这些经历了各种艰难困苦后幸存下来的人会逐渐成为体面稳重的公民。事实上，威廉·亨利·赫尔登先生坚持认为，这些人年轻时已经表现出善良和虔诚："他们去教堂听牧师讲道，虔诚哀悼，忏悔祈祷。虽然偶尔也会大呼小叫，一跃而起，甚至争吵斗殴，但他们随后又会坐下祈祷，犹如圣灵感化了他们。"露营集会时，信徒们都非常虔诚。这是他们开发智力的主要方式之一。很长一段时间内，巡回牧师是人们交流思想和情感的唯一媒介。这些牧师可以为偏远地区精神世界贫乏的居民们注入活力，他们无论从体力上还是精神上，都有着惊人的毅力，对工作绝对忠诚，面对无数困难和挫折依然坚持不懈。他们的巡回布道往往很频繁。因此，他们必须不停地在路上奔波。由于时间宝贵，他们常常在马背上阅读。传教士基金会支付的五十美元和从信徒那里得到的三十美元是他们的全部收入，这些钱主要用来购买生活必需品。牧师们的演讲适合他们的身份。演讲目的主要是引起信徒情感上的共鸣。他们的演讲效果通常很显著。很多听众都会深受感动，然后叹息膜拜。一些敏感胆小的听众甚至会紧张或激动地抽搐。我们听说，有时候，集会的所有信徒们俯伏在地，犹如遭到了飓风的袭击。他们四肢发抖，声泪俱下。现在，一些经历了那段艰难岁月的幸存者依然坚信，全能的上帝通过这种方式显灵。然而，牧师并不像听众们那样狂热迷乱。约翰·雷诺兹州长给我们讲述了桑加蒙县的一个牧师的故事。讲道前，这位牧师设了一个捕狼夹子，站在讲坛上可以远远看到夹子。讲道过程中，他敏锐地发现远处的捕狼夹子倒了，但他依然用始终如一的语调继续训诫道："专心于你们的经文，同胞们，我去杀了那匹狼。"虽然这个奇特的阶层有很多缺点和怪癖，但他们做了大量善事，有权得到那些战胜了大自然的人们的尊重。边民们心中激起的情感并没有随着宗教集会上的大呼小叫、浑身颤抖消失。所有林中小屋中的居民几乎都笃信宗教，他们的道德观很朴素。暮色苍茫时，一些旅行者会走近一座寒酸的林中小屋。憔悴瘦削、沉默寡言的主人会神情严肃地欢迎到访者。屋内陈设简陋，刀枪摆放在最显眼的位置。这一切难免会让客人们对这个家庭心存戒备。然而，当他们坐下来吃晚餐，看到主人虔诚地祷告，感谢上天赐予他们食物时，旅行者们的恐惧会在顷刻间烟消云散。

边疆居民很少会有社交应酬。做客是一件大事，因为路途遥远，所以一般会花费好几天的时间。当地的家庭都有一个习惯，当他们十分思念远方的亲人时，便会全家出动，到亲戚居住的定居点待上好几个月。那时的人们比现在更看重血缘亲情。开拓地唯一的节日是与婚礼相伴而生的。但婚礼一般也很粗俗。年轻的开拓者迎娶新娘时会经历很多危险，这为后来的许多美丽传说提供了素材。这些传说在西部边疆地区的篝火旁渐渐流传开来。富有冒险精神的单身男子不会娶邻居家未出阁的女孩，而是前往肯塔基州寻找意中人。这些年轻人带着妻子回家时经历的艰难险阻，不亚于一个十字军士兵返乡时在贝鲁特和维也纳遇到的危险。一个自尊自爱的女孩会坚持带上自己的日常衣物，但这势必会让她的心上人面临尴尬。桑加蒙县的一个老农民常提起他妻子的一张重达五十四磅的羽毛床。为了将妻子的这个"宝贝"搬回家，他游过了六条河，这简直就像对逃兵的惩罚。

想要找一位德高望重的人主持婚礼也不是一件容易的事。麦克莱恩县的一名法官住在一条河边。有时，河对岸的情侣们会请他主持婚礼。但由于河水湍急，无法跨越，作为一个认真负责的人，这名法官总是坚持让新人骑着马下到河里，直到他能看清楚他们的特征。如果是在夜里或下雨天，他还会高举火把，仔细察看新人的脸庞。当时，人们的求婚过程简洁实际，不会等年纪大了，再花时间慢慢了解对方。据说，一个叫斯托特的胖子曾是伊利诺伊州富有传奇色彩的英勇的猎人，他曾结过好几次婚，而且几个妻子都很贤惠。他的求婚方式是对女士们承诺，"她们可以住在属于自己的林子里，捡拾自己家的柴火"。

盗窃案件百年难遇。人们会谨慎保管自己来之不易的财产。正如我们在前一章讲到肯塔基州的开拓生活时大家看到的那样，伊利诺伊州的开拓者们具有同样的诚实美德，这是他们的生存环境对他们提出的严格要求。马库平县的一个人将一辆装满玉米的马车陷在一条车水马龙的路上长达两个星期。当他回去取马车的时候，发现玉米少了很多，但玉米袋子里多了一沓钱。这些钱足以支付被拿走的玉米。男人们背着装满钱的袋子，从伊利诺伊州的各个小镇赶往圣路易斯。他们并不担心遭到抢劫，甚至有点炫耀的意思。因为钱袋显示了他们拥有的财富。小木屋的门上都没有锁。早年间，商人们去附近的大城市进货时，他们的商店连续几天都不上锁。当然，偶尔也会发生失窃事件，但一旦发生这样的事，就会惊动整个社区。如果犯罪分子被抓住，他的家庭通常会被迫搬离这个地方。

当时，伊利诺伊州有两个格格不入的群体：法兰西人和印第安人。在卡斯卡斯基亚的定居地，法兰西人保留了自己民族的大部分特征。南方来的拜访者或与法兰西人为邻的开拓者，往往沉默内敛，不善言辞，因此，他们对这些法兰西人的积极乐观、淡泊名利以及对家人毫不掩饰的关爱感到无比好奇。他们每天都会看到法兰西人干活回来时，他的妻儿"站在院门口，当着全村人的面"，给他一个热烈的拥抱。田纳西人和肯塔基人对此感到很不自在。开拓者对法兰西人和印第安人之间融洽友善的交往也很好奇。法兰西人和印第安人之间的友好交往和频繁联姻，让非常排外的盎格鲁－撒克逊人感到惊讶。开拓者对伊利诺伊州中部的印第安人的印象很不好。他们和印第安人的关系就像情妇与妻子的关系。1827 年的温尼贝格战争和 1831 年的黑鹰战争[①]只影响到了伊利诺伊州北部地区。桑加蒙县和周围几个县的开拓者们见到的几顶游牧帐篷是鲍特

温尼贝格战争中的印第安人

---

① 温尼贝格战争和黑鹰战争都是北美印第安人部与白人殖民者之间的战争。

基卡普人

　　瓦特梅人和基卡普人的。这些印第安人与来自文明世界的开拓者们英勇战斗，最终幸存了下来。虽然一个喝醉的野蛮人的突然造访会让一位女士感到惊慌恐惧，定居点附近的家禽和猪也会时常失踪，但生活还得继续。人们并不会因经常遭到伤害和威胁而变得满面愁容、忧心忡忡。

　　事实上，几年前，白人和印第安人的关系变得十分紧张，这一点可以从1841年地方议会通过的一项法案中看到。该项法案规定，任何公民或护林员杀死或抓获一个抢劫的印第安人，可以得到五十美元的奖赏。当时，杀死一匹狼的猎人只能得到两美元的奖励。不难看出，在开拓者眼里，这些原住民的危害性比狼更大。然而，十年后，幸存的一些基卡普人依然在桑加蒙县附近活动，他们就像消失了的印第安人的幽灵。一天，一个叫马齐纳的酋长来到一个正在清理一片林地的家庭，颁布了一道驱逐令，他说："你们这些白人都给我滚到桑加蒙河那边去。"他抓起一把干树叶扔到空中，以示驱逐这些白人的决心，但他从未实施自己说过的威胁，只是偶尔过来讨一杯威士忌解馋。人们还讲了很多这样的小事。这说明在地广人稀的边陲，默默无闻的开拓者的生活非常平淡无奇、单调乏味。对这些开拓者来说，任何谈话主题和感官刺激都是上帝的恩赐。在斯普林菲尔德，一个叫佛诺伊的男子杀了自己的妻子。很多家庭全家出动，穿上最好的衣服，驾车穿过泥泞的平原，渡过上涨的河流，跋涉五十英里，只为了赶去看这个杀人犯接受绞刑。

我们发现，在这样一种状态下，社会的政治结构竟然开始萌芽，并缓慢发展。1821 年，议会通过了一项法案，将一片面积超过一百万英亩、只住着几户人家的旷野命名为桑加蒙县，并任命了县府的三名委员。三名委员借宿在春溪旁的约翰·凯利的小木屋里。约翰·凯利是一个来自北卡罗来纳州的流浪汉，热衷于打猎。三年前，他在一条草木茂盛的小河边修了这座小屋。每天早上，他都会看到几百头鹿从桑加蒙河浓荫密布的岸边走过，前往草原上啃食鲜嫩的青草，傍晚又回到林中的栖息地。他沉迷在这片猎人的天堂中，后来托人将他的兄弟们都叫来和他一起生活。他的兄弟们又带来了自己的朋友。因此，在这片面积有几千平方英里、辽阔无垠的土地上，约翰·凯利建在春溪边的小木屋成了唯一可以给委员们提供住处的地方。于是，这座木屋成了临时的县府所在地。委员们在自己的官方报告中写道："名字首字母为 Z 和 D 的两名委员将春溪流域、约翰·凯利的牧场附近的木屋选定为本县的临时县治。我们还决定将县治所在地称为斯普林菲尔德。"就这样，他们忽视了已有的县名桑加蒙，给未来的县府所在地取了一个毫无新意的名字。同一天，三名委员和约翰·凯利商定修一处法庭，他们会支付给约翰·凯利四十二美元五十美分作为报酬。约翰·凯利只用了二十四天就建成了一栋只有一个房间的原木小屋。陪审团可以随便找一处林中空地作为审议地点。随后，委员们又请约翰·凯利建了一座监狱。监狱的花费是法庭的两倍。接下来，三名委员又任命了巡警和监管人。所有政府机构已经准备就绪，只需等待大批移民迁入。人们想当然地认为，坏人来了后，巡警们就有事干了，但坏人和穷人通常是形影相随的。将县治选在这里只是一个临时决定。一两年后，当需要选定永久的县治所在地时，春溪的居民们都有权利，也有义务为这件事出谋献策、出钱出力。委员们权衡了斯普林菲尔德和几英里之外的另一个地方，最终确定了永久的县治所在地。当地居民带着委员们跋山涉水，穿过了荆棘灌木，趟过了齐膝的淤泥。最后，疲惫且迷惘的委员们宣布，他们不再去找另一个地方了，将斯普林菲尔德定为了永久的县治所在地。更艰巨的任务还在等着斯普林菲尔德。大自然将斯普林菲尔德变成了一个风景优美的捕猎场所。首批开拓者们用勤劳的双手又将它变成了一个县的首府。

可以想象，设在小木屋里的法庭都非常简陋。然而，虽然法律不够健全，律师们的知识也不够全面，但正义基本上得到了伸张。律师们大多来自肯塔基州。一个来自新英格兰的律师勇敢面对人们对新英格兰的普遍偏见，并用自己的行动改变了这种不公正的看法，最终获得了晋升。律师们的薪水都很低。在一个早期建立的州，一名律师将自己的第一次巡回诉讼描述成一次自谋生计、艰难坎坷的旅行，就像托钵僧的一次云游。到达第一个县后，这名律师对当事人参与的流血斗殴事件提起了公诉，获得了五美元的诉讼费。到达第二个县后，他成功处理了案件，却差一点儿淹死在匙河里。第三个县的县治所在地只有两个家庭，没有需要他判决的诉讼事件。因此，他从那里穿过人迹罕至的大草原，走了六十英里，抵达了昆西，并处理了一桩案件，最后获得了五美元。在派克县，这位忍辱负重的律师没有得到一分钱，但他遇到了一位慷慨的治安官，治安官给他提供了免费的食宿。这位心怀感激的律师写道："他是一个来自马萨诸塞州的品行高贵的人。"律师们挣的钱还没有现在扫马路的清洁工挣的多。据说，著名的斯蒂芬·阿诺德·道格拉斯法官曾经从斯普林菲尔德前往布卢明顿，发表了一场令人赞叹的演讲，并获得了一桩官司的辩护权，得到了五美元的诉讼费。在这种情况下，开拓者们都不太在意法律术语，他们更关心对正义

斯蒂芬·阿诺德·道格拉斯

本质的诉求。形同虚设的陪审制度给开拓者带来的烦恼，远不及开拓者给我们带来的烦恼。

托马斯·福特州长提到一桩案件。一伙偷马贼指认审判他们的陪审员中，有一名是他们的同伙。另外十一名陪审员劝这名陪审员放弃抵抗，并准备将他吊死在审讯室的房梁上。法官们可能会受到有限的法律知识的牵制，但他们担心民事诉讼中过于明确的指控或刑事诉讼中过于严厉的定罪会使法庭失去民心。于是，他们变得非常圆滑世故，面对呈送上来的亟待解决的问题，想方设法地推卸法律和道义上的责任。他们常常拒绝向陪审团概述案情，或对证据做出评价。当辩护人请求他们对案件做出批示时，他们会说："哎呀，先生们，陪审团非常熟悉这起案件，他们会给当事人一个公正的判决。"一个著名的法官后来当上了州长，在宣判一个谋杀犯时，他向犯人反复强调，并希望犯人告诉自己的朋友们，做出最终判决的是陪审团而不是法官。随后，这名法官还问犯人想选择哪天接受绞刑。

毫无疑问，并不是所有法官和律师都如此敷衍塞责，互相推诿。当时，不少律师已经在一些历史悠久的州名声大噪。现在提起他们的大名时，业内人士依然会对他们肃然起敬。伊利诺伊州最早的著名律师有丹尼尔·波普·库克、约翰·麦克莱恩、尼尼安·爱德华兹、伊莱亚斯·肯特·凯恩、托马斯·埃尔德、约翰·雷诺兹等。此后，几乎没有人能在学识和能力方面超越他们。

在一个社区里，如果地位尊贵的男人都是律师，那么这个社区的商业和工业不会太发达，因为人们生活的主要兴趣是对政治的追求。新兴的伊利诺伊州政客如云。在每一个十字路口的小酒馆里，都能看到政客们的身影。他们忙着参加赛马活动，以便发展人脉，推行自己的计划。狩猎聚会上，篝火上架着炖肉的锅，政客们围坐在篝火周围，讨论政策方案和候选人。他们甚至会闯入信徒们的宗教集会，将牧师用来布道的讲坛当成自己演讲的论坛。

当然，开拓时代并没有政治组织或团体。一般来说，得到赞成票的人大都是与影响国家命运的党派毫无关系的人。因此，多年来，伊利诺伊州的高官显贵都是一些通过个人魅力获得公民尊敬的能人异士。

人们认为，1826年见证了政界由单打独斗向党派协同作战转化的过程。虽然大会出台了废止个人参加竞选的政策，但这项政策已经实行多年。1826年，丹尼尔·波普·库克在国会中一直代表伊利诺伊州。他精明强干，清正廉洁，但在选举中输给了杰克逊党 ① 的候选人约瑟夫·邓肯州长。丹尼尔·波普·库克将宝贵的一票投给了后来当选总统的约翰·昆西·亚当斯。杰克逊党人非常

---

① 杰克逊党是美国民主党的极端派，以美国第七任总统安德鲁·杰克逊为代表。

约翰·昆西·亚当斯

偏执狭隘。因此,他们的对手都团结起来反对他们。从那时起,伊利诺伊州出现了两党之争。政治体制的改变不可避免。反对也毫无意义。但在这个新建立的州,从前的体制会将权力和名望给予那些从未享受过这些荣誉的有才能的人。譬如,尼尼安·爱德华兹州长家族显赫,身份尊贵,不仅知书达礼,举止文雅,为人处世也大方得体,深受人们的敬爱。他的衣服的领口和袖口总有精美的褶皱和金纽扣作为装饰。他经常穿着漂亮的高筒靴,这种奢侈的打扮在当地并不

詹姆斯·麦迪逊

多见。爱德华·科尔斯州长曾是詹姆斯·麦迪逊的私人秘书，对欧洲的法庭非常熟悉，因温文儒雅、品性高洁著称。严密的党团组织完善后，爱德华·科尔斯州长失去了轻易成为政府首脑的机会。

真正有才干的人是那些来自偏远地区、谦逊质朴的政客。研究伊利诺伊州早期法律条例的学者发现，这些政客在起草和编写法律条例方面比后期的政客出色很多。因为到了后期，许多政客仗着自己身后党团组织的势力，根据自己的喜好随心所欲地设立或废除法律条文，视法律如儿戏。在议会中，有教养的人产生的影响并不大。因为和绝大多数粗鲁的开拓者们相比，他们在人数上一直处在劣势。伊利诺伊州的历史上有一个来自南方普通阶层的人，他目不识丁，但有一个极具讽刺意味的名字——约翰·古瑞默（John Grammar），"Grammar"意为"语法"。首次当选委员时，除了兽皮，他没有其他衣服可以穿。但考虑到自己破旧的鹿皮衣不符合立法者的身份。于是，他和儿子们捡了好多榛子，然后拿到最近的商店换了几英尺蓝色的裹单，就像印第安人围在腰间的遮羞布。回到家后，他将定居点的女人们都叫来为他做衣服。结果，这些布只够做一件很短的外套和一双长长的裹腿布条。他就这样穿戴整齐后，去了地方政府的所在地卡斯卡斯基亚。虽然外表粗俗，但他具有政客的基本素质。他首创了一种受许多穿时髦马裤的人欢迎的制度，即对每一项提议投反对票。如果提议未通过，责任是大家的。如果通过了且受到欢迎，没有人会在意谁投了反对票。如果通过了不受欢迎，投反对票的人就可以吹嘘自己有先见之明。

爱德华·科尔斯州长和约翰·古瑞默是完全不同的两类人。介于他们之间的普通人广受伊利诺伊州人的欢迎和爱戴。立法者常常受到各方的指责，不仅做错了事要受罚，做了好事也不会收到一句感谢的话。托马斯·福特州长概述伊利诺伊州早期的历史时，提到了议会通过的两项法案。这两项法案本身是合理且有利的，但它们给这个州的大多数居民带来的毁灭性打击却永远无法磨灭。第一项法案的目的是履行联邦的诚信义务，通常称《威金斯借贷法案》。第二项法案禁止随意买卖体型小、品种差的公牛，激起了人们的公愤。很多人指责这项法案太过残忍，颇具官僚作风，完全是为了富人和娇生惯养的外国公牛的利益制定的。由于这项法案，许多志向高远的政客被迫结束了自己的政治生涯。那些了解百姓疾苦的政客得到了他们的职位所能提供的薪水。他们的成功并不仅仅是通过和蔼可亲换来的。

托马斯·福特州长说："有一次，我的一位朋友告诉我，他想成为议会委员，但他要等到选举前才能表明态度。因为一个人往往聪明一时，聪明一世的人几乎是凤毛麟角。"在党团组织取消个人参加竞选的资格前，选举中往往掺杂很多私人情感。给一个人投反对票会冒犯对方，有时甚至会激起竞选失利的人的打击报复。1827 年，议会经过激烈的竞选，选出了一名州财政部部长。委员们离开会场前，一名落选的候选人走进来，将给他投了反对票的四名委员痛打了一顿。这种过激行为造成的后果是，这名候选人不久后成了巡回法庭的书记员。

梅纳德县的老人们讲了一个小故事，为亚伯拉罕·林肯总统的信誉加分不少。当亚伯拉罕·林肯竞选议会委员时，一个人想得到另一个职位。于是，这个人和亚伯拉罕·林肯一起走到投票箱前，很夸张地将票投给了亚伯拉罕·林肯，故意引起人们的注意，希望亚伯拉罕·林肯也将宝贵的一票投给自己。结果，亚伯拉罕·林肯给他投了反对票。在场的所有见证者都对亚伯拉罕·林肯的这种正直行为表示钦佩。

人们注意到了与当时的政客有关的一个事实，即政客们的职业生涯通常都非常短暂，他们参政不久就能退休领养老金。18 世纪后半叶和 19 世纪前半叶，我们眼中正值壮年的人被当时的人称为老人。

1788 年，当乔治·华盛顿的朋友们首次全力支持他当总统时，他以自己"年事已高"为由婉言谢绝了，但当时他只有五十六岁。1826 年，当尼尼安·爱德华兹竞选伊利诺伊州州长时，只有五十一岁。但他觉得有必要在自己出版的演讲稿中，就一些人指责他太老不能当州长一事予以反驳。他一方面承认自己已经不再年轻，另一方面又列举了很多例子说明年老的优势，譬如酒是陈的香，姜是老的辣，火腿越放越美味，朋友越久越亲密等。

1848 年，亚伯拉罕·林肯在国会当议员时，写了一封语重心长的信。信的内容与尼尼安·爱德华兹的观点不谋而合。亚伯拉罕·林肯的同事威廉·亨利·赫尔登先生在那之前给他写了一封信，抱怨桑加蒙县的老人们不愿意给年轻人施展才华的机会。对此，亚伯拉罕·林肯用一贯严肃而温和的口吻回复道："你信中提到的事情让我非常难过。我只能说，你关于老人们动机的表述有些问题。我现在也算老人了，我以自己的信誉担保，我想你也是个诚实的人，了解到你和我的一些年轻朋友在老家为竞选辛苦奔忙，努力赢得人民的爱戴，你们的立场远比我坚定，从而受到了人们的赞赏，再没有什么比这更让我感到满

亚伯拉罕·林肯

意和欣慰的了。我相信别的老人也和我有同样的感受。当然，我无法证明自己的感受，但我也曾年轻过，我确信别的老人从来没有如此小气地排挤过我。"当时，这位老成持重、谆谆告诫脾气火爆的年轻人的"长者"亚伯拉罕·林肯只有三十九岁。如果一个社会中，一个三十多岁的人将自己或被别人称作老人，那么这一事实足以证明这个社会的死气沉沉和萎靡不振。幸存下来的开拓者们的观点与此截然相反。一位老族长说："那时候的生活多么富有激情，因为人们热爱生活。虽然时常发生斗殴事件，但人们会很快握手言和，成为挚友。现在跟从前完全没法比！"另一位老人也说："现在，我再也不能像从前那样享受早餐了。那时候，起床后必须追捕一只鹿才能有早餐，虽然辛苦，但吃得津津有味。"他们沉浸在对过去的回忆中，青春的魔力将他们的回忆变得珍贵美好。然而，残酷的事实表明，当时的生活十分艰辛，几乎没有快乐可言，更没有一件像样的器具。只有体格健壮的人才能活下来，虽然一些人活到了乔松之寿，但大多数人病魔缠身，苦不堪言。

如果能回到过去，亲身体验一下先辈们开发西部荒野时经历的艰辛，我们就能更深切地理解自己对他们应尽的义务了。但这种想法分散了我们的注意力。我们已经忘记他们有权认为自己的生活更快乐、更舒适，或在某些方面，他们当时的生活的确比我们现在的生活更美好。

第 **4** 章

新塞勒姆的岁月

在"冰冻三尺的那个冬天"的后期，亚伯拉罕·林肯认识了丹顿·奥法特。丹顿·奥法特是一个具有冒险精神、说话不着边际的商人。他想送一平底船的货物去新奥尔良，但由于事情太多，他一个人忙不过来，又听说约翰·汉克斯和亚伯拉罕·林肯有航行的经验，于是，说服他们来帮自己。后来，可能是通过亚伯拉罕·林肯的推荐，约翰·约翰斯顿也加入了这次航行，他想通过这次绝佳的机会挣些钱。他们每天的工资是五十美分，如果情况好的话，每人还可以拿到二十美元的红利。这对三个男孩来说，几乎是一个可以一夜暴富的机会。春天来临，冰雪开始融化。融化的雪水顺着深谷沟壑奔涌而下。三个年轻人乘一条独木舟，沿着桑加蒙河顺流而下，抵达了现在的詹姆斯敦。在那里，他们又走了五英里，到达了丹顿·奥法特指定的地点——斯普林菲尔德。他们在埃利奥特的小酒馆见到了丹顿·奥法特，但一点儿都高兴不起来，因为丹顿·奥法特曾承诺了很多，现在却连一条平底船都没能弄到手。三个年轻人不得不自己动手，亲手造了一条船。他们在"国会的土地"上伐树取材，就像在边疆砍树时那样毫无负罪感。很快，一条结实耐用的船出现在了河面上。他们划着这条船，顺着桑加蒙河前往新塞勒姆。新塞勒姆似乎正在等待这一刻，因为在亚伯拉罕·林肯到来之前，这个小村庄刚刚建立。亚伯拉罕·林肯在这里待了七年，见证了新塞勒姆的快速发展。他走后，这里也渐渐变得凋敝荒芜。他用一种奇特的、引人注目的方式，让自己的同胞们认识并了解了新塞勒姆。丹顿·奥

詹姆斯敦

法特的船在拉特利奇①先生的磨坊大坝附近陷入了进退两难的困境，大家被迫
上了岸。大半天的时间里，他们只能眼睁睁地看着平底船搁浅在那里。船腹抵
着大坝，船首高高翘起，船尾淹没在桑加蒙河混浊的河水中。除了"靠近船首
的划桨人"亚伯拉罕·林肯，其他人一点办法也没有。有人将亚伯拉罕·林肯
描述成一个"裤脚挽起约五英尺"的高大青年。他涉水走到船边，用自己发明
的一件奇怪工具，将船上的货物都卸到了岸上。船身歪倒在一边，船底出现了
一个洞，河水从这个洞里冒出。所有货物被安全搬到大坝下面的停泊区。在这
次事件中，雇主对功不可没的亚伯拉罕·林肯赞誉有加。亚伯拉罕·林肯忽然
想发明一个可以"将船从浅滩上抬起来"的东西。后来，他还为此申请了专利。
1849 年，当成为律师和政客后，他亲手制作并获得专利的一条小船模型一直
存放在内政部，供游客参观。我们从未听说这条小船模型还有其他用途。

---

① 拉特利奇是伊利诺伊州梅纳德县新塞勒姆的一个磨坊主。

亚伯拉罕·林肯和同伴们很快渡过了桑加蒙河、伊利诺伊河和密西西比河。虽然这次航行与亚伯拉罕·林肯之前和艾伦·金特里的那次航行差不多，但显然，这次航行给他留下的印象远比前一次深刻。约翰·汉克斯简单朴实的话证明了这一点，他说，在新奥尔良，他们平生第一次看到了"用铁链拴在一起的黑奴。这些黑奴惨遭鞭打、虐待和折磨。亚伯看到后虽然没说什么，但我知道他的心在滴血，因为他看上去情绪很差。我敢说，正是这次航行让他对奴隶制有了看法。1831 年 5 月，此情此景在他心里烙上了永远无法磨灭的印迹。我曾听他说过很多次"。对亚伯拉罕·林肯来说，人被铁链锁在一起的景象简直惨不忍睹。十年后，亚伯拉罕·林肯和肯塔基州的朋友约书亚·福瑞·斯皮德通过水路又旅行了一次。时光流逝，一晃十四年过去了，他在给约书亚·福瑞·斯皮德的信中写道："1841 年，我俩一起乘汽船进行了一次漫长无聊的浅水旅行，从路易斯维尔到圣路易斯。你应该还记得，从路易斯维尔到俄亥俄河口的途中，

密西西比河与河边定居点

船上有十几个被铁链锁在一起的奴隶。那种景象对我来说是一种残酷的折磨。在俄亥俄河或其他蓄奴州的边界，我经常见到类似的景象。你认为我不应该关注让我痛苦，或让我长时间痛苦的事，这么说并不公平。"

我们曾多次尝试寻找亚伯拉罕·林肯反对奴隶制的思想源头，但都是徒劳。这些伤感的情绪一直伴随着他的心灵和良知。在新奥尔良的码头和俄亥俄河的汽船上，看到自己的同类被人用铁链拴在一起，他的伤感转化成了改变社会现状的勇气和力量。

初夏时节，亚伯拉罕·林肯和同伴们溯流而上，在圣路易斯分道而驰。林肯在约翰·约翰斯顿的陪伴下，从圣路易斯步行前往科尔斯县。在那里，亚伯拉罕·林肯与父亲度过了几个星期。前一年，托马斯·林肯又搬了一次家。这次他搬到了鹅窝草原。1851 年，托马斯·林肯在鹅窝草原去世，享年七十三岁。他的一生并不算成功，但与自己拥有强烈的事业心和进取心的杰出儿子相比，他的一生或许更幸福。亚伯拉罕·林肯从未忽略过自己的父母。有时，即便自己负担不起，他也会省吃俭用，补贴家里。但家里却没有开支计划，经常入不敷出。不过，他还是会竭尽所能，帮助并照顾家人。他不仅尽可能地让父母的晚年过得舒适，还力所能及地帮助弟弟约翰·约翰斯顿，尽管效果并不显著。下面几封严厉但诚恳的家信充分体现了亚伯拉罕·林肯对这位从小一起长大的伙伴师长般的关爱和慷慨。

亲爱的约翰：

你请求我给你八十美元，但我认为自己不应该这样做。很多次，当我帮了你后，你总对我说："我们现在能好过一点了。"但没过多久，我发现你又和从前一样穷困。现在，我们只能从你的行为中寻找问题的根源了。

我清楚你的问题出在哪里。你并不懒惰，却是个游手好闲的人。我与你相识以来，你从来没有将一整天的工作任务完成过。你并不厌恶工作，但依然没有干过多少工作。也许在你看来，原因在于你找不到合适的工作。这种浪费时间的习惯是你现在面临的最大问题。这一问题不仅对你来说非常重要，对你的孩子们也很重要，你应该改掉这个坏习惯。我为什么说对孩子们也很重要呢？因为他们往后的日子还很长，在染上这种游手好闲的坏习惯前远离它，远比染上之后再去改正容易得多。

你现在生活拮据，我的建议是，谁能给你钱，你就应该"拼命地"为他工作。让父亲和你的儿子们在家里耕田耙地，种些庄稼，然后你出去工作，多挣点钱，至少将自己欠下的债还上，确保你的劳动和付出得到公正合理的回报。我现在向你保证，今年5月到明年5月1日之间，你每挣一美元，或者每还一美元的债务，我会再给你一美元作为奖励。这样一来，如果你每个月通过自己的劳动挣到十美元，从我这里又可以得到十美元，每个月总共就能得到二十美元。我让你出去工作，并不是说让你背井离乡去圣路易斯的铅矿或加利福尼亚州的金矿，而是让你去离家不远的地方，努力工作，多挣点钱，譬如科尔斯县。如果你现在照我说的做，很快就能还清债务。更重要的是，你能养成勤俭的好习惯，使自己不再债台高筑。但如果我现在替你还清债务，明年你就会和往年一样负债累累。你说你差点将自己以后的坟地以七十到八十美元的价格卖掉。我觉得你太低估这块地的价值了。我相信，按照我说的去做，四五个月后，你就能挣到七十到八十美元。你说如果我能给你这笔钱，你就将地契押给我。如果到时候还不上钱，你就将土地的所有权转让给我。你怎么能这么说呢？简直是胡闹！你现在有地都无法生活。如果没有了地，你又该如何生存？你对我一直很好，我也不想对你太严厉。相反，如果你能遵从我的建议，就会发现，这块地的价值远不止八十美元的八十倍。

下面是亚伯拉罕·林肯后来写的一封信，叙述依然诚挚生动、简洁扼要：

亲爱的弟弟：

当前天来到查尔斯顿，了解到你急着卖掉现在居住的宅基地，打算搬到密苏里州时，我一直在考虑这个问题，我认为这种想法实在太不明智。难道你在密苏里州能过得比现在更好吗？难道那里的土地比查尔斯顿的更加肥沃吗？难道你在那里不用劳动就能种植更多玉米、小麦和燕麦吗？难道那里有更多人为你工作吗？如果你打算去工作，那么没有哪个地方比你现在待的地方更合适。如果你不打算工作，那么你在哪里都挣不到钱。对你来说，不停搬家没有一点儿好处。今年你没有种庄稼，甚至想卖掉土地拿到现钱，然后痛痛快快地挥霍。失去了赖以生存的土地，我敢用生命打赌，你以后连一块安葬自己的土地都买不到。你卖掉土地得到的钱，其中一半会花在搬去密苏里州的路上，剩下的一半需要支付日常开销。因此，你在密苏里州连一英尺土地都买不到。现在，我认为自己不应该掺和这件蠢事。我想在母亲健在时，将东边的四十英亩土地留给她。我觉得这样做，对你，尤其是对母亲来说非常公平。如果你不种田，我就将土地租出去，租金足以养活母亲。母亲可以将父亲去世后留给她的另外八十英亩土地留给你。你不用谢我。现在，你不要误会我这封信的意思。我不是想对你冷酷刻薄，而是为了让你面对现实。现实就是，你之所以贫困潦倒，是因为整天游手好闲，不务正业。你的任何理由都骗不了别人，只能自欺欺人。努力工作是你唯一的出路。

亚伯拉罕·林肯

1851 年 11 月 4 日

写于谢尔比维尔

亚伯拉罕·林肯和西南边陲的普通劳动者一样，但要讲清他的一生并不容易。他在贫穷和无知中长大，与自己的同胞一样，也受到西部丛林中令人恐惧的疟疾的折磨，而这种疾病对他的性格和行为造成了深远影响。但他具有坚持不懈追求理想的毅力，这一点是常人无法比的。与约翰·约翰斯顿相比，他对工作的热情并不高，但他天生自尊自爱，也意识到自己应该赢得别人的尊敬，因此，他从来不会虚度年华，也没有染上任何恶习。只要活着，他就会不断提升自我，让自己变得更优秀。

我们预计需要二十年时间才能将亚伯拉罕·林肯和他的家庭叙述清楚。1831 年 8 月，亚伯拉罕·林肯离开了父亲，去外面的世界独自闯荡，通过努力白手起家。他再次去了新塞勒姆，给丹顿·奥法特帮工。思维敏捷的投机商丹顿·奥法特想在新塞勒姆开展自己的生意。亚伯拉罕·林肯浪费了很多时间等待晚来的老板和货物，但非常守时，因此，丹顿·奥法特奖励了他。在新塞勒姆的居民心中，亚伯拉罕·林肯似乎是个"无业游民"，很多人都对他做出了这样的评价。他曾花一天时间在当地的一个选举活动中担任书记员。在这种场合，只有一个有文化的"无业游民"才能有机会得到这样一份工作。一位叫尼尔森的医生因厌烦了新塞勒姆的生活，想搬到得克萨斯州。亚伯拉罕·林肯帮他操舵，沿着桑加蒙河顺流而下。这种航行不需要高超的技术，因为河里水流湍急，领航员可以在很多地方利用二到三英里的人工航道。丹顿·奥法特和货物终于到了。亚伯拉罕·林肯和他立即将货物摆放停当，开门营业，竭尽全力地在新塞勒姆拓展业务。但丹顿·奥法特仍不满足，没过多久就买下了卡梅伦建在具有重大历史意义的大坝上的磨坊，并让亚伯拉罕·林肯管理这个磨坊。

我们可以猜到，由于丹顿·奥法特生性鲁莽，因此，他的邻居和客户们并不太喜欢他。有人说他言之无物，"废话连篇"。不久，丹顿·奥法特的这一缺点给亚伯拉罕·林肯带来了麻烦。他非常敬佩亚伯拉罕·林肯，对他赞赏有加，但有时难免言过其实，让人心生怀疑。他说在美利坚合众国，没有人比亚伯懂得更多，但他没有必要做出这样的论断，因为即使是亚伯，也不可能详尽、全面地掌握美国所有实用的科学知识。他还说，在赛跑、跳高和摔跤等方面，全县没有人是亚伯的对手，这种观点比较具体，也更容易被当地人理解，但人们很可能会质疑这种说法。

一群号称"克莱瑞街男孩"的无赖青年，控制着新塞勒姆的公众舆论。他们每周会来村子里一两次，不是喝酒打架，就是嬉戏喧闹，消磨时间。新搬来的人常常会落入这群泼皮无赖手中，被迫参加一个粗俗的入会仪式，然后才能正式成为新塞勒姆的居民。有时，他们会将新来的人装在一个大桶里，然后连人带桶滚下山坡。有时，他们会百般羞辱新来的某个人，直到那个人无法忍受，奋起反击。然后，他们群起攻之，将他打得鼻青脸肿。虽然这些人假装自己拥有骑士风度，但他们脑子里从来没有公平公正或任何文明的观念。起初，他们似乎并不想骚扰年轻的亚伯拉罕·林肯。亚伯拉罕·林肯的外貌也并不会招致他们的辱骂，毕竟他力大无穷，身手敏捷，这是人尽皆知的事实。比起温和善良的脾性，能够保护亚伯拉罕·林肯不受伤害的是他健硕的身体。然而，丹顿·奥法特四处宣扬亚伯拉罕·林肯的优秀品质，使这些傲慢自大的无赖感到十分不满，引发了矛盾冲突。最后，他们提出了挑战，要与亚伯拉罕·林肯举行一场摔跤比赛。亚伯拉罕·林肯非常反感这种"瞎嚷嚷，乱起哄，唯恐天下不乱"的做法，这是他的原话。但丹顿·奥法特轻率的言行使亚伯拉罕·林肯不得不展示一下自己的气概和才能。这伙小混混中，领头的是一个叫杰克·阿姆斯特朗的年轻人，大家推选他与亚伯拉罕·林肯一决高下，都认为他稳操胜券。但杰克·阿姆斯特朗立即意识到自己的对手很不简单，不像他从前交过手的人那样好对付。看到杰克·阿姆斯特朗无法战胜高大的亚伯拉罕·林肯，其他同伙一拥而上，连踢带打，几乎要将亚伯拉罕·林肯扳倒在地。就在这时，"诸神之父欧丁^①的精神进入了亚伯拉罕·林肯体内"。他使出全身力气，将杰克·阿姆斯特朗像小孩似的夹在臂弯里，也将"克莱瑞街男孩"的尊严和傲慢夹在了臂弯里。杰克·阿姆斯特朗差一点儿窒息而死。刹那间，一场群架似乎在所难免。但亚伯拉罕·林肯背靠墙站着，脸上毫无惧色。他的反抗令人敬畏，一时间，"克莱瑞街男孩"的愤怒被敬佩取代。亚伯拉罕·林肯的入会仪式就这样结束了。打斗结束后，杰克·阿姆斯特朗与亚伯拉罕·林肯成了情同手足的好兄弟，并

---

① 欧丁是北欧神话中的神，也是阿萨神族的王，世界的统治者，被称为"诸神之父"，掌控着战争、权力、智慧、魔法和死亡。

诸神之父欧丁

且这种不打不相识的友情延续了一生。杰克·阿姆斯特朗是亚伯拉罕·林肯的忠实捍卫者，此后，亚伯拉罕·林肯再也没有亲自参与过任何打斗。两人虽然性格迥异，但后来在很多方面互相帮助。在这次打斗中，亚伯拉罕·林肯伤了杰克·阿姆斯特朗的喉咙，后来为此做了慷慨的补偿。在一场令人难忘的审判中，亚伯拉罕·林肯救了杰克·阿姆斯特朗的儿子，使这位年轻人逃过了绞刑。

在亚伯拉罕·林肯的一生中，这场摔跤比赛看似无聊粗俗，却意义重大。在这场不光彩的打斗中，亚伯拉罕·林肯的人品得到了人们的赞赏和尊重，并在这个改变他命运的社区里获得了一定的地位。从那时起，他在一定程度上成了了不起的人物，有了自己的名号和身份。"克莱瑞街男孩"一致认为他是"有史以来闯入这个定居地的最聪明的家伙"。他不需要通过参加各种打斗维护自己的尊严。与此同时，由于平和温顺、诚实正直的性格，人们对他表现出了更多善意。

　　总的来说，丹顿·奥法特对亚伯拉罕·林肯很满意。作为店员，亚伯拉罕·林肯的敦厚老实偶尔会让人感到奇怪。后来在律师行业中，他的同事也觉得他有些奇怪。J.G. 霍兰德医生记录了两件有意义的小事。一次，亚伯拉罕·林肯卖给一位女士一些小商品，对账时，他发现这位女士多付了八十五美分。这些钱让他寝食难安，心神不宁。直到晚上下班后，他锁好店门，走了几英里夜路将钱还给了那位女士，才睡了个踏实觉。还有一次，他给顾客称了一磅茶叶。客人走后，他发现天平上还有一个小砝码。于是，他赶紧将不小心短缺了的茶叶还给了顾客。他的良心不允许自己占别人的任何便宜。年轻的亚伯拉罕·林肯并非十全十美，J.G. 霍兰德医生讲述了他在当店员期间发生的另一件小事，表现了他性格的另一面。一天，一名乡村恶霸对一位女士出言不逊。亚伯拉罕·林肯请他闭嘴，却成了"战争"的导火索。受到挑衅的亚伯拉罕·林肯被迫与这个怒不可遏的流氓一起走到大街上，但战斗很快就结束了。亚伯拉罕·林肯眨眼间就将这个无赖摔倒在地上。道路两边长满了郁郁葱葱的毛叶泽兰，他顺手揪下一把叶子，将叶子按在了那个恶棍的脸上和眼睛上，直到对手哭喊着求饶。这个无赖的号叫起了作用。惩罚完挑衅他的无赖后，亚伯拉罕·林肯端来清水让这个自讨苦吃的家伙清洗了脸。毫无疑问，亚伯拉罕·林肯这种奇怪的警告方式在关键时刻发挥了巨大作用。

　　经过几次类似的打斗，亚伯拉罕·林肯在当地有了受人尊敬的名声。但他将自己的能力和名望都用在了充当调解人上。很快，人们一致赞成由他担任调解人一职。无论何时，只要在丹顿·奥法特的店门口发生争执打斗事件，或骑士精神暴涨的"克莱瑞街男孩"想要打压某个陌生人，或两条狗之间的争斗引发了狗主人之间的打斗，林肯都会出面调解。他明察秋毫，判决公正，不仅软硬兼施，奖惩合理，而且脾气好，很快就能平复众人的情绪，恢复社会秩序。

和丹顿·奥法特一起工作时，亚伯拉罕·林肯渐渐对英语语法产生了浓厚兴趣。根据自己了解到的英语语法知识，他认为只要方法得当，认真学习，就有能力掌握语法。亚伯拉罕·林肯与小学校长门顿·格雷厄姆商议过此事，知道著名的《柯卡姆语法》所在的具体位置后，就立即出发。不久，他带着自己梦寐以求的宝贝，步行十二英里回到了丹顿·奥法特的商店。亚伯拉罕·林肯深入研究了这本语法书，这种专心致志、手不释卷的学习精神令人钦佩。现在，学习语法成了亚伯拉罕·林肯最重要的事。很快，他明白只有掌握了语法规则，才有可能了解一切事物。与其他人一样，他认为自己掌握的知识太过贫乏，并且对自己能够轻易掌握的这些知识感到吃惊。但对新塞勒姆的居民们来说，这些都是巨大的成就。亚伯拉罕·林肯的勤奋好学给人们留下了深刻的印象。

当时，新塞勒姆发生了一件轰动邻村的大事，亚伯拉罕·林肯从此声名远播。这件事造成的影响及其重要性完全不成比例。桑加蒙河两岸的大多数居民相信，桑加蒙河是一条可以行船的河。当地的政客们也发现，对这一假定事实的讨论激起了民众的兴趣。讨论的结果是，州政府或联邦政府有责任清理河道，让试图沿这条天然的"公路"发展的商业能够自由通航。最终，来自斯普林菲尔德的文森特·博格上尉决定向那些纸上谈兵的人证明，只有实践才能检验真理。文森特·博格上尉对这项伟大创举做出的第一个承诺出现在了他在辛辛那提写的一封信中。1832 年 1 月 26 日，这一承诺刊登在了《桑加蒙期刊》上。文森特·博格上尉说他将乘汽船亲临桑加蒙河，开启破冰之旅。他要求当地安排十到十二个人，手拿长柄斧站在河口附近等他。他让这些人砍掉了沿河两岸悬在头顶的树枝，人们对此欣喜若狂。公共集会、任命委员会、募集资金、对将要售卖的货物进行广告宣传的活动吸引了人们的普遍关注。充满希望的一天终于来临。公告从辛辛那提传到了斯普林菲尔德，称有豪华上层甲板舱的汽船"塔利斯曼"号将在特定的一天驶入桑加蒙河。虽然这一公告传来了令人振奋的消息，但人们抱怨说斯普林菲尔德已经连续三周没有收到任何邮件。不难理解，人们迫切希望尽快与外界进行频繁的商业交往。时间一天天过去了，由于恶劣天气和浮冰的阻碍，"塔利斯曼"号汽船并没有如期驶入桑加蒙河，但这件事依然被如实记录了下来。后来，带着长柄斧的那群人不得不前往比尔兹敦迎接汽船。毫无疑问，亚伯拉罕·林肯就是这群人中的一员。虽然很多人并不知道亚伯拉罕·林肯是一个英勇的领航员，但作为新塞勒姆最有学问的公民，他完全有资格获得这一殊荣。亚伯拉罕·林肯引领着"塔利斯曼"号汽船安全驶过了桑加蒙河的多个弯道。斯普林菲尔德的居民们为这件事张灯结彩，尽情狂欢，因为桑加蒙河的通航使"人们不再将斯普林菲尔德视作一个内陆城市"。文森特·博格上尉宣布"'塔利斯曼'号汽船刚刚收到满满一船新鲜货物"。当地的诗人们用诗歌赞美这艘船的到来，并将这些诗醒目地发表在了《桑加蒙期刊》的专栏里。然而，"塔利斯曼"号汽船带来的欢乐很快消逝。几个月后，在圣路易斯的码头上，这艘汽船不慎被烧毁。此后，州政府或联邦政府再也没有疏通过桑加蒙河的河道，这条河上也再没有出现过比亚伯拉罕·林肯更优秀的领航员。

第 5 章

黑鹰战争

精彩
看点

1832 年夏，亚伯拉罕·林肯的生活进入了一个全新的阶段。随后，他首次得到了公众的认可，并积极投身自己即将进入的复杂艰险的政治生活。

　　约翰·雷诺兹州长颁布了志愿军召集令，将黑鹰的部落赶到了密西西比河西岸。与此同时，丹顿·奥法特的生意一落千丈，几乎倾家荡产，亚伯拉罕·林肯也因此丢了工作。多年来，苏克族的老酋长黑鹰经常率人劫掠开拓地，那里是印第安人的祖先世代生活的地方，后来被迫割让给了殖民者。岩岛附近的定居点人心惶惶，边远地区的人们生活得不到安宁。1831 年春天，黑鹰率领大批勇士来到了密西西比河东岸。其他几个部落承诺与黑鹰结盟，因此，他才有勇气率部前来。然而，这些部落在关键时刻违背了诺言。全州的志愿者们临时组建了一支军队，在埃德蒙·彭德尔顿·盖恩斯将军和他的小分队的协助下，不费吹灰之力就将这群印第安人赶回了密西西比河西岸。1831 年 6 月 30 日，双方签订了一份重要协议，并承认了之前签订的几份协议。黑鹰及其几名将领受到了限制：没有总统或者伊利诺伊州州长的明确授权，他们不得踏入密西西比河以东的区域。

　　然而，作为一位饱经世事、狂傲不羁的土著首领，黑鹰并没有将这些协议放在眼里，更不会为所谓的不义行为低头认罪。他当了四十多年的首领。还是个小孩子时，他就杀死了第一个敌人。十五岁那年，他在自己的毯子上印了一枚象征自己高贵地位的血手印。一般情况下，他对和平没有一点儿好感，

黑鹰

尤其是禁止他自由出入自己狩猎的地方和祖先们的墓地，这对他来说是绝对
不能忍受的。他坚信自己签订的协议是卑鄙的殖民者设计的圈套，而且认为"土
地不能买卖"。这是政治经济学的观点。当代的社会主义者对此并没有明确
的态度，不知道是该接受还是该反对。此外，禁止黑鹰进入自己原来的领地，
使他内心最脆弱的情感转变成了不可抑制的愤怒。自从女儿死后，黑鹰每年
都会不远万里前往奥阔卡拜谒女儿的墓地，举行神秘的祭奠仪式并默哀。黑
鹰既是一位先知也是一名勇士，具有先知特有的狂热。内心的悲伤和仇恨自
然而然地成了伴他左右的精灵们的低语。随着时间的流逝，这些看不见的情

感因子变得越来越强大。直到有一天，他再也无法抵制精灵们的煽动，即使死亡之神就站在路中央。

1831 年冬，黑鹰组织了部落联盟。因为基奥卡克①的忠诚，所以黑鹰没有将整个苏克族和福克斯族引上战争的道路。当时正值初春，他率领年轻健壮的印第安勇士们再次渡过了密西西比河。这次，他声称是来"种玉米"的。

基奥卡克

---

① 基奥卡克（Keokuk，1767—1848），黑鹰的一名将领。

温尼贝格族人

但为了和平占领这片土地，他沿着岩河溯流而上，希望与温尼贝格族人和鲍特瓦特梅族人会合。然而，印第安人信守承诺、歃血为盟的时代已经结束，那些与他一起发过誓的盟友不但没有给他任何帮助，而且很快投靠了实力更强大的殖民者。

黑鹰的行动引起了全州人民的恐慌。指挥美军的亨利·阿特金森将军正式向黑鹰发出了警告，命令他返回。但这位老酋长对亨利·阿特金森将军的警告充耳不闻，继续向普罗菲茨敦进发，说是去探望他的先知朋友瓦波克史克。约翰·雷诺兹州长立刻召集志愿军。让他感到吃惊的是，人们都非常踊跃，积极参加。亚伯拉罕·林肯就在第一批应征者中，令他惊喜的是，他被选为所在连队的上尉。当时的志愿组织完全按照民主原则指挥。连队在草坪上集合，有人提议选举领导者。四分之三的志愿军支持亚伯拉罕·林肯，其余志愿军中的大多数人支持来自春溪的小有名气的柯克帕特里克。亚伯拉罕·林肯曾告诉我们，说他后来获得的所有成就都不如这一次获得的荣誉能带给他如此纯粹的快乐。这是志愿军对他优秀的身体素质和道德品质发自内心的认可与敬佩。由于能力出众,亚伯拉罕·林肯在一百多人的连队中脱颖而出,受到战友们的称赞和拥护。

在比尔兹敦集结地,亚伯拉罕·林肯的连队隶属塞缪尔·汤普森上校的伊利诺伊州第四步兵团。1832 年 4 月 21 日,伊利诺伊州第四步兵团在桑加蒙县里奇兰建立,1832 年 4 月 27 日开拔,与塞缪尔·怀特赛兹将军指挥的军队一起前往黄堤。在黄堤,装载军需物资的船前来接应他们。这是一次艰难的行军,途中既没有路也没有桥。急行军消耗了士兵们的大量体力。第三天傍晚,军队到达了亨德森河附近。亨德森河宽约五十码,两岸的山峰高峻陡峭。由于天气

塞缪尔·怀特赛兹

回暖，冰雪融化，河水逐渐上涨，水流变得汹涌湍急。对大多数军队来说，这可能是很难跨越的障碍。但这些在丛林中长大的士兵像河狸一样涌向河边，不到三个小时就全部到了对岸，仅损失了一两匹马和两三辆马车。当他们到达密西西比河上的黄堤时，前来接应他们的军需补给船还没有到达。于是，他们在那里饿着肚子等了三天。对随军远征的约翰·雷诺兹州长来说，这三天过得实在太煎熬。他每天听到的都是两千多名饥肠辘辘的士兵对他的批评和抱怨，直言他办事效率低下。然而，1832年5月6日，"威廉·华莱士"号补给船终于到来。约翰·雷诺兹州长激动地说道："我想，这可能是我见过的最振奋人心的景象了。"军队从黄堤出发前往岩河河口。随后，塞缪尔·怀特赛兹将军和志愿军继续溯流而上，走了九十英里后，到达了狄克逊。军队一边停下休整，一边等待亨利·阿特金森将军的正规军和军需辎重。他们在那里遇到了斯蒂尔曼少校和贝利少校指挥的两个新组建的骑兵营。这两个营还没有参加过战斗，士兵们一个个摩拳擦掌，跃跃欲试。由于急行军，塞缪尔·怀特赛兹将军的军队人困马乏。此外，他们为了加快行军速度，一路上扔了很多军需物资。因此，约翰·雷诺兹州长听到斯蒂尔曼少校的士兵们求战心切，便命他们继续前进，降服老人溪上游的印第安人。约翰·雷诺兹州长在回忆录中写道："我想他们会发现敌人的。"

这一猜想并不是空穴来风。斯蒂尔曼少校的军队一路跃马扬鞭，欢呼雀跃，傍晚便来到了老人溪。此后，老人溪更名为斯蒂尔曼河。夜色中，斯蒂尔曼少校的军队在一英里远的山顶上发现了一小股印第安人。几位勇敢的绅士快马加鞭，主动跟了上去。印第安人开始撤退，但斯蒂尔曼少校率领的士兵们眨眼间便追上了他们。两三个印第安人当场命丧黄泉。由于还未收到命令，士兵们无所顾忌地沿着山坡和山谷追击敌人，就像追捕野兔一样。追击开始时，黑鹰正在吃晚餐。他匆忙召集了十几个勇士，攻打分散的白人士兵。印第安勇士们的袭击像一盆凉水一样浇灭了冲锋的志愿军们的高昂情绪和无畏斗志，使其仓皇逃散，并引起了营地里的士兵们的恐慌。营地里的士兵也争先恐后地狂奔乱窜。黑鹰几乎没有遭到任何抵抗，但担心有诈，便试图召回勇士们，命令他们停止

苏克族士兵

追击。但夜色昏暗，人喧马嘶，黑鹰根本无法发布命令。印第安人将抓获的所有白人就地处决。但志愿军们的战马急速飞奔，只有十一个士兵被印第安人俘虏，其余人都逃回了狄克逊。休息了一晚后，他们都恢复了力量和勇气。第二天早上，塞缪尔·怀特赛兹将军来到激战的地方，但印第安人已经消失得无影无踪。他命人兵分几路，对周边印第安人的定居点进行了大屠杀。屠杀持续了几天，志愿军享受着血腥的胜利果实。

征召志愿者入伍的活动已经结束。志愿军看不到引以为荣或有利可图的未来，也厌倦了服役和饥饿，大部分人表示不愿继续服役。饥饿是这次战役中无法避免的困难。然而，可以肯定地说，亚伯拉罕·林肯不愿继续与这群思乡心切的士兵为伍，认为服兵役完全是自己的职责，即便在挎着马刀、纪律严明的骑兵队伍中，军衔也不能阻碍他行使自己的职责。1832 年 5 月 27 日，在退伍当天，亚伯拉罕·林肯再次入伍，成了一名列兵。其他几名军官也和他一起入伍，其中包括塞缪尔·怀特赛兹将军和约翰·托德·斯图尔特少校。亚伯拉罕·林肯成了伊利亚·艾尔斯上尉的志愿军骑兵营中的一员。这支骑兵营有时也称独立侦察营。根据该营一名骑兵的说法，这是一支独一无二的军队。乔治·M.哈里森说，独立侦察营不"隶属任何团或旅，直接受命于总司令，与军队同行时，总在战线以内宿营。这支军队还有很多特权，譬如没有扎营的义务，可以随意支取口粮"。这个独立侦察营类似充满传奇色彩的"准将团"。第二次入伍后，亚伯拉罕·林肯几乎一直待在这支精英部队中，但没能参加威斯康星州的峭壁战役和钝斧战役。这两场战役都由詹姆斯·D.亨利[①]将军指挥，彻底击垮了黑鹰的势力和英格兰人与苏克族的联盟。

卸下上尉的重任后，对亚伯拉罕·林肯来说，战争反倒成了节假日。与其他人一样，这个来自新塞勒姆的高大士兵将战争当成了一种享受。他积极参加

威斯康星州的峭壁战役战场

———————————

① 詹姆斯·D.亨利（James D.Henry, 1797—1834），伊利诺伊州民兵军官。在黑鹰战争期间，他晋升为少将。

黑鹰在钝斧战役中战败，族人准备横渡密西西比河逃亡

士兵们都喜欢的体育运动，借此消磨军营里的无聊时光。大家认为除了摔跤，他是军队里最强壮的人。事实上，亚伯拉罕·林肯的朋友们并不承认他不擅长摔跤。在和令人敬畏的塞缪尔·汤普森上校比赛摔跤时，两个人抱团倒在地上。在这种情况下，林肯不应该认输。从战争开始一直到结束，林肯逐渐名声大噪。现在依然健在的一些战友每次提起那段艰难但快乐的时光，总会由衷地赞扬亚伯拉罕·林肯的性格和品行。

詹姆斯·D.亨利将军公然违抗上级的命令。他看起来鲁莽大意，实际上心思缜密。他率领实力并不强大的军队走在陌生的小路上，坚信这些小路能带他找到黑鹰的老巢。当时，独立侦察营并不由詹姆斯·D.亨利将军指挥。1832年7月21日，詹姆斯·D.亨利将军在威斯康星河的断崖上发现了印第安人，并将他们逼入了绝境。印第安人遭到重创。后来，黑鹰的残余势力向密西西比河撤退，美军紧追不舍。亨利·阿特金森将军冲锋在前，詹姆斯·D.亨利将军殿后。好运再次降临到了詹姆斯·D.亨利将军身上。当黑鹰带领十几个手

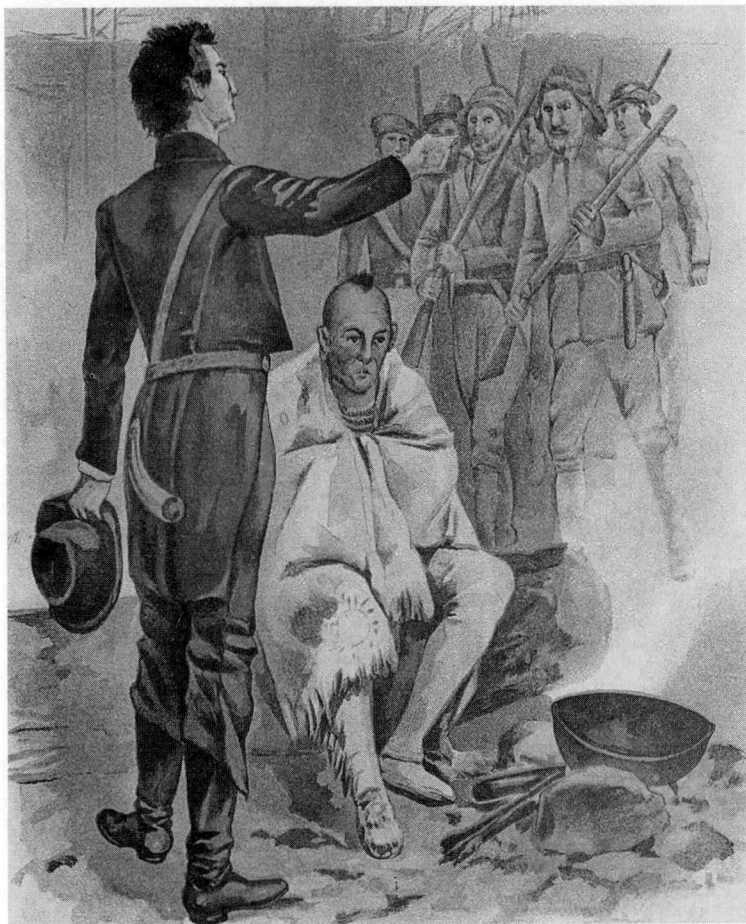

黑鹰被美军捕获

下引开亨利·阿特金森的军队并与之激战时，詹姆斯·D.亨利将军截断了黑鹰的退路，引发了钝斧战役。事实上，钝斧战役是一场针对心灰意冷的印第安勇士们的大屠杀。前面有河流阻拦，后面又有追兵紧追不舍，印第安勇士们根本没有战胜的信心，甚至失去了希望。他们无心战斗，只是一味地消极抵抗。黑鹰虽然逃过了全军覆没的命运，但几天后，他因盟友的背叛被捕。美军高奏凯歌，将黑鹰押往华盛顿，面见安德鲁·杰克逊总统。黑鹰义正词严、目空一切地对安德鲁·杰克逊总统说："我是我，你是你，我不想征服白人。但因为你们给我们造成了无法磨灭的伤害，所以我才拿起斧头复仇。如果我继续忍让

安德鲁·杰克逊

下去，我的人民会说：'黑鹰是个女人。他太老了不能当首领了。他不是苏克族人。'因此，我挑起了战争。我什么也不说了，后面的事你都知道了。"这些话表明，无论耗费多长时间，给自己的人民带来多少灾难，黑鹰都不可能被驯服，更不可能低下高傲的头颅。黑鹰回到了艾奥瓦州，1838年10月3日在得梅因河边的帐篷里去世。印第安人给他戴上三角帽，腰间佩上短剑，将他盛装入殓。随葬的还有两届美国政府颁发给他的奖章。去世后，他并没有得到安宁。一些贪婪的盗匪将他的尸骨挖出来卖钱，几经转手，最终到了伯灵顿博物馆，后来在一场大火中被焚毁。

1832年6月16日，钝斧战役前一个月，在威斯康星州的白水，上级遣散了亚伯拉罕·林肯所在的营。亚伯拉罕·林肯的退役文书是由年轻的炮兵中尉罗伯特·安德森签署的。二十九年后，在美国编年史记载的最可怕的一次危机中，罗伯特·安德森将在内战的炮火中与亚伯拉罕·林肯保持非常重要的关系。第二天，退伍的士兵们兴高采烈地收拾行李，就像学生们回家过节一样高兴。与霍雷肖①一样，亚伯拉罕·林肯也打起精神收拾行装，因为这是他前往新塞勒姆的长途旅行中唯一能带的行李。前一天，一些归心似箭的退伍士兵偷走了他和同班战友乔治·M.哈里森的马。但正如乔治·M.哈里森所说："我为我俩的遭遇悲伤，他却跟我开玩笑。最后，我们收拾心情愉快地出发了。连队里那些慷慨的战友和我们轮流骑马，我们和其他人的行进速度一样。如果没有战友们的慷慨帮助，我们就得靠两条腿跋山涉水了，因为当时在沿途根本买不到马，甚至连偷的地方都没有。此外，无论骑马还是步行，我们总有其他同伴。因为许多马都瘦骨嶙峋，没有马鞍的话，骑久了会屁股疼。"不难想象，亚伯拉罕·林肯和朋友们穿过森林，越过草原，一路上一定听到了很多当地人津津乐道的奇闻趣事，并凭借这些故事在漫漫长路上消磨时间。亚伯拉罕·林肯年轻强健、朝气蓬勃，做事光明磊落，那时的他心中已经充满凌云壮志。这一切让这次漫长愉快的百人旅行变得妙趣横生，轻松难忘。人们记住了其中一个关于亚伯拉罕·林肯的笑话。一个寒冷的早晨，他抱怨天气太冷，一个爱开玩笑的骑兵接过他的话茬说道："这有什么奇怪的，你的身体有那么多面积与地面接触。"我们希望亚伯拉罕·林肯带给大家的快乐远不止这些。当然，笑话可不可笑，关键取决于听的人有没有幽默感，与说的人有没有好口才并没有太大关系。

亚伯拉罕·林肯与乔治·M.哈里森并非身无分文，在皮奥里亚买了一条独木舟，乘独木舟到了贝肯。在贝肯，乔治·M.哈里森去准备干粮和饮用水时，心灵手巧的亚伯拉罕·林肯运用自己从父亲那里学来的木工手艺，为这条残破

---

① 霍雷肖（Horatio）是莎士比亚的悲剧《哈姆雷特》中的一个人物，是哈姆雷特的朋友。

的独木舟做了一把桨。乔治·M.哈里森描述了那段旅程："因为河水很浅，水流也很平缓，所以我们使劲划才能达到步行的一半速度。事实上，我们一晚上都漂在水里。前一天傍晚出现在我们身边的事物到第二天早上还清晰可辨。河水清澈见底，水生植物随着水流摇曳生姿，成群的鱼儿在我们的独木舟周围自由嬉戏。离开贝肯后的第二天，我们遇到了一个用圆木制成的筏子。有两个人站在上面，用竹竿撑着筏子前行，并将筏子撑进了一条水沟。我们赶紧划过去，爬上了他们的筏子。对方热情地招待了我们，邀请我们参加了一场精心准备的盛宴。宴会上的食物很丰盛，有鱼、玉米饼、鸡蛋、黄油和咖啡。面对这么多好吃的，我们狼吞虎咽，大快朵颐，因为我们已经好几天没有吃过一口热饭了。在对方准备饭菜时以及晚餐后，亚伯拉罕·林肯给他们讲了很多笑话，逗他们开心。他们也热情款待了我们，我们一起愉快地度过了两三个小时。"在那片绿色的原野上，人和人之间的美好邂逅可遇而不可求。人们会对一次偶遇心怀感激，并乐于回报。

亚伯拉罕·林肯和乔治·M.哈里森顺流而下，乘独木舟从贝肯抵达了伊利诺伊州的一个小村庄——哈瓦那。美国到处都有类似的、毫无创意的地名。由于文化程度不高，人们为一个地方起名时往往非常随意。在哈瓦那，亚伯拉罕·林肯和乔治·M.哈里森卖掉了独木舟。转卖独木舟并不难，因为在任何一个滨河小镇，独木舟都是人们日常生活中的必需品。随后，他们再次"沿着老路，越过沙脊，朝彼得斯堡进发。我们离家越近，心情就越激动，脚步也越来越轻快。亚伯拉罕·林肯的步伐很大。在松软的沙地上，他每向前走一步，沙子就会向后滑六英寸，但这个跨度对我来说很合适。回头看见我踩着他的脚印向前走，亚伯拉罕·林肯咧着嘴乐了"。就这样，这两个人从军营回到了自己简陋的家中。回到家后，亚伯拉罕·林肯很快又大步流星，独自踏上了上帝为他安排好的道路。这一次，没有任何友善的同伴愿意跟随他。

亚伯拉罕·林肯从未认真对待过自己的竞选。政客们习惯大肆宣扬候选人生活中一些微不足道的小事，但在他看来，这种做法荒谬至极。刘易斯·卡斯将军曾在边疆参加过独立战争。这段戎马生涯令人敬佩，却鲜为人知。因此，

他的一些朋友试图让他从这段默默无闻的历史中获得一些政治优势。在 1848
年的演讲中，亚伯拉罕·林肯讽刺了这帮人的做法，禁止任何演说家渲染或宣
扬他的军事成就。他说道："你知道吗，大喇叭先生①，我是个战斗英雄。黑
鹰战争期间，我参加了很多战役，然后活着回到了家。斯蒂尔曼河战败时我不
在，但我离战场与刘易斯·卡斯将军离威廉·赫尔②的投降一样近。此外，和
刘易斯·卡斯将军一样，我不久后也去看了战场。可以肯定的是，我没有折断
自己的剑，因为没有敌人可供我挥斫砍削。但有一次，我的火枪枪管因不停地
开火而弯曲变形了。如果刘易斯·卡斯将军在摘越橘的时候领先于我，我想我
会在采野葱的时候超过他。他见过的活着战斗的印第安人一定比我多，但我和
蚊子进行过很多次血腥战斗。然而，虽然我没有因被蚊子叮得失血过多而晕倒，
但我总是挨饿。我们的民主党朋友可能会说我与黑色帽徽的联邦主义③有瓜葛，
如果我决定和联邦主义断绝任何联系，他们就会试图将我包装成一个战斗英雄，
并立刻将我指定为总统候选人。我坚决反对他们拿我开玩笑，就像他们当年取
笑刘易斯·卡斯将军那样。"

---

① 大喇叭先生，对那些大肆宣扬刘易斯·卡斯将军的英雄事迹的人的讽刺。
② 威廉·赫尔（William Hull，1753—1825），美国历史上唯一因没有军事才能被判死刑的军官。
　他声称1813年将底特律拱手让给英国人时，是因为自己的部队寡不敌众，但后来发现英国军
　队的人数并不多。
③ 联邦主义（Federalism）是国家政府与地区政府分享宪制主权、拥有不同管辖权的政治体系，
　主张建立统一的国家，强调一定程度的权力集中，实际上是一种特殊形态的民族主义，目的是
　建立统一的民族国家。

第 6 章

步入政坛

1832 年 8 月，退伍后的亚伯拉罕·林肯在选举前十天回到了新塞勒姆，他对选举的兴趣很浓厚。在参加志愿军前，按照当时的习惯，亚伯拉罕·林肯通过印发传单宣布自己为桑加蒙县议会的候选人。他这么做是为了更好地为大众服务，以及实现自己追求卓越和荣耀的梦想。当然，其中也不乏许多值得信赖的朋友的鼎力支持和鼓励。当时，他的演讲经验已经相当丰富。在演讲时，他不仅思维敏捷，还能应答如流。离开印第安纳州前，亚伯拉罕·林肯开始通过不断的实践练习演讲，不管去哪里，他都会坚持训练。威廉·巴特勒① 先生告诉我们，有一次，亚伯拉罕·林肯在艾兰格罗夫的布朗先生的农场帮工时，基督教卫理公会著名的巡回牧师彼得·卡特赖特路过此地，前去参加议会竞选。亚伯拉罕·林肯抓住机会与彼得·卡特赖特在玉米地里交谈起来。这位伟大的卫理公会教徒对亚伯拉罕·林肯缜密的推理能力感到吃惊，也对他粗鄙的外表大为惊讶。还有一次，一个叫波西的政客为了谋得一官半职，在梅肯县发表了一场演讲。约翰·汉克斯听了后，不以为然地说："亚伯一定比他讲得好！"约翰·汉克斯十分佩服自己的表亲亚伯拉罕·林肯的演讲口才，经常将一个小桶倒立起来，让身材高大的亚伯拉罕·林肯站在上面发表演说。忠实的约翰·汉克斯骄傲地说："要说桑加蒙河的航行问题，波西可不是亚伯的对手，敢和亚伯竞争，他必输无疑。"因此，虽然在选举前十天，年轻的亚伯拉罕·林肯才

---

① 　威廉·巴特勒（William Butler, 1759—1821），来自南卡罗来纳州的美国国会代表。

亨利·克莱

回到新塞勒姆，也没有多少时间为选举前的巡回演说做充分的准备，但他完全没有新手的紧张与惊慌。

作为一名辉格党①党员，亚伯拉罕·林肯参加了竞选。虽然值得信赖的一些权威说法否认了这一点，但我们应该尊重事实。我们有一本亚伯拉罕·林肯手写的备忘录，他在里面称自己作为"一名公开的克莱②党人"参加竞选。当时，他发表的演讲并不多，但其中一篇被记录了下来。在这次演讲中，他讲道："我

---

① 辉格党是美国的一个政党，前身是国家共和党。该党支持国会立法权高于总统的行政权。

② 即下文的亨利·克莱（Henry Clay, 1777—1852）。亨利·克莱是美国参议院和众议院历史上最重要的政治家与演说家之一，也是辉格党的创立者和领导人以及美国经济现代化的倡导者。他曾任美国国务卿，五次参加美国总统竞选，但均告失败。后来，他因数次解决了南北方的奴隶制矛盾并维护了联邦的稳定被称为"伟大的调解者"。

支持成立国家银行，支持内部改进计划以及高保护关税，这是我的观点和政治原则。"这一公告毫无保留或直言不讳地表明了亚伯拉罕·林肯对辉格党的创立者和领导人亨利·克莱的支持。亨利·克莱制定了所谓的"美国计划"，即联邦政府通过保护性关税，为修路、建桥、开通运河筹集资金以支持国内产业，该叫法保留了很多年。其他证据也证明了亚伯拉罕·林肯是一名辉格党人。约翰·托德·斯图尔特少校和斯蒂芬·特里格·洛根① 法官都说他在 1832 年作为一名辉格党人参加了竞选，并说他的演讲毫不避讳地为该党派的原则辩护。暂且忽略辉格党的优点和宗旨，仅凭亚伯拉罕·林肯在自己政治生涯开始时就公

初涉政坛的亚伯拉罕·林肯

---

① 斯蒂芬·特里格·洛根（Stephen Trigg Logan, 1800—1880），美国律师和政治家，1841年到1843年与林肯一起合作经营律师事务所，曾担任伊利诺伊州巡回法庭的法官。

开采纳辉格党的观点，充分表明了他鲜明的个性。因此，这种一丝不苟的严谨性一直规范着他后来的所有行为。伊利诺伊州的大部分政客都是民主党人，他们坚决拥护安德鲁·杰克逊及其政策。其他地方的领导人都没有伊利诺伊州的领导人专制暴虐、蛮横无理，也没有伊利诺伊州的帮派党羽那么肆无忌惮、不择手段。伊利诺伊州的政客们为自己特有的奴性感到自豪，与"民主党人"这个称呼相比，他们更喜欢"彻头彻尾的杰克逊党人"这个称号。辉格党虽然人数不多，但包括了伊利诺伊州的几名重要人物。此后，这几位大人物的名字一直在伊利诺伊州的历史上熠熠生辉，譬如斯蒂芬·特里格·洛根、约翰·托德·斯图尔特、奥维尔·希克曼·布朗宁、杰西·基尔戈·杜波依斯、约翰·杰伊·哈

奥维尔·希克曼·布朗宁

丁上校、西德尼·布里斯法官等。然而，杰克逊党在数量上的绝对优势对辉格党非常不利。除了分裂杰克逊党，并将票投给杰克逊党中正派、稳妥的人，辉格党人什么也做不了。在选举后期，辉格党人通过这种方式帮助约翰·雷诺兹州长在选举中战胜了威廉·金尼[①]州长。威廉·金尼州长容易激动，脾气暴躁，而且非常排外，但这正是安德鲁·杰克逊总统在党内发扬的精神。威廉·金尼

约翰·杰伊·哈丁

———————————
① 威廉·金尼州长（William Kinney, 1781—1843），1818年当选伊利诺伊州参议院的参议员，1826年当选伊利诺伊州的副州长。

不久前去华盛顿拜见了安德鲁·杰克逊总统，回来后开始以真正的田纳西风格对辉格党人发出威胁，并大肆屠杀辉格党人，宣称"所有辉格党人都应该像狗被赶出肉铺那样，离开政府部门"。在美国西南地区，再没有比这更恶毒的比喻了。然而，约翰·雷诺兹得到了广大民众的支持，加上辉格党人的巧妙安排，他一路过关斩将，成功当选。一个简单的事实说明了有素养的人会积极支持哪一方。"彻头彻尾的杰克逊党人"有一份叫《反对派五号》的报纸。当然，如果约翰·雷诺兹对安德鲁·杰克逊总统的忠诚遭到人们的质疑，他就不可能赢得太多选票。因此，约翰·雷诺兹因一份报告失去了很多选票。在这份报告中，他说了一句让自己愧疚了很久的话，他说："我将和任何明事理的人一样，做安德鲁·杰克逊总统坚强的后盾。"约翰·雷诺兹州长在解释自己的这句话时，承认了这一表述造成的不良影响。威廉·金尼州长曾反对开通一条运河，当场说了一句极不慎重的话："联邦军队会顺着运河，像洪水一样涌到这里。"约翰·雷诺兹引用了这句话来安慰自己。

还是个名不见经传、身无分文的青年时，亚伯拉罕·林肯的职业生涯才刚刚起步。尽管如此，他从未因自己的家世背景感到尴尬。事实上，他对引导自己走上另一条人生道路的社会影响知之甚少，因此，选择支持一个注定会长期在伊利诺伊州遭受排挤的政党，并且与疯狂偏执的大多数人为敌的做法，的确体现了一些道德勇气，但少了作为一名如履薄冰的政客应该具有的圆滑与世故。促使林肯果断选择支持辉格党的动机并不难理解。虽然桑加蒙县的大部分政客都是民主党人，但辉格党人更加贤明公正。重要的是，亚伯拉罕·林肯终其一生都宁可坚持真理，也不愿随波逐流。他经常阅读辉格党的《路易斯维尔日报》和《桑加蒙期刊》，并在解读当时的演讲和辩论时，明确表示支持韦伯斯特和亨利·克莱，反对约翰·卡德威尔·卡尔霍恩和其他人。他的政治观点虽然与缺乏教育的同龄人一样幼稚，甚至不足以安身立命，但都是积极诚恳的，并且没有掺杂任何私心杂念。此外，他虽然也渴望成功，但从来没有为了任何个人利益而动摇自己的政治信念。

在宣布参加竞选的传单中，亚伯拉罕·林肯对国家政治只字不提，将议题

约翰·卡德威尔·卡尔霍恩

限定在讨论如何提高桑加蒙河通航的实用性上，这也是当地人最感兴趣的话题。这个议题并不是他的专利。当时，几乎所有候选人都将其作为一种吸引公众眼球的手段。虽然"塔利斯曼"号汽船已经化为灰烬，但这艘小船在桑加蒙河上的首航引起的兴奋还没有消失殆尽。"塔利斯曼"号汽船的指挥官文森特·博格上尉离开了伊利诺伊州，避免了与约翰·雷诺兹州长的尴尬会面。桑加蒙县的公民们依然渴望斯普林菲尔德能成为一个商业中心。竞选期间，在所有志向远大的政客们的竞选通告中，亚伯拉罕·林肯的传单最具真知灼见。他慧眼如炬，说理透彻，是最有可能让桑加蒙县的公民们实现梦想的候选人。当我们考虑到亚伯拉罕·林肯的年龄和有限的优势时，他的通告可以说已经写得非常精彩，而且他为人沉着冷静、矜持内敛。下面是他的竞选通告的结束语："由于性格直爽，我对自己讨论的议题一直直言不讳，我的有些观点可能是错的，或全部都是错的，但我相信这样一条至理名言：有时对好过时时错。因此，如果我发现自己的观点是错误的，我会立即改正它……据说每个人都有自己独特的志向，不管是真是假，作为候选人中的一分子，除了身体力行地获得同胞们真正的尊敬，我没有其他大的野心。想要实现自己的远大目标，我需要取得多大的成就还有待商榷。我还年轻，甚至在很多人眼里我只是一个无名之辈。我出身卑微，生活简朴，没有有钱有势的亲戚朋友做靠山，只能完全依靠选民们的支持。如果我当选了，说明他们给了我莫大的恩惠，我定当为此不懈努力，回报他们的支持。但如果善良的人们根据自己的判断，认为我不适合当选，那么失败对我来说就像家常便饭一样，我不会为此苦恼。"

亚伯拉罕·林肯此后的写作完全承袭了这一风格。他总是努力避免多余的表达，由此产生的语法与结构错误永远都没有改正。他似乎对烦琐的词类及其占用了太多篇幅感到不满。三十年后，他的写作风格依然停留在二十二岁，体现出他思想单纯、性格耿直，不懂得堆砌辞藻、伪装矫饰的特点。在达到妙笔生花的水平前，他的写作经历了一个过渡阶段，但他的创作高潮不久就结束了，只留下令人印象深刻的入木三分、一针见血的风格。他在就职典礼上的两篇演讲稿充分体现了这一风格。

亚伯拉罕·林肯从战场上回来后，离选举还有十天时间。显然，短时间内想要在全县范围内游说拉票是不可能的，因为在重新划分桑加蒙县前，该县的面积已经达到几千平方英里。亚伯拉罕·林肯在新塞勒姆附近发表了几场演讲，在斯普林菲尔德也发表了一场演讲。在斯普林菲尔德，除了几个战友，他不认识任何人。我们发现那年夏天，桑加蒙县的文件里只提到过他一次，在一条编者的注释里，将亚伯拉罕·林肯的名字添加到了议会候选人的名单中，说这些人在边境上出生入死，他们的大名妇孺皆知。当亚伯拉罕·林肯在斯普林菲尔德演讲时，大部分候选人都聚在一个集会上发言，以便选民了解他们。能否获得广泛支持对性急的候选人来说是非常严峻的考验。除了认真听讲、仔细评判的公民，其他来听演讲的人的唯一目的是享受免费的威士忌。这些人酒至半酣后，不仅满嘴脏话，骂骂咧咧，有时甚至会危及他人的生命。然而，在利克溪，对亚伯拉罕·林肯来说，这种粗野的骑士风格并不可怕，但如果是城里来的候选人可能就难以忍受了，因为他们没有经历过"克莱瑞街男孩"那种看似嬉戏打闹的暴虐行为。亚伯拉罕·林肯能处变不惊、泰然自若地面对那些酒后闹事的人。据说有一次，他在演讲时看到人群里有一个暴徒正在攻击他的一位朋友，他立即介入制止了冲突。当时，他走下演讲台，抓住挑衅者的脖子，"将他扔出了十几英尺远"，然后平静地回到讲台上，完成了自己的演讲。他的逻辑思维丝毫没有受到这一肢体运动的影响。斯蒂芬·特里格·洛根法官第一次见到亚伯拉罕·林肯是在他来斯普林菲尔德游说拉票的那天。他这样评论自己未来的搭档："彼时，他是一个笨手笨脚、长相丑陋的大个子。他的裤脚离鞋子足足有六英寸，但他一张嘴，我立马对他产生了兴趣。他的演讲内容逻辑缜密，行为举止在后来的生活中一直没有发生变化。也就是说，他的个性特征在彼时已经非常明显。当然，虽然在后来的岁月中，他表现出了更多学识和经验，但彼时他在陈述自己的观点时，已经具有同样的独到见解。他的个性特征伴随了他一生。"

集会上有两三个人的演讲观点新颖，对政治生涯刚刚起步的亚伯拉罕·林肯来说，这比利克溪所有的选票更具价值。从肯塔基州来的年轻律师斯蒂芬·特里格·洛根法官给这个州带来了最全面的法律知识。我们在黑鹰战争中提到的约翰·托德·斯图尔特少校曾经指挥一个营，后来当了一名列兵。威廉·巴特勒后来在该州的政坛上名声斐然。当时，无论从体格还是性格上来看，他都是个地道的西部牛仔。威廉·巴特勒才思敏捷，勇猛果敢，在任何危急关头都能为朋友两肋插刀，让敌人生不如死。他总是身先士卒，一马当先。我们不清楚亚伯拉罕·林肯在竞选当天是否获得了一些选票，但他获得了比选票更有价值的东西，即与这些有才干和值得尊敬的人成为朋友。这些人和亚伯拉罕·林肯一样，都是辉格党人和肯塔基人。

　　亚伯拉罕·林肯在游说拉票过程中认识的朋友，在演讲中获得的实践经验，以及与他人一较高下的经历给他增添的自信，都是他从这次竞选中获得的财富。这也是他生平唯一一次在竞选中遭遇失败，幸运的 E.D. 泰勒上校当选，共得到了一千一百二十七票。约翰·托德·斯图尔特少校、阿基利斯·莫里斯和彼得·卡特赖特三人中，彼得·卡特赖特得到了八百一十五票。在落选的八名候选人中，亚伯拉罕·林肯的票数并不低，他得到了六百五十七票。其余五名候选人的情况很糟，票数非常低，包括亚伯拉罕·林肯的老对头柯克帕特里克。让亚伯拉罕·林肯感到最满意的是，他几乎得到了新塞勒姆选区的邻居们的所有投票，其中二百七十七票支持他，只有三个人投了反对票。这一结果比任何语言都更具说服力。亚伯拉罕·林肯和蔼善良的性格和诚实正直的品行，让那些了解他的人毫无保留地支持他、信任他。

　　当过军人和政客的亚伯拉罕·林肯一点儿也不适合打短工，但由于没有其他生存手段，他不得不四处寻找适合自己的职业。我们了解到，那段时间，他一直在考虑学习打铁技艺，试图通过这一技艺以及天生的强健体魄，踏踏实实地工作。然而，另一行业为他敞开了大门，使他放弃了进入任何纯体力劳动行业的机会。瑞欧·赫尔登和吉姆·赫尔登兄弟二人是亚伯拉罕·林肯最要好的两个朋友。根据当时的习惯，直呼一个人的全名是不友好的，问别人的全名也被视为傲慢无礼的行为。瑞欧·赫尔登和吉姆·赫尔登经营着一家杂货店。边远地区的杂货店里什么商品都有，杂货店的所有权也变更得很快，就像换岗那样。吉姆·赫尔登将自己的股份卖给了一个叫贝瑞的游手好闲、懒散放荡的人。瑞欧·赫尔登很快也将自己的股权转让给了亚伯拉罕·林肯。转让股权十分简单，除了一张本票，不需要支付任何钱款。一个叫鲁宾·雷德福的人也经营着类似的一家杂货店，没过多久，一天傍晚，鲁宾·雷德福招惹了"克莱瑞街男孩"。"克莱瑞街男孩"盯上了鲁宾·雷德福的商店，以一贯的流氓做派，砸了鲁宾·雷德福商店的玻璃，毁了他的店。第二天早上，鲁宾·雷德福悲伤无奈地看着一片狼藉的杂货店，不知如何是好。毫无疑问，他认为是当地人通过这种奇怪方式表达"睦邻友好"的乡土观念，因此，他再也无法忍受这个地方。他叫来一个叫格林的过路人，问他愿不愿意花四百美元买下他的店。这种交易对西部的投机者来说是不可抗拒的，格林立即给了鲁宾·雷德福一张四百美元的票据。随后，格林想估算一下这个店的真正价值，但担心自己估算不清楚，便雇了亚伯拉罕·林肯帮他做清单。年轻的亚伯拉罕·林肯接受了这项工作，并且之前的投资激发了他的投资欲望。他发现这家杂货店的库存十分诱人，因此，他出价二百五十美元，想要买下这些货物。格林很爽快地答应了他。贝瑞和亚伯拉罕·林肯还收购了拉特利奇先生的店铺。在所有这些交易中，他们没有转手一分钱。仅凭六个签名，贝瑞和林肯成了村里唯一一家商铺的所有者。通过赫尔登兄弟、鲁宾·雷德福、格林和拉特利奇先生之间的生意往来，亚伯拉罕·林肯在当地的社会财富明显增加了。

对整个社会来说，幸运的是亚伯拉罕·林肯的生意并没有成功。他没有经过深思熟虑就进入了销售行业，注定会失败。对贝瑞来说，生意不过是他消磨时光的一种方式。他将时间都花在了闲聊上，赚的钱都拿去喝酒了。此外，亚伯拉罕·林肯感兴趣的好像是政治和阅读，而不是经营一家看不到未来的杂货店。1833 年春，贝瑞和亚伯拉罕·林肯发现杂货店几乎赚不到什么钱，便决定除了杂货店这个生意，再开一家客栈。桑加蒙县地方法院的记录表明，贝瑞在 1833 年 3 月 6 日为一家客栈办理了营业执照。然而，当时，贝瑞和亚伯拉罕·林肯的伙伴关系已经濒临破裂，客栈根本没有开成，因为流浪者特伦特兄弟要求林肯和贝瑞将杂货店卖给他们。特伦特兄弟无力支付现钱，但他们愿意以任何价格给亚伯拉罕·林肯和贝瑞打个欠条。然而，没过多久，特伦特兄弟变卖掉商店里的所有货物，带着钱逃跑了，贝瑞也因酗酒身亡。就这样，亚伯拉罕·林肯背负着一身债务。除了贝瑞和特伦特兄弟打的欠条，他一无所有。值得称赞的是，他从没想过以其人之道还治其人之身。从这件事情中，不难看出，边远地区的人们的道德底线十分模糊，大多数人都认为如果生意失败了，就可以赖掉所有债务。但亚伯拉罕·林肯从来没有否认过别人向他提出的索赔。他答应别人等他一有钱就立刻还钱。虽然辛苦奋斗了十几年，但最终他还是还清了所有债务。对亚伯拉罕·林肯来说，这笔债务十分沉重，因此，他的朋友们将其称为"国家债务"。

亚伯拉罕·林肯从约翰·托德·斯图尔特少校和其他友善的熟人那里借来几本法律入门方面的书籍，开始认真研读。事实上，如果年少的林肯没有整天捧着威廉·布莱克斯通和约瑟夫·奇蒂的法律著作，坐在店门外的大橡树的树荫下如饥似渴地阅读，如果年长一点的贝瑞能安安静静地守在店里，不出去喝酒闲聊，他们的生意也许会成功。一些人提起古怪的青年亚伯拉罕·林

威廉·布莱克斯通

肯时，说他总是穿着家纺的粗麻衣服，躺在树底下，双脚靠在树干上，一连几小时研读书籍，"屁股跟着树荫"从北边挪到东边。用亚伯拉罕·林肯自己的话说，他的店"黄了"后，他将更多精力花在了阅读上，偶尔会在附近做一些零活，以支付自己的日常开销。亚伯拉罕·林肯有时在朋友埃利斯的店里帮忙，有时重操旧业去农场帮工。在印第安纳州，他因擅长干农活小有名气。由于他曾经当过店员，有时别人会雇他去整理一些有疏漏的明细账目。或许，他工作更多地是为了食宿而不是其他东西。他热情友好、活泼开朗、吃苦耐劳，很快成了当地所有家庭喜欢的客人。他结实的手臂总在忙着帮助穷人和其他需要帮助的人。借用一篇著名的课文里的一句描写，说他经常"看望孤儿寡母，帮他们劈柴"。

1833 年春，政府任命亚伯拉罕·林肯为新塞勒姆的邮政局局长。他在这个职位上工作了三年。这份工作虽然比较轻松，但收入也很微薄。然而，村子里几乎没有人能像他那样充分利用这份工作的便利。邮件很少，据说他常常将邮件装在帽子里去送。人们还说，亚伯拉罕·林肯会阅读每一份寄来的报纸。总之，也许这正是这份工作真正吸引他的地方。新塞勒姆的人口越来越少，邮局没有了存在的必要。于是，亚伯拉罕·林肯的任期也随之结束了。随后，邮差将邮件都送到了彼得斯堡。J.G. 霍兰德医生讲了亚伯拉罕·林肯结束这份工作后发生的一件事，体现了亚伯拉罕·林肯近乎迂腐的诚实。几年后，当亚伯拉罕·林肯还是个执业律师时，邮政部门的一名代理人前来拜访他，跟他索要新塞勒姆邮局到期的一笔余额，约十七美元。亚伯拉罕·林肯站起来，打开一个房间角落里的小箱子，取出一个棉布小包，里面包着那笔被绑得整整齐齐的钱。他平静地说道："除了我自己的，我从来不用任何人的钱。"一想到他这些年一贫如洗的生活，我们就格外敬佩他克己奉公的精神。在最穷困潦倒时，正是这种无私奉献的精神使他没有挪用这一小笔公款。

与此同时，桑加蒙县的土地测量员约翰·卡尔霍恩工作繁重。当地很多人从事土地投机买卖，每个开拓者都希望精确测量并明确标记自己的农场面积，每个社区中有钱有势的公民都有属于自己的财力集团，他们都想在某处建立一座城市。一般情况下，在选址前，城市已经设计完成，主要建筑物的位置及法院和大学的位置也已经选好，然后从普鲁塔克①的作品中选择一个响亮的名字，就可以进行建设了。后面提到的这些规划中的城市建筑，必须通过官方的土地测量员的测量。因此，约翰·卡尔霍恩的工作量很大，加上没有帮手，他一个人根本忙不过来，于是，他想找一个性格好、能在短期内学会测量的年轻人帮他。很快，他将目光锁定了亚伯拉罕·林肯。他送给年轻的亚伯拉罕·林肯一本关于测量学基本原理的书，告诉他将书中的内容完全掌握后，就可以得到这份工作。这个难得的机会让亚伯拉罕·林肯欣喜若狂，带着那份坚定执着、自强自立的精神，他信心满满地答应了约翰·卡尔霍恩，拿着书转身去了小学校长门顿·格雷厄姆的家。经过六周专心致志的学习，亚伯拉罕·林肯成了一名土地测量员。

　　我们记得乔治·华盛顿总统在年轻时也从事过同样的工作，但这两位伟大的总统不管是青年时期还是成年后，都没有任何相似之处。乔治·华盛顿总统拥有很多对他有利的社会优势。在金钱方面，他天生就是一个勤俭节约、精打细算的人。他充分运用自己在测量土地的工作实践中学到的知识，年纪轻轻就拥有了一大片土地，并在去世前积累了不少财富。亚伯拉罕·林肯虽然有很多选择和购买有价值的土地的机会，但一次也没有利用。他学到的知识和技艺仅仅是谋生的手段，因此，他几乎没有任何以备不时之需的存款。当持有鲁宾·雷德福欠条的范·卑尔根先生起诉亚伯拉罕·林肯并胜诉时，他只能拿亚伯拉罕·林肯的马和测量工具抵债。后来，通过一个朋友的慷慨帮助，亚伯拉罕·林肯终于赎回了宝贵的谋生工具。尽管如此，亚伯拉罕·林肯是一个优秀的土地测量员。在约翰·卡尔霍恩先生及其继任者T.M.尼尔的指导下，亚伯拉罕·林肯的工作完成得很出色，他很快发现自己没有闲暇时间了，因为桑加蒙县和邻县的很多人都来找他帮忙。1834年初，亚伯拉罕·林肯接受任命，成为三个"勘察员"之一，前去规划一条路。这条路从盐溪一直通往杰克逊维尔方向的县界。

---

① 普鲁塔克（Plutarch，公元前46—公元前120），一位用希腊文写作的罗马传记文学家、散文家，同时是一名柏拉图学派的学者。他家世显赫，传世之作为《希腊罗马名人传》和《掌故清谈录》。英国传记作家鲍威尔将他尊为"传记之王"。

当亚伯拉罕·林肯按照规定准备所需的资金、勘测路线、绘图以及撰写报告时，道路勘察委员会只剩主席一个人了。

毫无疑问，邮政局局长和土地测量员的工作并没有让亚伯拉罕·林肯成为一个富有的人，但足以让他过上体面的生活。在那段日子里，他认识了很多人，也扩大了自己在县里的知名度和影响力。每个与他相识的人都成了他的朋友。1832 年，失败的游说拉票结束前，该选区敏锐的政客们都知道，他们不仅不会将亚伯拉罕·林肯排除在外，还会慎重考虑他。在仰慕者心中，亚伯拉罕·林肯的魅力和能力似乎是没有限度的。人们总喜欢找他调解无法解决的矛盾。年纪大的居民说他是全县最好的赛马裁判。在拳击比赛中，虽然亚伯拉罕·林肯偶尔会位居第二，但在造成伤害前，他通常会在草坪上与对手和解。当克莱瑞街爱好争辩的居民们在文学、科学或木工技艺等方面出现相持不下的局面时，亚伯拉罕·林肯就是最权威的仲裁人，他的判决就是定论。作为一名调解人，亚伯拉罕·林肯与生俱来的机智和幽默感是无人能比的。他孔武有力又宽宏大量，这在体形高大的人中是非常少见的，因此，人们对他临时做出的判决心服口服。如果朋友之间或同辈之间产生了摩擦，亚伯拉罕·林肯会通过善意的调侃使他们和解。然而，一旦一些卑鄙小人的残忍行为逼得他忍无可忍，他就会变得愤怒狂暴。我们不知道是否该相信一些关于亚伯拉罕·林肯拔山扛鼎的惊人故事，尽管这些故事都是目击者亲眼见到的事实。据说，亚伯拉罕·林肯曾在拉特利奇先生的磨坊举起了一筐重约半吨的石头。人们还说他能从地上举起一桶威士忌，嘴对着出酒孔喝酒，但讲述这件事的人补充道，亚伯拉罕·林肯从未将威士忌咽下去。无论这些传说是真是假，都说明亚伯拉罕·林肯的神力使他在同胞中享有很高的声望，这也从侧面体现了他的影响力。人们认为，亚伯拉罕·林肯可以战胜任何挑衅他的人，但从不主动寻衅吵架。他从不抽烟酗酒，可以和任何人成为朋友。他没有钱，也没上过几天学，却是村子里最见多识广的年轻人。虽然在远离文明的边远地区长大，但他说话温和，口齿伶俐，谈吐文雅，作风正派。如果亚伯拉罕·林肯的这些优点体现在一个来自东部某个州、穿着讲究的陌生人身上，可能会招致忌恨。然而，新塞勒姆最粗野的无赖却将亚伯拉罕·林肯视为朋友和同胞，对他的正直、聪明及学识感到自豪。

因此，人们认为，亚伯拉罕·林肯应该理所当然地成为下一届竞选议会委员的候选人。下一届竞选将在 1834 年 8 月进行。亚伯拉罕·林肯相信辉格党会联手支持他，很多民主党人也想把票投给他。民主党的一些主要成员甚至亲自来拜访他，提议组织起来支持他。但他太忠于自己的党派，在没有和辉格党候选人商议前，他不能接受民主党的友好建议。亚伯拉罕·林肯将这一情况告诉了约翰·托德·斯图尔特少校。约翰·托德·斯图尔特少校立即建议他游说拉票。约翰·托德·斯图尔特少校慷慨侠义、舍己为人的行为令人感动，因为鼓励亚伯拉罕·林肯争取候选人的资格会危及他自己的竞选。但两年前在该选区，约翰·托德·斯图尔特少校成功抵住了杰克逊党带有明显报复心的强烈反对，这件事使他倍感自信。他也许认为，向自己曾经在侦察营的战友亚伯拉罕·林肯伸出援手，对自己不会有太大影响。选举前，亚伯拉罕·林肯的声望和人气持续飙升，而他慷慨的朋友约翰·托德·斯图尔特少校的地位却岌岌可危。投票结束后，四名候选人的得票情况是：亚伯拉罕·林肯获得一千三百七十六票，约翰·道森获得一千三百七十票，卡彭特获得一千一百七十票，约翰·托德·斯图尔特少校获得一千一百六十四票。当时，约翰·托德·斯图尔特少校可能是该选区最有名望的年轻人，也是公众呼声最高、有望提前参加国会选举的人，但结果他的得票数是四个候选人中最低的。

第 7 章

立法委员的经历

当选议会的立法委员后，亚伯拉罕·林肯生命中的开拓期已经划上句号。他与山林中的自由散漫生活、克莱瑞街的流氓习气、杂货店里的讨价还价、为了生计打零工及穷乡僻壤的粗野封闭挥手告别，但这并不意味着他的经济状况有了大的改善。多年后，他依然一穷二白。之前，他一直努力工作，疲于还债，时常为了过上体面的生活苦恼。但从现在开始，他将与更高阶层的人一起工作。从前，这些人对他来说是那么遥不可及，但现在，通过与他们的不断交往，他的心中一定产生了从未有过的强烈自尊心，这是一种进入文明社会的不成熟的道德感。提到 1834 年发生在万达利亚的关于社会道德的事，一个有涵养的读者可能会忍不住发笑。但与金特里维尔和新塞勒姆的人相比，1834 年冬天聚集到小城万达利亚的人已经算举止文雅、富有教养了。当时，伊利诺伊州约有二十五万居民，议会委员们完全可以通过毛遂自荐或邻居举荐的方式当选，为私人谋福利。由于没有政治党派的干预，这些议会委员在自己的选区必然是某一方面的领军人物。在万达利亚，亚伯拉罕·林肯年轻的同僚们的命运与他相比逊色了不少。他们将成为州长、参议员和法官，在伊利诺伊州成立辉格党，即后来的共和党，并在两大战争中领导各个旅和师。亚伯拉罕·林肯在议会最先遇到的人中，有他日后的对手斯蒂芬·阿诺德·道格拉斯。但他不是在州议会里遇到了斯蒂芬·阿诺德·道格拉斯，而是在斯蒂芬·阿诺德·道格拉斯为取代约翰·杰伊·哈丁上校进行的游说拉票活动中。亚伯拉罕·林肯和斯蒂芬·阿

在州议会任职的斯蒂芬·阿诺德·道格拉斯

诺德·道格拉斯似乎并不看好对方未来的发展。斯蒂芬·阿诺德·道格拉斯瞧不起从桑加蒙县的山林中走出来的青涩的亚伯拉罕·林肯，亚伯拉罕·林肯说斯蒂芬·阿诺德·道格拉斯这个侏儒般的佛蒙特人是"他见过最微不足道的人"。显然，万达利亚到处都是比他们优秀的人，例如聪明的律师、机敏又有权势的人，这些人中的一些人是早期淳朴移民的后裔，但大部分人来自其他州，想在这个新地方碰碰运气。

在第一个任期内，亚伯拉罕·林肯并没有取得特别显著的成就。在那些最耀眼夺目的人中间，他恪尽职守地做好自己的本职工作。亚伯拉罕·林肯的一位同僚告诉我们，他表面上的古怪行为并没有让他出众。按照当时的风俗习惯，亚伯拉罕·林肯穿着一套体面的蓝色牛仔服，但人们只知道他是一个非常安静的小伙子，温和敦厚，通情达理。任期结束前，他认识了很多同事。由于才华横溢，人们渐渐开始重视他，认可他的满腹经纶。他的名字并不常出现在当年的记录中。亚伯拉罕·林肯提出了一项决议，以确保在伊利诺伊州范围内，公共土地销售收入的一部分归该州所有。他参加了昙花一现的"怀特"党，该党派旨在将所有反对安德鲁·杰克逊总统的力量团结在田纳西州的休·劳森·怀特[①]周围。亚伯拉罕·林肯和少数几个人投票支持杨[②]，反对鲁滨孙当参议员，

休·劳森·怀特

---

① 休·劳森·怀特（Hugh Lawson White，1773—1840），19世纪初美国著名政治家。1825年，他接替前总统候选人安德鲁·杰克逊，成为新民主党的一员。他是安德鲁·杰克逊总统在国会中最信任的盟友之一，也是一位热情、严谨的建构主义者和终身权利倡导者，领导参议院通过了1830年的《印第安人迁徙法案》。

② 杨（Young），美国伊利诺伊州与亚伯拉罕·林肯总统同时代的政治家。

并与多数人投票通过了《银行及运河法案》。这项法案受到了伊利诺伊州人民的热烈欢迎，却成了两年后逐渐形成的艰巨但不明智的计划的前奏。后来，那些欠考虑的"宏图伟业"给伊利诺伊州造成了无法估量的损失。

1834年到1835年冬，在万达利亚小城体验了各种人情世故后，亚伯拉罕·林肯回到新赛勒姆。此时，他比以往任何时候都更加坚定。通过这次参政经历，他将自己和当地的大人物放在一起进行比较，认为在和他们保持同步方面，自己没有任何困难。他继续学习法律和土地测量，并在土地测量领域变得越来越重要。1835年9月，T.M.尼尔在宣读桑加蒙县的副测量员的名字时，将亚伯拉罕·林肯的名字放在了约翰·卡尔霍恩的名字前面。1835年到1836年冬，亚伯拉罕·林肯再次进入议会。该任期内，议会的首要任务是选举一位参议员，填补因伊莱亚斯·肯特·凯恩逝世留出的空缺。候选人有很多，当时的一家期刊印证了这一点："1835年12月26日傍晚，消息传到了万达利亚。第二天早晨，九位候选人出现在那里，预计还有一位会很快到达。据估计，他们中的'北方雄狮'将会抢先行动，争取获得这个职位。"我们无从得知该期刊提到的"北方雄狮"具体指谁，但获胜的候选人是威廉·李·戴维森·尤因将军。通过投票，大多数人选了他。亚伯拉罕·林肯和其他几个辉格党人都投票支持威廉·李·戴维森·尤因将军，但并不是因为像他们坦言的那样，威廉·李·戴维森·尤因将军是个"怀特党"人，而是因为"他曾遭到马丁·范·布伦党的排斥"。民主党常备候选人赛姆珀先生因自己的政治观念太过正统而落选。

少数人积极赞成独立行动，强烈反对党团组织。因此，几天后，当亚伯拉罕·林肯在任期内与其他人一起对大会制度进行强烈谴责时，我们并不感到惊讶。大会制度在东边诸州已经非常普遍。当时，安德鲁·杰克逊总统极力敦促自己忠实的追随者们理解大会制度的重要性。在伊利诺伊州，新制度的鼓吹者是来自佛蒙特州摩根县的年轻律师斯蒂芬·阿诺德·道格拉斯。斯蒂芬·阿诺德·道格拉斯圆滑善变，刚刚成功取代约翰·杰伊·哈丁上校，成为地方检察官。当时在万达利亚，人们认为约翰·杰伊·哈丁上校比斯蒂芬·阿诺德·道格拉斯和芝加哥的埃比尼泽·佩克更重要，也更危险。种种原因让埃比尼泽·佩克遭到了人们的猜忌和质疑。对来自偏远地区、聚集在一起的立法者来说，所有猜忌和质疑似乎都不是空穴来风。埃比尼泽·佩克来自加拿大，在加拿大时曾是省议会的一名议员。因此，人们认为他心里对共和体制怀有敌意。此外，埃比尼泽·佩克的装束和毛皮大衣完全是魁北克的流行款式，他还竭力向杰克逊党人灌输党团组织的理论与实践，杰克逊党人也虚心接受了他的这些教诲。但对辉格党人来说，这些事是邪恶不祥的。事实上，埃比尼泽·佩克是在向辉格党人展示如何在选举中获胜。虽然辉格党人谴责他的制度破坏了个人自由和私人判断，但不久，他们也被迫采用这一制度，不然这一制度的不少优点就会被弃之不用。从这一刻起，伊利诺伊州的政党组织开始真正崛起，在一定程度上，这得益于埃比尼泽·佩克在万达利亚议会中做出的努力。年轻且坚定的辉格党人最害怕也最讨厌的人是埃比尼泽·佩克，因为他组织的纪律严明、坚实可靠的政党正是辉格党人的死对头。然而，二十五年后，局面发生了翻天覆地的变化。埃比尼泽·佩克与曾辱骂他是"暴政和腐败的加拿大使者"的斯蒂芬·特里格·洛根法官、奥维尔·希克曼·布朗宁、杰西·基尔戈·杜波依斯站在了一起。为了取得胜利，他们以亚伯拉罕·林肯的名义组织了一个新党派。

1836 年 1 月 18 日，伊利诺伊州议会休会。依法治州的工作刚刚起步，虽然还没有取得显著成果，但成立了运河和桥梁公司，投资修建了公共道路。这些成果与继任者的雄心壮志毫无关系。会议通过了一项《分配法令》。这一法令规定，桑加蒙县有权选举七名众议员和两名参议员。1836 年初春，桑加蒙县的八名"怀特"党人已经为此做好准备，但第九位威廉·亨利·赫尔登先生延期担任州参议员。我们可能会感到奇怪，因为没有经过任何预选会议，这八位有名望的政客就单方面获得了这些席位。如果我们没有弄错的话，在伊利诺伊州的历史上，这类事情从未发生过。后来，人们认为大会制度是必要的，因为它可以防止一些籍籍无名又不服从议会安排的人为满足自己不断膨胀的虚荣心，导致党派内的混乱或解体。但 1836 年夏，在桑加蒙县任职的八位议员得到了人们积极的支持，就像他们通过了与现代同样严肃的提名程序一样。他们在伊利诺伊州历史上声名远播，一部分原因是他们的身高，另一部分原因是他们在立法方面的影响力。人们将他们八个人和威廉·亨利·赫尔登一起，称作"九大高人"。他们的平均身高超过六英尺，据说他们九个人的身高加起来达到五十五英尺。除了威廉·亨利·赫尔登，其余八个人分别是亚伯拉罕·林肯、约翰·道森、丹·斯通、尼尼安·W.爱德华兹、威廉·F.埃尔金、R.L.威尔逊、伊利诺伊州众议院候选人安得烈·麦考密克，以及参议院候选人乔波·弗莱彻。

亚伯拉罕·林肯用一份通告开始了自己的游说拉票活动，通告内容如下：

致《桑加蒙期刊》的编辑：

在您上周六的文章中，我看到一条关于"许多选民"签名的消息，要求"期刊"中公布了名字的候选人"举手表决"。我举手同意。

我赞成所有协助政府承担重任的人享受特权，因此，我赞成所有纳税或服兵役的白人都拥有选举权，包括女性。

如果当选，我会将桑加蒙县的全体居民，包括反对和支持我的人，视为我的选民。

担任他们的代表期间，我会在所有问题上服从他们的意志。我会尽自己所能了解他们在这些问题上的意愿。对其他问题，我会做出自己的判断，最大限度地维护并满足居民们的利益。无论是否当选，我都赞成将公共土地的销售收入分配给各个州，以便我们的州能和其他州一样，不用借款和支付利息就能开通运河、修建铁路。

如果1836年11月的第一个星期一我还活着，我将为休·劳森·怀特投票，支持他当总统。

敬礼

亚伯拉罕·林肯
1836年6月13日
写于新塞勒姆

很难想象有比这更鲁莽、更不合规范、更直接地表明自己的原则和意图的声明。然而，当时的人们通常都会做出这样的承诺，表示完全服从人民的意志。此外，这份通告中涉及的两个实际问题也是当时的人们谈论最多的问题。外来人口的选举权是伊利诺伊州面临的一个实际问题，亚伯拉罕·林肯自然会直言不讳地表明自己的态度。他也赞成将一部分公共土地的销售收入用于伊利诺伊州的基础设施建设。这是辉格党当时服务于民的宗旨，年轻的亚伯拉罕·林肯相信自己在这类事情上，只要遵从榜样亨利·克莱的引导，就不会出错。

亚伯拉罕·林肯积极进行游说拉票，整个夏天都在各地发表演讲。有时，他会骑马去参加一些游说拉票活动，因为我们在县报上发现了一则公告，说他在去斯普林菲尔德的途中马被偷了或走失了。从描述中我们可以断定，他的马不是一匹矫健俊美的马，它"佩戴着简单的马具"，并且"有的蹄铁已经脱落"，但它一定是一匹高大的马，只有这样才适合身形高大的亚伯拉罕·林肯。这匹马"且跑且行"，卖力地驮着主人一路前行。1836 年 7 月，桑加蒙县开展了一场非常引人注目的游说拉票活动，两个党派的许多大人物都出席了。已故州长的儿子尼尼安·W. 爱德华兹在选举开始前第一个发言，他慷慨陈词，得到了民众的赞赏。接下来是厄尔利先生。受尼尼安·W. 爱德华兹尖锐的抨击的影响。厄尔利先生感觉自己的反驳苍白无力、自相矛盾，甚至可能会引起麻烦。与会人员的情绪变得越来越激动。丹·斯通和约翰·卡尔霍恩的发言中规中矩，平淡无奇，并没有出彩的地方。随后轮到亚伯拉罕·林肯发言。《桑加蒙期刊》上的一篇文章说他一开始发言时似乎有点儿紧张，因为这是他参加过的最重要的游说拉票活动。但他很快就变得口齿流利，对答如流，恢复了往日的神采。后来，人们普遍认为亚伯拉罕·林肯的演讲是那天最棒的。亚伯拉罕·林肯的一位同事说，在这次游说拉票活动中，林肯第一次激动地用洪亮清晰的男高音发言，给人留下了非常深刻的印象。后来，他的这次演讲在西部的政治斗争中广为人知。这次游说拉票活动轰动了整个选区，甚至比几个月后的总统大选更能激起人们的兴趣。亚伯拉罕·林肯高票当选，他的票数比他的朋友们的平均票数高出很多，有力地证明了他的影响力和知名度已经很高。在这次选举中，辉格党在桑加蒙县的政坛上发动了一次革命。他们之前仅靠能力和地位设法分散民众投给民主党的选票，尽管他们当时属于少数派。但这一年，他们彻底击败了对手，获得了对桑加蒙县的控制权。此后，辉格党一直掌握着桑加蒙县的控制权。

其间，除了 1836 年到 1837 年在议会任职，亚伯拉罕·林肯再没有其他值得我们记住的成名之举。议会的存在是伊利诺伊州的灾难之一。议会制定的法律法规愚昧严苛、收效甚微。我们只能说，亚伯拉罕·林肯一直信守自己的诺言，服从选民的意志，在自己的能力范围内身体力行地努力实现支持他的人们渴望达成的目标。他的工作是对桑加蒙县进行更具体的划分，以及将伊利诺伊州的首府迁到斯普林菲尔德。两项任务他都完成得非常出色。议会的愚蠢行为和严重错误对伊利诺伊州造成了深重的危害，报告和解释这件事时，除了其他人，人们不应该谴责亚伯拉罕·林肯，因为他也希望金融和工业能快速发展。但这种看似充满希望的极左思潮导致了冒进浮夸的生产运动，给整个伊利诺伊州带来了毁灭性的灾难。亚伯拉罕·林肯和当地最优秀的人都投票支持的计划，在当时看起来似乎是对下一个千禧年的承诺，但现在看来更像是盛夏的狂热。

在一个虚假的繁荣时期，亚伯拉罕·林肯踏入了政界。这种繁荣往往会导致严重的金融动荡。十年中，伊利诺伊州的人口以百分之二百的惊人速度持续增长，边界沿着中部草木茂盛的河流和山谷向皮奥里亚以北延伸，西边从密西西比河沿岸一直延伸到扎利纳，东边是一直延伸到芝加哥的连绵旷野。虽然被森林覆盖的肯塔基州和田纳西州的移民还没有占据草原，但所有森林边缘都已经有定居者。现在，肥沃的土壤和温和的气候吸引了很多来自古老的东部诸州的移民，长期受到冷落的北方诸县得到了人们的关注。黑鹰战争将人们的目光吸引到了这里。黑鹰的部落遭到毁灭性打击，保证了该地区永久的和平。1833 年，鲍特瓦特梅人的最后几顶帐篷也消失了。联邦政府在黑鹰战争中的开销，以及战争结束后付给志愿兵的报酬，促进了当地的商业繁荣。伊利诺伊州房地产交易十分活跃。在芝加哥，人们对市中心地段的投机热情高涨，后来愈演愈烈，达到了白热化的程度。

密歇根湖

　　我们不期望伊利诺伊州的议会能够明白，要想保持繁荣趋势稳步推进，议会能做的就是什么也不做，因为这是全世界所有议会都没有吸取的一条经验教训。多年来，尤其在刚开始时，议员们一直谦虚谨慎、迟疑不决地摸索修改每一项内部完善方案。1835 年，议会开始发放铁路许可证，但这件事一直处在萌芽状态，商人们没有得到任何股本。议会还提出在伊利诺伊州修建完整的铁路网，并对沿途路况进行实地勘查。通过运河将密歇根湖与伊利诺伊河连接起来的工程会使当地受益良多，因此，议会不可能忽视这一工程。事实上，议会已经命人调研并测量了这条运河的线路，估算了成本，并成立了公司，所有准备工作许多年前就已经完成，但由于资金问题一直没有任何进展。然而，1835 年，特别会议通过了一项法令，授权贷款五十万美元修建运河。1836 年，约瑟夫·邓肯州长在贷款文件上签了字，这笔贷款正式生效。1835 年 6 月，议会任命了运河董事会的成员。运河的挖掘工作就这样开始了。

　　一种激动浮躁的冒险投机氛围笼罩着全州。托马斯·福特州长在令人赞叹的大事年表中写道："这种热情和氛围始于芝加哥，在一两年内将只有几户人家的小村子建成了一座拥有几千万居民的大城市。一夜暴富的故事让人们激动不已。随后，'赌一把'的冒险精神迅速蔓延，人们完全陷入天降横财的幻想中无法自拔。芝加哥曾经只是一个较大的集镇，人们将镇子周围一百英里内的地都拿来拍卖。从东部来的人赶上了这场地产热。每一艘来西部的船一定都是前往芝加哥的。船上满载着东部的人和他们的钱财，他们幻想着到这个美妙的仙境中寻找财富。然而，由于从东部来的很多人没能满足芝加哥贪得无厌的骗子和投机商，于是，他们不得不将商品再次投放到东部市场上。事实上，这一地区的主要商品是土地和镇上的地块，这也是唯一可以出口的商品。"这种风气迅速形成，当地人大量出售城镇土地，甚至有人开玩笑说，过不了多久，这个州可能连可以耕种的土地都没有了。

多年来，伊利诺伊州的未来在居民们不切实际的想象中步履维艰。人们说："我们有建立一个伟大帝国所具备的必要条件，除了企业和居民。"他们认为，只要有了企业，自然就会引来居民，就像有了梧桐树就会引来金凤凰一样。1836 年春夏，议会对内部完善问题的讨论越来越广泛、激烈。候选人极少谈论其他事，党派之间唯一的竞争就是相互攀比，看谁的承诺更大胆夸张。议会召开大会时，委员们不再沉浸在对过去做出的承诺的回忆中，全州上下召开的会议鞭策着他们积极履行自己的职责。1836 年 12 月，代表团的主要成员们聚集在一起，议会命他们表决一项决议，支持"与人民的需要相一致"的内部改建计划。当然，这只是蛊惑民心的政客们一直挂在嘴边的一种说法。

只要人民向一个积极主动的议会提出这些要求，议员们就会立即去完成要求他们完成的工作。不久，议会草率地制定了一个极不合理、鲁莽大胆的修建铁路的计划。随后，铁路网像烤架一样密密麻麻地覆盖在人迹罕至的大草原上，包括从扎利纳到俄亥俄河河口、从奥尔顿到肖尼敦、从奥尔顿到卡梅尔山、从奥尔顿到东边州界、从昆西到沃巴什河、从布卢明顿到贝肯，以及从皮奥里亚到华沙等线路。通过从奥尔顿到东边州界的这条线路，奥尔顿将在不知不觉中取代圣路易斯的地位。从皮奥里亚到华沙的铁路总长约一千三百五十英里。位于铁路终点的城市，其中一些只在测量员精心设计的地图上存在。这项计划还试图改进伊利诺伊州的每条河流，甚至包括只能通行供孩子们玩耍的木瓦船的河流。最终，议会投票决定给那些既没有铁路也没有河流的社区二十万美元作为补偿，这些社区的居民对此感到很满意，因此，他们不再反对该计划。为了完成该宏伟计划，议会投票决定贷款八百万美元，还投票筹集了四百万美元开挖运河。这些款项数目惊人，但要完成既定的目标，这些钱依然是杯水车薪。然而，只要人们的热情不减，议会就不会考虑成本问题或其他可能出现的问题。没有进行任何调查，对这项计划的必要性也没有做任何理性的思考，理智的声音似乎在大会上消失了，只有对未来激情澎湃的预言才能吸引听众。托马斯·福特州长提到了一位演说家，这位演说家坚持称伊利诺伊州完全可以贷款一亿美元进行内部改建计划。人们对他的发言报以热烈的掌声。推理过程或预测既容易又简单。铁路会抬高土地的价格，但伊利诺伊州有大片土地可以出售并盈利。外来资本将投入基础设施建设，议会可能会对外来投资者课以重税以支付债券利息。铁路建成后可以立即投入运营，赚到的钱可以支付铁路建设的费用。法律规定所有工程必须立刻在所有道路的终点以及所有河口同时开工，这是整个内部改建计划中最愚蠢的一面。

正如一些人做的那样，试图将这种急躁冒进的立法责任推给伊利诺伊州的某个政党是缺乏理性的，甚至是奸诈虚伪的。杰克逊民主党人当选州长和议会多数议员，但辉格党人在投票表决、批准这些措施时，和他们的对手一样热心、诚挚。采取了这些措施后，受过良好教育、多财善贾的辉格党人有了真正合法的影响力，占据了依法成立的委员会的主要职位。虽然不乏反对的声音，但大多数人投票通过了法案。听到这条消息后，伊利诺伊州的居民们无法掩饰内心的喜悦，用最奢侈的方式来表达内心的快乐。伊利诺伊州全州所有村庄都灯火通明，教堂尖塔上的钟声响彻山谷，这种场面难得一见。人们将一捆捆的烛芯浸泡在松脂中，然后点燃制成"火球"，抛上夜空以示庆贺。付款的日子遥遥无期，那些乐观的政客做出的承诺让很多人相信，该计划将以某种神秘的方式收回成本。

亚伯拉罕·林肯自始至终与朋友们投票赞成议会的方案，没有什么能证明他认识到了其中存在的风险。他是一名辉格党人，因此，在这件事上，他支持全面的内部改建计划和自由的宪政建设。还是个小男孩时，亚伯拉罕·林肯就对当地的河流和道路建设非常感兴趣。毫无疑问，在万达利亚，亚伯拉罕·林肯和大多数人一样，赞成这项宏伟的工程。然而，在投票表决这些铁路法案的过程中，他并不是主要参与者，因为他受到了特别委托，要将州政府从万达利亚迁到斯普林菲尔德，因此，他将全部精力投入这项工作中。搬迁计划困难重重，除了万达利亚，其他地方都同意搬迁州政府，但伊利诺伊州的所有城市和几个只在图纸上存在的城市都要求成为州政府所在地。1834年，人们要求通过投票解决这一难题，结果表明，渴望向议会敞开大门的城市和要求成为荷马的诞生地的城市一样多。在这些城市中，斯普林菲尔德获胜的可能性并不大。显然，亚伯拉罕·林肯如果想完成交付给他的工作，就得运用自己所有的智慧。托马斯·福特州长说，"九大高人"并不反对利用其他城市对铁路建设的希望和质疑获得人们对斯普林菲尔德方案的支持，但这种说法实在站不住脚。我们更倾向于相信杰西·基尔戈·杜波依斯的说法，他说桑加蒙县的代表能够成功获得将州政府迁到斯普林菲尔德的好机会完全是由于亚伯拉罕·林肯的斡旋。首先，他号召所有竞争城市的代表投票，一致同意搬迁州政府的计划。然后，通过联合南部诸县的代表，并在这些代表的协助下，他组织人们直接给斯普林菲尔德投票，这次投票在很大程度上依赖亚伯拉罕·林肯的个人威望。杰西·基尔戈·杜波依斯先生说："他让我和韦伯斯特投票赞成州政府的搬迁，尽管我俩都来自伊利诺伊州南部。我们向选民们保证，说州政府一定会迁到伊利诺伊州的中心位置。但实际上，我们将票投给了亚伯拉罕·林肯，因为我们喜欢他，并愿意帮助他，也认为他是我们的领袖。"杰西·基尔戈·杜波依斯和韦伯斯特这么做，不可避免地会与自己最亲密的朋友发生争执，因为这些人听信了杰西·基尔戈·杜波依斯的话，为了自己的利益，他们在伊利诺伊州的中心区域购买了一片荒地，并想方设法想将州政府迁到这一区域。

议会休会前不久，这项法案终于通过了。"九大高人"心满意足地带着荣誉回到了选民们中间。他们在各大报纸、公共集会，以及认捐晚餐上，得到了人们的称赞。我们在一篇报道中了解到，在斯普林菲尔德的一家"乡村旅店"，六十名客人就座后，奥维尔·希克曼·布朗宁、亚伯拉罕·林肯、斯蒂芬·阿诺德·道格拉斯、斯蒂芬·特里格·洛根、爱德华·迪金森·贝克①及其他几

爱德华·迪金森·贝克

---

① 爱德华·迪金森·贝克（Edward Dickinson Baker, 1811—1861），美国政治家、律师和军事领袖。他曾任美国众议院议员和参议员，是亚伯拉罕·林肯总统的好友，后在鲍尔斯崖战役中阵亡，成为唯一一位在内战中牺牲的在任参议员。

个人发表了演讲，但由于记者的疏忽，他们充满智慧的演讲内容不幸散失在了历史的长河中。当时，斯蒂芬·阿诺德·道格拉斯已经辞去议会中的职务，成了新的州政府的土地局登记员。几周后，这几名政客又在伊利诺伊州梅纳德县的雅典市共进晚餐。在觥筹交错间，我们转录了两句关于亚伯拉罕·林肯总统的评语："亚伯拉罕·林肯实现了朋友们的愿望，却让敌人陷入绝望。他是个天生高贵的人。"

第 **8** 章

废奴运动

1837年3月3日，即伊利诺伊州议会休会的前一天，议会将林肯起草的一份文件存入了档案。当时，这份文件并没有引起人们的关注。也许在人们渐渐忘记万达利亚大会的是非曲直后，会永远记住这份文件。一项伟大且重要的事业即将拉开帷幕，这份文件是对这项事业的真实记录。亚伯拉罕·林肯将这份抗议书呈送到州议会的众议院。众议院批阅后，命几份期刊发布这份抗议书。抗议内容如下：

　　在本届州议会的全体大会上，两个分会场通过了关于伊利诺伊州奴隶制问题的决议。签名者特此抗议上述决议。

　　我们认为奴隶制是建立在不公与弊政之上的，但废奴声明的颁布非但没有解决这一问题，反倒极大地加深了奴隶制的罪恶。

　　我们认为，根据宪法，美国国会无权干涉各个州的奴隶制度。

　　我们认为，根据宪法，美国国会有权废除哥伦比亚特区的奴隶制，但除非符合该区人民的要求，否则不得行使权力。

　　这些意见与上述决议中的意见之间的差异，是我们此次抗议的理由。

桑加蒙县的代表

丹·斯通、亚伯拉罕·林肯

读了这份抗议的人可能会觉得奇怪，因为众议院认为这份温和谨慎的抗议非常重要或不同寻常。我们无法用当时普遍盛行的思维模式考虑这一问题，因此，很难理解这种行为的真正价值。但如果我们留意一下19世纪上半叶的伊利诺伊州的政治和舆论状态，就会明白这份简单的抗议包含了亚伯拉罕·林肯一直坚持的政治原则和理性。

的确，根据1787年制定的宪法，整个西北地区一直致力于解放奴隶的运动。然而，在这片广袤的土地上，虽然有这项著名的禁令，但只要有足够多人口的地方就会存在奴隶制，现在只不过是换了一种形式而已。1807年，印第安纳州议会通过了一项法案，承认了契约奴隶制的合法性，并在重新划分伊利诺伊州后依然有效。1814年，议会又通过了一项法案，同意从南方各州雇佣奴隶。该法案宣称："由于缺少劳工，当地的作坊无法正常运转。晒盐场仅靠白人工

被贩卖到伊利诺伊州的奴隶

人无法顺利开展工作。"然而，作为对这一借口无意识的讽刺，议会经常会通过一些蛮横无理的法案，禁止自由黑人移民进入这一所谓急需大量黑人劳工的地区。伊利诺伊州成了名义上的自由乐土后，在法兰西人控制的地区，法案不可能废除法兰西人的既得财产所有权。民法规定子女随母，因此，奴隶主和自己的继承人继续奴役黑人奴隶及其后裔。

　　然而，对拥护奴隶制的人来说，法律对奴隶制的宽容远远不够。禁止奴隶制的州通过宪法后不久，一股很强烈的欲望暗流想要将奴隶制引入伊利诺伊州。一些有权势的政客不仅将这种欲望解释为促进个人进步的方式之一，还妄图煽动人们修改宪法。当时，一场规模宏大的移民潮从肯塔基州和田纳西州开始，通过伊利诺伊州涌向密苏里州。每天都有移民队伍经过伊利诺伊州的定居点。

正在向伊利诺伊州迁徙的自由黑人移民

无论移民们停在哪里休息用餐，都会虚伪地对伊利诺伊州的禁奴政策进行谴责，说这项制度使他们无法在这个美丽的地方安家落户。从肯塔基州前往伊利诺伊州出差或旅游的年轻单身男子带着自己的黑人家仆，引起了女人们的爱慕，也激起了当地男人们的妒火。早期的伊利诺伊州人不明白，为什么拥护奴隶制的密苏里州会让自己产生强烈的自卑感。甚至在 1829 年，约翰·爱德华兹州长抱怨密苏里州有比伊利诺伊州更完善的邮政设施，他说："对于这样的优待，我想不出别的理由，除非是因为密苏里州有奴隶为其劳作，当地居民才会被视为受人尊敬的绅士，不像我们这些'自由州'的普通民众，只能靠自己的艰苦奋斗。"

1822 年到 1823 年，议会曾试图将奴隶制引入伊利诺伊州。来自弗吉尼亚州的爱德华·科尔斯是一个强硬的废奴主义者，亲奴隶制政党的一个分支机构推选他担任州长，但遭到了议会的强烈反对。参议院通常会有三分之二亲奴隶制的人坚决支持蓄奴。在众议院，约翰·肖和派克县的尼古拉斯·汉森共同竞争一个席位。这一竞争结果会对参议院亲奴隶制的人产生影响。竞争方式体现了拥护奴隶制的人们奇怪的道德观念，他们想在这次会议上选出一位参议员，然后通过蓄奴惯例。尼古拉斯·汉森投票支持参议院的候选人托马斯，但他并不支持蓄奴惯例。约翰·肖支持蓄奴惯例，但他不支持候选人托马斯。在这种进退两难的窘境中，参议院决定放弃选择，将约翰·肖和尼古拉斯·汉森都录用。参议院先将这一席位给了尼古拉斯·汉森，用他的票来支持候选人托马斯，然后再将他踢出局，让约翰·肖接替他的职位，最后让约翰·肖将这个惯例问题提交给公众投票。这些亲奴隶制的政客的获胜方式并没有让他们感到良心不安，这次胜利也没有让他们表现出宽容大度。投票结束后的那天晚上，他们大肆庆祝，喝醉后成群结队地来到爱德华·科尔斯州长和其他拥护自由州的领导人的住宅前，大喊大叫，炫耀自己极不光彩的胜利。

亲奴隶制的议员们认为自己志在必得，但他们没有想到，自己粗鲁狂妄的挑衅激起了民众强烈的反对情绪。此前，在伊利诺伊州政坛上默默无闻的正派人，譬如小学校长、牧师等人，立即准备参与伊利诺伊州史上最激烈的一次斗争。

他们创办了三家报社，用自己的钱和捐赠来维持运营。爱德华·科尔斯州长将自己四年的全部薪水拿出来支持这场斗争，尽管这对他来说毫无个人利益可言。议会中反对奴隶制的委员们募集了一千美元，以支持反对奴隶制的报社和积极热心的书商报贩。结果，亲奴隶制的政党遭遇了惨败。投票结束后，一千八百人反对蓄奴惯例，反对票数占总票数的多数。因此，这次投票将伊利诺伊州从奴隶制的深渊中解救了出来。

社会道德的维护者们做出了巨大努力，但他们没有考虑个人得失，这是极其罕见的。然而，这些人注定无法度过需要他们勇敢向前的艰难时刻。投票后落败的奴隶制的拥护者们成功赢得了社会舆论的支持。反对奴隶制的政党胜利后，伊利诺伊州的公众反应很平淡，好像他们从未有过任何反对奴隶制的情绪。公众确实投票反对从南方输入奴隶，他们似乎已经习惯在一套由奴役精神催生的严刑酷法下生活。此外，帮助自由的黑人移民也会招致严酷的惩罚。甚至像爱德华·科尔斯州长这样善良正直、广受欢迎的政客，都会遭到起诉，并受到严重的处罚。爱德华·科尔斯州长将自己家中解放了的黑奴带到了伊利诺伊州，并帮他们在自己的农场上安顿下来。议会免除了爱德华·科尔斯州长的罚金，但巡回法庭宣布，法律规定议会没有权力这么做。随后，最高法院又驳回了巡回法庭的决定。人们将任何有关奴隶制的话题都视为不合时宜、没有品位的话题。如果有人公开承认自己反对奴隶制，就会遭到社会的排斥。每个城镇都有一两个废奴主义者。根据他们在陈述自己观点时情绪的不同，人们常将情绪激昂的陈述者视为无伤大雅的狂人，而将痛心疾首的陈述者看作危险恐怖的疯子。

因此，伊利诺伊州人对新英格兰人产生了偏见，部分原因是他们天生对陌生人心存戒备。这在一些封闭偏远、思想狭隘的地方是很常见的，但主要原因是伊利诺伊州的居民们不信任所有从东边来的废奴主义者。在国会中一直代表伊利诺伊州的丹尼尔·波普·库克饶有兴趣地讲述了一件小事。他曾在一个农户家借宿了一晚，听到那家主人悄悄地称他为"那个北方佬库克"。丹尼尔·波普·库克是一个肯塔基人，但他的敌人认为叫他"北方佬"是羞辱他的手段之

詹姆斯·亚历山大·麦当高尔

一。参议员詹姆斯·亚历山大·麦当高尔曾告诉我们，他虽然没有找借口刻意隐瞒自己出生在东部这一事实，但从来无法阻止派克县的朋友们否认这一事实，也无法阻止他们用暴力方式对待任何一个说出这一事实的人。伟大的传教士彼得·卡特赖特常在布道时严厉谴责东部人，称他们是"以牡蛎为生的小鬼"。实际上，东部人的主要食物是玉米饼和火腿。人们将奴隶制的污名贴在了伊利诺伊人身上，这种永远无法摆脱的"瘟疫"四处蔓延。虽然伊利诺伊人内心强大，理直气壮地说他们中间不会有奴隶制的立足之地，但在每天的琐事、平时的闲谈以及常规的立法中，他们依然对奴隶主表示同情。他们不会与奴隶主为伍，但会用自己的方式与废奴主义者斗争。

从 1837 年以利亚·帕里什·洛夫乔伊被谋杀一案中，可以看出伊利诺伊人十分愿意做南方那些不可告人的事。在之后的一场著名演讲中，演讲者称其为"肮脏的勾当"。几年前，以利亚·帕里什·洛夫乔伊一直在圣路易斯一家出版社出版宗教类报纸，但他发现，由于自己对南方诸州的制度发表了个人观点，圣路易斯对他来说已经变得极其危险。于是，他决定搬到密西西比河上游二十五英里的地方，即伊利诺伊州的奥尔顿。他的到来立刻在奥尔顿引发了骚乱。他到奥尔顿的那天恰巧是星期天，人们都在休息。一群乌合之众将他的印刷机扔进了密西西比河。通过这种方式，他们表达了自己维护法律的决心。这群人还召开了一次集会，将以利亚·帕里什·洛夫乔伊带到了会场，逼迫他说出自己的目的。以利亚·帕里什·洛夫乔伊说自己来到奥尔顿是合法的，还承诺自己今后只出版宗教类报纸，再也不会插手政治了。这些话让那群人很满意，他们允许以利亚·帕里什·洛夫乔伊将印刷机从河里打捞上来，并允许他购买新的铅字，发行报纸。然而，以利亚·帕里什·洛夫乔伊注定会成为一个殉道者。

以利亚·帕里什·洛夫乔伊惨死于奴隶制支持者之手

他认为如果对密西西比河西面的罪恶听之任之,视而不见,自己也会变得很"悲哀"。于是,他写下了自己的心里话,并将这些话发表在了报纸上。奥尔顿的公众一片哗然。人们自发成立了一个委员会,准备"好好教训"以利亚·帕里什·洛夫乔伊。这类暴行通常会以一种特殊的方式完成,让参与者看起来合法有序。以利亚·帕里什·洛夫乔伊毫不畏惧这些人,并告诉他们,既然这件事被自己遇到了,他就必须履行自己的职责,而且表示他只服从法律,不会屈服于任何人或任何组织。他甚至还强烈谴责了暴徒们的暴行。这些言语竟然"出自一个传福音的牧师之口",让委员会的成员和其他人感到震惊和愤怒。托马斯·福特州长说:"集会的人们偷偷将印刷机和铅字扔到了河里。"我们冒昧地说,从前,"偷偷"这个词从未用在这样一伙人身上。这场草草收场的闹剧不值得我们浪费笔墨描述其血腥细节。对以利亚·帕里什·洛夫乔伊来说,妥协是徒劳无益的,只能意味着屈服,但屈服是他坚决反对的。围在这位勇敢的废奴主义者身边的人中,有些暴徒威胁他,却遭到了他的蔑视与嘲笑。以利亚·帕里什·洛夫乔伊订购了一台新的印刷机。到货后,他将它存放在一个仓库中,并和自己的朋友们守在里面,决心用生命捍卫这台印刷机。愤怒的人们包围了仓库,短暂的交火后,以利亚·帕里什·洛夫乔伊中弹身亡。他的朋友们也被打散了。那台印刷机再次,也是最后一次被扔进了混浊的河水里。

虽然这些事发生在1837年秋天,但足以表明伊利诺伊州居民们暴虐的脾气。

在东部诸州,早期的废奴主义者们发起的如火如荼的废奴运动激起了全国其他地方的积极响应,很多地方也开始开展各种各样的暴力活动。1831年以来,最大胆、最激进的不抵抗主义者威廉·劳埃德·加里森每周都会在《解放者》上大声谴责奴隶制。他的言辞诚恳热切、铿锵有力,从不考虑权宜之计或其他可能性,仅希望用古代先知的所有热情立即消除罪恶的根源——奴隶制。奥利弗·约翰逊在《标准》期刊上攻击社会中存在的罪恶与错误,他和威廉·劳埃德·加里森一样狂热、执着。他们的言辞让蓄奴州的人们如坐针毡,最后恼羞成怒。佐治亚州议会悬赏五千美元捉拿威廉·劳埃德·加里森以及该州任何发行、散布或传阅《解放者》期刊的人。然而,这场伟大变革中的早期工作者在

威廉·劳埃德·加里森

自己的社区中却鲜为人知，甚至当波士顿市长收到南方一些州对《解放者》一类的出版物的抗议时，他称在市政府和自己认识的人中，没有人听说过这类出版物或其主编。他还说，经过调查，他才发现"主编的办公室是一个隐蔽的洞穴，唯一的助手是一个黑人男孩，主编的支持者也只是几个名不见经传、肤色各异的人"。但这些人的影响一直在悄然发挥作用。东北地区反对奴隶制的社团逐渐发展壮大，议会和其他机构通过了亲奴隶制的决议。随后，南方声势浩大的废奴运动给废奴主义者提供了强有力的支持。议会和其他机构无法控制自

两名黑奴

己的情绪，他们对敌人这种不明智的宣传感到义愤填膺。要求解放奴隶的请愿书递交到国会后，收到了限制言论自由的法令。问题变得越来越严重，越来越多令人担忧的讨论被呈现到了公众面前。但在伊利诺伊州，当时还没有出现反对奴隶制的骚乱。

人们不仅不理解公开反对奴隶制的人，甚至不能容忍任何反对的声音。虽然安德鲁·杰克逊已经不再是总统，但他对反对奴隶制的宣传进行了公开谴责，激起了他的追随者们的极大热情。一年多时间过去了，安德鲁·杰克逊要求国会采取措施"严厉处罚并禁止"这类煽动性事件进一步发展，因为他"预测这种煽动性事件会激起奴隶暴动，甚至导致内战"。但尽管如此，心怀仁慈的人们继续写着、说着，请求国会废除奴隶制。大多数的州议会通过决议后，谴责了这些人的废奴活动。1836年底，约瑟夫·邓肯州长向伊利诺伊州议会递交了几份与这一主题相关的几个州的报告和决议。后来，他又将这些文件交给了一个委员会。在适当的时候，委员会宣读了几个"强烈反对废奴社团"的决议，认为"将奴隶视为个人财产是联邦宪法赋予蓄奴州的权力"，并声明在哥伦比亚特区，如果公民无明显违法的行为，联邦政府不能违背他们的意志，废除该区的奴隶制。此外，委员会还请求约瑟夫·邓肯州长向相关的几个州递交一份报告，声明伊利诺伊州的废奴主义者的运动已经遭到镇压。一场旷日持久的辩论就此展开，但没有任何文献将其记录下来。最终，参议院一致投票通过了经过反复修订的决议。在众议院，只有亚伯拉罕·林肯和其他五个人反对这项决议。迫使辩论无限期拖延下去的众多演讲也没有被记录下来。废奴主义者的演讲全是空谈，他们的声音和愤怒随着时间逐渐消逝，但他们的言论在一颗历史将永远铭记的真诚的心里引起了共鸣。

亚伯拉罕·林肯没有必要比其他人更关注这些决议。他完成了自己在任期内的工作，将州政府从万达利亚迁到了斯普林菲尔德。他现在需要做的是蔑视大多数人的暴力和虚伪，投票反对他们，然后回到仰慕他的选民中。但他的良知和理智使他无法保持沉默。他觉得只有站起来说一句话，才能恢复社会秩序。他写了抗议书，保证会从此信守抗议书上的每一个字。这份抗议书在修辞和情感方面没有浪费一个字，非常贴近语法规则、真理和正义。写完抗议书后，他将其拿给一些同事看，希望获得他们的支持。但除了丹·斯通，其他人都拒绝了。丹·斯通不打算参加下一届竞选，从政界退休后，在法院做了一名法官。联名抗议的风险很大，其他人怕自己承担不起。亚伯拉罕·林肯当时已经二十八岁，度过了一个异常贫困艰难的青年期，在伊利诺伊州的政界和社会上取得了令人羡慕的地位。他热爱和尊敬的那些亲密朋友，如奥维尔·希克曼·布朗宁、威廉·巴特勒、斯蒂芬·特里格·洛根以及约翰·托德·斯图尔特，都是肯塔基人，但都强烈反对讨论任何有关奴隶制的问题。当时，亚伯拉罕·林肯所在的桑加蒙县的公众舆论比他的呼吸还微弱，议会反对讨论任何关于奴隶制的问题。但所有这些因素都不能阻止亚伯拉罕·林肯履行自己的职责，即使他不去完成这件事，也不会有人责怪他。抗议的最后一句话体现了这次行动的崇高目的："这些意见与上述决议中的意见之间的差异，是我们此次抗议的理由。"这个理由足以让林肯家族和路德家族采取行动。

之前的许多年里，亚伯拉罕·林肯一直在不断地成长和发展。在这份措辞严谨的抗议书和英勇无畏的《解放宣言》之间，亚伯拉罕·林肯还有很长的一段路要走。然而，在充满希望的政治生涯的开端，在一个迷信蓄奴州的社区中，亚伯拉罕·林肯敢于宣称"我们认为奴隶制是建立在不公和弊政之上的"。在承认宪法保护奴隶制的同时，他有力打击了支持宪法的道义和物质基础。显然，年轻的亚伯拉罕·林肯已经具备一个政治家的素质，如果有必要的话，可以说他也已经具备一个殉道者的素质。他的整个职业生涯注定会沿着这条路走下去。在上帝为他预留的伟大历史中，这也许是需要他完成的和最英明而高贵的行为。

第 9 章

铁路建设计划

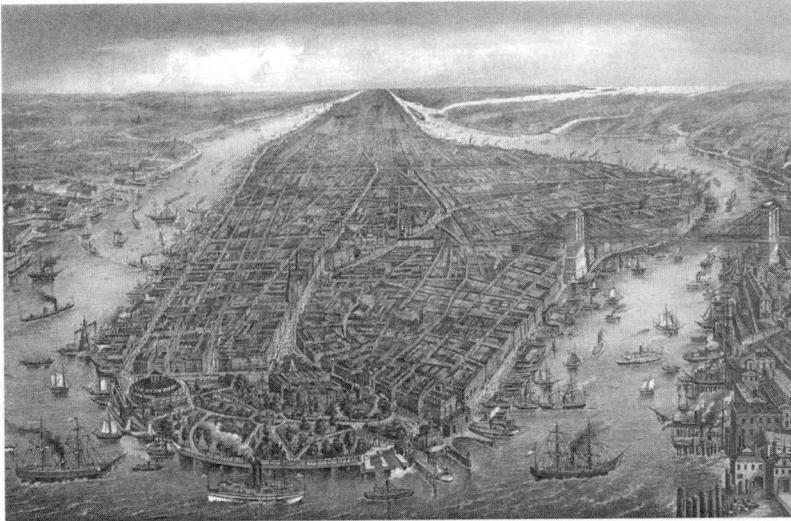

迄今为止，亚伯拉罕·林肯几乎没有赚到什么钱。实际上，除了维持日常开销，他几乎没有多余的钱。然而，幸运的是，他结交了一些善良热心的朋友。友情对早期的伊利诺伊人来说非常重要。在万达利亚，他认识了威廉·巴特勒，两个人成了非常亲密的朋友。得知州政府要迁过来后，住在斯普林菲尔德的威廉·巴特勒非常高兴，邀请年轻的立法委员亚伯拉罕·林肯住到他家里。亚伯拉罕·林肯欣然接受了这个建议。议会休会后，他陪威廉·巴特勒回到家中。亚伯拉罕·林肯和来自肯塔基州的年轻商人约书亚·福瑞·斯皮德住在一起很多年，但一直在威廉·巴特勒先生家吃饭。

就这样，亚伯拉罕·林肯在斯普林菲尔德定居了。他一直住在那里，直到接受了一项神圣使命。他的骨灰将永远安放在斯普林菲尔德高大的大理石墓碑下。对任何一个熟悉当地环境的人来说，斯普林菲尔德也许只是一个荒凉的村庄，但在亚伯拉罕·林肯当时写的一封信中，这里是一个"举止夸张，仪态万千"的地方，意思是这个小镇的居民都自命不凡，假装清高。斯普林菲尔德的人口在一千五百人左右，其中包括七十八名自由黑人、二十名登记在册的契约佣工及六名奴隶。而桑加蒙县的人口将近一万八千人。有人可能会说，和全县的总人口相比，这几个黑人只能算是九牛一毛，甚至几乎见不到他们的面。然而，我们在斯普林菲尔德的报纸上看到一篇社论，用惊人的公告作为开头："自由黑人对我们州造成了威胁，这些人即将泛滥成灾。"桑加蒙县是伊利诺

鲍特瓦特梅族人

伊州最富庶的县之一，拥有几千里沃野。草原和森林分布恰到好处。在伊利诺伊州历史上，桑加蒙县是最早有人居住的地方，当地的土著居民对这一地区非常推崇。据说"桑加蒙"在鲍特瓦特梅人的语言中是"丰饶的土地"的意思。该县的居民都很优秀，其中大多数人来自肯塔基州。虽然议会中有不少从东部诸州来的人，但他们都是受过良好教育的有德之士。

在斯普林菲尔德，几乎没有所谓的开拓生活。从一开始，文明就全副武装地驻扎在了这里。穿着漂亮长靴和褶边衬衫的爱德华兹家族、将自己的银行业务从马里兰州迁到这里的里奇利家族，以及早已家喻户晓的律师世家洛根家族和康克林家族。还有一个家族来自肯塔基州，他们拥有一家棉纺厂，这家人什么活也不干，以显示自己的贵族气派。有了这些居民，斯普林菲尔德从一开始就比西部和南方的其他地方更安定有序。只需要看一眼当地报纸的广告栏，我们就会发现，在这个新的州政府所在地，人们对穿着打扮非常在意。可供绅士们穿戴的有"棉布、厚斜纹花呢、薄毛呢、天鹅绒、真丝、绸缎、提花马赛布做成的马夹、上好的小牛皮靴以及海豹皮或摩洛哥羊皮革制成的鞋子"。对那些在野蛮时代比男性穿的少、在文明时代比男性穿的多的女士来说，可供她们穿戴的有"丝绸、丝毛纱罗、亮光双绉、蕾丝面纱、棉线花边、西藏披肩、花边手帕及精致的普鲁涅拉毛呢制成的鞋子等"。很明显，年轻的亚伯拉罕·林肯进入了一个比他见过的任何地方都更适合社交的地方。

几年前，托马斯·福特州长对伊利诺伊州居民们的服饰变迁产生了兴趣。兽皮、棉毛、亚麻纺织品、猎刀及战斧逐渐从男人们的装束中消失。皮靴和皮鞋取代了用鹿皮制成的没有后跟的莫卡辛软皮平底鞋。现代马裤取代了在脚踝处收紧的皮革裤子。妇女们的服饰也有了很大改变，从前裸露的双脚穿上了好看的鞋子，丝绸、纯白或印花的棉布制成的长礼服取代了家纺的土布衣裙，红色的棉布头巾也被漂亮的丝绸帽子或麦草编织的帽子取代。我们承认，开拓者的老族长们经常抱怨、恶意诽谤这些变化。他们预言，这些伤风败俗的变化会让子孙后代渐渐抛弃"让他们的父辈感到自豪"的传统生活方式。但随着服饰的改变，社会其他方面也变得越来越好。年轻人的自尊心越来越强。为了能买到好衣服，人们变得更加勤俭节约。很多人养成了参加宗教仪式的习惯，因为他们可以在那里展示自己。社交活动、文明礼仪、商业贸易及道德规范方面都有了长足进步。

有时，饮食文明会表现出反复无常的特点。约翰·托德·斯图尔特说，议会的委员们愤愤不平地抱怨野味越来越少。从前，在万达利亚的小酒馆里，他们可以吃到味道鲜美、口感鲜嫩的鹿肉和松鸡，但现在在斯普林菲尔德，他们只能吃培根。他们已经忍了很久，大声嚷嚷道："有什么美味的食物，尽管端上来！"斯普林菲尔德有丰富的文明社会的营养美食，五十美分就能买到一蒲式耳小麦，黑麦只要三十三美分，玉米、燕麦和土豆都是二十五美分，一磅黄油八美分，一打鸡蛋也是八美分，一磅猪肉二点五美分。

斯普林菲尔德坐落在森林边缘，北依森林，南接草原，街道上的泥土黑如墨汁，解冻时深不见底，足以证明这里土壤肥沃。当然，由于路面没有硬化，也没有人行道，人们只能在十字路口铺设粗壮的树干。所有房子几乎都是木头建的，整齐排列在长方形的街区中。镇子中央有一个大广场，期待未来那里会有重大事情发生。搬到这里后，亚伯拉罕·林肯为新的州政府的办公大楼清理场地的工作开始了。桑加蒙县的地方法院设在广场西北角，面朝广场的最大的一座房子是律师们的办公室，其中一间是约翰·托德·斯图尔特和亚伯拉罕·林肯的办公室。约翰·托德·斯图尔特和亚伯拉罕·林肯在黑鹰战争中结识，后来在万达利亚结下了深厚的友谊，并开始了二人之间的合作。

亚伯拉罕·林肯在律师行业并没有一举成名，他对法律的初步研究比较粗浅。当时，约翰·托德·斯图尔特一门心思地要在政界出人头地，并不会为了帮助一个心存嫉妒的女人打赢官司而关注法律。1836 年，他曾是国会的候选人，但败给了 W.L. 梅。1838 年，他再次成为候选人，并打败了与斯蒂芬·阿诺德·道格拉斯一样才思敏捷的对手。他沉迷在这些游说拉票活动中，无暇为自己的伙伴亚伯拉罕·林肯树立爱岗敬业的榜样，但这恰恰是亚伯拉罕·林肯最需要的。几年后，亚伯拉罕·林肯从斯蒂芬·特里格·洛根法官那里找到友情和鼓舞，并开始成为一名真正的律师。在成为律师的前几年里，斯普林菲尔德的人们对亚伯拉罕·林肯印象深刻，主要是因为他口才绝佳，讲起故事来绘声绘色。他是县政府里的灵魂人物，也是个善良友好、深受人们喜欢和信任的人。在受理的为数不多的几桩案子中，他更多是依赖自己对陪审团的影响力，而不是法律知识，他对人性的认识远比他掌握的法律知识广博。

亚伯拉罕·林肯并没有彻底离开万达利亚和那里的野味晚宴以及政治阴谋。直到 1839 年，伊利诺伊州档案馆才搬到斯普林菲尔德。1834 年到 1842 年，亚伯拉罕·林肯连任议会委员。他的竞选活动几乎没有任何经费。约书亚·福瑞·斯皮德告诉我们，有一次，几个辉格党人捐了两百美元，他将这笔钱交给了亚伯拉罕·林肯，让他在游说拉票时支付个人开销。选举结束后，当选的亚伯拉罕·林肯交给约书亚·福瑞·斯皮德一百九十九美元两角五分，并请求他还给捐款人。亚伯拉罕·林肯说："我不需要这么多钱，我骑着自己的马去游说拉票，我在朋友家吃住，不用花一分钱。我唯一的支出是一桶七十五美分的苹果酒，是一些农夫坚持让我请他们喝的。"1837年夏，议会的一个特别会议将亚伯拉罕·林肯召回了万达利亚。1836年冬天制定的宏伟计划需要修改。1837年夏，美国所有的银行已经暂停支付金属货币。由于伊利诺伊州州立银行是铁路和运河公司的财政代理，托马斯·福特州长要求立法委员们修订法律条款，使暂停支付金属货币合法化，并适当限制内部改建计划。不出所料，立法委员会表面上接受了州长的命令，但心里断然拒绝改动自己的方案。他们一直在极力颂扬自己的工作，自然不愿意在起步阶段将其毁掉。据说在1837年，你可以通过一位立法者不断重复的话在人群中立即认出他，譬如"一千三百名同胞！五十英里铁路"。由于无力阻拦，托马斯·福特州长只能任由这一蠢行继续进行下去。通过巧妙的斡旋，议会不费吹灰之力就得到了贷款，并在1837年底，几个地方同时开工修建铁路。全州上下一片欢腾，人们激动不已，热切期望铁路尽快建好。当然，这项工程需要巨额费用，因此，它非但没有刺激当地工业的发展，反倒使工业停滞不前。托马斯·福特州长说道："我们没有任何可供出口的产品，一切进口商品都是用我们借来准备用在铁路上的钱支付的。"除了铁路，运河也全面开工。联邦政府划拨了三十万英亩土地用于开挖运河，相比出售这些土地可能得到的巨额利润，九百万美元根本不值一提。有谣言说内部改建计划存在一定风险，还说银行的状况很不好。但人们认为对这些传言太好奇只能说明自己不够忠诚。委员会派遣一位忠实的爱国者去审查肖尼敦的银行，当别人问他在那里发现了什么时，他回答："大量优质的威士忌和方糖。"这名委员真是坦率得可爱。

然而，1837年的可怕经历打破了许多人的幻想。在1838年的选举中，候选人对内部改建计划有了更多保留意见。伊利诺伊州的债务数额依然在不断增加，已经成为一个天文数字。过去几年中的美梦结束了，敏锐的人们开始感到焦虑不安。但赛勒斯·爱德华兹作为内部改建计划的支持者，为竞选州长大胆地进行游说拉票，但他的对手托马斯·卡林却谨言慎行，畏首畏尾。托马斯·卡林当选后，发现大多数立法委员仍然反对任何保守的做法，因此，他在第一个任期内，并未强烈反对内部改建计划。当时，亚伯拉罕·林肯是一名立法委员，也是辉格党少数派毋庸置疑的领袖，得到了议长的提名，并经过投票当选。关于内部改建计划，议会仍然冥顽不化、刚愎自用，坚决反对修改计划。最后，议会投票决定，再投入八十万美元扩大内部改建计划，但只能说这是在虚张声势，故意逞能。

然而，这是这次高热消退前的最后一丝余热。市场上充斥着伊利诺伊州发行的债券，议会将大量债券委托给纽约和伦敦的银行家与经纪人。最后，一些银行家和经纪人失败了，另外一些带着销售收入失踪了。至此，内部改建计划彻底宣告失败。除了废除这一计划，再没有别的办法了。计划修建的铁路被迫停工。议会开始想方设法偿还这笔巨额债务。1839 年以及接下来的几年中，这笔债务让议会筋疲力尽。这是一项令人沮丧、失望的计划。人们陶醉在议会规划的美梦中多年，但蓝色星期一①还是来临了。难以承受的债务

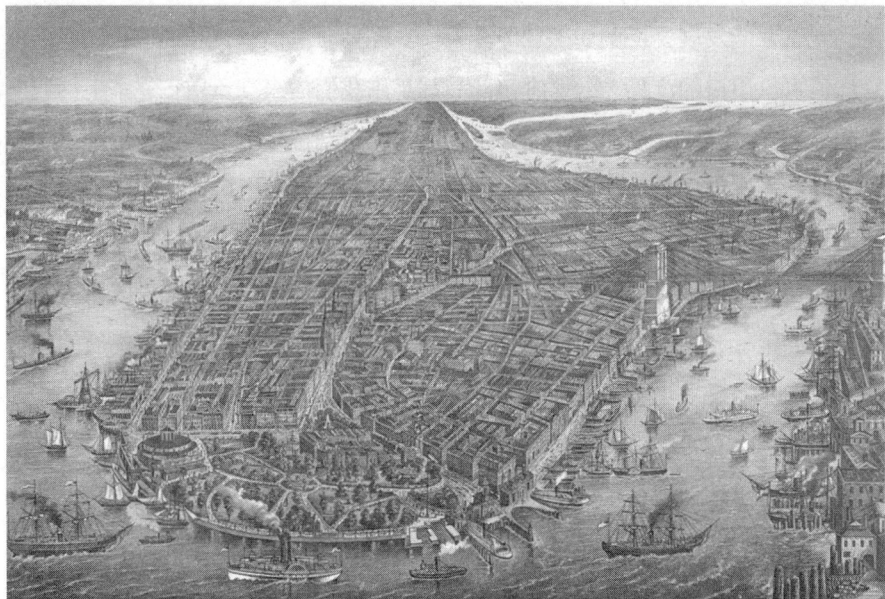

19世纪的纽约

---

① 蓝色星期一，由于周末结束后要开始一周的工作，周一人们通常都会很消沉。

落在了广大民众身上，但他们天真地认为，议会出台的那些法案总会以某种方式还清债务。

为了避免向选民征收重税，并尽快偿还这些沉重的债务，议会制定了很多计划。其中一个并不高明的计划是亚伯拉罕·林肯提出来的。他建议发行债券，偿还州政府应该支付的利息，并挪用该州税收的一部分，专门用于偿还由此欠下的巨额债务。他用极具感染力的演说解释自己的方案，丝毫没有逃避自己在此次危机中应该承担的责任，忐忑不安地将自己的意见提交给大会批复。议会没有采纳他的方案，因为虽然这项计划不乏优点，但过于简单直白，无法得到大家的认可。议会想寻找一个立竿见影的方法，摆脱眼前的尴尬处境，并省去四处游说拉票的麻烦。有些人甚至暗地里支持拒绝偿还利息。但当时，议会想出了一个权宜之计，将责任都推给了基金会的委员们，让这些人解释哪些债务是合法的，相应地应该支付多少利息。为了实施这一计划，议会开始低价出售债券。

议会就伊利诺伊州的银行问题，在辉格党和民主党之间展开了一场激烈的争论。在"下一次议会休会时"，议会已经使暂停支付金属货币合法化了。民主党人认为，他们现在不能继续支付金属货币，如果特别会议无限期休会，银行的执照将会被吊销，这也是他们渴望达到的目的。为银行辩护的辉格党人希望阻止特别会议休会，直到定期会议开始。在此期间，他们希望经受考验的银行能获得新生，在这一点上，他们最后成功了。但有一次，作为少数派的辉格党人用尽了议员们惯用的反对和拖延手段，看到自己担忧的投票迫在眉睫，他们试图通过集体离开会场促使投票中断。然而，有人锁上了会场的门，许多委员，包括身形高大的亚伯拉罕·林肯，从当时召开会议的教堂的窗户跳了出去。同样选择了跳窗离开的约瑟夫·吉莱斯皮先生说："我想，亚伯拉罕·林肯为此感到很后悔，因为他反对一切像革命者一样的行为。"

两年后，走投无路的银行受到蛊惑人心的政客们的持续烦扰，以及伊利诺伊州无耻的欺骗，最终全面崩溃。伊利诺伊州走出了金融困境。多年来，具有历史意义的1836年议会除了让人们背负不堪重负的巨额债务，其宏伟计划并没有留下任何东西。荆棘荒草迅速覆盖了几英里长的路基。在水草丰茂的河岸边矗立多年的桥墩，一直默默等待着被拖延了很久的火车和桥梁。

1840年到1841年冬，亚伯拉罕·林肯和他的终身对手斯蒂芬·阿诺德·道格拉斯之间首次发生了观点和原则方面的冲突。有人认为，亚伯拉罕·林肯对这位著名的对手的极度厌恶和非难，完全是出于羡慕嫉妒。但我们认为，在这个世界上，几乎没有人能像亚伯拉罕·林肯那样光明磊落，毫无侮辱他人人格的想法和冲动。他在公共场合对斯蒂芬·阿诺德·道格拉斯的个人行为的斥责源于他坚定不移的信念。作为一个有才能并在许多方面令人钦佩的人，斯蒂芬·阿诺德·道格拉斯基本上没有坚定的政治立场。1834年，亚伯拉罕·林肯和斯蒂芬·阿诺德·道格拉斯在万达利亚第一次见面。当时，斯蒂芬·阿诺德·道格拉斯正忙着从约翰·杰伊·哈丁手里夺取巡回律师的职位。后来，他在这个位子上待了很长时间，并获得了1836年议会委员的提名。于是，他去了万达利亚游说拉票，想将州政府的所在地迁到他居住的杰克逊维尔，但后来他放弃了竞争，原因是他希望辞去议会里的职务，得到斯普林菲尔德州政府土地局登记员一职。最终，他得到了这个职位，并将其作为第二年提名国会委员的手段之一。虽然他如愿以偿地得到了提名，但最终还是失败了。1840年，斯蒂芬·阿诺德·道格拉斯参与了另一项计划，他因这项计划坐上了全州首席大法官的位子，但他仅仅将这一职位视为进入国会的一个跳板。

伊利诺伊州宪法规定，在该州居住超过六个月的所有白人男性公民，享有选举权。多年来，关于这项法律是否适用于居住超过六个月的外来白人男性公民，一直存在争议。由于外来人口几乎都是民主党人，该党坚持这些外来人口应该享有选举权，但辉格党对此强烈反对。伊利诺伊州最好的律师是辉格党人，因此，大多数法官都是辉格党的支持者。他们的立案决定对外来人口很不利，于是，外来人口向最高法院提出了上诉。这个案子将在1840年6月的会议上得到解决。包括斯蒂芬·阿诺德·道格拉斯在内的民主党的首席辩护人显得有些焦虑，因为这一不利决定会让他们在1840年11月的总统选举中失去约一万多张外来人口的选票。在这紧要关头，最高法院热心的民主党人史密斯法官想要提高自己在党内的地位。于是，他向斯蒂芬·阿诺德·道格拉斯提出了两个重要事实。首先，法庭上的多数人一定会投票反对外来人口。其次，法律条文中有一处不完善的地方，外来人口的辩护人可以据此将案件移交给1840年12月任职的政府，并争取让外来人口给马丁·范·布伦和民主党投票。完成这件事后，以民主党为多数派的议会委员们聚到一起召开了会议，斯蒂芬·阿诺德·道格拉斯递交了一份"改革"司法制度的法案。显然，他已经学会利用"改革"一词。最后，巡回法官们被淘汰出局，五名新法官进入了最高法院，开始行使巡回法官的职权。毫无疑问，斯蒂芬·阿诺德·道格拉斯就是其中的一名法官。他在讨论过程中，通过重申他的朋友史密斯法官在法庭上令人难以信服的表述，对其进行了无情的羞辱。因此，史密斯法官彻底失去了与斯蒂芬·阿诺德·道格拉斯争夺政治荣誉的机会。

对辉格党人来说，竭力防止法官席位的减少已经无济于事。除了抗议，他们别无他法。同时，亚伯拉罕·林肯说出了辉格党的心声。这次，亚伯拉罕·林肯得到爱德华·迪金森·贝克和其他一些人的支持，他们与他一起抗议这一法案。理由如下：

> 第一，该法案因使司法机关服从立法机关而违反了自由政府的原则。第二，该法案对法官和宪法的独立性造成了致命打击。第三，该法案不符合民众的意愿。第四，该法案将大大增加法庭的支出或降低法庭的效率。第五，该法案将使法庭带有政治性和党派性，从而削弱公众对法庭做出的决定的信心。第六，该法案会削弱伊利诺伊州和其他州在国内的地位。第七，该法案是一条为了实现政党目的采取的措施，无法让人民从中得到任何实际利益，有可能造成无法预测的后果。

联名抗议的人们深知，这一抗议对议会中的民主党多数派来说不会产生任何影响。抗议注定会失败。他们只能满怀悲哀地站在一边，眼睁睁地看着这项法案即将带来的灾难。

人们往往对这份激愤的抗议嗤之以鼻，认为它是落败的党派愤愤不平的抱怨。然而，幸运的是，我们有充分的证据表明，这份抗议饱含正义的情感和先见之明。托马斯·福特州长是一个精明能干、诚实可靠的民主党领袖。这些事件过去七年后，他谴责民主党的这一做法是错误的，是一次重大的失误。他还说："自从采用这一改革措施以来，司法机构和大多数民主党人一直不受民众的欢迎。大多数法官具有极高的个人声望，他们当选或受命接受其他职务招致了很多人的抱怨。但从那以后，每一届议会都会无情地抨击法官席位本身。"法官一职被一些心怀不轨的人玷污了，不再像从前那样受人尊重。

第 **10** 章

伊利诺伊州的法律实践

在议会任职期间，亚伯拉罕·林肯在斯普林菲尔德中心广场拐角处的一间陈旧昏暗的小办公室里做执业律师。一个叫约翰·弥尔顿·海伊的年轻人在县秘书的办公室里认识了亚伯拉罕·林肯，请求向他学习法律。约翰·弥尔顿·海伊后来成了伊利诺伊州最有名的律师之一。亚伯拉罕·林肯立刻收下了这个学生。白天，约翰·弥尔顿·海伊忙着其他工作，晚上，他刻苦读书，常常熬夜学习。为了方便学习，他在办公室旁边搭了一间卧室，亚伯拉罕·林肯晚上经常和他在那里探讨法律。约翰·弥尔顿·海伊对当时的法律实践做了如下记述：

　　　想要了解亚伯拉罕·林肯作为律师的成长和发展过程，我们必须明白，和现在相比，早期的法律诉讼程序非常简单。当时，因为地广人稀，社会组织松散，所以就业机会很多，完全没有像现在这样困扰法律的错综复杂的问题和纠纷，也没有必要像现在法律专业的学生那样，整日埋头研究法律原则和案例。相反，法律诉讼的这种简单特性使亚伯拉罕·林肯能深入社区和邻里中，与所有阶层直接接触和交往。法律诉讼包括民事侵权行为和损害赔偿。如果一个人放出去的债无法收回，普遍说法是："无论欠债人藏在哪里，我都会将他揪出来，没有钱就拿命抵债。"
　　　这类事件通常会导致人身攻击和打架斗殴的暴力行为。邻居们对当事人的打架斗殴行为或道德品行议论纷纷，有时甚至会构成诽谤罪。如果一个人为了方便自己，碰倒了一个脾气暴躁的邻居的篱笆，又因一时疏忽或犯懒没有及时将篱笆扶起来，便会构成私闯民宅罪。诉讼有时也会发展成混战。这种血腥的暴力事件还有可能发展成谋杀案，并受到最终审判。既从政又执法的律师们每天忙着处理这类事务。我们从来没有看到过他们在办公室里埋头工作。如果整天待在办公室，他们可能很难发现自己当律师的天分或民众对他们的需求。我们还注意到，在这种时代特征下，街头辩论应运而生。几乎每天都会有人聚集在某个门面较大的商铺附近，或围坐在法院门前的台阶上，就当前的某个政治话题展开激烈辩论。这种辩论不是为了传播新闻，而是为了辩论本身。因为当时的新闻传播速度还没有现在这么快，频率也没有现在这么高。当地人，包括开拓者和农民，总是兴致勃勃地围在辩论者身边，聚精会神、津津有味地听着。辩论者常会用强硬或偏激的言辞表达自己的赞同或反对意见。回到社区后，围观了辩论的人会向邻居们讲述辩论者的智慧和雄辩能力。正是在这些街头辩论中，年轻有为、意气风发、如日方升的亚伯拉罕·林肯总能依靠运气或谨慎找到适合自己的论坛，从而避免了与训练有素的敌手对决时潜在的危险和挫折。

约翰·托德·斯图尔特大部分时间都在国会或自己的选区积极参加游说拉票活动。他与亚伯拉罕·林肯继续合作，但大多数情况下，年轻的律师亚伯拉罕·林肯只能依靠自己。亚伯拉罕·林肯需要处理的案件不多，因此，他有很多闲暇时间。那时，他并没有认真研习法律，但在斯普林菲尔德所有休闲聊天的地方，他很快因活泼健谈和善良友好变得小有名气，就像他曾经在新塞勒姆时那样。提到那些将县秘书的办公室当作聚会地点的年轻人时，约翰·弥尔顿·海伊说："当我们与他在一起时，他总会热情地讲很多精彩有趣的故事，这些故事让他变得远近闻名、妇孺皆知。他的故事不仅具有娱乐特性，还总能独辟蹊

约翰·弥尔顿·海伊

径，表明他想表达的某种观点。"约翰·弥尔顿·海伊走进办公室后，便忙着看当事人的申诉和证人的口供。此时，亚伯拉罕·林肯机敏睿智的话常常会让他停下手头的工作，陷入沉思。一次，一件小事充分说明了当时流行的街头辩论的特点。我们借用约翰·弥尔顿·海伊的原话："虽然公共政治辩论常常表现出言辞犀利、针锋相对的特点，但发扬了平等、公正的精神。每次政治集会都是一场向每个智勇双全的人开放的自由辩论，辩论者不论出身、不论派别。过去，这些辩论经常在法庭上举行，就在我们的办公室的下面。这座建筑曾被用作仓库，一个活动板门连通了法庭和我们的办公室，我们可以听到楼下大厅里发生的一切。一天晚上，爱德华·迪金森·贝克参加了楼下法庭开展的辩论。他是一个脾气暴躁的人。当他控制不住自己冲动的情绪，他的观众又都是一些没有文化的人时，会场随时都有可能出现骚乱，这一点在所难免。当时，亚伯拉罕·林肯正躺在床上，并没有注意到楼下发生的事。我听到兰伯恩正在讲话，突然，爱德华·迪金森·贝克用尖锐的话语打断了他，紧接着是一阵喧哗和咆哮。亚伯拉罕·林肯跳下床，穿过活动板门，来到爱德华·迪金森·贝克和观众之间的讲坛上。他的突然出现及温和友善、公正理性的话语平息了这场骚动。"

年轻的亚伯拉罕·林肯经常背离自己家族的贵格会传统。成年后，他成了一个胸襟开阔、严以律己的人。了解亚伯拉罕·林肯这些品质的人很难相信他曾常常采取暴力措施打压恶霸和暴徒。1840年选举当天，有消息称一个叫雷德福的民主党的工程承包商，联合自己的工人控制了一个投票点，目的是防止辉格党人投票。亚伯拉罕·林肯对这件事很感兴趣，便立刻出发。他走到雷德福身边，劝他离开投票点。人们记住并记录下了他说的一句直率的话："雷德福，请你立刻从我眼前消失。如果你再多待一会儿，就会自讨苦吃。"雷德福是一个知趣的人，立即灰溜溜地走了，从而避免了一场真正的冲突。我们不得不承认，亚伯拉罕·林肯对这件事懊悔不已，告诉朋友约书亚·福瑞·斯皮德，说自己其实希望雷德福能够反抗，以便他能"将他打倒在地，对他拳打脚踢"。

1840年初，辉格党人极有可能选举威廉·亨利·哈里森担任总统。虽然大多数人强烈反对辉格党控制的州，譬如伊利诺伊州，但这次选举给辉格党带来了很大希望。亚伯拉罕·林肯得到了总统选举人的提名，积极投身游说拉票活动。他走遍了伊利诺伊州的大部分地区，四处演讲，而且效果显著。在亚伯拉罕·林肯当年的演讲中，现在幸存的只有其中一篇在斯普林菲尔德发表的演讲。当时，斯普林菲尔德开展的一系列演讲就像一场演讲比赛，参赛者有民主党的斯蒂芬·阿诺德·道格拉斯、约翰·卡尔霍恩、兰伯恩及托马斯，辉格党的斯蒂芬·特里格·洛根、爱德华·迪金森·贝克、奥维尔·希克曼·布朗宁和林肯。演讲地点挤满了人，辩论以极大的热情开始。但到了亚伯拉罕·林肯

威廉・亨利・哈里森

对辩论进行总结性发言时，烦躁的听众们已经厌倦演讲者展示自己渊博的知识，很多人起身离开了会场。虽然听众相对比较少，但他的演讲受到了听众们的普遍称赞，被视为所有演讲中最好的一场演讲。于是，他将这次的演讲内容记录了下来。1840年春天，这篇演讲稿作为竞选文件被大量印刷并广泛传阅。

这篇演讲稿在许多方面都可以称得上精妙绝伦，在很大程度上体现了亚伯拉罕・林肯的演讲风格。这是他曾经发表过的最重要，也是最后一场高水平的演讲。演讲内容并不缺乏合理严密的推理，充满无穷的趣味和华丽的辞藻。总之，这是一场活泼生动的游说演说，后来在西部地区四处流传。在南方，人们

亚伯拉罕·林肯在葛底斯堡演讲

认为这篇演讲体现了亚伯拉罕·林肯极佳的口才。但这场演讲不同于他的就职演说，与葛底斯堡的那场演讲的相似度也仅相当于《错误的喜剧》和《哈姆雷特》的相似度。通过其中的一两段内容，我们可以真切感受到他幽默诙谐的讽刺和热情洋溢的演说风格。当抨击执政党的贪污腐败时，亚伯拉罕·林肯说道："兰伯恩先生坚持认为，马丁·范·布伦党和辉格党之间的差异在于，虽然在实践中，马丁·范·布伦党人难免犯错，但在原则上，他们总是正确的，而辉格党在原则上总是错误的。"为了让人们对这一说法留下更深刻的印象，他又用了几个诙谐的比喻句加以说明："'民主党人的脚后跟容易受伤，但他们的心脏和头脑都是健全的。'这个比喻的第一层意思是，民主党人的脚后跟容易受伤，从比喻意和字面意义上来说，我承认这一点是对的。只需要看一下民主党人塞缪尔·斯沃特沃尔特、普莱西斯、哈林顿及其他贪官污吏，他们携带巨额公款，慌忙逃往得克萨斯州、欧洲或地球上任何一个地方，妄想躲避法律的制裁。没有人知道他们由于急着逃跑，脚后跟经常痛得要命。因此，他们容易

马丁·范·布伦

受伤的脚后跟对头脑健全和诚实可靠的人的影响，与那首滑稽歌曲里软木制成的腿对其主人的影响一样，一旦主人开始用木腿走路，他越想控制木腿，木腿就会跑得越快。也许有人认为我下面要讲的逸事是老生常谈，但即便如此，我也要再讲一遍，因为这则逸事充分说明了我上面谈到的问题，所以无法省略。一个伶牙俐齿的爱尔兰士兵总在没有危险的时候吹嘘自己很勇敢，但一旦与敌人交战，听到第一声枪响时，即使没有上级的命令，他也会拼命撤退。当上尉问他为什么这样做时，他回答道：'报告长官，我有一颗和尤利乌斯·恺撒一样勇敢的心，但不知道为什么，每当危险靠近时，我胆小怯懦的双腿就会不受控制。'兰伯恩先生的政党也是如此，他们将公众的钱攥在自己手中，声称是为了最伟大的目标，并称自己聪明的头脑和诚实的心灵完全可以合理支配这笔钱。但在他们将这笔钱从口袋里拿出来前，他们的脚后跟就会不受控制地带着钱逃跑。"

在演讲的结尾，亚伯拉罕·林肯情绪激动地做了总结。具体内容如下：

兰伯恩先生参考了之前各个州的选举，并根据选举结果自信地预测，在下届总统大选中，联邦政府的每一个州都会将票投给马丁·范·布伦。布伦党人还将这些话讲给懦夫和奴隶们听，还说道："即使你们变得勇敢并得到了自由，也不能将我们怎么样，而且产生不了任何影响，马丁·范·布伦先生还是会连任总统。"他们说得也许没有错，如果真的是这样的话，也只能顺其自然。许多自由的国度已经失去曾经的自由，我们的国家也有可能失去自由。但如果美国真的失去了自由，我最大的骄傲不是因为我是最后一个抛弃它的人，而是因为我绝对不会抛弃它。我知道恶魔控制了华盛顿那座不同寻常的火山，政治腐败的熔岩肆意蔓延，以令人恐惧的速度席卷了全国，将沿途所有的动物和植物毁灭殆尽。恶魔手下的小鬼占领了这座火山的半山腰，就像恶魔站在地狱的最高处，残忍地嘲笑所有试图阻挡它的毁灭进程的人们。这些人的努力都是徒劳、绝望的。明白了这一点，我不能否认所有的一切都有可能遭到毁灭，我自己也可能身首异处，但我绝不会向恶魔低头。失败的斗争不能阻止我们支持正义的事业。如果有人问我在什么时候感觉自己的灵魂得到了升华并上升到了与无所不能的造物主相配的高度，我会回答是在我大胆站起来，独自一人对胜利的压迫者嗤之以鼻、傲睨自若，并时刻牢记被全世界抛弃了的事业的时候。在上帝和全世界面前，我发誓自己将竭尽全力，永远效忠这片生我养我、给我自由的土地，以及我认为正义的事业。和我有同感的人不会害怕说出同样的誓言。因此，不要动摇我们的信念，我们一定会成功。但如果我们注定失败，也要勇敢地面对。到时，我们依然会感到自豪、感到安慰，因为我们无愧于自己的良知，无愧于国家远去的自由。我们可以大声地说："这项事业没有违背我们的初心，值得我们勇往直前。"无论面对灾难还是锁链，甚至死亡，我们绝不动摇，坚决捍卫真理。

人们经常将这些关于奉献和藐视邪恶的激情四射、令人激动的演讲作为林肯对奴隶制政权的勇敢挑战，并加以引用。马修·辛普森主教在亚伯拉罕·林肯的葬礼演说中，赋予了这些演讲非常崇高的意义。但这些演讲仅仅是一个年轻热情的辉格党人为"老蒂珀卡努"，即威廉·亨利·哈里森的选举进行的殷

马修·辛普森主教

切呐喊。与此同时，亚伯拉罕·林肯也很愿意向斯普林菲尔德的人们展示自己的口才。整个竞选活动中的所有演讲语气都很强硬。在安德鲁·杰克逊总统专横的统治期间，辉格党人一直默默无闻。但现在，成功的美好前景使他们激动万分。他们摩拳擦掌，准备与命运做殊死抗争。当威廉·亨利·哈里森第一次获得总统候选人的提名时，曾表示如果每年能得到两千美金的养老金、一桶苹果酒和一座小木屋，他会比当选总统更快乐。反对党将执政的民主党对"苹果酒"和"小木屋"的嘲讽与讥笑作为自己的宣传口号，并成了那场声势浩大的竞选活动的显著特征。西部的每个县都建有小木屋，而且在辉格党的群众集会上，一般都会有大量苹果酒。随着游说拉票活动的声势越来越浩大，一首奇妙的曲子为竞选活动增添了一份活力。缅因州的选举结束后，选举结果预示了辉格党的胜利。每一个会唱歌的辉格党人，甚至每一个会欢呼尖叫的辉格党人，都扯着喉咙唱道："哦，你听说过老缅因州的消息吗？"然后，他们用浓厚的地方口音唱着回答："它死心塌地支持肯特州长、老蒂珀卡努和约翰·泰勒。"

那是亚伯拉罕·林肯一生中最忙碌、最愉快的一段时期。当时，他在国内的政治斗争中，逐渐成熟起来，经常和斯蒂芬·阿诺德·道格拉斯沿着 S.H. 特里特法官的巡回路线，在伊利诺伊州的各个乡镇参加一些激烈的辩论，并从中得到了不少乐趣。亚伯拉罕·林肯的同事们曾经证明，他能轻松地与机敏的斯蒂芬·阿诺德·道格拉斯一较高下。一些人认为，斯蒂芬·阿诺德·道格拉斯在这些辩论中的失败，从某种程度上来说，也是他和他的追随者们在总统选举中失利，又在伊利诺伊州的选举中胜利后，在伊利诺伊州最高法院对辉格党人进行疯狂报复的原因之一。

当时，我们从亚伯拉罕·林肯写给约翰·托德·斯图尔特少校的信中看到，政治问题对他产生了重大影响，以至其他事在他心中都显得无足轻重。1839年 11 月 14 日，亚伯拉罕·林肯写道："最后一小时我去了部长办公室，发现那里和你走之前一样，双方都没有新的选举结果。你离开后，斯蒂芬·阿诺德·道格拉斯再也没有来过这里。人们说他已经放弃去华盛顿的念头。但据我所知，这种说法并不可靠。当然，说到真实可靠，你知道，如果我们听到斯蒂

艾萨克·纳普博士

芬·阿诺德·道格拉斯想要放弃竞选，那么这肯定是不可能的。这里没有什么新闻。我仍然认为诺亚一定会当选。我非常担心对众议员席位的竞争。艾萨克·纳普博士已经成为候选人，我怕他会抢走我们的选票。也有人一直在撺掇老乡绅威科夫以自己的名义宣布成为候选人，但《桑加蒙期刊》的编辑西蒙·弗朗西斯称如果见不到威科夫本人，就不会宣布他为候选人。现在，我猜他们又要为这件事争吵不休了。自从你离开后，我一直很忙，甚至连约翰·托德·斯图尔特夫人都没有见过。我知道她今天给你写了信，你可以了解到比我能告诉你的更多关于她的消息。议长当选的那天，请给我写信，告诉我他是谁。"

1840年1月1日，亚伯拉罕·林肯又给约翰·托德·斯图尔特少校写了一封信。奇怪的是，信中没有任何体现节日气氛的词句。内容如下：

> 在州议会中，两党都赞成在明年夏天恢复国会选举时制定的法律条例。我不清楚激进的民主党这么做的动机。辉格党人说，运河和其他公共建设即将停工。因此，我们接下来将弄清楚外来人口的选票问题，因为明年他们就有了选举权。我们选区的辉格党人说，明年夏天举行选举时，除了你会缺席，其他事都已经准备好。他们中的几个人还请求我就此事征求你的意见。请立即写信告诉我你的想法。

> 信纸另一面是我起草的一份土地决议书。去年冬天，我们议会的两个部门通过了这份决议。请你给约翰·卡尔霍恩先生看一看，并告诉他议会已经通过了这份决议。约翰·卡尔霍恩先生在去年冬天也提出了一个类似的建议。如果他发现自己得到了某一个州的支持，也许会鼓起勇气，再次担起这份责任。

1840年1月20日，会议开幕后，亚伯拉罕·林肯给约翰·托德·斯图尔特少校写了信，概括说明了议会在冬天的工作计划："以下是我对将要发生的事的猜测。州议会将彻底取消内部改建计划，甚至不需要通过任何法定程序。银行经过一些调整后，将慢慢复苏。"

显然，亚伯拉罕·林肯已经对伊利诺伊州的事务失去了兴趣，他正在为更激烈的斗争做好准备。他曾在一份报纸上读到一篇控告马丁·范·布伦先生的文章，说他在独立战争中有不忠行为，但和往常一样，林肯想确认一下这个事实。于是，他写信给约翰·托德·斯图尔特少校道："你一定要将所有关于威廉·亨利·哈里森的生平事迹的副本寄给我。千万记得将1814年9月的《纽约参议院期刊》寄给我。"随后，他又补充道："总之，任何你认为可以充当有力的斗争武器的文件请都寄给我。我很高兴威廉·亨利·哈里森被提名，虽然我一直相信我们将赢得州里的选举，但你知道我从来没有乐观过。在我看来，我们有百分之二十五的胜算，比你打败斯蒂芬·阿诺德·道格拉斯的那次选举胜算更大。马丁·范·布伦党中，很多杂货店老板站出来支持威廉·亨利·哈里森。我们的爱尔兰铁匠格雷戈里也支持威廉·亨利·哈里森……你已经听说辉格党和激进的民主党在议会会议结束后进行的一场政治辩论。我发表的一篇重要演讲正在印刷。为了让你和其他人从中得到一点启发，印刷完成后，我会寄给你一份。"林肯在这里提到的"重要演讲"就是我们前文引用过的那一篇。

亚伯拉罕·林肯在另一封信中依然显得很乐观，他写道："在这些方面，我从未见过我们党的前景像现在这样光明。我们将在桑加蒙县的竞选中获胜，这一次成功的可能性比 1836 年你和 W.L. 梅竞争时的可能性大很多。我认为我个人的前景并不乐观，因为我想选民们不会支持我成为候选人，但我们党的票数一定会很高。很多人支持威廉·亨利·哈里森。今天早晨，我从邮局收到了杰西·基尔戈·杜波依斯的信，里面附有六十名支持者的名字。我将信拿给了西蒙·弗朗西斯。我发现他同一天也收到了来自其他地区的一百四十多封信……昨天，斯蒂芬·阿诺德·道格拉斯认为《桑加蒙期刊》侮辱了他，在大街上与西蒙·弗朗西斯发生了争执。西蒙·弗朗西斯抓住他的头发，将他顶在一辆手推车上。后来，围观的人拉开了西蒙·弗朗西斯，事情才算结束。这起事件非常荒唐，除了斯蒂芬·阿诺德·道格拉斯，西蒙·弗朗西斯和其他人都觉得这件事很可笑。"

斯蒂芬·阿诺德·道格拉斯似乎总能遭遇这种事，大多数时候都以狼狈和尴尬收场，因为他不仅冥顽不化，还自不量力，总喜欢攻击比自己高大强壮的人。当时，斯蒂芬·阿诺德·道格拉斯虽然只有一百磅左右，但很有胆量，会鲁莽地攻击像西蒙·弗朗西斯这样身材高大的人，或像约翰·托德·斯图尔特那样身强力壮的人。1838 年的游说拉票活动中，他在一家杂货店与约翰·托德·斯图尔特少校发生了争执，结果可想而知。一个旁观者对此事一直记忆犹新，说约翰·托德·斯图尔特少校"将斯蒂芬·阿诺德·道格拉斯像拖把一样在地上拖来拖去"。在同一封信中，亚伯拉罕·林肯列举了一长串名字，希望他的演讲稿能送到这些人手中。这表明他很了解游说拉票活动中的每个人。他常对这些人做出评价，如"这是一个可疑的辉格党人。那是一个好学爱问的民主党人。那是个喜欢受人关注、热情洋溢的年轻人"。他还提到了"早就和我们闹翻了，现在不大可能支持我们的"三兄弟。最后，他告诉约翰·托德·斯图尔特少校，因为乔·史密斯崇拜他，所以最好也给摩门教徒们寄几份演讲稿。此外，约翰·托德·斯图尔特下次给埃文·巴特勒写信时，务必要代他向埃文·巴特勒问好。

如果像亚伯拉罕·林肯这样一位心思缜密的政治家受到选民们的怠慢或忽视，一定会让人感到不可思议。在下面一封信中，我们发现他认为自己当不上候选人是毫无根据的。大会已经召开，爱德华·迪金森·贝克成为参议员候选人，亚伯拉罕·林肯成为众议员候选人。斯普林菲尔德的所有其他提名都被农村代表占据。亚伯拉罕·林肯在写给约翰·托德·斯图尔特的信中说："尼尼安·W.爱德华兹没有得到提名，他感到很受伤，但现在他差不多已经想开了。我对此感到很难过。说真的，我感到非常难过。会后，农村代表们都如愿得到了提名，并且除了爱德华·迪金森·贝克和我，他们希望所有农村代表都得到提名，因为他们认为我们必定会发表巡回演说。老埃尔金上校[1] 得到了治安官的提名，这令我感到欣慰。"

1840 年 11 月，威廉·亨利·哈里森当选总统。大多数辉格党人的当务之急是分配竞选后的胜利果实，即他们认为属于自己的职位。安德鲁·杰克逊总统已经大肆宣扬并实践这种令人消沉的传统多年，如果我们期望辉格党人放弃这一传统，那么可能会有违人的本性。当轮到辉格党人上台执政时，他们至少会抢夺一部分职位。但亚伯拉罕·林肯认为争夺方式无疑是非常不体面的。约翰·托德·斯图尔特要求亚伯拉罕·林肯对多名求职者表达自己的看法。因此，1840 年 12 月 17 日，他写道："任用官员这件事很让人头痛，你肯定比我更厌烦这类事。你知道，我反对为了让我们的朋友们任职而免除别人的职务。考虑到这一点，我仅针对某些情况说说我个人的看法。执法官一职的最佳人选应

---

① 即威廉·F.埃尔金。

该是约翰·道森，其次是 B.F. 爱德华兹。至于斯普林菲尔德的邮政局局长，可以委任亨利博士。卡林维尔的邮政局局长可以考虑约瑟夫·C. 豪厄尔。"

亚伯拉罕·林肯对卡林维尔邮局感到义愤填膺，要求犯错的人承担法律责任，并说："对卡林维尔邮政局局长实行撤职查办，一点问题都没有。很多人曾告诉我事实真相，他竟然在游说拉票期间，将国会的辉格党成员免费邮寄的所有文件私自扣押在自己的办公室里，真是胆大包天，岂有此理！"

1841 年 1 月 23 日，亚伯拉罕·林肯又给约翰·托德·斯图尔特少校写了一封信。这封信不仅给他们之间的通信画上了句号，还让我们预感到，亚伯拉罕·林肯接下来将遭受精神抑郁症的困扰。这一疾病一直持续到他结婚。其间，他偶尔会有一些短暂的快乐时光。我们从已故的约翰·托德·斯图尔特提交给我们的手稿中，将这封重要的书信完整摘录了下来。内容如下：

亲爱的约翰·托德·斯图尔特：

我已你 1841 年 1 月 3 日写给我的信收到，将继续尽力回复你。但就我目前糟糕的精神状态来看，我恐怕会让你失望。关于国会选举问题，我只能告诉你，参议院现在有一份普票制法案，但该党是否会采纳这一法案还不确定。据我了解，我们的朋友中没有任何反对你的人，我们的敌人中也没有人反对你。当然，如果采用普票制，一定会有人站出来反对你。芝加哥的《美国人》、皮奥里亚的《登记员》和《桑加蒙期刊》已经将为你摇旗呐喊当成了他们的职责。选区内的其他几家辉格党报纸也将立刻跟进。昨天晚上，我们的朋友们在威廉·巴特勒家开了个会。我提出了这一问题，结果他们一致同意宣布你为候选人。然而，今天早上，我们中的一些人认为既然报纸上已经宣布你为候选人，我们将在你的授意下推迟一两个星期宣布这一结果。我们认为，如果我们对这件事显得过于热心，可能会促使我们的对手加快实行普票制法案。总之，我想可以肯定地说，如果这是辉格党力所能及的事，那么你一定会再次当选。

你必须原谅我没有给你最准确全面的消息，我真的无能为力。现在，我是世界上最悲惨的人。如果将我的感觉平均分配给世界上的每个人，地球上将不会再有快乐的脸庞。我不知道自己能否好起来，我有一种不祥的预感，我再也好不了了。在我看来，保持现在的状态是不可能的，我要么会好起来，要么会死去。由于我的病情，你提到的那件事我可能不能亲自处理了。你可以按照你之前说的那样去做。我这样说是因为我担心自己将不能处理这里的任何事务，改变一下环境或许对我有利。如果我能做自己，我宁愿和洛根法官一起待在家里。我不能再写了。

你永远的朋友

亚伯拉罕·林肯

第 **11** 章

亚伯拉罕·林肯的爱情

精彩看点

订婚——开拓者的秉性——亚伯拉罕·林肯的爱情故事——约书亚·福瑞·斯皮德——亚伯拉罕·林肯去肯塔基州拜访约书亚·福瑞·斯皮德的家人——与约书亚·福瑞·斯皮德的通信——婚姻

前文提到的那封信使我们想起了亚伯拉罕·林肯一生中的一段重要时期。那些无法理解和想象他的痛苦的人，自然会对他的这段生活产生偏见，说一些闲言碎语。如果可以的话，我们会尽力省去一些在他的性格发展中产生了重要影响的事件，并尽量对已经说过的话不做补充。

1840年，亚伯拉罕·林肯与肯塔基州莱克星敦的玛丽·托德女士订婚。当时，这位受过良好教育、家世显赫的年轻女士到斯普林菲尔德看望她的姐姐爱德华兹夫人[①]。无论从哪方面看，这都算不上一次愉快的订婚，因为双方担心日后无法和睦相处。亚伯拉罕·林肯有一颗深情敏感的心，但在这种情况下，他找了一位让他痛苦不堪的女士。他认为自己对未婚妻的感情还不够深厚，因而无法保证日后的幸福。然而，他的怀疑和担心还不足以说服自己与玛丽·托德断绝一切关系。在亚伯拉罕·林肯看来，这种行为会损害自己的荣誉感。一方面，他的责任感使他陷入了不幸的婚姻生活，另一方面，家人和朋友并没有给他足够的支持，让他欣然接受这场婚姻。所有这些因素加起来，让他愁肠百结，痛苦不堪。他的朋友和熟人并不能理解这种挥之不去的深沉忧郁，甚至认为是有点儿荒诞离奇的忧伤和哀愁，他们认为亚伯拉罕·林肯的烦恼显得有些夸张，几乎可以用精神错乱来解释。但我们不会接受这样一个刺耳的论断。一些冷静、明智的朋友站出来为亚伯拉罕·林肯澄清了事实，说他的抑郁症还没有达到这

---

① 爱德华兹夫人指尼尼安·W.爱德华兹的妻子。

玛丽·托德

么严重的地步。经常陪伴在他左右的奥维尔·希克曼·布朗宁说，最严重的时候，这种状况也只持续了一个星期。那段时间，亚伯拉罕·林肯经常语无伦次，心烦意乱，但几天后，一切又会恢复正常，所有症状都会消失，就像什么也没有发生过一样。奥维尔·希克曼·布朗宁说："我想，这只是他天生的忧郁比以往加重了一些而已。他的情绪因无尽的烦恼和尴尬的处境显得比平时更低落。"

　　这种生来郁郁寡欢的病症对亚伯拉罕·林肯来说并不奇怪。在西部早期的开拓者中间，这种病症不但具有地方特征，而且是普遍存在的，其根源基本上来自严酷的生活环境。大部分时间里，这些人都为了生存奋斗，日子过得凄凉、孤独。他们在寂静的树林中度过了酷暑难耐的夏天。冬天，厚厚的积雪又常常将他们困在残破的小木屋里长达数月。人与人之间的话题有限，而且他们大多眼界狭窄、思想贫瘠。由于生活缺乏刺激和活力，快乐对他们来说弥足珍贵。他们偶尔也会尽情狂欢，但这种嬉戏打闹往往比较粗俗野蛮。他们对文明社会中的长久快乐生活知之甚少。有个别开拓者写下了自己对同胞们的观察，其中，约翰·L.麦康奈尔写道："他们不是一群乐观开朗的人。虽然有时，他们也会参加庆祝活动，但这样的机会寥寥无几。也正是因为机会难得，所以他们会不失时机地放肆畅饮，尽情狂欢。其他地方的农民们也不甘于这样平淡宁静的生活……了解了开拓者的脾气秉性后，就不会出现希望他们将微笑常挂在嘴边的想法了。对他们来说，能够偶尔开怀一笑已经很满足。"

除了这种普遍存在的忧郁倾向，很多开拓者都受过疟疾的影响，并且这种影响会伴随一生。他们在沉睡了几个世纪的原始森林中开垦农田，在沉积了几百年的腐殖质土壤中播种农作物，晚上睡在"半脸营"里，呼吸着弥漫在茫茫林海中的瘴疠毒气和拥挤不堪的小木屋里的污浊空气。因此，他们很容易因这种有毒的空气生病。许多人都病死了，大部分有幸活下来的人长大后，虽然没有明显的典型症状，但这种让他们的童年备受折磨的疾病却留下了各种各样的精神紊乱的征兆。亚伯拉罕·林肯小时候，这些病症尤其严重。一种叫"牛奶病"的可怕瘟疫几乎摧毁了小鸽溪社区及其周边地区。亚伯拉罕·林肯的母亲和很多家人都因此失去了生命。他的父亲离开梅肯县也是因为那里疟疾频发，家人的生命受到了威胁。总的来说，少年亚伯拉罕·林肯一直生活在这种疾病的阴影中。19世纪上半叶，用金鸡纳霜树皮制成的各种食物成了印第安纳州和伊利诺伊州人的日常饮食。很多情况下，只要经常吃金鸡纳霜树皮制成的各种食物，就不会受到瘴疠毒气的侵害。然而，这种疾病造成的影响会一直存在，精神抑郁依然会周期性地发作。到了中年，抑郁症状会逐渐减少，晚年时，这些症状会彻底消失。对那些身强力壮的人来说，这种疾病似乎是难以理解的。

在这种环境中成长起来的人看问题时往往比较悲观，他们会很自然地认为一份不完美的爱情必定会造成巨大的痛苦。但面对这样一段感情纠葛，亚伯拉

19世纪40年代的亚伯拉罕·林肯

罕·林肯感受到的痛苦似乎更加强烈。通常情况下，想象力不会给开拓者带来任何烦恼。再次引用约翰·L. 麦康奈尔先生的话："开拓者们不懂浪漫，不会做梦。冥想并非他们的心理习惯，富有诗意的幻想会让他们以为自己精神错乱了。如果在一个宁静的夏日午后，一个开拓者斜卧在一棵树下，那一定是在睡觉。如果他极目远眺起伏的草原，那一定是在搜索警示敌情的狼烟。如果他仰望碧蓝的天空，那一定是在预测明天的天气。如果他低头凝视葱郁的大地，那一定是在辨别印第安人或水牛的踪迹。这个人的妻子是他唯一的帮手。他从未想过她有多么圣洁、完美。"但亚伯拉罕·林肯绝不可能从历经磨难的早年经历中获得这种快乐的免疫力。他发表的演讲表明，他的诗人天赋时常受到压制。在这一时刻，丰富的想象力给他带来了极大的痛苦。他十分尊敬女性，甚至认为伤害任何一个女人都是非常可耻、无法弥补的罪恶。与在埃尔西诺的塔楼里幻想的哈姆雷特和创作《阿卡狄亚》的菲利普·西德尼相比，来自偏远山区的政治家亚伯拉罕·林肯对女性的价值和尊严充满更多神秘且朦胧的幻想。这个世界上没有几个男人能像亚伯拉罕·林肯那样对女性温柔体贴、关怀备至。

　　除了朴素、虔诚的继母，亚伯拉罕·林肯认识的女性并不多。直到搬到新塞勒姆，他才开始认识当地的一些女性。其中，他对一个叫安·拉特利奇的女

菲利普·西德尼

孩很有好感。安·拉特利奇是当地一个磨坊主的女儿，不幸的是，她还是少女时就去世了。虽然他们之间没有任何约定，但安·拉特利奇的死让亚伯拉罕·林肯深受伤害。第二年，一个来自肯塔基州的年轻女孩来到了村子里。亚伯拉罕·林肯非常关注这个女孩，绝对是她的追求者之一。他很欣赏她，似乎新塞勒姆的所有成年男子都很欣赏她。这个女孩身材健美、聪明伶俐，性格开朗，举止落落大方。和她在一起时，亚伯拉罕·林肯的目光总是追随着她。但在万达利亚和斯普林菲尔德时，他给她写了几封非常奇怪的情书。这些情书大多充满对时政的评论及让女孩最好不要嫁给他的理由。同时，他明确表示只要她愿意断绝来往，他绝对不会反对。最后，出于尊敬和礼貌，他直率地向她求婚，并得到了同样直率、善意、礼貌的拒绝。他认为这仅仅表明对方很大度地给了他一个逃离的机会。当事情最终以这种令双方都很满意的方式结束时，他坐下来像给戏剧写后记那样，将整起事件以荒诞喜剧的形式记录了下来，并寄给了万达利亚的奥维尔·希克曼·布朗宁夫人。

这封信刊登在报上后，亚伯拉罕·林肯遭到了人们严厉的批评，因为这封信表明他缺乏绅士风度。但持有这种观点的人忘记了他是在告诉一个亲密朋友困扰了他整整一年的一件事。他在信中没有提到任何当事人的名字，整个故事诙谐幽默，看上去像虚构的一样，因此，收信人从未想过信中记录的是真人真事。直到二十五年后，有人请奥维尔·希克曼·布朗宁夫人将这封信提供给一位传记作家。亚伯拉罕·林肯总统请奥维尔·希克曼·布朗宁夫人不要这样做，说信中有太多事实，不能出版。此时，奥维尔·希克曼·布朗宁夫人才恍然大悟。这段插曲唯一的意义是，它表明了年轻的亚伯拉罕·林肯的道德发展几乎是不正常的。一方面，他渴望得到一段婚姻，但另一方面，由于认为自己让一个年轻女性以为他有这样的意图，他对婚姻心存恐惧。虽然我们承认这是一个无法挽回的错误，但我们还是对他高贵的品质惊叹不已。

在这件非常严肃、对亚伯拉罕·林肯的人生产生了深远影响的事情中，不争的事实、善良的本性、对犯错的恐惧及细腻的情感和经受苦难的能力相结合，使他成了一个"百里挑一"的男人。经常自省的习惯使他发现了自己忧郁的性格，让他非常吃惊。他单纯善良、诚实厚道，经常直言不讳，将自己的烦恼和痛苦告诉心爱的女人。从一段感情中解脱出来后，他的"自由"只会让他因羞辱了对方而感到悔恨、痛苦。他无法像头脑冷静、思想简单的人那样摆脱自己的痛苦。痛苦将他牢牢抓住，拖进了可怕的黑暗深渊。我们在前文提到了亚伯拉罕·林肯给约翰·托德·斯图尔特少校写的信，表明他走出了最黑暗的时期。随后，他陪自己的好友和知己约书亚·福瑞·斯皮德来到肯塔基州。在那里，他通过某种方式治愈了自己的抑郁症。治愈过程非常奇特，很多小说家都不敢将这件事写进自己的作品中。后来，林肯又回到了伊利诺伊州，回到了工作中。

约书亚·福瑞·斯皮德是一个肯塔基人，在斯普林菲尔德做一些小生意。他和路易斯维尔著名的律师詹姆斯·斯皮德是亲兄弟。詹姆斯·斯皮德后来成了美国司法部部长。在一定程度上，约书亚·福瑞·斯皮德属于那种非常适合

詹姆斯·斯皮德

做朋友的人，就像故事中的派西厄斯①、派勒迪斯②和霍雷肖。很难说他是亚伯拉罕·林肯曾经唯一的挚友，但他一定是亚伯拉罕·林肯身边最后一位挚友。在斯普林菲尔德，他是亚伯拉罕·林肯最亲密的伙伴。在亚伯拉罕·林肯给约翰·托德·斯图尔特写信的那段黑暗日子里，约书亚·福瑞·斯皮德给了亚伯拉罕·林肯兄长般的关爱和照顾。他放下斯普林菲尔德的生意，和亚伯拉罕·林肯一起去了肯塔基州，将亚伯拉罕·林肯介绍给自己和蔼可亲、热情好客的家人，并竭尽全力抚慰亚伯拉罕·林肯烦躁不安的情绪。只有莫逆之交才会如此尽心尽力。约书亚·福瑞·斯皮德真诚的关怀和温暖的陪伴给了亚伯拉罕·林肯莫大的安慰和鼓励。就任总统后，亚伯拉罕·林肯寄给约书亚·福瑞·斯皮德先生的母亲一张自己的照片，落款为："致虔诚善良的露西·G.斯皮德夫人，二十年前，您曾送给我一本牛津版的《圣经》作为礼物。"

然而，导致亚伯拉罕·林肯的思想发生变化的主要原因是他和约书亚·福瑞·斯皮德离开伊利诺伊州时根本没有想到的事。在肯塔基州，约书亚·福瑞·斯皮德坠入了爱河，并决定结婚。也许纯粹是因为偶然，也许因为情绪会通过接触相互传染，约书亚·福瑞·斯皮德发现亚伯拉罕·林肯身上令人担忧的忧郁情绪——抑郁症，好像牢牢控制了自己。一直以来，他都想方设法地想要将亚伯拉罕·林肯从绝境中解救出来，但现在，他自己也掉进了同样的深渊。亲密朋友之间不需要任何秘密，从亚伯拉罕·林肯发现约书亚·福瑞·斯皮德需要同样的照顾和安慰时，他自己的痛苦反而减轻了。两个年轻人在斯普林菲尔德一起度过了整个秋天。为了照顾约书亚·福瑞·斯皮德，亚伯拉罕·林肯暂时抛开了自己的烦恼。两个人心有灵犀，知道对方内心深处的想法，因此，彼此坦诚相待，情同手足。这种患难与共的友情非常难得。当约书亚·福瑞·斯皮德在肯塔基州找到属于自己的幸福时，这份突如其来的幸福太过耀眼夺目，使他迷失了自我，成了爱情的傻瓜。亚伯拉罕·林肯继续写信安慰并鼓励他。这些书信饱含真情实感，言语温和，娓娓道来。像一个独立于自身之外的诗人一样，

---

① 派西厄斯是罗马民间传说中的人物，与达蒙是生死之交。
② 派勒迪斯是希腊神话中的人物，因与其表弟俄瑞斯忒斯的深厚友谊而著称。

亚伯拉罕·林肯冷静审视自己的内心并写下了这些书信。性格内向的他感受着与约书亚·福瑞·斯皮德同样深沉的忧愁和恐惧，他用自己的悲伤做药，去治疗朋友的伤痛。

和约书亚·福瑞·斯皮德在一起时，亚伯拉罕·林肯写了一封充满智慧和深情的长信。临别时，他将信塞到了约书亚·福瑞·斯皮德的手里，告诉他需要的时候就拿出来读一读。他预计约书亚·福瑞·斯皮德会有一段情绪低落期，因为首先，约书亚·福瑞·斯皮德将"在旅途中经受各种考验。其次，没有了可以转移注意力、使紧张的精神得到短暂放松的生意和朋友，他有时会忘记爱情的甜蜜，转而想到死亡的痛苦"。最后，"让约书亚·福瑞·斯皮德感到惶恐不安的那个重要时刻如期而至,步步紧逼"。如果约书亚·福瑞·斯皮德在这些情况下都能安然度过，没有感到"灵魂的刺痛"，那他一定是被表面的幸福欺骗了。但亚伯拉罕·林肯继续说道："如果你正如我预料的那样，在某些时候感到烦恼和痛苦，那么作为一个可以对这一问题做出评判的人，我恳求你将其归咎于我刚才提到的三个原因，而不是恶魔给你的关于虚假婚姻的毁灭性暗示。"这些话形成了一个精心构思、诚挚深情的论点的前奏。随后，亚伯拉罕·林肯会不遗余力地说服约书亚·福瑞·斯皮德，让他相信自己的未婚妻美丽可爱，相信自己的内心很完整。有人说亚伯拉罕·林肯为了一个热恋中的年轻人的利益，承担了一份奇怪的责任。然而，亚伯拉罕·林肯和约书亚·福瑞·斯皮德相互理解，相互安慰，约书亚·福瑞·斯皮德终其一生，都会对亚伯拉罕·林肯的这些安慰和鼓励铭记在心，并心存感激。

1842年2月3日，亚伯拉罕·林肯又给约书亚·福瑞·斯皮德写了一封信，就约书亚·福瑞·斯皮德的未婚妻病重一事对他表示祝贺，理由是"你目前对她的健康状况表现出来的苦恼和焦虑证明了你对她的爱，这份爱会消除你心中对这桩婚姻的可怕疑虑"。随着约书亚·福瑞·斯皮德的婚期临近，亚伯拉罕·林肯的信中透露出越来越强烈的焦虑。他迫不及待地想听到朋友的消息，写信询问婚礼的时间，承认信中所写也许只是纸上谈兵，因为一个单身男性的话对一个即将结婚的人来说可能一文不值。然而，他还是无法保持沉默。他希望约书亚·福瑞·斯皮德和妻子能过上幸福的生活，"但如果我对你们的幸福的预言是错误的，如果快乐伴随着等量的痛苦，那么请你相信，正如我一直以来都让你谨记的那样，哪怕是在痛苦和绝望的深渊中，你也会很快好起来的"。亚伯拉罕·林肯接着说："如果你能心平气和地举行婚礼，甚至在任何时候都足够冷静，那么毫无疑问，你的幸福一定会永远伴你左右。"亚伯拉罕·林肯想尽一切办法去安慰朋友低落的情绪。

　　显然，心情比紧张的新郎更焦急的亚伯拉罕·林肯一直等待着约书亚·福瑞·斯皮德来信告诉他婚礼日期。1842年2月25日，当他收到约书亚·福瑞·斯皮德的信时，写道："我忐忑地打开了你的来信。虽然你信中所述的事比我预期的更好，但我还是花了十几个小时才平静下来。现在，我可以告诉你，我们那些奇怪的预测都是毫无意义的废话。从我收到你星期六寄给我的那封信起，我想那个'星期三永远都不会来了'，但它确实来了，而且无论是从你信中的语气还是笔迹来看，你进步了很多，这一点已经确定无疑，但我之前一直担心你会变得更糟。你说有些无法描述的、令人恐惧和忧虑的事仍然萦绕在你心头。我敢打赌，从现在开始，再过三个月，你就不会这么说了。"这封信洋溢着对挚友正在面对的事感同身受的欢愉气氛，但有一句话击中了所有认为理想高于现实但无法实现的人们的要害，即"对天堂的向往远远超过了地球上所有一切能实现的事物，这是你我二人独有的不幸"。

　　不久，亚伯拉罕·林肯收到了约书亚·福瑞·斯皮德的回信。约书亚·福瑞·斯皮德告诉亚伯拉罕·林肯，他和自己黑眼睛的肯塔基妻子已经在一个富足的种植园安顿下来，还说他们感情很好，日子过得平静而幸福。他的心态变得非常平和，彻底消除了对婚姻的恐惧，心中满是欣喜，并向亚伯拉罕·林肯详尽描述了自己的种植园中的美景。亚伯拉罕·林肯在回信中坦率地告诉约书亚·福瑞·斯皮德，说自己并不关心他的种植园，"我只能说我很高兴你对种植园感到满意和欣喜。但我最感兴趣的事是你的婚姻，无论你对婚姻感到欢乐还是悲伤，我从来都无法控制对你的同情。听你说自己'比预想的要幸福得多'，你都不知道我有多么激动，多么高兴！说实话，在读你的上一封信时得到的快乐，远比我在 1841 年 1 月 1 日以来得到的所有快乐还要多。从那时起，我似乎应该感到高兴，但心里依然有一件事让我很不痛快。这件事一直拷打着我的灵魂。我经常责备自己，因为她 ① 一点儿也不快乐，但我竟然希望自己能快乐起来"。

　　1842 年夏，亚伯拉罕·林肯和约书亚·福瑞·斯皮德依然在信中诉说着各自的心事，然而，悲伤的情绪已经减弱不少。享受着家庭的安逸和幸福的约书亚·福瑞·斯皮德感谢亚伯拉罕·林肯为他所做的一切，也向亚伯拉罕·林肯提出了明智的建议。1842 年 7 月 4 日，亚伯拉罕·林肯回复约书亚·福瑞·斯皮德时说："我愿意为你做更多事。但我总是很迷信，相信是上帝让我将你和你的妻子范妮撮合到一起，我完全相信是上帝成全了这桩婚姻。无论上帝怎么安排，他都会为我做出选择。"亚伯拉罕·林肯或许可以用一个比"迷信"更好的词来形容自己当时的心境。他感谢约书亚·福瑞·斯皮德善意的建议，但说："在我决定做某一件事之前，我必须相信自己有能力坚持现在做出的决定。你知道，我曾经为自己的这种能力感到自豪，它是我性格中唯一或最重要的财富，但我已经失去了它。失去这种能力的过程你是清楚的。我还没有恢复过去的自信，只有等我恢复了自信，我才相信自己能做好每一件重要的事。现在，我相信你那时对我的情况的了解和理解就像我后来对你的情况的了解和理解一样，有了你的帮助，我已经明确了人生的航向，但这并不足以让我有信心重新开始一段恋情或类似的恋情。"他对婚姻依然心存疑虑，就像强迫症患者的自我折磨。我们可以从他 1842 年 10 月 5 日写给约书亚·福瑞·斯皮德的信中看到他对婚姻满怀希望和恐惧的好奇心。他鼓起勇气，小心翼翼地问了约书亚·福瑞·斯皮德一个问题，希望得到坦率的回答。我们相信，有教养的人一般不会问别人这样的问题。既然婚姻要靠戒指和《圣经》约束，"我想问你一个好友之间才可能问到的问题：你现在从感觉以及判断上，真的因结婚而感到快乐吗？除了我，任何人这么问都会被看作莽撞无礼，谁也无法忍受这样的问题。但我知道你会原谅我。请尽快告诉我，因为我迫不及待地想知道答案"。约书亚·福瑞·斯皮德先生很快就给亚伯拉罕·林肯回了信，或许他认为有必要及

---

① 指上文提到的亚伯拉罕·林肯追求过的女子。

林肯夫人与三子威廉·华莱士·林肯及幼子托马斯·林肯

时给亚伯拉罕·林肯一个答复。1842年11月4日,亚伯拉罕·林肯与玛丽·托德小姐领了结婚证。婚礼由查尔斯·德雷瑟牧师主持。婚后,他们育有四个儿子,分别是1843年8月1日出生的罗伯特·托德·林肯、1846年3月10日出生的爱德华·贝克·林肯、1850年12月21日出生的威廉·华莱士·林肯和1853年4月4日出生的托马斯·林肯。四个孩子中只有长子罗伯特·托德·林肯长大成人。

与此同时,亚伯拉罕·林肯遇到并度过了他一生中最重要的一段转折期。这桩婚姻有很多特别的地方,在桑加蒙县和其他地方,多年来它一直是人们茶余饭后的谈资。因为这桩婚姻完全不像别人平淡无奇的婚姻生活,亚伯拉罕·林肯的婚姻生活充满无谓的烦扰和矛盾,这对夫妻双方来说是很不利的,甚至是有害的。但如果说亚伯拉罕·林肯的性格是由普通人的不同行为模式塑造成的，并以不同寻常的方式克服了种种考验，那么这种说法也并非无中生有。正是因为亚伯拉罕·林肯经受住了激烈的冲突和严峻的考验，他才最终当选总统。在普通人眼里，他的境遇似乎是司空见惯的，但在他看来，自己的境遇就像一片无边无际的大海，一年多时间里，他在这片普通人无法理解的、让自己倍感困惑和痛苦的海洋里挣扎。

试图了解这些事情的细节，并分析导致亚伯拉罕·林肯心中产生像死亡之谷一样的黑暗阴影的特殊原因，既毫无益处又会让人感到窘迫。或许这些事并不值得记录，我们只关心它们对一位伟大人物的影响，因为这位伟人对美国具有重要意义。我们只需要知道亚伯拉罕·林肯遇到了一个大麻烦，并用自己的方式勇敢接受了考验。他面对这场婚姻危机的方式很独特，与大多数人在类似的情况下采取的方式不同，对此，我们不需要大惊小怪。无论在这件事情上，还是在其他问题上，他都和同时代的普通人有着天壤之别。在很多方面，他注定会有一种卓尔不群的孤独感。没有几个人能像他那样拥有坚定不移、恪尽职

林肯夫妇与罗伯特·托德·林肯、托马斯·林肯

守的责任感，拥有一颗像女性一样温柔的心，以及理性执着、宽以待人、严以律己的道德感。因此，当我们用最有力的证据证明这些高贵品质时，发现他的整个成长过程和天性不可避免地使他遭受到了最强烈的痛苦，并最终战胜了自己。这一切显得是那么了不起！在婚姻中挣扎时，亚伯拉罕·林肯的青春梦想破灭了。但正如孙悟空在炼丹炉中炼就了火眼金睛，毛毛虫经过痛苦的羽化后变成了美丽的蝴蝶，婚姻带来的痛苦与磨难造就了亚伯拉罕·林肯坚毅的性格。约翰·沃尔夫冈·冯·歌德曾说，悲伤的不眠之夜，含泪吞下面包，这清楚地展示了惊如天人的神力。幸运的是，亚伯拉罕·林肯用来解决家庭矛盾的性格和态度确保了他总统竞选的成功。我们讲述的那些忧郁苦闷的日子无疑造就了他优秀的品质，譬如同情、自律，以及对正义的坚定信念。他一直坚信，那些付出了最大努力却终未战胜的邪恶，一定会被正义的力量彻底摧毁。亚伯拉罕·林肯的思想和性格虽然晚熟，但备受人们推崇，也正是从这一时期开始，他的这些性格特征得到了充分发展。虽然他在体力和知识方面一直在不断进步，直到去世，但我们观察到，从这一年起，无论在生活中还是在行为方式方面，他的思想和目标都稳定而清晰。他像一把钢刀一样，经过锻造、淬火后，为随时可能到来的战斗做好了准备。

第 **12** 章

与詹姆斯·希尔兹决斗

亚伯拉罕·林肯结婚前的那个夏天发生了一件事，很多人认为，这件事与他草草完婚有一定关系。这件事与他的整个人生显得格格不入，因此，如果仅从这一点来看，这件事确实值得我们的关注。整起事件只是一场闹剧，是亚伯拉罕·林肯第一次也是最后一次与人决斗，差点儿酿成悲剧。州政府的官员中，有一个叫詹姆斯·希尔兹的年轻的爱尔兰人。在很大程度上，詹姆斯·希尔兹的审计官一职来自那些想要夺取最高法院的外来人口选票的民主党人。伊利诺伊州的财政状况非常糟糕，国库亏空，审计官颁发的认股权证只能半价出售，财政部门无从借钱，民主党和辉格党对税收的恐惧甚于对丑闻的恐惧。州立银行发行的纸币一文不值，但这些纸币是伊利诺伊州唯一的商品流通媒介。

1841 年 8 月中旬，伊利诺伊州的州长、财政部部长和审计官共同发布了一份通告，禁止用贬值的纸币缴纳税款。辉格党人认为这一通告表明这些官员更关心自己的薪酬，而不是公共福利是否受到了侵害。因此，伊利诺伊州所有反对党的报纸都对这一通告发起了猛烈抨击。

然而，这份通告遭到的最严厉的攻击是来自 1841 年 8 月 27 日的一封信。1841 年 9 月 2 日，《桑加蒙期刊》刊登了这封信。这封信不仅用讽刺性语言剖析了通告，还直言不讳、毫不留情地对审计官詹姆斯·希尔兹发起了人身攻击。信的内容是用当地方言写成的，寄件人地址是"失落的小镇"，并署名"丽贝卡"，自称是当地一个寡居的农妇，通过这种方式表达自己对这件事的不满。

罗马历史悲剧《科里奥兰纳斯》中的一幕：科里奥兰纳斯引起众怒

詹姆斯·希尔兹是一个脾气暴躁、极其虚荣的人。也正是这个原因，他对这封信中的讽刺表现出了难以克制的愤怒。在一个显要的位子上待久了，他说话的语气总是透露出一丝荒谬可笑，这一特点只能用他暴躁的脾气秉性来解释。虽然他曾在战斗中光荣负伤，为自己赢得了公众的掌声和政治地位，但他为此得到的讽刺似乎比赞美多。他经常谈起自己当年的"英勇事迹"，虽然人们对他的反感还没有达到像对科里奥兰纳斯①那样的程度，但他常常成为报纸嘲讽的对象。

詹姆斯·希尔兹从墨西哥战争②的战场上回来后，头上的桂冠还没有褪去荣光。在竞选参议员的游说拉票活动接近尾声时，他给自己的主要竞争对手西

---

① 科里奥兰纳斯是莎士比亚晚年写的罗马历史悲剧《科里奥兰纳斯》中的人物。该剧讲述了罗马共和国的英雄科里奥兰纳斯性格多疑、脾气暴躁，因得罪了公众被逐出罗马的故事，揭示了人性的弱点。

② 墨西哥战争爆发于1846年5月13日，由美国向墨西哥宣战引起。经过美墨战争，美国成为美洲的主宰。有人认为这场战争是强大民族对弱小民族进行的最不正义的战争之一。

墨西哥战争，美军进入墨西哥城

德尼·布里斯法官写了一封不合时宜的信。诚然，他并没有必要做出这样的蠢事。他在信中莫名其妙、毫无缘由地告诉西德尼·布里斯："我曾暗暗发誓，如果你当选，你绝不可能从成功中获得任何好处。"他以胜利者的姿态补充道："你放心，我会遵从这个誓言，不管结果如何。但现在事情已经过去，誓言也因你的失败随风消散了。"这些话体现了詹姆斯·希尔兹令人咋舌的厚颜无耻。接着，他用同样离谱的言辞威胁西德尼·布里斯，提出了让人完全无法接受的无理要求。西德尼·布里斯法官将这封荒唐的信交给了出版社，以此表明自己已经看过这封信了。

一个当选美国参议员的官员竟然在一封签有自己名字的信上告知落败的对手，如果选举结果出乎自己的预料，他就会杀了对方。不难想象，能做出这种疯狂傲慢的举动的人，如果再年轻七岁，就不太可能对报纸的嘲讽泰然处之。詹姆斯·希尔兹对那位不知名的讽刺作家的愤怒，成了斯普林菲尔德的人们闲聊时津津乐道的话题。接下来的一周，又出现了一封嘲笑他的信。这封信是另

詹姆斯·希尔兹

一位作者写的，但仍然采用了第一封信的结构。信中，作者提出愿意和审计官詹姆斯·希尔兹结婚以求和解。随后，有人不失时机地附上了一首结婚颂歌，用蹩脚的韵诗来庆祝这一愉快的妥协。不同的作者不断写信讽刺詹姆斯·希尔兹。与此同时，这件事本身具有的幽默感渐渐烟消云散。最后，除了一些女人的恶作剧，只剩下怒不可遏、受到人们攻击的詹姆斯·希尔兹黯然神伤。

然而，詹姆斯·希尔兹对这件事的抗议似乎并没有产生任何效果，因此，他认为必须采取行动了。他派塞缪尔·怀特赛兹将军去找《桑加蒙期刊》的主编西蒙·弗朗西斯，要求他提供那些讽刺信的作者名字。西蒙·弗朗西斯感到很为难。第一封讽刺信是亚伯拉罕·林肯写的。詹姆斯·希尔兹气急败坏的样子吸引了年轻女士。她们对伊利诺伊州的政治有着浓厚的兴趣，但不想太过尖酸刻薄，便用散文和韵诗嘲讽詹姆斯·希尔兹。不过，她们的作品缺乏修辞和韵律。两位女士有充分的理由关心政治，因为其中一位即将成为参议员的妻子，另一位也即将成为未来总统的妻子。西蒙·弗朗西斯左右为难，只能告诉塞缪尔·怀特赛兹将军那些讽刺作品都是亚伯拉罕·林肯写的。当时，亚伯拉罕·林肯正要出发前往特里蒙特参加一场庭审，让西蒙·弗朗西斯透露自己的名字，但隐瞒了两位女士的名字。塞缪尔·怀特赛兹将军得到这个消息后，立刻和自己火冒三丈的委托人詹姆斯·希尔兹出发去了特里蒙特。詹姆斯·希尔兹一路上吵吵嚷嚷，怒火冲天，消息很快传到了亚伯拉罕·林肯的朋友耳中。其中，威廉·巴特勒和梅里曼坐上一辆轻便马车前去追赶塞缪尔·怀特赛兹和詹姆斯·希尔兹。梅里曼是个好斗的医生，当代的美国社会已经找不到这种医生了。他们很快追上了对方，但一直跟在塞缪尔·怀特赛兹和詹姆斯·希尔兹后面。直到傍晚，他们才快马加鞭赶到特里蒙特，比詹姆斯·希尔兹早到了一会儿。在即将开始的争论中，他们会帮助亚伯拉罕·林肯壮大声威，而且他们的忠诚和勇气也能为亚伯拉罕·林肯助阵。

我们没有必要详细叙述这一事件的所有背景。正如我们预想的那样，詹姆斯·希尔兹开始用谩骂和威胁与林肯通信，他的性格决定了他只能通过这种方式表达愤怒。他的第一封信气势汹汹，没有半点客气与理解。随后，他又写了第二封信，虽然语气比第一封信稍有缓和，但并未收回第一封信中说过的话。塞缪尔·怀特赛兹将军每次与亚伯拉罕·林肯见面，都会强调他的委托人詹姆斯·希尔兹残忍嗜血的性格，并劝告亚伯拉罕·林肯让步，还说只有这样才能防止惨剧发生。然而，这些交涉都是徒劳。经过漫长的争论后，双方去了奥尔顿，从那里渡过密西西比河到了对岸的密苏里州。当时，决斗似乎已经刻不容缓。根据西部地区的普遍做法和规矩，决斗的条件由亚伯拉罕·林肯提出。于

威廉·海登·英格雷士

是，他欣然接受了挑战，选择的武器是"骑兵使用的最大号的大刀"。地上铺了一块木板，决斗双方站在木板的两端，在木板上靠近自己的一边，双方只有六英尺的长度可以闪转腾挪。显然，亚伯拉罕·林肯并不想杀死对手，也不希望自己受到致命的伤害。但从道义上来讲，他没有任何优势。他强烈感觉整起事件非常愚蠢冲动，但他也明白，如果自己不道歉，这场决斗在所难免。对詹姆斯·希尔兹来说，这种决斗非常有趣。然而，最终，"驾着神兽从天而降的神"制止了这场决斗。通常，在这种紧急关头都会出现所谓的"神"。这场决斗中出现的"神"是约翰·杰伊·哈丁上校和威廉·海登·英格雷士博士，他们的"神兽"是一条独木舟。两人乘坐这条独木舟快速划过了密西西比河。他们说服詹姆斯·希尔兹收回气势汹汹的挑战，这让詹姆斯·希尔兹很不高兴。

亚伯拉罕·林肯也向詹姆斯·希尔兹做出了早已准备好的解释。他承认其中一封信是自己写的，并称《桑加蒙期刊》刊登这封信只是出于政治目的，无意伤害詹姆斯·希尔兹本人。

也许人们会认为，这种毫无意义的琐事已经过去一周，当事人应该早已和解，放弃决斗了。我们相信亚伯拉罕·林肯并不想为这件事劳神费力，甚至想将其从自己的记忆中彻底抹去。但詹姆斯·希尔兹和塞缪尔·怀特赛兹非常希望将这件事公之于众。因此，1841 年 10 月 3 日，亚伯拉罕·林肯和詹姆斯·希尔兹会面后的第十一天，当公众已经开始逐渐淡忘这场闹剧时，塞缪尔·怀特赛兹又对此事进行了详细的记述，并将文稿寄给了《桑加蒙期刊》。最后，他还在文章结尾加了一句话，称："我对自己说的话负责！"当然，他还借此机会为自己和詹姆斯·希尔兹画了一幅英雄肖像。他讲的故事"精彩至极"。直到第二周，梅里曼医生挥舞着一支像手术刀一样"锋利"的笔，对这件事做了更详实的记述。他将所有文件打印出来，以此证实自己的记述。但他觉得证据还不够充分，因此，又透露了一些争论细节，想要证明塞缪尔·怀特赛兹是当时最会自吹自擂的人，或梅里曼是一位令人钦佩的喜剧小说作家。他提到的一个有趣事实是，作为伊利诺伊州的一名基金会委员，塞缪尔·怀特赛兹竟然冒着失去职位的危险参与了一场决斗，他对这件事的关心显得鲁莽且危险，但他依法办事，从而保住了自己的职位。梅里曼用一种滑稽幽默的修辞对塞缪尔·怀特赛兹进行了绘声绘色的描述。最后，他总结道，"显然，塞缪尔·怀特赛兹极度缺乏关于绅士们应该如何应对这种事的法律知识"，而且"他试图通过对亚伯拉罕·林肯做出不公正的评判来掩饰自己的过错"。

这些没有硝烟的战争的刺耳回声给斯普林菲尔德的居民们带来了不少乐趣。詹姆斯·希尔兹和塞缪尔·怀特赛兹感觉自己还是没有挽回面子，因此，他们随即又挑起了一系列事端，并不断变换闹事的地方，就像舞蹈演员在舞蹈中变换位置那样娴熟、敏捷。审计官詹姆斯·希尔兹对威廉·巴特勒提出了挑战，因为威廉·巴特勒曾就此事做出了轻蔑坦率的评论。威廉·巴特勒不假思索地接受了挑战，严肃真诚地宣布了自己的条件："第二天早上日出时，在鲍勃·艾伦的草场上，一百码的距离，步枪。"这样的条件让詹姆斯·希尔兹和塞缪尔·怀特赛兹感到害怕，他们立即拒绝了，因为这种行为对他们的官职和生命来说都是致命的威胁。作为一名肯塔基人，威廉·巴特勒的枪法精准。但与其精准的枪法可能造成的伤害相比，詹姆斯·希尔兹和塞缪尔·怀特赛兹更担心伊利诺伊州的法律会罢免所有参与决斗的官员。

然而，与此同时，人性在政客身上总是表现出荒唐离谱的特征。塞缪尔·怀特赛兹认为，如果他对梅里曼中伤自己的话忍气吞声，那么自己作为一名候选人的利用价值就会大打折扣。因此，他向机智幽默的梅里曼医生发起了挑战，含蓄地表达了对梅里曼医生的蔑视。虽然这足以损害梅里曼医生的荣誉，但由于不够明确，并没有让塞缪尔·怀特赛兹失去尊严和基金会委员的津贴。亚伯拉罕·林肯戏称塞缪尔·怀特赛兹的挑战是"准挑战"。既没有担任公职，也不担心失去工作的梅里曼医生直截了当、干脆利落地做出了回应。这让塞缪尔·怀特赛兹很不满意，因为他并不打算决斗，除非法律允许他这么做。现在，轮到亚伯拉罕·林肯支持梅里曼医生了，他将当时的情况记录了下来。"当斯普林菲尔德的居民们议论纷纷，期待一场街头斗殴时"，塞缪尔·怀特赛兹和梅里曼之间的通信却在塞缪尔·怀特赛兹声泪俱下、懊悔不已的解释和梅里曼轻蔑的倒彩声中结束了。事件的结局让镇上的人们颇感失望。

这出荒唐的闹剧造成的社会舆论并没有让詹姆斯·希尔兹失去任何东西。虽然免不了遭遇挫折，但总的来说，他在仕途中的运气和荣耀不减当年。在很长一段时间里，由于政治上的利用价值，他经常身居高位。卸任审计官后，他又当选了伊利诺伊州最高法院的法官。当他担任这一职务时，又申请了土地总局局长一职，并成功通过了申请。墨西哥战争爆发后，他要求任命自己为准将，尽管当时他还担任着公职。此外，令全军感到震惊的是，虽然他没有服过一天兵役，却得到了最重要的指挥权。在1847年4月18日赛罗戈多战役中，子弹穿透了他的肺部。这次负伤使他从战场上回来后变成了美国参议员。他在参议院的任职期满后，便离开了伊利诺伊州，但很快又从明尼苏达州回来，再次进入了参议院。在内战中，他的老对手亚伯拉罕·林肯总统再次任命他为准将，

并在一次战斗中负伤。这次，他的军队击败了令人敬畏、号称"石墙"的托马斯·乔纳森·杰克逊。当亚伯拉罕·林肯长眠在斯普林菲尔德的大理石墓碑下很多年后，在国会中，詹姆斯·希尔兹成了两个竞争党派争取的对象，双方都试图通过他为自己增加一份优势。在这种短暂的论战冲动中，人们在密苏里州的边境上找到了这位头发花白的老兵，并第三次将他送进了美国参议院。他在参议院只工作了几个星期，这在美国历史上是绝无仅有的。

我们有理由相信，决斗这件事让亚伯拉罕·林肯懊悔不已。他甚至没有像我们期待的那样认为这件事非常滑稽可笑。据我们了解，他后来再也没有提起过这次决斗，伊利诺伊州的居民们也彻底遗忘了这件事。在 1860 年那场激烈的游说拉票活动中，伊利诺伊州反对党的报纸上并没有人提起这段不愉快的插曲。人们已经将这件事忘得干干净净。

这是亚伯拉罕·林肯最后一次出于个人原因与别人发生争执。虽然他的余生都是在激烈的辩论中度过的，但他从来没有像自己的对手那样鲁莽冲动，动辄就诉诸粗鲁的争吵。在后来的几年中，他以惩戒一名年轻军官为己任。这名军官因和一位同事发生口角被送上了军事法庭。亚伯拉罕·林肯对这名军官的批评可能是刑事年鉴中记录下来的最温和的话语，其中的寥寥数语说明了这位伟大平和的政治家的行为准则。这份记录从来没有出版过，我们认为应该用金子将其镌刻在每一所中学和大学的墙上。记录的具体内容如下：

　　一个父亲告诫儿子："谨防争吵。如果引起争端，记住，一定要让对方知道你不是好惹的！"这句话说得没错，但并不是最正确的。最好的忠告是无论何时都不要争吵。想让自己得到充分发展的人根本没有时间与人争执，更不要说他愿意承担所有后果，譬如脾气变坏和丧失自制力。当你与对手势均力敌的时候，舍大取小。当你占尽优势的时候，舍小取大。与人争权夺利的时候，宁肯给狗让路，也不能让狗咬伤，因为就算你杀了狗也治不好自己的伤。

第 **13** 章

1844 年的总统竞选

在我们引用的亚伯拉罕·林肯写给约翰·托德·斯图尔特的信中，他说出了自己想与斯蒂芬·特里格·洛根法官建立合作关系的想法，并很快付诸行动。1841 年 4 月，亚伯拉罕·林肯正式宣布与约翰·托德·斯图尔特解除合作关系，并与斯蒂芬·特里格·洛根建立了长达四年的合作关系。可以说，亚伯拉罕·林肯的律师生涯就是从这时正式开始的。虽然约翰·托德·斯图尔特当时在律师行业已经小有名气，并有望在未来拥有更大的成就，但那段时期，他将全部精力都投入到了政界，法律事务所的工作对他来说并不重要。当时，亚伯拉罕·林肯已经三十二岁，虽然已经不再年轻，但他还没有养成能够在法庭上立于不败之地所需的专心致志的习惯。比起与自己同时代的大部分人，他在这一方面已经表现得很好。事实上，那段日子里，在所有律师或后来在巡回法庭成为杰出法律实践者的人中间，很少有人能孜孜不倦、持之以恒、认真刻苦地研究法律知识，但斯蒂芬·特里格·洛根是少数人中的一个。与同时代的所有同行一样，斯蒂芬·特里格·洛根或多或少也算一位政客，但他最主要的身份还是律师。他十分热爱律师这一职业，因此，人们说这正是他成功的秘诀之一。他拥有的书屈指可数，多年后，人们还常常说斯蒂芬·特里格·洛根曾将他的图书馆藏在自己的帽子里，走到哪儿带到哪儿。但他从来没有停止阅读和思考那几本书。六十岁时，他说成年以后，每年都会将《黑石评注》通读一遍。他有着老派律师严谨的道德准则，难以忍受任何自由散漫的思想和懒惰邋遢的行为。他从前的搭档是爱德华·迪金森·贝克，但这个才华横溢、机敏善变的律师与他并不投缘。爱德华·迪金森·贝克不仅粗心大意，还不善理财，斯蒂芬·特里格·洛根根本无法忍受他。斯蒂芬·特里格·洛根说很高兴自己能摆脱这样一个学富五车，却令人恼火的合伙人。

然而，当时，斯蒂芬·特里格·洛根的法律事务所业务繁忙，急需有人来帮他打理，于是，他邀请亚伯拉罕·林肯与他合作。正如我们已经看到的那样，斯蒂芬·特里格·洛根初次见到亚伯拉罕·林肯时，就对这个来自肯塔基州的年轻人印象很好。后来，在与亚伯拉罕·林肯的交往中，他开始慢慢了解、认可并赞赏亚伯拉罕·林肯的能力，以及亚伯拉罕·林肯质朴的判断力和与生俱来的诚实正直。他们的合作关系持续了约四年，但亚伯拉罕·林肯从中学到的知识让他一生都受用无穷。斯蒂芬·特里格·洛根不但勤俭节约、成熟冷静、品德高尚，而且他热爱自己的工作，默默奉献。他对案件认真仔细的研究，以及新的伙伴关系给亚伯拉罕·林肯带来了更大、更多施展才能和实践法律的机会。这一切不但给亚伯拉罕·林肯树立了良好的榜样，还让他养成了很好的行为习惯，并纠正了一些他与身边大多数律师都有的缺点。亚伯拉罕·林肯平生第一次开始勤奋耐心地研究法律案例，抵制当时业内非常普遍的歪风邪气，即律师用花言巧语掩饰自己法律知识贫乏的做法。简而言之，就是亚伯拉罕·林肯为了适应高强度的脑力劳动，开始挖掘、引导并培养自己身上一直存在的巨大潜能。斯蒂芬·特里格·洛根曾经认为，亚伯拉罕·林肯对自己的主要价值是在陪审团面前充当一名能说会道的辩护律师的角色，但他惊喜地发现自己的新搭档很快成了一名执业律师。多年后，斯蒂芬·特里格·洛根法官说："他会仔细研究案件，并进行透彻分析，对案件的理解和别人一样深刻。做了执业律师后，他的志向更加远大，并不断成长。通过认真研究每一个案例，正如刚才提到的那样，他成了一名令人赞赏的大律师。"斯蒂芬·特里格·洛根说的这些话充分体现了亚伯拉罕·林肯的性格。亚伯拉罕·林肯的一生中，经历过许多重大事件。当这些事件出现后，他总能一一化解，顺利渡过难关。解除了四年的合作关系后，斯蒂芬·特里格·洛根法官让自己的儿子戴维·洛根进了

戴维·洛根

自己的律师事务所。后来，戴维·洛根成了俄勒冈州著名的政治家和律师。亚伯拉罕·林肯开了自己的律师事务所，并很快找到了一位叫威廉·亨利·赫尔登的搭档。威廉·亨利·赫尔登年轻聪明、积极向上，他在亚伯拉罕·林肯去世前一直是他的合伙人。

曾经的合伙人之间依然保持着亲密的朋友关系。他们在同一行业共事了二十年，有时是同僚，有时是对手，但总是彼此信任、相互尊重。他们在风华正茂时便已名噪一时，他们的名字与未来的友谊和名望紧紧相连。我们可以从伊利诺伊州的地图上看到，作为纪念，洛根县的县治所在城市以"林肯"命名。

虽然斯蒂芬·特里格·洛根和亚伯拉罕·林肯采取的方式不同，但他们的事业都成功了。斯蒂芬·特里格·洛根迅速成名，并积累了大量财富。亚伯拉罕·林肯并没有成为腰缠万贯的富翁，但过上了体面的生活。从那以后，他再也没有为贫穷或债务发愁。他和妻子选择了适合自己经济状况的生活方式，虽然谈不上奢华，但丰衣足食、和乐安康。他们结婚后，立刻搬到了一所叫"地球"的公寓里。这所公寓是"一位叫拜珂的寡妇经营的，生意很好"。他们的第一个孩子就是在那所公寓里出生的。亚伯拉罕·林肯的长子罗伯特·托德·林肯后来成了战争部部长和驻英大使，而且他曾站在两位遭到暗杀的总统[1]的病床前，

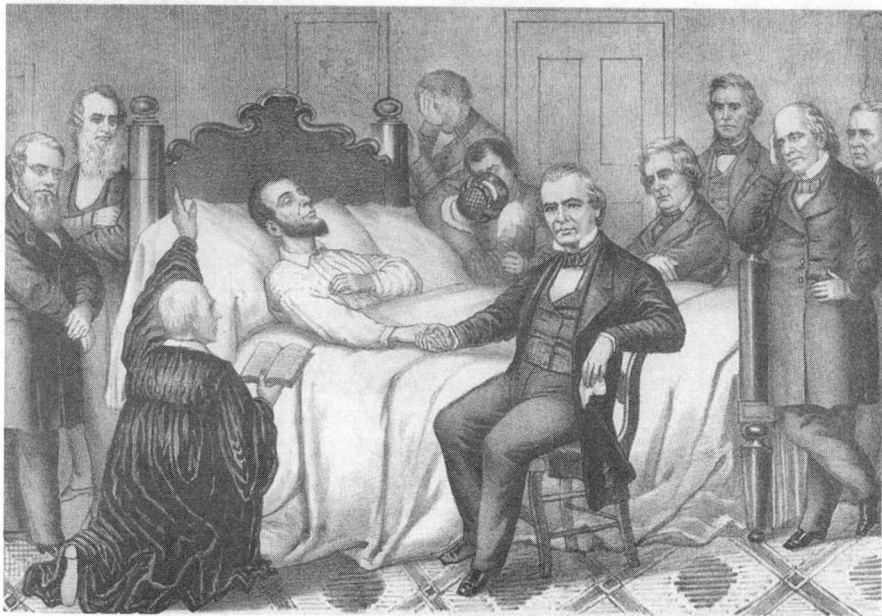

亚伯拉罕·林肯总统撒手人寰

---

① 还有一位是就职仅四个月就遭暗杀的詹姆斯·艾伯拉姆·加菲尔德总统。

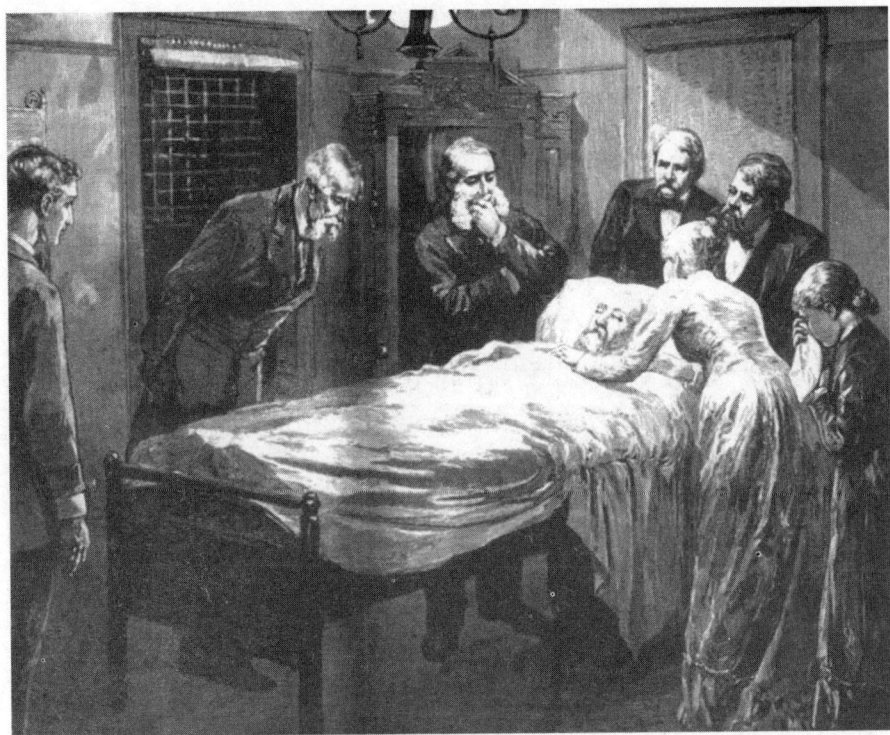

罗伯特·托德·林肯站在加菲尔德总统头后，无可奈何地看着总统离世

眼睁睁地看着他们咽下了最后一口气。亚伯拉罕·林肯后来在第八街和杰克逊街的拐角处，建了一座舒适的木头房子。入住白宫前，他一直住在那里。

然而，无论是婚姻，还是带来丰厚回报、自己无比热爱的新职业，都没能阻止亚伯拉罕·林肯参与政治。即使在我们提到的那段史学家和斯普林菲尔德的居民们津津乐道、夸大其词的抑郁期，作为议会委员，亚伯拉罕·林肯也没有中断任何活动，仅离开了众议院几天时间。1841 年 1 月 19 日，约翰·杰伊·哈丁称亚伯拉罕·林肯身体不适，因而耽搁了委员会的一些事务，并为此表达了歉意。1841 年 1 月 23 日，亚伯拉罕·林肯给约翰·托德·斯图尔特写了一封信，但在 1841 年 1 月 26 日，他的情绪已经完全恢复正常，于是，继续担任众议院的职务和党内领导人的职务。接下来的一个月，《桑加蒙期刊》刊载了他在议会休会前的频繁活动，以及在议会日常事务中的出色表现。1841 年 8 月，约翰·托德·斯图尔特得到了国会委员的提名。与此同时，亚伯拉罕·林肯和约书亚·福瑞·斯皮德去了肯塔基州，回来后发现人们议论纷纷，都说亚伯拉罕·林肯将竞选伊利诺伊州的州长。亚伯拉罕·林肯和朋友们对这种说法不以为然，相应地，我们在《桑加蒙期刊》上发现了一份在西部早期的政界非常流行的半官方公告。亚伯拉罕·林肯在这份公告中并没有提到任何让人感到欢欣鼓舞的事，只是对朋友们在竞选活动中对他的支持表示感谢，但拒绝了提名。

"他的才华和工作表现让他在辉格党中备受欢迎，但我们不相信他渴望被提名。他在维护党的原则方面做出了巨大牺牲，在政界的朋友们要求他做出额外的牺牲前，他应该认真考虑这个问题。州长这一职位不但会妨碍他的律师工作，而且无法补偿他在四年的青春年华中损失的东西。"

1841 年，亚伯拉罕·林肯是辉格党的中央委员会委员，并在当时开展的一场运动中肩负重要使命，即检查并制止纵酒闹事事件。这场运动是为了纪念乔治·华盛顿总统发起并开展的。为此，演说家们运用各种修辞手法，借助华丽的辞藻表达了人们对乔治·华盛顿总统的景仰和敬畏。我们摘录了亚伯拉罕·林肯在 1842 年 2 月 22 日发表的一篇演讲的结尾，这段话体现了他激动的心情和深刻的感受。他说道："乔治·华盛顿是世界上最振聋发聩的名字。长期以来，在为人民的自由而战的事业以及道德改革中，这个名字是最响亮的。没有什么颂词配得上这个名字，绝对没有。给乔治·华盛顿的名字添彩就像为太阳增辉一样，任何人都不可能做到。让我们在庄严的敬畏中默念这个名字，让它在无法掩饰的、永生不灭的光辉中照耀大地。"

1843 年 3 月 1 日，斯普林菲尔德召开了一场该选区的辉格党的群众大会，目的是组织该党为当年的选举做准备。在这场大会中，亚伯拉罕·林肯是最耀眼的人物。他宣布大会开幕，说明了大会的目标，并制定了原则纲领，包括人人称道的辉格党的关税保护原则，以及国家银行、公共土地的收益分配。最后还制定了党的组织原则，称辉格党将被迫慢慢向民主党采用的大会制度转变，因为民主党的实践表明，要想在政治斗争中取得胜利，必须采用这一制度。亚伯拉罕·林肯是委员会的主席，负责向人民发表演说。这场演说中有一句值得引述的话，它表明亚伯拉罕·林肯借用了很久从前的一句意味深长的老话。此后，这句话在一个更重要的领域发挥了巨大作用，并将对亚伯拉罕·林肯的事业产生深远影响。亚伯拉罕·林肯劝勉辉格党内部要团结，并说："全世界各个时代的人们，已经通过各种方式和途径证明并宣布了团结就是力量这一事实。伟大的寓言家和哲学家伊索用'一捆棍子'的寓言证明了这一点，他曾宣称'一座内部出现裂痕的房子永远无法保持岿然不动'。"他让人们想起了1840年的胜利，想起了辉格党连连失败后，获得了压倒性的绝大多数选票，也想起该党完全有能力认识到团结一致的必要性和其战无不胜的力量。

当时，亚伯拉罕·林肯是辉格党向国会提名的候选人，但他面临着激烈的竞争。摩根县的民众们积极推选出了本县的候选人——勇猛果敢、豪爽侠义的约翰·杰伊·哈丁。其他几个县出于一些特殊原因，被要求承诺支持摩根县推举的任何一位候选人。亚伯拉罕·林肯在梅纳德县与梅森县的知名度和影响力都非常大，如果他能在桑加蒙县获胜，就能轻松得到提名。但爱德华·迪金森·贝克很早从前就垂涎国会的席位，他带着很多优势，积极参与了与亚伯拉罕·林肯的竞争。爱德华·迪金森·贝克与亚伯拉罕·林肯年纪相仿，但他在这一选区居住的时间更长，认识的人也更多，是一位见解独到、讨人喜欢的演说家。事实上，在这一地区生活过的演说家们，很少有人能像爱德华·迪金森·贝克那样拥有演说家特有的气质。据说有一次，经济形势要求议会制定储备政策，群众呼吁他就此事发表演讲，他的朋友们也极力敦促他走上露台发表一场即兴演讲。由于对自己的演讲缺乏自信，他婉言拒绝了，并说："如果我走出去站到那里，我就要发表一个比自己的预期更好的演讲。如果没有十足的把握，我是不会贸然开口的。"杰出的议会议长们在严格的演讲训练中总是顾虑重重，但爱德华·迪金森·贝克几乎没有这些顾虑，在普通民众面前，在要求才华横溢、效果显著、脱口成章的演讲场合，他几乎是无人能及的。他在加利福尼亚州的参议员布罗德里克的葬礼上的演讲，1861年4月在纽约联合广场大会上令人激动、鼓舞人心的演讲，以及由于一

约翰·卡贝尔·布雷肯里奇

时冲动在参议院对约翰·卡贝尔·布雷肯里奇 [1] 的演讲做出的回应，都是有史以来最引人注目、扣人心弦的雄辩演讲的范例。最后一次演讲中，爱德华·迪金森·贝克从军营骑马来到华盛顿，当时他全身戎装，穿着带有马刺的军靴，斜倚在议会门口，听到肯塔基人约翰·卡贝尔·布雷肯里奇夸夸其谈的演讲

---

[1] 约翰·卡贝尔·布雷肯里奇（John Cabell Breckinridge, 1821—1875），美国律师、政治家，在国会两院代表肯塔基州，也是美国第十四任最年轻的副总统（1857—1861）。内战期间，他因加入邦联军而遭到驱逐，1865年担任邦联的战争部部长。

后，他对此做出了有力回应。爱德华·迪金森·贝克出生在英格兰，年幼时来到美国，他长得眉清目秀，英俊高大，虽然家境贫穷，但父母都很有教养。这个聪明伶俐的小男孩很快引起了伊利诺伊州的名流乡绅的注意，尤其是尼尼安·爱德华兹州长，对他很器重，并资助他接受了良好的教育。成年后，他在律师行业取得了巨大成功。虽然他总是凭借自己的口才而不是法律知识，但几乎没有几个陪审团能够抵挡他铿锵有力、气贯长虹的雄辩，也没有多少律师在面对他机智的调侃和辛辣的讽刺时能够镇静自若、沉着应对。当所有这些加上他对各种体力和脑力竞争的真正热爱，我们就不难理解，人们为什么会在参议院将爱德华·迪金森·贝克叫作"查尔斯·萨姆纳"，而在鲍尔斯崖战役中英勇献身后，又称他为"骁勇善战、能言善辩的鲁珀特亲王"。

如果爱德华·迪金森·贝克仅凭借自己的优点参加竞选，那么在他熟悉的桑加蒙县社区中，他本来可以胜券在握。但为了确保万无一失，他的朋友们采取了让宽容温和的亚伯拉罕·林肯都觉得很不公平的策略。爱德华·迪金森·贝

鲍尔斯崖战役

军人时期的爱德华·迪金森·贝克

克和他的妻子属于人数众多、传统悠久的教派。该教派曾多次在西部的政治生活中扮演了重要角色，其教徒都大力支持爱德华·迪金森·贝克，反对亚伯拉罕·林肯。这些人提出的理由是：第一，亚伯拉罕·林肯的妻子是一位长老会成员[1]，她的大多数家人是圣公会教徒。第二，亚伯拉罕·林肯不属于任何教派，而且人们怀疑他属于自然神教派。第三，亚伯拉罕·林肯是贵族阶层的候选人。

---

[1] 长老会是苏格兰国教和美国最大的教会之一。

最后一条指控让亚伯拉罕·林肯感到很吃惊，他无法对此做出任何令人满意的反驳。回想起自己驾驶平底船的那些日子，以及懵懂无知的青年时代和因日晒雨淋而缩水的鹿皮马裤，他似乎无力抵抗这种意想不到的恶意攻击。县议会召开时，选区大会的代表们被要求选举爱德华·迪金森·贝克担任桑加蒙县的代表。县议会还推选失败的候选人亚伯拉罕·林肯为选举委员会的代表，负责他的对手爱德华·迪金森·贝克的竞选。这表明县议会非常信赖沉着冷静、温和宽厚的亚伯拉罕·林肯。在给约书亚·福瑞·斯皮德的一封信中亚伯拉罕·林肯幽默地自嘲，说自己像一个遭到拒绝的追求者，被要求在心上人的婚礼上做伴郎。

不久，爱德华·迪金森·贝克无法获得其他县的支持。1843年5月，在给约书亚·福瑞·斯皮德的一封信中，亚伯拉罕·林肯写道："关于国会提名这一问题，你认为我会支持获得提名的人，你说得没错。然而，就目前的情况来看，我可以断定得到提名的既不是我，也不是爱德华·迪金森·贝克，而是约翰·杰伊·哈丁。关于这件事，我们不会有分歧或争论，而会同舟共济，肝胆相照。"几天后，亚伯拉罕·林肯的预测成了事实。会议在贝肯召开，气氛热烈。通过惯常的自发方式，人们提名约翰·杰伊·哈丁为国会候选人。经过简短积极的游说，1843年8月，约翰·杰伊·哈丁成功当选。当然，亚伯拉罕·林肯还是像往常一样，在约翰·杰伊·哈丁的竞选游说中全力支持他。1843年12月，约翰·杰伊·哈丁正式就任国会委员。第二年，举行选举的时间发生了变化。之后，国会总在出现空缺的前一年选举候选人。因此，1844年5月，爱德华·迪金森·贝克实现了自己多年来的梦想，得到了提名，并在1844年8月打败了约翰·卡德威尔·卡尔霍恩，当选国会委员。其间，亚伯拉罕·林肯一直担任总统选举人一职。

这不是亚伯拉罕·林肯第一次或最后一次担任总统选举人一职。这个职位对他有着特别的吸引力。他的演讲极具说服力，对辉格党非常有益。因此，每隔四年，亚伯拉罕·林肯都会作为总统选举团的成员被派往伊利诺伊州的偏远地区，用当地方言或当地人的思维习惯进行演讲活动，为辉格党的总统候选人游说拉票。像往常那样，竞选失败对他个人没有任何意义，但如果成功当选，他会在一天内履行自己的职责，随后，这一职位将不复存在。

然而，在1844年的竞选中，作为一名演说家和辉格党的坚定支持者，亚伯拉罕·林肯找到了自己更关心的事情。他全身心投入到这场竞选活动中，因为候选人是他敬爱的偶像——辉格党的领导人亨利·克莱。在美国，我们很可能再也看不到这种现象了，即一个政党的成员对其领袖的狂热崇拜和爱戴，亨利·克莱在漫长精彩的职业生涯中，赢得了无数拥护者的崇拜和爱戴。18世纪末，年仅二十三岁时，亨利·克莱在肯塔基州的政坛已经成为一颗耀眼的新星。二十九岁那年，他首次当选参议员。七十五岁那年，他与世长辞，生前的身份还是参议员。在那段漫长的岁月里，他一直是美国政坛最具影响力的风云人物。他当过参议员、众议员、众议院议长和外交官，半个世纪以来，他从未离开过公众的视线。虽然他曾两次决定隐退，而且他是当时的党派狂热分子仇恨的目标，但无论是个人的疲倦和消沉，还是敌人的敌视与仇恨，他一刻都没有离开领袖的位置，天性使他成了这个位置的不二人选。亨利·克莱受人爱戴和尊敬，得到了支持者们忠诚的拥护。这种忠诚对生活更加复杂的下一代人来说，似乎是不可思议、难以置信的。1844年，亨利·克莱的确已经不再年轻，他的能力已经开始走下坡路，但他最后一次参加总统竞选使忠实的追随者们兴奋不已。这些人给了亨利·克莱前所未有的爱戴与支持。但1840年，人们不公正地忽略了他。威廉·亨利·哈里森是一个能力平庸的人，他受到人们偏爱的原因，一方面是他为人谨慎，另一方面是辉格党当时的权宜之计。经过三天的投票表决，结果表明，能言善辩的肯塔基人亨利·克莱在国内有比其他人更多朋友和敌人。通过主动、坦诚地支持候选人威廉·亨利·哈里森，他似乎很快恢复了自己的声望。威廉·亨利·哈里森总统去世后，约翰·泰勒的背叛使辉格党的胜利灰飞烟灭，但全党满怀激情和信心地回到了亨利·克莱的身边。亨利·克莱带领辉格党人在绝望中战斗，即使没有人可以赢得胜利。但辉格党人丝毫没有意识到这一点，他们在1844年春天和初夏的演讲中，清楚表明自己持有一个近乎疯狂的信念，他们认为成功不仅是必要的，而且是必然的。早

巴尔的摩

在巴尔的摩会议召开前，亨利·克莱就得到了提名。1844 年 5 月 1 日的会议顺应了人民的意愿，并没有提到其他名字。沃特金斯·雷很自豪地向人们介绍亨利·克莱先生，他说："和查塔姆、伯克和帕特里克·亨利等名字相比，仅仅是亨利·克莱这个名字，已经体现出更多热情、更加雄辩的口才。"沃特金斯·雷顺应众人的热情，继续说道："对我们来说，这个名字比其他任何名字都更能表现热情、更能体现雄辩。"随后，亨利·克莱未经投票就得到了提名。来自佐治亚州的伦普金先生提名弗雷德里克·西奥多·弗里林海森为副总统。在这一令人激动的时刻，伦普金先生毫不犹豫地公开声明，自己相信新泽西州的这位绅士的教名有一种神秘感，非常适合这个位置。

在民主党的大会上，大多数代表都承诺支持马丁·范·布伦先生，但该党的内部会议已经决定让马丁·范·布伦在竞选中落败，因为南方的领导人已经决定立即吞并得克萨斯，但马丁·范·布伦先生对这一至关重要的问题过于温和保守，这让紧紧围绕在约翰·泰勒总统身边的那些急躁冒进的人感到很不满意。1843 年，这些人已经开始紧锣密鼓地筹划一场热情高涨、会持续很长时间的宣传兼并运动。这场运动以约翰·泰勒总统身边最亲近的随行人员为开端，又吸纳了一大批南方国会议员。安德鲁·杰克逊写了一封信，用一贯蛮横霸道的口吻声明支持这一计划，他说："得克萨斯作为对抗英国最易守难攻的前沿阵地，对我们来说是绝对必要的。"他借用了南方同党最喜欢的说法："英国已经与得克萨斯签订了条约，而且我们知道，有远见的英国在与世界的广泛交往中，从来不会放过任何一个可以借以增加军备的机会。因此，它不与得克萨斯结盟是不可能的。此外，只要英国愿意，肯定会将西北边界问题作为与我们开战的理由，而我们将被迫将其作为得克萨斯的盟友与之战斗。为了对此做好准备，英国向得克萨斯派了约三万人马，在萨宾河沿岸排兵布阵。在我们甚至还没有弄明白英国的意图前，英国的军需物资和武器弹药已经集中到了这里。英国不仅在密西西比河岸边安营扎寨，还挑唆黑奴引发暴动。南部的一些地方已经陷落，包括新奥尔良，奴隶们的暴动在整个西南地区蔓延。"

整个 1843 年，这些邪恶的、凭空想象的预言在一些最易受影响的人群中间悄悄流传。1844 年，有人将安德鲁·杰克逊写的这封信原原本本地打印出来。这封信产生的影响是安德鲁·杰克逊从来都没有想到过的。在许多人看来，这封信恰好达到了安德鲁·杰克逊憎恨的约翰·泰勒党派的目的，而且在打败自己非常敬重的马丁·范·布伦先生方面起到了推波助澜的作用。这种想象出来的关于英国的阴谋的言论是约翰·泰勒的历任国务卿最想利用的。约翰·卡德威尔·卡尔霍恩在 1844 年 8 月 12 日的加急书信中，指示美国驻巴黎大使在法兰西政府前极力谴责英国不道德的外交手段，声明英国是想通过阻挠美国吞并得克萨斯并在那一地区首先废除奴隶制，随后在全美国废除奴隶制，"这是对美洲大陆无法想象的灾难性打击"。约翰·卡德威尔·卡尔霍恩对英国政府的诋毁没有产生任何影响，他和他的追随者固执地认为，只有吞并了得克萨斯，才能阻止英国破坏美国的奴隶制。马丁·范·布伦原则上并不反对在合适的时间、合适的条件下让得克萨斯加入美联邦，但南方那些情绪激昂的民主党人听不进去任何有条件的或搁置不谈的建议。他们成功诱导大会采用三分之二票数

詹姆斯·诺克斯·波尔克

通过的原则，经过一整天激烈的辩论后，使马丁·范·布伦在竞选中失败。由于人们对詹姆斯·诺克斯·波尔克①的提名毫无热情，这次大会重新点燃了辉格党人的希望。

---

① 詹姆斯·诺克斯·波尔克先生（James Knox Polk，1795—1849），美国第十一任总统（1845—1849），安德鲁·杰克逊总统的忠实门徒，有"小山胡桃"之称。他将美国领土向北扩张到了北纬49°，向西扩张到了太平洋，向南几乎兼并了墨西哥一半领土，被历史学家评为美国最勤奋、最有效率的总统。

随着夏天的来临，舆论的风向瞬息万变。在 1843 年 11 月的竞选中落败的一个政党，1844 年 6 月又夺回了胜利果实，当代学者对其中的原因有各自不同的看法。反对蓄奴的辉格党人就此事发表了看法，他们一直以来都习惯将失败归因于候选人的轻率。竞选初期，亨利·克莱对吞并得克萨斯的公开意见是党内绝大多数人的想法，尤其是北方的辉格党人，他们非常赞同亨利·克莱的观点。在亨利·克莱得到提名的两个星期前，他从北卡罗来纳州的罗利市寄来一封信，称自己虽然不反对任何形式的领土扩张，"但我认为没有征得墨西哥的同意会让其国民感到难堪。如果现在吞并得克萨斯，肯定会将我们卷入与墨西哥的战争，甚至可能卷入与其他国外势力的战争中。在国家目前不景气的财政状况下，以及缺乏舆论支持的情况下，这么做会危及美联邦的完整性"。他用温和明智的理由支持这些观点，得到了全国上下很多民众的赞同。

　　当然，并不是所有人都对亨利·克莱的话感到满意，来自南方的批评与质问信让亨利·克莱不堪其扰，他最终在一个艰难时刻改变了自己的想法，并给亚拉巴马州的一个朋友写了一封信。人们认为这封信中的观点与亨利·克莱在罗利市的那封信中的观点完全不同。他在这封信中写道："我可以毫不犹豫地说，我不反对吞并得克萨斯。我很高兴地看到在没有侮辱、没有战争的情况下，这一问题按照公正、公平的条款，征得了美联邦的一致同意……我认为，无论得克萨斯选择独立还是并入美国，奴隶制问题都不应该以任何方式影响得克萨斯问题。我也不相信得克萨斯会延长或缩短奴隶制的持续时间。在我看来，在遥远的未来，由于人口发展的必然规律，奴隶制注定会灭亡。因此，拒绝永久性的吞并是不明智的，只要地球存在一天，吞并就会因某种临时制度发生。"在这封信中，亨利·克莱没有否认或拒绝承认前一封信中表达的任何观点。正如任何人可能会说的那样，他说只要依从了某些不太可能实现的条件，他会很高兴看到得克萨斯成为美联邦的一部分，还说他对奴隶制的最终灭亡深信不疑，不允许任何对这一短暂制度的质疑损害伟大国家的利益。很多人认为，这种表达对奴隶制的拥护者们的打击比对政治对手的打击更大。但结果恰恰相反，人们发现亨利·克莱在写这封信的时候，犯了一个严重的判断上的错误。

贺瑞斯·格里利

北方已经清晰无误、直截了当地提出了反对兼并的主要理由，认为兼并会扩大奴隶制的范围。亨利·克莱对这种看法比较冷淡，这让他在游说拉票活动中付出了惨重代价。在这种情况下，贺瑞斯·格里利[1]应该是一个公正的见证人，他说："自由党对此事的看法超越了一切正义和理性，他们坚持认为亨利·克莱对兼并的敌意并不是建立在反对奴隶制的观点上的，所以是无足轻重的。鉴于此，亨利·克莱在选举中应该遭到反对。"亨利·克莱对北方的背叛感到惊慌，

---

[1] 贺瑞斯·格里利（Horace Greeley, 1811—1872），《纽约论坛报》主编，曾作为纽约州代表在国会短暂任职，在1872年总统大选中，他败给了时任总统的尤利西斯·辛普森·格兰特。

便又写了第三封也是最后一封于事无补的信，重申他不反对任何兼并，因为在当时，兼并是极有可能发生的事。然而，说出去的话已经无法挽回。这封信无法在拥护兼并的南方为他赢得或保住一张选票。现在，除了立即采取无条件的行动计划，南方诸州什么也不在乎。自由党人可能忘了几年前得克萨斯闹独立时，亨利·克莱竭尽全力从中斡旋，才使克萨斯的独立得到了墨西哥的认可。

一方面，自由党人看到詹姆斯·诺克斯·波尔克正准备不惜一切代价达到自己的目的，包括战争、国际争端，甚至是违反条约带来的耻辱。无论辉格党的总统候选人说什么，都无力遏制这种盲目且鲁莽的准备。另一方面，亨利·克莱谨慎暧昧的立场使他失去了奴隶制的狂热反对者们的坚定支持，给自己造成了无法弥补的损失。曾经支持他的人不愿意听他谨慎的忠告。一年多前，以杰出的约翰·昆西·亚当斯为首的十三位反对奴隶制的辉格党国会议员对自由州^①人民发表了一场热情洋溢的演讲，用铿锵有力、义正词严的话语抨击兼并计划，称这个计划对国家来说是致命的。事实上，他们称其"等同于解体，无异于分裂"，并说"这将影响我们国家的团结。我国的目标、计划和伟大的基本原则已经形成深刻、根本的特征。此外，试图使一种制度和一个大国永久化，本身就是不公正的，会损害自由州人民的利益，并引起他们的反感。在我们看来，这不仅会不可避免地导致美联邦的解体，而且事实也充分证明了这一点。我们不仅主张自由州人民不应该向这一计划屈服，还相信他们不会对其屈服"。正如这些话中暗示的那样，对于那些怒气冲冲反对奴隶制的人来说，任何考虑政治上的权宜之计的论点都是无足轻重的。在选举第三位总统候选人时，他们将公开支持积极提倡兼并的詹姆斯·诺克斯·波尔克，但这么做依然是徒劳的。如果将所有投给自由党候选人詹姆斯·吉莱斯皮·伯尼^②的票都投给亨利·克莱，亨利·克莱就会当选总统。虽然竞选已经接近尾声，但结果依然难以预测。詹姆斯·吉莱斯皮·伯尼获得了六万两千两百六十三张选票，詹姆斯·诺克斯·波尔克获得的普选票数比亨利·克莱多三万八千七百九十二张。

---

① 自由州指黑人奴隶得到解放的州，与之相对应的是蓄奴州。

② 詹姆斯·吉莱斯皮·伯尼（James Gillespie Birney, 1792—1857），美国废奴主义者、政治家和法学家。曾担任肯塔基州众议员，两次被提名为自由党的总统候选人。

政治漫画：詹姆斯·诺克斯·波尔克正准备不惜一切代价达到自己的目的

还没有任何一个已经成立的政府能够抵制诱惑。当大多数人对一个目标翘首期盼，而且这一目标切实可行、对国家的物质福利有利、其代价由别人承担时，在现存国际道德准则的约束下，人们可以认为该计划的支持者必然拥有捍卫其道德准则的手段。吞并得克萨斯就是这类计划之一。道德家们称其是不可原谅的国家罪行，南方的政客说它是为了奴隶制的利益。这一计划持续了整整一年，投入了很多人力，野蛮凶残和背信弃义的程度也是史无前例的。在国会的参议院和众议院和两位总统的内阁以及与国外强权的外交往来中，这一计划的每一步进展都烙上了欺世盗名、出尔反尔的印记，所有参与该计划的人的道德品质都不断败坏。像往常那样，反对该计划的活动部分地表现为党派对自己的对手的极力阻挠，部分地表现为道德良知为了国家利益犯下的滔天罪恶的严词抗议。但回顾整起事件，即使从其结束到现在并不算久远，我们也只能认为双方的态度从某种程度上来说是必然的，无论导致兼并的次要事件是什么，结果都是不容置疑的。政府不会取消对得克萨斯的兼并计划，也不会长久地搁置这一计划。虽然反对者只能接受普遍道德的支配，但他们却打了一场超越常人力量的硬仗。

得克萨斯是一个通过美国人勇往直前、积极进取的精神，获得了独立自主、安定有序、繁荣昌盛的地区。它为美国提供了三十七万六千平方英里的辽阔疆域，而且每一寸土地都价值不菲，大部分土地都千金难买、丰饶肥沃。现在，人们曾经不屑一顾的荒漠为国际市场提供了大量羊毛和棉花，以及成群的牛羊。不仅是资源方面的优势对民众具有强大吸引力，许多强烈的情感因素也使人们渴望得到得克萨斯。得克萨斯人不是外国人。散居在这片广袤的土地上的居民大多是美国人，他们占领并征服了这片旷野。威廉·特拉维斯、詹姆斯·鲍伊和戴维·克罗克特指挥了阿拉莫保卫战①。他们的英勇行为和慷慨赴死为美国的边疆历史书写了最辉煌的篇章。当詹姆斯·沃克·范宁和近四百名勇士在戈利亚德惨遭杀害时，西南部的每个州都沉痛地哀悼他们。几天后，当塞缪尔·休斯敦②和八百名强悍的手下在圣哈辛托打败并摧毁墨西哥军队、活捉墨西哥总统桑塔·安纳时，美国人将桑塔·安纳作为签订条约时的一个砝码，并没有处决他，尽管他残忍杀害了许多手无寸铁的囚犯。美国人从边境居民视死如归、坚定不移的勇气中感受到了某种亲切感，他们讨价还价时的那份精明也不禁让人莞尔，仿佛打败墨西哥人是所有美国人的胜利一样。

---

① 阿拉莫保卫战是1835年到1836年得克萨斯独立战争期间最重要的一次战役。1836年春，墨西哥人围攻得克萨斯的要塞阿拉莫。面对这场不可能获胜的战争，人数不到两百的得克萨斯平民自愿组织到一起，在"神圣三杰"威廉·特拉维斯、詹姆斯·鲍伊和戴维·克罗克特的指挥下顽强抵抗。死守十三天后，全军因弹尽粮绝而覆灭。

② 塞缪尔·休斯敦（Samuel Houston，1793—1863），曾任田纳西州州长和得克萨斯军事总指挥，在圣哈辛托打败了墨西哥军队。得克萨斯共和国独立后，他当选为第一任总统。

詹姆斯·沃克·范宁

桑塔·安纳

那些致力于扩张奴隶制的南方政客的计划完全不合理，我们也不愿为他们辩护。但在同样的条件下，世界上是否真的存在一个不会屈服于任何诱惑的政府是令人怀疑的。

在这种情况下，兼并得克萨斯已经不可避免。任何人和任何政党都不能反对此事，否则就会付出惨重代价。当然，兼并计划并非受到所有人的欢迎。几届政府由于提倡兼并损失惨重。尤利西斯·辛普森·格兰特[①]提议兼并圣多明各，

军人时期的尤利西斯·辛普森·格兰特

---

① 尤利西斯·辛普森·格兰特（Ulysses Simpson Grant, 1822—1885），美国第十八任总统，美国历史上第一位从西点军校毕业的总统。他在美国内战后期任联邦军总司令，屡建奇功。晚年经商失败，抑郁病逝。

但失败了。威廉·亨利·西沃德^①提议兼并圣托马斯也失败了。后来，威廉·亨利·西沃德竭尽全力、费尽周折才使购买阿拉斯加用以支付俄国战争费用的计划得到批准。大多数美国人并没有占领边远地区的欲望，无论这片土地的价值有多高。他们对土地的渴望仅限于此："我并不贪恋土地，只想要三十亩地和一头牛，与妻儿幸福地生活在一起。"这是亚伯拉罕·林肯曾经引述的一个西部农民的原话。每当美国人占据了毗邻美国的一个地方，这个地方立即会被插上美国国旗。得克萨斯注定会并入美联邦，就像两滴水彼此接触融为一体一样。1844 年，如果亨利·克莱或马丁·范·布伦当选总统，他们都不可能阻止这一计划。辉格党人高尚的道德和自由党人可敬的良知永远无法扭转历史的进程，这是不可抗拒的趋势。似乎所有事情都在和辉格党人作对。在一个对他们来说很不幸的时刻，美国的政治生活中多次爆发了"本土狂热"，就像疟疾会周期性肆虐一样，而且其目的始终是损害辉格党的利益。"本土狂热"导致了几座城市的大骚乱，费城甚至发生了暴乱和流血事件。当然，克莱党与这些暴行没有任何牵连，但惊慌失措的外来人口团结一致，坚决支持自己一直为其投票的民主党，这使辉格党在很多州损失惨重。亚伯拉罕·林肯首次出现在游说拉票活动中是为了客观审慎地消除外来人口这种不合理的恐慌。1844 年 6 月 12 日，在斯普林菲尔德召开的会议上，他表明了自己的态度和决心，宣布"我们的宪法对有良知的公民的权利保障是最神圣不可侵犯的，这一权利属于天主教教徒，也属于新教徒。一切剥夺或损害天主教教徒或者新教徒的权利的企图，不管是直接还是间接的，我们都坚决不答应、坚决反对"。后来，亚伯拉罕·林肯的生命中曾多次被迫面对具有排外精神的人，他与这些人或多或少在政治上都有些牵连，但会不计后果地严厉谴责这种排外行为，因为这一行为本来就应该受到谴责。

亚伯拉罕·林肯的竞选活动从对心胸狭隘、盲目排外的行为和混乱无序的现状进行强烈抗议开始，而且他的热情一直持续到了竞选结束。亨利·克莱的

---

① 威廉·亨利·西沃德（William Henry Seward, 1801—1872），美国政治家，曾任纽约州州长和美国国务卿。以反对奴隶制、美国内战时期阻止外国政府承认邦联著称，被视为美国历史上最具影响力的国务卿之一。

失败给亚伯拉罕·林肯及成千上万的人带来了深远影响。对亨利·克莱来说，这次打击让他悲痛欲绝。对辉格党来说，这简直是一场灭顶之灾。当时的期刊和报纸上铺天盖地的文章就是明证。全国各地寄给亨利·克莱的问候书信表达了人们对他深深的爱戴，很少有哪位政治首领能得到这么多人的敬重。纽约的克莱协会发送的一份摘录表明，当时的年轻人会对他们敬爱的领袖热切地表达自己的忠诚和仰慕，他们宣称即使在无法挽回的灾难中，也依然为他感到自豪和骄傲。"我们将永远铭记您，亨利·克莱先生。辉煌的记忆或美好的感觉留在我们心中。对您的感激和钦佩不但不会因失败有丝毫减少，而且会带给我们无穷的力量。在我们未来的磨难和挫折中，我们将铭记您，因为失败给了您一种胜利不能给予的荣耀。当我们再次燃起希望，成功与腐败和堕落的一方竞争时，我们将铭记您，因为我们要和您一起分享胜利的果实。如果没有您，即使胜利了，我们也不会感到快乐和荣耀！"

第 **14** 章

亚伯拉罕·林肯竞选国会议员

精彩
看点

兼并得克萨斯计划——北方反对——战争爆发——亚伯拉罕·林肯获得国会议员提名——对手彼得·卡特赖特——亚伯拉罕·林肯当选国会议员——战争中的辉格党——爱德华·迪金森·贝克在华盛顿和墨西哥

选举约翰·泰勒总统的继任者的活动尘埃落定后，约翰·泰勒总统在任期最后几个月中，带着极大热情努力实现自己兼并得克萨斯的目标，甚至将其作为体现自己行政能力的手段，并以此保证自己能名垂青史。1844 年 12 月，当国会召开大会时，事态的发展对这一计划非常有利。安森·琼斯博士当选得克萨斯共和国的总统。共和国比以往任何时候都更欣欣向荣。或许是因为政治形势的变化，得克萨斯共和国的人口正在迅速增加，财政预算也逐渐好转。得克萨斯共和国与墨西哥的关系虽然已经出现裂痕，但没有那么紧张，并没有引起人们的恐慌。1845 年春，约翰·泰勒的政府提交到参议院的兼并条约遭到了拒绝，于是，决定冬天换种方式继续实施自己的计划。在会议初期，一份为了兼并计划提出的联合决议被提交到了众议院。经过广泛讨论，反对奴隶制的成员们试图对这一联合决议进行修正。最后，在众议院，这份决议以二十二票的绝对优势通过。

正如我们预料的那样，参议院在几个月前以压倒性优势否决了兼并计划的议事厅里，再次否决了联合决议。最后，该决议中添加了一项《沃克修正案》。该法案建议约翰·泰勒总统，如果他的判断是正确且明智的，就应该通过谈判方式进行兼并，而不是由美国提交决议，主动对得克萨斯示好。这一修正案为那些曾强烈反对这项计划、后来又支持它的政府官员们挽回了一些面子，并让他们因言行不一受到的良心谴责稍有缓解。然而，约翰·泰勒总统对这一法案

奥斯丁

表示轻蔑，他完全无视《沃克修正案》，并派一位信使前往得克萨斯，在决议基础上完成兼并计划。他在决议上签下自己名字的那一刻，距他的任期结束还剩几小时。当然，约翰·泰勒提出的这些计划后来由詹姆斯·诺克斯·波尔克实施。在华盛顿和奥斯丁，这项工作以同样的热情向前推进。1845 年 7 月 4 日，得克萨斯人召开会议，讨论了美国的主张，迅速接受并通过了这些主张。1845 年底，得克萨斯作为一个州正式加入美联邦。

反对奴隶制的北方人普遍反对这一计划。此外，使克萨斯共和国政府对兼并做出承诺的这份决议表面上公平合理，但实际上，其中一些条款非常唐突无礼。决议的第三部分提出，今后，得克萨斯的领土将分为四个新州，密苏里妥协线 ①，即北纬 36°30′ 以南的地区成为新州，其居民可以随意蓄奴，

---

① 密苏里妥协线（Missouri Compromise Line）是指1790年，美国南北方的统治者就新州变为自由州还是蓄奴州的问题达成了协议，规定在北纬39°43′处划一界线，线以北为自由州，线以南为蓄奴州。后来，南北方签订了一项协议，将蓄奴州和自由州的划分改为以北纬36°30′为分界线。这条线说明北部的资产阶级向南部的种植园奴隶主做出了妥协，因此，被称为"密苏里妥协线"。

也可以不蓄奴。分界线以北地区的新州禁止蓄奴。奴隶制的反对者们认为这一规定充满讽刺意味，因为南方早期的开拓者们将自己的奴隶带到了这片土地上，所以奴隶制早已存在于得克萨斯全境，而且得克萨斯州在北纬 36°30′以北，周边所有地区都没有蓄奴的权力。因此，这一条款如果有任何作用的话，就是在新墨西哥的一部分地区建立了奴隶制。由于墨西哥的法律明令禁止蓄奴，那里一直不存在奴隶制。另一个强烈反对的理由是，一些人认为该决议保证了美国依然将北里奥格兰德河作为得克萨斯州的西部边界。决议中对此讳莫如深，并明确说明"可能与其他政府发生各种边界问题的得克萨斯政府，将对该州的领土进行调整"。但该决议一通过，美国政府就称北里奥格兰德河以东所有地区都是得克萨斯的合法领土，由美国出兵保卫，并称这是无可争议的。

即使墨西哥愿意接受美国吞并得克萨斯的计划，但可以肯定的是，占领北里奥格兰德河东岸是不可能的，一定会导致冲突。当时，纽埃西斯河与北

里奥格兰德河

里奥格兰德河之间的地区荒无人烟，因为人们认为那里不适合居住，但后来的历史证明人们的这种想法是荒谬的。得克萨斯州的领土一直延伸到纽埃西斯河，墨西哥农民在河对岸马塔莫拉斯的肥沃田野上，悠然地耕种着玉米和棉花。

确实，得克萨斯要求得到从北里奥格兰德河东岸源头到河口的所有土地，而且得克萨斯人囚禁了桑塔·安纳。在武器的威胁以及自己良心的折磨下，桑塔·安纳认为自己作为一个杀人犯必死无疑，"他郑重承认，并批准"了得克萨斯的独立，承诺得克萨斯人可以随意划分边界。但阿尔伯特·加尔萨·布斯塔曼特的政府抓住机会否认了与桑塔·安纳签下的条约，并立即发动了战争。此后，该地区战争频仍。

然而，抛开这一特殊的、有争议的话题，墨西哥政府已经通过正式文件警告美国，称兼并不可能通过和平方式实现。当埃布尔·帕克·厄普舍首次与得克萨斯谈判时，墨西哥外交部部长一得到有关此事的传闻，就立即给驻墨西哥的美国大使小沃迪·汤普森寄去一份便函，提到了得克萨斯意欲加入美国的传

埃布尔·帕克·厄普舍

小沃迪·汤普森

闻，并提出了严正抗议，称这是"世界编年史上前所未有的侵略行为"，又补充说："如果墨西哥必须以不可避免的战争为代价，才能维护自己的权利、保证自己的安全，那么它将祈求上帝的保佑，靠自己的努力捍卫正义的事业。"不久，胡安·内波穆切诺·阿尔蒙特将军在华盛顿对这份便函做了补充，称吞并得克萨斯会终止他的使命，还说墨西哥一发现有这样的苗头就会宣战。1845 年 6 月，驻墨西哥的美国大使馆负责人唐尼尔森先生向国务卿报告，说战争已经不可避免。虽然他和约翰·卡德威尔·卡尔霍恩先生一样，仅凭想象

胡安·内波穆切诺·阿尔蒙特将军

扎卡里·泰勒将军

认为这是英国的废奴主义者的阴谋导致的后果，但他认为其目的是"剥夺得克萨斯和美国对纽埃西斯河与北里奥格兰德河之间的土地的所有权"。

因此，几乎所有人都相信战争极有可能发生，而且战争很快就爆发了。1845年夏天，扎卡里·泰勒将军被派往科珀斯克里斯蒂。在那里，美国那支规模不大的军队中有相当一部分归他指挥。人们普遍认为，政府希望战争在没有命令的情况下，始于一种自发的骚乱。但扎卡里·泰勒将军的冷静和谨慎使政府的这种希望落空了。要想引发战争，政府必须主动给他下达命令。1846

年 3 月，他率军向北里奥格兰德河挺进，越过了那片有争议的土地。1846 年 3 月 28 日，他到达了与马塔莫拉斯隔河相望的地方，并立即下令修筑防御工事。墨西哥指挥官警告他，称这种行动将被视为宣战，但扎卡里·泰勒将军并没有理睬墨西哥指挥官的抗议。1846 年 5 月，墨西哥将军马里亚诺·阿里斯塔率军渡河，在帕罗奥图的原野上开始攻击扎卡里·泰勒将军。扎卡里·泰勒将军首战告捷，为随后的一系列引人关注的胜利奠定了基础，包括雷萨卡德拉帕尔玛、蒙特雷和布埃纳维斯塔等战役。在这些战役中，美军一直拥有绝对优势。美国指挥官仅在短短一天内，就成了士兵们和选民们心中的偶像。

　　1844 年，爱德华·迪金森·贝克当选国会议员。在选区内，人们普遍认为亚伯拉罕·林肯将成为辉格党的下一个国会议员候选人。当时有人指控，约翰·杰伊·哈丁、爱德华·迪金森·贝克、亚伯拉罕·林肯和斯蒂芬·特里格·洛根在 1840 年达成了一项协议，他们四个人将按照这一顺序相继成为

布埃纳维斯塔战役

国会议员。最近，一些评论家又重提旧事。这种凭空捏造的事实在美国政坛司空见惯。每次选举中，全国一半的选区内都会有类似的传言，人们也都半信半疑。候选人的数量总是多于席位名额，人们认为，任何一个当过两次候选人的人都有欺骗选民的嫌疑，而且所有候选人都很乐意向他们的选民保证自己只想要一个任期，但他们在任期结束时往往会忘记这些保证。因此，这些事实自然会产生谣言。在我们提到的这四个人当中，不仅没有任何可以证明这类协议的证据，还有充分证据表明事实与此恰好相反。从约翰·托德·斯图尔特少校离职，一直到辉格党失去该选区的支持，每一次选举中，这四个人中总有两名或两名以上成为提名候选人。

同时，不可否认的是，该选区的辉格党人有一种默契。每次选举中，无论是谁有幸成为伊利诺伊州某个辉格党选区的代表，辉格党人都认为这个人应该对这一殊荣感到满足，而不应该成为连任的候选人。然而，即将离职的成员并不相信这种安排的合理性。1846年1月初，约翰·杰伊·哈丁是唯一与亚伯拉罕·林肯竞争的候选人。他相信自己一定会得到所在县的支持，于是，试图诱使亚伯拉罕·林肯同意这样的安排，即所有候选人都将自己的游说拉票活动限制在自己所在的县里。在边远地区很有名望的亚伯拉罕·林肯谢绝了这一建议。他拒绝的理由是约翰·杰伊·哈丁曾在国会服务过，名气比自己大，这样的规定会让约翰·杰伊·哈丁比自己得到更多优势。这种说法既谦恭又坦诚，亚伯拉罕·林肯的整封信都表现出他考虑得非常周到，措辞也非常谨慎礼貌。他说："我总是习惯接受朋友提出的任何建议，但真的很抱歉，这次我不能接受。"一个月后，约翰·杰伊·哈丁看到自己成为候选人的胜算不大，就发布了一份通告，宣布退出竞选。这份通告刊登在了支持亚伯拉罕·林肯的报纸上，约翰·杰伊·哈丁受到了人们的赞扬。这两个人一直保持着诚挚的友谊。

亚伯拉罕·林肯并不是完全依靠自己的优点和能力以及选民们对他的爱戴获得的这一提名。与当时的其他政治家一样，他利用一切正当手段实现了自己的目标。最近，我们得到了亚伯拉罕·林肯在游说拉票活动初期写的一些书信。这些书信体现了他在政治领域的智慧和直率。他不惧怕爱德华·迪金森·贝克，付出了巨大努力才迫使约翰·杰伊·哈丁主动放弃了竞选。他同意不攻击竞争对手，赞成通过一项并不是很公正的活动得到州长提名。他与整个选区内的几十个队长保持着密切联系，并建议乡村编辑纠正言论，让朋友们知道他对会议和与会代表们的期望。他从来不会过于自信，因此，1846年1月中旬，他的支持者们说他一定会得到提名，但他依然不赞成这种观点，并写道："约翰·杰伊·哈丁是一个精力旺盛、坚忍不拔的人，他绝对不会退缩。我担心如果他有别的想法，我可能会上当受骗……如果能省去竞争的麻烦，我会感到庆幸，但如果竞争不能避免，我也会坚持到底……"亚伯拉罕·林肯对该选区并不了解，但他也低估了自己的人气。他写道："我并不确定自己能否得到伊利诺伊州南方诸县的支持，也许我会得到卡斯县的支持，但我觉得这不大可能。我对梅纳德县和梅森县都很有信心，但对摩根县和斯科特县没有信心。洛根县一定会支持我，这一点没有问题。如果想确保选举成功，就必须保证整个参议员选区是忠实可靠的。关于这一点，我想塔兹韦尔县是可靠的。我在其他两个县也做了大量工作。在伍德福德县，达文波特、西姆斯、威拉德、布瑞肯、佩里、特拉维斯、哈扎德博士、克拉克家族和其他一些人都承诺会坚定地支持我。在马歇尔县的莱肯镇选区，除了你，我最活跃的朋友正在为我积极周旋。我通过他联系上了该县各个选区中最活跃的辉格党人，并与其中的三四个人通了信。不过，我依然希望大家在塔兹韦尔县密切关注伍德福德县和马歇尔县，不要放过任何可能成功的机会。只要这几个县都支持我，其他县也会支持我。我想应该是这样的。"最后几句话揭示了亚伯拉罕·林肯天生的谨慎。在约翰·杰伊·哈丁退出前，他一刻也没有放松警惕。每天，他都会提醒自己的联络员，让他们关注大会上的每一项举措。他会就每个方面的每个细节向他的支持者们提出建议，让所有人都保持积极的工作状态。

1846年5月1日，大会在彼得斯堡召开。会前，斯蒂芬·特里格·洛根法官提出了亚伯拉罕·林肯的名字，并得到了一致通过。第二周，斯普林菲尔德的《桑加蒙期刊》刊登了这条消息："这个提名当然是预料之中的，因为党内没有其他候选人参与竞争。我们都知道，亚伯拉罕·林肯是一个合格的辉格党人，更是一个好人、一个雄辩的演说家。他应该得到辉格党在该选区以及该州的民众们的信任。"

民主党只推选了一名候选人。作为亚伯拉罕·林肯的竞争对手，这个人是卫理公会著名的牧师彼得·卡特赖特。这不是他们第一次在政治领域见面。1832年，黑鹰战争结束后，亚伯拉罕·林肯退役回家竞选议员时，当年最成功的候选人之一就是这位精力旺盛的巡回牧师。彼得·卡特赖特六十多岁，德高望重，在各方面都是一个不容小觑的对手。他的牧师生涯从19世纪初开始，持续了七十年。他是一个西部拓荒者的儿子，在田纳西州和肯塔基州之间最原始的边境地区长大。带着一个优秀领导人通常会有的"自豪"感，他自称曾是一个桀骜不驯、横行无忌的青年，但他口中的恶行只是打牌、赛马和跳舞等。实际上，在1801年的肯塔基州，很难找到其他娱乐方式。

这种浑浑噩噩的日子并没有持续很长时间，因为彼得·卡特赖特于1801年6月"皈依了埃比尼泽卫理公会"，当时他只有十六岁。在劝勉信徒方面，彼得·卡特赖特很快表现出了极大的热情和非凡的能力。不到一年，他就获准"发挥作为一个布道者的天分，只要做法符合教义"。二十一岁时，他成为执事，两年后成为长老，二十七岁时成为主持长老。从那时起，他的生活就是该教会在美国西部六十年的历史。1872年，彼得·卡特赖特去世，享年八十七岁。他曾经为一万两千名皈依者施洗，布道一万五千次。他属于并将永远属于边远地区的那类牧师。甚至在他还健在的时候，他简单的生平故事就在人们口口相传的过程中，变得与实际情况完全不相符。他的《自传》中的那个单纯、勇敢、有点执拗的巡回牧师，与在酒吧里被人们热议、爱打架、好争执、鲁莽的传奇人物塔克修士① 已经没有任何相似之处。

确实，在与那些不够虔诚的人斗争的过程中，彼得·卡特赖特有时也会借助武力，他不止一次被迫离开讲坛，与那些扰乱清修之地的破坏分子进行肉搏。但在他七十年的牧师生涯中，这类事件只发生过两三次。因此，诉诸武力并不会将一个牧师变成一个职业拳师。彼得·卡特赖特是一个口齿伶俐、充满自信

---

① 塔克修士是罗宾汉传说中的人物，是罗宾汉的牧师兼管家。

彼得·卡特赖特

的演说家。依照当时的习惯，在布道时，他更多是用情感而不是理性。他制定的未来的奖惩制度是最简单、最具体的，并构成了布道的主要内容。他对保守的现代神学的改革没有信心，晚年时，他带着一丝轻蔑和悲哀，对自己宗教团体中的学术训练和教育发展进行了评述。一天，当他听了一个年轻牧师的祷告后，认为虽然这个年轻人的祷告言之有理，但显得枯燥乏味，于是，忍不住说道："兄弟，这样的祷告重复三遍就会冻结地狱！"这并不是他想要的完美祷告。他还经常去大西洋沿岸的一些城市，但他认为这些地方几乎没有什么值得称颂的东西。游历归来后，他最大的乐趣是和朋友们围坐在一起，讽刺他在纽约或费城见到的所谓"精致的"生活。他相信，或受到别人和环境的影响而相信，过着那种生活的人们不如肯塔基州和伊利诺伊州的人们阳刚、勇敢、豪迈。人们常常会讲述一个杜撰的关于彼得·卡特赖特游历的故事，这个故事让他很高兴，所以他从来没有反驳过。彼得·卡特赖特在纽约的一家豪华大酒店中迷失了方向，因此，他找来一把闪着寒光的斧头，像开拓者在森林里开路那样，沿着红木楼梯从旅馆的前台一路砍到自己的房间，并在自己开辟出来的这条走廊上刷上油漆作为标记。虽然性情有些古怪，但他是一个心地善良、努力勤恳、勇敢无畏的人。他一生都享受着家庭的温暖和幸福，他和妻子很小的时候就定了亲，婚后生了很多孩子。去世后，悼念他的直系子孙多达一百二十九个。

彼得·卡特赖特不仅热衷于宗教事业，还是一个热心的杰克逊党人。在整个选区，他的人脉是最广的。他有一大群追随者，其中有自己的儿孙和其他选区的人。因此，在公开竞争中，要想打败他并不是一件容易的事。但亚伯拉罕·林肯和他的朋友们积极开展游说拉票活动，并在结果出来前已经稳操胜券。

有人讲述了一件小事，表明亚伯拉罕·林肯对政治事件的结果有着惊人的预见能力。他的一个朋友是一位民主党人，在游说拉票活动开始时来找他，告诉亚伯拉罕·林肯希望他能当选，但不想背叛自己的政党。但如果竞争到了关键时刻，他会将宝贵的一票投给亚伯拉罕·林肯。选举开始前不久，亚伯拉罕·林肯对这位朋友说："我完全有把握打败这个牧师，你不需要为我投票了。"

1846 年 8 月，选举开始。辉格党候选人亚伯拉罕·林肯的普选票数很高，在整个选区得票一千五百一十一张。亨利·克莱曾经的普选票数仅有九百一十四张，两年后，虽然扎卡里·泰勒大获全胜，但他获得的票数比亚伯拉罕·林肯现在的票数少十张。亚伯拉罕·林肯在桑加蒙县的普选票数是六百九十张，这在他的竞争对手看来，是他显著的个人声望的最好证据。辉格党在该县的地位得到提高后，一直到 1852 年理查德·耶茨 ① 竞选胜利以来，这是候选人得到的最高的普选票数。

---

① 理查德·耶茨（Richard Yates，1815—1873），伊利诺伊州第十三任州长。在美国南北战争期间，他被称为最有效的战争州长。

理查德·耶茨

1846 年，辉格党人并不是受欢迎的一方，因此，亚伯拉罕·林肯的普选票数受到了人们的广泛关注。西部地区普遍赞同兼并得克萨斯，甚至在真正的战争开始前，那些反对兼并的人被视为缺乏爱国主义精神。但当扎卡里·泰勒将军和佩德罗·安普迪亚将军隔着北里奥格兰德河举枪对峙时，尤其是当美军凭借先进的武器和充足的弹药在帕罗奥图平原上开战后，无论是候选人还是选民，都需要有巨大的道德勇气才能对政府的政策继续保持反对态度。与此同时，很多人在为士兵们的丰功伟绩高唱赞歌。事实上，伊利诺伊州主要的辉格党人积极响应号召参军打仗，这对辉格党帮助很大。1846 年 5 月 11 日，国会授权征召五万名志愿兵。消息刚传到伊利诺伊州，勇敢无畏的约翰·杰伊·哈丁就奋不顾身地扑向了等待他的命运。他立刻给自己的民兵旅发布了一条命令，内容是："在伊利诺伊州，我已经作为第一名志愿者响应号召报名参军。我将随时待命出发。谁愿与我共赴沙场？我满怀信心地期待着，希望有更多战友与我一起报效国家。"分配给伊利诺伊州的编制是三个团，这三个团很快招齐了人马，并接受了由爱德华·迪金森·贝克招募的一个加强团。有名望的辉格党人的儿子们作为列兵应征入伍。戴维·洛根是爱德华·迪金森·贝克的加强团中的一名中士。1846 年 5 月 29 日，在斯普林菲尔德召开的一个公共集会上，亚伯拉罕·林肯对当时的形势做了一场激动人心、影响深远的演讲。他说公民的义务就是要站在国旗下，支持国家，直到伟大的和平得以实现。

约翰·杰伊·哈丁上校、爱德华·迪金森·贝克上校、威廉·亨利·比塞尔上校以及所有智慧超群的人，都有可能被任命为伊利诺伊州的将军，而且每个人都完全适合这一职位。但詹姆斯·诺克斯·波尔克的政府不想将这一重要职位浪费在那些日后可能在公共事务领域很有主见的人身上。令人意想不到的是，这个所有人垂涎的职位最终落在了亚伯拉罕·林肯的老对手詹姆斯·希尔兹身上。当时，詹姆斯·希尔兹已经身居高位。他离开伊利诺伊州审计官的位子后，在最高法院谋得了一职。现在，他刚刚被任命为土地总局局长。他没有任何军事经验，人们也知道他没有能力服兵役，但他强烈的党派观念让詹姆斯·诺克斯·波尔克相信，他是一个可靠的追随者。于是，詹姆斯·希尔兹接受了任命。民众感到无比吃惊，全州上下一片哗然。詹姆斯·希尔兹在军事行动中的英勇以及在赛罗戈多战役和查普特佩克战役中光荣负伤，为自己赢得了荣誉。人们不再轻视他，更重要的是，他从此在政治领域畅通无阻。詹姆斯·希尔兹得到了在国会任职的伊利诺伊州的民主党人的推荐。在很大程度上，他的任命有可能得益于斯蒂芬·阿诺德·道格拉斯的影响。1846 年冬天，伊利诺伊州即将选举一名参议员，斯蒂芬·阿诺德·道格拉斯希望斯普林菲尔德的民主党人少一些。詹姆斯·希尔兹有将所有空缺席位据为己有的习惯。因此，只

查普特佩克战役

要有机会，斯蒂芬·阿诺德·道格拉斯一定会让詹姆斯·希尔兹远离这些职位。选举在1846年12月举行，斯蒂芬·阿诺德·道格拉斯从众议员晋升到了参议员。在这个位置上，他一直都扮演着重要角色。

1846年到1847年召开议会时，伊利诺伊州桑加蒙选区并没有代表出席。爱德华·迪金森·贝克率领加强团去了墨西哥，但没有机会参加早期的任何军事行动，他空有一腔报国热情，却只能受命扎营驻防，虚度光阴。后来，他抓住去华盛顿汇报军情的机会，突然戏剧性地出现在了国会大厦里。这种场面很符合他的品位和性格。他走到自己在议员席的位子上，用最引人注目的方式发表了一场欢快活泼、生动有趣的演讲，唤起了人们对军队的关注。他说辉格党对战争或其行为没有承担任何责任，并宣称辉格党人完全享有参战的权利和荣誉。

演讲开始时，爱德华·迪金森·贝克首先感谢众议院能够给他宝贵的发言机会，同时，他申明自己并没有建立任何军功，因此，不值得众议院如此礼遇

杰斐逊·汉密尔顿·戴维斯

他。他说："我希望，现在有幸站在这里接受四面八方的绅士们的祝贺、享受他们对自己勇敢的战友们赞美的人，应该是在墨西哥浴血奋战的杰斐逊·汉密尔顿·戴维斯 ①，而不是我。他有权得到这份殊荣。至于我，不幸的是，我一直被留在战争后方。现在，我代表那些经历了这场惨烈战争的人说一句话，无

---

① 杰斐逊·汉密尔顿·戴维斯（Jefferson Hamilton Davis，1808—1889），美国军人、政治家，美国内战期间担任邦联首任总统。

论他们是在蒙特雷染血的街道上,还是在形势更加严峻的北里奥格兰德河两岸,我恳求你们相信,虽然我觉得这是一份令人感到自豪的职责,但在其他方面,这是一场令人痛苦不堪的战争。我作为一名志愿兵站在这里,已经服役六个月,但依然没有在战场上看到过真正的战争。"

然而,即使身处这样的劣势,爱德华·迪金森·贝克还是机敏地将话题转向了自己的军队。他指责国会对军队漠不关心,没有为军队提供增援和补给。他积极赞扬战场上的士兵们,沉痛悼念那些从未真正上过战场,却不幸死于疾病和恶劣天气的军人,并向他们致敬。他热情高涨,还朗诵了自己在军营里写的一首诗,以纪念伊利诺伊州第四军团死去的战友们。诗的内容如下:

> 他们没有死在炮火纷飞的战场上,
> 没有死在翘首以盼的战斗中,
> 也没有因攻击敌人负伤,
> 或流血过多失去生命。
>
> 一个个坚毅的眼神,
> 被死神可怕的阴影渐渐笼罩,
> 但他们冷静、无畏地坚持到了最后,
> 现在,他们安然睡去。
>
> 然而,心怀感激的祖国,
> 会为他们歌功颂德,
> 在亲人们心中,他们将永垂不朽,
> 历史会让他们名垂青史。
>
> 他们长眠在国外的那条河边,
> 人们不会忘记,

在他们的墓地附近，翻滚的浪花轻吻着岸边，

哦，那是北里奥格兰德河在奔流不息！

爱德华·迪金森·贝克无法控制自己的情绪，他希望将所有能够得到的荣誉都献给自己的党。不难想象，对多数派来说，听到反对派平静地做出关于高尚的爱国主义的论调，一定会感到愤怒。爱德华·迪金森·贝克继续说："作为一名辉格党人，我一直占据着这一席位。由于许多辉格党人怀疑这场战争是否正义或划算，有人便认为他们不是自己国家的朋友。对这样的指控，我认为不值得回答。有很多证据证明辉格党人是爱国的，虽然他们怀疑这场战争是否划算，或是否正义，但他们依然支持战争，因为这是自己国家的战争。一方面，有人可能认为这只是一时的热情和冲动，但另一方面，这是真正的爱国主义和责任感。荷马笔下的赫克托尔也强烈怀疑对希腊的战争是否有利，虽然提出了反对意见，但不同情弟弟帕里斯，反而强烈谴责他，更不用说同情海伦。然而，当战争爆发时，当希腊军队集结在平原上时，当他们的战舰那弯曲的龙骨切割着特洛伊海岸的沙滩时，赫克托尔冲入密不透风的敌阵，奋勇杀敌。在万头攒动的战场上，他的红色头盔像一团熊熊燃烧的火焰。在美国军队里，也存在很多具有与赫克托尔一样的爱国主义精神的人，他们强烈怀疑这场战争的正当性，尤其是发动战争的方式，但他们将自己的血液看得比水还淡，将自己的生命看得比鸿毛都轻。他们愿意为了保卫美国国旗和美国的荣耀，将自己年轻的生命丢在远离祖国的一条陌生的河边。"

爱德华·迪金森·贝克在这次演讲中给人们留下了深刻印象。演讲一结束，他就辞去了自己在国会的职位，乘汽船匆匆赶往新奥尔良。在那里登岸后，匆忙奔赴墨西哥。他给人们留下的美好印象又得到了进一步提升。他听说桑塔·安纳正在向萨尔提略推进，不希望自己的军队失去任何战斗机会，但当他到达驻地时，发现自己的军队编入了温菲尔德·斯科特中将的军队。虽然他错过了布埃纳维斯塔战役，但参加了攻占维拉克鲁斯的战役，并在赛罗戈多战役中屡立战功。詹姆斯·希尔兹受伤后，爱德华·迪金森·贝克接管了他的旅，并勇敢

温菲尔德·斯科特中将

地向墨西哥人的阵地冲锋，最终占领了翟乐巴路。这次战役标志着美军已经收获大部分胜利果实。

　　爱德华·迪金森·贝克的辞职在国会留下了一个空缺。因此，这一空缺立刻引起了一场具有时代特征的、激烈的政治竞争。按照规定的程序，本来应该推选亚伯拉罕·林肯进入国会，但他总是过度紧张和敏感，拒绝参加竞选，并想给其他有志向的人一个公平竞争的机会，得到为期两个月的任期。辉格党提名了一位叫布朗的人。但在选举前不久，伊利诺伊州参议院的成员约翰·亨利宣布自己为候选人，并呼吁大家为他投票，他唯一的竞选理由是自己是一个穷人，为了利益才想得到这个位子。也许是布朗意识到了约翰·亨利无耻的"威力"，或者是他对这一可以通过摇尾乞怜得到的职位感到不屑，总之，他退出了后来的游说拉票活动。约翰·亨利如愿当选，并得到了相应的利益。

第 **15** 章

第三十届国会

第 15 章

精彩看点

罗伯特·查尔斯·温思罗普当选议长——关于战争的辩论——辉格党的优势——获得领土——戴维·威尔莫特附文——亚伯拉罕·林肯的决议——扎卡里·泰勒获得总统候选人提名——刘易斯·卡斯成为民主党的总统候选人——亚伯拉罕·林肯在1848年7月27日的演讲——扎卡里·泰勒当选总统

1847 年 12 月 6 日，第三十届国会开幕。许多社会名流的名字都出现在了会议名单上。这些人几乎都比亚伯拉罕·林肯的名气大，但亚伯拉罕·林肯的名字注定会比其他人的名字更家喻户晓、流芳千古。亚伯拉罕·林肯是唯一来自伊利诺伊州的辉格党成员，这是他独有的荣誉。现在，他进入了一个更广阔的工作环境，但他并不缺乏自信，也没有感到愉悦。当选国会议员后不久，他给朋友约书亚·福瑞·斯皮德写信说："虽然我非常感谢朋友们在我竞选国会议员时为我付出的一切，但我并没有像自己期望的那么高兴。"大多数公众人物都有过这样的体验，但由于天性忧郁，他的这种体验可能更加深刻、强烈。进入工作状态后，他几乎没有感到丝毫快乐，只有满腔赤诚和一片真心。

　　显然，虽然战争的结局注定会使辉格党不复存在，在未来的很多年里，民主党也与权力失之交臂，但辉格党很快能从民主党支持的这场战争中获得暂时的优势。两党在众议院势如水火，对此，在 1847 年 12 月 5 日，亚伯拉罕·林肯写下了自己的疑虑，他不知道辉格党能否选举出所有核心候选人。第二天，大会举行了投票，选举罗伯特·查尔斯·温思罗普担任议长。詹姆斯·诺克斯·波尔克总统在咨文中对国会和国家对当年的战争计划的判决进行了质疑，但他更多是为美国政府在墨西哥战争中的作战计划辩护。随后，他的这种质疑被证明是有根据的。他的支持者们第一次尝试认可政府的行为，但遭到了众议院的严厉指责。众议院通过了乔治·阿什曼提出的一项修正案，声称"詹

罗伯特·查尔斯·温思罗普

姆斯·诺克斯·波尔克总统发动的这场战争是没有必要的，也是违反宪法的"。这份严厉的声明并不是无中生有，而是由詹姆斯·诺克斯·波尔克总统固执己见和言不由衷的论断引起的。他说前国会"事实上一致"宣布"战争是由墨西哥引起的"。实际上，一些人曾强烈要求将这些字眼从军需供应法案的序言中删除，但遭到了否决。他们被迫投票赞成序言和法案，或投票反对向军队供应物资。

辉格党人和其他反对战争的人应该抓住这个千载难逢的机会,向詹姆斯·诺克斯·波尔克总统提出他们对这种虚假陈述的意见,这是不足为奇的。遥远的南方战场上的胜利极大地提高了反对党的地位,也让詹姆斯·诺克斯·波尔克总统充满了信心,并以此为自己辩护。墨西哥的美军都由辉格党将领指挥,在战场上表现出色。大部分功勋卓著的下级军官都是辉格党人,在某种程度上,他们在政治斗争中有着不同寻常的意义,虽然他们服从政府的命令参军打仗,但依然保留了对政府的敌意。他们中的一些人已经重返国会,并将自己的军功摆在对手面前,目的是让这些人看看,当他们在官场上高谈阔论时,辉格党人却在战场上浴血奋战。我们细数那些在这场短暂且血腥的战争中一举成名的名字时,惊讶地发现他们中很少有人同情发动了战争的政党,或赞成发动这场战争的目的。扎卡里·泰勒对兼并主义者的计划强烈反对,但他并没有延缓军事行动,也没有削弱自己的作战意志。在帕罗奥图平原上,他率领一小支主力部队打败了马里亚诺·阿里斯塔的军队,又在险峻的雷萨卡德拉帕尔玛大获全胜,并突袭了防守严密的蒙特雷。最后,他命几个毫无军事经验的新招募的团驻扎在布埃纳维斯塔农场附近的石坡和峡谷中,打败了墨西哥有史以来能带上战场的最好的精兵强将,而且敌军人数是美军的四倍。因此,辉格党应该从自己的英勇作战带来的荣耀中获得好处。现在,他们确信自己占有优势,并为之欢欣鼓舞,讲起话来义正词严、底气十足。然而,他们从来没有像亚伯拉罕·林肯那样,在会议结束时明确坚决地表明自己的态度。

会议结束时,亚伯拉罕·林肯说的话如下:

由于扎卡里·泰勒将军是墨西哥战争中出类拔萃、卓尔不群的英雄,加上民主党人一直说辉格党人反对战争,因此,你们认为,我们敬爱并推选扎卡里·泰勒将军一定很尴尬,也很难堪。我们一直反对战争的说法是对是错,还要看一个人怎么理解"反对战争"这个词。如果这个词是指"詹姆斯·诺克斯·波尔克总统发动的这场战争是没有必要的,也是违反宪法的",那么说明辉格党确实反对战争。无论他们什么时候说过，他们就是这样说了。他们这样说自有他们的道理。行进的军队进入了墨西哥一个宁静的定居点，当地居民受到惊扰，四散逃离，留下了他们还未成熟的庄稼和其他财产。对你们而言，这可能完全是一个亲切友好、毫无恶意的拜访，但对我们来说却并非如此。在我们看来，这样的行为无异于放肆无礼的荒唐行径，因此，我们才反对战争。然而，如果战争已经发生，并且已经成为国家的大业，那么我们将和你们一样，捐钱捐物，甘愿抛洒热血，全力支持战争。因此，认为我们总是反对战争的说法是错误的。除了特殊情况，你们总能得到我们的支持，譬如积极供应军需物资。此外，在每一次劫难中，在每一个战场上，你们都能看到辉格党人参军打仗，流血牺牲。你们可以看到青春年少的男孩、成熟稳重的男人、身份卑微的贫农，以及地位尊贵的名流。在战场上，他们和你们一起经受痛苦和疾病，和你们一起并肩战斗、奋勇杀敌。亨利·克莱和韦伯斯特都将自己的儿子送到了战场上，但这两个年轻人永远都回不来了。除了其他那些值得尊敬却鲜为人知的辉格党人，伊利诺伊州还派了马歇尔、莫里森、爱德华·迪金森·贝克和约翰·杰伊·哈丁参加战争。这几个人中倒下的那一个是我们失去的最好的辉格党人。在战火纷飞的岁月里，无数辉格党人勇往直前。在布埃纳维斯塔紧张血腥的战斗中，每个人都背负着极其艰巨的任务，他们要么击退敌人，要么牺牲自己。在牺牲的五名高级军官中，有四名都是辉格党人。

温菲尔德·斯科特将军是一名辉格党人，当初也反对这场战争。当辉格党将扎卡里·泰勒视为自己伟大的英雄后，民主党人失去了庇护者。温菲尔德·斯科特将军的胜利似乎很轻松，因此，他从未得到应有的荣誉。学习军事史的学生发现，在叙述各个年代的战争的文献中，真实的战斗过程与战斗前夕发布的命令完全相悖。正如官方报告的那样，温菲尔德·斯科特将军率领一小支部队，从维拉克鲁斯到墨西哥首都的行进途中，刷新了人们对科尔特斯攻坚战的认识。

赛罗戈多战役

战役打得非常激烈，也很成功。赛罗戈多战役的计划被付诸实践，只不过官方的报告将温菲尔德·斯科特将军的命令从将来时变成了过去时。查普特佩克战役也同样不可思议。一天，温菲尔德·斯科特将军制订了明显不可能完成的具体计划，并发布了命令。然而，第二天就传来捷报说这些计划已经完成。胜利并非轻而易举，虽然墨西哥人不擅长运用科学技术或窃取军事情报，但他们勇敢无畏，有万夫莫当之勇，有时甚至视死如归。温菲尔德·斯科特将军的军队损失惨重，证明了胜利来之不易。他率领约一万人马从普韦布洛出发，在墨西哥盆地损失了两千七百零三人，其中有三百八十三名军官。但他和扎卡里·泰勒都不是这届政府最重视的官员，他们的辉煌军功并没有获得詹姆斯·诺克斯·波尔克总统及其内阁的称赞。

　　会议早期，谈论最多的是墨西哥战争，包括战争的起因、发展过程以及可能产生的结果。在这些冗长的唇枪舌剑中，辉格党人往往占据上风。造成这种现象的原因，除了我们已经提到的因素，还由于他们不容置疑的辩论才能和较强的动机。但两党之间并没有明显的界限。罗伯特·查尔斯·温思罗普当选议长后，双方几乎没有因彼此的党派差异，在投票时产生分歧。甚至在那些没有公开承认存在奴隶制的地方，奴隶制问题也不着痕迹地影响了国会中的党派较量。人们经常发现，南方的辉格党人支持詹姆斯·诺克斯·波尔克总统，但新英格兰的民主党人反对詹姆斯·诺克斯·波尔克总统最志在必得的计划。即使是南方所有的民主党人，也不一定全部拥护政府。他们最强大的领袖约翰·卡德威尔·卡尔霍恩大声疾呼，强烈谴责这场战争。1848年1月4日，他在攻击詹姆斯·诺克斯·波尔克总统的政策时说："我反对这场战争，不仅是因为它本来可以轻易避免，还因为总统无权命令美军占领一部分由墨西哥人占领的有争议的土地。我也相信国会不可能批准战争，这只是政府高层的考虑和决策，因为我相信它会给国家带来许多严重恶果，对自由制度造成极大威胁。"

南卡罗来纳州的参议员约翰·卡德威尔·卡尔霍恩也许并不像其他人那样，对国家的自由制度感到不安。或许，他感觉到奴隶制的支持者们已经挑起一系列事件，其结果超出了政府可以控制的范围。几天后，来自马萨诸塞州的机智幽默的帕尔弗里先生一针见血地指出："约翰·卡德威尔·卡尔霍恩认为他可以点燃一桶火药，等到燃烧了一半时再将其熄灭。"约翰·卡德威尔·卡尔霍恩焦虑地说战争应该结束了，他提议美军撤出墨西哥首都，并修一条防线，将其作为美国唯一可能的保障。他对签订条约没有信心，认为墨西哥政府没有能力使条约生效。几天后，在一场竞选辩论中，约翰·卡德威尔·卡尔霍恩先生做了一个重要声明，进一步强化了辉格党的观点。他说，在订立兼并条约时，他并没有认为北里奥格兰德河是得克萨斯西部的边界，相反，他认为墨西哥和得克萨斯之间的边界是悬而未决的。他还说自己曾经暗示过美国的临时代办，建议以最宽松的条件解决边界问题。在詹姆斯·诺克斯·波尔克总统决定将北里奥格兰德河作为得克萨斯和墨西哥之间的边界前，这完全符合大多数民主党人的立场。

国会中支持约翰·卡德威尔·卡尔霍恩的主要人物是查尔斯·贾里德·英格索尔。三年前，查尔斯·贾里德·英格索尔在一次演讲中说："纽埃西斯河与北里奥格兰德河之间的广阔沙漠是盎格鲁－撒克逊人和毛里塔尼亚人之间的天然屏障。"从民族学与自然地理学角度来看，虽然这一说法谬以千里，但足以表明当时的人们对边界问题的看法。

　　由于奴隶制问题的影响，民主党和辉格党内部的纪律都有点儿松散。我们惊讶地发现，来自北卡罗来纳州的托马斯·拉尼尔·克林曼在众议院的议员席上，提到了敏感的奴隶制问题，结果遭到了来自巴尔的摩的约翰·麦克莱恩法官的

托马斯·拉尼尔·克林曼

《瓜达卢佩伊达尔戈条约》使美墨双方实现和平

指责。来自新罕布什尔州、目中无人的民主党人约翰·帕克·黑尔愤怒地喊道："总统的双手沾满我们在墨西哥战场上洒下的光荣鲜血。"但他同样遭到了来自马里兰州的辉格党人瑞弗迪·约翰逊的反驳。托马斯·拉尼尔·克林曼在众议院提出了一个宽泛但极具挑衅意味的声明，他说："说我们南方的制度很特殊，这是严重的用词不当。我们的制度是全世界通用的制度，禁止蓄奴的自由制度才是特殊的制度。"帕尔弗里先生冷冷地回应道，奴隶制属于原始蒙昧状态，与将无花果的树叶和裸露的皮肤视为衣服一样。然而，当众议院投票表决时，人们不再争论不休，奴隶制的支持者们一般都会获胜。南方的辉格党和民主党团结一致，坚定地支持兼并得克萨斯。但在北方，两党出现了分歧。美国

和墨西哥之间的和平条约签订后，情况尤其如此。1848年2月2日，双方在瓜达卢佩伊达尔戈签署了和平条约。二十天后，条约被送到了参议院。1848年3月10日，墨西哥接受了和平条约以及一系列修正案，并由参议院批准通过，在1848年7月4日的国庆节正式公布。

然而，从条约到达华盛顿的那一刻起，人们对战争的讨论渐渐冷却了下来。最雄辩的演讲在既成事实面前变得无足轻重，国会的兴趣迅速转向更重要的问题，即如何处理被美军占领而且条约也承认了的属于美国的广阔领土。当时，没有人知道新获得的土地有多么辽阔，也很少有人能充分意识到这片土地特殊的地理特征，以及并入美国后带来的不可预测的道德和政治结果。总的来说，人们只知道新获得的土地位于北纬10°、西经15°。简而言之，美国获得

黄金在加利福尼亚被发现

了六十三万平方英里的沙漠、山区和荒野。那时，人们没有想到，当参议院还在为和平条约争论不休时，黄金的重大发现将约翰·奥古斯都·萨特船长在加利福尼亚州科洛马的工厂变成了采矿营地，最终导致了他的破产，但许多人因此一夜暴富。现在的加利福尼亚代表着富饶，但那时的加利福尼亚除了贫瘠，什么也没有。当时，内华达还是一个无人知晓的地方。一些没有品位的西班牙裔美国人——后来成了国会议员——将那里称为"银子和仙人掌之地""橙子和松鸡之地"及"冰雪之地"，真是荒唐至极。那个时候，虽然人们对隐藏在西部地区的财富认识不足，但政客们的头脑中却不乏与生俱来的贪婪，他们将这些地区变成了人们津津乐道的话题。在第一轮举手表决中，南方获胜。在第二十九届国会上，南北双方开始为尚未取得的战利品展开竞争。詹姆斯·诺克斯·波尔克总统预见到了通过条约可能获得的领土，曾要求国会为此拨款。因此，国会立刻公布了一项议案，拨款三万美元用于谈判，

约翰·奥古斯都·萨特

拨款两百万美元由詹姆斯·诺克斯·波尔克总统自由支配。但在议案通过前，一些北方的民主党人对如何处理通过这种方式得到的领土提出了质疑。依照墨西哥法律，这些领土属于自由土地，即不允许蓄奴。经过仓促的协商后，来自宾夕法尼亚州的戴维·威尔莫特为议案提出了一份附文，得到了大家的一致同意。戴维·威尔莫特是一个德才兼备的民主党人，在那时及后来的很长一段时间里，他在宾夕法尼亚州的公众人物中拥有非常高的地位，但让他在历史上占有一席之地的成就，主要还是他提议添加到正在讨论的议案第一部分中的几行文字。具体内容如下：

美国和墨西哥之间通过谈判达成协议。美国从墨西哥取得的任何领土，以及行政机关使用的所拨款项，作为明确、基本的条件，除了犯罪，奴隶制和强制劳役都不得存在于上述任何领土上，否则，当事人将被正式定罪。

当北方有良知的人第一次看到这些条款时，认为它很公平。因此，委员会中只有来自自由州的三名成员投了反对票。该修正案以八十比六十四的票数通过，并被提交到了众议院。接下来，支持奴隶制的成员竭尽全力要让这项议案流产，他们的目的是将议案和戴维·威尔莫特的附文一并扼杀。但他们还是失败了，众议院通过了议案以及附文。然而，在提交参议院审议时，议案因参议院即将休会未能表决。

战争一结束，和平条约就被送到了参议院，这一议题再次引起了人们的高度重视。来自纽约的哈维·帕特南先生向众议院提交了一份体现戴维·威尔莫特附文原则的决议，但并未像上次那样顺利通过。南方的政党坚决反对这一决议，北方民主党人的良知也开始动摇。在上一届国会中，只有三位民主党人认为可以批准奴隶制进入自由领土，但现在，有二十五位民主党人与南方一起投票反对戴维·威尔莫特提出的条件。会议期间，争论无处不在。和平条约在众议院似乎获得了暂时的优势，但在参议院又再次处于劣势。总之，事情一直没有进展。

我们说的关于墨西哥战争引起的普遍讨论，似乎可以用来解释亚伯拉罕·林肯在议员席上起到的作用。他在这个有点屈才的位置上，并没有任何自负的表现。我们可以用他说的一些古怪简单的话描述他首次参与辩论的情况："为了尽快弄清楚众议院里的演讲情况，两三天前，我做了一个并未引起人们关注的关于邮局问题的小演讲。我发现在这里发言和在别处发言是一样的，但一开始我还是很紧张，就像在法庭上发言时那样。不过，情况并没有我想象的那么糟糕。我希望在一两个星期内发表一场成功的演讲，希望你能看到。"他明显具有演说家的气质，对演讲既感到恐惧，又热切期望，所有优秀的演说家在面对观众时都会体会到这种复杂的情感。马库斯·图留斯·西塞罗站在论坛上时，也会双腿颤抖，脸色苍白。四天后，即1848年1月12日，亚伯拉罕·林肯发表了一场精心准备的演讲，因为这是他在国会的第一次正式演讲。在众议院发表的首次演讲中，没有几个人能比他更好。他在演讲前做了大量准备工作。詹姆斯·诺克斯·波尔克总统断言墨西哥早已挑起战争，他说："入侵我们的领土，让我们的公民在我们自己的土地上流血。"1848年12月22日，亚伯拉罕·林肯提出了一系列关于总统论断的意见，并请求总统就这些论点给众议院提供更具体的信息。由于这些意见后来广为人知，斯蒂芬·阿诺德·道格拉斯也以此为依据，控诉亚伯拉罕·林肯缺乏爱国精神，加上这场演讲是亚伯拉罕·林肯进入国家最高政坛后发表的第一个作品，因此，我将演讲稿的内容摘录了下来，省略了演讲稿中引用总统的咨文的序文，具体内容如下：

众议院决定，敬请美国总统将以下事宜告知众议院：

第一，正如总统在咨文中宣称的那样，我们的公民流血的地点是否在《1819年条约》①至墨西哥独立战争期间的西班牙的领土上。

第二，该地点是否在墨西哥的革命政府从西班牙手中夺走的领土上。

第三，该地点是否在一个得克萨斯革命前就已经存在的定居点内，直到其居民在美国军队靠近前逃离家园。

第四，在南部和西部，该定居点是否与任何或所有其他定居点被墨西哥湾和北里奥格兰德河隔开，在北部和东部被广阔的无人区隔开。

第五，该定居点的居民或他们中的大多数人或任何人是否曾经主动或被迫通过接受职位、参加投票选举、纳税、担任陪审员、为美国政府服务或任何其他方式向得克萨斯政府或法律，以及美国政府或法律屈服。

---

① 《1819年条约》又称《横贯大陆条约》，是1819年美国与西班牙签署的条约。条约解决了两国之间存在的边界争端。

第六，正如总统在咨文中宣称的那样，在我们的人洒下第一滴血之前，该定居点的居民是否在美国军队靠近前逃离，使他们的家园和未成熟的庄稼失去了保护。我们洒下的第一滴血是否在某一个逃离这片土地的人的圈地上。

第七，正如总统在咨文中宣称的那样，当时流血的公民是否作为武装官兵，由总统发布军事命令，通过战争部部长派往那一定居点。

第八，扎卡里·泰勒将军曾不止一次地向战争部暗示，在他看来，这样的行动对得克萨斯的防御或保护是没有必要的。此后，美国政府是否依然向那一定居点派遣军事力量。

过去的两年中，詹姆斯·诺克斯·波尔克总统并没有放弃他在咨文中坚持的立场，他也不可能根据自己掌握的证据，详细回答这些问题。也许人们并不期望他做出答复，众议院也从未实施过相关决议。对乔治·阿什曼的主张的投票表决，充分表明了大多数人对总统轻率、违反宪法的行动的态度。但詹姆斯·诺克斯·波尔克总统的行为却为亚伯拉罕·林肯在全体委员会发表的讲话充当了文字材料。这次讲话值得那些认为亚伯拉罕·林肯二十年来，在伊利诺伊州的公众人物中占据的优势具有偶然性的人细细品味。1848 年的冬天演讲不断，主要是一些名流显要、阅历丰富的人关于同一主题的演讲。当时，众议院发表的所有演讲在表述的清晰程度、批评的严厉程度、风格的冷静程度等方面，都比不上亚伯拉罕·林肯的这次演讲。最令人称奇的是亚伯拉罕·林肯对演讲内容的修饰润色以及遣词造句。他的演讲论证清楚严密，例证恰当妥帖，风格热情洋溢且真诚内敛，与他十二年后发表的同一类演讲一样。从前，这个普通的议员从来都不能在规定时间内完成自己的演讲，他必须请求大家同意延长时间，以便完成气势恢宏的结束语。但这次精彩的演讲涵盖了整个争议的范围，他决意在规定时间内完成。他自己都感到吃惊的是，自己竟然在四十五分钟内完成了演讲。这是一场令人称赞的演讲，但人们很快忘记了亚伯拉罕·林肯的这次演讲和其他演讲，因为《瓜达卢佩伊达尔戈条约》突然成了人们辩论的焦点，其出乎意料的结果使人们不再考虑导致这一结果的原因和过程。

亚伯拉罕·林肯的演讲和他的决议的目的是相同的，即纠正他认为的错事和不好的事，以及错误的陈述。他的天性不容许这种不负责任的说法在不受质疑的情况下恣意传播。对明显的欺诈行为提出抗议，会使他的道德和良知感到欣慰。此外，将一些人试图隐瞒的真相公之于众，符合他作为一名律师的职业操守。在解决自找的麻烦后，他自然得不到任何回报。在伊利诺伊州，他的演讲并不是很受欢迎。他的合作伙伴威廉·亨利·赫尔登先生是一个年轻热情的律师，情感比学识丰富，而且爱国情感多于正义感。因此，威廉·亨利·赫尔

威廉·亨利·赫尔登

登不理解亚伯拉罕·林肯的立场，他给亚伯拉罕·林肯写了很多信，也给亚伯拉罕·林肯造成了极大的痛苦。亚伯拉罕·林肯多次向他解释赞同战争和投票支持向士兵们供应军需之间的不同，但威廉·亨利·赫尔登固执己见，有很多个人想法。

在这件事情上，亚伯拉罕·林肯的信念非常坚定积极，甚至他的朋友中有任何不同意见，他都会感到非常痛苦。关于战争的起因，J.M. 佩克牧师曾撰文为政府辩护。亚伯拉罕·林肯在给他的一封信中写道："你的文章令我很失望，因为这是我知道的、第一次由一个我认为聪明、有思想、公正的人为政府做出的辩护。"随后，他回顾了 J.M. 佩克牧师的一些陈述，证明了其中的错误，并进一步说明了美军依令行军，穿过了纽埃西斯河边的沙漠，进入了一个平静的墨西哥定居点，并吓跑了那里的居民，还说布朗堡建在墨西哥的一块尚未长出棉花的棉花田里，称詹姆斯·桑顿上尉和他的手下在另一块耕地里被抓。然后他问，在任何法律中，普通人或神学家怎么能认为这"并非侵略"？最后，他问神职人员 J.M. 佩克牧师，是否其信奉的"无论何事，你们愿意人怎样待你们，你们也要怎样待人"的戒律已经过时，失去了应有的影响力，不再适用现在的社会。一个为自己的履历和档案着想的政客不该为这些事焦虑。虽然亚伯拉罕·林肯已经不再竞选连任，讨论也已经过去，但他必须维护正义。也许他没有发现，当然，他也并不在乎，当空气中充满火药味时，当从墨西哥战场上回来的志愿兵竞选巡警时，当优秀的辉格党人罗伯特·查尔斯·温思罗普在波士顿的公共集会上表明自己的态度时，当辉格党内大多数成员准备忽略詹姆斯·诺克斯·波尔克及其所作所为，通过从党内推选受欢迎的英雄总统，从而收获墨西哥战争的胜利果实时，亚伯拉罕·林肯固执地坚持真理对自己一点好处都没有。

幸运的是，对亚伯拉罕·林肯和像他一样有良知的辉格党人来说，扎卡里·泰勒将军对战争的态度非常明确。他不赞成向北里奥格兰德河进军，并拒绝了所有类似的建议，直到收到不容置疑的军令。关于其他政治问题，扎卡里·泰勒将军并没有表明自己的立场，他的谨言慎行赢得了辉格党中大多数成员的支持，即使是最严格苛刻的辉格党人。亚伯拉罕·林肯不但承认扎卡里·泰勒将军的候选人资格，而且积极热情地支持他。当他确信亨利·克莱先生当选无望后，认为自己能看到的唯一机会就是提名扎卡里·泰勒为总统候选人。早在1848年4月，亚伯拉罕·林肯就写信给一个朋友，说："亨利·克莱先生当选的概率基本为零，他可能会获得纽约的支持。1844年时他还有机会当选，但现在不会，因为他失去了当年支持他的田纳西州。此外，他还失去了佛罗里达州、得克萨斯州、艾奥瓦州以及威斯康星州的十五张新选票。"后来，他给同一个朋友写信说，扎卡里·泰勒将军的提名"让民主党人毫无防备，他们搬起战争这块'石头'砸了自己的脚。现在，战争对他们来说就是哈曼①的绞刑架。民主党人本来想通过战争削弱我们，但结果注定是毁灭自己。哈曼的绞刑架原本是为别人准备的，结果却将自己吊死在了上面"。

与此同时，亚伯拉罕·林肯丝毫没有克制自己对战争的反对，甚至敦促自己的朋友们保持一致的行动方向。他给伊利诺伊州的林德写信说："法律行业有一条万全之策，即不要自己挖坑往里跳，具体来说，就是永远不要陈述自己不需要的案情，以免迫使自己证明本来不需要证明的事。"然后，他建议林德支持扎卡里·泰勒，但要避免赞同詹姆斯·诺克斯·波尔克和战争，因为支持扎卡里·泰勒会让他得到民主党人的支持，赞同詹姆斯·诺克斯·波尔克和战争会让扎卡里·泰勒失去辉格党人的支持。林德在回信中询问亚伯拉罕·林肯，如果不反对战争，选举扎卡里·泰勒是不是就不会那么容易了。林德收到了亚伯拉罕·林肯愤怒的回信，他说沉默是不可能的，辉格党人一定有话要说，"当他们说话时，就要看他们是遵从良知、实话实说，还是信口开河、谎话连篇"。

辉格党在费城召开大会时，代表们关于原则和政策问题众说纷纭，各抒己见。绝对忠诚于亨利·克莱的成员们再次团结起来，为自己年迈的领袖投了九十七票。扎卡里·泰勒在第一次投票中得到了一百一十一票。温菲尔德·斯科特和韦伯斯特也得到了一些选票。但在第四次投票时，参加过布埃纳维斯塔

---

① 哈曼是《圣经》中的人物。他是波斯帝国的一名大臣，本来试图屠杀犹太人，但最终被判绞刑。

米勒德·菲尔莫尔

战役的扎卡里·泰勒将军得到了提名，米勒德·菲尔莫尔 ① 位居第二。一个成分复杂的团体是不可能提出这么异乎寻常的原则纲领的。一些人试图使戴维·威尔莫特的附文生效，但从未得到投票表决的许可。大会决定让扎卡里·泰勒将军以自己的战旗和辉格党的名义参加竞选，尽管他谨慎地称自己"不是一个激进的辉格党人"。社会各界举行了声势浩大、如火如荼的集会，对扎卡里·泰勒的提名表示赞同。从大会上回来一两天后，亚伯拉罕·林肯写道："许多人

---

① 米勒德·菲尔莫尔（Millard Fillmore, 1800—1874），美国第十三任总统，最著名的事迹是派遣美国东印度舰队前往日本，并由舰队司令马修·佩里向德川幕府送出他的亲笔国书，促成了日本的开国。他是美国历史上最具争议的总统之一。

曾说他们不会同意扎卡里·泰勒的提名，但既然提名已成事实，他们也很快接受了。在我看来，我们将有一个压倒性的、光荣的胜利。一个明显的迹象是，所有零零散散的弱势群体都是支持我们的，包括烧仓派①、美洲原住民、约翰·泰勒的追随者、谋不到职位的激进民主党人，以及只有上帝才能叫得上名字的一些小团体。这一点很重要，即使没有其他好处，它至少表明了事态发展的方向。"

两周前，在民主党大会上发生的事大大提高了扎卡里·泰勒将军当选的概率。刘易斯·卡斯将军获得了总统候选人的提名，但他作为民兵组织的领导人的头衔没有"杀伤力"。纽约反对奴隶制的烧仓派退出了民主党的大会，预示了该党的彻底失败。随后，1848 年 8 月，民主党失败的预言应验。反对派的代表们在布法罗市集会，大量心怀不满的民主党人、自由党人和自由土壤党人②加入了集会，并组织起来，提名马丁·范·布伦为总统候选人。在候选人

布法罗市

---

① 烧仓派是19世纪40年代美国纽约州民主党的一个激进派系。

② 自由土壤党（Free-soil party）是美国废奴运动中形成的资产阶级激进派政治集团。1848年，在布法罗市召开的代表大会上，自由土壤党人提出"自由土壤、自由言论、自由劳动、自由人民"的口号。1854年，该党派瓦解，大部分成员加入了共和党。

老查尔斯·弗朗西斯·亚当斯

名单上，老查尔斯·弗朗西斯·亚当斯[①]的实力与马丁·范·布伦不相上下。反对派敢于提名总统候选人，说明他们比普通民主党人更精明强干，也说明他们的阵营中人才辈出。萨蒙·波特兰·蔡斯、普雷斯顿·金、马丁·范·布伦、约翰·帕克·黑尔、威廉·卡伦·布莱恩特、戴维·威尔莫特和其他一些人脱离了自己的政党，他们留下的空缺将永远无法填补。

---

① 老查尔斯·弗朗西斯·亚当斯（Charles Francis Adams，1807—1886），美国政治家和外交家，约翰·昆西·亚当斯总统的儿子。美国内战期间，他作为美国驻英大使力促英国保持中立。

威廉·卡伦·布莱恩特

　　也许是一种本能的冲动而非准确的预言能力，使反对奴隶制的民主党人脱离了自己的政党，暂时和辉格党人站到了一起。他们在大会上的权威言论说明两党不分伯仲，双方都摒弃了对奴隶制的信仰。民主党拒绝了威廉·郎兹·彦西提出的、使他们遵守"不干涉地区财产权"的原则的决议，辉格党也从未同意投票表决戴维·威尔莫特的附文。但尽管如此，那些认为应该废除奴隶制的民主党人通常都会抛弃对自己党派的忠诚，而那些强烈反对奴隶制的辉格党人认为最好不要脱离自己的政党。但有例外，尤其在俄亥俄州和马萨诸塞州，以

亨利·威尔逊

查尔斯·萨姆纳、老查尔斯·弗朗西斯·亚当斯和亨利·威尔逊①为首的"有良心的辉格党人"实力雄厚，不容小觑。扎卡里·泰勒将军是南方的一个奴隶主，对所有与奴隶制有关的问题，他在游说拉票活动中都奉行自行决定权的信条，这一点有些荒唐可笑。然而，大多数反对蓄奴的辉格党人认为，如果扎卡里·泰勒当选总统，他的政府将有利于限制奴隶制。当时，亨利·克莱、韦伯斯特和威廉·亨利·西沃德都一致反对以任何形式扩大蓄奴地区，他们几乎都

---

① 亨利·威尔逊（Henry Wilson, 1812—1875），美国第十八任副总统。在美国内战前后，他是共和党的领袖，也是奴隶制的强烈反对者。

诚挚地支持扎卡里·泰勒。韦伯斯特坚持认为，辉格党人是最好的"自由土壤主义者"，如果他们加入名称独特的自由土壤党，就会让马丁·范·布伦成为辉格党的领袖。在克利夫兰，威廉·亨利·西沃德先生为扎卡里·泰勒拉票时，坚定地宣称奴隶制"必须废除"，并说"自由与奴役是美国社会两个对立的概念"，"自由党寻求完整和普遍的解放"。当时，在伟大胜利的前夕，人们并没有预见到辉格党即将解散。反对派的民主党人和忠实的辉格党人致力于为两个新的政党奠定基础，这两个新的政党将使 19 世纪下半叶的美国更加辉煌。

当然，关于美国的辉煌未来，亚伯拉罕·林肯没有任何疑问或顾虑。如果他能预见接下来发生的事，未来就会呈现出更强大的魅力。他热情积极地参加了竞选活动，甚至没有等国会休会，就开始了自己的政治演说。他效仿其他同事的做法，在 1848 年 7 月 27 日获得了议员席位，并就两名候选人刘易斯·卡斯和扎卡里·泰勒的优点，在群众面前发表了一场洋洋洒洒、幽默诙谐的演讲。这篇演讲稿是当时唯一保存完整的亚伯拉罕·林肯最受欢迎的演讲稿，因此，那些渴望了解 1848 年政治形势和潮流的人应该认真读一下它。虽然演讲稿中不乏不合时宜或缺少条理的地方，一些人也认为它和其他在类似情况下发表的演讲一样，都有失偏颇，缺乏针对性，但它依然是一篇非常精彩的演讲稿，而且其本身足以证明，在伊利诺伊州的边远地区，亚伯拉罕·林肯是一位非常优秀的演说家。当时，那些地区很少有激励心智的方式，政治集会是公众最喜闻乐见的娱乐形式。

亚伯拉罕·林肯在这次演讲中首先就否决权的合理使用问题，为扎卡里·泰勒的立场做了简短明确的辩护。然后，他以自己特有的坦率声明，他不知道扎卡里·泰勒将军将如何对待奴隶制，但他本人是"一个北方人，或确切地说是一个西部自由州人，我相信我的选区和我个人的情感都反对奴隶制的扩张"。这个说法既表明了他的谨慎，又体现了他的诚实。他希望如果扎卡里·泰勒将军当选，不会做任何反对限制奴隶制的事。但无论如何，他都会为扎卡里·泰勒将军投票，因为和刘易斯·卡斯先生相比，扎卡里·泰勒将军更加可靠。随后，他分析了刘易斯·卡斯及其政党的处境，充分体现了他敏锐的洞察力和政治智慧。他的演讲从头至尾都洋溢着欢快的气氛，不但生动活泼、机智幽默，而且动人心弦，将演说家的信念和对即将到来的成功的喜悦表现得淋漓尽致。几周后，国会休会，但亚伯拉罕·林肯并没有回家，他参加了新英格兰地区的游说拉票活动，然后去了伊利诺伊州继续游说，直到选举开始。当统计选举票数时，投票支持马丁·范·布伦的北方辉格党人和民主党人，以及被扎卡里·泰勒的军功蒙蔽的南方民主党人，显然已经背叛自己的政党。纽约的烧仓派背叛了民主党，转而支持扎卡里·泰勒。此外，俄亥俄州的自由土壤党将票投给了刘易斯·卡斯。虽然马丁·范·布伦没有选举人，但他在纽约和马萨诸塞州的普选票数比刘易斯·卡斯多。扎卡里·泰勒的全部普选票数是一百三十六万零七百五十二张，其中不包括南卡罗来纳州，因为其选举人由议会推选。刘易斯·卡斯得票一百二十一万九千九百六十二张，马丁·范·布伦得票二十九万一千三百四十二张。最后，扎卡里·泰勒得到的选举人票数是一百六十三张，刘易斯·卡斯的选举人票数是一百三十七张。

第 **16** 章

解放黑奴计划

精彩
看点

1848 年 12 月，国会再次召开大会时，其成员特征发生了巨大变化。当人们看到众议院分裂时，没有人想到分裂的众议院是一年前聚集在一起的同一个团体。选举结束后，辉格党在接下来的四年中控制了政府的行政部门。辉格党人有的步步高升，有的每况愈下。但选举成功后，他们的个人情感得到了满足，因为在游说拉票活动中，他们可能为了政党利益一直在压抑自己的情绪。不久前，北方一些脱离政党的民主党人开始利用自己新获得的自由。他们带着负罪感回家，看到自己的政党因忠于南方陷入了致命的危险中，而且南方的同胞很少关心他们的努力和牺牲。扎卡里·泰勒在南方取得了巨大成就，十五个蓄奴州中有八个州支持他。这些民主党人想在第一时间，通过展示自己的独立性报仇雪恨。复仇的机会很快出现了。国会开幕几天后，来自俄亥俄州的茹特先生提出了一项决议，要求领土委员会推行一项"尽可能不耽搁的"法案，在加利福尼亚和新墨西哥建立地方政府，"废除那里的奴隶制"。如果在一年前，这项决议一定会在同一个众议院引起恐慌，但现在，这项决议以一百零八票比八十票通过，一百零八张赞同票来自"除八名民主党人的所有北方的辉格党人和民主党人"，八十张反对票来自所有南方的成员和刚才提到的八名民主党人。

然而，参议院并没有受到普遍观念的影响。在众议院的授权下，事先准备好的法案被送到参议院后便没有了下文。参议院中亲奴隶制的多数派紧密团结

约翰·亚历山大·麦克林纳

在一起，直到会议即将结束时，他们通过给《民事拨款条例草案》添加支持奴隶制的"附文"，试图在新的领土上继续实行奴隶制。众议院对此表示抗议，他们否决了"附文"，并将该法案退回了参议院。会议委员会未能达成一致意见。后来，来自伊利诺伊州的民主党人约翰·亚历山大·麦克林纳先生提议众议院收回少数几名辉格党人提出的异议。三十年后就任海军部部长的理查德·威金顿·汤普森立即提议，众议院应该同意参议院的"附文"，他认为有了这项修正案，将暂且保留现有的有关领土的法律条款，直到国会对其做出修改。这让那些不知道内情的人感到惊愕和沮丧。理查德·威金顿·汤普森的提议将使新的领土获得自由，因为墨西哥早已废除奴隶制。这一修正案通过后，参议院不得不面对多方面的压力。参议院要么否决《民事拨款条例草案》，要么同意新的领土成为自由州，要么收回自己关于这些领土迫切需要组建政府的声明，但休会会让这些领土处于参议院曾经刻意描绘过的无政府状态。最终，参议院

理查德·威金顿·汤普森

选择了最后一条，因为这样做风险最小，并一字未改地通过了《民事拨款条例草案》。

亚伯拉罕·林肯很少参加与这些事件相关的讨论，但他通常会在自己的位子上，为自己的政党投票，并始终支持那些反对奴隶制扩张的人。他过去常说，在戴维·威尔莫特附文的各个发展阶段，自己曾先后四十二次投票支持该附文。然而，他将议员席上最活跃的位置留给了别人。在第二次会议期间，亚伯拉罕·林肯的首要任务是酝酿一个计划，这与他十年前在伊利诺伊州议会上首次对奴隶制剥夺人权的精神实质提出抗议，以及他十五年后废除美国奴隶制的壮举在本质上是一脉相承的。他很久从前就和许多人一样，认为在国会大厦的阴影下，非法买卖人口是全国性的丑闻和耻辱。他认为国会有权根据宪法对其管辖范围内的所有地区的奴隶制进行管制或禁止，还说在行使这一权力时，应该适当考虑既得权力和公共福利。因此，他试图抹去政府的这个污点和罪行。

亚伯拉罕·林肯习惯性地继续谨慎地制订自己的计划。当他拟定好计划后，先与华盛顿的一些要员以及国会里有名望的议员们商议，然后将议案正式提出来。他的议案得到了华盛顿市市长西顿上校的嘉许和批准。亚伯拉罕·林肯认为西顿上校是哥伦比亚特区开明的奴隶主的代表人物，并认为约书亚·瑞德·吉丁斯是国会里的主要废奴主义者，他曾向这两位先生咨询过一些事。这一事实充分证明了他在协调权宜之计和权利的诉求时采取的实践智慧。然而，在此期间，来自纽约的戈特先生提出了一项决议，决议的序言辞藻华丽，要求特定的委员会推出一项法案，禁止在哥伦比亚特区进行奴隶贸易。这一决议在南方引起了轩然大波，南方的政党感到自己受到了威胁，因此，他们频繁召开秘密会议，商讨对策，但仅此而已。废奴主义者的领军人物认为，亚伯拉罕·林肯的议案更激进、合理，更加深谋远虑，极有可能实现废奴目标。约书亚·瑞德·吉丁斯在日记中写道："1849 年 1 月 11 日傍晚，喝完茶后，一起进餐的所有人都留在了餐厅里，谈到了亚伯拉罕·林肯的法案中关于废除奴隶制的话题。所有人都表示赞同，我相信这项法案是我们此时可以得到的最好的法案，我愿意为奴隶们赎身，将他们从南方的贩奴市场上解救出来。我推测，如果该地区的奴

约书亚·瑞德·吉丁斯

隶主们发现奴隶制即将被废除，他们一定会卖掉自己的奴隶。"因此，1849年1月16日，作为对戈特先生主张的修正，亚伯拉罕·林肯提出了委员会公布的一项法案，即在哥伦比亚特区彻底废除奴隶制。他详尽列出了该法案的条款。基本内容如下：

前两个部分禁止将奴隶带入哥伦比亚特区，或将奴隶从哥伦比亚特区卖到别处去。然而，如果联邦政府的官员来自蓄奴州，他们可以在合适的时间将家仆带在身边，并在适当的时候将他们带走。第三部分制定了一项临时制度，规定 1850 年 1 月 1 日后出生的、母亲是奴隶的儿童先当学徒，最终获得解放。第四部分，由政府出面，要求奴隶主释放奴隶，奴隶主的损失将得到全额现金赔偿。第五部分，安置从华盛顿和乔治敦逃走但主动回来的奴隶。第六部分，作为该法案正式颁布的条件，将本议案提交哥伦比亚特区进行全体投票。

这些是该法案的要点。亚伯拉罕·林肯成功获得了众议院废奴主义者的支持，也成功说服华盛顿的保守派同意这项法案。但众议院的废奴主义者对亚伯拉罕·林肯的议案的反响似乎更大。然而，正式将议案提交参议院后，得到了与往常一样的结果。该议案遭到了任何类似的议案都会遇到的强烈、愤怒的反对，尽管这项议案从本质上来说已经非常温和、合理，而且它是基于"奴隶制本身并不好，并不可取"的假设。来自南方的议员们声称这一议案会让社会庸俗化，他们在华盛顿制造社会舆论，迫使善良开明的西顿市长收回了自己的决定。西顿市长也许会像往常那样平静面对，也许会感到尴尬为难。人们认为该议案毫无前景可言，因为会议将在 1849 年 3 月 4 日闭幕，而且支持者也并没有做出进一步的努力促使其通过。十五年后，在一场可怕的战争中，亚伯拉罕·林肯有幸签署了一项由国会呈交到他手上的法案——"在华盛顿废除奴隶制"。我们的道德观念和经济状况的显著变化证明了这一大胆法案的合理性。也许整起事件中最引人注目的是当我们从政治角度看待一个新时代时，十几年中，当美洲大陆上的所有人几乎都改变了自己的观点时，亚伯拉罕·林肯却没有任何变化。他对奴隶制的敌意、对奴隶的同情、对奴隶主的理解——认为他们是继承下来的奴隶制度的受害者、对南北分裂的责任感、对尽量减少个人损失和伤害的努力，以及尽可能在不干扰社会秩序的情况下进行全面改革方面，与他在万达利亚作为一个没有经验的拓荒者与丹·斯通签署抗议时、1849 年在国会作为一个成熟的政客提出决议时、作为总统在法案上大胆签上自己名字并在华盛顿市废除奴隶制时，一样积极勇敢。

1849 年 3 月 4 日，亚伯拉罕·林肯在国会的任期结束，而且不再是被提名的候选人。1848 年，他曾考虑再次进入国会。当时，他写信给自己的朋友和合伙人威廉·亨利·赫尔登，说：“你告诉我有人希望我再次当选，这让我感到很欣慰。我衷心感谢他们对我的偏爱。正如亨利·克莱先生被提名并谈到得克萨斯的兼并问题时说的那样，我也可以说，‘就我个人而言，我并不反对’连任，尽管我过去认为，而且现在依然这么认为，在一届任期结束时，回到老本行当律师对我来说也很好。我已经宣布不会再成为候选人，这么做的目的是希望其他人有公平竞选的机会，也希望在我们的朋友中维护团结，并防止该地区落入敌人手中，而不是为了任何个人利益。因此，如果确实没有人希望自己当选，我也不会剥夺人们再次推选我的权利。但如果要让我和别人竞争，或授权任何人和我竞争，这是我的承诺和荣誉不能答应的。”

然而，在亚伯拉罕·林肯的第一届任期结束前，他放弃了所有参加竞选的打算，完全支持斯蒂芬·特里格·洛根法官得到提名，并接替自己在国会的位子。显然，桑加蒙县的选区是伊利诺伊州的辉格党人最有希望获胜的地方，而且该地区人才辈出，大部分参政人员都雄心勃勃，很多人相继得到了提名，并得到了唯一有机会让自己在华盛顿的“国家大舞台”上发挥作用的位子。这些人或多或少都有所作为，但八年来，他们中从来没有一个人能两度成为候选人。根据逐渐形成的传统，人们认为出于荣誉和礼节，其成员要求连任是不光彩的行为。这种观念不是桑加蒙地区特有的，时至今日，这种不合理的观念依然存在于各个地区的人们的头脑中，给国会造成了严重损失。这种观念加上所谓的地方权利，最后必然会进一步腐蚀各州在华盛顿的代表。在提名大会上问谁最有资格当选国会议员一直被视为无礼行为，但如果问选区内的哪个县常出国会议员，就会被视为合理行为。出于这些原因，亚伯拉罕·林肯拒绝让自己的名字再次出现在选民面前，而且第二年他也拒绝了，并特意写了一封公开信。信中强调，许多辉格党人会和他一样“为这个选区谋福利”。

爱德华·迪金森·贝克上校从战场上回来后，浑身散发着赛罗戈多战役的荣光，但在桑加蒙县并没有找到升迁的机会。因此，多才多艺的爱德华·迪金森·贝克带着多次协助他做出杰出贡献的远见卓识，搬到了伊利诺伊州西

总统竞选海报上的扎卡里·泰勒与米勒德·菲尔莫尔

北角的扎利纳选区。他到达那里的同时，得到了国会委员的提名。这次搬迁对他来说至关重要，他不仅实现了自己的愿望，还得到了意外的惊喜。在桑加蒙县，他无法从斯蒂芬·特里格·洛根手里夺得提名，但结果证明提名对斯蒂芬·特里格·洛根也毫无用处。经过激烈的竞争，斯蒂芬·特里格·洛根失去了候选人的资格。因此，爱德华·迪金森·贝克作为来自伊利诺伊州唯一的辉格党人，成功取代了亚伯拉罕·林肯在国会的位子。在詹姆斯·诺克斯·波尔克和扎卡里·泰勒两届政府交接时期，他和亚伯拉罕·林肯的名字经常一起出现在"联邦任免权"的分配安排中。

新上任的扎卡里·泰勒总统在考虑任命内阁期间，亚伯拉罕·林肯利用自己能够调动的所有影响力，支持爱德华·迪金森·贝克在政府机构谋得一个职位。伊利诺伊州、艾奥瓦州和威斯康星州议会的辉格党成员在这件事上做出了同样的努力，但都是徒劳。扎卡里·泰勒总统就职后，亚伯拉罕·林肯在推荐官员方面显得与众不同，一个简短但完整的事例证明了这一点。亚伯拉罕·林肯对内政部部长说："当伊利诺伊州养老金管理局局长的位子空出来后，我建议任命威廉·巴特勒为局长。我相信现任局长赫斯特先生已经很好地履行了职责，他有着强烈的党派观念，我相信他也希望被调离这个职位。不管他是否会被调离，我都服从部里的决定。这个职位并非只属于我所在的选区，应该属于整个州。因此，关于该职位的人选，爱德华·迪金森·贝克上校和我都有权表达自己的意见。但这一职位设在斯普林菲尔德，我认为任何人都不大可能舍近求远接受它。"

我们查看了亚伯拉罕·林肯的大量推荐信。随着政府的换届，那些想要求得一官半职的人自然会四处活动，疏通人脉，但我们发现这些信的风格和语气完全相同。亚伯拉罕·林肯从不要求免除现任领导，也从不要求给自己安排某一个职位。事实上，他从未提出任何个人要求，只是在出现职位空缺时，单纯地将自己认为最好的人选推荐给政府。有时，当两个申请人同时申请一个职位时，亚伯拉罕·林肯会表明哪位申请人整体上更好，有时他也会补充自己更倾向于推荐哪一个。一次，他推荐了一个自己并不喜欢的人，并写了批注，强调推荐的重要性。他补充道："据我了解，我认为无论从哪方面来说，邦德先生都是这一职位的最佳人选，他也一定能够胜任。但我个人认为，任命另一位先生也许会更好，我请求特别关注并考虑他的条件，以及支持他的那些人提出的意见。可以说，这些人比我更优秀。"我们知道，在当时的社会环境中，大众对加官晋爵这种事并没有太多良知可言，亚伯拉罕·林肯的坦率、公正、温和以及这些建议体现出的他对公共服务的尊重，显得弥足珍贵。在安德鲁·杰克逊总统扔下的烂摊子里，政府官员势必会激烈争夺政府的任免权。

1849 年春，亚伯拉罕·林肯扮演了一个与他从前和后来的事业完全不相符的角色。他平生第一次也是唯一一次成为总统任命的州长。他一贯的性格决定了他的这种行为和态度。许多伊利诺伊人认为，土地总局局长的人选应该是一位土生土长的伊利诺伊人，此外，这个人还应该对西部的土地法规和当地的特殊需求了然于心，这一点是非常重要的。伊利诺伊州六七名德高望重的辉格党人起草了一份请愿书，联名请求亚伯拉罕·林肯申请这个职位。

亚伯拉罕·林肯立即回信，说如果只有自己接受了这个职位，才可以保证该职位留在伊利诺伊公民手中，那么他会同意申请这个职位。但他接着说，自己已经答应赛勒斯·爱德华兹，将以最大努力支持他得到那个位子，还说他和爱德华·迪金森·贝克上校约定，如果墨西哥战争的英雄 J.L.D. 莫里森能和赛勒斯·爱德华兹相互理解，达成共识，其中一个主动退出，他将与爱德华·迪金森·贝克竭尽全力推荐另一个。因此，除非 J.L.D. 莫里森和赛勒斯·爱德华兹都没有得到这个职位的可能性，否则他不会提出申请。几周后，亚伯拉罕·林肯提到的这种"可能性"已成定局，于是，他申请了这一职位。但在每一个新政府成立的前几周，在华盛顿定期开展的疯狂的竞争活动中，像他这样一位在谋求官职时显得十分勉强、顾虑重重的谦谦君子，成功的可能性一般非常渺茫。最终，这个职位落到了伊利诺伊人手里，但并不是我们刚刚提到的这三位。幸运儿是来自芝加哥的贾斯汀·巴特菲尔德，他是早期的伊利诺伊州法律界公认的著名律师之一。然而，他对法律的专注不像对官位的追求那么孜孜不倦，他的仕途一直都顺风顺水。

正是以这种方式，亚伯拉罕·林肯遭遇并避免了他一生中最大的危险之一。几天后，他意识到了自己的错误，并暗自庆幸，因为他不仅不用费心留在华盛顿，还获得了幸福的解脱。华盛顿的奇特魅力很可能让那些热衷于政治的人永远无法离开那里，抛开这一点不说，失去至少四年的美好时光，对自己的职业追求也将是无法弥补的损失。有人说，华盛顿有一处专门为亚伯拉罕·林肯建的住所。在一定意义上，这一说法适用于大多数城市，但它尤其适用于华盛顿。

对从西部和南方的偏远地区来到华盛顿的人来说，喧嚣、繁忙及各种思潮的碰撞是最普通的话题，这比他们从前知道的任何事都重要。每天，甚至每时每刻，在参议院和众议院的议员席上进行的争权夺利的阴谋和较量，除了谋求官职的人，大量相关人员也会卷入其中。人们在国会招待所里谈论各种丑闻，给华盛顿的生活增添了一丝乐趣，也给乡村酒馆里的平淡日子增添了一份调味剂。短暂而荣耀的日子结束后，落败的议员回到偏僻的家乡，对华盛顿生活的回忆只会让这些偏远地区的生活显得更加单调乏味。正是这个原因，每次大选结束后，内政部都会出现大批行色匆匆、带着大捆推荐信的人。这些推荐信大

威廉·麦克斯韦尔·埃瓦茨

多出自再次当选，并且同情这些人的官员。求神不如求人，因此，这些人对神灵的祈求大大减少。相应地，圣詹姆斯大教堂和圣保罗大教堂的祈祷人数也减少了。最后必须说的是，正如威廉·麦克斯韦尔·埃瓦茨先生在一个异常沉重的日子里说的那样："求取一官半职的人如过江之鲫，但有幸升迁的人凤毛麟角。"很大一部分人已经得到任命，在那些倾其所有，却依然没有得到重用，或被委以其他重任，譬如到国外不提供食宿的大使馆担任外交官，但每天需要通过精心掩饰自己的贫穷和无知才能避免遭人羞辱的人中，很多人加入了失败者的行列，他们在华盛顿的街道上久久踟蹰，就像漂浮在大海上的船的残骸。

毫无疑问，亚伯拉罕·林肯在华盛顿的任期没有给他带来任何损失，但我们也感受到了这个城市充满危险的魅力，以至让有着强烈的道德感和非凡的心理素质的亚伯拉罕·林肯，在离开国会时考虑接受一个无足轻重、与自己的身份和能力非常不相称的职位。亚伯拉罕·林肯本来应该兴高采烈地接受这个职位，但他要为此付出巨大代价。我们不常提起他坎坷辉煌的职业生涯和历史上的光辉形象，他也不曾想起这些重大的突发事件，但在生存斗争中，他坚信自己将要填补的空缺职位不应该在华盛顿设立一个下属机构。他已经是一名经验丰富、声名远播的律师，也是一名代表自己的政党并受其倚重的优秀演说家。他天生热爱战斗，就像中世纪的学者热爱讨论那样。空中已经响起号角微弱的音符，预示着伟人们在道德领域将要发起一场战斗。亚伯拉罕·林肯充分意识到了这一点，他非常警觉，因此，他一定会带领成百上千的同胞投入这场战斗。然而，如果不是因为贾斯汀·巴特菲尔德在求取官职时比亚伯拉罕·林肯更圆滑世故、无所顾忌，亚伯拉罕·林肯本来可以坐在内政部的办公桌旁，度过无法预测的四年。当伊利诺伊州的行动号角响起时，没有人能填补亚伯拉罕·林肯的空缺，就好像他是为这次战斗而生的。也没有人能像他那样恪尽职守地履行职责，就好像这份职责一开始就是为他设的。

虽然最后竞选成功的是贾斯汀·巴特菲尔德，但华盛顿依然没有忽视亚伯拉罕·林肯。显然，扎卡里·泰勒将军的政府认为，像亚伯拉罕·林肯这样一位由伊利诺伊州德高望重的辉格党人联名推荐的人，应该适当地给予补偿。于是，亚伯拉罕·林肯被任命为俄勒冈的总督。这个位子比土地总局局长更适合他，他的一些具有远见卓识的朋友极力劝说他接受这一职位，因为这个新地区将很快成为一个州。如此一来，亚伯拉罕·林肯就可以作为一名参议员回到华盛顿。亚伯拉罕·林肯非常赞同这个观点，但他最终还是拒绝了，因为他的妻子不愿搬到一个遥远荒芜的地方。

一切本应如此。最适合亚伯拉罕·林肯的地方是伊利诺伊州。他回到了伊利诺伊州，继续从事自己的老本行，并韬光养晦，蓄势待发。

第 **17** 章

巡回律师

精彩
看点

法律习惯的发展和变化——亚伯拉罕·林肯在巡回法庭——作
为律师的能力和价值——戴维·戴维斯的观点——德拉蒙德法
官的观点——法庭上的小事件——亚伯拉罕·林肯的机智和雄
辩——家庭生活

亚伯拉罕·林肯在三页便签纸上为杰西·威尔登·菲尔①写下了世界上最简短的自传。其中，他生动地描述了我们正在叙述的这段时间："政治和法律都是包罗万象的，1849年到1854年，我在法律实践方面比从前更刻苦……我渐渐感受到了政治的乏味，是《密苏里妥协法案》让我再次对法律产生了浓厚兴趣。"成为国会议员后，他比从前更广为人知。作为法律公司的员工，他的身价也逐渐上涨。芝加哥一家不错的律师事务所为他提供了丰厚的薪酬，表示愿意与他建立伙伴关系，但他拒绝了，理由是自己身体欠佳，无法忍受办公室里的严格限制。回到斯普林菲尔德后，亚伯拉罕·林肯立即恢复了自己在那里的法律工作。在第八巡回法庭，他找到了适合自己的职业和意气相投的同事。五年来，他投入工作的精力比以往任何时候都多，也比从前更成功。

　　与此同时，亚伯拉罕·林肯清楚地向世人证明了自己异乎寻常的自制力。通过与大千世界的接触，他变得人情练达、世事洞察，由此获得的广博知识反衬出他在严密的推理方面还缺乏能力。为了弥补这个缺陷，从国会回来后，他开始专心学习逻辑和数学，认为有朝一日总会学以致用。他潜心钻研手中的书籍，很快掌握了有关欧几里得定律的六本书。对书中包含的定律的透彻理解，贯穿了他的一生。

　　西部诸州不断发展、扩展的社区中，每一个机构的外部形态和内部组织形式

---

① 杰西·威尔登·菲尔（Jesse Weldon Fell, 1808—1887），伊利诺伊州布卢明顿的商人和地主，也是亚伯拉罕·林肯的好朋友，曾劝说亚伯拉罕·林肯挑战斯蒂芬·阿诺德·道格拉斯，展开了著名的辩论。

一直在发生变化。与二十年前相比，法律行业在地位和规范方面已经有了很大进步。穿着狩猎服和莫卡辛软皮平底鞋的那一代律师早已去世。同样，因自己的指控和判决而向罪犯道歉，"让罪犯在熊溪的朋友们知道，法律和陪审团应该为判决结果负责"的那一代法官也去世了。后来，人们对律师们之间亲近狎昵的举止也不再容忍。斯蒂芬·阿诺德·道格拉斯法官之后，再没有人像他那样从法官席上下来，众目睽睽下坐在一个朋友的大腿上，搂着对方的脖子，亲密地讨论他感兴趣的话题。在最高法院和参议院任职的戴维·戴维斯法官，多年来是第八巡回法庭的首席法官。无论是在他的领导下，还是在他的前任 S.H. 特里特法官的领导下，在地位和规范方面，律师们都没有任何失检的行为。现在，从前的社区认为必要和适当的行为与礼节，人们只保留下了其中的一小部分。

一般情况下，律师行业的人员组成情况大致一样。过去，律师们常常将单薄的衣物、法律书籍以及文件全部塞进马鞍袋里，骑着马走过马车无法通行的路，四处巡回办案。交通状况的改善使马车得到普及，相应地，巡回律师们的工作条件也发生了巨大变化。铁路的出现迅速实现了社会风俗习惯的现代化。但这些变化不可能立即消除第八巡回法庭的律师们的活力和个性。这些曾经居住过小木屋、穿过人迹罕至的森林和草原、想方设法游过河水上涨的浅滩，以及六人一起在路边客栈的地板上过夜的人，永远不可能与一个更传统的时代和更偏远的地方那些自以为是的律师混为一谈。但他们并不缺乏能力、学识或能使真正聪明的人明白自己的处境和发展方向的本领。无论命运给他们安排怎样的生活，他们都能应付自如。亚伯拉罕·林肯在斯普林菲尔德的律师同事中，一些进了内阁，一些在参议院的议员席上坚守着自己的立场，一些在战场上统率军队，还有一些治理着各州。这些人一直保持着心平气和、独立内敛的自信，尽可能做到既不过分骄傲，也不过分谦虚。

在这些才华横溢、精力充沛的人中，亚伯拉罕·林肯的表现最突出。我们不应该在没有权威人士的评论的情况下发表这样一个声明，但与其强调亚伯拉罕·林肯作为一名巡回律师的名气和声望，不如引用伊利诺伊州的律师们的观点以及他们对亚伯拉罕·林肯的看法。他们最有发言权，因为他们不仅品德高

戴维·戴维斯

尚、拥有职业道德，还在我们这个时代的法学家中享有显赫的地位。我们将直接引用美国最高法院戴维·戴维斯法官的演说，以及美国伊利诺伊州德拉蒙德法官的讲话。

戴维·戴维斯法官对亚伯拉罕·林肯的描述如下：

我非常珍惜和亚伯拉罕·林肯二十多年的友谊。我们俩几乎同时进入律师行业，多年来一直在人们熟知的伊利诺伊州第八巡回法庭任职，四处奔波。1848年，当我第一次走上法官席时，巡回法庭管辖着十四个县，亚伯拉罕·林肯随法庭去了每个县。当时还没有铁路，我们的出行方式是骑马或乘马车。

和大城市里的法律实践相比，亚伯拉罕·林肯更喜欢简单的生活。

虽然大城市里的薪酬更高，但与一大群他爱的和爱他的人的相处机会相应地减少。1849 年亚伯拉罕·林肯离开国会后，直到他从伊利诺伊州的巡回法庭步入美国总统办公室，其间，他一直没有担任任何公职。在成为一名伟大律师的所有要素中，几乎没有人能与他匹敌。不管是初审，还是庭上裁决，他都得心应手。他总能抓住案件的要点，清晰凝练地将案件呈现出来。他的思维缜密、合乎逻辑，喜欢开门见山、直奔主题，从不东拉西扯、拖泥带水。他对泛泛之谈和陈词滥调没有丝毫兴趣。此外，他的幽默是与生俱来的，并伴随了他一生。遇到枯燥乏味的案件时，他总能通过合乎主题的奇闻趣事，吸引法官和陪审团的注意力。

亚伯拉罕·林肯擅长打比方，在法律讨论中使用这种推理方式总能让他立于不败之地。他的精神和道德的基础是诚实，从不为一个有错误的犯罪动机的人尽心辩护。一些大名鼎鼎的律师凭借出色的雄辩能力以及巧妙的诡辩，经常颠倒黑白，混淆视听，他对这种所谓的"能力"不屑一顾，嗤之以鼻。为了充分发挥他的强大力量，有必要让他知道自己为之辩护的案件和当事人是正确的，也是正义的。当亚伯拉罕·林肯对自己面对的案件的正义性深信不疑时，无论案件大小，他都能战无不胜。他很少阅读法律书籍，除非手中的案件使他觉得有必要去翻阅这些典籍。然而，他一直很独立自强，无论是在对案件的处理上，还是在相关的法律问题上，他都很少咨询自己的律师同伴，更多是运用自己的智谋解决问题。

亚伯拉罕·林肯是最公正、最随和的执业律师，对客户尽职尽责，关怀备至，很少趁人之危。

亚伯拉罕·林肯憎恨无处不在的犯罪和压迫行为。很多人因欺诈行为被迫接受法庭的审查。亚伯拉罕·林肯疾言厉色、义正词严的谴责，常常让这些罪人羞愧难当。他生活简朴、天性单纯、为人低调，而且淡泊名利、与世无争，在生活中安分守己，很容易满足。让他感到自豪的是，他从来没有向客户收取过额外的费用，即使官司打赢了，他也只收取自己应得的、客户付得起的诉讼费。他从事法律工作的地方的人们并不富裕，因此，他的收费一直很低。当他当选总统时，他在这一行已经干了很久。我相信巡回法庭中没有哪个律师比他更贫穷。积累财富似乎并不是他的人生目标之一。事实上，除了自己的职业，他并没有其他生财之道，甚至从来都没有尝试过其他赚钱方式。

同事们十分敬重亚伯拉罕·林肯，没有人比这些律师对他的去世感到更悲伤，也没有人比律师们更真诚地哀悼并怀念他。人们总是饶有兴趣地期待着他出现在巡回法庭上，因为他总能给大家带来快乐。他的偶尔缺席会让同行和群众感到沮丧。他不希望人们打官司，只要条件允许，他会努力使双方在庭外和解。

对亚伯拉罕·林肯律师的评价，再没有比这些简洁的句子更清晰或更权威的了。我们可以从这些感人至深的话语中看出，深厚的个人感情并没有影响杰出的法学家戴维·戴维斯客观公正地对亚伯拉罕·林肯进行认真审慎的评价。但人们也有可能反对这一评价，说戴维·戴维斯和亚伯拉罕·林肯的感情深厚，不能客观公正地做出评价。为此，我们还摘录了才华出众、公正客观的律师德拉蒙德法官在芝加哥发表的演讲。德拉蒙德法官曾是西部地区的律师和法官们的骄傲。他对亚伯拉罕·林肯的评价如下：

亚伯拉罕·林肯拥有人尽皆知的正直和诚实、洞悉他人内心的直觉、对信念的真诚和坚守、清楚陈述论据的能力以及罕见贴切的例证能力。事实上，他经常列举一些简单平实的例子。他也许是伊利诺伊州有史以来最成功的陪审团律师之一，总是铁面无私地审理案件，从不故意歪曲证人的证词或对手的论据，公正地对待当事人双方。如果他无法对某些问题做出解释或回答，通常都会大方承认。根据自己对法律的理解，他从不歪曲法律。他的坦率和正直是与生俱来的，因此，他不能出色地或尽心尽力地为自己认为错误的或非正义的一方辩护。当然，他觉得有责任说出自己必须说的话，并将决定权交给别人。但在这种情况下，我们可以看出他内心的挣扎。在审理案件时，他偶尔会苦苦思索一个无足轻重的细节，或给予这个细节过多重视，但这只是例外。一般情况下，他总是对问题或案件单刀直入，切中要害，他认为只要做到了这一点，获胜就一定会成为必然。在律师行业中，我们并不能说亚伯拉罕·林肯很博学，但他在审理案件时，往往能充分理解适用的法律条款。我会毫不犹豫地说，他是我认识的最有能力的律师之一。如果他在陪审团面前铿锵有力，掷地有声，那他在法庭上也同样如此。他用准确的推理能力发现对方论据中的破绽，并以锐不可当的气势提出自己的观点。他付出的努力无人能及。在一些案件中，他可能根本无法提出一个精辟的见解，但只要让他完全打起精神，让他认为自己是对的，并知道自己的案子涉及一些道德问题，他就会立刻表现出坚定的信念，提出有力的论据和丰富的例证。在这一方面他确实无出其右。

这段评论就像一位丹青妙笔的画家为一位终其一生都尽职尽责的伟大律师描绘的生动画像。如果我们继续引用亚伯拉罕·林肯的同事们对他的评价，那么这卷书将会充满律师们的溢美之词，包括所有千篇一律、老生常谈的悼词和声情并茂、情真意切的颂词。但我们引用的这些评价足以证明，亚伯拉罕·林肯给伊利诺伊州的律师行业留下了值得传承的传统。这些引文体现了他的优缺点。他从来没有彻底理解律师行业的"门道"，即所谓的诡计。阴谋诡计会使证据不足、理屈词穷的一方凌驾于证据确凿、义正词严的一方，这样的手段对性情耿直、为人正派的亚伯拉罕·林肯来说太过阴险狡诈。当别人运用这些卑劣的手段时，他总能游刃有余地化解，但他从来不会干这些龌龊的勾当。为有过错的一方辩护时，他总是笨嘴笨舌、呆头呆脑。他自己也知道这一点，因此，只要不违反职业准则，他一般都会避免审理这类案子。他常会说服一个明事理的当事人，撤销自己有失公允的诉讼。他的搭档威廉·亨利·赫尔登先生讲述了一个故事。一次，有客户向亚伯拉罕·林肯呈送了一个令人反感的案件，亚伯拉罕·林肯对这个人说："是的，毫无疑问，我可以为你打赢这场官司。我可以让整个社区的人都愤愤不平，我也可以让寡居的母亲和她六个失去父亲的孩子悲伤流泪，从而为你赢得六百美元，尽管在我看来，这些钱理应属于他们，正如你认为属于你一样。我不会接你的案子，但我会免费给你一点忠告。你这个人看上去身强力壮、精力旺盛，我建议你尝试用自己的双手赚取这六百美元。"有时，当亚伯拉罕·林肯接手刑事案件后，知道自己的当事人有罪会让他感到恐慌。一次，他突然转过身来，对自己的同事说："莱昂纳德·斯韦特，这个

莱昂纳德·斯韦特

人是有罪的，你来为他辩护，我做不到。"就这样，他放弃了一大笔诉讼费。类似的事情很多。当时，林肯正配合 S.C. 帕克斯法官为一名被指控盗窃的男子辩护。他对 S.C. 帕克斯法官说："如果你能为这个人辩护，那你就去做好了，反正我做不到。如果我结结巴巴地试着去证明他的清白，陪审团就会看出我认为他有罪，并对他判刑。"还有一次，亚伯拉罕·林肯正在对一起民事案件提起公诉，在这个过程中，提供的证据表明他的当事人企图欺诈。亚伯拉罕·林肯站起来，带着深深的厌恶回到旅馆。法官派人去请他，但他拒绝到庭。他对派来的人说："回去告诉法官，我的手脏了，我回来洗手。"我们知道这些故事有损律师的形象，但他这种不屈服、不将就、一丝不苟的道德原则，将对他的国家甚至世界做出巨大贡献。

复仇女神正在等待时机，以便对机智幽默的人进行"报复"，当然，她也没有放过亚伯拉罕·林肯。伊利诺伊州的年轻律师们并不认识亚伯拉罕·林肯，但他们知道一大堆关于亚伯拉罕·林肯的笑话和幽默故事，其中一些故事古老得犹如克里克·豪里格拉斯 ① 和弗朗索瓦·拉伯雷的故事。事实上，虽然有这么多关于亚伯拉罕·林肯的故事和笑话，但他一直待人友善、谈吐幽默，而且天生平易近人、受人欢迎。他随第八巡回法庭四处奔波时，一直是一个性情稳重、表情严肃的人，有着不同寻常的、与生俱来的自尊和矜持。他的知心朋友并不多，因为他有自己的底线，从来没有人想越过这条底线。此外，他在法庭上是一个有才能的人。在一个只有专业能力才是优秀的唯一标志的群体里，人们对亚伯拉罕·林肯除了尊重还是尊重。

亚伯拉罕·林肯在法庭上的辩论很少被保留下来，但与他同时代人都认为这些辩论体现了他非凡的能力和影响力。他在法庭上似乎与在家里一样自在。他的身高并没有让他感到不便，甚至成了一种天生的优势。举手投足间，他并没有任何局促不安、笨拙别扭的表现。高大的身材反而让他显得鹤立鸡群，更加引人注目。他在一开始就与陪审团建立了坦诚友好的关系，极大地提高了办

---

① 克里克·豪里格拉斯（Creek Howleglass），德国讽刺作家、诗人，也是翻译家托马斯·莫纳写的一个古老的德国浪漫故事中的主人公。

案效率。正如亚伯拉罕·林肯说的那样，他通常从"放弃自己的案子"开始，让对方占尽所有可能的优势，以便他们可以心甘情愿地做出赔偿。然后，他会条分缕析、开诚布公，熟练地将自己当事人的情况娓娓道来，陪审团立刻就会信服并感到满意，甚至让旁听的观众也成为他的坚定支持者。有时，他的妙语连珠会引来哄堂大笑，甚至扰乱法庭秩序。有时，他深知如何和何时运用丰富华丽的修辞，从而让观众感到兴奋，但他更常用的和更成功的方式是清晰明确、有理有据的陈述，而且主次分明，紧紧抓住法官和陪审团的注意力，提出案件的核心要点。他的一位同事说："事实上，亚伯拉罕·林肯的陈述经常使争论变得毫无必要，而且法官经常会打断他，并对他说：'如果是这样的话，让我们听听另一方怎么说。'"

关于亚伯拉罕·林肯是否是巡回法庭上最能干的律师的问题，不同的人有不同的观点，但有一点是肯定的，也是公认的，即亚伯拉罕·林肯是最诚挚和最受欢迎的律师。虽然他没有充分地享受到生活的快乐，但他给自己的同事带来了很多快乐。他来到县城后，人们为此欢欣鼓舞。在这里，他的大部分时间都被工作占去了。几位目击者描述了亚伯拉罕·林肯来到县城时的场景，如果没有得到充分的证实，这些描述可能会显得有些夸张。法官和律师们聚集在小酒馆里，期待着亚伯拉罕·林肯的到来，想要给他一个热烈真诚的欢迎仪式。一位作家说："他带来了光明。"这并不难理解，因为他一直坚持"己所不欲，勿施于人"的信条。他出口成章，但从不谈论自己。他机智幽默，却从未伤害过别人。他的话总是妙趣横生，让草原上原始枯燥的生活变得快乐美好。他从来不懂得求助，但总是乐于助人。他得到了所有人的信任，但反过来，他很少给予别人充分的信任。在法庭上或谈话中，他从来不会为了占据优势对别人刻薄以待。无论走到哪里，他都会因为人们的尊敬和亲近感到快乐。他不愿与人争吵，但如果争吵无法避免，他也不会一直退让。他没有积累下多少财富，正如戴维·戴维斯法官说的那样："他似乎从来就不在乎金钱。"亚伯拉罕·林肯的职业能让他拥有一份不错的收入，但他收取的诉讼费会让现在报酬丰厚的著名律师嗤之以鼻。他曾经获得的最大一笔诉讼费是伊利诺伊州中央铁路公司应该付给他的五千美元，但事实上，这个公司只给了他一千美元，还是在他被迫起诉后勉强支付的。

他将自己的收入投入到孩子们的教育、照顾家庭以及简朴慷慨的生活方式上。提到"斯普林菲尔德老式的好客之道"，一位经常拜访亚伯拉罕·林肯的人写道："回想起玛丽·托德·林肯夫人招待我们的晚宴和晚会，除了别的，我还感到一丝伤感、一丝快乐。在她简单朴素的家里，一切都显得井然有序，精致典雅。男女主人总带着西部人特有的热情和真诚欢迎客人，让所有客人都感到宾至如归。他们的餐桌以各式肯塔基风味的珍馐佳肴闻名，有鹿肉、野火鸡和其他一些当时盛产的野味。然而，最吸引人的是玛丽·托德·林肯夫人的亲切好客和亚伯拉罕·林肯先生的机智幽默，以及精彩纷呈的奇闻趣事。"

在这段平静艰苦的人生阶段，亚伯拉罕·林肯乐此不疲地致力于自己充满意义的工作。他受到了全社会的热爱与尊敬。由于年富力强，加上青年时代的努力，这份工作对他思维敏捷的大脑和强健结实的体魄来说轻而易举。但现在，这些都被他抛在了脑后。亚伯拉罕·林肯中年时期艰难坎坷、日理万机的政治生活尚未到来。接下来，我们将试着叙述那场惊心动魄的论战的开端，以及亚伯拉罕·林肯将要接受、操纵并引导其走向辉煌但最终悲惨收尾的结局。

第 **18** 章

自由州和蓄奴州

在接下来的叙述中，我们将看到亚伯拉罕·林肯一生中最重要的三个阶段，以及与之对应的智力发展阶段。第一个阶段，约前四十年，以他在国会的任期结束告终。第二个阶段，约十年，以他在纽约和新英格兰最后一次为竞选做政治演讲告终。第三个阶段，约五年，以他的去世告终。截至目前，我们已经回顾了亚伯拉罕·林肯前四十年的职业生涯。他在边疆经历过的几个生活阶段，与西部地区成千上万的其他青年经历的艰难困苦和世事变迁基本一致。其中，一些在这个阶段形成的个性特征使他有幸进入政治领域。从短工到学生，从店员到律师，从政客到立法者，亚伯拉罕·林肯有着积极向上的雄心壮志。通过自力更生，他从一个一直住在偏远山区的小木屋里、整天面朝黄土背朝天的白手起家的农夫，一步步成长为一个身居国会大厦、有权制定国家法律的代表人物和权威人士，这对他四十年的职业生涯来说，是最光荣辉煌、令人瞩目的成就。

　　然而，这个成就和荣誉并不会让人感到很吃惊。西部的公共生活就是一所具有男子气概、注重实践的大学堂，在这里，数百名出生在小木屋里的年轻人获得了与亚伯拉罕·林肯类似的进步。即使在日常生活中，才智普通的人中也会出现不少身居要职的人。亚伯拉罕·林肯的天资很可能让他成为伊利诺伊州的州长，或让他在美国参议院占有一席之地。但时势造英雄，如果不是因为国家政治生活中的一系列风云变幻，为当时的年轻人带来了千载难逢的机遇和条件，亚伯拉罕·林肯的人生可能不会像现在这样，得到全世界的广泛关注。如果我们想要正确理解在党派林立、争权夺利的现实中，亚伯拉罕·林肯怎样成

南方蓄奴州劳作的奴隶

为一个备受关注的行动者，然后又成为一位深得民心的领导人，我们就必须对1850 年到 1860 年的奴隶制斗争的前因后果进行简要研究。在这十年中，美国的法律经历了纷繁复杂的修改和完善。但如果我们将亚伯拉罕·林肯的职业生涯中发生的一些事归因于反复无常的命运，那就大错特错了。我们说的条件和机遇是面向全国、面向所有人的，完全不受地域和地位的限制。许多与亚伯拉罕·林肯同时代的人似乎都有使他相形见绌、黯然失色的优势，这些人借助自己的声望和人脉，抓住机会得到了晋升。正是对这一时期社会环境的详细研究，我们发现，通过优胜劣汰的自然规律，亚伯拉罕·林肯从未奢望过的荣誉和成就落到了他的身上。事实上，他的初衷并不是获得这份"幸运"，是这一职位要求他承担这份沉甸甸的责任。

现在，即使美国南方诸州不承认，人们也普遍认为 1861 年南方发动叛乱的唯一目的，是要在退出美联邦的各个州保留和维护奴隶制。叛乱者野心勃勃地想要建立一个伟大的奴隶帝国，并使这些州成为其核心成员，甚至还包括墨西哥、中美洲、西印度群岛以及南美洲的热带国家。这一计划源自对前途未卜的奴隶制的担忧，有真实的担忧，也有假想的担忧。真实的担忧来自一个无法掩饰的不争的事实，即奴隶制是现代文明道路上的绊脚石，会阻碍现代政治、经济、哲学和宗教的发展。假想的担忧是美联邦内的蓄奴州将永远丧失政治权利，正如亚伯拉罕·林肯当选总统体现的那样。叛乱者说亚伯拉罕·林肯上台后，一定会集全国之力反对这一"奇怪的制度"，并以法律的名义消灭它。正是由于这一危险被逐渐放大，并从遥远的未来拉近到了人们面前，叛乱者看到了奴隶制被消灭后会造成的直接后果，因此，亚伯拉罕·林肯的上台激起了南方种植棉花的各个州的民众的抵抗和叛乱。他们抓住机会，企图建立一个奴隶制联邦，由南方种植棉花的各个州组成，并在适当的时候，通过一种不可抗拒的同情和利益的吸引力，先将边境蓄奴州吸收进来，然后进一步将赤道附近的热带国家吸收进来。

在棉田劳作的奴隶

"五月花"号上的清教徒登陆普利茅斯岩

　　导致武装起义的根本原因，或南、北方关于奴隶制的争论，主要有三个方面。第一，通过经济手段防止四十万受到人身束缚的奴隶的货币价值遭到损害。奴隶作为财产进行买卖，在南北战争刚刚爆发时，其总价值在一亿六千万美元至四亿美元。第二，关于奴隶制在人道主义层面上的正义与邪恶的辩论。第三，为了平衡权力，政府以及公共政策开展了一系列政治斗争，因为只有这样，才能保证奴隶制的安全性和永久性。

　　从这个国家诞生起，关于奴隶制的争论就已经开始，并随着综合国力的增强逐渐达到白热化的程度。"五月花"号帆船运送清教徒前往普利茅斯岩的前一年，一艘荷兰帆船将一船非洲黑奴送到了弗吉尼亚的詹姆斯敦。在漫长的殖民时期，英国政府向美国输入货物的同时，也强制并扶植人们向美国输入奴隶。在《独立宣言》的草案中，托马斯·杰斐逊总统援引了全人类对英王乔治三世的谴责，因为他参与了这场不人道的肮脏交易。然而，仔细思量过后，我们发现这只是撒旦①诱使人们犯的一种罪。这笔不义之财让英国贵族和许多美国叛乱分子的双手沾满了鲜血。殖民地民众的道德已经败坏到了如此地步，以至他们无法对这一反人类的罪行做出一致的道德判断。在南卡罗来纳州和佐治亚州，反对奴隶制的呼声足以消除和压制支持奴隶制的呼声。北方诸州也并不全是清白无辜的，新港仍然是一个巨大的奴隶市场。比起南方的农业，新英格兰的商业贸易从这一非法买卖中得到了更多好处。

一艘荷兰帆船将一船非洲黑奴送到了弗吉尼亚的詹姆斯敦

---

① 撒旦，《圣经》中的堕落天使。

那时，引发奴隶制论战的所有要素已经存在。《奴隶法典》《逃亡奴隶法》及废奴社团和《解放法案》，比现在的宪法更古老。黑人军队在独立战争中为美国独立而战。我们看到，在南卡罗来纳州，自由主义者厌恶奴隶制，但在马萨诸塞州，狭隘的人在为奴隶制辩护。各地区为了自己的切身利益，使这些偏见或开明的例子全部迷失并淹没在了民意的洪流中。机构制定了原则，反过来，原则又强大到足以改革机构。总之，奴隶制是"遗存的野蛮制度"之一，此外还有君权神授、宗教迫害、刑讯逼供、关押或奴役债务人、火烧女巫等类似的制度。这些制度作为人性的负担从上一代传到这一代。为了卸下这些负担，或按照神的旨意，一个新的国家应运而生。从更广泛的层面来看，整起事件是专制统治和个人自由之间长达几个世纪的斗争的一部分，是传统与法律使独断专行的错误神圣不可侵犯，以及慢慢苏醒的人权意识之间斗争的一部分，是舆论束缚和自由意识之间斗争的一部分，也是贪婪的获取和基督的金科玉律①之间斗争的一部分。因此，任何想对美国南方诸州的叛乱追根溯源的人，都可以在"五月花"号帆船的客舱中发现 1861 年到 1865 年的北方联邦军的萌芽，在荷兰运奴船的甲板上找到南方邦联军的发端。1619 年，这艘荷兰运奴船在詹姆斯河边的殖民地种下了贪婪和掠夺的恶果。

然而，对奴隶制斗争的目标来说，详尽彻底地研究其起因是没有必要的。只需简要提一下这场旷日持久的战斗中主要的、具有里程碑意义的事件，就能揭示其最终议题的历史关系，并解释其表达方式。

第一件主要的、具有里程碑意义的事件是《1787 年条例》。在独立战争期间，美国所有州都存在奴隶制，并允许奴隶贸易。但在大多数州，奴隶制的道德性受到了强烈质疑，尤其遭到了有许多最杰出的爱国主义者参加的废奴社团的质疑。大多数人认为，这种所谓的"必要的邪恶"必须停止，但这并非所有人的观点。当大陆会议开始为"西部土地"组建政府时，金融压力和必要的绝对团结迫使纽约和弗吉尼亚将这片土地割让给了联邦政府。在 1784 年的计划和草案中，托马斯·杰斐逊提议除了其他议题，再添加一项 1800 年后在所有西北

---

① 基督的金科玉律，即你想让人如何对你，你就得如何对人。

地区禁止奴隶制的条款。一位来自北卡罗来纳州的议员建议取消这一条款。会议主席提出的问题是："这一条款是否成立？"十六名成员投票赞成，七名成员投票反对，但在南方邦联复杂的立法机制下，这七张反对票反而获胜了，因为大多数州都没有投赞成票。

1787年7月13日，政府废除了第一份条例，随即拟定了第二份条例，建立了更现代的地方政府。这份条例之所以如此著名，是因为它的许多规定，但人们认为其主要价值在第六条，即立即永远禁止奴隶制。关于这一点，出席会议的所有州，包括三个北方州和五个南方州，都投了赞同票。有五个州缺席，包括四个北方州和一个南方州。这项立法是了不起的，因为它是一项全新的法案，取代了之前不包含任何禁令的计划，而且它在短短四天内就完成了所有制定实施工作。历史并不能清楚地向人们解释这些官方事务，但当代的证据表明，一个强大的游说团队有着非凡的影响力。

三个蓄奴州——马里兰州、弗吉尼亚州和北卡罗来纳州投票赞同这一禁令的原因，也许可以用以下几个貌似合理的原因解释。第一，西部地区正在与缅因州争夺移民。第二，第二份条例维护了果断购买了大量土地的俄亥俄公司的利益，俄亥俄公司是一个新成立的马萨诸塞州的移民援助协会。第三，俄亥俄河南岸未被占领的地区尚未割让给联邦政府，因此，这片区域对相邻的南方各州的奴隶制是开放的。第四，人们对辽阔的西部地区知之甚少，因此，俄亥俄河无疑是一条公认的、公平公正的分界线。第二份条例规定建立三到五个新州，根据其保护性条款，俄亥俄州、印第安纳州、伊利诺伊州、密歇根州和威斯康星州通过自由宪法加入了联邦。

其他一些州并没有明确表示支持还是反对上述条例，这些州可能出于自己的顾虑暂时处于待定状态。但不能就此推断奴隶制问题在该州不存在或不突出。北方和南方已经有了明确区分。与此同时，费城召开了制宪会议。乔治·华盛顿总统和各位代表正在努力解决政府面临的新问题，包括令人欢欣的独立革命的伟大胜利，以及由具有独立主权的各个州组成的联盟的遗憾解体给国家带来的一系列问题。其中一个问题是五十多万奴隶几乎全在南方的五个州。这些奴隶是否应该纳税，他们是否应该享有公民权，以及调控商业的权力是否可以用来控制或终止奴隶的输入等至关重要的问题不仅会导致骚乱，还会影响政府的基本权力。几个月来，奴隶制问题似乎是制宪会议上一个不可调和的矛盾。后来，南方的政客们谴责奴隶贸易和国内的奴隶制度是"狂热的"和"煽动性的"制度。查尔斯·科茨沃思·平克尼希望奴隶和白人享有平等的权利，因为奴隶们都是南方农民。古弗尼尔·莫里斯宣称，奴隶只是财产，他们根本不应该享有权利。在各种可能性下，新老诸州的奴隶和后来新输入的奴隶引发了人们对目前和未来国家立法中的权力分配问题的激烈辩论。

查尔斯·科茨沃思·平克尼

古弗尼尔·莫里斯

宪法对各种不同的观点做出了妥协。第一，奴隶可以享有公民权，但五个黑人只能算三个白人。第二，国会有权禁止奴隶贸易，但二十年后才可以。第三，逃亡的奴隶应该交给他们的主人。每个州，无论大小，可以推选两名参议员，并分配给北方三十五名众议员和十四名参议员的名额，分配给南方三十名众议员和十二名参议员的名额。但因为北方还没有摆脱奴隶制，正朝着这一目标努力，而且弗吉尼亚州是联邦的主要成员，所以真正的权力分配仍然掌握在南方手中。

新制定的宪法成功实施。在当时高涨的废奴呼声的影响下，根据已经制定

托马斯·杰斐逊

的法律条款，所有东部和中部以及特拉华州的大部分地区都变成了自由州。但直到 1808 年，法律才禁止奴隶贸易。大量非洲黑奴的输入，特别是输入到南卡罗来纳州和佐治亚州的奴隶，不只是在数值上抵消了这种进步。与此同时，托马斯·杰斐逊从法兰西第一共和国手中购买了密西西比河以西的路易斯安那的大片土地，保证了密西西比河的自由航行，西部不可估量的重要性也得到了提高。法兰西共和国在新奥尔良和卡斯卡斯基亚的老殖民地已经成为强大的文明前哨和拓展定居点的中心。受到千里沃野、土地买卖的无限商机和极具诱惑的冒险精神的吸引，在盎格鲁－撒克逊人旺盛精力的天性的推动下，最初建立的各州开始源源不断地向西部和西南地区移民。

在这场竞争中，自由州的人口、财富和商业企业比南方多，但南方引进了

法军向美军移交路易斯安那

一种强大的、仅仅有利于自身发展的新影响力，成功打败了自由州。这种影响力就是南部各州对土壤和气候的独特适应能力与廉价的奴隶劳动力相结合，大面积种植棉花。英国通过半个世纪的实验和发明，在改进纺织机械的同时，改进了用来提供动力的高压发动机。独立战争刚刚结束，英国对原生纤维的需求量就直线上升。经过不断地摸索，南方的种植园主发现，只要有了土地和奴隶，就可以提供优质棉花满足英国的需求，并从中获取远比任何其他农产品更高的利润，从而公然与北方对抗。但他们和金色的大丰收之间似乎有一道不可逾越的障碍。他们原本准备向英国廉价出口大量棉花，但从棉花纤维中清理棉籽的工作繁重而冗长，一个黑人妇女工作一整天，只能清理出一磅棉花纤维。因此，南方种植园主美好的计划化成了泡影。

1792 年 11 月，来自马萨诸塞州的心灵手巧的北方研究者伊莱·惠特尼先生寄宿在佐治亚州萨凡纳的朋友家里，闲暇时，他经常阅读法律书籍。佐治亚州的一群绅士来拜访这家的主人，他们谈到了棉花贸易的前景和困境，以及南方对快速轧棉机的迫切需要。这个家庭的女主人纳撒内尔·格林尼夫人是一位机智聪明的女士，立刻提出了一个权宜之计。她说："先生们，你们不妨向我

纳撒内尔·格林尼夫人

伊莱·惠特尼

的年轻朋友伊莱·惠特尼先生请教，他什么都会做。"这群绅士找来了伊莱·惠特尼，相互介绍之后，便向伊莱·惠特尼提出了轧棉机的问题。伊莱·惠特尼谦虚地说女主人对自己过奖了，并告诉客人们，他长这么大从未见过棉花或者棉籽。但他还是积极热情地投入了发明工作，最终获得了成功。几个月后，纳撒内尔·格林尼夫人满心欢喜地邀请佐治亚州各个地区的绅士们来家里参加聚会，并一起亲眼见证新发明的轧棉机。一个黑人男子只需要转动轧棉机的曲柄，每天就能清理出五十磅棉花纤维。

黑人奴隶操作轧棉机

　　低廉的棉花贸易解决了最后一个问题后，棉花立即成了南方的主要农作物。南方地区也很快将所有竞争者挤出了棉花市场。1790 年，英国进口的原棉达到三千万磅，1860 年已经超过十亿磅。英国棉花进口数量的增长表明了这个特殊产业以及所有与之利益相关的产业的发展和提高。直到轧棉机发明出来十五年后，美国才开始依法禁止奴隶贸易。"在此期间，奴隶贩子们直接将成千上万的黑人俘虏贩卖到美国南方。购买了路易斯安那后，美国又增加了近三万名奴隶。在俄亥俄河以南的土地上，这些奴隶促进了新的蓄奴州的形成。"

　　这是一个令人惊奇的历史事实。现在，在物质财富急剧增长的情况下，北方和南方间的政治影响力依然保持平衡，而且这种状态持续了整整一代人。其他一些严重问题确实吸引了公众的注意力，暂时搁置了奴隶制问题，主要原因是南北双方都没有占据绝对优势。很快，美国新成立了八个州，其中，四个在俄亥俄河流域，四个在南部地区，并依次加入了美国。1791 年，佛蒙特州作为自由州加入了美国。1792 年和 1796 年，肯塔基州和田纳西州作为蓄奴州分别加入了美国。1802 年，俄亥俄州作为自由州加入了美国。1812 年，路易斯安那州作为蓄奴州加入美国。1816 年，印第安纳州作为自由州加入美国。1817 年，密西西比州作为蓄奴州加入美国。1818 年，伊利诺伊州作为自由州加入美国。亚拉巴马州已经获得授权，将作为蓄奴州加入美国，这将使自由州和蓄奴州的数量相等，即南北各十一个。

密苏里地区，包括法兰西在圣路易斯及其附近的老殖民地，人口已经达到六万，即将成为美国的另一个州。1817 年，密苏里地区曾申请作为一个州加入美国，在 1819 年，有人提议授权密苏里地区制定宪法。阿肯色地区也申请加入美国，但这会导致权力失衡，南方将获得优势，与此同时，北方将处于劣势，从而使奴隶制问题变得异常尖锐，甚至上升为全国性的重大议题。国会进行了激烈辩论，州议会中也强硬地通过了决议，全国民众情绪激动，南方公开威胁要解散联邦。北方的极端分子坚决要求在密苏里地区和阿肯色地区限制奴隶制，但南方的激进分子称，国会无权对新成立的州强加任何条件。北方控制了众议院，南方控制了参议院，于是，一个中间党派应运而生。该党派提议以北纬 36°30′ 为界，将购买的路易斯安那分为自由区和蓄奴区，并授权密苏里

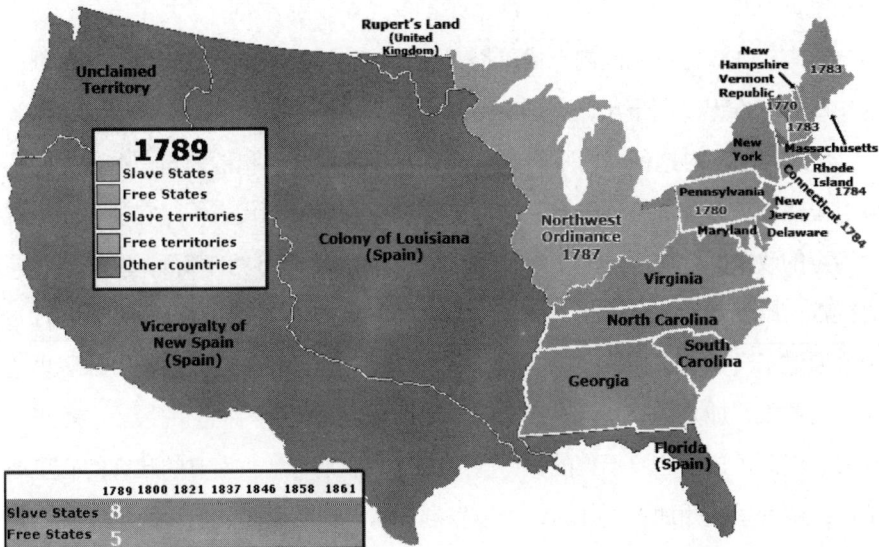

1789 年的自由州与蓄奴州

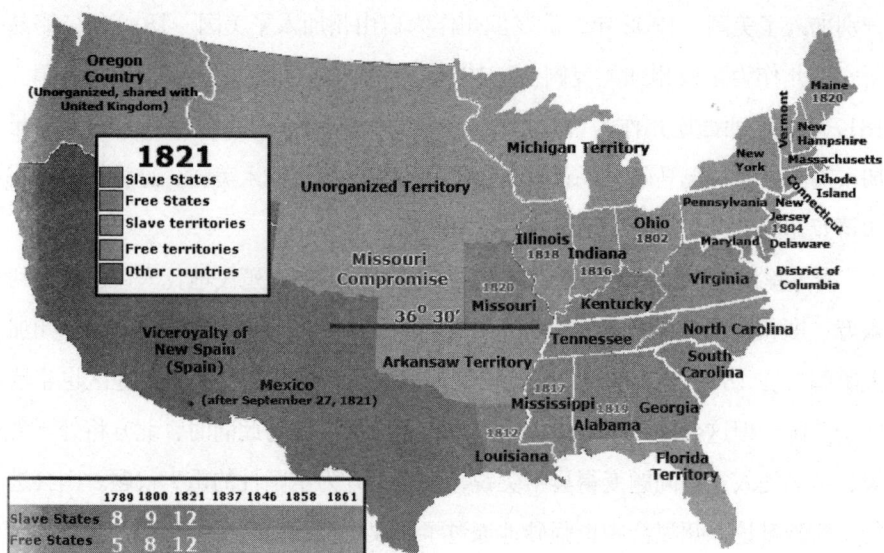

	1789	1800	1821	1837	1846	1858	1861
Slave States	8	9	12				
Free States	5	8	12				

1821 年的自由州与蓄奴州

地区从该线以北划分出去，作为蓄奴州加入联邦，并在该法案的基础上提出将缅因地区作为自由州加入联邦。这些提议经过一番争论，1820 年 3 月 6 日，在国会批准的另一项法案中获得了通过，即著名的《密苏里妥协法案》。缅因州和密苏里州如愿加入了联邦。两个州不仅在参议院各得到了两个席位，还声称自己有权在规定的范围内自由传播其独特的政体。"不扩大奴隶制的范围"这句箴言被推迟了四十年，直到 1860 年的共和党竞选运动。

从这时起，对这种权力平衡的维护，即保持自由州和蓄奴州在数量上的相等，虽然没有明确成为一个政党的原则纲领，但南方的代表们将它视为一项持续稳定的政策坚决遵循。为了履行这一原则，1836 年 6 月 15 日，联邦政府同时授权密歇根州作为自由州、阿肯色州作为蓄奴州加入联邦。1845 年 3 月 3 日，国会通过了一项法案，按照同样的方式，授权艾奥瓦州作为自由州、佛罗里达州作为蓄奴州加入联邦。这是扎卡里·泰勒总统在任期内批准的最后一项正式法案。然而，这种心照不宣的妥协政策对北方非常有利。南方的政客们心里很清楚，佛罗里达州加入联邦后，可以发展为蓄奴州的领土就随之耗尽了，而购买所得的路易斯安那位于密苏里妥协线以北、向西北一直延伸到太平洋的大片未开发的地区，依然是自由的。因此，北方仍然有一片可以发展成自由州的一望无垠的土地，但南方却没有任何多余的领土来发展蓄奴州。

南方各州在促进得克萨斯独立方面起到了关键作用，它们敏锐地发现了这种偶然性。但现在，它们迫切要求将得克萨斯并入联邦。在签署艾奥瓦州和佛罗里达州加入联邦的法案前两天，国会通过了扎卡里·泰勒总统签署的一项联合决议，授权得克萨斯并入联邦。然而，联合决议还保证"除了上述的得克萨斯州，将授权建立不超过四个、大小适中的新州"，这四个新州将从得克萨斯州的领土上分割出来加入联邦，并依照密苏里妥协线解决这几个新州的奴隶制问题。后来的一项决议规定，1845年12月29日，得克萨斯州正式加入联邦。因此，蓄奴州在这一天成了真正的多数派，有十四个自由州和十五个蓄奴州。通过未来的兼并，南方有了和北方一样的领土前景。

如果北方因自己处在少数派的劣势感到惊慌，那么它有充分的理由更加不安。吞并得克萨斯引发了墨西哥战争，美国可能还会在南部和西部得到大片领土，詹姆斯·诺克斯·波尔克总统要求国会为此拨款两百万美元用于谈判。戴维·威尔莫特著名的附文试图给这些谈判强加一个条件，即坚决要求奴隶制不

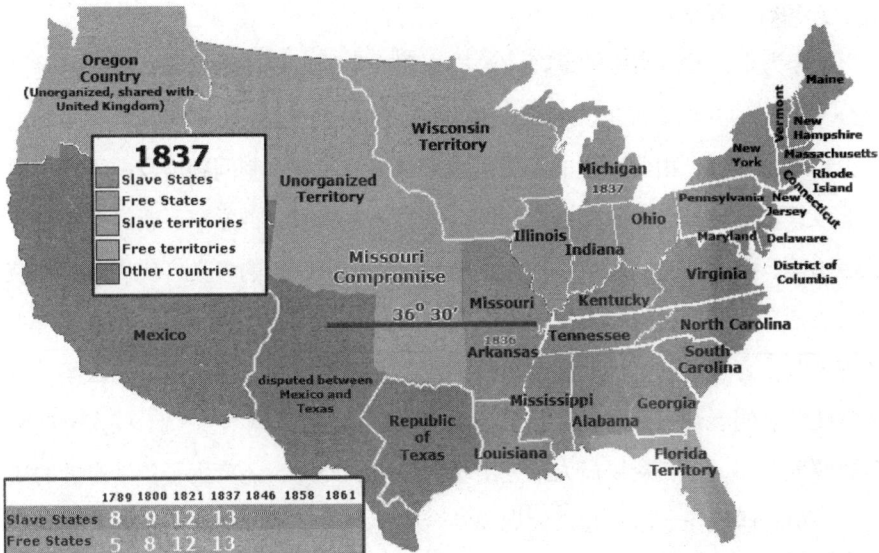

1837年的自由州与蓄奴州

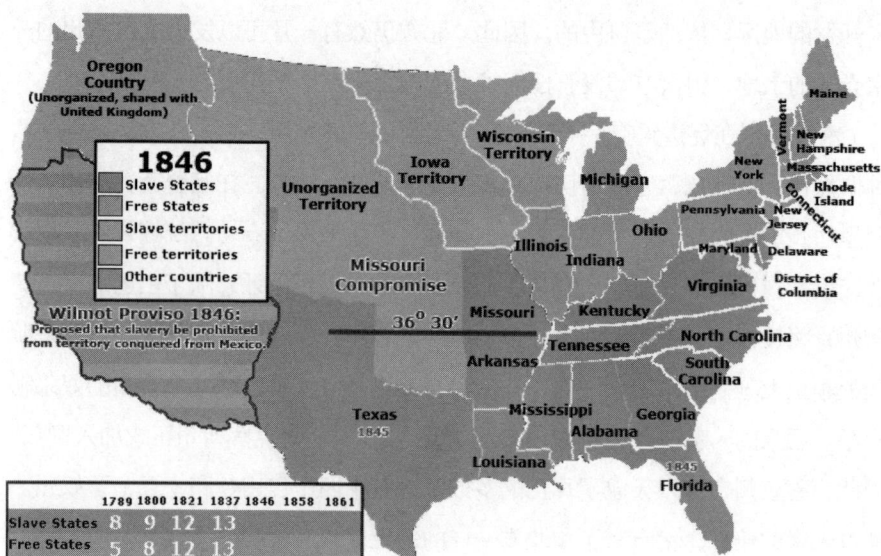

	1789	1800	1821	1837	1846	1858	1861
Slave States	8	9	12	13			
Free States	5	8	12	13			

1846 年的自由州与蓄奴州

应该存在于通过这种方式获得的任何领土上。虽然这一特殊提议没有得到采纳，但战争结束后，新墨西哥和加利福尼亚作为无政府领土加入了联邦。与此同时，1848 年，威斯康星州的加入再次恢复了自由州和蓄奴州之间的平衡，现在南北双方各有十五个州。

迄今为止，政府采取的重要政治措施和产生的重要政治结果，并不都是通过公平严正的立法完成的。1820 年后，无论在国会还是在民间，对奴隶制的争论越来越激烈，由此产生的矛盾也越来越尖锐。奴隶制问题涉及的不只是政府的政策，更是一个抽象的道德问题，政客、慈善家、神学家、新闻工作者、社会团体、教会及立法机构都加入了争论。人们以宗教的名义，代表各州利益对奴隶制发起抨击或进行辩护。尤其在国会，这一问题已经成了一代人争论不休的主题，它和各种各样的问题纠缠到一起，频繁出现在无数决议和法案中，经常使议员们展开激烈辩论，甚至在议会大厅里引发肢体冲突。一些人多次威胁要解散联邦，多名众议员为此退出了众议院。此外，还产生了备受谴责的决议和官员辞职现象，以及几次大规模的全国性立法辩论。事实上，奴隶制问题为联邦创造了兼并北美洲最大的州——得克萨斯州的机会。在一些州，奴隶制引起的虐待凌辱、审讯迫害、聚众闹事、谋杀、侵犯财产、监禁自由人、报复立法等不安定因素，正在渐渐形成一股强大势力，为革命的爆发埋好了引线。这一问题还导致了党内派系、政治流派和立宪主义的产生，并使一些伟大的政客声名远扬或名声败坏。

兼并新墨西哥时，那里只有一座北美大陆上最古老的城镇和相当数量的西班牙裔居民。加利福尼亚与新墨西哥几乎同时被兼并，由于闻名世界的金矿的发现，短短几个月内，那里便住满了人。因此，令所有地位不同、观点各异的政客感到惊讶的是，1850 年，奴隶制问题再次被提上了国家议程，一些人提出将新墨西哥和加利福尼亚作为两个州并入联邦。由于持续不断的意见冲突，此时，竞争各方的不同信仰和愿望形成了不同的政治信条。北方争辩说，国会能够也应该在联邦所有领土上禁止奴隶制，正如在北方各州根据《1787 年条例》和《密苏里妥协法案》做的那样。与此同时，南方宣称任何不为南方考虑的行为都是不公正、不明智且绝对违宪的，因为奴隶作为财产可以进入这些新成立的州，他们会和其他财产一样，在这些新成立的州受到宪法的保护。除了打"口水战"，双方还展开了实际的争夺。根据现行的墨西哥法律，新墨西哥早已禁止奴隶制，但加利福尼亚迅速制定了一套自由州宪法。在这种情况下，北方试图将新墨西哥仅作为一个地区，而将加利福尼亚作为一个州并入联邦。然而，南方强烈抵制这一做法，并努力延伸密苏里妥协线，试图将新墨西哥和加利福尼亚的南部置于奴隶制的控制和影响下。

这些争论是造成 1850 年奴隶制争端的主要原因。整个国家处在针锋相对、剑拔弩张的争论中。南方再次做出了令人担忧的举动，大肆公开威胁要分裂联邦。当时，最受欢迎的政客是来自肯塔基州的亨利·克莱，他是一个反对奴隶制扩张的奴隶主，但现在领导的是一个妥协党派，该党派通过国会的一系列联合法案平息了争吵。法案主要解决了以下几个问题：第一，加利福尼亚作为自由州并入联邦。第二，对新墨西哥和犹他州的领土重新进行规划，墨西哥对奴隶制的禁止仍然有效。第三，废除哥伦比亚特区的国内奴隶贸易。第四，通过了一项更严格的逃亡奴隶法规。第五，得克萨斯因调整边界得到了一千万美元。

这一联合法案就是 1850 年著名的妥协措施。人们曾断言，这笔一千万美元的保证金会使克萨斯的债券价值上涨三倍，从而为该州的债券投机带来前所未有的机遇，正是"通过这一推动力，国会才无视大多数成员的最初信念，通过了这些法案"。但必须承认的是，各行各业的所有民众对和平、和睦和团结的强烈渴望，从未像当时那样对国会产生如此巨大的影响。人们最初并没有真正接受这种妥协，摒弃"奴隶是财产"这一说法让南方的奴隶主们认为自己受到了冒犯，《逃亡奴隶法》的一些严苛规定也让北方的废奴主义者们感到愤懑。但日渐昌盛的国家带来的喜悦与自豪很快将人们的满腹牢骚和冲天怨气一扫而光，并在两三年内，让民众和政客们天真地以为，他们终于"终结"了这场争执不下、令人头痛的论战。国家开始进入稳定发展阶段。美国利用在墨西哥战争中占领的土地休养生息，并集中精力，利用丰富的金矿加速了商业的扩张、制造业的发展和移民的增长，直到意外发现自己再次陷入了政治纷争。后来的这次纷争比之前经历过的最严重的政治纷争更令人担忧和不安。

第 **19** 章

废除《密苏里妥协法案》

国会关于 1850 年的妥协措施开展的长期斗争，加上南北双方都有少数人不情愿接受它们，事实上，已经严重地削弱了美国的两大政党。尤其是 1848 年扎卡里·泰勒将军刚刚取得的军事荣誉让民主党人士气大跌。当 1852 年的总统大选临近的时候，他们焦急地寻找最有可能当选的候选人。长期在公众面前露脸的几个主要人选，包括刘易斯·卡斯、詹姆斯·布坎南和威廉·勒尼德·马西，公众对他们多多少少都有点感到厌倦。在这样的情况下，相当多的追随者将目光集中于一个全新的人，来自伊利诺伊州的斯蒂芬·阿诺德·道格拉斯身上。从佛蒙特州移民到西部，斯蒂芬·阿诺德·道格拉斯一路平步青云，步步高升。他年仅三十九岁，便先后担任了立法委员、州检察官、国务卿、伊利诺伊州最高法院法官等职务，并自那时以来已三次当选为国会委员，一次当选为参议员。斯蒂芬·阿诺德·道格拉斯并没有把自己的政治命运完全归功于偶然的机遇。他有着多方面的领导品质，包括惊人的耐力、不懈的努力、执着的勇气、在公众面前即兴演讲的能力、始终如一的精明的政治头脑、不同寻常的辩论能力、自由的本性和进步的目标。因此，他引起党内那些年轻的、热心的，特别是那些不安分的、雄心勃勃的成员的赞赏和支持，这一点并不奇怪。斯蒂芬·阿诺德·道格拉斯在国会的职业生涯非常引人注目。作为参议院的领土委员会主席，斯蒂芬·阿诺德·道格拉斯在制定 1850 年的妥协措施的过程中，起到了非常重要的作用。1850 年的妥协措施差点造成伊利诺伊州民主党的分裂。斯蒂芬·阿诺德·道格拉斯又努力避免了伊利诺伊州民主党分裂的危险。

在斯蒂芬·阿诺德·道格拉斯坚定的支持者们急切地想要把他推上总统的宝座的过程中，他们犯了一个严重的错误。明确地认识到新闻媒体日益强大的力量，他们获得了《民主评论》的控制权，作为党的著名的机关月刊，并在上面发表了一系列辞藻浮夸的文章，攻击与斯蒂芬·阿诺德·道格拉斯竞争的民主党候选人们，那些人被诬蔑为"老古董"，应该为"小美国"的候选人让位。他们提醒这些"老古董"，党期待着一位"新人"。"成熟是光荣的，但衰老是可悲的"。"老一代政治家必须让路"。民主党受到一套"旧衣服"的束缚。"他们在四届民主党政府都不能兑现他们的政治承诺"。他们还将刘易斯·卡斯、威廉·勒尼德·马西、詹姆斯·布坎南和威廉·巴特勒的名字，随意地和

詹姆斯·布坎南

威廉·勒尼德·马西

"觊觎高位者""自吹自擂的小贩""入侵者"和"卑鄙的骗子"这些绰号混在一起。

对这样的人进行这样的描述，很快就成了民主党内一个公然的丑闻，并很快在报纸上和国会里传播。这毫无疑问会让"老古董"和"小美国"成为我们俚语中的固定词语。斯蒂芬·阿诺德·道格拉斯的挚友们赶紧站出来解释，宣称斯蒂芬·阿诺德·道格拉斯本人并没有参与这场政治行动，但大多数人都不相信他们。1852年1月，党内开始产生内讧，而且斗争越来越激烈，直到1852年6月，民主党全国代表大会在巴尔的摩召开，这无疑对该党候选人的评议产生了决定性的影响。

斯蒂芬·阿诺德·道格拉斯

　　真正竞争提名的对手，一方面是"老古董"刘易斯·卡斯、威廉·勒尼德·马西和詹姆斯·布坎南，另一方面是"小美国"的宠儿斯蒂芬·阿诺德·道格拉斯。很快地，事情就变得很清楚，人们对这四个人的评价分歧太大，看来提名只能通过漫长而乏味的投票表决才能达成。一开始，斯蒂芬·阿诺德·道格拉斯只得了二十多票，但他的支持者持续增加，直到第三十次投票，斯蒂芬·阿诺德·道格拉斯获得了九十二票。然而，从这一刻开始，对他的支持开始下降。虽然斯蒂芬·阿诺德·道格拉斯不能成功，但他仍然有足够的力量让对手也无法成功。民愤已经太大，绝不允许太过关注任何一位"年长者"或者对他们做出妥协。刘易斯·卡斯只得到一百三十一票。威廉·勒尼德·马西九十八票。詹姆斯·布坎南一百零四票。最后,在第四十九轮投票中,发生了令人难忘的一幕,几乎全体一致选择了富兰克林·皮尔斯,这倒不是因为他自己有什么惊人的功劳,而是为了打开派系仇恨无法解开的死结。小美国获得了名义上的胜利,真正地报复了老古董们,使南方得到了一个有用的北方盟友。斯蒂芬·阿诺德·道格拉斯和他的朋友们虽则狼狈但并不沮丧。他们实在缺乏英明的决断,作为一个更加谦虚温和的人,毫无疑问,这本来应该为斯蒂芬·阿诺德·道格

刘易斯·卡斯

拉斯保住梦寐以求的提名。然而，精明的政客们预见到，总的来说，他是愈挫愈勇。从那时起，斯蒂芬·阿诺德·道格拉斯成了一个公认的总统候选人和竞争者，他年纪尚轻，足以耐心地等待时机，有足够的威望竖起自己的大旗，将民主党内那些自由散漫的成员凝聚到一起。

我们可以看到，正是斯蒂芬·阿诺德·道格拉斯想当总统的愿望，构成了他的支持者们极力促成废除《密苏里妥协法案》的动机。前面已经说过，1850 年的措施尽管遭到了一些派系的反对，但最终人们将它作为对奴隶制问题的终结而接受。围绕这个曾经令许多人反感的所谓的和解，舆论的导向逐渐明朗起来。1852 年，两党的全国代表大会都庄严地决定他们将在国会内外，反对并抵制无论何时何地发生的、无论以何种方式或在任何肤色和体型的人的煽动下的任何奴隶制的死灰复燃。这个决定产生了回声和共鸣，得到了公认的舆论机构的肯定和重申，小到村办报纸，大到总统咨文。小到乡村辩论群体，大到参议院的讨论会上经过仔细斟酌的发言。

为了支持这一所谓的"终结论"，没有人比参议员斯蒂芬·阿诺德·道格拉斯本人的立场更加坚定。他说："在放下这个议题之前，我希望声明，我已经决定绝不作另一个关于奴隶制问题的讲话。我现在还希望，永远没有必要作另一个关于奴隶制问题的讲话……只要我们的对手不鼓动废除或修改，我们又有什么理由去鼓动呢！我们声称，1850 年的妥协措施是最终决定。一个最终决定的支持者们还会对它讨论、煽动和争论吗？如果不解决困难，平息争端，那又能是什么样的解决方式呢？难道妥协措施的支持者们没有成为煽动者吗？难道国家不会让我们为谴责和控诉废奴主义者和自由士兵而负责吗？这些都是值得我们考虑的问题。那些鼓吹和平的人不该带头旧话重提，再次挑起争端。"在 1850 年的妥协辩论中，斯蒂芬·阿诺德·道格拉斯在参议院发表的讲话，一方面广泛鼓吹他的"不干预"理论，另一方面引发了对奴隶制的普遍讨论，捍卫各种调整措施，应对南方极端分子的攻击，特别是捍卫《密苏里妥协法案》。不仅如此，斯蒂芬·阿诺德·道格拉斯还曾经明确地宣称，区域禁奴原则并没有违反南方的权利。他还谴责约翰·卡德威尔·卡尔霍恩把"权力平衡"条款写入宪法的主张，说这是"一个进步的时代中，将使世界震惊的倒行逆施"。斯蒂芬·阿诺德·道格拉斯曾经将1850年的《密苏里妥协法案》描述为具有"类似于宪法的起源"，并且已经成为"美国人民心中一个神圣的东西，没有人会残酷无情、胆大妄为地去破坏它"。这些著名的论断，连同他反复的重申，这一切在公众心目中，似乎明白无误地表明了他的立场。没有人想到斯蒂芬·阿诺德·道格拉斯很快就会成为自己诅咒的对象。

这件事情的完整的细节已经遗失在了历史长河之中。在这场不祥的阴谋形成和演变的过程中，我们只有几位主要的参与者那不连贯的行动的朦胧的轮廓，一些模糊的暗示和零碎的步骤。

作为这个国家躁动不安、雄心勃勃的那个群体的公认的代表，作为"小美国"最青睐的宠儿，迄今为止，斯蒂芬·阿诺德·道格拉斯尽可能在他的国会的政治生涯中，把自己塑造成为现代"进步"的倡导者。他信奉"天命论"，是门罗主义热心的鼓吹者。报纸断言，说他渴望宣布加勒比海为美国的一个湖，没有什么比揪英国狮子的胡须更让他感到高兴的了。尽管这些话题为竞选演讲提供了主题，然而，目前并没有成为实际的法律法规。然而，在担任参议院的领土委员会主席的时候，斯蒂芬·阿诺德·道格拉斯掌管着与西部人民当前的切身利益相关的措施，即开放新的旅行和移民路线，以及开放新的领土供人们拓殖。一个与这些主题直接相关的、涌现奇迹的时代才刚刚开始。获得加利福尼亚以及在那里发现黄金，使整个文明世界的目光转向了太平洋海岸。那里的平原和群山挤满了冒险家和移民。刚刚得到规划的俄勒冈州、犹他州、新墨西哥州和明尼苏达州，实在无能为力与异军突起的"金州"加利福尼亚州争名夺利。西部边境骚动不安，对土地、城市、矿山、财富和权力的漫无边际的幻想，扰乱了开拓者们在边疆小木屋里的美梦，催着他们匆匆忙忙地踏上了穿越北美大陆遥远而浪漫的探索之旅。

迄今为止，严格的联邦法律规定移民和无证商贩不得进入印第安人的保留地，即阿肯色州，密苏里州和艾奥瓦州的西部边界之外，这是我们的前几任总统确立的政策，把它作为在白人定居点向西推进前撤退的印第安人最后的避难所。但现在，不可控制的移民潮流已经进入并通过了这一保留地，几年之内便开创了明确的前往新墨西哥州、犹他州、加利福尼亚州和俄勒冈州的路线。尽管从一开始，人们就因为危险和苦难、饥饿和印第安人的屠杀而不断地呻吟哭喊，但他们并没有停下或放慢前进的脚步。勇敢的开拓者们坚信，不到二十五年，太平洋联合铁路公司就会跟随约翰·查理·弗里蒙特首次探险的脚步穿过南水道，因此，他们比以往任何时候更加热切地向西推进。

斯蒂芬·阿诺德·道格拉斯本人就是一个幸运的移民的孩子，因此，他完全理解人们对西部这种不太成熟的向往。并且，由于领土委员会主席会收到来自个人和各种利益集团的所有书信、请愿书和私人的推销，他们都想从这次西部移民潮中获利，他自然就成了所有刚刚起步的、想在西部成就梦想的邮政承包商、公务人员、印第安商人、地产投机商、铁路空想家们关注的核心人物。现在要求开放堪萨斯州和内布拉斯加州，作为进入落基山脉和新发现的黄金州，

落基山脉

即加利福尼亚的一个安全通道和保护桥梁，同样也作为联结古老的东部诸州和太平洋海岸新兴的"小美国"之间的纽带。然而，说斯蒂芬·阿诺德·道格拉斯能很好地理解这种开放的真正的哲学和政治的必要性，只是为了他的名声考虑。在 1850 年到 1851 年风雨飘摇的政治背景下，这一议题还不够成熟，无法采取行动，并再次被推迟到了 1852 年的总统大选。但在富兰克林·皮尔斯成功当选之后，并在民主党掌控的国会的支持下，两党都在自己的纲领中表达的对平静立法的愿望似乎有利于推动有益于当地发展的措施。对领土立法的控制权目前完全掌握在斯蒂芬·阿诺德·道格拉斯手中。他本人就是参议院领土

富兰克林·皮尔斯

委员会主席。而身为众议院领土委员会主席的威廉·亚历山大·理查森，是与他私交甚好的朋友，同时是他在伊利诺伊州政界的得力助手，因此，在他的党拥有控制权的情况下，当我们考虑"三项《内布拉斯加法案》"的起源和进展时，这是一个必须时刻牢记的事实，斯蒂芬·阿诺德·道格拉斯可以选择自己的时间和方式，在国会两院引入这种性质的措施。

《民主评论》透露，来自伊利诺伊州的威廉·亚历山大·理查森，即众议院领土委员会主席，在1853年2月2日向众议院提交了"一项内布拉斯加领土规划议案"。1853年2月8日，经过适当的征询和漫不经心的讨论，它在

威廉·亚历山大·理查森

众议院得到采纳并通过。从讨论中我们得知，其东部以密苏里河为界，西依落基山脉，南到北纬 36°30′，或密苏里州的南边界，北到北纬 43°，或靠近艾奥瓦州的北边界。有几名成员对此提出了反对意见，因为印第安人还拥有对这片土地的所有权，还因为它包括承诺给印第安人永久居住的保留地。而最普遍的理由就是它只有很少的白人居民，因此，对这里进行规划是白白浪费金钱。来自得克萨斯州的沃尔尼·厄尔斯金·霍华德对这一法案给予了最激烈的反对，因为该地区只有区区六百个居民，他竭力要求其南部边界应该固定在北纬 39°30′，而不要侵占印第安人的保留地。来自密苏里州的豪尔支持这项内布拉斯加领土规划议案，他对沃尔尼·厄尔斯金·霍华德做出了回应："我们希望对内布拉斯加的领土做出规划，不只是为了保护居住在那里的少数居民，也为了在战时保护俄勒冈州和加利福尼亚州，保护我们的商业和每年穿过平原的五六万移民。"豪尔补充说，它的边界是故意扩大的，这样就能把到俄勒冈州、新墨西哥州和加利福尼亚州的几条主要的移民路线圈进来。由于南水道在北纬 42°30′，因此，内布拉斯加的北边界就必须延伸到北纬 43°。

然而，在 1853 年 2 月 8 日的讨论中，发生了一件具有特殊历史意义的事件，一位委员站起来说："我想问一下从俄亥俄州来的绅士约书亚·瑞德·吉丁斯先生，我想，他也是领土委员会的一员，《1787 年条例》为何未纳入本议案？我想知道他本人或委员会是否因为 1852 年的纲领而变得胆小怕事？"约书亚·瑞德·吉丁斯先生回答说："内布拉斯加的南部边界是北纬 36°30′，符合密苏里妥协禁令。这条法令是永远有效的，我认为重申这条法令并不会让它增加任何效力。对于这件事，我将不再做出进一步的解释说明。很显然，除非该法令遭到废止，否则本议案中提到的领土，包括割让的路易斯安那，将永远都是自由的土地。"显然，众议院的全体成员，对于委员会这名成员的这一明确的认识深感信服，欣然接受。当然，威廉·亚历山大·理查森主席也不会反对，他一直在小心翼翼地审视辩论的走向。1853 年 2 月 10 日，该议案以九十八张赞同票比四十三张反对票而通过。在内布拉斯加地区的少数几个成员的带领下，西部主要投了赞成票，南方则投票反对。而其他大多数成员受别的计划所吸引，则对该议案完全无动于衷，他们之所以投赞成票，很有可能是为了满足某些人私下的恳求。

　　第二天，人们匆匆忙忙地将这项内布拉斯加领土规划议案送到参议院，提交给斯蒂芬·阿诺德·道格拉斯的委员会，1853 年 2 月 17 日，他发回的报告未做任何修改。然而，当他能够得到参议院的关注，对其进行讨论的时候，会议几乎快要结束了。最后，在富兰克林·皮尔斯总统的就职典礼的前一天晚上，在对《拨款法案》进行激烈而持久的斗争期间，当参议院的委员们不够法定人数，当他们正在不耐烦地等待许多会议委员会的报告的时候，斯蒂芬·阿诺德·道格拉斯抓住这个中场休息的机会，提出了他的《内布拉斯加法案》。在这里，和在众议院里一样，得克萨斯坚决反对。塞缪尔·休斯敦承诺用一次冗长的演

塞缪尔·休斯敦

讲让这个议案化为泡影。贝尔对剥夺印第安人既得的权利提出了抗议。除了它的发起人，似乎没有人赞成这项议案，所以，当来自密苏里州的参议员戴维·赖斯·艾奇逊冒天下之大不韪，全身心地支持该议案的时候，也许让斯蒂芬·阿诺德·道格拉斯大吃了一惊。

戴维·赖斯·艾奇逊在开始讲话之前，声明他先前一直反对这项措施，他继续说道："我反对的理由有两个。其一，尚未剥夺该地区的印第安人对这片土地的所有权，或者，无论如何，只剥夺了一小部分。其二是《密苏里妥协法案》，或者，正如人们通常所说的那样，对奴隶制的限制。我当时认为，当密苏里州加入联邦的时候，国会制定的，关于在北纬36°30′以北的路易斯安那州的土地上禁止奴隶制的法律，除非特意废除，否则也会在密苏里州实施，而

戴维·赖斯·艾奇逊

我现在对这个问题搞不清楚了。无论这条法律与《美国宪法》是否一致，它都会起作用，这种作用会妨碍奴隶主进入这片土地。然而，当我开始深入地研究这个问题的时候，我发现根本就不可能废除在那片土地上禁止奴隶制的《密苏里妥协法案》……我一直以为，这个国家在其政治史上犯下的第一个重大错误是《1787年条例》，它使西北领土成为自由领土。下一个大错误是《密苏里妥协法案》。但它们都是无可补救的……我们必须服从它们。对此我已经做好了心理准备。很明显，《密苏里妥协法案》是无法废除的。就这个问题而言，与其明年、五年或者十年之后再接纳内布拉斯加成为联邦的一个州，倒不如现在就同意接纳。"

斯蒂芬·阿诺德·道格拉斯通过默认戴维·赖斯·艾奇逊的结论而结束了辩论，并根据广泛的原因，主张通过议案。1853年3月4日早上天刚亮，勉为其难的参议院委员们对提交的这项议案进行投票表决，结果是二十三比十七，在这里和在众议院一样，西部支持，南方反对。然而，在这个过程中，南方不可能有任何保留意见或险恶用心。他们还没有违背诺言的打算。仅仅几个小时之后，在一个庄重而威严的仪式中，在外交部部长、法官、参议员和代表们中间，美国新任总统富兰克林·皮尔斯向人民发表了就职演说。人人都试图获悉新政府的政治动向，却没有人触及或接近这一特定的主题。"小美国"的愿望不是征服北方，而是扩大南方。强劲的风已经鼓起了"兼并"和"天命论"的帆。富兰克林·皮尔斯总统口出狂言："任何对扩张可能会带来的灾祸的胆怯预测都不可能影响本届政府的政策。事实上，作为一个国家，无须掩饰我们的态度，我们的行事风格和我们在世界上的地位，使我们得到了某些不属于我们的管辖范围的领地，这对于保护我们非常重要，且不说对于未来商业权力和世界和平的维护也是必不可少的。"谈到奴隶制问题，富兰克林·皮尔斯总统对联邦表达了无限的忠诚和热爱，并宣布奴隶制是宪法所认可的，他将实施1850年的妥协措施。他补充道："我坚信，问题已经得到解决，不会有某一阶层的，或者雄心勃勃的，或者狂热躁动的人再次引起骚动，威胁我们的制度的持久性，或者使我们的繁荣昌盛黯然无光。"

1853 年 12 月，当国会再次召开会议时，在这个问题上，富兰克林·皮尔斯总统的年度咨文只是对他就职演说的重复，正如他的就职演说只是对 1852 年两党的纲领的重复一样。他承认 1850 年的妥协措施让国家得到了安宁，他宣称："在我的任期内，绝不允许这样的安宁遭到破坏，如果我有能力去保护它，那些把我推上总统宝座的人就能放心。"毫无疑问，本着这种精神，民主党和南方开始了 1853 年到 1854 年的会议。但不幸的是，内布拉斯加领土规划议案很快就被放弃了。密苏里州和艾奥瓦州的边境居民们变得越来越不耐烦，他们急着想要得到官方授权，到距离他们只有一天路程的西部的新土地上去。各地少数擅自占用土地的人推选了两名地方代表，带着不够成熟的请愿书匆匆赶到华盛顿。西部规划的主题再次被提了出来。一位来自艾奥瓦州的参议员提出了一项领土法案。按照常规，将它提交给了领土委员会，1854 年 1 月 4 日，斯蒂芬·阿诺德·道格拉斯报告了他的第二项《内布拉斯加法案》，依然没有对《密苏里妥协法案》做出任何废除。作为对第二项法案的补充，他精心撰写的报告显示，这个问题在委员会中得到了认真仔细的审查。显然经过了彻底详尽的讨论，回顾了整个历史、政策和禁奴法令的合宪性。两三个句子足以呈现这份冗长的报告的要点。首先，有分歧和疑虑。其次，这些分歧和疑虑已经通过 1850 年的妥协措施得以解决。因此，最后，委员会不仅秉承该措施的精神，而且采用它的措辞，既不重申，也不撤销《密苏里妥协法案》。

这是向全国宣布的公开的立法协议。随后披露的真相揭开了该协议掩饰下的派系之间的秘密交易。这一领土议案不仅在委员会里得到了认真的考虑，而且民主党的领导们还反复召开干部会议，讨论该议案可能会给党带来的结果。南方的民主党人坚持认为，如果他们选择把内布拉斯加纳入联邦领土，《美国宪法》会承认他们的权利，并保证他们保护自己的奴隶财产。斯蒂芬·阿诺德·道格拉斯和其他北方民主党人认为奴隶制受制于当地法律，一个地区的人民和一个州的人民一样，可以确立或禁止它。南、北方民主党人之间的这种根本的分歧，如果导致派系行动，将会使民主党失去他们长期保持的，而且那时正在享有的政治优势。为了避免党的公开分裂，双方同意"国会应该指派一个在内布

德雷德·斯科特

拉斯加地区全权代表国会的代表团，对该地区进行规划，国会的权力范围应该由法院决定"。如果法院决定反对南方，南方的民主党人就会接受北方的理论。如果法院决定支持南方，北方的民主党人就会捍卫南方的观点。从而保持和谐，增强党的执政能力。在这里，已经对政治历史产生了影响的德雷德·斯科特案即将判决，发言人声明："我们谁也不知道联邦法院那时存在悬而未决的争议，这场争议几乎立即导致对该问题的裁决。"这或许是真的，因为委员会的法案中明确插入了一项"特殊规定"，允许所有涉及奴隶的所有权的问题都可以上诉到美国最高法院，而不必考虑对财产价值的一般性限制，从而为最高法院早日做出裁决铺平了道路。

因此，第二项《内布拉斯加法案》一直推迟到了1854年1月16日，来自肯塔基州的参议员阿奇博尔德·狄克逊提出了一项事实上废除了《密苏里妥协法案》的修正案，他显然只代表他个人。针对这种挑衅，马萨诸塞州的参议员查尔斯·萨姆纳第二天提出了另一项修正案，断言该法案不能废除《密苏里妥协法案》。两天之后，政府的机关刊物《华盛顿联盟》发表评论，宣称这两种主张都是"错误的观点"，所有头脑健全的民主党人都会摒弃它们。然而，此时，"废除《密苏里妥协法案》"的流言已经在国会大厦的走廊里、在酒店里、在华盛顿决策委员会的会议室里传得沸沸扬扬，新闻记者密切关注着这一阴谋，以便获得它的最新发展动向。领土委员会的秘密泄露了，磋商会议层出不穷。

阿奇博尔德·狄克逊

会废除《密苏里妥协法案》吗？谁会带头提出来？它将使民主党的阵营，尤其是在纽约"强硬派"和"温和派"难分上下的竞争中，发生怎样的分裂？它将对1856年的总统大选产生什么影响？《华盛顿联盟》已经暗示，人们议论纷纷，说刘易斯·卡斯愿意提出并支持这样一种"废除"。《巴尔的摩太阳报》报道，刘易斯·卡斯意欲"像区分绵羊和山羊那样辨别好人与坏人"。这两种说法都不属实。但它们或许达到了预期的效果，即引起了斯蒂芬·阿诺德·道格拉斯的嫉妒和热心。华盛顿的政界乌云密布，电闪雷鸣，党派林立，有的支持这一不祥的主张，有的则强烈反对。

我们根据历史可以对这些秘密团体有一定的了解，这一时期，三个主要人物正在计划一项预示着重大事件的行动。他们是参议院领土委员会主席斯蒂芬·阿诺德·道格拉斯。来自肯塔基州的辉格党参议员阿奇博尔德·狄克逊。以及来自密苏里州的参议员戴维·赖斯·艾奇逊，他那时是参议院临时议长和美国副总统。戴维·赖斯·艾奇逊在解释这桩交易的时候说道："就我自己而言，我完全致力于南方的利益，我会牺牲一切，只希望上天会眷顾它，为它带来福祉和安宁。"他认为应该废除《密苏里妥协法案》。他曾在公开演说中发誓，决不投票赞成任何一个不会真正废除它的领土组织。怀着这样的想法，抱着这样的态度，当条例草案被提出时，他希望成为参议院领土委员会主席。带着这样的目标，他曾与斯蒂芬·阿诺德·道格拉斯先生进行了一次私下会面，告诉他自己的期望，即提出一项他曾承诺会投票支持的《内布拉斯加法案》，还告诉他自己想成为领土委员会的主席，以便提出这样的措施。并且，如果他能得到那个职位，他将立即辞去参议院议长的职位。斯蒂芬·阿诺德·道格拉斯请求给他一天的时间考虑此事，如果到时候他还不能提出戴维·赖斯·艾奇逊先生建议的这样的一个法案，他将辞去民主党党团的领土委员会主席一职，并发挥他的影响力，让戴维·赖斯·艾奇逊得到任命。到了约定的时间，参议员斯蒂芬·阿诺德·道格拉斯表示他打算推出这样一个如前所述的法案。

参议员阿奇博尔德·狄克逊对这些政治谈判的描述同样直言不讳："我的修正案似乎使参议院大吃一惊，斯蒂芬·阿诺德·道格拉斯本人显然比任何人都更加吃惊。他立即来到我的座位，礼貌地抗议我的修正案，这表明他提出的法案几乎和犹他州和新墨西哥州的领土规划法案如出一辙。它们是 1850 年的妥协措施的一部分，众所周知，我大力支持那时做出的这一明智和爱国的调整措施，他原本以为我不大可能在全国人民面前做任何质疑或者削弱这一调整措施的事情。

"我回答说，正因为我一直是 1850 年的妥协措施的一个坚定而热心的支持者，我才觉得必须坚持我所发起的运动。我才对以下这一点感到非常满意，《密苏里妥协法案》对奴隶制的限制，如果没有明文废止，将继续在其适用的领土上推行，这就否定了'不干预'这一重大而有益的原则，而这一原则恰恰构成了 1850 年的解决方案最突出和最基本的特征。我们友好地谈了一段时间，然后就各自离开了。几天之后，当我身体抱恙，卧病在床的时候，斯蒂芬·阿诺德·道格拉斯来到我的住处，催我起床，和他一起坐马车出去兜风。我接受了他的邀请，和他驾着马车出去了。在我们的短途旅行中，我们谈到了我提出的修正案，让我感到非常满意的是，斯蒂芬·阿诺德·道格拉斯提出，我应该让他来负责这一修正案，并把它附加进他的领土法案。我立刻同意了这个提议，于是，我们之间发生了一次最有趣的交换。

"在这种情况下，斯蒂芬·阿诺德·道格拉斯实质上是这样对我说的：'作为一个公正的民族主义政客，我感到非常满意，我有责任像建议的那样与你合作，以确保废除《密苏里妥协法案》对奴隶制的限制。这是南方应得的。也是因为在此之前，这是明显违反宪法的。还是因为在此之前，我一直努力保持言行一致。如果我们能废除它，将在一段时间内，在联邦的自由州引起骚动和混乱。在那里，我会遭到煽动者和狂热者们毫无节制的攻击，他们对我绝对不会心慈手软。他们会对我恶语相向，侮辱谩骂。许多地方都可能会悬挂我的画像供人们泄愤。而且极有可能，在此之前，那些与我交好，尊敬我的人们将永远视我为可憎的敌人。这一行动可能会结束我的政治生涯。然而，在赋予我的责任感的驱使下，我做好了牺牲的准备。我会这么做的。'

"他以最诚恳、最真挚的方式说话，我承认我深受感动。我回答道：'先生，我曾经认为你是一个蛊惑人心的政客，一个纯粹的党派操纵者，自私自利，老谋深算。但我现在发现你是一个热心而且优秀的爱国者。如你所愿，在责任的道路上前进，纵然全世界都抛弃你，我永远都不会抛弃你。'"

这就是两个主要的、著名的发起人留下的关于这一重大的政治交易的详细记录，从来没有第三个人否认过这一事实。渐渐地，随着计划的进展，民主党在国会的主要成员都开始赞同这一计划，来自蓄奴州的大部分辉格党的领导人也声援这一计划。在最终提出废除《密苏里妥协法案》的一两天前，斯蒂芬·阿诺德·道格拉斯和其他人与富兰克林·皮尔斯总统举行了一次会谈，并从他那里获得书面同意将这一行动作为行政措施。这一有力的支持坚定了斯蒂芬·阿诺德·道格拉斯的信心，他孤注一掷，于1854年1月23日提出了他的第三项《内布拉斯加法案》，规划了两个地区而不是一个，并宣布《密苏里妥协法案》"无效"。但该修正案，就像是立法的怪物凯列班，还需要进一步完善，才能满足

怪物凯列班（左）是莎士比亚戏剧《暴风雨》中的一个角色

托马斯·哈特·本顿

南方的意图，并安抚北方惶惶不安的良心。两周后，经过第一轮辩论，下面的措辞被替换掉了："正如1850年的妥协措施认可的那样，这与国会在各个州和各个地区对不干预奴隶制的原则不一致，特此宣布无效。这一法案的真正意图和目的，不是在任何州或者地区以立法的形式确立奴隶制，也不是要在那里禁止它，而是要让那里的人们，在遵守宪法的前提下，完全有自由通过自己的方式，去制定并调整他们自己的制度。"托马斯·哈特·本顿如实地将这一变化描述为"注入《内布拉斯加法案》腹部的政治演说"。

这项法案激起的风暴在深度和强度上使从前所有的措施都相形见绌。南方几乎是团结起来维护自己的利益，北方却不幸分裂成了两派。国会经过近四个月的斗争，顶住抗议和呼吁，在快马加鞭的立法下，在政府的赞许和支持下，一代人曾宣誓过的信仰就这样被背弃了，废除《密苏里妥协法案》的法案通过了，主要是由于斯蒂芬·阿诺德·道格拉斯的巨大影响和表率作用，可就在五年前，他还曾经那么恰当地把《密苏里妥协法案》描述成具有"类似于宪法的起源"，并且已经成为"美国人民心中一个神圣的东西，没有人会残酷无情，胆大妄为地去破坏它"。

第 **20** 章

政治动向

第20章

精彩看点

《密苏里妥协法案》的废除使奴隶制问题在联邦的每一个州都成了头等大事。当年夸下海口、信誓旦旦地说奴隶制问题得到了"终结"，看来是靠不住的。妥协的救生艇只是令人绝望的沉船的残骸。如果一代人一致同意的协定，转眼间就可以像这样遭到废除，那么，就连宪法本身，还有任何安全可言吗？当对《密苏里妥协法案》的废除刚刚露出苗头时，北部诸州便自然而然地有了这种感觉，而每个人对党的忠诚立刻由自己对奴隶制的容忍或反对来决定。而当《内布拉斯加法案》的命运还在众议院悬而未决的时候，民众便通过书信、演讲、集会、请愿和抗议来表达他们的情绪。人们要么支持、要么反对这一法案，所有其他政治议题都暂时被搁置起来了。这项法案一旦通过，就会废除《密苏里妥协法案》，人们的第一反应就是要联合、组织并鼓动民众维护《密苏里妥协法案》，这是现成的、共同的合作基础。

　　在这个节骨眼上，要不是因为这个国家的民众有所谓的自由土壤党的激励和领导，这种纯粹只是防御性的努力本来很有可能遭到压制，并慢慢消散。这个党派主要由有着独立的反对奴隶制的观点的人组成，曾在四届总统大选中，作为一个独特的政治团体组织起来，根本没有选举成功的希望，而主要是渴望表达自己坚定的个人信念。如果说他们当中有那么几个蛊惑人心的政客，仅仅是为了获得一部分权力，以便交易或者售卖，那从数量上来看，他们也是微不足道的，只会对某些地方产生局部的影响，并且他们很快就会脱离组织。这个党派组织明确地表现出诚挚和热忱。一些狂热的人，把它当成表达暴力的工具，使它一直受到民众带有偏见的谴责。它长期受到公众的恶评，被称为一伙革命的"废奴主义者"。这个党派的大多数成员是彻头彻尾的废奴主义者，但并非所有的成员都是废奴主义者。尽管遭到非难和蔑视，它已经成为 1840 年以来一支不断发展壮大的政治力量。在刚刚过去的三次总统大选中，它曾作为一股负面的势力，对权力的分配产生影响，通过它对选票的分流，尤其是通过它，各方放松了对竞争者的警惕性，导致 1844 年民主党候选人詹姆斯·诺克斯·波尔克、1848 年辉格党候选人扎卡里·泰勒将军和 1852 年民主党候选人富兰克林·皮尔斯成功当选为总统。

这个经验丰富的、反对奴隶制的小党派，拥有总数超过十五万八千名选民，从三千到三万不等，分布在十二个自由州，现在走到了斗争的前哨，其报纸和演说家都专注于对奴隶制这一主题的讨论，其委员会和附属机构已经开始联络和行动，对废除《密苏里妥协法案》的一方发起了进攻。迄今为止，它的目标只是乌托邦式的，它的决议总是谴责讨伐，令人气恼。现在，智慧与机遇的结合，反倒使它成了一股调解的力量，使它变得不再那么抽象，它很好地阐释了当前的实践改革的需求，也就是回归到古老的信仰和具有里程碑意义的事件上去。在抵制奴隶制扩张的总方针的基础上，该党派特别致力于解散旧的党派组织，并建立新的党派组织。然而，由于废除《密苏里妥协法案》只是动摇了旧党的方针和原则，却并没有废除它们，故而这一努力只在支持他们的地方取得了成功。

目前，党派的解体是缓慢的，人们不愿放弃从前的原则和团队。斯蒂芬·阿诺德·道格拉斯和政府合力，使北方的民主党人恪守他那后果极其严重的政策，尽管抗议和背叛变得惊人得频繁。另一方面，北方的大部分辉格党人毫不迟疑地反对废除《密苏里妥协法案》，形成了反对派的主力，然而，他们失去的支持奴隶制的辉格党人也许和他们得到的反对奴隶制的民主党人一样多。因此，真正有效的增益，是辉格党和北方自由土壤党还算紧密的联盟：无论在哪里，它都能成功地给予反对派如愿以偿、唾手可得的多数票，在国会提出废除《密苏里妥协法案》之后，这甚至使他们的影响力体现在广泛的竞争中。

恰巧这是选举国会议员的一年。《内布拉斯加法案》直到 1854 年 5 月底才通过，政治形势造成的激动情绪立即从华盛顿传播到了全国各地。毋庸置疑，可以说 1854 年 1 月到 11 月开展了一个持续而扎实的政治运动，自始至终，人们的兴趣和热忱不断上升，比美国历史上以往任何时候的所有选民都更加全面而深入地参与到讨论中来。

在南部诸州，绝大多数人欢迎、支持和捍卫对《密苏里妥协法案》的废除，这与他们对奴隶制的感情相一致，显然符合他们的切身利益。南方的民主党控制着大部分蓄奴州，自然是支持奴隶制的一个团体。然而，1852 年为温菲尔德·斯科特赢得两个蓄奴州，但在其他蓄奴州只有少数坚定支持者的辉格党，意见并不是非常一致。来自南方的七名众议员和两名参议员投票反对《内布拉斯加法案》，许多选民谴责这是一个缺乏诚信的法案，因为它背弃了公认的"终结"，还因为它激起了危险的、反对奴隶制的抵触情绪。然而，在南部诸州，舆论极其专制暴虐，简直令人难以容忍。反对党只敢向民主党组织表明自己不赞成这些民主党的措施。因此，南方的辉格党人迅速分裂。那些有着极端的亲奴隶制观点的人，立刻肆无忌惮地加入了民主党的阵营，比如来自肯塔基州的阿奇博尔德·狄克逊，当他提出他的修正案的时候曾经宣布："在奴隶制这个问题上，我认为没有辉格党和民主党的区别。"而那些保留了传统的辉格党的名称和旗帜的人，因为不可能接受北方诸州的辉格党人反对奴隶制的口号，也与过去的北方盟友决裂了。

在这个节骨眼上，另外一股政治力量异军突起，使政治形势愈加复杂，这就是美国党，俗称"一无所知党"。本质上，它是已经消失的"美国本土派"的复兴，基于对外来选民的嫉妒和歧视，希望控制移民入境，并禁止他们取得公职。同时基于对罗马天主教的某种敌意。1852 年，温菲尔德·斯科特将军竞选总统惨遭失败，1853 年，该党派改组为一个秘密组织，借助于令人失望的政治形势，得益于《内布拉斯加法案》引起的政党的解体，迅速从南北各地吸收新成员。他们完全秘密行动，在选举日，在一个又一个地方突然出现的一股强大的令人意想不到的政治力量震惊了全国，在许多情况下，它都会导致旧的党派组织严重的，甚至可笑的失败。尽管来自四面八方的不满者都仓促而草率地把自己归为一无所知党，并争先恐后地分享令人兴奋但短暂而虚妄的局部的胜利，然而，无论是在南方，还是在北方，它的成员主要来自辉格党。

在刚刚开始反对《内布拉斯加法案》的斗争中，当自由土壤党的领导人开始着手建立新党，以取代旧党的时候，由于他们大多数成员从前都是民主党人，因此，他们一致提出，将新党命名为"共和党"，从而恢复了共和国初期托马斯·杰斐逊的追随者们那独特的称谓。考虑到托马斯·杰斐逊是在他的1784年条例草案中首次提出奴隶制的限制政策的，这个名称就显得恰如其分，无论自由土壤党人在哪里成功地结成联盟，毫无疑问都会采用这个名称。然而，在许多州，辉格党拒绝放弃自己的名称和组织机构，尤其是一无所知党在政治领域的突然出现，这两件事阻碍了辉格党和自由土壤党的全面结盟，而这是许多极具影响力的人物希望努力促成的结果。后来，在1854年的国会和州竞选活动中，保留或者采用了各种各样的政党名称，"反《内布拉斯加法案》党"这个名称也许是最常见的，当然也是眼下最有用的，因为对《内布拉斯加法案》的谴责，是普遍存在于人们之间的一个同情和一致的纽带，而他们在别的任何政治话题上都会意见相左。然而，这种联系和纽带仅限于自由州。在蓄奴州，与政府针锋相对的反对派不敢举起反对《内布拉斯加法案》的旗帜，也不可能找到任何追随者。它不仅倾向于，而且是被迫，要么以原来的辉格党的名义进行战斗，要么以越来越受欢迎的"一无所知党"，或者以更体面的同义词"美国党"的新名号进行战斗。

在美国的几个州，支持和反对《内布拉斯加法案》的两个派别，或者更直白地说，支持和反对奴隶制的两种情绪，就这样正面交锋，争夺最高的政治权力，他们表现出的热情和决心，也只有在曾经对共和国的福祉和命运表示出深切的关心和担忧的时候才有过。无论多么不感兴趣，美国社会的某些群体依然会履行他们认为单调乏味的政治责任，当他们听到真正危险的警告时，他们并没有退缩。废除《密苏里妥协法案》给整个国家造成的慌乱严重得令人震惊。

因此，各行各业的人们又开始抖擞精神，参与到它所挑起的斗争中来。特别是北方的宗教情感深受这一问题所涉及的道德问题的影响。或许在我们现代政治中，神职人员与新闻工作者、教堂与竞选俱乐部、在辩论和宣传工作中短兵相接，这还是开天辟地头一回。

斗争一开始激起了各种冷嘲热讽。在第三项《内布拉斯加法案》尚未进入参议院之前，当时在国会中还只是个小团体的"自由土壤党人"，包括萨蒙·波特兰·蔡斯、查尔斯·萨姆纳、约书亚·瑞德·吉丁斯和其他三个人，他们在

萨蒙·波特兰·蔡斯

报纸上发表了一篇演说，声称废除《密苏里妥协法案》是"严重地违反了神圣的誓言"，是对"宝贵权利的可耻背叛"，是"一个恶毒的阴谋"，"设计出来只为掩饰精心策划的背信弃义的行为，从而逃避公众的指责"等等。这让斯蒂芬·阿诺德·道格拉斯感到非常高兴，因为他正好以此为借口，进行谴责而不是争论，在斯蒂芬·阿诺德·道格拉斯的开场演讲中，他也对他们发起了反击，诬蔑他们为"废奴团伙"，在神圣的安息日，当其他参议员忙着敬拜神灵的时候，他们却"聚到一堆开秘密会议"，这是"以神圣的宗教为名义的密谋"。是"对委员会的败坏和诽谤"。他们"笑容可掬，装出一副彬彬有礼的样子，以便争取时间，在恶行被曝光之前，散布他们的言论"等等。

就这样，双方都保持了这种不良的争论习气，随着竞选运动变得越来越激烈，互相指责、反唇相讥也在不断地升级。政党的逐步解体，以及有着独立思想的人们表现出来的新的、激进的态度，给了他们充足的理由去大量使用诸如"叛徒""变节者"和"卖国贼"这样的字眼。教会及其牧师的激情，转化成了异乎寻常的尖刻的言辞。北方诸州的神职人员，不仅在神坛上反对废除《密苏里妥协法案》，还向国会提交了反对废除《密苏里妥协法案》的雄辩有力的请愿书，新英格兰地区的三千零五十名来自不同教派的牧师，在同一份抗议书上签下了他们的名字。他们说："我们反对它，因为它是一个严重的道德错误。因为它是对社会的道德原则非常不公正的、极其卑劣的背叛，破坏了全国人民对国家契约的信任。因为它对于和平，甚至对于我们深爱的联邦来说，都是一项充满危险的措施，使我们遭受全能的上帝公正的审判。"作为回应，斯蒂芬·阿诺德·道格拉斯对他们的政治行动给予了最恶毒的还击。他反驳道："我们发现大量的传教士，也许有三千之众，在该组织的废奴团伙发布的一个有意欺骗和误导公众的通告的鼓动下，在这里撒了一个弥天大谎，对参议院进行了恶毒的诽谤，亵渎了神坛，并将神圣的讲坛出卖给了卑劣可耻、腐化堕落的政党政治。"斯蒂芬·阿诺德·道格拉斯控制的所有报纸和全国各地的党羽，都秉承了他的战斗精神和作风，理直气壮地认为，除了默默地投票，神职人员不应该有参政议政的道德权利。然而，另一方面，无论这些神职人员出现在哪里，都会更加热切地坚持为自己对道德问题的干涉进行辩护，显然是得到了北方公众舆论的支持。

虽然废除《密苏里妥协法案》的法案在党派的压力下，在参议院和众议院绝大多数民主党人的全力支持下，在国会强行通过，但在自由州，它从一开始就受到了民众坚决而明确的谴责。1854年3月，当众议院还在讨论这项措施的时候，新罕布什尔州通过选举，带头将八十九名民主党多数派全部从其立法机构清除出去。康涅狄格州也在1854年4月初仿效了它的做法。早在1854年11月之前，显然北方人民的政治革命是彻底的，他们焦急地等待着选举日的到来，只为了表明矢志不渝的民意。

也许1854年通过选举而产生的、见证了《密苏里妥协法案》遭到废除的第三十四届国会的构成，最能说明这一结果对党派的影响，无论是新成立的政党还是久已有之的政党。通常每一届国会的第一次会议，大约在其成员由人民选举产生一年后召开，而且在过渡期间，始终需要考虑政治影响。在这种特殊情况下，这种影响，要说有的话，也是微乎其微的，因此，1855年到1856年的冬季，为议长一职而展开的激烈竞争，可以作为1854年的政治精神的明证。

1853年12月召开会议的上一届众议院，其力量对比如下：辉格党七十一人。自由土壤党四人。民主党一百五十九人，其中明确而坚决的民主党人有八十四人。在新一届国会的众议院里，大致可以分为：反《内布拉斯加法案党》的成员大约一百零八名，一无所知党的成员将近四十名，民主党人大约七十五名，其余成员的身份未定。等到富兰克林·皮尔斯总统竞选时，那骄傲的民主党多数派已经彻底瓦解了。

然而，到目前为止，新的政党才刚刚起步，其成员多疑，嫉妒，不和。二十五年的恩怨和斗争不是那么容易遗忘或原谅的。民主党的成员振振有词地提名威廉·亚历山大·理查森先生为他们的议长候选人，并做出了长期而坚定的努力助他成功，他是众议院第一项《内布拉斯加法案》的提出者。但他得到的最高票数是七十四至七十六票。而在1853年12月3日到1854年1月23日之间，反对党依然呈分裂状态，反《内布拉斯加法案》党最有希望获胜的众议院议长候选人是来自马萨诸塞州的纳撒尼尔·普伦蒂斯·班克斯，通过一百二十一次连续的投票表决，他曾经一度在一次选举的七次表决中，得到了高达一百零六张选票。此时此刻，威廉·亚历山大·理查森发现自己毫无胜算，遂退出了对议长一职的竞争，民主党又推举了另外一位候选人，但前景并不比威廉·亚历山大·理查森好多少。最后，看到没有别的好办法可以终止这场竞争，众议院屈服于不可避免的奴隶制问题的支配地位，并于 1854 年 2 月 2 日，以一百一十三票比一百零四票而做出决定，在接下来的三次投票表决后，将按照多数原则选出议长，尽管人们极力想要废除这条原则。按照这一多数原则，纳撒尼尔·普伦蒂斯·班克斯以一百零三票当选为议长，而来自南卡罗来纳州的小威廉·艾肯仅以三票之差输给了纳撒尼尔·普伦蒂斯·班克斯，其余候选人共得到三十票。对《密苏里妥协法案》的"无情"废除，彻底地剥夺了民主党的立法权。

第 **21** 章

亚伯拉罕·林肯和莱曼·特朗布尔

精彩看点

伊利诺伊州对内布拉斯加问题的反应——斯蒂芬·阿诺德·道格拉斯在芝加哥的演讲——亚伯拉罕·林肯再次出现在政坛——伊利诺伊州农业博览会上的政治演讲——亚伯拉罕·林肯和斯蒂芬·阿诺德·道格拉斯的辩论——亚伯拉罕·林肯在皮奥里亚的演讲——选出一个反对《内布拉斯加法案》的议会——亚伯拉罕·林肯成为参议员候选人——詹姆斯·希尔兹和乔尔·奥德瑞奇·玛特森——莱曼·特朗布尔当选为参议员——亚伯拉罕·林肯给乔治·罗伯森的信

在斯蒂芬·阿诺德·道格拉斯的鼓动下，废除了《密苏里妥协法案》，从而导致了一连串事件的发生。为了密切关注这些事件的发展过程，我们现在必须认真剖析它对伟大领袖亚伯拉罕·林肯在伊利诺伊州的政治命运的影响。

从伊利诺伊州的最南端到最北端的长度是三百八十五英里。从地理地形上来看，它的最北端靠近马萨诸塞州和纽约州最南端的纬度，而它的最南端，则靠近弗吉尼亚州和肯塔基州最南端的纬度。美国移民的西部大迁移路线基本上与纬线平行。开拓者们把他们的新居尽可能建在一个与老家有着相似气候的地方。因此，随着时间的推移，伊利诺伊州北部逐渐住满了来自北方或自由州的移民，带来了他们反对奴隶制的传统和情感。而伊利诺伊州南部，则逐渐住满了来自南方或蓄奴州的移民，他们自然是支持奴隶制的。弗吉尼亚人和肯塔基人很容易适应自由社会的节俭和秩序。然而，作为一个阶层，他们从未放弃或消除对仅以道德为基础的反对奴隶制的信念的深仇大恨，他们肆意诬蔑它为"废奴主义"。出于这种仇恨，当地社会的不法分子常常会涉嫌轻微的迫害和暴力犯罪，如前所述，在 1837 年，这种仇恨导致以利亚·帕里什·洛夫乔伊在奥尔顿市遭到一伙暴徒的杀害，只因他坚决维护自己发布反对奴隶制的言论的权利。这是最严重的犯罪。然而，心胸狭隘、小肚鸡肠甚至会导致叛乱，在法典中也确立了一系列法律法规，禁止自由黑人在该州定居。

正是在这个完全不同的情感领域里，1854 年，斯蒂芬·阿诺德·道格拉

总统任上的富兰克林·皮尔斯

斯废除《密苏里妥协法案》的仓促的计划就像是一个晴天霹雳。两年前，人们选举出一位民主党的州长。一个民主党的议会被召集到一起，当时正在斯普林菲尔德召开特别会议，它仅仅考虑当地的经济问题。人们对于这一新的议题存在怀疑，感到惊愕。州长和其他稳健谨慎的支持者们避免公开表态，但不能长久保持沉默。斯蒂芬·阿诺德·道格拉斯是一个专制的政党领袖，富兰克林·皮尔斯总统把《内布拉斯加法案》视为一个行政问题。首先，在伊利诺伊州，和在其他地方一样，人们立即展开了讨论，不情愿的政客们也被迫表明自己的立场和态度。要求废除《密苏里妥协法案》的《内布拉斯加法案》已经被提上国家的议事日程大约三个星期了，当它仍然在国会悬而未决的时候，伊利诺伊州议会的一名成员提出决议，表示对该法案的认可。三名民主党的州参议员，两名来自北方，一名来自伊利诺伊州中部，勇敢地站出来，在慷慨激昂、令人震惊的演讲中对这些决议进行反驳。他们分别是来自芝加哥的诺曼·比尔·贾德、来自拉萨尔的 B.C. 库克，以及来自麦卡平县的约翰·麦考利·帕尔默。这是一个不同寻常的党派现象，让全州民众感到越来越焦虑不安。只有两三个其他成员参加了讨论。民主党人回避这个问题。辉格党人希望鹬蚌相争，渔翁得利。和往常一样，修正案、议会的策略和批准的决议在国会委员们面前堆积如山，最终通过模棱两可的语言和数量减少的投票，在参议院和众议院通过，使其政治上的重要性大打折扣。

诺曼·比尔·贾德

伊利诺伊州有着强大的政党组织，从更大的程度上来说，随着公众讨论的进行，民主党人维护这项新措施，但辉格党人反对它。在伊利诺伊州北部诸县普遍存在反对奴隶制的情绪，他们做出了努力，成功地解散了旧党，并组建了一个联合反对党，命名为共和党。这显然很快会对现有的民主党造成严重的影响。然而，一场惊人的逆向行动，很快就开始在伊利诺伊州中部诸县展开，形成了辉格党的根据地。斯蒂芬·阿诺德·道格拉斯对"废奴主义者"和"废奴主义"的强烈谴责对蓄奴州的辉格党人极具吸引力。该党没有一个国家领导人。亨利·克莱两年前去世了，斯蒂芬·阿诺德·道格拉斯巧妙地引用这位伟大的政治家的演讲，来支持他新近宣传的措施。国会只有极个别南方的辉格党人反对废除《密苏里妥协法案》，即便是这几个人也不敢直言不讳地说他们反对奴隶制。尤其是相邻的密苏里州的辉格党人那熟悉的乡音，让他们毫不犹豫地支持斯蒂芬·阿诺德·道格拉斯的计划，为南方的辉格党人做出了表率。在这些综合因素的影响下，一两个飘忽不定、反复无常，却相当著名的辉格党人，在伊利诺伊州中部宣布他们坚决支持《内布拉斯加法案》，并寄希望于民主党，幻想他们在伊利诺伊州北部失去的一切，都将在伊利诺伊州中部和南部重新夺回。

一个意外的情况影响了公众舆论。如前所述，在反对斯蒂芬·阿诺德·道格拉斯废除《密苏里妥协法案》的《内布拉斯加法案》的过程中，一些做出了异常举动的公开的废奴主义者和许多强硬的自由土壤党人，突然来到公众面前，唤醒并引导社会舆论，有那么一刻，让它看起来，就好像他们真的在政治领域取得了领导权和控制力。这些人长期以来一直受到公众的谴责。的确，他们中的一些人以往在某些场合使用过无礼或过激的语言。但通常他们遭到谴责，更多是因为他们的话语和目的被严重歪曲了。碰巧的是，他们中的大多数都是民主党的前身，这让他们在反对奴隶制的民主党人中间具有很大的影响，但在坚决支持辉格党的县和社区，人们对他们的意见和观点却极其反感。尽管现在他们在演讲和纲领中，变得小心翼翼，谨言慎行，态度温和，注重实效，但这样的事实并没有立即消除现存的对他们的偏见。其中的一些人出现在伊利诺伊州。

卡修斯·马塞勒斯·克莱

卡修斯·马塞勒斯·克莱发表了一封公开信，信中，他倡导所有反对《内布拉斯加法案》的选民团结到"托马斯·哈特·本顿、威廉·亨利·西沃德、约翰·帕克·黑尔，或任何其他优秀公民身边"。后来，他还在伊利诺伊州做了一系列演讲。当他来到斯普林菲尔德，在职的民主党的官员拒绝他使用众议院的圆形大厅，然而，在附近的一个树林里，倒为他吸引来了更多观众。后来，在那年夏天，来自俄亥俄州的约书亚·瑞德·吉丁斯和萨蒙·波特兰·蔡斯，穿过伊利诺伊州，开始了一次政治旅行。在斯普林菲尔德，未来的部长兼首席大法官萨蒙·波特兰·蔡斯，在昏暗肮脏的小法庭里，对几百个冷漠的观众演讲，民主党的报纸对此做了报道，评价说"几乎有点怀才不遇的意思"。这个阶层中的一些当地的演说家，出口成章，妙语连珠，言之凿凿，掷地有声，现在也开

欧文·洛夫乔伊

始用重新点燃的热情和令人叹服的口才让自己名扬四方。伊利诺伊州北部的欧文·洛夫乔伊是他们中的佼佼者。他是在奥尔顿因言论问题而惨遭杀害的以利亚·帕里什·洛夫乔伊的弟弟。

因此，在伊利诺伊州北部，公众对斯蒂芬·阿诺德·道格拉斯废除《密苏里妥协法案》的《内布拉斯加法案》的谴责是疾如雷电的，是全面彻底的。而中部和南部诸县对它的反对是行动缓慢的，是犹豫不决的。在那里，在南方出生的辉格党人中间，对《内布拉斯加法案》的反对更多是出于党派情感而不是道德信念。这一新的问题以这样的方式消除了党派的界线，以至让公众感到迷惑不解。但这一问题不会推迟。国会选举将在秋季举行，在一系列事件的影响下，而不是在政客的领导下，竞选运动逐渐形成并发展起来。

经过一场最令人激动的议会斗争，废除《密苏里妥协法案》的《内布拉斯加法案》于 1854 年 5 月在国会通过。这一次对众议员和参议员成功的操控，助长了斯蒂芬·阿诺德·道格拉斯的气焰。他准备迫使人民接受它。他说："我听到人们现在说，他们愿意默认它……他们不想给《内布拉斯加法案》找麻烦，这是远远不够的，而是必须接受它的原则。"在蓄奴州，这是一项易如反掌的任务。投票反对《内布拉斯加法案》的最著名的民主党人是托马斯·哈特·本顿。密苏里州的选举是在 1854 年 8 月举行的。一名和斯蒂芬·阿诺德·道格拉斯一样坚决支持废除《密苏里妥协法案》的辉格党人，轻而易举地打败了托马斯·哈特·本顿。在自由州，情况却完全不同。在伊利诺伊州，民主党人渐渐地，但最终以一种大胆的态度，承认自己支持这一危险的法案。除了北方严重叛党的成员，大部分民主党人都团结在斯蒂芬·阿诺德·道格拉斯的领导下。另一方面，全体辉格党人宣布反对他，但他们的力量在中部和南部被大大削弱了，因为处处都有叛党的现象。同时，两党都保留了各自独特的政党名称和组织。

国会在 1854 年 8 月初休会，但斯蒂芬·阿诺德·道格拉斯推迟了返回伊利诺伊州的行程。到了 1854 年 9 月 1 日，他宣布要回到芝加哥的老家。这是一个反对奴隶制的城市，他的言行让公众感到怒不可遏，人们强烈地谴责他。他自己从前党内的朋友在群众集会上斥责他。疯狂的群众在街头焚烧他的肖像。反对派的报纸骂他是缩头乌龟，没脸去见他的选民。在斯蒂芬·阿诺德·道格拉斯到达芝加哥的当天下午，城里以及河流和港口的船都降半旗，以示公众对他的诅咒，希望他早日垮台。日落时分，人们敲响了城里各式各样的钟，并持续一小时，以示公众对他的悼念，希望他早日断气。当天晚上，他登上讲台向大约有五千人的一群听众讲话时，几个朋友围在他身边，他面前的观众虽然没有咄咄逼人的敌意，但显然也是一副冷眼旁观、漠不关心的神情。

斯蒂芬·阿诺德·道格拉斯开始演讲，努力为自己的所作所为辩护。他声称，他那伟大的"主权在民"的原则已经永远地解决了奴隶制的问题，这一原则剥夺了国会的权力，并把它移交给当地的人民，让他们按照自己的意愿来决定自己的事情。当人们阴沉着脸，一声不吭地听他唠叨了四十五分钟之后，他们终于失去了耐心，开始不断地向他发问。听众们连珠炮、机关枪般的质问，让斯蒂芬·阿诺德·道格拉斯实在难以招架，过了一会儿，他实在无法应对这样的局面，便开始大发雷霆。他愤怒的应答，换来的是观众激动的抗议、抨击和反驳，混杂着欢呼和嘘声。主持会议的芝加哥市长试图使集会的群众安静下来，但人们却难以控制激动的情绪。身材短小精悍的斯蒂芬·阿诺德·道格拉斯却有着飞扬跋扈、颇具争议的性格，他勇敢地捍卫自己的立场，他面红耳赤、气势汹汹地谴责打断他的人们，并污蔑他们是暴徒，对着他们的脸揎拳捋袖，威胁恐吓。观众们故意配合他，发出痛苦的呻吟、像猫头鹰那样的叫声，大呼小叫，会场顿时人声鼎沸，混乱不堪。喧闹的过程一直持续到 22 时 30 分，直到这个令人费解的演说家最终听从他的朋友们的劝告，极不情愿地放弃辩驳，离开了讲台。民主党的报纸对此事做了大肆宣扬，说什么"在热爱和平、遵纪守法、受废奴主义困扰的芝加哥市，伊利诺伊州伟大的政客、美国参议院的代表被轰下了讲台，剥夺了发言权"。和往常一样，斯蒂芬·阿诺德·道格拉斯缺乏忍耐导致了自然而然的后果。

自从亚伯拉罕·林肯在 1847 年到 1849 年在国会唯一的一个任期结束后，便回到了斯普林菲尔德，尽管他并没有完全退出政坛，他的竞选活动却大大地减少了。这段时期对他来说是多年的工作、学习和思考。他的律师职业已经成为更深奥的学科和更高尚的责任。他一心一意、全神贯注的法律实践，给他带来了更重要、报酬更丰厚的案件。他幽默依旧，但他的性格多了一份成年人的稳重和尊严。在亚伯拉罕·林肯接触的每一个社会团体中，无论是在大街上还是在客厅里，他仍然是人们最感兴趣的焦点。性情开朗，脾气温和。言谈亲切，深得人心。待人接物宽容仁慈，他浑身散发出自信与和善的光芒。无论他走到哪里，他那趣味无穷的幽默故事都会让人们忍俊不禁、笑声不断。不仅是他党内的朋友们，就连他的政治对手们，对他的好人缘也同样羡慕不已、梦寐以求。亚伯拉罕·林肯那广为人知的诚实正直、一丝不苟的认真劲，早已为他赢得了真率但诚挚的绰号——"正直的老亚伯"。但很明显,他与大家相处的时间越来越少,而独自待在他的办公室或书房的时间却越来越多了,他似乎永远地、急切地离开了那个对他热切盼望、热烈欢迎的、他也为之带去了愉快与欢笑的社交圈子。

那是在 1854 年的盛夏,我们发现亚伯拉罕·林肯又开始在伊利诺伊州中部做巡回演讲。农村居民总是热情地欢迎他的演讲,请求他对公众讲话的邀请函像雪片一样从五湖四海飞来。他关于这一新的、万众瞩目的话题的第一轮演讲都是在邻近的城镇和周围的郡县进行的。1854 年 8 月底,该选区的国会候选人——用西部流行的说法就是"已经站在了赛道上"的——理查德·耶茨,后来成了著名的"战争州长"之一,作为辉格党人寻求连任国会议员。托马斯·朗格瑞尔·哈里斯作为一个以斯蒂芬·阿诺德·道格拉斯为首的民主党人,试图

托马斯·朗格瑞尔·哈里斯

取代理查德·耶茨。地方政治变得活跃起来，四面八方都派人去请亚伯拉罕·林肯向人民讲话。然而，当他去的时候，他明白无误地宣布，他不打算把时间花在个人和国会的争论上。他的意图是讨论《内布拉斯加法案》的原则。

一旦推出这一主题，人们惊奇地发现，亚伯拉罕·林肯表现出罕见的严肃。他们从他的嘴里听到的更多是历史，而不是奇闻趣事。他那清晰的思维过程、严密的逻辑推理，以及电光石火、热情洋溢的雄辩紧紧地吸引住了那些来听他讲笑话的漫不经心的群众，而且，他演讲的范围和要旨也让人们备受鼓舞，使他们对一个清新纯净的政治氛围充满了期待。除了桑加蒙县的发展、保护性关税和墨西哥战争的起源，亚伯拉罕·林肯演讲的内容还讨论了新的以及更深层的问题。通过法律事件，通过政府历史，甚至假借政治哲学的基本准则，他触及了最基本的人权的基石。这样一个主题为演讲者的天赋、直觉的逻辑思维、冲动的爱国主义、纯粹而诗意的法律和道德观念提供了素材。

自从斯蒂芬·阿诺德·道格拉斯于 1854 年 9 月 1 日在芝加哥遭到公众的冷遇和羞辱之后，经过几天的逗留和休息，他又已经开始向南穿过该州进行巡回演讲。在这些集会上，至少他的听众们都还算礼貌，当他接近伊利诺伊州中部的时候，对他的接待变得更加热情。1854 年 10 月的第一周，在州政府所在地斯普林菲尔德，伊利诺伊州农业博览会引来了大量的群众，其中包括该州主要的政客们。该活动的主要兴趣最终集中在了某种政治竞赛上。这里是亚伯拉罕·林肯的家，一个坚决支持辉格党的县，也是迄今为止，辉格党在全州境内发现的、选民最坚定、最可靠的根据地。迄今为止，亚伯拉罕·林肯在这里就内布拉斯加问题只做过一次演讲。在《内布拉斯加法案》下，斯蒂芬·阿诺德·道格拉斯在联邦政府为伊利诺伊州保留了两个职位，其中之一的堪萨斯土地测绘局局长一职，给了约翰·卡尔霍恩，就是二十年前在开拓时期，在桑加蒙县当土地测量员，并雇用亚伯拉罕·林肯做他的副手的那个人。他也是三年后获得"蜡烛箱"这个绰号，并因为和"辛辛那提通讯录"、堪萨斯"蜡烛箱"选举舞弊，以及著名的《莱康普顿宪法》有牵连而声名狼藉的那个人。约翰·卡尔霍恩那时还在伊利诺伊州宣传《内布拉斯加法案》

19 世纪中期的约翰·卡尔霍恩

的信仰。很多人认为他是一个既有大量的专业知识，又有极高的政治才能的人，约翰·卡尔霍恩曾在斯普林菲尔德发表过一次演讲，亚伯拉罕·林肯曾对此做出回应。然而，这只是当地的一个偶发事件。报纸对此并没有描述或报道。

而伊利诺伊州农业博览会上的集会性质有所不同，观众们几乎都是全州各个县上的头面人物。虽然关于政党问题的讨论已经持续了整个夏天，基本上还算爽快麻利。然而，许多诚实而聪明的选民，甚至领导人仍然犹豫不决，这就是政治上的普遍困惑。农业博览会持续了将近一周。斯蒂芬·阿诺德·道格拉斯在第一天，也就是 1854 年 10 月 3 日（星期二）发表了讲话。亚伯拉罕·林肯第二天对他做出了回应。斯蒂芬·阿诺德·道格拉斯反驳了亚伯拉罕·林肯

莱曼·特朗布尔

的回应。那天晚上和随后的一昼夜上演了一连串激烈的争论，约翰·卡尔霍恩、莱曼·特朗布尔、西德尼·布里斯、E.D. 泰勒，也许还有其他人，都参加了这场辩论。

斯蒂芬·阿诺德·道格拉斯的演讲无疑是他所预期的。他的朋友们也希望他的演讲能成为这一场合主要的和决定性的议题。然而，那个时候，伊利诺伊州中部诸县的辉格党人，虽然因为内布拉斯加问题令人不安的特征而有所动摇，但他们还是修改了方针政策，并且绝大多数成员决定采取攻势，并保留其政党名称和组织。在桑加蒙县，最坚定的辉格党人亚伯拉罕·林肯和史蒂芬·特里格·洛根，当选为州议会的候选人。斯蒂芬·阿诺德·道格拉斯在美国参议院的同事詹姆斯·希尔兹的任期即将届满，新的立法机关将选出他的继任者。因此，对政党原则的论战，又多了一份高官厚禄的刺激。辉格党人高度关注这个机会，以及这个职位给他们在该州的权势可能带来的影响。

因此，当亚伯拉罕·林肯党内的朋友们又看到他积极地参与讨论时，他们感到由衷的高兴。他们老早就知道他对人民及其政党的独特的影响力和号召力。

詹姆斯·希尔兹

亚伯拉罕·林肯在邻县发表的几次不多的演讲，向他们展示了他日益成熟的才智，以及他不断提高的辩论能力。这一次新的巡回演讲的实践对亚伯拉罕·林肯自己产生了积极的影响，使他的思路更加清晰，并使他在辩论中更加注重方式方法。反对派的报纸指责他"在州众议院的图书馆里四处窥探"。这一指控并非空穴来风。当其他人愿意接受间接陈述的时候，亚伯拉罕·林肯更愿意核实引文，并找到新的证据。因此，他对自己的议题的处理不仅大胆，而且新颖。

辉格党人一致同意，希望亚伯拉罕·林肯能回应斯蒂芬·阿诺德·道格拉斯的讲话。这不是一项轻松的任务，没有人比亚伯拉罕·林肯更清楚斯蒂芬·阿诺德·道格拉斯的实力，从前是、现在依然是不容置疑的。在智力和理解力方面，斯蒂芬·阿诺德·道格拉斯对"小巨人"这个绰号当之无愧，这是那些喜欢他的人为他取的。斯蒂芬·阿诺德·道格拉斯从前是佛蒙特州一位细木匠人的学徒，1833 年，他来到伊利诺伊州，身无分文。而到了 1852 年，他摇身一变，成了一个竞争这个国家的伟大的民主党的最高领导权的强大对手，这并非偶然。二十五年过去了，当我们把斯蒂芬·阿诺德·道格拉斯和他渴望取代的老领导放在一起权衡比较的时候，我们就会发现他的信心和野心的坚固的基础。暂且不表他作为政客所犯的大错，他比那些低估他的能力，看不惯他的自负的同辈人有着更加突出的表现。在随后的六年中，激烈的党派冲突使每一个引人注目的政党对手都因为丑闻或叛党而变得默默无闻。当别人大快朵颐、欢庆饮宴的时候，斯蒂芬·阿诺德·道格拉斯却在艰苦奋斗、殊死抗争。当别人收获的时候，斯蒂芬·阿诺德·道格拉斯却在播种。他遭到盟友的抛弃和朋友的迫害，然而，斯蒂芬·阿诺德·道格拉斯带着忠诚的信念和坚定的勇气从斗争中脱颖而出，经受住了背叛、失败和灾难，为自己赢得了曾经战无不胜的民主党在北方的近五分之三的选民的赤胆忠心和狂热崇拜。斯蒂芬·阿诺德·道格拉斯不仅证明了自己是最勇敢的领袖，而且他最大的荣耀就是，当斯蒂芬·阿诺德·道格拉斯的一些同伴的言行严重威胁到宪法和政府的时候，他带领他依然强大的追随者的队伍，满腔赤诚地维护它们。

我们发现，斯蒂芬·阿诺德·道格拉斯在这场严重的冲突的开始，满怀希望和野心。他用自己的方式，在精彩的辩论中，在咄咄逼人的政党战略中不断地取得胜利。此外，他还善于巧妙地转移话题，加上或许无与伦比的诡辩，这种有争议但实用的才能，在他对《内布拉斯加法案》的辩护中，永远是他战无不胜的撒手锏。此外，斯蒂芬·阿诺德·道格拉斯长期的仕途使他的讲话充满了庄严的政客的风采和魅力，但亚伯拉罕·林肯知道斯蒂芬·阿诺德·道格拉斯的长处，同样也了解他的弱点。他们差不多同时来到伊利诺伊州中部，并一起成长。在社交方面他们友好相处。在政治方面他们是长达二十年的对手。在律师行业内、在立法机关里、在巡回演讲中，他们经常会不期而遇、斗智斗勇。因而，两个人对双方的脾气秉性都耳熟能详，就像士兵对自己盔甲上的每一个接缝那么熟悉。

西部早期居民的主要特征之一，就是保留了一丝也许从原始蒙昧社会流传下来的侠肝义胆的豪气和英雄崇拜的本能。当人们逐渐放弃野蛮的体育运动，逐渐淘汰射击比赛、摔跤比赛、赛马以及类似的游戏时，在某种程度上，政治辩论就成了它们的替代品。但优胜原则，在给胜利者带来崇高的荣誉和尊敬的同时，也会强加给他相应的义务，那就是了解每一个对手，接受每一个挑战。拒绝任何竞赛、恳求任何特权，都会立即丧失威信。在亚伯拉罕·林肯职业生涯的巅峰时刻，在政治潮流重大的转折点上，他为新的战斗做好了充分的准备，通过思考和研究，他有能力对抗这个民主党的捍卫者和这场政党风暴的始作俑者斯蒂芬·阿诺德·道格拉斯。敢于冒险去攻击这样的一位对手，这体现了亚伯拉罕·林肯那罕见的自信和高度的意识。

根据布告，斯蒂芬·阿诺德·道格拉斯在农业博览会的第一天发表讲话，也就是 1854 年 10 月 3 日，星期二。他在开场白中说道："我想说的是，有些先生听说这个城市的亚伯拉罕·林肯先生有望对我的演讲做出回应。如果真是这样的话，我希望亚伯拉罕·林肯先生能站出来，让我们一起制定出这次讨论的计划安排。"亚伯拉罕·林肯先生当时不在那里，因此，也就不能和他一起制订计划了。糟糕的天气迫使人们把会场挪到了伊利诺伊州众议院的议员大厅。黑压压的听众们把这里挤得水泄不通。第二天，同一个座无虚席的大厅里挤满了前来听亚伯拉罕·林肯演讲的人。斯蒂芬·阿诺德·道格拉斯就坐在亚伯拉罕·林肯面前，在答辩中，斯蒂芬·阿诺德·道格拉斯解释道："我的朋友亚伯拉罕·林肯特意邀请我今天留下来听他演讲，并尽我所能地为自己辩护，因为他昨天也听了我的演讲。在这里，我感谢他彬彬有礼的邀请。"该场合极大地平衡了两位对手的相对地位。熟悉的环境、朋友们的陪伴和衷心的鼓励，使亚伯拉罕·林肯处于最佳的状态。他兴致勃勃，谈吐幽默，脾气温和，尤其是他那基于历史事实的、连珠炮般令人难以招架的发问，甚至让他的政治敌人都钦佩得五体投地。他们中有一个人写道："他的演讲长达四个小时，构思奇巧，表达方式令人愉快，并赢得了热情洋溢、经久不息的掌声。有时候，他的陈述会让参议员斯蒂芬·阿诺德·道格拉斯激动而焦急地站起来。接着，幽默机智的话语又会激发出听众们浓厚的兴趣和热情。"所有的报告清楚地表明，斯蒂芬·阿诺德·道格拉斯对亚伯拉罕·林肯这口若悬河的雄辩之才感到震惊和不安，他徒劳地挣扎着，试图通过一两个小时的答辩毁掉亚伯拉罕·林肯在辩论中取得的胜利。迄今为止，亚伯拉罕·林肯一直是他所在的地区最重要的人物。在这次辩论中做出的努力使他成为伊利诺伊州解决新问题的领袖。

这一次成功的辩论给亚伯拉罕·林肯带来了赫赫威名，以至无论斯蒂芬·阿诺德·道格拉斯去哪里演讲，人们都会赶紧派人去请亚伯拉罕·林肯来与斯蒂芬·阿诺德·道格拉斯对阵。于是，十二天之后，也就是1854年10月16日，他们再次在皮奥里亚举行的辩论会上相遇。亚伯拉罕·林肯一如既往地把开场和闭幕演讲让给了斯蒂芬·阿诺德·道格拉斯，他解释说他愿意放弃这个优势，以确保自己的听众中有一部分民主党人。观众很多，但不像斯普林菲尔德的观众们那么具有代表性。然而，这一刻是令人难忘的，因为当亚伯拉罕·林肯回到家后，他写下并发表了他的演讲。因此，我们有了他的辩论的修订文本，并能够估计其性质和价值。由于它准确无误地标记了他智力发展的第二个阶段，它值得亚伯拉罕·林肯的研究者们对它密切关注。

近三十年过去了，挑剔的读者仍然认为它是简洁凝练、准确直接、清晰明了的历史陈述的典范，像数学公理一样简单直观的逻辑命题在亚伯拉罕·林的演讲中俯拾皆是。尤其是它从头至尾体现出的高尚的思想境界和目标，使它在党争的老生常谈中显得卓尔不群。与亚伯拉罕·林肯后来的讲话相比，我们发现它不仅包含了当时的议题，还预示着新的斗争注定会展开的更广泛的问题。

亚伯拉罕·林肯的推理的主要的、一般的趋势，是维护并恢复国父们对奴隶制的限制政策，然而，像一根金线贯穿这一过程的，是对这一制度本质的不公正和不道德的证明。

这表明他们对此漠不关心。然而，如我所想，隐蔽的、渴望传播奴隶制的热情，使我难抑心中的愤恨。我憎恶奴隶制，因为它本身极其不公正。我憎恶奴隶制，因为它剥夺了我们对世界产生积极的影响的共和的范例，使具有合理性的自由制度的敌人嘲笑我们是伪君子。使真正热爱自由的人怀疑我们的诚意。尤其是因为它迫使我们当中这么多优秀的人，以公民的自由为基本原则，卷入一场公开的战争。他们批判《独立宣言》，坚持认为除了个人利益，没有正确的行动原则。

自治主义是正确的，绝对正确，永远正确，但它没有像这里尝试的那样合理地使用。或者，也许我更应该说，它是否有这样的正当的应用，取决于一个黑人算不算一个真正的人。如果他不算是一个真正的人，在这种情况下，一个真正的人就能够以自治为幌子，随心所欲地对待他。然而，如果他算是一个真正的人，但他还是不能管理自己，在一定程度上，这难道不是对自治的全面否定吗？当白人管理自己的时候，那就是自治。然而，当他管理自己，同时统治另一个人的时候，那不仅仅是自治，还是专制。

我想说的是，没有哪个人，好到足以未经别人的同意，就统治另一个人。

奴隶主不仅未经奴隶的同意就统治他，而且用一套与他为自己制定的规则完全不同的规则来统治他。允许所有被统治者在政府中拥有平等的发言权，这才是自治，是唯一的自治。

《独立宣言》起草委员会向国会提交《独立宣言》

  奴隶制是建立在自私的基础上的，而对它的反对则是建立在热爱正义的基础上的。这些原则永远势如水火。当奴隶制的扩张给他们带来激烈的冲突时，震惊、痛苦和动乱必然会纷至沓来。即使废除《密苏里妥协法案》及所有妥协案、《独立宣言》，你也不可能废除人性。

　　我特别反对这项《内布拉斯加法案》公开声明的原则赋予奴隶制在这个国家的新位置。我反对它，是因为它假定一个人有道德权利去奴役另一个人。我反对它，是因为它对于一个自由人来说，是一种危险的挑衅，是一种令人悲伤的虚假繁荣的表象。我们忘得一干二净了吧，我们已不再把自由当作道德准则来遵从。

随着人类一步步地走向坟墓，我们不断地放弃原来的信仰，形成新的信仰。大约在八十年前，我们开始宣称人人生而平等。但现在，我们从那个宣言到这个宣言，说有些人奴役别人是一种"神圣的自治权"，这真是历史的倒退。这两种道德准则是水火不容的。就像上帝和玛门（指贪婪）一样，是截然相反的。

我们共和党的长袍拖曳在尘土里弄脏了。让我们再把它洗净。让我们把它翻过来，即便不是在革命的鲜血里，也要在革命的烈酒里，把它漂洗得干干净净。让我们把奴隶制从它对"道德权利"的要求上，拉回到它现有的法律权利上，以及对它的"必要性"的讨论上。让我们秉承国父们对它的态度，让它安息吧。让我们承袭《独立宣言》，并采用与之一致的政策和实践。让北方和南方，让所有美国人，让所有热爱自由的人们都参与到这项伟大而美好的事业中来。如果我们这样做，我们将不仅拯救了联邦，而且我们也会通过这种方式，使它永远值得拯救。如果我们这样做，从此以后，全世界成千上万获得自由的快乐的人们，就会站起来，世世代代为我们祝福。

1854年11月7日进行的选举，其结果对于斯蒂芬·阿诺德·道格拉斯来说简直就是一场灾难。人们很快发现，参议院和众议院联合投票的议会，可能会把多数票投给反对现任詹姆斯·希尔兹的参议员，或任何其他义不容辞地支持《内布拉斯加法案》的民主党人。谁会成为他的继任者依然是个未知数。反对党的多数是由反对《内布拉斯加法案》的民主党人——当时被称为"废奴主义者"，欧文·洛夫乔伊就是他们的领导人之一——以及辉格党人组成的。迄今为止，辉格党的人数最多。但这些成员，除了唯一的一个问题，即奴隶制问题，在其他任何问题上意见都不太一致。在这种不确定的情况下，涌现出了一大批候选人。几乎每一个来自伊利诺伊州的国会议员，事实上，几乎每一个伊利诺伊州有名望的人，都做过这样的美梦，那就是他自己可能会成为双方妥协折中和融洽相处的调解人。

当美国政客在争论奴隶制去留问题时，广大奴隶还在遭受着非人待遇。这幅图描绘了种植园主在当众惩罚一个奴隶

在辉格党中，尽管也不乏其他有志向的人。然而，亚伯拉罕·林肯的演讲对他赢得大选起到了不可小觑的作用，他是最合乎常情、最杰出的候选人。按照西部的风俗习惯，他向大部分辉格党的候选人和其他有影响力的党内成员做了一个简短的演讲，请求他们的支持。一般来说，回复不仅是肯定的，而且是亲切的，甚至是热情的。但现在出现了一个进退两难的局面。亚伯拉罕·林肯在桑加蒙县获得六百五十张多数选票，从而当选为参议院候选人之一。但伊利诺伊州的宪法中有一条，会取消州议会成员和其他一些委派的官员当选为参议员的候选人资格。优秀的律师们普遍认为这一条款不符合《美国宪法》，而且宪法规定，所有的州都不能增加，也不能减少参议员和众议员的限制条件。但在州议会里，反对派只比执政党多出一两个席位。如果亚伯拉罕·林肯辞去他

在州议会的职务，这可能会毁掉辉格党在州议会的人数上的优势。如果他拒绝辞职，可能会使一些成员转而支持民主党。

最后，经过慎重考虑，亚伯拉罕·林肯辞去了他在州议会的职务，以六七百张多数选票，在桑加蒙县选出了另一位辉格党人，顶替了亚伯拉罕·林肯在州议会的职位。他本来满怀信任，结果却遭到了欺骗。在辉格党的队伍里，突然出现了反对"废奴主义"的反动思想。无精打采的冷漠取代了那年夏天的游说拉票带来的紧张和激动。当地的竞争使一个不受欢迎的候选人当选。当桑加蒙县精明的民主党人们注意到了所有这些迹象的时候，便组织了在西部政坛所谓的"偷袭"行动。他们通过弃权的方式，假装默许特别选举。他们没有提名。他们允许一个绰号为"汽船史密斯"的独立的民主党人招摇过市，四处炫耀。直到选举的那一天，他们都没有公开的迹象，尽管他们已经神不知鬼不觉地指示和训练了他们选区的竞选队伍。在选举的那天早晨，每一个投票点都出现了足够多的民主党人，向选民们分发候选人名单，上面只有一个从前任何人都没有提到过的名字。他们一整天都忙着激励那些拖拖拉拉和漠不关心的选民，忙着用车去接那些年老体弱的和边远地区的选民。他们的计谋得逞了。辉格党人完全措手不及，民主党人麦克丹尼尔斯以非常少的总共大约六十张多数票当选。伊利诺伊州其他地区的辉格党人对这个意想不到的结果感到异常愤怒，这件事让参议员的游说拉票活动更加复杂了。

然而，事实证明，即使遭受损失，在联合投票中，依然会有大多数人反对斯蒂芬·阿诺德·道格拉斯。然而，怎样才能把由辉格党人、民主党人和所谓的废奴主义者组成的反对派团结起来呢？就在那一刻，在迫在眉睫的党派革命中，一切都是怀疑、不信任、不确定的。只有在所有的奴隶制问题上，永远都积极行动的废奴主义者，才愿意在新的联合中起模范带头作用，然而，没有人愿意因为与他们一起行动而遭到公众的憎恶。他们也出席了伊利诺伊州的农业博览会，听了亚伯拉罕·林肯回应斯蒂芬·阿诺德·道格拉斯的演讲。在亚伯拉罕·林肯的演讲接近尾声的时候，就在斯蒂芬·阿诺德·道格拉斯开始辩驳之前，欧文·洛夫乔伊向观众宣布，共和党全州代表大会将立即在州参议院的议事厅里召开，邀请代表们参加。但听众们对此并不感兴趣，几乎没有几个人离开亚伯拉罕·林肯和斯蒂芬·阿诺德·道格拉斯辩论的会场。州参议院的议事厅门庭冷落，一排排空板凳令人沮丧。只有大约二十六名代表在那里代表整个伊利诺伊州参加了会议。这样的局面丝毫没有挫败他们的锐气，代表们轮流发表演讲，宣读纲领。在他们的演讲中，他们特意称赞了刚才听过的亚伯拉罕·林肯那伟大的演讲，尽管亚伯拉罕·林肯的声明从本质上来说有别于他们新制定的纲领。民主党的机关刊物嘲笑他们："伊卡博德·科丁在胡言乱语，欧文·洛夫乔伊的头脑发昏，他们所有人都对亚伯拉罕·林肯的演讲点头称是。"共和党的代表们对此还不满意，他们没有与亚伯拉罕·林肯协商，也没有经过他的同意，就把亚伯拉罕·林肯的名字列在了共和党的州中央委员会的名单上。

事情一直保持这样的状态，直到共和党的主席召开会议并通知亚伯拉罕·林肯出席。作为回应，亚伯拉罕·林肯寄来了一封询问信："当我提起笔来，请允许我说，我一直困惑不解为什么我的名字会出现在共和党的州中央委员会里。没有任何人就这件事征求过我的意见，也没有任何人通知过我这项任命，直到我两三个星期之后才偶然发现。我想我反对奴隶制的原则和共和党的任何一个成员一样强烈，但我也认为，贵党授权我对奴隶制的反对程度，事实上，还根本无法让贵党感到满意。组建共和党的领导们出席了 1854 年 10 月 4 日我和斯蒂芬·阿诺德·道格拉斯在斯普林菲尔德举行的辩论会，因而有充分的机会不误解我的立场。难道我误解你们的立场了吗？"

我们并不能确定这封信是否得到了答复，尽管这不大可能。毫无疑问，这导致了 1855 年初，在立法会议期间召开的要求对参议员的问题做出决定的会议。有人暗示，亚伯拉罕·林肯做了不光彩的原则上的让步，以便得到欧文·洛夫乔伊和他的朋友们的选票。这句话实在太荒谬了，根本不值得对它进行反驳。事实真相是，当时在国会就职的约书亚·瑞德·吉丁斯，写信给欧文·洛夫乔伊和其他人，要求他们支持亚伯拉罕·林肯。这件事出于各种各样的原因而耽搁了，但最后，在 1855 年 2 月 8 日，州议会进行了联合投票，提名了一堆候选人，经过竞争，候选人只剩下三名。辉格党和自由土壤党支持亚伯拉罕·林肯。而以斯蒂芬·阿诺德·道格拉斯为首的民主党则支持詹姆斯·希尔兹。在这两个人之中，亚伯拉罕·林肯的胜算本来会更大，但有五名反对《内布拉斯加法案》的民主党人，在任何情况下都拒绝投票给亚伯拉罕·林肯或任何其他辉格党人，因而在六次投票中，都把票投给了莱曼·特朗布尔。第一次投票的情况：亚伯拉罕·林肯四十五票。詹姆斯·希尔兹四十一票。莱曼·特朗布尔五票。其他候选人共得八票。在第一轮投票中有两三名辉格党人把票投给了别人，虽然他们现在回来支持亚伯拉罕·林肯，然而，联合党内很多成员都模仿他们这种令人泄气的行为。到了第六轮投票的时候，情况就成这样了：亚伯拉罕·林肯三十六票。詹姆斯·希尔兹四十一票。莱曼·特朗布尔八票。其他候选人共得十三票。

在这一阶段，斯蒂芬·阿诺德·道格拉斯领导的民主党对其阵线做出了调整，放弃了詹姆斯·希尔兹，集中几乎全部的力量四十四票，支持乔尔·奥德瑞奇·玛特森州长。这一举动并不令人感到意外，因为尽管乔尔·奥德瑞奇·玛特森州长和党报迄今为止都极力宣称他不是候选人，但政治迹象显然与这种说法相悖。乔尔·奥德瑞奇·玛特森州长曾经保持半独立的立场。对《内布拉斯加法案》并未做出明确表态，并反对斯蒂芬·阿诺德·道格拉斯关于提高西部河流和港口的吨位税的计划。和大多数西部的人们一样，乔尔·奥德瑞奇·玛特森出身卑微，从一个移民、农民、商人、制造商，一步步地坐上了州长的位子。在乔尔·奥德瑞奇·玛特森执政期间，他特别致力于解决影响伊利诺伊州的经济和原料问题，并在所有阶层和党派中广受欢迎。

乔尔·奥德瑞奇·玛特森州长取代詹姆斯·希尔兹是一种有效的策略。第九次投票中，他赢得四十七票。在无党派诉求的刺激下，反对党开始解散。剩余的选票，亚伯拉罕·林肯获得十五票，莱曼·特朗布尔三十五票，其他候选人一票。在这个关键的时刻，亚伯拉罕·林肯表现出的慷慨大方和远见卓识，完全超越了一个纯粹的政客的眼界。他敦促党内的朋友和支持者们放弃他，转而毫不犹豫地、无条件地支持莱曼·特朗布尔。这让他们的忠诚经受了痛苦的考验。除了《内布拉斯加法案》，在别的任何问题上，莱曼·特朗布尔依然公开承认自己是一个毫不妥协的民主党人。反对党的五个派系一直顽强地面对挑战和灾难。他们明知不可为而为之，他们有愚公移山的信心，他们会迫使大山到穆罕默德①的身边去。这似乎是辉格党无条件的投降。然而，这正体现了亚伯拉罕·林肯对他的拥护者们的深远影响，在他的请求下，他们做出了彻底的牺牲，尽管伴随着挥之不去的悲伤。投票活动浪费了一个漫长的下午，让人们在枯燥乏味中等待悬念的解除。傍晚，大厅里的瓦斯灯亮了，热切期待的女士们把走廊里挤得水泄不通，大厅里则坐满了焦躁不安的男人们。所有的人都专心于竞争的变化，而忘了时间的流逝，忘了饥饿和疲惫。第十次唱票仍然显示亚伯拉罕·林肯十五票，莱曼·特朗布尔三十六票，乔尔·奥德瑞奇·玛特森四十七票。在变得令人痛苦的兴奋中，在观众几乎屏住呼吸的寂静中，亚伯拉罕·林肯最亲密、最贴心的朋友史蒂芬·特里格·洛根法官站起来宣布，剩余的辉格党人的行动将决定竞争的结果。于是，支持亚伯拉罕·林肯的十五名代表都把票投给了莱曼·特朗布尔。这让他得到了五十一票，从而打败了乔尔·奥德瑞奇·玛特森州长，当选为美国参议员。

从前，对亚伯拉罕·林肯来说，当选为美国参议员似乎是一项最辉煌的政治大奖，也许是他当时有望达到的最高目标。通过得体的辞职让自己接受这项大奖的丧失。在漫长的四年中满怀希望地等待另一个机会。苦口婆心地说服朋友们脱离旧党，加入一个前途未卜的新政党（这份苦差事让他如履薄冰），留心维护他对党的领导权的机会。所有这一切都让亚伯拉罕·林肯在法律实践的闲暇时光里有了足够的事情可做。我们有幸知道他做的比这要多得多。并且在纯粹考虑个人利益的过程中，他警惕地关注并研究国家刚刚进入的这场伟大的道德斗争和政治斗争的高级阶段。然而，亚伯拉罕·林肯却几乎没有想到，他注定要在这场斗争中扮演的角色。一年后，他给肯塔基州的一个朋友写的一封信告诉我们，对于奴隶制冲突的本质，他几乎已经有了比较成熟的看法，那就是，他认为国家不可能永远容忍半奴役半自由的状态。直到1858年开始了著

---

① 穆罕默德是伊斯兰教的创始人。他一直强调信心的重要性。门徒问他："你有信心让那座山过来吗？"他大喊道："山，你过来。"山一动不动。他说："山不来就我，我便去就山。"言外之意是对方如果不主动，自己就主动。

乔治·罗伯森

名的参议员竞选活动，亚伯拉罕·林肯才公开发表这一看法。下面是他写给那位朋友的信。

斯普林菲尔德，伊利诺伊州

1855 年 8 月 15 日

尊敬的乔治·罗伯森，莱克星敦，肯塔基州

亲爱的先生：

您留给我的那卷书业已收到，我真的非常感谢您。另外，您还记得我，这让我深感荣幸。此书中我已经阅读过的部分给了我莫大的乐趣和教诲。我还是第一次了解到，导致《密苏里妥协法案》的确切的问题早在密苏里出现之前就已经存在了，而且您还在这件事情中扮演了如此重要的一个角色。您在那个场合做了简短有力、充满爱国心的演讲。迄今为止，那些与您持有相同意见的人们当中，还没有谁能超越您，而且，因为您当时看待问题非常全面，所以我觉得您的看法非常合理。

理论上来讲，您并不支持奴隶制。在那次演讲中，您谈到了"奴隶制度的和平消亡"，并用其他表达方式表明了你的信念。那就是，它总会有结束的时候。从那时起，我们有了三十六年的斗争经验。我认为，这种经验证明了，我们并不能期待奴隶制会和平地消亡。1849年，亨利·克莱和其他伟大而优秀的人们，苦心孤诣地想要在肯塔基州逐步解放奴隶，却一败涂地，连同成千上万的其他迹象，彻底熄灭了和平消除奴隶制的希望。在自由的问题上，作为一个原则，我们已不再是从前的我们。当我们还是英王乔治的政治奴隶的时候，我们渴望自由，便把"人人生而平等"这一格言称作不言而喻的真理。但现在我们强大了，也不再担心自己会沦为奴隶，就变得如此贪婪，想要成为奴隶的主人，竟然把这同一条格言称作"不言而喻的谎言"。我们还没有完全遗忘 7 月 4 日。它依然是一个伟大的、值得庆贺的日子！

那种希望奴隶制和平消亡的精神，在那个时刻，在革命者身上，已经消亡了。在那一时刻的冲动下，近半数的州立即采用了解放奴隶的制度。从那以后，再没有哪个州曾做出过类似的举动。这是一个重要的事实。就和平的、自愿的解放而言，美国黑人奴隶的状况，是自由的心灵几乎无法直视的，他们的命运已成定局，没有好转的希望，就像那些死到临头都不知悔改的迷失的灵魂一样。俄罗斯的独裁者都将放弃他的皇位，并宣告他的臣民是自由的共和主义者。我们美国的奴隶主们迟早有一天也会自愿放弃他们的奴隶吗？

我们现在面临的政治问题是："作为一个国家，我们能否永远地、长久地，以这种半奴隶、半自由的状态继续存在下去？"对我来说，这是一个大是大非的问题。愿上帝保佑我们找到解决它的方案。

您不胜感激的朋友和卑微的仆人，

亚伯拉罕·林肯

　　读者无疑已经注意到了他脑海中那奇怪的历史巧合，就在他前面推测性的断言后不久就发生了。就在亚伯拉罕·林肯成为美国总统，参加就职典礼的前一天，"俄罗斯的独裁者"亚历山大二世颁布了圣旨，解放了农奴。而在亚伯拉罕·林肯的就职典礼之后，又过了六个星期，以杰斐逊·汉密尔顿·戴维斯为首的"美国的奴隶主们"，开始了现代最重大的、妄想延续和传播奴隶制度战争。

第 **22** 章

边境暴徒

通过《内布拉斯加法案》并迅速剥夺印第安人的土地所有权，美国开发出了将近一千五百万英亩的公共土地用来拓殖和买卖，而当时整片土地上几乎还没有人居住。在堪萨斯全境，只有三个军事哨所和附设在印第安人保留地的八或十个布道所或学校，以及在两条主要的移民和贸易线路上几个知名的露营点附近流浪的一些猎人、商人或擅自占用土地的居民。这两条线路一条南下，通往新墨西哥州，另一条北上通向俄勒冈州。但这种由政治刺激产生的兴趣，以及报纸对这片新的土地所处的有利位置、土壤和气候的报道，几个月就足以将堪萨斯从一个封闭和禁入的印第安人保留地转变成移民的福地和乐土。

斯蒂芬·阿诺德·道格拉斯那关于《内布拉斯加法案》的"神圣的"巡回演讲，将奴隶制扩张的斗争从国会转移到了刚刚规划的土地上来。威廉·亨利·西沃德在参议院的一次讨论中说道："那么就放马过来吧，蓄奴州的绅士们，既然不能逃脱你们的挑战，我就代表自由接受它。我们将在堪萨斯的这片处女地上来一场竞争，上帝会把胜利给人数多的那一边，这才合适嘛！"北方有一千五百万人，而南方只有一千万人，结果不言而喻。

这种明显的优势让北方感到安全。总的来说，他们相信正常的和自然的移民行动。然而，普遍情况有时也会有一些例外。《内布拉斯加法案》的领头人的策略激怒了国会的一些成员，他们在华盛顿市成立了一个堪萨斯移民援助协会出资帮助移民。除了主动出击的这第一步行动，他们似乎还没有任何个人的

波士顿

参与。不久，他们就把办公室和工作活动转移到了纽约，也形成了各种类似的私人组织。其中最值得注意的是1854年4月在波士顿注册的"马萨诸塞移民援助公司"，该公司的许可证很快就废弃了，公司于1854年6月13日根据私人章程进行了重组。在这种情况下，它几乎成了新英格兰以伊莱·塞耶为首的、有博爱精神的公民们的工作机构，甚至有几个辅助社团和一些独立协会。但从那时以及后来的情况来看，伊莱·塞耶先生的社团似乎是唯一取得成功，并值得载入史册的组织。

这家公司通过报纸广告和小册子，宣传他们愿意将移民组团，由可靠的代理商负责，用较低的交通费用，把他们送到堪萨斯去。它还为几家锯木工厂运送机器，为两三家报纸运送铅字和印刷机，还修建了一家酒店或公寓，为新来

伊莱·塞耶

者提供食宿。它购买和持有的土地仅供开办这些工商企业。它从不参与投机买卖，也不为任何移民提供免费的食物，并明确否认与任何政治情绪或行为有关联。所有这些交易都是公开的、诚实的、合法的，甚至谨慎地避免卷入道德或政治错误。

在这个社团的资助下，一个大约三十人的开拓者的队伍于 1854 年 7 月抵达了堪萨斯，并创建了劳伦斯镇。时不时地，会有其他队伍跟随他们的脚步，

早期堪萨斯移民定居点与印第安部落

在劳伦斯镇周围建立别的定居点，但基本上还是对最初的定居点进行扩建，直到它与主要的军事哨所莱文沃斯堡接壤，劳伦斯镇成了该地区主要的城镇。移民协会在这里开办的酒店和锯木工厂的修建，以及一家报社的创立，也确立了劳伦斯镇在该地区的商业、政治以及人口方面的主导地位。然而，这一高尚的、慈善的、值得称赞的事业被国会严重地指控为堪萨斯的政治动乱的根源，并要求该协会对其负责。然而，事实并非如此。在它资助五百人到他们的新家园之前，堪萨斯地区的居民主要是西部诸州的常规移民与个人移民，共有八千六百零一人。这是第一个夏季到来之后，和第二个夏季到来之前，官方的人口普查所显示的结果。只需要这一声明就可以驳斥身居高位者对劳伦斯移民如此不遗余力，一而再，再而三的政治诽谤。

比几个波士顿的狂热分子的热心和慈善更深层次的原因发挥了积极的作用。那就是加利福尼亚作为一个州加入联邦，破坏了自由州和蓄奴州之间的权力平衡。为了恢复这种平衡，南方已经完成了对《密苏里妥协法案》的废除。这是第一步，也是不可或缺的一步。同样不可或缺的第二步是夺取对新领土的政治控制权。

堪萨斯恰好位于密苏里州的西边。对于一个边疆州来说，密苏里州的亲奴隶制情绪非常明显，特别是与堪萨斯接壤的边境一带。在提出《内布拉斯加法案》之前，在这个新地区建立奴隶制成了当地公众讨论的话题，参议员戴维·赖斯·艾奇逊已经答应了他在密苏里州西部的选民们，他将努力促成这一结果。自从参议员斯蒂芬·阿诺德·道格拉斯让自己那不可预知的计划成为可能，戴维·赖斯·艾奇逊便全身心地致力于这一目标。他声称，他对这一目标的向往一如他对天堂的向往。当它最终成为一个或许需要通过一次边境选举来决定的问题时，他维护奴隶制的热情和努力都成倍地增长。

当时的报告和随后的发展清楚地表明，这个当时代理美国副总统的参议员戴维·赖斯·艾奇逊，在国会 1854 年 8 月休会后便匆匆离开，马不停蹄地赶回了他在密苏里州普拉特县的老家。在那里有利的形势下，他亲自组织了一场惊天大阴谋，几乎跑遍了所有与堪萨斯毗邻的密苏里州的边境县，由密苏里州投票决定堪萨斯的奴隶制问题。成立了不同名号的秘密社团，如"蓝色小屋""朋友社""社会帮""南方之子"，并通过所有必要的形式，比如宣誓、组织、标志、口令和徽章，将其成员紧密团结到一起。这次运动的计划和目标总的来说非常隐秘。然而，这样的信息不可能一直秘而不宣，它们的公开是不可避免的，因而激起了兴奋，让犹豫不决的人们更加坚定了信心，并压制了所有的分歧和反对。早在行动到来之前，堪萨斯必须成为蓄奴州的这一想法已经发展成为一种不可动摇、志在必得的公众情绪。

如果我们记得那个地方的特殊情况，这样的事实就不足为奇了。那还是在铁路大扩张之前，要想便捷地到达密苏里州的西部，只能通过唯一的商业流通途径，那就是在混浊而危险的密苏里河上乘坐汽船。这条气势磅礴但变幻莫测的河流两岸，覆盖着丰富的冲积土壤，密集地分布着密苏里州的蓄奴县。它们从奴隶们的劳动换来的宝贵产品大麻和烟草中获得大量的财富。在密苏里州，

迪凯纳堡

对奴隶的终生占有和奴隶制度的传统可以追溯到一个世纪从前。在那久远的年代,圣路易斯对面的美国谷底是新法兰西的一个主要生产面包和肉类的定居点,供应北边的麦基诺、南边的新奥尔良、东边的迪凯纳堡。1763年,当"伊利诺伊"地区通过条约成为英国的殖民地,往日的法国殖民者们,带着他们的奴隶,几乎全部越过了密西西比河,进入当时西班牙的领土。他们和从新奥尔良来的开拓者们一起建立了圣路易斯和周边的定居点。而这些定居点,沿着密苏里河繁荣而稳定地发展。

因此,奴隶制就这样伴随着密苏里州的整个历史以及表面的繁荣确立了下来。并且,在最近几年里,这一制度使许多这样的西部县迅速暴富。自由州艾奥瓦州在向北一百英里以外,而自由州伊利诺伊州则在向东两百英里以外,一群印第安部落守卫着西部。是否应该将所有这些安全防护一扫而光,以便他们的逃亡奴隶仅仅只需要穿越该县的边界线便能找到通往加拿大的自由路线?为了得到一个新的市场,他们个人的"动产",即奴隶的价格是否应该下降一半?有近一千五百万英亩新开发的土地可供选择,目前的先占费又微不足道,贫穷的白人难道不应该强迫他唯一的"黑人男孩"跟着他向西迁移几英里，在考河新鲜肥沃的河谷地带为他种植烟草吗？

纵然是如此不假思索的推论也可能仅限于更聪明的人们。从很大程度上来说，这些愚昧无知却固执己见的边疆居民对"废奴主义"深恶痛绝，把它看作一个骂名和犯罪的同义词，因为强硬的党派，上至总统，下至参议员和州长已经将这个词用了半个世纪。有了这些人作为坚定地支持奴隶制的先辈，有了美国副总统戴维·赖斯·艾奇逊作为倡导者鼓吹新的改革运动，这又有什么好吃惊的呢？参议员戴维·赖斯·艾奇逊并不缺乏听众、皈依者和志愿者，他毫不含糊地说："当你在距离你只有一天路程的领土上居住下来，当你的和平、你的安宁、你的财产取决于你的行动，你可以毫不费力地派遣五百名将投票赞成这一制度的年轻人。假如密苏里州的每一个县都尽职尽责，这个问题将安安静静地通过投票解决。如果我们失败了，那么密苏里州和其他南部各州将证明自己没有胆量维护他们的利益，就只能听凭命运的安排了。"

西部水上交通的天然终点在考河，即堪萨斯河，注入密苏里河的交汇处。在这种情况下，那个地方多年以来一直是陆路商队或马车的起点。莱文沃斯堡

奴隶在简陋的棚子里休息用餐

移民抵达圣达菲

是那些去加利福尼亚州和俄勒冈州的人们的会合地点。独立城是为那些注定要去圣达菲的人们提供装备的地方。密集分布在这两个地方的是密苏里州的六个蓄奴县：普拉特县、克莱县、贝伊县、杰克逊县、拉法艾特县和萨林县。普拉特县是参议员戴维·赖斯·艾奇逊的老家，是他们西部的前哨，像一把展开的扇子，平铺在密苏里河的大拐弯里，拥有三十至五十英里的河滨。几乎堪萨斯所有能够通过平常的水路交通和旅行到达的地方，都在密苏里河的对面。只需要瞥一眼地图，我们就能明白，当地人的看法和情绪很容易影响或主导密苏里河上的商业和旅行。鉴于此，我们必须考虑当地人的性格特征。曾经遍及联邦所有州的蓄奴社区的心胸褊狭的风气，在这里显得异常猖獗。乡下人表现出明显的边境特征：轻率鲁莽，勇敢侠义，富有冒险精神。狂放自负，强烈主张个人权利至上。对火器的使用方法和技巧烂熟于心。两种特殊的影响再次强化了这些特征，即印第安人部落的存在。他们的保留地就在边界那一边。以及每年夏天穿越大平原的移民潮的来临和为此做的准备。"1849 年的阿尔戈英雄[①]"

---

① 阿尔戈英雄是希腊神话中乘"阿尔戈"号去取金羊毛的五十位英雄。这里是指作品《"阿尔戈"号1849》描述的马萨诸塞州移民公司经海路去加利福尼亚州寻找财富的冒险故事。

并不都是边境民歌和故事中描述的见利忘义的投机商和杀人不眨眼的恶魔。然而，一般来说，他们都是意志坚定、果断决绝的人。在淘金者的滔滔洪流中，所有那些微不足道的随波逐流的人很快就被冲上了岸，抛在了身后。当那些涉世未深的城里人、律师、医生、商人和投机者，在圣路易斯的"播种者之家"用完最后一顿晚餐，他们便踏上了远离文明的旅途。也许，当那艘镀金的、装饰华丽的汽船载着他们在汹涌澎湃、浊浪滔天的密苏里河上乘风破浪，去和他们的同伴和团队会合的时候，在这三天的旅途中，他们甚至要抵制纸牌和酒精对他们的毒害，遭受别人的谩骂，或者面对别人的威胁，比如用左轮手枪瞄准他们的太阳穴。

然而，一旦到达独立城或者莱文沃斯堡，他们就属于边疆，属于荒野，属于沙漠了。在这里，他们穿上红色的法兰绒衣服和粗布衣或鹿皮衣，把裤腿塞

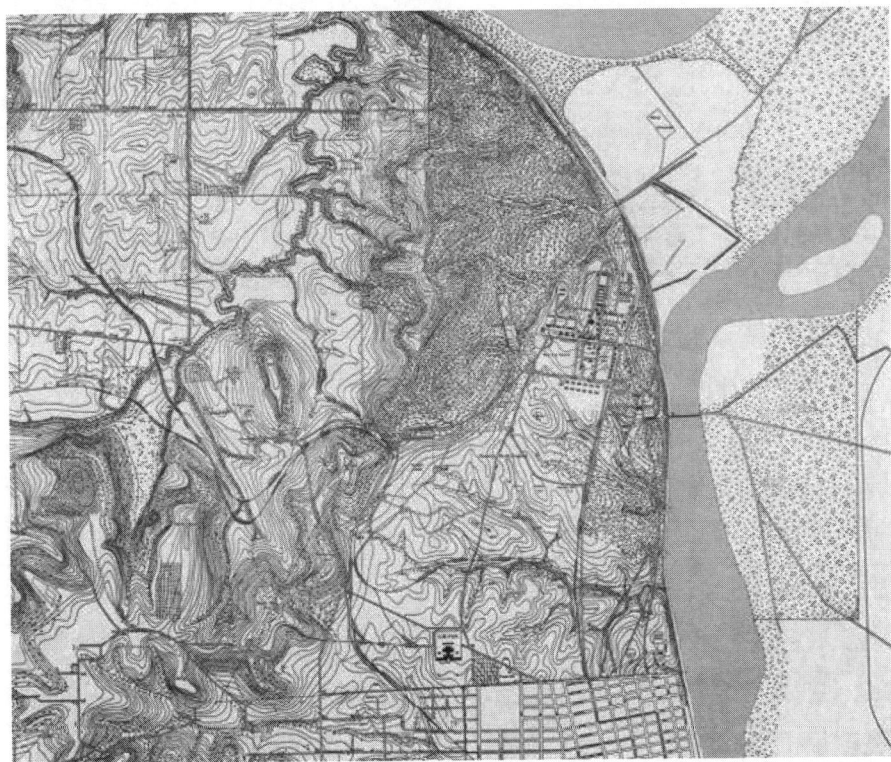

莱文沃斯堡

向西部迁徙的车队

进笨重的靴子，扎在外衣上的腰带上佩戴着猎刀或者左轮手枪。这一次离家远行，所有人都得服从团队的公正无私的平等原则。无论是吃饭睡觉、站岗放哨，还是指挥掌舵、捍卫生命和财产，在船长和厨师之间、雇主和雇员之间、学者和文盲之间，只有职责和任务的不同，而没有高低贵贱的区别。鞍马劳顿、风餐露宿、日晒雨淋、忍饥挨饿，甚至要面临内讧或印第安人的埋伏带来的危险。这些都是一支穿越大平原的商队在三个月的旅程中的家常便饭。

　　所有这些迁徙和活动，为密苏里河沿岸的城镇创造了商机。他们中的少数居民通过出售衬衫和毯子、枪支和火药、硬面包和咸肉、马车和牲畜，促进了贸易，繁荣了市场。小商小贩们正忙着赚钱盈利，而不是努力改革。印第安商人和移民商贩并不信奉"君子爱财，取之有道"的训诫。神圣的戒律和人类法律的惩罚对他们来说轻如鸿毛。由于许多这样的边境城镇当时还只是小小的村落，甚至连一套治安条例都没有。因此，相对来说，这里的人们比较随心所欲，也只能通过广泛而公认的自卫权对个人不道德的行为进行私下的纠正。自1849 年和 1850 年以来，当淘金热达到了无以复加的程度，穿越平原的移民数量慢慢地减少了，对当地交通复兴的渴望，毫无疑问极大地推动了1854年的领土开放政策的制定和实施。《内布拉斯加法案》的通过引起的喧闹和兴奋，点燃了边境商人和投机者的希望，他们现在贪婪地盯着所有获利的新机会。在这种情况下，精明的、大胆的，特别是肆无忌惮的人们面临的机会良多。廉价的土地、无数的城镇地段、称心如意的可供交易的地皮、领土立法机构控制下的众多的经营权和特许权、党派偏袒下的等待分配的职位，所有这一切都给那些有进取心的人，更加那些投机钻营的人带来了极大的诱惑。

正是对这样的一个群体，正是在这样的一种情况下，参议员戴维·赖斯·艾奇逊于1854年的夏天回到了他普拉特县的老家，鼓吹反对堪萨斯，支持奴隶制的言论和活动。他的个人信念、他对党的忠诚、他作为参议员的见解，以及他的财富和运势，都与这一计划息息相关。在斯特林费洛家族和其他热心同事的帮助下，建立了艾奇逊镇，是为了纪念他而以他的名字命名的。还创办了《寮屋主权报》，这份报纸把戴维·赖斯·艾奇逊列为总统候选人。为了表示政府的好意，该报的一位编辑做了新建的艾奇逊镇的邮政局局长。

富兰克林·皮尔斯总统任命来自自由州宾夕法尼亚的党内成员安德鲁·霍雷肖·瑞德为堪萨斯的州长。他既没有显赫的名声，也没有出众的能力，虽然当时处境艰难，他后来却表现出了勤奋、决断、正直和超乎常人的坚定和独立。据推测，从党派的角度来看，总统和参议院经过彻底的审查，认为他就是最合适的人选。在关键的方面，他们的审查消除了人们对安德鲁·霍雷肖·瑞德的怀疑。当这件事第一次遭到质疑的时候，《华盛顿联盟》天真地说："他之所以得到任命，最强有力的保证就是：他实实在在、的的确确是一个心怀国家和民族的人。根据非常可靠的信息来源，我们能够进一步声明，当安德鲁·霍雷肖·瑞德州长在华盛顿接受任命的时候，他同南方的绅士们谈到了奴隶制的问题，并向他们保证，他购买奴隶并不会比购买马匹有更多顾虑和良心的不安，可惜他没有钱购买几个，并把他们带到堪萨斯去。"与他同时得到任命的还有三名联邦法官、一名书记员、一名法警和一位律师，他们都将到堪萨斯任职，而且毫无疑问，在奴隶制问题上，他们同样值得信赖。《州建制法》赋予安德鲁·霍雷肖·瑞德州长非常广泛的权力，为新领土组织政府机构。在第一次州议会正式成立之前，除了通常的和永久的行政权力，他还有权决定选举日、确定选区、指导选举结果的统计方式、进行人口普查、确定政府的临时所在地、宣布空缺的职位、命令再次选举以填补这些空缺等。

　　1854 年 10 月，安德鲁·霍雷肖·瑞德州长抵达莱文沃斯堡，很快他便发现了密苏里人的图谋。人们强烈要求他马上下令选举地方议会。阴谋家们已经花了几个月的时间组织他们的"蓝色小屋"。现在他们希望立刻控制这片新领土的政治权力。但安德鲁·霍雷肖·瑞德州长是一个不折不扣的大丈夫，又岂能成为任人摆布的傀儡。他憎恨他们命令的口吻。他对堪萨斯全境进行了视察。回来后，他根据自己的判断，发布了一份公告，要求单纯地选出国会代表。该公告的出现引起了普拉特县的警觉。人们在密苏里河堪萨斯那边的河岸上集会，企图用言辞激烈的演讲和令人瞩目的仪式吓退他。安德鲁·霍雷肖·瑞德州长在一封信中反驳道，这次会议的参与者都是密苏里人，他将会抵制来自朋友、敌人或者宗派的外来干涉。然而，为了尽可能地压制安德鲁·霍雷肖·瑞德州长的断然拒绝，参议员戴维·赖斯·艾奇逊和他的"蓝色小屋"坚守着他们的目标。报纸上的宣言和关于理论上的权利的训诫并没能阻止他们早已拟定的实际措施。1854 年 11 月 29 日，选举代表的日子终于到了。安德鲁·霍雷肖·瑞德州长在公告中指定的投票地点中，有一半以上都遭到了密苏里州的选民的严重破坏。

　　在边疆生活中，人们几乎每天都会为了生意或休闲，独自一人或三五成群去远足，往往需要连续两三天的时间，也许一两个晚上还会在外面露营，马匹和农用马车充当现成的交通工具。没有什么比邻里之间齐心合力改善生活、提供保护、休闲娱乐更司空见惯的了。为了增进整个社区的真正的或假想的幸福和安康，在这样的场合，睦邻友好的感情和礼节要求每个人都放下砍树的斧头，或丢开耕地的犁铧。在紧急情况下，不服从命令就会毁了自己平静而安逸的生活，有时甚至会危及定居者们的人身安全。前面讲到的行动已经积极地准备了好几个星期，由强大而秘密的组织控制。许多不情愿的参与者也卷入其中。无疑是因为他们不敢抗拒激愤的公众意见。

选举前的一两天，整个密苏里州的边境都骚动不安。马匹配上了鞍鞯和挽具。马车装好了帐篷、饲料和食物。猎刀紧紧地捆在腰间。左轮手枪和步枪子弹已经上膛。那些更加积极的、热情奔放的和胆大妄为的人们高举着旗帜和标语，它们在风中猎猎作响。团队整装待发。从上游各县渡河，从下游各县通过草原上的道路和小径畅通无阻地越过州界，那天晚上，他们中的许多人就在最近的投票点安营扎寨，而其他人则继续向西，向堪萨斯内地推进，到达五十或一百英里之外人烟稀少的选区。当他们一路走来，那些一丝不苟的人们会仔细检查一个假想的、空荡荡的定居点，在一棵树上钉上一张卡片、在地里栽上一根木桩，或在这支入侵的人马仓促准备的认领登记簿里写上这些定居点的名字。那些漠不关心的人们仅仅想到自己有可能成为这片土地的定居者，就已经感到心满意足了。而那些完全满不在乎的人们则通过谩骂和醉酒打消了自己入侵堪萨斯的一切顾虑和良心的不安。

在选举的那天早晨，得到了斯蒂芬·阿诺德·道格拉斯赋予他们的虚妄的"主权在民"的福祉的、堪萨斯为数不多的几个私搭乱建的居民，既惊又怒地目睹了瞬间发生的侵权和篡夺行为。入侵的密苏里人通过恐吓或计谋，赶走了选举出来的监票人，并把他们晾在一边，由支持奴隶制的监票人取而代之，他们丝毫不顾及法律法规。他们宣布监票人和选民没有必要宣誓，或者用即兴编造的花言巧语进行搪塞。"有志者，事竟成"这一谚语被用来开展犯罪活动，同时表现在不加掩饰的目的和行为上。在十七个投票点中，通过侵扰、伪誓、骚乱和篡夺，有九个投票点的投票箱都塞满了投给惠特菲尔德的选票，他是亲奴隶制的国会委员候选人。他们采取的不正当手段罄竹难书。国会的一个委员会之后经过仔细审查，声明总共有一千七百二十九张非法选票，而合法的选票只有一千一百一十四张。

这场选举闹剧结束之后，"蓝色小屋"英勇无畏的骑士们、"社会帮"团结友爱的成员们、"朋友社"慈善博爱的团队和行侠仗义的"南方之子"重新回到了田间地头伐木耕地，重新出没于社交场合和酒吧，欢庆密苏里州和奴隶制战胜了"堪萨斯移民援助协会的废奴队和偷奴贼"。密苏里州的"边境暴徒"

为堪萨斯的历史书写了第一章。移民援助协会发表的声明显示，截止到选举日，它仅仅向堪萨斯地区运送了几百人，包括男人、妇女和儿童。然而，从来没有人解答过，如此惊人的努力、大张旗鼓的入侵，只为了战胜这区区几百"将自己卖给伊莱·塞耶和他的公司的穷人"在投票表决中带来的微不足道的影响。真的有必要吗？

第 **23** 章

伪 法

正如事态的发展显示的那样，边境暴徒入侵堪萨斯，把持操控第一次选举，这样的做法是完全没有必要的。即使不计算非法选票，相对多数的选民还是选了亲奴隶制的候选人惠特菲尔德做代表。他曾担任过处理印第安人事务的政府官员，更重要的是阴谋家们对他宠爱有加，这样的事实以及他的学识和经验，让他轻轻松松地获得了胜利。安德鲁·霍雷肖·瑞德州长随即为惠特菲尔德颁发了当选证书。惠特菲尔德匆忙赶往华盛顿去享受他的新荣誉，在他当选后的三周内在众议院就职。然而，戴维·赖斯·艾奇逊并没有以他为榜样。国会在1854年12月的第一个星期一开会，参议院的会议需要代理副总统的主持。然而，戴维·赖斯·艾奇逊认为自己发动的这场阴谋的成功是如此重要，以至他在会议前几周给参议院写了一封简短的信，告知与会人员他可能会缺席，并建议任命新的会议主席。

作为在堪萨斯地区组建政府的一项必要的准备工作，安德鲁·霍雷肖·瑞德州长在《州建制法》的授权下，继续对居民进行人口普查。这项工作在1855年1月和2月进行并完成，统计出总人口为八千六百零一人，其中有两千九百零五名选民。有了这一数据作为明确的指导，安德鲁·霍雷肖·瑞德州长做出了分配，确立了选区，并委任必要的官员实施他的计划，规定1855年3月30日选举堪萨斯地方议会。安德鲁·霍雷肖·瑞德州长作为一名坚定的民主党人，作为富兰克林·皮尔斯政府忠诚的朋友，作为民主党"主权在民"

安德鲁·霍雷肖·瑞德

的新信条的热情的支持者来到了堪萨斯。然而，他与戴维·赖斯·艾奇逊的边境暴徒短兵相接的经历已经严重地动摇了他对党派的忠诚。1854 年 11 月的选举事件暴露了亲奴隶制分子的阴谋。他别无选择，要么成为他们的盟友，要么成为他们的敌人。

安德鲁·霍雷肖·瑞德州长代表正义，同时为了维护他仍然珍视的一个重要的政党原则，他决心在自己力所能及的情况下不择手段地保证公平选举。在他任命选举官员的时候，包括人口普查员、治安官和警察，他都小心谨慎地让自己的选择尽量公正公允，兼顾双方。此外，作为对另一次入侵的更有必要、更强有力的防范，在与密苏里州的边境接壤的几个选区里，安德鲁·霍雷肖·瑞德州长指派了两个来自自由州的人和一个支持奴隶制的人在每个投票点做监票人。他为选举的实施制定了鲜明而严格的规则。除了其他方面，他还命令监票人应该宣誓，警察应该到场维持秩序，选民必须是当时、当地的居民，而不是其他来源的成员。

安德鲁·霍雷肖·瑞德州长的所有预防措施都落了空。堪萨斯地方议会的选举，正如当时人们普遍认为的那样，可能会通过立法确定堪萨斯成为一个自由州还是蓄奴州，却恰恰成了边境暴徒们梦寐以求的机会，他们密谋已久，就是要组织起来破坏这次选举。他们对 1854 年 11 月选举的干扰，作为一种实践和尝试，恰恰证明了他们的能力并完成了他们的计划。所谓的移民援助协会的所作所为正好为阴谋家们提供了一个方便可信的借口。关于移民援助协会的计划和东部移民数量的谣言传得沸沸扬扬。他们不遗余力地报道，说从东边来了两万多人来控制选举。并通过这些歪曲事实的报道，在整个密苏里州和堪萨斯的边境激起了狂热的支持奴隶制的远征。

当 1855 年 3 月 30 日，选举日终于到来的那一天，阴谋家们又一次纠集其组织起来的人马，对堪萨斯进行了入侵，五千名来自不同阵营、帮派和团队的密苏里州的边境暴徒，对堪萨斯地区几乎所有的选区进行了实际的占有。骚乱、暴力、恐吓、对投票箱的破坏、驱逐和取代监票人、忽略或拒绝执行规定的宣誓仪式、口头表决、一方重复投票、阻挠并驱散另一方的选民，都是普遍发生的事件。没有人敢抵抗入侵者的行为，因为他们就算不像军队那样秩序井然，也是在边境上武装起来，并受专人指挥的团伙。在许多情况下，这些大大小小的头目，在当时和以后，不是名声显赫，就是臭名昭著。随后的检查发现，投下的选票，有一千四百一十张是合法的，而四千九百零八张是非法的。在所有的选票中，投给亲奴隶制的候选人有五千四百二十七张，而投给自由州的候选人只有七百九十一张。经过对证据的仔细核对，国会的调查委员会认为，如果选举只局限于实际的定居者，投票本来应该选出一个自由州的议会。然而，正如事态发展的那样，除了一名亲奴隶制的候选人，所有其他亲奴隶制的候选人都获得了微弱多数的选票。

安德鲁·霍雷肖·瑞德州长曾担心 1854 年 11 月的欺诈会再次上演。然而，显然他并没有想到如此大规模的入侵。也很有可能，他并没有立即反应过来，对手竟然会如此穷凶极恶。与此同时，他在公告中规定的、用来接收竞选通知的五天也过去了。安德鲁·霍雷肖·瑞德州长已经把他的行政办公室搬到了肖尼米逊。大部分自称已当选的人，现在聚集在这个地方，以及在只有四英里远的邻近的密苏里州的韦斯特波特市，吵吵嚷嚷地要求安德鲁·霍雷肖·瑞德州长为他们发放当选证书。为此，他们的一个委员会提出了正式的书面要求。他们坚决认为他无权质疑选举的合法性，他们还口出狂言，频频威胁，说如果安德鲁·霍雷肖·瑞德州长拒绝给他们颁发当选证书，就要当心自己的小命。他们的定期磋商、公开谴责和威胁恐吓，并没有完全慑服安德鲁·霍雷肖瑞德州长，迄今为止，这些做法产生的效果，只迫使安德鲁·霍雷肖·瑞德州长把朋友们组织起来保护自己。在选举一周后的 1855 年 4 月 6 日，安德鲁·霍雷肖·瑞德州长宣布了他对选举结果的决议。在房间的一头是安德鲁·霍雷肖·瑞德州长和他的手持武器的支持者们。而在房间的另一头则是在数量上占优势的自认为已当选为议员的人们，他们手持枪械和猎刀。在这种实实在在的胁迫下，安德鲁·霍雷肖·瑞德州长向大约三分之二的人发放了当选证书，他之所以拒绝给其余的三分之一的人发放当选证书，不是因为所谓的武力或欺诈，而是由于证书明显不足。

证书事件是安德鲁·霍雷肖·瑞德州长的行动中的一个致命的错误，赋予了臭名远扬的伪议会法律名义上的权威。而几周后，当安德鲁·霍雷肖·瑞德州长前往华盛顿请求富兰克林·皮尔斯政府帮助对抗篡位的时候，遭到了司法部部长凯莱布·库欣的嘲笑。如果当时的报道是真实的，他回答道："你说这个议会是武力和欺诈的产物。我们到底应该相信什么呢？是你加盖了公章的官方证书，还是你和我们后续的私人谈话中的声明？"

解决了证书的问题之后，下一个兴趣点是确定在什么地方召开议会。根据《州建制法》，安德鲁·霍雷肖·瑞德州长有权决定第一次会议的召开地点，人们很快就明白了，他把目标定在了刚刚建立的、毗邻军事哨所赖利堡的波尼

凯莱布·库欣

镇。赖利堡坐落在堪萨斯河上，距离密苏里州的边界大约一百一十英里。然而，约翰·H.斯特林费洛和他的边境暴徒立法委员们在一个激情澎湃的纪念仪式上抗议在波尼镇召开堪萨斯第一届议会，要求在肖尼米逊召开，并私下辅以威胁，扬言即使他们在波尼镇召开议会，第二天也得休会，回到肖尼米逊来。如果说安德鲁·霍雷肖·瑞德州长对这个伪议会想要继续保住控制权的意图还有一丝怀疑的话，那么他的怀疑很快就消逝得无影无踪了。他们开始公开表示对他的敌意，轻蔑地进行挑衅。他们认为安德鲁·霍雷肖·瑞德是自由州的人，一个"废奴主义者"。显而易见，他们将逐渐剥夺他的权力，并从一个地方行政长官降级为一个纯粹的傀儡。一而再再而三的让步并没有给安德鲁·霍雷肖·瑞德瑞德州长带来什么好处。他坚持原来的计划，发布公告，在1855年7月的第一个星期一，在波尼镇召开议会，并立即动身前往华盛顿，直接向富兰克林·皮尔斯总统申诉。

接下来，我们将详细讲述，安德鲁·霍雷肖·瑞德州长获得补偿和支持的最后一线希望是如何破灭的，他又是如何发现堪萨斯的阴谋在华盛顿和在密苏里州的边界上是一样强大的。1855 年 7 月 2 日，安德鲁·霍雷肖·瑞德州长和议会的立法委员们在波尼镇召开会议。那是草原上一个壮丽的地方，却只有三座建筑。一座用来开会，另外两座为委员们提供食物和住宿。安德鲁·霍雷肖·瑞德州长的朋友们宣称食物充足，房间宽敞。相反，密苏里人却信誓旦旦地说，他们被迫在外露宿，并用自带的干粮充饥。事态并没有像委员们预期的那样顺利发展。约翰·H.斯特林费洛三周前在《寮屋主权报》上发表文章："我

约翰·H.斯特林费洛

们希望没有人会傻到认为州长有权迫使我们整个会议期间都待在波尼镇。当然，我们必须按照州长阁下的吩咐一路小跑着来到波尼镇。然而，我们会在第二天，让他老人家按照我们的吩咐一路小跑着回到肖尼米逊去。"

这个预言真的应验了。参议院和众议院马不停蹄地组织召开了会议，众议院选举约翰·H.斯特林费洛为议长。第二天，在安德鲁·霍雷肖·瑞德州长发表通告之前，按照暂停的章程，众议院已经通过了"一项法案，将政府所在地暂时迁到了肖尼手工劳动学校"，堪萨斯议会立即同意了这一行动。安德鲁·霍雷肖·瑞德州长否决了这项法案，但它马上就越过了他的否决得以通过。到那个周末，议会已经离开了刚刚起步的州政府所在地，不再返回。

安德鲁·霍雷肖·瑞德州长被迫跟着他的"梭仑"①们一起迁徙，尽管他在公开场合，也在私下里进行严正的抗议，他们还是坚持要达到自己的目的，1855年7月16日，他们在肖尼米逊，或者更确切地说，在肖尼手工劳动学校重新集合。肖尼米逊是我们在教化印第安人部落时做出的许多全民性的尝试之一。这里有一家慈善机构，由联邦财政部资助，由托马斯·约翰逊牧师主持。向东四英里的地方，在密苏里州一侧的州界上，坐落着韦斯特波特市，该市有一个当地人引以为荣的邮局，这里是著名的亲奴隶制的大本营。肖尼米逊有几座高大的砖建筑，能够为议会委员们提供会议厅和住宿的房间。与一个已经投入运营的邮局很近，还与密苏里州的亲奴隶制的情绪亲密接触，这些都是不可忽略的元素。托马斯·约翰逊牧师，曾是密苏里州的一个奴隶主，在1855年3月的选举中当选为堪萨斯地方议会的议员，并在适当的时候，议会让他做了主持会议的官员。因此，在某种意义上，肖尼米逊的伪议会就像坐在自家的"葡萄架和无花果树下面"一样自在安逸。

议会的这两个部门现在严肃认真地把注意力转移到摆在面前的亲奴隶制的工作中来，参议院由托马斯·约翰逊牧师任主席，众议院由《寮屋主权报》的约翰·H.斯特林费洛作为议长。阴谋家们精明得足以夺取他们的胜利果实。约翰·H.斯特林费洛议长在他的答谢辞中说道："如果有人在一年前，暗示

———————————

① 梭仑,古雅典的立法者。这里指伪议会的立法委员们。

一定会得到这样的结果，那人们会认为他是一个有远见的人。如果有人预测，今天议会的立法委员们会聚集到一起召开会议，几乎一致支持奴隶制，还会选我当议长，那么，别人甚至会连我都一起当成疯子。"几个星期前，《寮屋主权报》就已经公布了他们的计划。"南方必将取得胜利。如果南方人懒懒散散，不肯努力，那么，从今天算起，九个月之内，堪萨斯将确立宪法，到时候人在屋檐下，又怎能不低头呢……在 1856 年的美国参议院的会议上，两名从蓄奴的堪萨斯州来的参议员将坐上他们的席位，我们将永远把废奴主义者从议会大厅里驱逐出去。"与这种胜利者的姿态相对的，是安德鲁·霍雷肖·瑞德州长的沮丧失望和无能为力。他发表的通告的措辞和语气明白无误地暴露了他自己深陷的政治困境。他尽可能地力求使手握实权的高官、极具破坏精神的"废奴主义者"以及相对温和的密苏里州的篡权者这三股力量和谐共处。

然而，安德鲁·霍雷肖·瑞德州长的立场相当坚定。他坚持说，除了波尼镇，议会在任何其他地方都不能通过任何有效的法律，并否决了第一项送到他手上的法案。为此，议会越过了他的否决通过了这项法案，除此之外，还正式地成立了一个联合委员会，以便"草拟一份备忘录，发给美国总统富兰克林·皮尔斯，郑重要求免除安德鲁·霍雷肖·瑞德的州长职务"。还有，似乎这样的侮辱还不够，他们又召开联席会议，公开签署这份备忘录。一位特使将这份备忘录及时送到了华盛顿。但在回来的路上，这位特使就迫不及待地散布富兰克林·皮尔斯总统罢免了安德鲁·霍雷肖·瑞德州长的消息。

这件事显然是要扫除阴谋家们在前进道路上的最后一块绊脚石。代理州长的职位现在落到了堪萨斯的领土委员会主席丹尼尔·伍德森手里，他和他们观点一致，也参与了他们的阴谋。丹尼尔·伍德森批准他们通过了法案，伪议会的立法机器终于完整有效了。一开始，他们立刻着手罢免了在 1855 年 5 月 22 日的补选中当选的支持堪萨斯成为自由州的成员，换上了 1856 年 3 月 30 日当选的支持奴隶制的成员。而仅剩下的两名支持堪萨斯成为自由州的成员因为对他们的行为感到极度厌恶而辞职，免得民众把他们的在场看作对明目张胆的篡权行为的支持。甚至没有人留下来参加抗议活动。

这在当时是斯蒂芬·阿诺德·道格拉斯自吹自擂的"主权在民"的尝试开出来的怒放的花朵，也是一个他们公开声称志在必得的结果。众议院司法委员会在一份连篇累牍、大言不惭的报道中说："迄今为止，国会赋予了当地人民权利，让他们根据自身独特的观念组建地方政府，并且在非常有限的范围内，对勇敢无畏的开拓者以及高尚节俭的棚户居民的天赋人权和政治权利加以限制。"但在这一过程中，委员会的争论不断，"支撑这个光荣的联邦国家的顶梁柱动摇了，直到一场政治地震威胁到整个世界"，并且，如果没有《内布拉斯加法案》赋予这些地区的人民建立自己的政府的权利，"人有能力自治的原则将永远淹没在混乱和无序中"。

那些从一开始就野心勃勃、高谈阔论的立法者，以及那些把他们宏伟大厦的基础奠定在政治原则的磐石上的立法者，又有什么事情做不出来呢？要不是因为它带有成熟的政治阴谋那诡计多端的特征，那么接下来他们这种虎头蛇尾的做法将是荒谬而可笑的。他们采取的第一步是建议废除堪萨斯地区1855年7月1日以来的"所有可能被认为已经生效的法律"，这样就永远消除了"关于在堪萨斯地区什么是法律什么不是法律"的任何疑虑。其次，用同样巧妙的办法，通过照搬《密苏里修正法令》，代之以一整套应该不成问题的法律法规。

这些法律法规依例制定，但伪议会似乎并不满足于把自己的名望建立在自治政府这唯一的纪念碑上。司法委员会再次把目光投向美国政治的全面扩张，他们报告说："从惊涛骇浪的大西洋海岸到波澜不惊的太平洋海岸，奴隶制的问题让全国骚动不安。北方和东部的狂热导致了这样的发展态势，然而，到目前为止，南方人和那些希望联邦永存并忠于法律的北方人，一直以来都很保守。然而，后者大胆采取坚定立场的时机已经来临，它已经到了，联邦和法律不能遭到践踏。"

经过文书的草草修改，几乎全盘照搬《密苏里修正法令》，已经包含了南方诸州通常特有的奴隶法规。但在阴谋者们的计划和希望中，这本身是不够的。为了"大胆地表明联邦和法律不能遭到践踏的立场"，他们用心良苦地策划并通过了"一项对侵害奴隶财产罪进行惩治的法案"。

逃跑的奴隶遭到鞭刑惩罚

　　它规定，因煽动或帮助奴隶、自由黑人或黑白混血儿造反的犯了严重罪过的人，或为此目的发行印刷品，以及引诱或诱骗奴隶逃跑，或协助他逃跑的犯了相对较轻的罪过的人，将被处以死刑。包庇或窝藏逃亡奴隶的人，将获有期徒刑十年。抗拒官员缉捕逃亡奴隶的人，将获有期徒刑两年。

　　如果在野蛮的制度需要野蛮的保障的借口下，人们或许还能忍受像上述这样强加给他们的令人痛苦的要求，对于该法案的最后三段，我们又应该说些什么呢？在这三段，极尽对《独立宣言》和《美国宪法》的轻蔑，废除了言论自由和出版自由，甚至还侵害了个人良知的自由。

　　写作、印刷或传播"任何意欲在堪萨斯地区的奴隶中产生混乱的、危险的或叛逆的不满情绪的陈述、观点、意见、情绪、教义、建议或影射，或者诱导奴隶逃脱对主人的服务，或者反抗他们的权威"，可宣判处五年有期徒刑。通过口头、书面、印刷或者发行书籍和报纸，否认在堪萨斯地区持有奴隶的权利，同样可宣判处以两年的有期徒刑。最后，它规定"任何坚决反对持有奴隶的人，或者任何不承认在这一地区持有奴隶的权利的人，都不得在对任何违反本法案的任何条款的起诉的审判中做陪审员"。此外，除了他们通常的宣誓，还要求所有的官员发誓支持并维护《内布拉斯加法案》和《逃亡奴隶法》。

产生这些专制法律的精神也支配着设计出来强制执行它们的方法。议会继续选出每一个县的主要官员，法律又授权他们依次任命下一级官员。因此，所有的行政管理部门都来自同一个机构，即伪议会，反映它的意志，服从它的命令。最后，规划了地方民兵组织的大体框架，在适当的时间，代理州长丹尼尔·伍德森任命议会中有名望的和可以利用的亲奴隶制的议员作为该民兵组织的主要军官。

在获得目前的统治权之后，他们又试图维持自己在堪萨斯境内的政治优势。他们巧妙地延长了各个官员的任期，并且，为了使他们在未来的选举中轻而易举地获得必然的成功，他们规定候选人必须符合条件，当选出的法官以及选民遭到质疑的时候，必须发誓支持《逃亡奴隶法》。他们知道这无形中会剥夺许多有良知的、反对奴隶制的人的权利。而另一方面，他们又规定每一个缴纳了土地税的居民都有资格为所有选举出来的官员投票。在如此自相矛盾的条款下，密苏里州的入侵者们未来可能会像过去一样，易如反掌地让他们所有必要的代理人和不可告人的计划得到多数选票。

从技术的层面上来说，奴隶制在堪萨斯的确立到此就完成了。1855 年 2 月的人口普查表明，该地区已经有大约两百名奴隶。在这些法律的制裁下，在有可能废除它们之前，可能还会有好几千名奴隶断断续续地来到堪萨斯，尤其是通过像南方可以做出的这样一种有组织的、团结一致的努力，去维持已经获得的优势地位。一旦这一制度得以确立，该制度的攻击性便可以对制度本身加以保护，因为所有的经验表明，在类似的情况下，这种弊病几乎是根深蒂固的。

这些边境暴徒立法委员，在挥洒了这么多的爱国热情，使"联邦和法律不被践踏"之后，便开始四处寻求他们的个人奖励，也许我们对此并不感到奇怪。

他们如探囊取物般地在当地的垄断和特许经营的丰富收获中得到了回报，这些机会大量地散布在这片制定了法律的处女地上，毫无争议地由先占者获得并拥有。铁路、保险公司、收费桥梁、渡口、煤矿、栈道都有经营许可权，以及这些商业领域现在和未来的价值的无限的特权和特殊奖励，加上县、区、军事机关的野心勃勃的成员可能会在贪得无厌地索取的同时慷慨大方地给予他们更多政策上的支持和奖励。第一届议会制定的已经成文的法律中有六分之一附带地体现了对寮屋主人的那点可怜的家当的适度关注。许多这样的有利机会之一就是在《州建制法》的授权下，建立永久的地方政府所在地，联邦政府慷慨大方的拨款将用于修建那里的公共建筑。为了这个目的，在第一次投票之后，古老的城镇之间的竞争，在开阔的平原上温和地催生出了一个全新的城镇，人们同意在劳伦斯镇以西大约十二英里的地方修建堪萨斯州政府所在地，从这里可以俯瞰堪萨斯河。会议记录并没有显示出在选举中有任何不体面的争夺，也没有留下任何实实在在的关于对边角地带的分配以及合同的闲言碎语的记载。只是这个城市的名称在历史上引起了人们的关注。

塞缪尔·德克斯特·莱康普特是堪萨斯政治舞台上一个重要的角色，是堪萨斯地区的首席大法官。他从边境州马里兰州来此赴任，人们认为他是一个勤奋好学的学生，一名受人尊敬的律师，一位杰出的民主党的政治家，一位有个性、有风度的绅士。塞缪尔·德克斯特·莱康普特法官对奴隶制深表同情，他利用自己的高权重位，为反对堪萨斯成为自由州的阴谋者们谋福利。他发表了一个特别的司法意见，使伪议会在波尼镇休会，回到肖尼米逊开会，这已经帮了他们大忙。可能是因为他们看重塞缪尔·德克斯特·莱康普特的官方支持者的身份，并认识到他是一个强大的政治盟友，就吸收他成为他们几个民营企业的一员，并将新建立的堪萨斯州政府所在地命名为莱康普顿，以此表示对他的尊敬。但预期的荣誉只是昙花一现。不到十年的时间，塞缪尔·德克斯特·莱康普特法官倡议并赞助的小镇便不再是堪萨斯的首府了。

第 **24** 章

《托皮卡宪法》

堪萨斯州的伪议会于 1855 年 8 月 30 日傍晚休会。他们精心制定了专制的法律，委任可靠的拥护者们来执行它，并授予主要的、可信赖的党羽军权，以确保他们制定的法律能够顺利实施。他们进一步提出要引导并控制公共舆论，以防止成立任何反对他们计划的党派或组织。鉴于即将到来的总统大选，在美国，民主党人普遍将自己标榜为"国家民主党人"。堪萨斯的几家报纸和几个发言人也都采用了这一当时流行的政治名称。为了遏制任何类似的运动，议会的参议院和众议院在其会期的最后一个晚上，通过了一项不需要总统签署的共同决议案，宣布组建国家民主党的主张，该做法误导了他们的一些朋友，并将支持奴隶制的辉格党人从民主党的阵营中分离了出来，从而使党的力量削弱了一半。宣布堪萨斯那些支持奴隶制、热爱联邦的人们有义务"了解唯一的问题，即奴隶制。并宣布任何确立或者试图确立任何其他制度的党派均应被认定为废奴主义者和分裂联邦者的盟友"。

　　如果阴谋家们愿意通过稳健的措施继续实施他们的计划，那么，在堪萨斯实行奴隶制就是板上钉钉的事情了。在预先公认的领导人的带领下，在密苏里州西部人口稠密的几个县，在根基深厚的家族中，带着在长期的个人和政治关系中培养起来的日趋成熟的自信，甚至在没有秘密社团强有力的纽带的情况下，阴谋家们轻而易举、水到渠成地组织了对堪萨斯的入侵。另一方面，堪萨斯现有居民的联合会，从本质上来说，发展得缓慢而艰难，它们散布在几个人口稀少的居民点，其成员人生地疏、异姓陌路，来自天南地北，有着完全不同的态度、情感和传统，背负着保护自己和家人免受饥饿和严寒的最基本的，也是最坚定不移的使命。然而，在不到六个星期的时间里，边境暴徒们的行为方式促成了一个强大而坚决的反对党，团结起来支持所谓的《托皮卡宪法》。

值得注意的是，这个支持堪萨斯成为自由州的运动起源于民主党，并得到了民主党的支持。共和党那时还不存在。《内布拉斯加法案》的反对者散布在美国的辉格党、一无所知党，以及自由土壤党内，尽管他们在1854年的秋季大选中，在国会的大多数选区赢得了压倒性的胜利，但并没有得到国民的认可。支持堪萨斯成为自由州的大多数领导人，最初都是作为富兰克林·皮尔斯总统的朋友和"主权在民"的信奉者来到堪萨斯的。

现在，这个篡权的议会召开了会议，轻蔑地驱逐了支持堪萨斯成为自由州的成员，违抗了安德鲁·霍雷肖·瑞德州长的否决权，确立了其设计巧妙的、专制的司法制度，并委任其党羽和支持者来管理并执法，形势已经变得异常严峻，到了需要采取防守行动的时候了。的确，真正的定居者是民主党人。他们曾经投票支持富兰克林·皮尔斯总统，为1852年的纲领喝彩，为《内布拉斯加法案》鼓掌，并移居到堪萨斯地区去享受"主权在民"的新的政治福音。然而，堪萨斯实际的民主的福祉并不打算勉励圣徒或使他们坚定信仰。一次"民主的"入侵选出了一个"民主的"议会，它制定法律，在其武断的"不干预"政策下，万一这些定居者不小心向一个黑人宣读了《独立宣言》，或者在自己的旅行袋里装上了托马斯·杰斐逊的《弗吉尼亚笔记》，一个"民主的"法庭就有可能给他们的脚踝戴上镣铐。

作为最终的政治考验，伪议会公布的正式决议并没有在那些支持和反对奴隶制的人之间，换句话说，在那些支持伪宪法的穷凶极恶的人和那些反对伪宪法的人之间，留出一个中间地带，所有那些不愿意成为阴谋集团的积极合作者的人都被迫联合起来进行自卫。

正是在劳伦斯镇，自然而然地发起了支持堪萨斯成为自由州的运动。移民援助协会的定居者数量相对较少，但在资金、锯木厂、印刷厂和旅馆的支持下，

一名戴着镣铐的奴隶

他们从一开始就形成了一股精诚团结、自力自强的主导力量。议会中被剥夺了权力的支持堪萨斯成为自由州的成员发起了几场初步的会谈，结果却促成了一场盛大的群众集会。其为期两天的审议结果，是于 1855 年 9 月 5 日在劳伦斯镇以西几英里的比格斯普林斯召开的一个依例选举的代表大会。或许更加重要的是前任州长安德鲁·霍雷肖·瑞德本人的出席和积极参与。他撰写了决议，在大会上做了激动人心、铿锵有力的发言，并因赞同地方代表的提名而深受欢迎。

大会制定的纲领严词拒绝接受伪议会及其残暴的法令，并宣布"两害相较取其轻。为了该地区的最大利益，我们将忍受并服从这些法律。然而，一旦我们确信息事宁人的补救方法将宣告失败，我们就会血拼到底"。它还建议招募志愿兵，组建军队，采购武器。与其委员会的报告有所不同，大会对支持堪萨斯成为自由州的运动的认可恰恰体现了它革新与激进的精神。

然而，大会做出的最重要的一点是，决定在堪萨斯地区的伪宪法下，超过两年以上坚决不参加任何选举。结果，1855 年 10 月 1 日，惠特菲尔德在没有竞争的情况下，得到了亲奴隶制分子和边境暴徒的总共两千七百二十一张选票，当选为代表。与此同时，支持堪萨斯成为自由州的人们也采取了更加完善的措施选出制宪会议的代表。1855 年 10 月 9 日，在一个仅由支持堪萨斯成为自由州的党派单独进行的选举中，按照自己规定的程序和章程，这些当选为制宪会议的代表总共得到了两千七百一十张选票，而前任州长安德鲁·霍雷肖·瑞德在同一次投票中就得到了两千八百四十九张选票而当选为代表。

通过开展这一系列安静有序的政治运动，支持堪萨斯成为自由州的党派不仅完善了组织，而且证明了自己在堪萨斯地区拥有了决定性的多数。还是按照商定的政策，代表们选择在 1855 年 10 月 23 日在托皮卡召开会议，经过慎重

托皮卡

的探讨和正式的程序，拟定一套州宪法，然后再提请人民投票。本次选举定在
1855年12月15日，已临近隆冬，在由其他原因引起的对治安的严重干扰下，
它依然获得了一千七百三十一张赞成票，这表明它得到了人民由衷的认可与欢
迎。没有必要对这套宪法本身提出批评。它禁止奴隶制，但对该地区现有的奴
隶财产权做出了合理的规定。《托皮卡宪法》绝不是一个激进的、颠覆性的，
或"废除奴隶制"的产物，显然，它仅仅只是堪萨斯人对密苏里人的篡权行为
的愤怒抗议。新宪法被提交到了国会，并作为请愿书，于1856年3月24日
由刘易斯·卡斯将军正式提交到参议院，几天后又转交到众议院。

　　共和党已于几周前在匹兹堡明确地组织起来。现在，国会中的共和党议员
敦促立刻接受《托皮卡宪法》，并以密歇根州、阿肯色州、佛罗里达州和加利
福尼亚州为先例，接纳堪萨斯为一个自由州。然而，就目前而言，堪萨斯不可
能以《托皮卡宪法》加入联邦。富兰克林·皮尔斯政府在美国南部诸州的影响
下，罢免了安德鲁·霍雷肖·瑞德州长。在年度咨文和一个特别咨文中，富兰
克林·皮尔斯总统谴责托皮卡运动，称其为暴乱。

　　在参议院，该申请同样遭到了先入为主的偏见。以斯蒂芬·阿诺德·道格

纳撒尼尔·普伦蒂斯·班克斯

拉斯为主席的领土委员会，在一份冗长的党派报告中驳回了它，声称"它是一个政党的运动，而不是全体堪萨斯民众的运动，是在未经法律认可的情况下进行的，无视立法机关，并公开表示要推翻由国会组建的地方政府的运动"。如果这个说法出自一位言行一致的"主权在民"的倡导者的嘴里，那它或许还有一定的影响力。但它却出自毫无风度的斯蒂芬·阿诺德·道格拉斯之口，他在同一份报告中根据纯粹的主观臆断认可伪议会，维护伪宪法。国会在政治上产生了不可调和的分歧。民主党在参议院占绝大多数。反对党通过选举纳撒尼尔·普伦蒂斯·班克斯议长，有效地控制了众议院。几个月后，经过持久的辩论，众议院通过了一项法案，在《托皮卡宪法》下接纳堪萨斯为联邦的一个州。但由于参议院已经否决了这项议案，这一运动仍然没有实际的结果。

反对托皮卡自由州运动的主要理由是，它是对宪法权威的反叛，尽管仅从理论上来讲它也许是对的，但当时的实际情况却明白无误地证明了它是不合理的。事实上，比格斯普林斯的决议，建议阻止"流血事件"的发生。但这只是在"息事宁人的补救方法将宣告失败"之后才可以做的事。在采取息事宁人的补救方法，以及用美国历史上绝无仅有的耐心克制自己行使血拼到底的权利方面，支持堪萨斯成为自由州的领导人们是值得信赖的。报纸对堪萨斯地区的伪宪法提出了挑战，支持堪萨斯成为自由州的许多人民群众认为这套法律是一纸空文。他们尽可能地疏远伪议会选举或者任命的政府官员，没有留下任何有关他们的官职的记录材料，不进行任何法律诉讼，在选举中弃权，并拒绝接受要求任何人公开承认外来的《密苏里修正法令》的特权。詹姆斯·亨利·莱恩上

詹姆斯·亨利·莱恩

校和别人拒绝考验性的宣誓，竟然被排挤出了法院的实习律师的行列。邮政部门不再寄送支持堪萨斯成为自由州的报纸，认为那是煽动性的刊物。人们对各种小规模的迫害避而不谈或者作为特殊情况口头向上汇报。然而，在长达两年之久的持续的抗争中，他们总是愉快地承认《州建制法》和国会制定的法律的权限，甚至劝告人们忍受伪宪法的强制执行。虽然他们在自己的队伍里是具有挑战和斗争精神的人，但他们的团队还经常指责他们愚蠢和懦弱，他们始终如一地坚持不抵抗政策，每当联邦政府表现出对伪宪法的支持，他们就会甘愿忍受可恨的搜查和扣押、任意的逮捕和痛苦的监禁，而不是通过反抗，从而让自己成为名副其实的、蓄意造反的不法分子。

他们注定会面临层出不穷的挑衅。自从富兰克林·皮尔斯总统免去安德鲁·霍雷肖·瑞德州长的职位后，堪萨斯地区所有的联邦官员都与密苏里州支持奴隶制的阴谋集团扯上了丝丝缕缕的关系。为了确保在堪萨斯永久建立奴隶制，也为了满足他们获胜的虚荣心，他们决定让这些叛逆的、支持堪萨斯成为自由州的选民"跪拜盖斯勒①的帽子"。与他们在专制统治中表现出来的傲慢与嚣张相比，他们对所有蔑视他们的人似乎更加深恶痛绝。作为必要的第一步，通过其在华盛顿的强大影响力，阴谋集团已经促使富兰克林·皮尔斯总统发布了一份公告，命令"所有反对堪萨斯已成立的地方当局或者美国政府的非法组织都必须解散"等。这份公告的语言非常全面，包括边境暴徒和移民援助协会，以及托皮卡运动，从而做出一副不偏不倚的姿态。然而，在主流的政治影响下，托皮卡运动才是其明确而特定的目标。

有了这份公告作为官方的支持，1856 年 5 月，首席大法官塞缪尔·德克斯特·莱康普特向大陪审团传达了一项极不寻常的指示，告知他们，作为国会的工具，伪议会通过了法律，"这些法律是美国政府制定的"。反对这些法律的人必须受到指控犯有叛国罪。如果形成了以反对这些法律为目的的组织或者集团，"那么，还得出台推定叛国罪的法案，因为法院已经决定，即便不需要

---

① 盖斯勒，14世纪奥地利占领瑞士后派驻瑞士的总督，曾要求瑞士人民向其帽子敬礼，以示对他的尊敬。

对反对这些法律的人或者组织实施打击，也必须明确他们的意图"。许多著名的支持堪萨斯成为自由州的领导人随后自然而然地收到了起诉书和传票，遭到了逮捕。所有这些行动也似乎是阴谋的一部分。在起诉书送达之前，支持堪萨斯成为自由州的新当选的鲁滨孙州长预感到自己会收到传票，后来他在前往东部的行程中，在密苏里河的一艘汽船上被捕，并被关押在密苏里州的莱克星敦，最后在伪州长的要求下被送回了堪萨斯。由于这一草率的推定叛国罪的指控，鲁滨孙州长和其他人被武装人员羁押了将近四个月，最后，在那个时期结束时，鲁滨孙州长被保释出狱，这一长期监禁的闹剧因为其他事件而变得毫无意义。

亲奴隶制的阴谋集团充分认识到了托皮卡运动是他们成功的唯一真正的严重障碍，他们瞅准机会，慎重地拟定了一个声势更加浩大的示威游行，以便压制并摧毁托皮卡运动。1856年3月4日组建的、支持堪萨斯成为自由州的临时议会之后宣布休会，并于1856年7月4日重新召集，同时等待他们递交给国会的申请的结果。随着国庆节的临近，它决定在同一时间和地点召集一次群众大会，以便为其成员提供道德支持和个人保护。将在下一章进一步提到的堪萨斯内战，现在已经开打几个月了，其总的结果是与支持堪萨斯成为自由州的民众的意愿相违背的。他们的领导人遭到监禁或驱逐，他们的印刷厂被捣毁，他们的追随者心灰意冷。然而，随着会议日期的临近，虽然没有任何明确的目的或预先安排的计划，临时议会的幸存者们和六百至八百名公民还是聚集到了托皮卡。

威尔逊·谢依州长是堪萨斯地区的第二任行政主管，到这时已经辞职，领土委员会主席丹尼尔·伍德森又一次成了代理州长。阴谋集团绝对不可能忽视这样的一个机会，可以让联邦政府明令禁止支持堪萨斯成为自由州的运动。通过重申富兰克林·皮尔斯总统在1856年2月发布的公告，丹尼尔·伍德森现在发布了自己的公告，如前所述，禁止所有要求拥有立法权的人召集、组织或参与任何以立法为目的的行动。预料到人们会起来闹事，1856年7月4日上午，他将美国的几个骑兵连安置到了托皮卡市附近的营地，并在埃德温·沃斯·萨姆纳上校的指挥下列队进入托皮卡。街道上形成了一条战线，架起了大炮，战争机器准备随时采取行动。埃德温·沃斯·萨姆纳上校是一个非常认真谨慎的军官，内心里是一个支持堪萨斯成为自由州的人，他有礼有节、坚定果断地命令即将召开的临时议会解散，同时，他公开表达了自己的痛苦，作为一名军人，他不得不违心地服从命令。尚未组织起来的临时议会的成员们，既没有意志也没有办法去抵制它，只得立即服从了埃德温·沃斯·萨姆纳上校的命令。没有喧哗，没有暴力，甚至几乎没有口头的抗议。然而，披着法律外衣的专制统治，依然给集会的群众留下了深刻的印象，后来，当报纸对这一事件进行报道之后，也给美国北部诸州愤怒的公众留下了深刻的印象。从这个时候开始，其他具有极大的历史意义的事件相继发生，使人们慢慢淡忘了《托皮卡宪法》。这个组织仍然软弱无力地维持了相当长的一段时间。一年以后，临时议会又召集会议，尽管罗伯特·约翰·沃克州长当时就在托皮卡，但这一次没有公告、没有骑兵、没有大炮，因为阴谋集团暂时受挫，人心惶惶，他们一心想要谋划出其他更加孤注一掷的方案。《托皮卡宪法》从未被接受，也没有合法化。其官员从未被正式授权。他们的临时凭证从未兑现。然而，在堪萨斯的命运和整个联邦的历史中，总的来说，这是一桩至关重要、极其关键的事情，没有它，自由和奴役之间的激烈冲突，尽管可能既无法避免也不可能延迟，但或许会呈现出完全不同的发展阶段。

第 **25** 章

堪萨斯内战

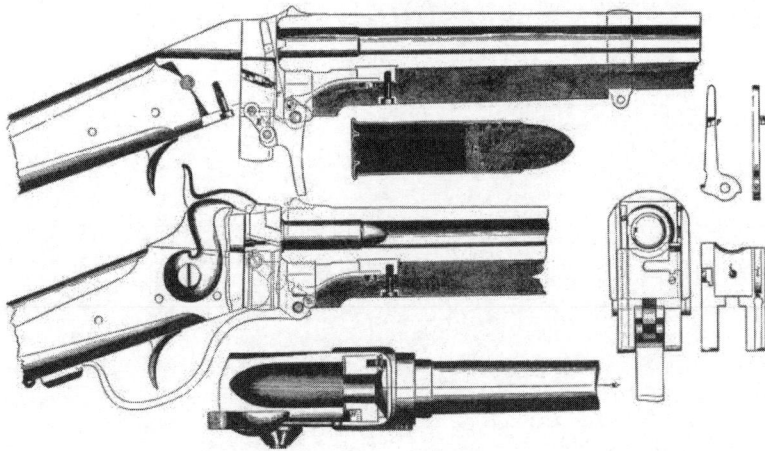

25

精彩看点

本书最后两章提到的敌对和竞争的两大派系，一方是伪议会及其边境暴徒支持者，另一方是《托皮卡宪法》的制定者和支持者，双方的冲突逐渐演化成了堪萨斯内战。伪议会有三十六名议员。他们总共只得到了六百一十九张真正合法的堪萨斯选民的选票。然而，幸好四千四百零八名密苏里人圆了他们的美梦，他们给这些议员投了支持票，使他们总的选民达到了五千四百二十七人（如果我们抛开州界的概念的话，我们在用到这个词的时候总有些紧张兮兮的）。这是在 1855 年 3 月的选举中。在安德鲁·霍雷肖·瑞德州长的人口普查中披露的其余两千两百八十六名真正的堪萨斯选民中，只有七百九十一名投他们的票。然而，那年夏天主要来自自由州的移民，极大地改变了双方相对的实力。在 1855 年 10 月 1 日的选举中，支持堪萨斯成为自由州的人没有参与，惠特菲尔德获得两千七百二十一票当选为代表，其中包括边境暴徒们的投票。一周后，在选举托皮卡制宪会议的成员的时候，支持奴隶制的人弃权，支持堪萨斯成为自由州的人投了两千七百一十张票，而他们提名的代表候选人安德鲁·霍雷肖·瑞德，收获了两千八百四十九张选票。因此，对于常规性的事务，双方不需要特别的努力，实力相当。而在特殊情况下，离边境不远的两千名边境暴徒的预备队随时都可以轻轻松松地扭转局面。支持堪萨斯成为自由州的人们只有他们的信念、智慧、和勇气，以及北方道义上的支持。而阴谋集团有它的秘密组织、地方官员、立法机关、伪造的法律、法院、民兵军官、总统和军队。

威尔逊·谢侬

这是一个占绝对优势的强大阵容。显然，奴隶制在玩灌铅骰子。无论如何，它都是赢家。

由于这种强烈的敌对情绪，双方都时刻准备抓住一切有利的条件。伪造的法律已经颁布，在比格斯普林斯大会上，支持堪萨斯成为自由州的人们决定，在和平的补救方法失败之后"血拼到底"，抵制伪法。阴谋集团也不失时机地给自己和自己的计划披上了神圣的权威的斗篷。恰巧这时候，威尔逊·谢侬州长领命接替安德鲁·霍雷肖·瑞德，抵达堪萨斯。当他经过密苏里河沿岸的城镇时，首先得到了边境暴徒们的陪伴和影响。也许来自华盛顿的指示早已将他的倾向定型了，他最初的印象显然不利于支持堪萨斯成为自由州的事业。威尔逊·谢侬州长在韦斯特波特市的招待会上讲话，维护了伪议会的合法性，并表达了他执行其法律的决心，这让支持奴隶制的听众们兴高采烈。为了进一步争取他的大力支持，几周后，他们在莱文沃斯堡举办了一场大型的公共集会，正式组建了"法律和秩序党"。该地区所有的政要都出席了。威尔逊·谢侬州长主持了会议。土地测绘局局长约翰·卡尔霍恩做了主要的演讲，痛斥"废奴主义者"对托皮卡运动的支持。首席大法官塞缪尔·德克斯特·莱康普特也做了令人满意的讲话，让这一场合变得更加庄重。提前平息了公众舆论、威尔逊·谢侬州长又公开表达了忠心，这一切都让阴谋集团觉得他们已经能够积极行动起来，整装待发，彻底粉碎反对派，因为他们已经做了如此精心的准备。

他们忠于他们的立法宣言。他们只关心一个问题，那就是奴隶制。在他们的大本营城镇，比如莱文沃斯堡，所有的异议、所有的抗命、所有的犹豫甚至仅仅只是沉默，都会被贴上"废奴主义"的标签，被宣布为对公共福利怀有敌意，并受到剥夺权利、个人暴行、驱逐出境、时有发生的死亡等严厉惩罚。我们不可能把这些频频发生的私刑、暴力围攻和谋杀的凶残狠毒的细节统统记录下来，除非该事件的影响被扩大了。本章只涉及堪萨斯内战中更加引人注目的举动，所幸没有发生严重的流血事件。然而，如果我们可以对个别的和更加孤立的流血事件加以描述的话，他们为了消除舆论的影响，将会做出令人吃惊的野蛮和拼命的姿态。其中一些反叛罪行，尽管数量相对较少，但通常是本着无法无天的报复精神，由支持堪萨斯成为自由州的人犯下的。

在执行伪法的其他手段中，伪议会任命了一个名为塞缪尔·J.琼斯的人做堪萨斯境内道格拉斯县的治安官，尽管此人在当时以及后来很长的一段时间里，任美国密苏里州韦斯特波特市的邮政局长。谁也无从得知，为什么这个密苏里州的公民和联邦官员，与此同时还身兼他职，在距离自己的家乡四五十英里之外的别的地区的某个县担任治安官，只有密苏里州的蓝色小屋才能对此做出解释。

莱文沃斯堡"法律和秩序"会议之后没几天，就在劳伦斯镇以西十三英里的一个小村落里发生了一起谋杀案。凶手是一个支持奴隶制的人，先逃到了密

边境暴徒突袭劳伦斯镇

苏里州，又回到了肖尼米逊，寻求塞缪尔·J.琼斯治安官的保护。接下来没有拘捕令，没有审问，没有收监，罪犯仍然逍遥法外。通过这件事，这个越俎代庖的治安官塞缪尔·J.琼斯极其高明地在劳伦斯镇制造了混乱。据说这桩谋杀案的从犯名叫巴克利，他控告受害人的邻居布兰森。塞缪尔·J.琼斯治安官怀里揣着对布兰森的和平搜查令，但并没有向布兰森出示或宣读，而是率领一个由二十五名边境暴徒组成的民团，在午夜时分前往布兰森的家逮捕他。有人发出了警报,这桩谋杀案已经激怒了布兰森的那些支持堪萨斯成为自由州的邻居，在突如其来的自我保护的本能的驱使下，当天夜里，邻居们奋然从塞缪尔·J.琼斯治安官和民团手中救下了布兰森，尽管塞缪尔·J.琼斯治安官和他的手下骂骂咧咧，恶语相向，倒也没有发生其他暴力事件。

随着个人复仇的欲望越来越强烈，塞缪尔·J.琼斯治安官现在控告劳伦斯镇的居民们非法参与了此次营救，劳伦斯镇的居民们立即对这一行为坚决予以否认。但塞缪尔·J.琼斯治安官和他的上司有充分的借口。他们匆忙组织边境暴徒对劳伦斯镇进行了突袭。谋杀发生在1855年11月21日。1855年11月

26 日劳伦斯镇的居民们组织了营救。1855 年 11 月 27 日，塞缪尔·J. 琼斯治安官向威尔逊·谢侬州长汇报，要求派遣一支三千人的部队协助他"执行法律"，威尔逊·谢侬州长命令基干民兵的两位少将"尽最大可能在你们的部门召集兵力，立刻前往莱康普顿，并向道格拉斯县的治安官塞缪尔·J. 琼斯复命，不得有误"。堪萨斯的民兵只是一个神话。然而，手持鸟枪土炮的边境暴徒们却是一个现成的资源。他们向这些边境暴徒们紧急求援。迅速领命的阴谋集团的领导人派人在边境上张贴并散发煽动性的传单，召集并装备队伍，并催促他们刻不容缓地赶往集结地点。密苏里州利伯蒂的美国军火库被破门而入，里面所有的大炮、小型武器和弹药都被哄抢殆尽。通告发布后不到两天，一支由五十名密苏里人组成的队伍，在距离劳伦斯镇四英里的富兰克林附近的瓦卡鲁萨溪扎下了第一个营盘。又过了三四天，一支临时拼凑起来的一千五百人的军队，自称是塞缪尔·J. 琼斯治安官的民团，已经进入了攻击劳伦斯镇的有效距离之内。他们中有三四百人是堪萨斯地区的名义居民。其余的都是密苏里州的居民。他

边境暴徒突袭劳伦斯镇

们不仅装备精良，供应充足，而且表现出最鲜明的党派性。当威尔逊·谢依州长的公告提到了征兵令的时候，阴谋者们的通告便确立了真正的较量的基调。他们的领导人做战前动员："现在是我们施展拳脚，立功表现的时候了，如果我们这一次失败了，堪萨斯就会输给北方。"他们热切的目的毋庸置疑。前副总统戴维·赖斯·艾奇逊亲自率领一个由普拉特县的两百名步兵组成的营。

这一行动的消息一点点地传到了劳伦斯镇居民们的耳朵里，最后，他们变得警觉起来，开始采取一些临时的防御措施。由于1855年3月的选举遭到了密苏里州的边境暴徒的侵扰，支持堪萨斯成为自由州的人们，于当年夏天模仿密苏里州的蓝色小屋，建立起了秘密组织，虽然两次均以失败而告终，却成了他们组织军事力量的起点。匆忙中成立的一个安全委员会，派人从劳伦斯镇到堪萨斯境内的其他定居点求助，"以便保卫劳伦斯镇免受现在驻扎在其附近的武装人员威胁性的入侵"。几百名支持堪萨斯成为自由州的人迅速响应号召。自由州酒店充当了临时的兵营。鲁滨孙州长和詹姆斯·亨利·莱恩上校受命指挥。他们争分夺秒地修筑了四五个小堡垒，并通过步兵战壕连接起来。他们匠心独运，成功地把一个十二磅重的黄铜榴弹炮从堪萨斯城的仓库搬了过来。与此同时，安全委员会矢口否认有任何不法行为或目的，并分别向莱文沃斯堡的美国军队指挥官、国会和富兰克林·皮尔斯总统发出紧急呼吁，请求得到保护。

在所有这一切为了维护和平而做的战争准备中，没有严明的军纪可以遵守。劳伦斯镇的人民每日毫不费力地获取有关敌营的情报。他们自称除了自我防卫，再别无他意。另外，他们又被迫允许别人不断地、自由地进入他们被围困的镇子。塞缪尔·J. 琼斯治安官来访了好几次，并未受到他们的盘问，他本人也并未向这些所谓的违法者出示任何令状或要求他们投降。一名曾经从塞缪尔·J. 琼斯治安官手里救过人的营救人员甚至还和他打招呼，和他谈话，并请他共进晚餐。这些不受约束的拜访有效地抑制了双方的轻率和冲动。他们明白冲突会带来严重的后果。凭借其防守位置的优势，劳伦斯镇的居民们的强硬和坚定不输塞缪尔·J. 琼斯治安官的暴徒们。有一点特别让边境暴徒们闻风丧胆。有着奇思妙

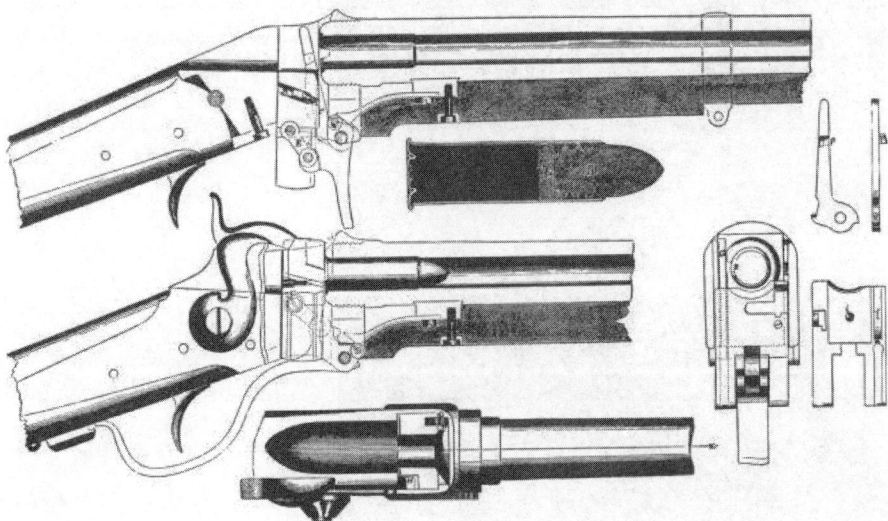

夏普斯步枪的构造

想的北方人发明了一种新型的、名为"夏普斯步枪"的滑膛枪。事实上，它是当时最先进的武器。几个月前，支持堪萨斯成为自由州的志愿者们从东部获得了部分夏普斯步枪，流传在整个堪萨斯地区和边境上的许多神乎其神的故事，极度地夸大了它们的射程、速度和威力。密苏里州边远地区的人们对这种登峰造极的武器表现出了几乎令人难以置信的兴趣。他们可能会对《独立宣言》宣扬的"平等"或奴隶制违反道德的罪过闭目塞听，然而，他们对于这种步枪可以在一分钟内发射十次，在一千码的距离杀死一个人却了然于心。

从密苏里州过来的人数逐渐减少，最终停止。不太正规的边境暴徒小分队被草草编入"堪萨斯的基干民兵"。"民团"达到了大约两千人，而劳伦斯镇的守护者也许只有一千人。

与此同时，威尔逊·谢依州长终于清醒过来了。为了多多少少挽回他在给民兵下达命令和发布公告时的急躁冒进，1855年12月2日，他写信给塞缪尔·J. 琼斯治安官，不经过他的命令，塞缪尔·J. 琼斯治安官不得擅自逮捕或采取行动。劳伦斯镇的居民们那坚定的防御态度产生了影响。阴谋集团的领导人越来越怀疑自己是否有能力拿下劳伦斯镇。威尔逊·谢依州长的一个民兵将领建议

埃德温·沃斯·萨姆纳

他，要求"劳伦斯镇和其他地方的不法分子们"交出夏普斯步枪。另一个民兵将领写信请求他把莱文沃斯堡的政府军调来。威尔逊·谢依州长本人也开始怀疑雇用密苏里民兵执行堪萨斯法律的合法性，也渴望获得联邦军队的帮助。塞缪尔·J. 琼斯治安官开始纠缠不休。在密苏里人的营地，大大小小的头目们变得心慌意乱，手下人却越来越不服从命令。他们中的一位杰出人物写道："我有理由相信，在明天早晨之前，将升起黑旗，十之八九的人都会团结在它周围，无须命令而向劳伦斯镇进军。莱康普顿军营的士兵们完全明白这一阴谋，将在同一面旗帜下并肩战斗。"

在莱文沃斯堡指挥美国军队的埃德温·沃斯·萨姆纳上校经过深思熟虑，在没有得到战争部明确命令的情况下拒绝出兵干涉。由于这支军队未能及时赶到，威尔逊·谢依州长不得不独自面对困境。劳伦斯镇现在祈求他的保护，他匆忙赶到那里，指示民兵将领控制骚乱的局面，制止对劳伦斯镇的任何进攻。威尔逊·谢依州长与支持堪萨斯成为自由州的指挥官进行了面谈，充分讨论了当前的局势。双方最终达成了妥协，起草并签署了一份正式协议，宣布这一事件是一个"误会"。劳伦斯方面否认曾经对布兰森实施过救援，坚称从前、现在或将来都不会成立任何抵抗组织，在各种限制性条款下，应"正当的权威部门"的要求，他们同意协助执行"法律"。和所有的妥协一样，该协议一方面是迫于无奈，另一方面也暗含欺诈。双方都不甘心老老实实地束手就擒，也没打算英勇顽强地殊死战斗。支持堪萨斯成为自由州的人一开始强有力地抵抗，现如今却对伪造的法律低头让步。另一方面，在密苏里州的阴谋集团中，有三个经常陪伴在威尔逊·谢依州长左右的最优秀的人，他们也不得不承认自己的行为缺乏正当性。他们不敢掉以轻心——布兰森的和平搜查令是怎么发展成为两千人的军队的。在塞缪尔·J. 琼斯治安官的操纵下，一个支持奴隶制的罪犯的可疑口供又是如何被小题大做，最终酝酿成对一个支持堪萨斯成为自由州的城镇宣战的理由的。这是一个多么滑稽可笑而冠冕堂皇的借口啊！他们同意妥协以便自己能"全身而退"。

劳伦斯镇

约翰·布朗

　　当威尔逊·谢依州长宣布已经解除了困境的时候，劳伦斯的人民开始怀疑他们的领导人。约翰·布朗表示他准备带头起义。然而，他试图发言，却遭到了制止。鲁滨孙州长和詹姆斯·亨利·莱恩上校也保证，他们没有做任何可耻的让步，这才让他们的追随者们慢慢安静下来。在支持奴隶制的阵营中也有类似的闲言碎语，他们谴责威尔逊·谢依州长是叛徒，塞缪尔·J.琼斯治安官宣称自己"本来可以灭了劳伦斯镇"。相反，戴维·赖斯·艾奇逊却支持这项协议，他解释道，在这种形势下攻打劳伦斯镇会破坏民主事业。他又补充道："然而，孩子们，我们总有一天会战斗的！"这是一个值得注意的誓言。阴谋集团的领导人把瓦卡鲁萨溪军营里的十三名上尉召集到一起，向他们充分地解释了当前的形势。他们接受了该协议，虽然威尔逊·谢依州长承认"他们用沉默来表示对这一结果的不满"，他命令解散部队，释放囚犯。恰逢一场狂风暴雨，由边境暴徒组成的这支军队很快就烟消云散、无影无踪了。然而，"瓦卡鲁萨战争"给劳伦斯的保卫者们的心中留下了挥之不去的伤痛。支持奴隶制的一个侦察小分队杀死了一个支持堪萨斯成为自由州的人。

劳伦斯协议带来了相对较短的和平时期。1855 年的整个夏天，弥漫在堪萨斯全境的激动的情绪，先是由于伪议会的新法令，然后是由于《托皮卡宪法》，现在已经传播到了美国国会。在长达两个月的纳撒尼尔·普伦蒂斯·班克斯议长的选举中，议员们群情激动、慷慨激昂。同时在堪萨斯，支持该地区成为自由州的人投票支持《托皮卡宪法》，并依照《托皮卡宪法》选举自己的官员，使堪萨斯地区处于持续的混乱状态。在华盛顿，在竞选议长期间和之后，每个州议会成了一个讨论堪萨斯问题的论坛。新闻媒体和论坛对堪萨斯问题的讨论，以及全国各地的城镇、村庄和社区的人们的日常谈话和评论，说明公众对这场争议的普遍兴趣。1856 年春天，天气刚刚回暖，北方便向堪萨斯地区大量输送人员、资金、武器和补给。

在南部诸州，这样的宣传活动也在积极地开展。许多游击队的头目带领着自己的人马在南方应召入伍。他们被武装起来，依靠南方的捐赠和拨款，只等边境首领一声令喝，便会向堪萨斯长驱直入。来自亚拉巴马州的杰斐逊·布福德上校、佛罗里达州的泰特斯、弗吉尼亚州的威尔克斯、肯塔基州的汉普顿、南卡罗来纳州的崔德威尔和其他人，不仅给阴谋集团的领导层注入了活力，也带来了实质性的援助。虽然两个派系名义上是解散了，但在"瓦卡鲁萨战争"中，双方已经如此接近于真正的战斗。事实上，他们并未停止组建军队——支持堪萨斯成为自由州的人们出于对危险的考虑，而边境暴徒们则抱着消灭反对派的目的。双方都在人员、资金、武器和补给方面得到了加强。随着春天的到来，双方又逐渐开始了激烈的竞争。

劳伦斯协议中含糊其词、模棱两可的说法为再起争端提供了最初的理由。

塞缪尔·J.琼斯治安官唐突无礼地质问鲁滨孙州长和詹姆斯·亨利·莱恩上校：“难道你们没有保证过，要协助我这个治安官逮捕任何被签发了逮捕令的人吗？”鲁滨孙州长和詹姆斯·亨利·莱恩上校根据他们自己的理解，回答道：“我们可能说过，我们将在任何法律程序中协助任何正当的官员。”当然，这又回到了原来的争议上——亲奴隶制分子急欲实施篡权，自由主义者决心捍卫与生俱来的权利。塞缪尔·J.琼斯治安官的口袋里总是塞满了以迫害为目的的各种逮捕令和搜查令。然而，支持堪萨斯成为自由州的人们经常和他斗智斗勇，有时候甚至公开和他叫板，这让他感到很头疼。然而，支持堪萨斯成为自由州的人们，渐渐地陷入了地方官员根据伪造的法律，通过各种手段和行径，为他们编织的大网里。富兰克林·皮尔斯总统在他1856年1月24日的特别咨文里宣布，托皮卡运动所做的一切是“革命性的”，“如果它进行了有组织的抵抗，将构成叛国暴动”。

随后，他于1856年2月11日发布公告，专门针对“以抵制堪萨斯地方法规的执行为目的而成立的组织”。1856年5月初，首席大法官塞缪尔·德克斯特·莱康普特在其任期内，向大陪审团做了著名的关于推定叛国罪的指示。控告成立、颁发拘捕令、支持堪萨斯成为自由州的领导人们有的被捕，其余的则被迫逃离堪萨斯地区。鲁滨孙州长在密苏里河上毫无正当理由地遭到逮捕，并被带回进行军事拘留，直到1856年9月。詹姆斯·亨利·莱恩上校去了东部，为竞争募集更多资助。与此同时，有一天夜里，塞缪尔·J.琼斯治安官坐在劳伦斯镇的帐篷里，某个身份不明、企图暗杀他的人用步枪或手枪把他打伤。劳伦斯镇的人民谴责了这一行为。但塞缪尔·J.琼斯治安官义愤填膺，发誓此仇不报非君子。紧接着发生的一件事促成了危机的爆发。在反对派的控制下，华盛顿的众议院由纳撒尼尔·普伦蒂斯·班克斯议长主持，并派出了一个调查委员会到了堪萨斯，通过审问众多的目击者，要把边境暴徒的入侵、伪议会的不法行为，以及伪宪法的弥天大罪调查个水落石出。该调查委员会由来自密歇根州的威廉·A.霍华德、俄亥俄州的约翰·舍曼以及密苏里州的莫迪凯·奥利弗组成。

约翰·舍曼

前州长安德鲁·霍雷肖·瑞德也参加了这个委员会。根据他个人的了解，为他们提供数据和信息来源、盘问目击者、查明隐藏的真相。为了阻挠这场对于密苏里州的阴谋集团来说是个毁灭性的曝光，同时为了给调查委员会的委员们来个下马威，塞缪尔·德克斯特·莱康普特法官以一项蔑视法律的无聊的指控为由，向前州长安德鲁·霍雷肖·瑞德发出了一份逮捕令。安德鲁·霍雷肖·瑞德要求得到委员会的豁免，但未果。于是，他决定拒绝副执法官逮捕他。这个事件既不是暴力的，甚至也不是那么引人注目。既没有惊动民团，也没有采取进一步的行动，但安德鲁·霍雷肖·瑞德担心会遭到个人的暴力袭击，很快就化装并远走他乡了。然而，这一事件被夸大了。人们认为这恰恰清楚地证明了支持堪萨斯成为自由州的人们是造反派和不法分子。

必须顺便指出的是，到目前为止，堪萨斯地区已经不知不觉地卷入了内战的旋涡。双方都激动不已，互相指责。鞍不离马，甲不离身。几乎在每一个定居点，对战争的担忧促使人们联合起来进行防御。通过这种方式结成的团体往往会对敌人表现出压迫和侮辱等等形式，很容易转变成拘留、隐匿、攻击、报复、驱逐、盗窃、焚烧房屋、捕捉和谋杀。此外，这种混乱的局面又催生出了特意加固的民居、营地和侦察队，最后形成了流动的、半游击、半掠夺的小股武装力量。然而，他们鲜明的特征表现出普遍而永恒的差异。支持堪萨斯成为自由州的人们紧紧依托草原上的城镇和沟壑，他们体现出了家园的真正捍卫者才具有的顽强和勇气。亲奴隶制的派别，是明确无误的外来者和侵略者，他们要么来自密苏里州，要么撤退的时候总是穿过密苏里州的边境线。他们刚刚组建的时候，通过密苏里州和远处的一些州的自愿捐款来维持，后来却靠强行征收捐款来维持，从他们碰巧经过的任何社区"榨取"马匹、食物或武器。他们呈现出来的特征会随着他们的机会或需要的变化而变化。他们是应运而生的堪萨斯的民兵小分队、"和平移民"的连队或者无法无天的歹徒团伙。

"瓦卡鲁萨战争"令人不满的结局之后，阴谋集团的某些领导人从未放弃过惩罚劳伦斯镇的计划。现在，一个实施报复的机会似乎已经到来了。由于塞缪尔·德克斯特·莱康普特法官推定叛国罪的指示，支持堪萨斯成为自由州的官员和领导人，要么遭到起诉、逮捕，要么逃亡他乡。定居者们忙于他们的春季作物。而刚刚到来、充满热情的亲奴隶制的游击队则渴望立功受奖。前一场攻打劳伦斯镇的战役因为缺乏正当理由而失败了。现在，他们找了一个借口，以便他们自以为是的法律和秩序的捍卫者的角色能够名正言顺。通过塞缪尔·J.琼斯治安官在劳伦斯镇遭到枪击这件事，和前州长安德鲁·霍雷肖·瑞德拒绝副执法官逮捕他这件事，他们发现当地某些人有严重违反美国和堪萨斯地方法律的行为。他们也决定不再信任威尔逊·谢依州长，以免他会再次讲和。联邦政府的唐纳森执法官于 1856 年 5 月 11 日擅自发布公告，命令"遵纪守法的堪萨斯公民们"，"尽可能快地集中到莱康普顿，以便有足够多的人手正当执法"。预定计划争分夺秒地进行中，前副总统戴维·赖斯·艾奇逊率领普拉特县的步兵带着两门黄铜大炮。莱文沃斯堡和韦斯顿的基卡普流浪者和威尔克斯、泰特斯、杰斐逊·布福德，以及堪萨斯境内其余所有闲散的武装骑手，开始集中力量攻打劳伦斯镇。没几天，他们就为唐纳森执法官召集了一支五百到八百人的"民团"，其中大部分人员都配发了美国滑膛枪，有些枪支是上一次突袭的时候从利伯蒂的军火库里偷来的，其余的则是他们在充当堪萨斯民兵的时候，堪萨斯的地方官员发给他们的。劳伦斯镇闹分裂的市政委员会经过激烈的争吵，最终决定采取不抵抗政策。尽管该镇的公民们紧急呼吁威尔逊·谢依州长保护受到威胁的劳伦斯镇，他却拒绝干预。

接着，劳伦斯镇的公民们又请求唐纳森执法官放弃对该镇的攻打。然而，他嘲弄地说他们的承诺是靠不住的。他必须花时间按照自己的方式完成自己的任务。最后，他们把希望寄托在指挥美国军队的埃德温·沃斯·萨姆纳上校身上，祈求他的帮助，但他只能听命于州长或执法官的调遣。租赁了自由州酒店的人们徒劳地恳求各级官员以免他们的财产遭到毁坏。在这些协商的过程中，十天过去了，但有着复仇精神的边境暴徒们拒绝屈服。1856 年 5 月 21 日，当劳伦斯镇的居民们起床后，目睹了一支强大的军队涌入了他们的城镇。

上午，唐纳森执法官带领十来个随从，悠闲自在地骑马进城，一路上，并没有人站出来干涉或者阻挠。他召集了六名市民加入他的团队。他们跟着他，听他号令，并协助他。他继续假装搜查，为了给自己的使命增添乐趣，他抓了两个人。自由州酒店是一幢占地三十五平方英尺的三层石头建筑，陈设华丽，从前只供住宿之用，那一天首次向公众开放，并提供免费晚宴以纪念这一时刻。唐纳森执法官和他的民团，包括塞缪尔·J. 琼斯治安官，和其他特邀嘉宾一起享受酒店自愿提供的款待。当唐纳森执法官承诺会保护酒店的时候，市民们心中的石头终于落了地，反倒开始嘲笑自己杞人忧天。然而，让他们感到伤心的是，他们很快就意识到自己上当受骗了。因为与此同时，半乌合、半正规的军队也开进了劳伦斯镇。

为了避免这些乌合之众玷污自己的名声，唐纳森执法官上演了一幕闹剧，解散了由劳伦斯市民和边境暴徒组成的整个民团。在这个节骨眼上，塞缪尔·J.

琼斯治安官站了出来，声称"民团"归他所有。他在酒店前面驻扎了一个连，要求支持堪萨斯成为自由州的队伍交出武器。拒绝或抵制都是不可能的，他们从埋藏地点庄严地挖出了六门小炮，连同一些夏普斯步枪，正式移交给塞缪尔·J.琼斯治安官。他对所有的抗议充耳不闻。半小时后，他命令业主17时之前必须把他们的家庭和个人财产从自由州酒店搬走。一直以来都对这伙暴徒瞧不上眼的前副总统戴维·赖斯·艾奇逊，把他的两门大炮架在自由州酒店前面，并瞄准了这幢建筑。赶走了楼里的住户们之后，在指定的时间里，发射出去的几颗炮弹穿透了自由州酒店的石墙。这种破坏模式进展缓慢而平淡无奇。用火药炸毁它的企图同样证明不尽如人意。后来，他们用火把点燃了这幢建筑，让它葬身火海。在同一时间，其他小分队都被派往几个印刷厂，在那里，他们砸坏印刷机、把铅字扔得到处都是，并拆毁设备。鲁滨孙州长的房子也被抢劫一空并付之一炬。很快，暴徒们就完全失去了控制，他们在全镇抢劫掠夺直到天黑才停下来。其间，首领们骑在马背上，对破坏活动熟视无睹。

如果我们相信主要的行动者们，这就是"法律和秩序党"在执行正义的任务。这一事件不可或缺的一部分，是声称来自密苏里州大草原的这次强盗行径是经过塞缪尔·德克斯特·莱康普特法官的法庭授权的。官员们在自我辩解中援引他的大陪审团的陈述，宣布支持堪萨斯成为自由州的报纸属于煽动性刊物，自由州酒店是造反派的堡垒，并建议除掉这些令人讨厌的东西。美国政府对此事的处理方式太拙劣了，简直贻笑大方。在这次骚乱中，对比双方的创造精神和破坏精神，马萨诸塞州移民援助协会找到了为自己的行为辩护的最体面、最可信的证词。整个行动如此幼稚，卑鄙的阴谋如此昭然若揭，暴行如此恶劣，以至让边境暴徒中那些有良心的见证者和胁从犯都感到厌恶。支持堪萨斯成为自由州的人们记录下了佐治亚州的扎道克·杰克逊上校、亚拉巴马州的杰斐逊·布福德上校，以及县检察官的高尚行为，他们都当场谴责了这些暴行。

ABRAHAM LINCOLN
A HISTORY

[美] 约翰·乔治·尼古拉 著　　王伟芳 译

林肯时代 **II**
废奴运动与南北战争

人民东方出版传媒
People's Oriental Publishing & Media

东方出版社
The Oriental Press

第 1 章

杰斐逊·汉密尔顿·戴维斯对叛乱做出的指示

当劳伦斯镇正在遭受烧杀抢掠的时候，埃德温·沃斯·萨姆纳上校收到了威尔逊·谢依州长的来信。信上说由于唐纳森执法官和塞缪尔·J.琼斯治安官已经完成了他们的抓捕任务，而且他认为，那个时候已经解散了民团，他要求美国军队派一个连驻扎在劳伦斯镇，以保证"居民们的人身和财产安全"。同时，他还要求在莱康普顿和托皮卡也分别驻扎一个连的兵力。次日，联邦骑兵踩着自由州酒店的灰烬和四处散落的印刷机的碎片开进了劳伦斯镇。当居民们看到几天前他们还求之不得的联邦军队现在又主动来"保护"他们的时候，他们也只能强压住心中的怒火。遍布堪萨斯全境的游击队四处劫掠。支持堪萨斯成为自由州的人则奋起反抗，疯狂报复。暗杀、纵火、驱逐，各地小规模冲突不断爆发。一系列无法无天的暴行突如其来地降临在好人身上，同时降临在坏人身上。该是威尔逊·谢依州长采取行动的时候了。最后，为了给居民们提供平等的保护，1856年6月4日，威尔逊·谢依州长被迫发布公告，指挥军队驱散非法武装人员，"而不考虑党派差别"，并授权埃德温·沃斯·萨姆纳上校执行命令。

　　从一开始就提出这个策略小心谨慎的埃德温·沃斯·萨姆纳上校，接下来，以其特有的活力与敏捷执行命令。他解除了支持堪萨斯成为自由州的游击队的武装，并遣散了游击队队员。其中，最早的一批就包括约翰·布朗的游击队。他释放了囚犯，把密苏里人赶回了密苏里州，包括国会代表惠特菲尔德和基干民兵的约翰·特劳斯代尔·科菲将军，并在边境上驻扎了五个连，阻止他们返回。他很幸运，没流一滴血就完成了这一切。1856年6月23日，埃德温·沃斯·萨姆纳上校欣慰地写道："我想，现在堪萨斯境内，也许除了寥寥可数的几个强盗，任何一方都没有了武装力量。"他很快就表现出办事效率高、忠诚可靠等优秀品质。埃德温·沃斯·萨姆纳上校写信给战争部。他说："我的措施必然对双方都很不利。因为在许多情况下，双方或多或少都是有责任的。只要部队专门针对支持堪萨斯成为自由州的党派，密苏里人就会称心如意。然而，当他们发现我公正严明、铁面无私，发现无法无天的暴徒再也不能从密苏里州来到堪萨斯，发现他们对堪萨斯事务的干涉就此结束时，他们立即提出抗议，声称他们遭到了美国军队的镇压。"和往常一样，密苏里人的怨言在华盛顿产生了立竿见影的效果。1856年6月27日，埃德温·沃斯·萨姆纳上校接到命令，在他的司令部被免职。P.F.史密斯准将被派到了莱文沃斯堡。人们都认为他的观点是亲奴隶制的。因此，对于P.F.史密斯准将取代埃德温·沃斯·萨姆纳带来的巨大优势，阴谋集团深信不疑。然而，P.F.史密斯准将是一个伤残军人，不可能在部队里发挥积极的作用并为阴谋集团服务。迄今为止，官方的记录表明，堪萨斯的军官们和军队继续保持公正的立场。

继埃德温·沃斯·萨姆纳上校被免职之后，没过几周，威尔逊·谢依州长也遭到了罢免，使堪萨斯领土委员会主席丹尼尔·伍德森再一次成为代理州长，他总是心甘情愿地充当阴谋集团的工具。威尔逊·谢依州长当时已经离开了堪萨斯，如前所述，在接到免职命令之前，埃德温·沃斯·萨姆纳上校正是在丹尼尔·伍德森的敦促下，1856年7月4日宣告强行驱散了支持堪萨斯成为自由州的人们成立的议会。为此，战争部部长杰斐逊·汉密尔顿·戴维斯立刻写信给埃德温·沃斯·萨姆纳上校。字里行间暗含责难，这也许是为了证明对他的免职理所当然。然而，富兰克林·皮尔斯总统或国务卿威廉·勒尼德·马西对代理州长丹尼尔·伍德森却没有说过一句责备的话。

前文已经指出，在开始组织堪萨斯领土后相当长的一段时间内，密苏里河是从美国进入该地区的主要途径。对于那些不愿意掩饰自己反对奴隶制的情绪

P.F. 史密斯准将

的人来说，这从一开始就是一条充满了艰难和危险的道路。现在，政治纷争导致堪萨斯内战。密苏里人将这条河流完全封锁起来，实际上是为了阻止北方人和北方货物进入堪萨斯地区。然而，近年来，到堪萨斯去的北方移民逐渐发现了一条途经艾奥瓦州和内布拉斯加州的新路线。

就在这个时候，有消息说詹姆斯·亨利·莱恩上校率领一支被传得神乎其神的"北方大军"抵达了艾奥瓦州的边境，意欲一路打到堪萨斯。这在亲奴隶制的圈子里引起了极大的恐慌。实际上，以詹姆斯·亨利·莱恩上校和其他几个人为首的党派聚集了数百人，的确已经到达了艾奥瓦州的边境，而且或多或少都拥有武器，尽管他们没有公开的军事组织。在间谍和巡逻队密切注视下，行进中的部队藏刃卸甲，改编成小分队，悄悄地潜入了劳伦斯镇。就这样，支持堪萨斯成为自由州的人们得到了增援和激励。他们发起了攻势，采取了几次大胆的行动，驱散了好几个支持奴隶制的阵营和聚会。关于这些事件的夸张的报道迅速传到了邻近的密苏里州的几个县。随后，边境暴徒们发起了对堪萨斯的第三次入侵。

当时，威尔逊·谢依州长尚未获悉自己被免职的消息。他向 P.F. 史密斯准将报告，莱康普顿受到了攻击的威胁。P.F. 史密斯准将非常惊慌，召集了他麾下所有的军队，用于保护堪萨斯的首府莱康普顿，并将这一紧急情况向战争部做了汇报。堪萨斯的所有民兵都归 P.F. 史密斯准将指挥。他从伊利诺伊州和肯塔基州各调用了两个团。迄今为止，当战争部部长杰斐逊·汉密尔顿·戴维斯

从政后的杰斐逊·汉密尔顿·戴维斯

给一位官员的民团下达命令时总是很果断，而当他给军队下达命令时总是举棋不定。然而，现在，他所有的犹豫都消失得无影无踪。杰斐逊·汉密尔顿·戴维斯在给 P.F. 史密斯准将的回信中写道："正如你的来信和附件所表明的那样，叛乱分子的立场是公开反抗法律和宪法的权威。其目的不言而喻，是要在堪萨斯地区大肆搞破坏。我们再也不能优柔寡断，姑息迁就。对于你和每一个士兵来说，你们对保护本国公民习以为常，只会拿起武器对付公敌，而与任何同胞发生冲突都会让你们痛苦万分。然而，爱国主义和人道主义都需要你们毫不迟疑地平定叛乱。现在，在堪萨斯境内，威胁公民人身安全、扰乱社会治安的犯罪行为应该得到有效的遏制。因此，你要千方百计、积极主动地运用你所能使用的所有办法，恢复法律至高无上的地位，努力实现你当前的目标，即防止不必要的流血事件的发生。"

或许杰斐逊·汉密尔顿·戴维斯已经把目光转向了普拉特县的《韦斯顿 - 阿格斯周报增刊》上的战斗檄文，这也形成了 P.F. 史密斯准将的汇报的附件之一："废奴主义者的攻击如此突然和意外，以至法律和秩序党措手不及，不能有效地抵抗他们。我们了解到，支持堪萨斯成为自由州的人们成立的伪政府今天将在托皮卡集会。问题很明确：堪萨斯不是由自由派就是由亲奴派掌权。双方势同水火，不是你死就是我亡……普拉特县的公民们！战争迫在眉睫。战火已经烧到了家门口。赶紧行动起来报仇吧。干掉该死的叛国者！"

P.F. 史密斯准将支持奴隶制的热情不如杰斐逊·汉密尔顿·戴维斯热烈，或者美国内战可能开始于劳伦斯镇而不是查尔斯顿。这么说也许并无可厚非。掌握了详尽的信息，经过了仔细的考虑，P.F. 史密斯准将发现，他既不需要来自伊利诺伊州和肯塔基州的四个团，也不需要由基干民兵将领统率的边境暴徒的乌合之众。他没有向任何一方提出要求。民兵将领们和密苏里人等不及官方的召唤，就已经摩拳擦掌，跃跃欲试了。威廉·亚历山大·理查森将军依据《韦斯顿 - 阿格斯周报增刊》和附近地区的报道，出动了他的整个师。当代理州长丹尼尔·伍德森发布公告，宣称堪萨斯地区"将处于一个公开的暴动和叛乱状态"时，整个边境已经变得骚动不安。P.F. 史密斯准将认为有必要先对边境暴徒侵略者们发出禁令。他写信给自己的副手菲利普·圣乔治·库克中校："谣言已经流传了好几天。据说，大批人马从密苏里州涌入了堪萨斯地区，在不同的地方武装起来，图谋攻击反对派，并把他们从堪萨斯的土地上驱逐出去。后者表现出来的实力也不容忽视。如果你意识到，任何一方都眼露凶光，蠢蠢欲动，向另一方逼近，那么密切监视他们的一举一动，并阻止这样的敌对冲突就成了你的职责所在。"

由于 P.F. 史密斯准将身体欠佳，就把这一积极主动的实地监察任务移交给了菲利普·圣乔治·库克中校。菲利普·圣乔治·库克中校把自己那小小的

菲利普·圣乔治·库克

兵团集中布防在劳伦斯镇和莱康普顿之间。从某种程度来说，在那里，他可以对双方的军事力量进行有效的监控与督察。很快，他就有机会向代理州长丹尼尔·伍德森提出抗议，说州长的"民兵们"在抢劫财物，烧毁民房。而在代理州长丹尼尔·伍德森看来，这样的抗议可不是镇压叛乱的好方法。因此，他要求菲利普·圣乔治·库克中校包围托皮卡镇，解除起义者的武装，并把他们囚禁起来，把他们的防御工事夷为平地，并在"莱恩小道"上——詹姆斯·亨利·莱恩上校率领武装人员进入堪萨斯时走的那些偏僻的小径——拦截来势汹汹的密苏里州的入侵者。菲利普·圣乔治·库克中校谨慎而礼貌地拒绝了所有这一切要求，并回答道，他在那里是要协助司法程序的顺利进行，而不是在托皮卡镇挑起战争。

正如人们宣称的那样，就算 P.F. 史密斯准将起初倾向于支持奴隶制，但亲奴隶制分子们的嚣张气焰和放肆行为很快就让他感到厌恶，他就当时的情况给战争部呈送了一份毫不留情的报告："关于最近和当前的事态，我可以说堪萨斯地区有两个以上的反对党。在堪萨斯地方政府机构中，以及议会和下级官员的选举中，占多数的堪萨斯的公民形成了一派。组建堪萨斯州政府，并试图使其与国会所建立的权威机构相对抗的人，形成了另一派。第三派以一位来自密苏里州的前参议员为首，其大多数成员也来自密苏里州。在各种夸大其词、虚假捏造的报道的煽动下，他们群情激奋，全副武装地涌入堪萨斯。还有一派由社会上的闲人赖汉聚集而成。他们逮捕、惩罚、驱逐，甚至杀害所有那些他们认为的坏公民。换句话说，就是那些不愿意加入他们或者不愿意为他们出钱出力的人。除了第一派中的少数人，他们每一个人都以自己独特的方式弃法律于不顾，甚至连基本的诚实都没有。在他们统治下的堪萨斯，遭到了严重的破坏，整个地区无一幸免……直到前天，我还没有足够的力量立即对所有这些派系采取行动。在我看来，堪萨斯的代理州长丹尼尔·伍德森似乎对事态没有正确的看法。还有，如果戴维·赖斯·艾奇逊和他的政党了解事态发展的方向，他们就不可能为了达到他的目的而派更多密苏里人进入堪萨斯。"

然而，在华盛顿，人们却对所有这样的事实和对阴谋的暴露难以接受。战争部部长杰斐逊·汉密尔顿·戴维斯对菲利普·圣乔治·库克中校的做法表示了肯定、对 P.F. 史密斯准将表达了信任。尽管如此，他仅仅对 P.F. 史密斯准将的报告做了简单的批示："需要注意的是，从军事的角度来看，各派唯一的区别在于：是尊重和维护法律和已组建的政府，还是联合起来挑战宪法和地方法律的权威。后一类的武装组织属于富兰克林·皮尔斯总统的公告谴责的范围，也正是军事行动应该打击的对象。"

当富兰克林·皮尔斯总统新任命的第三任堪萨斯州州长抵达该地区的时候，实际情况就是如此。当威尔逊·谢依州长被免职的时候，堪萨斯的亲奴隶制集团殷切地希望，自己集团中的某个成员，无论是领土委员会主席丹尼尔·伍德森，还是土地测绘局局长约翰·卡尔霍恩，将会成为堪萨斯的行政主官，并着手朝着这一目标积极运作。在原则上和目标上，他们得到了富兰克林·皮尔斯政府的广泛同情。然而，由于 1856 年的总统大选即将举行。此时此刻，民主党的成功万万不能受到如此公开和挑衅的党派行为的威胁。因而，对于反对奴隶制的北方诸州受到伤害的情绪，富兰克林·皮尔斯政府基本上还是采取安抚的政策。也正是为了这个目的，富兰克林·皮尔斯总统提名来自宾夕法尼亚州的约翰·怀特·吉尔瑞为堪萨斯的第三任州长，并在参议院一致表决通过。他是一个品行端正、当机立断的人，曾经作为一名志愿兵上尉参加了墨西哥战争，后来被授予上校军衔，还因为他功勋卓著而取得了重要的指挥权。后来，他当过邮政局局长、镇长，并在 1848 年到 1849 年的淘金热的滔滔洪流中担任旧金山市长。加利福尼亚州议会还任命他为融资专员。因此，无论是从他的天性，还是从他的资历来看，他似乎都是平息堪萨斯内战的不二人选。

然而，堪萨斯境内支持奴隶制的领导人们对此人的资历既不欣赏也不期待。他们多次呼吁密苏里人给予他们"人力、物资、和军火的大力援助，以便我们将'北方军队'赶出堪萨斯"。在其中一次请求里，他们直言不讳地向富兰克林·皮尔斯总统和公众表明了对这一任命的看法。他们说道："我们请求任命一个熟悉我们情况的继任者。他必须有能力、有胆识、正直诚实地履行职责，而不去考虑自己的做法是否会对一个遥远的州的某个小小的政客的选举产生影

旧金山

响。而现在，我们等来了一个对我们的情况一无所知的人。他得到任命前来替代前任州长。这个人对我们的人民来说完全是一个陌生人。我们有太多的理由担心，即便情况没有变得更糟，他也不可能比他的前任更能有效地保护我们……我们不能期待新任州长的到来能给我们带来任何便利。我们也不能忍受蠢行或腐败再次上演！"

在这样一种精神的鼓舞下，他们现在绞尽脑汁，想在新任州长约翰·怀特·吉尔瑞能出手干预之前，在堪萨斯地区聚集足够的力量镇压支持堪萨斯成为自由州的人们。代理州长丹尼尔·伍德森已经通过公告宣布堪萨斯地区现在处于一个"公开的暴动和叛乱的"状态。民兵军官争分夺秒地招募密苏里人，发给他们武器，并命令他们就近安营扎寨，为最后的决战做好准备。

1856年9月9日，约翰·怀特·吉尔瑞州长和他的随行人员抵达了莱文沃斯堡。来这里的路上，他密切地注意到了堪萨斯内战的种种迹象，并核实了这一传言。他遇见了逃离堪萨斯地区的威尔逊·谢依州长。威尔逊·谢依州

约翰·怀特·吉尔瑞

长的遭遇让他看到了自己将要面对的坎坷的仕途和可悲的下场。而就在与威尔逊·谢侬州长的这次会面的同时，当他乘坐的汽船在格拉斯哥靠岸的时候，一支由六十名密苏里的边境暴徒组成的连队，正在往船上装载马车、武器和大炮。他们公开宣扬，将前往堪萨斯猎杀"废奴主义者"。约翰·怀特·吉尔瑞州长一行沿途经过的所有滨河城镇，都在做着类似的战斗准备。在堪萨斯城，封锁警戒委员会上船搜查隐藏的"废奴主义者"。最后，当约翰·怀特·吉尔瑞州长抵达莱文沃斯堡的时候，他看到了同样的场景再次出现——街头游行和军事管制，要塞围墙中的逃亡者们，以及小打小闹的违法乱纪和恐怖行为。

约翰·怀特·吉尔瑞州长立刻去了要塞。他一整天都在那里和 P.F. 史密斯准将商议。当天晚上，他写信给国务卿威廉·勒尼德·马西，汇报了他当天得到的让人忧心忡忡的印象——控制莱文沃斯堡的武装分子在权威人物的授意下，狗仗人势，恃强凌弱。街道和公路上的盗窃和谋杀时有发生。农场遭到抢劫并被毁弃。煽动和骚乱无处不在。人人自危，毫无安全感可言。军队的人数不足以维持和平与秩序。然而，这一切并不是最糟糕的。在黑暗的幕后，站着戴维·赖斯·艾奇逊阴谋集团的邪恶幽灵。约翰·怀特·吉尔瑞州长写道："我发现，我不光要应付一群又一群的武装暴徒和以杀人越货为唯一终极目的的强盗——他们是不同的政见的坚定支持者和不同的地方组织的狂热拥护者——还要应付那些渴望升官的心术不正的人。但最糟糕的是要应付身居高位者的影响。他们利用周围所有的破坏性因素，以牺牲公正的、可敬的、合法的、为他人所做的考虑为代价，以便获得更多个人利益……这就是堪萨斯依稀可辨的、暗流涌动的现状……在做出以上陈述时，我力求与事实相符，除了真相还是真相。我认为你应该了解事实真相。这一点很重要。并且，无论这样的真相会带来怎样的后果，我都会隔三岔五地、毫无偏袒地向您汇报。"

尽管约翰·怀特·吉尔瑞州长发现他的新的管理任务令人沮丧，他还是公正果断地与各种势力做着斗争。他与 P.F. 史密斯准将会面后的第二天，便到了堪萨斯州首府莱康普顿。在莱康普顿，其他地方官员，包括丹尼尔·伍德森、约翰·卡尔霍恩、唐纳森执法官、塞缪尔·J.琼斯治安官、塞缪尔·德克斯特·莱康普特、斯德林·G.卡托等人，构成了戴维·赖斯·艾奇逊阴谋集团时刻保持警惕的中坚力量，正如 P.F. 史密斯准将如实地向他讲述的那样，正如他头一天在给国务卿威廉·勒尼德·马西的信中生动地描述的那样。约翰·怀特·吉尔瑞州长对这些地方官员提供的大量建议束之高阁，决心自己做出判断，并立刻发表了就职演说，宣称在他的公务活动中，他将会不惜任何代价秉公办理，他不希望看到党派纷争，并恳请人们冰释前嫌、维护和平、辛勤劳作、为堪萨斯地区的物质生产贡献力量。为了表明自己的决心和诚意，他同时发布了两份公告，一方面遣散了代理州长丹尼尔·伍德森新近招募的密苏里志愿民兵；另一方面，命令立即从堪萨斯境内的公民中征召民兵。这一措施是在 P.F. 史密斯准将的建议下采取的。

约翰·怀特·吉尔瑞州长很快发现，仅凭几份公告，这种纸上谈兵的方式是不可能把堪萨斯治理得井井有条的。在这个紧要关头，他的突然到来显得非常不合时宜。当约翰·怀特·吉尔瑞州长在莱康普顿宣扬并刊载关于和平与繁荣的贤明的劝告，并努力将内战的器械改为犁铧和镰刀时，丹尼尔·伍德森的公告正式招募到战场上来的密苏里人却袭击了劳伦斯镇。他们打算毁掉这个镇子。一千名边境暴徒（至少有两位目击者说有两千五百人），在他们公认的密苏里首领的率领下，那一刻就驻扎在令人憎恨的"新波士顿"的攻击距离之内。他们明目张胆地发表演说，宣称"这些叛徒、刺客、强盗现在必须受到惩罚，现在必须教训他们并让他们牢记在心。詹姆斯·亨利·莱恩的军队及其盟友必须被赶出堪萨斯地区"。这些言论使他们的野心昭然若揭。

约翰·怀特·吉尔瑞州长到莱康普顿的第二天午夜，这个消息传到了他的耳朵里。显然是一个还没有领会约翰·怀特·吉尔瑞州长意图的基干民兵的准将在担任指挥。他报告说："队伍在战场上整装待命，并急于行动。"几乎在同一时刻，约翰·怀特·吉尔瑞州长派往劳伦斯镇去分发他的就职演说稿的代理人给他送来一条消息：劳伦斯镇的居民们正在武装起来，准备迎接并击退密苏里人这次预谋已久的攻击。这条消息让约翰·怀特·吉尔瑞州长目瞪口呆。他在就职演说稿中写下的承诺和政策，墨迹未干，就已经面临失败了。他的到来没有带来和平，反而引发了战争。

在这次突发事件中，约翰·怀特·吉尔瑞州长用军人特有的雷厉风行来采取措施。他立即派遣堪萨斯领土委员会主席丹尼尔·伍德森带着自己就职演说稿的副本，前往密苏里人的营地。派遣堪萨斯地区的军事行政首长领命前去集合密苏里州的志愿军，并命令他们集体退役，就地解散。而约翰·怀特·吉尔瑞州长则亲自率领三百名重骑兵，携带一门轻便火炮，迅速向十二英里之外的劳伦斯镇进军。他们迎着朝阳进入该镇，发现几百号人正在那里忙忙碌碌地开挖堑壕、设置路障、组织防御，并做好了慷慨赴死的准备。但大多数人更愿意相信约翰·怀特·吉尔瑞州长的权威与联邦军队才能给他们带来真正的保护。他们听了他的演讲，欣然答应服从他的命令。

由于密苏里人早就正式向他报告，愿意服从他的命令，约翰·怀特·吉尔瑞州长料定他让堪萨斯领土委员会主席丹尼尔·伍德森和堪萨斯地区的军事行政首长向他们传达的书面禁令，足以立刻将他们送回密苏里州的边界。他便回到莱康普顿履行棘手的行政职责。尽管在这之前，前州长威尔逊·谢侬和P.F.史密斯准将曾经警告过他，约翰·怀特·吉尔瑞州长还是没有预料到政治集团的阴谋家们以及边境暴徒的普通成员们的秉性和目的。他刚刚派了一支军队，去另一个方向拦截詹姆斯·亨利·莱恩上校的一支受命去突袭敌人的小分队，并解除他们的武装。就在这时，约翰·怀特·吉尔瑞州长得到消息，说越来越多的密苏里人还在继续向劳伦斯镇推进。说他派出的官员尚未将他的命令传达到密苏里人的耳朵里。还说小规模的冲突已经在双方的前哨阵地爆发了。

约翰·怀特·吉尔瑞州长现在就像风箱里的老鼠一样，两头受气：一方令他颜面扫尽，另一方对他轻视鄙夷。他忍辱负重，集合所有可用的联邦军队，并快马加鞭，将他们驻扎到劳伦斯镇和入侵者之间。然后，他去了密苏里人的营地，才了解到事实真相。边境暴徒们的所有首领都在那里，由戴维·赖斯·艾奇逊本人亲自坐镇。尽管密苏里州议会的一名叫作瑞德的成员行使名义上的指挥权。显然，戴维·赖斯·艾奇逊才是边境暴徒们的精神领袖。约翰·怀特·吉尔瑞州长发现他们对自己的命令置若罔闻，周围全都是表示厌烦的嘟囔和表示蔑视的挑衅。这些入侵的外来人员压根就没有考虑过作为堪萨斯民兵而服从命令。他们利用"堪萨斯民兵"这个名号，只是把它作为保护自己免受法律制裁的外衣，借以掩饰他们真实的身份，那就是有组织的强盗。

约翰·怀特·吉尔瑞州长把这些首领召集在一起，真心实意地向他们做了一场长篇演讲。他向他们解释自己的调解政策，宣读华盛顿方面给他的指示，申明他维护和平的决心，并当面恳求戴维·赖斯·艾奇逊协助自己执行法律、恢复秩序。这个老奸巨猾的首领戴维·赖斯·艾奇逊心知肚明，拒绝约翰·怀特·吉尔瑞州长就会暴露自己违法者的态度，便假意听从约翰·怀特·吉尔瑞州长的命令，他和他那傀儡指挥官瑞德，做了声情并茂的演讲，说他们"打算接受对他们提出的合法要求"。然而，一些小队长桀骜不驯。他们用边境暴徒们特有的粗鲁的表达方式，对约翰·怀特·吉尔瑞州长出言不逊。究竟法律和暴力谁会占上风尚不确定。就在这个时候，指挥联邦军队的菲利普·圣乔治·库克中校站了起来，快刀斩乱麻，言简意赅地结束了讨论。事后，菲利普·圣乔治·库克中校写道："我觉得有些话我不吐不快。作为一个老堪萨斯人和密苏里人的朋友，我呼吁这些民兵军官出于爱国主义的考虑而撤退，并向他们保证，我完全相信约翰·怀特·吉尔瑞州长会公平公正地处理这次事件。这一点是绝对不会动摇的。如果非要用大炮来支持他，这虽然会令我感到痛苦，却也是我的职责所在。"这一"大炮言论"产生了决定性的效果。边境暴徒们的首领们倒是很愿意带领自己的乌合之众，去冲开劳伦斯镇那些形同虚设的路障。然而，要面对半个团的正规重骑兵的卡宾枪和长军刀，以及一名训练有素的轻型火炮炮手发射的开花弹，这样胜负难料的前景却让他们畏缩不前。他们接受了不可避免的结果。忍气吞声地勉强同意撤退，表面上是"光荣"退伍，但依然怀着复仇的心。要不是因为这一偶发事件，劳伦斯镇早就被阴谋集团在堪萨斯地区的嫡系党羽再次洗劫了。

即使是在堪萨斯内战的这些演习和冲突中，也没有什么能比这第三次对劳伦斯镇的袭击伴随而来的盘剥，更有力地说明了支持堪萨斯成为蓄奴州的人和支持堪萨斯成为自由州的人之间力量的悬殊。前一天，约翰·怀特·吉尔瑞州长在菲利普·圣乔治·库克中校的"大炮言论"的支持下，正在说服那些不情愿的密苏里人，与其接受完成他们的计划可能会带来的罚款、监禁或绞刑，倒不如接受发放给他们的津贴、口粮，以及"光荣退伍"的说法，并把这些作为对他们未完成的远征的回报。与此同时，另一支联邦骑兵的小分队，正在对一支刚刚在一个叫作山胡桃尖的地方，与边境暴徒侵略军的小分队交过火的、支持堪萨斯成为自由州的队伍执行伪法。在这场持久的边境冲突中发生的几十起类似的事件通常都具有类似的特征，即邻里纠纷，街坊互殴，报复性的有组织的团伙的出现，东家的牛吃了西家的草料、禽畜、财产等。支持堪萨斯成为蓄

被炮火轰炸后的劳伦斯镇

奴州的队伍那时在去攻打劳伦斯镇的路上修建了两三座加固了的小木屋。后来又来了更多支持堪萨斯成为自由州的人把它们强行拆除。这场遭遇战也不例外，也有着类似的特征。支持堪萨斯成为自由州的人们，最近发现了支持堪萨斯成为蓄奴州的边境暴徒们的队伍。他们调来了一门黄铜大炮，能发射四磅重的炮弹。围攻的纵队大约有三百五十人。在这门大炮的掩护下，他们的步枪保持远距离发射长达六个小时左右，直到边境暴徒们答应有条件地做出让步。边境暴徒们提出的条件是：允许他们"体面地"撤离他们的据点并退兵。这次冲突造成一人死亡，几人受伤。

对于这场不太辉煌的胜利，支持堪萨斯成为自由州的人们高兴得太早了些。他们三五成群地回到家，却相继遭到了联邦骑兵的拦截。这支骑兵临时充当联邦政府的副执法官的民防团。副执法官依照法院的逮捕令逮捕了总计八十九名人犯，并把他们押到了莱康普顿。这些法院的逮捕令是由堪萨斯地区的阴谋集团的一位活跃分子草草拟就的。迄今为止，这样的事情如此频繁地发生，以至变得不足为奇。正如他们自己描述的那样，称它为边境"混战"。但现在它呈现出不同寻常的特征。斯德林·G.卡托是堪萨斯地区一个支持奴隶制的法官。约翰·怀特·吉尔瑞州长曾经发现，斯德林·G.卡托在密苏里人的军营里，像一名士兵那样操练，履行职责，做好准备，无疑更愿意参加对劳伦斯镇预谋已久的攻打。这名联邦法官斯德林·G.卡托肆无忌惮地违反法律，一如他肆无忌惮地派法警抓捕参与山胡桃尖那场战斗的人犯。这两件事其实是同一件事的不同部分，为了同样的目的。现在，斯德林·G.卡托端坐在自己的法官席上，让这伙人全都以一级谋杀罪受到审判。1856年10月，他在法院的任期中，依照伪法规定的刑罚，继续审判并宣判这些囚犯中的十八到二十人。要说他们所犯的罪过，我们本着公平、公正和道德良心，斯德林·G.卡托本人就是一名同谋者。有些罪犯被监禁到了1857年3月才得到约翰·怀特·吉尔瑞州长赦免。时事评论员们借用一句拉丁成语来评价那个时候的政治形势：烽烟起，法律亡。然而，在这个特例中，放任自流的游击战、堪萨斯地区的欺骗性的法规，以及国会的法律，与邪恶者的智慧相结合，共同催生了这场惊天大阴谋。

约翰·怀特·吉尔瑞州长大刀阔斧地行动：一方面是密苏里州的边境暴徒们被迫撤退，另一方面是支持堪萨斯成为自由州的强硬派遭到逮捕和定罪。这种双管齐下的做法使游击战争戛然而止。这场冲突中的双方当事人受到的惩罚非常不公正，但这是由于戴维·赖斯·艾奇逊的阴谋集团设计巧妙、精心准备的法律陷阱，而不是因为约翰·怀特·吉尔瑞州长个人的冷漠或敌意。他真诚而努力地想要恢复公正严明的执法执政。他解散了堪萨斯地区的民兵组织，重新为联邦军队招募了一个支持堪萨斯成为蓄奴州的连队，和一个支持堪萨斯成为自由州的连队，让他们承担警察的职责。1857年9月底，他终于能够写信给华盛顿的联邦政府，如释重负地说"堪萨斯现在终于天下太平了"。平息了游击战争之后，在这一成功的鼓舞下，接下来，约翰·怀特·吉尔瑞州长致力于终止现有的政治迫害，并粉碎戴维·赖斯·艾奇逊集团的阴谋。

当时的美国军队

然而，没过几天，约翰·怀特·吉尔瑞州长就又惊又怒、羞愧难当。他了解到自己被提名并派往堪萨斯，只是一种党派策略，而不是为了去实施什么行政改革。他还了解到自己在总统竞选期间写的、以他的"精力、公正和谨慎"让堪萨斯安定下来的指导意见，其真正的含意是：詹姆斯·布坎南当选为总统后，自己就应该为戴维·赖斯·艾奇逊的阴谋集团服务。

约翰·怀特·吉尔瑞州长去堪萨斯走马上任的时候，对自己日后能把堪萨斯治理得井井有条满怀信心、胸有成竹。然而，上任还不到六个月，他每天都违心地披着行政权威的华丽外衣，说着总统想说的话，代表着共和国无比强大的军队。所有这一切都让民主党第三任堪萨斯州州长难以忍受。他随后步了前任州长威尔逊·谢侬的后尘，秘密逃离了堪萨斯。这让他遭到党内同事的咒骂，和曾经任命他的政府的唾弃。当地的阴谋家们试图在堪萨斯实行奴隶制。这已经让人感到羞耻了，而一场试图在美国全境实行奴隶制的、气焰更嚣张的政治运动，让这一阴谋相形见绌。

第 2 章

1856 年大会

1856 年春，伊利诺伊州的人们振奋不已，一个新的政党正在自发地形成。如前所述，这是政治上的过渡时期。两年前，亚伯拉罕·林肯竞选参议员的行动惨遭失败。这一结果实质上加速了辉格党的解体。另一方面，斯蒂芬·阿诺德·道格拉斯决心将是否支持他的《内布拉斯加法案》作为考验党性的标准。而莱曼·特朗布尔的选举恰恰有效地将民主党内反对斯蒂芬·阿诺德·道格拉斯的人们团结到了一起。北方的许多县在前两年都建立了"共和党的"组织。但这个名字完全是地方性的，而尚未统一的反对党，只是以小集团的形式反对《内布拉斯加法案》。各集团只是在"反《内布拉斯加法案》党"这个一般性的称呼下，具有政治上的相似性罢了。

　　没有任何现成的政党组织。来自反对《内布拉斯加法案》的几家报纸的大约十五名编辑，1856 年 2 月 22 日相约在迪凯特召开会议，并呼吁 1856 年 5 月 29 日在布卢明顿召开反《内布拉斯加法案》全州代表大会。按说，在迪凯特露面的杰出的领导人们，是不会轻易地做出任何承诺的，但亚伯拉罕·林肯不这样。他不能作为一名编辑参加审议。然而，他明确地提出了自己的建议和意见。因为我们发现，他和那些尊贵的来宾和演说家，出席了商务会议后的宴会。人们纷纷向他敬酒，称他为"下一个美国参议员"。这表明亚伯拉罕·林肯作为领导人的影响力并没有丝毫减少。聚集在一起的编辑们故意把布卢明顿全州代表大会的日期定为竞选活动中稍晚的一天。在这一时刻到来之前，伊利诺伊州的政治形势已经明朗得多了。

唐尼尔森

极大地影响政治家们的估算和预测的一个因素是一无所知党，或者美国人党。有目共睹的是，在过去两年中，这一社会团体或者其政治上的隶属关系已经蔓延到了伊利诺伊州和其他各州。然而，由于它的组织和行动是秘密的，而且，自从1854年以来没有进行普选，从而无法通过数字来证明它的实力，只能粗略地估计它大致的范围和可能的影响。尽管如此，它显然也是一种积极的力量。它的全国委员会已经于1856年2月在费城提名米勒德·菲尔莫尔和唐尼尔森作为总统候选人。然而，占优势的南方成员强行在其政党纲领中认可《内布拉斯加法案》，破坏了党的团结和力量，迫使北方成员愤然退党。尽管如此，许多对奴隶制问题漠不关心的北方选民，仍然设法维持其政党组织。因此，在伊利诺伊州，其州委员会于1856年5月初开会，批准了米勒德·菲尔莫尔的总统提名，并提名州长候选人和其他州官员。

民主党，或者更确切地说，大多数民主党人，由于没有公开否认《内布拉斯加法案》的政策和原则，为一场轰轰烈烈的竞选运动提前做好了准备。斯蒂芬·阿诺德·道格拉斯遭到了名誉受损、众叛亲离的下场，这让他明白，自己的政治命运将难以预料。然而，他是一个勇敢无畏、积极进取的领导人。对他来说，争议和党派斗争与其说会令人沮丧气馁，倒不如说会令人振奋鼓舞。在斯蒂芬·阿诺德·道格拉斯的指导下，民主党全州代表大会提名威廉·亚历山大·理查森为伊利诺伊州的州长。后来，威廉·亚历山大·理查森进入众议院，担任领土委员会主席一职。《内布拉斯加法案》的成功，从很大程度上来说，有赖于他这位大领导，正是他在众议院的处事技巧和能力，为该法案的最后通过做出了重大的贡献。

因此，对立派别的态度和畅所欲言、各抒己见的公众舆论，而不是单纯的领导人的煽动和联合，促进了伊利诺伊州反《内布拉斯加法案》党的成长与壮大。导致未来成功的一个重要因素恰恰源于这一形势。威廉·亚历山大·理查森的州长候选人资格早有传闻，人们认为，一个威名赫赫的对手才能与他旗鼓相当。这个人就是威廉·亨利·比塞尔上校，他后来成了国会的民主党代表，在那里，他曾谴责1850年的分裂，并反对1854年的《内布拉斯加法案》。威廉·亨利·比塞尔上校曾率领一个团参加墨西哥战争，在布埃纳维斯塔战役中英勇奋战。他的军功让他不费吹灰之力就进入了国会。然而，墨西哥战争中的风餐露宿、日晒雨淋也让威廉·亨利·比塞尔上校落下了病痛，导致他的下肢瘫痪，国会的第二届任期后，他被迫退出了积极的政治生活。然而，他现在已经恢复了健康，并且已经表现出了公众人物应该具有的很高的才能。何况公众舆论并不在意他虚弱的身体，他的朋友们宣布，他们准备用威廉·亨利·比塞尔的大脑与他对手的双腿较量一番。

威廉·亨利·比塞尔上校的一段经历使他在西部年轻气盛、富有活力的选民中特别受欢迎。他在国会的就职始于1850年对妥协措施令人兴奋的辩论，当时南方的食火者已经非常猖獗，这是一群支持奴隶制的极端分子。来自弗吉尼亚州的詹姆斯·亚历山大·塞登，急于贬低北方、颂扬南方。他在一次讲话中断言，在布埃纳维斯塔战役中，"就在那个最紧要的关头，除了荣誉，似乎一切都失去了"，"由于指挥不当，勇敢而不幸的北方军队溃不成军"，"密西西比人尊贵的步兵团"从鬼门关里夺取了胜利。由于在这场战斗中，威廉·亨利·比塞尔上校曾亲临战场，对当时的情况亲眼所见，历历在目。所以，几天后，他完全有能力对詹姆斯·亚历山大·塞登的含沙射影做出回应。他反驳道，当印第安纳州第二步兵团撤下来之后，是麦基率领的肯塔基州第二步兵团、约翰·杰伊·哈丁率领的伊利诺伊州第一步兵团和威廉·亨利·比塞尔率领的伊利诺伊州第二步兵团扭转了那一刻的命运，而自吹自擂的密西西比步兵团还远在距离战场一英里半之外的地方。实际上，这是詹姆斯·亚历山大·塞登和威廉·亨利·比塞尔上校之间的一个很好解决的、关于准确性的问题。然而，指挥正在谈论中的密西西比步兵团的是杰斐逊·汉密尔顿·戴维斯，当他刚刚闻

詹姆斯·亚历山大·塞登

到詹姆斯·亚历山大·塞登和威廉·亨利·比塞尔上校之间的火药味时，就开始和威廉·亨利·比塞尔上校交换意见。"你的报告正确吗？"杰斐逊·汉密尔顿·戴维斯简略地问道。威廉·亨利·比塞尔上校重复了自己讲过的话，并且明确解释了自己这些话是针对特定的时间和特定的地点发生的事情而言的。他补充道："为了让自己和密西西比步兵团都得到公平公正的对待，我认为我敢说我并没有指责密西西比步兵团的意思。"然后，杰斐逊·汉密尔顿·戴维斯继续追问他，这些话是否意味着否认了詹姆斯·亨利·莱恩将军的官方报告："密西西比步兵团赶来救援，适逢其时地扭转了那一天的战局。"威廉·亨利·比塞尔机智地回答道："我的话和詹姆斯·亨利·莱恩将军所述是不同时间和不同地点发生的事。"

此时此刻，双方本来能够得体地结束交流。反复的质询得到了充分的解释。然而，显然杰斐逊·汉密尔顿·戴维斯决心要把威廉·亨利·比塞尔逼上绝路，现在，他向威廉·亨利·比塞尔上校发起了挑战。然而，这一次，他可谓棋逢对手。威廉·亨利·比塞尔上校的勇气锐不可当，他委任一名军官做他的助手，吩咐他向对方提出建议，比如武器用"装上铅弹的火枪"。相约见面并安排决斗事宜的两个助手，当然也是朋友，在他们之间，似乎并没有正式提出这些条件，但显然他们俩对整件事情的前因后果都心知肚明。威廉·亨利·比塞尔上校对自己先前的回答做了简单的补充，说他愿意承认，"密西西比步兵团因其在这场战役中英勇而卓越的表现而享有荣誉"。这件事就这样平息了。

为了响应迪凯特会议的号召，1856 年 5 月 29 日，相关人员在布卢明顿召开了大会。到目前为止，伊利诺伊州积极而敏锐的政治家们已经确信，反《内布拉斯加法案》的斗争不仅仅是一件以"废除奴隶制"为目的的、暂时的、微不足道的、令人兴奋的事情，而是一个深刻而持久的政治问题，关系到奴隶制的命运，以及国家的命运。因此，为了建立一个紧密团结、强大统一的联盟，来自不同党派和团体的人们，宽宏大量地暂缓或放弃了过去那些无足轻重的分歧和差异。其结果就是聚集并形成了一个最引人注目的派别。大约有四分之一的县派来了定期选举的代表，其余出席会议的人都是自愿参加的。在精神和热

471

情上，与其说这是一次政党的大会，倒不如说它是一次群众集会。然而，在某种程度上，在场的每一个人都是他所在地区的领袖。这次集会比普通的政党核心机构召集到一起的类似的团队更具有代表性。这是一个由五六百名冷静、睿智、独立的思想家组成的、热心而坚定的委员会，他们响应天下为公的紧急召唤，在伊利诺伊州的时代精英们的领导和指挥下聚到了一起。它不仅是一串串杰出的名字排列而成的辉煌阵列，包括诺曼·比尔·贾德、理查德·耶茨、埃比尼泽·派克、莱昂纳德·斯韦特、莱曼·特朗布尔、戴维·戴维斯、欧文·洛夫乔伊、奥维尔·希克曼·布朗宁、伊卡博德·科丁、阿奇鲍德·威廉姆斯和另外一些人。其中，作为顾问和行动者，亚伯拉罕·林肯是最重要的人物。而且这次集会的派别与以往对立的党派，比如辉格党、民主党、自由土壤党、一无所知党、废奴主义者，有着天壤之别。

很少有一个审议机构能在比这更令人激动的情况下开会。在华盛顿，国会的辩论激情澎湃。而在堪萨斯，内战的硝烟也同样四处弥漫。不到十天，查尔斯·萨姆纳就在参议院被打垮了，而劳伦斯镇则遭到了戴维·赖斯·艾奇逊的游击队和塞缪尔·J. 琼斯治安官的民团的掠夺。那片正在遭受蹂躏的土地的前州长安德鲁·霍雷肖·瑞德，1856 年 5 月 28 日晚间向布卢明顿市民和最早到达的代表们发表了讲话，让这次大会笼罩在了堪萨斯冲突的紧张气氛中。

大会的各项工作紧锣密鼓、庄重严肃地进行着。公众明白无误的传闻早就认定威廉·亨利·比塞尔上校为州长候选人。果不其然，他被提名为州长，并以口头表决的方式一致通过。副州长候选人以类似的方式得到任命。一方面，大会很少考虑或关心政治荣誉的分配问题。另一方面，它又如此重视建党这项伟大事业，并为其成功提供了条件，以至它甚至都没有为州长候选人名单上的候选人投票，而是把挑选和委任他们的任务委托给了一个委员会，然后，全盘采纳它的报告，并以口头表决的方式一致通过。而另一个委员会则以更加审慎的态度完成了更加艰巨的任务，即起草了一份政党纲领，他们的辛苦也得到了一致的认可。它大胆地采用了共和党这个名号，制定了共和党的信条，大会进一步任命了参加即将到来的共和党全国代表大会的代表。

雄辩的领导人们发表着激动人心的演讲，人们侧耳倾听，鼓掌喝彩。然而，在亚伯拉罕·林肯上台演讲之前，在拥挤的大厅里，几乎没有人从自己的座位上站起来。每个人都觉得，由他来做总结性的发言合情合理，他也慷慨大方地满足了他们的需求。在亚伯拉罕·林肯开始演讲之前，当他那高大的身影居高临下地站在台上的时候，集会的人群保持了片刻的沉默，充满了深情与敬意。他那缜密的思维和诚挚的态度反映了他鲜明的演讲主题和这一场合的重大意义。这一刻，他迸发出无限的魅力。观众们则听得全神贯注、如痴如醉。最后，他用了一个绝妙的结束语，并呼吁人们加入共和党的行列：

> 来吧！就像撕扯森林的狂风一样，强劲地刮来吧。
> 来吧！就像困住海军的波涛一样，咆哮着涌来吧！

这种影响力是不可阻挡的。观众们肃然起立，对演讲者的能力和才华报以经久不息的掌声和欢呼。遗憾的是，这篇演讲从未被报道过，但它显然成了所有身临其境的人们抹不去的鲜活记忆，这也使亚伯拉罕·林肯从此以后成为伊利诺伊州的老百姓心中无可争议的无冕之王。

在全国范围内组建共和党的过程几乎和伊利诺伊州的做法毫无二致。根据各个州委员会初步的沟通和呼吁，来自北方各州，甚至一些边疆蓄奴州的共和党的要员们，以及反对《内布拉斯加法案》的政治家们，于1856年2月22日，也就是乔治·华盛顿的诞辰这一天，齐聚在匹兹堡召开大会。俄亥俄州、纽约州和宾夕法尼亚州派出了阵容最庞大的代表团。而以这个伟大的中央为核心，聚集起来的是许多规模虽小，却热切诚恳的代表团，汇聚了三四百名热情洋溢的领导人，他们代表着二十八个州和地区。这只是一个非正式的群众大会，但许多代表都是具有国民性的人，他们每个人的名字本身就是一个充分的凭证。最重要的是，成员们都是谨慎的、温和的、没有野心的，他们总是根据当前的时代要求而采取适当的行动。他们对通常的议会惯例感到满意，任命了一个全国性的组织委员会。呼吁召开代表大会。批准并发表了一个面向全国的激动人心的讲话。他们的决议简洁而明确，只有四个要求：废除所有曾经把自由神圣化的、允许将奴隶制引入堪萨斯的法律。通过宪法手段在美国的所有领土上抵制奴隶制。立即承认堪萨斯作为自由州的地位。推翻当前的国民政府。

作为对匹兹堡演讲中的正式号召的响应，共和党的第一届全国代表大会于1856年6月17日在费城召开。在匹兹堡举办的一系列与众不同的、庄重严肃的活动，保证了新生的政党成立不久就众望所归。有了如此有利的支持，它便全副武装地投入到政治斗争中去。这一年一开始，国会里就议长一职展开了长期的较量。解决冲突的唯一方案就是通过未超过半数的最多的票数选举纳撒尼尔·普伦蒂斯·班克斯为议长。在激烈的国会辩论中，在富兰克林·皮尔斯总统的咨文和公告中，在全国代表大会上，在对查尔斯·萨姆纳的抨击中，在堪

查尔斯·萨姆纳

亨利·史密斯·莱恩

萨斯内战中，冲突不断升级。全国上下群情激愤，各种活动和运动层出不穷。所有的自由州和一些边境州，以及一些尚未建立州的地区都派代表出席了费城大会。其常任和非常任代表就包括了当地近千名领导人。这些新的皈依者满腔热情。来自印第安纳州的亨利·史密斯·莱恩当选为大会常任主席。

　　该党新近成立。一举成功的希望太小，无法参与总统提名的激烈竞争。因为它的力量毫无疑问来自现在已经被遗弃并解体的辉格党以前的拥护者们。当然，威廉·亨利·西沃德是最高级别的领导人。在他之后，萨蒙·波特兰·蔡斯是脱离民主党而独立的成员们的代表，他带来的选民更少，尽管如此，在前期举步维艰的建党工作中，他一马当先，劳苦功高。两个人都愿意耐心等待这个新的党组织更加合适的时机和强大起来的那一天，这充分体现了他们的睿智和英明。最高法院的约翰·麦克莱恩法官是一位杰出的法学家，一个忠诚的辉格党人，其性格巧妙地结合了美国广袤的西部地区的人们那种活力与保守，他也有大批的拥护者。然而，正如人们预料的那样，大会选出了一个更加具有代表性的领袖——来自加利福尼亚州的约翰·查理·弗里蒙特，他年轻有为，胆识过人，功勋卓著。在一次非正式的投票之后，大会提名他为党的最高领导人。人们普遍认为约翰·查理·弗里蒙特的选举及其成功运作，应该归功于老弗朗西斯·普雷斯顿·布莱尔，他以作为安德鲁·杰克逊总统才华横溢、颇具影响

老弗朗西斯·普雷斯顿·布莱尔

约翰·查理·弗里蒙特

　　的助手而声名远播。然而，约翰·查理·弗里蒙特的确是民众凭直觉做出的选择，这在当时似乎很合适，因为这样就防止了阴谋的必然发生。

　　在约翰·查理·弗里蒙特的个人经历中，有一段浪漫的爱情故事让他的提名成为大众津津乐道的话题。他有着法国血统，出生在佐治亚州的萨凡纳，小小年纪就成了孤儿。在很大程度上，他靠自学，通过不断的努力，获得了科学知识。他还作为一名数学教师，参加了一次海上航行。还曾就职于铁路建设部

约翰·查理·弗里蒙特率领的探险队抵达一处要塞

门，在田纳西州的群山旷野中勘探测量，他从这些经历中得到的经验，让他有资格成为约瑟夫·尼古拉斯·尼克赖特的得力帮手，参加了密西西比河上游广袤的高原地区的科学探索，并确保他得到了地形工程兵少尉的任命。这些努力让他有机会来到华盛顿。在那里，他那高卢人的躁动的脾气秉性，在难以忍受学校束缚的同时，让他爱上了来自密苏里州的参议员托马斯·哈特·本顿的女儿。他们先是私奔，后来如愿步入了婚姻的殿堂。

最终，翁婿二人冰释前嫌，握手言欢。托马斯·哈特·本顿对尚未开发的广袤无垠的西部兴趣盎然。在他的努力下，约翰·查理·弗里蒙特和一支探险队被派到了落基山脉。在约翰·查理·弗里蒙特的指挥下，类似的探险队被一批又一批地派往那片神秘的仙境。任何描写荒野的小说都无法与他的官方报告媲美。读者总是津津有味、如饥似渴地阅读着他描述的那些日常冒险、探索和发现——攀登无人翻越过的崇山峻岭、他的独木舟在人迹罕至的激流险滩中沉陷、和敌对的印第安人作战并谈判、被大雪围困、忍饥挨饿。在这些行程中，约翰·查理·弗里蒙特有一次到了太平洋海岸。当时我们与墨西哥的战争使当时隶属于墨西哥的加利福尼亚省的革命精神高涨。以他特有的不安分和勇敢无畏，约翰·查理·弗里蒙特和自己的小探险队加入了美国当地移民的造反派，并聚集起来一个营的骑兵志愿者。虽然不受政府的指挥，但他配合领命前来占领加利福尼亚海岸的美国海军部队，并积极主动地协助他们推翻了墨西哥当局，驱散了其残余的军官。在占领加利福尼亚之后，约翰·查理·弗里蒙特成为这里临时的军事统治者。由于著名的黄金大发现，当加利福尼亚作为一个州加入联邦之后，他成为该州首批美国临时参议员之一。

如此引人注目的履历不可能没有强大的对手。他们利用下面这些不留情面的批评对他发起了攻击。敌对的期刊污蔑约翰·查理·弗里蒙特，说他是一匹肤浅的、虚荣的"毛马"，一个"吃骡子肉的""自由恋爱的""拥抱黑人的"共和党人，一个奢侈浪费的、目无领导的、冲动鲁莽的冒险家，一个肆意挥霍国家财产的政客和江湖骗子。由于能够识文断字的公众并不总是能够熟练地明辨是非，当诽谤巧妙地与印刷品相结合，即便是最显而易见的中伤都会有效地促成他的失败。然而，对于新成立的乐观热情的共和党来说，这位"开路先锋"是一位英勇而理想的领袖。因为在关键的问题上，约翰·查理·弗里蒙特投给奴隶制的反对票和明确的声明消除了人们对他的所有怀疑，激发出了人们无限的信心。

然而，约翰·查理·弗里蒙特暂且作为共和党的旗手，赫然出现在公众面前，具有极强的画面感。史学家们的兴趣聚焦在费城大会的第二项行动上。它表明，人类智慧在调节命运的天平时是多么微妙。或者，更加确切地说，神授天意的缓慢过程又是多么地匪夷所思，却是多么地毫厘不爽。在没有争议或拖延的情况下，大会推选出了主要的候选人。随后，大会继续提名副总统。在第一轮非正式投票中，来自新泽西州的威廉·刘易斯·代顿获得了二百五十九票，而来自伊利诺伊州的亚伯拉罕·林肯则获得了一百一十票。剩下的十三名候选人得到了其余的零星选票。大会的主导思想是确立原则，而不是个人的晋升。

威廉·刘易斯·代顿

因此，并没有进一步的竞争。虽然威廉·刘易斯·代顿先生没有得到多数人的支持，但大会却立刻一致通过了他的提名。那些对提名大会的荒诞不经的特征通达谙练的人知道，在这种无精打采、飘忽不定的情绪下，某一位雄辩的代表或者几个巧妙安排的代表团的领导班子，往往能够通过一场适时的演讲，轻而易举地逆转这一选举的结果。人们很难想象，候选人的那样一场成功的竞选演讲可能会带来怎样的历史变迁。假如南方的激进分子们当时尚在酝酿中的叛乱于1856年的冬天爆发，而国家的统帅之剑又掌握在冲动的约翰·查理·弗里蒙特的手里，而继承了三代开拓者和印第安人斗士的隐忍、谨慎和冷静的亚伯拉罕·林肯，只能手持副总统那无足轻重的权杖，那么美国和人类面临的后果又会是什么样的呢？然而，决定命运的最终时刻还没有到来。

费城大会在确认其制定的纲领时异乎寻常地果敢，其措辞最令人满意。它不仅"否认了国会，或者任何地方议会，或者任何个人，或者任何私人社团赋予奴隶制在美国的任何领土上合法存在的权力"，并做出决议："认为宪法赋予国会在美国的领土上组建他们的地方政府的最高权力，而在行使这一权力的过程中，国会有权力，也有义务在这些地区禁止一夫多妻制和奴隶制这两种类似的野蛮的遗风和陋习。"它还把讽刺的矛头指向了詹姆斯·布坎南，他是最近在辛辛那提召开的民主党全国代表大会提名的总统候选人，并进一步做出决议："认为那强盗一样的、体现在《奥斯坦德通告》中的、关于'强权即公理'的狡辩，从各个方面来说，都应该是美国的外交政策所不齿的，会让任何认可它的政府或人民感到羞愧和耻辱。"费城大会制定的纲领要求维护《独立宣言》、《美国宪法》、联邦的权利，以及联邦的完整性。它支持在太平洋沿岸修建一条铁路。要求国会拨款，用于治理全国的河流，并修建港口。声称信仰自由和权利平等。谴责政府的政策。要求堪萨斯作为一个州立即加入联邦，并请求"五湖四海、三教九流的人们，无论他们在其他方面有多么的千差万别，都要群策群力，支持该纲领所申明的原则"。

最令人意想不到的是，自由州的反对党的选民们热情而欣喜地接受了费城大会制定的纲领和推举的候选人。根据历史记录，1856 年 11 月的一次投票旨在支持他们，尽管当时并没有成功，却为早日到来的胜利奠定了稳固的基础，并建立了一个伟大的、永垂不朽的政党，该政党注定会承载着这个国家，经受住内忧外患、沧桑巨变，迄今为止，这与世界上有目共睹的任何其他国家的遭遇和结果别无二致。

那一年，总统的所有荣誉都没有留给伊利诺伊州。亚伯拉罕·林肯就这样错失了共和党候选人名单上排名第二的副总统的提名，而他的同乡和竞争对手斯蒂芬·阿诺德·道格拉斯，同样未能获得他梦寐以求的民主党的总统候选人的提名。民主党全国代表大会于 1856 年 6 月 2 日在辛辛那提召开。如果斯蒂

19 世纪中期的詹姆斯·布坎南

芬·阿诺德·道格拉斯洋洋自得，以为自己给南方立下的汗马功劳能够得到回报，那么他一定会大失所望。人们对他带来的好处要么不以为然，要么完全忘怀。然而，他以前给人们带来的伤害让大家蚀骨难忘、憎恨不已。而大会力荐三位杰出的候选人：詹姆斯·布坎南、富兰克林·皮尔斯和斯蒂芬·阿诺德·道格拉斯。1852 年，斯蒂芬·阿诺德·道格拉斯的支持者们轻率地对"老古董们"发起了口诛笔伐，虽然打败了詹姆斯·布坎南，却让富兰克林·皮尔斯坐收渔翁之利，获得了总统提名。然而，风水轮流转，詹姆斯·布坎南的支持者们现在打败了富兰克林·皮尔斯和斯蒂芬·阿诺德·道格拉斯，终于能够双倍地清算旧账了。南方的大多数代表鼠目寸光、只顾眼前。在这种思想的引导下，他们再次投票提名富兰克林·皮尔斯为总统候选人，因为他们只看到了富兰克林·皮尔斯为堪萨斯制定的政策迎合了他们的心意，却忘记了斯蒂芬·阿诺德·道格拉斯才是那个令他们心满意足的堪萨斯政策的始作俑者，而且是实施这一政策的最强大的盟友。当一天徒劳的投票结束之后，他们转而把票投给了斯蒂芬·阿诺德·道格拉斯。所谓的"老古董"詹姆斯·布坎南，结束了出使英国的重任，刚刚返回。因此，并没有遭到个人的忌妒和怨恨，从而获得了主要来自北方的、占绝对优势的多数派的坚定支持。

当时，"三分之二的投票原则"尚未被遵循。在这个节骨眼上，富兰克林·皮尔斯和斯蒂芬·阿诺德·道格拉斯的支持者们接受了这一不可避免的结果，为了所谓的"和谐"，不再为自己最看重的候选人投票。因此，大会第五天，在第十七轮投票结束后，来自宾夕法尼亚州的詹姆斯·布坎南成为民主党一致提名的总统候选人，而来自肯塔基州的约翰·卡贝尔·布雷肯里奇成为民主党的副总统候选人。

著名的"辛辛那提纲领"因其长篇累牍、言辞激烈、主题多样、直言不讳而在民主党的文献中占有突出的地位。然而，说来也怪，它的主要优点

辛辛那提

和效用在于巧妙地隐藏了它的中心思想和目的。表面看来，其中大约有四分之一的篇幅似乎是在详尽地阐述民主党关于奴隶制问题的主张和声明。除去冗词赘语，只剩下对"包含在组织堪萨斯地区和内布拉斯加地区的《州建制法》中的原则（即国会不干涉各州和各地区，或者哥伦比亚特区的奴隶制）"的认可。从而进一步明确了该"原则"的实际应用，并做出决议："我们认识到，包括堪萨斯和内布拉斯加在内的所有地区，只要其居民人数达到了要求，根据大多数现有居民合法而公正地表达的意愿，无论是否蓄奴，其公民都有权制定宪法，并且这些地区应该在与其他州完全平等的条件下加入联邦。"

我们已经看到了，富兰克林·皮尔斯总统的民主国家政府，以及国会中几乎所有的民主党众议员和参议员，是如何蓄意歪曲这一"原则"的精神实质和字面意义的。而且我们还将看到，詹姆斯·布坎南总统领导下的民主国家政府和政党，又是如何得寸进尺、肆无忌惮地违反更加明确的决议的。

然而，在当时，这些面面俱到的话语却显得特别实用：首先，可以防止在辛辛那提大会上民主党内的分裂。其次，可以为竞选演讲加分。选民们缺乏必要的批判能力，政客们也并不急于表明他们压根就没有触及讨论已经提出的整个问题，这一问题注定会在下一次全国代表大会上瓦解和击败民主党。这一次，面对精心隐藏的疑虑，辛辛那提纲领的这些模棱两可的表述使北方和南方的最后一次合作得以实现，以保证总统选举的胜利。

这部作品的职责不是描述在全国游说拉票活动中发生的事件，而只是记录其结果。在 1856 年 11 月的选举中，詹姆斯·布坎南当选为总统。全国范围内具体的普选结果是：詹姆斯·布坎南获得一百八十三万八千一百六十九张选票。约翰·查理·弗里蒙特获得一百三十四万一千两百六十四张选票。米勒德·菲尔莫尔获得八十七万四千五百三十四张选票。从各州来看，詹姆斯·布坎南得到了十四个蓄奴州和五个自由州，共一百七十四名选举团成员的支持。约翰·查理·弗里蒙特得到了十一个自由州，共一百一十四名选举团成员的支持。米勒德·菲尔莫尔得到了一个蓄奴州，共八名选举团成员的支持。

在詹姆斯·布坎南先生当选前的竞选运动中，在伊利诺伊州的选举人名单上排在最前面的亚伯拉罕·林肯，为约翰·查理·弗里蒙特的竞选发挥了突出的作用，他的脚印遍及这个州的各个角落，发表了大约五十次演讲。他在伊利诺伊州不同的地方发表的这些演讲中，就数在扎利纳市的演讲最有趣，这篇演讲探讨了"地方主义"的指控，四年后，南方正是以相同的借口发动了反抗他的政府的叛乱。让我们一起来重温这篇演讲中的一些段落。

你们还指控我们是分裂主义者。如果你们的意思是解散联邦是我们的目的，我为自己回答，说这是不真实的。我为那些和我一起行动的人回答，说这是不真实的。你们曾经听到过我们这样断言，说这是我们的目标吗？你们真的相信这就是我们的目标吗？你们是在我们的纲领中、我们的演讲中、我们的大会上，还是在任何别的地方找到它的吗？如果没有，那就请收回这一指控。

然而，你们可能会说，虽然这不是我们的目的，但结果必将如此。我们如果成功了，就会因此成了名副其实的分裂主义者。这是你们对我们的严重指控，我们当然有权要求你们明示，我们将以何种方式解散联邦。我们该如何实施这个宏伟的计划？

我们得到的唯一的明示是米勒德·菲尔莫尔先生在奥尔巴尼的演讲中主动提出的。他的指控是，如果总统和副总统我们都从自由州选举，就会导致联邦的解散。这样的说法公之于世，真是愚不可及。宪法规定，美国的总统和副总统应该来自不同的州。但对这些州所处的经度和纬度并没有特别要求。1828年，田纳西州的安德鲁·杰克逊和南卡罗来纳州的约翰·卡德威尔·卡尔霍恩当选为总统和副总统，他们都来自蓄奴州。但那时候没有人想到会因为这个问题而解散联邦。1840年，俄亥俄州的威廉·亨利·哈里森和弗吉尼亚州的约翰·泰勒当选为总统和副总统。1841年，威廉·亨利·哈里森去世，约翰·泰勒继任总统，参议院选

威廉·鲁福斯·德维恩·金

举亚拉巴马州的威廉·鲁福斯·德维恩·金为代理副总统。但没有人认为联邦处于危险之中。事实上，就在米勒德·菲尔莫尔先生提出这个毫无意义的指控的时候，美国当时的情况就有力地驳斥了它。新罕布什尔州的富兰克林·皮尔斯先生是总统，印第安纳州的布莱特先生是副总统，他们俩都来自自由州，联邦依然存在并将继续存在下去。你们不要想当然地认为这就必然会解散联邦，事实表明这不会，因此，我们没有必要再在这一指控上浪费口舌。

他们没有做出其他解释，唯一可以做出的解释是，1820年恢复对奴隶制的限制，使美国新得到的领土成为自由的领土，这将导致联盟的解散。先生们，要通过这样的一项法案，就得有明确的多数人同意。我们大多数人都能按照宪法的要求去做我们想做的事，我们不想解散联邦。你们是说这种对奴隶制的限制是违反宪法的、某些州将不会服从它的强制执行吗？我同意你们的说法，违反宪法的法案不能算是法律法规。然而，我不会要求，也不会接受你们制定宪法。美国最高法院才是决定这个问题的审理委员会，我们将服从它的决定。如果你们也服从它的决定，那么这件事情就算结束了。你们说好吗？如果你们不愿意服从它的决定，那么谁才是真正的分裂主义者呢？是你们还是我们？我们大多数人是不会致力于解散联邦的。如果真的有人做出了任何这样的尝试，那一定是你们这些大声嚷嚷，贼喊捉贼的人们。

然而，无论如何也不可能解散联邦。我们不想解散它，如果你们试图解散它，我们也决不允许。我们手里有钱有权，陆、海军都由我们指挥，你们怎么可能解散联邦？如果拥有一支训练有素的军队和一个充实丰盈的国库的多数派，在受到手无寸铁、自由散漫、无组织无纪律的少数派的攻击时，无力维护联邦，那么，这个政府事实上是很软弱的。所有这些关于解散联邦的言论都是欺骗，都是蠢行。我们不想解散联邦。你们也休想解散它。

总共有三位总统候选人和三位副总统候选人参与竞选——民主党的詹姆斯·布坎南和约翰·卡贝尔·布雷肯里奇。美国人党，或一无所知党的米勒德·菲尔莫尔和唐尼尔森。共和党的约翰·查理·弗里蒙特和威廉·刘易斯·代顿——1856年的竞选运动是一场激动人心、声势浩大、旷日持久的活动。在伊利诺伊州，竞争引起了一场不分胜负的战斗。一无所知党在对总统的投票中态度坚定、团结一致，但在对伊利诺伊州官员的投票中却意见纷纭、莫衷一是。结果是，伊利诺伊州为民主党的总统候选人詹姆斯·布坎南提供了相对多数的九千一百二十四张选票，同时为共和党的州长候选人威廉·亨利·比塞尔提供了相对多数的四千七百二十九张选票。

尽管取得了一半的胜利，然而，它给伊利诺伊州的共和党人带来了四年后十拿九稳、大获全胜的殷切希望。这场选举过了大约一个月之后，1856年12月10日，在芝加哥举办的一场共和党人的宴会上，亚伯拉罕·林肯发表了如下的讲话，部分原因是为了批评富兰克林·皮尔斯总统的最后一次年度咨文，但更确切地说，他指出了未来的希望之星：

> 我们还有一个总统的年度咨文。总统（指富兰克林·皮尔斯总统）对最近的大选结果暗自庆幸，就像一个遭到拒绝的情人在对手的婚礼上吃喝玩乐。他认为这一结果是好人和道义的全面胜利，是对坏人的严厉惩罚。他说这是人民的抉择。他忘了，他得意扬扬的所谓的"人民"，仅仅是指那些投票给詹姆斯·布坎南的人，他们在全体人民中只占少数，他得到的大约四十万张选票也只占全部选票的整整十分之一。记住这一点，他可能会意识到，他所谓的"惩罚"可能不像他想象的那样持久，意识到大多数人可能不会选择长期忍受那个少数派的惩罚。
>
> 总统大人认为，我们支持约翰·查理·弗里蒙特的这一干人等，受到一些心术不正、诡计多端的人的蛊惑而狂热崇拜虚无缥缈的自由。对此，我们不敢苟同。我们认为，他受到一些狂妄无知、莽撞冒失之徒的欺骗而痴心妄想实实在在的连任。他就是那只被人利用的猫，火中取栗供他人食用，爪子被烧坏后便遭到遗弃，只落得鸟尽弓藏、兔死狗烹的悲惨下场。就像那个傻瓜谈到李尔王时说的那样，当李尔王的女儿们赶他出门的时候，他就是一个"被掏去了豌豆的空豆荚"。
>
> 迄今为止，总统大人指责我们"渴望改变美国现存的国内机构"，并"尽一切所能剥夺宪法和法律的道德权威"，以我对全党的信念和对自己的了解，我宣布，这一指控是纯粹的、不折不扣的谎言。
>
> 我们的政府有赖于民意。任何能够改变民意的人实际上都能极大地改

变政府。对于任何主题，公众舆论总会有一个"主导思想"，从这一主导思想生发出所有的次要观点。我们的政治舆论的"主导思想"起初是，并且直到最近仍然是"人人平等"。尽管它似乎是出于现实的必要性，总是忍辱负重地屈服于任何形式的不平等，然而，其不断的努力已经在实现全体人民的实际平等方面取得了稳步的进展。最近的总统大选是一场斗争，其中一方抛弃了这个主导思想，并用与之背道而驰的、认为奴隶制从理论上来讲是正确的观点来取而代之，如果将这种思维模式作为主导思想，可能会导致人类的奴役永远继续下去，并不断地向所有其他国家和种族蔓延。不到一年前，那位公认的奴隶制的鼓吹者，"里士满的询问者"，为了支持其观点，不论肤色，煞费苦心地发明了"州州平等"这个词，现在，总统大人在他的年度咨文中采用了那位"里士满的询问者"这个时髦的词语，并告诉我们，人民"坚决要求宪法赋予联邦的每一个州平等的权利"。总统大人自以为新的主导思想是完全确立的。事实上也的确如此，到目前为止，仅仅是总统选举这一事实就可以确立这一观点。对我们来说，还必须知道，大多数人民还没有这样断言，并希望他们永远都不会这么做。我们所有未给詹姆斯·布坎南先生投票的人加在一起，也是人数高达四十万的多数派。但在最近的竞选活动中，我们分成了两派，一派拥护约翰·查理·弗里蒙特，另一派拥护米勒德·菲尔莫尔。难道我们就不能为了未来而走到一起吗？让每一个真正相信自由的社会不会失败，并决心让它走向成功的人，让每一个能坦然地宣布，在过去的竞选运动中，他只做了自己认为最好的事情的人，都能宽容地相信其他人也能这么说。既然这样，过去的就让它过去吧。就当从来就没有产生过任何分歧。让我们密切关注实际问题，重新确立共和国以前的美好的"主导思想"。我们可以做到，因为人心与我们同在。上帝也与我们同在。我们将不能再次宣布"所有的州都是平等的"，也不能声明"所有的公民都是平等的"，而是要做出比这些更好、更新、更广泛的宣言，那就是"人人生而平等"。

这些演讲的段落虽然只向我们片面地反映了亚伯拉罕·林肯在该时期的演讲风格，但显示出了其本质的特征，即通篇思路清晰、分析透彻，并大量使用公理化定义，使他的许多话语掷地有声、铿锵有力，发人深省、历久弥新，而使对方的谬误和荒唐暴露无遗。这些演讲还向我们展示了这位政治家兼具对事实真相的敏锐的洞察力和高超的理论素养，即民族意志的未来动力如何推动国家生活的现有力量，而如此巧妙的结合出现在同一个人身上的概率并不是很高。这位睿智的政治家可以看到，在不久的将来，这四十万选民会给某个政党带来胜利。亚伯拉罕·林肯的智慧使他能够预见到，只有通过唤醒人类头脑中的那些慷慨激昂的、支持平等反对阶级、支持自由反对奴役的"主导思想"，才最有可能掌握影响投票结果的公众舆论的导向。或许这些演讲所展示的最鲜明的特征是爱国主义的精神和信念，正是这种精神和信念，使亚伯拉罕·林肯在 1856 年的竞选演讲中如此坚定地宣布："我们不想解散联邦。你们也休想解散它。"几年后，天降大任于斯人。通过严酷的战争，亚伯拉罕·林肯捍卫了自己的誓言。

第 **3** 章

国会的暴力行为

官方的报告表明，总的来说，美国国会是有礼有节、合乎规范地开展着日常工作，偶尔也会因为个别人愤怒的争吵对骂和激烈的打斗场面而有失尊严。随着奴隶制问题引发的政治斗争的日益尖锐，国会的这些骚乱也随之增加，并在一系列令人震惊的事件中达到了顶峰。

查尔斯·萨姆纳是来自马萨诸塞州的参议员之一，在当时的政治风潮中，由于他经常在参议院和其他地方发表激进的反对奴隶制的演讲而变得引人注目。奴隶制问题让他走上了政坛。在马萨诸塞州的议会里，少数自由土壤党人和民主党人的联盟选举他为美国参议员。

因此，奴隶制问题成了查尔斯·萨姆纳工作的主要原则和基调。他是一个开明的、有修养的人，精通文学，有着丰富的法律知识和令人羡慕的知名度和社会地位。他体型高大、孔武有力，声音洪亮、仪表堂堂，勇敢而热切地反对奴隶制。他是共和党建党初期最受欢迎的演说家之一。

竞争对手申请堪萨斯作为一个蓄奴州加入联邦，彻底激怒了查尔斯·萨姆纳。他全身心地投入参议院激动人心的辩论中去。1856年5月19日和20日，他在参议院发表了一场精心准备的演讲，占用了整整两天时间。这是他做过的最好的演讲之一。与往常一样，这篇演讲稿经过了深思熟虑，千锤百炼。从本质上来讲，与其说这次演讲是平和的争论，不如说它是猛烈的抨击，直截了当而气贯长虹，引经据典又雄辩有力。查尔斯·萨姆纳把透彻的说理与严厉的谴责相结合，产生了事半功倍的效果和意义深远的影响。

查尔斯·萨姆纳在这篇演讲中描述了所谓的"对堪萨斯的犯罪"，以及犯罪的借口。他认为犯罪者的辩解是残暴的、愚蠢的、荒谬的和无耻的。他继续说道："残暴、愚蠢、荒谬和无耻，就像四个刁钻古怪的姐妹一样，手拉着手，围着这场犯罪手舞足蹈。"

除了其他人，查尔斯·萨姆纳在讲话中还提到了来自南卡罗来纳州的安德鲁·贝肯斯·巴特勒，以回应这位参议员在前面的辩论中对他做出的一些严厉的指责。安德鲁·贝肯斯·巴特勒曾猛烈抨击过他的方针和发言。甚至连他所代表的州也遭到了诋毁。其言语刻薄，极尽讽刺挖苦之能事。

安德鲁·贝肯斯·巴特勒

查尔斯·萨姆纳说："遗憾的是，我的话题又回到了来自南卡罗来纳州的参议员安德鲁·贝肯斯·巴特勒先生身上。他在这场辩论中无所不在，对于堪萨斯作为一个自由州申请加入联邦的提议感到如此义愤填膺，以至在他对堪萨斯的代表，以及随后对堪萨斯的人民发表演讲时语无伦次、结结巴巴、连咳带喘。古代议会辩论中的放纵言行在他身上一一重演，他热衷于信口雌黄、颠倒黑白。我很乐意对此做出补充说明，以免人们怀疑他的胡言乱语是故意的偶发行为。然而，无论该参议员提到任何人，都会说这个人一无是处。无论该参议员谈到任何事，都会说这件事荒谬绝伦。他总是执迷不悟地对道德标准或事实真相妄加诋毁。无论是在对宪法或法律的陈述方面，还是在具体的数据方面，抑或是在广博的学识方面，他都缺乏精度与准度。他不能张嘴，因为他一张嘴就胡言乱语。"

查尔斯·萨姆纳演讲的这两天，安德鲁·贝肯斯·巴特勒并不在参议院。如果他在那里，他可能会说什么或做什么，别人就只能凭空想象了。斯蒂芬·阿诺德·道格拉斯和其他人立即对查尔斯·萨姆纳反唇相讥。在参议院和众议院中，复仇的暗流在支持奴隶制的议员们心中涌动。这种敌对的表现很可能已经让国会的一名年轻议员，即参议员安德鲁·贝肯斯·巴特勒的侄子普瑞斯顿·史密斯·布鲁克斯，决定对查尔斯·萨姆纳进行暴力报复。普瑞斯顿·史密斯·布鲁克斯与另一位议员亨利·阿郎索·埃德蒙森相熟。在亨利·阿郎索·埃德蒙森的设计下，普瑞斯顿·史密斯·布鲁克斯曾两次在国会大厦的西入口处，准备拦截并教训查尔斯·萨姆纳先生，却没有见到他。

1856年5月22日，也就是查尔斯·萨姆纳演讲结束的两天后，普瑞斯顿·史密斯·布鲁克斯走进了参议院的议事大厅，伺机报复他。会议时间很短，休会后，查尔斯·萨姆纳依旧坐在他的办公桌前奋笔疾书。那时的会议都是在参议院的旧议事大厅召开的，现在被最高法院占用。座位都呈半圆形分布，座位和大厅之间、座位和墙壁周围的空地之间，都用栏杆隔开。一条宽阔的过道从大门一直通向大会主席的桌子。查尔斯·萨姆纳就坐在入口和主通道右边，靠近栏杆的最后一排从左往右的第二个座位上。他聚精会神地埋头工作，压根没有注意到普瑞斯顿·史密斯·布鲁克斯就坐在过道左边。普瑞斯顿·史密斯·布鲁克斯正在和一位朋友谈话，他对坐在查尔斯·萨姆纳旁边，还没有及时离开议事大厅的一位女士表现出极不耐烦的样子。就在那一刻，那位女士起身走了出去，普瑞斯顿·史密斯·布鲁克斯很快站起来，走到查尔斯·萨姆纳的桌子前。这一举动引起了普瑞斯顿·史密斯·布鲁克斯的那位朋友的注意。带着复杂的党派情感，他惊讶地看到，来自南卡罗来纳州的代表普瑞斯顿·史密斯·布鲁克斯竟然与一位来自马萨诸塞州的参议员查尔斯·萨姆纳谈话。然而，他很快便回过神来，普瑞斯顿·史密斯·布鲁克斯接下来的做法彻底消除了他心中

普瑞斯顿·史密斯·布鲁克斯

普瑞斯顿·史密斯·布鲁克斯殴打查尔斯·萨姆纳

的疑虑。他看到，普瑞斯顿·史密斯·布鲁克斯靠在桌子上，对查尔斯·萨姆纳疾言厉色地说了几句话，大意是他读了后者的演讲稿，那简直就是对他缺席的亲戚参议员安德鲁·贝肯斯·巴特勒的诽谤，所以他来就是要惩罚查尔斯·萨姆纳。话音未落，普瑞斯顿·史密斯·布鲁克斯就开始用一根普通长度、直径大约一英寸的乳胶手杖敲打查尔斯·萨姆纳的脑袋。

稀里糊涂遭到暴打的查尔斯·萨姆纳，在惊吓之余，本能的反应就是和袭击者扭打在一起。然而，他的努力毫无用武之地。书桌挡在他们之间，又因为他刚才是坐着的，双腿放在桌子下面，致使查尔斯·萨姆纳的身体根本无法站立起来，直到他在挣扎中使出全身的力气，把固定在地板上的椅子撬了下来之后，他才能真正地站起来。他和普瑞斯顿·史密斯·布鲁克斯拉拉扯扯地从桌椅的间隙转移到了主过道里。这个时候，查尔斯·萨姆纳遭到了反复的重击，因为失血过多而变得不省人事。普瑞斯顿·史密斯·布鲁克斯抓住查尔斯·萨姆纳的大衣领子，继续毫不留情地毒打，直到查尔斯·萨姆纳不再反抗，瘫倒在离过道最近的桌子旁的地板上时，普瑞斯顿·史密斯·布鲁克斯才住手。这张桌子就在查尔斯·萨姆纳的座位的前一排，离议事大厅的中央更近。目击者们估计，查尔斯·萨姆纳遭到的打击在十到三十下之间。查尔斯·萨姆纳后脑勺上两个主要的伤口，都有两英寸长、一英寸深。殴打结束时，普瑞斯顿·史密斯·布鲁克斯的手杖已经裂成了碎片。

议事大厅里有十到十五个人，都被眼前突如其来的一幕惊得目瞪口呆。片刻的愣怔之后，有五六个人走上去劝架。然而，还没等他们走到当事人面前，另外一名来自南卡罗来纳州的议员劳伦斯·麦斯隆·基特挥舞着手杖，从入口处的主过道冲过来，一边咒骂，一边警告围观的人们"少管闲事"。在那些匆匆赶来营救的人中，摩根先生是最先到达的。当查尔斯·萨姆纳跌倒时，摩根先生及时把他搀扶起来。另一个在栏杆外来回跑动的旁观者，几乎在同一时间抓住了普瑞斯顿·史密斯·布鲁克斯的胳膊。人们把受了重伤的查尔斯·萨姆纳带到了隔壁的一个房间，急忙召来一位医生为他救治。

从某种程度来说，这件事让查尔斯·萨姆纳的朋友们惊愕不已，一时间人心惶惶。激起这次攻击的语言，无论人们认为它有多么地唐突无礼、多么令人不快，严格来说，都是符合议会惯例的，无论是主席还是任何议员，都不曾在查尔斯·萨姆纳演讲的时候打断他或者制止他。这次暴力事件本身是如此孤注一掷和凶残暴虐，以至它暗示了一种远比单纯的私人恩怨更深的仇恨和报复。这种恃强凌弱的风气，这种诉诸暴力的手段，近来在国会议员中频频出现，尤其是因为这一切都来自支持奴隶制的政党，而让人们异常警觉起来。自从本届议会开幕以来，一位来自弗吉尼亚州的亲奴隶制成员袭击了华盛顿一家报纸的编辑。另一位来自阿肯色州的亲奴隶制成员，曾经在街道上暴打过贺瑞斯·格里利。第三位支持奴隶制的成员来自加利福尼亚州，在威拉德酒店里射杀了一个无辜的侍者。难道这第四起暴力事件是意图遏制或扼杀国会自由辩论的前奏吗？那天晚上，在威廉·亨利·西沃德家里召开的共和党参议员的小党团会议上，这个问题很有可能得到了认真的考虑。共和党人在参议院只有微弱的少数，而在众议院却占相对多数。他们也只能在议会内部征询各位成员的意见，并同意采取防御的态度。

威拉德酒店

　　查尔斯·萨姆纳的同事亨利·威尔逊，第二天就此事向参议院做了简短的声明。很快，这一事件就完完全全、明明白白地表现出了党派的性质。由于没有民主党的参议员提出调查，威廉·亨利·西沃德提议成立一个调查委员会。来自弗吉尼亚州的詹姆斯·默瑞·梅森建议委员会通过投票选出。结果是，没有一个共和党人当选为该调查委员会的委员。委员会得出结论，认为它在国会并没有决断的权力，只能把此事向众议院报告。在众议院，由三方组成的常务委员会发布了两份报告。由六十名成员投票支持的少数派，请求获得司法权限。多数派则建议驱逐普瑞斯顿·史密斯·布鲁克斯，并由众议院出面，对普瑞斯顿·史密斯·布鲁克斯的同事亨利·阿郎索·埃德蒙森支持他攻击查尔斯·萨姆纳的行为，以及对劳伦斯·麦斯隆·基特私自阻挠人们前来劝架的行为表示责难。然而，对于驱逐普瑞斯顿·史密斯·布鲁克斯所需的三分之二的选票是不可能获得的。因此，大多数人都投了不信任票。众议院对报告和决议进行了几天的讨论。无论成员们做出多么大的努力去掩饰其动机和行动，无论是谴责还是辩解，大抵都会明白无误地体现出他们的政党关系。在议会辩论的形式下，南方和北方都在相互指责、彼此轻视。

在这件事情上，南方和北方的公众表现出的党派狂热旗鼓相当。来自北方的是立法机关的决议、集会和演讲中的愤怒，以及报纸上对普瑞斯顿·史密斯·布鲁克斯及其行为的谴责。在南方，与此恰恰相反的情绪占了上风。人们为普瑞斯顿·史密斯·布鲁克斯进行辩护，为他唱颂歌，并赠送给他好多根拐杖和好多个双耳陶罐，以证明他的勇气。当然，双耳陶罐象征着查尔斯·萨姆纳的脑袋。当国会通过谴责他的决议时，他马上辞去众议院的职位，回到了自己的选区，回到了选民们中间，又立刻再次当选为代表。三个星期后，普瑞斯顿·史密斯·布鲁克斯从他的州长那里得到了一个新的委任状，并再次出现在众议院的议员席上，宣誓就职并继续他以前的工作。普瑞斯顿·史密斯·布鲁克斯在辞职之前所做的桀骜不驯的演讲，明确暗示了这次事件有可能产生更加严重的后果。他说："我的行动不会出于我个人的原因而导致革命。然而，当议长先生您回到自己的家，听到伟大的北方的人们——他们可真是伟大——说我是一个坏人的时候，我敢说，你会为我主持公道，说我在这个节骨眼上的一顿老拳会引发革命。"

在南方当时占主导地位的公众情绪下，如果这一不同寻常的事件和随后的辩论没有引发其他类似事件的话，那就很奇怪了。后来当上了美国副总统、来自马萨诸塞州的参议员亨利·威尔逊是查尔斯·萨姆纳的同事。他在讲话中把这次袭击描述为"野蛮的、凶残的和怯懦的"。因为这些措辞，普瑞斯顿·史密斯·布鲁克斯向他发出了挑战。亨利·威尔逊回信拒绝了这次对决，但在同一封信中宣布："我笃信最广泛的自卫权。"

安森·蒲安臣是对这次袭击进行最强烈的谴责的人之一，是来自马萨诸塞州的代表，后来成为美国驻清国的大使，再后来又成为清政府派往美国的大使。他抗议道："我以它所违反的宪法的名义谴责它。我以被它重创的马萨诸塞州的主权的名义谴责它。我以人道的名义谴责它。我以被它践踏的文明的名义谴责它。我以横行霸道者和职业拳击手所遵守的所谓的公平竞争的名义谴责它。"朋友们努力促成了普瑞斯顿·史密斯·布鲁克斯和亨利·威尔逊的相互谅解，在这之后，普瑞斯顿·史密斯·布鲁克斯又因为安森·蒲安臣的这一席话向安森·蒲安臣提出了挑战。这一次，安森·蒲安臣先生接受了普瑞斯顿·史密斯·布鲁克斯的挑战，他的助手约定了决斗的地点为加拿大的克利夫顿之家，决斗的武器为步枪。安森·蒲安臣立刻动身赶往决斗地点。但普瑞斯顿·史密斯·布鲁克斯拒绝去那里，他的借口是，这趟北上的旅程会威胁到他的人身安全。

所有这些相伴而生的情况使查尔斯·萨姆纳遭袭案上升到了国家的层面，成为南北双方在奴隶制斗争中的一个重大事件。查尔斯·萨姆纳遭袭案很有可能被看作当时在堪萨斯肆虐的内战的一个小插曲。实际上，这一暴力事件正是源于堪萨斯内战，并在动机、行为和评论上与之密不可分。这一暴力事件的结果对南方是极其不利的，因为和在堪萨斯边境上发生的任何单纯的暴力犯罪相比，它更能让北方那些犹豫不决和摇摆不定的人团结起来，一致抗击无法无天的暴力犯罪的滔滔洪流，通常，这些暴力犯罪活动都起源于支持奴隶制的党团队伍，并得到他们的支持和庇护。当然，和那些公开而大胆地宣告已经做好了战斗准备的北方代表，特别是和实际上已经接受了普瑞斯顿·史密斯·布鲁克斯的挑战的安森·蒲安臣有所不同的是，北方对这一事件的任何发展阶段并未表现出广泛的关注。

这次袭击使查尔斯·萨姆纳受到了极大的惊吓和伤害，并使他的脊椎严重受损，经过医护人员的精心治疗和多年的休息调养，他最终艰难地恢复了健康。当普瑞斯顿·史密斯·布鲁克斯的选民们把他送回众议院的同时，马萨诸塞州议会也于 1857 年 1 月，再次选举查尔斯·萨姆纳为参议员。这一次只有几张反对票。新任期从 1857 年 3 月 4 日开始。查尔斯·萨姆纳来到华盛顿并宣誓就职，但在几天之内就乘船前往欧洲。在这段时间和随后的总统竞选期间的大部分时间里，他在参议院的席位仍然空缺。

1860 年 6 月 4 日，查尔斯·萨姆纳再次在辩论中抬高了嗓门。世事变迁，安德鲁·贝肯斯·巴特勒和普瑞斯顿·史密斯·布鲁克斯都已去世。参议院也开始在国会大厦北翼的新议会大厅里召开会议。重要的是，他仍然面对着支持奴隶制的政党团队及其精神。他说："时光流逝，但问题依然存在。"四年前，他曾试图描述"对堪萨斯的犯罪"。而现在，在一个没有人身攻击，但言辞更加犀利，谴责更加有理有据的演讲中，他描述了他所谓的"奴隶制的野蛮"。回想起这位演说家查尔斯·萨姆纳和他的境遇，以及时代的主旋律，我们便可以理解他为什么会在演讲开头就大声疾呼："我们坚决抵制奴隶制，不仅仅是出于政治原因，还要根据所有其他理由，包括社会的、经济的，还有道德的原因。我们所面临的斗争是没有假期的。它也不同于任何对手——比如白玫瑰和红玫瑰，比如白天使与黑天使——之间的斗争。而是对与错、善与恶之间的圣战……在我们的历史上，没有发生过比这更大的争论。在任何历史上，这样的争论也很少发生。除非自由取得胜利，否则这场争论将不可能结束或平息。"

查尔斯·萨姆纳在这次演讲中恢复了他的地位，他是国家政治生活和立法领域中的杰出人物和精神力量，不屈不挠地谴责并抨击奴隶制，直到最后推翻它。

第 4 章

1854 年的德雷德·斯科特案决议

迄今为止，《密苏里妥协法案》的废除和堪萨斯内战的爆发，使奴隶制引发的骚乱变得广泛而深远。一个完全出乎公众意料的事件突然加剧了这种骚乱的局面。这就是詹姆斯·布坎南总统宣誓就职两天以后，美国最高法院宣布对德雷德·斯科特案件做出决议。这起著名的案件情况如下。

早在人们筹划《内布拉斯加法案》的两三年前，一个名叫德雷德·斯科特的黑人，在密苏里州的圣路易斯地方法院提出了一起诉讼，请求解除他和家人的奴隶身份，并恢复他们的自由。德雷德·斯科特声称，他的主人爱默森是军队的一名外科医生，住在密苏里州，曾经把他作为奴隶带往伊利诺伊州岩岛的军事哨所，后来又去了斯奈林堡，斯奈林堡原来属于上路易斯安那，但当时是威斯康星地区的一部分，而现在又属于明尼苏达州。在斯奈林堡期间，德雷德·斯科特征得主人的同意，娶了同样来自密苏里州的一个女性黑奴为妻。后来他们生了两个孩子。这一切都发生在 1834 年和 1838 年。后来，爱默森医生把德雷德·斯科特和他的家人都带回了密苏里州。现在，在这起诉讼中，他们要求获得自由，因为他们与主人在这些军事哨所居住期间，当地的法律明文规定禁止奴隶制。也就是说，在岩岛的时候，有《1787 年条例》，以及后来的伊利诺伊州的宪法。在斯奈林堡有 1820 年的《密苏里妥协法案》，以及与威斯康星地区相关的国会的其他法案。

斯奈林堡

　　受理这起诉讼的圣路易斯地方法院似乎很快就结了案。就在比我们的《独立宣言》的提出还要早四年的萨默塞特一案中，曼斯菲尔德勋爵的判决就已经成了不变的法律原则："奴隶制的性质决定了它不可能以任何理由被引进。无论是道德的还是政治的，只有通过有效的法律……它是如此令人憎恶，以至除了有效的法律，什么也不能支持它。"因此，这位学识渊博的首席大法官曼斯菲尔德勋爵下令，这个据称被主人从美国弗吉尼亚州带到英国来的奴隶萨默塞特，当有人试图违背他的意愿而强行带走他的时候，应该被无罪释放，获得自由。因为英国没有有效的法律支持奴隶制。随后，另一位英国首席大法官威廉·斯科特·斯图维尔勋爵于1827年修改了这一原则。大意是，英国支持奴隶制的有效法律的缺失仅仅暂停了奴隶主的权力。一旦奴隶自愿回到英国的一个殖民地，而这一殖民地又有有效的法律支持奴隶制，那么，奴隶主的权力就会自行恢复。

联邦各州顺理成章地继承和保留了英国的普通法。英国的法律原则和准则未必会因为政府的变更而废除，其中也包括曼斯菲尔德勋爵的原则。然而，与没有奴隶制，也没有法律支持或反对奴隶制的英国不同的是，在美国的某些州，人们制定了维护奴隶制的有效法律，另外一些州则制定了禁止它的有效法律。因此，美国的法律法规扩大并强化了曼斯菲尔德勋爵的原则，实质上已经成了这样：违背天赋人权的奴隶制，只能凭借当地法律而存在。如果主人把奴隶带到禁止奴隶制的司法管辖区永久居住，奴隶便可在所到之处获

曼斯菲尔德勋爵

威廉·斯科特·斯图维尔勋爵

得自由。另一方面，威廉·斯科特·斯图维尔勋爵的学说同样得到了扩大和强化，以便奴隶主从自由州和地区经过或在此短暂逗留时不会暂停或丧失他对奴隶的权力。在美国复杂的政府体制下，联邦和各州的主权和独立行动都存在一定的局限性，慢慢地便形成了如下的理论和实践，即几个州互相持有对待外邦的态度，它们之间的关系受制于国际法，并且礼让原则单独控制着任何州对其他各州的法律的承认和执行。根据这一理论，蓄奴州的法庭一般都给予奴隶自由，即便这种自由是通过自由州的法律获得的，相应地，自由州的法庭也坚决支持奴隶主对奴隶的权力，而这种权力取决于蓄奴州的法律。本着这一精神，并遵照这一确立的惯例，密苏里州的地方法院宣布德雷德·斯科特和他的家人获得自由。

不愿失去这份"动产"——德雷德·斯科特一家四口——的申诉人,向密苏里州的最高法院提起了上诉,1852年3月,密苏里州的最高法院撤销了德雷德·斯科特一案的初审判决,宣判这些黑人无权享有自由。该法庭由三名法官组成,其中两名法官意见相同。内部证据表明,他们之所以会这样,不是出于对法律和正义的考虑,而是出于在自由与奴役根深蒂固的对抗中形成的一种报复精神。

该意见认为,每一个州都有权决定,本着礼让的精神,它将在多大程度上尊重其他州的法律。这些法律并没有内在的权利,可以超越颁布这些法律的州界而强制执行。对它们的尊重,完全取决于它们是否符合我们的政府机构制定的政策。没有哪个州会执行对自己的法律怀有敌意的法律法规。……看到一个州的法院遵照其他州的法律,没收本州公民的财产,这简直是奇耻大辱。……时代不同了,现在可不像先前对这个问题做出决定的那个时代了。从那时起,无论是个人,还是各州,都受到了一种与奴隶制有关的残忍而邪恶的精神的影响,具有这种精神的人们必然会醉心于采取推翻并摧毁我们的政府的措施。在这种情况下,密苏里州不应该对这样的措施表示出任何的支持,从而让具有这种精神的人们感到称心如意。密苏里州愿意承担该州境内存在奴隶制的全部责任,而不与他州分担或均摊这一责任。

第三位法官对这一小党派的虚张声势做出了庄严的谴责。他的反对意见如下。

作为一个蓄奴州的公民,我们不能因为我们伊利诺伊州的邻居们,制定的州宪法禁止奴隶制而去抱怨他们,因为我们没有这个权利。任何带着奴隶搬到伊利诺伊州去的密苏里州的公民们,也不能因为他们所搬往并在那里居住的那个州的基本法律,解除了他和他的奴隶之间的隶属关系而抱怨,因为他们也没有这个权利。这也是他们自己愿意的,就好像他们完成了一项解放的行动。……与奴隶制相关的法律使之有别于其他主题的法律,并轻而易举地激起了公众暂时的兴奋。我并不想对此发表任何个人的看法。……在密苏里州，政府组建之初，法律就明文规定，如果主人带奴隶去一个禁止奴隶制的州或地区居住，他就应该就地解放他的奴隶。……然而，在这个问题上，密苏里州最高法院非但没有独自处理，反而得到了其他蓄奴州的支持，包括那些被认为最不可能支持解放奴隶的州。……时代可能已经变了，人心可能已经变了，但原则没有，也不会改变。在我看来，司法决断没有确凿的依据，唯有恒久不变的原则。

我们必须谨记，这些言论发表于 1852 年。按说那个时候，奴隶制引起的所有骚乱都已经彻底地得到了平息。这些言论确切地表明，这种平静只是表面的和虚妄的，这场长久而深远的斗争，和 1850 年调整政策前一样，实际上依然在改变着各种社会制度。迄今为止，公众还没有注意到，这些意见中所隐含的动机正在逐步控制正义的法庭，民众的讨论和激动不仅能影响立法，还能改变全国法律决议的基调。

密苏里州最高法院的判决下来后不久，德雷德·斯科特和他的家人被卖给了纽约州一个叫桑德福的公民。这一事实为德雷德·斯科特提供了一个充分的理由，向联邦法院提出类似的诉讼，因此，德雷德·斯科特再次向圣路易斯的美国巡回法院提起诉讼，要求得到自由。该案件于 1854 年 5 月开庭审理，判决指出，他们是"黑人奴隶"，是桑德福的"合法财产"。作为争取正义的最后一次努力，德雷德·斯科特宣称该判决有误，向美国最高的司法审理委员会，也就是美国最高法院提起了上诉。

1856 年的春天，该案件首次在最高法院开庭审理。这个国家连续两年经历了政治上的激烈动荡。堪萨斯的内战正在激烈进行。国会陷入了混乱的党争。总统大选即将来临，全国民众都在焦急地关注着政党政治的各个方面。在最高法院的待审清单上，像德雷德·斯科特这样的案件却鲜有人知。但那些认识到该案件的重要性的少数人和一些著名的律师，自愿参加了辩论。他们向法院提出了两个问题：第一，德雷德·斯科特是一个有权起诉的公民吗？第二，他在严令禁止奴隶制的岩岛和斯奈林堡居住过的事实，能否为他争取到自由？

罗杰·布鲁克·坦尼

　　最高法院由九位法官组成。他们是首席大法官罗杰·布鲁克·坦尼和大法官约翰·麦克莱恩、詹姆斯·摩尔·韦恩、约翰·卡特伦、彼得·维维安·丹尼尔、塞缪尔·尼尔森、罗伯特·库珀·格里尔、本杰明·罗宾斯·柯蒂斯、约翰·阿奇博尔德·坎贝尔。法官们立刻表现出对所提出问题的浓厚兴趣，而且对处理这些问题的方式也有着完全不同的看法。最高法院的协商会议总是给人一种神圣而秘密的感觉。但后来发表的意见表明，当时震撼全国的奴隶制，其政治形势从一开始就在这些严肃的司法审议中发现了某种同情与反思。然而，讨论却流于形式，仅仅在讨论关于某种适用于审查中的这一诉状的诉讼程序。表面上看，好像是为了给进一步审查留出时间。该案件被暂时搁置，并安排到下一届最高法院再审理。然而，人们怀疑，之所以暂时搁置该案件，更有可能是因为总统大选的临近而不是法律的要求。

总统大选到了，詹姆斯·布坎南当选为总统。不久后，最高法院开庭，开始了它漫长的冬季任期。到了 1856 年 12 月中旬，围绕德雷德·斯科特诉讼案，最高法院再次展开了更加精心细致的辩论。正如在第一次听证会上那样，该案件连续四天，再次令法院瞩目。那位杰出的律师巧妙地略过烦琐的诉讼程序，充分地讨论了公认的争议的重点。即根据宪法，国会是否有权在联邦的领土上禁止奴隶制，正如《密苏里妥协法案》和其他各种法律所做的那样。正是这一政策或者说是失策，以及类似的禁令，形成了政党政治竞争的主题。它们的宪法有效性肯定会成为公众更加关注的问题。

　　经过第二轮辩论之后，法官们继续开会讨论该案件，以便做出最后的判决。他们中的大多数人认为，密苏里州联邦法院的判决确实应根据其是非曲直予以确认。按照这一观点，塞缪尔·尼尔森法官授命撰写一份意见，并作为美国最

塞缪尔·尼尔森

高法院的判决公开宣读。于是，他适时地写下了下面这样一份具有重大意义的文件：他认为，问题的关键在于，在一个自由州或地区暂住是否能帮助奴隶得到解放。通过其立法机关或法院自行解决这个问题，这是每个州特有的职责和权力。解决了这个问题，联邦法院必定会支持该州的判决。密苏里州最高法院曾经判定德雷德·斯科特是一个奴隶。在随后审理的两个案件中，也做出了同样的判决。尽管以前的判决是不同的，但现在必须承认这是"该州既定的法律"，他说："这是本案的结论。"

这种对待争议中的问题的狭隘的态度，与毫无生气的法律机器不无关系，后来遭到了约翰·麦克莱恩法官的严厉批评。我料想他对此发表的不同意见中的一部分，恰好可以在这里引述。他并不承认这只是密苏里州的一个问题。

"它涉及一项根据国会法案和伊利诺伊州宪法所规定的权力。如果对这些法律不加以考虑和说明，就无法做出决定。我们不应该，也不能打着正义的幌子，仅凭一两个决定，就拒不承认批准了二十八年的权力。正如宣称的那样，这些决定是在抵制自由州的废奴情绪的决心的影响下做出的。……既然伊利诺伊州与密苏里州在制定宪法方面享有同样的自主权，我却不明白为什么伊利诺伊州的宪法不能像密苏里州的宪法那样受到同样的尊重。……二十八年以来，密苏里州法院不仅非常重视，而且认真执行国会的法案和一个主权州的宪法，而现在，它对于国会的一项法案的明文规定和另一个主权州的宪法却熟视无睹。如果一个州法院在涉及人身自由的问题上可以这样做的话，法律又能提供什么样的保护呢？"

如果大多数法官实现了他们的初衷，宣布了塞缪尔·尼尔森法官在他们的授意下写就的判决，那么德雷德·斯科特的案子，就会在受到短暂的关注之后，在法律档案馆的尘埃中变得寂寂无声。然而，现在，一个完全不同的命运在等待着它。当时，奴隶制引起的骚动已经动摇了这个国家的根基。亲奴隶制的势力暂时占了上风。美国的最高法院也似乎身不由己地从迄今为止秉公执法的安全港湾卷入了危险的政治狂潮。

在塞缪尔·尼尔森法官将自己的意见呈送到与会法官们面前，作为法院的最终判决而通过之前，成员内部似乎产生了一种动向。不仅改变了判决的立场，而且极大地扩展了调查的领域。参与了这桩令人难忘的重大事件的法官，约翰·阿奇博尔德·坎贝尔，对这种动向做出了如下的陈述，他说这是"在詹姆斯·摩尔·韦恩法官的建议下发生的。詹姆斯·摩尔·韦恩法官说这一案件激起了公众的兴趣和期待，说它曾经两次遭到判决，还说人们会据此认为法院的意见中会考虑存在争议的问题"。约翰·阿奇博尔德·坎贝尔法官进一步说道："法院的其他人已经表示了他们的担忧。他们认为法院不会满足公众的期望，

约翰·阿奇博尔德·坎贝尔

詹姆斯·摩尔·韦恩

也不会履行职责。法院对于这些问题只会保持沉默。在我看来，在詹姆斯·摩尔·韦恩法官提出这一建议之前，法院的成员之间已经提出了几点意见，就此案做了充分的讨论。"

这一动向开始的确切时间现在已经无从考证。通过回顾当时的政治事件可以推断出促使它发生的动机。一场大规模的公开辩论使公众的意见产生了分歧，即奴隶制是应该推广还是应该限制。已经废除了《密苏里妥协法案》，使这种推广成为可能。废除《密苏里妥协法案》时，其措辞故意用了模棱两可的语言。留下堪萨斯和内布拉斯加"享有充分的自由，在联邦宪法的大框架下以自己的方式制定并调整本州的宪法"。根据宪法，是否应该在联邦领土上废除奴隶制。

对此，北方的民主党人表示赞同，而南方的民主党人则拒绝接受。南方和北方的民主党人在辛辛那提的全国代表大会上行动一致，巧妙地避免了这种分歧的任何解决办法。

民主党能够选举詹姆斯·布坎南当总统，一个双重的解释不是依靠自己在民众中的声望，而是有赖于对手的分裂。尽管民主党取得了暂时的成功。然而，如果不能发展新生力量，民主党对权力的把握也岌岌可危。民主党在参议院的多数席位正在日益减少。在堪萨斯州，来自自由州的移民在人数上超过了来自南方蓄奴州的移民，并在边境冲突中打败了南方。根据目前局部地区相对增长的同情和支持，权力的天平正在缓慢而稳定地向北方倾斜。

似乎只有一条便捷的途径可以消除疑虑，走出困境。民主党全体一致同意"在联邦宪法的大框架下"这句话的含义是法院需要面临的一个问题。这是北方民主党人和南方民主党人在党团会议上达成的最初协议，恰逢斯蒂芬·阿诺德·道格拉斯批准废除《密苏里妥协法案》。因未能获得总统候选人提名而声威大减的斯蒂芬·阿诺德·道格拉斯，必须接受他的功成名就的竞争对手提出的条件。德雷德·斯科特案为一个重大的决策提供了机会。最高法院的九名法官中有七名是民主党人，其中五名在获得任命的时候是来自蓄奴州的。这是南方宣布自己处于有利地位的最佳时机。联邦最高法院的一项声明称，根据宪法，国会无权在联邦领土上禁止奴隶制。这项声明转眼之间就能结束旧的政治时代，开始一个新的政治时代。国会正在召开会议，政治领袖们聚集在华盛顿。政治话题排除了所有其他谈话内容或想法。政治点燃了堪萨斯平原的革命之火。政治近来通过凶残的人身攻击亵渎了参议院的议事厅。政治贪婪地为新一届政府争夺战利品。政治蓄谋使奴隶制国有化。亲奴隶制的情绪充斥着社会，充斥着参议院，充斥着政府大楼。这种普遍的影响涌进国家司法大厅敞开的大门，穿过最高法院会议室那厚厚的围墙渗透进来也就不足为怪了。

毕竟，法官也是有血有肉的普通人。他们饮宴，他们交谈，他们与政界交流互动，寒暄应酬。友情、好奇心和爱国精神促使他们到国会大厦去聆听伟大的辩论。官场的礼节把他们召集到总统、立法者和外交官面前。他们受到盛情款待，受宠若惊，也会遭到怀疑和质问，这倒使他们想起了自己的好机会，他们还得到暗示自己手握最高权力，从而受到怂恿和诱惑。他们可以使自己声名显赫。他们可以让自己的州引以为荣。他们可以为南方伸张正义。他们可以使自己的政党永世长存。他们可以解决奴隶制问题。他们可以消除地区仇恨，熄灭内战的硝烟，维护联邦，拯救国家。年老体弱、政党偏见、年轻人的政治狂热和年长者的安于现状，所有这一切共同使他们受到这些应考虑因素的潜在的影响。其中一位法官在正式的文体中坦率地表明了法院大多数人的动机和目标。他写道："该案件涉及重要的个人权利和最重要的宪法原则，对此，人们的意见分歧很大，国家的和平与和谐需要通过司法判决来解决这些问题。"这些话语泄露了法官们思想的混乱和对权威的误解，正是这种对权威的误解诱使他们僭越擅权。本来他们只需要对一个个人权利的问题做出裁决，但现在他们却一头扎进党派纷争的泥潭去充当仲裁人。

不幸的是，他们屈服于"公共利益"的需要，决心"满足公众的期望"，詹姆斯·摩尔·韦恩法官"建议首席大法官罗杰·布鲁克·坦尼应该就所有的问题撰写一份意见，作为法院的判决。这条建议获得了赞同，一些人为自己留了条后路，以便自己的赞同符合意见的要求。法庭上的其他人建议，除了一个问题，不讨论任何其他问题"。这场不同寻常的诉讼可能会伤害塞缪尔·尼尔森法官的自尊。他对此似乎默认了，却又带着一丝愠怒。他写道："当大多数人决定改变判决的立场，并委托首席大法官罗杰·布鲁克·坦尼起草意见时，我并不在场。当别人建议我改变立场的时候，我只说我将会宣读我自己起草的意见，就是存档的那个。"从这个时候开始，其他法官都笔耕不辍，在华盛顿政界内部，德雷德·斯科特案逐渐变成了一桩神秘莫测、吉凶未卜、闹得满城风雨的惊天大案了。

公众普遍得到的关于即将做出的新判决的第一个暗示来自詹姆斯·布坎南总统的就职演说。事实上，直到他到达华盛顿之后，他才考虑做出这样的一个声明，由此可以推断出是高层促使他这样做的。在国会和民众的讨论中，目前的问题是，在一个地区发展的什么阶段，选民可能会排斥或确立奴隶制。谈到这一点，詹姆斯·布坎南总统说道："这是一个司法问题，理应由美国最高法院来解决，如今却在最高法院悬而未决。据说，它最终会迅速地得以解决。不管他们最终会做出怎样的决定，我会和所有的好公民一样欣然接受。"

两天后，也就是 1857 年 3 月 6 日，法院宣布了它的判决。由于詹姆斯·布坎南总统的这一席话和他做出的表率，人们也就普遍默认了这个决定。该案引人注目的本质特征当属其判决的形式，如果它确实可以被称作判决的话。首席大法官罗杰·布鲁克·坦尼宣读了法院的意见。塞缪尔·尼尔森法官、詹姆斯·摩尔·韦恩法官、彼得·维维安·丹尼尔法官、罗伯特·库珀·格里尔法官、约翰·卡

罗伯特·库珀·格里尔

约翰·卡特伦

特伦法官，以及约翰·阿奇博尔德·坎贝尔法官分别宣读了独立的个人意见。有些看法与首席大法官罗杰·布鲁克·坦尼一致，其他一些看法并未提及或与首席大法官罗杰·布鲁克·坦尼不一致，或者以不同于他人的这样或那样的方式殊途同归，即以不同的推理得出相同的结果。剩下的两位大法官，约翰·麦克莱恩和本杰明·罗宾斯·柯蒂斯，宣读了强有力的反对意见。因此，法官们的集体发言类似于市镇会议上的发言，而不是法院的判决，还使用了二百四十页印刷的学术性法律文件，仅仅是为了发布驳回诉讼的命令。由首席大法官罗杰·布鲁克·坦尼宣读的意见庞杂烦琐，真可谓长篇大论。以下是其主要结论的一部分。

> 《独立宣言》和《美国宪法》都把黑人看作个人财产。他们不能成为美国公民，也无权向联邦法院起诉。德雷德·斯科特以自己曾在伊利诺伊州居住为由要求得到人身自由，这是密苏里州需要面对的问题。密苏里州的法律判决驳回他的请求。《美国宪法》承认奴隶属于个人财产，并承诺联邦政府会保护这一权利。《密苏里妥协法案》和类似的禁止奴隶制的法律是违反宪法的。美国巡回法庭对此案没有司法权限，不能对其做出任何判决，必须奉命驳回诉讼。

这一惊人的决定引起了全民的关注。在法院的历史上，还从来没有哪一次判决能产生如此强烈又史无前例的轰动效应。该判决被大量印刷，广为传播。有人对它望眼欲穿，先睹为快。有人对它嗤之以鼻，严厉批评。

公众对它的看法立即分成了两派，大致以现有党派为界——南方和民主党接受并赞同它，北方和共和党唾弃并谴责它。反对奴隶制的伟大的民众立刻将其教义付诸实践：当该案件和该问题无权在法庭上得以解决的时候，他们便尝试着对宪法进行全面而革命性的阐述。美国最高法院的法官们的一个明确的、具有党派性质的声明是建立在州法官们一个公开的、具有党派性质的判决上。国家的立法和司法权威遭到轻视。到堪萨斯州去拓殖的人的"主权"只包括南方种植园主可以把他的奴隶带到那里去。并且，如果根据"财产"理论，宪法把奴隶制传播到了堪萨斯的领土上，那么，它将以同样必然的逻辑把奴隶制传播到自由州去。

然而，令北方人更加恼怒的不是首席大法官罗杰·布鲁克·坦尼的法律结论，而是他为之竭力辩护时所用的措辞和历史断言。

首席大法官罗杰·布鲁克·坦尼说，在法院的意见中，当代的法律和历史，以及《独立宣言》中使用的语句表明，无论是作为奴隶输入的那类人，还是他们的后裔，不管他们是否已经取得自由，那时候并不被承认具有公民的身份。那份难忘的法律文件(指《独立宣言》)也不打算把他们列入一般性的术语"人"。在发表《独立宣言》，制定并通过《美国宪法》的时候，在世界上文明和进步的地区盛行的、关于那个不幸种族的公共舆论和民意，如今却很难顺应。然而，每个欧洲国家众所周知的历史清清楚楚地向我们展示了这一点。一个多世纪以前，他们被视为下等人，无论是在社会关系或政治关系中，完全不适合与白种人交往。如此低人一等，以至他们没有白人必定会予以尊重的权利。而黑人可能会公正、合法地沦为奴隶，为了白人的利益服务。无论何时只要有利润，他都会被当作普通商品进行买卖。

首席大法官罗杰·布鲁克·坦尼引用了几项早期奴隶法规的条款，继续阐释道：

> 这些法律条款表明，一个永恒的、不可逾越的障碍将被刻意地架设在白人和受他们奴役的种族之间。对于这些臣民，白人有至高无上的支配权。他们认为，在上帝创造的所有人种中，黑人的地位要比他们低得多，以至白人和黑人通婚或黑白混血儿被认为是违背人性的和不道德的。不仅是当事人，就连和他们通婚的人都要当作罪犯受到惩罚。在这方面，无论是自由的黑人、黑白混血儿或黑奴都没有区别。这种极度耻辱的烙印，已经深深地刻在了整个种族的灵魂里。

提到《独立宣言》中"人人生而平等"这一断言，罗杰·布鲁克·坦尼做了如下评论。

> 上面引用的一般性术语似乎包含了整个人类大家庭。如果现在类似的法律文件中使用了这些术语的话，我们就会这样理解。但这件事明明白白，根本就无须争论，也就是说，"人"这个一般性术语并不包括被奴役的非洲黑人。他们并没有形成起草并通过这一宣言的民众的一部分，因为如果

我们按照那时的意思去理解，这句话就包括被奴役的非洲黑人，那么拟定《独立宣言》的杰出人物的行为将全然与他们自己坚持的原则相违背。为此，他们本应该受到全世界的谴责和非难，而不是人类的同情。而人类的同情正是他们理直气壮恳求的东西。

然后，罗杰·布鲁克·坦尼用了如下假设的事实：

> 仅有的两条提到或与他们有关的规定，都视他们为财产，并规定政府有义务保护奴隶主的权利。宪法中并没有提到其他有关这一种族的权利……我们推测，在欧洲的文明国家或在这个国家，没有人会认为，公众对于这个不幸的种族的看法或感觉的任何变化，应该促使法院给予宪法中的法律术语一个有利于这个不幸的种族的解释、一个比这些法律术语在这一法律文件拟定和通过之时所要表达的意义更加宽泛的解释……它不仅文字相同，意义也相同，代表政府具有相同的权力，并保留和保证公民有同样的利益和特权。只要它继续以其当前的形式存在，它就会通过制定者将它起草出来，经过美国人民投票并通过时同样的文字、同样的意义和目的为人民代言。

对于过去这个世纪中，不幸遭到拐卖的非洲人和他们的后裔的奴役、愚昧和屈辱做出如此冷酷无情的历史描绘，并把它作为一个解释宪法的永恒不变的基础，这样的做法遭到了北方激烈而愤怒的抗议。北方人和其新闻媒体抓住罗杰·布鲁克·坦尼声明中的主要语句，并将其用在现在时态中，指责首席大法官竟然说出这样的话——"一个黑人没有权利受到白人的尊重。"这当然是对他的原话和意义的歪曲。然而，鉴于罗杰·布鲁克·坦尼在宣布宪法中关于美国整个非洲种族的表述上的缺陷并否认黑人在《独立宣言》中与生俱来的权利时缺乏严谨性，这种夸大其词也是情有可原的。罗杰·布鲁克·坦尼的这种残忍的逻辑让一个黑人在法律面前连一个奴隶都不如。而把他贬低到等同于一匹马或一条狗、一捆干货或一块石头。对于这种贬低神圣的造物主创造的任何生物的言行，有良知的北方民众立刻毫不留情地迎头痛击。

如果首席大法官罗杰·布鲁克·坦尼的描绘从历史角度来说是正确的，那么，他以不合格的法律宣判形式和洗刷不掉的政治污名把它体现出来，这种做法是不明智的，也是不厚道的。然而，本杰明·罗宾斯·柯蒂斯法官在自己的反对意见中揭露了这种有目共睹的谎言。他提醒首席大法官罗杰·布鲁克·坦尼：

> 在宪法通过的时候，在最初的十三个州中，有五个州赋予了有色人种选举权。这些人也是宪法的制定者和确立者中的一部分。如果是这样，认为宪法完全是由白色人种制定的观点就站不住脚了。在我看来，认为它是专为白人制定的这种看法不仅是一个宪法中没有任何保证的假设，而且与宪法开篇的宣言相矛盾，宪法开篇的宣言说它是美国人民为自己和子孙后代制定并确立的，由于当时至少有五个州赋予了自由的有色人种公民身份，所以他们也是不折不扣的美国人民的一部分，是那些为自己和子孙后代制定并确立宪法的美国人民的一部分。

本杰明·罗宾斯·柯蒂斯法官在同一份意见的另外一处写道：

> 我不会去审查现存的、那个时期关于非洲种族的意见，也不会去讨论《独立宣言》中那些声称"人人生而平等，造物主赋予他们某些不可剥夺的权利，包括生命、自由和对幸福的追求"的人所谓的"人"到底指哪些人。我自己的看法是，这些关于抽象的普遍真理的断言和他们自己的个人观点和行为之间的冷静的比较，并不会让这些人受到任何说他们言行不一的责备。他们准备好了，只要在对形势的必要考虑允许的情况下，便急于把他们在那个庄重的时刻宣扬的伟大真理付诸实践。任何政治家都不能忽视对形势的必要考虑，否则只会带来百害而无一利。宣称"《独立宣言》的起草者们想说的是：所有人的创造者只把《独立宣言》宣称的、伟大的天赋

权利赋予了白人"。这种想法对于《独立宣言》的起草者们来说是不公正的，其本身也是不对的。

约翰·麦克莱恩法官在他的反对意见中，用精确的语言完成了真实的历史画卷的轮廓：

作为解释宪法各个方面的一种手段，我更赞同詹姆斯·麦迪逊、亚历山大·汉密尔顿和约翰·杰伊的观点，而不是把那一时期看成一种现在被

亚历山大·汉密尔顿

约翰·杰伊

宣称为海盗行为，并被基督教国家判处死刑的非法交易。我不愿意从如此黑暗的土地上找出我们国内矛盾的根源。我们的独立是人类自由史上一个伟大的时代。虽然我承认政府并不是专门为有色人种而设立的，但他们中的许多人都是新英格兰地区的几个州的公民，并在宪法被通过时行使过选举权。任何聪明人都不会怀疑宪法的旨意将大大改善这些人的境况。

许多州在通过宪法的时候，或者之后不久，就采取措施，在自己管辖的范围内废除了奴隶制。众所周知，南方和北方的领导人都有一个坚定的信念，那就是奴隶制会逐渐衰落，直至最终灭亡。在棉花和甘蔗文化（即美国南方的种植园经济形态）中，奴隶的劳动力的增值阻碍了这种预期的实现。和所有其他州和地区一样，南方也受到他们所谓的自己利益的影响。然而，如果我们要把注意力转向世界的黑暗时代，为什么要把我们的眼光局限于黑奴制度呢？本着同样的原则，白人也可以成为奴隶。一切奴役都起源于权力，反过来又是反对权力的。

对于首席大法官罗杰·布鲁克·坦尼提出的宪法理论，即国会不能在联邦领土上行使主权，因此，在这些土地上必须承认奴隶属于个人的财产，约翰·麦克莱恩法官和本杰明·罗宾斯·柯蒂斯法官也通过详尽、透彻、极具说服力的论证提出了反对。连那个时代最杰出的律师和政治家都对他们的论证表示信服。仅仅根据历史先例，这个问题就本该已经解决了。约翰·麦克莱恩法官说道：

> 这个国家的司法精英们并没有在其合法的行动范围内，就国会建立地方政府的权力，在任何问题上达成一致意见。在国会建立地方政府的权力行使了将近六十年之后，各州和联邦没有任何法院，也没有任何法官或政治家会对这个问题有任何的疑问。

本杰明·罗宾斯·柯蒂斯补充道：

> 从第一届国会开始一直到1848年，国会已经有了八个在美国的领土上明确禁止奴隶制的先例。同样，从第一届国会开始一直到1822年，国会已经有了六个在组建地方政府时明确承认奴隶制并准许它延续下去的先例。这些法案分别由美国的七位总统签署，从乔治·华盛顿开始，循序渐进地，一直到约翰·昆西·亚当斯为止，从而包括了在宪法通过时所有的公众人物。如果亲身参与宪法的制定与通过，因而对其发展历史熟谙于心的人们，使宪法的确立和生效同时发生，并通过一系列极其重要的法案使宪法继续生效，从而在宪法的司法解释方面具有了举足轻重的地位，那么上述这些法案的威力似乎就很难抵抗了。

第 5 章

关于德雷德·斯科特案的论战

精彩
看点

显然，如果连博学多才、学问精深的法官们对于适用于德雷德·斯科特案的相关法律原则和历史事实都有着天壤之别的意见，那我们就更不可能期望公众全体一致接受新的信条了。最高法院的判决非但没有起到安抚的作用，反而进一步激化了南方和北方之间业已尖锐的矛盾。人们很快就把与该诉讼案密切相关的当事人抛在了脑后，却把目光投向了法院确认的宪法原则。南方对其极力辩护，北方却报之以尖刻的谴责。共和党没有进一步质疑或干扰该案件的终审判决，但宣称最高法院在德雷德·斯科特案中所做的声明不应该被当作政治行动的准则和规范，而这正是南方和北方大部分民主党坚持要做的事。

　　仅仅是讨论的一个侧面就能很好地说明整个联邦论战的大致趋势。在法院发表意见三个月之后，参议员斯蒂芬·阿诺德·道格拉斯再次回到了伊利诺伊州的选民们中间，虽然没有开展政治运动，但当前的事件和觉醒的公众意识似乎需要他在公开讲话中明确自己的观点。这标志着，作为一个政治家，他已经敏锐地意识到德雷德·斯科特案的判决给了他那大肆吹嘘的"主权在民"的原则多么致命的一击。他正是通过这一原则，为自己提出的著名的废除《密苏里妥协法案》的《内布拉斯加法案》进行辩护的。从那以后，他就坚决认为，国会禁止奴隶制是过时的和无用的，是否保留奴隶制应该由一个地区的法律来决定，正如它由各州的宪法来决定一样。但德雷德·斯科特案的判决宣布奴隶是个人财产，国会不能在一个地区禁止奴隶制，并且进一步提出了必然的结论，地区议会不能做的事，国会也不能做。

尽管这使斯蒂芬·阿诺德·道格拉斯很难将自己最喜欢的理论与德雷德·斯科特案的判决协调一致，但正是他的政治魄力和诡辩的技巧使他决定放手一搏，即便没有任何成功的希望。因此，1857 年 6 月 12 日，斯蒂芬·阿诺德·道格拉斯在伊利诺伊州的斯普林菲尔德做了一场演讲，完全而彻底地认可并赞同首席大法官罗杰·布鲁克·坦尼和他的同事们的一致意见，宣布："他们的司法判决未来将永远有效。这是一个光荣的纪念碑，见证了他们的伟大。这是对善良和明智的赞赏与发扬，也是对宗派势力无法无天的暴力行为的批评与惩戒。令人遗憾的是，美国人民中有相当多的一部分人竟然忘记了自己的社会责任，致使宗派势力的领导人聚众暴力抵抗地球上最高法院的最终判决。所有支持法治和宪政的人都有义务放下过去的政治分歧，在联盟的光辉旗帜下，组织起来，集结军队，向宗派势力的拥护者和暴力行为的提倡者发起进攻，以捍卫至高无上的法律和宪法。"

　　然后，斯蒂芬·阿诺德·道格拉斯对案情做了陈述，并继续说道："该案中的决定性要点已经成为铺天盖地的辱骂和谴责的对象，可以将它们表述如下：第一，法院裁定，根据《美国宪法》，黑人奴隶的后裔不是，也不能成为美国公民。第二，通常被称为《密苏里妥协法案》的 1820 年 3 月 6 日的法案，在被《内布拉斯加法案》废除之前，是违宪的和无效的，因此，它在一个地区并没有，也不可能具有任何法律效力，去剥夺奴隶主对奴隶的权利。而这一权利在宪法的保障下继续生效。国会的法案既不能剥夺也不能让渡这一权利。除非通过适当的治安条例和地方立法维持、保护和执行，并为其违反行为规定适当的补救措施。否则，这一权利必然毫无价值。这些条例和补救措施必须完全取决于这个地区的人民的意愿，因为它们只能由当地立法机关制定并实施。因此，主权在民和地方自治的伟大原则通过这项判决的权威而得以坚决维持和确立。"

　　这样一个明显不合逻辑的推论，连斯蒂芬·阿诺德·道格拉斯自己都几乎不可能相信。但他别无选择。这是一个孤注一掷的、自我保护的权宜之计，因为他那政治家见风使舵的特长可能会给他带来不良的影响。因此，斯蒂芬·阿诺德·道格拉斯早期的声明是值得历史注意的，因为它是斯蒂芬·阿诺德·道格拉斯著名的"弗里波特主义"或"不友好的立法理论"的实质和基础，亚伯拉罕·林肯对于"弗里波特主义"咄咄逼人的质疑迫使斯蒂芬·阿诺德·道格拉斯参加了下一年的林肯-道格拉斯大辩论。那个时候，斯蒂芬·阿诺德·道格拉斯反复强调"弗里波特主义"，致使它成为南方人眼中不可饶恕的政治异端，也让他失去了总统候选人的提名，并导致1860年夏天在查尔斯顿召开的民主党全国代表大会的分裂。然而，那一刻，斯蒂芬·阿诺德·道格拉斯的诡辩毫无疑问地满足了他的许多热心的支持者。他没有详述那些可能会激起民愤的论点，而是认可和强调首席大法官罗杰·布鲁克·坦尼的说法，即《独立宣言》中"人人生而平等"中的"人"并不包括黑人。并争辩道，如果承认并接纳了平等原则，并且贯彻落实、顺其自然发展，结果必然会导致蓄奴州废除奴隶制，也必然会导致两个种族的全面融合。通过这种避重就轻的做法，斯蒂芬·阿诺德·道格拉斯相信自己的演讲在伊利诺伊州中部再次激起了如此强烈的对黑人的普遍偏见。

去年秋天，伊利诺伊州的共和党在该州官员的选举中获得成功，因而受到了极大的鼓舞和激励。大约在两周后，也就是1857年6月26日，亚伯拉罕·林肯作为他们公认的领袖和拥护者，也在斯普林菲尔德发表了演讲，作为对斯蒂芬·阿诺德·道格拉斯的演讲的回应。亚伯拉罕·林肯的演讲虽然包含了其他话题，但当时的热点问题，也就是德雷德·斯科特案的判决，是其演讲的主题。读者可以从下面摘录的部分对其口才和雄辩有所了解。

现在，提到德雷德·斯科特一案，其判决宣布了两个主张：首先，黑人不能在美国法院起诉。第二，国会不能在一个地区禁止奴隶制。这一判决是由一个有分歧的法院做出的，就不同的论点意见分歧。斯蒂芬·阿诺德·道格拉斯法官不讨论判决的优点。在这方面，我要以他为榜样，因为我相信，我不可能比约翰·麦克莱恩和本杰明·罗宾斯·柯蒂斯做得更好，而斯蒂芬·阿诺德·道格拉斯法官也不可能比罗杰·布鲁克·坦尼大法官做得更好。斯蒂芬·阿诺德·道格拉斯法官谴责所有质疑这一判决的正确性的人，说他们对它进行暴力抵抗。然而，是谁抵抗它呢？是谁置判决于不顾，宣布德雷德·斯科特为自由人，并反对其主人对他的权威呢？司法判决有两个用途：首先，明确裁决待定的案件。其次，明示公众，当其他类似的案件发生时，该如何裁决。对于第二个用途来说，它们被称为'先例'和'权威'。我们相信斯蒂芬·阿诺德·道格拉斯法官会尽量服从和尊重政府的司法部门，也许他比我们想象的要更加服从和尊重。我们认为，这一判决关于宪法问题的决定，当这些问题完全得到解决之后，不仅要控制特定的案件，而且要控制该国的总体政策，只受到宪法修正案的干扰，正如该法律文件所规定的那样。这不仅仅是重大的变革。但我们认为，德雷德·斯科特案的判决是错误的。我们知道，做出这一判决的法庭经常会否决自己的决定。我们将尽我们所能让它否决这一判决。我们没有抵抗它。作为先例，司法判决的权威的多少得视情况而定。这一判决也应该如此，既要符合常识，又要符合法律界的习惯认识。如果这个重要的判决是由法官们全体一致做出的，没有任何明显的党派偏见，与公众的法律期望一致，并与我国历史上司法部门的一贯做法一致，绝对没有基于假设的、不准确的历史事实。或者，如果其中的一些历史事实还有待商榷，它们已经在一年当中，在法庭上不止一次地得到证实和重申，那么，不接受它作为一个先例可能是带有派系斗争性质的，不但如此，甚至是革命性的。然而，正如事实显示的那样，当我们发现，所有这些断言都不能让公众信服时，那么，认为它还没有为国家确立一套一成不变的原则，这不是对它的抵抗，也不是派系斗争，甚至连不敬都算不上。

亚伯拉罕·林肯先生从法律解释的所有问题谈到了这个重大议题的广泛性和普遍性，他继续说道：

受奴役的黑人奴隶在南方甘蔗田里劳作

　　首席大法官罗杰·布鲁克·坦尼并没有直接断言，而只是假定它为一个
事实，即和独立革命时代相比，公众现在对黑人的评价对黑人来说更加有
利。这种假设是错误的。在一些微不足道的琐事中，这一种族的状况的确
得到了改善。但从整体来看，在这个国家，从那时到现在的变化无疑走向
了相反的方向。他们的最终命运从来没有像过去三四年中那样绝望。在五
个州中有两个州，即新泽西州和北卡罗来纳州，那时曾赋予了自由的黑人投
票权，但几年前该权利被剥夺了。在第三个州，纽约州，这一权利也被大大
削减。而据我所知，尽管州的数量已经增加了一倍多，还没有第四个州赋予

黑人这样的权利。在那些日子里，正如我所理解的那样，只要主人乐意，他就可以随时随地解放自己的奴隶，然而，从三四年前开始，这种对解放奴隶的法律限制几乎等同于禁止。在那些日子里，议会有着不容置疑的权力，可以在各自的州废除奴隶制。但现在，州宪法剥夺议会的这一权力倒成了一种流行的做法。在那些日子里，人们一致同意禁止对黑人的奴役向新的领土扩散，但现在，国会决定不再继续推行这一禁令，而最高法院也决定，既然国会不再继续推行这一禁令，那么它也就不能推行。在那些日子里，我们所有人都认为《独立宣言》是神圣不可侵犯的，并认为它所谓的"人"包括所有人。但现在，为了普遍而永恒地奴役黑人，它遭到了质问、嘲笑、曲解、抨击并被撕毁，以至如果《独立宣言》的制定者们能够从他们的坟墓里钻出来，也会完全认不出它来。地球上所有的力量似乎都迅速地联合起来反对黑人。财神紧紧尾随着他，接着是野心，接着是哲学，就连当时的宗教神学也迅速加入进来，大声疾呼。他们把他关在监牢里，搜了他的身，不给他留下任何可以撬锁的工具。然后，他们在他身后，关上了一扇又一扇沉重的铁门。可以说，他们现在用一把百钥之锁把他监禁了起来，除非这一百把钥匙同时出现，否则永远也不可能打开这把锁。而这一百把钥匙掌握在一百个不同的人手中，他们分散在一百个不同的、遥远的地方。他们苦思冥想，绞尽脑汁，不断地琢磨到底用什么样的方法和什么样的发明才能让他比现在更不可能逃脱……

几乎所有的白人，只要一想到白种人和黑种人不加区别地混杂到一起，心中自然而，然都会涌起一种厌恶的情绪。显然，斯蒂芬·阿诺德·道格拉斯法官最大的希望在于自己有机会抓住人们这种厌恶的情绪并为己所用。如果他能通过竭力鼓吹、摇旗呐喊，把人们憎恨的矛头牢牢地指向他的对手，他认为他就可以挣扎着熬过这场风暴。因此，他紧紧抓住他唯一的救命稻草——这个希望，就像一个快要淹死的人紧紧地抓住最后一块木板。人们反对德雷德·斯科特案的判决，恰恰给了斯蒂芬·阿诺德·道格拉斯法官一个正当的理由，他不失时机地鼓动人们对黑人的厌恶与憎恨。他发现共和党人坚称《独立宣言》中的 "人" 意指所有的人，包括黑人和白人，于是，他立刻大胆地反驳，说它根本就不包括黑人在内，并继续一本正经地争辩道，所有那些声称《独立宣言》包括黑人的人，他们之所以这样做，只是因为他们想和黑人一起投票，同吃同睡，并和黑人通婚。他会说他们不可能和谐共处。他得出结论，如果我不想让一个女黑人做奴隶，那我一定是想让她做我的妻子。现在，我要抗议这种荒谬的逻辑。我既不需要她做我的奴隶，也不需要她做我的妻子。我可以让她一个人待着，而不去打扰她。在某些方面，她肯定不能和我比肩而立。但她天生有权吃自己亲手挣来的面包，而不需要征得任何人的同意，在这方面，她和我，和其他所有的人是平起平坐的。

在德雷德·斯科特案的判决中，首席大法官罗杰·布鲁克·坦尼承认《独立宣言》的语言宽泛到足以包括整个人类大家庭。但他和斯蒂芬·阿诺德·道格拉斯法官认为，该法律文件的起草者们并不打算包括黑人在内，理由是，这些前辈事实上并没有立即把黑人和白人平等对待。现在，这一重大的争论变得毫无意义，基于另外一个事实，即这些前辈事实上并没有立即或从此以后把所有白人都平等对待。这是首席大法官罗杰·布鲁克·坦尼和参议员斯蒂芬·阿诺德·道格拉斯的主要论点，只是为了公然曲解和亵渎《独立宣言》明白无误的语言。

我认为，这份著名的法律文件的拟定者们意欲包括所有的人，但他们并不打算宣布在所有方面人人平等。他们并不是说在肤色、体型、智力、道德发展或社会能力等方面人人平等。他们比较清晰地界定了在哪些方面他们被确认为人人生而平等——平等地拥有某些不可剥夺的权利，其中包括生命、自由和对幸福的追求。这就是他们所说的，也是他们所指的。他们不想维护这一明显的谎言，即那时所有人都享受着平等的权利，也还没有打算立刻赋予他们平等的权利。事实上，他们并没有权力施加这样的恩惠。他们的意思仅仅是宣布这一权利，以便它能够在形势允许的情况下尽可能迅速地实现。他们想为自由社会建立一套妇孺皆知、人人敬畏、时刻谨记的普遍准则。他们孜孜以求，纵然从未如愿，让所有地方所有肤色的人都找到幸福，并实现生命的价值，却也不断接近这一目标，从而不断传播并深化它的影响。"人人生而平等"这一论断对于我们脱离大不列颠并没有实际作用。把它写进《独立宣言》并不是为了这个目的，而是为了将来使用。在以后的岁月里，有些人可能会试图把自由的人民置于可憎的专制暴政之下。为了防范这些人的倒行逆施，《独立宣言》的起草者们想让"人人生而平等"这一论断成为这些人的绊脚石。感谢上帝，现在看来，它的确成了这些人的绊脚石。《独立宣言》的起草者们知道，繁荣容易催生暴君。他们觉得，当暴君重新出现在这块美丽的土地上，并开始独断专行时，他们应该为这些刚愎自用的家伙留下至少一个难以破解的问题。

第 **6** 章

《莱康普顿宪法》

1857年让我们看到了堪萨斯问题的决定性变化，但发生的事件同样引人注目。由于约翰·怀特·吉尔瑞州长公正无私、积极有效的行政手段和阴冷潮湿的冬季的到来，如火如荼的内战在前一年秋天逐渐停止。

　　1857年1月12日晚，支持奴隶制的政党召开了一个大型的政治会议。会上，他们承认自己在堪萨斯境内是毫无希望的少数派，并得出一般性的结论：不值得再去尝试把堪萨斯建成一个蓄奴州。它的许多迄今为止活跃的领导人立即明确地放弃了努力。然而，固守在地方和各县的密苏里州的阴谋集团坚持实施他们的计划，尽管他们现在的行动呈现出了与以往稍有不同的特征。他们在决议中指责约翰·怀特·吉尔瑞州长，并制定法律进一步推动他们的阴谋。到1857年2月中旬，在他们的提议和鼓动下，一项旨在为制定州宪法而召开制宪会议的法案得到了完善和颁布。约翰·怀特·吉尔瑞州长立即向议会传达了自己的指示，提醒他们《州建制法》的主导思想是让一个地区真正的、善良的居民"完全按照自己的意愿和方式制定并调整该州的制度"，并否决了该法案，因为"当宪法被制定出来征询人民的看法时，议会没有做出任何提交宪法的规定"。约翰·怀特·吉尔瑞州长的争论对于早就下定了决心的立法者们来说无疑是在浪费口舌。他们迅速通过了法案，对他的否决置若罔闻。

　　受到阻挠的阴谋集团情绪低落。就算无法表现出尊敬，但表面上，他们还是装出一副隐忍的样子。然而，他们内心深深的敌意却找到了这样的发泄方式，以至约翰·怀特·吉尔瑞州长开始受到街上那些地痞流氓的侮辱，并为自己的人身安全感到担忧。在这样的较量中，他单枪匹马地对抗这个支持奴隶制的小镇莱康普顿。他的权威的基础逐渐削弱了。他发现自己不再得到华盛顿方面的支持。在那里，阴谋集团的私人诉求和对他的谴责比他的官方报告更具影响力。就在詹姆斯·布坎南总统的就职典礼的那一天，约翰·怀特·吉尔瑞州长写了辞职报告。一周后，他秘密地离开堪萨斯，逃亡他乡。就这样，在不到三年的时间里，连续三位民主党的行政领导遭到了控制堪萨斯的政治阴谋集团的抵制和污辱，最终被赶下了台。按照当时的说法，堪萨斯确实已经成了"州长的葬身之地"。

　　堪萨斯的混乱局面成了如此大规模的政治丑闻，显然已经威胁到了民主党党内的团结，分裂随时都有可能发生，新总统詹姆斯·布坎南和新内阁在处理困难重重、不易解决的堪萨斯问题时仍然倍加小心。为了保住自己的政治优势，或者是政治上的平等地位，南方需要更多蓄奴州，以便在美国参议院获得更多投票权。为了使堪萨斯成为蓄奴州，《密苏里妥协法案》遭到废除。在密苏里州连续的侵略和1856年的游击战争的支持下，阴谋集团选举并成立了一个伪议会。然而，众所周知，所有这些手段并没有达到预期的目标。北方移民和反对奴隶制的情绪显然已经在堪萨斯占了上风，大多数选民随时准备抓住合适的时机让堪萨斯置身于自由州的行列。这已经成为国家政治棋盘上的一场对垒。移动的棋子是密苏里州和堪萨斯，而棋手们则端坐在华盛顿。事实上，这是一场双打比赛。阴谋背后还暗藏阴谋。在自由州和蓄奴州之争的表象之下，是南方和北方民主党人之间的尔虞我诈。《内布拉斯加法案》是一套自相矛盾的法令，而辛辛那提纲领则是一条口是心非的标语。南方的民主党人获得了短暂的胜利，因为他们为詹姆斯·布坎南——"一个有着南方原则的北方人"——保住了总统提名并帮助他当选。

　　詹姆斯·布坎南总统决心获得高深的资历和党派的势力可能带来的任何声望，便正式提出由和自己私交甚密的政界的朋友，罗伯特·约翰·沃克填补空缺的堪萨斯州州长的职位。罗伯特·约翰·沃克出生在宾夕法尼亚州，是密西

威廉·西伯尼·哈尼

西比州的联邦参议员，他能力非凡，闻名全国，曾任美国参议员和财政部部长。罗伯特·约翰·沃克充分认识到了这份信任所带来的责任与风险，经过几次三番的推辞拒绝，最后盛情难却，便坦然接受，但提出了两个明确的条件：第一，威廉·西伯尼·哈尼将军应该"作为特别的军事指挥坐镇堪萨斯，并统率大批军队，特别是重骑兵和炮兵"，并留在那里服从他的军事命令，直到危险结束。第二，他"将会支持将宪法提交给人民来投票决定是否通过"。

　　第二个条件现在已经成了这场政治博弈的一个关键点。堪萨斯地区议会最近的行动和已经提到的约翰·怀特·吉尔瑞州长的否决通知就摆在詹姆斯·布坎南总统和内阁面前。但在堪萨斯，比这些举动更加重要的是华盛顿著名的

罗伯特·图姆斯

棋手们的老谋深算。在堪萨斯内战和前一年的总统大选期间，通过抵消《托皮卡宪法》，参议员斯蒂芬·阿诺德·道格拉斯和参议员罗伯特·图姆斯先后向参议院提交了法案，提议堪萨斯成立议会，制定州宪法。斯蒂芬·阿诺德·道格拉斯的法案是有预谋的，而罗伯特·图姆斯的法案则是出于偶然，两者都包含一条，即当堪萨斯的州宪法制定完成以后，需提交人民投票表决。参议院的领土委员会负责审议这两项法案，斯蒂芬·阿诺德·道格拉斯时任该委员会主席，此外，民主党参议员的干部会议也对这两项法案进行了仔细的斟酌。参议员威廉·比格勒说道："那些对堪萨斯问题最有发言权的人认为，鉴于堪萨斯地区现在面临的所有问题，以及在那个时候举行全民公投的任何尝试可能会带来的风险，罗伯特·图姆斯的法案中最好不要出现这样的规定。根据我和其他所有成员的交流情况，我认为，那个制宪会议将制定出一套宪法，不通过全民公投就把它提交到指参议院来。"

罗伯特·图姆斯的这项法案的其他方面经过修改之后，得到了斯蒂芬·阿诺德·道格拉斯的认可，并在参议院正式通过。但众议院的大多数成员却投了反对票。所有这些初步行动都是詹姆斯·布坎南总统的内阁所熟知的。当然，

威廉·比格勒

罗伯特·约翰·沃克

斯蒂芬·阿诺德·道格拉斯对此也是心知肚明。可以公平地认为，在这种情况下，罗伯特·约翰·沃克强调的两个条件是经过了认真而彻底的协商的。事实上，不同寻常的敦促不得不使他重新考虑自己当初的选择。斯蒂芬·阿诺德·道格拉斯亲自出马，力劝他接受这一任命。由于家里人的坚决反对，罗伯特·约翰·沃克曾向妻子承诺，没有她的同意，他不会去堪萨斯赴任。詹姆斯·布坎南总统也希望他能早日走马上任，他亲自打电话给罗伯特·约翰·沃克夫人，劝她不要拖罗伯特·约翰·沃克的后腿。在这些影响下，罗伯特·约翰·沃克最终接受了任命，詹姆斯·布坎南总统和内阁也毫无保留地默许了他的条件。罗伯特·约翰·沃克在华盛顿的就职演说中写下了如下的话语："那么，我要重申我坚定的信念：除非堪萨斯议会将制定好的宪法提交给该地区实际的居民投票表决，并且制宪会议的成员的选举要公平、公正地进行，否则美国国会将会，也应该否决这套宪法。"

他向詹姆斯·布坎南总统提交了自己的这份就职演说的草稿，詹姆斯·布坎南总统批阅了这份文件，也做出了承诺。国务卿刘易斯·卡斯将军也秉承詹姆斯·布坎南总统的意志做了正式的批示。罗伯特·约翰·沃克一路向西，在芝加哥稍作停留，将就职演说稿交给斯蒂芬·阿诺德·道格拉斯批阅，后者也认可了他的政策。这位新任州长天真地以为，他已经清除了通往成功的所有障碍，以及他的前任所遇到的、来自政府的所有可能的误解或反对。然而，詹姆斯·布坎南总统要么一开始就欺骗了他，要么最终背叛了他。

和罗伯特·约翰·沃克州长一同赴任的还有一位新的堪萨斯领土委员会主席。在屡次担任代理州长期间曾经如此频繁地滥用职权的丹尼尔·伍德森，晋升到了一个更加有利可图的位子，因而堪萨斯领土委员会主席的位子就空了出来。来自田纳西州的弗雷德里克·佩里·斯坦顿接任了堪萨斯领土委员会主席一职，他以前是一名国会代表，是一个有才能的人。正如结果证明的那样，他也是一个有勇气的人。罗伯特·约翰·沃克州长和弗雷德里克·佩里·斯坦顿都来自蓄奴州，或许人们相信，奴隶制问题在他们手中是大可以放心的。的确，在这个紧要关头，罗伯特·约翰·沃克州长怀有更有利于南方的情绪和观点。他相信权力均衡。他更愿意堪萨斯人民让它成为一个蓄奴州。他"赞同让南方在参议院占多数席位，而让北方在众议院必然始终占多数席位，从而保持政府的平衡"。罗伯特·约翰·沃克州长和弗雷德里克·佩里·斯坦顿都是带着与詹姆斯·布坎南总统和民主党所怀有的同样的想法走马上任的。换句话说，他们都认为支持堪萨斯成为自由州的人是恶意的造反派，故意扰乱治安，藐视法律。然而，他们的个人观察逐渐使他们相信这种观点大错而特错。

罗伯特·约翰·沃克州长于1857年5月下旬抵达堪萨斯州，只需要一个简短的调查，就能让他确信任何使堪萨斯成为蓄奴州的想法都是荒谬绝伦的。如果一切都顺利的话，单是气候似乎就让它变得不可能了。此外，民众的情绪也是强烈地反对它的。他估计，支持堪萨斯成为自由州的选民和支持它成为蓄奴州的选民的比例超过二比一。支持奴隶制的政党最终似乎放弃了使堪萨斯成为蓄奴州的努力。如果他不能使堪萨斯成为蓄奴州，他的下一个愿望就是使它成为一个支持民主党的州。"而实现这一目标的唯一计划就是，把支持堪萨斯成为自由州的民主党人和支持奴隶制的政党，以及所有那些我认为是保守的人和反对暴力的那一部分共和党人联合起来。"因此，罗伯特·约翰·沃克州长试图用花言巧语诱导支持堪萨斯成为自由州的人们参加制宪会议代表的选举。他在就职演说中引用詹姆斯·布坎南总统的指示，承诺这一选举应不受欺诈和暴力的侵害。代表们应在审议中受到保护。如果不满意，"你可以通过随后的投票宣告对宪法的认可无效"。

几周后，人们在托皮卡也强烈主张推行同样的政策，在那里，支持堪萨斯成为自由州的人们正在召开群众大会，以便支持和指示。一个根据《托皮卡宪法》选举产生的、"造反的"自由州议会召开会议。罗伯特·约翰·沃克州长发现了一个大型集会，正在进行非常热烈的讨论。"该议会（指根据《托皮卡宪法》选举产生的议会）"可能只采取名义上的行动，比如本质上等同于一份申诉的请愿书，还是确实会组织他们的州政府，并通过一套完整的法典。支持堪萨斯成为自由州的人们中的温和派赞成前一种方式，而激进派则赞成后一种方式。当他们的群众大会休会时，他们去罗伯特·约翰·沃克州长的住所拜访他。罗伯特·约翰·沃克州长做了一个演讲，对他就职演说中的忠告和承诺做了补充。他说："接下来，议会将在9月召开一次大会。他们可能会将宪法提交给堪萨斯的大多数现存的居民投票通过，也有可能不会。如果他们不提交，同胞们，我会和你们一起合法地反对他们的做法。先生们，我完全相信，一个比我位高权重的人，联邦的行政首长（指当时的美国总统詹姆斯·布坎南），也将会加入你们的行列，反对他们的做法。"罗伯特·约翰·沃克州长邀请他们参加一个大会的选举，但他们不为所动。他们依然坚持他们的决定，不参与任何与伪法或地区议会相关的积极行动。但罗伯特·约翰·沃克州长对宪法公平投票的承诺得到了支持。罗伯特·约翰·沃克州长在报告中提道："虽然这次群众集会没有完全采纳我放弃整个托皮卡运动的建议。然而，他们大多数人还是投票否决了自己政党中的激进派们准备成立一个完整的州政府，并制定一套完备的州宪法的决议。"

如果说罗伯特·约翰·沃克州长对这一结果感到满意，把它看作自己在行政管理中可能取得成功的预兆，那么他就更乐意把它看作政党政治的有利征兆。他在报告中说道："倡导法治的人们认为整个托皮卡集会讨论的结果对自己的事业非常有利，并把它视为一个通往成功必不可少的伟大运动的开始。即支持堪萨斯成为自由州的民主党人和共和党人的分离。迄今为止，他们的合作在一定程度上是以自由州党的名义进行的。"另外一个政党的行动即便没有给罗伯特·约翰·沃克州长带来更多安慰，也同样让他备受鼓舞。1857年7月2日和3日，"国家民主党"或堪萨斯地区支持奴隶制的人在莱康普顿召开大会。领导们充分发挥了作用，再次承认了堪萨斯无望成为一个蓄奴州，认可了罗伯特·约翰·沃克州长的政策。一项"反对宪法提交人民投票的决议，作为测试，以四十二比一的投票被搁置起来"。罗伯特·约翰·沃克州长已经开始把他的劝告和影响看作国家命运的一个转折点。他写道："事实上，在这里，人们普遍承认真正的、唯一的问题是：堪萨斯应该成为一个保守的、宪政的、民主的、从根本上来说自由的州，还是成为一个共和党的和废奴的州。而我所采取的方针是防止最后产生灾难性后果的唯一可行的措施。在我看来，它很快就会决定共和国的命运。"

罗伯特·约翰·沃克州长渴望改革堪萨斯的民主党，并激励全国的民主党抵御"废奴主义"的猛烈攻击和威胁。关于这一点，罗伯特·约翰·沃克州长并非完全坦诚。否则，他本该同时报告，为制定他寄予如此厚望的宪法而采取的措施，已经遭到了这样的背叛和欺诈的损害，致使它们不可能产生好的结果。罗伯特·约翰·沃克州长后来被迫为此做出了解释。指定选举代表的地区法律提供了一次人口普查和选民登记，其实施者是由领土委员会任命的县官员。这些官员玩忽职守，没能履行自己的职责，在堪萨斯内地将近一半的有组织的县里，没有做出任何人口普查或选民登记的尝试。而在与密苏里州接壤的几个边境县里，亲奴隶制的势力占优势，因此，这两方面的工作也是极不完善的，在很多情况下，他们对支持堪萨斯成为自由州的选民百般欺压，残酷迫害。气焰嚣张，臭名昭著。而被剥夺了选举权的几个县，有着比较稀疏的人口数量，它们的选民人数太值得考虑了，而不能正当地剥夺其应有的代表权。代表的分配是基于这种有缺陷的人口普查和选民登记的，而仅凭这一点就能让亲奴隶制的势力在制宪会议中得到压倒性的权力。但在1857年6月15日的代表选举中，支持堪萨斯成为自由州的人们，遵循着他们既定的目标和迄今为止不遵从伪法的一贯做法，在投票中彻底弃权。"结果是，在登记在册的九千二百五十名选民中……总共投了大约两千两百张选票，其中，成功的候选人获得了一千八百张选票。"

罗伯特·约翰·沃克州长在他的报告中写道："支持黑人的共和党人不会投票，由于支持堪萨斯成为自由州的民主党人担心制宪会议不会把宪法提交给人民公投表决，还担心如果自己投票，就表明自己遵从制宪会议的行动，因而也没有投票。要不是因为我那传播甚广的就职演说，以及各种各样敦促人民投票的演讲，那么，堪萨斯地区连一千张选票也得不到，而这次制宪会议也将一败涂地。"

但这并不是唯一的弊病。在随后的秋季选举中产生的地区议会成员的名额分配也是基于同样有缺陷的人口普查和选民登记的。这让支持奴隶制的势力又一次得到了压倒性的权力，支持堪萨斯成为自由州的人们大声指责，说这是来自密苏里州的选民们为了自己方便而耍的新花招。罗伯特·约翰·沃克州长公开谴责这些制造混乱、蓄意破坏的行为和在人口普查和选民登记工作中的不力。但他建议人们忍耐，为了缓和矛盾，他不断要求人民最终应该得到公平并直接地投票表决他们的宪法的特权。他高调的承诺是希望和改变的灯塔。詹姆斯·布坎南总统和内阁对于罗伯特·约翰·沃克州长这种经常向华盛顿报告的态度和政策，既不否认也不劝阻。

然而，罗伯特·约翰·沃克州长很快就在另一个地方发现了一场正在酝酿的风暴。当新闻媒体把他的就职演说、他的托皮卡演说，以及他的堪萨斯政策的总报告的副本传回南方各州时，引起了所有咄咄逼人的编辑和政客们的齐声抗议和谴责，这是个不祥的兆头。他们愤怒地质问：罗伯特·约翰·沃克州长有什么权力来干涉？！他有什么理由鼓动社会风潮？！有什么权力要求把宪法提交给民众投票表决？！有什么权力承诺，如果没有提交宪法，他就会帮助民众废除宪法？！又有什么权力保证詹姆斯·布坎南总统和政府也会像他那样支持民众，要求对宪法进行全民公投？！他们声称，制宪会议是至高无上的，可以想怎样就怎样，根本无须考虑罗伯特·约翰·沃克州长无礼的建议。佐治亚州的民主党全州代表大会讨论并处理了这件事，通过决议谴责罗伯特·约翰·沃克州长的就职演说，并要求他下台。密西西比州的民主党全州代表大会效仿了这一做法，称罗伯特·约翰·沃克州长的就职演说是对南方权力的不公正的歧视，也是对托付给制宪会议的崇高的社会责任的专横干涉。

罗伯特·约翰·沃克州长给詹姆斯·布坎南总统写了一封私信，为自己的方针辩护，并补充道："除非我得到政府真诚而全力的支持，否则我无法控制这个制宪会议，我们将陷入无政府状态和内战。有了政府真诚的支持，制宪会议（我已经看到了，其大多数代表）就会做正确的事情。我将走遍整个堪萨斯的领土，发表演讲，呼吁人民支持我的计划，接见所有的代表。但你真诚的支持是必不可少的，要不是因为你和所有联邦官员真诚的协助，我也不会来这里……极端分子们正在考验你和我的耐力和意志，然而，当制宪会议把宪法提交给人民投票表决的时候，他们又能说什么呢？此外，我们必须在西南部印第安人的领土上有一个蓄奴州，这样才可以维护安定的局面。北方默许我们获得古巴。而总统先生，您的政府实际上已经解决了奴隶制的问题，人们始终认为这是对宪法的重新签署和重新确认。……我将很高兴收到您的来信。古巴！古巴！如果有可能的话，连同波多黎各一起，可能会成为您的政府的联署文件，它将在荣耀的光辉里结束。"

罗伯特·约翰·沃克州长的恳求带来了最高领导人完整而充分的重新认可与支持，对此，他有理由感到自豪。1857年7月12日，詹姆斯·布坎南总统在回信中写道："关于将宪法提交给现存的、真正的堪萨斯居民投票表决的问题，我愿意支持或者接受。为了坚持这样一个原则，我们不能让步。这是《内布拉斯加法案》的原则、主权在民的原则，从根本上来说，也是平民政府的原则。对它讨论得越多，它就变得越发强大。如果堪萨斯制宪会议采纳这一原则，一切都将和谐地解决。上帝保佑，你将完成艰巨浩繁、责任重大的使命，高奏凯歌，荣归故里。到那时，佐治亚州的民主党全州代表大会和密西西比州的民主党全州代表大会对你的指责将销声匿迹，并被迅速遗忘。关于佐治亚州，我们从该州得到的消息一天比一天好。我们还没有时间从密西西比州听到很多消息。如果你要对密西西比州的民主党全州代表大会的决议做出答复，我建议你把'将宪法提交给现存的、真正的堪萨斯居民投票表决'的伟大原则凸显出来。在这件事上，你是不可抗拒的。"

1857 年 6 月选举产生的参加制宪会议的代表们，依照法律，于 1857 年 9 月 7 日聚集在莱康普顿，花了五天的时间来安排工作，会议延期到 1857 年 10 月 19 日。这次休会的目的是等待 1857 年 10 月 5 日普选的重大事件，届时将选出一个完整的堪萨斯州议会、一名国会代表和各县的官员。

由于支持堪萨斯成为自由州的人们的行动，这次选举成了堪萨斯政治的转折点。通过紧密团结到一起，和平抵抗伪法，来自北方的移民人数得到了加强，他们显然构成了堪萨斯居民的多数。根据他们的《托皮卡宪法》，他们为各种官员举行了一次自发的、自主的选举，选民人数竟然超过了七千人。他们觉得这个人数上的优势给了他们正当理由放弃以前那种不遵从的态度，便于 1857 年 8 月底开会，在抗议"恶意的名额分配"的同时，决定"鉴于罗伯特·约翰·沃克州长曾再三保证，在 1857 年 10 月的第一个星期一举行的选举中，堪萨斯人民应该在公正的法官面前进行充分而公正的投票……我们堪萨斯人民，召开群众集会，同意参加上述的选举"。

罗伯特·约翰·沃克州长不折不扣地履行了他的公开承诺。美国军队正在向犹他州集结，其中大约有两千人受命留在堪萨斯维持治安，直到选举结束方可撤离。他们驻扎在堪萨斯十或十二个不同的地点，仅仅是他们的存在便起到了震慑骚乱的作用，这是堪萨斯历史上，两大对立的阵营第一次在投票箱上较量各自的实力。其结果是支持堪萨斯成为自由州的政党获得了压倒性的胜利。关于国会代表，民主党的候选人兰瑟姆获得了三千七百九十九张选票。共和党的候选人派洛特获得了七千八百八十八张选票，其中的四千零八十九张选票来自大多数支持堪萨斯成为自由州的人。关于堪萨斯议会，即使在分配不公的情况下，参议院依然有九名支持堪萨斯成为自由州的成员、四名民主党人，众议院也有二十四名支持堪萨斯成为自由州的成员、十五名民主党人。

那些支持奴隶制的阴谋集团会允许权力从他们的手中随意地溜走而任其自然、无动于衷，这几乎是不可想象的。当各个投票点把官方的统计表送到罗伯特·约翰·沃克州长的办公室的时候，约翰逊县牛津选区送来了"一卷纸，长四五十英尺，上面写满了密密麻麻的名字"。后来人们发现，其中很大一部分名字确实是从辛辛那提的一本旧通讯录中复制下来的。这份文件本来是一份统计表，是为了给牛津区议会的十一名支持奴隶制的候选人争取一千六百二十八张选票，如果算上这一千六百二十八张选票，支持奴隶制的政党就能以微弱的多数票胜出，这十一名候选人中将会有八人进入牛津区议会的众议院，三人进入牛津区议会的参议院，从而改变立法机关的政治局面。调查显示，该文件企图制造一起惊天欺诈案。通过造访那一地区（"一个仅有六户人家的小村子，有一两个零售商店，连一家小酒馆都没有"），罗伯特·约翰·沃克州长坚信，这样的一个小地方是不可能有这么多的选票的，因此，他以不合规范为由，拒绝接受牛津选区的所有统计表，并给由其他合格的统计表推选出来的、支持堪萨斯成为自由州的候选人颁发了选举证书。麦基县也送来了一份类似的文件，上面也密密麻麻地写满了一千两百多个名字，其下场也和牛津选区的统计表一样。斯德林·G.卡托法官颁发令状，迫使罗伯特·约翰·沃克州长给亲奴隶制的候选人颁发证书，但没有成功。罗伯特·约翰·沃克州长和堪萨斯领土委员会主席弗雷德里克·佩里·斯坦顿发表了一份宣布他们的行动的声明，其中的语言值得怀念和效仿。"该决定会使我们自己的政党失去议会中的多数席位，然而，对这一因素的考虑并不会影响我们在该处的职责的严肃性和重要性。如果如此骇人听闻的事件可以通过纯粹的习俗惯例和技术操作加以掩饰和庇护的话，那么选举权就毫无价值了，自由政府本身也将受到致命的打击。我们不能以任何方式同意我们各自的官职对这样的交易给予认可。我们觉得也没有任何理由可以减轻自己的职位应尽的责任，在没有有效的统计表的情况下，将这一问题提交给议会，并在这种彻头彻尾的欺骗行为中，赋予那些可能因为这次虚假投票而被选出来的人自主选举的权利。"

支持堪萨斯成为自由州的政党获得的决定性的胜利、牛津选区和麦基县的欺诈案，以及罗伯特·约翰·沃克州长揭露和拒绝他们的大无畏的行动，引起了人们广泛的评论。在他们所揭示的新的政治形势下，人们对莱康普顿制宪会议接下来的进程产生了浓厚的兴趣。该机构根据既定方案，于 1857 年 10 月 19 日重新召集会议。在刚刚过去的 1857 年 6 月的选举中，没有一个支持堪萨斯成为自由州的选民参加。当选的成员都是支持奴隶制的人。约翰·卡尔霍恩主持了那次选举。他就是 1832 年在伊利诺伊州桑加蒙县当土地测量员，并聘用亚伯拉罕·林肯做助手的那个人。

在 1857 年 6 月的选举中，虽然约翰·卡尔霍恩和来自道格拉斯县的七位同事还只是该制宪会议的候选人，但他们已经散发了一份书面保证，承诺他们将把宪法提交给人民表决。他们始终保持着这种态度直到 1857 年 10 月的选举。但当他们看到自己的党派在这次选举中折戟沉沙，他们和其他人便开始着手，通过史无前例的政治阴谋，将权力紧紧地掌握在自己的手中。约翰·卡尔霍恩是堪萨斯地区的土地测绘局局长，雇用了大量的下属，他是支持奴隶制的阴谋集团中最能干，也最没有节操的领导人之一。制宪会议的绝大多数成员赞成确立奴隶制度。只是在"是否将宪法提交给人民投票表决这个议题"上存在争议。

一项分析表明，权力下放的原则遭到滥用，其效力已经锐减至惊人的程度。不规范的人口普查和选民登记把相当数量的合法选民（约有六分之一）排除在外。在登记在册的九千二百五十名选民中，总共只有大约两千两百人参加了投票。在这两千两百人中，只有一千八百张选票投给了如愿以偿的代表候选人。委员会的一项报告称，在据称当选的六十名代表中，"只有四十三名代表参与了制宪会议的工作。在未达到法定人数的情况下召开了会议，赞成票和反对票再三表明，与会代表的人数只有三十多个。无可否认，据了解，在这三十多名代表中，只有二十八名代表投票决定奴隶制在堪萨斯州的存废问题，而这一数字还不到众议院法定的六十名代表的一半。支持奴隶制的人仅以两票多数通过将宪法提交给人民投票表决这一问题。制宪会议最后几天的会议记录遗失，这与该机构及其官员的特点是非常吻合的"。

分配给他们的任务在大约三周的短暂会期内就已经完成了。制宪会议于1857年11月7日休会，出席会议的五十名代表中，有四十三人被诱使在宪法上签了名。当这份法律文件公布的时候，举国上下一片哗然，人们惊愕地看到，为了强奸清清白白的民意，他们真可谓挖空心思、恣意妄为！这套宪法基本上是一套明白无误的蓄奴州的宪法，包含有奴隶财产权是"先于和高于任何宪法约束力"的声明，为了赢得更多人对它的赞同，它一方面依赖"支持宪法"的考验性宣誓，以便驱逐有良知的、支持堪萨斯成为自由州的选民，另一方面，在选举当天，仅仅依赖居住条件吸引来自密苏里州的流浪者们。它将修改期限推迟到七年以后。它保留了堪萨斯地区当时现有的法律，使它在州议会废除它之前继续有效。它把最近发生的牛津欺诈案作为分配名额的依据。除了许多其他匪夷所思或不可接受的好处之外，它还赋予了会议主席约翰·卡尔霍恩划定选区、选举法官，并最终确定宪法投票统计表的权力。最后，1857年12月21日提交宪法给全民投票的时候，选民所面临的选择只有两个，即"有奴隶制的宪法"和"没有奴隶制的宪法"。这样一来，在任何情况下宪法都可以强行通过。

在这场交易的背后隐藏着一个历史可能永远无法破解的人际关系和争权夺利的秘密。只有几点具体的信息被公之于世，它们只会让谜底更加扑朔迷离，而不会带来任何帮助。首先，虽然约翰·卡尔霍恩是斯蒂芬·阿诺德·道格拉斯的朋友和保护者，约翰·卡尔霍恩本人也亲自承诺提交宪法给人民投票表决，但他却来到罗伯特·约翰·沃克州长面前，劝说他加入支持奴隶制的新计划——他声称政府已经改变了它的政策，现在赞成这个计划——并引诱罗伯特·约翰·沃克州长，扬言只要他同意合作，他们将支持他竞选总统。罗伯特·约翰·沃

托马斯·豪威尔·科布

克州长愤怒地宣称政府是不可能改变政策的，并轻蔑地拒绝了这个建议。其次，1857 年 10 月，一个名叫马丁的部门职员，在詹姆斯·布坎南总统的内阁成员内政部部长雅各布·汤普森和财政部部长托马斯·豪威尔·科布的秘密授意下来到了堪萨斯，表面上是为了本部门的事务，实际上他却把时间都消耗在游说团队和制宪会议的决策委员会上。马丁证明，这些内阁成员赞成提交宪法给全民公投，但内政部部长雅各布·汤普森希望制宪会议的代表们明白，"如果堪萨斯地区的制宪会议制定出一部支持奴隶制的宪法，并直接送往国会"，他不会反对堪萨斯以蓄奴州加入联邦。制宪会议的领导人们，或者说控制它的阴谋集团的领导人们，和雅各布·汤普森部长之间真是心有灵犀一点通啊。反对提交宪法给全民公投的政党在进行了一番自鸣得意的哑剧表演之后，便假装对不可避免的形势做出让步，采纳了内阁长官们的建议。这一推测似乎更加合理，因为马丁进一步证明，他本人亲自起草的、关于奴隶制的条款最终通过了。最后，詹姆斯·布坎南总统并没有信守承诺，免除约翰·卡尔霍恩的职务，并把

雅各布·汤普森

这作为对罗伯特·约翰·沃克州长的荣誉，而是不可原谅地接受了托马斯·豪威尔·科布、雅各布·汤普森和约翰·卡尔霍恩串通一气的阴谋诡计。如前所述，当罗伯特·约翰·沃克州长拒绝了牛津虚假的统计表之后，堪萨斯地区的立法权便转移到了新当选的、支持堪萨斯成为自由州的议会手中，直到这时，詹姆斯·布坎南总统的方针政策才有了变化。鉴于这一事实，他的新的行动方向才尤其值得注意。同一天，也就是 1857 年 10 月 22 日，罗伯特·约翰·沃克州长和弗雷德里克·佩里·斯坦顿发表了他们的宣言，拒绝接受虚假的统计表。詹姆斯·布坎南总统又给罗伯特·约翰·沃克州长写了一封高度表扬他的信。由于它以前从未出版过，其全文将具有特殊的历史意义。

华盛顿市，

1857年10月22日

我亲爱的先生：

1857年10月10日，我通过阿尔弗雷德·普莱曾顿上尉收到了你的来信。我以前从其他不太可靠的渠道获悉，堪萨斯制宪会议将提交宪法给人民投票表决，现在，我很高兴这一消息在你这里得到了证实。令人欣慰的是，最近的选举以如此和平的方式结束了，我认为我们现在完全可以清楚地预见到堪萨斯地区所有困难的圆满结局。我已经批准了你一个月的休假申请，制宪会议休会后，你的假期就开始了。在会议期间，你的出席将是非常重要的，不能免除。在你发表任何东西之前，我将很高兴见到你。整件事现在进展得非常顺利。事实上，国家金融商业的剧变似乎驱使公众把所有关于"流血的堪萨斯"的想法都抛诸脑后。在什么时候、以什么样的方式，发表任何可能重新唤醒这种情感的东西，是一个非常重要的问题。我相信，随着时间的流逝，公众对你的看法会越来越公正。当然，你对《华盛顿联盟》的编辑哈里斯的看法是不公正的。在开始的时候，我关注了该报关于你本人的行动方向的报道，我认为它是无懈可击的：我知道，他遭到极端分子们铺天盖地的谩骂，但依然立场坚定，毫不动摇。我从来没有看到过，也从来没有听说过《华盛顿联盟》刊登过你提到的那些书信，哈里斯对此也不记得了。我要求他找到那一刊并寄给我，但他没有这样做。你提到的那些书信未被刊登，在任何程度上，他对此都不用承担任何责任。在我收到你的信之前，我对它们一无所知。经过询问，我发现《华盛顿联盟》之所以没有刊登这些书信，是因为托马斯·豪威尔·科布先生的主意，他坚信，一旦这些书信见诸报端，肯定会给你自己和政府带来伤害。

我不知道托马斯·豪威尔·科布先生的判断是否明智，因为我从未见过这些书信。他这么做是出于公平和善意，对此我毫不怀疑。托马斯·豪威尔·科布先生急切地希望惠特菲尔德将军能够发表一封信，就为惠特菲尔德准备了一封，期待惠特菲尔德在离开前能够签上自己的名字。托马斯·豪威尔·科布先生把这封信交给惠特菲尔德，征求他的同意和签名，却石沉大海，毫无音信。我不知道这封信的内容是什么。这封信多半就在惠特菲尔德将军的手里。毫无疑问，托马斯·豪威尔·科布先生的动机是好的。我和罗伯特·约翰·沃克夫人以及爱德华·迪金森·贝克夫人愉快地交谈了半个多小时，她们刚刚离开。罗伯特·约翰·沃克夫人想让我转告你，家里一切安好，并问候你。

你的朋友，詹姆斯·布坎南

致尊敬的罗伯特·约翰·沃克阁下

现在，问题来了，当约翰·卡尔霍恩接近罗伯特·约翰·沃克州长，用总统的职位来贿赂他，并向他保证政府已经改变了政策的时候，约翰·卡尔霍恩到底在为谁说话？在这封信到达堪萨斯之前，或者不久之后，罗伯特·约翰·沃克州长于莱康普顿宪法休会大约一个星期之后，也就是1857年11月16日，离开了堪萨斯。由于罗伯特·约翰·沃克州长证明，当他到达华盛顿时，"詹姆斯·布坎南总统本人明确而坚决地向我保证，他没有授权任何人说他同意莱康普顿的那个计划"。因此，这个问题变得尤为迫切。那么约翰·卡尔霍恩到底是在谁的授意下，宣布政府已经改变了政策呢？

这一疑问把我们的目光引向了詹姆斯·布坎南总统 1857 年 10 月 22 日写给罗伯特·约翰·沃克州长的这封信，其中他提到一点，在他不知情的情况下，内阁成员托马斯·豪威尔·科布部长禁止《华盛顿联盟》刊登某些书信。正如我们在其他地方了解到的那样，在这些书信中，堪萨斯一些亲奴隶制的政党的领导人反复声明，任何想要使堪萨斯成为蓄奴州的努力注定都是枉然。托马斯·豪威尔·科布部长为什么要封锁这个消息？对于这一系列自相矛盾的说法，只有一个合理的解释。内阁瞒着詹姆斯·布坎南总统，就在他的眼皮底下，通过詹姆斯·布坎南总统眼中的"极端分子"，实施了他们的阴谋。这样的结论几乎是我们难以接受的。这个越俎代庖，迫使詹姆斯·布坎南总统伪造声明的阴谋，就和几年后，在由同一伙人实施的类似的阴谋中一样，他（指詹姆斯·布坎南总统）既没有敏锐的洞察力，也没有坚定的意志力。

堪萨斯人民对于莱康普顿制宪会议令人瞠目的行为的抗议几乎发展成一场民变。这一令人大跌眼镜的行为打开了一扇欺诈的大门，并招致密苏里州为了最终和永久地征服堪萨斯而发动了武装入侵。罗伯特·约翰·沃克州长在休假期间便已离职。堪萨斯领土委员会主席弗雷德里克·佩里·斯坦顿成为代理州长。弗雷德里克·佩里·斯坦顿说："民众大量聚集，已当选的议会委员们担心采用这套宪法所带来的厄运即将降临到他们头上。为了消灾避祸，他们几乎异口同声地呼吁我召集议会，以便他们能采取一切可以采取的措施。"如前所述，弗雷德里克·佩里·斯坦顿是带着当时民主党对支持堪萨斯成为自由州的党派的偏见来到堪萨斯的。但他的整套方针政策一直是坦率、真诚、不偏不倚的。牛津欺诈案已经让他对任何阴谋诡计明察秋毫、洞若观火。"现在，我第一次感到十分欣慰，我终于明白了，为什么堪萨斯的广大人民对他们的政府感到不满，随时准备造反并推翻它。"

和罗伯特·约翰·沃克州长一样，弗雷德里克·佩里·斯坦顿也再三真诚地向人民保证，他们有权对制宪会议的工作进行投票表决。因此，他个人因该机构所犯下的不公和欺诈的行为而感到羞耻。在这种情况下，他毫不犹豫地履行职责，宣布召集新议会，召开特别会议。

委员们恪守私下给弗雷德里克·佩里·斯坦顿做出的承诺，不参与常规的立法。而是组织人员依法调查牛津和麦基欺诈案，并为将于 1858 年 1 月 4 日举行的选举做准备，《莱康普顿宪法》确定在那一天选举州官员和州议会，在这一天，民众可能会投票支持或反对《莱康普顿宪法》。因此，在这些事件的过程中，民众对这一臭名昭著的法律文件《莱康普顿宪法》进行了两次单独的表决。第一次是《莱康普顿宪法》自身规定的，于 1857 年 12 月 21 日进行，而这一选举过程中，部队分别驻扎在几个地方。支持堪萨斯成为自由州的人们投了弃权票，选举过程很平静。约翰·卡尔霍恩在适当的时候公布了投票结果，六千一百四十三张选票支持"蓄奴宪法"，五百八十九张选票支持"废奴宪法"。但立法机关随后的调查披露了牛津欺诈案再次卑劣地上演，并证明了在一个单方面的投票中，实际的多数票也只有三千四百二十三张。第二次选举是 1858 年 1 月 4 日在《州建制法》的授权下举行的。在这次选举中，支持奴隶制的人投票选举州官员，但反过来却对宪法投了弃权票，结果有一万零两百二十六张选票反对整个《莱康普顿宪法》，一百三十八张选票支持"蓄奴宪法"，二十四张选票支持"废奴宪法"。

堪萨斯人民直接投票，断然拒绝《莱康普顿宪法》，决定了它的命运。我们以后还会看到，国会是如何再度把死马当活马医、妄想激活《莱康普顿宪法》的。虽然他们付出了坚持不懈的努力，但依然难逃功亏一篑的结局。支持堪萨斯成为自由州的人们欢欣鼓舞，但遭受挫败的亲奴隶制的阴谋集团却并没有沮丧泄气，也没有被打垮和征服。眼下，亲奴隶制的集团第一次原形毕露，正在酝酿一场惊天大阴谋。这表明，以戴维·赖斯·艾奇逊为首的密苏里州当地的阴谋集团，只不过是一个全国性组织的缩影和爪牙罢了。这个全国性的阴谋集团先在富兰克林·皮尔斯的政府建立了司令部，现在又在詹姆斯·布坎南的政府建立了司令部。它通过连续不断的努力，锲而不舍地、神不知鬼不觉地，几乎完全篡改并颠覆了美国政府的全部原则和政策。它把边境暴徒、觊觎总统宝座的候选人、参议员、法官、内阁成员联络到一起，他们狼狈为奸、沆瀣一气。毒燎虐焰，甚嚣尘上。它一步步地导演了对《密苏里妥协法案》的废除、《内布拉斯加法案》的实施、边境入侵、德雷德·斯科特案的决议、对罗伯特·图姆斯提出的法案中关于提交宪法给人民投票表决的条款的禁止以及对《莱康普顿宪法》惊世骇俗的操纵与运作，直至最终推翻"人人生而平等"的法律原则，代之以把人作为财产的信条。甚而至于做出如下的、可耻的司法解释：把人作为财产的权利是先于和高于宪法的约束力的，联邦以及各个地区都必须永久性地为奴隶制提供保护。

第一个风云突变的迹象来自华盛顿。在代理州长弗雷德里克·佩里·斯坦顿召集 1857 年 10 月的议会召开特别会议的第二天，在他还没有得到华盛顿政策变化的消息之前，国务卿刘易斯·卡斯就提前向他转发了詹姆斯·布坎南总统的年度咨文的副本，其中无条件地接受了《莱康普顿宪法》。一个星期后他被告诫要在职务行为中与詹姆斯·布坎南总统的意见保持一致。就在这时，国务院开始了解堪萨斯正在发生的事情，但代理州长弗雷德里克·佩里·斯坦顿对此满不在乎。1857 年 12 月 11 日，国务卿刘易斯·卡斯写信给詹姆斯·威廉·丹佛："议会已经免除了弗雷德里克·佩里·斯坦顿堪萨斯领土委员会主席一职，并任命你接替他的位置。"刘易斯·卡斯进一步解释说："詹姆斯·布坎南总统惊讶地了解到，堪萨斯领土委员会主席和代理州长弗雷德里克·佩里·斯坦顿，于 1857 年 12 月 1 日发布公告，于 1857 年 12 月 7 日召开淮州议会的特别会议，只比定期开会的时间早了几个星期，只比制宪会议提出的问题的决议早了十四天。詹姆斯·布坎南总统严肃地认为，弗雷德里克·佩里·斯坦顿的这一做法无疑在堪萨斯激动的民众之间产生了新的不和谐因素。因此，是对政府的和平政策的公然挑战。为此，詹姆斯·布坎南总统觉得，开除他是自己义不容辞的责任。"

罗伯特·约翰·沃克州长正在华盛顿休假，但再也不能保持沉默了。他和他的下属弗雷德里克·佩里·斯坦顿一样，遭到政府无情的背弃和羞辱。在一封为自己的行为辩护的庄重的信中，他提醒他们，从来没有人批评过自己的行

詹姆斯·威廉·丹佛

为，自己也从未否认过要对它负责任，他辞去了州长的职位。罗伯特·约翰·沃克州长在辞职信中写道："根据堪萨斯以及这里发生的事件，很明显，问题正在从理论向实践转化。作为堪萨斯的州长，我将被迫就一个生死攸关的问题执行新的指示，这完全不同于那些我接受任命时的指示。本人始终固守对《美国宪法》的看法、对《内布拉斯加法案》的看法，以及对堪萨斯人民所做的承诺。

至于这样的指令，恕难从命……有人认为，我应该看到《美国宪法》和《内布拉斯加法案》遭到漠视和废除，还认为，在一场毁灭的哑剧中扮演哑巴的我，应该对这一结果表示默认，尤其是这样的默认牵涉到一场作为直接后果的、血腥而惨烈的内战。在我看来，这样的想法真是荒谬至极。"

罗伯特·约翰·沃克和弗雷德里克·佩里·斯坦顿都是来自蓄奴州的公民，都是民主党的热心成员，并且只有艰苦的实践经验和亲眼见证才迫使他们与他们的前辈一起走进政治"坟墓"。当我们想起这些的时候，他们的行为和言论就有了非凡的意义。威廉·亨利·西沃德说："冥河岸上的鬼魂们聚在一起形成的团团阴影之浓厚，也没有离职的堪萨斯州州长罗伯特·约翰·沃克的精神那么凝重，他们在流亡和悲伤中徘徊，只因为在堪萨斯的自由和奴役之间的选举中，证明了真理，揭露了谎言。"

第 **7** 章

斯蒂芬·阿诺德·道格拉斯的反抗

詹姆斯·布坎南总统的年度咨文、代理州长弗雷德里克·佩里·斯坦顿的免职总结，以及罗伯特·约翰·沃克州长的辞职信突如其来地把整个莱康普顿问题从堪萨斯转移到了华盛顿。甚至在堪萨斯地区的人民分别通过 1857 年 12 月 21 日和 1858 年 1 月 4 日举行的全民投票，真正地对它做出决定之前，它已经成了 1857 年 12 月 7 日召开的第三十五届国会的主要政治议题。参议员斯蒂芬·阿诺德·道格拉斯对这个新问题的态度引起了普遍关注。德雷德·斯科特案的判决宣布，奴隶财产在一个地区是受到宪法认可的，是神圣而不可侵犯的，这粗暴地损害了他的理论。但我们已经看到，在斯普林菲尔德的演讲中，他是如何通过诡辩，试图巧妙地修复"主权在民"的理论。斯蒂芬·阿诺德·道格拉斯说，在一个地区，宪法赋予奴隶主占有奴隶财产的抽象的权利，是"毫无价值的，除非通过适当的治安条例进行维持、保护和执行"，而这只能由这个地区的立法机关提供。他还说，如此一来，堪萨斯人仍然具有间接禁止奴隶制的权利。

　　1858 年 6 月 12 日，也就是选举莱康普顿议会代表的前几天，斯蒂芬·阿诺德·道格拉斯编造并讲出这个谬论，以便他远方的选民们可以在内部使用，并以如此不易觉察的方式，以至几乎没有引起公众的注意。然而，和他作为参议员，在国会 1857 年 12 月的会议上，面对约翰·卡尔霍恩的所作所为和炙手可热、面对牛津欺诈案的丑闻、面对北方民主党人对于他背叛罗伯特·约翰·沃克和弗雷德里克·佩里·斯坦顿而表现出来的愤怒相比,诡辩对斯蒂芬·阿诺德·道格拉斯来说要轻松得多。

他最初的经历之一就是与詹姆斯·布坎南总统的一次面对面的争吵。当斯蒂芬·阿诺德·道格拉斯到达华盛顿时,离国会召开会议还有三天的时间。他便去面见詹姆斯·布坎南总统,就总统接受《莱康普顿宪法》并将其送到国会要求投票通过这件事提出了抗议。詹姆斯·布坎南总统坚持要在年度咨文中提出它。斯蒂芬·阿诺德·道格拉斯回答说,只要詹姆斯·布坎南总统开读,他就谴责它。詹姆斯·布坎南总统被激怒了,他威胁道:"你给我记住,还没有一个民主党人敢和他自己选择的政府作对,最终还能若无其事、安然无恙,他们的下场必然是毫不留情地遭到镇压。小心本杰明·塔尔米奇和里夫斯的命运也降临到你头上。"

本杰明·塔尔米奇

斯蒂芬·阿诺德·道格拉斯反唇相讥："总统先生，我希望你记住，安德鲁·杰克逊总统已经死了。"

在詹姆斯·布坎南竞选总统期间，南方终于为亲奴隶制的反动行动争取到了一个最重要的盟友。詹姆斯·布坎南接受的训练使他坚信，南方迄今为止一直受到不公正的对待，因此，他随时准备站出来，做它的捍卫者，为它申冤昭雪。南方的政客们现在急于利用詹姆斯·布坎南的领导地位，迫使北方接受他们关于公共政策和宪法责任的观点。詹姆斯·布坎南虽然能力出众，但意志薄弱，很容易被南方一些足智多谋的领导人玩弄于股掌之上，成为他们的傀儡。在詹姆斯·布坎南总统的就职演说中，他试图说服民众接受德雷德·斯科特案的判决结果，自它公布以来，他一直不遗余力地诠释其适用范围和影响。在一封公开信中，詹姆斯·布坎南总统对来自新英格兰的某些公民上交的一份请愿书做了回答："奴隶制存在于那个时期，并且，根据《美国宪法》，它在堪萨斯仍然存在。这一点最后终于由我们的法律界人士再熟悉不过的最高法院定了下来。它又怎么可能遭到严重的怀疑，这真是莫名其妙。"在同一封信中，詹姆斯·布坎南总统肯定了莱康普顿制宪会议的合法性。然而，他又明确表示，他希望该制宪会议制定的宪法将提交给人民投票"表决"。

然而，当那个制宪会议休会的时候，当他们奸诈狡猾的阴谋大白于天下的时候，整个南方立刻争吵不休，要求确保某一群体在法律上保持南北势力均衡的利益，坚决主张"财产"理论所带来的利益，以及南方赋予约翰·卡尔霍恩决定统计结果、控制选举的一手遮天的权力所带来的利益。詹姆斯·布坎南总统对于这场来势汹汹的反动运动并非无动于衷。相反，他对它的反应准确得就像风向标随着风向的变化而转动。早在国会召开会议之前，政府的机关刊物《华盛顿联盟》就宣布并大力支持新的政策。1857年12月8日，詹姆斯·布坎南总统传达并宣读了自己的年度咨文。其中，对于如此制定和提交的《莱康普顿宪法》欣然接受，这一行为表明了政府未来的政策。

这份年度咨文的措辞表明，为了保护每一份既得的战利品并获得更多战利品，亲奴隶制的保守势力真可谓不遗余力、别出心裁。文字游戏玩得真是花样

本杰明·西利曼

百出、妙语连珠啊！詹姆斯·布坎南总统做了详细的论证，为《莱康普顿宪法》的滔天罪行辩护。他认为在本杰明·西利曼写的那封信中的声明——"堪萨斯存在奴隶制是符合《美国宪法》的"，是业已承认的观点。"从与联邦具有从属关系的地区向主权州的转变过程中"，人民可以投票决定"这一重要的内部制度是否应该继续存在"。他将"内部制度"定义为奴隶制。他将《内布拉斯加法案》中使用的"自由建立并调整他们的内部制度"这一短语，解释为投票决定继续或终止奴隶制。而且，"如果居民中的任何一部分拒绝投票，但这是提供给他们的一个公平的机会，……唯一能对后果负责的只有他们自己"。"如果蓄奴宪法以多数票通过，那么现在堪萨斯地区的奴隶财产权就被保留了下来……这些奴隶被带入堪萨斯地区是符合《美国宪法》的，现在是他们主人的财产。这一点最终总算由该国最高的司法法庭做出了裁决。"

这种极端的解释让北方感到震惊和恐慌。如果是在最近的总统竞选之前做出这样的解释，那一定会让詹姆斯·布坎南的竞选遭到挫败。如果听任它继续存在下去，可能会破坏民主党未来的优势，无论詹姆斯·布坎南总统对这样的事实如何视而不见，危险是显而易见的，对于斯蒂芬·阿诺德·道格拉斯来说简直就是生死攸关的。斯蒂芬·阿诺德·道格拉斯的参议员任期即将届满。为了确保再次当选，他必须于1858年在伊利诺伊州获胜，然而，和这种极端的解释相比，在一个不那么明显的问题上，他于1854年击败了他的同事詹姆斯·希尔兹，并于1856年击败了他的副手威廉·亚历山大·理查森。然而，远不只如此，斯蒂芬·阿诺德·道格拉斯的个人荣誉与他对伊利诺伊州的选民的承诺，就像罗伯特·约翰·沃克州长的个人荣誉与他对堪萨斯的选民的承诺一样息息相关。于是，斯蒂芬·阿诺德·道格拉斯那两面派的秘密交易使他猪八戒照镜子——里外不是人，一方面使自己的党在华盛顿受辱，另一方面使伊利诺伊州的民众受辱。处于这样的两难境地，他的选择毋庸置疑。无论如何，斯蒂芬·阿诺德·道格拉斯必须努力将主动权掌握在自己的手中。

斯蒂芬·阿诺德·道格拉斯用一贯的机敏和魄力来迎接挑战。他认为詹姆斯·布坎南总统没有明确地提出《莱康普顿宪法》，便将对党的权宜之计的强有力的论证，作为自己演讲的主要内容，毫无保留、酣畅淋漓地谴责并抵制了莱康普顿制宪会议的所作所为。他说："坚持让人民完全自由地、以自己的方式建立并管理自己的机构的原则，我们的党就会团结起来，势不可当，战无不胜。而如果放弃或违反这一伟大的原则，我们的党就不值得挽救，也不可能挽救。关于这个问题，我相信我们不能操之过急。为什么要这样做呢？谁会受益呢？是南方还是北方？南、北双方都无权通过哄骗或欺诈获得地区优势……但各方都对我说：'哦！等着瞧。支持奴隶制的条款将被否决。'这并不能让我放弃任何反对意见。也不会压制我反对的声音。你们无权强迫堪萨斯制定一套自由州宪法，也无权强迫它制定一套蓄奴州宪法。如果堪萨斯想制定一套自由州宪法，它有权这么做。如果堪萨斯想制定一套蓄奴州宪法，它也有权这么做。决定奴隶制条款的事宜与我无关。我不在乎它是被投票否决还是被投票支持。我曾以个人的荣誉发誓，我会遵循这一原则，让人民按照自己的选择投票。你们认为，在我发过誓之后，如果奴隶制条款被否决，我会是一种态度和说法，如果奴隶制条款被通过，我又会是另外一种态度和说法，以此来贬低自己吗？我不在乎投票结果如何……无视莱康普顿。无视托皮卡。把这两个政党运动都看作不合法的、无效的。通过一个公正的法案——一个我们作为整体采取行动时表达自己的法案。举行一个公平的选举——在九十天内，你们将获得民主党内的和平，以及整个国家的和平。人民希望公平地投票。否则，他们永远不会满意。……然而，如果这部宪法违反了自由政府的基本原则，以这种嘲弄和侮辱的方式强迫我们接受，我将会抵抗到底。"

詹姆斯·布坎南总统和操控他的行动方向的强硬的亲奴隶制的势力对于这个折中的建议毫不在意。正如夏洛克①来到法庭上要求对方偿还自己的债务，对于公平的请求或慈悲的呼吁毫不理会。1857 年 12 月 21 日和 1858 年 1 月 4 日的选举如期举行，并且我们已经看到了所有的结果。1858 年 1 月 13 日，约翰·卡尔霍恩清点了选票，并宣布"支持奴隶制的《莱康普顿宪法》"正式通过。然而，谨慎地保留了该宪法下任何有关堪萨斯的地方官员或议会的公告。实现了这一目标之后，约翰·卡尔霍恩很快就赶到了华盛顿。在那里，他受到詹姆斯·布坎南总统及其顾问们的热烈欢迎。他们立即强强联手，继续通过国会的批准，使这场显而易见的闹剧得到了法律的承认。

1858 年 2 月 2 日，詹姆斯·布坎南总统将"从约翰·卡尔霍恩那里收到的"，并"经他本人正式认证的"《莱康普顿宪法》递交给了国会。詹姆斯·布坎南总统随附的特别咨文，认为一个地区的《州建制法》授予了当地居民基本权力。认为支持堪萨斯成为自由州的政党蓄意造反，存心革命。认为支持堪萨斯成为自由州的政党想方设法地拒绝投票，正好完全阻止了他们的不满和异议。认为莱康普顿制宪会议的创建和操作的几个流程和步骤都是正规的、合法的。"然

---

① 夏洛克是威廉·莎士比亚作品《威尼斯商人》中的角色。

后，堪萨斯人'按照他们自己的方式'，并严格按照《州建制法》，起草了一套州宪法，建立了一个州政府，将首要的奴隶制问题提交给人民投票表决，并选举了一名州长、一名国会代表、州议会的成员和其他州官员。他们现在要求以该宪法加入联邦，该宪法在形式上是拥护共和政体的。国会将决定他们是否会承认或拒绝这样成立的一个州。就我个人而言，我明确赞成它加入联邦，从而彻底解决堪萨斯问题。"

1858 年 1 月 4 日的投票反对《莱康普顿宪法》，詹姆斯·布坎南总统宣布这次投票是非法的，因为它是"在堪萨斯地区准备作为一个主权州加入联邦之后才举行的，在那个时候，地方议会无权破坏它的存在或改变它的性质"。詹姆斯·布坎南总统本人的言行不一却被一笔带过。"就我个人而言，当我笼统地指示罗伯特·约翰·沃克州长，赞成将宪法提交给人民投票表决时，除了万众瞩目的奴隶制问题之外，我没有任何异议。……那时我相信，而且仍然相信，根据《州建制法》，堪萨斯制宪会议必然会将奴隶制这一极其重要的问题提交人民投票表决。然而，我从未想过，如果独立于这项法案之外，为了保证宪法的有效性，他们本来一定会把宪法的任何一部分提交给民众投票的。"

然而，普通民众对这份特殊的咨文最感兴趣的还是詹姆斯·布坎南总统发表的如下的武断声明："我们的律师们所熟知的最高法院，已经庄严地宣判奴隶制依照《美国宪法》存在于堪萨斯。因此，此时此刻，堪萨斯和佐治亚州或南卡罗来纳州一样都是一个蓄奴州。否则，构成联邦的主权州在数量上的平等将被打破，几乎有一半的南方邦联的成员将无法使用并享有通过所有州的共同财富所获得的领土。因此，绝对不能在堪萨斯禁止奴隶制，除非通过宪法规定。如果大多数人民都希望实行奴隶制，那么，也只有通过宪法规定而不是任何其他方式，才可以迅速地确立它，就像以现行宪法接纳堪萨斯加入联邦一样。"

从随后的历史来看，这种极端支持奴隶制的纲领不仅在道义上是错误的，而且作为一个政党的政策，从政治家的治国才能方面来看也是目光短浅的和鲁莽轻率的。但在詹姆斯·布坎南总统的眼中，自己并不像后一种看法说的那样目光短浅、鲁莽轻率。这个国家显然已经被支持奴隶制的呼声淹没了。不仅他当选为总统，就连民主党也恢复了对国会的控制。各个分支机构的主官都是南方人。在参议院的六十四名成员中，有三十九名是民主党人，二十名是共和党人，还有五名是美国人党，或者一无所知党。在众议院的二百三十七名成员中，有一百三十一名是民主党人，九十二名是共和党人，还有十四名是美国人党，或者一无所知党。在参议院和众议院，民主党人都占有明显的优势，在参议院多出了十四人，在众议院多出了二十五人。这一立法的力量确实不再像废除《密苏里妥协法案》时那样强大，但它似乎足以将詹姆斯·布坎南总统的提议付诸实施。他的错误在于，他忘记了，他和他的政党之所以能得到如此普遍而明确的认可，主要是通过对《内布拉斯加法案》和辛辛那提纲领的双重建设，以及通过南方和北方领导人之间的磋商与谈判才得以实现的。揭露并在某种程度上拒绝接受这一不自然的联盟的时机已经到来了。

南方领导人在每一个问题上步步紧逼，现在迫使他们的支持者背水一战，至少可以说，这种急躁冒进的做法并不算一着好棋，但从逻辑上来说，这是由他们的处境所决定的。他们在逆着历史潮流而上。文明、人口、财富、商业、情报的主导力量正在把他们压制下去。权力的天平失衡了，现在已经有十六个自由州，而只有十五个蓄奴州。明尼苏达和俄勒冈也注定会成为自由州，它们正在申请加入联邦。

尽管如此，南方的情况并非毫无希望。堪萨斯州显然在他们的掌控之中。另外，现行法律规定，要从得克萨斯分出来四个州加入联邦，这些州毫无疑问会成为蓄奴州。接下来，他们仍然有可能分割加利福尼亚州，争夺新墨西哥州和亚利桑那州的所有权。除了堪萨斯，在所有渴望完成的大事件的先后顺序中，压轴大戏，或者更确切地说，首当其冲的是詹姆斯·布坎南总统的雄心壮志，即吞并古巴。当詹姆斯·布坎南在担任美国驻英国大使的时候，就曾公开宣称，如果西班牙拒绝将那个令人垂涎的岛屿出售给我们，我们就有了正当理由从她（即西班牙）手中武力夺取它。作为总统候选人，在对自己的新荣誉的初步考虑中，詹姆斯·布坎南曾私下表示："如果我能在我提到的条件下解决奴隶制问题，然后将古巴并入联邦。那么，如果我当选为总统，我愿意放弃，让约翰·卡

约翰·卡贝尔·布雷肯里奇

贝尔·布雷肯里奇上台执政。"因此，即使排除了极力阻挠国会通过这样的议案的不大可靠的机会，乐观的人们还是会很容易地推断出，十年或二十年之后，单纯的数量上的优势可能会从自由州转向蓄奴州。任何假装的怀疑也不可能对这种可能性置之不理。不单单是詹姆斯·布坎南总统，整个民主党都公开承诺吞并古巴。辛辛那提纲领做出如下决议："民主党将期待下一届政府能够发奋图强，确保我们在墨西哥湾的优势。"而另外一项同等重要的决议宣布，要勠力同心"重振"中美洲。

然而，要实现这些奇迹，他们绝不能只是坐着双手合十，祈祷上帝保佑。奴隶制的代价是大胆的侵略。他们必须打下一个比总统大选、党内多数票甚至参议院票数更加深厚的根基。政府的理论原则必须推翻，共和政体的哲学信条必须重新解读。通过奸诈狡猾的手段，他们已经取得了显著的进展。通过《内布拉斯加法案》，他们使运行了半个世纪的立法系统陷入了瘫痪。通过德雷德·斯科特案的判决，他们篡改了《美国宪法》，损毁了《独立宣言》。通过莱康普顿骗局，他们将让人们明白，与他们的信条相抵触的公众意志是丧心病狂的，与他们的阴谋相冲突的多数派是无能为力的。他们把持着总统、内阁、参议院、众议院、最高法院，以及被法律授予重权的约翰·卡尔霍恩（在当前的问题中，他也绝非无足轻重的人物）。这个国家已经从废除《密苏里妥协法案》的打击中恢复过来，并把詹姆斯·布坎南奖励给了他们。难道她（指这个国家）就不会同样地从《莱康普顿宪法》的打击中恢复过来吗？

即使面对这种极端的做法，大部分民主党人还是追随詹姆斯·布坎南总统和他南方的顾问们。弓，过满则弯。刀，过刚则断。足以扭转局面的少数派已经无法再忍受莱康普顿丑闻。

政府在民主党人占绝大多数的参议院，易如反掌地通过了一项法案，接纳堪萨斯加入联邦，并承认《莱康普顿宪法》作为堪萨斯的州宪法。在十一名来自自由州的民主党参议员中，只有三位敢于发言并投票反对这项措施，他们是来自伊利诺伊州的斯蒂芬·阿诺德·道格拉斯、来自加利福尼亚州的布罗德里克和来自密歇根州的查尔斯·爱德华·斯图尔特。然而，在其政治优势相对较弱的众议院，经过大约两个月的激烈讨论后，该法案遭到了决定性的失败。在北方，一场轰轰烈烈的民众抵抗运动已经发展起来，其主要纲领是罗伯特·约翰·沃克州长和堪萨斯领土委员会主席弗雷德里克·佩里·斯坦顿谴责该法案的演说和书信，具有强大的影响力。众议院对公众情绪总是迅速做出反应。但这一次，它更迅速地把握住了方向，因为在随后的秋天，它的成员将重新推选。无论他们对自己的政党多么的忠诚、内心多么渴望成功，民主党的一些成员也觉得，在反对奴隶制的选民们面前，他们无法为牛津欺诈案、约翰·卡尔霍恩的一手遮天、奴隶财产高于宪法制裁的言论，以及"因此，此时此刻，堪萨斯和佐治亚州或南卡罗来纳州一样都是一个蓄奴州"的信条辩护。当 1858 年 4 月 1 日举

约翰·乔丹·克里滕登

行试投票的时候,在五十三名来自自由州的民主党代表中,三十一人投票赞成《莱康普顿宪法》。剩下的二十二人则加入了反对者的行列,通过了一项由参议院的约翰·乔丹·克里滕登先生发起的替代法案,即《克里滕登－蒙哥马利替代法案》。事实上,该法案建议重新将《莱康普顿宪法》提交给堪萨斯人民投票表决——如果通过,詹姆斯·布坎南总统通过一个简单的声明接纳堪萨斯成为联邦的一个新州。如果被拒绝,堪萨斯人民重新召开制宪会议并起草一套新的宪法。

由于1857年10月的投票曾经是堪萨斯地方民众斗争的转折点,众议院以一百二十票对一百一十二票的总票数通过了《克里滕登－蒙哥马利替代法案》,是保证南方得到堪萨斯的国家阴谋的终结,也是自由对奴役的勉强的胜利。只需改变五张选票,就会让《莱康普顿宪法》顺利通过,并让堪萨斯以蓄奴州加入联邦，并且在随后的七年内禁止宪法有任何改变。由于约翰·卡尔霍恩有权控制选举结果，我们完全有理由相信，他本来会建立一个支持奴隶制的州议会，选择两名亲奴隶制的参议员，反过来，美国参议院中坚决支持《莱康普顿宪法》的多数派就会承认他们俩的席位。如此这般，从边境暴徒对堪萨斯的第一次入侵开始的一系列欺诈和掠夺，仅以形式上的、表面化的南方和北方之间的势均力敌为借口，就算完成了、合法了、不可变更了。

在其主要目标受挫之后，政府又做了另一番努力，以便多多少少能够消除第一次的重大失败带来的不良影响和耻辱。如前所述，国会参议院和众议院意见不同，各自又再次投票，坚持自己的行动。在众议院中，有很多民主党人反对《莱康普顿宪法》，詹姆斯·布坎南总统设法尽可能多地拉拢这部分人转而

总统任上的詹姆斯·布坎南

支持自己，以确保任命一个会议委员会。该委员会拟定了一项法案，俗称《英格雷士法案》。该法案只愿意向即将加入联邦的堪萨斯州提供较少的土地补助，并规定，在接下来的 1858 年 8 月 3 日，堪萨斯公民可以投票"接受或拒绝联邦政府提供的削减了的土地补助"。如果接受，堪萨斯将以《莱康普顿宪法》加入联邦，如果拒绝，堪萨斯加入联邦的计划将被搁置，直到其人口达到联邦众议院成员所需的代表比例。斯蒂芬·阿诺德·道格拉斯惊呼道："因此，在联邦的一些地方，人们会争论，说这是对《莱康普顿宪法》的屈服，而在另一些地方，人们并不这样认为。"《英格雷士法案》成了法律法规，但堪萨斯人民再次以将近一万的多数票，否决了该法案关于联邦政府向堪萨斯提供的削减了的土地补助的这个"提议"。

斯蒂芬·阿诺德·道格拉斯反对《英格雷士法案》正如他曾经反对《莱康普顿宪法》那样，从而维持了他作为《莱康普顿宪法》的反对派领袖的地位。受到共和党和美国人党的报纸的鼓励和赞扬的同时，斯蒂芬·阿诺德·道格拉斯也相应地受到了政府期刊的谴责。尤其是《华盛顿联盟》，对他穷追猛打、严厉斥责。斯蒂芬·阿诺德·道格拉斯说："该报三天两头发文把我从民主党内除名，这种行为至少持续了两到三个月。然而，它似乎并没有成功，还在继续把我除名，还送给我'叛徒''变节者''逃兵'，以及其他一些诸如此类的温和而礼貌的头衔。"他解释说，《华盛顿联盟》之所以对他如此痛恨，是因为他在参议院，曾为公立印刷厂的办公室投票反对过《华盛顿联盟》的编辑。但斯蒂芬·阿诺德·道格拉斯也指出，他之所以这样做，是因为《华盛顿联盟》已经开始明目张胆地支持奴隶制，甚而至于宣称"纽约州、新英格兰、宾夕法尼亚州和新泽西州解放奴隶的行为是违法的、是损害财产权的、是不符合《美国宪法》的"。斯蒂芬·阿诺德·道格拉斯继续说道："该报还进一步提出，一个南方人有权带着他的黑奴，从南卡罗来纳州进入伊利诺伊州，在那里定居，并把他们留在那里继续当奴隶，这仍然是完全违背伊利诺伊州的宪法和法律的。"斯蒂芬·阿诺德·道格拉斯进一步泛泛地暗示，詹姆斯·布坎南总统和内阁在鼓励政府机关报的这些社论，作为同一制度和目标的重要组成部分，在这些社论中，他们用可恶的"财产"原则为《莱康普顿宪法》的通过推波助澜。斯蒂芬·阿诺德·道格拉斯还宣称："如果我反对如此篡改这个国家的政策或者民主党的纲领，注定会让我遭到谴责的话，我随时准备好迎接挑战。"

　　没等多久，挑战就来了。民主党的分裂是根本的，而不是表面的。正如斯蒂芬·阿诺德·道格拉斯自己曾经指出的那样，这是自由和奴役之间争夺国家霸权的一部分。他还时不时地伸出橄榄枝，满怀渴望地指向和解的道路。但控制着詹姆斯·布坎南总统的反动派们绝对不可能原谅斯蒂芬·阿诺德·道格拉斯，因为《莱康普顿宪法》的破产也有他的一份"功劳"，尤其是因为他拒绝接受并维护德雷德·斯科特案的所有"合乎逻辑"的结论和决议，也就是他们所谓的他对党团协议的背叛。

第 8 章

亚伯拉罕·林肯与斯蒂芬·阿诺德·道格拉斯的辩论

斯蒂芬·阿诺德·道格拉斯反对莱康普顿制宪会议，不服从《莱康普顿宪法》，阻碍了南方极端分子们的阴谋，并在民主党的队伍中引起了进一步的分裂。民主党的力量逐渐削弱，而共和党的热情日益高涨，预示着在即将到来的总统大选中共和党有可能获得胜利。虽然这种情况让国家的政治生活具有了不同寻常的吸引力，但伊利诺伊州现在却成了地方上争夺的战场。此时此刻，全国上下都在密切关注着它，因为它牵涉到了国家问题，甚至显得比国家问题还更重要。

　　在伊利诺伊州的这场地方争夺战中，双方对候选人的选择早就心里有数。这种普遍认可的想法远比普通的个人或党团的阴谋更强大，也更可靠。作为废除《密苏里妥协法案》的《内布拉斯加法案》的发起人，作为一个强大的总统候选人，现在又作为反对《莱康普顿宪法》的民主党的领袖，斯蒂芬·阿诺德·道格拉斯在党内自然没有对手与他竞争国会中代表伊利诺伊州的参议员的席位。曾在1854年将自己努力争取到的参议员席位慷慨让与莱曼·特朗布尔，并在整个反《内布拉斯加法案》的斗争中，在自己的州独自与斯蒂芬·阿诺德·道格拉斯对抗的亚伯拉罕·林肯，完全表现出了与斯蒂芬·阿诺德·道格拉斯不相上下的政治勇气和智慧力量，责无旁贷地成为共和党的领袖和国会参议员的不二人选。共和党于1858年6月16日在斯普林菲尔德召开了全州代表大会，经过例行的会议进程之后，口头表决通过了一个单独的决议，宣布"亚伯拉罕·林

亚伯拉罕·林肯，拍摄于 1857 年前后

肯是伊利诺伊州共和党的第一个，也是唯一继任斯蒂芬·阿诺德·道格拉斯在美国参议院的席位的候选人"。会议持续了一下午，然后休会。当天 20 时，大会在伊利诺伊州众议院重新召开。亚伯拉罕·林肯出席了这次会议，并做了也许在他的一生中都算得上准备得最精心的演讲。他把每一个字都写了下来，字斟句酌，反复推敲，但在演讲时没有使用任何手稿或笔记。这不是一个普通的演讲。亚伯拉罕·林肯咬文嚼字，引经据典，大致来说，就像是在一群正襟危坐的法学家面前所做的一场辩论。它的开场白包含了一个政治预言。该预言不仅成为这场竞选运动的基本工作，而且预示着世界历史上的一件大事。

亚伯拉罕·林肯说："如果我们能先明白自己身在何方，将去何处，我们就能更好地决定要做什么和怎样去做。自从我们公开提出要平息奴隶制引起的骚乱这一方针，明确目标并做出承诺以来，已经进入第五个年头。这项方针实施后，奴隶制引起的骚乱非但未见收敛，反而不断加剧。在我看来，除非出现转机并经过一段过渡时期，否则这股势头不会消失。'家不睦，难自立。'我相信，这个政府不能永远维持半奴役半自由的状态。我不希望联邦解体，我不希望这个家败落，但我的确希望它结束不和的状态。它要么完全是奴役状态，要么完全是自由状态。要么，反对奴隶制的人将阻止它进一步扩散，并按照人民的意愿最终消灭它。要么，拥护它的人将继续推动它向前进，直至它在新、老诸州，和南、北诸州都取得同样合法的地位。"

接下来，亚伯拉罕·林肯对《内布拉斯加法案》、德雷德·斯科特案的判决，以及当前的政治学说与政治问题做了论证。这些政治学说与政治问题不久将体现在新的法律和未来的法律原则中。《密苏里妥协法案》遭到废除，《内布拉斯加法案》宣布奴隶制"服从宪法"，德雷德·斯科特案的判决宣布"服从宪法"，认为美国国会和地方议会都无权在任何一个地区禁止奴隶制。这些论点以精准的法律术语被逐条提出，一步步地、神不知鬼不觉地颠覆了人们所珍视的自由原则。"根据所有这些事实，我们还有一个有利可图的机会。不久，我们可能会看到最高法院的另一个判决，宣布《美国宪法》不允许一个州在其地域内禁止奴隶制……这样的判决正是奴隶制现在所缺乏的，即在所有的州都同样合法……我们可以躺下来，"演说家亚伯拉罕·林肯继续说道，"愉快地梦想着密苏里人民即将在自己的州实现他们的自由意志。相反，我们将面对现实。最高法院已经把伊利诺伊州变成了一个蓄奴州。"

亚伯拉罕·林肯的结论是一条战斗口号："因此，我们的事业必须托付给它自己真正的朋友，由他们来完成——他们轻装上阵、他们全心全意、他们真正关心这项事业的结果。两年前，美国的共和党人总计超过了十三万之众。面对所有对我们不利的外部因素，我们聚到一起，唯一的愿望就是抵制共同的危险。我们从四面八方聚集到一起，彼此陌生、不和，甚至敌对。在训练有素、自视甚高、备受纵容的敌人的猛烈攻击下，我们组织了这场战斗，并坚持了下来。我们那时无所畏惧，而现在，当同样的敌人摇摆不定、四分五裂，但仍然好战的时候，难道我们会退缩吗？！结果是毋庸置疑的。我们不会失败——如果我们坚定信念，我们决不会失败。英明的决策可以促进这一事业，而错误的决策则会阻碍这一事业。然而，胜利迟早必将到来。"

亚伯拉罕·林肯的关于限制奴隶制的事业"必须托付给它自己真正的朋友"的宣言，有着更加特殊的意义。我们已经看到，虽然斯蒂芬·阿诺德·道格拉斯公开宣称他并不在乎"奴隶制在一个地区是被通过还是被否决"，然而，他以《莱康普顿宪法》未提交人民公开投票表决为由而提出反对，这导致以詹姆斯·布坎南总统为首的民主党人把他视为叛徒。斯蒂芬·阿诺德·道格拉斯的这种态度让许多真诚的共和党人深受感动，从而对他深表同情，部分是因为他助力废除了邪恶的《莱康普顿宪法》，部分是因为他们认为斯蒂芬·阿诺德·道格拉斯的这一行动是政治悔悟的前奏，部分原因是出于人性的侠义和慷慨，尤其是当我们路见不平时，同情的一定是遭遇强敌的弱者。在斯蒂芬·阿诺德·道格拉斯身处磨难和危险的紧要关头，他收到了来自许多闻名全国的共和党人的祝福，祝愿他成功当选为总统。贺瑞斯·格里利在《纽约论坛报》以及私人书信中，毫不掩饰这种愿望。安森·蒲安臣在众议院的一次慷慨激昂的演讲中，号召全国的年轻人支持斯蒂芬·阿诺德·道格拉斯。众所周知，斯凯勒·科尔法克斯和众议院其他有影响力的成员都与斯蒂芬·阿诺德·道格拉斯进行过秘密会谈，其目的不难想象。甚至有传言说威廉·亨利·西沃德打算为他辩护。这种说法被传得沸沸扬扬，以至威廉·亨利·西沃德觉得有必要请一位私人朋友写信给亚伯拉罕·林肯，声明他并没有这样的打算。此外，几家报纸大胆猜测，亚伯拉罕·林肯可能会联合其他力量进行报复，从而使威廉·亨利·西沃德的总统美梦化为泡影。

伊利诺伊州的政敌们彼此猜疑，毫不犹豫地向亚伯拉罕·林肯表达了自己的怀疑。当然，亚伯拉罕·林肯的朋友们会让他及时地了解这些政治黑幕和暗流，他的一封有趣的信表明，他对待这件事宽宏大度，坦然接受。亚伯拉罕·林肯

斯凯勒·科尔法克斯

在信中写道："关于我们的一些东部共和党朋友倾向于支持斯蒂芬·阿诺德·道格拉斯这件事，除了 1858 年 4 月 21 日晚上，我在这里，在州立图书馆的听证会上的发言之外，我从来没有多说过或多想过。我相信，现在依然相信，就拿贺瑞斯·格里利来说吧，他更乐意看到斯蒂芬·阿诺德·道格拉斯再次当选为国会参议员，而不是我或者任何其他共和党人。但我相信，他这么做不是因为和斯蒂芬·阿诺德·道格拉斯有任何的暗箱操作。而是因为他认为，尽管斯蒂芬·阿诺德·道格拉斯不是一名真正的共和党人，但这又如何？他更高的地位、更广的声誉、更多经验和更强的能力，完全能够弥补这一点缺憾，因此，斯蒂芬·阿诺德·道格拉斯再次当选为国会参议员，和我们任何一个纯粹但平庸的共和党人当选为国会参议员相比，前者对共和主义大业带来的好处更多。我不知道你们如何评价贺瑞斯·格里利，但我认为他不会营私舞弊、弄虚作假。他否认自己直接参与了对斯蒂芬·阿诺德·道格拉斯的支持，我相信他。然而，《纽约论坛报》上的文章频频体现出他对斯蒂芬·阿诺德·道格拉斯的同情，加上这份报纸在伊利诺伊州的发行量极大，因此，这倒成了我们的拖累，并将继续阻碍我们。同时，我认为威廉·亨利·西沃德也和贺瑞斯·格里利一样对斯蒂芬·阿

威廉·亨利·西沃德

约翰·温特沃斯

诺德·道格拉斯表示同情，但他不是报纸的编辑，因此，他对斯蒂芬·阿诺德·道格拉斯的同情并没有太多地表现出来。我也说不上，他是通过谈话还是书信敦促伊利诺伊州的共和党人投票支持斯蒂芬·阿诺德·道格拉斯的。

　　"至于我自己，我敢向你们保证，据我所知，无论是我的朋友们还是我，都没有和威廉·亨利·西沃德过不去。关于下一任总统候选人，也没有任何人和我联手，或者提出和我联手反对威廉·亨利·西沃德。关于我们伊利诺伊州的下一任州长，情况也是如此。我不会对任何人做出直接或间接的承诺，也没有任何人就这个问题对我提出任何非分的要求。我和约翰·温特沃斯有过许多次自由谈话，但他从未留下任何蛛丝马迹，让我怀疑他有当州长的愿望。的确，说实话，当他始终如一地表示要支持我的时候，他从来没有暗示过任何条件。有迹象表明，我们将在1858年7月16日召开一个适时的会议，并且我认为，我们的前景总的来说正在日益改善。我相信，要消除彼此之间的不公正的猜疑，我们并不需要大费周章。"

而正当亚伯拉罕·林肯在伊利诺伊州和其他地方的朋友们，用斩钉截铁、忠贞不渝的誓言迅速证明许多所谓的背叛只不过是捕风捉影、以讹传讹的时候，却从一个他几乎没有想到的地方传来了令他极其失望的消息。就在亚伯拉罕·林肯刚刚开始竞选国会参议员的游说的时候，他便听到一些风言风语，说肯塔基州的约翰·乔丹·克里滕登支持斯蒂芬·阿诺德·道格拉斯再次当选国会议员，约翰·乔丹·克里滕登曾经向斯蒂芬·阿诺德·道格拉斯许诺，说自己会通过一封公开信，建议伊利诺伊州的辉格党人也支持斯蒂芬·阿诺德·道格拉斯。亚伯拉罕·林肯认为这简直难以置信，一个像约翰·乔丹·克里滕登这样的肯塔基州的辉格党人，怎么可能反对一个与自己有着相同身份和使命的伊利诺伊州的辉格党人（指亚伯拉罕·林肯），从而去帮助一个终生都反对亨利·克莱和他心爱的计划的人（指斯蒂芬·阿诺德·道格拉斯）呢？这简直就是天方夜谭嘛！于是，亚伯拉罕·林肯给约翰·乔丹·克里滕登写了一封私人书信，直截了当地询问此事。亚伯拉罕·林肯在信中写道："我不相信这样的谣言，但它还是让我有些不安。如果你真有这样的意向，我不相信你会这样表达自己。根据我一直以来对你的评价，我认为这不符合你的性格。"然而，约翰·乔丹·克里滕登的回答却证实了亚伯拉罕·林肯最担心的事情。约翰·乔丹·克里滕登说，他曾经和斯蒂芬·阿诺德·道格拉斯联手反对过《莱康普顿宪法》。斯蒂芬·阿诺德·道格拉斯还曾为此遭到过谴责，他认为，斯蒂芬·阿诺德·道格拉斯再次当选国会议员对詹姆斯·布坎南政府来说也是必要的反击。此外，约翰·乔丹·克里滕登很快便写了自己承诺过的那封公开信，其中看似公正的措辞掩饰了为斯蒂芬·阿诺德·道格拉斯代言的迫切呼吁。

在伊利诺伊州势均力敌、异常敏感的政治条件下，这种无礼的外界干预可以说已经注定了亚伯拉罕·林肯的失败。虽然像这样受到朋友的伤害让亚伯拉罕·林肯万分痛苦，但让他更加深感痛惜的是领导人们犯下的不可原谅的错误，他们错位的同情危及了一个重要的政治原则的成功。亚伯拉罕·林肯在大会上的讲话中，毫不客气地指出了这一做法的错误和危险："他（指斯蒂芬·阿诺德·道格拉斯）怎么可能反对奴隶制的蔓延呢？他一点也不关心。他认为自己的使命就是要潜移默化地'让公众铭记在心'，也不去关心它。……多年以来，斯蒂芬·阿诺德·道格拉斯一直在努力证明，将黑人奴隶带入新的地区是白人神圣而不可侵犯的权利。他会不会证明，在黑人奴隶价格最便宜的地方购买他们的这一权利就不那么神圣了呢？毫无疑问，在非洲，黑人奴隶的价格可要比在弗吉尼亚州便宜得多。他尽其所能，把整个奴隶制问题简化为一个单纯的财产权问题……和从前一样，现在我希望各位不要曲解斯蒂芬·阿诺德·道格拉斯法官的立场，质疑他的动机，或者对他发起任何人身攻击。无论何时，只要他和我们能在原则上团结一致，使我们的伟大事业能从他的栋梁之材中获益，我只希望不会设置任何突如其来的障碍就好，但显然他现在和我们不是一条心——他并没有假装和我们一条心——他也永远不会答应和我们一条心。"

亚伯拉罕·林肯对于自己即将身临其境的政治斗争的残酷性并没有掉以轻心。他了解自己的弱点，也深知对手的长项——斯蒂芬·阿诺德·道格拉斯的精力、机敏、追随者们的愚忠，以及更大的政治声望。亚伯拉罕·林肯说道："参议员斯蒂芬·阿诺德·道格拉斯是世界闻名的人物，他党内所有那些殷切盼望的政治家，或者多年来始终在他党内的政治家，都一直确定无疑地把他看作不久的将来的美国总统。他们已经在他圆圆的、快乐的、满是福相的脸上看到了自己的大好前程，邮政局局长的职位、领土委员会主席的职位、执法官的职位、内阁的职位、代理公使的职位和驻外使节的职位，所有这些高官厚禄在他们脑海中大量涌现，不胜枚举，就好像这些职位已经准备就绪，只等他们贪婪的双手把它们据为己有。此外，由于他们长久地、目不转睛地凝望着这幅引人入胜的前景，他们不能因为党内发生的小纷争而使自己放弃这梦寐以求的希望。在这种贪得无厌的欲望的驱使下，他们拉拢他、维护他，并为他举行游行宣传活动，让他以胜利者的姿态出场，为他举办招待会。这次，他们给了他更多支持，甚至远远多于在他如日中天的时候他们可能给他的支持。恰恰相反，没有人指望过我当总统。他们在我可怜的、瘦削的、古板的脸上，看不到荣华富贵、锦衣玉食的美好未来。正是在所有这些劣势下，共和党人依然在努力争取。我们必须依照原则打好这场仗，也只能依照原则。"

事实上，斯蒂芬·阿诺德·道格拉斯和他的支持者们的确已经开始了大张旗鼓、轰轰烈烈的游说拉票活动。人们热情洋溢，抑或是发自内心的，抑或是装模作样的。华彩乐章、横幅标语、烟花礼炮、演讲庆祝、欢呼鼓掌层出不穷，让人目不暇接。自威廉·亨利·哈里森的"苹果酒"竞选活动以后，人们还没

19世纪中期的威廉·亨利·哈里森

有看到过如此喧闹和壮观的竞选活动。斯蒂芬·阿诺德·道格拉斯的追随者们堂而皇之地称他为"小巨人"。经过精心的准备和通报之后，这位"小巨人"于仲夏时节抵达了伊利诺伊州，先后于1858年7月9日、1858年7月16日、1858年7月17日在芝加哥、布卢明顿和斯普林菲尔德发表了演说。共和党人和他们的候选人也同样警觉，他们针锋相对，寸步不让。亚伯拉罕·林肯分别于1858年7月10日在芝加哥、1858年7月17日晚上在斯普林菲尔德发表了演讲，以回应斯蒂芬·阿诺德·道格拉斯。而双方演讲的成功和影响预示着旷日持久的、变幻莫测的斗争。

此时此刻，斯蒂芬·阿诺德·道格拉斯的出现不仅让他的追随者们精神振奋、勠力同心，而且他那新颖独特的演讲风格也给那些漠不关心和摇摆不定的人留下了深刻的印象。应接不暇的竞选运动的高峰正以兴奋取代质询，正以铜管乐队的奏鸣和礼炮的硝烟取代睿智的批判。"小巨人"的名望开始让摇摆不定的天平向着斯蒂芬·阿诺德·道格拉斯一方倾斜。亚伯拉罕·林肯和他亲密的政治顾问们立刻注意到了危险的迹象。而他们想出的补救办法将使他承担新的责任。共和党委员会的领袖们决定，亚伯拉罕·林肯应该挑战斯蒂芬·阿诺德·道格拉斯，开展联合公开辩论。

1858年7月24日，亚伯拉罕·林肯应共和党委员会的要求，向斯蒂芬·阿诺德·道格拉斯下了战书。斯蒂芬·阿诺德·道格拉斯提议，他们应该在渥太华、弗里波特、琼斯伯勒、查尔斯顿、盖尔斯堡、昆西和奥尔顿会面。双方轮流开始和结束辩论。比如斯蒂芬·阿诺德·道格拉斯在渥太华讲一个小时。亚伯拉罕·林肯花一个半小时进行回应。斯蒂芬·阿诺德·道格拉斯再利用半小时做出答辩。同样地，亚伯拉罕·林肯应该在弗里波特开始和结束辩论，如此交替进行。亚伯拉罕·林肯于1858年7月31日回信接受了斯蒂芬·阿诺德·道格拉斯的这项提议。他在信中写道："虽然根据你提出的条款，有四场辩论是你开始和结束的，而我只有三场，但我还是同意就这样结束这次的安排。"与此同时，除了这七场辩论，亚伯拉罕·林肯和斯蒂芬·阿诺德·道格拉斯还在其他时间和地点开展了无数场独立的、面对面的辩论。两位辩论家在为期三个月左右的日程内，顶着盛夏的烈日，一路风尘仆仆，辗转伊利诺伊州各地，向人们发表演讲。为了节省时间，他常常日夜兼程。大多数情况下，他一天要做两场甚至三场演讲。因此，在智力技能的竞争之外，身体耐力的严峻考验也随之增加。

亚伯拉罕·林肯开始着手他党内的朋友们为他筹划的这项任务，他们既没有虚张声势，也没有过分担忧。他个人并没有主动发起这些公开的辩论，但他也没有胆怯退缩。在亚伯拉罕·林肯的一生中，他对于自己遇到的困难和克服困难的能力似乎估计得毫厘不爽。在这七场辩论中，每一场的听众都是来自周边各县的共和党和民主党的选民。辩论会的现场总是人头攒动，听众们总是殷切盼望，聚精会神地侧耳聆听。只需第一天的经历就能显示出共和党领导人在迫使斯蒂芬·阿诺德·道格拉斯进行联合辩论这一决策中的智慧。当斯蒂芬·阿诺德·道格拉斯与对手亚伯拉罕·林肯面对面的时候，他再也不能装腔作势，露出一副优越的姿态，也不能用元老院的尊严和荣誉来包装自己。作为党派的代言人，他们站在平等的讲坛上，得到的掌声和鼓励也别无二致。

从单纯的辩论术的角度来看，这的确是一场伟人之间的战争。在美国整个政治领域中，还没有人能在辩论策略和圆滑变通方面与斯蒂芬·阿诺德·道格拉斯相提并论。尽管斯蒂芬·阿诺德·道格拉斯在辩论中缺乏独创性和推理的逻辑性，但他总能巧妙地将别人的想法和方法改头换面，得心应手地为己所用。他精力充沛，无处不在，却又令人难以捉摸。要想把他限定在他想要极力规避的话题上，那无异于缘木求鱼、刻舟求剑，无异于试图把一颗水银球放在手指尖上。他几乎可以用貌似有理的解释推翻一个命题。他喜欢把对手的主张夸大为荒谬怪异、难以自圆其说的推论。在精神上，他是思维敏捷的、斗志昂扬的、志在必得的。在态度上，他时而屈尊俯就，时而妄自尊大。

亚伯拉罕·林肯的心理素养与斯蒂芬·阿诺德·道格拉斯截然不同。他的主要武器是直截了当、不偏不倚的逻辑。他言论公正、坦诚慷慨，早已众所周知。在与斯蒂芬·阿诺德·道格拉斯的这些智斗中，亚伯拉罕·林肯拥有一种分析能力，让他轻而易举地超越并规避"小巨人"最非凡的辩论技巧。亚伯拉罕·林肯不屑于用模棱两可的话来含糊其词，而是热衷于用简洁明了的推理，得出宪法和政治道义的准则。斯蒂芬·阿诺德·道格拉斯总是口无遮拦、语惊四座。但亚伯拉罕·林肯在匠心独具、用词精当和界定准确方面略胜一筹。亚伯拉罕·林肯的哲学眼光和诗意的激情常常使他文思泉涌，口若悬河，而这对于他的对手斯蒂芬·阿诺德·道格拉斯的脾气和秉性来说是不可能的。

当然，人们对林肯－道格拉斯的辩论做了大量的记录。我们也只能删繁就简，仅仅提出几点争议。人们将记住亚伯拉罕·林肯的大会演说，他宣称，他相信联邦不可能永远处在半奴役和半自由的状态中，而必然成为完全的奴役状态或者完全的自由状态。斯蒂芬·阿诺德·道格拉斯在他的第一次竞选演讲中抨击了这一点，称之为发动局部战争的宣言，他还宣称完全的奴役状态或者完全的自由状态将导致独裁和专制。他指责共和党人企图在联邦内部废除奴隶制。说他们之所以反对德雷德·斯科特案决议，是渴望和黑人平起平坐、鱼龙混杂。他还吹嘘自己的"主权在民"的信条是治疗奴隶制引起的所有弊病的灵丹妙药。

针对这一说法，亚伯拉罕·林肯回答道，共和党人并不是要废除蓄奴州的奴隶制，而是要在即将成为自由州的地区排斥奴隶制。就德雷德·斯科特的自由而言，他们并不反对德雷德·斯科特案的决议。然而，作为政治行为的章程，他们拒绝接受其声明。亚伯拉罕·林肯就斯蒂芬·阿诺德·道格拉斯指责"共和党人渴望和黑人平起平坐、鱼龙混杂"这一说法给了还击，他说："白人和黑人有着身体上的差异，根据我的判断，这也许会永远禁止他们完全平等地生活在一起。因为这必然会有差异，我和斯蒂芬·阿诺德·道格拉斯法官一样，赞成我所属于的种族具有优越的地位。我从来没有说过任何与此相反的话，但我认为，尽管如此，就是走遍天下，也没有理由认为黑人没有资格享有《独立宣言》所列举的所有天赋权利——包括生命权、自由权和追求幸福的权利。我认为他和白人一样有资格享有这些权利。我同意斯蒂芬·阿诺德·道格拉斯法官的观点，黑人在许多方面都不能和我等量齐观，肤色无疑迥然不同，或许品德道义或智力禀赋更不能同日而语。但他有权利享用自己的双手挣来的面包，而无须征得任何人的同意，在这一点上，他和我是平等的，和斯蒂芬·阿诺德·道格拉斯法官是平等的，和每一个活着的人是平等的。"

反过来，亚伯拉罕·林肯强烈谴责斯蒂芬·阿诺德·道格拉斯妄图把奴隶制国有化的政治阴谋，声称斯蒂芬·阿诺德·道格拉斯的"不关心"政策只不过是方便的借口罢了，在这一借口的掩护下，一个新的德雷德·斯科特案的决议将使奴隶制在全国范围内受到法律的保护。

亚伯拉罕·林肯说道："根据宪法，任何州都不能排斥奴隶制，这仅仅是最高法院做出的决定，正如他们已经决定的那样，根据宪法，国会和地区议会都不能排斥奴隶制。当这一点被决定了和默认了之后，整件事情就算圆满了。这是真的，如我所想，这就是奴隶制将被一步步国有化的方式，让我们考虑一下，斯蒂芬·阿诺德·道格拉斯法官每天会为此做些什么。首先，让我们看看他对公众的情绪产生了什么样的影响。在这样的以及类似的社区里，公众的情绪就是一切。有了舆论的支持，就能战无不胜、攻无不克。失去了舆论的支持，就会功亏一篑，一败涂地。因此，善于影响公众情绪的人远比颁布法令或宣布决定的人更加老谋深算，因为颁布的法令和宣布的决定能否执行还是两说。

"关于奴隶制，民主党的政策不能容忍它有一丝一毫的错误。让我们用斯蒂芬·阿诺德·道格拉斯法官的一些论点来检验它。斯蒂芬·阿诺德·道格拉斯法官说他'并不关心一个地区是否投票通过或否决奴隶制'。在应对这种论调的时候，我本人并不关心它是想表达斯蒂芬·阿诺德·道格拉斯对这个问题的个人看法呢，还是仅仅想表达他希望建立的国家政策呢。不管是前者还是后者，对我的目的都同等有价值。看不出奴隶制有任何错误的人都可以那样说。然而，看到了它的错误的人就不能那样说了，因为没有人能说他不关心是否投票通过或否决一个错误，因为这样说不符合逻辑。他可以说他不关心是否投票通过或否决一件无关紧要的事，但他必须在正确的事情和错误的事情之间做出符合逻辑的选择。斯蒂芬·阿诺德·道格拉斯法官争辩说，任何需要奴隶的社区都有权拥有他们。如果这么做没错的话，他们就可以拥有他们。但如果这么做是错误的，他不能说人们有权做错事。斯蒂芬·阿诺德·道格拉斯法官说，在平等的条件下，奴隶应该像其他财产一样被允许进入一个新的地区。如果它与其他财产之间没有区别，这是完全合乎逻辑的。如果它和其他财产是平等的，他的论点也是完全合乎逻辑的。然而，如果你坚持说一个说法是错误的，另一个说法是正确的，那么，比较对错就毫无意义了。在民主党的政策中，自始至终，一切都是可以黑白颠倒的。无论是以法典的形式，还是以德雷德·斯科特案的决议的形式。无论是以谈话的形式，还是以简短的格言，比如争论的形式，它处处小心谨慎地排除奴隶制是错误的这一想法。

"这才是问题的根本。在这个国家，当斯蒂芬·阿诺德·道格拉斯法官和我自己的这些苍白而蹩脚的演讲逐渐销声匿迹时，奴隶制这一问题将继续存在下去，这才是问题的根本。这是世界上对与错这两个原则的永恒斗争。它们是从一开始就势不两立的两个原则，并将永远斗争下去。一个是人类共同的权利，另一个是神授君权。无论它发展成什么样的形式，它都是同样的原则、同样的本质，它会说：'你辛苦劳动挣面包，我来享用。'无论它以何种形式出现，不管是从一个试图主宰本民族、霸占他们的劳动果实的君主嘴里说出来的，还是作为一个种族奴役另一个种族的借口，这都是同样专制的原则。"

至于斯蒂芬·阿诺德·道格拉斯自我吹嘘的"主权在民"的原则，亚伯拉罕·林肯说它是曾经在一个社会团体面前发生的、"彻头彻尾的堂吉诃德式的狂想，……难道他的意思是说，他一直在致力于保护一个地区的人民将奴隶制排除在这个地区外的权利吗？如果他是这个意思，那他就是在欺骗。因为包括他自己在内，所有的人都知道，他所赞同的最高法院的决议禁止一个地区的人民排斥奴隶制，他还因为我对该决议表示不满，而以特别的理由对我发起了攻击。这一禁令覆盖了整个地区，从它开始拓殖直至逐渐成熟，并被赋予了制定州宪法的权利。就这一点而言，斯蒂芬·阿诺德·道格拉斯法官并没有维护人民的主权，而绝对是反对它的。他维护的是宣称一个地区的人民的普遍意志在其领土存在期间没有宪法权力排斥奴隶制的这一决定"。

在这些辩论中所涉及的诸多问题中，亚伯拉罕·林肯对奴隶制可能存续时间的估计，或者更确切地说，即便是在最有利的条件下，可能会发生"最终灭绝"的最短的时间，绝对是最令人感兴趣的话题。

亚伯拉罕·林肯在查尔斯顿的辩论中说道："现在，在世界历史的今天，我们不能预知奴隶制引起的骚乱何时结束，也不能预言世界本身的终结。《内布拉斯加法案》是在四年半前提出的。如果这场骚乱即将结束，我们可能会说，离这场骚乱的结束还有四年半的时间。我们也可以说，我们离世界末日还有四年半的时间，我们可以清楚地看到世界末日，正如我们可以清楚地看到这场骚乱的结束一样。堪萨斯的解决办法没有得出结论。如果堪萨斯今天要沉下去，在地球表面留下一个很大的空缺。这个令人烦恼的问题将仍然存在于我们之间。那么我会说，既然我们之间没人能结束奴隶制引起的这场骚乱，那就把它放回到我们的祖先所依据的基础上。我们没有办法，只能把它排斥在我们的新领土之外。也就是说，永久地把它限制在现存的旧的蓄奴州之内。然后，公众才会相信它正在最终灭亡的过程中。这是结束奴隶制骚乱的一种方式。

"另一种方法是让我们投降，让斯蒂芬·阿诺德·道格拉斯法官和他的朋友们通过自己的方式，在整个联邦传播奴隶制。停止以任何方式把它作为错误来谈论。把奴隶制看作一个普通的财产问题，并像我们对待马和牛那样谈论黑人。然而，根据它目前和过去五年中的发展速度来看，它在不断地发展壮大，在这期间，我大胆地提出了这个观点，今天我要说，我们将永远不可能结束奴隶制的骚乱，除非它发生这样或那样的转变。我并不是说，当它发生转变，并最终走向灭绝时，将在一天之内、一年之内或者两年之内消失。我认为，以最和平的方式，最终灭绝无论如何也不可能在不到一百年的时间内发生，但我毫不怀疑，它会在上帝认为最好的时机里，以对两个种族来说最好的方式发生。"

但亚伯拉罕·林肯的演讲的一个主要特征是，反复提起广泛而持久的原则，坚持不懈地将舆论引向政治责任更加崇高的概念。在他的职业生涯中，没有什么能像他对《独立宣言》的哲学思想的不断颂扬和辩护那样，如此清楚地表明他美国人的身份。以下是他在这一点上，对他的政敌的控诉之一。

"前几日在盖尔斯堡，在回应斯蒂芬·阿诺德·道格拉斯法官的时候，我说，据我所知或所信，三年前全世界没有一个人说过，《独立宣言》中提到的'所有人'不包括黑人在内。今天我要重申我的断言。我敢说，斯蒂芬·阿诺德·道格拉斯法官和他所有的朋友都可以调查全国所有的记录，如果他们能够发现三年前曾经有人说出过这样一种骇人的言论，认为《独立宣言》中提到的'所有人'不包括黑人在内，我将会感到异常震惊。不要让我遭人误解。我知道，三年多以前就有人否认《独立宣言》中提到的'所有人'包括黑人在内，因为他们发现这一说法在不断地阻碍他们维持奴隶制及其优势的计划。我知道，约翰·卡尔霍恩和像他之流的所有政客都否认《独立宣言》的真实性。我知道，一些南方人已经喋喋不休地把这件事宣扬了快一年了，最后，在美国参议院的议员席上，以来自印第安纳州的佩蒂特的声明而告终，尽管该声明相当有力，却十分可耻，它认为《独立宣言》在这方面是'不言而喻的谎言'而不是不言而喻的真理。我对这种对《独立宣言》不敢直接攻击、只嘲弄侮辱的把戏一清二楚，但我敢说，三年前从没有人敢用这种卑怯的方式——一边假装相信它，一边又声称它不包括黑人——冒险指责它。我相信，第一个说过这种话的人是审理德雷德·斯科特案的首席大法官罗杰·布鲁克·坦尼，接下来就是我们的朋友斯蒂芬·阿诺德·道格拉斯。现在，它已经成为整个民主党的口号。我想呼吁他各地的朋友们考虑一下，他们是如何在这么短的时间内，以一种完全不同于以往的信仰的方式看待这件事的。问问他们是否被一股不可抗拒的潮流裹挟着前行，而他们却不知道到底要去往哪里？"

然而，在联合辩论中，争论和雄辩都被不可变更的时间限制所阻碍。为了充分表达他的思想，亚伯拉罕·林肯分别在其他地方发表的演讲给了他更加自由的机会。因此，下面节选了他在其中一个场合的演讲内容，以便更好地说明他的演讲风格和逻辑思维。在这场演讲中，他的崇高主题使他进入了一种更加激动的情绪：

"《独立宣言》是由来自美国南方邦联的十三个州的支持美国独立的代表们制定的，其中有十二个州是蓄奴州。我们不必讨论他们成为蓄奴州的方式或原因。他们都对奴役的罪恶深恶痛绝，并在宪法中规定，希望通过切断源头而逐渐消除这一弊病，这对于我们的目的来说已经足够了。这就是对奴隶贸易的废除。公众废除非洲奴隶贸易的信念和决心是如此普遍，以至我提到的写入《美国宪法》的条款宣布，在1808年之前不应该废除奴隶贸易。宪法规定是必要的，以防止人民通过国会在战争结束时立即禁止奴隶贸易。那么，如果奴隶制是一件好事，难道共和国的先辈们会采取合适的步骤，减少它在他们中间的好处，并把它的福利完全从自己的子孙后代手里夺走吗？这些州，通过他们在独立大厅的代表们，向全世界的人民宣布：'我们认为这些真理是不言而喻的：人人生而平等。造物主赋予了他们某些不可剥夺的权利。其中包括生命权、自由权和追求幸福的权利。'这是他们对宇宙秩序的庄重的诠释，这是他们对公平的造物主的崇高、明智和庄严的理解。是的，先生们，造物主对于自己所创造出来的所有生物、对于整个人类大家庭都是公平的。在他们开明的信仰中，加盖了神迹和类似物的东西被派到人间，是不能遭受同类的践踏、贬低，并沦为禽兽的。他们的声明不仅包括了当时的整个人类，还进一步包括了遥远的未来的子孙后代。他们竖起一盏明灯指引他们的孩子、他们孩子的孩子，以及在其他年代居住在地球上的成千上万的人们。作为睿智的政治家，他们知道繁荣会滋生暴君的这一趋势，所以他们确立了这些不言而喻的真理，以便在遥远的未来，当某个人、某个派别，或者某一个利益集团，可能会声明只有有钱人，或者只有白人，或者只有盎格鲁－撒克逊白人享有生命权、自由权和追求幸福的权利时，这些睿智的政治家的后代可能会再次高举《独立宣言》，鼓起勇气继续他们的父辈们发动的战争，以便真理、正义、仁慈、人道和基督徒的美德不会在这片土地上泯灭。以便从今以后，没有人再敢随意地限制并歪曲作为自由庙堂的根基的伟大原则。

"现在，我的同胞们，如果灌输给你的信条与《独立宣言》中具有历史意义的声明相冲突。如果你听从要贬低它的庄严伟大、毁坏它的公平公正的建议，如果你一直倾向于相信，在《独立宣言》所列举的那些不可剥夺的权利方面，人人生而不平等，那就让我恳求你回来。回到离革命的鲜血不远的泉水的源头来。不用为我考虑——不用为任何人的政治命运考虑——只要回到《独立宣言》

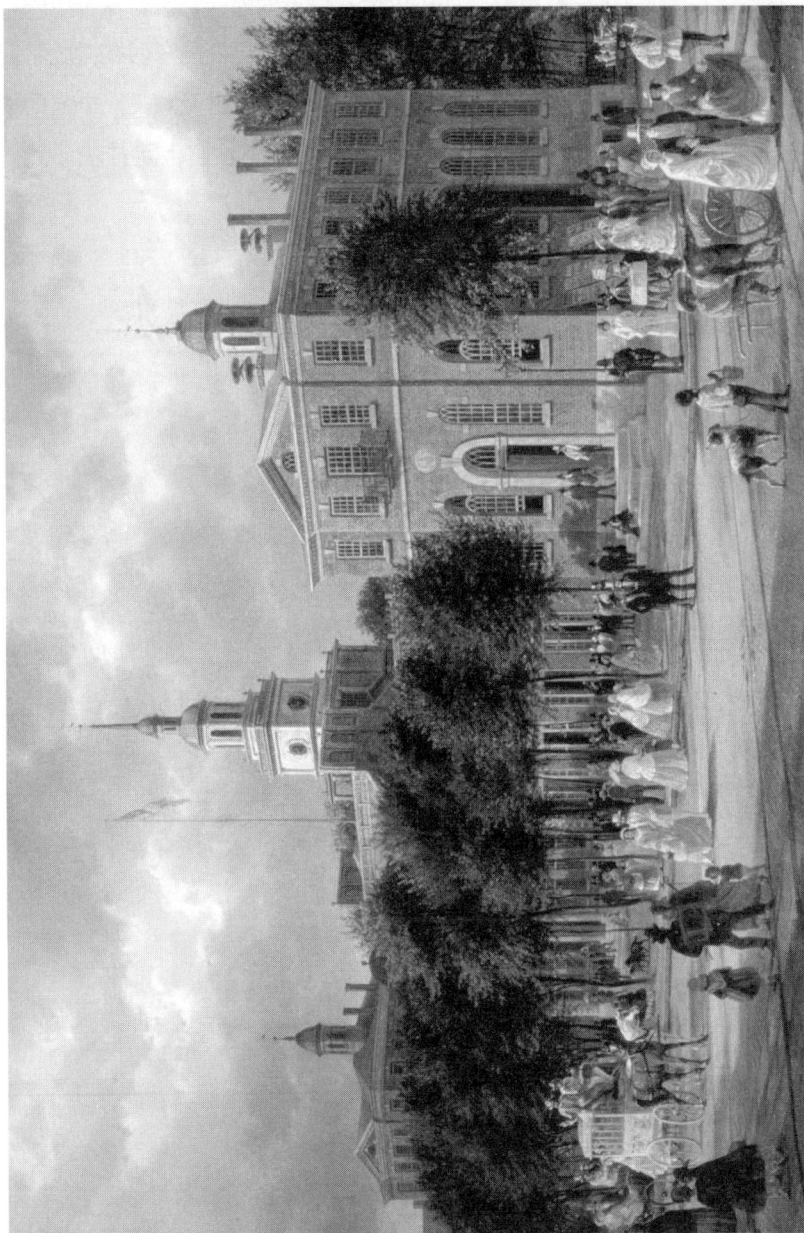

独立大厅

的真理这边来。只要你愿意听从这些神圣的原则，你对我做什么都可以。你不仅可以在参议员的竞选中打败我，还可以把我抓去处死。我假装爱慕虚荣，但我必须声明，在这场竞争中，的确有比对职位的渴望更高的东西在激励着我。我嘱咐你们，千万不要考虑某个人的成功，因为这么做毫无意义。个人的成功何足挂齿，我何足挂齿，斯蒂芬·阿诺德·道格拉斯法官何足挂齿。然而，千万不要毁坏不朽的人性徽章——美国《独立宣言》。"

第 9 章

弗里波特主义

迄今为止，引用的内容主要是更充分地解释辩论的主要历史事件，而不是阐明辩论的主要路线。在渥太华的第一次联合辩论中，在伊利诺伊州北部或者反奴隶制的地区，斯蒂芬·阿诺德·道格拉斯宣读了一系列强烈反对奴隶制的决议，他错误地声称亚伯拉罕·林肯曾参与制定和通过了这些决议。他说："今天我读这些决议的目的是向亚伯拉罕·林肯提问，他现在是否遵守，并将继续遵守这一纲领中的每一条款，并执行它？……我请亚伯拉罕·林肯回答这些问题，以便当我迫使他一路小跑到下埃及的时候，我可以向他提出同样的问题。"

　　在准备曲意逢迎当地人的偏见时，斯蒂芬·阿诺德·道格拉斯知道他正手握一把双刃剑，并且对此深信不疑。他将这把武器强塞到亚伯拉罕·林肯手中，但并不欣赏自己的对手亚伯拉罕·林肯使用这把武器的技巧。在他们第二次在弗里波特的联合辩论中，也是在伊利诺伊州北部，现在开场讲话的亚伯拉罕·林肯针对斯蒂芬·阿诺德·道格拉斯在渥太华的讲话，说道："他用了至少一半的回答来对付我，就好像我拒绝回复他的问题似的，我这么说并没有冤枉他。现在我提出，我会回答他的任何质疑，条件是，他回答我的问题将不超过同等数量。我给他一个回答的机会。斯蒂芬·阿诺德·道格拉斯保持沉默。现在我要说，无论他是否回答我的问题，我都会回答他的问题。而且，在我这样做了之后，我会向他提出我的问题。"

　　接着，亚伯拉罕·林肯对斯蒂芬·阿诺德·道格拉斯给他提出的七个问题做了解答，反过来又向斯蒂芬·阿诺德·道格拉斯提出了四个问题，其中第二个问题如下："美国一个地区的人民，能否以任何合法的途径，违背美国一些公民的愿望，在州宪法形成之前将奴隶制排斥在其边境以外？"

要想充分领悟这一质问的力度，读者必须回想如下的事实：《内布拉斯加法案》的"主权在民"思想，其用语模棱两可，还附带有限制性条款，即它是"服从宪法的"。为在南方和北方民主党人之间达成妥协，提出这一说法的决策委员会商定，法院应该解释并界定所有人都应该遵守的宪法的权限。德雷德·斯科特案判决中的一项条款宣布，国会不能在一个地区禁止奴隶制，也不能授权这个地区的议会这样做。就这样，德雷德·斯科特案的判决让"主权在民"的思想成为一句空话，斯蒂芬·阿诺德·道格拉斯会承认他在法律上铸成的大错，以及他作为政治家的失策吗？

1857 年，斯蒂芬·阿诺德·道格拉斯在斯普林菲尔德的演讲中就已经面临了这种窘境，并部分地回避了它，但那是他在当地做出的一个声明，并且发生在他反抗《莱康普顿宪法》之前，因此，他那时提出的巧妙的诡辩几乎没有引起人们太多的注意。从那时起，事情发生了实质性的变化。斯蒂芬·阿诺德·道格拉斯反对《莱康普顿宪法》，成为民主党的叛徒，并被宣布为变节者。他的参议员任期即将结束，为了再次当选，他必须依靠一个即便不是敌对的，也是对他毁誉参半的选区。詹姆斯·布坎南政府运用了其在伊利诺伊州的所有绵薄之力，以确保他的失败。他的民主党内的对手们虎视眈眈，仔细审查他说过的每一个字，以便发现可以用来攻击他的破绽。他曾向堪萨斯的人民承诺，他们可以管理他们自己的内部事务，他们决不容忍欺骗和借口。现在，斯蒂芬·阿诺德·道格拉斯站在他们面前，除了回答"是的"，再别无他法。除了一年前他编造的空洞的遁词之外，他再也不能为这样的回答编造出正当的理由。

亚伯拉罕·林肯对于斯蒂芬·阿诺德·道格拉斯所面临的困境洞若观火，他料想自己的对手会采取权宜之计。亚伯拉罕·林肯把自己的问题拟出来，拿给党内一些精明的朋友看，并咨询他们的意见。他们对于这一点尤其感到焦虑，并且产生了严重的分歧。近一个月之前，亚伯拉罕·林肯在一封私人书信中准确地预示了斯蒂芬·阿诺德·道格拉斯就这个问题可能会采取的策略。"你将很难把他直接引到这个话题上来，即一个地区议会是否有权将奴隶制排除在外。然而，就算你成功地将他引到这个话题上来——尽管他将被迫说它没有这种权力——他也会立即采取主动，坚持说奴隶制实际上不能在地区存在，除非人民希望，因此，必须通过地区立法给予它保护。如果这冒犯了南方，那就随他去吧，因为无论发生什么事情，他也要紧紧抓住他在伊利诺伊州的机会。"在弗里波特这场辩论的前夜，和往常一样，亚伯拉罕·林肯在一个名叫门多塔的铁路中心抓紧时间休息几个小时。午夜时分，来自四面八方的火车将一批兴奋的共和党领导人送到了那里，他们要去弗里波特邻近的小镇参加这次重要的辩论会。尽管夜已经很深了，但前来参加临时党团会议的领导人们还是挤满了亚伯拉罕·林肯先生的卧室，他们再次提出这个不祥的问题，要求他慎重考虑。建议的大方向是反对他向斯蒂芬·阿诺德·道格拉斯提出这个问题。但亚伯拉罕·林肯决心已定，势必迫使斯蒂芬·阿诺德·道格拉斯做出回答。最后，他的朋友们齐声喊道："如果你这样做了，你永远都不可能成为参议员了。"亚伯拉罕·林肯回答道："先生们，我正在捕杀更大的猎物。如果斯蒂芬·阿诺德·道格拉斯做出回答，他永远都不可能成为美国总统了，为了1860年的总统大选，这样的风险冒一百次也是值得的。"

当亚伯拉罕·林肯在弗里波特的辩论中完成了开场演讲之后，斯蒂芬·阿诺德·道格拉斯开始回答亚伯拉罕·林肯提出的问题，对于第二个问题，他是这样回答的：

> 亚伯拉罕·林肯向我提出的下一个问题是，美国一个地区的人民，能否以任何合法的途径，违背美国一些公民的愿望，在州宪法形成之前将奴隶制排斥在其边境以外？我肯定地回答，正如亚伯拉罕·林肯先生在伊利诺伊州的每一次巡回演讲中听到我反反复复、不厌其烦的回答那样，我认为，一个地区的人民可以通过合法手段，在州宪法形成之前将奴隶制排斥在其边境以外。亚伯拉罕·林肯知道我一遍又一遍地回答了那个问题。他

在1854年、1855年和1856年都听过我在整个伊利诺伊州境内，就这一原则为《内布拉斯加法案》辩解。他没有理由对我在这个问题上的立场假装怀疑。关于在宪法下，奴隶制可否进入一个地区这个抽象的问题，最高法院今后可能会做出什么样的决定并不重要。只要人民愿意，他们便可以通过合法手段引进它或者排斥它，因为如果没有当地治安条例的支持，奴隶制在任何地方连一天，甚至一小时都不可能存在。这些治安条例只能由地方议会来制定，如果人民反对奴隶制，他们就会选举那些制定不利于奴隶制的法律，从而有效地排斥将其引入他们中间的那些议会代表。相反，如果他们赞成奴隶制，他们的立法将有利于它的蔓延。因此，无论最高法院对这个抽象的问题做何决定，在《内布拉斯加法案》下，人民依然可以完完全全按照自己的意志，选择建立一个蓄奴州还是一个自由州。我希望亚伯拉罕·林肯在那一点上对我的回答感到满意。

全美国的各大报纸立刻登载并详尽地讨论了这里提出的引人注目的看法，从而使以下这两个明确的术语"不友好的立法"和"弗里波特主义"闻名于世。亚伯拉罕·林肯在奥尔顿的联合辩论中，通过以下的方式对它们做出了有效的应对。

我知道我还有十分钟。我将利用这十分钟，谈一谈斯蒂芬·阿诺德·道格拉斯法官提出的这个论点，即一个地区的人民仍然可以通过某种方式排斥奴隶制，尽管他支持德雷德·斯科特案的判决。我首先要请大家注意的是，在德雷德·斯科特案判决之前，斯蒂芬·阿诺德·道格拉斯法官反复地说，一个地区能否采用奴隶制，是最高法院应该考虑的问题。但在最高法院做出判决之后，他又说这不是最高法院应该考虑的问题，而是人民应该考虑的问题。他又怎么能告诉我们他们可以排斥奴隶制呢？他说，一个地区需要"治安条例"，并承认了"不友好的立法"。虽然《美国宪法》确立了公民有权将奴隶带入美国的一个地区，并把他看作财产，但除非这个地区的议会制定了友好的法律,那么,如果地区议会制定了不友好的法律,实际上他们可以排斥它。事实上,现在我并没有考虑这个命题,而是考虑到了宪法的真正义务。让我以那位在我面前看着我的先生(即斯蒂芬·阿诺德·道格拉斯)为例,让我们假定他是这个地区议会的一名成员。他要做的第一件事就是宣誓他将支持《美国宪法》。他身边的邻居在一个地区有奴隶,需要这个地区立法使他享有宪法赋予的权利。他能拒绝给予他的邻居所需的立法,以便享受他发誓要支持的《美国宪法》赋予的有利于自己的权利吗?他能不违背誓言而拒绝给予这样的立法吗?尤其是,他能通过不友好的立法从而违反他的誓言吗?哎呀,这样讨论《美国宪法》实在是太过分、太可怕了!世界上没有一个令人尊敬的人曾经发出过如此稀奇古怪或无法无天的言论。我不认为在美国的一个地区拥有奴隶是宪法赋予的权利。我认为这个决定是不正确的,我想推翻它。斯蒂芬·阿诺德·道格拉斯法官强烈反对那些想要推翻决定的人。但他支持通过一切力量制定法律,而原有的法律本身保持有效。我再说一遍,世界上没有一个令人尊敬的人曾经发出过如此可怕的言论。

正如亚伯拉罕·林肯所预言的那样,他的这一宣告和斯蒂芬·阿诺德·道格拉斯随后对自己的"弗里波特主义"的辩护证明了,有比单纯的竞选运动事件更加重要的东西,那就是斯蒂芬·阿诺德·道格拉斯政治命运的转折点。有了整个南方以及北方一些杰出的政治家的支持,就使他跳出了党派的局限。与此相比,他反对《莱康普顿宪法》已经算不上什么严重的冒犯了。如果是那样的话,他只不过是争取公平普选的机制而已。这个公开声明的原则,和不折不扣的废奴主义者约书亚·瑞德·吉丁斯和以利亚·帕里什·洛夫乔伊一样,令奴隶制的鼓吹者们感到讨厌。从今以后,团结一致的民主党的所有和解的希望、补偿或总统提名的机会都是不可能的了。在这之前,狂热分子确实在报纸上谴责他反对《莱康普顿宪法》,骂他是叛徒、变节者。政府也竭力促成他的失败。然而,现在,除此之外,民主党的最高领导人詹姆斯·布坎南总统对他进行了

朱达·菲利普·本杰明

严厉的封杀，并开除了他的党籍。查尔斯顿大会后不久，来自路易斯安那州的参议员朱达·菲利普·本杰明，在参议院发表的一次演讲中，直言不讳、气冲霄汉地说出了他们的感想和这么做的动机，他是最精明强干、最坚持不懈的、企图使奴隶制国有化的阴谋家之一，并在不久后，成为那场大叛乱（指南部诸州脱离联邦而独立）的主要参与者之一。

到了1857年和1858年，在这个国家，对于来自伊利诺伊州的这位参议员斯蒂芬·阿诺德·道格拉斯的人品、贡献和政治信仰，没有一个人比我有更高的评价。……先生们，我一直极不情愿，也感到伤心难过，因为我不得不把我的偶像斯蒂芬·阿诺德·道格拉斯从他光芒万丈的高位上揪下来。

作为党的成员，我拒绝给予他更多支持或信任。我相信，我这样做自有恰当的和重要的理由，而且这样做的并不止我一个人。促使我这样做的原因也同样是促使美国民主党这样做的原因，并对这位参议员整个未来的生活产生了完全挥之不去的影响。失去的信任是不可能恢复的。失去这种信任的原因是什么？为什么我们现在拒绝给予他支持和友情？我今天已经陈述了我们的理由。我提请大家注意过去的事实。我没有跟着他回到他提出的错误或虚假的问题上，这些问题现在与他和民主党之间的竞争事宜不相干。这一问题不是我们1850年或1856年所说或相信的问题。搜索以往的判例、收集参议员们在不同时期就他们的原则和观点可能说过的老话是多么的无聊啊。在他所有的演讲中，他没有触及伊利诺伊州对他提出的清晰的要点、直接的提问，以及明确的指控。

我们之所以指责他，是因为他和我们就有争议的问题达成了协议，这应该被看作一个司法问题。他将会遵守协议。他将会按照协议行事，并把它看作党的信条。他在美国参议院当面对我们这样承诺，但当他回到家里，在地方选举的压力下，他的膝盖软了。他浑身都在颤抖。他的对手坚持原则，反而被打败！看哪！他是来自一个强大政党的美国总统候选人。来自伊利诺伊州的参议员斯蒂芬·阿诺德·道格拉斯的立场改变了、意志动摇了。他也为此得到了奖励，他也正是为了这份奖励，才改变了立场、动摇了意志。然而，看哪！他今天渴望的大奖从他手中溜走了，因为他在之前的竞争中改变了立场、动摇了意志，他在竞选参议员的游说拉票活动中取得了成功，当然，这是用可耻的代价换来的，已经让他失去了成为美国总统的机会。

随着1858年11月2日的选举，伊利诺伊州竞选美国国会参议员的游说拉票活动慢慢地拉上了帷幕，斯蒂芬·阿诺德·道格拉斯大获全胜。共和党人获得十二万五千四百三十张伊利诺伊州的选票。以斯蒂芬·阿诺德·道格拉斯为首的民主党人获得十二万一千六百零九张。以詹姆斯·布坎南为首的民主党人获得五千零七十一张。根据这一相对多数的选票，选举了共和党人作为伊利诺伊州的官员。但关于立法委员的人选，情况却发生了变化，在接下来的 1859 年 1 月，在参议院和众议院的联席会议上进行了参议员的选举，斯蒂芬·阿诺德·道格拉斯获得了全体五十四名民主党人的选票，亚伯拉罕·林肯获得了全体四十六名共和党人的选票，于是，大会宣布斯蒂芬·阿诺德·道格拉斯当选为美国参议员，1859 年 3 月 4 日上任，任期六年。

亚伯拉罕·林肯失败的主要原因是当前国会成员名额分配不公，国会成员名额的分配是基于 1850 年的人口普查进行的。一个基于及时更新的人口普查的公平的国会成员名额分配，将使伊利诺伊州北部地区获得更多代表席位。而在最近的政党变革中，共和党正是在那里吸收了大量的新成员，形成了他们的主力军。共和党人估计，这种情况使他们损失了六到十名国会代表的席位。

然而，不同寻常的政治合作对这一结果也产生了很大的影响。1860 年，亚伯拉罕·林肯在俄亥俄州向肯塔基州的居民们做了一次演讲，他是这样总结导致他失败的政治力量的："共和党中有三四个极端反对奴隶制的、非常杰出的人物支持斯蒂芬·阿诺德·道格拉斯，他们去年表达了希望斯蒂芬·阿诺德·道格拉斯再次当选为参议员的心愿。这本身似乎有点令人感到吃惊，然而，当我们看到来自弗吉尼亚州的那个亨利·亚历山大·怀斯，也表达了希望斯蒂芬·阿诺德·道格拉斯再次当选为参议员的心愿时，我们就会感到更加吃惊，因为他和共和党中这些极端反对奴隶制的人物是死对头，他坚信奴隶制的神圣权利。另一个人就是来自你们肯塔基州的副总统约翰·卡贝尔·布雷肯里奇。可以说，他和亨利·亚历山大·怀斯同属亲奴隶制的阵营，也和北方反奴隶制的人们意见一致，认为斯蒂芬·阿诺德·道格拉斯应该再次当选为参议员。比这还要让人吃惊的是一个来自肯塔基州的参议员（指约翰·乔丹·克里滕登）。我一直对他怀有深深的敬意，正如我曾经敬重任何既反对废奴主义者，又以同样充分的理由反对像亨利·亚历山大·怀斯和约翰·卡贝尔·布雷肯里奇之类的亲奴隶制者的人。正是这样一位我对他爱戴有加的人，竟然给伊利诺伊州的朋友们写信，以确保斯蒂芬·阿诺德·道格拉斯再次当选为参议员。现在，所有这些

亨利·亚历山大·怀斯

针锋相对、势不两立的利益集团都将联合起来支持斯蒂芬·阿诺德·道格拉斯，这真是一个值得你们注意和考虑的壮举。很有可能，这些群体中的每一个人认为，通过斯蒂芬·阿诺德·道格拉斯再次当选为参议员，他们独特的观点将会有所收获。可能反对奴隶制的人们是这么想的。可能亨利·亚历山大·怀斯和约翰·卡贝尔·布雷肯里奇也是这么想的。可能约翰·乔丹·克里滕登也会认为，他的观点将会有所收获，虽然他既反对废奴主义者，又反对亲奴隶制者。可能他们每个人或者说所有人都认为他们在利用斯蒂芬·阿诺德·道格拉斯，但斯蒂芬·阿诺德·道格拉斯有没有利用他们，谁又能说得清楚呢！"

经过连续一百天的激动兴奋、精神紧张和肢体劳顿，经过演讲和游行、音乐和篝火，又立刻面对失败的耻辱、智力的倦怠、身体的疲惫，以及日常生活的单调平庸与波澜不惊，这一定是一种考验和磨难。在此期间的书信表明，在这种情况下，亚伯拉罕·林肯先生仍然沉着冷静，耐心等待，充满希望。选举结束两周后，他给当时身为立法委员和伊利诺伊州共和党中央委员会主席的诺曼·比尔·贾德先生写了一封信，信中他说："我很高兴地通知你，我正在逐渐康复，并希望您也同样身体健康。您有一段时间确实怀疑我本人渴望成为美国参议员，您还为此直接指责过我，我认为我实在不能否认。但过去的就让他过去吧，就当什么也没有发生过。对于未来，我的看法是战斗必须继续下去。这里的统计表都还没有完成，但人们认为多尔蒂的票数将略大于米勒相对于福迪的多数票。我们有大约十二万张明确的共和党人的选票，这群人值得团结在一起。两年后，它将决定伊利诺伊州的候选人名单。

"在那一天，我将加入战斗的行列，但不会为了任何地方而妨碍任何人。我尤其支持莱曼·特朗布尔再次当选为参议员。顺便说一下，这使我想起了写这封信的主要目的。你能否先不采用你的《分派草案》，仔细修改，直到它所有的细节都完完全全、明确公正，然后通过及时而不懈的努力，尽可能争取到足够多的对方的支持，使之顺利通过？我相信，如果你和埃比尼泽·派克做好这件事，尽早开始，静下心来认真工作，你一定能成功。除非我们有所作为，否则两年之后，莱曼·特朗布尔的失败就不可避免了。好好考虑一下这件事吧。"

第二天，亚伯拉罕·林肯收到诺曼·比尔·贾德先生的一封信。诺曼·比尔·贾德告诉亚伯拉罕·林肯，伊利诺伊州中央委员会的拨款不足以支付所有的选举费用，请亚伯拉罕·林肯帮忙筹措更多捐款。对于这个请求，亚伯拉罕·林肯回答说："我刚刚收到你1858年11月15日的来信。我在同一天给你写了回信。至于钱的事，我愿意力所能及地偿还，但我是这世上最穷的人了，只能让别人来支付这笔钱了。这么长时间我只出不进，以至现在我甚至连日子都过不下去了。不过，如果你能支付二百五十美元，帮我偿还委员会的债务，那就成我们俩之间的私事了，这就好办了。这些钱和我已经支付过的，以及我的一张未结清的单据，将超过捐给我的那五百美元。这也不包括我在竞选期间的日常开支，所有这些都增加了我在时间和业务上的损失，也让这世上一个并不比我富裕的人（指诺曼·比尔·贾德）承受了沉重的压力。然而，当我有了荣耀的职位时，我也不可能过得更好。你心情不好——'这也会过去的。'不要担心了。"

对大多数人来说，个人的失败是痛苦的。毫无疑问，对亚伯拉罕·林肯来说也是如此。然而，他认为刚刚过去的这场斗争不仅仅是职位之争，他也从中得到了所有认真工作的人在意识到自己完成任务时所感受到的安慰。因此，他在1858年11月19日给一位朋友写了一封信："你肯定在这之前已经在这里看到了选举的结果。我当然希望，但我并没有期待会有更好的结果……我很高兴我参加了最近的这场竞争。它给了我一个关于这个时代积重难返的沉疴宿疾的申辩机会，我本来也不可能有其他申辩方式。尽管我现在已经淡出了人们的视线，不久就会被遗忘，但我相信，在我离开之前，我已经为公民自由的事业做出了一定的贡献，产生了一定的影响。"

除了这些书信，另外一封信也可以作为补充，附带说明亚伯拉罕·林肯对政治前途的信心永不动摇。亚伯拉罕·林肯与斯蒂芬·阿诺德·道格拉斯的竞选活动备受伊利诺伊州昆西县的一位私人朋友的关注，亚伯拉罕·林肯在1858年11月19日，也就是写上一封信的同一天，给这位朋友写道："几天前，我收到了你1858年11月13日的来信。斗争必须继续下去。哪怕是在一次，甚或一百次失败之后，公民自由的事业也决不能投降。斯蒂芬·阿诺德·道格拉斯的聪明才智让他在最近的这场竞争中得到了支持，支持他的双方都想把他的再次当选作为打压或者维护奴隶主利益的最好手段。然而，他的聪明才智不可能使这些水火不容的势力长期和谐相处。另一场爆发很快就会到来。"

斯蒂芬·阿诺德·道格拉斯也因为紧锣密鼓的竞选活动而感到身心俱疲。但他在竞选活动中取得了令人瞩目的胜利，确保了他再次当选为联邦参议院议员，加上热心的朋友们的祝贺，使他能够持久保持精神振奋。作为一个不知疲倦的人，斯蒂芬·阿诺德·道格拉斯已经开始集中精力，投身到一项新的更加雄心勃勃的工作中去。选举三周后，他开始了对南部诸州的短暂访问，在孟菲斯和新奥尔良发表了演讲，下一章将进一步谈论这些演讲。因为国会在1858年12月的第一个星期一在华盛顿召开会议，也许斯蒂芬·阿诺德·道格拉斯认为，先不着急去华盛顿是明智之举，这样就避免了继续与詹姆斯·布坎南政府的直接斗争。如果是这样的话，他的这一策略就宣告无效了。因为詹姆斯·布坎南总统和他的支持者们决意要公开封杀"弗里波特主义"的发起人，为此，当国会召开会议的时候，参议院多数派的头等大事之一，就是免去斯蒂芬·阿诺德·道格拉斯在参议院的领土委员会主席一职，他在这个位子上已经干了十一年了。

第 10 章

亚伯拉罕·林肯在俄亥俄州的演讲

斯蒂芬·阿诺德·道格拉斯的南方之行——他关于奴隶制的更进一步的观点——A.G.布朗和斯蒂芬·阿诺德·道格拉斯在参议院的讨论——斯蒂芬·阿诺德·道格拉斯给多尔的回信——亚伯拉罕·林肯开始声名远播——亚伯拉罕·林肯与斯凯勒·科尔法克斯的通信——亚伯拉罕·林肯写给卡尼西乌斯的信——亚伯拉罕·林肯写给皮尔斯和其他人的信——斯蒂芬·阿诺德·道格拉斯发表在《哈珀杂志》上的文章——亚伯拉罕·林肯在俄亥俄州的演讲——斯蒂芬·阿诺德·道格拉斯与杰里米亚·沙利文·布莱克的论战——亚伯拉罕·林肯与斯蒂芬·阿诺德·道格拉斯的辩论结集出版

在伊利诺伊州开展的参议员的竞选活动中，亚伯拉罕·林肯宣布共和事业必须托付给自己那些"真心在乎其结果的"、可信赖的朋友，显然，他比那些闭目塞听、孤陋寡闻、希望采用与此不同的方针的人，更了解他对手的品性和目的。如果贺瑞斯·格里利和其他人的愿望占了上风，如果伊利诺伊州的共和党人正式接纳了斯蒂芬·阿诺德·道格拉斯，共和党就会陷入进退维谷的致命困境。竞选活动刚刚结束，斯蒂芬·阿诺德·道格拉斯就开始了他的南方之行，到各州巡回演讲，显然是为了在下一届民主党的全国代表大会上，为自己的总统候选人提名铺平道路。由于他的反莱康普顿主义，尤其是他的弗里波特主义，他意识到他已经失去了优势，而且在刚刚过去的参议员的竞选活动中，他也已经感受到了詹姆斯·布坎南政府的敌意，因此，斯蒂芬·阿诺德·道格拉斯现在试图进一步发表一些间接地维持并保护奴隶制的观点，以便恢复他的威望。

迄今为止，斯蒂芬·阿诺德·道格拉斯宣布他并不在乎奴隶制是被投票否决还是投票支持。他曾说过，他不会争论奴隶制是对是错的问题。他采纳了最高法院的首席大法官罗杰·布鲁克·坦尼的说法，认为《独立宣言》中的"人"并不包括黑人在内。斯蒂芬·阿诺德·道格拉斯断言，平等是不可能的，但自由和奴役可能会永远并存下去。然而，既然现在选举已经结束了，新一届的参议员任期也已经成了斯蒂芬·阿诺德·道格拉斯的囊中之物，他便准备用更强硬的措辞抚慰支持奴隶制的人们。因此，在孟菲斯的一次演讲中，斯蒂芬·阿

甘蔗种植园里奴隶劳动的场景

诺德·道格拉斯在辩论中将不友好的立法、奴役和兼并等说法巧妙地联系起来。他说："只要一个地区有适宜的气候、土壤和出产，使居民对它产生兴趣，从而鼓励居民拥有奴隶财产，他们就能通过奴隶法典。"

如果这些地方排除了奴隶制度有利可图的可能性，他们就不允许居民拥有奴隶财产了。在路易斯安那州的糖料种植园里，白人和黑人之间并不成问题，倒是黑人和鳄鱼之间存在问题。他会说，在黑人和鳄鱼之间，他站在黑人一边。但在黑人和白人之间，他会选择支持白人。全能的上帝在这片大陆上画了一条线。在这条线的一边，土地必须由奴隶来耕种。而在它的另一边，则由白人来耕种。这条线并不在北纬 36°30′（指密苏里妥协线），因为三十六度三十分越过了大山，穿过了山谷。但这条划分自由州和奴隶州的线，斯蒂芬·阿诺德·道格拉斯说道，蜿蜒在甘蔗地和南方的种植园里，因此，生活在不同地方和地区的人们，必须自己决定他们的"中间地带"是最适合奴隶还是自由劳动力。

谈到兼并，斯蒂芬·阿诺德·道格拉斯说："我们的命运迫使我们获得了佛罗里达州、路易斯安那州、得克萨斯州、新墨西哥州和加利福尼亚州。我们现在的领土已经够多了，但多久才算够了？一只蜂箱足够一群蜜蜂居住，但明年会有一个新的蜂群出现，这就需要一个新的蜂巢。人们可能会说，我们将再也不会想要从墨西哥得到更多土地。然而，那一刻会来的，我们将被迫得到更多土地。中美洲是去加利福尼亚的必经之路，而且恰恰就在这条路上。当我们的命运、我们的制度、我们的安全迫使我们拥有它的时候，那一刻就会来到。"斯蒂芬·阿诺德·道格拉斯总结道："古巴岛也是一样的，……不管我们是否想要它，这都是一个无关紧要的问题。我们被迫得到它，我们情不自禁地想要得到它。"

当斯蒂芬·阿诺德·道格拉斯到达新奥尔良时，他在另一个冗长的演讲中基本上重复了这些声明，并且似乎他还没有使自己的观点完全与南方的观点和谐一致，他便又补充了一条意见："这是一条人性的法则，也是一条文明的法

准备下地劳动的奴隶

则，即当一个人或一个种族表现出缺乏自我管理的能力，他们就必须服从那些有能力履行该义务的人的管理。正是基于这一原则，你们才建立起那些慈善机构，以帮助和支持盲人、聋哑人或者精神失常的人。根据这一原则，我断言，无论在任何情况下，在任何时候，在任何国家，黑人都表现出缺乏自治的能力。"这几乎与詹姆斯·亨利·哈蒙德提出的"底梁理论"，以及后来亚历山大·汉密尔顿·斯蒂芬斯提出的"基石学说"异曲同工。

詹姆斯·亨利·哈蒙德

亚历山大·汉密尔顿·斯蒂芬斯

在巴尔的摩市的一次演讲中，斯蒂芬·阿诺德·道格拉斯再次重复了他在孟菲斯和新奥尔良所说的话，然后在 1859 年 1 月初，斯蒂芬·阿诺德·道格拉斯到达华盛顿，到参议院走马上任。在这里，他得知了民主党决策委员会罢免他领土委员会主席一职的行动。他在南方领导人中的个人影响力和威望都消失了。无论是他重新焕发出的对兼并的热情，还是他对奴隶劳动的必要性的更进一步的看法，都无法恢复他与极端分子的良好关系。尽管根据年度咨文中的一项建议，参议院当时有一项措施正悬而未决，要拨款三千万美元给詹姆斯·布坎南总统，作为古巴谈判的费用。然而，亲奴隶制派对于斯蒂芬·阿诺德·道格拉斯的态度不是和解，而是坚决与他唱反调。

在这次短暂的会议结束时，这种情绪在一场公开的示威中爆发了。1859年2月23日，拨款法案的一项条款正在讨论中，来自密西西比州的参议员A.G.布朗说,他希望民主党在1860年能够取得原则的成功,而不是人的成功。他既不想欺骗也不想被欺骗。根据最高法院的判决，南方将要求在一个地区保护奴隶制。如果按照他对于来自伊利诺伊州的参议员斯蒂芬·阿诺德·道格拉斯的理解，他认为领土立法机关可能会不采取任何行动或采取不友好的行动，理所当然地将奴隶制排除在外。他不同意斯蒂芬·阿诺德·道格拉斯的观点，现在他想知道，来自北方的其他参议员会做什么："如果领土立法机关拒绝采取行动，你们会采取行动吗？如果它通过了不友好的法案，你们会友好地通过吗？如果它通过了与奴隶制敌对的法案，你们会废除它，代之以支持奴隶制的法案吗？……"他总结道："我宁愿看到民主党沉没，永远不会复活，也不愿看到它徒有其表的成功，而内部四分五裂、尔虞我诈。"

　　斯蒂芬·阿诺德·道格拉斯对此做出了回应，毫不退缩地为自己的弗里波特主义辩护。他说，北方的民主党人认为，"如果你拒绝接受不干涉主义，并通过国会形成奴隶法案，而遭到这个地区的人民的拒绝，你就会与民主纲领相背离。南方的绅士们，我坦率地告诉你们，如果一个民主党的候选人依照如下纲领：联邦政府有义务迫使一个地区的人民，在他们不情愿的时候实行奴隶制，我不相信他竟然可以在北方的任何一个民主党掌控的州获胜"。

　　其他参议员也加入了辩论。来自密西西比州的杰斐逊·汉密尔顿·戴维斯、亚拉巴马州的克莱、弗吉尼亚州的詹姆斯·默瑞·梅森和加利福尼亚州的格温，支持A.G.布朗的要求和观点。而来自俄亥俄州的乔治·埃利斯·皮尤、加利福尼亚州的布罗德里克和密歇根州的查尔斯·爱德华·斯图尔特，则支持斯蒂芬·阿诺德·道格拉斯，并为他的不干预主义辩护。一些共和党人代表他们党的立场和原则，也加入了辩论，当然，他们既不支持A.G.布朗，也不赞同斯蒂芬·阿诺德·道格拉斯。讨论持续到深夜，最后无果而终，但民主党已经开始了不可挽回的分裂。

　　对于如此重要的问题不可能长久地保持沉默。在接下来的1859年6月，

乔治·埃利斯·皮尤

艾奥瓦州的一位朋友多尔写信给斯蒂芬·阿诺德·道格拉斯，问他是否会在即将到来的查尔斯顿民主党全国代表大会上成为总统候选人。斯蒂芬·阿诺德·道格拉斯在回信中说，首先必须界定政党问题。如果民主党坚持他们以前的原则，他的朋友们就可以自由地提名他为总统候选人。斯蒂芬·阿诺德·道格拉斯继续说道："相反，如果民主党改变他们的政策，从而否定他们这些历史悠久的原则——这是我无法预料到的，而我们正是基于这些原则，才取得了如此伟大的爱国主义的胜利——并在查尔斯顿民主党全国代表大会上，在党的原则中代之以一些新的议题，诸如复兴非洲奴隶贸易，或国会为一个地区制定奴隶法案，或认为《美国宪法》可以超越人民合法掌控它的权力，在一个地区建立或禁止奴隶制等。坦率地说，在这种情况下，就算正式提名我为总统候选人，我也不能接受。"

我们必须将斯蒂芬·阿诺德·道格拉斯的职业生涯暂时放一放，继续跟进亚伯拉罕·林肯的个人经历。在之前这一年中，国家政治生活中异常的态度引起了全国对伊利诺伊州前所未有的关注。参议员的竞选活动刚刚开始的时候，芝加哥的一位名叫雷的报纸编辑，通过每天浏览报纸上大量的口水战，清楚地发现了一个不争的事实，他写信给亚伯拉罕·林肯："你就像拜伦，一天早上醒来，发现自己成名了。人们想知道你的情况。你从伊利诺伊州的一位出类拔萃的律师和一个举足轻重的人物一举成为全国上下家喻户晓的领袖。"

这些赞美是完全有理由的：从亚伯拉罕·林肯和斯蒂芬·阿诺德·道格拉斯的大辩论开始直至结束，人们对亚伯拉罕·林肯的兴趣日渐浓厚。弗里波特主义及其对民主党的影响，不仅使这些辩论具有了当代意义，而且使之对未来产生了越来越重大的影响。参议员的选举几天后，另一个朋友给亚伯拉罕·林肯写信："你的游说拉票活动庄严而崇高，即使在伊利诺伊州是徒劳的，也为你赢得了闻名全国的声誉，让你朋友遍天下。"

这不仅仅是偏袒他的朋友们对亚伯拉罕·林肯的奉承。其他方面的许多迹象也表明亚伯拉罕·林肯正受到越来越多的国人的注意，比如越来越多的普遍赞扬他的书信，特别是让他去其他州发表演说的数不清的邀请函。新罕布什尔州共和党中央委员会写信给亚伯拉罕·林肯说，如果斯蒂芬·阿诺德·道格拉斯如期来了他们州，他们希望亚伯拉罕·林肯来与他答辩。明尼苏达州共和党中央委员会希望他去那里帮助他们开展游说拉票活动。整个北方的政治局势动荡不断。随着竞选活动的深入，对亚伯拉罕·林肯的召唤也从四面八方传来。堪萨斯需要他。布法罗、得梅因、匹兹堡需要他。特鲁·威德发电报说："立即派亚伯拉罕·林肯去奥尔巴尼。"人们不仅需要他到场，更需要他的观点和想法。为竞选俄亥俄州州长而进行游说拉票活动的丹尼森，要求得到一份亚伯拉罕·林肯在竞选参议员的游说拉票活动中所使用的辩论"资料"。

特鲁·威德

　　联邦各地的人们都向亚伯拉罕·林肯求助并咨询，这不只是因为前一年在
与斯蒂芬·阿诺德·道格拉斯的辩论中亚伯拉罕·林肯已经获得的知名度和信
誉。很大程度上也是出于如下的事实：亚伯拉罕·林肯凭借自己的睿智和勇气，
使自己成为最有把握的、最稳妥可靠的、最有号召力的、最能坚持共和党的原
则的共和党人。民主党内关于《莱康普顿宪法》的争吵导致许多赫赫有名的共
和党的领导人误入歧途。根据斯蒂芬·阿诺德·道格拉斯的南巡讲话，以及他
要求重新进入正规的民主党的团队中所体现出来的新态度，这些共和党的领导

人认识到了自己的错误，他们的所作所为败坏了自己的名声。相反，亚伯拉罕·林肯不仅高举着共和党最具有进取心的旗帜，而且站在最接近党的敌人的位置，并能向共和党的所有成员提出建议，不会有任何通敌或拉帮结派的嫌疑。因此，亚伯拉罕·林肯竞选参议员失败的原因，反而使他在党内获得了一定的威望和领导权，这种威望和领导权，就算没有人公开承认，也是人人能够感觉到的。尽管亚伯拉罕·林肯从不过分张扬，也从不对别人指手画脚，他却总是乐意提出及时而合理的建议，为人宽宏大量，眼界开阔，见多识广，一看就是人中龙凤，他的成功又岂能局限在伊利诺伊州这个狭小的圈子里！

于是，1859 年 7 月 6 日，亚伯拉罕·林肯在斯普林菲尔德给后来成为美国副总统的斯凯勒·科尔法克斯写了一封信："很遗憾，当你在我们这里的时候我却没有见到你。在得知你将于 4 日到达杰克逊维尔之前，我已经答应去另一个地方了。除了想结识你的强烈愿望之外，我还渴望在政治上与你谈得比我在信中所说的更充分一些。我和你谈话的主要目标是，避免共和党的分裂，特别是在 1860 年的总统大选中。危险主要在于，受邀去不同地方就某件可能在当地颇受欢迎的事情'上台演讲'。然而，尽管如此，这件事在其他地方可能会成为导火索，尤其是在全国代表大会上。例如，马萨诸塞州反对外来人口的运动。在新罕布什尔州，遵守《逃亡奴隶法》会作为犯罪论处。在俄亥俄州，废除《逃亡奴隶法》。以及堪萨斯的寮屋主权。在这些事情中，如果有些可能引起爆炸性后果的事情在全国代表大会上被提出来讨论，那么它足以毁掉六个这样的大会，而在大会之外，变得非常盛行的东西很可能会在大会上提出来。如果有这种可能的话，最好是在共和党人召开会议的每一个地方都提出一个核心问题，以避免一切不利于其他地方的共和党人的事情。马萨诸塞州的共和党人本应该把目光放得长远一些，这样他们就能清楚地看到，反对外来人口会毁掉我们在西北地区的整个局面。新罕布什尔州和俄亥俄州的共和党人应该克制自己对《逃亡奴隶法》的反对，以免遭人指责，说我们对《美国宪法》本身怀有敌意，仅这一条指控就足以在伊利诺伊州压垮我们。相信"寮屋主权"可以使他们获得自由的堪萨斯民众不应忘记，防止奴隶制的扩散和国有化是一个全

1860 年总统大选期间的亚伯拉罕·林肯

国性的问题，必须由国家来处理。总之，在每一个地方，我们都应该把目光放得长远一些。至少，在我们可能会有不同意见的问题上，暂时保持沉默。我写这些只想让你看到，然而，我希望，如果你也看到了我认为我看到的危险，你会尽你所能去避免它。虽然我不能在联邦和国会的大会中向领导人们提出建议，至少在某种程度上，可以避免这些'不和的苹果'①。"

到这个时候，斯凯勒·科尔法克斯已经纠正了自己最近对斯蒂芬·阿诺德·道格拉斯的不正确的同情态度，他说："你的建议让我想到……没有什么比这更明显的了，即北方各州有大量的选民，他们反对奴隶制的扩张与侵略、反对民主党的暴政，他们可以满怀胜利的希望选出一位美国总统。但同样明显的是，这些人的观点千差万别，有因为害怕危及和平而不敢捍卫自己原则的保守派，

---

① 希腊神话传说，此处指引起不和的根源。

也有不顾政策或声望、大胆而坚决地打击对手的激进派。我认为，在 1860 年这个多事之秋，如何把这些各执己见、众说纷纭的人团结起来，形成一个争取胜利的阵列，这是个大问题。谁要是实现了这一目标，那他就比拿破仑·波拿巴一世或维克托·伊曼纽尔二世更可敬。……在这项工作中，要想取得成功，并在不牺牲基本原则的前提下实现这一目标，你所能做的远比像我这样一个少

拿破仑·波拿巴一世

维克托·伊曼纽尔二世

　　不更事的年轻人所能做的多得多。你的忠告至关重要。因为很明显，只要是您亲手书写的政治书信，全国上下无不争相传抄。"

　　亚伯拉罕·林肯在这一年写的另外两封信间接地说明了这种看法。他在其中一封写给卡尼西乌斯的信中，宣称自己反对一无所知主义日渐式微的谬论，还明确了自己对于"融合"的立场。提到马萨诸塞州最近通过的一项限制外来人口入籍的法律条款，亚伯拉罕·林肯写道："马萨诸塞州是一个独立自主的州。我无权对它所做的事情责备它。尽管如此，如果要从它所做的事情推断出我要做什么，我可以义正词严地说出来，那么我会说，根据我对马萨诸塞州这一规定的理解，我反对在伊利诺伊州，或任何我有权反对它的地方实施这一做法。在我看来，我们的制度的精神旨在提升人类的地位，因此，我反对贬低任何人的任何倾向。因为我对黑人受压迫的状态表示同情，这让我颇有点'臭名远扬'的感觉。如果我支持任何限制白人现有权利的方案，即使他们和我有着不同的出生地，讲着不同的语言，那我不就成了一个前后不一致的人了嘛。至于融合的问题，如果可以在共和党的立场上进行，那么我赞成它。如果有任何其他条件，那我不赞成，在任何其他条件下的融合将是愚蠢的、无原则的，它将失去整个北方，而共同的敌人仍将拥有整个南方。人的问题另当别论。如果南方优秀的爱国人士和能干的政治家现在站在共和党的立场上，我会高兴地支持他们，但我反对降低共和党的标准，哪怕一丝一毫也不可以。"

另一封较长的信是亚伯拉罕·林肯写给波士顿一个委员会一名叫皮尔斯的成员的。该委员会之前曾邀请他参加一个纪念托马斯·杰斐逊诞辰的庆祝活动。

"记住，大约七十年前，在这个国家首次成立了两大政党。托马斯·杰斐逊是其中一个政党的首脑，而波士顿是另一个政党的总部。那些被认为在政治上与反对托马斯·杰斐逊的政党一脉相承的人，现在应该正在他们原来的政治中心庆祝他的诞辰，而那些声称在政治上与他一脉相承的人，在任何地方几乎连他的名字都不愿再提起。这真是既有趣，又稀奇。

"然而，我们清楚地看到，在这个国家，要保证托马斯·杰斐逊的原则不被彻底推翻，现在已经不是那么容易的事情了。有人可能会满怀信心地说，他可以说服任何心智健全的孩子相信欧几里得的简单命题是正确的。然而，无论如何他都会失败，因为有一个孩子可能会否认这些定义和公理。托马斯·杰斐逊的原则是自由社会的定义和公理。然而，它们还是遭到了拒绝和规避，并没有显示出一丝成功的迹象。有人尖酸刻薄地称它们为'假、大、空的豪言壮语'。还有人毫不客气地称它们为'不言而喻的谎言'。而其他人则居心叵测地狡辩，说它们只适用于'高等种族'。这些表达，尽管形式不同，但其目的和影响是完全相同的，即取代自由政府的原则，并恢复那些把人分成三六九等、高低贵贱的原则。他们会为君主们集会密谋反对人民而感到高兴。他们是回归专制的急先锋和工程兵。我们必须击退他们，否则他们就会降服我们。己所不欲，勿施于人。如果自己不愿做奴隶，那就必须同意不蓄奴。剥夺他人自由的人也不该获得自由，而在公正的上帝面前，也不可能长久地享受自由。让我们把所有的荣耀都献给托马斯·杰斐逊。在由一个单一的民族进行的、为国家独立而斗争的巨大的压力下，这位杰出的前辈头脑冷静、高瞻远瞩、能力超群，将一个适用于所有人和所有时代的抽象的真理写进了一份纯粹的革命性的文件，就这样让它万世长存，以至在今天以及所有未来的日子里，它都将成为暴政和压迫卷土重来的预言者们的绊脚石和拦路虎。"

1859 年，亚伯拉罕·林肯更重要的政治工作是他在俄亥俄州参加的游说拉票活动，1859 年 10 月的大选将决定俄亥俄州的州长人选，因此，这次游说拉票活动的结果不仅会决定竞选对手当前和当地的实力，也会在一定程度上表明 1860 年的总统大选的前景和可能性。俄亥俄州的民主党人士曾要求斯蒂芬·阿诺德·道格拉斯加入他们的游说拉票活动。一听到这个消息，共和党人立刻安排亚伯拉罕·林肯来与斯蒂芬·阿诺德·道格拉斯对答。这样的安排很合理，不仅是因为亚伯拉罕·林肯在前一年的夏天，在伊利诺伊州与斯蒂芬·阿诺德·道格拉斯的联合辩论是如此成功，还因为斯蒂芬·阿诺德·道格拉斯此后在几乎所有的演讲中，包括他在南方和其他地方的巡回演讲，都提到了伊利诺伊州的竞选活动和亚伯拉罕·林肯的名字，尤其是他所谓的政治异端。斯蒂芬·阿诺德·道格拉斯处处都把亚伯拉罕·林肯及其言论作为公众关注的目标。通过这种方式，事实上，斯蒂芬·阿诺德·道格拉斯本人无形中又延长了整个联邦范围内的联合辩论。另一个事实更加激起了人们进行普遍讨论的短暂兴趣。斯蒂芬·阿诺德·道格拉斯生性好斗。他决定在其弗里波特主义产生的新议题和参议院最近关于奴隶制的辩论所揭露出的新的对立中维持住其北方的追随者们，因此，他撰写了一篇政治性的文章，并于 1859 年 9 月发表在《哈珀杂志》上，开篇就提出了如下的断言："在我们复杂的政府体制下，美国政治家的首要职责是明确联邦和地方当局之间的分界线。"斯蒂芬·阿诺德·道格拉斯引用了亚伯拉罕·林肯在斯普林菲尔德宣称"家不睦，难自立"的演讲中的段落，以及威廉·亨利·西沃德在罗彻斯特宣称"无法控制的冲突"的演讲中的段落，对他自己的"不干预"和"主权在民"理论做了一个冗长的历史回顾，并做了详细的论证，以维护他的方针。他对公众的这一新奇的呼吁引起了普遍兴趣，引发了各式各样的评论，这一权宜之计似乎如此巧妙以至激起了执政的民主党人的嫉妒。因此，詹姆斯·布坎南总统的内阁成员，司法部部长杰里米亚·沙利文·布莱克，应"朋友们的请求"，撰写、打印，并散发了一本匿名的小册子，

杰里米亚·沙利文·布莱克

作为对斯蒂芬·阿诺德·道格拉斯的这一断言的回应。他在这本小册子中承认，斯蒂芬·阿诺德·道格拉斯"不是一个可以用轻蔑的沉默对待的人"。此外，他又将斯蒂芬·阿诺德·道格拉斯发表在《哈珀杂志》上的文章描述为"在法律的准确度方面的一个不成功的努力。就像是一位法官，徒劳地试图对一个他自己并不十分精通的法律问题做出的错误的决定，给出一个合理的解释"。斯蒂芬·阿诺德·道格拉斯在俄亥俄州的伍斯特市发表讲话，批评了杰里米亚·沙利文·布莱克的这种做法。双方都在适当的时候做出了回应和反驳。这场手册之战是这一年重要的政治事件之一。

就这样，亚伯拉罕·林肯出现在俄亥俄州的竞选运动中，引起了比平时更多关注。他只做了两场演说，一场在哥伦布市，另一场在辛辛那提市，斯蒂芬·阿诺德·道格拉斯最近在亚伯拉罕·林肯之前来过这两个地方。亚伯拉罕·林肯的演讲一方面吸引来了大量对他赞赏有加的听众，另一方面，也让当地的印刷业达到了前所未有的发行量。这两场演讲大致上重申了，并简练地复述了在伊利诺伊州参议员的竞选运动中提出的想法和观点，然而，就斯蒂芬·阿诺德·道格拉斯后来提出的新的立场和观点，亚伯拉罕·林肯又增加了一些尖锐的评论。限于篇幅，下面我们只能节选几个不连贯的段落：

"现在，斯蒂芬·阿诺德·道格拉斯法官的主权在民究竟是什么呢？不过就是这样一个原则罢了：如果一个人选择将另一个人沦为奴隶，那么，沦为奴隶的那个人或任何其他人都无权反对。

"如果你愿意读有版权的文章，你会发现，斯蒂芬·阿诺德·道格拉斯法官自己说，美洲殖民地和大不列颠政府之间的争议开始于1699年的奴隶制问题，并从那时起一直持续到独立革命战争。并且，虽然他没有这么说，但我们都知道，从独立革命以来，这一问题一直持续到现在，或多或少都会有暴力事件发生。

"记住这两件事，并把它们放在一起加以考虑。同时提出两个问题：其一，在一个州确立奴隶制。其二，谁将成为任期一至两年的堪萨斯州州长。在这里，在全世界，谁不会说州长的问题是小问题，而奴隶制的问题是大问题？我想请问任何诚实的民主党人,难道州长的问题不是地方的、琐碎的和暂时的问题吗?
难道奴隶制的问题不是重要的、持久的和有害的问题吗?我想,斯蒂芬·阿诺
德·道格拉斯法官根据他那奇怪的理论体系,头脑中肯定产生过这样的想法,
即奴隶制度对他来说真的不足挂齿。他天生就是这样的人。皮鞭打在他背上会
伤害到他,但打在别人背上不会伤害到他。

"德雷德·斯科特案的判决明确了每一位美国公民都有权把他的奴隶带进
美国的任何地区。现在出现了不一致的说法,一方面说这个决议是正确的,另
一方面又说一个地区的人民可以合法地将奴隶制排斥在外。当所有的废话、冗
词和附属问题都被清除掉之后,真相便可以水落石出,这简直就是赤裸裸的谬
论。这无异于说,可以合法地把一个东西从它可以合法存在的地方赶走。

"斯蒂芬·阿诺德·道格拉斯法官说,根据他的原则,一个地区的人民有
权拥有奴隶,如果他们想要的话。那么我就能说,佐治亚州的人民有权从非洲
购买奴隶,如果他们想要的话。我藐视并反对这个世界上任何敢说这两件事情
截然不同的人——比如说一个比另一个更邪恶或更违法。或者根据基本原则,
说一个比另一个更好或更坏。或者根据宪法,说一个有别于另一个。毫无疑问,
斯蒂芬·阿诺德·道格拉斯会告诉我,宪法并没有规定,禁止人们把奴隶带到
新的地区。同样地,我也会告诉他,宪法也没有规定,禁止从非洲购买奴隶。

"那么我认为,如果确立了这一原则——认为奴隶制没有错,只要愿意,
谁都有权拥有它。认为它只是个钱的问题。认为它是一个他们将如何对待野蛮
人的问题。认为我们和黑人之间没有任何问题。但在南方,黑人和鳄鱼之间存
在问题。认为它仅仅是一个政策问题。认为人们完全有权利随心所欲、恣意妄
为。当这一原则最终确立,这种说法开始盛行,回归专制的急先锋和工程兵们
就已经为奴隶贸易制造好了公共舆论。

"在这个国家,公共舆论就是一切。在像我们这样的一个国家,这种'主
权在民'和'寮屋主权'的说法已经如我所说的那样,极大地改变了公众的思
想。在这群人中,没有人会反驳它。现在,如果你们像任何人一样诚实地反对
奴隶制,我请你们注意到这一事实,以及随之而来的类似的东西,将会一遍又

一遍地给你们洗脑。很快，你们就会像对待野蛮人一样对待各处的黑人。如果公众的情绪还没有堕落到如此地步，就需要有人引导他们朝那一方向做出新的转变。这个阴险的'主权在民'思想的宣扬者时刻准备充当他们的引路人。你们只需要一到两次转变，直到你们的头脑在他的教导下日趋成熟，并为所有这些事情做好准备。你们会接受并支持或者服从恐怖罪恶的奴隶贸易。我们的地区会确立奴隶法典，一个新的德雷德·斯科特案的决议将会在自由北方的中心确立奴隶制。

"这个政府明确负有提供普遍福利的责任。我们认为，奴隶制的传播和确立损害了普遍福利。我们认为，不，我们相信，这是有史以来威胁到联邦自身的稳定的唯一的事情。

"我说，我们不能干涉蓄奴州的奴隶制度，因为宪法禁止我们这么做，并且普遍福利也不要求我们这么做。我们不能拒绝一项业已生效的《逃亡奴隶法》，因为，正如我所理解的那样，宪法要求我们不能拒绝这一法律。但我们必须阻止奴隶制的蔓延，因为无论是宪法还是普遍福利都没有要求我们扩张它。我们必须阻止非洲奴隶贸易的复兴，以及国会颁布的地区奴隶法典。我们必须阻止国会或法院做出这些事情中的任何一件。国会和法院的美国人民是国会和法院的合法主人，他们的职责不是要推翻宪法，而是要推翻那些歪曲宪法的人。"

俄亥俄州的共和党人在1859年10月的选举中取得了决定性的胜利。这一结果在很大程度上归功于亚伯拉罕·林肯演说的影响。俄亥俄州共和党执行委员会决定，以平装图书的形式，完整地出版亚伯拉罕·林肯在伊利诺伊州的联合辩论和在俄亥俄州的两场演讲，作为明年的竞选材料。委员会写信给亚伯拉罕·林肯，请求他的同意："我们认为先生的这些辩论是对共和党的政治信念的明晰透彻而鼓舞人心的阐述。面对敌人对它的诽谤中伤，您成功地维护了它。在即将到来的总统竞选中，这些材料将为共和党提供宝贵而实用的经验。"

亚伯拉罕·林肯对委员会的溢美之词表示了感谢，在回信中解释说："我寄给你的副本，分别是由斯蒂芬·阿诺德·道格拉斯参议员的朋友们和我的朋友们在那时报告和印刷的。也就是说，斯蒂芬·阿诺德·道格拉斯的演讲稿是他的朋友们报告和印刷的，而我的则是我的朋友们报告和印刷的。我们没有任何正当理由篡改他的演讲稿中的任何一个字或一个字母，你知道，我对我的演讲稿的修改，仅限于个别词语，而且数目微乎其微，几乎可以忽略不计。我希望重印能力求与我发送的副本保持一致，不要有任何评论或注释。"

　　这一计划比人们最乐观的预期还要成功。哥伦布市的一家出版公司承担了所有成本风险，同意出版这部图书。他们没有得到委员会的任何资助。委员会也没有购买该图书。三大版本的图书被直接出售给公众，其中第三版声明，截至 1860 年 6 月 16 日，该书已经发行三万册。

第 **11** 章

哈珀斯渡口

现在又发生了一件奇怪的事情，如果它是作为自 1852 年以来的一系列重大政治事件的高潮而特别设计的，那么它几乎就没有戏剧性了。那就是约翰·布朗为了发动奴隶起义而攻打哈珀斯渡口。只要能了解这个人，我们就能理解这件事。这个人和这件事都仍然有点扑朔迷离。

清教徒出身的约翰·布朗于 1800 年出生于康涅狄格州。他五岁那年，全家搬到了当时还比较荒凉偏僻的俄亥俄州。在那里，他长成了一个朝气蓬勃、

哈珀斯渡口

强壮有力的丛林男孩。他父亲把制革的手艺传给了他，但不安分的性格驱使约翰·布朗在成年时频繁地更换工作和住所。他尝试过勘测，当过神学院的学生。他在宾夕法尼亚州尝试过种地和制革，在俄亥俄州从事过制革和房地产的投机活动。他的下一个冒险活动是贩牛，然后又去养羊。接着，又自然而，然地成了马萨诸塞州的羊毛代理人。这桩生意又宣告失败。于是，约翰·布朗远涉重洋去了欧洲。回来后，他从盖瑞特·史密斯手里接下了阿迪朗达克山区的一块土地，计划在那里建立并开发由自由黑人形成的殖民地。这件事和他以前做过的所有其他事情一样，最终也没能逃脱失败的命运。他又回到了俄亥俄州，重操旧业，做起了羊毛生意。

约翰·布朗结过两次婚，育有十九个孩子，但只有十一个孩子活了下来。1854年，《内布拉斯加法案》把这个国家推向了政治斗争的风口浪尖。约翰·布朗的四个儿子在第一批移民潮中移居到了新的领土上。其他几个儿子后来也去了那里。边境暴徒发动对堪萨斯的入侵时，约翰·布朗也带着北方捐赠的资金和武器紧随其后。他以儿子们为核心成员，聚集起了一支十五到二十人的冒险家的队伍。不久，约翰·布朗成了当时无法无天的游击战中令人闻风丧胆的人物。他的战斗风格是当时普遍盛行的，就算真的有，也是合情合理的，只是为了防御性的报复，而他的某些行为却是和边境暴徒们犯下的罪行一样穷凶极恶、残酷暴虐。约翰·布朗也痛失爱子：一个儿子被杀。另一个儿子重伤不治身亡。还有个儿子因为遭受了非人的虐待而精神失常。他通过几次鲁莽的小规模冲突暂时树立起来的威风又怎能补偿如此惨痛的损失呢？

这些丰富的阅历让我们对约翰·布朗的性格有了大致的了解：他意志坚定，精力充沛，乐观自信，内心狂热，性情急躁，有勇无谋，理想远大却不切实际。受到《圣经》戒律和《旧约全书》英雄崇拜的鼓舞。艰苦的劳动、极度的贫困和被迫的忍耐反而刺激了他的野心。在交往、习惯、语言和行为方面，约翰·布朗为人正直，诚实可靠，却难免粗俗鄙陋。他的性格中既有奉献的柔情，又有犹太历史中那些榜样的牺牲的冷峻。约翰·布朗可以毫不犹豫地把自己的孩子放在祭坛上当作献祭，而不会感到丝毫的心痛。他性格中最强烈的成分是宗教狂热。他从小就被教导要"敬畏上帝、遵守诫命"。他坚信《圣经》神圣的真实性，并熟记《圣经》的许多内容。约翰·布朗最喜欢的经文成了切切实实、势在必行的命令。他开始感到自己接受了使命，享有全能的上帝的护佑。约翰·布朗在堪萨斯的营地里祷告，并看到了神迹。他相信自己手持上帝和吉迪恩①的刀剑。他相信天使围绕在他身边。他除了自己的正义观念和责任信念，并不希望得到其他任何保障。然而，这些观念和信念与公认的法律和道德是相互冲突的，仅仅是他宗教狂热的荒诞不经，贻害颇深的产物和恶果。约翰·布朗的勇气等同于疯狂的鲁莽。他做事不计后果。他会问"啥叫五对一"。还有一次，他说："一个站在正义一边、视死如归的人，能够以一当千。"或许他甚至相

《悲剧序曲》：约翰·布朗一手拿枪一手拿《圣经》

---

① 《圣经》中的犹太勇士。

约翰·布朗及其私人武装

信自己的生命被赋予了魔力，因为他吹嘘，说敌人曾经三十次朝他开火，也只不过烧掉了他几根头发而已。从外表上看，约翰·布朗又高又瘦，有军人风度。他有一种令人印象深刻的、半说服劝导、半吩咐命令的态度。约翰·布朗总是遮遮掩掩，行动很神秘的样子。他来无影，去无踪，谈话直言不讳，固执己见。他几乎没有接受过任何学校教育，阅读有限。他书写潦草、言辞强硬。如果我们能够相信约翰·布朗和那些最了解他的人所给出的暗示，他不仅对奴隶制深恶痛绝，而且二十年来，一直渴望解放美国南部诸州的奴隶。为此，他读过各种各样关于起义和造反的故事，苦思冥想游击战的兴衰变迁、契机和战略。在堪萨斯，一年的边境战斗经历不仅让约翰·布朗突然把思想付诸了行动，而且他个人和家庭的牺牲也坚定了他不切实际的野心，并把它变成了一个牢不可破、绝不动摇的目标。

我们不可能准确地了解，攻打哈珀斯渡口这一计划起初是如何在约翰·布朗的脑海中形成的。但种种迹象表明，它是在他堪萨斯的经历中逐渐形成的。约翰·布朗最早与边界暴徒们发生冲突是在1856年的春季和夏季。那年秋天，联邦军队驱散了他的队伍，并全面镇压了堪萨斯内战。1857 年 1 月，我们发现约翰·布朗在东部诸州四处呼吁，请求各个委员会供给他武器和物资，声称他希望组织并装备一个有一百名成员的快速反应连队，这些成员平时"混在堪萨斯居民中"，但随时待命，奋起捍卫自由。约翰·布朗的呼吁只有部分成功。他从一个委员会获得授权，成为储存在艾奥瓦州的一批武器的负责人，这些武器的保管和控制一直存在争议。约翰·布朗从另一个委员会得到了他想要的一部分服装。还从其他来源得到了一些钱财，但不足以满足他的要求。然而，有两件事表明他在委员会和公众面前弄虚作假。约翰·布朗和康涅狄格州科林斯维尔的一个铁匠签订了一份合同，要求铁匠在九十天内为他打造完成一千把特制的长矛，工钱是五百五十美元。没有任何记录表明他曾向任何委员会提及这件事。约翰·布朗提出的堪萨斯快速反应连队，其成员只有一百人，因此，这些长矛不可能是为他们准备的。他对铁匠解释说，这些长矛将成为堪萨斯居民防御的好武器，这很明显是一个托词。这些长矛是在 1857 年 3 月 23 日前后定制的，无疑是为约翰·布朗攻打弗吉尼亚州的哈珀斯渡口准备的。事实上，同一合同中的相同数量的货物，是经过很长时间的耽搁，最后于 1859 年 9 月才运送到约翰·布朗的手里，的确用在了他对哈珀斯渡口的攻打中。另外一件事是这样的，就在他与铁匠签订合同，购置长矛的同时，他还瞒着委员会和亲友，聘用一个名叫福布斯的冒险家，去西部对他的连队开展军事训练——这一措施对于保护堪萨斯来说既无用也不可行。我们可以把这两件事看作他对攻打哈珀斯渡口的第一次准备。

然而，仅仅是构想伟大的计划并不能实施它们。约翰·布朗随后采取的每一个措施揭示了他可悲的弱点和他完全不足以成大事的事实，而他却幻想自己受神的感召，会成为一个英雄人物。他的第一个错误在于，当他对别人小心隐瞒自己所有的计划的同时，却对一个完全陌生的人——福布斯和盘托出。福布斯和他一样野心勃勃、冲动鲁莽，当然很快就跟他吵了起来，离开了他，并首当其冲、竭尽全力地取代了他，接着背叛了他。

与此同时，约翰·布朗逐渐从他以前在堪萨斯的追随者中，聚集了一个黑人和六个白人手下，把他们集中到艾奥瓦州进行军事训练。后来又有四个人加入他们。这些人，连同约翰·布朗的儿子欧文都算上，为了他的目标组成了一支十二人的队伍，其中有些人已经获悉了他的目标。在 1858 年的头三个月里，约翰·布朗把他们留在那里继续训练，而他自己则去东部寻求经济上的资助。

1858 年 2 月初，约翰·布朗开始成为纽约州罗彻斯特市的弗雷德里克·道格拉斯府上的客人，并在那里逗留了一个月左右。他一到那儿，就立即给波士顿一位著名的废奴主义者托马斯·温特沃思·希金森写信："为了完成我一生中迄今为止最重要的事业，我现在需要在接下来的六十天里筹集到五百到八百

弗雷德里克·道格拉斯

美元。我已经就这个问题分别给西奥多·帕克牧师、乔治·路德·斯特恩斯和富兰克林·本杰明·森伯恩绅士写了信。"

紧接着，他们相互通信，并要求召开会议。最后，这些波士顿的朋友把富兰克林·本杰明·森伯恩送到了盖瑞特·史密斯位于纽约州彼得伯勒的家中。他们在那里安排了一场会议。富兰克林·本杰明·森伯恩二十六岁，刚从大学毕业，担任马萨诸塞州好几个委员会的秘书，曾经积极地向堪萨斯运送捐赠的物资。1858 年 2 月 22 日晚，富兰克林·本杰明·森伯恩到达彼得伯勒的家，加入了一个秘密委员会。约翰·布朗是这个委员会的推动者和主谋。

约翰·布朗开始向委员会宣读他在罗彻斯特逗留期间起草的一份冗长的文件，称它为"美国人民的《临时宪法和条例》"。正如它解释的那样，它并不

乔治·路德·斯特恩斯

想颠覆国家或解散联邦，而仅仅是对当前的法律进行"修正和废止"。从任何意义上来说，它都算不上是一个合情合理的政府计划，而仅仅是为一场计划中的奴隶起义制定的规则的不连贯的轮廓。迄今为止，根据遗留下来的各种报告，我们对这个计划的了解如下：

在弗吉尼亚州的山区的某个地方，约翰·布朗会举起起义与解放的大旗。自由州的热心人士将加入他的队伍，逃离到加拿大的黑人会来帮助他。逃亡的奴隶和他们的家人会从弗吉尼亚州，以及邻近的北卡罗来纳州、南卡罗来纳州、佐治亚州、田纳西州和肯塔基州等蓄奴州，涌向他的营地。约翰·布朗将通过武力从邻近的种植园获取粮食、马匹等给养和物资。金钱、金银餐具、手表和珠宝将"构成自由的保障或作为情报的基金"。至于武器，约翰·布朗有两百支夏普斯步枪、两百支左轮手枪，可以用来装备他的神枪手。对于那些身体比较强壮的追随者，甚至妇女和儿童，约翰·布朗会发给他们长矛，以便保卫他们的防御工事。他将建栅栏、挖堑壕、修堡垒。他会利用天然的要塞，寻找大山里的秘密关口将各个要塞和据点彼此联系起来，以便于撤退和规避他无法应付的攻击。约翰·布朗会维持并无限期地延长游击战争。关于这一点，佛罗里达州的塞米诺尔印第安人和海地的黑人为他提供了成功的范例。取得成功之后，约翰·布朗将扩大其占领范围，到时候将蓄奴州可耕种的山谷和与阿勒盖尼山脉接壤的低地都包括在内。他会在这里开拓殖民地，管理并教育他解放了的黑人，并维护他们的自由。约翰·布朗会进行掠夺性报复，没收财产，抓捕俘虏，特别是白人人质，留着他们用以交换黑人奴隶，从而使黑人奴隶得到解放。约翰·布朗会确认中立人士，缔结条约，行使人道主义，防止犯罪，压制不道德行为，遵守所有既定的战争法。成功将使他长久反抗下去，通过"修正和废止"当前的法律，最终废除奴隶制。如果在最坏的情况下，他被驱逐出山区，他将和他的追随者们穿过自由州撤退到加拿大。约翰·布朗在艾奥瓦州有十二个新成员在进行军事训练，在康涅狄格州有一个完成了一半的一千把长矛的合同。如果给他提供八百美元的资金，他就能在五月份开始实施他的计划。

塞米诺尔印第安人

　　如果我们将约翰·布朗这些异想天开的想法整理并连接起来，这大概就是他朦朦胧胧地所感所见，并用豪言壮语向他的听众们简要描述的图景了吧。听他发言的朋友们对于他的熊心豹胆感到惊讶万分，并对这种尝试的失败宿命表示绝望痛心。他们指出了失败和毁灭几乎是必然的，并试图劝说他放弃这个疯狂的计划，但他的努力毫无成效。他们发现他们正在处理一个既定的结论：约翰·布朗召集他们来不是听他们建议应该采取什么方法，而是要他们提供手段的。他会用僵化死板、固执己见的教条和准则，精挑细选的谚语，以及他最喜欢的《圣经》经文反驳朋友们所有合理的论据。下面是不同的证人保存下来的、关于约翰·布朗在其他时候说过的话语的范例，说明了他在这个时期的

奈特·特纳与手下占据山林

推理和论断："给一个奴隶一把长矛，你就能把他变成一个人。一百个人中，我顶多会给十个人配发夏普斯步枪，而且只有当他们学会使用它时才会发给他们。山谷胜过平原。意志坚定的人据守丛林和山腰足以对抗十倍于己的敌人。奈特·特纳和五十个手下占领弗吉尼亚州长达五个星期。同样的人数，只要有组织，有武装，就能把这个奴隶制从联邦清除掉。""少数站在正义一边的人，知道他们是对的，就能推翻一个国王。阿勒盖尼山里的二十个人两年内就能粉碎奴隶制。""如果上帝支持我们，谁又能阻挡我们呢？除非上帝保佑这个城池，否则，就算看守人醒着，那也是徒劳无用的。"

其中一位与会者说："那天晚上，当激动不安的伙伴们结束会议、准备休息的时候，很显然他们无法阻止约翰·布朗实施自己的计划。"因此，第二天，也就是 1858 年 2 月 23 日，朋友们的讨论仅仅是他们是否应该帮助他，还是反对他，还是保持冷漠。相对于每一个理性的告诫，仅仅是个人的同情似乎就决定了他们会做出第一个选择。首席顾问盖瑞特·史密斯说："你们都明白这是怎么回事，我们亲爱的老朋友已经下定决心要这么干，谁也无法让他回头。

我们不能让他一个人去送死。我们必须支持他。"第二天，约翰·布朗在给富兰克林·本杰明·森伯恩的一封信中，明确说明了自己的动机和期望："我都是快六十岁的人了，我这辈子只有这样的一次机会了……上帝只给了相对较少的一部分人类任何可能获得如此巨大和心满意足的回报的机会……我只希望能忍受艰苦，能发动一次强大的征服，即使它就像参孙最后的胜利[①]一样。"

九天后，约翰·布朗去了波士顿，在那里，在一群激进的废奴主义者的鼓励和承诺下，他坚定了扩大秘密计划的决心。在接下来的两个月内，人们募集

参孙最后的胜利

---

① 参孙，《圣经》中的大力士。这里指像参孙一样跟敌人同归于尽。

到了他所需的资金，并送到了他手里。与此同时，约翰·布朗返回西部，将他招募的队伍从艾奥瓦州转移到了加拿大西部的查塔姆镇，沿途经过了芝加哥和底特律，大约在 1858 年 5 月 1 日到达那里。通过书面邀请，约翰·布朗在查塔姆召集了所谓的"一个平静的自由之友大会"，以完善他的组织。1858 年 5 月 8 日，他们关起门来召开了一个秘密会议。参加会议的有约翰·布朗带来的原来那十个或十一个白人和一个黑人，还有加拿大的一群有些鱼龙混杂的黑人居民。双方做出了某种秘密的承诺，然后约翰·布朗在讲话中向与会者们提出了他的计划。一个名叫德莱尼的黑人医生，作为回应，承诺对加拿大的所有黑人进行援助。会上，约翰·布朗逐条宣读了他在罗彻斯特起草的《临时宪法》，大约有四十五人签名通过了这套为了"美国被禁止和受压迫的种族"而制定的"宪法"。两天后，他们再次召开会议选举官员，口头选举约翰·布朗为总司令，又以同样草率的方式任命其他成员为国防部长、国务卿、财政部部长，其中两位同时是国会议员。总统的选举被谨慎地推迟了。

这个查塔姆大会不能被看作一个严肃的审议程序。约翰·布朗是它唯一的活力和呼声。加拿大的黑人不过是旁观者而已。招募的十个白人仅仅是堪萨斯的冒险家，多是些上了年纪的家伙和无家可归的小混混，也许很大程度上要靠他们的头领给的这份差事或赏金维持生计，尽管整天朝不保夕、如临深渊，约翰·布朗那专制暴虐的意志、狂热躁动的情绪和神秘莫测的言论，对于这个四处漂泊、鲁莽大胆的群体产生了不可抗拒的魅力。他轻而易举、不动声色地把他们卷进了他的秘密和阴谋里。剩下的人，包括参加查塔姆大会的约翰·布朗的那个儿子，以及参加哈珀斯渡口袭击的其他儿子和亲戚，自然都是被这位冲动者的思想和意志长期教育出来的工具。

有了资金的支持，约翰·布朗组建政府的计划又被接受。他本人又被正式任命为总司令，毫无疑问，约翰·布朗认为他的战役即将打响。然而，这注定会是一次意想不到的中断。遭到解雇、希望落空的冒险家福布斯曾经告诉华盛顿市的一些著名的共和党人，说约翰·布朗正在酝酿一个非法的计划。波士顿委员会因为担心被牵连进这个背信弃义的骗局中来而引起民愤，也警告说，在约翰·布朗监管下的一批武器，本来是捐给堪萨斯防御用的，即将被公然滥用。查塔姆的组织机构刚刚完成，约翰·布朗就收到了波士顿委员会的命令，不许他使用这批交付给他的、用于任何其他目的而不是为了堪萨斯的防御的武器（包括两百支夏普斯步枪和两百支左轮手枪）。约翰·布朗急忙赶往波士顿，然而，他与朋友们的口头磋商证实了推迟计划的必要性。他们最后决定，为了消除猜疑，他应该返回堪萨斯，等待更有利的时机。他无可奈何，只得勉强同意。那年秋冬，约翰·布朗领导武装队伍突袭密苏里州，成功带走十一个奴隶，并把他们送到了加拿大。在一定程度上，这一成就虽然让他表现出了一个公开的违法者的态度，却大大增强了他自己和他的追随者们对于他的总计划的成功的信心。渐渐地，各种障碍消失了。堪萨斯的政治局势也趋于稳定。冒险家福布斯淡出了人们的视野，变得不再那么重要。那批有争议的夏普斯步枪和左轮手枪在几个委员会之间频频转手，最后为了清偿债务被交到了私人手里。这个人转而无条件地把它们交给了约翰·布朗。康涅狄格州的那个铁匠也完成了那一千把长矛，把它们运送到约翰·布朗手里。波士顿委员会的捐款从一千美元增加到了数千美元。招募的新成员，虽然有一些变化，虽然分散在全国各地，但总的来说，都忠于他们的组织，遵守他们的承诺，而且数量略有增加。《临时宪法》和五花八门的空白委任状被秘密地印刷出来，"总司令"约翰·布朗签署委任状，"战争部部长"连署，任命了上尉和中尉。

总司令约翰·布朗也逐步决定对他的计划做出一次重大的调整：他不会立即进入弗吉尼亚山区，而是从夺取美国位于哈珀斯渡口的兵工厂和军械库开始。他的脑海中隐隐约约地浮现出，这么做可能会带来的两个好处：拥有大量的政府的正规而先进的武器，以及这种大胆尝试造成的普遍恐慌和道德影响。然而，他似乎完全没有意识到这么做可能会带来的风险和增加的危险，也没有表现出他会采取哪怕是一点点防范措施来应对这些风险和危险。

哈珀斯渡口是一个有着五千居民的小镇，位于蓄奴州马里兰州和弗吉尼亚州之间，在波托马克河和谢南多厄河的交汇处。从那里开始，两条交汇在一起的河流穿过了唯一的一座风景如画的山脉——"蓝岭"——的山谷。这里的自

谢南多厄河谷

然状况和地理条件并不像约翰·布朗的计划中所设想的那样，没有任何可以进行防御的要素，根本就不适合开展持久的游击战。这里的大山很容易攀爬。到处都是公路和农田。几乎没有任何可用于维持、防御或隐蔽的自然资源。比他们更强大的正规部队很容易从平原上观察或控制他们。城镇是不规则的、紧凑的、多山的。两条河上各有一座桥将小镇与对面的河岸连接起来。政府的兵工厂和办公楼利用波托马克河的水流作为能源，位于两条河之间的那片土地的最低端。巴尔的摩和俄亥俄铁路跨越了波托马克河上的大桥。

1859年7月4日，约翰·布朗隐姓埋名，带着两个儿子和另外一个跟随者，出现在哈珀斯渡口附近，不久后租下了位于马里兰州离哈珀斯渡口五英里的肯尼迪农场，假装在那里贩牛和挖矿。实际上却秘密地收集步枪、手枪、弹药、长矛、毯子、帐篷，以及杂七杂八的用于战斗的物品。他那极其古怪的举动，以及偶尔出入于他的小屋的陌生人，并没有引起邻居们的怀疑。约翰·布朗小心谨慎地积累给养，招募新兵，并决定于1859年10月24日发动进攻。但出于某种无法解释的原因，大概是害怕遭到背叛，他将行动的日期提前了。从这一点来看，这一事件表现得毫无远见、缺乏准备，敷衍了事、漏洞百出，顾此失彼、疲于应付，盲目冲动、急躁冒进。

1859 年 10 月 16 日晚，约翰·布朗发布了最后的命令，指示他的人本着人道主义，尽量避免伤及无辜。约翰·布朗在一辆由一匹马拉的马车里放了一些长矛和其他一些器械。20 时，他便率领着由十八名追随者组成的连队出发了，留下五个人留守营地。他们在路上切断了电报线，约 23 时到达哈珀斯渡口。约翰·布朗亲自打开了兵工厂的大门，俘虏了看门人，把那里当作他的司令部。他把自己的手下分成了几个小分队，他试图占领那两座桥、军械库和步枪厂。接下来，约翰·布朗派了六个人步行五英里到附近的乡村，把几个有名望的奴隶主和他们的奴隶带了过来。这些都是在天亮之前完成的，所有的人都被当作囚犯带到了占领了军械库的约翰·布朗那里。他们还从附近的一个农场带来了一辆四匹马拉的大马车，现在，他可以用它把武器从肯尼迪农场转移到波托马克河靠近马里兰州这边的一所学校里，这里离哈珀斯渡口大约一英里的路程。

波托马克河

与此同时，大约在星期日的午夜时分，他们扣留了火车，长达三个小时之久，但最后还是放行了。一个黑人搬运工在桥上遭到枪杀。镇上的人们这才开始感到惊慌。他们四处抓捕镇上的公民，然后把他们带到军械库。到了第二天早上，囚犯的数量增加到了四五十人。然而，直到天亮，甚至直到星期一早上通常人们起床的时间，镇上的居民们才明白了他们所面临的这件麻烦事的性质和严重的程度。

现在，约翰·布朗打算做什么？到目前为止，他通过自己的行动一直在寻求什么样的结果？在他那相互冲突的行为和相互矛盾的解释中，似乎只有两三点迹象是清楚的。他和他的部下都毫不保留地告诉大家，他们来这里不是为了杀白人，而是为了解放奴隶。而且，他很快就把长矛分发给了他的黑人囚犯。然而，正如约翰·布朗最喜欢的格言告诉他的那样，这样的礼遇并没有把这些黑人囚犯们变成士兵。他们手里拿着长矛，无精打采、一脸漠然。和以前一样，他们只会拖累约翰·布朗，而不会助他一臂之力。他通知他的白人囚犯们，他会把他们当作人质，并告知其中的一两个人，天亮后，他会用他们交换奴隶。在全面战斗开始之前，约翰·布朗努力与镇上的居民们达成停战或妥协协定，以避免流血事件的发生。条件是允许他占领军械库并保留解放的黑人。所有这些都证明了，约翰·布朗希望通过先兵后礼占领这个镇子。而且他认为自己可以无限期地留在那里，随心所欲地发号施令。这个计划的谬误很快就显现出来了。

当黎明的曙光洒向这个镇子，当居民们明白了事实真相，从军事的角度来看，约翰·布朗的处境已经令人感到绝望了——十八个人应对大约一千个成年人，而且这十八个人还被分成了四五个不同的小组，把守在不同的地方，相互之间无法照应、无法联络，有时候甚至连约翰·布朗的命令都接收不到！渐渐地，当受到惊吓的居民们摸清楚了攻击者们微不足道的人数，在持枪的个别居民和约翰·布朗的哨兵之间就会时不时地发生街头枪战。警报被传送到邻近的城镇，双方的伤亡使人们更加激动。传说，而不是明确的记录，约翰·布朗的一些助手开始意识到他们已经身陷困境，便劝他撤退。几乎所有赞美他的人都认为这是他最初的计划。他自己随后的辩解也暗示了这个意图。但这种说法显然是站不住脚的，因为他并没有防御性地撤退的手段——没有粮食，没有运输武器和装备的工具，没有弹药补给。这一暗示显然是事后的想法。

然而，不管是出于自愿还是出于被迫，约翰·布朗依然只是发现自己面临的形势越来越窘迫。到了星期一中午，距离军械库一英里远的步枪厂的小分队已经被赶的赶，杀的杀，俘虏的俘虏。其他小分队离他们的领导人不远，到军械库与他会合，才减少了他们的损失。约翰·布朗和幸存下来的手下遭到驱逐，被迫撤退到军械库院子里的机房里，那是一座低矮、坚固的砖房。他们堵住门，在墙上挖出一些小洞，并将他们挑选的十个作为人质的囚犯也押进了机房。但这个权宜之计却把他送上了绝路。通过这一做法，约翰·布朗实际上是作茧自缚，从那里逃脱是不可能的。

双方通过门和墙上的孔洞杂乱无章地持续向对方开火。但现在，整个地区都被彻底地唤醒了，从邻近城镇和县城来的各种各样的武装力量涌入哈珀斯渡口。约翰·布朗终于意识到自己已经身处绝境，便提出谈判，要求撤退到河对面，条件是他放弃那十名人质。但为时已晚。詹姆斯·布坎南总统也迅速采取了措施。星期一晚上，美国军队一支八十人的海军小分队，在名誉上校罗伯特·爱德华·李的指挥下，从华盛顿海军基地到达了现场，并驻扎在军械库的院子里，从而切断了叛乱者们全部的退路，罗伯特·爱德华·李在后来的内战中成为南方邦联①军队的主要领导人。星期二早上天刚亮，约翰·布朗接到传唤，劝他投降，但他拒绝了。劝降的军官一离开机房，一支海军突击队就捣毁了机房的门。五分钟之后，战斗就结束了。一名海军士兵在冲突中遭到枪杀。约翰·布朗身受重伤，跌倒在地，他的两个儿子一个已经命丧黄泉，另一个也奄奄一息，四五个手下成了俘虏，只有两个毫发未损。这场经过近三年精心策划的阴谋，这一旨在解放黑奴的伟大计划，在个人冒险精神的推动下，公然藐视法律，明目张胆地借助于长矛、步枪、堡垒、游击战、囚犯、人质和劫掠，发动了一场历时三十六小时的试验性的战役，最终以全面失败而告终。约翰·布朗的武装

---

① 南方邦联，美国内战期间（1861—1865）在今天美国南部的一部分地域存在的政权。

力量总人数为二十二人，其中十人死亡，五人逃脱，七人被抓获、审判、绞死。哈珀斯镇的居民中，五人死亡，八人受伤。

虽然约翰·布朗的军事领导能力微不足道，甚至不值一提，但他的道德力量和个人勇气却连他的敌人都感到钦佩。站在弗吉尼亚州的一个法庭上，当局匆匆忙忙地宣判了他的叛国罪、造反罪、谋杀罪，整个过程仓促草率得有点不合时宜，这倒使他看上去似乎成了原告，而联邦政府似乎成了战战兢兢、惴惴不安的罪魁祸首。约翰·布朗坦率地承认了自己的行为，并用真诚的信念坦荡地为自己的目标辩护，用男子汉的坚韧与刚毅忍受自己的伤痛，迎接自己的命运。八年前，约翰·布朗在马萨诸塞州的斯普林菲尔德组织了一群有色人种抵制《逃亡奴隶法》，在一份文件中他写道："没有什么能比个人的勇气更吸引美国人民。审判一个大胆的，从某种程度来说成功的，并热切而真诚地为自己的权利辩护的人的生死问题，将会在全国引起的同情远比我们三百多万受屈辱的有色人种累积的苦难更多。"即使是现在，当纯粹的堂吉诃德式不切实际的骑士精神和他对个人和社会权利造成了实实在在的侵犯，并使他丧失生命的时候，人们依然对约翰·布朗的勇气和不幸报之以深深的同情和怜惜。当约翰·布朗面对亨利·亚历山大·怀斯州长、参议员詹姆斯·默瑞·梅森，以及众议员克莱门特·莱尔德·瓦兰迪加姆的质问，并被要求供出自己的同伙时，除了自己所做的一切，他什么也没有说，慷慨地承担了全部责任。约翰·布朗受到的宗教教育扭曲了他的人格，使他成了一个宿命论者和狂热分子。他对一个到监狱里去探望他的人说："我们所有的行动，甚至导致了这场灾难的所有愚蠢行为，远在世界诞生之前就注定会发生了。"扭曲的加尔文主义的哲学是打开约翰·布朗生平事迹之谜的钥匙。

约翰·布朗于 1859 年 12 月 2 日被定罪、宣判并处以绞刑。国会在几天后召开了会议，参议院任命了一个调查委员会来调查约翰·布朗对美国兵工厂和军械库的占领。对许多证人漫长而彻底的审问清楚地揭露了约翰·布朗的各种个人谋划，却没能查出波士顿有六名激进的废奴主义的牧师也是这场阴谋的参与者。这些同谋者当时或后来也没有通过声称基督曾教唆叛国、支持阴谋，

约翰·布朗的最后时刻

或领导反叛已经确立的政府的武装起义，来为自己的行为辩护。从头至尾，整个事件都是该受到谴责的，并且带来了恶果。现代文明以及共和政府要求，除了保护生命和肢体所必需的自卫之外，一切强制性改革都必须依法实施。

从政治角度来看，哈珀斯渡口的袭击事件的主要影响是激化了矛盾，加重了各方的怨愤。来自密西西比州的杰斐逊·汉密尔顿·戴维斯、来自弗吉尼亚州的詹姆斯·默瑞·梅森，以及来自印第安纳州的菲奇，都是参议院调查委员会的民主党参议员。他们都在积极地搜寻能让逍遥法外的共和党人对约翰·布朗的袭击负责的证据，却无果而终。他们觉得自己有义务报告，他们不能推荐任何立法应对今后可能发生的类似案件，因为弗吉尼亚州的"入侵"不是宪法

漫画：约翰·布朗展示害死自己的刽子手

中提及的那种，而"仅仅是无法无天的暴徒的行为，并没有公共或政治权威的授权"。来自佛蒙特州的雅各布·科拉默和来自威斯康星州的詹姆斯·鲁德·杜利特尔，是该委员会的共和党参议员，在他们的少数派报告中，他们认为这件事是堪萨斯的亲奴隶制派别的不法行为的附带产物。然而，提到来自伊利诺伊州的参议员斯蒂芬·阿诺德·道格拉斯，显然他的目标是让自己与南方走得更近，并为自己的异端邪说——弗里波特主义自圆其说。他做了一个长长的演讲，再次引用亚伯拉罕·林肯在斯普林菲尔德的演讲和威廉·亨利·西沃德在罗彻斯特的演讲，并指出它们都包含有革命学说。主张通过法律惩罚一个州或一个地区内反政府、反人民，或者反他人财产的阴谋。

在全国范围内，和在国会一样，约翰·布朗的袭击引发了激烈的讨论和形形色色的评论——有些人诅咒他，说他是罪有应得的重犯。而其他人尊崇他，说他是圣人。特别是那些在精神上鼓励他，或用金钱支持他的波士顿的朋友，对他极尽赞许和钦佩。在他被执行绞刑的那一天，支持他、敬仰他的人们为他举行了宗教仪式，敲响了丧钟。西奥多·帕克牧师说："从绞刑架到天堂的路和从帝王的宝座到天堂的路一样短，或许也一样容易。"亨利·戴维·梭罗说："一千八百多年以前，耶稣被钉死在十字架上。也许今天早上，首领约翰·布朗也被挂在了绞刑架上。这是一根链条的两端，两者并非毫无关联。"拉尔夫·沃尔多·爱默生用了更加强有力的字眼，已经称他为"一个新的还在等着殉道的圣人。如果受此磨难，他将会使绞刑架像十字架一样光荣"。

在这场争论中，自由州的公共舆论并没有走向极端。它既不接受伟大的演说家温德尔·菲利普斯的声明"这一重要时刻的教训就是叛乱"，也不赞成大律师查尔斯·奥康纳的断言，"奴隶制本身作为一种制度，对两个种族都有利"。

约翰·布朗处决现场

如果我们不引用亚伯拉罕·林肯对袭击哈珀斯渡口的看法，那么这一章就不完整了。这一事件发生后的几个月内，他就对其做出了平心静气和基于常理的批评，而普通民众则是经过了四分之一个世纪之后，才大体上得出了这样的结论：

　　现在的奴隶起义并不比组建共和党之前普遍。是什么导致了二十八年前的南安普顿起义？那一次丧生的人数至少是哈珀斯渡口的三倍。你可不能随意插上想象的翅膀，认为南安普顿叛乱是"黑人共和主义的产物"。在美国目前的局势下，我认为一场普遍的甚至是非常广泛的奴隶起义是不可能的。因为不可或缺的一致行动是不可能达到的。奴隶没有快速通信的手段。煽风点火的自由民，无论是黑人还是白人，也不可能为奴隶们提供快速通信的手段。爆炸物随处都是，但既没有也不能提供至关重要的联合训练。

　　南方人总是宣扬奴隶对男女主人的感情多么深厚，至少有一部分是真实的。一场起义的秘密计划刚刚制定好，并传达给二十个人，其中就会有某个人，为了拯救一个最喜欢的男主人或女主人的生命，而泄露秘密。这就是规则。海地的奴隶起义也不例外，只是环境不同罢了。英国历史上的火药阴谋[①]，虽然与奴隶无关，却是一个更加恰当的例证。在那个案件中，只有大约二十个人获准知晓那个秘密，然而，其中一人急于救一个朋友，将这个阴谋告诉了那个朋友，从而使他避免了那场灾难。偶尔会有在食物中下毒的事件，或在田地里公开或秘密的杀害事件，地方起义增加到二十次左右，都会作为奴隶制的自然结果而继续发生。然而，正如我所认为的那样，在这个国家，在很长一段时间内，普遍的奴隶起义不可能发生。无论是对这一事件感到害怕的人还是对它翘首以待的人同样都会大失所望。

　　约翰·布朗的努力很奇特。这不是奴隶起义。这是白人试图激起奴隶起义，而奴隶们拒绝参加。事实上，这件事是如此荒谬，以至就连无知的奴隶们都清楚地看到它不可能成功。就其哲学意义来看，这一事件与历史

---

① 指1605年天主教教徒对新教徒贵族的暗杀活动。

上许多有关暗杀国王和皇帝的企图一致。一个宗教狂热分子对于一个民族遭受压迫的事实感到忧心苦闷，直到他幻想自己受上帝的委派解放他们。他冒险尝试，除了丢掉自己的性命，他并未得到任何别的结果。就其哲学意义来看，菲利斯·奥尔西尼企图刺杀拿破仑三世与约翰·布朗企图攻打哈珀斯渡口是完全相同的。在一种情况下把责任归咎于老英格兰，而在另一种情况下把责任归咎于新英格兰的这种愿望并不能否定这两件事的相同之处。

哈珀斯渡口事件激化了党派矛盾，矛盾的升级表现在对众议院议长职位的长期而艰苦的竞争中，正和纳撒尼尔·普伦蒂斯·班克斯当年竞选众议院议长时的情况一样。继《莱康普顿宪法》的公开辩论之后，在1858年的国会选举中，民主党人又一次失去了对众议院的控制权。一百一十三名共和党人、九十三名执政的民主党人、八名反对《莱康普顿宪法》的民主党人和二十三名南方的美国人党当选为国会代表，这二十三名南方的美国人党名副其实，他们主要是来自蓄奴州的反政府的人。

第三十六届国会是在约翰·布朗被处决三天后开幕的，选举议长是新组成的众议院的第一项工作。没有获得多数票的共和党人没有进行党内提名。然而，来自俄亥俄州的约翰·舍曼在第一轮投票中获得了最多的支持者，随后又得到了他们的联合投票。就在这时，来自密苏里州的一位成员提出了一项决议，宣布："北卡罗来纳州的一个名叫欣顿·罗恩·赫尔珀的人写了一本称为《如何应对迫在眉睫的南方危机》的书，其中的教义和见解是对国内和平与安宁怀有敌意的，是宣扬造反的。只有那些没有认可、推荐过这本书或者其概要手册的众议院的成员，才有资格做这个议长。"

这项决议是针对约翰·舍曼的，因为他曾经与上一届国会的大约七十名共和党人联合签署了一项通告，认可并推荐这本书，他们普遍声明，说这是一本由一个南方人写的反奴隶制度的书。这本书是专门写给那些没有蓄奴的南方白人的，主要是由统计数据组成的，偶尔会有几段表达对奴隶主的怨恨和报复情绪。它是否可以被看作"宣扬造反"完全取决于评论家的观点是亲奴隶制的还是反奴隶制的。此外，作者还同意，那些令人厌恶的段落不应该印制在共和党人在其通告中推荐的概要手册中。当约翰·舍曼受到质问时，他回答道，他从未见过这本书，还说："我反对自由州的任何人干涉任何蓄奴州的奴隶主和奴隶之间的关系。"然而，他的否认并没有消除南方对他的敌意。食火者们抓住这一借口，指控约翰·舍曼心怀各种各样的"废奴"意图，并通过激烈的辩论和威胁分裂联邦的话语，让众议院在将近两个月内充斥着革命的嘈杂声。特定的拨款已经用尽，财政部急需资金。人们做出了努力，采取了多数票的规则，并选择一个临时议长，然而，每一个这样的举动都遭到了抵制，目的是打败约翰·舍曼，或者更确切地说，通过约翰·舍曼的失败，迫使北方无条件服从极端支持奴隶制的情绪。这场斗争，名义上是事件的较量，实际上是政策的较量。

1860 年 1 月 30 日，约翰·舍曼放弃了对议长的竞选。团结的共和党人将票投给了另一位来自新泽西州的共和党人威廉·彭宁顿。他于 1860 年 2 月 1 日以一百一十七票当选为议长，还得到了四名反对党的成员的支持。尽管南方的成员极力阻挠，他们却一无所获。在漫长的竞争中，通过四十四次投票，他们的选票散布在许多不同派别的候选人手中。而共和党人几乎保持了党内纪律始终如一的稳定。从总体上来看，这场斗争的主要结果是：将党派划分得更加彻底。使南方的情绪走向分裂。并争取自由州摇摆不定的选民来支持共和党的教义。

第12章

亚伯拉罕·林肯在库珀研究院的演讲

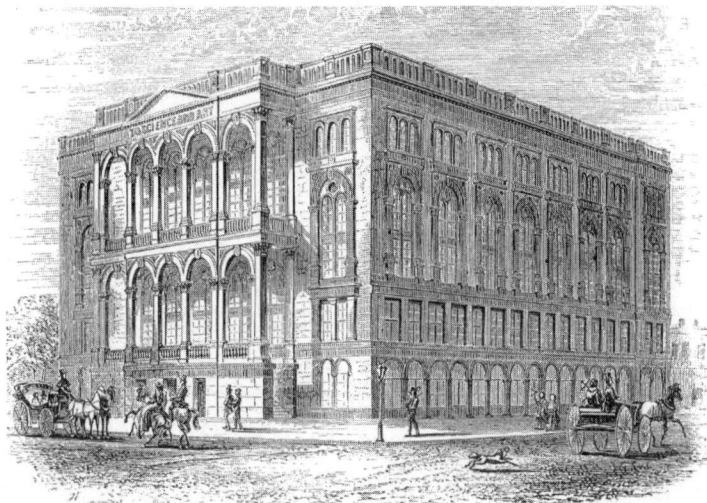

精彩
看点

亚伯拉罕·林肯在 1859 年秋季收到的众多邀请他演讲的信中，有一封来自一个委员会，邀请他到布鲁克林区的普利茅斯教堂演讲。那里当时正在举办一个为大众娱乐而设计的讲座。亚伯拉罕·林肯说："我写道，如果我有时间，没有别的安排的话，如果他们需要一场政治演说的话，我可以在二月份做。"他收到的回信里说："您的来信已收讫，并上交给了委员会。他们接受您的折中方案。您可以按照您提到的时间演讲。他们会付给您两百美元。我想他们也会在纽约安排一次讲座，并为此也付给您两百美元。"

　　也许是经济上的困难，抑或是其他原因，使约定好的演讲被转移到了一个新的委员会，因此，邀请信又以新的形式重复了一遍："本市（指纽约市）的青年中央共和党联盟非常诚恳地希望您能在接下来的一个月里发表我所谓的政治演讲。这次的讲座有如下几个特点：已经确定了一系列的演讲。首场是不久前由圣路易斯的蒙哥马利·布莱尔做的。第二场将在几天后由卡修斯·马塞勒斯·克莱先生来做。第三场我们宁愿由您而不是任何其他人来做。关于观众，我要补充一点，这不是一般的政治集会。这些讲座是精心设计的，目的是召集来我们更好，却更忙碌的公民。他们从来不参加政治集会，大部分观众都是女士。"

　　然而，亚伯拉罕·林肯仍然以为演讲将会在布鲁克林区举行。直到他到达

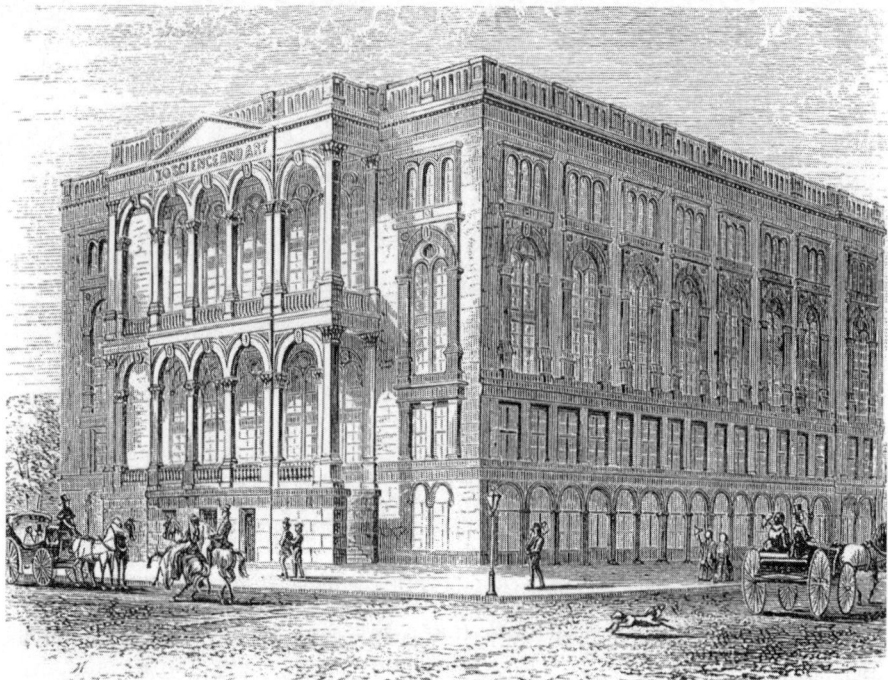

库珀研究院

纽约去履行自己的约定时，他才了解到，演讲地点改到了库珀研究院。1860年2月27日晚上，当他站在听众面前时，他看到的不仅是一所座无虚席的房子，还有密密麻麻的听众。根据他谦虚的自我认知，其中的许多人是他宁愿向对方请教，也不愿意向对方提供指导的。威廉·卡伦·布莱恩特主持会议。戴维·杜德利·菲尔德二世陪同演讲者走上讲台。前任州长约翰·艾尔索普·金、贺瑞斯·格里利、詹姆斯·沃伦·奈、詹姆斯·A.布瑞格斯、赛法斯·布瑞纳德、查尔斯·库珀·诺特、海勒姆·巴尼和其他人坐在嘉宾席上。第二天早晨，《纽约论坛报》报道："继亨利·克莱和韦伯斯特之后，我市出席亚伯拉罕·林肯先生的这次讲座的知识分子和文化精英的人数是最多的。"当然，出现这样的集会不仅仅是偶然的。不仅是因为亚伯拉罕·林肯的名字近两年来不断见诸报端，而且不管是友好的还是敌对的评论，都会把他的名字与自由州的两位高级政治领袖——威廉·亨利·西沃德和斯蒂芬·阿诺德·道格拉斯——联系在一

詹姆斯・沃伦・奈

起。纽约的代表们自然渴望看到和听到一个到底是通过怎样的雄辩和口才，吸引了如此多的公众注意力的人。我们也可以很恰当地推断，从他这方面来说，亚伯拉罕・林肯也和纽约的代表们一样好奇。他也想检验一下自己的演讲对纽约这群更有学问，更加挑剔的听众的影响，是否比对那些在他西部露天竞选集会上的听众的影响更大。这种相互的兴趣显然对双方都有好处。这使听众们能够聚精会神、认真聆听，并确保他在演讲中能深思熟虑、突出重点，使他能够准确、统一地阐述自己的论点。也许在他所有冗长的演讲中，这一次达到的效果是他最满意的。

他把参议员斯蒂芬·阿诺德·道格拉斯在俄亥俄州的后期竞选中说过的一句话，作为他演讲的主题："当我们的先辈们在组建我们赖以生存的这个政府的时候，他们对该问题的理解和我们一样好，甚至比我们理解得更好。"亚伯拉罕·林肯用律师的严谨和精确对"该问题"做了如下的定义：

"联邦政府与地方当局的适当划分，或宪法中的任何地方，禁止联邦政府控制我们联邦领土上的奴隶制吗？对此，参议员斯蒂芬·阿诺德·道格拉斯持肯定态度，共和党人持否定态度。这种肯定和否定构成了一个议题。而这个议题——或者说'该问题'——恰恰是上面的引文中所宣称的，说我们的先辈们'比我们理解得更好'。"

从这个"精确而一致的出发点"开始，接下来，亚伯拉罕·林肯通过细致入微的历史分析，追溯了"我们的先辈们"通过他们在制定宪法之前在国会的投票和声明，以及国会召开后提出的十二项修正案和颁布的各种各样的领土禁令，组建"我们赖以生存的这个政府"的行动。他的结论具有不可抗拒的说服力。

亚伯拉罕·林肯说："总的来说，在我们三十九位制定了原始宪法的先辈中，有二十一位——显然在总数中占多数——当然明白，联邦政府与地方当局的适当划分，或宪法中的任何地方，都不会禁止联邦政府控制我们联邦领土上的奴隶制。而其余的人可能有相同的理解。毫无疑问，这就是我们制定了原始宪法的先辈们的理解。上面的引文断言，说他们对该问题'比我们理解得更好'。……可以肯定的是，如果我们把那三十九位原宪法的制定者和那七十六名随后制定了修正案的国会成员合到一起，那肯定也包括了那些可以被公正地称为'组建了我们赖以生存的这个政府的我们的先辈们'。如果是这样的话，任何敢说这些先辈中的任何一个人，曾经在他的一生中，根据自己的理解，宣称联邦政府与地方当局的适当划分，或宪法中的任何地方，禁止联邦政府控制我们联邦领土上的奴隶制的人，我都要公开地反对他。我还要更进一步。任何敢说全世界所有生活在17世纪初之前，我几乎可以说在17世纪的后半个世纪之前的任何人，曾经根据自己的理解，宣称联邦政府与地方当局的适当划分，或宪法中的任何地方，禁止联邦政府控制我们联邦领土上的奴隶制的人，我都要公开地反对他。我对现在那些敢于口出如此狂言的人敬而远之，不仅是'组建了我们赖以生存的这个政府的我们的先辈们'，还有所有其他生活在建立了该政府的17世纪的任何人。那些口出狂言的人在这些人当中，找不到一个人会和他们苟同。

"现在，在这里，我还是小心一点的好，以免别人误解。我并不是说，我们的先辈所做的一切，我们都必须毫无保留地遵从。这样做将会抛弃当前经验带来的所有曙光和希望——拒绝所有改善，所有提高。故步自封，止步不前。我真正想说的是，如果我们无论如何都将取代我们先辈的意见和政策，那我们就应该依据如此确凿的证据，如此明确的论点，以至即便是他们经过公正考虑和权衡的威信也站不住脚。而且关于我们自己宣称他们能比我们更好地理解这个问题，在这种情况下，他们的威信肯定是站不住脚的。"

如果听众中的一部分人期望听到一个"半马半鳄"（此处指美国东部发达地区的人们对西部边远地区的人们的一种误解和轻视，形容外貌粗俗丑陋，不够文雅）的西部的巡回演说家天花乱坠、辞藻华丽的演讲，那他们遇到的将是一种未曾料到的新奇风格。在亚伯拉罕·林肯的整个演讲中，他既没有妙趣横生，也没有妙语连珠。演讲的前半部分甚至连一个说明性的数据或诗意的幻想都没有，有的只是关于一条抽象的立法原则，历史学家冷静而犀利的阐述和政治家简洁而紧凑的推理，语言平实、措辞谨慎，几乎和他在法庭上辩论时的状态一模一样。然而，正是这种恰如其分的词语、简洁精确的句子、明晰有力的阐述、公平公正的论点和令人信服的结论，深深地吸引住他的听众，并让他们感受到孩子们在轻松掌握了一个简单的数学要点时所感受到的那份快乐。

亚伯拉罕·林肯就这样赢得了他的听众们的心理上的支持与信任。接下来，他提起了公众普遍关注的更突出的话题，通过对南方人民的善意的劝告和抗议，表明他们在指控共和党犯了地方主义、激进主义、怀有革命的目的、参与了约翰·布朗的袭击以及类似的政治罪行时，是多么的迫不及待、不合情理和有失偏颇，他们不仅没有采取任何行动来证明这些指控，甚至遭到了不断的否认和坚决的反驳。他在结束主题中的这一话题时用到的例证，在说服力上是没有人能够超越的：

然而，你们不会容忍共和党人当选为总统！如果这个假定的事件成了事实，你们说，你们将毁掉联邦。然后你们又说，毁掉联邦的天大的罪过将由我们承担！你们翻手为云、覆手为雨，真是酷毙了！一个拦路抢劫的强盗把手枪对准我的耳朵，咬牙切齿地说："站着别动，把东西交出来，不然我就杀了你，那么你就成了杀人犯！"我敢肯定，强盗想要的是我的钱。这是我自己的，我有明确的权利来留下它。但它不再是我自己的。选票也不再是我自己的。用死亡的威胁来勒索我的钱，和用毁掉联邦的威胁来勒索我的选票，这两者在原则上几乎是无法区分的。

然而，亚伯拉罕·林肯的演讲令人印象最深刻，也是最宝贵的特征是它的结论部分。在这一部分，特别是在针对共和党人的建议中，他用平心静气但热心诚挚的语言指出，潜在的真正冲突是在奴隶制内在的正确与错误这个问题上，双方道德信念的差异。针对这一问题，他明确规定了自由州应尽的职责。

亚伯拉罕·林肯说道："现在，我有几句话要向共和党人说。我们极其希望，这个伟大联邦的所有部分都能和谐相处。让我们共和党人尽我们所能维护它的和平。即使被激怒了，我们也不能因为热血沸腾、脾气暴躁而轻举妄动。即使南方人民不愿意听我们的话，那就让我们冷静地考虑他们的要求。认真考虑我们的职责后，如果有可能，我们就屈服于他们。根据他们所说的和所做的，并根据他们与我们争论的主题和性质，如果可以的话，让我们来判断什么才能使他们感到满意。

"如果无条件地把一个即将加入联邦的地区交给他们，他们会满意吗？我们知道他们不会。在他们目前针对我们提出的所有申诉中，几乎没有提到即将加入联邦的地区。入侵和叛乱正在肆虐泛滥。如果未来我们与入侵和叛乱毫不相干，他们会满意吗？我们知道他们不会。我们之所以知道他们不会感到满意，是因为我们知道，我们从来都与入侵和叛乱毫不相干。然而，即便是这样完全放弃权利，还是免除不了我们受到指控和谴责。

"问题又来了。那什么才能使他们感到满意呢？简单地说，我们不仅不能去打扰他们，而且我们必须设法让他们相信，我们的确不会去打扰他们。根据以往的经验，我们知道这不是一件容易的事。我们从一开始就试图让他们相信我们的组织，但没有成功。在我们所有的纲领和演讲中，我们不断地声明我们的目的是不去打扰他们，但他们并不可能相信。同样徒劳无益的，是让他们相信这一事实：他们从来没有发现我们当中的任何人有任何打扰他的企图。

"这些合乎常理、恰当充分的手段都失败了。什么才能让他们相信呢？这一点，也只有这一点，才能让他们相信：停止说奴隶制是错的，并加入他们，说它是对的。而且这一点必须在行动和言语中彻底地做到。他们不能容忍我们保持沉默。我们必须公开地向他们承认。参议员斯蒂芬·阿诺德·道格拉斯新提出的《煽动叛乱法》必须制定并执行。无论是在政治上、报刊上，还是在讲坛上，或在私底下，都禁止发表所有宣称奴隶制是错误的声明。我们必须心甘情愿地逮捕并归还他们的逃亡奴隶。我们必须废除我们自由州的宪法。只有当整个大环境中没有了反对奴隶制的情绪之后，他们才会相信，他们所有的麻烦都不再来自我们。

"我很清楚，他们没有以这种方式明确地陈述他们的情况。他们中的大多数人可能会对我们说："别打扰我们，别管我们的闲事。关于奴隶制，你们爱怎么说就怎么说。'但我们的确没有——从来就没有打扰过他们。毕竟，这是我们说的，所以这并不会让他们感到满意。他们会继续指责我们，直到我们停止说话。

"我还意识到，到目前为止，他们还没有明确要求推翻我们自由州的宪法。然而，这些宪法宣布了奴隶制的错误，比所有其他言论都更庄严地强调了对它的反对，当他们压制了所有这些其他言论之后，就会要求推翻这些宪法，没有任何东西可以抵制他们的这种要求。事实上，他们现在并没有要求全盘推翻这些宪法。根据他们做的事，以及他们这么做的原因，他们是不达目的誓不休的。正如他们所做的那样，他们认为奴隶制在道义上是正确的，在社会上是高尚的，他们会把它看作合法权利和社会福祉，不断地要求全国人民承认它。

"我们也不能理直气壮地拒绝他们的要求，除非我们坚信奴隶制是错误的。如果奴隶制是正确的，所有反对它的言论、行动、法律和宪法本身就是错误的，应该遭到压制和清除。如果奴隶制是正确的，我们就不能以任何正当的理由反对它国有化和全球化！如果奴隶制是错误的，他们就不能以任何正当的理由坚持推广它——奴隶制的扩大化。只要我们认为奴隶制是正确的，他们所要求的一切我们都可以欣然同意。只要他们认为奴隶制是错误的，我们所要求的一切他们也都可以欣然同意。他们认为它是正确的，我们认为它是错误的，所有的争论正是基于这个确切的事实。正如他们所做的那样，他们认为奴隶制是正确的，既然是正确的，他们就不应该因为渴望使它得到全国人民的承认而受到责备。然而，正如我们所做的这样，如果我们认为奴隶制是错误的，我们能向他们屈服吗？我们能投票赞成他们的观点，而反对自己的观点吗？！鉴于我们的道德、社会和政治责任，我们能做到这一点吗？

　　"虽然我们认为奴隶制是错误的，但我们还是可以不去打扰它，依然让它在那里存在，因为那些地区实行奴隶制是因为其实际存在于这个国家的必要性。然而，当我们的选票将要阻止它的时候，我们能让它蔓延到全国的范围内，并超越我们自由州吗？如果我们的责任感不允许这样，那就让我们勇敢而有效地履行我们的责任。不要让那些他们在我们耳边不停地唠叨的、强词夺理的花言巧语转移了我们的视线。他们的诡辩数不胜数，比如在对与错之间寻求一个中间地带，这么做是徒劳无功的，就好想要寻找一个既不是活人又不是死人的人。比如对所有正直的人都关心的一个问题采取"不关心"政策。比如联邦呼吁真正热爱联邦的人向分裂联邦的人屈服。比如颠倒神圣的法则，不要求罪人，而要求正直的人悔改。比如对华盛顿方面的呼吁，恳求他们收回乔治·华盛顿所说的话，撤销乔治·华盛顿所做的事。

　　"不要因为我们的职责而让诽谤中伤我们，也不要因为我们的职责而让分裂联邦的威胁和监禁我们的地牢吓退我们。让我们相信正义能产生力量，而在这种信念中，让我们敢于按照我们的理解去履行自己的职责，并坚持到最后。"

　　对亚伯拉罕·林肯极具说服力的论点，观众报以会心的微笑、赞赏的笑声、雷鸣般的掌声，这让亚伯拉罕·林肯明白他的观点已经得到认可。第二天早上，纽约四家主要的日报完整地刊登了这份演讲稿，并热情洋溢地指出了它的优点和效果。《纽约论坛报》评论道："亚伯拉罕·林肯先生是一个天生的演说家，仅仅用他罕见的影响力来阐释和说服，便水到渠成地产生了令人愉快和激动的效果。我们在此附上这篇非常完整和准确的演讲稿，然而，亚伯拉罕·林肯先生在演讲过程中的声调、手势、明亮的眼睛和喜怒哀乐的表情又岂是记者们的文采所能表现出来的！济济一堂的演讲会场频频爆发出热烈的欢呼和掌声，当演讲结束时，此起彼伏的欢呼和掌声更是经久不息。在此之前，还从来没有人第一次演讲，就给纽约的观众留下如此深刻的印象。"

《纽约论坛报》又立即宣布将重新出版一本关于这份演讲稿的小册子。后来，在总统竞选中，他们又编写了一本关于这份演讲稿的更加认真仔细的小册子并广为散发，主办这场演讲的委员会的两名成员在其中添加了大量的注释。我们值得引用他们刊登在前言中的评论，以便在批评性分析中体现亚伯拉罕·林肯这次演讲的文学价值："任何确实试图核实这份演讲稿中的细节的人，都能够理解它所体现出的作者的耐心研究和在调查历史事实方面所做出的努力。我们早期的政治史散见于许多期刊、章程、小册子和书信。这些在陈述的完整性和准确性、在索引和目录中都有缺陷。任何没有认真查阅那段历史的人都不可能体会到，亚伯拉罕·林肯先生从"先辈们"对奴隶制一般问题的宣言出发，提出他所讨论的单一问题时所用到的每一个琐碎细节的准确性，或者自我否定的公正性。从第一行到最后一行、从他的假设到他的结论，都有着逻辑学家望尘莫及的迅捷、准确和直率。他论据充分，毫无矫揉造作之嫌。事实详尽，毫无生硬枯燥之感。一个简单、平实的英语句子却包含了一段重要的历史，在某些情况下，这么长的历史事实需要花费几天的工夫才能验证它的真实性，而作者一定是花费了几个月的时间才能通过调查得到它。"

离开纽约后，亚伯拉罕·林肯又如约去了新英格兰的几个地方演讲，在那里，他受到了同样热烈的欢迎和殷勤的接待，也给观众，尤其是给那些带有批判性眼光的、博学多才的聆听者留下了同样深刻的印象。他们惊讶地发现了一个事实：一个从目不识丁的西部边疆拓荒者们中间脱颖而出的政治家，不仅能将朴实有力的话语塑造成新鲜的、极具吸引力的措辞，还能长久坚持一个清晰的、令人心悦诚服的论点，这在效力和风格上，无异于他们大学课本中最好的范例。

第 **13** 章

查尔斯顿民主党全国代表大会

美国北方与南方之间、自由与奴役之间的政治斗争正在接近高潮。"不可抑制的冲突"已经令人不安地从党团会议转到了国会，从国会转到了堪萨斯。顺便又转到了最高法院和各州的国会委员的选举中，又从堪萨斯转回了国会，这一次比以往更加激烈。这一冲突注定要通过的下一个阶段是 1860 年的总统大选。从很大程度上来说，其最终的结果必然取决于各个政党的态度和关系，以及他们的纲领和各自的全国代表大会选举并宣布的候选人。

最先召开全国代表大会的是民主党。经过长期准备，大会于 1860 年 4 月 23 日在南卡罗来纳州的查尔斯顿召开。该党的命运曾经大起大落。1854 年，废除《密苏里妥协法案》让该党遭受了灭顶之灾。在詹姆斯·布坎南的总统大选中，它重获胜利。1856 年，众议院的大多数成员都是民主党人。随后，1858 年的国会选举中，《莱康普顿宪法》带来的错综复杂的局面再度导致该党的失败。然而，比其对手的胜利更糟糕的是其内部不可调和的分裂，即詹姆斯·布坎南总统和参议员斯蒂芬·阿诺德·道格拉斯之间的公开斗争。总的来说，南方的民主党人紧随詹姆斯·布坎南，而北方的民主党人则紧随斯蒂芬·阿诺德·道格拉斯。然而，也有局部的、个别的例外，因而我们不能如此精确地计算。查尔斯顿代表大会能否消除领导人之间的不和，弥合政策和原则上的分歧呢？随着时间的推移，各州先后选出了各自的代表团。和解的希望逐渐消失。民主党的各个派系都勠力同心，强强联手。每个核心小组和会议只是强化了现存的分歧。当大会召开的时候，其成员带来的不是自由授权的政客们惯用的手段和权宜之计，而是经过精心规划的、其选民们投票赞同的条款。他们只是送信人，而不是仲裁员。查尔斯顿代表大会与前一次的辛辛那提代表大会截然相反。在辛辛那提代表大会上，隐蔽掩饰和模棱两可一直是其中心思想和宗旨。每个人都渴望欺骗和被欺骗。代表们、选民们和领导人们，都心甘情愿地参与了"欺骗和被欺骗"的游戏。

在查尔斯顿代表大会上，不可能有类似的隐蔽掩饰、模棱两可或讨价还价。一大堆连带的问题让人左右为难，但核心问题不能逃避。莱康普顿问题、弗里波特主义、财产理论、"蓄奴州"的信条、国会的奴隶法提案，都必须勇敢地面对，并公正地调整。即使代表们倾向于玩弄他们的选民，领导人们自己也不会容忍回避某些大是大非的问题。斯蒂芬·阿诺德·道格拉斯在给朋友多尔的信中，宣称他决不允许篡改民主党的纲领。在回应杰里米亚·沙利文·布莱克法官的小册子中，斯蒂芬·阿诺德·道格拉斯反复强调了自己的决心："假如我真的是一位总统候选人，难道这一事实就能证明其他总统候选人联合起来对付我、号召人们讨伐我是正确的吗？仅仅是因为我现在大胆地公开承认了，在最后一次总统选举中，他们和我保证过的同样的原则！他们每个人都想象，他的成功取决于我的毁灭。难道这是对政治正统性进行新的考验的一个充分理由吗？……我宁可当一个参议员，甚至是一个普通的公民，这样我就能自由地捍卫和维护民主党界定明确的原则，也不愿在一个与地区自治原则、或各州保留的权利，或在宪法下联邦的永世长存相背离的纲领下，接受总统候选人的提名。"

一方面，该声明非常清楚地界定了这一问题。另一方面，它也得到了同样明确的回答。人们已经公认杰斐逊·汉密尔顿·戴维斯是跟随詹姆斯·布坎南总统的参议员中最能干的民主党领导人。他撰写了一系列旨在构成政府或南方民主党信条的决议，并于1860年2月2日提交给美国参议院，后来经过修订，在民主党参议员的一个党团会议上得到正式批准通过。这些决议表达了党的一般性原则。在两个有争议的问题上提出武断的主张。斯蒂芬·阿诺德·道格拉斯恰恰指责它们是让人无法忍受的异端邪说。其一是第四号决议，它宣布"无论是通过直接或间接和不友好的立法，美国国会和地方议会都无权取消或损害宪法赋予美国公民把他的奴隶财产带入一个地区的权利，并且，只要这个地区还未正式加入联邦，他们就有权在那里蓄奴并享受与原来同样的权利"。其二是第五号决议，它宣布"如果在任何时候，经验表明，司法机关和行政机关不具备足够的在一个地区保护宪法权利的手段，如果这个地区的政府不能或拒绝为此提供必要的补救措施，那么，国会将有责任采取措施，以弥补这种不足"。

民主党的党纪是如此严明，以至公众满怀信心地期待至少会达成一个暂时的协议或联合，以便通过共同的努力，使各派系进行一次充满希望的总统竞选。然而，在这个方向上没有任何进展。当全国各地的民主党人齐聚在查尔斯顿时，显著的差异不证自明，一方对候选人充满了无限的热情，另一方却热心而执着地坚守着某一想法。

一位目光敏锐的记者写道："斯蒂芬·阿诺德·道格拉斯是查尔斯顿民主党代表大会的关键人物。每个代表都要么赞成他，要么反对他。每一个动作都意味着要么提名他，要么不提名他。每一次国会斗争都要么支持他，要么反对他。"这是表相，事实上也是北方民主党人真实的感受。斯蒂芬·阿诺德·道格拉斯是一位真正受欢迎的领导人。他有能力激发出一种纯粹的个人热情。他唤起了这样的英雄崇拜，这在现代和美国政治中是可能的。然而，除此之外，《莱康普顿宪法》引起的争议，以及詹姆斯·布坎南政府对他的公开迫害，使北方的民主党人必然会拥护他做他们的领导人，并选举他做总统候选人。

从某种程度来说，斯蒂芬·阿诺德·道格拉斯与南方民主党人的感情更深一些。他们忘了他们过去欠他多少，他们将来还能从他身上得到多少。他们只看到他现在是他们的绊脚石，是他们获得充分和最终成功的障碍。他们反对的，并下定决心消灭掉的，是斯蒂芬·阿诺德·道格拉斯的信条——主权在民和"不友好的立法"，而不是他本人。其他任何持有这些异端邪说的人都和斯蒂芬·阿诺德·道格拉斯同样令人讨厌。他们没有自己的候选人，也不崇拜任何一个领导人。但他们坚定不移地遵循一个原则。他们不仅不屈不挠地坚持财产理论，而且大胆地做出逻辑推论——国会保护一个地区的奴隶制。

关于该大会的初步工作，没有什么值得记录的——通过相互竞争的代表团之间的喧闹和抗议，以及议会的小规模冲突，各个派系都在估摸和掂量彼此的实力。凯莱布·库欣当选为大会的常务主席主要有三个原因：其一，他来自马萨诸塞州。其二，他是民主党内最能干的理事长。其三，他当时对南方的观点表现出莫大的愚忠。该大会的实际特征很明显，即两个派系都同意，在提名候选人之前共同努力，制定纲领。他们成立了由各个州选派的一名成员组成的常务委员会，并将大会上收集到的堆积如山的决议提交给了它。

如果有可能和平解决奴隶制问题的话，这个纲领委员会就会找到它，因为它忠实地、竭尽全力地想要完成这个奇迹。但经过三天三夜毫无结果的提议和劝说，委员会再次出现在大会上。他们在四个问题上达成了全部或实质性的协议。除了正式重申 1856 年的辛辛那提纲领之外，他们还建议大会支持：第一，切实地执行《逃亡奴隶法》。第二，保护入籍的公民。第三，建设一条太平洋铁路。第四，收购古巴岛。然而，在一个地区的奴隶制这个主要议题上，他们不得不报告说，即使是大概的一致意见也是不可能达到的。在不加掩饰的悲伤中，他们接下来给出了两份截然不同的报告。大会根本还没有意识到，在委员会的秘密会议室里，伟大的民主党遭遇了致命的毁灭。他们还在急切地听取委员会多数派和少数派的报告和解释性发言。

多数派的报告直接植根于财产理论和国会保护。来自北卡罗来纳州的埃弗里先生说，它是以十七个州的一百二十七张选举人票的名义提出的。其中每一张选票都将投给被提名人。他认为，在占领新的地区方面，南方人无法与北方的移民援助社团竞争。这些人可以把一位选民派往一个新的地区，总共花费两百美元，而南方人则要花费一千五百美元。通过移民获得政治权力，允许地区议会决定奴隶制问题，南方将通过像威尔莫特附文那样的法律条款被排除在一个新的地区之外。必须占领古巴，这个伟大国家的旗帜必须飘扬在墨西哥和中美洲国家的领土上。然而，如果你要运用这一主权在民的信条，并建立一个从太平洋到大西洋的自由州的警戒线，那么将来，南方将向哪里移民呢？他们要求带着财产移民的平等权利，并在一个地区未正式加入联邦之前得到国会的保

亨利·B.佩恩

护。他们会把奴隶制的问题交给这个地区召集的代表大会。在制定州宪法时，由他们自己来决定奴隶制的存废。他们想解决一个争论不休的问题，并让民主党制定一个明白无误的纲领，而不是一个双面的纲领——一面朝北、一面朝南，除此之外，他们没有别的目的。

来自俄亥俄州的亨利·B.佩恩，提出并捍卫了少数派的报告。该报告声称，所有关于各州和地区的财产问题都具有司法性质。民主党将遵守最高法院过去和未来有关它们的决定。亨利·B.佩恩解释说，虽然多数派的报告得到了十五个蓄奴州和两个自由州的支持，代表了一百二十七张选举人票，但少数派的报告是由十五个自由州签字认可了的，代表了一百七十六张选举人票。他认为，在民主党的普遍同意下，辛辛那提纲领将奴隶制这个问题交给了一个地区的人民，宣布国会绝不能以任何方式干预，所有的争议都应该由法院解决。现在，多数派的报告的主张是彻底收回辛辛那提纲领的两条基本原则。北方人的头脑已经完全接受了这一伟大的主权在民的学说，你不可能把它从他们的心里掏走，除非你连同他们的心一起掏出来。亨利·B.佩恩说道："我重申，在国会不干预这个问题上，我们已经通过国会的法案做出了承诺，我们已经通过民主党全国代表大会的法案做出了承诺。我们不能自食其言、自取其辱，因此，为了我们永远不会出尔反尔，愿上帝给我们力量！"

在这些极端的建议之间，来自马萨诸塞州的纲领委员会的另一位成员本杰明·富兰克林·巴特勒提出了一条中间路线。他主张单纯地重申辛辛那提纲领。如果说它遭受了双重的解释，那么《圣经》和《美国宪法》也是如此。然而，除了消磨时间和逗人发笑之外，本杰明·富兰克林·巴特勒的演讲没有给代表们留下任何印象。接下来，真正的辩论赛是在来自亚拉巴马州的威廉·郎兹·彦西和来自俄亥俄州的参议员乔治·埃利斯·皮尤之间展开的。

最终结果表明，威廉·郎兹·彦西才是查尔斯顿代表大会的精英才俊，尽管一开始，该代表大会绝对没有任何这样的预感。从外表上来看，威廉·郎兹·彦西并没有传统食火者的外貌。他被描述为"一个体格结实、中等身材的人，手长腿直，方头方脸，双目顾盼生辉、神采飞扬"。"一个非常温和而有风度的人，脸上总是挂着真诚愉快的微笑，看起来好像这个世界上没有什么可以打扰他内心的平静"。此外，他还有着不可思议的、令人信服的演讲天赋。他是美国南方的温德尔·菲利普斯，因为和他的这位北方对手一样，他是个天生的鼓动者。他是所有同僚中的佼佼者、策划者和灵魂人物，也是美国以棉花种植为主要经济手段的南方诸州支持奴隶制的行为的势不可当的捍卫者。他不知疲倦，无处不在——旅行、谈话、写作、演讲、激发每一个阴谋、指挥每一个核心小组、在每次会议上发表演说并起草纲领。保卫、传播和延续非洲奴隶制度是他的使命。他是极端分子中的极端分子，威廉·郎兹·彦西认为奴隶制是合乎道德的，是神的旨意，渴望它能够扩散到更广阔的土地上去，并倾向于促成非洲奴隶贸易的重新开放，虽然这个观点并不是他本人提出来的。威廉·郎兹·彦西认为，应该废除所有禁止这种贸易的联邦法律，这样每个州都可以自行决定这个问题。更重要的是，威廉·郎兹·彦西不仅是一个鼓动者，食火者，而且多年以来，他都是一个阴险狡猾、顽固不化、促进美国南北分裂的阴谋家。占据了这样的地位，他自然而然地成为查尔斯顿代表大会上，以棉花种植为主要经济手段的南方诸州的捍卫者。南方一致同意，由威廉·郎兹·彦西来为他们过分的要求辩护。很久以前，人们就知道，他正是从这方面着手准备他的重要讲话的。

事实上，威廉·郎兹·彦西充分意识到了他和同僚们，在查尔斯顿代表大会上预先决定强制执行一个特意制定的破坏计划，并把它作为预谋分裂的前奏，因此，他站起来，面带微笑，用动听的嗓音向他的听众保证，他和来自亚拉巴马州的同僚们本身并不是分裂主义者。然后他继续他的演讲。只有它的主题是新的，但这种新颖性对北方代表来说却有着惊人的含义。威廉·郎兹·彦西说，北方民主党人在获胜的对手面前节节败退。为什么？因为他们干预并迎合反奴隶制的情绪。他们承认奴隶制是错误的，他们这么做就等于放弃了他们的论点所赖以成立的根基。他们必须找到新的方向，并改变战略战术。他们必须达到这一重要时刻的高要求，并重头再来。威廉·郎兹·彦西的讲话是一种对财产理论和国会干预的含沙射影的抗辩，旁听的人们和与会者对他的这一抗辩报之以经久不息的热烈掌声。即使这位伟大的南方煽动者的演说缺乏要点和雄辩，但查尔斯顿代表大会上这群伟大的听众有着明白无误的特征，形成了确定无疑的氛围，他们把成功奖给了他。

追随斯蒂芬·阿诺德·道格拉斯的精明强干的代表们对于刚刚暴露出来的真相感到震惊和沮丧。他们的事业失败了，他们的政党没有了。来自俄亥俄州的参议员乔治·埃利斯·皮尤，对奴隶制支持者们颐指气使的态度感到义愤填膺、怒气冲天。他感谢上帝，终于有一个大胆而诚实的人说出了南方的所有真正的要求。现在，当着全体国人的面，南方确实要求民主党更进一步。乔治·埃利斯·皮尤准确地发现，北方民主政治的没落正是南方民主党变着花样地苛求和勒索造成的。南方民主党嘲笑北方民主党的弱点，现在又告诉他们必须缄默不语，接受失败。乔治·埃利斯·皮尤说："南方的绅士们，你们想错了，我们不会这么做的。"

人们在民主党的全国代表大会上从未听到过这样的话语，整个会场鸦雀无声，就像葬礼一样安静。这是星期五的晚上，大会的第五天。人们长期以来一直对一个"危机"窃窃私语，它就是民主党不可外扬的"家丑"。这件事似乎近在眼前，即将发生，在议会的喧嚣中，人们强烈要求讨论这一"问题"，但会议主席凯莱布·库欣最终巧妙地设法休了会。

事实上，"危机"早在星期四晚上，在委员会的会议室里，在其纲领委员会的多数派与少数派的第一次报告中就出现了。查尔斯顿民主党全国代表大会直到第二周的星期一才解散。一个伟大的政党，在经历了三十年轰轰烈烈的胜利后，不可能就这样轻易地分崩离析。埃弗里先生和亨利·B.佩恩、威廉·郎兹·彦西和乔治·埃利斯·皮尤在星期五的演讲，被公认为挑衅的叫喊，还没有人把它们看作绝望的呻吟。星期六早上，詹姆斯·布坎南总统的副手，来自宾夕法尼亚州的参议员威廉·比格勒试图力挽狂澜，并引导南方走向胜利。然而，他也只能确保将两份纲领重新提交给委员会。不过，这一策略和手段还是一无所获。星期六下午，委员会再次报告了同样的分歧，只是措辞略有改变。两个对立的纲领呈现出明显的原则上的分歧——一个要求国会的干预，另一个则声明反对国会的干预。然后，在那一天剩余的时间里，与会者群情激愤，会场吵成了一锅粥，以至主席凯莱布·库欣宣布体力不支，无法继续主持这六百名绅士关于谁的嗓门最大的辩论赛，并威胁要辞去大会主席的位子。1860 年4 月 30 日，星期一，即查尔斯顿代表大会的第七天，代表们终于达成了最终的决定。本杰明·富兰克林·巴特勒的报告提出的，仅仅重申辛辛那提纲领的建议，只有一百零五人支持，一百九十八人不支持。然后，大会以一百六十五比一百三十八票，投票赞成用少数派的报告取代多数派的报告。换言之，采用斯蒂芬·阿诺德·道格拉斯的不干预的纲领。

本杰明·富兰克林·巴特勒

南方代表们的情绪很快就要爆发了，但他们还在忍耐，以棉花种植为主要经济手段的各州的代表们，绷着脸挨过了一个例行投票的混乱局面。最后，代表们又将本杰明·富兰克林·巴特勒纯粹采纳辛辛那提纲领的主张提了出来。这就像在一头疯狂的公牛面前挥舞的一块红布，只会让它更加疯狂。密西西比州宣布，辛辛那提纲领是一个针对联邦一半的州的重大的政治骗局。从那时起，以棉花种植为主要经济手段的各州不再作为查尔斯顿代表大会的一部分。当大会中场休息，暂时安静下来的时候，威廉·郎兹·彦西瞅准机会，立即将他苦心孤诣酝酿良久的关于无礼要求、破坏大会、分裂国家、造反背叛的计划付诸实践，这和他本人在九个月前宣布的计划并无太大的出入。在亚拉巴马州代表团的表率下，以棉花种植为主要经济手段的各州，包括亚拉巴马州、密西西比州、路易斯安那州、南卡罗来纳州、佛罗里达州、得克萨斯州和阿肯色州，以抗议和演讲，以那一场合所允许的礼节和"庄严"脱离了查尔斯顿民主党全国代表大会，退出了在学院大厅进行的审议程序。

就在同一个星期一的晚上，查尔斯顿市以盛大的庆典表达了它的快乐。激动的人群在法院大楼广场上举行音乐篝火晚会，轮番上台发表慷慨激昂的演说，直到深夜才逐渐散去。在一场夸夸其谈的演说的结束语中，带着一个成功的阴谋家的所有信心和得意，威廉·郎兹·彦西激动地预言："也许现在历史学家正在削好铅笔，准备书写一场新的革命故事。"

第 14 章

巴尔的摩提名大会

尽管南方的投票小团体已经退出了查尔斯顿民主党全国代表大会，但反对斯蒂芬·阿诺德·道格拉斯的代表团的成员们依然斗志昂扬、义无反顾。1860 年 5 月 1 日，星期二上午，即查尔斯顿民主党全国代表大会的第八天，当代表们再次见面时，为了最大限度地走出困境，斯蒂芬·阿诺德·道格拉斯的跟随者们决定强行提名他们最喜欢的人。但他们却遭遇了拦路虎。传统和惯例使三分之二的规则神圣化了。来自密歇根州的查尔斯·爱德华·斯图尔特，徒劳地试图获得一个灵活的解释，说这意味着"假设有三分之二的选票"，但大会主席凯莱布·库欣毫不留情地提出了反对，在来自田纳西州的约翰·B.霍华德的提议下，大会进行了投票，结果为一百四十一票赞同比一百一十二票反对，任何没有获得大会有权投票的全部成员的三分之二的选票的人，都不应该得到提名。

　　这决定了斯蒂芬·阿诺德·道格拉斯的命运。选举团人数为三百零三人，因此，必须有二百零二票的支持才可以做出选择。候选人的投票已经开始，并在第二天，也就是 1860 年 5 月 2 日，星期三，持续了一整天。总共投了五十七次票。斯蒂芬·阿诺德·道格拉斯在第一轮投票中获得一百四十五又二分之一张选票，在后来的几轮投票中，他的票数上升到了一百五十二又二分之一张。其他选票分别投给了另外的八名候选人，几乎不可能达成一致意见。

　　死锁状态已经明确无误、不可挽回，在现有的条件下提名斯蒂芬·阿诺德·道

圣安得烈娱乐中心

格拉斯是不可能的，除非延期，尤其是在事实很明显，如果不延期，查尔斯顿民主党全国代表大会就会因为单纯的解体而结束的时候，各方最终同意延期。因此，在 1860 年 5 月 3 日，也就是大会的第十天，查尔斯顿民主党全国代表大会正式休会，此前大会决定，将于 1860 年 6 月 18 日在巴尔的摩市再次召集会议，并建议那几个州做好准备，填补他们代表团的空缺。

与此同时，威廉·郎兹·彦西和跟随他脱离查尔斯顿代表大会的小团体们，在圣安得烈娱乐中心组织并召开了另一次会议。他们的议题当然是充分地汇报遭到以斯蒂芬·阿诺德·道格拉斯为首的民主党人拒绝的纲领，以及拒绝他们已经退出的查尔斯顿代表大会的纲领。接着，威廉·郎兹·彦西向他们解释说，他们计划采取的所有行动就是要通过这个纲领，直到"残余的民主党（指以斯蒂芬·阿诺德·道格拉斯为首的民主党人）"可能会进行提名，到那个时候，威廉·郎兹·彦西说道："我们就有权认可提名的候选人，或者我们就有责任继续进行提名。"其他脱离查尔斯顿代表大会的派别更加不耐烦，希望立刻采取行动。然而，当会议持续到第二天和第三天的时候，他们高涨的热情终于在演讲中得到了释放。威廉·郎兹·彦西的方案占了上风。他们也协商延期，决定于 1860 年 6 月 11 日在里士满市再次召开会议。

在查尔斯顿民主党全国代表大会发生分裂的时候，查尔斯顿谣言四起，说这次行动，就算国会主要的参议员和众议员没有亲自促成，至少也是通过电报鼓励并支持的。随着在巴尔的摩重新召集大会的日子逐渐临近，由杰斐逊·汉密尔顿·戴维斯、罗伯特·图姆斯、阿尔弗雷德·艾弗逊、

阿尔弗雷德·艾弗逊

约翰·斯莱德尔、朱达·菲利普·本杰明、詹姆斯·默瑞·梅森，以及其他十四个人签署并发表的一份演讲稿，足以证明这一主要的事实。在这份演讲稿中，他们承担了为民主党指出一条团结和谐的道路的任务。他们详述了八个州撤出查尔斯顿民主党全国代表大会的情况，并无条件地认可了这一步骤。在这份演讲稿中，他们说道："我们忍不住要对这种坚持原则、超越一切权宜之计、超越所有党派的局限、极其重视对联邦宪法权利的辩护的崇高表现，表达我们的赞赏和赞许。"然后，他们宣称，民主党控制的其他州仍然在开会协商中，只为进一步做出努力，以确保"令人满意地认可那些合理的原则"。他们还声明，如果他们合理的期望落空了，他们也会下定决心退出。接下来，他们在这份演讲稿中，敦促脱离派应该推迟他们在里士满的会议，而应该到巴尔的摩来，努力实现"基于原则的求同存异"。如果巴尔的摩大会有可能通过"一个令人

约翰·斯莱德尔

詹姆斯·默瑞·梅森

满意的原则纲领", 他们的选票可能会帮助它的实现, 那么, 纠纷的起因也就烟消云散了。他们在这份演讲稿中继续说道: "另一方面, 如果在巴尔的摩重新召开的这场大会, 辜负了民主党控制的其他州的合理期望, 他们的代表团一定会退出, 并联合转移到里士满开会的八个州。" 该演讲稿在另一段还解释道, 曾在查尔斯顿民主党全国代表大会上投票支持分裂派的纲领的那十七个民主党控制的州, "只联合了宾夕法尼亚州, 就胜过了所有其余的州联合起来的反对派, 构成了美国整个选举团的多数选票, 能选出民主党的候选人"。

这是一个奸诈而狡猾的呼吁。表面上是在呼吁和谐, 实际上却包藏祸心, 向特拉华州、弗吉尼亚州、北卡罗来纳州、密苏里州、田纳西州、肯塔基州、加利福尼亚州、俄勒冈州和宾夕法尼亚州发出邀请, 加入分裂派, 重建民主党, 清除所有拥护"主权在民"的死党, 并通过巩固南方, 确保其在国家政治中永久占有优势。这份演讲稿的签署人，忘了他们自己不断地指责共和党的"地方主义"，对提议建立这个纯粹自私自利、地方主义的联盟的不当之处假装视而不见。如果他们成功地建立了这个联盟，他们势必会在联邦取得永久的胜利。如果失败了，他们还可以团结南方脱离联邦，并建立一个实行奴隶制的邦联。

如果某些民主党人怀疑杰斐逊·汉密尔顿·戴维斯等人提出的和解仅仅意味着民主党在杰斐逊·汉密尔顿·戴维斯和威廉·郎兹·彦西的纲领下的再次联合，那么疑虑很快就消失了。在美国参议院，杰斐逊·汉密尔顿·戴维斯迫切要求对他在 1860 年 2 月提交的核心决议投票，把它作为查尔斯顿民主党全国代表大会的纲领的范本。这导致了他和斯蒂芬·阿诺德·道格拉斯之间最后的辩论。

杰斐逊·汉密尔顿·戴维斯已经于 1860 年 5 月 7 日开始了对"寮屋主权"的猛烈抨击，说它是充满恶作剧的谬论，比致命的见血封喉的毒药更致命，因为它流毒于整个联邦。斯蒂芬·阿诺德·道格拉斯接受了挑战，并于 1860 年 5 月 15 日和 16 日做出了答复，说他无法承认参议院或众议院的某个党团小组对民主党重新发号施令的权力。参议员不是为了制定纲领而当选的。制定纲领是查尔斯顿民主党全国代表大会的职责，通过比所有其他候选人相加更多五十张选票，它以自己的优势、纲领、组织，以及至少所有的成员做出了决定。斯蒂芬·阿诺德·道格拉斯谴责威廉·郎兹·彦西的行动导致了查尔斯顿民主党全国代表大会的解散和南方邦联的形成。民主党拒绝了这个核心小组的纲领。斯蒂芬·阿诺德·道格拉斯问道："多数人应该向少数人投降吗？"杰斐逊·汉密尔顿·戴维斯于 1860 年 5 月 17 日做了答复，声称斯蒂芬·阿诺德·道格拉斯在政府对堪萨斯的政策问题上，把自己置身于民主党的组织之外。他不希望有人打起分裂民主党的旗号。他宁愿斯蒂芬·阿诺德·道格拉斯参议员的旗帜折叠起来生虫长蠹。"然而，如果它不安分地沙沙作响，展开来反对我们，我们也会在每一座山头插上我们自己的旗帜。"斯蒂芬·阿诺德·道格拉斯提出了反驳，并再次抨击了党团小组的命令。他说："为什么公共福利的所有重大措施，都要被迫向就政治问题而紧急通过的一些抽象的、颠覆民主纲领的决议让步？难道他们以为人民的代表都是一群胆小如鼠的人，会对参议院的大声呵斥感到害怕吗？"杰斐逊·汉密尔顿·戴维斯再次表示，他们希望在纲领中加入一项新的条款，因为当前的纲领无法给他们一个诚实的解释。"如果你对一个快要散架、模棱两可的纲领感到筋疲力尽，那么就打碎它，制定一个宽阔结实的、能够经受住考验的纲领。""我们想要的只不过是一个证明黑人奴隶是财产的声明，我们希望联邦政府能够认识到，他们有义务像保护所有其他财产那样，去保护奴隶财产。"在整个辩论过程中，斯蒂芬·阿诺德·道格拉斯一直保持低调，压抑着自己暴躁的脾气。杰斐逊·汉密尔顿·戴维斯忍不住对他的对手表示轻蔑，说："事实上，我对纲领越来越不屑一顾了。我宁可让一个诚实的人去制定你可能会解释成的任何快要散架的纲领，也不愿让一个我不信任的人去制定可能是最好的纲领。"

斯蒂芬·阿诺德·道格拉斯立刻提醒人们注意杰斐逊·汉密尔顿·戴维斯前后矛盾的做法：一方面，他一气呵成，极力敦促通过他的决议。另一方面，他承认对各种各样的纲领漠不关心，而他自己的跟随者们和威廉·郎兹·彦西退出查尔斯顿民主党全国代表大会，恰恰是因为纲领而不是因为斯蒂芬·阿诺德·道格拉斯这个人。然而，斯蒂芬·阿诺德·道格拉斯并没有像他可能会做的那样，因为杰斐逊·汉密尔顿·戴维斯的冷嘲热讽暴露出的伪善，而把自己逼入绝境。作为一名总统候选人，斯蒂芬·阿诺德·道格拉斯不得不谨言慎行。斯蒂芬·阿诺德·道格拉斯在查尔斯顿民主党全国代表大会上获得一百五十张选票，他希望在巴尔的摩大会上获得全部选票。而杰斐逊·汉密尔顿·戴维斯在查尔斯顿民主党全国代表大会上只得到一又二分之一张选票，在巴尔的摩大会上估计连一张选票也指望不上。因此，斯蒂芬·阿诺德·道格拉斯不能像杰斐逊·汉密尔顿·戴维斯那样满嘴跑火车，否则，他可能会以爱国主义的名义谴责杰斐逊·汉密尔顿·戴维斯。因为杰斐逊·汉密尔顿·戴维斯和威廉·郎兹·彦西，和那个分裂集团的许多其他人一样，对于应运而生的分裂翻云覆雨，拿不定主意，只不过杰斐逊·汉密尔顿·戴维斯不像威廉·郎兹·彦西那么频繁地改变主意。1860 年 5 月 17 日的同一场辩论为我们提供了一个很有启发性的例子。

在那一天一开始的辩论中，杰斐逊·汉密尔顿·戴维斯沉迷于重复过去的警告："因此，先生们，当我们宣布我们坚决拥护联邦的时候，我们拥护的是宪法下的联邦。如果各州之间的契约被肆意践踏，视如粪土。如果早期威胁政府的无政府状态要被篡夺所代替。如果联邦对其设立的目标感到无能为力，我们徒劳地呼吁它的保护，那么先生们，我们要意识到我们的方针的公正性，自力更生，突破联邦的界限，维护我们的权利。"

然而，当斯蒂芬·阿诺德·道格拉斯对威廉·郎兹·彦西东窗事发的分裂阴谋进行了无情的揭露，并表明对查尔斯顿民主党全国代表大会的脱离派的敌意之后，杰斐逊·汉密尔顿·戴维斯改变了他的语气。他说南方联盟的小屋里不超过七十五个人。他认为联邦不会受到他们的威胁。杰斐逊·汉密尔顿·戴维斯说："我对联邦的力量很有信心。我时不时地听说它就要分崩离析，听说有人要把一项新的条款引入纲领，如果他这样做了，那联邦一定会土崩瓦解，直到最后，我开始认为它是一个快要散架的、难以支撑的、老掉牙的纲领。然而，后来我用自己的判断力而不是依靠别的见证人来支撑它，我得出的结论是，联邦是强大和安全的——它力量强大，人民对它的感情也同样强烈。"

这场辩论很清楚地表明，南方想要的不是和解，而是统治。因此，在适当的时候，也就是1860年5月25日，大部分民主党参议员都表决通过了杰斐逊·汉密尔顿·戴维斯肯定了"财产"理论和"保护"原则的决议。

当查尔斯顿民主党全国代表大会在巴尔的摩重新召开的时候，人们可以看出，杰斐逊·汉密尔顿·戴维斯和其他人在他们发表的演说中提出的方案已经通过。查尔斯顿代表大会的脱离派曾在里士满召集会议并休会，现在又出现在巴尔的摩，请求重新参加会议。然而，撤离查尔斯顿代表大会的某些州派来了竞争性的代表团，巴尔的摩大会逐渐演变成了各种纲领、候选人和代表团之间错综复杂的竞争和争吵。连续四天，白天，一场激烈的辩论在会上剑拔弩张地进行着，然而，到了夜里，聚集在街道上支持不同派别的群众，一方称另一方为"目无组织者""退出党派者""叛徒""分裂联邦主义者"，而后者又称前者为"废奴主义者"。斯蒂芬·阿诺德·道格拉斯在进行试验性投票之前发出了一封加急书信，表明取消他的候选人资格并团结其他候选人，可能会拯救民主党和这个国家，然而，他的支持者们扣留了这封信。

在巴尔的摩的第五天，民主党全国代表大会经历了第二次"危机"，并遭受了第二次破坏。这次分裂的情况更加严重，凯莱布·库欣主席辞去了他的职位，弗吉尼亚州、北卡罗来纳州、田纳西州、特拉华州、马里兰州、肯塔基州和加利福尼亚州，全部或部分地退出了巴尔的摩大会，加入了退出查尔斯顿代表大会的那些州的行列。

那时，极端分裂主义者把他们的计划掩饰得天衣无缝、密不透风，以至我们无法弄清楚它的发展过程。然而，他们的阴谋诡计所发出来的信号和足迹是显而易见的。在这里，在巴尔的摩，和在查尔斯顿一样，也和在每一个关键的时刻一样，威廉·郎兹·彦西就会鹤立鸡群，引人注目。在这里，和在任何其他地方一样，毫无疑问，他暗地里对分裂一直保持着浓厚的兴趣，却公开否认分裂的目的。

然而，在巴尔的摩大会遭到破坏之后，几乎没有什么事情要做，也几乎没有什么事情需要立刻去做。原来的大会留下来的成员继续在他们会面的前街戏院开会。在第一轮投票中，几乎一致提名斯蒂芬·阿诺德·道格拉斯为总统候选人。脱离巴尔的摩大会的团队在马里兰州学院大厅召集会议，选举凯莱布·库欣为主席，也几乎一致投票，提名他们的总统候选人，来自肯塔基州的约翰·卡贝尔·布雷肯里奇。后来，威廉·郎兹·彦西在一次街头群众大会上宣布，他既不支持联邦本身也不支持分裂本身，而是支持宪法，宣布只有通过民主，通过宪法，他们才是安全的。

如上所述的查尔斯顿民主党全国代表大会的"余党"重新召开会议的一个月前，巴尔的摩已经见证了另一个总统提名大会，它特意称自己为"全国的"，而指责民主党和共和党都是"地方主义的"，这两种性质形成了鲜明的对比。这是一个第三方，主要由以前的辉格党人组成，他们长期怀有的党派对立情绪，使他们既远离南方的民主党人，又远离北方的共和党人。在南方，他们怀有温和的反奴隶制的情绪，而废除《密苏里妥协法案》的法案和《莱康普顿宪法》

激怒了他们。在北方，他们的传统和信仰又让他们对公开的废奴主义者的极端言论心生反感。在这两个地区，他们中的许多人已经接受了一无所知主义，更多是把它作为一种替代方法而不是最初的选择。辉格党解散了。一无所知党已经彻底失败了，他们唯一的出路就是组建一个新的政党。

自从 1856 年米勒德·菲尔莫尔失败以来，他们在各个州的不同地方，在不同的名号下形成了一个少数派组织。所有这些派别和零星的小团体都派代表团前往巴尔的摩，在那里，他们团结起来，组建了宪法联邦党。他们提议在民主党和共和党之间采取中间路线，通过无视奴隶制问题来消除地方冲突。

1860 年 5 月 9 日，来自大约二十二个州的宪法联邦党的代表们，不管是常任的还是临时的，在巴尔的摩召开了会议。来自肯塔基州的约翰·乔丹·克里滕登宣布大会开幕，来自纽约州的华盛顿·亨特当选为大会临时和永久主席。

华盛顿·亨特

约翰·贝尔

1860 年 5 月 10 日，星期四，他们通过了一项决议，并把它作为他们的纲领。该决议本质上宣布，他们将"不承认任何其他政治原则，除了《美国宪法》、联邦和对该法律的实施"。在 1859 年 11 月的选举中，他们并没有太大的希望直接获胜。但他们绝对有可能击败一个普通的入选者，并进入众议院的选举。在这种情况下，他们的候选人可能会作为一个折中的候选人，占据有利的地位。这种可能性激起了党内几个竞争对手的热情。在他们的第二轮投票中，来自田纳西州的约翰·贝尔以微弱多数的得票胜出，表明他是最受欢迎的候选人。大会一致提名他为总统候选人。约翰·贝尔有许多适合当总统候选人的素质。他是一位经验丰富的政治家，即使算不上才华横溢，至少也有着公正的好名声。虽然来自南方，但他在奴隶制问题上的态度却很温和，仅从他的个人履历来看，北方人完全可以接受他。约翰·贝尔曾经反对过废除《密苏里妥协法案》的法案和《莱康普顿宪法》。然而，在这个忽略了连续六年的政治斗争的纲领下，他和他的追随者们当然不过是上下磨盘之间的粮食，尽管在这六年当中，约翰·贝尔自己积极地参加了复杂险恶的政治斗争。爱德华·埃弗里特被提名为宪法联邦党的副总统候选人，是新英格兰最著名的政治家和学者之一。

这个政党具有了历史意义，不是通过它所完成的，而是由于它未能履行的一部分原则导致的。在这些对《美国宪法》、联邦和该法律的实施的承诺后不到一年的时间里，约翰·贝尔和他的大多数追随者们，在退出查尔斯顿民主党全国代表大会和巴尔的摩大会的南方诸州，与那些公开叛乱的人同流合污。另一方面，爱德华·埃弗里特和北方的大部分成员，以及边境蓄奴州的许多高尚的特例，比如来自肯塔基州的约翰·乔丹·克里滕登，坚守着他们宣布的纲领，在即将到来的这场内战中，本着爱国主义的奉献精神，积极投身于支持政府、维护联邦的事业中去。

第 **15** 章

芝加哥共和党全国代表大会

认识到美国广袤的西部地区日益壮大的力量和重要性，共和党的全国代表大会于 1860 年 5 月 16 日在芝加哥召开。在上一届总统竞选中，虽然共和党以约翰·查理·弗里蒙特的失败而告终，但总的来说，还是表现出了共和党在全国深厚的群众基础。此后，共和党在国会成功地击败《莱康普顿宪法》，并在国会的选举中战胜了那些支持《莱康普顿宪法》的众议员，这双重的胜利给了它积极进取的信心和活力。现在，查尔斯顿民主党全国代表大会遭到二度破坏，再次给了它鼓舞和动力。在即将到来的总统选举中，以前的成功的希望突然变成了成功的极大的可能性。代表们不仅对他们的原则充满了新的热情，而且不断增长的机会促使他们为自己喜爱的候选人做出新的努力。那些声名赫赫的人有着不同的个人经历和地域差异，但他们每个人都有着令大众表现出浓厚兴趣的特点。来自纽约州的威廉·亨利·西沃德是一个大名鼎鼎的辉格党人。来自俄亥俄州的萨蒙·波特兰·蔡斯是一个天才的、狂热的反奴隶制的民主党人，也是共和党最初的创始人之一。来自新泽西州的威廉·刘易斯·代顿是一个资深辉格党人，有着很高的个人价值和政治能力。来自宾夕法尼亚州的西蒙·卡梅伦，以前是一个民主党人，现在是一个无可争议的、有影响力的领袖。来自密苏里州的爱德华·贝茨，是一个来自蓄奴州的、精明能干又颇受欢迎的反奴隶制的辉格党人。在人们的普遍估计中，最后一个，但绝对是最重要的人是来自伊利诺伊州的亚伯拉罕·林肯。

西蒙·卡梅伦

　　当亚伯拉罕·林肯的声望变得越来越大的时候，很多人开始考虑选举他为总统候选人。自然选举原则在美国政治中起着非常重要的作用。总是有数以百计的报刊媒体，准备将任何一个开始频繁出现在新闻报道和社论中的名字"钉到桅杆头上"，即把他作为总统候选人，引起公众的高度关注。亚伯拉罕·林肯和斯蒂芬·阿诺德·道格拉斯的辩论结束的几个月之后，早在俄亥俄州的演讲和库珀研究院的演讲之前，亚伯拉罕·林肯的一个私交甚好的朋友，伊利诺伊州一家报纸的编辑，写信邀请他去演讲，在信中说道："当你在我们市停留期间，关于宣布你为总统候选人的策略问题，我想跟你谈谈。我的搭档和我将为伊利诺伊州的共和党编辑们开一次座谈会，讨论同时宣布你为总统候选人这个问题。"

对此，亚伯拉罕·林肯回复道："关于你好心提到的另一件事，我必须坦率地说，我认为我不适合担任总统。我真的很荣幸，也很欣慰，一些钟爱我的朋友在这方面也会想到我，但我真的认为，为了我们的事业，最好还是不要像您建议的那样齐心协力。"

亚伯拉罕·林肯的心中充满了一个更有希望的野心。尽管他最近失败了，但他并不认为他与斯蒂芬·阿诺德·道格拉斯之间的竞争就此结束了。他有信心和耐心等待六年，等待时机再次与"小巨人"展开政治竞赛。从前一章引述的亚伯拉罕·林肯的那封信中，我们知道他决心加入 1860 年的"战斗行列"。从另一封信中，我们知道他如何慷慨大度地忠诚于其他共和党候选人："如果莱曼·特朗布尔和我竞选同一个职位，那么你有权选他，我不会为此而责怪你。然而，以我对你的了解，我相信你不会在真的支持他的时候而假装支持我。但我不明白莱曼·特朗布尔和我怎么就成了对手。你知道，我保证不会和他争夺现在被他占据的参议院的席位，但我宁愿在参议院有一个完整的任期，也不愿担任总统一职。"

下面这封信同样显示了亚伯拉罕·林肯在政治上的这种公平精神。显然，亚伯拉罕·林肯写这封信是在回应一个建议，有人写信建议亚伯拉罕·林肯可以和西蒙·卡梅伦联手，成为总统候选人名单上最受欢迎的人。亚伯拉罕·林肯在回信中写道："你于 1860 年 1 月 24 日的来信后来从芝加哥转寄给了我。在下一届总统大选中，为共和党人争取到宾夕法尼亚州是很重要的，保住伊利诺伊州也是很重要的。至于你提到的候选人名单，等到共和党全国代表大会公平地提名之后，我将坚决拥护它。在此之前，我无法做出任何承诺。就我个人而言，我为共和事业的千秋功业而努力奋斗。为了这个目标，我将不辞辛劳地加入战斗的行列，除非党委任给我一个不同的职位，不过我认为不太可能。如果伟大的宾夕法尼亚州的共和党人选举西蒙·卡梅伦为总统候选人，认为他适合总统这个位子，这也无可厚非。尽管如此，我不想让公众知道，所以我也不想让我自己知道，我已经和任何人联合起来，对所有其他人产生不利，而这些人的支持者们可能认为他们更适合当总统。"

写完这些信后不久，在1859年到1860年的冬天的某一天，伊利诺伊州的共和党领导人们聚集在该州的首府斯普林菲尔德，以更加紧迫和正式的方式，请求亚伯拉罕·林肯允许他们把他作为总统候选人，更确切的是想保证他被提名为副总统，而没有任何进一步的期望。他现在对此事表示同意。然而，亚伯拉罕·林肯那特有的语言清楚地表明，他认为这只会对他未来竞选参议员很有帮助，他对于任何国家层面上的晋升不抱希望。在伊利诺伊州的州长竞选中，敌对的候选人之间发生了一场争吵。亚伯拉罕·林肯曾经写过一封信，免去了一位朋友在最近的参议员竞选中背叛了他的罪责。这一公正的行为现在却被人利用，以至在伊利诺伊州总统候选人的竞选中对他不利，亚伯拉罕·林肯在那封信中写道："提名不了国家领导人，对于我来说并不会造成什么伤害。然而，不能成为伊利诺伊州的国会代表，对我来说真的是一种伤害。当我给多尔和其他人写信的时候，我预料中的事情正在发生。那些攻击者对我口诛笔伐。为了报复我，他们在南方支持爱德华·贝茨，在北方支持威廉·亨利·西沃德，在中部地区排挤我，把我晾在一边，做得很过分。你不能在这件事上，尽你所能帮帮我吗？"

就这样，这封信引起了他的朋友们的警觉，结果，伊利诺伊州的共和党人派出了一个代表团参加芝加哥共和党全国代表大会，这个代表团的成员个个都对亚伯拉罕·林肯爱戴有加，个个都是人中龙凤，有着高超的政治能力，他们的热情和努力为他争取到了来自其他州的代表团的支持，在很大程度上促成了最终的结果。

迄今为止，政治运动已初具规模，其要素和机会都可以通过比平常更高的精度估算。查尔斯顿民主党全国代表大会于1860年4月30日遭到破坏，并于1860年5月3日休会。宪法联邦党提名约翰·贝尔为总统候选人是在1860年5月10日。芝加哥共和党全国代表大会是在1860年5月16日召开的。

爱德华·贝茨

虽然在那个时候，四分五裂的民主党最终会提名哪个人为总统候选人，还有很大的不确定性，但毫无疑问的是，以斯蒂芬·阿诺德·道格拉斯和詹姆斯·布坎南为首的民主党人，都会选出各自的候选人参加总统大选。面对如同一盘散沙的对手，共和党清晰明了的政策是找到一个能够完全而热诚地团结反对派的所有要素的候选人。共和党的成员构成比较复杂。在以前的辉格党和民主党之间、贸易保护主义者和自由贸易者之间、外来公民和一无所知党之间，依然存在着一种挥之不去的对立情绪。迄今为止，这些成分复杂的成员只在一个问题上达成了一致意见，那就是反对奴隶制的扩张。

然而，在11月的选举中，几乎一目了然的是，有四个难以预料的州将决定总统大选。1856年，除了马里兰州，所有蓄奴州和以下五个自由州，包括新泽西州、宾夕法尼亚州、印第安纳州、伊利诺伊州和加利福尼亚州，都把票投给了詹姆斯·布坎南。只要共和党把前四个，甚至哪怕是前三个自由州争取过来，再加上1856年支持约翰·查理·弗里蒙特的几个州，他们就能力挫所有其他派系的联合，选出自己的总统。1858年的国会选举表明这种改变是可能的。但除此之外，与俄亥俄州一样，宾夕法尼亚州和印第安纳州被称为"十月之州"，因为它们在1860年10月选举州官员。早在那个时候他们就会给出这样的情感暗示，表达他们对1860年11月的总统大选的预测，从而对整个游说拉票活动产生强大的，也许是决定性的影响。因此，什么样的候选人最容易获得新泽西州，宾夕法尼亚州、印第安纳州和伊利诺伊州的支持，成为芝加哥共和党全国代表大会的代表们、特别是来自这四个关键的州的代表们的至关重要的议题。

　　来自纽约州的威廉·亨利·西沃德，自然是最重要的候选人。他参与公共生活的时间是最长的，职位也是最高的。他曾是联邦最大的州的州长，在美国参议院完成了将近两个任期。他曾是一名杰出的辉格党人，他的经历正好与大多数共和党人一致。他亲身经历了奴隶制问题的两次风潮。他在参议院以1850年的《密苏里妥协法案》而告终的讨论中起到了重要的作用。在新一轮的《内布拉斯加法案》中，人们在每次辩论中都能听到他的声音。他不仅有着反对奴隶制的坚定信念，而且在讲话中也斩钉截铁，绝不拖泥带水。在探讨加利福尼亚州加入联邦的问题的时候，他宣布了1850年的"高等法律"原则，即《密苏里妥协法案》。在回顾德雷德·斯科特案和《莱康普顿宪法》的时候，他宣布了1858年的"抑制不住的冲突"原则。他足智多谋、才高八斗。他是一个炉火纯青的政客，又是一位高深莫测的政治家。这样一位领导人不会缺乏众多的追随者。强将手下无弱兵，他的支持者们来到芝加哥，人多势众、人才济济，看上去他提名为总统候选人已成定局。由威廉·麦克斯韦尔·埃瓦茨领导的纽约代表团一直作为威廉·亨利·西沃德的一个工作部门运作和投票，不仅是为了履行选民的意愿，而且也出于个人的热情，他们对威廉·亨利·西沃德忠心耿耿，为了他而不懈地努力，甘愿牺牲。然而，在为自己敬爱的领导人进行宣传的街头游行中，他们表现出缺乏机智、过分张扬。他们聚集在里士满之家，把这个酒店当成了为威廉·亨利·西沃德游说拉票的指挥部。为了营造声势浩大的排场，他们每天都会鼓乐齐鸣、彩旗飘扬、人喧马嘶、浩浩荡荡地涌向芝加哥共和党全国代表大会的会场。当提到难以预料的那几个州时，他们轻率莽撞的成员就会喋喋不休、没完没了地谈论他们打算筹集多少竞选资金。所有这一切在东部和西部的代表们中间，引起了心理上的某种对所谓的"班子"（指拥护某个领导人的一个小团体）方法的反感。

威廉·亨利·西沃德的性格和事业上的积极因素，不可避免地招来了强烈的敌意。芝加哥共和党全国代表大会的代表中，最早出现的征兆之一，是存在一股强烈的反对提名他为总统候选人的暗流。这种反对仍然是潜在的，零星地分散在许多州的代表团中，但非常强烈，正在静静地等待机会，并准备与任何其他候选人联合起来。反对派很快就发现：在所有提到的名字中，亚伯拉罕·林肯是唯一能够提供这种联合的机会的人。只需要稍加比较就可以看出，除了新泽西州的选票，威廉·刘易斯·代顿没有实力。在俄亥俄州的代表团之外，萨蒙·波特兰·蔡斯也很少有支持者。西蒙·卡梅伦也只得到宾夕法尼亚州的支持。爱德华·贝茨只有他密苏里州的朋友和边境蓄奴州的少数支持者，而这些人是不会为共和党人投票的。因此，反对威廉·亨利·西沃德的代表们很快就制定了新的政策，即以亚伯拉罕·林肯的声望为手段击败威廉·亨利·西沃德。

好几个代表团和许多人都要求得到提名的荣誉，然而，所有这些要求都是妄想。亚伯拉罕·林肯的提名不是通过个人的阴谋，而是出于政治上的需要。共和党是一个纯粹的防御性组织。这个新成立的政党被迫应付南方造成的这场危机。自由州的优势悬而未决，与威廉·亨利·西沃德的个人命运无关。自由州的当务之急是争取更多选票，获得政治上的胜利，或者促成政府机构的转变。

只有得到新泽西州、宾夕法尼亚州、印第安纳州和伊利诺伊州的选举人票，共和党才能获得胜利。因此，这是一个简单的问题：什么样的候选人才可以得到这些州的支持？只有这几个州自己的代表们才能给出最佳答案。而当人们问及这个问题时，这些州的代表们进一步简化了这个问题，直截了当地回答，威廉·亨利·西沃德绝对不能。这四个州与南方的蓄奴州接壤。社会制度不可避免地会塑造公众的情绪。对邻居和朋友的"财产"的某种温情影响了这几个州的人民。他们不愿自己被指责为"受废奴主义影响的人"。他们会投票给一个保守的共和党人。而威廉·亨利·西沃德的激进主义和"高等法律"原则会给他们带来不可避免的失败。

那么，谁能获得这些难以预料又举足轻重的州的支持呢？这个问题的第二个小问题也找到了现成的答案。在这些州的竞争不会反对地方奴隶法典，而是反对"主权在民"的信条。不是与詹姆斯·布坎南的候选人为敌，而是与斯蒂芬·阿诺德·道格拉斯为敌。而对于斯蒂芬·阿诺德·道格拉斯来说，准确地说，他只有一个真正的对手，那就是亚伯拉罕·林肯。我们可以合理地推断，这就是 1860 年 5 月 16 日和 17 日两天两夜，代表们在会议室讨论和辩论的实质内容。与此同时，威廉·亨利·西沃德的人也没有闲着。首先，有庞大的纽约代表团，再加上其他州的积极支持，他们的力量和组织似乎是坚不可摧的。所有反对的代表团，仍然在伺机寻找为自己的候选人投票的机会。他们犹豫不决，不愿为对方做出任何积极的承诺。贺瑞斯·格里利是强烈反对威廉·亨利·西沃德的人之一，也许他比任何其他代表都更了解情况。1860 年 5 月 17 日午夜，他透露了自己的结论："对威廉·亨利·西沃德的反对不能由任何一个候选人专门提出，否则他将得到提名。"

芝加哥已经是一座有着十万人口的大城市。而此次三四万来访者，充满了生机、希望和雄心，其中大部分来自西北方向临近诸州的进步团体，他们前来参加芝加哥共和党全国代表大会，并感受到了最令人紧张和激动的政治形势。查尔斯顿民主党全国代表大会展示了一个伟大的党在解体的过程中，被分裂的风气所败坏。芝加哥共和党全国代表大会展示了一个伟大的党，如雨后春笋般生机勃勃，发展壮大，为了同一个目标通力合作。这个伟大的城市的繁忙的活

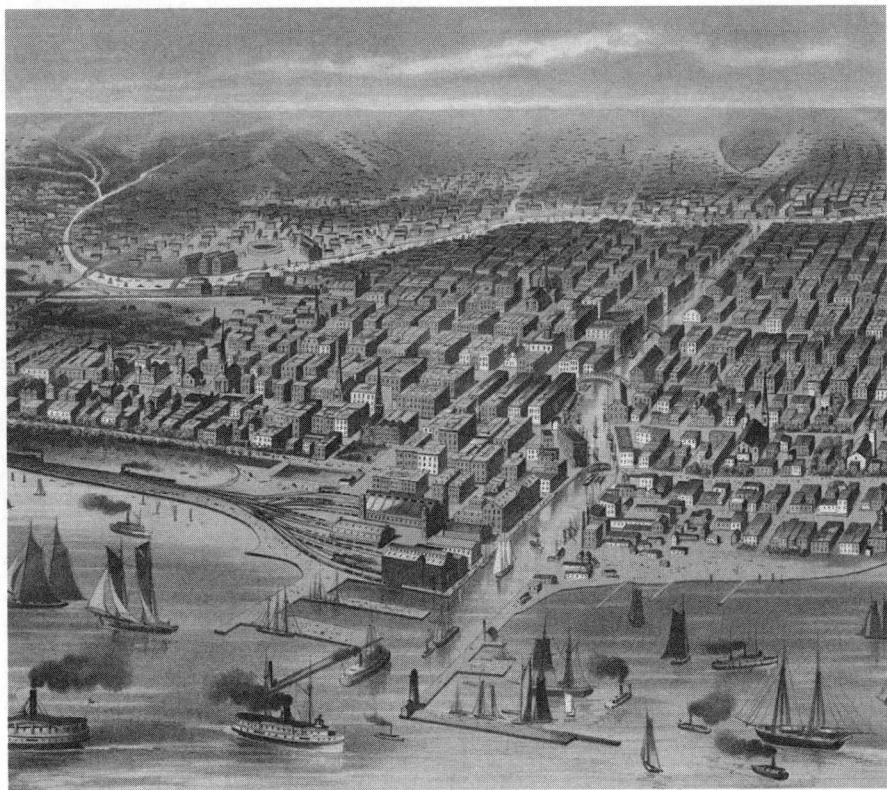

芝加哥

动和精神潮流，以及来访者的热情和希望，仿佛是通过化合作用相互交融，相互影响。新鲜感和草原上的熏风使代表们兴奋起来，使大会活跃起来。

在芝加哥市，当时没有一座建筑具有一个足以接待大型会议的大厅。因此，他们专门为这次大会设计并建造了一个临时的框架结构,大会组委会称它为"威格瓦姆"，意为棚屋。据说它大得足以容纳一万个人，不管这个估计是否完全准确，反正每天这个大厅里都济济一堂，座无虚席。

1860 年 5 月 16 日的会议证明了这个临时的框架结构成功地实现了其作为会议场地的功能。与会代表们和观光游客们都对方便的入口和出口、舒适的空间分割，以及完美的音效感到满意。每个名人都能被看到。每一场演讲都能被听到。组织会议的程序、官员和委员会成员的选择，以及证件的颁发都形式多

埃德温·丹尼森·摩根

样、热情洋溢。纽约州州长埃德温·丹尼森·摩根担任共和党全国代表大会委员会主席，他宣布大会开幕。当他提出由来自宾夕法尼亚州具有历史意义的名人戴维·威尔莫特为大会临时主席时，大会组织者的判断力就已经赢得了听众的信任。当天下午，大会组委会宣布来自马萨诸塞州的乔治·阿什曼为常任主席。他是一个驾轻就熟的议员，果断干练、措辞得当。立刻就有一件事情特别体现了人们对他的认可：整个会议大厅洋溢着温暖和深情。这里不需要职业喝彩者，也没有装模作样、言不由衷的余地！台上的演讲者和台下的听众都同样严肃认真、热切诚挚。在广大观众的情绪和表现中，有一些真实的、基本的、无法控制的东西。座位和站席总是在会议开始前就已经爆满了，当代表们通过各自的大门走进会议大厅的时候，人群很容易就能辨认出主要的领导人们。他们对老弗朗西斯·普雷斯顿·布莱尔、约书亚·瑞德·吉丁斯、贺瑞斯·格里利、威廉·麦克斯韦尔·埃瓦茨、凯利、戴维·威尔莫特、卡尔·舒尔茨等人报之以自发的掌声。掌声在某一个地方响起，随后变得越来越热烈，最后响彻这座巨大的建筑物的各个角落，在座的所有人都眼睛明亮、面露喜色、呼吸加快。

卡尔·舒尔茨

代表和观众们对第二天的会议的兴趣明显增加了，首先是因为一些关于资格证书的尖锐抨击的演讲，其次是因为当天的主要活动——来自纲领委员会的报告。在这一方面，预计会有许多困难，但没过多久，问题就神奇地迎刃而解了。代表和人民的真情实感的流露，这次集会不言而喻的成功，第一天的会议的审议中和谐的、几乎可以说是欢乐的开始，比巩固党的逻辑推理更有说服力。这些都是成功的预兆，面对这样的成功的迹象，所有的派系精神都融合成了一种慷慨大方的争相效仿的激情。

热情洋溢、急切盼望的全体与会者可能会接受一个不够严密的或者有缺陷的纲领。相反，委员会公布了一份表述清楚合理、措辞严谨规范的纲领，令人拍案叫绝。我们只需要在这里扼要陈述其要点就可以了。它谴责分裂，谴责《莱康普顿宪法》、财产理论，谴责宪法允许奴隶制进入一个地区的信条，谴责奴隶贸易的重新开放、主权在民和不干涉的谬论，并否认"国会、地方议会或任何个人赋予奴隶制合法存在于美国的任何领土上的权力"。它反对任何对《移民归化法》的修改。它建议调整进口关税，以鼓励人们关注整个国家的工业。它主张堪萨斯立即加入联邦，提倡为真正的定居者提供免费的宅基地，建议将河流和港口收归国有，将铁路修到太平洋沿岸。它大胆地说出了共同的观点，却巧妙地规避了在其追随者之间存在争议的观点，成功地将矛头指向了敌人。

查尔斯顿民主党全国代表大会和芝加哥共和党全国代表大会有着许多鲜明的对比，这一点不足为奇。在查尔斯顿民主党全国代表大会上，主要的个人事件是一位来自萨凡纳的奴隶贩子高尔登，在为重新开放非洲奴隶贸易辩护时所做的冗长而肆无忌惮的讲话。在芝加哥共和党全国代表大会上，与这一主题恰恰相反的对立面引发了一场最有趣的辩论。当来自俄亥俄州的、急于到各地宣扬他所谓的《独立宣言》的"首要真理"的约书亚·瑞德·吉丁斯，开始着手修正第一项决议，并将宣布所有人都有"生命权、自由权和追求幸福的权利"的短语纳入其中的时候，该纲领已经在大会上宣读完毕，全场欢声雷动。全体与会者未经修改就迫不及待地通过了这份纲领。有几个代表强烈反对，其中一个代表针对性地提出，《独立宣言》也阐明了许多其他真理。他说道："主席先生，我相信十条戒律，但我并不希望它们出现在一个政治纲领中。"约书亚·瑞德·吉丁斯的修正案遭到了否决。这个反对奴隶制的资深斗士，在他最珍视的哲学信条中感到深受伤害，默默地站起来，愤然离开了大会的会场。

约书亚·瑞德·吉丁斯的私人朋友们为他遭到冒犯而感到难过，并为哪怕一个异议也有可能破坏普遍的和谐而感到倍加惋惜。他们跟在约书亚·瑞德·吉丁斯身后，试图劝他改变主意。就在说服他的时候，讨论又转到了第二项决议上。当时来自纽约州的乔治·威廉·柯蒂斯抓住机会，对约书亚·瑞德·吉丁斯的修正案做了实质性的修改。又出现了新的反对意见，但乔治·威廉·柯蒂斯用富有魅力的雄辩的演讲封住了他们的嘴巴。他说："我必须问一下参加这

乔治·威廉·柯蒂斯

次大会的代表们，他们是否准备根据建国前的记录，投票否决《独立宣言》中的内容？……我只想让各位先生好好想一想，在 1860 年的夏天，在西部辽阔的大草原上，在他们面对 1776 年伟人们在费城的断言时胆怯和退缩之前，在他们不敢重复这些伟人明确说出的话之前，好好地想一想吧。"一位录音记者写道："这是一个强有力的呼吁，轰动了整个大会。"大会重新投票，在共和党的纲领中正式体现了《独立宣言》中的这部分内容。当纲领作为一个整体通过，经久不息的掌声和欢呼声震屋瓦的时候，约书亚·瑞德·吉丁斯已经回到了自己的座位上，为乔治·威廉·柯蒂斯的胜利感到喜出望外。

大会第三天，也就是 1860 年 5 月 18 日，星期五，威格瓦姆的大门口挤满了激动的人群。前期工作——制定纲领——已经处理完了，所有的人都知道投票就要开始了。纽约代表团对威廉·亨利·西沃德的胜利志在必得。他们竭尽全力、旗帜招展、鼓乐喧天、浩浩荡荡地向会场行进。阵容异乎庞大、场面极其壮观。结果证明这是一次代价高昂的炫耀。因为当纽约的"非正规军"（对纽约代表团的戏称，暗指威廉·亨利·西沃德无望获得总统候选人的提名）在街道上声势浩大地游行的时候，伊利诺伊人已经坐满了会议大厅；当威廉·亨利·西沃德的游行队伍到达时，除了为代表们保留的座位之外，已经没有什么剩余的空间了。纽约代表团在另一方面也是自欺欺人：它指望的是新英格兰的全部力量，然而，其中半数以上的州已经决定把票投给其他候选人了。这一背叛事实上已经预先注定了威廉·亨利·西沃德的失败。纽约州和偏远的西北地区没有足够的实力来提名他，从本质上来说，他也指望不上保守的中部地区和边界州的支持。但这种估计目前还不够精确。就在召集大会的那一刻，各个派系都开始紧锣密鼓地召开核心会议，许多代表团在威格瓦姆的第一轮投票中并没有明确的计划。

什么样的作家才能充分地描述这一万多名代表呢？才能充分地描述一般性讨论时发出的一浪又一浪的低沉的喧闹、受民众喜欢的领导人进场时一次又一次的震耳欲聋的欢呼、在开场的祷告中整个会场肃穆的寂静？一些意想不到的准备工作中的争论和拖延足以引起与会代表和观众们的烦躁情绪。但最后终于公布了候选人的名字。这个仪式仍然很简单。近年来，人们习惯了把地位突出和颇受欢迎的演说家的短小精悍的演讲作为激动人心的前奏，但在那个时候，还没有这样的习俗。来自纽约州的威廉·麦克斯韦尔·埃瓦茨说道："请允许我冒昧地举荐威廉·亨利·西沃德为本次大会将要提名的美国总统候选人。"然后，诺曼·比尔·贾德说道："我谨代表伊利诺伊州的代表团，希望举荐来自伊利诺伊州的亚伯拉罕·林肯为本次大会将要提名的美国总统候选人。"接下来，像往常那样，各州又相继举荐了通过第一次投票选出来的各州自己可能的候选人——威廉·刘易斯·代顿、西蒙·卡梅伦、萨蒙·波特兰·蔡斯、爱德华·贝茨、雅各布·科拉默、约翰·麦克莱恩。这一例行公事所需的十五分钟已经无可争议地表明了真正的竞争者。各州代表团为他们自己"崇敬"的政治家热烈地欢呼喝彩。然而，威格瓦姆的所有代表对于威廉·亨利·西沃德和亚伯拉罕·林肯的反应似乎是一样的。

在一大群人异口同声的呼声中，有些不可抗拒的令人激动的因素。有那么一瞬间，斗争似乎演变成了一场喉咙和肺的较量。印第安纳州支持亚伯拉罕·林肯的提名，掌声震耳欲聋。密歇根州支持威廉·亨利·西沃德的提名。纽约代表团全体起立，挥舞着他们的帽子，与走廊里的人们一起大喊，他们的声音是任何其他代表团的两倍。随后，俄亥俄州的一部分代表再次支持亚伯拉罕·林肯，他的追随者们也振作精神、全力以赴。一位旁观者写道："我认为威廉·亨利·西沃德的支持者们的喊声是不可能被超越的，然而，亚伯拉罕·林肯的支持者们明显领先，他们感觉到胜利在望，就像暴风雨前的宁静一样，所有的人都深呼吸，然后齐声尖叫，声音穿透人的耳膜，实在是太可怕了，伴随着尖叫，他们还一起跺脚，使威格瓦姆的每一块木板和每一根柱子都在跟着震动。"

喧闹逐渐平息，投票开始了。这里我们可以注意到另一个对比。查尔斯顿民主党全国代表大会是保守的、排外的。它遵循三分之二的原则。芝加哥共和党全国代表大会是进步的、自由的。它采用多数原则。它甚至比这更加开明，承认了只包含少数或部分支持共和党的情绪的地区和边界蓄奴州，给予它们席位和投票权。这为共和党的成功设置了障碍。在不同的情况下，这些感情用事的代表团可能会在阴谋诡计中变得强大起来。然而，由于他们受到更深层的政治力量的支配，他们对两位候选人都没有带来明显的优势。

虽然这不可能起到决定性的作用，但第一轮投票准确地预示了最终的结果。这些"受人崇敬"的候选人受到了自己所在州的代表们的赞扬。佛蒙特州代表团全体一致投票支持雅各布·科拉默。新泽西州代表团全体一致投票支持威廉·刘易斯·代顿。宾夕法尼亚州代表团除六名代表外，其余的代表都投票支持西蒙·卡梅伦。在这六名代表中，有四位毫不犹豫地把票投给了亚伯拉罕·林

雅各布·科拉默

肯。俄亥俄州代表团投给萨蒙·波特兰·蔡斯三十四票，投给约翰·麦克莱恩四票，剩下的八票不假思索地投给了亚伯拉罕·林肯。密苏里州代表团全体一致投票支持它的候选人爱德华·贝茨，同时，爱德华·贝茨也收到了其他代表团零星的选票。然而，所有这些恭维对于它们的接受者来说是毫无意义的，因为两位主要的候选人威廉·亨利·西沃德和亚伯拉罕·林肯，各自所得票数的总和要比他们的得票数高得多：威廉·亨利·西沃德获得一百七十三又二分之一张选票。亚伯拉罕·林肯获得一百零二张选票。

在会场上，人们尽量抑制住自己激动的心情。在这样的氛围下，我们没有时间去分析这一轮投票。然而，代表们和旁观者们强烈地感受到了它的预示。它准确无误地向所有想要威廉·亨利·西沃德败北的人指出了获胜者是谁。就某个有争议并提出申辩的代表的争论耽误了会议的进程，这几乎让代表们感到怒不可遏，一千多个代表齐声呐喊："唱票！唱票！"

第二轮投票终于开始了，就像是服从了万有引力一样的力量，以前表示崇敬的选票都直奔亚伯拉罕·林肯而来。投给雅各布·科拉默的所有十张选票、投给西蒙·卡梅伦的四十四张选票、投给萨蒙·波特兰·蔡斯和约翰·麦克莱恩的六张选票，现在都投给了他，随后在唱票的过程中，又有零星增加的选票。在这次投票中，亚伯拉罕·林肯获得七十九张选票，威廉·亨利·西沃德只获得十一张选票。随着投票的进展，纽约代表团的代表们的脸色变得越来越苍白，亚伯拉罕·林肯的人气爆棚。第二轮投票的结果是：威廉·亨利·西沃德获得一百八十四又二分之一张选票。亚伯拉罕·林肯获得一百八十一张选票。其他候选人获得其余的九十九又二分之一张选票。当宣布亚伯拉罕·林肯的票数时，会场爆发了一阵热烈的掌声，大会主席费了好大的劲，才谨慎地控制住局面，并让会场安静了下来。

第三轮投票开始了。人们屏息凝神，等待悬念的揭晓。数百支铅笔紧跟着唱票的节奏，在计票表上紧张地标出变化。亚伯拉罕·林肯的得票数稳步增长。投给其他候选人的选票像河水一样纷纷流向了他，来自威廉·亨利·西沃德的四又二分之一张选票、来自西蒙·卡梅伦的两张选票、来自爱德华·贝茨的十三张选票、来自萨蒙·波特兰·蔡斯的十八张选票、来自威廉·刘易斯·代顿的九张选票、来自约翰·麦克莱恩的三张选票、来自克莱的一张选票。亚伯拉罕·林肯已经获得了五十又二分之一张选票，而威廉·亨利·西沃德却失去了四又二分之一张选票。早在官方计票员汇总票数之前，观众们和代表们就迅速地做了计算，知道了结果：亚伯拉罕·林肯获得二百三十一又二分之一张选票。威廉·亨利·西沃德获得一百八十张选票。统计分散的选票时，总共投了四百六十五张选票，必须有二百三十三张选票才能做出选择。亚伯拉罕·林肯只需要再获得一又二分之一张选票就可以得到总统候选人的提名。

整个威格瓦姆突然之间变得鸦雀无声。先生们停止了谈话，女士们合上了扇子。万籁俱寂中，只听到铅笔在纸上的沙沙声和记者的工作台上的电报仪器的滴答声。主席没有宣布任何结果，票数的改变在井然有序地进行中，这只是一个谁先谁后的问题。正当所有人都伸长脖子，紧张期待的时候，戴维·凯洛格·卡特从椅子上跳了起来，宣布将俄亥俄州投给萨蒙·波特兰·蔡斯的四票转投给亚伯拉罕·林肯。短暂的沉默之后，一个计票员朝着威格瓦姆的天窗挥舞着他的计票表，大声喊出了一个名字，然后，等待在威格瓦姆屋顶上的礼炮手发射礼炮，隆隆的炮声向街上的人群宣布了提名，人们欢呼致敬，把这个好消息奔走相告。在大会上，投给其他候选人的选票现在像洪水一样涌向了亚伯拉罕·林肯。在疯狂的欢呼声中，一个又一个代表团将票改投给了胜利者。

美国有组织的大会都会实行一个文雅的惯例，即失败了的代表团的主席要作为第一个向提名的总统候选人致辞的人，以表达自己对党的忠诚并承诺支持总统候选人。纽约代表团的发言人威廉·麦克斯韦尔·埃瓦茨，刻不容缓地试图履行这一礼节性的职责，但会场的混乱和代表们的热情使他的致辞无法进行。终于，喧嚣平息，主持会议的官员宣布，在第三轮投票中，伊利诺伊州的亚伯拉罕·林肯获得三百六十四张选票，"成为你们的美国总统候选人"。然后，他用毫不掩饰情感的声音，用令人钦佩的尊严和令人感动的口才表示纽约代表团全体一致支持亚伯拉罕·林肯的提名。

人们对于全国代表大会的兴趣通常在宣布了主要的提名之后就终止了。直到后来，代表们才意识到他们的选择是多么的幸运，他们选举来自缅因州的汉尼拔·汉姆林为副总统候选人。汉尼拔·汉姆林在公共服务方面已经很有成就了。他出生于1809年，是一名职业律师。他在缅因州议会任职多年，又在国会作为一名众议员任职四年。1848年，人们选举他来填补美国参议院的一个空缺，并于1851年再次选举他为参议员，让他完成了一个完整的任期。当1856年辛辛那提民主党全国代表大会，认可了他反对废除《密苏里妥协法案》的法案时，汉尼拔·哈姆林正式退出了民主党。在1856年11月，共和党选举他为缅因州的州长。1857年1月，他再次当选为美国参议员。

汉尼拔·汉姆林

目前，芝加哥共和党全国代表大会值得庆贺的主要是，通过提名亚伯拉罕·林肯为总统候选人，它争取到了难以预料的、保守的州的选票。或许可以更确切地说，它不是代表们的努力，而是大众智慧的共同产物。政治的演变与科学的精密形成了"适者生存"这一理念。那天晚上，代表们离开芝加哥，坐上了通往四面八方的回家的火车，他们将大会的热情从威格瓦姆传播到了全国各地。"在每一个车站，只要附近有村庄，直到2时以后，都有沥青桶在燃烧，鼓声咚咚响，小伙子们扛着劈柴，大枪小炮砰砰地响着。轰鸣的大炮、喧天的锣鼓、耀眼的篝火、小伙子们的欢呼，搅扰得疲惫的旅客也无法休息。三十年前，这位总统候选人也曾经在从今往后名扬千古的桑加蒙河边劈柴，邻居们都叫他"诚实的亚伯"，这些小伙子为他感到高兴和自豪。

第 **16** 章

亚伯拉罕·林肯当选为美国总统

精彩
看点

在非比寻常的情况下，美国 1860 年的总统游说拉票活动开始了。四大政党分别举荐了四个总统候选人和四个副总统候选人。根据其后来的力量对比，四大政党由大到小排列如下：

　　第一，共和党。共和党在芝加哥全国代表大会上举荐来自伊利诺伊州的亚伯拉罕·林肯为总统候选人，举荐来自缅因州的汉尼拔·汉姆林为副总统候选人。共和党的活灵魂是相信并宣布奴隶制在道义上是错误的，对社会是有害的。共和党公布的政策是通过地方宪法和法律，将奴隶制限制在其业已存在的各个州。

　　第二，以斯蒂芬·阿诺德·道格拉斯为首的民主党。道格拉斯民主党在巴尔的摩全国代表大会上举荐来自伊利诺伊州的斯蒂芬·阿诺德·道格拉斯为总统候选人，举荐来自佐治亚州的赫歇尔·维斯帕西安·约翰逊为副总统候选人。道格拉斯民主党宣布它并不在乎奴隶制在道义上是正确的还是错误的，也不在乎对它的限制或扩张。道格拉斯民主党公布的政策是允许一个即将加入联邦的地区的人民自行决定是否抵制或确立奴隶制，并进一步提出要遵守最高法院对所有宪法问题做出的决定。

　　第三，以詹姆斯·布坎南为首的民主党。布坎南民主党在巴尔的摩全国代表大会上举荐来自肯塔基州的约翰·卡贝尔·布雷肯里奇为总统候选人，举荐

约瑟夫·莱恩

来自俄勒冈州的约瑟夫·莱恩为副总统候选人。布坎南民主党的活灵魂是相信并宣布奴隶制在道义上是正确的，在政治上是有利的。布坎南民主党公布的政策是在一个即将加入联邦的地区扩张奴隶制，并建立新的蓄奴州，从而可以通过数量上的优势，或者至少通过恒定的均势，保护并延续自己的政治权力，尤其是在美国参议院的政治权力。作为实现这一目标的一种手段，布坎南民主党提议立即吞并古巴岛。

第四，宪法联邦党。宪法联邦党在巴尔的摩全国代表大会上举荐来自田纳西州的约翰·贝尔为总统候选人，举荐来自马萨诸塞州的爱德华·埃弗里特为副总统候选人。宪法联邦党公开表明无视奴隶制问题，并宣布，除了"《美国宪法》、联邦和对该法律的实施"，他们将不承认任何其他政治原则。

现在开始的这场四方总统游说拉票活动最显著的特征就是，每一位候选人都忠于联邦的个人承诺。每一个派别都以某种形式指控其他所有或部分派别具有分裂联邦的动机或倾向。但另一个派别都会愤怒地否认针对自己的这一指控。为了消除任何可能的怀疑，每一位候选人在接受总统候选人资格的书面书信中都强调了这一点。亚伯拉罕·林肯援引了"宪法的不可侵犯性，和永久的团结、和谐、与繁荣"。斯蒂芬·阿诺德·道格拉斯做了广泛而详尽的承诺。他写道："必须保全联邦政府，维护宪法，使之不受任何侵犯。宪法保障的每一项权利，在任何需要通过立法才能享有这些权利的情况下，都必须得到法律的保护。必须维护宪法规定的司法权，并且，必须毫无保留地服从并忠实地执行司法决定。必须依法治国，坚决支持依照宪法而成立的行政管理机构，对于这些法律和合法的政府的一切非法抵抗都必须坚决公正、恪尽职守地予以镇压。"约翰·卡贝尔·布雷肯里奇写道："宪法和各州之间的平等，这些都是联邦永存的标志。让这些成为振奋人心的口号。"约翰·贝尔宣布，如果自己当选为美国总统，他所有的能力、意志力和职位的影响力都将用来"维护宪法和联邦，对抗所有负面的影响和倾向"。就连詹姆斯·布坎南总统，也在总统官邸门廊上的一场小型的竞选演说中，赶紧就此为自己辩解，以消除别人的怀疑和担忧。他宣称民主党的两个大会都"不合常规"。因此，每一个民主党人都可以根据自己的意愿自由投票。就他个人而言，他更喜欢约翰·卡贝尔·布雷肯里奇。民主党在短暂的分裂之后，"总是会重新集结自己的队伍，甚至从失败中变得更加强大。只要宪法和联邦永垂不朽，民主党就不会消亡。它将永远保护和捍卫宪法和联邦"。

然而，民主党的重组却没有取得任何进展。无论是在公开的讨论中还是在利用职权中，以詹姆斯·布坎南为首的民主党人处处都在无情地与斯蒂芬·阿诺德·道格拉斯做斗争。这场斗争在北方和南方都同等酷烈、同等顽强。就斯蒂芬·阿诺德·道格拉斯而言，他毫不犹豫地进行了反击。他立刻参加了一场广泛的巡回竞选运动，并在北方各州的许多主要城市和蓄奴州的少数城市发表了演说。斯蒂芬·阿诺德·道格拉斯处处指责以约翰·卡贝尔·布雷肯里奇为首的民主党人是极端主义分子和分裂联邦的势力，控诉他们和共和党人一样讨厌和危险。无论斯蒂芬·阿诺德·道格拉斯犯了什么错误，历史必须铭记他持久的声望。他大胆地宣称要用武力维护联邦。这个问题是在弗吉尼亚州的诺福克，有人书面向斯蒂芬·阿诺德·道格拉斯提出来的。斯蒂芬·阿诺德·道格拉斯回答道："我要郑重地说，执行美国国会通过的法律，是美国总统和在他的领导下的所有其他官员的职责。并且当法院对这些法律做出阐释的时候，正如我宣誓效忠于宪法一样，我会尽我所能帮助美国政府维护法律至高无上的权利，反对可能来自任何地方的所有抵抗法律的人员和做法。换句话说，我认为，不管总统是谁，他都应该像 1832 年老山胡桃（即安德鲁·杰克逊总统）对待废宪主义者那样，对待所有通过抵抗法律而分裂联邦的尝试。"

各方都精神抖擞、生龙活虎地加入了这场政治游说活动。但共和党人成功的概率有明显的优势，因此，他们比所有的竞争对手都更加热情。亚伯拉罕·林肯的性格和身世直接吸引了北方各州民众的同情和支持。作为拓荒者、农场工人、船工和边疆政治家，他们在他身上看到了一个真正的代表。他就算不能代表他们现在的状况，也能代表他们早期的生活。作为成功的律师、议员和满腹经纶、经国治世的公共辩论家，他是他们企盼和钦佩的典范。

大约在芝加哥共和党全国代表大会召开一个星期之前，伊利诺伊州于 1860 年 5 月 10 日在迪凯特召开了共和党全州代表大会。该州官员的选举因为一项神秘莫测的公告而中断了。公告宣称，"梅肯县的一位老者"有要事向大会汇报。当人们的好奇心被充分激发出来的时候，亚伯拉罕·林肯在拓荒时代的一位伙伴约翰·汉克斯，和自己的一个邻居突然走进了会场。正如我们在上卷第二章的末尾提到的那样，他们俩的肩头各扛着一根竖立的旧篱笆桩，上面挂着一条横幅，横幅上的文字的大意是：1830 年，在伊利诺伊州，一个名

约翰·汉克斯

叫亚伯拉罕·林肯的男孩曾经帮助他砍伐并劈好了三千多根篱笆桩，约翰·汉克斯的父亲用它们来圈占自己的第一个农场，而这两根篱笆桩就来自那三千多根篱笆桩。亚伯拉罕·林肯的这些手工标志受到了与会代表们震耳欲聋的欢呼声，并把它作为一致决定推荐他为总统候选人的前奏。后来，人们把这两根篱笆桩送到了芝加哥。在那里，在共和党全国代表大会期间，人们把这两根篱笆桩安放在伊利诺伊州总部的酒店大堂里，热心的女士们用鲜花装饰它们，用蜡烛照亮它们。报纸对于它们的历史和竞选事件适时地做了报道。在整个联邦，一个全国性的称号"伊利诺伊劈木者"取代了亚伯拉罕·林肯以前在当地的一个绰号，"诚实的老亚伯"。在这场竞选运动的诸多特征中，有一条特别值得一提。为个人竞选活动和宣传游行的政治俱乐部并没有什么新鲜感。然而，现在，人们临时想出来的应急办法却一举成功、大获全胜，即采用便宜却引人注目的制服和半军事化的组织。当亚伯拉罕·林肯在库珀研究院做完演讲，又立即赶往新英格兰的时候，三四十名活跃的共和党人在哈特福德排成整齐有序的队列。每人头戴一顶大盖帽，身披一件油布斗篷，肩膀上扛着一根很长的棍子。棍子的一端闪烁着耀眼的火炬灯。他们自称为"大觉醒"俱乐部的成员。1860年3月5日晚上，这第一个新式俱乐部的成员们，伴随着军乐，迈着像军人般整齐而庄严的步伐，护送亚伯拉罕·林肯先生从他演讲的大厅回到了他下榻的酒店。这种宣传手段非常简单，效果却非常显著，以至它立刻成了其他城市争相模仿的榜样。竞选活动开始之后，在北方各州，几乎每一个县城或村子都在组织并操练"大觉醒"俱乐部的社团。这种方式极其吸引大众的眼球，到处都成立了警戒团，为共和党的总统候选人亚伯拉罕·林肯做宣传、拉选票。有好几次，二三十万名"大觉醒"俱乐部的成员在大城市里相遇。他们手持火炬灯，在这些城市的主干道上游行，队伍浩浩荡荡，宛若长龙。

亚伯拉罕·林肯先生的提名也使他的日常生活发生了一些必然的变化。他的律师业务完全移交给了他的合伙人。那间他长期占用的狭小幽暗的办公室现在也弃之不用。州议会休会期间，位于州议会大厦的州长办公室闲置，就拨给他用来办公。这个房间比例适中，有几件简陋的陈设，虽然不多也足够使用。在这里，只有亚伯拉罕·林肯的私人秘书约翰·乔治·尼古拉，陪伴他度过了竞选活动的漫长夏天，并接受源源不断、充满好奇、急于一睹真正的总统候选人的风采的游客。人们出入自由，门口甚至连一个引导员都没有安排，任何人都可以敲门进入。他那些来自桑加蒙县和伊利诺伊州中部地区的最亲近的朋友充分利用了这个机会。他和那些在田野和森林中认识的人，谈起了他们在共同的拓荒经历中发生的那些趣闻逸事。亚伯拉罕·林肯语气自然，态度温和，丝毫没有因为自己成了总统候选人，就忘了贫贱之交和旧日好友，就好像他还是那个早年的船工、土地测量员或乡村律师。汗牛充栋的来信、铺天盖地的报纸，以及朋友们的谈话，使亚伯拉罕·林肯对本人很少参与的竞选活动的进展情况了如指掌。他没有做演讲、没有写公开信，也没有召开会议。政治领导人们有几次来到共和党位于斯普林菲尔德的威格瓦姆做竞选演讲。然而，除了在这样的场合的一些非正式的采访，在整个蔚为壮观的总统竞选游说拉票活动继续向前推进的过程中，共和党的总统候选人亚伯拉罕·林肯几乎没有提出任何个人的建议或实际的指导。

或许我们值得记录下亚伯拉罕·林肯关于某一个问题的看法，这也证明了他在政治行动上的一贯性。前面已经提到过，1854 年到 1855 年，一无所知党或者美国人党的崛起，只不过是 1844 年本土美国人党的复兴罢了。作为一个全国性的组织，新的派系随着 1856 年米勒德·菲尔莫尔和唐尼尔森的失败而废止了。它的残部在许多地方以当地少数派的形式聚集在一起。有时候，在县官员和立法委员的竞选中，人们依然能够感觉到他们的存在。外国出生的公民依然有充分的理由为其公认的嫉妒和秘密的机构感到担忧。很容易断言，无论哪一个候选人都属于一无所知党，都参加了一无所知党的秘密分会。而亚伯拉罕·林肯在之前的参议员竞选中，现在又在总统竞选中，饱受这些报纸的指责。

我们已经提到过，在 1844 年的竞选中，亚伯拉罕·林肯在斯普林菲尔德通过公共决议，公开表明他对美国本土主义的不满和反对。在后来的竞选活动中，他一方面专注于对奴隶制的讨论，另一方面，他公开表明自己对美国本土主义的反对。他在 1858 年 10 月 30 日的一封私人书信中这样写道："我知道人们还在议论这件事，并坚持认为我是个一无所知党人。我重申我在梅里多西亚的一次公开演讲中所说的话，我不会，也不曾与所谓的一无所知党或自称为美国人党的党派有任何瓜葛。当然，我相信一个诚实的人，一个有良好品德的诚实的人，绝不会仅凭自己的了解，就说我曾与该党有染。"

所以，当亚伯拉罕·林肯的总统候选人的身份不允许他写公开信的时候，还是在 1860 年的夏天，他在给朋友的一封保密信中写道："你 1860 年 7 月 20 日的来信已经收到。我想，美国人党或者一无所知党的秘密分会里都是好人或者比我更好的人。但事实上，无论是在昆西还是在其他任何地方，我从来都没有参加过他们的任何一个秘密分会……现在反倒要警惕了。我们的对手认为，如果我公开否认这一指控，就会从某种程度上冒犯美国人党。如果他们能迫使我公开否认这一指控，他们就会获得胜利。因此，我一定不能公开表示这一指控引起了我的任何注意。"

亚伯拉罕·林肯对涉及的主要问题的立场已经得到了充分的理解。因为在1859年5月17日，在别处引用他的另一封信中，他曾经宣布自己反对伊利诺伊州或者任何他有权反对的其他地方，采用最近马萨诸塞州的宪法中的那一条款，即限制外国出生的公民的选举权。我们最好重申一下指导他得出这一结论的广泛的哲学原则："了解到我们的制度的精神旨在提升人类，我反对任何贬低他们的倾向。"

随着竞选活动的进行，结果的可能性经历了重要的波动，涉及一定程度的不确定性。民主党的分裂，以及四位候选人同台竞争，使一个或多个州的相对多数派有可能会扭转胜利的结局。精明的政客，尤其是那些属于迄今还在执政的党派、享有联邦提供的诸多好处的政客，急不可耐地利用这种可能性，并把它作为延长其行政任期的一种手段，并表明自己宁可牺牲普选原则，也要得到成功可能会带给他们的、纯粹的物质优势和地方优势。

因此，在好几个州，尤其值得注意的是在纽约州，人们开始默默地、不懈地努力，使民主党的敌对派系结成了一个以分享战利品为基础的联盟，或者他们所谓的"融合"，而只有这样的结合才有可能保证他们获得战利品。这些努力也没有停止。如果两个派系的联盟创造了胜利的可能性，那么，三个派系的联盟似乎就确保了胜利果实，因此，这一联盟的谈判双方进一步向约翰·贝尔和爱德华·埃弗里特的支持者们发出了邀请。在这个国家水火不容的两种思想和原则的激烈斗争中，这样的安排绝非易事。然而，在一个庞大的投票人群中，总有一部分人并不会对党的信仰忠心耿耿。渐渐地，从个人的谈论和报纸的猜测来看，这场阴谋演化成了竞争对手之间的卖弄风情、勾引试探。在这里，正式的程序遇到了太多的抗议和愤慨。他们把该计划移交给了可以秘密地进行谈判和交易的常务委员会。必须说明的是，斯蒂芬·阿诺德·道格拉斯公开拒绝任何不以他的"不干预"原则为基础的联盟，这一点是值得赞扬的。然而，委员会和管理者们并不在乎他的拒绝。他们适时地完善了他们的协议，规定纽约的全部三十五张选举人票,应该按照以下的比例,由这三个不同派系的支持者们组成:斯蒂芬·阿诺德·道格拉斯民主党的十八票。约翰·贝尔代表的宪法联邦党的十票。约翰·卡贝尔·布雷肯里奇代表的布坎南民主党的七票。他们将这个协议付诸实施,亚伯拉罕·林肯联合起来的对手们在总统选举中投票赞成如此构成的联合选票。

尽管斯蒂芬·阿诺德·道格拉斯不赞成这项计划,在宾夕法尼亚州也达成了一项协议或发起了一场运动。但在这种情况下,它并没有完全达成,也没有像纽约那样由它的各方共同执行。选举人名单是在分裂的查尔斯顿代表大会之前,由常任的民主党州代表大会于 1860 年 3 月 1 日提名的。结果表明,大约有三分之一被提名的选举人投票支持斯蒂芬·阿诺德·道格拉斯。民主党分裂之后,斯蒂芬·阿诺德·道格拉斯的支持者们也列出了一张整齐划一的,或者说全体一致支持斯蒂芬·阿诺德·道格拉斯的选举人名单。为了在 1860 年 10 月的州选举中统一民主党的两个派系,原来的大会的执行委员会于 1860 年 7 月 2 日建议,首次提名的选举人如果有可能当选,就应该投票支持斯蒂芬·阿诺德·道格拉斯。如果没有可能当选,就应该投票支持约翰·卡贝尔·布雷肯里奇。随后,1860 年 8 月 9 日达成的一项决议建议,选举人应该根据斯蒂芬·阿诺德·道格拉斯或者约翰·卡贝尔·布雷肯里奇在州选举中所得票数的多少,要么投票支持斯蒂芬·阿诺德·道格拉斯,要么投票支持约翰·卡贝尔·布雷肯里奇。1860 年 10 月,根据这样一个暗含的、没有明确规定或公开说明的协议,支持斯蒂芬·阿诺德·道格拉斯、约翰·卡贝尔·布雷肯里奇和约翰·贝尔的三个派系一起投票选州长。在那次选举中,数量占绝对优势的对手打败了他们,导致融合的冲动也大打折扣。最后,原来的民主党州委员会于 1860 年 10 月 12 日撤销了其所有的融合决议,支持斯蒂芬·阿诺德·道格拉斯的民主党州委员会也于 1860 年 10 月 18 日撤走了支持斯蒂芬·阿诺德·道格拉斯的全部选票。通过某些指示或协议,这一行动使原来由民主党州代表大会在查尔斯顿代表大会之前,在雷丁市提名的选举人在竞争中顺心遂意,无往不利。尽管如此,它从某种程度来说还是联合选票,因为占总数三分之一的九名提名的选举人都承诺支持斯蒂芬·阿诺德·道格拉斯。约翰·贝尔的派系在其中占多少份额或者得到了怎样的承诺并没有公开。在总统选举中,大量的联合主义者投票支持它。然而,一部分斯蒂芬·阿诺德·道格拉斯的拥护者直接把票投给了斯蒂芬·阿诺德·道格拉斯,一部分约翰·贝尔的拥护者直接把票投给了约翰·贝尔。

分别支持斯蒂芬·阿诺德·道格拉斯、约翰·卡贝尔·布雷肯里奇和约翰·贝尔的三个派系在新泽西州也达成了一项明确的融合协议。他们列出了一张选举人名单。该名单由约翰·贝尔的两名支持者、约翰·卡贝尔·布雷肯里奇的两名支持者和斯蒂芬·阿诺德·道格拉斯的三名支持者组成。新泽西州是其融合运动在选举中产生了一定的结果的唯一的一个州。结果证明,相当一部分支持斯蒂芬·阿诺德·道格拉斯的选民拒绝接受他们当地的管理者所签订的、要求他们为其他两名候选人的选举人投票的协议。他们不会为选举人名单上的约翰·贝尔的两名支持者和约翰·卡贝尔·布雷肯里奇的两名支持者投票,而是支持选举人名单上斯蒂芬·阿诺德·道格拉斯的三名选举人,直接为斯蒂芬·阿诺德·道格拉斯投票。通过这一轮游说拉票活动,提名的三名支持斯蒂芬·阿诺德·道格拉斯的选举人正式当选为选举人,但联合选举人名单上剩余的选举人则遭受失败,这让亚伯拉罕·林肯在新泽西州获得四张选举人票,而新泽西州总共也不过只有七张选举人票。两三个其他州也做出了一些旨在融合的、敷衍了事的努力,但并没有取得任何值得注意的成果,即便是它们成功地实现了融合,也不会对总统大选的结果产生任何影响。

所有这些避免或推迟即将到来的严重的政治变革的努力都是徒劳的。在长达六年的骚动中,民众的智慧已经日渐成熟,并转化成了信念和决心。每个选民都清楚地认识到奴隶制这个重大问题的几个方面:它抽象的道德观。它对社会经济的影响。政府和参议院使堪萨斯成为蓄奴州的阴谋。德雷德·斯科特案的决议所阐述的奴隶制的司法地位。《逃亡奴隶法》的影响和有效性。奴隶制的扩张和奴隶制的限制之间的选择所涉及的政治权力的平衡问题。甚至比这更重大也更严肃的问题是亚伯拉罕·林肯明确提出的,即联邦最终应该完全成为奴役的社会还是自由的社会。在美国政治史上,在 1860 年 11 月的总统大选中，美国选民就这些重大问题公开发表的观点是有史以来最深思熟虑的言论。

总统竞选活动从一开始就充满了怀疑和不确定性，一直持续了整个夏季。刚开始的时候只是有可能成功，后来共和党确保了胜利果实。1860年9月，缅因州以一万八千张多数票选出了共和党的州长。1860年10月，几个至关重要的州给予了共和党决定性的多数票：宾夕法尼亚州以三万两千张多数票选出了共和党的州长。印第安纳州以将近一万张多数票选出了共和党的州长。俄亥俄州以一万两千张多数票选出了共和党的州议员，以两万七千张多数票选出了共和党的国会议员。政治家们普遍认为，这些州的投票明确地预示了亚伯拉罕·林肯的当选。不仅预言证明是对的，而且民众的信念和热情依然高涨的趋势，也促使其他态度依然不够明确的州投票支持亚伯拉罕·林肯。

1860年11月6日，总统大选开始了。在十七个自由州中（缅因州、新罕布什尔州、马萨诸塞州、罗得岛州、康涅狄格州、佛蒙特州、纽约州、宾夕法尼亚州、俄亥俄州、印第安纳州、伊利诺伊州、密歇根州、威斯康星州、明尼苏达州、艾奥瓦州、加利福尼亚州和俄勒冈州），亚伯拉罕·林肯的所有选举人都是被选出来的。在自由州新泽西州，正如前面已经解释过的那样，亚伯拉罕·林肯获得了四张选举人票，斯蒂芬·阿诺德·道格拉斯获得了三张选举人票。这使亚伯拉罕·林肯总共获得了一百八十张总统选举人票，或者在整个选举团中占了五十七张多数票。十五个蓄奴州支持其他三个总统候选人。其中的十一个州，包括亚拉巴马州、阿肯色州、特拉华州、佛罗里达州、佐治亚州、路易斯安那州、马里兰州、密西西比州、北卡罗来纳州、南卡罗来纳州和得克萨斯州选举约翰·卡贝尔·布雷肯里奇的总共七十二名选举人。其中的三个州，包括肯塔基州、田纳西州和弗吉尼亚州选举约翰·贝尔的总共三十九名选举人。其中剩余的一个州，密苏里州选举斯蒂芬·阿诺德·道格拉斯的总共九名选举人，连同他在自由州新泽西州获得的三名选举人，他总共有十二名选举人。所有反对亚伯拉罕·林肯的选举人总共有一百二十三名。

这次普选表达的人民的意愿在适当的时候付诸实施。根据法律规定，总统选举人于 1860 年 12 月 5 日在各自的州召开会议，并根据以上统计结果正式投票。1861 年 2 月 13 日，美国国会的联席会议做了正式统计，宣布亚伯拉罕·林肯获得大多数投票，正式当选为美国总统，1861 年 3 月 4 日正式上任。

这一结果的一个特征我们不能不提。许多粗心的观察者当时的感受是，亚伯拉罕·林肯的成功完全是由于有三个反对的候选人与他竞争。或者，换句话说，是由于民主党的分裂，从而在约翰·卡贝尔·布雷肯里奇和斯蒂芬·阿诺德·道格拉斯之间分散了选票。如果民主党保持团结的话，它将会获得多么纯粹的道德力量将是无法估量的。这种假设只能基于对南方极端的奴隶制学说视而不见。鉴于游说拉票活动中存在这些学说，任何假设都不可能提供一个与已经产生了的结果不同的结果。在对这些存在的问题的辩论中，亚伯拉罕·林肯的胜利是肯定的。如果所有投给对方候选人的选票，正如那五个州完全或部分达成的那样，集中投给一个"联合候选人"。除了在新泽西州、加利福尼亚州和俄勒冈州，结果在任何地方都不会改变。尽管少了十一张，亚伯拉罕·林肯依然会得到一百六十九张选举人票，他在整个选举团中，也依然会得到三十五张总统选举人票。这是一场思想的较量，而不是个人或党派的较量。选择不仅是自由的，而且是明确的、有把握的。选民并不像有的时候那样，被迫不完全或部分地表达自己的意志。四个纲领和四个候选人为选民提供了各种不同寻常的政治行动模式。其中，无可争议的、符合宪法的大多数选民，在有序、合法、毋庸置疑的选举程序中，选择了这位候选人，其纲领宣布了深得人心的最终决定，即不应该扩大奴隶制的范围，亚伯拉罕·林肯当选为美国总统的这一事实，不可改变地将权力的平衡转移到了自由州。

第 **17** 章

叛乱的开始

分裂并不是美国政治近期才出现的弊病。从政府成立之初，国家的政治文献中就大量散布着对分裂的讨论、对分裂的威胁和对分裂意图的指责。事实上，大的政治派系强烈反对美国目前的宪法，几乎可以说，他们差一点就成功了。最初的反对在某种程度上一直是以不断的怀疑和失败的预言的形式持续存在。同样的不满和不安导致了早期对宪法做出了重要的修正，但这些并没有让所有的反对者和怀疑者感到满足。新政府的行政和政策中，直接而深刻的意见冲突层出不穷。从而诞生了积极的政党，展开了热烈的讨论，一方宣称分裂势力太强大而无法忍受，另一方则声称它太弱小。

　　在公共舆论得到发展和壮大之前，1812 年的战争导致了新的不满和反对，由此召开了著名的哈特福德大会。该大会遭到了指控和否认，称它是一个分裂和反叛的举动。确切的事实在我们的时代并不重要。但它足以表明深重的政治动乱和淡漠的公众信仰。跳过同一特征的次要表现，我们一起来回顾 1832 年发生在南卡罗来纳州的充满变数的"废宪"事件。这是一次否定联邦当局的正式立法，并威胁要武力抵抗。分裂主义在这里盛行。废弃、退出、不忠、反叛、革命、胁迫等词语，构成了当前的政治词汇。在这里，如果将一篇那个时期的政治演说稿改变姓名和日期，读者很容易想象自己置身于 1860 年冬季的激烈的辩论中。

　　安德鲁·杰克逊总统的宣言和亨利·克莱的折中方案使"废宪"行动半途

而废。然而，从那个时候开始，分裂的措辞和精神成了国会的辩论和立法中永恒的因素。1850 年，分裂达到了前所未有的强度和广度。这一次，它蔓延到了整个国家，许多最明智和最优秀的政治家都相信内战即将爆发。1850 年的妥协措施最终平息了这场风暴。然而，直到一个分裂运动的严重开端在其崛起的地方通过联合多数的直接投票发展起来，之后又通过全国的普遍谴责镇压下去，才最终平息了这场风暴。

1850 年的妥协措施包括接受加利福尼亚作为自由州加入联邦。黄金的发现使加利福尼亚的人口急剧增长，使通常作为一个即将加入联邦的地区的考察期完全没有了必要。加利福尼亚州相当大的一部分位于北纬 36°30′ 以南。为了在美国参议院保持双方政治权利的平衡，亲奴隶制的极端分子们曾经要求将它分为两个州，一个自由州，一个蓄奴州。这一要求遭到了拒绝，他们不仅激烈反对妥协措施，而且在南卡罗来纳州、佐治亚州和密西西比州组织了一场抵抗运动，要求予以纠正，如果不答应就威胁要脱离联邦。1851 年，这些州开展了对这个问题的全民辩论。其中，极端分裂势力遭到了彻底覆灭。它郁郁寡欢地屈服于自己的失败。像以往的任何时候一样，留下了一个愤愤不平、苦大仇深、难以和解的派系，静待一个新的机会，激起一场新的混乱。奴隶制引发的骚动为这些不满的人提供了新的机会。这场骚动开始于 1854 年废除《密苏里妥协法案》的法案，结束于亚伯拉罕·林肯当选为美国总统。在这长达六年的论战中，分裂只存在于幕后，还未成为人们关注的焦点。因为亲奴隶制的势力一直都信心满满，有望获得最后的胜利。直到 1860 年 11 月 6 日，亚伯拉罕·林肯当选为美国总统已经成了既定的事实，他们才对最后的胜利彻底绝望。因此，即便是在南部各州，一般来说，直到总统竞选接近尾声时，人们才对分裂表示不满，假装把它看作可怕的罪行，而不是心之向往。

然而，这只是表面现象。在表象之下，一个规模不大却毅然决然的分裂阴谋正在积极地运作。它几乎没有留下任何历史轨迹。但在 1856 年，它开始显现出明显的迹象。约翰·查理·弗里蒙特有可能当选为总统，虽然可能性不大。而阴谋家们则建议通过发动叛乱来利用这一可能性。就算没有后来的历史事实，弗吉尼亚州州长写给马里兰州和其他几个州的州长的一封信，就足以证明这种意图。

弗吉尼亚州，里士满

1856年9月15日

亲爱的先生：

　　惊天动地的大事已经迫在眉睫。作为蓄奴州的主要行政领导，你我需要负起责任。突发事件很快就会来临，这就需要为人民做最坏的打算。难道我们不应该劝告自己，对我们的和平与安全的显而易见的威胁，可能会要求我们负起特殊的责任。何不成立一个联合委员会呢？如果可能的话，我们何时、如何，或到什么程度，才可以采取单独的或联合的行动，最有效地抵御危险呢？

　　我建议，马里兰州、弗吉尼亚州、北卡罗来纳州、南卡罗纳州、佐治亚州、佛罗里达州、亚拉巴马州、路易斯安那州、得克萨斯州、阿肯色州、密西西比州和田纳西州的州长们，在北卡罗来纳州的罗利市召集会议，就国家的现状进行一般性的磋商。讨论维持和平的最好手段。特别是如何保护蓄奴州的荣誉和利益，而且越早越好。种种显而易见的原因，我仅向那些由民主党执政的州致函。

　　这件事应该在总统选举前尽早进行。我建议在1857年10月13日，星期一召开会议。请您尽早给我答复，我将不胜感激。

最真诚和最敬重您的

亨利·亚历山大·怀斯

致敬

马里兰州州长托马斯·W.里根阁下

如果需要对这封信的明确目的或者拟召开的会议做出解释，可以在下面的书信中找到。这封信是弗吉尼亚州的参议员詹姆斯·默瑞·梅森写给密西西比州的杰斐逊·汉密尔顿·戴维斯的。后者当时是富兰克林·皮尔斯总统的战争部部长。

弗吉尼亚州，温彻斯特附近的塞尔玛

1856年9月30日

我亲爱的先生：

　　我有一封亨利·亚历山大·怀斯于1856年9月27日写的热情洋溢的信。他说北卡罗来纳州、南卡罗来纳州和路易斯安那州的州长已经同意在罗利市会面，其他人也会的，这一点你知道就可以了。他还说，他已经正式请求你，根据公平的差别原则，用撞击式燧发枪与弗吉尼亚州交换燧石火枪。我不知道这个部门（指战争部）在这种情况下的惯例或权力。然而，如果能做到，即使要用自由主义来解释自己的行为，我也希望你能同意。弗吉尼亚州的上一届议会，难道没有把燧石火枪换成撞击式燧发枪的拨款吗？如果是这样的话，这不是正好为我们将这些武器提供给这些州找到了合理的借口吗？弗吉尼亚州可能比南方其他各州拥有更多武器，如果它们需要的话，也会分给它们一些。昨天，在一封给南卡罗来纳州委员会的信中，根据自己的判断，我认为，如果约翰·查理·弗里蒙特当选为总统，南方不应该停下脚步，而是要立即进行"直接的、绝对的、永久的决裂"。所以，我是第一个赞成决裂的人。

　　亨利·亚历山大·怀斯说，他费城的老主顾们正在为宾夕法尼亚州的老朋友（指约翰·卡贝尔·布雷肯里奇）加油。我希望他们不是在做白日梦。

詹姆斯·默瑞·梅森

我们在这些书信中，为这些阴谋家后来成功的努力找到了精确的对应信息。

他们与他人联合发动了叛乱。就在1858年亚伯拉罕·林肯和斯蒂芬·阿诺德·道格拉斯之间竞选参议员的活动达到了白热化的时候，南方各州的公共刊物登载了下面这封特殊的书信，这立刻引起了全国公众的关注，并因为这封"革命性的书信"的臭名远扬而变得众所周知。鉴于后来发生的事件，这封信既是对阴谋的暴露，又是对分裂的预言。

蒙哥马利

1858年6月15日

亲爱的先生：

您1858年6月15日的惠函已然收讫。我完全同意您所说的，没有什么万能的举措可以扫清奥吉亚斯的马厩（此处指国家或社会的痼疾和弊病）。如果民主政治被推翻，就会被更大的一群嗜血的苍蝇所取代。

南方的补救措施并非存在于这样的进程中，而在于立刻组织真正的勇士积极阻止下一次进攻。北方的下一次进攻势必会发生。没有一个全国性的政党能拯救我们，也没有一个地方性的政党能够做到这一点。然而，如果我们能像我们的祖先那样，在南方所有种植棉花的州组织"安全委员会"。也只有在这些州，我们才有希望发起任何有效的运动。我们将点燃南方人的激情，指导南方人的思想，相互鼓励，相互扶持，待到机会成熟时，通过一个有组织的、协调一致的行动，我们将使南方诸州投入一场革命。

托马斯·拉芬先生已经在南方预示了这一想法。亚拉巴马州蒙哥马利的《广告报》已经采纳这一想法，并以"南方人联盟"为名义刊登。该组织在所有其他问题上保持了他们旧的政党关系，将优先考虑南方的问题，将会影响政党、议会和政治家。我没有时间详细说明，只是建议罢了。

威廉·郎兹·彦西草书

致敬

詹姆斯·埃德温·斯朗特先生

长期以来，全国人民一直认为这封"革命性的书信"的作者威廉·郎兹·彦西，是亚拉巴马州著名的政治家，隶属于民主党，曾在国会中代表亚拉巴马州的一个区，也是近年来南方最活跃、最强硬、最惹人注目的分裂主义者。仅就本出版物有关他的内容而言，公众对此并不感到奇怪。然而，之前从未有人用如此淡定、如此理所当然的自信谈论过这样的一个有组织的阴谋计划。

　　这封信遭到了几乎所有的公共出版物的一致谴责，这让受惊的国人稍稍感到安心。原来，这封革命性的书信的作者威廉·郎兹·彦西是一个坚定的"食火者"，该组织的成员主要分布在南方，但据称，其数量太少，不足以造成如此深远的恐惧。

　　到处都在复制这封信，谴责其作者，他提出的"将使南方诸州投入一场革命"的建议受到了公众的诅咒。威廉·郎兹·彦西立即发表了一份声明，对背叛自己的信任、公开发表这封信的行为表示遗憾，并通过冗长而费力的争论，纠正了这个令人讨厌的宣言。然而，在解释的过程中，他却欲盖弥彰，又为这封"革命性的书信"中所暴露出来的重大阴谋提供了额外的证明。威廉·郎兹·彦西提到了"一项深思熟虑的南方政策，弗吉尼亚州最能干的人们已经充分理解、彻底领悟，并痛快地批准了这项政策，正如你们自己必须意识到的那样"。其大致的意思是，当南方种植棉花的那些州发动叛乱的时候，"弗吉尼亚州和其他边界州应该留在联邦"，通过它们的地理位置和它们的诉讼律师，这些边界州会对提出的脱离联邦的计划形成一个保护性的屏障。威廉·郎兹·彦西继续说道："如果这个计划大功告成的话，到时候，弗吉尼亚州和其他愿意加入南方邦联的边界州都可以加入南方邦联。"

　　在1860年的总统大选中，最后的结果一直笼罩着极不寻常的不确定性。人们普遍认为，亚伯拉罕·林肯当选的可能性越来越大。四位总统候选人的积极角逐，大大地增加了他成功的机会。而在所有睿智的政治家看来，1860年10月选举的结果似乎进一步预示了亚伯拉罕·林肯的当选。然而，乐观自信的人们继续抱着一线希望，和命运抗争，依然坚定地支持自己最敬爱的领导人。这种情况在南方造成了可悲的后果。在迫在眉睫的失败的阴影下，南方的民主党开始了最后几个月的游说拉票活动，这对于约翰·卡贝尔·布雷肯里奇来说是一种恳求，对于亚伯拉罕·林肯来说却是一种威胁。对于那些头脑简单、思想浅薄的人来说，鼓吹分裂似乎只是欺骗选民的、无关紧要的选举演说。然而，到了最后的紧要关头，当亚伯拉罕·林肯的当选成了既定事实的时候，他们发现自己已经在某种程度上发誓要抵抗到底。他们曾经发誓永远不会屈服。而现在，和许多人一样，仅仅是这种为了保持前后一致的自豪感就足以促使他们坚持一个考虑不周的宣言。失败的痛楚加剧了他们的怨恨，在这种烦躁的情绪下，他们当中的那些分裂分子巧妙地将他们引入了革命的浪潮中。

在这些叫嚣着要脱离联邦的州中，南卡罗来纳州的人口最多，因此，也为活跃的阴谋集团提供了最大的人员保障。通过一致的同意，该州得到了危险和荣誉并存的领导地位。因为阴谋是秘密进行的，所以，人们只发现了他们的行动的零星证据。尽管可能只是组织叛乱的众多的早期机构之一，下面的通告却从惊人的角度揭示了，在 1860 年 11 月的选举之后，他们付出了怎样的努力，采取了怎样的手段，用来"点燃南方人的激情"。

查尔斯顿

"1860年协会"，执行会议室

1860年11月19日

1860年9月底，查尔斯顿的几位绅士开会讨论亚伯拉罕·林肯当选和共和党执政时南方的地位问题。这次非正式会议是这个社会团体中人们所熟知的"1860年协会"的起源。

该协会的目标是：

第一，与南方的领导人进行交流，通过交换信息和意见，使蓄奴州为即将到来的危机做好准备。

第二，在蓄奴州准备、印刷并分发传单、小册子等，目的是唤醒人们的危险意识，并强调抵制北方和联邦侵略的必要性。

第三，调查蓄奴州的防御情况，收集并整理有助于立法机关迅速建立有效的军事组织的各类信息。

为了实现这些目标，通过了一项简短而简单的宪法，设立了一位总统、一位国务卿和一位财政部部长，以及一个专门负责主持该协会业务的执行委员会。已经出版了十六万六千本小册子，还收到了各地源源不断的需求。协会现在正在通过对其中的一些小册子进行第二版和第三版的印刷的要求。

几个南方州很快就会选举出代表大会的代表们。北方正准备以免责声明和主动示好安抚并劝慰南方。这一政策的成功将对南方邦联和独立事业造成灾难性的影响，因此，南方必须抵制并战胜它。协会正在准备用于这一特殊目标的小册子。为了迅速采取行动，资金的支持是必要的。"1860年协会"为南方殚精竭虑，恳请大家慷慨解囊。

> 我是你们恭敬顺从的仆人
> 执行委员会主席罗伯特·纽曼·古丁

"1860 年协会"激发公众情绪的半公开的努力，得到了高级官员的大力支持。他们着手协调官方的行动，支持分裂活动。在这方面，南卡罗来纳州也同样表现出了适当的谦恭态度，采取了主动。1860 年 10 月 5 日，威廉·亨利·吉斯特州长写了下面的密函，并委派秘密特工将这封密函送到其他几个蓄奴州的州长手中。1860 年 10 月，秘密特工斯戴茨·怀茨·吉斯特将军带着这封密函，依次去看望了威廉·亨利·吉斯特州长的几位同僚。

其他几个蓄奴州的行政长官对于这封探询口气的书信的反应并不完全是如此热心的一个分裂主义者（指威廉·亨利·吉斯特州长）可能希望的，却足以促使他采取进一步的行动。

威廉·亨利·吉斯特

南卡罗来纳州，尤宁维尔

执行部门

1860年10月5日

亲爱的先生：

　　亚伯拉罕·林肯当选为总统的可能性很大，而且几乎是可以肯定的。因此，南方各州，尤其是种植棉花的蓄奴州的高管之间的充分而自由的意见交流就显得尤为重要了。而当我毫无保留地把我的意见和我们州可能会采取的行动告诉您的同时，也很高兴听听您的意见。或许我们会有一致的行动，这是成功必不可少的。我会考虑为您的通信保密，希望您也为我保密，不要在报纸上发布，然而，当然了，这些信息对于我来说是没有任何用处的，除非我和可靠的领导人协商我们州和南方的安全问题时，能把它上交给这些可靠的领导人。而且也只能通过这种方式用到它。南卡罗来纳州希望其他州一马当先，或者至少和它齐头并进。一旦确定大多数总统选举人将支持亚伯拉罕·林肯，南卡罗来纳州将毫无疑问地召开一次会议。如果哪个州宣布退出联邦，南卡罗来纳州也会跟着退出。如果没有其他州带头，在我看来，如果别的一个或者几个州，曾经向南卡罗来纳州承诺过，一旦南卡罗来纳州退出联邦，它们也会跟着脱离联邦，那么，南卡罗来纳州将会独自脱离联邦。否则，事情就难以预料了。如果您决定就大多数总统选举人将支持亚伯拉罕·林肯这件事召开大会，我想知道您提议开会的具体时间，如果有可能，我们也会在同一天召开大会。如果您的州将提出任何其他补救措施，请告诉我它可能是什么，以及任何其他你愿意给我的信息。

尊敬和关心您的

威廉·亨利·吉斯特

致敬

托马斯·欧弗顿·摩尔州长阁下

北卡罗来纳州，罗利市

执行部门

1860年10月18日

亲爱的先生：

  我很荣幸地于1860年10月12日收到了您1860年10月5日写给我的来信。

托马斯·欧弗顿·摩尔

遵照您的要求，我将尽我所能，准确详实地表达北卡罗来纳州的人民对于您的来信中提到的重要议题的意见和感受。

在过去的几年里，政治分歧和党派斗争在这个州一直很严重，特别是在过去的九个月里，对于任何具有公共性质的问题的一致意见都是无法想象的，而正在考虑的问题也是如此。在亚伯拉罕·林肯当选为总统这件事情上，我们的人民对于该州应该采取何种行动还远未达成一致意见。

有些人赞成服从，有些人提出抵抗，其他人仍在观望，等待接下来可能会发生的事件。许多人认为，在参议院的少数派的支持下，面对邪恶，亚伯拉罕·林肯将无能为力，也许在众议院也是如此。而另一些人则确定无疑、信誓旦旦地说，把联邦政府的权力交到亚伯拉罕·林肯的手中，他将会对这个国家的黑奴制度予以致命的打击。

我相信，我们的公众演说家没有一个人曾经在人民面前表明过这样的立场，即亚伯拉罕·林肯的当选本身就是分裂的一个原因。很多人说这不可能，而其他人则含糊其词。

总的来说，我坚决认为，我们的大多数人民，不会把这一事件的发生作为解散联邦的充分理由。我们的议会将于1860年11月19日召开会议，我认为，它不会因为亚伯拉罕·林肯当选为总统而采取任何脱离联邦的行动，比如，为此专门召集全民大会。

先生，这就是我认为的我们州的人民对于您的信中所提问题的看法，我把它作为一个现存的事实告诉您，并没有评论大多数人的是非曲直。

作为个人，我自己的观点并不重要。可以说，作为一个尊重各州权力的人，我相信各州的主权和它们保留的权力，无论北卡罗来纳州采取任何行动，我都会和它保持一致。对于这一总体的评论，我只会提出一个条件：无论如何，我也不能同意或支持通过高压手段强制执行令人发指的政治原则。我从来就没有想过，北卡罗来纳州会成为执行这一原则的一方，因此，我们并不会不公正地让它（指北卡罗来纳州）处于那样的位置，即便是假设的，那也不行。

有幸成为您恭顺的仆人

约翰·威利斯·艾利斯

致敬

南卡罗来纳州的威廉·亨利·吉斯特州长阁下

约翰·威利斯·艾利斯

路易斯安那州, 亚历山德里亚

1860年10月26日

亲爱的先生:

几天前, 我在这里收到了您1860年10月5日写给我的来信。我很遗憾, 我不能如愿尽可能多地与我们的领导人进行协商, 但我不能再推迟对您的答复了。你当然会认为我的信是私人的, 除非用于和朋友协商。如果亚伯拉罕·林肯当选为总统, 我不会在这个州召集大会, 因为我没有权力或权威这样做。我从您的信中推断, 您的议会已经授权您在特定的紧急情况下召集大会。我们的议会还没有采取任何类似的行动。该机构将在1861年1月中旬召开定期的年会, 然而, 如果选举团的局面表明亚伯拉罕·林肯会当选, 我认为在早些时候召开会议是必要的, 也是可能的。

即使这样可悲的事件将会成为即将到来的选举的结果，我也不建议我的州脱离联邦，我还要补充说，我认为路易斯安那州的人民根本不会决定赞成这样的方针。我建议路易斯安那州与其他蓄奴州召集会议，商讨可以奉行的适当的方针政策，并努力实现完全一致的行动。我担心，这种在如此严重的紧急情况下如此可取的完全一致的行动，是无法实现的。一些种植棉花的蓄奴州将采取一项更加激进的政策，而不是对边境州更加有利的政策，但这只会增加召开我所说的协商会议的必要性。我相信，为了正当的理由，我们有脱离联邦的权利。各州的主权本身就是判定是否要脱离联邦的法官。因此，如果联邦政府企图胁迫某个州，并企图强制执行这项权利，在这样的斗争中，我当然会维护该州的权利。

路易斯安那州，或者它境内的任何公共机构，从来没有任何迹象表明，如果一位支持黑人的共和党总统当选，它可能采取什么样的方针政策，它对任何类似战争的措施都毫无准备。它的武器库空空荡荡。虽然其他一些蓄奴州一直在为我现在担心的、迫在眉睫的紧急情况做准备，但路易斯安那州却完全疏忽了这件重要的事情。

如果即将发生的事件使南方有必要召集会议，如果我有权委派参加会议的代表，我将尽我所能，任命路易斯安那州最能干和最谨慎的人组成代表团。但据我推测，议会在委派参加会议的代表时，可能会采用其他方法。在这样的一场危机中，建议召集这样的一个会议，必然会有很大的影响力，如果随后得到各州权威部门的批准和通过，将使南方团结一心，采取协调一致的行动。

有幸成为您恭顺的仆人

托马斯·欧弗顿·摩尔

致敬

威廉·亨利·吉斯特州长阁下

亲爱的先生:

　　您1860年10月5日的书信已由斯戴茨·怀茨·吉斯特将军转交给了我。我几乎没有时间回信,我写这封信更多是为了表明已收到您的信,而不是对您信中所讲的内容做出回复。我们这个州的朋友们愿意竭尽全力,阻止该州在支持黑人的共和党的枷锁下走向消亡。我们的人民认识到了这一点,并且似乎赞同这种观点,但我认为密西西比州不可以单独行动。

　　只要知道支持黑人的共和党人在选举中获胜,我就会第一时间召集议会召开特别会议。我预计密西西比州将要求南方各州成立一个委员会,如果该委员会建议脱离联邦,密西西比州将与它们万众一心。如果任何一个州采取行动,我想密西西比州会和它齐头并进。我将给安德鲁·杰克逊写信并详述这件事。

约翰·琼斯·佩特斯

致敬

威廉·亨利·吉斯特州长阁下

佐治亚州, 米利奇维尔

执行部门

1860年10月31日

亲爱的先生:

　　我很荣幸地从斯戴茨·怀茨·吉斯特将军手里收到您的来信,我和他自由地交流了意见。如果亚伯拉罕·林肯先生当选为总统,我毫不怀疑佐治亚州将通过全民大会确定它的行动路线,这可能会在1861年3月4日之前举行。下周星期三，佐治亚州的议会将在这里召开会议，确定全民大会召开的时间。我的意见是，如果亚伯拉罕·林肯当选，佐治亚州的人民将决定在全民大会上与南方所有州的代表们会面，并采取共同的行动，保护所有州的权利。尚未预料到的事件可能会改变他们的路线，并且，如果必须为它的安全考虑的话，佐治亚州可能等不及南方各州而单独采取行动。我已将我的有关联邦关系的意见的副本交给了斯戴茨·怀茨·吉斯特将军，并将在议会召开会议的第一天送到我们的议会。我只以新闻稿的形式发送我的有关联邦关系的意见，因为它刚刚开始排版付印。在完成之前，我可以做一些无关紧要的改动。如果您的州留在联邦，我会很高兴它会采取我在意见中提到的报复措施，或其他您可能认为更合适的措施。如果亚伯拉罕·林肯失败的话，我认为佐治亚州会通过类似于我建议的报复性法规。如果把这一问题交给佐治亚州的人民来解决，不管他们是否会因为亚伯拉罕·林肯的当选而退出联邦，而不考虑其他州的行动，我的意见是，他们将耐心等待公开的行动。其他州的行动可能会极大地影响该州人民的行动。这封草草写就的信不打算在报纸上发表，请阁下为我保密。

有幸成为您恭顺的仆人

约瑟夫·爱默生·布朗

致敬

威廉·亨利·吉斯特州长阁下

亚拉巴马州，蒙哥马利

执行部门

1860年10月25日

亲爱的先生：

您1860年10月5日的书信已由斯戴茨·怀茨·吉斯特将军转交给了我。我完全同意您的意见，即亚伯拉罕·林肯将当选总统，南方各州，特别是种植棉花的几个州的领导人之间应该充分而自由地交流意见，商讨如果他当选的话，我们应该做什么以及将要做什么，才能保护蓄奴州的利益和荣誉。

我的观点是，仅凭亚伯拉罕·林肯当选这一件事是不足以解散联邦的。然而，当我们将他当选为总统的这一事实，与他所属的政党公开宣称的目标和意图，以及该党在废除《逃亡奴隶法》中已经做出的公开行为，以及许多非蓄奴州颁布的个人自由的法案，以及其他类似的法案联系起来的时候，就足以解除南方各州与联邦之间的纽带。

我认为，亚拉巴马州不可能独自脱离联邦，然而，如果两个或两个以上的州与它合作，它会和它们一起脱离联邦。或者，如果南卡罗来纳州或南方任何其他州单独脱离联邦，联邦政府试图用武力对付它，亚拉巴马州会立即向该州伸出援手。

以上的意见是以我们许多最杰出的政治家的观察和协商为基础的。如此表达的意见并不是积极的保证，而是我对亚拉巴马州将会采取的方针政策的最期望的结果。如果亚伯拉罕·林肯当选，我肯定会根据该州最后一次大会决议的规定召开一次全民大会。本次全民大会召开的时间不能早于1861年2月的第一个星期一，我心里已经确定了那个日子。总统选举人们将于1860年12月5日投票选举总统，之后将需要几天的时间来确定结果。选举出参加本次全民大会的代表，三十天后发出通知，并要求在代表们当选后两周内召开本次全民大会。这不是我随心所欲做出的决定，而是由法律规定的。我感到遗憾的是，不能早些采取行动，因为这可能是一个非常重要的问题，即所有可能决定退出联邦的州，应该在詹姆斯·布坎南总统的任期届满之前采取行动。

我在这里告诉您的事实和意见，你可以自由地告诉那些你可以选择与之商谈的人，但不打算在报纸上发表，请阁下为我保密。

我与斯戴茨·怀茨·吉斯特将军充分而自由地交流了意见，谈话的内容已然包含在这封信中。不过，他会更加详尽地向您汇报。我的意见是，凡是可能就亚伯拉罕·林肯当选这件事采取行动的所有州，都应该在结果公布后尽快召开大会。

您恭顺的仆人

安德鲁·摩尔

致敬

威廉·亨利·吉斯特州长阁下

执行部门

1860年11月9日

亲爱的先生：

您1860年10月5日写给我的最后一封邮件，在斯戴茨·怀茨·吉斯特将军的掩护下，已经送到我的手上，斯戴茨·怀茨·吉斯特将军向我解释了信中的主要议题。

阁下通过令人信任的模式收集南方各州领导人的意见，询问他们在亚伯拉罕·林肯当选的情况下可能会采取的行动计划，这种做法与我的想法不谋而合。只有当种植棉花的各州的领导人们充分而自由地交换意见之后，他们才有可能采取一致的行动。人们对这些领导人寄予了厚望，希望他们能使形势有所转变。

我们正面临重大事件。我竭尽全力，试图了解这个州在亚伯拉罕·林肯当选的情况下的公众情绪。可以骄傲地说，佛罗里达州准备与勇敢的棕榈之州——南卡罗来纳州，或任何其他某个或几个种植棉花的蓄奴州并驾齐驱，采取任何它或它们可能认为适当的政策方针，寻求维护南方的权益、荣誉和安全。佛罗里达州可能不愿因带头脱离联邦而让自己遭到鲁莽或不敬的指责，但肯定会配合或跟随任何一个可能会脱离联邦的种植棉花的州。该州最近的选举彻底打消了我对这个问题可能怀有的任何疑虑。

麦迪逊·斯达克·佩里

　　一旦确定了多数总统选举人支持亚伯拉罕·林肯当选,佛罗里达州肯定会在其他某个州建议的日子里召集大会。

　　我今天动身去首都,我到达后不久会给您写信,但在您方便的时候,我也会很高兴收到您的消息。

　　如果南方人有足够的勇气为我们的权利、荣誉和安全罢工,那就以上帝的名义,让它在亚伯拉罕·林肯的就职典礼之前完成吧。

敬重您的

麦迪逊·斯达克·佩里

致敬

威廉·亨利·吉斯特州长阁下

附:直接寄到塔拉哈西

我在联邦的海关给斯戴茨·怀茨·吉斯特将军写过信

迄今为止，据称有两种组织正在从事煽动叛乱的工作：第一种是个人的秘密社团，比如"1860年协会"，旨在煽动群众、激发公众情绪。第二种是由南方各州的州长和州政府的其他工作人员组成的秘密联盟，其任务是利用各个州政府机构为脱离联邦的阴谋提供便利。虽然这些组织是可怕的和危险的，如果没得到第三方更有效和更确定的帮助，无论它们是单独的还是联合的，都有可能会失败。这只不过是暗藏在华盛顿的联邦政府内部的一个阴谋罢了，涉及美国的许多参议员、国会代表、詹姆斯·布坎南总统的三名内阁成员以及几个执行部门的众多下属官员。这一强大的中央阴谋集团共同承诺并成功完成的特殊任务，是将联邦的武器和军事要塞转移到叛乱分子的手中，保证叛乱不会受到任何不利的影响，或受到联邦政府预防性或破坏性的行动的影响。

第 **18** 章

内阁阴谋集团

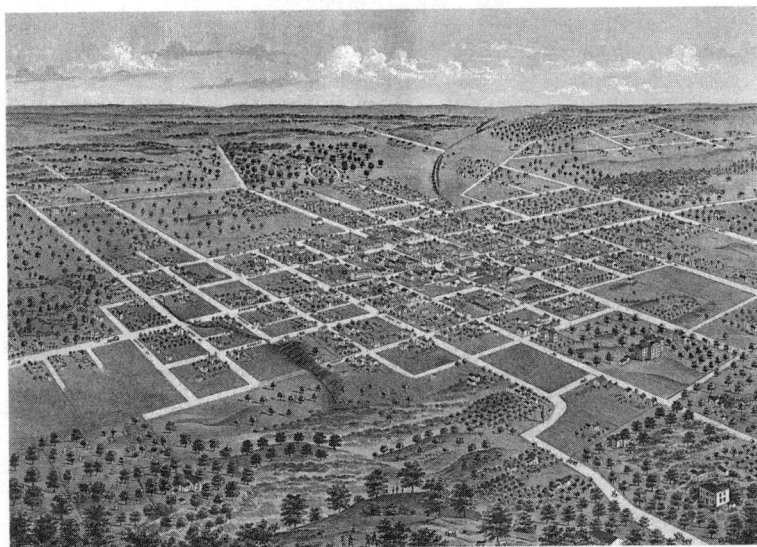

在联合种植棉花的各州的州长参与到革命性的阴谋中去的努力过后不久，我们发现查尔斯顿的地方阴谋集团与华盛顿的中央分裂阴谋集团有了联系。来自宾夕法尼亚州的詹姆斯·布坎南仍然是美国总统，他的内阁由以下成员组成：国务卿是来自密歇根州的刘易斯·卡斯。财政部部长是来自佐治亚州的托马斯·豪威尔·科布。战争部部长是来自弗吉尼亚州的约翰·布坎南·弗洛伊德。海军部长是来自康涅狄格州的艾萨克·托西。内政部部长是来自密西西比州的雅各布·汤普森。邮政总局局长是来自肯塔基州的约瑟夫·霍尔特。总检察长是来自宾夕法尼亚州的杰里米亚·沙利文·布莱克。中央阴谋集团正是在这个内阁内部形成的。就算我们可以详细地了解到建立这种很快成为"半官方、半机密"的交往的发展过程，也不可能使以下的主要事实更具有说服力，即这一阴谋在其发展的最初阶段，充分利用了美国政府的资源和手段，并导致了其最终的毁灭。美国的一名参议员、一位战争部部长、一位助理国务卿，毫无疑问，还有形形色色的小职员，在提出任何退出联邦的借口的六到八周之前，就已经"包藏祸心"，准备组织武装力量抵抗他们曾经宣誓要支持的宪法和法律了，在下面的这些书信中，他们明白无误、胆大妄为地表明了自己的立场和态度。作为这些书信的一个合适的前言，我们可以从战争部部长约翰·布坎南·弗洛伊德的私人日记中引用一些简短的段落，其中的一些更加冗长、更加重要的段落会出现在以后的章节中。目前所引述的这些段落主要是为了表明组成这一中央阴谋集团的主要成员的名字，以及他们早期磋商和活动的时间和地点。

约翰·布坎南·弗洛伊德

以下是来自战争部部长约翰·布坎南·弗洛伊德的私人日记中的摘录。

　　1860年11月8日……今天,我和约瑟夫·莱恩将军进行了一次长谈,他是与约翰·卡贝尔·布雷肯里奇先生竞争副总统的候选人。他神情严肃,非常认真。他说抵制北方反奴隶制的情绪是没有希望的。他说南方什么都没有了,它只有两条路可走,"要么抵抗、要么丢脸"。他说如果南方不能立即采取果断的行动，为自己的权利辩护，它将不得不下决心首先放弃它的荣誉，然后放弃它的奴隶。约瑟夫·莱恩将军认为分裂不可避免，说到时候，他就有用武之地了，他会毫不犹豫地为南方效劳。今天晚上我去拜见詹姆斯·布坎南总统，却发现他正在国务院忙着写他的年度咨文，就没有见他。莱恩小姐昨天晚上从费城回来了，她去那里做客，在那里待了一段时间。助理国务卿威廉·亨利·特雷斯科特先生，今天晚上打电话说要见我，详细谈论了他土生土长的州，南卡罗来纳州的情况。他毫不怀疑他的州会脱离联邦。他带给我一封南卡罗来纳州的特工，托马斯·芬维克·德雷顿先生的来信，计划为南卡罗来纳州购买一万支滑膛枪，用于该州的……

1860年11月10日……比奇、雅各布·汤普森、托马斯·豪威尔·科布和我从内阁过来，大家一脸严肃，晚上共进了一顿家庭便饭。饭桌上的气氛轻松自由，大家交谈甚欢。艾萨克·托西不愿意留下来吃晚饭。贝肯斯先生之前是美国驻俄罗斯的公使，晚饭后，他和助理国务卿威廉·亨利·特雷斯科特先生一起来坐了一个小时，谈论南方人心惶惶的现状。贝肯斯先生似乎认为，南方采取果断措施的时候到了。

1860年11月11日……我在詹姆斯·布坎南总统那里待了一个小时，在那里我遇到了雅各布·汤普森、罗伯特·麦格劳和其他一些人。我们围坐在桌子旁边，一边喝茶，一边讨论南方的分裂运动。这个话题似乎在哪里都很热门。

1860年11月12日……迅速处理了部门的日常事务。17时吃晚饭。参加聚会的有贝肯斯先生、助理国务卿威廉·亨利·特雷斯科特先生、内政部部长雅各布·汤普森先生、罗伯特·麦格劳先生、《宪法杂志》的编辑布朗先生。和往常一样，讨论的主要话题是南方令人激动的现状。大家似乎相信，分裂是不可避免的。平时非常冷静和保守的贝肯斯，现在也变得慷慨激昂、满腔热忱。在这些讨论中，我自己的保守主义似乎反倒有点不合时宜、格格不入了。

华盛顿

1860年11月1日

亲爱的巴恩韦尔·雷特:

今天早上,我收到了你的来信。对政府的看法或意见,我当然不能说什么。至于托马斯·豪威尔·科布先生的意见,他愿意我与你沟通,以便他们能帮助你形成自己的判断。但你要明白这是保密的,所以无论是托马斯·豪威尔·科布先生还是我本人,都不能作为你的信息来源。我不会在这一点上浪费太多的口舌,因为只要稍加思索你就会看到,任何所谓"得到他的授权"而发表的他的观点会造成多么令人尴尬的局面。我只想在引入正题前再补充一点,那就是,在与托马斯·豪威尔·科布先生充分而自由地交谈之后,我相信他在整件事情上都是严肃认真、一心一意、态度坚定的。

托马斯·豪威尔·科布先生认为,现在是抵抗的时候了。他认为,面对亚伯拉罕·林肯的当选,佐治亚州应该退出联邦,它会这么做的。他认为,就脱离联邦而言,佐治亚州和其他州都应该为自己行动起来,恢复宪法授予它们的权力,并与其他立场相同的主权州协商讨论。在脱离联邦之后,那就是协商的时候了。但托马斯·豪威尔·科布先生坚决认为,无论决定采取任何行动,都应该在1861年3月4日完成,而不能提前。

虽然决定采取的行动是决定性的、无法挽回的,但其起点必须是1861年3月4日。托马斯·豪威尔·科布先生反对南方召集任何仅以协商为目的的大会。如果南方召集大会,就必须授权与会代表们采取行动,他们的行动会对他们所代表的州立即产生约束力。

托马斯·豪威尔·科布先生坚信,任何提前向本届政府摊牌的企图都是有百害而无一利的,可能会导致意见分歧,破坏行动一致,他希望我告诉你,务必将这一点铭记在心。托马斯·豪威尔·科布先生认为,重中之重是要立刻采收棉花作物,变现的钱应该掌握在人民手中,在这次行动开始的时候,不应该听到民众叫苦不迭的呼声。

我个人认为，最好是有一个谨慎的人，一个懂得沉默的价值的人，一个能耐心倾听的人，出席在米利奇维尔召开的佐治亚州议会的会议，因为佐治亚州的能人异士们将在那里召集一个露天的聚会。

此外，你应该在我们州的议会会议上，尽早地选出一个人担任州长，一个其脾气秉性可以让这个州依靠、仰仗的人。这个人选的名气和性格不光要给该州人民带来安慰，还要给他们充分的信心。如果我们真的这么做了，我相信一定能达到事半功倍的效果。

据我所知，从各个方面来看，我认为全民大会绝对不是板上钉钉的事实，对于你的问题，我不想再多说什么。如果你能尽快从哥伦比亚给我写一封完完整整的信，我将不胜感激。

办公室里琐事不断，本来没有时间写信给你，因为你想听听托马斯·豪威尔·科布先生的意见，而不是我的意见，我这才给你写了这封信。

你的老朋友

威廉·亨利·特雷斯科特

致

巴恩韦尔·雷特

查尔斯顿

1860年11月3日

1860年10月22日，我在华盛顿请求战争部部长约翰·布坎南·弗洛伊德先生和来自得克萨斯州的参议员刘易斯·特雷兹万特·威格福，打听属于美国政府的某些滑膛枪的威力和价格，军械局已经把这些滑膛枪从燧石火枪换成了撞击式燧发枪。这种枪和正在使用中的任何滑膛枪的射程都是两百码，如果把它们改装成来复枪，其有效射程将达到五百码。然而，如果锥形小球通过扩大锥体底部的空间而变轻，则可以使其有效射程增加到七百码。如果阁下对上述情况给予适当的考虑，我就可以让我所说的一切得到军械委员会的认证，该委员会的官员们负责检查这些枪支并向战争部部长约翰·布坎南·弗洛伊德先生汇报。如果购买一万支或者更多这些滑膛枪，价格将是每支两美元。如果数量不足一万支的话，价格将是两美元五十美分。如果把这些滑膛枪中的一部分或全部改装成来复枪，战争部部长约翰·布坎南·弗洛伊德先生说他将找人来完成这项工作，每根枪管成本再增加一美元。与约翰·布坎南·弗洛伊德先生的这次见面是半正式的，也是秘密的，如果这件事要继续进行下去，阁下会很容易地发现，委派代理人与他谈判是很有必要的，这比直接在州和战争部之间进行谈判要好得多……我强烈建议购买几千支这样的滑膛枪……我还可以透露许多与上述情况有关的其他重要的事实，但我会留待其他场合再说，只要我有机会在哥伦比亚市服侍阁下，我就可以亲口告诉您了。

得克萨斯州已经购置了两万支这种滑膛枪，肯塔基州去年夏天也购买了好几千支。

托马斯·芬维克·德雷顿

致

威廉·亨利·吉斯特州长

查尔斯顿

1860年11月6日

我刚刚在几个小时之前收到了您1860年11月5日的来信，授权我从华盛顿的战争部购买一万支我1860年11月3日写给阁下的信中提到的那个价位和型号的来复枪。

我接受这一任命，并尽我所能，尽快履行职责。因为我认为，过去和现在的骚动对我们的和平与繁荣来说是毁灭性的，我们唯一的补救办法是与现在的联邦分裂,建立一个新的更好的联盟。今天晚上,我会和战争部部长约翰·布坎南·弗洛伊德先生联系,准备好枪支武器,以便早日派上用场。

我希望,在我到达华盛顿之前,或者直到我写信告诉您,武器已经在去哥伦比亚市的路上了,请您不要泄漏我在这个交易中的代理身份。

托马斯·芬维克·德雷顿

致

威廉·亨利·吉斯特州长

查尔斯顿

1860年11月8日

我刚收到您1860年11月7日的来信。我想,您无需任何代理人,我可以把您想要的所有信息都给您。如果我的能力只能与我的热情保持一致,我还是希望能为亲爱的老南卡罗来纳州,尽一份绵薄之力。

托马斯·芬维克·德雷顿

致

威廉·亨利·吉斯特州长

查尔斯顿

1860年11月16日

一次意外的跌倒,以及和铁路有关的紧急事件,让我极不情愿地在这里耽搁下来了。然而,我不在华盛顿,并没有耽误执行您购买枪支的命令,战争部部长约翰·布坎南·弗洛伊德已经准备了一段时间了。

当我从华盛顿给你写信时,最好不要通过你的私人秘书……请把

托马斯·芬维克·德雷顿

写给我的信寄给华盛顿的威廉·亨利·特雷斯科特先生，由他转交给我。……我会认真阅读你1860年11月7日的来信，并希望能提供给你很多你想要的信息，因为我深知，在这个节骨眼上，了解詹姆斯·布坎南总统的观点和政策至关重要。

托马斯·芬维克·德雷顿
致
威廉·亨利·吉斯特州长

华盛顿

1860年11月19日

……今天早上，我给战争部部长约翰·布坎南·弗洛伊德先生打电话，安排人立即把这批来复枪送往哥伦比亚市。然而，让我吃惊的是，约翰·布坎南·弗洛伊德先生告诉我，他曾赌咒发誓地让我放心，说只要我需要，我之前订购的一万支来复枪随时可以交货，而自从他看了随信附寄的这份关于"小火器"的报告后，他发现他不得不食言了。约翰·布坎南·弗洛伊德先生说他可以把它们改装成来复枪，但这将需要三四个月才能履行合同，作为替代，他建议我们购买一万支滑膛枪，作为一种威力更大的武器，特别是如果线盒中可容纳十二颗大型铅弹的话，就能在两百码的距离轻松射穿一英寸厚的木板。今天我和约翰·布坎南·弗洛伊德见面之后，结果让我大吃一惊，因为他不仅告诉我，这批枪支在我到达时将为我准备好，而且同样告诉威廉·亨利·特雷斯科特先生，如果我上星期六

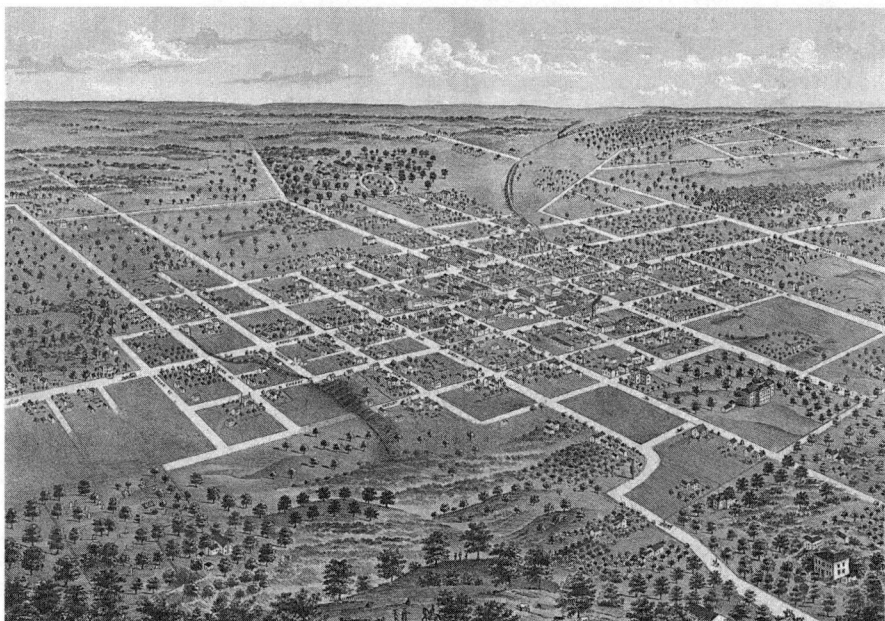

哥伦比亚市

本杰明·休格

在华盛顿的话，我本来就可以拿到它们了。……如果你对寄给你的这种型号的滑膛枪感到满意，我就买下来。虽然它们不是最好的，但与其在当前这样的危机面前手无寸铁，不如退而求其次买下它们。本杰明·休格上校可以给你很多关于这批滑膛枪的信息。得到这批滑膛枪，我们不仅要感谢约翰·布坎南·弗洛伊德先生，总军需官约瑟夫·埃格尔斯顿·约翰斯顿将军也功不可没，他是军械部的主席，是他命人把这些燧石火枪改装成了撞击式燧发枪，并从滑膛枪改装成了来复枪，约瑟夫·埃格尔斯顿·约翰斯顿将军说，对于我们而言，滑膛枪比改装了的来复枪更可取。我今天不能

约瑟夫·埃格尔斯顿·约翰斯顿

向你解释原因……我也把威廉·亨利·特雷斯科特先生回答我的某些问题
的一封信寄给你。我不能对它们发表任何评论，也不能添加其他事实。明
天我再慢慢地告诉你……

托马斯·芬维克·德雷顿

致

威廉·亨利·吉斯特州长

华盛顿

1860年11月19日

（私人的，机密的）

亲爱的托马斯·芬维克德雷顿：

　　我真的很难回答您的问题，部分是因为我相信政府的具体政策还没有确定下来，部分是因为我对它的意图的了解或者说推理，源于与其成员的交往，我必须考虑为他们保密。我认为你知不知道总统或内阁的个人意见并不是什么重要的事。在上峰发出信号之前，你不得采取任何行动，而且，无论这一信号是什么内容，我们的议会都会召开会议，也会召开关于那个核心问题的大会。我认为詹姆斯·布坎南总统很可能会清楚地说出他认为的南方的不满，他会补充说，就算各州有脱离联邦的权利，他认为这样的做法并不明智，何况他认为各州并没有脱离联邦的权利，然后，他会把整个事情都交给国会。詹姆斯·布坎南总统没有说，当某个州真的脱离了联邦的时候他会做什么，我不知道，我相信别人也不知道。正如我们会做的那样，他将尽他应尽的职责，我认为，詹姆斯·布坎南总统在履行职责的时候，会充分考虑到可以确定的任何行动方针的后果。但我认为，只要托马斯·豪威尔·科布和雅各布·汤普森在内阁中保留席位，你可能才会相信，詹姆斯·布坎南总统没有采取任何严重影响南方各州地位的行动。

　　我想，我对詹姆斯·布坎南总统接下来会做什么已经确信无疑，一旦我确定他会采取任何对我们有严重伤害的行动，或者改变事物的现状对我们不利，你就可以相信，我一定会辞职。无论如何，当你星期三从这里路过的时候，我再和你详谈。

威廉·亨利·特雷斯科特

致

托马斯·芬维克·德雷顿

华盛顿

1860年11月19日

　　虽然詹姆斯·布坎南总统在宪法中找不到合适的条款来为南方各州脱离联邦的行为辩护，但另一方面，他也没有权力强迫一个州在行使了脱离联邦的权利之后再回到联邦。一旦某个州宣布脱离联邦，詹姆斯·布坎南将不允许船随便出入，除非通过海关，而海关将设立在查尔斯顿港口附近的一艘战舰的甲板上。他将强制征收关税，不是通过海军，而是通过一艘缉私船，正如我们的收税员那样，如果他们的权威受到了挑战，他们现在可能也会那样做的。战争部部长约翰·布坎南·弗洛伊德认为我应该从纽约，而不是从这个城市安排船运送那批枪支，这一点是很重要的。如果你还想要那些枪支的话，我将接受他的建议，明天白天去纽约，当我从那里回来的时候，我会写信告诉你详细的情况。……你别忘了，给佐治亚州米利奇维尔的H.R.劳顿寄一份军械库的武器清单的副本，我也给佐治亚州弄了一些滑膛枪，和我寄给你的样品一样。

托马斯·芬维克·德雷顿

致

威廉·亨利·吉斯特州长

华盛顿

1860年11月23日

　　我是1860年11月23日6时从纽约回到华盛顿的，我在约翰·布坎南·弗洛伊德先生的建议下，去纽约与共和国银行行长G.B.拉玛尔先生面谈，希望他为我们可能需要的这么多的滑膛枪向战争部部长约翰·布坎南·弗洛伊德先生出价。约翰·布坎南·弗洛伊德先生不愿意直接把这些武器卖给我，他更愿意有个中介从中斡旋。G.B.拉玛尔先生已经同意照办，今天，约翰·布坎南·弗洛伊德先生已经写信给瓦特弗利特兵工厂的指挥官，命令他按照G.B.拉玛尔先生的订单，提供五千或一万支从燧石火枪改装成撞击式燧发枪的滑膛枪。G.B.拉玛尔先生将这笔钱付给联邦的军需官，再由购买武器的州把钱付给G.B.拉玛尔先生。我能通过G.B.拉玛尔先生支付武器的钱款，真的是太幸运了。因为我感到满意的是，如果没有他的参与，我们就不可能在这个时候买到这批武器。我希望明天白天回到纽约，因为我想尽快把瓦特弗利特兵工厂的这批武器拿到手，并送往查尔斯顿。在与詹姆斯·布坎南总统就南方各州退出联邦的权利产生不同意见的情况下，内阁随时都有可能解散，而且，如果新的战争部部长就职以后，这批滑膛枪还没有上路的话，他可能会阻止把它们运往南方。

我会再给你写信的。这里和其他地方给许多南方人的印象是，我们的参议员们正在仓促而草率地辞职。这些南方人认为，我们的参议员们应该向参议院宣布，自己所在的州已经脱离了联邦，然后再正式地递交辞职报告。将他们的席位保留到现在，将使他们与南方的参议员保持联系，并在即将发生的事件中有力地帮助我们占据优势。

托马斯·芬维克·德雷顿

致

威廉·亨利·吉斯特州长

如果需要进一步引用事实来表明，在詹姆斯·布坎南总统的内阁中，至少有三位部长和一位助理部长在叛乱的早期阶段，胆大妄为地公然从事阴谋活动，我们可以在参议员托马斯·拉尼尔·克林曼与内政部部长雅各布·汤普森的会谈中找到证据，托马斯·拉尼尔·克林曼将这次会谈作为一个有趣的回忆，记录在他的《演讲和著作》中。内政部部长雅各布·汤普森说詹姆斯·布坎南总统希望他去北卡罗来纳州的任务取得成功，这一说法是否属实是值得怀疑的。当然，只有雅各布·汤普森部长本人才是他自己的宣言和行动的最有资格的见证者。

大约在1860年12月中旬，我因为一些公事有机会见到内政部部长雅各布·汤普森先生。我一走进那个房间，雅各布·汤普森先生就对我说："托马斯·拉尼尔·克林曼，我很高兴你给我打电话，因为我正打算马上去参议院见你。密西西比州已经任命我为专员，去说服北卡罗来纳州脱离联邦，在我早上动身去罗利市之前，我想和你谈谈你们州的议会，顺便听听你对我成功的可能性有什么看法。"我对雅各布·汤普森先生说："我不知道你已经辞职了。"雅各布·汤普森先生回答道："哦，不，我没有辞职。"我回答道："那么，我想你早上会辞职。"他回答道："不，我不打算辞职，因为詹姆斯·布坎南先生希望我们所有人都坚持住，1861年3月4日再跟他一起走。"我说："然而，詹姆斯·布坎南先生知道你去北卡罗来纳州的目的吗？"雅各布·汤普森先生说："他当然知道我的目标。"这句话让我感到很惊讶，我告诉雅各布·汤普森先生，詹姆斯·布坎南先生现在心里可能正是一团乱麻、千头万绪，他可能没有充分地考虑这件事，并说他的处境已经够艰难了，我们不应该再给他添堵。然后我建议雅各布·汤普森先生，他最好再去见一见詹姆斯·布坎南先生，通过引导他仔细考虑这件事，顺便提一下我一直在对他说的事。雅各布·汤普森先生说："好吧，我可以这样做，但我想他完全理解。"晚上，我在一个小型社交聚会上遇到了雅各布·汤普森先生，我一走近他，他就对我说："我知道我不会错的。我把你说的话都告诉詹姆斯·布坎南先生了，他告诉我，他希望我去，并祝我成功。"我忍不住惊呼起来："哪个统治者会派出自己的内政部部长去发动起义，反对自己的政府呢！真是史无前例啊！"雅各布·汤普森先生确实去办事了，在议会大厦前面举行了公众接待会，又回到了内阁的位置，这些事实是众所周知的，但这件小事能让我回想起这些事实。

如果要概述内阁阴谋集团，我们有必要添加杰斐逊·汉密尔顿·戴维斯参与这场阴谋的证词，他自始至终都是一个重要的、主导的操纵者。杰斐逊·汉密尔顿·戴维斯记录如下：

> 1860年11月，在总统选举的结果公布之后，密西西比州的州长发表了一个声明，召开了议会的特别会议，讨论召集大会是否合理。他邀请该州在国会的参议员和众议员与他见面，协商召集大会时，他应该向议会递交什么样的通告，……在与刚才提到的这位州长进行磋商时，我收到詹姆斯·布坎南先生的两名内阁成员发给我的一份电报，敦促我"立即"赶往华盛顿。我把这份电报放在密西西比州的州长和正在与他开会的该州在国会的参议员和众议员面前，大家一致决定我应该服从这一召唤……到达华盛顿后，正如我所预料的那样，我发现，由于大家认为我可能会对詹姆斯·布坎南总统即将向国会递交的咨文施加影响，因此，都非常盼望我的出席。在向詹姆斯·布坎南总统致意的时候，詹姆斯·布坎南总统告诉我他已经完成了咨文的草稿，但仍然可以修改，他想把它读给我听。他这样做了，非常诚恳地接受了我提出的所有修改意见。然而，这份咨文后来又有所变动。

在我们呈现的这些文件中，显然，尽管它们仅仅只是在主要的密谋者之间传递的秘密通信的只言片语，以及他们当时和后来以各种形式记录下来的书面证据，然而，我们对于拉开美国这场大反叛的序幕的联合的神秘影响进行了实质性的揭露，包括它的中央委员会、它的组织机构的主要操纵者，以及促使其所有的从属部分和谐一致行动的相互关系。

他们同心同德，向州议会发出脱离联邦的通告，向国会递交非强制性的咨文。集合起义部队占领联邦的要塞，拒绝政府军队的保护，煽动州长们叛乱，威慑软弱的詹姆斯·布坎南总统放弃他应有的权威。历史不必惊讶于反对联邦的阴谋的惊人的团结和早期的成功。

从选票到子弹

精彩
看点

就在为亚伯拉罕·林肯举行单次投票的一个月之前，上一章引用的南卡罗来纳州的威廉·亨利·吉斯特州长的秘密通告，拉开了美国这场大反叛的序幕。这只不过是更大胆地重复了弗吉尼亚州亨利·亚历山大·怀斯州长，四年前在约翰·查理·弗里蒙特的竞选活动中所采取的行动。然而，那一次，亨利·亚历山大·怀斯州长仅限于在蓄奴州的领导人之间进行协商。而这一次，威廉·亨利·吉斯特州长几乎立即着手进行公开的和正式的革命行动。

　　1860 年 10 月 12 日，威廉·亨利·吉斯特州长发表声明，召开南卡罗来纳州议会的特别会议，"委任总统和副总统选举人……如果可以的话，他们也会采取行动，保护该州的安全"。并没有外在的危险威胁到该州或其最卑微的公民。但这句话的意义很快就变得明朗起来了。

　　据说，南卡罗来纳州主要领导人的核心小组于 1860 年 10 月 25 日在参议员詹姆斯·亨利·哈蒙德的府邸召开会议。他们的讨论仍然是秘密的。然而，在出席会议的威廉·亨利·吉斯特州长的正式行动中，他的决心显然已经表达得足够清楚了。毫无疑问，他实施了这次集会的计划。当南卡罗来纳州议会在 1860 年 11 月 5 日召开会议时，也就是总统大选的前一天，威廉·亨利·吉斯特州长向议会递交了公开主张分裂和叛乱的咨文，语言直接而露骨。他建议，如果亚伯拉罕·林肯当选为美国总统，应该立即召集全民大会，建议南卡罗来纳州脱离联邦，建议"如果美国政府忘记历史教训，企图行使高压手段进行胁迫，我们将刀兵相见，这是我们神圣不可侵犯的权利"。为此，威廉·亨利·吉斯特州长建议重建民兵，招募并训练一万名志愿军。他对这样一场革命的前景充满希望、满怀信心。他说："南方的许多州都有迹象表明，它们将紧随南卡罗来纳州的步伐，就算不会同时，最终也会依次全部脱离联邦。我们南卡罗来纳州一直在等待与其他有着类似制度的州进行合作，这似乎已经近在咫尺了。而且，如果我们忠于自己、坚持行动，盼望已久的合作很快就能实现。"

威廉·亨利·吉斯特州长试图证明这一行动的合理性，用他自己的语言来说就是："由一个政党采取措施，支持某个地方候选人当选为总统的可能性极大，如果真的实现，将不可避免地破坏我们在联邦内部的平等，并最终使美国南方各州沦为纯粹由国会绝大多数对我们的制度怀有敌意的成员进行专制统治的省份。"

这场遍及整个南方的、慷慨激昂的、以叛乱为目的的演说，熟练而成功地"点燃了南方人的激情"。严肃地说，它完全是错误的。

至于所谓的破坏平等，北方提议，凡是自由州声称拥有的权利，也不会拒绝蓄奴州拥有。至于"由绝大多数进行专制统治的省份"这一说法，本身就是一个荒谬的矛盾，因为它否定了共和政府的基本理念。如果承认反对奴隶制的"措施"只会在将来带来危险，就否定了它也是导致当前的不满的原因。对"我们的制度"的敌意，是在国家权威之下，明确否认宪法对奴隶制的完全认可。对于"地方主义"的这一指责，来自一个州的坏名声。其报纸吹嘘说，在它的界线以内，只承认约翰·卡贝尔·布雷肯里奇为总统候选人。而在该州别的地方，是通过议会而不是人民来选举总统选举人的。这种过时的"制度"，加上这样一种心胸狭窄、小肚鸡肠的公众情绪，使它几乎不可能为亚伯拉罕·林肯或斯蒂芬·阿诺德·道格拉斯或约翰·贝尔进行单次投票。从数学的角度来看，这种状况是任何北方州的"地方主义"的四倍。

最后，在完全自由地参加了总统竞选之后，由于总统的宝座将由三个反对党中的一个合法获得，该州公开决定脱离联邦，这是与任何形式的政府都完全无法和谐相处的任性、放纵的行为。

到底是什么，使南卡罗来纳州的公众舆论具有如此激进和坚定的赞成分裂的基调？我们在这里没有必要讨论其中的诸多原因。自从 1832 年的"废宪"运动以来，这个群体始终坚持不懈，逐渐聚集力量，它已经变得不仅仅是其信徒们的一种情绪，更是一种信仰或宗教般的政党狂热，因为没有更好的理由可以解释它的存在，它源自当地人给予美国政治史上的一个杰出人物——约翰·卡德威尔·卡尔霍恩的盲目的英雄崇拜。他是国会议员，是詹姆斯·门罗总统的战争部部长，是约翰·昆西·亚当斯总统的副总统，多年以来，一直是来自南卡罗来纳州的美国参议员，是州权、"废宪"运动和奴隶制的激进的捍卫者，

詹姆斯·门罗

1860 年的亚伯拉罕·林肯

约翰·卡德威尔·卡尔霍恩的辉煌名声是值得骄傲的，但他的错误的理论成了他的州和他的追随者的祸根。

显然，威廉·亨利·吉斯特州长和支持脱离联邦的拥护者们，依然对约翰·卡贝尔·布雷肯里奇通过一些不可预见的偶发事件当选为总统抱有一线希望。没有其他假设可以解释这样的一个事实：1860 年 11 月 6 日，当北方各州的总统选举人纷纷把票投给亚伯拉罕·林肯的时候，南卡罗来纳州的议会却以应有的法规和庄严的仪式任命该州的总统选举人，并正式指示他们为约翰·卡贝尔·布雷肯里奇和约瑟夫·莱恩投票。1860 年 11 月 7 日的黎明让这些希望化为了泡影。"极大的可能性"已经成为一个不争的事实。

当亚伯拉罕·林肯当选为总统的确切消息最终传来的时候，南卡罗来纳州的领导人和普通民众都高兴地欢呼雀跃——他们终于有了梦寐以求的分裂联邦的借口。现在，他们无所顾忌、认真坚定、勇气倍增、坚持不懈地投入到一个更好的事业中去。处心积虑、苦心经营的公众舆论对领导人的计划和呼吁反应热烈。对联邦的背叛成为普遍现象。政治俱乐部变成了军事化的连队。演练场和军械库每天晚上都在集会。布道、农学演讲，以及铁路部门的宴会上的发言，都成了以脱离联邦为目的的义愤填膺的谴责和慷慨激昂的呼吁。全州上下到处都是由"有快速反应能力的人"组成的志愿组织。

议会还在召开特别会议，民众频繁的示威游行和该州高官们言辞激烈的讲话，鼓励并敦促议会马不停蹄地执行威廉·亨利·吉斯特州长的方案。事实上，州议会的委员们根本不需要使劲地煽动。他们 1860 年 10 月刚刚当选，而他们中的许多人都是因为充分理解"抵抗"问题才当选的。他们是在 1860 年 10 月 8 日和 9 日当选为州议会的委员的。因为南卡罗来纳州只有一个政党，不可能有政党竞选的正常程序。专制和褊狭的公众情绪剥夺了议会的地位和作用。在查尔斯顿的一家报纸上刊登的十六张不同的候选人名单中，最强硬的分裂分子的名字出现的频率最高，排名也最靠前。许多格言的内容都是"南方的权利正在受到危害"。棕榈树和响尾蛇成了最受欢迎的标志。这里千真万确、毫不掩饰地涌动着一股谋反和叛乱的强大暗流。从很大程度上来说，它是以威廉·亨利·吉斯特州长的通告为基础的。

1860 年 11 月 5 日，议会第一天的会议为这场期待已久的革命开展了重要的筹备工作。1859 年，南卡罗来纳州议会拨款十万美元，作为紧急战事准备金，"由议会管理、调拨并报账"。这笔拨款本来是预留出来不打算动用的。现在，有人提议由威廉·亨利·吉斯特州长来支配这笔钱，用来购买改进了的小型武器、购买一批野战膛线炮、提供军装和额外的帐篷。两天后，为此通过了一项决议。然而，本届议会主要的措施是为了召集前面建议的全民大会而通过的一项法案，人们认为这个全民大会将通过退出联邦的条例。这项法案几乎没有遇到任何反对意见。有个别成员恳求推迟全民大会，以确保佐治亚州的合作，但不敢投票反对当时普遍的狂热。1860 年 11 月 10 日，常务委员会主席公布了一项召集全民大会的法案，"目的是考虑该州在联邦的地位所面临的危险"。1860 年 11 月 13 日，会议将该法案作为法律一致通过，然后，特别会议休会，等到 1860 年 11 月 26 日再召开每年一次的例会。

与此同时，各种各样的群众示威活动使公众的激动情绪一直处于狂热状态。随着两位美国参议员和主要的联邦官员反叛的热情不断高涨和公开泛滥，他们纷纷辞去了自己的职务。他们回到了州议会，并受到了热烈的欢迎和接待。为了进一步强调全民运动，1860 年 11 月 17 日，一次盛大的群众集会在查尔斯顿举行。街上挤满了兴奋的人群。衣着华丽的贵妇们挤在阳台和窗口，热心的母亲们给孩子们佩戴上革命徽章。军火和火药生意兴隆。城里的商贾名流走出来，坐在高台上，见证并支持一个正式的暴动仪式。一面印有一颗棕榈树和"做好精神和物质的准备"的格言的白旗，在庄严的祈祷后，被悬挂在用南卡罗来纳州的松树做成的一根旗杆上。音乐声、礼炮声和欢呼声回荡在空中。针对"南方共和国（南卡罗来纳州脱离联邦时的自称）的公民"的演讲应接不暇。他们白天振臂高呼、示威游行。晚上灯光通明、篝火熊熊。准备工作紧锣密鼓。他们肆无忌惮、斗志昂扬地举行各种仪式和活动。人们满心喜悦、热情洋溢。然而，正如晴朗的天空飘来一朵灰色的云彩，又如觥筹交错的宴会上出现了一颗骷髅头。虽然这个城市铺天盖地的横幅淹没了联邦的旗帜，虽然港湾里的船上鲜艳的彩旗和装饰黯淡了联邦的旗帜，但它依然飘扬在远离海湾的莫尔特里堡，那里驻扎着一位忠诚于联邦的指挥官和一支忠诚于联邦的守备部队。

第 **20** 章

罗伯特·安德森少校

精彩
看点

如果詹姆斯·布坎南总统和他的政府愿意，他们是不可能对查尔斯顿以及南方其他地区的叛国言论和准备视而不见的。然而，迄今为止，无论是反动演讲，还是篝火会议或者棕榈旗帜，甚至连威廉·亨利·吉斯特州长退出联邦的咨文或者南卡罗来纳州议会通过的全民大会的法案，都没有构成法定犯罪。分裂的威胁已经在南方亲奴隶制的极端分子们和他们北方的盟友们的嘴边挂了十二年，成为国家政治斗争中最有力和最强大的武器。人们站在树桩上发泄不满时会提到它。在国会的讲话中会详尽地阐述它。在国家的纲领中会清晰地表述它。在行政咨文中会把它作为一个严肃的警告明确提出来。

　　詹姆斯·布坎南总统作为政治家和公务员，从分裂的呼声中获益匪浅。现在，当分裂以一种客观存在和毫不掩饰的形式出现，从某种程度来说，他无力反对它，因为他自己的言行让他放下了武器。分裂分子们是他的支持者、他的朋友和秘密顾问。他们构成了一个曾经踌躇满志、功成名就的政党的残余势力。詹姆斯·布坎南通过自己对他们的利益的承诺与合作，使这个政党走向分裂，并最终失败。迄今为止，他把他们的计划作为决定自己政府成败与否的政策，这样一来，除了其他束缚，他还通过政治灾难的共同不幸与他们拴在一起。

　　在总统竞选的游说拉票活动中，在与完全由南方极端的民主党人组成、以约翰·卡贝尔·布雷肯里奇为首的民主党派如此亲密的关系和交往中，詹姆斯·布坎南总统必然能够及时掌握南方的分裂情绪与目标的进程与发展的信息。报纸

晚年的温菲尔德·斯科特

上那些当前不完美的报道和可疑的谣言对于其他党派和普通民众是保密的，对他则是公开的。

然而，现在除此之外，詹姆斯·布坎南总统又接到了一个官方的警告，这是一个不容忽视的严重错误。1860 年 10 月 29 日，在总统大选的前一周，陆军总司令温菲尔德·斯科特将军，以书面的形式告诉詹姆斯·布坎南总统，自己对于即将到来的危险感到深深的忧虑，并提议当时的政府可以采取的预防措施。温菲尔德·斯科特将军出生在一个农民家庭，后来成为一名学生，学习法律，再后来，他选择成为一名士兵，致力于职业军人的更高目标，并在半个世纪的辉煌的戎马生涯中，作为一名伟大的军事领袖闻名于世。然而，在美国，军队也无法限制公民个人的志向和抱负，温菲尔德·斯科特将军终其一生都对外交和从政保留了一份强烈的兴趣，在一些重要时刻，为他的国家尽了一个公民应尽的义务，提供了宝贵的服务。温菲尔德·斯科特将军曾是1852年的总统大选中落选的辉格党的总统候选人，毫无疑问，这一境遇使他对那时以及后来的时政有了更多关注。作为国家职位最高的军事官员，温菲尔德·斯科特将军也是公共和平的守护者。

迫在眉睫的这场叛乱对温菲尔德·斯科特将军来说并不是政治领域的新事件，对于整个国家来说也是一样。事实上，很多人通过传统和历史意识到，这只不过是约翰·卡德威尔·卡尔霍恩废除宪法运动的复活，并且更加肆无忌惮地把叛逆推向了极端。对温菲尔德·斯科特将军来说，这简直就是以往的一次经历的重复。在一代人之前，他就曾率领军队镇压了废除宪法的阴谋。大约在1832年11月4日，温菲尔德·斯科特将军接受了一个特别的召唤，随后，安德鲁·杰克逊总统秘密接见了他，征询过温菲尔德·斯科特将军对查尔斯顿港扬言叛乱的废除宪法主义者的军事观点之后，安德鲁·杰克逊总统口头命令他执行法律，维护联邦至高无上的权威。为此，安德鲁·杰克逊总统调遣了由温菲尔德·斯科特将军指挥的护法的军队和军舰。温菲尔德·斯科特将军接受了任命，率领舰队前往查尔斯顿。温菲尔德·斯科特将军一边安抚那里的堂吉诃德式的废除宪法的行为，一边加强防御和加固联邦的要塞。他非常圆满地，但十分坚决地完成了他的任务。叛乱实际上是以妥协为借口放弃了。然而，如果当时发生了冲突，联邦的旗帜也许不会是第一个在失败中被降下来的。

因此，在这些新的复杂情况下，温菲尔德·斯科特将军是向詹姆斯·布坎南总统发出正式告诫的最合适的人选。1860年10月29日，温菲尔德·斯科特将军给詹姆斯·布坎南总统写了一篇题为《对一个或多个南方州造成的迫在眉睫的分裂联邦的危险的意见书》的文章。第二天，他又给战争部部长约翰·布坎南·弗洛伊德写了一份补充备忘录，两者事实上形成了一个文件。温菲尔德·斯科特将军当时居住在纽约市，这些书信大概二十四小时就到了华盛顿。美国军队总司令温菲尔德·斯科特将军在这场危机中写的这封信满是严重的错误，这也是时代特征的一种奇怪的例证，正如它所做的那样，它表明，即使在共和国的第一士兵的心目中，政治信仰的基础也在逐渐瓦解。政治家温菲尔德·斯科特的肤浅和投机的理论与士兵温菲尔德·斯科特的实际建议形成了鲜明的对比。

作为一位政治家，温菲尔德·斯科特解释道，一旦政治上的疯狂举动破坏了联邦，任何用武力来恢复它的企图都会导致专制和无政府状态。这可比从以前的联邦分出四个新的邦联糟糕得多了。关于这个主题，他提出要尊重亲缘关系和地缘关系，理解脱离联邦的蠢行。

而作为一名士兵，温菲尔德·斯科特的建议则更明智、更恰当。他说，亚伯拉罕·林肯当选的前景导致了分裂的威胁。还有就是某些具有国家价值和重要性的要塞处于危险中，六个完全没有驻军，三个兵力不足，而且防守空虚，这些要塞可能会落入反叛分子的手中。"在我看来，这些地方都应该立即派驻军队，以便使任何想要出其不意，或者通过突袭夺取它们中的任何一个的企图落空。"附近有五个正规军的连队可以派驻这些要塞。这个计划只是临时的。它回避了入侵一个脱离联邦的州的话题。他还建议在城市之外征收关税。

八至十个州处于叛乱的边缘，只有分布在五个遥远的城市里的大约四百个人，才可以调来增援位于这些州境内的九个主要的滨海要塞。在第一批可能聚集起来的街头混混们面前，这些要塞就只能听天由命了！这是一个有专业判断能力的、官方授权提供建议的人对于国家所面临的危机做出的惊人的揭示。詹姆斯·布坎南总统对温菲尔德·斯科特将军的及时和爱国的忠告漠不关心、弃之一旁。"由于这份'意见书'不切实际、出人意料、前后矛盾，总统已经把它抛诸脑后、不加考虑了。"这是詹姆斯·布坎南总统的自白。他找了一大堆借口，说什么在那个时候，试图把这五个连队派驻到这九个要塞或者其中的部分要塞，"可能会被看作承认自己的弱势而不是展示自己威风凛凛、势不可当的实力"，说什么"没有一个种植棉花的州迈出分裂的第一步。甚至连南卡罗来纳州也在履行它对政府的所有相关职责，尽管是最不情愿的"，说什么"总统大选即将来临，而试图用如此微弱的力量进行如此大规模的军事行动，这可能会招致冲突和分裂。事实上，就算当时只有一万六千人的整支美国军队都能'派上用场'，也不足以达到这个目的"等等诸如此类的话。

温菲尔德·斯科特将军随后刊登在报纸上的公开辩论充分证明了詹姆斯·布坎南总统这个推理的错误。温菲尔德·斯科特将军指出，在他列举的这九个要塞中，有六个都是建在海峡两侧的双堡垒，包括查尔斯顿港的莫尔特里堡和萨姆特堡、彭萨科拉港的贝肯斯堡和麦克雷堡、新奥尔良以南的密西西比河段的杰克逊堡和圣菲利普堡。这六个堡垒的险要位置使它们在防御中利用交叉火力和侧翼火力，互为犄角，互相掩护，其防御能力超过了原来的两倍。这些工事，连同温菲尔德·斯科特将军提到的另外三个要塞，包括莫比尔港的摩根堡、萨凡纳以南的普拉斯基堡和汉普顿路的门罗堡，都因其险要的地理位置，不仅成为当地的防御工事，而且具有极高的战略价值。在安排进一步的防御措施之前，温菲尔德·斯科特将军建议增援这九个要塞，将使它们牢牢地掌握在政府军手里。后来，詹姆斯·布坎南总统并没有极力阻止叛乱分子占领这些要塞，为了

莫尔特里堡

平克尼堡

降低它们的防御能力，叛乱分子们投入了惊人的武装力量，当我们回想起这些历史事实的时候，这种占领对早期叛乱的影响就可想而知了。

然而，向政府发出警告，说南方这些要塞处于危险之中的人不止温菲尔德·斯科特将军一人。他提到的两个最重要的要塞是查尔斯顿港的萨姆特堡和莫尔特里堡。除此之外，那里还有一座堡垒，即平克尼堡，它比萨姆特堡和莫尔特里堡更坚固，维护得也更好，离查尔斯顿更近。如果妥善派兵占领并驻扎，单是它的军事力量就足以控制查尔斯顿。然而，只有一名军械士官驻扎在平克尼堡，一名军械士官驻扎在萨姆特堡，少量士兵驻扎在莫尔特里堡。萨姆特堡和莫尔特里堡年久失修，平克尼堡和这两个要塞相比，情况稍微好一些。1860 年夏天，国会拨款对这些工事进行维修。已经在此负责了两年驻防任务的工程兵上尉，事实上已经领命开始了两座堡垒的维修工作。

负责维修工作的工程兵 J.G. 福斯特上尉，出生在新英格兰，是一个忠心耿耿、勇于奉献的士兵。他于 1860 年 9 月 12 日开始动工。他雇用了两百到三百个人从事不同的修缮工作，这些工人部分来自查尔斯顿，部分来自巴尔的摩，然而，J.G. 福斯特上尉并没有预见到这种做法可能产生的后果。这几个要塞不仅配备有大炮，而且有大量的弹药和其他政府物资。J.G. 福斯特上尉意识到查尔斯顿准备脱离联邦的呼声已经甚嚣尘上，便于 1860 年 10 月请求华盛顿的军械局发放四十支滑膛枪，以武装萨姆特堡的二十名工人和平克尼堡的二十名工人。军械局长给战争部部长约翰·布坎南·弗洛伊德写道："如果上面传达的措施与海港部队指挥官的意见一致，我建议阁下授权我为这位工程兵军官发放四十支滑膛枪。"战争部部长约翰·布坎南·弗洛伊德批准了这条建议。

J.G. 福斯特

老安乐窝

按照和平时期的常规程序，这些问题通过邮件传给了当时身为查尔斯顿港指挥官的加德纳上校："给 J.G. 福斯特上尉发放四十支滑膛枪是否可以有效应急？把武器交给雇用的工人合适吗？这样做有用吗？"

1860 年 11 月 5 日，加德纳上校针对这些问题，重复了他已经写好的内容。他回答道，他并不担心南卡罗来纳州或查尔斯顿授权的对这些防御工事的任何攻击。然而，有一种突如其来的力量试图暴动的危险。加德纳上校还说，虽然在这种情况下，四十支滑膛枪是值得拥有的。然而，他觉得"自己不得不说，唯一可行的、没有异议的预防措施是立刻给这两个连队补充大约五十名受过训练的新兵，并从老安乐窝派两个连队，分别占领萨姆特堡和平克尼堡"。

加德纳上校的回答和建议既有商人的圆滑，又有军人的果敢，并没有任何迹象表明我们有丝毫理由怀疑他的忠诚或判断。紧接着这一对增援的正式呼吁，又来了一个更加紧迫的传唤。一方面，据说关于加德纳上校办事不力的投诉信已经到达了华盛顿，因此，不是詹姆斯·布坎南总统，就是战争部部长约翰·布坎南·弗洛伊德派人去调查关于这一问题的具体情况。那时在战争部供职的菲茨·约翰·波特少校，时任助理副官长，亲自前往查尔斯顿调查此事。另一方面，叛乱分子有几项含糊其词的指控，其本质的意思是，加德纳上校得罪上峰的真正原因是呼吁增援这几个要塞。暗示菲茨·约翰·波特少校的调查是故意要找理由免除加德纳上校的职务，从而免去给他额外增派部队的义务。菲茨·约翰·波特少校是在 1860 年 11 月 6 日领命前来调查

菲茨·约翰·波特

此事的。后来他回到华盛顿，做了口头汇报，并于 1860 年 11 月 11 日以适当的形式为战争部撰写了书面报告。

根据这份报告，虽然加德纳上校曾在一些小细节上马虎失职，事实上，他在主要和重要的事情上能保持警惕、忠心耿耿、办事高效。他已经预见到了即将到来的危险，建议政府，呼吁增援。他曾建议不仅要增加莫尔特里堡的驻军，还要有效地占领萨姆特堡和平克尼堡。他做出了真诚的努力，将暴露在外的公共武器和物资从查尔斯顿的军火库，搬到了安全的要塞。虽然加德纳上校在感情上同情南方，在情绪上支持奴隶制，然而，他忠于自己的誓言和旗帜。如果他受到政府的适当鼓励和支持，显然不会因为效率低下或漠不关心而受到责备。

然而，詹姆斯·布坎南政府与亲奴隶制的极端分子的致命纠葛，不仅削弱了军官们的忠诚度，还助长了南方人的反叛气焰。詹姆斯·布坎南总统不仅没有听从加德纳上校增援要塞的建议，还解除了他的指挥权，在两个月的时间内，詹姆斯·布坎南总统默默地忍受南卡罗来纳州叛军委员们的嘲讽，他们说这是对加德纳上校忠诚地努力挽救政府财产的惩罚。不管出于什么动机，早在 1860 年 11 月 11 日，在查尔斯顿第一次脱离联邦的周年纪念日的一周之前，在《脱离联邦条例》颁布的一个多月之前，政府已经对迫在眉睫的叛乱和要塞面临的危险完全警醒。温菲尔德·斯科特将军已经警告过了，加德纳上校已经警告过了，现在，政府的秘密特工菲茨·约翰·波特少校不仅重申了这个警告，而且他的报告已经成为政府讨论变更指挥官的依据。

政府的行动异常迅速。正如我们所看到的，1860 年 11 月 11 日，菲茨·约翰·波特少校提交了书面报告，1860 年 11 月 13 日，詹姆斯·布坎南总统就向纽约的罗伯特·安德森少校发出命令，让他坐镇查尔斯顿港口的要塞，并指挥那里的军队。人们认为，罗伯特·安德森少校的功勋、年龄和地位，使他成为能够胜任这一职位的、最容易被人们接受的人选，因为他出生在肯塔基州，又与佐治亚州一个显赫的家族联姻。人们认为，这种可能会影响他的同情心使他更容易被南方人接受，因此，他的任命不会严厉地戳中查尔斯顿人的痛处。

有人反复声明罗伯特·安德森少校在南方拥有一个种植园，这种说法是错

罗伯特·安德森

误的。他从未在佐治亚州或任何其他地方拥有种植园。他父亲去世后，留给他几个奴隶。他在遥远的岗位上一收到可以签署的合适的文件，就立刻解放了他们。之后，每当他们有需要并向他求助的时候，他总会伸出援手。

当时的陆军司令部设在纽约。罗伯特·安德森少校在同一天打电话给经验丰富的温菲尔德·斯科特将军，得知战争部部长约翰·布坎南·弗洛伊德正在华盛顿处理军务，便没有征求温菲尔德·斯科特将军的意见。在这种情况下，温菲尔德·斯科特将军认为自己无权干涉，即使是建议也不可以。然而，对整个查尔斯顿问题似乎已经进行了充分的讨论，如果反复强调堡垒的相对优势，以及占领萨姆特堡的必要性，无疑会影响罗伯特·安德森少校后续的行动。

接下来，罗伯特·安德森少校去了华盛顿，并接受了战争部部长约翰·布坎南·弗洛伊德的亲自批示，然后他返回纽约，在那里，温菲尔德·斯科特将军于 1860 年 11 月 15 日向他颁发了正式的书面命令，命令他即刻前往莫尔特里堡走马上任。

第 **21** 章

查尔斯顿港的要塞

精彩
看点

1860 年 11 月 21 日，罗伯特·安德森少校到达莫尔特里堡，担任指挥。通过他与詹姆斯·布坎南总统、约翰·布坎南·弗洛伊德战争部部长和温菲尔德·斯科特将军的几次会面，他深刻地认识到自己肩头的责任极其重大，作为走马上任后的第一要务，罗伯特·安德森少校充分了解了自己的处境和资源。在他去莫尔特里堡的路上，查尔斯顿于 1860 年 11 月 17 日举行了盛大的脱离联邦的庆典。其灯光已经熄灭，其华丽的装饰已经褪去了颜色，其篝火的烟雾已经消散在大西洋新鲜的微风中，参加庆典的叛乱分子也已经回到了单调的日常工作中。因此，在 1860 年 11 月 23 日这个平静的日子里，罗伯特·安德森少校在 J.G. 福斯特上尉的陪同下依次巡查这几个要塞，并在同一天就他刚刚亲眼所见的场景和环境写了一份比较详细的报告，上交到战争部，正如他已经感觉到的那样，罗伯特·安德森少校看到的这一切将成为他最密切关注的问题。关于主要的问题，确实没有怀疑的余地。罗伯特·安德森少校同意温菲尔德·斯科特将军、加德纳上校，还有菲茨·约翰·波特少校的观点，他向政府发出了第四次警告，这些要塞必须立即得到加固和增援。

　　"……现在，莫尔特里堡的兵力如此薄弱以至会招致攻击，这是赤裸裸的威胁。我们大概有六十人，要保卫一千五百英尺长的城墙。因为每一个指挥官都必须参战或处于戒备状态，如果遭到围困，他们将不得不经受几天几夜这样的战斗，最后一定会疲惫不堪、心力交瘁。

萨姆特堡

　　简而言之，这就是派罗伯特·安德森少校去坐镇的要塞的状况。莫尔特里堡的形势显然是最严峻的。至少在某种程度上，在罗伯特·安德森少校最近与杰出的指挥官温菲尔德·斯科特将军的会面中，温菲尔德·斯科特将军卓越的军事天才已经让罗伯特·安德森少校了解到了这一点，现在，罗伯特·安德森少校通过亲自视察，更加清楚地了解到了它的优点。受过训练、有着军事洞察力的温菲尔德·斯科特将军和罗伯特·安德森少校对于当时的情况一清二楚，正如现在的平民百姓对于历史事件一清二楚。我们只需看一眼任何一幅查尔斯顿港的地图，就会看到这座城市位于艾希礼河和库珀河之间的一片伸入水中的狭长陆地的顶端，整个城市都在平克尼堡的大炮的有效射程之内，平克尼堡坐落在一个四分之三英里之外的小岛上。离海四英里是港口，萨姆特堡就坐落在港口和海洋的中间位置，它的范围更大，也更加壮观，它的枪炮不仅能扫射所有的道路和航道，还能控制两边的海岸和岛屿。我们只需要瞟一眼地图，就会一目了然地看到，只要有相当的守备部队和武器装备，萨姆特堡就能控制查尔斯顿港，平克尼堡就能控制查尔斯顿市。

　　如果政府迄今为止有理由忽视这些不利于叛乱的优势，那么，在罗伯特·安德森少校的报告之后，其借口就再也站不住脚了。在这同一份报告中，罗伯特·安德森少校用细节引起他们的注意。他告诉他们，虽然萨姆特堡还没有完全进入防御状态，但它"现在已经准备好，可以轻轻松松地驻扎一个连的兵力，事实上，可以临时驻扎相当的守备部队。J.G. 福斯特上尉说，四个弹药库已经完工，

罗伯特·安德森在萨姆特堡

并处于良好的状态。现在它们有四万磅火药和充足的弹药，足以供应一排大炮。萨姆特堡是进入港口的关键。它的大炮能控制莫尔特里堡，很快就能赶走那里的占领者，应该立刻派兵驻守萨姆特堡"。

罗伯特·安德森少校更加坚定不移地申明平克尼堡的价值。"平克尼堡是一个城墙内藏有暗炮台的小小的防御工事，完全可以控制查尔斯顿市，除了几处需要修理之外，状态良好，这将需要大约五百美元的支出……在我看来，这座城堡应该立即派兵驻守，大约需要两名军官和三十名士兵，这一点是至关重要的。占领了平克尼堡比派来四倍的兵力，更能保证我们小股部队的安全，更能保证我们的要塞免受攻击。如果查尔斯顿的居民们知道，他们的命运掌握在平克尼堡的指挥官手里，他们就不敢贸然攻击莫尔特里堡……如果我的兵力不是这么小的话，我会毫不犹豫、分秒必争地派一支小分队驻守平克尼堡。"罗伯特·安德森少校充满了如此饱满的热情，认为政府应该毫不拖延地给予他道义上和物资上的支持。在兵力匮乏的情况下，他甚至想要临时拼凑一支守备部队，由一名军官率领三十名工人组成一支先遣队驻守平克尼堡，徒劳地希望为他们提供武器并进行操练，在新的援兵到来之前占领这里。罗伯特·安德森少校已经详细地提出了防护措施，他又在同一封信中，极具说服力地向战争部部长约翰·布坎南·弗洛伊德提出了那个重要时刻的主要问题，当时人们还没有怀疑到战争部部长约翰·布坎南·弗洛伊德的优柔寡断和背信弃义。

"如果政府决定控制查尔斯顿港，就必须立即派兵驻守萨姆特堡和平克尼堡。我不需要说我是多么渴望避免与南卡罗来纳州的居民发生冲突，事实上，只要道义允许，我会坚决避免与南卡罗来纳州的居民发生冲突。然而，发现攻击我们只能是疯狂而愚蠢的行为，没有什么比这样一种态度更能有效地防止流血事件的发生了。……乌云压顶，狂风暴雨随时可能向我们袭来。因此，我诚挚而热切地恳求立即增派部队驻守这些要塞，至少向萨姆特堡和平克尼堡同时各派一个连的兵力，我想，半个连的兵力，外加一位明智的指挥官，对于平克尼堡来说就足够了，……只要这三个要塞按照要求派兵把守，只要武器供应充足，我觉得，上帝保佑，希望不会发生流血事件，南卡罗来纳州将不会试图用武力夺取这些要塞，而是会诉诸外交手段来获得它们。我不日将发送武器弹药和军需物资的申请书。然而，如果我们忽视了加强我们自己，除非这些要塞一经他们要求就拱手相让，否则他们肯定会立即攻击我们。"

如果罗伯特·安德森少校没有进一步补充我们迄今引用的这些明明白白和直截了当的陈述和建议的话，那么，他的专业判断和男子汉的责任感会让子孙后代感到体面和光荣。然而，他忠诚的、智慧的、人道的、体现军人无私奉献精神的语言，本该得到像擂鼓或吹号般的、鼓舞人心的回复，却没有给他带来任何志同道合的回音。政府大楼里有恐惧，内阁中有阴谋，战争部有叛国。令人寒心的指示是，他可以雇用干杂役的平民和执勤的警察，可以派他提议的劳工去占领平克尼堡。同时，他们会考虑他的一些建议。此外，他们还警告他，要直接与副官长卡洛斯·贝尔少校或战争部部长约翰·布坎南·弗洛伊德保持

卡洛斯·贝尔

联络，显然是想预防和阻止温菲尔德·斯科特将军可能会给罗伯特·安德森少校的任何爱国的命令或建议。

然而，罗伯特·安德森少校在履行职责时并未有一丝一毫的懈怠。他1860年11月28日和1860年12月1日的信，虽然并不是那么完整和紧迫，却反复强调了他以前的建议。他着重重申了查尔斯顿民众日渐激动，以及要塞的危险不断增加。罗伯特·安德森少校说，南卡罗来纳州的居民们似乎对占领莫尔特里堡想入非非。流言蜚语接踵而来，说一旦南卡罗来纳州退出联邦，他们就会要求得到这些要塞，如果我们不放弃，他们将采取武力夺取。所有的谣言和谈论都表明，他们对于这些要塞志在必得。查尔斯顿的居民们每天夜里都在操练，为他们所说的必然发生的战斗做着积极而全面的准备。

罗伯特·安德森少校再次重申，给平克尼堡和萨姆特堡增派驻军，比加强自己防御能力的任何措施都更能保障莫尔特里堡的安全。他再次就自己的指挥情况向战争部提交了一份详细的报告，试图引起该部门对他兵力极度匮乏的关注，并表明以现有的兵力，确实不可能阻止进攻，也不可能成功地抵抗任何围困。"政府需要尽可能早地做出决定的问题是，当南卡罗来纳州退出联邦的时候，这些要塞是否要拱手相让。如果要拱手相让，请务必告诉我应该怎么做，如果决定坚守，请务必像我建议的那样，火速增派部队，或者派遣战舰到这个港口。无论采取哪一个方针，都可能导致一些举棋不定的州加入南卡罗来纳州的阵营。我将坚定不移地准备做最坏的打算，满怀希望地信赖战神会保佑我，并指导我的行动。"

当罗伯特·安德森少校通过一个士兵的正义感和责任感的清晰角度来表达这个简单明了的问题时，詹姆斯·布坎南总统和华盛顿的顾问们商定的给他的答复也正在拟定中。罗伯特·安德森少校可能信赖战神，然而，对于这样的一个政府，他又有什么可以信赖的呢？这个政府治下的这块大陆的三分之一的土地上，居住着三千万自由人，在面临最紧急的反复呼吁和最迫切的基本需要时，当三个要塞的占领、一个城市的和平和一个州的忠诚都悬而未决的时候，如果不是面临内战的重大选择，却连两个或三个连的新兵都不可能也不愿意派给他。

詹姆斯·布坎南总统和华盛顿的顾问们给罗伯特·安德森少校的答复如下，显然，这也是政府的最终决定："根据可靠的消息来源，我们相信你将不会受到攻击，战争部部长约翰·布坎南·弗洛伊德不得不提及他与你的谈话，并提醒你，如果事实不幸地证明他的信念是错误的，你一定要谨言慎行，千万不能受到引发冲突的指控。如果受到攻击，你当然会承担你的责任，尽心尽力地进行防御。战争部部长约翰·布坎南·弗洛伊德认为，无论你多么期待给你增派部队，根据最近你在信中提到的，预期增派的部队导致南卡罗来纳州居民情绪激动的情况，增派部队只会让该州居民情绪更加激动，并且有可能导致严重的后果。"

战争部对展示国家权威和权力的正当的、必要的、其信任的代理人反复敦促的机会的放弃，一定打击了罗伯特·安德森少校及其军官兄弟们的自豪感。但更大的羞辱还在等着他们，同一封信给他带来了如下的通知："战争部部长约翰·布坎南·弗洛伊德已经指示本杰明·休格上校去查尔斯顿，只要本杰明·休格上校能安全地离开自己的岗位，很快就能到达那里。约翰·布坎南·弗洛伊德先生希望你去拜见本杰明·休格上校，并在他离开之前，就委托给你们的事情与本杰明·休格上校商议。"

本杰明·休格上校是陆军的一名军械官，当时因为职务而驻扎在查尔斯顿，在该市有着强大的人脉。也正是这个缘故，他在当地是一个极具影响力的人物。

任何可获得的书信中都没有体现出战争部发给罗伯特·安德森少校的这些指令的确切性质。然而，罗伯特·安德森少校和本杰明·休格上校依据这些指令采取行动而产生的结果却是毋庸置疑的。

实际上，服从战争部的直接命令，低声下气地乞求查尔斯顿人不要来攻打要塞，似乎是这两位级别显赫的军官面临的任务。罗伯特·安德森少校用一个非常简短的报告驳斥了这一令人不快的使命："我很荣幸地于 1860 年 12 月 4 日收到您 1860 年 12 月 1 日的来信。昨天，我按照您的指示去查尔斯顿市与本杰明·休格上校商议，我和他拜访了该市的市长，以及其他几位社会名流。他们似乎都拍胸脯打保票,会用他们的影响力或权力阻止暴民袭击我们的要塞。

然而，所有的人都同样地毅然决然，要求南卡罗来纳州脱离联邦后，要塞必须归他们所有。"

对于一个勇敢和敏感的士兵来说，这是多么痛苦的告白呀！因为罗伯特·安德森少校知道，只要有半个炮兵连的兵力驻扎在平克尼堡，正如他曾经徒劳地要求的那样，查尔斯顿的暴民们、阴谋叛乱的州长，以及叫嚣着要脱离联邦的参加全民大会的人们，本来会乞求他这个宽容的政府的代表，保护他们的房梁和壁炉的安全。

然而，身为军人的罗伯特·安德森少校，他的天职就是服从命令。因此，他对自己的艰难处境毫无怨言，只能接受命运的安排。他补充道："尽管如此，我知道了这个群体是多么容易激动。我将继续保持清醒的头脑，尽我所能，沉着冷静地做最充分的准备，以便抵抗任何可能的攻击……我想，本杰明·休格上校决定明天晚上离开查尔斯顿去华盛顿。他比我更希望在没有流血的情况下解决即将到来的困难。"

第 **22** 章

詹姆斯·布坎南总统的咨文

在亚伯拉罕·林肯当选的 1860 年 11 月的大选和 1860 年 12 月的第一个星期一召开的国会年度会议之间不到一个月的时间。因此，有必要立即着手准备年度咨文。詹姆斯·布坎南总统迎来了一个千载难逢的好机会。他的同胞们通过急剧减少的投票数，对他的政治理论、政党措施，以及政府的行政管理表示了普遍的谴责。然而，查尔斯顿的阴谋家们几天之内就给他提出了一个新的问题，这比让他遭受政治灾难的所有问题都更加严峻。自 1860 年 11 月 6 日以来，边境暴徒征服堪萨斯的活动，以及国会中支持和反对奴隶制的双方争夺即将加入联邦的地区的更广泛的斗争，都可能被视为往事。即使它们仍然是悬而未决的问题，在分裂的首要问题面前，它们也只能是小巫见大巫。面对这一危险，亚伯拉罕·林肯、斯蒂芬·阿诺德·道格拉斯和约翰·贝尔的追随者们，以及詹姆斯·布坎南总统在自由州的一小部分支持者，被迫将他们的纷争和异议暂时搁置在一边，团结一致，在根据宪法选举出来的统治者的领导下，依照宪法，保卫法律、旗帜与联邦的领土不受侵犯。

没有改变立场，没有改变原则，甚至没有改变已经公布的政党的信条，只需要老老实实地执行宪法的最高指示，詹姆斯·布坎南总统就能从旧的问题中华丽转身，并着手处理新的问题。只需要一步，他就能从一个暗中导演了一场令人难堪的溃败的领导人，摇身一变成为一位身披锁子甲、率领坚不可摧的军队的英雄。传统惯例、爱国主义、责任义务，一个正式而庄严的誓言的无休止的忠告，所有这一切都在召唤着詹姆斯·布坎南总统走出这一步，安德鲁·杰克逊总统为他树立的光辉榜样——美国历史上永远闪耀夺目的事件——保证他能功盖千秋、名垂青史。

然而，对于詹姆斯·布坎南总统本人和他的国家来说，不幸的是，他既没有独立的才智，也没有这种道德英雄主义行为所需要的勇气。他有着真诚的爱国主义精神和无可指责的个人操守，他不是通过辉煌的成就，而是通过资历的增长得到缓慢的提拔，从而到达政治上的最高地位。他是个政客，而不是政治家。他早年才气过人，踏实勤恳，然而，随着年龄的增长，他不光变得优柔寡断、因循被动，也变得体弱多病。尽管他来自自由州宾夕法尼亚州，他却用南方人的眼睛去看，用南方人的耳朵去听，并说服自己，南方人之所以造反，是因为北方人持续的故意伤害，才使他们产生了愤怒的冲动。

战争部部长约翰·布坎南·弗洛伊德的亲笔日记中的片段，为我们提供了詹姆斯·布坎南总统正式面对南部各州叛乱时的心情的确切证据。以下是从1860年11月7日开始，总统选举后的几天内的日记的摘录。

华盛顿市

1860年11月7日

……今天傍晚，詹姆斯·布坎南总统给我写了一张便条，提到了在查尔斯顿市流传的一条谣言，大意是一支武装力量袭击并夺取了查尔斯顿港的要塞。他希望我去见他，我去了，并向他保证这条谣言完全没有根据，我还告诉他，我认为不可能有这样的危险。我们全面地谈论了分裂的话题，并且相当充分地讨论了分裂的可能性。我们一致认为，从南方的所有迹象来看，分裂似乎是不可避免的。他说，虽然他的理性告诉他有很大的危险，但他的情感却让他不愿意相信这样的事实。

在我和詹姆斯·布坎南总统谈话的过程中，总检察长杰里米亚·沙利文·布莱克法官有一段时间也在场，他表明了自己的观点，即任何分裂国家的企图都应该遭到政府的全力镇压。

1860年11月9日……13时，内阁会议如期召开。所有成员都出席了会议。詹姆斯·布坎南总统说，这次会议的议题是自从他上任以来内阁面临的最重要的问题。他说，将要考虑和讨论的问题是，政府应该就南方，尤其是南卡罗来纳州的威胁性的事件，建议他贯彻什么样的方针政策。经过大量不着边际、东拉西扯的谈话之后，詹姆斯·布坎南总统提出了一个建议，并征求每一个内阁成员的意见，问他们，关于这条建议，他应该做些什么或者说些什么。他的建议是，依照宪法，召开全国代表大会，并提出一些折中方案，以解决南北之间激烈的争端。他说，如果这样做了，北方或非蓄奴州大概会拒绝它，南方将站在全世界面前，为自己长久以来拒绝留在一个无耻地侵犯它的权利的联盟里面辩护。詹姆斯·布坎南总统说，他最终不得不注意到这个国家令人震惊的状况，他还说他不会逃避责任。

刘易斯·卡斯将军真切诚恳地谈到了即将到来的危机，他完全承认北方的狂热主义分子对南方犯下的重大错误和暴行，并谴责了它。但他也强烈反对任何州脱离联邦的教义。他怀疑呼吁召开大会是否有效，但似乎认为不妨试一试。他热烈发言，赞成用武力胁迫试图脱离联邦的州。

总检察长杰里米亚·沙利文·布莱克法官强烈倡导高压政策，热切地主张立刻派一支劲旅进驻查尔斯顿港的要塞，如果可能的话，足以震慑任何企图分裂的人们。他似乎赞成呼吁召开全国代表大会的想法。

财政部部长托马斯·豪威尔·科布宣布，他坚决支持召开全国代表大会的主张，原因有二：第一，它为詹姆斯·布坎南总统提供了一个很好的机会，可以对整个骚动的主体进行高姿态的和政治家般的处理，也提供了适当的、阻止骚动的补救措施。第二，在他看来，因为南方不能获得有权要求获得的补偿，而且他认为这种失败是肯定的，往往会导致整个南方团结起来，下定决心开展分裂活动。他认为分裂不可避免，而且在目前的情况下，召开全国代表大会的主张是最可取的。

邮政局局长约瑟夫·霍尔特先生认为，召开全国代表大会的主张是非常危险的，因为如果召开了大会，又不能获得赔偿，那些现在反对分裂的州可能会改变自己的立场，可能会失去荣誉感，转而支持那些决定退出联邦的州。当这些州没有了这种共同的要求和共同的失败的时候，他认为就不会有这种联合行动的危险，因此，未来采取和解计划的前景将更加光明。

内政部部长雅各布·汤普森先生认真考虑了召开全国代表大会的计划，认为他的老家密西西比州有一半居民支持联邦，另一半居民支持分裂分子。他反对诉诸武力的想法，并表示政府的任何诉诸武力的做法都会立即使密西西比州转而支持分裂分子。

海军部长艾萨克·托西先生认真考虑了召开全国代表大会的计划，与我曾经表达过的意见不谋而合，认为这些州采取报复性的措施最容易让北方的狂热分子们清醒过来。

我表示坚决反对任何鲁莽的行动，反对现在的分裂思潮。我这样做是因为我认为亚伯拉罕·林肯政府会失败，在他就职后的四个月内，无论好坏，他都会被视为无能。我们明天13时开会。

1860年11月10日……我们今天召开了内阁会议，詹姆斯·布坎南总统在会上宣读了一份非常详细的文件，作为他的咨文的一部分，也算是一份公告。这份文件总的来说写得很好，受到了刘易斯·卡斯将军、艾萨克·托西先生、杰里米亚·沙利文·布莱克法官和约瑟夫·霍尔特先生的盛赞。托马斯·豪威尔·科布、雅各布·汤普森和我则对其中的很多内容表示反对，托马斯·豪威尔·科布反对它，是因为它极力主张服从亚伯拉罕·林肯的当选，并宣布要使用武力，强迫服从他的统治，还因为它指责《内布拉斯加法案》的政策。雅各布·汤普森反对它，是因为它的默许原则和对分裂主义的敌视。我反对它，是因为我认为它完全忽略了南方人民的脾气，并以分裂为主题攻击了真正的各州的权利原则。我看不出这篇文章会带来它所期待的什么好的结果，相反，我确实看到了它会埋下多少祸根。

我们是否可以完全按照字面意思去接受这些摘录，这是一个悬而未决的问题。要么是"强迫""服从""使用武力"等字眼由写日记的人写下来，已经不同于说话者说出来时的意义了，要么是詹姆斯·布坎南总统和他的几个顾问经历了惊人的情感变化。但总的来说，这些摘录告诉我们，在亚伯拉罕·林肯当选为总统后的第四天，詹姆斯·布坎南总统的内阁已经分裂成两个敌对的阵营。来自密歇根州的国务卿刘易斯·卡斯、来自康涅狄格州的海军部长艾萨克·托西、来自宾夕法尼亚州的总检察长杰里米亚·沙利文·布莱克和来自肯塔基州的邮政局局长约瑟夫·霍尔特，是坚定的联邦主义者。而来自佐治亚州的财政部部长托马斯·豪威尔·科布、来自密西西比州的内政部部长雅各布·汤普森和来自弗吉尼亚州的战争部部长约翰·布坎南·弗洛伊德是分裂主义者，这几个分裂主义者还自称忠于联邦，然而，他们留下这么多的保留意见，足够清楚地表明他们不可避免地走向了不忠。

所有谨慎和爱国的冲动都应该促使詹姆斯·布坎南总统重建内阁。然而，这个人物并没有精力充沛地采取行动，他似乎致力于撰写一篇指导北方明白自己职责的政治性的文章。就好像他的这一支笔就有能力就一个他们经过六年的讨论，刚刚在四天前投票决定的核心问题，改变美国人民的意志。在这份文件的草稿中，也就是詹姆斯·布坎南于 1860 年 11 月 10 日向内阁宣读的那一份，我们有"它极力主张服从亚伯拉罕·林肯的当选，并宣布要使用武力，强迫服从他的统治"的重要记录，约翰·布坎南·弗洛伊德记录的这种立场"受到了刘易斯·卡斯将军、艾萨克·托西先生、杰里米亚·沙利文·布莱克法官和约瑟夫·霍尔特先生的盛赞"。这份报告是真正的试金石。它不仅立刻让托马斯·豪威尔·科布和雅各布·汤普森现出了分裂主义者的原形，也揭露了约翰·布坎南·弗洛伊德伪装的忠诚。

这是一种奇怪的历史现象。詹姆斯·布坎南总统和大多数内阁成员都有着这样的心态，认为应该允许南方组织叛乱。答案似乎在于詹姆斯·布坎南总统的优柔寡断、软弱无能和托马斯·豪威尔·科布、雅各布·汤普森以及约翰·布坎南·弗洛伊德的高明的手段和大胆的阴谋。

许多迹象表明，詹姆斯·布坎南总统在准备这份咨文的过程中发生了长期的派系斗争。《每日电讯报》公布了几次旷日持久的内阁会议。而早在 1860

年 11 月 21 日，报纸上就准确预示了讨论的重点问题，以及詹姆斯·布坎南总统及其顾问的态度。这些重大的审议也不只是局限于内阁。我们可能永远无法知道他们提出的所有建议和各种矛盾的忠告，却足以根据目前所掌握的情况推断出，原则和政策的截然相反和极端对立。一方面，叛乱分子们未来的首领杰斐逊·汉密尔顿·戴维斯，响应同谋者们的紧急召唤。另一方面，后来成为詹姆斯·布坎南总统的总检察长和亚伯拉罕·林肯的战争部部长的埃德温·麦克马斯特斯·斯坦顿，受到了詹姆斯·布坎南总统的亲自召见，詹姆斯·布坎

埃德温·麦克马斯特斯·斯坦顿

南总统希望埃德温·麦克马斯特斯·斯坦顿能帮助自己厘清纷乱的思绪，走出由困惑不解的倾向和观点形成的错综复杂的迷宫。我们猜不到可能有多少人是自愿来的，或者是被召唤来的。然而，许多人一定是手脑并用地参与了这项工作，因为这份文件是这样的一个由相互矛盾的理论、不可调和的原则、不切实际和毫不相干的建议组成的混合体。因为犹豫不决、困惑不解的詹姆斯·布坎南总统最终无法做出决定，无力构思咨文。顾问们给出的正式和非正式的建议和想法，似乎使他的咨文成了七拼八凑的文章，他们对他产生的不可避免的影响，不是整合并巩固了，而是削弱并混淆了詹姆斯·布坎南总统本来就矛盾的思想和身体。

　　除了对各部门的报告做了简单的重述，詹姆斯·布坎南总统于 1860 年 12 月 4 日向国会提交的咨文，主要涉及两个问题：奴隶制和分裂。在奴隶制的问题上，它重复了以詹姆斯·布坎南总统为首的民主党人在之前的总统竞选中的主张和论点，把目前的危险完全归因于北方。作为一项补救措施，它建议对联邦宪法进行修正，明确承认奴隶制存在于已经确立或可能确立奴隶制的州，并明确规定奴隶制有权存在于一个即将加入联邦的地区，并得到保护。这条建议简直是幼稚。确切地说，总统大选已经解决了这个问题。如果要按照这条建议去做，则无异于推翻投票箱的最终决定。

　　在分裂或脱离联邦的问题上，这份咨文提出了一个含糊不清、毫无根据的，个人的违法不忠和以"州"命名的政治团体的违法不忠之间的区别。它是这样开头的：联邦在成立之初旨在永垂不朽。在一些特殊的、只能通过革命反对或废止的问题上，联邦政府被赋予了至高无上的权力。脱离联邦是违反宪法的，因此，是不折不扣的革命。行政机构无权承认一个州脱离联邦的行为。《美国宪法》创建了一个包括立法机构、行政机构和司法机构的完善的政府。这个政府权力范围内，直接管辖每个州的公民个体，并通过自己的官僚机构执行自己的法令。最后，行政机构不能被免除执行法律的职责。

　　詹姆斯·布坎南总统继续写道，然而，法律只能通过某些规定的方式，如果有必要，通过由民兵或陆海军部队支持的法院、执法部门和地方民团来执行。

因此，如果方式失效了，机构解体了，那么执行法律也就成了一句空话，正如在南卡罗来纳州，公众的普遍情绪已经让它的法院、执法部门和地方民团没有了用武之地。法不治众，现行的法律不足以制服哪怕是一个州的联合起来的反对，单单是国会就有权决定是否对宪法进行有效的修正。

从以上的摘要可以看出，詹姆斯·布坎南总统对于分裂问题的第一个根源的整个漫无边际、杂乱无章的讨论，最终必然会导致三个结论：其一，南卡罗来纳州叛乱。其二，宪法、法律和道德义务都让政府有权通过对该州的公民执行法律，镇压叛乱。其三，法律中的某些缺陷使实际的执法不能正常进行。

到目前为止，在詹姆斯·布坎南总统的论证中，无论他的意见是否合理，都只能局限于行政解释的合法领域，比如在行使他的行政自由裁量权时，他可以毫无疑问地与国会沟通。就这样通过简单草率的推论，他把一个成立不久、紧密团结、朝气蓬勃、组织完善、有着三千万人口的国家的行政权和统治权变成了纯粹的虚无和无能。国家的一整套商业信贷、货币制度、条约权限、司法制度、税收制度、民兵组织、陆海军队，以及联邦旗帜，如果仅仅只是与一套有缺陷的法律结合在一起，一套苍白空洞、做贼心虚的分裂国家的条例就能造成致命的伤害！这样的说法简直是荒谬至极！

然而，詹姆斯·布坎南总统显然未能满足自己的道德良心。因此，他试图通过解释和界定国会针对这一扬言的叛乱所具有的权利和义务，继续讨论分裂问题的第二个根源。他不仅要把自己肩头的重担推给国家的立法机关，还要主动提出劝告，指导该机构如何承担和处置这一重任。在国会讲话时，詹姆斯·布坎南总统说："可能需要你们来决定这个重大的问题，你们是否拥有通过武力来迫使一个州留在联邦的权力……对这个问题的恰当的表述应该是这样的：宪法有没有赋予国会权力，迫使一个正试图，或者实际上已经退出联邦的州屈服！如果回答是肯定的，那一定是根据赋予国会权力对一个州宣布并发动战争的原则。经过认真的思考，我得出了这样一个结论，即国会或联邦政府的任何其他部门都没有得到任何这样的授权……可以断言，对一个州发动战争的权力是不符合宪法的整个精神和意图的……然而，如果我们拥有这种权力，在现有的情况下行使它是否明智？……我们的联邦建立在公众舆论的基础上，而且永远不能用它的公民在内战中洒下的鲜血来巩固。国会可以通过许多途径来维护它，比如通过调解，但没有权力通过武力来维护它。"

为什么这份咨文在没有必然的联系或连贯性的情况下，从对行政权的讨论一下子跳到对立法权的讨论？为什么当迫切需要对詹姆斯·布坎南总统所谓的宪法存在的似有似无的缺陷，提出实际的修改建议的时候，却在可疑的理论上浪费口舌？为什么在迫切需要行政部门迅速发布命令，阻止查尔斯顿的暴民们把扬言的违法行为变为现实的时候，却沉迷于对国会违反宪法的极小的可能性表示悲哀和失望？为什么当这个危急关头的职责是对叛乱的公民行使公认的权力的时候，却要谈论对一个州发动战争？

问题和论据完全是错误的，是毫不相干的。还没有哪个州已经宣布脱离了联邦。只要执行具有公认的效力的《美国宪法》，分裂国家的目标就不可能实现。詹姆斯·布坎南总统只需要做他后来如此真诚地支持亚伯拉罕·林肯的所作所为。然而，因为他的无为，更因为他宣布要有权力或力量才能行动，分裂主义者获得了两个重要的优势：一是行政部门的态度对公共舆论，尤其是对国会的影响。二是政府做出的实质性的承诺，即它绝对不会对一个州和平的、有组织的退出联邦的行动设置任何障碍。

这份咨文的中心思想是，一个州无权脱离联邦，联邦也同样无权强迫它留在联邦。人们普遍谴责这个自相矛盾的论点。当时，威廉·亨利·西沃德通过一个戏谑的批评，有力地说明民众对詹姆斯·布坎南总统的主张和观点的看法。来自纽约的参议员威廉·亨利·西沃德说道："我认为，詹姆斯·布坎南总统已经确切地证明了两件事：第一，任何州都无权脱离联邦，除非它希望如此。第二，执行法律是总统的职责，除非有人反对他。"詹姆斯·布坎南总统的支持者们对于他的观点的解释并不比这更加温和。公认的政府机构发言人说："詹姆斯·布坎南总统让亚伯拉罕·林肯的党派更加不满，因为他拒绝强制理论，绝不允许诉诸武力防止一个主权州脱离联邦。"国外那些睿智的旁观者的评价也非常严厉。一个月后，伦敦的《泰晤士报》评论道：

"和佐治亚州州长的胡言乱语和查尔斯顿全民大会的'条例'相比，詹姆斯·布坎南总统的咨文对美国人民来说，是一个更大的打击。詹姆斯·布坎南总统已经摒弃了这个选他为总统的联邦是由一个民族构成的这一想法。"

第23章

查尔斯顿的阴谋家们

正如詹姆斯·布坎南总统可能预见到的那样，结果证明，他前后矛盾的咨文让朋友和敌人都感到不满意。国家处于叛乱的前夜，迫切需要补救措施，而不是缓兵之计，这是所有措施中最不可取的，在最近的总统大选中作为错误和危险而遭到摒弃。詹姆斯·布坎南总统的这份咨文作为一个话题在国会引起了辩论。但这场仅仅基于主要问题的冗长的辩论，总的来说，这个涉及最高行政长官詹姆斯·布坎南总统的所有意见和建议，遭到了国会全体成员一致的不同意，甚至蔑视。这场辩论最终转化成了相互挑衅和公开宣扬革命目的。

内阁中的阴谋家们已经完成了他们的任务。美国总统詹姆斯·布坎南的正式声明让政府作茧自缚，表决并宣布了对有组织的叛乱采取不抵抗的政策。从今以后，形形色色的分裂主义者、脱离联邦主义者、废除宪法主义者和阴谋家们必须在所谓的"国家"行动下联合起来，通过"国家"立法机构和代表大会的决议和法令，畅通无阻地摆脱对联邦应尽的义务。在不费一兵一卒、一炮一弹的情况下，一个装模作样的选举、几处签名、一份宣言和一面新旗帜，立刻就能让一个就算不是合法的，也至少是事实上的"国家"出现在美国政治的地平线上！

迄今为止，如果南方脱离联邦的主要领导人心中一直存有疑虑或犹豫，那么，在联邦政府宣布非强制性政策的时候它就消失得一干二净了。詹姆斯·布坎南总统的咨文切切实实地保证豁免叛国罪的逮捕和起诉。它放大了南方人的委屈，明确指出叛乱可能会有的权利和义务，公开表示单纯的公众情绪就有可能践踏和废止联邦的法律，并直言不讳地将联邦当局束缚在狭隘的法律和宪法的范围之内。这份咨文就像一只瞎眼的鼹鼠那样，看不到联邦政府的权力，而像一只目光敏锐的猎狗那样，一眼就看到了联邦政府的无能。

脱离联邦的领导人们不失时机地利用有利的形势。在提交这份咨文和可能敌对的新政府成立之前，整整有三个月的时间。在这段时期，政治活动频繁——召开立法会议、撰写咨文、颁布法律。它为授权、选举和召开全州代表大会提供了充足的时间。在南方，人们慷慨激昂、群情鼎沸。而在北方，公众意见分歧、意志消沉、思想麻痹。

因此，就好像出于一种共同的冲动，脱离联邦的运动迅速活跃而团结起来。在两个月内，南卡罗来纳州、密西西比州、佛罗里达州、亚拉巴马州、佐治亚州、路易斯安那州和得克萨斯州，通过正式的大会条例，按照这个顺序，依次宣布脱离联邦。威廉·郎兹·彦西那封"革命性的书信"中的建议已经的的确确成了现实。种植棉花的这些州就这样草率地卷进了革命。

在这场分裂运动中，南卡罗来纳州是热情高涨的急先锋。在詹姆斯·布坎南总统宣讲咨文的那一天，尽管没有选出代表，南卡罗来纳州就已经在依法准备组织全民大会了。尽管如此，它的议会马上就开始忙忙乱乱地为新的独立主权制定法律。经过一致同意，全民大会几天之后就会宣布南卡罗来纳州独立。陆军和海军问题、邮政通信问题和外交问题，让他们暂时把《走失牲畜法》或狼头皮赏金这样低级的话题放到了一边。南卡罗来纳州的一位名流对这个小小的、未来的准国会的讽刺性报道真是恰如其分："棕榈之州成立共和国吧，太小了。成立疯人院吧，又太大了。"

然而，尽管该州的民众掩饰不住对新国籍的热情和向往，但该州的政客们却明白小不忍则乱大谋的道理，小心翼翼，谨慎行事。即使占尽优势，革命也是一件严肃的事情。

因此，南卡罗来纳州的煽动者们满脸热切地细细琢磨詹姆斯·布坎南总统的咨文。在那关于行动目标和承诺克制的断言和否定的悖论中，他们发现了很多让他们感到安心的内容，也发现了一些让他们感到疑虑的内容。马格拉斯先生在南卡罗来纳州全民大会上解释道："根据我对美国总统詹姆斯·布坎南的这份咨文的理解，他断言，保护美国在南卡罗来纳州的财产，并在南卡罗来纳州的范围内执行联邦的法律是他的权利、是宪法的义务，也是崇高的使命。他说，宪法没有赋予他强迫南卡罗来纳州留在联邦的权力。与此同时，他也不承认南卡罗来纳州有脱离联邦的权力。也许，我想，詹姆斯·布坎南总统将试图假装保护美国在南卡罗来纳州的财产，通过这种方式，强迫南卡罗来纳州留在联邦。因此，我倾向于从一开始就检验这一逻辑的准确性，检验美国总统的结论。"

詹姆斯·布坎南总统确实在他的咨文中宣布，宪法并没有赋予联邦政府强迫一个州留在联邦的权力。他进一步表示，法律并没有授权他"在一个没有司法机构发布司法命令，没有执法官执行司法命令，并且，就算有这样的执法官，所有的公民都会联合起来抵抗他的州"执行民事或刑事程序，或者在民兵或陆军和海军的帮助下镇压起义。

就单纯的政治理论而言，这当然是对阴谋家们的一个重大让步。凭借这些正式的声明，他们可以继续召开全民大会，通过脱离联邦的条例，辞去或拒绝联邦政府的职位，拒绝偿还北方的债务，有效地阻止所有联邦政府的邮件进入该州，而没有生命和财产的危险。然而，当阴谋家们读到詹姆斯·布坎南总统这份自相矛盾的咨文的另一部分的时候，他们发现，其余的这些命题和目的包含一个绝对的矛盾，并有充分的理由让马格拉斯先生和他的同谋者们情绪激动。咨文中是这样说的：

> 同样不可逾越的障碍并不会阻碍关税的征收。这笔收入至今仍然通过查尔斯顿海关征收，如果收税员不幸辞职，可能会任命一名继任者履行这项职责。
>
> 其次，关于联邦在南卡罗来纳州的财产。这已经"获得该州议会的同意"，通过等价交换原则，"换成了修建要塞、弹药库和兵工厂"等等，因此，宪法特别授权国会"行使专属立法"的权力。我不相信有人企图通过武力夺取联邦的这些财产，然而，如果在这一点上证明我是错误的，要塞

的指挥官已经接到命令,严格地采取防御行动。在这样的一个意外情况下,责任就理所当然地落在了攻击者的头上。

当然,马格拉斯先生和南卡罗来纳州的其他立法者们,对于这种颠三倒四的胡言乱语的反对是徒劳的。他们能够证明,保护联邦的财产只不过是高压政策的一个别称。他们能够证明,如果詹姆斯·布坎南总统能合法地从另一个州任命一位联邦收税员的继任者,他就可以用同样的方式任命一位联邦法官、检察官和执法官的继任者。他们能够证明,如果詹姆斯·布坎南总统能执行《税收法》,他就可以执行《汽船法》、《邮政法》或者《刑法》。他们能够证明,如果詹姆斯·布坎南总统能借助联邦的武力,在海关门口阻止一伙暴民,他就可以在法庭门口做同样的事情。他们能够证明,派一个团的兵力保护一个保税仓库和保护一座监狱一样、保护一个航运码头和保护一所邮局一样、押送一辆装满货物的马车穿过街道和押送一辆邮车穿过一个州一样,都不是侵略战争。他们能够证明,强迫查尔斯顿的一位美女为她的丝绸长袍支付关税,和强迫棕榈之州的一位演说家为外国进贡的香槟酒交纳税金,实际上破坏了整套备受推崇的各州独立自主的理论。他们这么做也是徒劳的。

因此,可以断定这一问题不是宪法理论的问题,而是实际管理的问题。不是立法的问题,而是战争的问题。詹姆斯·布坎南总统咨文中的说法显然是不合逻辑的、荒诞不经的。然而,白纸黑字清楚地表明了他收税和保护公共财产的意图。海湾那边有平克尼堡、莫尔特里堡和萨姆特堡。联邦的旗帜下,是一支忠诚的军队和一位勇敢的军官,他们受命把守这些要塞。

那么,就目前而言,莫尔特里堡的围墙就像是围在南卡罗来纳州梦寐以求的"主权"脖子上的铁铸的衣领。如何打破这个束缚是一个精确而简单的问题。一道砌了一半的砖墙,耸立在占有制高点的沙丘中间。那些建筑物为来犯的小股敌人提供了有效的掩护,更何况总共才有不过六十个人看守着一千五百英尺长的围墙。查尔斯顿街头的乌合之众能在任何夜晚翻越防守薄弱的围墙,至少二十个快速反应的连队,经过训练和装备,可以通过火车从该州内地运送到此,夺取并守卫莫尔特里堡。但接下来又能怎么样呢？那将招来坐着战舰的联邦军队，并在一场电光石火的战斗之后，政府长足的准备将战胜该州仓促的准备，并将彻底地平息叛乱。

至关重要的一点是要阻止对这些要塞的增援。而内阁阴谋集团从一开始就已经认清了这一点，并为此采取了行动。当詹姆斯·布坎南总统和他的顾问们仍在讨论他的咨文的准备工作时，内阁阴谋集团就已经认真而热切地商讨了最有效的，可以阻止詹姆斯·布坎南总统向查尔斯顿港增派部队的计划。按照他们在党团会议上商量好的方案，威廉·亨利·特雷斯科特写信给威廉·亨利·吉斯特州长，建议威廉·亨利·吉斯特州长给詹姆斯·布坎南总统写信，"并向詹姆斯·布坎南总统保证，如果詹姆斯·布坎南总统不向查尔斯顿港增派部队，那么，在召开全民大会之前，就不会有人试图攻打这些要塞。届时，自己将会派来专员与联邦政府谈判所有的分歧。这样一来，就会扩大他们的影响力，南卡罗来纳州就不必为挑起冲突担负责任，或许詹姆斯·布坎南总统也就没有必要推行这项政策"。威廉·亨利·吉斯特州长采纳了这条建议，并于 1860 年 11 月 29 日给威廉·亨利·特雷斯科特写了回信，让他把这封信出示给詹姆斯·布坎南总统：

> 虽然南卡罗来纳州决定在召开全民大会后不久就脱离联邦，但它的合法政府的愿望是，在《脱离联邦条例》通过之前，以及在将这一事实通知詹姆斯·布坎南总统之前，不做任何会引起冲突的事情。除非詹姆斯·布坎南总统拒绝承认我们退出联邦的权利，或者试图干涉我们的进、出口贸易，或者拒绝将我们边界以内的要塞和军火库交还给我们，那到时候我们将不得不这样做。我发现很难阻止查尔斯顿人民夺取这些要塞，要想阻止他们，只能向他们保证，不向这些要塞增派军队或者运送任何战争物资。……如果詹姆斯·布坎南总统采取了与此不同的政策，执意要增派援军，那么，他就要担负起点燃不和谐的火炬的责任，而只有鲜血才能扑灭这革命之火。

威廉·亨利·特雷斯科特于 1860 年 12 月 2 日，也就是星期日的晚上，把这封信出示给了詹姆斯·布坎南总统。虽然威廉·亨利·特雷斯科特并没有提到詹姆斯·布坎南总统有任何同意或反对的表示，但詹姆斯·布坎南后来的行动表明，他心照不宣地默认了威廉·亨利·吉斯特州长的主张。

紧随其后的是，查尔斯顿的领导人每天不断的威胁，及其在华盛顿的代理人和发言人每天不断的申诉。这种状况持续了将近三个半月。他们这么做主要有两个目的：首先，通过交替刺激政府的恐惧和希望，促使它拒绝增派援军。并把这作为宽大和解的审慎措施。其次，明修栈道，暗度陈仓。以此为借口，尽可能为自己争取准备战争的时间。如果联邦政府处于正常的健康活力的状态，这场闹剧哪怕一天都不可能持续。然而，随着首都的惊慌、民主党的分裂及内阁的三个叛徒和一个胆小怕事、瞻前顾后的政府，这场闹剧几乎神不知鬼不觉地接连出台了一项政策，并拉开了内战的序幕。

政府对以前的政治学说和讨论视而不见，迈出了错误的第一步。也就是在詹姆斯·布坎南总统的咨文中宣布的非强制性原则。俗话说，一步错，步步错。从逻辑上来说，错误的第二步有一半是因为错误的第一步。即政府于 1860 年 12 月 1 日拒绝向罗伯特·安德森少校增派他迫切要求的援军。查尔斯顿人坚决要求政府做出让步，证明他们充分认识到了它的价值。詹姆斯·布坎南总统和顾问们，不久就开始听到了关于查尔斯顿的暴民们日复一日的叫嚣的夸大了的报告，以及查尔斯顿当局鼓动性的暗示，说他们在坚持政治上的异端邪说和无理要求的同时，还反对混乱状态和流血事件，为此希望并祈求政府给予最大限度的克制和容忍。说白了，他们的要求可能是："在我们准备违反法律的同时，帮助我们维护和平。政府不要向要塞派遣任何船、人员或物资，以便我们在没有危险或冲突的情况下，可以架起排炮夺取它们。联邦政府的军备是战争，南卡罗来纳州的军备是和平。"一位堂堂的美国总统竟然同意这一国家自毁的必然过程，这将永远成为历史上令人惊讶、不可思议的事件。

第 **24** 章

詹姆斯·布坎南总统的停战协议

詹姆斯·布坎南总统做出的让步，并没有对查尔斯顿的阴谋家们起到任何的安抚作用，反而让他们得寸进尺，给他提出了更多要求。碰巧的是，联邦政府的主要战舰都不在大西洋沿岸的港口，而是去了遥远的水域服役。然而，现在，作为不幸中的万幸，"布鲁克林"号单桅纵帆蒸汽战船，于1860年11月28日出人意料地回到了诺福克海军码头。此时距国会召开会议还不到一个星期。这是一艘新的、有二十五门大炮的、令人生畏的战船，一直在奇里基潟湖进行初步调查，以便测试拟议中的一条跨洋船舶运河的实际可行性。"布鲁克林"号直到最近才由戴维·格拉斯哥·法拉格特船长指挥，它几乎没有遭到反对，便做好了出海的准备。戴维·格拉斯哥·法拉格特船长后来在内战中名扬四方。

　　在内阁中，已经讨论了在查尔斯顿，在船上收取关税的可行性，也认真考虑了强行保护公共财产这个议题，"布鲁克林"号的突然出现，必然为他们提供了支持这些主张的确凿的理由。尽管如此，当詹姆斯·布坎南总统在他的咨文中肯定了这些职责时，阴谋家们才意识到他实际上已经掌握了即时强制执行的手段。诺福克有一艘准备就绪的战船。门罗堡有一支整装待发的军队。查尔斯顿的一场粗心大意的骚乱，不可能给莫尔特里堡、萨姆特堡和平克尼堡招来更加可怕的援军吧？难道他们精心炮制的计划就这样被扼杀在摇篮里？难道这样的结局会突然降临？他们迫切需要阻止这艘蒸汽战船背负着这样的使命出航。

　　1860年12月8日，星期六，来自南卡罗来纳州的四名国会议员要求面见詹姆斯·布坎南总统。获得同意之后，在交谈中，他们把自己经过深思熟虑的、对查尔斯顿可能会发生冲突的预言又详尽地复述了一遍。他们中的一个已经开门见山地说出了他们此次面见詹姆斯·布坎南总统的真正目的：

> 总统先生，我们深信，如果你试图向这些要塞派一兵一卒，我们就会给我们的人送信，并确保他们收到情报，因为我们在华盛顿有线报。你向军队颁布的所有命令，没有我们不知道的。一旦我们的人接到情报，他们立即就会强行冲进这些要塞。

这四名来自南卡罗来纳州的国会议员后来还说："我们都向詹姆斯·布坎南总统保证，如果他试图增派援军，我们的人民就会夺取这些要塞，我们也会回去帮他们这么干。因为，对我们而言，允许这些要塞留在别人手里，无异于自杀的蠢行。我们进一步对他说，向这些要塞增派援军必然会导致一个血腥的结果。我们相信，南卡罗来纳州当局在召开全民大会之前不会做出任何举动，我们希望并相信，在召开全民大会之后，直到我们要求联邦政府从这些要塞撤军，南卡罗来纳州当局也不会做出任何举动。"

这不仅是查尔斯顿的谋反，而且也是华盛顿行政部门的阴谋，是对詹姆斯·布坎南总统本人的公开宣誓。既是要求，又是威胁。既是一条为期十天的休战建议，又是一份到期后试图继续采取极端行动的宣言。然而，詹姆斯·布坎南总统并没有严厉地斥责并驳回这些无理的要求，而是一味地退让和屈从于他们。宪法的神圣、法律的庄严、国家的权威、人民的爱国主义，都从他那老眼昏花的视野中消失了。意志不坚和优柔寡断让他背离了他曾经宣称的保护公共财产和执行税收法律的目标。他看到的只是迫害他的人巧舌如簧地为他描绘出来的冲突和流血事件的画面，却并没有发觉他们这么做的真正意图。

詹姆斯·布坎南总统急忙向他的访客们保证，他坚决不向查尔斯顿港口的这些要塞增派援军，导致冲突。除非它们真的遭到攻击，或者，除非他有"确凿的证据，表明它们即将遭到攻击"。虽然这只是又一次让步，表面看来，和第一次让步毫无二致。然而，其本质却是对迅速萎缩的联邦权威的致命伤害。这场阴谋赢得了阵地的选择权。这样，当战斗来临时，它便可以严阵以待、以逸待劳地迎接第一轮打击。

关键问题得到了保证之后，双方表现出了充分的外交礼节。詹姆斯·布坎南总统提议，"谨慎起见"，最好把他们对他说的话写下来。他们欣然答应，并于 1860 年 12 月 10 日，星期一，把这份由南卡罗来纳州的五名代表正式签署的重要文件交给了他。

> 华盛顿，
>
> 1860年12月9日
>
> 遵照我们昨天给你的声明，我们现在向你表达我们坚定的信念：无论是南卡罗来纳州的合法当局，还是南卡罗来纳州的任何人民的团体，在全民大会召开之前，都不会攻击或骚扰联邦政府在查尔斯顿港的要塞。我们希望并相信，在一位双方都认可的代表提出谈判，友好地安排南卡罗来纳州和联邦政府之间的所有事务之前，我们是不会采取任何行动的，前提是不向查尔斯顿港口的这些要塞增派援军，它们相对的军事力量应当保持现状。

当詹姆斯·布坎南总统看到这份明白无误的、白纸黑字的文件时，他开始退缩，不愿意执行该文件委托他完成的明确计划。他说："我反对'前提'这个字眼，因为它可能被解释为我永远不会达成的协议。他们说，他们再没有进一步的意图了。他们没有这样去理解它。我也不应该这样考虑。"双方随后严正声明，整个交易是自愿的、非正式的、可以调解的。任何一方都没有任何代理权或者约束力。他们并没有开诚布公地相互解释，双方的真正目的就是拖延——对于詹姆斯·布坎南总统而言，拖延"可以让他获得思考的时间"。而对于南卡罗来纳州的代表们而言，拖延"可以让他们获得不受打扰地召开全民大会，通过《脱离联邦条例》，进一步煽动公众情绪，推进查尔斯顿的军事准备的时间"。

这场险恶的阴谋戴上了官方的、合法的面具。构成这张面具的免责声明、暗示和内心的保留意见，从它产生的结果来看，都变得荒谬可笑。事实上，詹姆斯·布坎南总统解释说，这既不是承诺，也不是协议。他天真地承认："然而，如果我与有能力签订协议的一群人签订了积极而正式的协议，我的行动方式就会和我本来会有的一样，尽管对我而言，从我的职责的性质来看，这种协议是不可能的。全世界都知道，我从来没有向查尔斯顿港的这些要塞增派过任何援军。我也肯定从来没有授权对它们'相对的军事力量'做出任何改变。"

一方面，阴谋家们就这样采取有效措施，就查尔斯顿港的要塞约束政府未来的行动，并确保华盛顿方面不会采取任何意想不到或者突如其来的行动，阻挠或者破坏南卡罗来纳州的叛乱。另一方面，他们也同样小心谨慎地预防并阻止罗伯特·安德森少校会自作主张，和驻守在莫尔特里堡的小部分官兵采取针对他们的任何可能的敌对行动。他们吹嘘在华盛顿有秘密的信息来源，加上随后发生的事件，足以证明战争部部长约翰·布坎南·弗洛伊德，尽管依然公开反对分裂，但实际上已经是他们的心腹和委员了，他正给予他们这么积极的合作，可能是假装或者借口出于自己的良心，或者为了避免冲突和流血。

就在我们刚刚描述的停战协议的时候或者此前不久，战争部部长约翰·布坎南·弗洛伊德派遣战争部的一名军官前往莫尔特里堡，正式向罗伯特·安德森少校传达特别的口头指示。指示的内容被写了下来，并于1860年12月11日，也就是詹姆斯·布坎南总统在华盛顿签署非正式的停战协议的前一天，交给了那名军官。这份文件的重要性值得我们完整地再现它。

致南卡罗来纳州莫尔特里堡第一炮兵部队指挥官罗伯特·安德森少校的口头指示备忘录：

> 你知道战争部部长约翰·布坎南·弗洛伊德先生深深地忧虑，军队应该避免与该州民众的冲突。你也知道他经过深思熟虑，决定借助查尔斯顿

港的军事力量和要塞防范这样的一次冲突。因此，他此时此刻小心翼翼地放弃了增派军队，或者说放弃了任何可能让目前已经很兴奋的公众情绪更加激动的措施，或者说放弃了任何可能让人怀疑他相信南卡罗来纳州企图武力夺取这些防御工事或者妨碍他们驻军的措施。然而，由于轻率和冲动的人的建议和行为可能会使政府的期望落空，他认为你应该按照指示，做好应付此类不幸的意外事件的准备。因此，他已经指示我向你口头传达如下的指示。

你要小心避免任何不必要的挑衅行为。为此，如果没有明显而迫切的需要，你不要采取任何可能被认为是敌对态度的立场。但你要控制住这个港口的这些要塞。如果受到攻击，你要抵抗到最后一刻。你的力量太小，也许只能允许你占领三个要塞中的一个。然而，试图对其中任何一个要塞的攻击或者占领都将被视为一种敌对行为。这样，你就可以命令部队，占领任何一个你认为最合适的要塞，增加它的防御能力。同时，你也获得授权，只要你有确凿的证据表明对方有采取敌对行动的计划，你就可以采取类似的防御措施。

助理副官长卡洛斯·贝尔少校

南卡罗来纳州，莫尔特里堡

1860年12月11日

这和我给卡洛斯·贝尔少校的指示一致

战争部部长约翰·布坎南·弗洛伊德

单从字面上来看，这些指示仅仅揭示了政府当时防止冲突的主导性的焦虑情绪。然而，如果我们记得，这些指示是背着詹姆斯·布坎南总统和温菲尔德·斯科特将军，传达给罗伯特·安德森少校的，尤其是，如果我们持续关注查尔斯顿和华盛顿的公众情绪的状况，以及詹姆斯·布坎南总统的停战协议中已经明确的最高的官方的影响，我们就能轻而易举地从字里行间看出，这些指示一方面别具匠心地设法消除了人们对战争部部长约翰·布坎南·弗洛伊德的怀疑，另一方面又行之有效地抑制了罗伯特·安德森少校任何可能限制或制止叛乱的准备工作的行动。他绝对不能有任何挑衅的行为。如果没有明显而迫切的需要，他绝对不能表现出敌对的态度。他绝对不能调遣部队进入萨姆特堡，除非对方企图攻击它，或者企图占领这些要塞中的任何一个，或者有确凿的证据表明对方有这样的计划。事实上，一旦对方有了占领这些兵微将寡、形同虚设的要塞的企图的时候，可能已经来不及去阻止它了，当然也已经来不及把自己的队伍转移到其余的任何一个要塞。事实上，任何类似的重大计划也都是不会让罗伯特·安德森少校知道的。如果我们用据说是卡洛斯·贝尔少校做出的、没有记录在案的口头解释和评论，以及他对罗伯特·安德森少校已经做出的薄弱的防御准备的非难，来补充这些书面的否定和限制，比如他声称几个漏洞"可能会刺激当地民众"，我们就能轻而易举地想象，当一位忠诚的军官反复要求增援却遭到拒绝，在这样的指令下，在这样的环境下，在对"他的束手束脚的状况"视而不见的情况下，在他和他的少得可怜的队伍注定会成为炮灰的情况下，罗伯特·安德森少校会有怎样五味杂陈的感想。

第 **25** 章

刘易斯·卡斯辞职

迄今为止，詹姆斯·布坎南总统通过让步进行调解的政策给他带来的只有失望。无论忠诚的内阁顾问们当初可能对这一政策的补救作用的希望多么渺茫，实际的尝试都让他们的希望彻底化成了泡影。总检察长杰里米亚·沙利文·布莱克早在 1860 年 11 月 20 日就已经在当天的意见中通过了非强制性的原则。不仅是首都的政界，就连该国的主要报纸也在谣传这一事实。毫无疑问，内阁中的三个分裂分子把这一消息秘密地传达给了他们所有地位突出的、有影响力的同伙。从那时起，南卡罗来纳州就孜孜不倦地、坚持不懈地为脱离联邦做着准备。密西西比州已经授权召开全民大会，任命专员访问所有的蓄奴州并宣传分裂，其中就包括内政部部长雅各布·汤普森先生，后来，当他还在内阁中的时候就已经开始策划叛乱。北卡罗来纳州议会已经推迟了美国参议员的选举。佛罗里达州通过了一项全民大会的法案。佐治亚州已经制定了立法程序，在亚特兰大召开了一个南部诸州的会议。当阴谋家们在华盛顿频频召开核心小组会议的时候，美国国会两院也常常回响着脱离联邦的演讲。

詹姆斯·布坎南总统与南卡罗来纳州的代表们签订的停战协议，和他在年度咨文中正式宣布的非强制性原则一样，对于阻止分裂的阴谋收效甚微。1860 年 12 月 8 日，当来自佐治亚州的财政部部长托马斯·豪威尔·科布，收到南卡罗来纳州的承诺时，于当天晚上提出了辞职。在同一封信中，他宣布自己将积极地投身分裂活动。人们普遍认为，詹姆斯·布坎南总统在年度咨文中采用非强制性的理论是受了托马斯·豪威尔·科布、雅各布·汤普森和约翰·布坎南·弗洛伊德的影响，遵从了他们的意愿。毫无疑问，在促成查尔斯顿非正式的停战协议方面，他们也为南卡罗来纳州立下了汗马功劳。如果詹姆斯·布坎南总统在他所有的恐惧和担忧中还保留有任何的感觉，他一定会为托马斯·豪威尔·科布的从容冷静和深藏不露感到目瞪口呆。这位托马斯·豪威尔·科布到处都是公认的很有能力的内阁官员，曾促使政府采用这些致命的原则和措施。然而，在危急时刻，他抛弃了这个政府。他在给詹姆斯·布坎南总统的信中写道："我辞职并不是因为你说过什么或做过什么。虽然我不同意你的咨文中的某些理论原则，也不认可你如此热切地维护联邦的希望，但这种异议并没有产生任何可能的实际结果，要求我从你的政府中隐退。我之所以要辞职，只是因为我觉得我有责任这么做。因此，我的这一行为，责任完全由我个人承担。"托马斯·豪威尔·科布对这样的事实视而不见：他在位时，财政部堆金积玉、运转良好，而他离开时，它却连汇票都无法支付。五天后，托马斯·豪威尔·科布向佐治亚州的人民发表了一篇冗长而煽情的演讲，并以这样的告诫结尾："我毫不怀疑你们有权利，也有义务脱离联邦。那么，请为你们面前的伟大事业唤醒你们所有的勇气，并在那一天做好准备，宣布脱离联邦，维护你们的独立，因为你们将永远不会在联邦内享有平等和公正。"

詹姆斯·布坎南总统还没有来得及找到托马斯·豪威尔·科布的继任者，内阁的首脑人物，国务卿刘易斯·卡斯也递交了辞呈，并从政府退休。刘易斯·卡斯曾担任过许多显要的职务，曾担任过民主党的高级领袖，曾荣任总统候选人。因此，他的辞职从政治角度来说是一件具有重大意义的事情。这一事件极大地消除了人们心中的疑虑。正是在这样的疑虑下，詹姆斯·布坎南的悖论得到了内阁的认同。在詹姆斯·布坎南总统写的一份私人备忘录中，他评论了该事件，并做出了以下强调性的声明："根据他所谓的辞职的理由来看，他的辞职显得更加引人注目。当我在将还未交付印刷的，1860年12月的年度咨文向内阁宣读时，刘易斯·卡斯表示他毫无保留地、发自内心地认可它，所有迹象都表明他的认真和诚恳。他只有一个反对意见，那就是，国会的力量不够强大，无法通过战争迫使一个州留在联邦之内，而他自己的建议则更加强调和突出了对这一权力的否定。"

然而，他之所以会有这样的立场，可能是因为詹姆斯·布坎南总统直接承诺他会征收联邦的税金，并保护联邦的财产。而要执行这一政策，不仅必须先于，而且势必排除所有其他理论和概念。国务卿刘易斯·卡斯可能会真诚地拭目以待詹姆斯·布坎南总统"执行法律"。然而，不断的拖延和让步使这根本不可能实现。查尔斯顿的收税员名义上依然作为联邦官员行使他的职能和权力。然而，他留着这个位子，只是为即将到来的分裂大会暂时托管。这在查尔斯顿当局是一个公开的秘密，而这一次，华盛顿的联邦政府一定也知道了。至于声称保护联邦财产、拒绝给罗伯特·安德森增派援军、詹姆斯·布坎南总统的休战协议、詹姆斯·布坎南总统越来越犹豫不决和缺乏勇气，以及托马斯·豪威尔·科布先生的公开背叛，所有这一切一定让刘易斯·卡斯先生相信，在现有的决定、命令和影响下，前景渺茫。

整个问题似乎终于在 1860 年 12 月 13 日召开的漫长而激烈的内阁会议上得到了解决。前几天发生的事件显然动摇了詹姆斯·布坎南总统对自己政策的信心。他突然发问："约翰·布坎南·弗洛伊德先生，你打算派新兵蛋子到查尔斯顿去巩固要塞吗……你不打算加强查尔斯顿要塞的防御吗？"这把不动声色、图谋不轨的战争部部长约翰·布坎南·弗洛伊德吓了一跳，但他立即回答说他没有这样的打算。詹姆斯·布坎南总统继续说道："约翰·布坎南·弗洛伊德先生，我宁愿明天就淹死在波托马克河里，也不愿意查尔斯顿的这些要塞落入那些对它们虎视眈眈、垂涎欲滴的人手里。先生，这会毁了我的，约翰·布坎南·弗洛伊德先生，如果发生了那样的事情，你将会遗臭万年，所有时间都无法洗清你的耻辱和罪名，因为，就算你试图证明你没有合谋把那些要塞交给那些觊觎它们的人，也不会有人相信你的。"

老奸巨猾的战争部部长约翰·布坎南·弗洛伊德回答道："我会用我的名誉和我的生命担保，这些要塞在查尔斯顿的绅士们的声明下是安全无虞的。"詹姆斯·布坎南总统回答道："如此甚好，但这真的能确保要塞的安全吗？

约翰·布坎南·弗洛伊德说:"不能,先生,但这是一个保证,我是认真的。"
詹姆斯·布坎南总统说:"我不满意。"

随即,战争部部长约翰·布坎南·弗洛伊德不断地激起詹姆斯·布坎南总统的担忧和胆怯。他公布了自己说的这些话。他说:"我为此感到抱歉,你是总统,命令得由你来发。你有权发布命令,我会考虑你的命令。然而,如果我不告诉你驻守要塞的这一政策必然会导致冲突,就好像我怕你似的。这是内战的序幕,也是流血的开始。如果这是一个财产的问题,为什么不把一个佩戴精美肩章、穿着条纹饰带军裤的军械士官派到这里来,作为美国财产的代表呢?这足以确保要塞的安全。如果这是一个财产问题,他维护它,让我们等待南卡罗来纳州来解决这个问题。它将会退出联邦,派专员到这里来。到了那个时候,这一行动就毫无意义了。在此之后采取的行动需要联邦议会的注意。让我们把这个问题提交给国会,让国会来处理此事。"

老谋深算的战争部部长约翰·布坎南·弗洛伊德的这一招让詹姆斯·布坎南总统犹豫不决,这与他一贯奉行的政策相一致。约翰·布坎南·弗洛伊德不失时机地呼吁国会中主要的阴谋家们的帮助,并得到了他们积极的信念上的支持。"我请求密西西比州的杰斐逊·汉密尔顿·戴维斯,南方的前途无量的萨拉丁的帮助。我说:'快来救救我,我脆弱的心脏有点经受不住这场战斗,快来救我呀!'所以他们就来了。后来,来自弗吉尼亚州的参议员,心地善良、成天乐呵呵的老詹姆斯·默瑞·梅森也来了。还有现代的怪人,年轻气盛的内斯特,还有罗伯特·墨瑟·托利弗·亨特……有从北边来的,有从南边来的,有从东边来的,有从西边来的。有这个国家的爱国者,也有宪法自由的捍卫者。他们与美国总统詹姆斯·布坎南交谈,他们消除了他的恐惧,让他放心。他们说,'不要给那里派驻军队'。然后詹姆斯·布坎南总统对我说,'我对你的政策很满意',然后我们一起决定我们不会向查尔斯顿港派遣一兵一卒。"

然而,就算抛开这条声明的夸张的演讲风格不谈,鉴于后来发生的事件,读者也能看到一个卑鄙无耻的阴谋集团的生动而真实的画面,他们所有人轮番采取赤裸裸的背信弃义、阿谀奉承、威胁恐吓、连哄带骗的手段和策略,最后

罗伯特·墨瑟·托利弗·亨特

才得以消除詹姆斯·布坎南总统的恐惧，让他徒劳地希望他们会帮助他渡过放大了的危险，并把他没有勇气承担的责任推给了国会。

然而，刘易斯·卡斯不能再沉默下去了。通过阴谋家们的所有花言巧语和威胁恐吓，他看到政府力量日渐式微，而叛乱分子日益强大。他最后一次大胆地试图唤醒糊里糊涂、昏聩无能的詹姆斯·布坎南总统。在第十三届内阁会议上，他要求巩固要塞。但他无力打破这个魔咒。约翰·布坎南·弗洛伊德说："在内阁会议厅里，詹姆斯·布坎南总统回答了刘易斯·卡斯先生：'我考虑了这个问题。很抱歉，我与国务卿刘易斯·卡斯先生意见不同，我已经下定决心。为了国家的利益，我不能向查尔斯顿增派援军。我不能这样做，为此承担所有的责任。'詹姆斯·布坎南总统在说这些话的时候，面容坚定，颇有一股子英雄气概。我永远也不会忘记那个场面。"

詹姆斯·布坎南总统和他的国务卿刘易斯·卡斯之间的通信同样清楚地表明了他们之间的分歧。在同意詹姆斯·布坎南总统的咨文中提出的一般性原则的前提下，刘易斯·卡斯说："在某些我认为至关重要的问题上，我不幸与你意见相左。前些时候，我在内阁的许多会议上提出，眼下的当务之急是向查尔斯顿港的要塞派遣增援部队，加强那里的防御能力。万一它们遭到攻击，同样也应该派遣一艘战船到那里，必要时可以协助防御，也可以协助收税。这也是我一直以来的坚定看法。我还认为，应该刻不容缓地采取这些措施。同样地，作为权宜之计，应该立刻将查尔斯顿的海关搬到港口的任意一个要塞去，安排在那里征收关税，并让一名收税员和其他官员做好准备，以便必要时，比如这个职位空缺时采取行动，代表美国政府在那里履行征收税金的职责。我仍然认为事不宜迟。虽然做决定的权力和责任在于你，但在这万分危急的时刻，应该尽可能在你的内阁会议中达成一致意见，以期采取安全有效的行动，这一点是非常可取的。"

詹姆斯·布坎南总统在回信中说道：

不幸的是，我们在向查尔斯顿派遣一支陆军和海军部队的问题上产生了分歧。你已经在你的辞职信中明确地说明了这一点。我不想争论这个问题。我只想说，内阁成员们和我本人听到了你对这件事的意见，并对你的大家风范、丰富阅历和高洁品格表示出应有的尊重。但这并不能让我们相信，在目前的情况下，采取这样的措施具有必要性和正当性。颁布增援要塞的命令的战争部长约翰·布坎南·弗洛伊德和海军部长艾萨克·托西不同意你的看法。虽然拒绝增兵的全部责任由我本人承担，但他们才是内阁成员中更加直接的参与者。你对这个重要问题的判断可能是正确的。你的意见理当认真考虑。然而，在我的职责信念下，正如我所做的那样，我相

艾萨克·托西

信，出于保护公共财产的考虑，眼下没有必要诉诸武力，查尔斯顿港绝对不能发生武装冲突，我是不会冒这样的风险的，因而，我放弃了自己心中期待的、宪法和联邦最后会胜利的这个理性的希望。

联邦的其他内阁成员听到了刘易斯·卡斯辞职的传言，也感到忧心忡忡。由于邮政局局长约瑟夫·霍尔特与刘易斯·卡斯政见相同，因而两人关系密切。

于是，他赶紧去向刘易斯·卡斯求证，询问辞职一说是否属实，以及这一决定是否不可挽回。刘易斯·卡斯告诉约瑟夫·霍尔特自己的确已经递交了辞呈。他说，他代表北方忠诚的选区，他若继续待在这种叛国的环境中，只会让自己和他们蒙受羞辱。约瑟夫·霍尔特竭力说服他，就眼下的情况来看，忠诚的内阁成员更有必要坚守岗位，以免国家权力落入分裂势力的手中，现在辞职不是正中对方下怀嘛。但刘易斯·卡斯回答道："不，我所代表的那部分人的公众情感是不可能允许我容忍这样的政策的。对你来说，你来自一个边境州，那里的公众情感或许是修正的、分裂的，这不仅是可能，也是事实。因此，你有责任留下来，支持政府抵制叛国者的阴谋。而我的职责有所不同，我必须辞职。"

刘易斯·卡斯光荣地结束了这段漫长的公共事业的生涯，他用这样的方式向世人证明了，在最后的考验到来时，自己宁折不弯的精神和洁身自爱的志气，这种精神和志气将激励许多爱国的民主党人。遗憾的是，当詹姆斯·布坎南总统向内阁宣读自己那不合逻辑、自相矛盾的咨文时，刘易斯·卡斯将军却没有和这位首长詹姆斯·布坎南总统发生争执。然而，对于一位时年七十九岁高龄的老者而言，出现怠惰的情况也是可以理解的。他一生为官，忠诚为党，他心中依然充满了爱国的良知，因此，他不能袖手旁观，眼睁睁地看着自己年轻时所遵循的价值观和成年后作为安德鲁·杰克逊总统的战争部部长的经历遭受到有预谋的羞辱。如果詹姆斯·布坎南总统能够修正自己的政策方针的话，他可能会从这位资深政治家结束半个世纪的公共服务的方式中吸取到有益的教训。

第 **26** 章

参议院十三人委员会

詹姆斯·布坎南总统的咨文立刻在国会引起了激烈争论。参议院的斗争是由激进的分裂分子们挑起的，他们当即承认了他们的主要计划和目的。来自北卡罗来纳州的托马斯·拉尼尔·克林曼首先展开了辩论，他预测，选举亚伯拉罕·林肯当总统的同一个政治组织不久一定会控制整个政府，他们对美国南部持有敌对情绪。在这种情绪的引导下，他们虽然会保留政府的形式，却会改变整个政府的性质。接下来的两个月内，一些州将脱离联邦。

　　来自密西西比州的 A.G. 布朗说，累积多年的罪恶最后以原则的胜利而告终，他们是不能，也不会屈服的。他们所有的要求就是允许他们和平地退出联邦。

　　来自佐治亚州的阿尔弗雷德·艾弗逊不仅呼吁退出联邦，而且宣扬革命和暗杀，还明确宣布了阴谋家们的希望。"我很满意，南卡罗来纳州将于 1861 年 1 月 13 日之前，逐渐把自己变成一个独立自主的主权国家。佛罗里达州和密西西比州将很快召开全民大会，紧跟南卡罗来纳州的步伐。亚拉巴马州……将于 1861 年 1 月 7 日退出联邦。随后，佐治亚州的全民大会将于 1861 年 1 月 16 日召开，如果周围其他这些姊妹州走出这一步，佐治亚州也不会落后……我在这个议员席上斗胆发言，我相信，在 1861 年 3 月 4 日以前，南方至少有五个州将会宣布独立。让我感到满意的是，只要人民有行动，其他三个种植棉花的州也会响应。阿肯色州的议会现在正在开会，极有可能早日召开全民大会。路易斯安那州将会效仿，它的议会将要召开会议，尽管得克萨斯州脱离联邦的

刘易斯·特雷兹万特·威格福

道路上有障碍，问题出在该州的州长身上……如果他不屈服于公众情绪，得克萨斯州就会出现一些布鲁特斯[①]，为他们的国家除掉夹在人民和他们的主权意志之间的这个梦魇般的老头（得克萨斯州州长，他妨碍该州退出联邦）。詹姆斯·布坎南总统先生，我们打算，能和平解决就再好不过，实在不行就来硬的。"

　　来自得克萨斯州的参议员刘易斯·特雷兹万特·威格福，表现出了革命的高姿态。"我们简单地说，一个我们不喜欢的人已经当选为总统了，我们认为这是脱离联邦的充分理由。"他说他要"早点提出决议，确定战争部给查尔斯

---

① 布鲁特斯，刺杀尤里乌斯·恺撒的刺客，这里指得克萨斯州的暗杀者。

顿港的那些要塞的指挥官们下达了什么样的命令"。如果南卡罗来纳州的人相信，在他们已经不再是这个联邦的一个州之后，这届政府将继续占领这些要塞，并向他们征收税金。他的判断是，一旦他们对于这一事实确定无疑，他们就会夺取这些要塞。流血事件就此开始。

弗吉尼亚州的参议员詹姆斯·默瑞·梅森说，他把亚伯拉罕·林肯当选为总统看作一种社会形态和另一种社会形态之间的情绪和舆论的战争。补救办法在于几个州的政治团体和州议会，而不是国会。为了自己能够解决这个问题，他的州和许多其他蓄奴州正准备召开全民大会，作为具有独立主权的政治团体，决定什么对他们的安全才是最合适的。

尽管密西西比州的参议员杰斐逊·汉密尔顿·戴维斯的言简意赅的发言也是言之凿凿、引人注目的。他却比上面提到的那些人要沉稳谨慎得多。他说，作为美国参议员，他要在那里发挥他应有的作用。他说，在向他的州宣战之前，他将退出国会。他说，当战书下达的时候，他的州会做好准备，意志坚定地迎接它。

大多数共和党的参议员都小心谨慎地保持沉默。对他们的胜利欣喜若狂有损尊严。而以他们丰硕的胜利果实作为交换，过分殷勤地表示和解或谦恭，不仅会使他们在自己的党的眼里显得胆小怯懦，而且会让攻击他们的人更加瞧不起他们。因此，他们能做的只有沉默，以及心中存有的一线希望。这第一轮分裂的怒火会通过咬牙切齿、疾言厉色，慢慢地释放并自我消解，继之而来的是冷静的建议。然而，面对令人恼火的挑衅，很难完全保持沉默。在第三天的会议上，来自新罕布什尔州的参议员约翰·帕克·黑尔，对詹姆斯·布坎南总统的咨文和托马斯·拉尼尔·克林曼的讲话做出了回复。约翰·帕克·黑尔认为："现在的形势只能考虑在两者之间做出选择。要么考虑绝对的服从，当然不是我们南方的朋友和南部各州，而是北方放弃他们的立场。要么考虑违背通过投票的合法形式表达的民意。要么就考虑公开的战争。我们必须承认这样的事实。詹姆斯·布坎南总统的咨文意味着战争，而不是任何别的东西。想要脱离联邦的州就是这样看待它的……如果预先宣告并做出决定，如果对通过宪法的合理而合法的形式表达出来的大多数人的心声充耳不闻，那么，先生们，这不是一个平等的联邦。在这个联邦中，一边是独裁寡头的政治集团，另一边是一群奴隶和懦夫。就是这样，先生们，不多不少，如此而已。"

于是，当南方民主党和共和党陷入敌对的状态时，其他两个参加了最近的总统大选的政党自然而然地充当了调停者的角色。在这项工作中，他们的政党经历让他们多多少少有些尴尬，因为他们曾经加入了之前对北方人，特别是对共和党人的强烈谴责的行列，称他们是"废奴主义者"。然而，他们现在不仅手拿橄榄枝迎上前来，反对并谴责分裂主义者的威胁和极端措施，甚至于反对并拒绝阴谋者们的最基本的申诉。

我们不能忘记约翰·乔丹·克里滕登参议员流芳百世的荣誉。他在讨论一开始就否认了荒谬的非强制性理论。"我不同意詹姆斯·布坎南总统无权维护联邦的观点。我现在就把话撂在这里。如果我们结成了一个联邦，正如詹姆斯·布坎南总统认为的那样，如果任何一个州都没有权利退出联邦，在这一点上我和他不谋而合，那么我认为，我们就有权运用我们的力量来维护联邦。"

俄亥俄州的参议员乔治·埃利斯·皮尤说，他生活在蓄奴州和自由州交界的地方，声称每天或几乎每天都在执行《逃亡奴隶法》。它一直在起作用。他敢说，蓄奴州并没有因为自由州玩忽职守或拒绝执行《逃亡奴隶法》而损失价值十万美元的奴隶财产。

伊利诺伊州的参议员斯蒂芬·阿诺德·道格拉斯说，他认为《逃亡奴隶法》的执行与《非洲奴隶贸易法》或其他许多领域的法律的执行一样尽责。"无独有偶，当你从自由州和蓄奴州之间的界限向后退时，离这条边界越远，人们对于这个问题的态度就越激动。……如果你从这条边界向北走，进入佛蒙特州，那里的人们几乎没有看见过一个奴隶，甚至连奴隶长什么样子都不知道，他们对南方越无知，就会对奴隶的悲惨遭遇感到越不安。而当你从这条边界向南走，进入佐治亚州和亚拉巴马州，那里的人们从未失去过任何奴隶，他们对《逃亡奴隶法》越是不感兴趣，对于它的内容越无知，就会越对因为不能严格执行《逃亡奴隶法》而产生的暴行和给奴隶主造成的损失而感到不安。"

拉扎勒斯·怀特海德·鲍威尔

同时，来自肯塔基州的参议员拉扎勒斯·怀特海德·鲍威尔，在1860年12月5日发出通知，并于12月6日提出了一项决议，建议成立一个特别委员会，通过立法或者宪法修正案来协商安排妥协或和解措施，即后来的参议院十三人委员会。然而，他说他相信任何立法都于事无补。对正在审议的决议中所提到的要点的明确的宪法保证，在他看来才是唯一可以直达病灶，并根除弊病的补救办法，才能提供长久的安全，让南方人们和北方人民重修旧好，并拯救联邦免于迅速瓦解。"我们永远不要对共和国感到绝望，而要立即投入工作，修改宪法，以便充分保障联邦的每一个州和准州的每一个公民的特定权利。"

对于这项决议，共和党人通常只是提出口头批评或者对其条款表示完全赞同。来自纽约的参议员约翰·艾尔索普·金提出了一项修正案。他解释道，我们偶尔会听到一个暴徒破坏财物，同样地，我们有时候也会听到一个暴徒攻击某一个人。他认为人身安全和财产安全一样重要，因此，如果要调查，就会把调查范围扩大到所有这些对象身上。来自佛蒙特州的参议员雅各布·科拉默，建议将所有关于国家状况和财产权的内容全部删掉，仅仅把涉及联邦状况的那一部分咨文提交给一个特别委员会来处理即可。来自康涅狄格州的参议员福斯特说，如果说这里有一种促进国家和平与和谐的倾向，那么这项决议是最适合做出努力的了。来自新罕布什尔州的参议员约翰·帕克·黑尔说，他愿意面对任何人和所有人，并且告诉他们，如果他们可以指出他所代表的

约翰·帕克·黑尔

州在任何方面没有从字面上和精神上履行它全部的宪法义务,那么,面对敌人,它会做它从未做过的事情,那就是它准备退后一步,坚定地履行它全部的宪法义务。

来自密苏里州的参议员格林加入了北方反奴隶制侵略和忽视宪法义务的普遍呼声的行列,他认为联合众人的努力,协助拯救联邦是自己的责任。如果他相信北方目前的公众情绪会持续下去,他会说谈论将联邦拼凑在一起是愚蠢的行为。然而,他期待公众情绪会有所反应。宪法修正案,颁布新的法律法规,或者废止《人身自由法》都是毫无价值的,除非民心或政府的强权支持它们。他提议,运用足够的武力来维护宪法规定的现有的权利。他不想要宪法规定以外的任何权利。他提出了一项决议,探讨在沿着蓄奴州与非蓄奴州之间的分界线的任何必要的地方,依法组建武装警察部队的必要性,以便维护这些州之间的普遍的和平。防止一个州的公民入侵另一个州。同时为了更加有效地执行《逃亡奴隶法》。

来自密西西比州的参议员杰斐逊·汉密尔顿·戴维斯,公开指责这一主张是江湖郎中骗人的灵丹妙药。他担心它会养虎为患。有一天这只野兽会挣断拴着它的锁链,毁掉它本来打算保护的权利。在国家边界建立军事哨所,赋予该联邦政府一种权力,使其具备强制一个国家的能力。在各州边界上设立军事哨所,赋予该联邦政府一种权利,使其具备强制一个州的权力。它以联邦的名义,向各州发动战争。从我国政府的历史和性质来看,不存在强制的权力。

同样来自密西西比州的参议员 A.G. 布朗,谴责这项建议的态度之坚决丝毫不亚于杰斐逊·汉密尔顿·戴维斯。他说,一个代表密苏里州那样一个无遮无拦、易受攻击的州的南方参议员,在这样的时代背景下,竟然故意提出以保护边疆为目的来武装联邦政府,沿着蓄奴州和非蓄奴州之间的边界线建立军事哨所,这简直让他瞠目结舌。他从这项建议中看到了军事专制主义的萌芽。他不知道这些军队会变成什么样子,也不知道应该怎样处置这些军事哨所。他担心,如果这些军队和军事哨所掌握在敌人的手中,他们可能会转而反对南方。他们几乎不会转而反对北方。

参议员格林在他的答复中，公正地揭露了这些粗暴的批评的真正意图和欲盖弥彰的含义。他反驳道，他们把这称为军事专制等于在说：不管是对还是错我们都要脱离联邦。我们要歪曲为了拯救联邦而提出的每一项建议。在过去的二十五年里，是谁在为南方作战，并在边境上首当其冲地面临困难？是密苏里州、肯塔基州、弗吉尼亚州和马里兰州，而密西西比州和路易斯安那州都是安全的。我记得，你们仅仅失去了一个被关起来并送上船的黑奴，而我们却损失了成千上万人。他知道某些地区不太欢迎为联邦说话的人。他希望那种态度能够有所转变。实施和执行宪法的手段不应该遭到奚落和嘲笑，不应该被称为江湖郎中骗人的灵丹妙药。

　　我们更有可能从来自佐治亚州的阿尔弗雷德·艾弗逊参议员的回复中，发现种植棉花的州的领导人不顾边境州的抗议，驱使本州人闹革命的真正原因。

　　　　先生，这个联邦中的边境蓄奴州抱怨种植棉花的州正在开展的运动。它们说我们无权违背它们的意愿，强迫它们脱离联邦。我想知道，他们有什么权力违背我们的意愿，强迫我们留在联邦。如果我们想出去，就让我们出去。如果它们想留下，就让它们留下。它们是有着独立主权的州，有权自行决定这些问题。就我个人而言，我不会抱怨它们何时、何地或者如何离开。然而，让我感到满意的是，当需要它们做出决定的时候，它们会离开的。然而，先生，它们抱怨我们在逃亡奴隶这个问题上，不受北方各州污浊的公众情绪的影响，制造了这么多的噪声和混乱。我们昨天听说了，它们说我们不会失去逃亡的奴隶。却让它们承担责任、受苦受累。我知道我们在这方面没有吃亏。就抓捕并归还逃亡奴隶而言，并不是因为北方人缺乏诚信，才导致墨西哥湾和南大西洋沿岸的南方各州，投入这场正在进行的轰轰烈烈的革命。先生，我们的目光已经无限地超越了这种微不足道的少数黑人的损失。我们知道这个联邦会发生什么。那就是南部各州的普遍解放，以及解放造成的大量腐化堕落的人群导致自由散漫的社会结构。如果可以的话，我们打算避免这样的结果。这些边境州在没有奴隶的情况下也可以过得很好。它们的土壤和气候适合白人劳动者。它们在没有非洲奴隶的情况下也可以繁衍生息。但种植棉花的州不能。我们必须有非洲奴隶来种植我们的棉花、稻米、甜菜和甘蔗。非洲奴隶不仅对我们的繁荣至关重要,而且对我们的民族存亡也至关重要……

我明白,弗吉尼亚州和马里兰州之所以迟迟不愿采取行动的两个原因之一,是他们有点担心非洲奴隶贸易的开放和黑奴价格的降低。先生,现在我在此声明,我反对非洲奴隶贸易的开放,因为,对于我们的利益和安全保护而言,我们的黑奴数量的确增加得够快了。虽然我相信大部分南方民众反对非洲奴隶贸易的开放,但我仍然不敢保证,如果只有种植棉花的州结成了联盟,它们就不会打开非洲奴隶贸易。到那个时候,弗吉尼亚州、马里兰州和北卡罗来纳州,现在所拥有的对黑奴市场的庞大的垄断局面将会变成什么样子呢?

虽然支持分裂的参议员们沉迷于上文已经引用过的那些粗暴愤怒和毫不妥协的语言里,他们时不时地也会插入一些表示理解并愿意调解的话语。然而,他们这么做似乎有双重的目的:用拖延时日来部分地掩盖他们更加积极的阴谋。另外,如果共和党有可能完全放弃自己在政治上的胜利果实,显然他们并没有想到这一点,那么分裂派就有了接受妥协的胜利果实的有利条件。

因此,参议员托马斯·拉尼尔·克林曼说道:"如果对方的绅士们有什么令人满意的、关键的主张,毫无疑问,我所代表的那部分人都愿意洗耳恭听。"参议员杰斐逊·汉密尔顿·戴维斯说道:"如果我们误解了你们的态度和目的,那就拿出有力的证据来,证明友好的公众情绪可以从这里传播到全国各地,并保证未来事业符合宪法的原则和宗旨。"密西西比州的参议员 A.G. 布朗说,他从来没有暗示过他们不会听从呼吁。他从来没有说过这种情况是不可调解的。但他说共和党方面是没有这么做的意向的。得克萨斯州的参议员刘易斯·特雷兹万特·威格福说:"我们单方面地讨论什么才能让我们满意,这有什么用呢?因为对方没有向我们提供任何可供选择的条件呀!"

托马斯·拉尼尔·克林曼

　　在国会前十天的会议期间，要在极端分裂分子们以挑战和蔑视为特征的演讲的洪流中，搜查到这些零散的、克制的话语，并不需要太长的时间，而且大量的迹象表明，即便是这些零散的、克制的话语也毫无诚意可言，只是为了误导他们的对手和公众。参议员杰斐逊·汉密尔顿·戴维斯小心谨慎的讲话有力地证明了这一点，他毫无保留地提出了这个问题，同时论及一些含糊其词、捕风捉影的抱怨，表现出得不到回答而感到不满的意图和愿望。他说，他认为危险的是，局部的敌意取代了普遍的博爱，因此，政府对它成立的目的无能为力。

　　"这种敌意扭曲了一部分人的心灵，以至他们把联邦契约赋予的权力视为毁灭少数人的手段，而不是保障所有人的福利的途径。那么，我们该如何补救呢？通过巩固这个政府？还是诉诸武力威慑这些州，迫使生活在这些有着独立主权的社区的居民们，在联邦政府的奴役下苟延残喘地度日？

"那么，人们可能会问，补救的办法在哪里。人民的心中就有现成的答案。因此，我转向国会的另一方，即现在承诺采取措施，阻碍解散联邦的行动的多数派议员……告诉他们，这些都是没有人可以忍受的犯罪。对于这些犯罪的补救措施在于人民的爱国心和对联邦的感情，如果人民真的有爱国心和对联邦的感情的话。如果没有，倒不如让我们和平地分开，你走你的阳关道，我过我的独木桥。强扭的瓜不甜，不要试图强制性地维持联邦，这样的做法是徒劳无益的……有着独立主权的各个州，现在已经决定对违反联邦契约的行为，以及赔偿的方式和措施做出判断……我不会为一个规定在州的范围内，保障我们的宪法权利的法案提供羊皮纸，因为这个州的所有人民都反对执行这一法律。自由政府的一个常理就是，法律取决于公共舆论，如果公共舆论坚决反对，法律也就无能为力。"

　　1860 年 12 月 17 日，来自俄亥俄州的参议员本杰明·富兰克林·韦德，对于迄今为止所说的一切，做了坦率直接而雄辩有力的回复，参议院和全国的

本杰明·富兰克林·韦德

共和党人普遍接受了他的这一回复，并立刻把它作为他们应对这场危机的、一成不变的、经过深思熟虑的立场。

他说："我已经说过，这些满腹牢骚的先生已经把这个政府掌控在他们手里多年了。他们才是占支配地位的大多数……因此，如果联邦政府的立法中有任何不正确的东西，应该为此负责的是你们，而不是我们。你们已经拥有了国家的立法权，正如我所说的，你们已经拥有了国家的行政权。你们拥有内阁，你们拥有参议院，我可以补充说，你们拥有美国总统，就像你们在自己的种植园里拥有仆人一样。既然如此，我就不明白了，为什么南方人会站在这里抱怨政府的行为……我们是《美国宪法》下任何新的法律原则的制定者吗？我告诉你们，非也。七十多年以来，这个伟大的共和党今天在每个部门坚持的任何原则，无不是经过了你们的政府的批准和认可的。你们已经改变了你们的观点。我们还站在我们曾经站过的立场上，这才是唯一的区别……先生们，我们站在乔治·华盛顿曾经站过的地方，托马斯·杰斐逊曾经站过的地方，詹姆斯·麦迪逊曾经站过的地方，詹姆斯·门罗曾经站过的地方，我们站在约翰·昆西·亚当斯和安德鲁·杰克逊，甚至詹姆斯·诺克斯·波尔克曾经站过的地方。那位已故的德高望重的政治家亨利·克莱，临终前仍然在维护我们今天所坚持的信条……至于妥协，我原以为我们都一致同意，妥协的日子已经结束了。我们曾经做出过的最严重的妥协，无条件地遭到了践踏。自从我在这个机构中占有一席之地以来，一个已经存在了三十多年的相当古老的惯例，被从你们的法典中删除了……我们提名了我们的总统候选人和副总统候选人，你们也提名了你们的总统候选人和副总统候选人。既然提出了这个问题，我们就把它交给人民来解决……在这个有史以来提交给美国人民的最简单、最清楚的，也是他们最了解的问题上，我们打败了你们。这一点毫无疑问。现在，当我们来到国会大厦的时候，我告诉你们，我们的总统和副总统必须像他们的前任一样，宣誓就职和管理政府。先生们，如果我们要接受妥协，通过这种方式让一个对人民颐指气使的人坐上总统的宝座，这对我们来说将是屈辱的、不光彩的。当提到你们没有政府……如果一个州脱离联邦，虽然我们不会向它宣战，我们也不能认可它有脱离联邦的权利，直到它获得了联邦的同意，它才能够脱离联邦。无论这个国家的最高行政长官是谁，他都会发现，在《美国宪法》下，在政府的各个部门执行法律是他宣誓应尽的职责。他无法逃避这项义务……因此，最高行政长官将继续义不容辞地，以与联邦的其他任何一个州完全相同的方式和完全相同的程度，向进入他们的港口的船舶收税。我们不能免除他的这项责任。宪法如雷贯耳，要求他在每个州的港口都要这样做。接下来会发生什么事情呢？哎呀，先生们，如果他关闭了入境港口，使船舶不能在那里卸货，或者拿不到另一次出航的文书，那么船舶将停止交易。或者，如果他承诺封锁港口，再收税，这个州又未能脱离联邦而获得独立。那么，他必须做什么呢？如果他们对于这种高不成低不就的生存状态感到满意的话，也许会万事大吉，然而，他们不可能在那里生存。世界上没有人能在那样的状态下生活。那么，他们会怎么做呢？他们一定会采取主动，向美利坚合众国宣战。他们发动战争的那一刻，必须兵戎相见，因此，他们必须通过暴力和战争来开辟他们的独立之路。据我所知，在宪法下，没有任何其他办法可以使政治上的任何最高行政长官解除这项职责。虽然这个州正打算脱离联邦，如果它向美利坚合众国宣战，我认为在这个机构（指美国参议院）中，没有哪位律师不会说，发动战争的行为是对美国的背叛。这就是它导致的结果。我们不妨正视这件事……

　　"我说，先生们，我支持这些州结成的这个联邦。乔治·华盛顿和他的同胞们为那面古老的旗帜而战。只要我还活着，它永远不会被降下来，却会成为我所支持的政府的荣耀……我会把它传承下去。它是我婴儿期的保护者，是我成年期的骄傲和荣耀。尽管它可能会成为叛国者的众矢之的，承蒙上帝的恩典，我将会死在它的影子里。"

　　参议院十三人委员会于 1860 年 12 月 20 日正式任命了以下成员：来自肯塔基州的拉扎勒斯·怀特海德·鲍威尔和约翰·乔丹·克里滕登。来自弗吉尼亚州的罗伯特·墨瑟·托利弗·亨特。来自纽约州的威廉·亨利·西沃德。来自佐治亚州的罗伯特·图姆斯。来自伊利诺伊州的斯蒂芬·阿诺德·道格拉斯。来自佛蒙特州的雅各布·科拉默。来自密西西比州的杰斐逊·汉密尔顿·戴维斯。来自俄亥俄州的本杰明·富兰克林·韦德。来自宾夕法尼亚州的威廉·比格勒。来自明尼苏达州的亨利·莫厄尔·赖斯。来自威斯康星州的詹姆斯·鲁德·杜利特尔。来自艾奥瓦州的詹姆斯·威尔逊·格赖姆斯。

　　这是一个强大的、有代表性的委员会，从参加最近的总统大选的四大政党中选出，拥护各自公认的领导人，我们将在后面的章节中看到，这个显赫的委员会是如何宣布一个失败的折中方案的，而成立它的目的就是要商讨这个折中方案。然而，妥协是不可能的，因为阴谋集团已经下定了分裂的决心，正如一周前，由杰斐逊·汉密尔顿·戴维斯和其他人签署并发表的南方邦联的一份宣言中所声称的那样。

第 27 章

众议院三十三人委员会

在参议院开展讨论的同时，类似的程序也正在众议院进行，只是革命的呼声事实上更加普遍、更加坚定。詹姆斯·布坎南总统的咨文刚刚到达众议院并在会上宣读，并像往常那样正式要求交付印刷，支持妥协的众议员们在这里，和在参议院一样，表达了边境蓄奴州慷慨激昂的情绪，并做出真诚的努力，以便控制并促成对他们认为的南方和北方之间大相径庭的分歧做出和平的调解和安排。来自弗吉尼亚州的亚历山大·鲁滨孙·博特勒，利用临时的领导权，通过从詹姆斯·布坎南总统的咨文中援引大量的"关系到国家目前的危险状况"的内容，提出修改意见，要求从各州选派代表，成立一个特别委员会。当时的联邦由三十三个州组成，这个委员会就称为众议院三十三人委员会。代表们又提出了其他几项修正案，但都遭到了反对。在之前的问题得到批示之后，该修正案以一百四十五票赞成、三十八票反对而获得通过，随后成立委员会。反对票主要来自更强硬的反对奴隶制的人。

这是会议的第一次唱名表决，支持分裂的阴谋家们，一个接一个地，急忙宣布他们州的叛逆的态度。在表决之前，O.R. 辛格尔顿拒绝记录他的名字，原因是密西西比州已经召开了一个全民大会来审议脱离联邦的这个议题。他被派到这里来并不是为了达成妥协或解决现存的棘手的困难的。来自佐治亚州的约翰·J.琼斯说，他没有对这个问题投票，因为他的州和密西西比州一样，已

乔治·S.霍金斯

经召开了一个全民大会来解决所有这些与联邦有关的问题。来自佛罗里达州的
乔治·S.霍金斯说，他的人民已经决定，在全民大会上行使自己的独立主权，
确定恢复自由的时间、地点和方式，所以他不应该就这个问题采取任何行动。
他所代表的州反对一切妥协方案。妥协的日子已经过去了。来自亚拉巴马州的
戴维·克洛普顿拒绝投票，因为亚拉巴马州正在筹备召开全民大会，考虑需要
采取什么样的行动以维护自己的权利、荣誉和安全。他相信一个州有权脱离联
邦，认为当下罪恶的唯一补救办法是退出联邦。他不会抱有任何虚幻的希望或
认可任何权宜的政策。来自南卡罗来纳州的威廉·波彻·迈尔斯说："南卡罗
来纳州代表团没有就这个问题投票，因为我们对此没有兴趣。我们认为我们的
州，除了形式，已经在任何方面退出了这个联邦。"来自亚拉巴马州的 J.L. 皮

威廉·波彻·迈尔斯

尤说："由于我们亚拉巴马州打算于 1861 年 1 月 10 日，跟随南卡罗来纳州的脚步退出联邦。因此，我毫不在意这个机构采取的任何行动。"

这些行动发生在第二天，也就是 1860 年 12 月 4 日的会议上。两天后，议长宣布了委员会的人选。排在首位的是委员会的主席，来自俄亥俄州的托马斯·科温，还任用了来自不同的州的一些极具影响力和能力的成员。几个极端的代表让分裂派一目了然。1860 年 12 月 6 日，星期四，托马斯·科温公布了这些代表的名单。在那一天的会议结束时，众议院休会至下周一，即 1860 年 12 月 10 日，那一天，应佛罗里达州的乔治·S.霍金斯的请求，他们公平地展

托马斯·科温

开了一般性的讨论，托马斯·科温获准免除了自己在委员会的职务。他说，他征求了许多南方成员的意见，除了一两个例外，他们都亲切而诚恳地赞同他所采取的路线。在委员会任职会让他处于错误的立场。佛罗里达州已经采取了主动。它的议会已经下令选举定于1861年1月3日召开的全民大会的代表。该委员会是一匹特洛伊木马①，为对方赢得时间，却让南方意志消沉。他感到遗憾的是，这个委员会是由弗吉尼亚州的一位代表提出的。他将会告诉北方，密西西比州、亚拉巴马州、佛罗里达州、佐治亚州和南卡罗来纳州不久是一定要

---

① 特洛伊木马，特洛伊战争中用来藏匿士兵的木马。这里指缓兵之计。

脱离联邦的。阿肯色州、路易斯安那州和得克萨斯州，肯定会在随后的六个月之内相继脱离联邦。

三名民主党的代表对这一情绪的爆发做出了回应。众议院的共和党议员和参议院的共和党议员一样谨慎地保持沉默。这些民主党的发言人声称委员会的组成不公正，并联合起来谴责共和党。然而，在至关重要的和实际的分裂问题上，他们却众说纷纭、莫衷一是。由于他们每个人的名字在反叛运动的进一步发展中都将具有一定的历史显著性，故而读者将有兴趣读到他们早期所作评论的简短引语。

来自纽约州的丹尼尔·埃德加·西科尔斯说："纽约市将坚持留在联邦，直到最后一刻。虽然它看待联邦存在的最后时刻，就像我们看待我们可能再

丹尼尔·埃德加·西科尔斯

也看不到的夕阳。然而，当需要诉诸武力的时候——该来的就让它来吧——没有人会跨出纽约市的边界，向这个联邦的任何一个，通过其人民的心声维持的，通过其合法当局郑重地声明其权利、利益和荣誉，并要求在独立的生存中寻找安全的州发动战争……纽约市现在是狂热的清教徒的州政府征服了的一块属地，这个清教徒的州政府除了给我们派来税吏或强迫我们接受可恨的官员，从来不为这个城市考虑，这些官员和税吏违背我们的利益，对我们毫无同情可言，通过他们受法律保护的勒索行为侵吞了人民的大量财物……除了联邦宪法中禁止某个州在违反宪法的情况下分裂联邦的规定，再没有任何东西阻止纽约市行使自己管理自己的权利，……当联邦的约束不复存在的时候，当联邦宪法中禁止某个州在违反宪法的情况下分裂联邦的规定被暂停的时候，那么我会告诉你，这个曾经作为首都的纽约市会摆脱这个它现在不得不向其低头的可恶的政府。它将抵制奥尔巴尼长期对它滥用职权的可憎的阴谋集团，它英勇的子民们的魄力和忠诚守护着它的旗帜，它会作为一个自由的城市，向世界文明和商业敞开大门。"

显然，脱离联邦主义者们从那一时期不稳定的政治思想中的，这样或那样的、频繁的预言性的谈话中，看到了希望的兆头，获得了欢欣的鼓舞。然而，如果是这样的话，明智的做法是思考以下来自不同地区的话语的深层意义，它们体现了更持久的影响力，代表了更广阔的地理范围和更广泛的人群。

来自俄亥俄州的克莱门特·莱尔德·瓦兰迪加姆说："我现在作为一个西部人发言。我为来自佛罗里达州的那位绅士所说的，他对于广大西部的友好感情而表示衷心的感谢。我真诚地感谢他们所有人。先生们，我们西北部的人民更有兴趣保护现在这个政府，而不是任何其他地区的联盟。我们那里闭塞、落后、与世隔绝，远离海岸。离密西西比河的河口都有一千英里，甚至更远。我们依据国家法律，要求在密西西比河上自由通航，将不惜一切代价达到这一目的。除了其他一些较大的内海、湖泊和它们穿过其他州的出口，我们什么也没有。那么，我们的命运会是什么呢？先生们，我们有一千五百英里的南部边境。然而，一条从弗吉尼亚州到伊利湖的八十英里的狭长地带，在东面限制着我们。俄亥

克莱门特·莱尔德·瓦兰迪加姆

俄州是连接美国南部和英国属地、美国东部与西部的一块地峡。落基山脉把我们与太平洋隔开。我们的出路在哪里？！当你们分裂并摧毁这个政府时，我们该怎么办？我们现在有七个州，有十四个参议员和五十一个众议员，有九百万人口。我们的面积相当于欧洲第三大国。我们不想成为东部或南部的一个属地或者省份。也不想成为这个大陆上的一个矮人一等的或者次要的政权。如果我们不能在其他条件下获得海上边界，我们将用刀剑开辟一条通往海岸的道路。我们可以是一个勇士的民族，而绝不是一个牧人的部落。"

来自伊利诺伊州的约翰·亚历山大·麦克林纳，也给出了类似的、直言不讳的声明，他说，脱离联邦的这个问题让他感到恐怖而绝望，犹如孤身一人漂浮在无边无际的大海上。

他说："在我看来，和平的分裂是毁灭的、致命的幻觉……如果有人问我，为什么会这么说？我会反驳这个问题。不这样又会怎样呢？公共债务问题、公共档案问题、公共土地问题和其他公共财产问题以及最重要的边界问题如何解决？虽然我们现在彼此不愿意做出让步，但我们在一段时间后却愿意互相做出任何让步。会有人这样回答吗？既然我们现在为了民族团结彼此都不愿意做出任何让步，我们却愿意在一段时间后，为了两个不同的国家而互相做出任何让步？谁会相信这样的鬼话？还有，如果蓄奴州与非蓄奴州分裂了，那么广袤无垠的西部各州又会怎样呢？一方面，切断了与密西西比河的主河道以及墨西哥湾的联系。另一方面，切断了与大西洋东部港口的联系，它们将逐渐进入游牧民族的生活状态，沦为劣等民族。成千上万身强力壮、豪爽侠义、富有冒险精神的西北汉子是绝对不会同意这样的结局的。他们不会这样窝囊地活着。他们宁愿战死沙场，直至最后一个人。地球上没有任何力量可以阻止他们自由自在地、无条件地与纽约的海湾和大市场交流。"

除了来自亚拉巴马州的科布的声明，暂时还没有出现任何值得注意的讨论。他说要采取措施来拯救他的州，必须立即行动。他的州将于1860年12月24日选举全民大会的代表，大会将于1861年1月7日召开。他的州留在这个联邦的时间最迟不会超过1861年1月15日，除非对方有所行动。

众议院拒绝免除几名持反对意见的代表在委员会中的职务，也许，来自密西西比州的代表鲁本·戴维斯的言论最能说明他们在履行职责时的心境。他说他可以"只把这个委员会看作一只扔向鲸鱼的浴盆，纯粹是为了逗闷子，直到1861年3月4日，就这样阻止南方各州现在的高尚和勇敢的运动，为他们在那一天退出联邦提供安全保证。正是考虑到这些，我才接受了委员会的职位，以防它成为一种欺骗的手段，误导公众的思想。然而，我却诚诚恳恳，满怀爱国热忱，打算为共和党成员可能会提交的悬而未决的祸患提供任何合理的修改建议"。

鲁本·戴维斯

　　1860 年 12 月 12 日，星期三，上午的时间依照约定留出来接收所有将要提交给三十三人委员会的法案和决议。委员会及时批阅了这些法案和决议，然后未经辩论，整理出了二十三项主张。它们主要来自北方成员——虽然参加最近的总统大选的所有四个政党的意见都有所体现——它们主要反映了他们的态度。因此，本质上，它们包含了与党派讨论相同的肯定与否认、指控与反击、规避与遁词等等，诸如此类的陈词滥调。

　　通过后续的补充，这二十三项主张增加到了四五十项，列举了各种各样的立法计划，以致无法对它们进行任何分类。它们全都是国会议员对危机的起因和补救办法提出的不同看法的抽象概念。在这些主张中，有些仅仅声称维护并行使现有政府的职责，形式简单，结构匀称。有些则提议将其摧毁，并改造成一个复杂的组织机构，其看法是异想天开的，其操作是不切实际的。它们向我们证明了，国会以及普通民众所面临的困惑。与其说他们缺乏合理的政治原则，不如说缺乏一种简单而直接的，坚决要求承认和遵守公认的原则和现行的法律的政治意志。

在当时和之后提交的主张中，有几项关于政府的痴人说梦的、近乎疯狂的计划。比如，来自弗吉尼亚州的成员詹金斯提出了一项安排，要求政府的每一项操作都要单独认可蓄奴州的利益。设立两个政府，两个参议院，或者参议院或其他咨询机构或理事会的两个多数派。来自密苏里州的诺尔，提议取消总统这个职位，创建由三名来自邻州的成员组成的执行委员会，赋予各个成员否决权，通过一些蓄奴州的自愿分割，在参议院达成自由州和蓄奴州之间的平衡。

即便是那些意志坚定的人也多多少少受到了这种革新与尝试的狂热的影响。1860 年 12 月 13 日，后来成为美国总统的，来自田纳西州的安德鲁·约翰逊，向参议院提交了一项修改宪法的建议，内容如下：总统选举应该定在 8 月。每个区普选的相对多数票只能算一票。国会应该在 10 月的第二个星期一统计票数。1864 年的总统应该从蓄奴州推选，副总统从自由州推选。1868 年的总统应该从自由州推选，副总统从蓄奴州推选，就这样每四年轮换一次。参议员由人民选举产生。对联邦法官进行分组，每四年改选其中的三分之一，任期为十二年，同时，所有有待填补的空缺，一半从自由州推选，一半从蓄奴州推选。分割准州，在南方建立奴隶制，禁止它越过一条固定的线，向北扩散，条件是五分之三的代表权，并且不得改变跨州的奴隶贸易。

或许，众议院关于政府的最复杂的计划，是 1861 年 2 月 7 日，由来自俄亥俄州的克莱门特·莱尔德·瓦兰迪加姆郑重提出的，他对于设立双重政府机构感到不满意，于是，提出了下面这种荒诞不经的四重政府机构的设想。将联邦划分为四个地区：北部地区、西部地区、太平洋地区和南部地区。根据任何

安德鲁·约翰逊

一个地区的三分之一的参议员的要求，对于可能需要众议院一致同意的任何行动，除休会外，应按各个地区进行表决，每一个地区必须有多数参议员的同意，这样的行动才能生效。每一个地区必须有所有总统选举人的多数成员的同意，总统和副总统的选举才能生效。他们的任期应该为六年。除非每个地区的三分之二的总统选举人投票，或者每当选择权移交给议会时，每个地区的所有州进行投票，否则总统和副总统不能连任。当总统选举人没能选出总统和副总统的时候，由国会来组织选举总统和副总统。一个州要想退出联邦，必须经得该地区所有州的议会的同意。总统有权与打算退出联邦的州就分歧的意见进行调解，并将协议提交给国会。无论是国会还是地区议会，都无权干预公民按照平等的条件移民到准州，也不能妨碍地区的公民的人权或财产权。新加入联邦的州与原来的州平起平坐。

采纳任何一个或者所有这些由不同的人分别给出的立法"妙计"的前提是，南方愿意从现在开始执行它们，并且接受它们的管理。这些计划的提出者们忽略了这一重大的困难：如果南方过去拒绝遵守法律，当法律变得不受欢迎时，他们将来同样会拒绝服从任何法律。南方要求的不是暂时的满足，而是永恒的支配权。南方不需要修正《逃亡奴隶法》，也不需要废除《人身自由法》，而是要改变自由州的公共舆论。只需要给他们一个肯定，即奴隶是财产，要像其他财产一样得到承认和保护，在宪法中体现这一主张，并确保大众普遍接受这一观点，他们满不在乎地列举了许多其他细节。《逃亡奴隶法》、州和州之间的奴隶贸易、国会的奴隶法典、在自由州的过境和逗留权、逃亡奴隶的赔偿、新的蓄奴州、接下来就是在美国参议院的大多数席位。他们膨胀的欲望，就像是一颗精心种下的橡树种子，成长的势头不可阻挡，借助于大自然的力量，它迅速生根发芽，树干粗壮，枝繁叶茂。这就是杰斐逊·汉密尔顿·戴维斯在讨论他 1860 年 2 月的参议院决议时提出的详细规划，以及威廉·郎兹·彦西为之两度借用查尔斯顿大会的学说。这就是杰斐逊·汉密尔顿·戴维斯会再次对参议院十三人委员会提出的要求。他知道北方绝对不会答应这些要求，所以甚至在他提出这些要求之前，他就已经煽动并参与分裂了。

第 **28** 章

阴谋的公开

精彩
看点

对大多数人来说，成功妥协的希望和机会似乎仍然令人欢欣鼓舞、翘首以待。联邦南部确实存在着一种普遍的骚动，然而，有将近六个州的形势极其严峻。在这几个州，其中占决定性多数的居民仍然反对分裂。全国三大政党的领导人发言承诺和平与秩序。迄今为止，第四个政党显然受到官方的从属关系和资助的强大影响，特别是鉴于詹姆斯·布坎南总统对自己派系中的不法分子的忍耐和仁慈，所以看起来，该党必须屈服于詹姆斯·布坎南总统现在公开提出的，支持联邦，执行法律的建议。分裂的蠢行和罪恶显得如此明显，以至北方诸州的人通常并不把它视为一个迫在眉睫的危险，而仅仅是一件可能发生的事，尽管发生的实际可能性并不大。人们把南卡罗来纳州当局和居民们匆忙而看似认真的行动视为对 1831 年到 1832 年的废宪运动的历史重演。没有仔细审查目前的事态的真实情况，人们希望，而不是明智地预期，类似的事件将以类似的结局而告终。某种类似于 1850 年的妥协性质的措施是政治上的当务之急。

这是人们对形势的普遍看法。但这是一种错误的观点，因为它缺乏形成正确而可靠的判断所必需的基本信息。人们并没有完全而清醒地认识到各地之间深深的隔阂。四大政党的存在是美国政治中极不寻常的现象，严重地削弱了政党的凝聚力，使党派的偏见和不信任增加了四倍。有一股强烈的信念和目标的暗流，并没有在演讲和纲领中表达出来。但最严重的失误是对于政府高级官员的品格和忠诚的无知。普通百姓根本或几乎不了解詹姆斯·布坎南总统的胆怯、三名内阁成员的背叛、军事委员会对温菲尔德·斯科特将军的排斥、詹姆斯·布坎南总统拒绝向罗伯特·安德森派兵、他与南卡罗来纳州的代表们达成的协议、迫使刘易斯·卡斯从内阁和政府离职的阴谋，因此，他们不可能对目前发生事情提出建设性的建议。国会的辩论开始使局势明朗化，然而，暴怒和酷烈的分裂演讲使人们怀疑演讲者的诚意，或者把他们置于狂热者的范畴，而这些人将不会有追随者。

因此，当国会和全国的共和党人通常都保持期待和警惕的沉默时，主要由约翰·贝尔和爱德华·埃弗里特的支持者组成的保守派，却积极地投身于采取

爱德华·埃弗里特

妥协的行动，他们对最终成功地促成这次妥协充满了信心。可以说，他们的这种信心来自政治表面的虚假迹象，这么说只是为了对他们的正直和能力表示公正。他们的目标体现了强烈的爱国心，他们的行动小心谨慎，他们在国会的领袖们毫不迟疑地表示反对脱离联邦，提议成立参议院十三人委员会，并确保众议院三十三人委员会的任命和组织。已经有大约二十三项不同的调解主张提交给了该委员会，在这样的情况下，事实上，似乎只需要一点点的耐心和爱国的热心就能达成妥协——也许是一项由于这个国家南方的躁动不安和气急败坏，而可能会迫使国会提出或颁布的，不同的州和地区愿意或不愿意接受和批准的宪法修正案。

现在为分裂的事业日夜操劳的阴谋家们，一定具有超群的政治智慧，掌握了全面而丰富的信息，有着出奇制胜的谋略和极大的热情，还要有坚持不懈、兢兢业业的精神。他们比对手更清楚地认识到了北方政党纪律松弛、士气低落，南方潜在的革命暗流，集思广益、联合领导的影响，以及可能发挥作用的社会、商业和政治条件。他们认识到，他们不过是少数派，小集团。然而，他们也认识到，严格来说，无论什么时候，只要他们愿意，他们就能有效地、实质性地控制六到十一个州，而且，目前至少可以利用詹姆斯·布坎南总统，在他们的影响下，他只不过是陶工手中的一块黏土罢了。

他们比北方的共和党人，甚至比来自边境州的保守派更清楚地知道，在种植棉花的那几个州，公众情绪正在发生广泛的变化，可能很快就会完成。除了在极端的分裂问题的选择上，边境州的人们渴望支持他们的行动，加入他们的所谓政治权力的斗争。将近一半的北方人民准备承认他们的申诉是公正的。亚伯拉罕·林肯的当选的确是一个站不住脚的分裂的借口，却引起了普遍的关注，激怒了南方愚昧无知的群众。农业萧条，商业恐慌，制造业劳力短缺。国库空虚。军队七零八落，海军四散分布。民族声望低下，民族情绪消沉，民族信仰动摇。

与此同时，他们的阴谋却出乎意料地成功。政府公开承诺遵守这一致命的非强制性原则，并暗地里奉行同样致命的让步政策。从查尔斯顿派遣援军的要求遭到拒绝，而且，出于同样的动机，也不能从其他所有的要塞和驻地派遣援军。一个与詹姆斯·布坎南总统签订的非正式协议和一道发给罗伯特·安德森的强制性命令，侥幸地保证了南卡罗来纳州早期分裂活动的安全，并易如反掌地夺取了政府财产。外国政府的代表已经开始和南卡罗来纳州暗中勾结，以期获得自由港和有利的棉花市场。北方也通过私人书信、公共媒体，甚至国会的公开辩论，传来友好的声音，并向他们许诺，在北方武力妨碍南方退出联邦的行动之前，他们会在北方放火焚烧城市，将美丽的乡村变为废墟，以示对南方的声援和支持。

阴谋家们根据这样一种真实或假定的事实推测出冒险分裂共和国的成功的机会。我们必须承认，他们技巧娴熟、深谋远虑地选择了他们的机会，让他们在相当长的一段时间里，比联邦的支持者们具有了更大的优势。然而，他们不可思议地忽视了成功的一个至关重要的条件，更确切地说，也许是故意把它排除在他们的考虑之外，那就是没有外国干预的内战的可能性。目前，他们的整个计划取决于一种假设，即他们能通过和平脱离联邦的单一手段达到他们的目的。抱着这种想法，他们继续加速实施他们的方案。

众议院已经通过选举托马斯·科温担任主席，成立了三十三人委员会，并且已经开始满怀希望地着手完成托付给它的任务。据说，活跃的阴谋家们前一周召开了一次核心小组会议，威胁来自种植棉花的各州成员，并诱使他们拒绝到委员会供职。然而，这种强制性的行动只获得了部分成功。三十三人委员会于1860年12月12日召开了一次冗长的会议。现在，在1860年12月13日上午，又召开了一次工作会议，刷新了前一天的非正式的主张和讨论，但只会导致观点和计划要么太模糊，要么太极端。这件事被推迟到了下一周的星期六，因为来自阿肯色州的阿尔伯特·拉斯特，给委员会带来了一条令人震惊的消息，说极端分子们正在获取一份文件的签名，向南方宣布，不要期待北方做出进一步的让步，对悬而未决的困难的任何调解都是不可能的。因此，他提供了一项决议来应对这突如其来的危机。作为替代，他接受了下面这份由印第安纳州的威廉·麦基·邓恩提出的决议：

威廉·麦基·邓恩

兹决定，根据该委员会的意见，南方人对联邦政府现有的不满和增长的敌意令人深表遗憾。正如宪法所承认的那样，为了维护国家的和谐和平与联邦的长治久安，无论这样的不满和敌意是否有正当理由，都应该主动而及时地给予任何合理的、适当的、合法的，针对其特有的权利和利益的补救办法和有效的保证。

其他修正案遭到否决。这一提案以二十二票对八票获得通过。就这样，北方真诚地对南方做出了合理的让步和体面而令人满意的妥协。然而，和平的提议是对耐心和善意的极大浪费。分裂派的领导人们召开的一轮又一轮的核心小组会议只是变得越来越得陇望蜀，越来越富有攻击性，进一步深化和加强了他们坚定不移地分裂国家的目的。温菲尔德·斯科特将军大病初愈后，于1860年12月12日从纽约赶到华盛顿，为阻止分裂的工作提出了紧急忠告，建议政府积极备战。然而，他的出现并没有让分裂国家的领导人们感到不安，也没有阻碍他们分裂的步伐。他于1860年12月13日对战争部部长约翰·布坎南·弗洛伊德提出了爱国诉求，这个分裂派的积极的同谋者自然对此充耳不闻。无论是詹姆斯·布坎南总统顺应时势的让步，还是三十三人委员会半安抚、半道歉的决议，都丝毫没有改变或影响他们摧毁政府和解散联邦的决心。

1860年12月14日，星期五，詹姆斯·布坎南总统的办公室里充满了阴郁和沮丧的气氛，他比以往任何时候都更加强烈地意识到他领导的政府彻底地垮台了。对于欢欣鼓舞的分裂主义者们来说，这不仅是一个胜利的日子，还是一个明显预示着成功即将到来的日子。在这场迫在眉睫的民族存亡的斗争中，正义的力量占下风，邪恶的力量反而占了上风。迄今为止，政府的机关刊物在第二天上午发表的两份出版物中，登载了两条面向全国的令人震惊的消息。

其中一条来自詹姆斯·布坎南总统的一份公告，说为了对众多的诉求做出回应，他将下个月4日，也就是1861年1月4日，指定为羞辱、禁食和祈祷的一天。由此提出了"我们国家人心涣散、岌岌可危的状况"：

> 联邦目前已经到了生死存亡、危在旦夕的关头。全国上下人心惶惶，危机四伏，可怕的景象遍及这片土地。劳动人口不能就业，从而剥夺了他们养家糊口的手段。事实上，人们心中的希望似乎已经丧失殆尽了。所有的阶层都处于困惑和沮丧的状态，我们对那些最优秀和最高洁的人给出的最明智的建议都置若罔闻……在上帝面前，我们卑躬屈膝……让我们恳求他从我们心中除去这种妄自尊大的态度，它会促使我们为了保持一致性而一错再错，而不是明智地屈服于现在包围了我们的不可预见的紧急情况……但愿全能的上帝能够推翻眼前的罪恶，永世存善。

第二条消息更实际、更坚决，是阴谋家们的第一次公开和联合的行动，通过这次行动，可以说他们几乎改变了美利坚合众国的命运。这是一份简短的文件，却包含并表达了阴谋的所有基本目的。来自北卡罗来纳州、南卡罗来纳州、佐治亚州、亚拉巴马州、密西西比州、路易斯安那州、佛罗里达州、得克萨斯州、阿肯色州的参议员和众议员中，有一半左右的成员签署了这份文件。它早于任何一项脱离联邦的条例，是后来的"南方邦联"的"正式"开始，正如威廉·亨利·吉斯特州长 1860 年 10 月的通告是南卡罗来纳州脱离联邦的"正式"开始一样。

国会某些南方议员对我们的选民的讲话如下。

华盛顿

1860年12月14日

争论已经结束了。通过委员会、国会立法或宪法修正案在联邦中得到安慰的所有希望都破灭了，我们相信南方人不会被表面的或假装的新的保证蒙蔽了双眼。根据我们的判断，共和党人坚决不会给予可能或应该满足南方的任何东西。我们感到满意的是，南方人民的荣誉、安全和独立，要求组建一个南方邦联，这一结果只能通过各州脱离联邦才能得以实现。各蓄奴州的首要目标应当是快速而坚决地脱离一个有着敌对州的联邦。

亚拉巴马州的J.L.皮尤。

亚拉巴马州的戴维·克洛普顿。

亚拉巴马州的西德纳姆·摩尔。

亚拉巴马州的J.L.M.柯里。

亚拉巴马州的J.A.斯塔尔沃斯。

佐治亚州的J.W.H.安德伍德。

佐治亚州的L.J.加特雷尔。

佐治亚州的詹姆斯·杰克逊。

马丁·詹金斯·克劳福德

佐治亚州的约翰·J.琼斯。

佐治亚州的马丁·詹金斯·克劳福德。

佐治亚州的美国参议员阿尔弗雷德·艾弗逊。

佛罗里达州的乔治·S.霍金斯。

阿肯色州的T.C.亨德曼。

密西西比州的美国参议员杰斐逊·汉密尔顿·戴维斯。

密西西比州的美国参议员A.G.布朗。

密西西比州的威廉·巴克斯代尔。

密西西比州的O.R.辛格尔顿。

密西西比州的鲁本·戴维斯。

北卡罗来纳州的伯顿·克雷格。

北卡罗来纳州的托马斯·拉芬。

路易斯安那州的美国参议员约翰·斯莱德尔。

路易斯安那州的美国参议员朱达·菲利普·本杰明。

路易斯安那州的J.M.兰德姆。

得克萨斯州的美国参议员刘易斯·特雷兹万特·威格福。

得克萨斯州的美国参议员约翰·亨普希尔。

得克萨斯州的J.H.里根。

南卡罗来纳州的M.L.博纳姆。

南卡罗来纳州的威廉·波彻·迈尔斯。

南卡罗来纳州的约翰·麦昆。

南卡罗来纳州的约翰·杜兰特·阿什莫尔。

经过分析，这份革命宣言充分揭示了阴谋家们一步一步地努力实施自己预定的分裂和叛乱的计划。其中的每一条所谓的正当指控，众所周知，都是混淆视听，一派胡言。

这场争论才刚刚开始，而不是已经结束。迄今为止，南方通过国会立法或宪法修正案得到安慰的要求已经遭到拒绝。然而，委员会对于他们的要求还未做出明确的答复。委员会不仅没有拒绝听取他们的意见或采取行动，而且由民主党控制的参议院，在南方的一个州的请求下，下令成立十三人委员会，当时并未确定南方民主党的副总统人选。一周后，当公布十三名委员的名字时，这份抱怨政府不采取行动的文件的签署人之一，杰斐逊·汉密尔顿·戴维斯，成了唯一拒绝接受委员会任命的人。后来，当他的同谋者们劝说他接受这项任命能更好地帮助实施他们的计划时，他便收回自己的话，接受了委员会的任命。此外，由共和党控制的众议院提出成立三十三人委员会，由一名北方的议长来任命这三十三名委员，由一名北方的主席来主持这个三十三人委员会。前一天，该委员会曾以超过三分之二的票数明确表示，应正式给予南方人"任何合理的、适当的、合法的补救和有效的保证"。

　　在国会之外，也没有来自北方的任何新的纠纷、新的威胁或新的风险。自从亚伯拉罕·林肯当选为总统的那一天起，他或他的追随者们的态度和意图就完全没有任何改变。他们绝对不可能在短短三个月的时间里，施加任何不利于南方的政治权力，无论是行政的、立法的，还是司法的。不仅是行政权掌握在民主党的政府手中，它本身也成为南方独一无二的捍卫者，而且它还屈服于阴谋家们不断对行政方针提出的每一项要求。这份面向南方选民的宣言的签署人们并非只有这一个借口。

第 **29** 章

四十支滑膛枪

与莫尔特里堡的指挥官一样，其他要塞的指挥官也密切关注着敌对的公众情绪的发展，以及脱离联邦运动的稳定进展。他们中有些人把妻儿带在身边。因此，除了自己对军旗的荣誉和国家的安宁的担忧之外，他们甚至把自己的人身与生命安全置之度外，却又平添了一份对家人的温情的关怀。来自南卡罗来纳州的合法当局或制造骚乱的查尔斯顿暴民的敌意，在白天或晚上的任何时候，极有可能带来数倍于他们的敌人。

　　对于专门研究这种危险的任务，或者说对于应对和消除这种危险的手段的专门研究的任务，就落到了工程兵出身的 J.G. 福斯特上尉的肩上。他于 1860 年 9 月 1 日接受任命，指挥这些要塞。然而，其他地方也需要他的服务。在此后两个多月的时间里，巴尔的摩的工程似乎占用了他大部分的时间。在总统大选后的第二天，他接到命令，要求他到查尔斯顿港的要塞去亲自坐镇。他于 1860 年 11 月 11 日到达那里，此后一直留在那里，直到萨姆特堡投降。

　　在和平时期，美国的军事管理有点松懈，造成这一结果的直接的和不可避免的原因是这样的事实：相对于幅员辽阔的国土而言，政府只维持了最基本的常规军队。作为该体系的一个小事件，莫尔特里堡已获准放弃一切防备措施。1860 年 6 月 18 日，一名军官写道："一个十岁的孩子能轻而易举地翻过沙堤进入要塞，几乎没有任何障碍。现在不用借助任何东西，就可以易如反掌地翻墙而入，使这个地方更像是一个陷阱，而不是一个防御手段。因为敌人可以从矮墙上居高临下地射杀其中的驻军。查尔斯顿港唯一驻军的要塞用如此多的沙子来建造堤坝，有些地方的城墙才比沙堤高出不到一英尺。这在旁人看来，即便算不上愚蠢无知，至少也显得荒唐可笑。"

到了1860年11月14日，J.G. 福斯特上尉已经派人搬走了堆积在城墙外的沙子，修复了城墙，并从自己的专业技能得到启发，利用手头可用的资源，提供了一定的临时障碍物和防御手段作为权宜之计。他写道："我在这些临时的防御手段上尽可能少花钱，它们仅仅是由一道高十英尺的结实的木板围墙构成的，上面钉满了一排排的钉子，里面是两砖厚的、加高到一人高的砖墙，留有足够多的环形射击孔。指挥官加德纳上校对于这道防御设施的迅速修建感到满意和高兴，我认为，它们足以达到目前的守卫要求。"

然而，对于一个没有一兵一卒，城墙上连一个岗哨都没有的要塞来说，工程科学的所有资源又有什么用呢？这就是萨姆特堡和平克尼堡的现实情况，工

萨姆特堡临时修筑的防御工事

程兵、督察员和指挥官轮番对华盛顿的政府进行了长达几周的类似的警告和积极的恳求，却没有一个人得到一句鼓励的话语或一兵一卒。

然而，尽管詹姆斯·布坎南总统和战争部部长约翰·布坎南·弗洛伊德忽视了他们应有的职责，J.G. 福斯特上尉并没有放弃他的努力。他天天为这两座举足轻重的要塞易受攻击的现状感到忧心忡忡。在加德纳上校手下时，他曾经要求配发四十支滑膛枪，用来武装修复要塞的工人，保卫萨姆特堡。华盛顿的工程局支持他的这一提议，也获得了战争部部长约翰·布坎南·弗洛伊德的批准，战争部部长约翰·布坎南·弗洛伊德随即给查尔斯顿兵工厂的仓库保管员汉弗莱斯上尉发布了命令。然而，当加德纳上校收到此事的报告时，他表示反对。他不愿意战争部部长约翰·布坎南·弗洛伊德以这种其效用值得怀疑的权宜之计为借口，拒绝派遣他要求的两个正规军的连队和五十名受过训练的新兵。

前面已经讲过，加德纳上校如何失去指挥权，也没有得到增援的部队，因此，J.G. 福斯特上尉提出的四十支滑膛枪的要求也就在兵工厂鸽笼似的文件架上"睡着了"。当罗伯特·安德森少校到达要塞并接手这里的指挥权的时候，他不仅像我们看到的那样，一再要求增派部队，而且一眼就看出了重大的利害关系，他又再次向 J.G. 福斯特上尉提出了武装一些建筑工人的建议。J.G. 福斯特上尉毫不迟疑地向战争部提交了配发武器的申请书。批复的书信及时到来。但这一次，战争部部长约翰·布坎南·弗洛伊德拒绝颁布向 J.G. 福斯特上尉配发一百支滑膛枪的命令。

尽管如此，为了不刺激敏感的查尔斯顿居民，一支三十人的建筑队在平克尼堡安顿了下来，他们尽可能保持安静，两个要塞的官兵们和监工们奉命试探和考察技工们和劳工们的忠诚和信用。萨姆特堡的工人们来自巴尔的摩，J.G. 福斯特上尉对他们抱有最大的希望。但他们让他失望了。1860 年 12 月 3 日，J.G. 福斯特上尉的监工告诉他，虽然这些工人宣称他们愿意抵抗暴徒，但他们不愿意与任何有组织的志愿军作战，因此，J.G. 福斯特上尉极不情愿地被迫放弃了这一计划，至少对萨姆特堡来说是这样的。但他对派往平克尼堡的那三十个工人仍然抱着这样的希望，他们经过更加谨慎的挑选，可能在需要的时候派上用场。

他给官兵们下达命令，要求他们尽最大的努力保卫这些要塞，抵制任何夺取它们的要求和企图。他写信给战争部："我尽自己最大的努力，在这方面做了这么多，我觉得我已经尽了我的责任，如果发生任何公然的行为，我不应该受到任何责备。然而，我很遗憾，这个港口没有足够的士兵驻守这两个要塞。政府很快将不得不做出决定：是继续维持它们，还是把它们交给南卡罗来纳州。如果决定维持它们，必须立即派出大部队。"

尽管罗伯特·安德森少校和 J.G. 福斯特上尉，都未能就涉及和平或战争的这个明确而重要的问题，得到任何正式的答复，然而，不久后发生的一个小插曲，就战争部部长约翰·布坎南·弗洛伊德最终将如何处置这些要塞，向他们提供了一个非常清楚的暗示。

就在南卡罗来纳州在州府哥伦比亚市召开脱离联邦的全民大会的同一天，J.G. 福斯特上尉有机会到查尔斯顿的美国兵工厂设法获得一些用于安装重型火炮的器械。在那里，他想起分别负责萨姆特堡和平克尼堡的两名军需士官曾经向他申请过武器，按照规定，他们有权配带武器。因此，他请求查尔斯顿兵工厂的仓库保管员汉弗莱斯上尉，为这两名军需士官配发两支滑膛枪和子弹。汉弗莱斯上尉回答说，他无权为这两名军需士官配发两支滑膛枪，然而，以前要求配发四十支滑膛枪的那道命令已经存档，枪和子弹已经包装完毕，正准备交付给他。J.G. 福斯特接收了这批枪支弹药，当他给负责萨姆特堡和平克尼堡的两名军需士官分别配发了两支滑膛枪之后，把剩余的枪支弹药放在这两个要塞的军火库里。

到底是间谍的警觉，还是汉弗莱斯上尉作为马屁精的热情，抑或是他作为小卒子的恐惧，让这一微不足道的武器搬运的消息传到了查尔斯顿当局的耳朵里，现在已经无法查明真相。这批武器刚刚到达目的地，J.G. 福斯特上尉就很惊讶地收到一封来自汉弗莱斯上尉的信，信里说，运送这四十支滑膛枪造成了强烈的兴奋。还说威廉·亨利·吉斯特州长的军事主官施尼尔将军，曾将他叫去，并向他声明，除非人们激动的情绪可以得到缓解，否则，接下来肯定会上演暴力的示威游行。信里还说，本杰明·休格上校曾经向威廉·亨利·吉斯特州长做出过承诺，兵工厂的武器绝对不会外运。汉弗莱斯上尉已经向施尼尔将军保证，那四十支滑膛枪和弹药一定会在"明天晚上之前"送回来，因此，他请求 J.G. 福斯特上尉帮他兑现承诺。

J.G. 福斯特上尉给汉弗莱斯上尉写了一封温和的回信。从本质上来看，这封信和他几乎同时给华盛顿的军械局提交的一份报告同样积极而坦率："至于本杰明·休格上校曾经向威廉·亨利·吉斯特州长做出过承诺，兵工厂的武器绝对不会外运这件事，上峰从来没有通知过我，我个人也从未听说过，我也不知道，政府对此是否知情，本杰明·休格上校是否在政府的授意下才这样做的。但另一方面，我清楚地知道，给我配发这四十支滑膛枪是有正式命令的。我真的需要它们来保护国家的财产和我的部下们的生命，包括萨姆特堡和平克尼堡的两名军需士官，因此，我必须让这批武器留在我的手里。在我看来，政府也不期望我答应这样的要求而放弃它们，在目前这种情况下，这无异于自杀。它会把我负责的这两个要塞交给暴徒，任他们摆布。直到我得到这些武器，才给萨姆特堡和平克尼堡的两名军需士官分别配发了两支滑膛枪，斯奈德中尉和米德中尉同样完全没有武器。

"我建议把此事汇报给华盛顿的政府，明天，我要去见几个与这件事有关的重要人士。在这样的威胁下，尤其是，当我知道我只是在向政府尽我的责任时，我是不会交出这些武器的。"

根据他的承诺，J.G. 福斯特上尉于 1860 年 12 月 19 日来到查尔斯顿市，约见了施尼尔将军和"查尔斯顿的其他几位名流士绅"，谈到了所谓的"激动情绪"的话题，对方又一次把这作为威胁，诱使他归还武器。如果他最初因为收到关于"激动情绪"的报告而感到吃惊的话，他现在更吃惊地发现根本就不存在所谓的"激动情绪"，只不过是纯粹为了增强叛乱的戏剧效果而表演这出闹剧的人们的热情罢了。作为"群众演员"而召集来的"名流士绅"，只是为了壮大声势，用暴徒的威胁来恐吓他，他们中的大多数甚至都没有听说过他从兵工厂搬运武器这件事。J.G. 福斯特上尉很容易就看出了这场"表演"的虚假和伪装，但他似乎认为，至少这些"群众演员"算得上是真小人。他平静而礼貌地向他们解释了他得到的命令和自己这种做法的正规性，以及他本人和他的弟兄们的诚意。但他严词拒绝归还这批武器，除非他得到政府要求他这样做的命令。然而，他愿意尽其所能减少对查尔斯顿当局的刺激，同意立即通过电报向军械局提交报告，等待军械局做出决定。

他很快就等到了这个问题的解决方案。政府一直以来，对于国务卿刘易斯·卡斯、总司令温菲尔德·斯科特将军、查尔斯顿总指挥罗伯特·安德森少校，以及工程兵 J.G. 福斯特上尉，就三座重要的要塞的安全问题提出的意见充耳不闻。然而，一旦涉及四十支滑膛枪的占有问题和两名军需士官的配枪问题时，用战争部部长约翰·布坎南·弗洛伊德的话来说，就是"佩戴精美肩章、穿着条纹饰带军裤"的那些优秀的文艺兵们，只要牺牲自己的休息和睡眠时间，就能应对危机。从查尔斯顿市回到莫尔特里堡的 J.G. 福斯特上尉，午夜时分被叫醒，接收以下强制性的命令：

> 我刚刚收到一份电报急件，告知我你从查尔斯顿兵工厂向莫尔特里堡运送了四十支滑膛枪。如果此事属实，立即归还它们。
>
> **战争部部长约翰·布坎南·弗洛伊德**

也许是在失望的心情下，也许是在落寞的感觉里，作为一名忠诚的下属，这位勇敢的军官 J.G. 福斯特上尉通过电报，给战争部部长约翰·布坎南·弗洛伊德做了例行公事的严谨的回复："我于 1860 年 12 月 17 日从兵工厂接收了四十支滑膛枪，我将服从您的命令归还它们。"第二天，在给战争部的报告中，他讲述了这么做的必然结果："在我看来，战争部部长约翰·布坎南·弗洛伊德昨天晚上的命令，必然决定了我在保卫萨姆特堡和平克尼堡时应该做出的任何努力。现在的防御措施只能是关门闭窗，并且一旦受到攻击，我就只能举手投降。"

第 **1** 章

亚伯拉罕·林肯就任美国总统

精彩
看点

亚伯拉罕·林肯的内阁计划——来自南方的成员——问题和答案——与亚历山大·汉密尔顿·斯蒂芬斯的通信——国会的行动——和平大会——就职典礼的准备——亚伯拉罕·林肯的告别演讲——华盛顿之行——亚伯拉罕·林肯的午夜之旅——蒙哥马利叛乱——杰斐逊·汉密尔顿·戴维斯和亚历山大·汉密尔顿·斯蒂芬斯——"基石学说"——亚伯拉罕·林肯总统的就职典礼——亚伯拉罕·林肯总统的就职演讲——亚伯拉罕·林肯总统的内阁——萨姆特堡的问题——威廉·亨利·西沃德的备忘录——亚伯拉罕·林肯总统的回答

1860 年漫长的总统竞选期间，在 5 月中旬的芝加哥共和党全国代表大会和 11 月初的总统大选之间，被免除了所有其他责任的亚伯拉罕·林肯密切关注着政治形势，不只是为了看到他自己的机会在不断增加，也是为了更加严肃认真地为未来做打算。但直到 1860 年 11 月 6 日晚上，在斯普林菲尔德的电报局里，当其他所有人都被拒绝入内，只剩下他和话务员的时候，他坐在那里，读着大多数共和党人从四面八方给他发来的雪片般的电报，使他确信他必然成功。正是基于这种信念，他才渐渐感觉到了自己即将承担的责任何其沉重、何其巨大。随后，在那关键的时刻，他毅然决然地应对自己面临的重大问题，实际上完成了他施政的第一个必不可少的行动，即选择他的内阁，也就是那些未来可以成为他的左膀右臂的人。

　　从后来发生的情况来看，我们可以很容易地推断出指导亚伯拉罕·林肯选择内阁的总原则。正如他在演讲中充分表明的那样，他最大的特点之一，就是相信舆论的力量，以及他对民意的尊重。运筹帷幄的领袖们能够准确把握公众情绪并加以运用。在目前情况下，再没有人比芝加哥共和党全国代表大会的代表们大力支持并提名的总统候选人，更能代表这种民意了。在这些人中，至少有三位或者四位会组成亚伯拉罕·林肯的内阁的一半人选。亚伯拉罕·林肯选择了威廉·亨利·西沃德、萨蒙·波特兰·蔡斯、爱德华·贝茨和西蒙·卡梅伦，也就满足了选择内阁成员的其他两条原则，即地域要求，以及党派要

林肯内阁

求——原来的党派成员现在加入了新组建的共和党。有了来自纽约州的威廉·亨利·西沃德、来自宾夕法尼亚州的西蒙·卡梅伦、来自俄亥俄州的萨蒙·波特兰·蔡斯以及来自伊利诺伊州的亚伯拉罕·林肯本人，四个主要的自由州在内阁就各有一个代表了。有了来自密苏里州的爱德华·贝茨，南方人就不能抱怨他们完全被排除在了内阁之外。副总统汉尼拔·汉姆林全权代表了新英格兰诸州。亚伯拉罕·林肯总统的就职典礼过后，他的内阁成员又补充了来自印第安纳州的凯莱布·布莱德·史密斯、来自康涅狄格州的吉迪恩·韦尔斯和来自马里兰州的蒙哥马利·布莱尔，这样一来，内阁成员在东、西、南、北四个地区的分布就比较均衡了。事实上，有人抱怨说，在这一安排中，有四名以前的民主党人，而只有三位昔日的辉格党人。对此，亚伯拉罕·林肯总统笑着回答道，他以前是一个辉格党人，这样的话，双方的人数就持平了。

1860 年 11 月，在总统大选的前夜，亚伯拉罕·林肯的脑海中不可能出现这个确切的名单，只不过是其中的几个主要的名字而已。在这个名单确定下来之前出现了一些拖延和争执。1860 年 12 月 8 日，亚伯拉罕·林肯总统任命威廉·亨利·西沃德为国务卿。

亚伯拉罕·林肯总统写道："报纸上充斥着谣言，大意是，上面提到的职位只是为了恭维你，并期待着你会拒绝它。我恳求你相信，我没有为这些谣言说过任何辩护的话。相反，从芝加哥共和党全国代表大会提名我为总统的那一天起，我就打算征得你的同意，将政府的这个职位指派给你。"

威廉·亨利·西沃德请求亚伯拉罕·林肯总统给他几天时间考虑，然后诚挚地接受了这一任命。1860 年 12 月 15 日，爱德华·贝茨去斯普林菲尔德私下拜访亚伯拉罕·林肯总统，并得到了司法部部长的任命。与此同时，盖瑞特·史密斯也得到消息，说他也有可能成为内阁的人选。对萨蒙·波特兰·蔡斯和西蒙·卡梅伦的任命进展得并不那么顺利。1861 年 1 月 3 日，亚伯拉罕·林肯总统给西蒙·卡梅伦写了一张便条，说他打算任命西蒙·卡梅伦为财政部部长或战争部部长，但他还没有做出决定。同一天，他邀请萨蒙·波特兰·蔡斯去斯普林菲尔德与他会面，对萨蒙·波特兰·蔡斯说道："我可能不会冒险对这个国家任何别的人做这样的事情，但我对你做了，也就是在我还没有考虑好的时候，派人去请你来，并问你是否愿意接受财政部部长的任命。"

他们深入讨论了当时的形势，但没有达成明确的结论。双方同意等待朋友们的建议。与此同时，西蒙·卡梅伦要进内阁的谣传激起了如此强烈的反对，以至亚伯拉罕·林肯总统感到有必要通过一封机密书信收回他对西蒙·卡梅伦的口头承诺，并要求西蒙·卡梅伦写一封公开信谢绝这一职位。西蒙·卡梅伦没有这样做，而是坚定了自己的信心，因为他有宾夕法尼亚州的名流显贵们的推荐信。他还证明在自己的州，至少有四分之三的人是他的支持者。

这场争夺还没有结束，内阁的另一个难题却得以解决。保守派极力主张，除了爱德华·贝茨，还应该从南方的某个州选出另一名内阁成员。1860 年 12 月 12 日，亚伯拉罕·林肯总统在他写给《斯普林菲尔德日报》的一篇小小的社论中已经清楚地预示了这么做的困难："第一，大家是否知道哪里有如此品行和名望的绅士愿意接受内阁中的这样一个职位？第二，如果有的话，就我们之间的政治分歧，他会以什么样的条件向我屈服，或者我会以什么样的条件向他屈服？还是我们会针锋相对地进入这一届政府？"

约翰·亚当斯·吉尔默

　　时间很快便证明了这些分歧是不可弥合的。亚伯拉罕·林肯总统通过正在华盛顿履行参议员职责的威廉·亨利·西沃德，先后试验性地任命北卡罗来纳州的约翰·亚当斯·吉尔默、路易斯安那州的亨特和弗吉尼亚州的斯科特。然而，他们三个人当中，谁也没有勇气接受任命。

　　游说拉票活动接近尾声时，尤其是总统大选以来，亚伯拉罕·林肯总统收到了许多加急书信，强烈要求他公开声明，安抚南方，尤其是消除叛乱情绪不断滋长的种棉诸州的疑虑。这些书信中的大多数并未得到亚伯拉罕·林肯总统的答复。但在一些严格保密的回信中，他解释了自己拒绝发表公开声明的理由。

　　1860 年 10 月 23 日，亚伯拉罕·林肯总统写道："你建议我应该公开发表声明，否认自己会干涉南方的奴隶或奴隶制，你的好意我心领了。但在我看来，这么做根本无济于事。我已经说过无数次了，我不会干涉南方现有的奴隶制，白纸黑字，明明白白，任何有阅读能力的人都可以看到。那些不愿意阅读或查看我的公开声明的人们，即便我多次重复声明，他们也不会阅读或查看的。'如果他们不相信摩西①和先知，即便一个人死而复生的神迹，也说服不了他们。'"

1860 年 10 月 29 日，亚伯拉罕·林肯总统给《路易斯维尔日报》的编辑写信道："对于南方的好人们，就算让我重复声明七十七次，我也毫无异议。当然了，我认为他们中的大多数都是好人。但我得对付北方和南方的坏人，对付那些唯恐天下不乱，并借机歪曲事实的人们。对付那些企图吓唬我，或者无论如何也要给我贴上'胆怯'和'懦弱'的标签的人们。"

来自佐治亚州的亚历山大·汉密尔顿·斯蒂芬斯后来成为南方邦联的副总统。1860 年 11 月 14 日，他在佐治亚州发表了强烈反对脱离联邦的讲话。亚伯拉罕·林肯总统给他写了一封信，希望得到一份修订过的演讲稿。随后，在简短的通信中，1860 年 12 月 22 日，亚伯拉罕·林肯总统又给他写了一封信："我充分认识到了国家目前面临的危险以及我肩头的重任。南方人真的担心一个共和党的政府会直接或间接地干涉奴隶，或者因为奴隶而干涉他们吗？你曾经是我的朋友。我仍然希望，我们不是敌人。如果他们真有这样的顾虑，我想向你保证，这样的担心是毫无根据的。在这方面，南方现在以及将来和乔治·华盛顿时代一样，都不会存在任何危险。然而，我想这样的保证并不能解决任何问题。你认为奴隶制是对的，应该推广。而我们认为它是错的，应该受到限制。我想，这才是问题的症结所在。它肯定是我们之间唯一的、实质性的分歧。"

在此之前，亚伯拉罕·林肯总统曾经给北卡罗来纳州的约翰·亚当斯·吉尔默写过一封很长的回信。如前所述，他曾经任命约翰·亚当斯·吉尔默为内阁成员。他在信中说："正如你在这本印刷品中看到的我的立场一样，我在领土问题上绝不让步。在这个问题上，你和我们之间存在分歧，而这也是唯一的、实质性的分歧。你认为奴隶制是正确的，应该推广。而我们认为它是错误的，应该加以限制。为此，你我双方都没有合适的理由相互埋怨。至于你在第六个

---

① 《圣经》中古代犹太人的领袖。

问题中提到的某些州的宪法，我真的知道得很少。我从来没有读过一部州宪法。如果它们中的任何一部与《逃亡奴隶法》或者《美国宪法》的任何条款相互抵触，我当然会很高兴能够废除它们。但作为伊利诺伊州的一名公民或美国总统，我几乎没有正当的理由提议废除佛蒙特州或者南卡罗来纳州的宪法。"

通过与威廉·亨利·西沃德及国会中的私人朋友之间的密切联系，亚伯拉罕·林肯总统对于南方领导人的敌意多少了解一些。他还了解到，胆怯的保守派和北方的利益集团给国会带来的巨大压力导致了某种妥协。这种妥协将抑制分裂的进程。1860年12月13日，亚伯拉罕·林肯总统就此向众议员伊莱休·本杰明·沃什伯恩发出了严重警告："你的长信业已收讫。在奴隶制的扩张这个

伊莱休·本杰明·沃什伯恩

问题上，不能有任何妥协的主张，以便尽可能地防止我们的任何朋友对他们自己和他们的事业感到灰心丧气。除了我们现在被迫接受的妥协，以及我们所有需要重复的工作，我们不可能在奴隶制这个问题上做出任何别的妥协。无论是密苏里线还是依莱·赛耶的人民主权论，它们本质上都是一样的。两者择其一来完成，立即阻挠并拖延奴隶制的再次扩张。在这一点上，要像钢铁链条一样坚定不移，同心同德。"

在通过普选选出总统的那一天和亚伯拉罕·林肯总统正式就任总统的那一天之间，有长达四个月的过渡期。在这期间，他在政府事务中的直接权力并不比任何平民大多少。无论亚伯拉罕·林肯总统多么焦虑地关注华盛顿和种棉诸州的公共事件的发展，无论他通过会谈或书信收到任何呼吁和请求，在他的权限之内，除了偶尔提出建议，他没能采取任何积极的行动。国会中共和党的领导人的地位也好不到哪里去。直到国家真正开始分裂，国会代表们纷纷辞职，共和党的领导人在参议院中也才占少数。而所谓的南方的美国人党和反对莱康普顿宪法的民主党在众议院中保持了优势。会议基本上是在兴奋、无益的讨论中进行的。参议院和众议院都任命了妥协委员会，召开了会议，虽经过努力争取，却未能达成共识。一个和平大会在华盛顿召开，经过商讨，也是劳而无功。除了一百门礼炮浪费的火药，没有人对此有太多的关注。

在这段时间里，亚伯拉罕·林肯并非无所事事。除了排除万难，确定内阁人选，他还致力于撰写就职演讲稿。除了平常接见来宾，他每天会抽出几个小时去斯普林菲尔德公共广场南边姐夫的店里。在商店二楼一个安静的房间里，他可以不受打扰地思考和写作。经过反复打磨，他完成了就职演讲稿，并将它交给了《伊利诺伊州日报》的编辑威廉·H. 贝尔哈奇先生。威廉·H. 贝尔哈奇先生将自己和一个打字员反锁在报社的一间小打字室里。当着威廉·H. 贝尔哈奇先生的面，打字员经过阅读、校样和排版，最后印刷了十二份亚伯拉罕·林肯总统的就职演讲稿。之后，打字员又将这些铅字重新排版。斯普林菲尔德机警的新闻记者们虽然每天都见到亚伯拉罕·林肯，却对此毫无察觉。

完成了这些安排后，1861 年 2 月 11 日，在林肯夫人和他们的三个孩子、两位私人秘书，以及大约十二个朋友的陪同下，亚伯拉罕·林肯踏上了一辆特殊的火车，开始了前往华盛顿的旅程。威廉·亨利·西沃德曾建议，鉴于公共事务的紧张局势，他应该在一周前到达华盛顿。但亚伯拉罕·林肯按照非党派原则，接受了沿途主要的大城市的议会和市长的邀请，只给自己留出了足以访问这些城市和首府的时间。正当列车员准备拉响出发的铃铛时，亚伯拉罕·林肯站在车厢前端的平台上，向斯普林菲尔德的朋友和邻居们，做了下面这样一场简洁明快又荡气回肠的告别演讲。这也许是在他生活了这么多年的这个城市里，人们最后一次听到他的声音。

亚伯拉罕·林肯深情地说道："朋友们！在这离别的时刻，没有人会对我的悲伤感同身受。我亏欠这个地方，亏欠这些善良的人们太多太多。我在这里居住了二十五年，满头青丝已经变成了白发。我的孩子们在这里出生。其中一个已经长眠在这里了。现在我走了，不知道何时或是否还有可能回来，因为我面临的这项任务要比乔治·华盛顿肩负的使命更加重大。如果没有了曾经帮助过他的神明的支持，我是不可能成功的。有了神明的帮助，我就不会失败。我相信他会伴我同行，也会与你们同在，时时处处永远同在。让我们满怀信心地希望一切都会好起来。我会祈求他看顾你们，正如我希望你们也会祈求他看顾我一样。我诚挚地向你们道一声珍重。"

这是一段令人难忘的旅程。从斯普林菲尔德到华盛顿的整条路线上，几乎在每一站，哪怕是最小的车站，都会聚集一群人，希望能一睹当选总统的风采，或者至少可以看看飞驰的火车。在较大的火车站，聚集的人群多达数千人。而在大城市的火车站，聚集的人群几乎达到了难以控制的地步。处处有人大声呼唤亚伯拉罕·林肯。只要他一露面，他们就会请求他做演讲。每当火车开始慢慢移动的时候，只要时间充裕，他都会走到车厢尾部的平台上，向人群鞠躬致谢，有时也会问候几句，或者说几句感谢的话。亚伯拉罕·林肯一行在印第安纳州、俄亥俄州、纽约州、新泽西州和宾夕法尼亚州的首府，以及在辛辛那提、克利夫兰、布法罗、纽约和费城分别停留了一到两天，每到一处，亚伯拉罕·林肯都会进行正式访问，并在当地的议会大厅里、街头游行中、晚上的大型招待

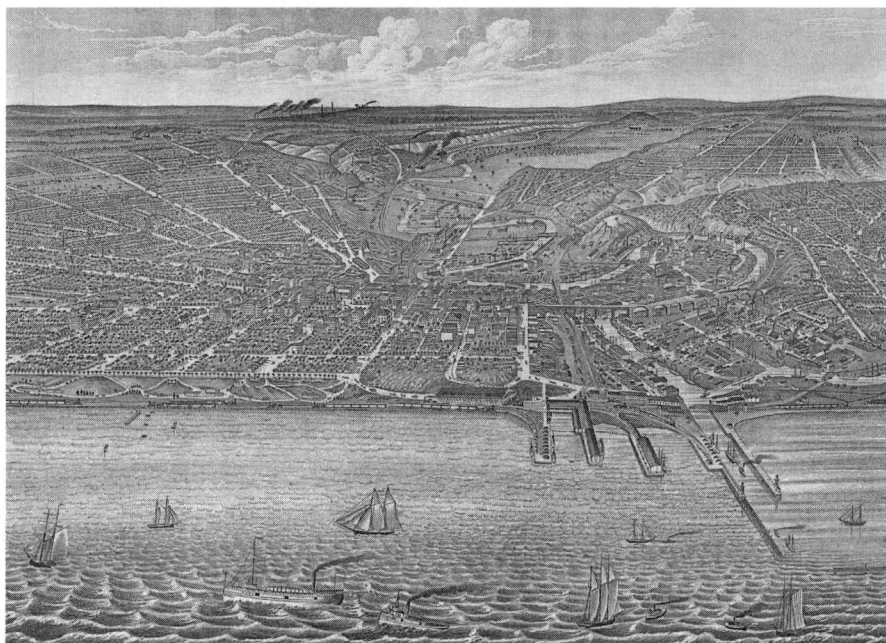

克利夫兰

会上，以及其他类似的仪式上做简短的讲话。在所有这些场合中，都会有空前绝后的人群聚集而来，不失时机地见到联邦未来的行政首长，并听到他的声音。

人群中既有亚伯拉罕·林肯的政敌，也有他的朋友。悬而未决的公共事务处于如此紧张的状态，以至面对这场即使是最聪明的人也不敢预测的危机时，每双眼睛和每双耳朵都渴望捕捉亚伯拉罕·林肯的思想动向，因为他即将成为国家的正式领导人，所以哪怕是蛛丝马迹也不愿意放过。亚伯拉罕·林肯在这次旅途中发表的二十或三十次简短的讲话都含蓄内敛、谨言慎行。然而，他精雕细琢的语句中暗含的意思足以证明他完全意识到了他的政府所面临的危险和考验，同时激发了民众对他的判断力所抱有的希望和信心。他反复强调，他认为公众所表露出来的感情并不属于他个人，而是属于民众赋予他的高位，如果他失败了，四年后，他们就可以选举一个更好的人来代替他。

亚伯拉罕·林肯在印第安纳波利斯发表的第一场演讲中，是这样强调他们的相互职责的："如果人民将失去联邦和自由，对于一个五十二岁的人来说，这算不了什么。但对于联邦的三千万人民和他们的子孙后代来说意义重大。你们要为自己，而不是为了我，站起来维护联邦，捍卫自由……我再次呼吁你们时刻牢记，'联邦和自由是否应该永世长存'这个问题，不在于政客、不在于总统、不在于谋求升官发财者，而在于你们自己。"

我们还可以从亚伯拉罕·林肯的其他演讲稿中摘录出许多重要而有趣的话语。但只需要摘录寥寥几个句子就足以让读者推断出他可能会得出什么样的最终结论，采取什么样的终极行动。

在印第安纳波利斯的第二场演讲中，亚伯拉罕·林肯提出了如下问题："一个面积和人口都不及全国面积和人口的五十分之一的州，有何种正当理由分裂国家，然后用最武断的方式强迫比自己更大的那一部分？"

在斯图本维尔，亚伯拉罕·林肯问道："如果多数人不能统治一个国家，那么谁才能成为评判者？到哪里去找这样的评判者？我们都应该受到大多数美国人民的约束。若非如此，那么少数派就必然会统治国家。这样做合适吗？"

在特伦顿，亚伯拉罕·林肯说道："我将尽我所能促进和平解决我们所有的困难。这世上没有人比我更热爱和平，没有人会比我付出更多努力来保护它，但必须坚决制止分裂。"

在哈里斯堡，亚伯拉罕·林肯说道："当我看到你们的街道上整肃的军队的时候，当我听到你们承诺会在紧急情况下适当调用这些军队的时候，我感到非常欣慰，并为此表示感谢。但为了避免任何可能的误会，我想重申，我真诚地希望我们将不会调用这些军队，我真诚地希望他们绝不会有流血牺牲的义务，尤其是不能手足相残。我保证，只要我发挥聪明才智正确引导，如果最终还是会产生如此痛苦的结果，那就不是我的过错了。"

还没到费城时，亚伯拉罕·林肯就在路上见到了参议员威廉·亨利·西沃德的儿子弗雷德里克·威廉·西沃德。他给亚伯拉罕·林肯带来了一封来自他的父亲和华盛顿的温菲尔德·斯科特将军的重要书信。大约在 1861 年初，人们感到深深的忧虑，唯恐弗吉尼亚州和马里兰州的分裂势力会发动突如其来的暴动，并可能会试图占领首都华盛顿。国会的一个委员会经过调查后，并没有

约瑟夫·霍尔特

发现为此目的做出的积极的军事准备，但有相当多的迹象表明，巴尔的摩市的民众有着强烈的不满情绪和各种小阴谋。为了防止爆发这样的动乱，詹姆斯·布坎南总统准许他的战争部部长约瑟夫·霍尔特，将温菲尔德·斯科特将军调到华盛顿，不仅是在那一时刻，还要在 1861 年 2 月统计总统大选的票数时，以及在即将到来的亚伯拉罕·林肯总统的就职典礼中，负责首都华盛顿的安全。为此，温菲尔德·斯科特将军在华盛顿，从正规军中抽调了几个连，此外，还在哥伦比亚特区组织并武装了大约九百名民兵。

有了这些预防措施，指挥这些部队的斯通上校，通过纽约警察署，持续关

弗雷德里克·威廉·西沃德

注着巴尔的摩市民众的不满情绪。弗雷德里克·威廉·西沃德带给亚伯拉罕·林肯的这封信中，除了他父亲威廉·亨利·西沃德和温菲尔德·斯科特将军的短笺，还有斯通上校的一份简短报告。报告指出，几天前出现了迫在眉睫的危险。如果那些极力想阻挠亚伯拉罕·林肯就任总统的人获悉他即将通过巴尔的摩的时间，他们可能会制造针对他的暴力或刺杀事件。

斯通上校建议："只需要稍加改动亚伯拉罕·林肯的行程安排，用一列夜班火车将亚伯拉罕·林肯和一部分随行人员送过巴尔的摩市，而不要预先通知，就可以轻而易举地避免所有的风险。"

事实上，这一消息的严重性增加了一倍。因为在同一天，亚伯拉罕·林肯接见了芝加哥市一个著名的侦探。几个星期以来，这名侦探一直受雇于费城、威尔明顿和巴尔的摩铁路公司的总裁，调查巴尔的摩的分裂主义者们对该公司的财产和火车可能会带来的危险。这位私人侦探在调查期间，对于纽约警察署的侦探的调查行动并不知情，双方对分裂主义者们的情绪和潜在的危险的报告虽然并非完全相同，但几乎是一样的，都建议采取同样的预防措施。

亚伯拉罕·林肯非常认真地和来自芝加哥市的挚友诺曼·比尔·贾德讨论了这一严峻的形势。诺曼·比尔·贾德也许是亚伯拉罕·林肯的随行人员中最活跃，也是最有影响力的成员，他建议亚伯拉罕·林肯乘坐当天 23 时的火车前往华盛顿。亚伯拉罕·林肯回答道："今天晚上我不能走，我已经答应明天早上参加独立大厅的升旗仪式，并访问哈里斯堡议会。除此之外，我没有任何别的安排。"

迄今为止，亚伯拉罕·林肯乘坐铁路的时间安排并未改变，包括 1861 年 2 月 23 日，星期六，从哈里斯堡穿过巴尔的摩直达华盛顿的旅程。1861 年 2 月 22 日下午，当在哈里斯堡举行的典礼结束时，亚伯拉罕·林肯的随行人员中最主要的几名成员召开了一次秘密会议，第一次充分地讨论了亚伯拉罕·林肯面临的危险，以及斯通上校和芝加哥的那名私人侦探提出的改变行程的建议。有人强烈反对，也有人极力支持。但亚伯拉罕·林肯做出了最后的决定，他解释说，尽管他本人并不担心自己会遭到暗杀，然而，既然他已经从两个完全独立的来源知道了潜在的危险，而且他未来的国务卿和陆军部长也正式向他报告了这一情况，他再也不能对此表示漠视了。这已经不是他个人的生命问题了，而是面对威胁性的革命时，美国政府的权力定期而有序地传递的问题。因此，他坚决不能以身涉险。所以，他将执行改变行程的计划。这项计划的全部细节都已经由铁路官员安排妥当。

于是，1861 年 2 月 22 日晚上，亚伯拉罕·林肯只带了 W.H. 拉蒙上校一人随行，从哈里斯堡乘汽车回费城。待到午夜时分，他们登上了从纽约直达华盛顿的列车。一路上，并没有人认出他们，也没有发生什么不愉快的事情，亚伯拉罕·林肯就这样静静地穿过了巴尔的摩市，并于 1861 年 2 月 23 日黎明时分到达首都华盛顿，在那里迎接他的是威廉·亨利·西沃德和来自伊利诺伊州的众议员伊莱休·本杰明·沃什伯恩，他们陪同他前往威拉德酒店。

当亚伯拉罕·林肯离开哈里斯堡的消息传出之后，一个胆大妄为的记者向纽约的报社发送了一份荒诞不经、随意捏造的电报稿，说亚伯拉罕·林肯乔装改扮，戴着一顶苏格兰便帽，穿着一件长长的军用斗篷，踏上了前往华盛顿的旅程。这一荒谬的陈述中没有一句真话。亚伯拉罕·林肯的家人和随行人员按照原定计划和安排乘火车到达华盛顿。他们目睹了巴尔的摩市的街道上熙熙攘攘的人群，却没有遇到任何骚乱或不文明的举动。当然了，既然那份电报已经明确宣布亚伯拉罕·林肯已经离开，他也已经身在华盛顿了，巴尔的摩市的阴谋家们也就没有任何机会制造骚乱了。

而正当亚伯拉罕·林肯开启他从斯普林菲尔德到华盛顿的难忘旅程时，报纸上日复一日地刊登着各地记者发来的电报，表明南方几个叛乱的州，虽然没有做出如此广泛或明确的军事准备，但它们的代表们在亚拉巴马州的蒙哥马利召开集会，组成了一个临时国会，通过了一部宪法，成立了一个名为美国南方邦联的政府，并选举密西西比州的杰斐逊·汉密尔顿·戴维斯为总统，选举佐治亚州的亚历山大·汉密尔顿·斯蒂芬斯为副总统。

我们需要永远铭记于心的是，这场声势浩大的分裂运动的开端不是自发的革命，而是长期的阴谋。其中一位主要的参与者说了句实话："南卡罗来纳州的分裂，可以说是冰冻三尺非一日之寒，它不是由亚伯拉罕·林肯的当选造成的，也不是因为《逃亡奴隶法》的执行不力造成的，它是一桩已经酝酿了三十年的大事件。"美国南方邦联的副总统亚历山大·汉密尔顿·斯蒂芬斯在就职典礼后又过了几周，在萨凡纳的一次演讲中坦率地承认了这场革命的主要动机和核心目标："托马斯·杰斐逊和旧宪法形成时的主要的政治家们普遍认为，对非洲人的奴役违反了自然法则，认为它在原则上、社会上、道德上，以及政治上都是错误的……我们的新政府是建立在完全相反的理念上的。它的基础已经奠定，它是以这样的事实为根据的：黑人与白人不平等。从属于优等种族的奴隶制是我们的新政府的自然而正常的条件。我们的新政府是世界史上首次以这个伟大的和自然的、哲学的和道德的真理为基础的政府。"

在亚伯拉罕·林肯抵达华盛顿和举行就职典礼的那一周，他与詹姆斯·布坎南总统及其内阁、最高法院、国会两院和其他政要举行了惯常的互访。在威拉德酒店的房间里，亚伯拉罕·林肯还与主要的共和党人，就内阁的最终组成与迫切的公众政策问题进行了磋商，并为就职典礼做了周密的准备。温菲尔德·斯科特将军亲自坐镇，华盛顿市的军队严阵以待，随时准备镇压任何企图扰乱那一天的和平与宁静的个人或团体。

　　1861年3月4日，即将离任的詹姆斯·布坎南总统和即将就任的亚伯拉罕·林肯总统，肩并肩地乘坐一辆四轮马车，在一支威风凛凛的军队和一支浩浩荡荡的市民游行队伍的护送下，从白宫行进到国会大厦，再由国会大厦回到白宫。成千上万的民众倾听了这位新的国家领导人站在国会大厦东门廊上的就职演讲。他坦率地承认了破坏联邦的企图是令人生畏的，并冷静地阐述了分裂主义的理论和非法性。他认为联邦是永存的，认为分裂的决议和法律条例在法律上是无效的。他还宣布，他将尽他所能在美国全境忠实地执行联邦的法律。他将运用手中的权力控制、支配并占有属于政府的所有财产及领土，并征收关

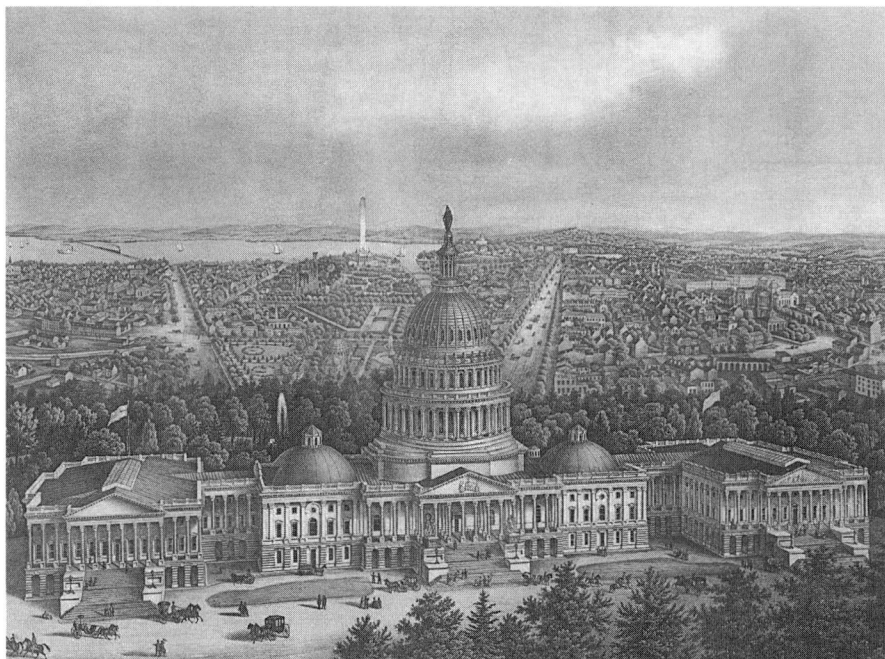

国会大厦

税。但除了为达到这些目标而采取的必然手段之外，他不会使用武力反对或侵犯任何地方的人民。他诚恳地请求南方各州放弃分裂的蠢行，接受兄弟般的善意，并维护和平。他宣布共和党政府不会妨害他们的财产、和平和人身安全。

亚伯拉罕·林肯总统说道："我们的一部分国民认为奴隶制是正确的，应该推广。而另一部分国民则认为它是错误的，不应该推广。这才是唯一的实质性争议。从根本上来说，我们不能彼此分离。我们不能将各自的地区迁移到别处去，也不能在双方的地区之间筑起一堵无法逾越的墙。丈夫和妻子可以离婚，走出彼此的视线和圈子。但我们国家的不同地区却不能这样做。它们必须继续面对面地交往，抑或是友好的，抑或是敌对的。那么，有没有可能在分裂后使这种交往比以前更有利或更令人满意？外国人之间订立条约能比朋友之间制定法律更容易吗？外国人之间履行条约能比朋友之间执行法律更忠实吗？假设你们诉诸战争，你们不可能一直打下去。当双方损失惨重，难分胜负的时候，你们就会停止战斗。那么，你们就会再次面对关于交往条件的这个老问题……我心存不满的同胞们，内战的重大问题不在我的手中，而在你们的手中。政府是不会攻击你们的。只要你们自己不做挑衅者，就不会发生冲突。……我们不是敌人，而是朋友。我们绝不是敌人。虽然激动的情绪可能会让气氛变得紧张，但它绝不会切断我们之间的感情纽带。记忆深处神秘的情感和弦的共鸣，传遍这片广阔的土地上的每一个战场和每一座爱国者的坟墓，传遍每一个家庭和每一颗活着的心灵，当我们天使般的善良本性再次触碰到这根和弦，一定会触碰到它的，情感的共鸣会再次充满全国民众的心灵。"

但这里所概述的和平政策已经比亚伯拉罕·林肯意识到的更难推行。就职典礼后的那个早晨，指挥查尔斯顿港萨姆特堡的罗伯特·安德森少校刚刚寄给战争部部长西蒙·卡梅伦的书信，立即引起了亚伯拉罕·林肯总统的高度关注。罗伯特·安德森少校在这些信中宣称，在几个星期内，驻军的物资储备就会告急，因此，除非向萨姆特堡补充物资供应或派遣增援部队，否则必须做出撤离或投降的准备。还随函附寄了一份驻防军官们的书面意见：要解除萨姆特堡的包围圈，需要一支两万人的训练有素的军队。

亚伯拉罕·林肯总统任命的内阁成员如下：国务卿威廉·亨利·西沃德、财政部部长萨蒙·波特兰·蔡斯、战争部部长西蒙·卡梅伦、海军部长吉迪恩·韦尔斯、内政部部长凯莱布·布莱德·史密斯、邮政部部长蒙哥马利·布莱尔、司法部部长爱德华·贝茨。亚伯拉罕·林肯总统和他的官方顾问们立刻召集最高陆军和海军军官，咨询并讨论来自萨姆特堡的出人意料的消息所披露的新的紧急事件。专家们提出了不同的意见。用一支两万人的训练有素的军队解除萨姆特堡的包围圈，这显然是不可能的。因为这样的军队压根就不存在，也不能在有限的时间内训练一支这样的军队。一方面，海军军官们认为增援部队和物资供应可以通过快船迅速送进萨姆特堡。而另一方面，陆军军官们相信，叛乱分子竖立在港口、用来封锁萨姆特堡的威力极大的排炮，一定会将这样的船队炸成齑粉。全盘考虑之后，美国军队总司令温菲尔德·斯科特将军建议萨姆特堡的驻军采取战略性的军事撤退。

于是，亚伯拉罕·林肯总统就下面这一书面问题询问了几位内阁成员："假如现在有可能向萨姆特堡运送物资、增派军队，在所有情况下，这样的尝试明智吗？"只有两位内阁成员给出了肯定回答，而其他五人则表示反对，他们认为，国民会认识到萨姆特堡驻军的撤退不是本届政府政策上的指示，而是上一届政府的疏忽产生的必然结果。在这样的建议下，亚伯拉罕·林肯总统在得到进一步的消息之前保留了自己的决定。

与此同时，三名来自亚拉巴马州的专员，在蒙哥马利临时政府的指示下到达华盛顿，试图通过谈判，促使林肯政府在事实上和法律上承认南方邦联政府的独立性。威廉·亨利·西沃德毫不犹豫地通知他们：他不能接待他们。他没有看到南方邦联发动了一场合法的、彻底的革命，也不认为它是一个独立的国家。他无权承认专员们是外交使节，也不能与他们保持通信联系。直接的请求失败之后，三名专员通过最高法院的约翰·阿奇博尔德·坎贝尔法官做出了进一步的努力。尽管约翰·阿奇博尔德·坎贝尔法官与杰斐逊·汉密尔顿·戴维斯的通信很快就揭露了他的叛国意图，但他将自己伪装成一个友好的调解人、一个忠诚的官员，来拜会威廉·亨利·西沃德。作为对约翰·阿奇博尔德·坎

总统任上的林肯

贝尔法官维持和平的"诚意"的回应,威廉·亨利·西沃德十分信任地告诉他,在对查尔斯顿的军事状况做出调整之前会通知南卡罗来纳州的州长的。1861年3月29日,内阁召开会议,第二次讨论了萨姆特堡的问题。七名成员中有四位现在投票赞成尝试为萨姆特堡运送军需物资。亚伯拉罕·林肯总统签署了一份备忘录,命令为此次远航准备特定的船,船队由 G.V. 福克斯上尉指挥。

迄今为止,亚伯拉罕·林肯作为美国总统的新职责,无论如何,还没有使他在他的合法的顾问们面前处于劣势。在奴隶制这个古老的问题上,他比威廉·亨利·西沃德或萨蒙·波特兰·蔡斯更加见多识广,有着更加明确的信念和目标。而在较新的分裂问题上，以及在与之相关的萨姆特堡的即时决策上，他和内阁成员一样，不得不依靠经验丰富的陆、海军军官们专业的建议。然而，由于这些陆军和海军军官们的意见截然不同，迫使亚伯拉罕·林肯总统能够像州长和参议员们那样，运用自己的洞察力和判断力做出正确的决定。他至少在备忘录中做出了部分决定，他让 G.V. 福克斯上尉为向萨姆特堡运送物资的远征队准备船。

因此，当 1861 年 4 月 1 日，国务卿威廉·亨利·西沃德向亚伯拉罕·林肯总统递交了一份备忘录，提出了一些极不寻常的见解的时候，亚伯拉罕·林肯总统一定吃惊不小。这份备忘录的要点如下：

> 一个月过去了，我们的政府还没有制定出任何对内或对外的政策。政府必须立刻制定并实施一套新的、有效的、积极进取的内政和外交政策。我们必须立刻终止奴隶制的任何话题，并且要大声疾呼，引起人们对联邦的高度关注。我们必须向法国和西班牙宣战，联合并组织北方和南方的所有政府，参与圣战，实施门罗主义。一旦采纳了这一政策，就会成为某一个人不断追求的事业。

威廉·亨利·西沃德写道："这不在我特有的职责范围之内。但我既不逃避，也不承担责任。"这句话是整个备忘录的关键，读者很容易将它理解为：经过一个月的考验，亚伯拉罕·林肯是一个失败的总统。这个国家处境危急，必须采取非常手段。即必须通过对外战争来化解南卡罗来纳州的叛乱。必须有新人来执掌国家的命运，行使完整的总统权力。我本来应该在芝加哥共和党全国代表大会上得到总统提名，并于 1860 年 11 月当选为美国总统，但我愿意取代你的位置，履行你的职责。

为什么有资格成为一个伟大的政治家的威廉·亨利·西沃德，会写下这样的一封备忘录交给亚伯拉罕·林肯？从来没有人对此做出过解释，也无法解释。其建议如此虚幻，其推理如此荒谬，其假设如此无理，其结论如此不合时宜，以至它根本不值得批判性的审视。假如亚伯拉罕·林肯是一个嫉贤妒能的人或者睚眦必报的人，他一定会不失时机地将他的对手踩在脚下。

毫无疑问，亚伯拉罕·林肯总统认为这次事件是十分惊人的，但这丝毫没有影响他公正的判断力或心理上的平衡。他的回答中没有一丝一毫的激动或愤怒。他用几句简单的话语，平静地指出并解释道，政府的所作所为恰恰是国务卿威廉·亨利·西沃德本人曾参与并帮助制定的内政和外交政策。只是威廉·亨利·西沃德进一步建议放弃萨姆特堡。就威廉·亨利·西沃德提出的必须有一个人来统领全局的核心建议，亚伯拉罕·林肯庄严地写道："如果必须这样做的话，我一定会做的。我想，当总的方针政策制定出来之后，如果没有正当的理由，任何人是不能随意改变它的，也不能继续将它作为不必要争论的主题。然而，对于在制定政策的过程中出现的主要问题，我希望并料想我有权得到所有内阁的建议。"

亚伯拉罕·林肯的大公无私和宽宏大量是整个事件中最令人称奇的地方。他的回答终止了争论。威廉·亨利·西沃德立刻明白了，亚伯拉罕·林肯已经完完全全摆正了自己的总统身份。显然，两人此后都没有再提到过这件事。除了威廉·亨利·西沃德的儿子和亚伯拉罕·林肯总统的私人秘书，再也没有其他人看到过这些书信，或了解到这件事情。亚伯拉罕·林肯总统将这些文件放进一个信封里，直到二十五年后，当这件事的细节在亚伯拉罕·林肯的传记中公之于众，人们才知道了这件事。至少有一点是可以肯定的，即内阁有了主心骨，因为仅仅几个星期之后，威廉·亨利·西沃德就公开写道："内阁中只有一票，就是亚伯拉罕·林肯总统投的那一票。"亚伯拉罕·林肯在整个执政期间，用尊严保住了自己的权威。在内战接近尾声的时候，当亚伯拉罕·林肯总统派威廉·亨利·西沃德去汉普敦路会见叛军委员的时候，写下了一封简短的指示："不要做出任何肯定的承诺。"

第 2 章

内战爆发

现在必须从上一章末尾出人意料的插曲回到萨姆特堡的问题上来。1861年4月4日，罗伯特·安德森少校收到正式通知：救援物资即将到来，如果可能，尽量坚持到1861年4月11日或12日，但可以随时投降，以便能保住他和部下的生命。1861年4月6日，亚伯拉罕·林肯总统派了一位特使给南卡罗来纳州的州长送去一份书面通知，告诉他政府将尝试仅为萨姆特堡供应生活必需品。如果这种尝试没有遭到抵制，政府将不会尝试进一步增派援军、投入武器或弹药。这一点无须另行通知，除非萨姆特堡遭到袭击。

　　大约在1861年1月1日，南卡罗来纳州的弗朗西斯·威金森·贝肯斯州长就下令夜以继日地在萨姆特堡周围建造炮台了，直到1861年3月1日左右，南方邦联政府派来一位造诣深厚的工兵军官，皮埃尔·古斯塔夫·图坦特·博雷加德将军，负责并完成了这项工事。1861年4月1日，他致电蒙哥马利的南方邦联政府："炮台已于星期三或星期四准备就绪，有何指示？"

　　此时此刻，蒙哥马利的南方邦联当局发现自己面临重大的抉择，要么开战，要么扔掉起义的大旗。他们要求独立的主张遭到了否决，他们要求申辩的委员遭到了拒绝，然而，亚伯拉罕·林肯总统没有说一句生气的话，没有发出任何挑衅的威胁，也没有做出任何不利于南方的行为。他承诺给他们和平与保护，安抚他们。还为他们提供邮政方面的好处。即便是眼下，他提议做的也只不过是向罗伯特·安德森少校和他的士兵们提供面包和给养，而不是向萨姆特堡运送枪支或弹药，或增派援军。亚伯拉罕·林肯总统的谨慎政策在一个月前的就职典礼上，迫使他们对自己的立场做出明确的表态：只要他们自己不做挑衅者，就不会发生冲突。但这场叛乱是由野心勃勃的人怀着孤注一掷的意图组织起来的。亚拉巴马州议会的一名成员目前在蒙哥马利的南方邦联政府中就职，他对杰斐逊·汉密尔顿·戴维斯和三名内阁成员说道："先生们，除非你们将血溅到亚拉巴马州人民的脸上，否则十天之内，他们一定会回到联邦政府的怀抱。"而这个血腥的建议竟然被采纳了。1861年4月10日，皮埃尔·古斯塔夫·图坦特·博雷加德将军收到了蒙哥马利南方邦联当局的命令，要求萨姆特堡的驻军撤离，如果遭到拒绝，就炸毁它。

皮埃尔·古斯塔夫·图坦特·博雷加德

炮轰萨姆特堡

当皮埃尔·古斯塔夫·图坦特·博雷加德将军向罗伯特·安德森少校提出这一无理要求时，罗伯特·安德森少校回答说，除非受到攻击，除非他收到他的政府的物资供应或控制该堡垒的指示，否则他将于 1861 年 4 月 15 日中午撤离。皮埃尔·古斯塔夫·图坦特·博雷加德将军对这个答案并不满意，他警告罗伯特·安德森少校，他将于 1861 年 4 月 12 日 4 时 20 分对萨姆特堡开火。

轰炸开始了。如前所述，叛军的围城工事修建在形成港口的岛屿的岬角上，距离从一千三百码到两千五百码不等，共有十九个炮台，配有四十七门大炮，还有一支由四千到六千名志愿者组成的陆上援军。双方力量悬殊。虽然萨姆特堡长三百五十英尺、宽三百英尺，有着坚固的城墙和砖砌的炮台，但没能为这样的一场冲突做好充分的准备。在它的四十八门可用的大炮中，只有二十一门在炮台上，其余二十七门在城墙上。驻军由九名委任的军官、六十八名非委任的军官和士兵组成，还有八名军乐队的成员和四十三名工匠，围城的叛军迫使这些非战斗人员滞留在这里，以期达到加速消耗萨姆特堡的食品给养的目的。

在叛军炮台的十七门迫击炮的火力下，罗伯特·安德森少校只能通过炮台

萨姆特堡里的守军及大炮

上的小口径大炮的垂直射击来予以还击，但这对叛军用沙子砌的防弹护墙和用铸造铁轨的钢铁制成的坡屋顶毫无作用。但罗伯特·安德森少校命令部下坚守在炮台上，禁止他们在城墙上暴露自己，所以他的驻军也是安全的。因此，尽管叛军的进攻很猛烈，但驻军的防守也很坚决，战斗持续了一天半，竟然没有一人伤亡。第二天，当驻军的弹药耗尽，叛军炮台的猛烈火力引燃驻军的指挥部，产生的热量和烟雾使不可能再进一步防御时，战斗就结束了。

令罗伯特·安德森少校更加沮丧的是，1861年4月11日或12日去接应的救援船队并没有出现。几次意外事件使大多数船未能按时赶到查尔斯顿港外指定的集结地点，虽然有几艘船及时到达了指定的集结地点，并听到了隆隆的炮声，但突发事故扰乱并阻碍了既定计划，即使是早到的船也无能为力，只能焦躁地等待战斗结束。

1861年4月13日中午过后不久，当萨姆特堡的旗杆被炮弹击中，当驻军的枪声沉寂下来之后，皮埃尔·古斯塔夫·图坦特·博雷加德将军耀武扬威地要求罗伯特·安德森少校投降，罗伯特·安德森少校随后表示接受。第二天，也就是 1861 年 4 月 14 日，星期日，罗伯特·安德森少校通过令人印象深刻的仪式降下了联邦的旗帜，率领着忠诚的驻军离开了萨姆特堡，并登上了一艘驶往纽约的汽船。

　　叛军炮轰萨姆特堡就像变魔术般地改变了当时的政治形势，使人们不再有怀疑、犹豫、让步或妥协的余地。罗伯特·安德森少校那忍饥挨饿的驻军还没有等来运送给养的船，查尔斯顿港敌对的炮兵就已经按照南方邦联政府的正式命令向要塞开了火。在没有任何挑衅的情况下，和平的分裂演变成了积极的战争。叛军占领了查尔斯顿港，但他们获取它的方式唤醒了美国人民的爱国心。人民要求必须坚决而严厉地谴责对国家权威和国旗的侮辱。一个以奴隶制为基础的敌对政府的邪恶的尝试是永远不会成功的。在以这种方式开始的冲突中，长期被容忍的野蛮制度本身注定要灭亡。

罗伯特·安德森少校降下了联邦的旗帜

在从斯普林菲尔德到华盛顿的旅途中，亚伯拉罕·林肯总统曾经说过，正如他致力于和平那样，他可能会觉得有必要"坚定不移地走下去"。现在是时候践行诺言了。1861 年 4 月 15 日上午，美国的主要报纸刊登了亚伯拉罕·林肯总统的公告，具体内容如下：鉴于南卡罗来纳州、佐治亚州、亚拉巴马州、佛罗里达州、密西西比州、路易斯安那州和得克萨斯州联合起来反对美国的法律，阻碍其执行，其反动势力强大到无法通过正常的司法程序加以限制，现召集联邦各州的民兵，总计七万五千人，以镇压上述反动势力并严格执行法律。战争部的命令具体如下：此次兵役为期三个月。此次战争动员令正是根据 1795 年的《军队法案》而颁布的，为了进一步遵守该法案的条令，亚伯拉罕·林肯总统在公告中还号召国会于 1861 年 7 月 4 日召开特别会议。

由于长期讨论奴隶制问题，以及在总统竞选后期存在四个派别，自由州的公众舆论变得意志消沉，人心涣散。然而，萨姆特堡遭到轰炸和亚伯拉罕·林肯总统发表的公告立即让自由州的舆论变得坚定而统一，民众一致支持政府镇压叛乱。几位自由州的州长对于亚伯拉罕·林肯总统的战争动员令做出了忠诚而热烈的回应，并提供了战争动员令要求的双倍的兵源。以下几个蓄奴州：弗吉尼亚州、北卡罗来纳州、田纳西州、阿肯色州、密苏里州、肯塔基州、特拉华州和马里兰州，尚未加入蒙哥马利的南方邦联，其人民在提供民兵这个问题上仍或多或少存在分歧。其中前六个州的州长们已经如此积极地参与了分裂的阴谋和活动，以至他们向战争部部长发出了拒不服从的侮辱性答复，并明确拒绝亚伯拉罕·林肯总统对征兵的呼吁。特拉华州的州长回答道，他的州没有组织起来的民兵，就算有，他也没有法律权力指挥他们，但有组织起来的志愿兵。其军官可以根据自己的意愿向美国政府提供服务。而马里兰州的州长托马斯·豪勒迪·希克斯遵从亚伯拉罕·林肯总统的征兵令，但他明确要求，不应该要求他的州的军队去该州以外的地方服兵役，除非是为了保卫哥伦比亚特区。

然而，一系列几乎令人眼花缭乱、应接不暇，甚至困惑不解的事件迫使他们中的大多数人表明了立场。分裂情绪在巴尔的摩十分猖獗，1861 年 4 月 19

日上午，第一支武装起来的北方军队——马萨诸塞州第六步兵团，在去华盛顿的途中需要经过巴尔的摩市，当走在后面的四个连从一个补给站去另一个补给站的时候，遭到了手持投掷物和枪支的街头暴徒的袭击。在接下来的运动战中，四名士兵丧生，大约三十名士兵受伤，而暴徒的伤亡人数可能是士兵们的两到三倍。这场悲剧立刻使整个巴尔的摩市陷入了狂怒的暴乱之中。当天下午，在纪念碑广场举行了一次大规模的分裂集会，集会的群众听取了大量谋逆的抗议和谴责，托马斯·豪勒迪·希克斯州长当时也被迫参加了这次会议。他们召集民兵，准备在巴尔的摩市周围修建防御工事，当天晚上，他们还烧毁了巴尔的摩市通往宾夕法尼亚州的铁路桥，以阻挠联邦军团继续过境。造反的毒焰蔓延到了乡村、城镇，整整一个星期，联邦的旗帜几乎从马里兰州消失了。

当北方发生这些事件时，华盛顿南部正在发生着同样可怕的事件。几个星期以来，弗吉尼亚州一直在忠诚和分裂之间摇摆不定，难以抉择。在新的叛乱的压力下，它那有条件的联邦主义的薄弱力量最终做出了让步。1861 年 4 月17 日，也就是亚伯拉罕·林肯总统发出征兵令的两天后，它的州议会秘密通过了一项分裂法令，与此同时，约翰·莱彻尔州长下令军事扣押美国诺福克的海军基地和哈珀斯渡口的兵工厂。为了防止这两个机构落入叛乱分子之手，联邦政府下令驻守在那里的联邦军队焚毁它们。但破坏都只是局部的，许多有价值的战争物资就这样落到了叛乱分子手中。

所有这些敌对的事件都使美国的首都华盛顿处于最大的危险之中。三天内，它与北方的联系，无论是电报还是邮件，完全被切断了。在温菲尔德·斯科特将军的命令下，这座城市十万火急地为可能的围困做好准备。联邦军队控制了磨坊的面粉，以及其他各种各样的生活物资。国会大厦和其他公共建筑周围都设置了路障，并派小分队驻守。商业贸易也因为突如其来的命令而中断了。除了军事巡逻队，街道上几乎空无一人。商店，甚至许多住宅，大白天都门窗紧闭。这些迹象实在令人心慌意乱。人们在街头偶遇，表情凝重，窃窃私语。

1861 年 4 月 22 日晚间，温菲尔德·斯科特将军向亚伯拉罕·林肯总统做了如下的书面报告："以下谣言或许是可能的：第一，有一千五百到两千人的

弗农山

敌对的军队驻扎在白宫附近，大约正在弗农山下四英里处的波托马克河上一个狭窄的地点建造炮台。第二，一支人数相当的武装力量正在波托马克河两岸集结，准备攻击华盛顿堡。第三，昨天又有多辆汽车从哈珀斯渡口送来大约两千名叛乱的士兵，参加对首都的总攻，也就是说，我们将在同一时间多面受敌。我相信，以我们现有的军队，我们能够抵抗一万名敌军，保卫国会大厦、军火库和所有七座行政大楼，因为他们还不如我们华盛顿特区的志愿兵。”

在这场危机中，亚伯拉罕·林肯总统不仅保持了镇静，而且毫不迟疑地承担了必要的高度责任。1861 年 4 月 21 日，星期日，他召集所有的内阁成员到海军部开会，经过一致同意，他发布了一系列有关购买船舶、运送军队和军火、向纽约联邦安全委员会拨款两百万美元，以及其他军事和海军措施的紧急命令，这些命令一式两份，由秘密信使通过独特而迂回的路线传达出去。后来，亚伯拉罕·林肯总统在给国会的一份咨文中解释了这些非同寻常的做法。他说：“是仅用国会提供的现有手段、机构和程序，立即让政府垮台。还是在叛乱发生的时候，利用宪法赋予我的更广泛的权力，尽我所能去拯救它，为子孙后代留下所有的福祉。我有必要在两者之间做出选择。”

尽管亚伯拉罕·林肯总统不愿多想华盛顿市被占领的可能性，但他对政府官员，尤其是许多陆军和海军军官的不忠的可疑迹象感到更加不安。在各个部门就职的数百名南方职员突然离开了岗位，回到了南方。

1861年4月24日，南方邦联的副总统亚历山大·汉密尔顿·斯蒂芬斯和里士满大会的委员会签署了一个正式的军事联盟，使弗吉尼亚州成为南方邦联的一个直接成员，并将它的军队置于杰斐逊·汉密尔顿·戴维斯的指挥之下。

马里兰州仓促的暴动和弗吉尼亚州的叛乱活动在很大程度上是由主要的阴谋家们的幻想激起的。他们认为南方邦联将联合所有的蓄奴州，并且，通过团结马里兰州和弗吉尼亚州，他们将成为现成的政府职位的继承人。当对萨姆特堡的轰炸还在进行的时候，南方邦联的战争部部长在蒙哥马利发表了一场兴高采烈的演讲，当着杰斐逊·汉密尔顿·戴维斯及其同僚的面宣布了这条消息。他自信地预测，1861年5月底之前，南方邦联军队的旗帜将"飘扬在华盛顿国会大厦的圆屋顶上"。马里兰州和弗吉尼亚州的叛乱活动使这种希望变得如此可信，以至杰斐逊·汉密尔顿·戴维斯给里士满的约翰·莱彻尔州长发了份电报，说他准备给约翰·莱彻尔州长派去十三个团，并补充说："如果可行的话，务必支持巴尔的摩。我们会增援你。"而参议员詹姆斯·默瑞·梅森则急忙赶到巴尔的摩市，为那里的叛乱分子出谋划策，并提供军事援助。

但他们高兴得太早了，因为他们缺乏必要的准备和协调的行动。来自纽约和新英格兰的联邦军队涌入费城，从切萨皮克湾和安纳波利斯找到了一条新的路线，绕过了巴尔的摩的封锁线。1861年4月25日，纽约第七团适时抵达华盛顿，使这个城市的安全有了保证，解除了官员和民众对于突袭或攻击的忧惧，恢复了商业贸易和公共活动。巴尔的摩市和马里兰州的城镇的暴乱平息的速度几乎和它爆发的速度一样快。联邦的领导人们和报纸立场坚定，很快就证明了他们在人数和速度方面的优越性。

托马斯·豪勒迪·希克斯州长瞻前顾后，让他处于极其尴尬的境地。当巴尔的摩市仍然处于暴徒的恐怖主义之下时，托马斯·豪勒迪·希克斯州长正式抗议联邦军队在安纳波利斯登陆。更糟糕的是，他还于1861年4月26日召集马里兰州议会开会，这是在那之前他坚决不愿意采取的一步。这一事件变得更加危险，因为在发生暴乱的同一个星期内，在巴尔的摩市举行的一次选举导致议会中支持分裂的成员又增加了十名，迫使多数派急于在第一时间通过一套分裂的条例。通过武力逮捕还是驱散这一团体是亚伯拉罕·林肯总统在这场危机中面对的诸多问题中的一个。经过充分考虑之后，他决定不采取任何措施。

他给温菲尔德·斯科特将军写道："我认为这么做是不合理的，也不利于我们期望的目标。首先，他们有明确的合法集会权。我们无法预知他们的行动是否合法或是否是爱好和平的。如果我们等到他们行动了，再逮捕或驱散他们不会削弱他们行动的效果。其次，我们不可能永久阻止他们的行动。如果我们逮捕他们，我们不能长期将他们当作囚犯。一旦他们获得自由，他们就会立即集结起来采取行动。同样确切地说，如果我们仅仅驱散他们，他们将立即在其他地方重新组织起来。因此，我的结论是，只需让指挥官密切关注并等待他们采取行动，如果他们要武装其人民对抗联邦政府，那他必须采取最迅速和有效的手段来加以制止，哪怕有必要轰炸他们的城市也在所不惜。在极端必要的情况下，甚至可以中止《人身保护令》。"

两天后，也就是1861年4月28日，亚伯拉罕·林肯总统正式授权温菲尔德·斯科特将军，如果在他的军事防线或附近地区遇到抵抗，有必要的话可以中止《人身保护令》。增援部队的到来使本杰明·富兰克林·巴特勒将军加强了对安纳波利斯和铁路的军事控制。1861年5月13日，本杰明·富兰克林·巴特勒将军率领大约一千名士兵，进入巴尔的摩市，在联邦山上建立了一个坚固的营地，他的大部分部下曾是1861年4月19日在巴尔的摩市遭到暴徒围攻的马萨诸塞州第六步兵团。1861年4月19日，桥梁和铁路已经修复，部队通过该市的行军路线也已经恢复正常。

在这些不断变化的条件下，马里兰州议会支持分裂的多数派没有冒险采取任何官方的叛国行动。他们派了一个委员会来面见亚伯拉罕·林肯总统，通过居心不良的报告和抗议来表达他们的敌意，并以此为缓兵之计，为分裂争取更多时间。然而，他们对联邦政府的敌意和阴谋是如此根深蒂固，以至四个月之后，

约翰·梅里曼

必须逮捕其领导人，才能最终迫使他们放弃梦寐以求的制订马里兰州分裂条例的计划。

这一动乱时期的另外一件事也值得注意。一个叫约翰·梅里曼的人，自称是南方邦联的一名中尉，在巴尔的摩市召集暴徒叛乱被捕，美国最高法院的首席大法官罗杰·布鲁克·坦尼，著名的德雷德·斯科特案决议的发起人，颁发了一道人身保护令状，要求麦克亨利堡的联邦军队指挥官释放约翰·梅里曼。在亚伯拉罕·林肯总统的命令下，乔治·卡德瓦拉德将军当然拒绝服从罗杰·布鲁克·坦尼的命令。罗杰·布鲁克·坦尼以藐视法庭为由下令逮捕乔治·卡德

乔治·卡德瓦拉德

瓦拉德将军，但被派去执行令状的执法官被拒之门外。这一次，愤怒的首席大法官罗杰·布鲁克·坦尼完全被自己的情绪所左右，从而丧失了爱国心，他武断地宣布："根据《美国宪法》和相应的法律，亚伯拉罕·林肯总统没有中止《人身保护令》的特权，也不能授权任何军官这么做。"几个星期后，他还提交了一份冗长的书面意见来支持这一声明。没有必要在这里引用几位著名法学家们的意见，他们成功地驳斥了他长篇累牍的论据，也没有必要重复亚伯拉罕·林肯总统于 1861 年 7 月 4 日写给国会的特别咨文中表明自己的权威的那些有力的分析。

当马里兰州和弗吉尼亚州发生这些事件的时候，其他蓄奴州也逐渐表明了立场，有的支持叛乱，有的反对叛乱。在与种棉诸州类似的激进和叛乱的领导人的带领下，北卡罗来纳州、田纳西州和阿肯色州的州长和州政府官员们使他们的州站在叛乱者的一边，并且在 1861 年 5 月中旬之前，他们通过军事联盟和分裂条例，正式加入了南方邦联。

但在边境蓄奴州，也就是那些与自由州毗连的州，最终结果却有所不同。在这些地方，虽然也在密谋分裂，虽然也对叛乱分子抱有强烈的同情心，虽然他们的州长和州政府官员支持叛乱分子，但人民固有的忠诚和联邦主义挫败了他们的分裂计划。这样的事情甚至在弗吉尼亚州西北地区都时有发生。在特拉华州，尽管存在某种程度的分裂情绪，但太微不足道，不足以产生任何值得注意的公众影响。

肯塔基州的政治斗争是深入而持久的。州长曾两次召集州议会，试图启动脱离联邦的行动，但该机构拒绝服从他的命令，并通过投票使肯塔基州保持中立，从而阻止了他的计划。接下来，州长尝试利用被称为州警卫队的军事组织来实现他的目标。肯塔基州支持联邦的领袖们招募了几个志愿军步兵团，这才粉碎了州长妄想发动的分裂运动。在 1861 年 6 月的选举中，肯塔基州有九名支持联邦的众议员当选，只有一名分裂主义者当选。而在 1861 年 8 月，肯塔基州选出了一个新的议会，支持联邦的成员在各个部门占据了四分之三的多数席位。其他分裂阴谋也相继破产。最后，当南方邦联军队于 1861 年 9 月分别从三个不同的地点入侵肯塔基州的时候，肯塔基州的议会请求西部的联邦军队入境驱逐南方邦联军队，并投票决定，让四万名支持联邦的志愿军听命于亚伯拉罕·林肯总统。

密苏里州的斗争则更加激烈，但持续的时间并不长久。早在 1861 年 1 月，阴谋家们就完善了一个计划，通过圣路易斯重要的杰斐逊营的军事主官的背叛，占领其武器库，其中储存了六万支武器和一百五十万发子弹。然而，这一计划最终宣告失败。关于这场阴谋的谣言传到了温菲尔德·斯科特将军的耳朵里，他遂命令纳撒尼尔·里昂上尉指挥一个连的正规军前往圣路易斯。纳撒尼尔·里昂上尉不仅天性忠诚，而且有着强烈的反奴隶制的信念。一个由圣路易斯德高

纳撒尼尔·里昂

望重的公民组成的、警惕性极高的联邦安全委员会给了纳撒尼尔·里昂上尉宝贵的支持。该委员会秘密招募了一支支持联邦的军队，成员主要来自人口稠密的德军移民聚居区。有了这些兵源，纳撒尼尔·里昂上尉可利用的军事力量看上去足以有效地阻止任何企图夺取杰斐逊营的军火库的民众的暴乱。

让密苏里州的阴谋家们意想不到的是，选举产生以便通过一项分裂条例的全州大会，却促成了大多数支持联邦的代表的胜利，他们投票否决了分裂计划，并休会至 1862 年 12 月。于是，密苏里州支持分裂的克莱伯恩·福克斯·杰克逊州长命令该州的民兵进入临时训练营，打算通过协调一致的军事行动使密苏里州脱离联邦。其中一个营地建在圣路易斯,为了纪念克莱伯恩·福克斯·杰克逊州长而命名为杰克逊营。与此同时,亚伯拉罕·林肯总统授权纳撒尼尔·里昂上尉招募一万名支持联邦的志愿兵,必要时还可以宣布戒严。而杰克逊营表现出了昭然若揭的叛国罪证。纳撒尼尔·里昂上尉率领他的正规军和六个新组建的志愿军步兵团,出其不意地出现在杰克逊营附近,他将部队部署在营地周围险要的位置,并要求杰克逊营的叛军投降。杰克逊营的叛军稍加犹豫便答应了投降的要求。第二天,被俘的民兵被当场遣散。不幸的是,正当俘虏们散开的时候,一群叛乱分子侮辱并袭击了纳撒尼尔·里昂上尉的某些部下,引发了还击,导致大约二十人——主要是旁观者——丧命或受伤。一两天内,圣路易斯陷入了恐慌和无法无天的混乱状态。

这时候,密苏里州议会在州首府杰斐逊市召开会议,通过立法形式,以四分之三的分裂派多数匆忙通过了一项军事法案,将密苏里州的军事和财政资源置于克莱伯恩·福克斯·杰克逊州长的控制之下。一个月以来,各种各样的事件延迟了即将到来的斗争的高潮,双方继续做着各种准备,敌对情绪不断加剧。1861 年 6 月 11 日,克莱伯恩·福克斯·杰克逊州长和纳撒尼尔·里昂上尉在圣路易斯会谈。那时,亚伯拉罕·林肯总统已经任命纳撒尼尔·里昂上尉为准将。在这次会谈中,克莱伯恩·福克斯·杰克逊州长要求允许他行使单独的军事指挥权,以保持密苏里州的中立,而纳撒尼尔·里昂准将坚持联邦军队的权威必须不受任何限制。由于无法达成任何协议,克莱伯恩·福克斯·杰克逊州长匆匆赶回杰斐逊市,并烧毁了身后的铁路桥。第二天,也就是 1861 年 6 月 12 日,他发布公告,召集五万名州民兵,并谴责亚伯拉罕·林肯政府是"违宪的军事专制政府"。

纳撒尼尔·里昂准将也为眼下的危机做好了准备。1861 年 6 月 13 日下午,他带着一队正规炮兵和几营联邦志愿军登上汽船,迅速向密苏里河上游进发,到达杰斐逊市,迫使克莱伯恩·福克斯·杰克逊州长和脱离联邦的议会官员仓皇逃离。纳撒尼尔·里昂准将占领了杰斐逊市,并继续前进。一场小规模的冲突之后,他的军队驱散了一小支在布恩维尔仓促召集起来的叛军。之后,在

1861年2月曾经拒绝通过分裂条例的密苏里州全州大会中忠于联邦的成员很快被召集到一起，通过了一部法令，并以此为依据，组建了一个忠于联邦的州政府。在整个内战期间，在密苏里州的大部分地区，行使美国政府的地方权力，只是偶尔因为来自阿肯色州的南方邦联军队的入侵而暂时中断。

从上面的叙述可以看出，南方领导人并没有实现其最初的愿望，即将俄亥俄河作为其奴隶帝国的北部边界。他们的确促成了弗吉尼亚州、北卡罗来纳州、田纳西州和阿肯色州的联合，从而使南方邦联政府的领土面积扩大了近三分之一，人口和资源几乎增加了一倍。但北方的蓄奴州——马里兰州、弗吉尼亚州、肯塔基州和密苏里州——不仅断然拒绝加入叛乱的行列，而且仍然忠于联邦政府。这使南北双方军事力量的竞争演化成了一场人的争夺。北方有二十四个州，两千一百六十一万一千四百二十二名白人和三十四万两千两百一十二名奴隶。而南方只有十一个州，五百一十一万五千七百九十名白人和三百五十万八千一百三十一名奴隶。在所有其他战争资源上，双方的差异并不明显。其实从一开始，这样的状况就已经预示了可能的结果。

第 3 章

叛乱集团迁都里士满

我们必须从边境蓄奴州缓慢的政治发展方面言归正传，并继续跟进叛乱的主要敌对行动。对萨姆特堡的轰炸、亚伯拉罕·林肯总统的征兵令、巴尔的摩的骚乱、焚烧哈珀斯渡口的兵工厂和诺福克的海军基地，以及近一个星期以来，铁路运输的中断使首都华盛顿孤立无援，并受到围困和占领的潜在威胁，所有这一切都充分证明了内战已经拉开了沉重的序幕。

　　1861 年 4 月 17 日，杰斐逊·汉密尔顿·戴维斯宣布，打算签发缉拿敌船许可证。两天后，亚伯拉罕·林肯总统针锋相对地发表声明，下令封锁南方的港口，并宣布禁止武装民船私自抢掠。亚伯拉罕·林肯总统第一次召集的七万五千名为期三个月的民兵，是根据突如其来的紧急情况决定的人数，以及根据 1795 年的《军队法案》决定的服役的形式和期限。只需要几天时间，就能证明这种征兵方式既烦琐又低效，因此，建立一支更强大的军队势在必行。1861 年 5 月 3 日，亚伯拉罕·林肯总统又发布了一项新的公告，要求征召四万两千零三十四名为期三年的志愿兵。正规军又增加了由两万两千七百一十四名在册士兵组成的十个团，以及用来封锁南方港口的一万八千名海军。当前增加的总人数，使整个陆军扩大到了十五万六千八百六十一人，海军扩大到了两万五千人。

　　这些措施还没有明确的法律权威，但亚伯拉罕·林肯总统承担了下令采取这些措施的责任，他相信国会会使他的法案合法化。他完全有正当的理由这么

联邦征兵海报

想。1861年7月4日，在根据他的宣言召开的特别会议上，这些法令被宣布有效，而且国会还授权他征召一百万人的军队，并筹集两亿五千万美元，继续进行镇压叛乱的战争。而其他立法则授予他追加的权力，以应对紧急情况。

与此同时，忠于联邦的各州的州长们的第一份功劳就是在第一次征兵令的号召下，提供分配给他们的相应数量的兵源。人的问题很容易解决。只用了几天就召齐了所有的人员，然后将他们送到各州的首府和主要的城市，但要当场将他们武装起来送上战场却是一项艰巨的任务，就算现有的军械库和兵工厂全力以赴、加班加点，并且很多新的军械库和兵工厂已经开始动工修建，但给新兵们配发武器仍然显得混乱而拖沓。根据民兵的征兵令，州长们任命了各自配额所要求的所有军官，包括连队的中尉和各师的少将。而根据为期三年的志愿兵的征兵令，他们仅有召集军队的权限。

在南方，战争的准备也开始变得如火如荼。所有迹象表明，在他们轰炸萨姆特堡之前，南方的领导人们一直试图通过北方的让步和妥协来实现分裂。当然，这一希望随着南卡罗来纳州的枪声而落空了，而南方邦联政府则尽其所能，仓促地采取行动来应对可怕的磨难，尽管这磨难是它自己挑起来的。叛乱的国会被匆忙召集到一起，通过了承认战争和规范武装船私掠行为的法案。允许弗吉尼亚州、北卡罗来纳州、田纳西州和阿肯色州加入南方邦联。批准了五千万美元的贷款。事实上免除了南方公民欠北方公民的债务。将叛乱政府所在地从亚拉巴马州的蒙哥马利迁到了弗吉尼亚州的里士满。

南方邦联政府已经发出了四次征兵令，总共招募了八万两千名志愿兵。杰斐逊·汉密尔顿·戴维斯现在向国会提交的咨文提议，继续招募并训练一支十万人的军队，随时准备投入战斗。建造防御性堡垒和炮台的工作正在各地迅速推进，包括大西洋海岸、波托马克河、密西西比河和西部其他溪流。目前，南方邦联军队从他们占领的诺福克和彭萨科拉的海军基地，以及散布在南方的七八个军械库中，得到了充足的大炮和枪支弹药。南方民众斗志昂扬，他们的战斗精神达到了前所未有的高潮。南方邦联的领导人在发布征兵令的时候，可以尊重志愿军们关于州权的基本观点，也可以对它视而不见，他愿意怎样就怎样，志愿军们对此并不在乎。他们响应号召，前呼后拥地加入南方邦联的立法者们授权杰斐逊·汉密尔顿·戴维斯指挥的军队。

南方各州退出联邦增长了叛乱分子的气焰，他们境内各种各样的陆、海军补给站和军械库为他们提供了无数的武器弹药和生活物资，而且他们还在各地建造了大量的防御工事。然而，对叛乱帮助更大的，是相当一部分陆、海军军官——也许有三分之一——背叛了他们效忠联邦的誓言，并根据南方领导人灌输的错误的州权至上的学说，用他们的专业技能和经验来反对曾经教育过他们，并给了他们荣誉的联邦政府。

罗伯特·爱德华·李

　　罗伯特·爱德华·李上校的叛逃就是一个典型的例子。他是在哈珀斯渡口俘虏约翰·布朗的军官，后来成为南方邦联军队的总司令。他曾作为温菲尔德·斯科特将军的一名中尉参谋参加了墨西哥战争。温菲尔德·斯科特将军对他青睐有加，认为他是指挥亚伯拉罕·林肯总统的征兵令即将集结起来的七十五个联邦步兵团的最合适的人选，就向亚伯拉罕·林肯总统举荐了他。亚伯拉罕·林肯总统通过一个朋友非正式地传达了这一任命。不承想罗伯特·爱德华·李上校竟然拒绝了。他解释道："虽然我反对分裂，反对战争，但我不能参加对南方各州的入侵。"1861年4月20日，他写信辞去了这一任命，而且没有等待受理通知书就去了里士满，而只有受理通知书才可以免除他的军事义务。1861 年 4 月 22 日，罗伯特·爱德华·李上校在里士满正式而公开地接受了弗吉尼亚州的陆军和海军部队的指挥权。他给联邦造成的损失和为叛军提供的服务是难以估量的。类似的情况还有华盛顿海军基地的副官长塞缪尔·库珀和总军需官约瑟夫·埃格尔斯顿·约翰斯顿，他们辞职去为杰斐逊·汉密尔顿·戴维斯效力。温菲尔德·斯科特将军特别信赖的一支轻型炮兵部队奉命保卫华盛顿。一天早上，这支部队的一名上尉来到白宫面见亚伯拉罕·林肯总统，信誓旦旦地表明自己的忠肝义胆。可是当天晚上，他却秘密离开岗位，前往里士满，成为南方邦联的一名军官。

塞缪尔·库珀

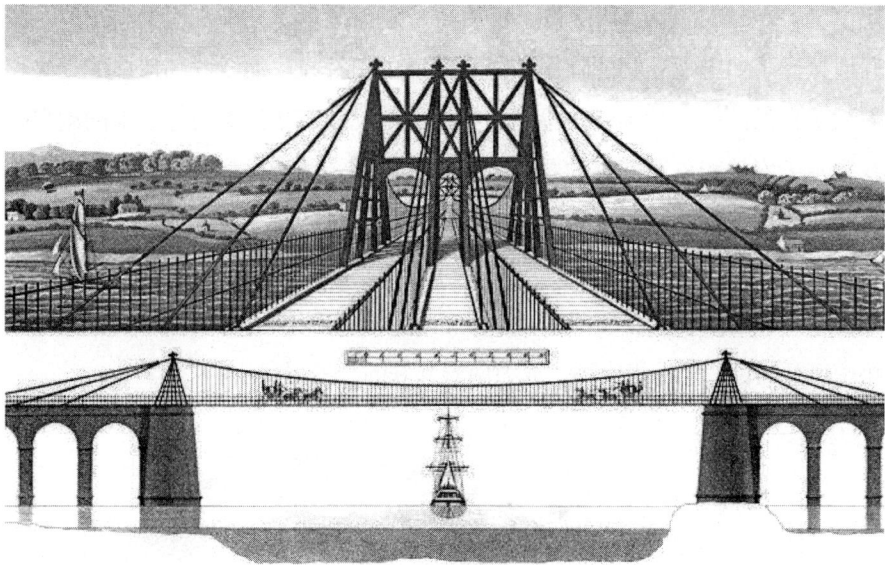

链桥

与这些指挥官形成鲜明对比的是温菲尔德·斯科特将军，他的坚定、忠诚和献身精神令人满意和感动。虽然温菲尔德·斯科特将军是弗吉尼亚人，也深爱着那片养育过他的土地，但他对 1812 年战争中自己英勇跟随的，并于 1847 年胜利插在墨西哥首都的国旗的忠诚从未动摇过。虽然他不能亲自上阵，但他作为总司令运筹帷幄，指挥联邦军队的集结和早期的行动。

大部分服役期为三个月的军队被派到了华盛顿。从政治的角度来看，华盛顿非常重要。从军事的角度来看，华盛顿极易受攻击。一如往常，庞大的战争机器一旦启动，就会通过自身固有的能量向前发展，从武装到集结，从集结到小规模的冲突和战斗。不久之后，华盛顿就成了一座军营。联邦政府为了防止同样神圣的北方土地遭到入侵，在如此严峻的形势下，不再犹豫，而是坚定了"入侵"南方"神圣的"土地的决心。1861 年 5 月 24 日，华盛顿的联邦军队越过了波托马克河，在弗吉尼亚州亚历山德里亚下面的河岸边扎下营来，并在从链桥到狩猎溪的十八英里长的河岸上修建了一个巨大而坚固的半圆形土堡。

与此同时，联邦军队在华盛顿西北部四十九英里处的哈珀斯渡口完成了第二次集结。1861 年 4 月 20 日，一支联邦先遣队烧毁并放弃了那里的兵工厂，一小部分叛乱的民兵立刻占领了那里。此后不久，杰斐逊·汉密尔顿·戴维斯急忙调集他的军队，去巴尔的摩"维持治安"，实际上是想威慑巴尔的摩。当这一希望化为泡影之后，哈珀斯渡口变成了叛乱分子的一个训练营。后来，当帕特森少将完成了宾夕法尼亚州的征兵指标，并将他们集结起来之后，将哈珀斯渡口变成了一个可能的战场。作为一个小镇，哈珀斯渡口并不重要，但它坐落在波托马克河上，位于谢南多厄大峡谷的顶端，不仅有一条平坦的收费公路穿过谢南多厄大峡谷，还有一条向西南方向直通南方邦联腹地的高效铁路，它在当时，以及在整个内战中一直是最重要的战略路线，和谢南多厄大峡谷一样，受着两座天然屏障的保护，西边是阿勒盖尼山脉的主峰，东边是蓝岭。

帕特森少将

门罗堡

联邦政府在东部招募的一部分新兵被匆忙送往门罗堡。门罗堡位于切萨皮克湾的入口处，切萨皮克湾成为并继续成为海军和军事行动的重要基地。在西部，开罗小镇甚至比圣路易斯更加重要：它位于伊利诺伊州的最南端，坐落在俄亥俄河与密西西比河的交汇处。和以往一样，它控制着三个不同方向的数千英里的航道，同时是最早的军事边界的最南端，温菲尔德·斯科特将军曾经将占领它作为第一要务。事实证明，它本身就是整个密西西比河流域的军事要塞。

迅速制定镇压叛乱的军事政策并非易事。所谓的"美国南方邦联"的军事领域是英国面积的六倍多，海岸线超过三千五百英里，内陆边界超过七千英里。更不可能迅速制订计划并开始简单的军事行动，迫使叛乱诸州忠于联邦政府。即便是伟大的军事天才温菲尔德·斯科特将军也只能为这项事业提供一个大致的框架。由于弗吉尼亚州、肯塔基州和密苏里州的政治前途仍然或多或少地存在不确定性，所以这个问题不仅太大，而且充满了变数。

在总统大选到亚伯拉罕·林肯总统就职之间的整整三个月里，詹姆斯·布坎南政府一直对叛乱保持着消极和疏忽的态度，使叛乱势力在欧洲的法院和内阁中获得了同情和支持，占有了巨大的优势。直到詹姆斯·布坎南总统的任期结束前的三天内，人们才听到联邦政府发出抗议，并做出了解释，以消除分裂可能成为永久事实的不良印象。的确，在欧洲政治家的眼里，詹姆斯·布坎南总统在咨文中提出的非强制性原则所传达的信息等同于承认了这样的结果。在他们看来，南方邦联政府的成立紧随着萨姆特堡的倒塌，似乎实现了他们的预言。事态的发展似乎不仅应验了他们的预测，而且就英国和法国而言，也满足了他们的殷切期望。对英国来说，南方邦联政府的成立保证了它能获得廉价棉花和与南方的自由贸易。对法国来说，它似乎为殖民主义的野心开辟了道路。拿破仑三世很快就着手实现他的帝国梦。

拿破仑三世

亚伯拉罕·林肯总统任命查尔斯·弗朗西斯·亚当斯为美国新的驻英大使，在他抵达伦敦受到约翰·拉塞尔勋爵的接见之前，威廉·亨利·西沃德已经收到了好几条令人不快的消息。其一，在查尔斯·弗朗西斯·亚当斯到达伦敦之前，英国维多利亚女王就宣布中立，实际上将南方邦联提升到了一个交战国的地位。在南方邦联的第一艘私人武装船漂浮在海上之前，英国港口就将它们与

约翰·拉塞尔勋爵

维多利亚女王

联邦战船平等看待了。其二，英、法两国之间达成了谅解，这将导致两国政府在是否承认南方邦联的问题上会采取相同的方针，无论该方针是什么。其三，三名南方邦联的外交代表在伦敦，英国首相约翰·拉塞尔勋爵还没有接见他们，但他已经派人通知他们，他愿意非正式地接见他们。

英国政府这种仓促草率、模棱两可的行为激怒了威廉·亨利·西沃德，他于 1861 年 5 月 21 日给查尔斯·弗朗西斯·亚当斯先生写了一封加急书信，如果以原稿的形式寄出，那一定会导致英、美两国之间的战争。虽然他在这封信中公正而勇敢地着重阐明了，在南方叛乱期间，外国势力的哪些做法是美国政府能忍受的，以及哪些做法是美国政府不能忍受的，但他是在义愤填膺的心情下写的这封信，它的措辞直截了当、令人恼火，以至故意暗示着不敬。

当威廉·亨利·西沃德向亚伯拉罕·林肯总统宣读这封信时，亚伯拉罕·林肯总统立刻觉察到其令人反感的语气，便留下它再做打算。第二次阅读证实了他的第一印象。于是，这位曾经的边疆律师拿起笔来，将训练有素、经验丰富的政治家威廉·亨利·西沃德的这封信从头至尾、仔仔细细地修改了一遍，以便完全消除其唐突无礼、生硬冒犯的感觉，并使之体现出最有学问的外交官的尊严和矜持。如果国务卿威廉·亨利·西沃德在 1861 年 4 月 1 日的引人注目的备忘录之后，还需要任何进一步的经验来使他信服亚伯拉罕·林肯总统在行政和外交判断方面的能力，那么这次事件就为他提供了充分的证据。

从未有哪位总统在任职初期像亚伯拉罕·林肯总统那样公务繁忙。他在风起云涌的政治浪潮中当选为总统，这种根本而彻底的政治变化实际上不仅使白宫挤满了竞选职位的候选人，而且使大批旧官员被新任命的官员取代，以代表国家的新思想和新意志。共和党代表的不同阶层之间的激烈竞争使这些新官员的任用变得错综复杂。萨姆特堡遭到轰炸并迅速引发叛乱时，这项工作连一半都没有完成，还产生了从不忠者中筛选忠诚者的新困难。而更加紧迫的任务是审查由 1861 年 5 月 3 日的征兵令召集起来效忠政府的、新的庞大的志愿军部队。亚伯拉罕·林肯总统过去常常说，在这段时间里，当他被要求得到任命的求职者们围住时，他感觉自己像一个在自己房子的一端往外租房，而房子的另一端却着了火的人。除了这些日常的例行公事之外，亚伯拉罕·林肯总统还需要处理成百上千个更加微妙和严肃的、影响宪法理论和行政原则的新问题。

政府的各大部门，尤其是战争和海军部门，不可能一蹴而就地完成对这一突如其来的军队扩编任务的监管事宜或办理细节，几乎所有导致混乱和延误的情况都是由不耐烦的州长们和政府官员们向亚伯拉罕·林肯总统提出申诉和纠正的。志愿兵们火速赶往各州的集结地，但喂养他们的口粮、付给他们的津贴、庇护他们的帐篷、发给他们的制服、装备他们的步枪、训导他们的军官，以及运送他们的车、船又在哪里呢？在这场爱国主义的狂欢中，这个喧嚣的、充满青春活力的组织迅速发展壮大，也不断地彰显出了人性的弱点以及美德，不仅表现出个人竞争中不可避免的摩擦，而且体现出偶尔的谎言和谬误，因为不能总是及时地追究罪魁祸首的责任，从而产生了令人不安和贻害无穷的影响。在许多情况下，书面报告中所说的，准备从州首府出发的全部军队的人数，与火车送到华盛顿营地的实际志愿兵人数之间，往往存在着惊人的差异。亚伯拉罕·林肯总统有好几次讽刺地将这种做法比作一个人试图用铲子将一蒲式耳跳蚤铺撒到谷仓的地板上的过程。

1861 年 5 月在这些纷繁恼人的准备工作中不知不觉地溜走了。在种种偶然的延误和损失下，几个重要地点的训练营迅速发展成为小规模的部队。进入1861 年 6 月之后，对峙的联邦军队和南方邦联军队开始发生冲突，并开始在真正的战争中产生伤亡。尽管如此，那时的伤亡情况也是寥寥无几又无足轻重的：南方邦联军队占领亚历山德里亚时埃尔斯沃思遭到暗杀。双方的骑兵在费尔法克斯法院大楼发生了一场小规模冲突。南方邦联军队的一个团在弗吉尼亚州的菲利比溃败。在弗吉尼亚州的大伯特利，由于领导的失误，两支联邦小分队在黑暗中互相开火。南方邦联军队在维也纳火车站伏击联邦铁路的一列火车。纳撒尼尔·里昂准将遭遇了一场小规模冲突，驱散了密苏里州布恩维尔的第一批叛乱分子。比较而言，所有这些伤亡人数都微不足道——这只是未来注定要带来的血雨腥风前的最初几滴血，但对公众的影响却是巨大的，他们惊惧和痛苦的程度与这些事件真正的严重性完全不成比例。

在这些事件中，双方的损失和收获相当。联邦军队在菲利比和布恩维尔的胜利很容易抵销在大伯特利和维也纳的失败。但公众的思想还没有接受过耐力训练，还不能接受"胜败乃兵家常事"这样的常识。北方报纸强烈要求联邦军队突飞猛进，捷报频传，就像他们惯常要求政党在政治上取得胜利或者企业在商业中获得成就一样。《纽约论坛报》日复一日地重复着"进军里士满"，许多名气和影响不如《纽约论坛报》的报纸也纷纷附和。诚然，这种舆论的喧哗似乎是有某种原因的，由于兵役期为三个月的军队的兵役期已经过去三分之二了，他们却还没有全副武装，还没有做好上战场的准备。

亚伯拉罕·林肯总统充分意识到有必要满足这一普遍的要求。新政府必须指望国会马上就要召开的特别会议。这次特别会议不仅要认可已经完成的工作，而且要授权大幅度地增加军事力量，并为即将到来的战争开支提供巨额贷款。因此，1861 年 6 月 29 日，亚伯拉罕·林肯总统召集所有的内阁成员和军队主官，到总统官邸参加一个军事会议，讨论一场比计划中更加艰巨的战役。温菲尔德·斯科特将军当时反对这样的计划。他宁愿等到秋天，同时招募并训练一支庞大的军队，然后顺着密西西比河南下，在新奥尔良与南方邦联军队决一死战，一鼓作气结束战争。与会人员从军事角度明显反对这一进程。除此之外，在目前愤激的公众情绪下，这种拖延是无法设想的。最后，这位老将军坦然而礼貌地放弃了他自己更愿意接受的计划，并用他的真知灼见，为眼下进军弗吉尼亚州的行动计划出谋划策，力求使它万无一失。

根据罗伯特·爱德华·李将军的命令，南方邦联军队在弗吉尼亚州的马纳萨斯集结，并将这个铁路枢纽作为他们的防御阵地。有一条从里士满来的铁路和一条从哈珀斯渡口来的铁路在这里交汇。组织并实施了萨姆特堡轰炸任务的皮埃尔·古斯塔夫·图坦特·博雷加德将军，在这里训练并指挥着总计约两万五千人的南方邦联军队。他们在这个铁路枢纽修建了一些简单的野战工事，配有十五门重炮，由两千人的驻军把守。而其主力部队则驻扎在布尔郎后方七英里长的一条防线上。布尔郎是一条蜿蜒而缓慢的小溪，向东南方向流入波托马克河，距离华盛顿西南约三十二英里。约瑟夫·埃格尔斯顿·约翰斯顿将军率领的另一支约有一万人的南方邦联军队，驻扎在温彻斯特和波托马克河上的哈珀斯渡口，守卫着谢南多厄大峡谷的入口。约瑟夫·埃格尔斯顿·约翰斯顿将军和皮埃尔·古斯塔夫·图坦特·博雷加德将军达成了一项共识，即如果一方遭到攻击，另一方就通过两地之间的铁路枢纽火速增援。

谢南多厄大峡谷

联邦政府制订的新计划打算让欧文·麦克道尔准将从华盛顿向马纳萨斯和布尔郎进军，用足够多的兵力击败皮埃尔·古斯塔夫·图坦特·博雷加德将军。而将宾夕法尼亚州的大部分部队集中在哈珀斯渡口附近的帕特森少将，手中的兵力几乎是对手的两倍，他应该向约瑟夫·埃格尔斯顿·约翰斯顿发起进攻，要么跟他打，要么拖住他，使他无法脱身去救援皮埃尔·古斯塔夫·图坦特·博雷加德将军。在军事会议上，欧文·麦克道尔准将强调了这种交汇作战的危险性，但温菲尔德·斯科特将军向他保证："如果约瑟夫·埃格尔斯顿·约翰斯顿将军与皮埃尔·古斯塔夫·图坦特·博雷加德将军会合，帕特森少将就会追着约瑟夫·埃格尔斯顿·约翰斯顿将军的屁股打。"有了这一保证，欧文·麦克道尔准将于 1861 年 7 月 9 日下令开始行动。

第 4 章

亚伯拉罕·林肯总统的咨文

就在弗吉尼亚州的战役的准备工作正在进行的时候，另一场战役也在弗吉尼亚州缓慢地酝酿着。但在它们中的任何一个取得决定性的结果之前，依照亚伯拉罕·林肯总统 1861 年 4 月 15 日的声明，在 1860 年的总统大选中选出的第三十七届国会，于 1861 年 7 月 4 日召开了特别会议。无论是众议院还是参议院，都没有任何出席会议的成员来自脱离了联邦的各州，众议员和参议员的数量都减少了将近三分之一。政党情感也发生了巨大的变化。人们再也听不到猖獗的分裂言论。前副总统约翰·卡贝尔·布雷肯里奇是少数几个尚未加入叛乱组织的人中最引人注目的例子，南方杰出的联邦主义者让分裂分子的存在黯然失色，比如来自田纳西州的安德鲁·杰克逊和来自肯塔基州的约翰·乔丹·克里滕登。迄今为止，过去四个月中发生的事件抑制或者说消除了使上届国会分成四个明确派系的激烈对立，只剩下对共和党多数派微弱的反对，而共和党多数派目前在国会两院中都占有主导地位，在新的条件下，共和党本身也变得温和而谨慎。

　　亚伯拉罕·林肯总统的咨文语气温和，但态度积极，有理有据。他细数南方邦联分裂和叛乱的罪证，以及他们对萨姆特堡的无端攻击。他继续说道："在就职演说中我就对他们说过，'只要你们自己不做挑衅者，就不会发生冲突'。我不仅煞费苦心地保持这个宣言有效，而且绞尽脑汁地确保这一情况不受狡猾诡辩的影响，以便世人不至于误解它。通过萨姆特堡的轰炸事件，及其周围的环境，他们终于将自己变成了挑衅者。从那以后，政府的攻击者们挑起了武装冲突，我们没有看到或期盼一支枪做出还击，除了几年前以自卫为目的被派往那个港口的堡垒中为数不多的几个人。我们仍然准备以任何合法的方式进行自卫。这个问题不仅仅牵涉到美国的命运，也向全人类大家庭提出了这样一个问题，即一个立宪的共和政体或民主政体——一个由全体人民组成的政府——是否能够反对其国内的敌人，从而维护其领土的完整。"

亚伯拉罕·林肯总统以其独特而恰当的陈述，分析并驳斥了分裂是合乎宪法的谬论："这种谬论之所以得到了广泛的认可，在很大程度上，或全部是源于这样的假设，即对于一个州——我们联邦的每一个州——来说，都具有某种无所不能和至高无上的地位。我们联邦的每一个州的权力不能少于也不能多于宪法在联邦中赋予它们的权力——它们中没有一个曾经脱离联邦……各州在联邦中享有合法地位，除此之外，没有任何其他合法地位。如果它们违背了这一点，它们只能通过违法和造反来获得其他地位。不是它们自己，而是联邦保证了它们的独立和自由。通过征服或购买，联邦赋予了它们各自的独立和自由。联邦比任何一个州都古老，事实上，它将它们联合起来，共同缔造了这个国家。起初，一些相互依赖的殖民地结成了联邦，反过来，联邦让它们摆脱了以前相互间的依赖关系，使它们成为像现在这样的一个国家。它们中没有一个曾经拥有一部独立于联邦之外的州宪法。"

值得一提的是，亚伯拉罕·林肯总统在他的咨文中表达了对美国人民的智慧和美德的坚定信心。他说道："可以毫不夸张地说，我们享有的自由制度赋予了全体人民更多权利，改善了全体人民的生活状况，这在世界上是前所未有的。我们现在就有这样一个惊世骇俗、波澜壮阔的实例。像政府目前正在组建的这样一支庞大的军队是前所未闻的，其所有的士兵都是自愿参军的。不仅如此，还有许多独立团，其中总有一些成员掌握了世界上各行各业的全面的实践知识，包括文史艺术、理工科学、职业技术和其他一切实用的或文雅的知识。而且这些独立团中卧虎藏龙，有能力当总统、内阁成员、国会议员或者法官的人不计其数。他们完全有能力管理好一个政府。……这场战争本质上是一场人民的较量。在联邦一方，这是一场为在世界上维持政府的形式和本质而进行的斗争，其主要目标是提高所有人的地位。卸下所有人肩上的重担。为所有人扫清值得追求的道路。为所有人提供无拘无束的起点，以及人生竞赛中的公平机会。……我最高兴的是相信普通大众能理解并领会这一点。值得注意的是，虽然在政府审查的时候，许多在陆军和海军中受到上级看重的人辞职了，并证明了倚重他们的人有眼无珠，不辨菽麦，但没有一个普通士兵或普通水手抛弃他的旗帜，放弃他的信念。"

当亚伯拉罕·林肯总统在咨文中要求国会迅速而果断地采取措施结束这场战争的时候，会场响起了热烈的、经久不息的掌声。国会立刻采取行动，批准贷款两亿五千万美元，并授权组建一百万人的军队。亚伯拉罕·林肯总统的所有战争措施，以前没有任何法律认可，现在都合法化了。国会还提出了征收额外的直接收入所得税和关税。并修改或通过了1795年的《军队法案》以及与阴谋、海盗、非法招募等相关的法律法规。

纵观南方的整个历史，奴隶制带来的最大的罪恶是笼罩着每个奴隶主的家庭的、对奴隶起义的恐惧。而内战的爆发立刻加剧了这种模糊的恐惧。由于美国黑人长期遭受不公正的对待和奴役，就算有人煽动他们起来反抗，他们也无动于衷、毫无斗志。美国内战似乎都没有让他们想到采取这样的行动，更不用说成立任何这样的组织或做出任何这样的企图。但约翰·布朗对哈珀斯渡口的袭击已经表明了奴隶暴动的可能性。当联邦军队开始他们的行动时，驻守在马里兰州的本杰明·富兰克林·巴特勒将军和驻守在宾夕法尼亚州的帕特森少将开始向哈珀斯渡口进军。为了安抚非战斗人员，驻守在西弗吉尼亚州的乔治·布林顿·麦克莱伦将军则多次发布命令，要求扑灭所有奴隶起义的苗头。这是对南方叛乱的领导人最尖锐和最严正的警告，警告他们这种奇特的奴隶制度在战争中比在和平中更加脆弱，他们考虑不周的通过战争保护和延续奴隶制的计划，将被证明是破坏奴隶制的最有力的工具。

开战的第一个后果是给了有冒险精神或心存不满的奴隶逃进联邦军营的机会。在那里，就算他们违背了禁止起义的命令，也可以找到切实可行的方法保

奴隶逃到门罗堡

护或隐藏自己，比如通过做厨师、仆人、马夫、车夫或向导为联邦军队提供帮助，也可以为他们获取或提供宝贵的信息。因此，实际上从一开始，这场战争就在南方黑人和联邦志愿军之间建立了基于互助的相互同情的纽带。随着联邦军队的迅速推进，随着脱离联邦的各州的奴隶主的逃离，奴隶们或多或少地在联邦军营中获得了解放和庇护。

事实上，在某些情况下，这种趋势让联邦军队的指挥官感到尴尬。本杰明·富兰克林·巴特勒将军在门罗堡升任联军指挥官后没几天，一名从附近逃跑的叛乱的奴隶主，根据《逃亡奴隶法》的规定，派他的代理人来门罗堡，要求本杰明·富兰克林·巴特勒将军归还三名据称藏身在联邦军营里的奴隶。本杰明·富兰克林·巴特勒将军回答道，由于弗吉尼亚州声称自己是异邦，所以《逃亡奴隶法》显然是无效的，除非这位奴隶主亲自来宣誓效忠联邦政府。关于这起事件，报纸的报道指出，由于南方邦联为了防御联邦军队的进攻，便在军事高压手段下强迫黑人劳动，从而在弗吉尼亚半岛的四面八方迅速建造起了数不清的矮墙和炮台。显然，根据《国际法》，黑人属于战时违禁品。这一声明如此贴切，而且它的公平性也是如此明确，以至尽管直到两个月之后才正式而确切地表述出来，但它立刻得到了大众的接受和运用。从那时起，在联邦的防线内随处可以听到人们用熟悉的、具有重要意义的术语"违禁品"取代了"奴隶"和"黑人"这两个字眼。

虽然本杰明·富兰克林·巴特勒将军的巧妙解释对公众思想的影响比大量的讨论更有说服力，但它并没有立即解决整个问题。几天之内，他报告说，他手里已经掌握了价值六万美元的奴隶财产，到1861年7月底已经有九百个"违禁品"，包括所有年龄段的男人、妇女和儿童。他们有什么样的法律地位？又应该如何处置他们？这是两个棘手的问题，因为它们能否得到解决可能取决于马里兰州、弗吉尼亚州、肯塔基州和密苏里州这几个边境蓄奴州敏感的公众舆论和悬而未决的忠诚和政治行动。在解决这两个问题时，亚伯拉罕·林肯总统牢记着他最喜爱的一个哲学故事所蕴含的哲学道理，那就是，当西部卫理公会的长老在汛期骑马巡回布道的时候，他年轻的同伴不断地发问，他们怎样才能渡过即将到达的、河水暴涨的福克斯河，长老让他安静下来，说他自己的生活准则就是车到山前必有路，船到桥头自然直。

因此，亚伯拉罕·林肯总统并没有立即做出决定，而是任凭每个指挥官自由裁决，让当地的军队和警察来处理这些问题。根据这一理论，后来在战争中，除个别指挥官之外，其他指挥官都同意这些逃亡奴隶进入他们的军营。下级军官们也得心应手地用这个简洁明快的模式化的回答——我们与奴隶无关。我们既不是窃奴贼，也不是赏金猎人——来为自己接纳黑人奴隶的行为辩解。马库斯·图留斯·西塞罗曾经说过："武器之下，法律禁言。"目前，本杰明·富兰克林·巴特勒将军奉命不交出这些逃亡的奴隶，而是让他们从事适当的劳动，并将他们的最终处置问题留待以后再做决定。第一次布尔郎战役后不久，国会通过了一项修正案，从而大大促进了这一问题的解决。这项修正案规定，如果一个叛乱的奴隶主同意他的奴隶从事敌视联邦政府的劳动或者为南方邦联政府和军队服务，就会剥夺他对这些奴隶的权利。即使在奴隶制问题的这个方面，国会的辩论几乎没有表现出党派精神。来自边境蓄奴州的成员没有攻击这种惩罚的公正性。他们只能竭力声明这是违反宪法的，是不妥当的。关于战争的一般性政策，国会两院都以极少的反对票通过了约翰·乔丹·克里滕登先生提出的决议，宣布战争不是为了压迫或征服，也不是为了干涉各州的权力或制度，而是"为了捍卫和维护至高无上的《美国宪法》，并通过几个未受损害的州的尊严、平等和权力来维护联邦的完整"。国会的特别会议于 1861 年 8 月 6 日休会，在一个月内完成并颁布了一套完整而全面的战争立法制度。

　　同时发生的军事事件无疑对加快国会的决策和缩短国会的工作时间产生了影响。小威廉·丹尼森州长授予乔治·布林顿·麦克莱伦少将军衔，并任命他为俄亥俄州招募的十三个民兵团的总指挥。乔治·布林顿·麦克莱伦少将毕业

小威廉·丹尼森

乔治·布林顿·麦克莱伦

于西点军校，在墨西哥战争中表现突出，并通过不寻常的旅行机会和调查探险的特殊职责，获得了似乎很适合他的辉煌事业的经验、才能和资质。乔治·布林顿·麦克莱伦将军时年三十五岁，只升任至上尉就辞去了军职，担任俄亥俄州和密西西比州铁路公司的总裁。温菲尔德·斯科特将军热烈欢迎他就任俄亥俄州民兵军团的总指挥，并热心促进他的晋升，以至在1861年6月初，乔治·布林顿·麦克莱伦就从一名民兵少将同级调任为正规军的少将，他被分配到了一个军事部门的指挥部。其管理范围一直从弗吉尼亚州延伸到了密苏里州。虽然他的头衔、军衔和权力发生了质的飞跃，甚至蒙上了浪漫的传奇色彩，但由于军队突然急需扩张到与叛乱诸州接壤的广阔领土上去，因此，他的晋升是必然的。有一段时间，这位年轻军官的热情和活力表明的充满希望的诺言似乎让他的晋升看上去也是合情合理的。

乔治·布林顿·麦克莱伦将军收到的指示使他有责任鼓励和支持弗吉尼亚州西部的联邦主义者通过政治运动分裂弗吉尼亚州，并在阿勒盖尼山脉的西北面建立一个拥护联邦的州。弗吉尼亚州有四十八个县位于阿勒盖尼山脉以北，毗邻宾夕法尼亚州和俄亥俄州，这四十八个县后来拒绝参与里士满脱离联邦的行动，并建立了一个忠实于联邦政府的临时州政府。亚伯拉罕·林肯总统承认他们，并给予他们军事援助。在适当的时候，他们组织起来加入联邦，称为西弗吉尼亚州。罗伯特·爱德华·李将军当时还没有充分了解到当地民众的不满情绪，他派遣了南方邦联军队的几个团进入该地区招募新兵，并把守重要的山口。与此同时，乔治·布林顿·麦克莱伦将军又派遣了一支先遣队从惠灵向东推进，以保护巴尔的摩和俄亥俄州之间的铁路。1861 年 6 月初，联邦军队的凯利上校率领的一支两个团的远征队向菲利比发起了猛烈的冲锋，在那里，他完全出乎意料地击溃并驱散了波特菲尔德招募的一千人的南方邦联小分队。在取得这一初步的成功之后，乔治·布林顿·麦克莱伦将军向俄亥俄州各地增派了军队。大约一个月之后，1861 年 7 月 11 日，在威廉·斯塔克·罗斯克兰斯的率领下，联邦军队通过侧翼运动，成功地将南方邦联军队的一个团赶出了富山上的坚固据点，并于次日迫使撤退的敌军投降。并于 1861 年 7 月 13 日，在吉特河的卡里克渡口击溃了另一支撤退的敌军小分队，赢得了第三次胜利，在那里，南方邦联军队的加内特将军在双方的神枪手们之间的一次小规模冲突中丧生。

在连续的三天之内发生的这些事件，在空间上相隔四十英里，这使这位年轻的指挥官乔治·布林顿·麦克莱伦将军意气风发，他向联邦政府发了一封简短的电报，汇报了加内特将军被杀，其部队被击溃，至少歼敌两百人，缴获七门大炮，俘虏一千敌军的消息。在这封电报的末尾，乔治·布林顿·麦克莱伦

联邦军进攻富山上的邦联军阵地

将军总结道:"我们大获全胜,分裂主义在这个国家遭到了扼杀。"事实上,这一结果在很大程度上使实现它的手段显得并不那么重要了。联邦军队的损失是十三人死亡、四十人受伤。随后,这两场相对而言微不足道的小冲突使西弗吉尼亚州永久成为联邦的一个州。当然,这主要还得归功于该地区人民对联邦政府坚定不移的忠诚。

欧文·麦克道尔

　　这一胜利像一场及时雨，抚慰了北方诸州紧张而焦躁的公众情绪，并且使联邦政府对弗吉尼亚战役有了相似的预测结果，并且更加期待。那支部队的组织和指挥权被移交给了欧文·麦克道尔准将。欧文·麦克道尔准将时年四十二岁，毕业于西点军校，成绩斐然，在墨西哥战争中赢得了荣誉，尽管从那时起他主要从事参谋工作。1861 年 7 月 16 日上午，欧文·麦克道尔准将率领一支大约两万八千人的纵队，携带着四十九门大炮，开始从华盛顿的防御工事向弗吉尼亚州进军，留下一个大约六千人的加强师保卫他的通信设施。由于欧文·麦克道尔准将的军队缺乏经验，开始几天的行军必然是缓慢而谨慎的。

皮埃尔·古斯塔夫·图坦特·博雷加德将军手下的敌军已经集结了大约两万三千人和三十五门大炮，并驻扎在布尔郎河的对面。1861 年 7 月 18 日，星期四，在布尔郎河的布莱克本渡口发生了一次初步的冲突，这次交战巩固了敌人的阵地，但只是延缓了联邦军队进攻的脚步，直到欧文·麦克道尔准将的全部军队到达森特维尔为止。1861 年 7 月 21 日，星期日，欧文·麦克道尔准将的军队开始了一场迂回曲折的行进，越过了布尔郎河，攻击敌人的左翼。

事实证明，这个计划是正确的选择，但由于行军中的混乱，原定于 1861 年 7 月 21 日拂晓开始的袭击被推迟到了 9 时。尽管如此，在上午进行的战斗的前半部分是完全成功的，联邦军队稳步将敌人向南驱赶，使更多联邦旅能够直接从森特维尔加入攻击的纵队。

然而，到了中午，进攻就停止了，部分是由于部队的疲惫，部分是因为已经横扫了近一英里的联邦军队，发现自己走进了一个山谷，在所有地理地形都有利于敌人的情况下，他们没有退路，只能前进。随后，南方邦联军队的指挥官皮埃尔·古斯塔夫·图坦特·博雷加德将军在战斗的间歇，除了减轻失败的程度之外，再别无任何成功的希望。皮埃尔·古斯塔夫·图坦特·博雷加德将军急忙命令剩下的炮兵和援军集中到联邦军队必须攀登的这座小山的山顶上一条半圆形的防线上，隐藏在树林边缘新生的矮松林里，面对着一片开阔的旷野。

敌军的这第二个阵地由十二个团、二十二门大炮和两个骑兵连组成。1861 年 7 月 21 日下午，欧文·麦克道尔准将率领着十四个团、二十四门大炮和一个骑兵营的攻击部队，在所有地理地形都不利于他的情况下向敌人的第二个阵地进发，并进行了一场忽急忽缓、断断续续的攻击。地形条件使联合进攻是不可能的。联邦军队派出小分队发动进攻，却被各个击退。由于联邦军队错将一队南方邦联军队当成了自己人而损失了一支炮兵小分队。甚至到现在，花落谁家似乎还难以预料。因为南方邦联军队的七个团从完全出乎意料的方向朝联邦军队的侧翼发动了新的攻击，这让联邦军队坚信，约瑟夫·埃格尔斯顿·约翰斯顿的军队已经从哈珀斯渡口来到了战场上。这让联邦军队士气低落，指挥部因一时冲动，共同决定放弃战斗，联邦军队半途而废，且战且退地撤离了战场。

在邦联军任职的约瑟夫·埃格尔斯顿·约翰斯顿

在到达森特维尔之前，撤退的联邦军队，夹杂着一大群五花八门的贩夫走卒和逃亡的黑奴，一度陷入完全的恐慌。南方邦联军队的骑兵连在这里发起了一两次冲锋，夺走了联邦军队的十三门大炮和大量四轮马车。

当真相大白时，人们发现，由于帕特森将军在哈珀斯渡口作战时缺乏技巧和勇气，约瑟夫·埃格尔斯顿·约翰斯顿将军和他的整个南方邦联军队才有机会突围和撤退，而且迄今为止，由于突然参加布尔郎战役，他们中的大部分人星期六就已经在皮埃尔·古斯塔夫·图坦特·博雷加德将军的营地里了，并且在星期天的战斗中上演了一场重头戏。

战斗的突然中止使南方邦联军队怀疑他们是否获得了最终的胜利，或者它仅仅是联邦军队新一轮攻击的前奏。但当联邦军队不仅从战场上撤退，而且从森特维尔撤退时，南方邦联军队以为自己取得了巨大的胜利，这使他们更加满怀期望实现最终的独立。事实上，这使外国人对他们另眼相看，这可是他们在这么短的时间里不敢奢望的。两军伤亡人数大致相同，约瑟夫·埃格尔斯顿·约翰斯顿将军写道："南方邦联军队的胜利带来的混乱比联邦军队的失败造成的混乱有过之而无不及。"马纳萨斯被改造成了一个坚固的军营，但叛军领袖们觉得自己无法在接下来的整个秋、冬季节组织有效的进攻。

这次失败对北方的联邦政府和人民的影响是深刻而痛苦的。截至1861年7月21日，星期天，下午晚些时候，来自战场的有利消息传到了华盛顿，每个人都相信一定会胜利。17时左右联邦政府收到一封电报，说胜利的那一天不会来了，欧文·麦克道尔准将的军队从森特维尔全线撤退。温菲尔德·斯科特将军拒绝相信这个消息，因为直到那个时候听到的一切都与这封电报中的内容相矛盾。但情报很快得到了证实。撤退的冲动一旦开始，欧文·麦克道尔准将在森特维尔制止撤退的努力就被证明是徒劳的。队列相对整齐有序的军队平安地返回了华盛顿的防御工事，然而，第二天，一群散兵游勇跨过波托马克河上的大桥涌进了华盛顿市。

亚伯拉罕·林肯总统平静地接受了这个消息，没有表现出任何明显的忧虑或激动。但星期天晚上，他整晚都待在办公室里，一夜未眠，听取许多怀着过分的好奇心跟随军队，目睹了一些战斗场面的国会议员和参议员叙述他们各自的所见所闻。到星期一清晨，亚伯拉罕·林肯总统已基本做出对战斗及其可能结果的判断，以及因为这件不祥的事而决定采取的行动。简而言之，那就是，应尽快将兵役期为三个月的民兵集合起来。而将兵役期为三年的新组建的部队向东、西两个方向推进，夺取并占领马纳萨斯、哈珀斯渡口和中间的交通路线。从辛辛那提到田纳西州东部、从开罗到孟菲斯组织一场联合行动。

与此同时，乔治·布林顿·麦克莱伦将军奉命从西弗吉尼亚州前往华盛顿，并于1861年7月26日抵达首都，担任波托马克防区的总指挥，该防区由波托马克河两岸，华盛顿市周围和市内的军队组成。他迅速清理了城里的散兵游勇，并着手将用火车送到华盛顿的、兵役期为三年的新招募的志愿兵整合到波托马克防区的军队中去，这些行动令人欣慰。他受到政府和军队热情友好、满怀信心的接待。一段时间以来，他似乎也对此报以热情和感激。

第 5 章

约翰・查理・弗里蒙特将军的公告

精彩
看点

温菲尔德·斯科特将军的计划——报纸批评该计划为"斯科特的蟒蛇计划"——三大战区——任命约翰·查理·弗里蒙特为少将——约翰·查理·弗里蒙特在军事上的失败——威尔逊河战役——戴维·亨特将军受命辅助约翰·查理·弗里蒙特将军——约翰·查理·弗里蒙特将军的公告——亚伯拉罕·林肯总统撤销约翰·查理·弗里蒙特将军的宣言——亚伯拉罕·林肯总统给奥维尔·希克曼·布朗宁的信——莱克星敦的联邦守军投降——约翰·查理·弗里蒙特将军走上战场——西蒙·卡梅伦视察约翰·查理·弗里蒙特将军的军营——约翰·查理·弗里蒙特将军被免除军职

温菲尔德·斯科特将军的军事天才和经验从一开始就非常正确地勾勒出军事行动的宏伟计划，这对于让叛乱的南方诸州重新效忠联邦政府是很有必要的。早在计划布尔郎战役之前，他就敦促，不能依靠最初的七十五个兵役期为三个月的民兵团开展大规模的战役，因为他们还没达到训练有素的地步，就将服役期满。因此，他的主要建议是，将新组建的兵役期为三年的志愿军安置在十到十五个运作良好的营地里，并给予至少四个月的训练和战术指导。当海军通过严密的封锁，关闭了南方各州沿海的所有港口时，准备充分的军队就应该以不可战胜的纵队沿密西西比河南下至新奥尔良，沿途布防坚固的军事哨所和警戒线，以保持河道的畅通，并辅之以封锁，从而通过强大的军事力量将叛乱的主要地区包围并控制起来，最终完全而有效地镇压叛乱。然而，即使在提出这项计划的同时，温菲尔德·斯科特将军也承认，采用该计划的最大障碍将是忠诚和爱国的联邦的人民和领导人们缺乏耐心，他们将拒绝等待实施这一计划必需的时间。

温菲尔德·斯科特将军的忧虑是不无道理的。报纸在刻薄的社论和荒谬的卡通画中批评他的计划是"斯科特的蟒蛇计划"。公共舆论反对这一计划，强烈要求联邦军队积极而迅速地前进。温菲尔德·斯科特将军在军事理论上是正确的，而在现存的政治条件下，人民和政府在实践中是正确的。虽然布尔郎战役似乎为温菲尔德·斯科特将军做出了辩护，但西弗吉尼亚州和密苏里州的胜利又维护了亚伯拉罕·林肯总统和人民。

"斯科特的蟒蛇计划"

现在可以看出，还有第三个因素——地理——的介入，促成了内战的总纲领的形成并使其按顺序进行。1861 年 5 月初，当温菲尔德·斯科特将军提出建议时，最初的七个脱离联邦的州组建的南方邦联政府所在地仍在亚拉巴马州的蒙哥马利。由于四个内陆边境蓄奴州与叛乱有牵连，1861 年 6 月底，杰斐逊·汉密尔顿·戴维斯的南方邦联政府和档案馆迁到了弗吉尼亚州的里士满，作为现在由十一个脱离联邦的州组成的南方邦联政府的首都。华盛顿必然成为联邦政府发动攻击的中心，里士满则是南方邦联政府布防的中心。从欧文·麦克道尔准将开始向布尔郎进军的那一天起，直到罗伯特·爱德华·李将军最后绝望地撤离里士满的那一天为止，这两个对立的首都之间的区域仍然是军事行动主要的和主导的范围。

根据地理特征,东线以切萨皮克湾和波托马克河之间的地区为第一大战区。而西线则以阿勒盖尼山脉和密西西比河之间的区域为第二大战区。第三大战区位于密西西比河、落基山脉和里奥格兰德河之间。除了西弗吉尼亚州,肯塔基州采取的中立态度将军事边界的界定,以及在第二大战区开始积极的敌对行动推迟了相当长的一段时间,从而使密苏里州现有的状况和发生的事件突然变得重要起来,并使圣路易斯成为第三大战区的中心。

乔治·布林顿·麦克莱伦从上尉晋升为少将。类似的惊人的晋升在当时是极其必要的,不仅是正规军的军官,还有很多杰出的平民也被授予了重要的军事指挥权,承担起统率国会授权组建的庞大的志愿军队伍的重大责任。不是最初的目的,而是最后的结果给了乔治·布林顿·麦克莱伦将军显赫的地位,并让他承担了重大的责任。但现在,亚伯拉罕·林肯总统按计划晋升约翰·查理·弗里蒙特为少将,并任命他指挥司令部设在圣路易斯的第三大战区,主要是希望他能组织西北地区的军事力量:首先,将密苏里州保留在联邦之内。其次,通过精心准备的军事远征打通密西西比河。这样他就能将南方邦联一切两半,征服或收回密西西比河以西地区,从而使叛乱的领土面积减少一半以上。虽然约翰·查理·弗里蒙特以前只是一个陆军中尉,缺乏实战经验,然而,他在西部的军事探险中表现出来的才能和精力,以及他在 1856 年的总统大选中作为共和党的总统候选人获得的政治名望,似乎使他成为这一重要职位的不二人选。

大部分来自新英格兰地区和美国中部诸州的志愿兵都集中在华盛顿及其周边的军事要塞,而西部各州组建的军队目前在约翰·查理·弗里蒙特将军的指挥下,执行当前和将来可能会有的任务。但联邦政府寄予约翰·查理·弗里蒙特将军的厚望并未实现。约翰·查理·弗里蒙特能带领几十或几百个印第安侦察兵和山里的猎人穿越荒芜的沙漠和平原,翻越内华达山脉的天险,能对抗野蛮人的敌对行动,在大雪封山的情况下忍饥挨饿。然而,在激发西北八到十个大州的爱国热情,整合他们的爱国力量,组织并领导一支由十万名热情洋溢的志愿兵组成的军队,发动一场全面而果断的战役,恢复一条国家交通要道的任务面前,这位天才约翰·查理·弗里蒙特显然是失败的。从一开始,约翰·查理·弗里蒙特将军就缺乏机敏、远见和高效的监管，最重要的是，他未能激发部下的信心，未能激励他们发扬奉献精神和吸引各方援助。他的军事管理导致了放纵和混乱，他的私人交往激起了州长们和文职官员们的猜疑和怨恨，而他们的劝告和配合对他的成功是至关重要的。

虽然他的资源有限，虽然他加强了圣路易斯和开罗的防卫，但更重要的一个问题需要他的关注和帮助。纳撒尼尔·里昂将军曾追击从布恩维尔逃往密苏里州南部的斯普林菲尔德的克莱伯恩·福克斯·杰克逊州长和斯特林·普赖斯将军，他发现自己的部队由于兵役期为三个月的士兵服役期满而大大地缩减了，这超出了他的预期，并且他的部队开始受到来自阿肯色州和印第安人领土的、

斯特林·普赖斯

纳撒尼尔·里昂牺牲

向北集结的南方邦联分遣队的威胁。然而，他的救援请求被忽视，这使他陷入既不能安全地按兵不动，也不能安全地撤退的两难局面。因此，1861年8月10日的黎明时分，在威尔逊河战役中，面对近三倍于己的敌军，纳撒尼尔·里昂将军抓住机会，率领五千精兵，突然向对面的敌人发起了英勇的进攻。双方的人员伤亡几乎相等，敌人遭到了遏制和重创。但纳撒尼尔·里昂将军在孤注一掷的白刃战中身先士卒，当场牺牲，这让联邦军队遭受了致命的损失。到目前为止，联邦军队在密苏里州的任务一直仰赖纳撒尼尔·里昂将军的军事才能、军事经验和军事行动。现在，没有了他的建议、谋略和榜样的作用，联邦军队不得不撤退到罗拉的铁路终点站。这一令人沮丧的事件使公众对约翰·查理·弗里蒙特将军的批评更加尖锐。亚伯拉罕·林肯总统不愿意屈服于公众纯粹的抗议，也不愿仓促地更换军队指挥官，便派戴维·亨特将军到约翰·查理·弗里蒙特将军手下做了一名参谋，试图改善局势。

亚伯拉罕·林肯总统在给戴维·亨特将军的短信中说道："约翰·查理·弗

里蒙特将军需要援助，这很难给他。他正在失去身边人的信任，任何处在他的位置上的人都必须成功获得他们的支持。他最大的错误就是将自己孤立了起来，使别人无法领会他的意思，因此，他也不明白自己正在处理的事情到底进展得怎么样了。他身边需要有一个经验丰富的人。你会为了我接受那个职位吗？你的军衔太高了，这对你来说有点大材小用，我不能命令你接受它，但我能否拜托你自愿地为国效力呢？"

这张便笺比几页纸的描述更能说明亚伯拉罕·林肯总统在长达四年的战争中对待他的军事指挥官和下属所表现出来的温和善良、乐于助人、宽容大度的精神。然而，在某些情况下，这种精神却遭到了如此心胸狭隘的回报。但即使在亚伯拉罕·林肯总统试图解决这一困难的时候，约翰·查理·弗里蒙特将军又给他添堵，干了两件令他感到尴尬的事情。

其中之一是约翰·查理·弗里蒙特将军与极具影响力的布莱尔家族发生了令人费解的个人矛盾，布莱尔家族以密苏里州不屈不挠的联邦主义领袖小弗朗西斯·普雷斯顿·布莱尔上校，和亚伯拉罕·林肯总统队内阁的邮政部长蒙哥马利·布莱尔为代表。迄今为止，他们一直是约翰·查理·弗雷蒙特将军最有影响力的朋友和支持者。此外，小弗朗西斯·普雷斯顿·布莱尔上校和蒙哥马利·布莱尔的父亲老弗朗西斯·普雷斯顿·布莱尔也是一位资深政治家，其影响力可以追溯到安德鲁·杰克逊总统执政时期，正是在老弗朗西斯·普雷斯顿·布莱尔的帮助下，约翰·查理·弗雷蒙特将军才得以被提名为1856年的总统候选人。

另一件让亚伯拉罕·林肯总统感到尴尬的事情造成的后果更加严重，影响也更加深远。约翰·查理·弗里蒙特将军意识到自己正在失去西部文职官员和军事指挥官们的尊重和信任，因此，他萌生了一个危险的想法，要通过一个大胆的政治行动在公众面前恢复自己以往的威信。奴隶制与内战的关系日益成为一个更加棘手的问题，并且引发了令人激动和愤怒的讨论。1861年8月30日，在没有事先与亚伯拉罕·林肯总统或他自己的任何顾问或朋友协商的情况下，约翰·查理·弗里蒙特将军作为西部战区的总司令，撰写并印刷了一份公告，

小弗朗西斯·普雷斯顿·布莱尔

宣布在密苏里州全境戒严："凡在密苏里州因持枪被捕的，将受到军事法庭的审判，一经认定有罪，将处以枪决。凡在密苏里州拿起武器反对联邦政府的人，或有直接证据在战场上与联邦政府的敌人有密切联系的人，其不动产和个人财产，将被宣布没收充公。他们的奴隶，如果有的话，将特此宣布为自由人。"

宣布采取这种极端专制措施的理由是镇压骚乱，维护公共秩序，保护忠诚于联邦的公民的人身和财产安全——所有这些都只不过是警察的职责。由于在没有与亚伯拉罕·林肯总统协商的情况下发表了声明，约翰·查理·弗里蒙特将军只能提供一个站不住脚的借口，即需要两天的时间与华盛顿进行沟通，虽然他很清楚，并没有即将发生的战斗，也没有正在进行的入侵。亚伯拉罕·林肯总统冷静而谨慎地纠正了这种大胆鲁莽地滥用权力的行为，他用惯常的礼貌，立即写信给约翰·查理·弗里蒙特将军。

> 亲爱的先生：
>
> 您于1861年8月30日发表的公告，其中的两点让我有些担忧：第一，根据公告，如果你枪毙一个人，南方邦联肯定会枪毙在他们掌控下的我们最优秀的人作为报复。冤冤相报何时了，因此，我命令你，在没有征求我的同意或批准之前，你不得根据公告枪毙任何人。第二，我认为，公告最后一段关于没收叛乱的奴隶主的财产和解放他们的奴隶的做法，存在一定的危险性，将会引起南方邦联中支持我们的朋友们的警觉，使他们转而反对我们，很可能会破坏我们对肯塔基州相当期待的美好前景。因此，请允许我请求你根据你自己的意向修改这一段，以便符合1861年8月6日国会批准通过的，题为"没收用于叛乱目的的财产的法案"的第一和第四部分。随函附上一份该法案的复印件。
>
> 我给你写这封信是出于谨慎和劝告，而不是责备和批评。我特地派信使专程去送它，以确保你能很快地收到它。

约翰·查理·弗里蒙特将军犯下的错误太大，以至亚伯拉罕·林肯总统本来可以立刻免去他的指挥权，这么做一点都不为过。但刚愎自用的约翰·查理·弗里蒙特将军太盲目太自私了，就连亚伯拉罕·林肯总统这种温和的纠正都不能接受，他宁愿亚伯拉罕·林肯总统公开指示他做出修正。他承认自己是心血来潮决定要采取这样的措施，并补充道："如果我自愿撤销这份公告，那就表明我自己承认它是错的，并且表明我采取行动的时候没有考虑到问题的严重性。"很显然，约翰·查理·弗里蒙特将军不愿意改变他仓促采取的措施对公众舆论的影响。但通过这种做法，他故意摆出一副与政府敌对的政治态度。

这件事引起了约翰·查理·弗里蒙特将军显然期待已久的某种骚动。自由州激进的反奴隶制人士对他的行为表示赞赏，并谴责亚伯拉罕·林肯总统，同时，武力解放奴隶也成为一个激动人心的话题。甚至强硬的保守主义者也被这种感觉冲昏了头脑，即叛乱分子失去奴隶，只不过是受到了适当的惩罚。亚伯拉罕·林肯总统的亲密朋友参议员奥维尔·希克曼·布朗宁就怀有这种想法。亚伯拉罕·林肯总统在给奥维尔·希克曼·布朗宁的信中，深入地分析了约翰·查理·弗里蒙特将军的宣言及其危害。

我刚刚收到你于1861年8月17日写给我的信，这封信出自你的手里，我不得不说这让我感到非常震惊。你曾经协助制定法律，并将它呈送给我，这还不到一个月，你竟然会反对我遵守它，这真是奇怪。但这不是问题的关键。约翰·查理·弗里蒙特将军关于没收财产和解放奴隶的宣言纯粹是政治性的，并不属于军法的范畴，也没有军事上的必要性。如果一位军事统帅认为有必要占用一位私人所有者的农场，用于放牧军马、修建营地或防御工事，那么他有权这样做，并且有权在必要的时候一直占用它。这属于军法的范畴，因为有军事上的必要性。但如果说农场将永远不再属于其所有者或继承人，那么当农场不再像现在这样需要用于军事目的时，这就是纯粹的政治问题了，跟军法一点都不沾边了。奴隶也是这样。如果约翰·查理·弗里蒙特将军需要他们，他可以抓住他们，使用他们，但当他不再需要他们时，就不能由他来决定他们未来永久的状况了。这个问题必须根据立法者制定的法律，而不是军事公告来解决。这里所说的公告无异于"独裁"。它假定约翰·查理·弗里蒙特将军可以为所欲为——没收土地，解放忠于联邦的人民的奴隶和背叛联邦的人民的奴隶。而且，毫无疑问，对于那些做事欠考虑的人来说，这样的做法比以前类似的做法更受欢迎。但我不能采取这种鲁莽的立场，也不允许别人在我的职责范围内采取这种鲁莽的立场。

你说这是拯救政府的唯一手段。相反，它本身就是政府的自我否定。如果一个政府的将军或总统可以通过公告制定永久的财产制度，难道还能假装它是美国政府，或者任何以宪法和法律为基础的政府吗？我并不是说，国会不可能以适当的方式通过一项正如约翰·查理·弗里蒙特将军公告的那样的法律。我并不是说，作为国会议员，我不可能投赞成票。作为总统，我反对明目张胆或瞒天过海地操控并行使政府的永久立法职能。

讲了这么多原则和道义，现在我们来讲讲政策和策略。毫无疑问，这份公告在某些地方很受欢迎，如果它是解放奴隶的总宣言，就会更受欢迎。然而，肯塔基州的议会是不会做出让步的，除非对这份公告做出修改。罗伯特·安德森将军给我发来电报，称当约翰·查理·弗里蒙特将军确实签发了解放奴隶的授权书的消息一传过来，我们有一个连的志愿兵都放下武器，就地解散了。我很有把握地认为，我们提供给肯塔基州的武器很有可能会被用来对付我们。我认为失去肯塔基州几乎等同于输掉整场战争。无法挽留肯塔基州，我们也不可能保住密苏里州，正如我所想的，马里兰州也留不住。这些州都会起来反对我们，我们手头的工作对我们来说太沉重了。我们倒不如立即同意分裂，包括放弃这个首都。

如果有人反对亚伯拉罕·林肯总统，说他本人于一年后也颁布了解放奴隶的法令，那么请务必记住，约翰·查理·弗里蒙特将军的公告与亚伯拉罕·林肯总统于 1863 年 1 月 1 日颁布的法令在许多基本细节上有所不同。而且，到了那个时候，完全改变了的形势也证明了完全改变政策是合理的。但最重要的是，亚伯拉罕·林肯总统颁布的法令的合宪性仅仅是以军事必要性的最高原则为基础的，就这一点而言，约翰·查理·弗里蒙特将军的公告是完全缺失的。

约翰·查理·弗里蒙特将军显然希望通过他的公告来赢得声望，但不久后的一场新的军事失败让他的希望化为了泡影。在威尔逊河战役中联合起来的南方邦联军队，由于领导人意见不合、缺乏军需和物资供应而迅速瓦解，大部分人返回了阿肯色州和印第安人的领土。但斯特林·普赖斯将军和他密苏里州的

詹姆斯·阿德尔伯特·穆利根

队伍，通过招兵买马，日益壮大。当联邦军队从斯普林菲尔德撤退到罗拉时，恰恰为斯特林·普赖斯将军让开了道路。因此，斯特林·普赖斯将军开始率领南方邦联军队，向北穿越密苏里州西部，攻击詹姆斯·阿德尔伯特·穆利根上校的军队，詹姆斯·阿德尔伯特·穆利根上校当时率领大约两千八百人的联邦军队，驻扎在密苏里河上的莱克星敦。斯特林·普赖斯将军率军一路北上，沿途得到了分裂分子们极大的同情和支持。1861 年 9 月 18 日，他能够用来攻打詹姆斯·阿德尔伯特·穆利根上校的非正规军达到了两万之众。经过两天的围攻之后，守军水源枯竭，被迫投降。获胜之后，斯特林·普赖斯将军又立刻南撤，他的军队锐减的速度几乎和集结的速度一样快。事实上，与其说它是一场有组织的战役，倒不如说它在精神和本质上是一场边境突袭。

本杰明·麦卡洛克

　　由于这一新的损失，约翰·查理·弗里蒙特将军遭到了猛烈的批评。这一次，他试图通过雷厉风行的行动来消除人们对他的怨言，他给亚伯拉罕·林肯总统发电报，夸张地宣布："我要亲自上战场，希望在南方邦联的本杰明·麦卡洛克准将的军队集结前或集结后消灭他们。"莱克星敦的联邦守军投降四天后，圣路易斯的报纸刊登了约翰·查理·弗里蒙特将军组织五个师的命令。这份文件在报纸上表现出了雄壮的气势，声称五个师的总数接近三万九千人。然而，事实上，由于这些部队分散在各地，完全没有做好上战场的准备，所以它根本就没有这么大的效力。一个多月以来，报纸上铺天盖地的报道鼓舞着公众，他们希望约翰·查理·弗里蒙特将军计划的战役能够产生实质性的结果。然而，在那段时间结束之前，亚伯拉罕·林肯总统感到越来越忧虑，便派战争部部长西蒙·卡梅伦和陆军副官长亲自到密苏里州去调查。他们于1861年10月13日抵达约翰·查理·弗里蒙特将军的营地，发现所谓的行动仅仅是勉强地、断断续续地炫耀武力，没有实质性的军事效力，没有排兵布阵，也没有连贯而可行的作战计划。此外，至少有两个师的指挥官没有办法执行他们收到的命令，并且对他们的领导约翰·查理·弗里蒙特将军没有信心，也不知道他的意图。

由于约翰·查理·弗里蒙特将军坚持认为他对胜利唾手可得，为了再给他一次机会，战争部部长西蒙·卡梅伦扣留了自己随身带来的亚伯拉罕·林肯总统解除约翰·查理·弗里蒙特将军的指挥权的命令。当这种希望也被证明是幻想时，当人们怀疑这位约翰·查理·弗里蒙特将军可能不仅打算欺骗政府，还打算藐视政府时，亚伯拉罕·林肯总统通过一位特殊朋友给坐镇圣路易斯的塞缪尔·莱恩·柯蒂斯准将送去一封信。

亲爱的先生：

收到这封信连同随函附件后，您将采取安全、可靠和适当的措施，迅速将我写给约翰·查理·弗里蒙特将军的附件交给他。当你自己，或者你派去的任何信使联系到约翰·查理·弗里蒙特将军时，如果他亲自指挥作战并赢得了一场战斗，或者如果他当时正在参加一场战斗，或者如果他当时正面对敌人，准备战斗，也只有在这些条件下，你或你的信使先不要将附件交给他，而是等待下一步命令。在将附件交给约翰·查理·弗里蒙特将军之后，立刻将我写给戴维·亨特将军的附件交给他本人，而不要等到以后。

约翰·查理·弗里蒙特将军于1861年11月2日收到免职命令。到那时，他已经到了斯普林菲尔德，但没有赢得胜利，也没有打过仗，也没有面对敌人。他的两个师还没有和他在一起。也许是他的侦察兵为了欺骗他而编造了错误的情报，而他仍然在为此不懈地努力，他的命令说敌人距此只有一天的路程，正在奔袭他。亚伯拉罕·林肯总统在给塞缪尔·莱恩·柯蒂斯准将的信中提到的附件是要求戴维·亨特将军解除约翰·查理·弗里蒙特将军的指挥权的命令。当戴维·亨特将军见到约翰·查理·弗里蒙特将军并接替其指挥权之后，他派出的侦察兵并没有像传闻和假想的那样，发现任何伺机而动的敌人，也没有发现任何发生战斗的可能性或获胜的希望。

约翰·查理·弗里蒙特将军在这种不如意的境遇中的个人行为和风度是完全值得称赞的。他致了简短的告别辞之后就离开了军队。在他的告别致辞中，他表示完全服从权威，对继任者表达了祝贺，并要求属下要像支持他本人那样，同样热诚地支持继任者。他也没有用言辞或行动为一些不守规矩的支持者们引起的抗命的嫌疑辩解。根据亚伯拉罕·林肯总统给戴维·亨特将军下达的命令，约翰·查理·弗里蒙特将军放弃了无限期追击斯特林·普赖斯将军的想法，而是将军队分成了两个观察军团，暂时撤退并驻扎在罗拉和西代利亚这两个铁路终点站，随时准备征用并投入战斗。

第 **6** 章

温菲尔德·斯科特将军引退

精彩
看点

在萨姆特堡遭到炮轰之后，美国海军没有条件实施亚伯拉罕·林肯总统于
1861 年 4 月 19 日在公告中宣布的从切萨皮克湾到里奥格兰德河的封锁。当时
服役的四十二艘船几乎都在海外的基地。另一个造成海军虚弱的重要原因是：
在萨姆特堡遭袭后的几天内，有一百二十四名海军军官辞职，或因不忠而被免
职，而且截至 1861 年 7 月 4 日，这个数字翻了一番。然而，海军部门经过不
懈的努力，装备了闲置已久的船、完成了正在建造的船，购买并装备了大量可
投入使用的五花八门的船。有带螺旋桨和侧轮的商用汽船，也有渡船和拖船。
在六个月内建立了一条具有法律效力的海上封锁线。也立即开工修造了大量新
战舰。国会特别会议成立了一个委员会，专门研发铁甲战舰，并根据委员会的
建议，签订了建造三艘这种试验性的战舰的合同。其中一艘于 1862 年初完工，
为下文将要提到的海战做出了重大贡献，并彻底改变了海战的格局。

同时，海军部迅速搜集并准备船，组织了一次有效的远征，对大西洋沿岸
叛乱的城镇予以打击。1861 年 8 月 29 日，一支由海军军官西拉斯·霍顿·斯
特林厄姆海军少将指挥的小舰队，在攻占了叛乱分子为守卫哈特拉斯湾而建造
的堡垒之后，占领了该海湾，并俘虏了七百名敌军，缴获了二十五门大炮。联
邦舰队在没有损失一兵一卒的情况下取得的这次胜利是非常重要的，因为它为
1862 年初在北卡罗来纳州的内陆水域取得一系列胜利开辟了道路。

不久后的一次更加艰巨的远征，又取得了更大的胜利。1861 年 11 月初，

亨利·阿尔杰农·杜邦上尉在罗亚尔湾前集合了一支由五十艘帆船，包括运输船在内的舰队。罗亚尔湾海峡的左边是沃克堡，有二十三门大炮。右边是博雷加德堡，有二十门大炮。亨利·阿尔杰农·杜邦上尉将九艘战舰排成一列纵队，共有一百一十二门大炮。每艘战舰在迅速通过罗亚尔湾海峡时，向两座堡垒开火。在适当的地点掉头，然后又一个接一个地将侧舷的大炮对准两座堡垒重复轰炸。在第三轮战斗中，两座堡垒未能对联邦舰队的火力做出还击，由此决出胜负。当克里斯托弗·雷蒙德·佩里·罗杰斯海军少将将星条旗插上这两座堡垒的城

克里斯托弗·雷蒙德·佩里·罗杰斯

查尔斯·威尔克斯

墙时，他发现它们已经空无一人了，四散而逃的驻军抛下了一切。进一步的侦查表明，联邦舰队带来的恐慌已经扩散到查尔斯顿和萨凡纳之间所有相邻的海岛上了，联邦海军不失时机地占领了整个地区，并为海军和陆军提供了一个军事基地，在进一步肃清海岸附近的叛乱分子的过程中具有了不可估量的优势。

然而，几乎与此同时，海军立下的另一份功劳吸引了公众更多关注，并一度激起了强烈的兴奋，制造了重大的悬念。南方邦联政府任命前参议员詹姆斯·默瑞·梅森和约翰·斯莱德尔为前往欧洲各国寻求援助的特使。他们设法避开了封锁，到达了哈瓦那。指挥"圣阿辛托"号军舰的查尔斯·威尔克斯上尉，

"圣阿辛托"号军舰拦截"特伦特"号邮轮

得知他们将乘坐英国邮轮"特伦特"号前往英格兰，于1861年11月8日在古巴海岸附近拦截了"特伦特"号邮轮。像往常那样，他武力俘虏了这两名叛军特使，并将他们带回了美国，但放走了"特伦特"号邮轮。这起所谓的侮辱事件在英国和在美国一样令人激动，英国政府立即开始大张旗鼓地为战争做准备，因为它草率地认为这是违反《国际法》的，也是对英国国旗的侮辱。英国驻华盛顿大使理查德·比克顿·佩梅尔·里昂勋爵接到指示，要求释放囚犯，并做出适当的道歉。如果这一要求在一周内得不到满足，他将关闭使馆并返回英国。

在北方诸州，特伦特事件引起了全民欢呼。报纸对查尔斯·威尔克斯上尉大加赞赏，海军部长对他的行为做出了正式批示，众议院一致通过了一项决议，对他"勇敢、机敏、爱国的举动"表示感谢。亚伯拉罕·林肯总统和内阁一听到这个消息时都感到无比欣喜，但经过仔细考虑之后，他们才意识到了这一事件导致的国际问题的严重性，这样一来，他们陷入了严重的两难境地，如果拒

理查德·比克顿·佩梅尔·里昂

阿尔伯特亲王

绝英国提出的要求,势必会引发英国迫切期待的战争。幸运的是,国务卿威廉·亨利·西沃德和理查德·比克顿·佩梅尔·里昂勋爵私交甚密,更幸运的是,尽管英国的公众舆论强烈支持叛乱,但维多利亚女王对美国政府怀有最亲切的感情。在她的授意下,阿尔伯特亲王指示英国内阁用最礼貌的外交语言提出要求,而美国亚伯拉罕·林肯总统和内阁则以审慎的态度讨论此事。

亚伯拉罕·林肯总统的第一个愿望是通过友好的仲裁解决困难。他在一份自己亲自书写的试探性的急件草稿中提出了这条建议,并清楚地表达了自己的心情。他用国务卿威廉·亨利·西沃德的语气写道:

亚伯拉罕·林肯总统不愿相信，维多利亚女王陛下的政府会迫切要求对一份在他看来只是不完整的，而且他并没有参与其中的记录做出明确答复。他不愿主动提出对这一事件的看法，因为他不敢保证女王陛下的政府会同意听取他的意见。然而，他指示我这么说，美国政府无意冒犯英国国旗和英国国民，也不打算强行讨论一个令人尴尬的问题。以下事实证明了所有这一切，即遭到控诉的行为是由军官在没有政府的命令或期待的情况下实施的。但既然事情已经发生了，为了避免争议，我们不能再去考虑我们是否可以放弃一项虽不重要但绝对的权利。因为我们和英国一样，都有着精心维护自己权利的国民，而只有在公平地表明这一遭到控诉的行为是错误的，或至少是非常可疑的情况下，我们的政府才可以当着国民的面撤销它。美国政府和人民仍然愿意对这种行为做出补偿。

　　因此，我奉亚伯拉罕·林肯总统的指示，询问维多利亚女王陛下的政府是否愿意就这一问题听取美国的意见。除此之外，亚伯拉罕·林肯总统希望贵国政府看到并考虑：美国现存的叛乱。英国采取的立场，包括女王陛下与此有关的声明。遭到控诉的行为中被扣押的两个人与美国的关系，以及他们被扣押时的旅行目的。"特伦特"号邮轮的船长在允许他们上船时了解他们与美国的关系，以及他们此行的目的。扣押的地点。美、英之间在类似的先例中双方采取的立场。

　　在附上上述事实，以及上述发给维多利亚女王陛下的急件，连同任何一方都认为重要的所有其他事实之后，我奉亚伯拉罕·林肯总统的指示询问，如果维多利亚女王陛下的政府同意，美国政府将按照国际惯例进行友好仲裁，并遵守裁决。

　　欧洲最老练的外交家也不可能写出比这更庄严、更礼貌、更简洁的案情陈述。然而，根据当时的需要，不可能采取这种做法。经过充分讨论，联邦政府决定必须避免与英国的战争。威廉·亨利·西沃德写了一封电报，为查尔斯·威尔克斯上尉的行为辩护，还提到他允许"特伦特"号邮轮继续航行。威廉·亨利·西沃德说查尔斯·威尔克斯上尉本来有责任将"特伦特"号邮轮送上一个处理战利品的法庭，但他没有这么做。根据《国际法》的规定，他缴获的战利品是不完整的，所以美国政府失去了确定船和被扣押人员的违禁性质的权利和法律证据。在这种情况下，被扣押人员如愿获释。激动的美国人对这样的结果感到非常失望。但美国人的理智让他们很容易就接受了国务卿威廉·亨利·西沃德阐述的法律的正确性和避免重大国际危机的公共政策。尤其是因为这样的决定迫使英国背离了自己的传统，采纳了尊重这一类中立权利的美国传统。

前面已经讲过，战争伊始，乔治·布林顿·麦克莱伦上尉是如何一下子晋升为三个月兵役期的民兵少将，然后又升任俄亥俄州十三个民兵军团的总指挥，最后升任正规军的少将的。乔治·布林顿·麦克莱伦将军在西弗吉尼亚州的战役获胜之后被调到了华盛顿，并被任命为波托马克防区的指挥官，统领包括波托马克河两岸、华盛顿市内和周边的所有部队。他就这样被调回首都，以防范布尔郎战役的灾难性后果对华盛顿市构成的威胁，并组建一支新的军队，对敌人发动新的攻势。周围的环境和形势明白无误地告诉他，他极有可能要在内战这场波澜壮阔的大戏中扮演一个举足轻重的角色。他踌躇满志，对未来充满了期待。

1861年7月27日，在他升任波托马克防区指挥官的那一天，乔治·布林顿·麦克莱伦将军写信给他的妻子："在这儿，我发现自己处在一个新鲜而陌生的位置。亚伯拉罕·林肯总统、内阁成员、温菲尔德·斯科特将军，以及所有其他人都要听从我的命令。通过某种神奇的魔力，我似乎已经掌握了这片土地的命运。"三天后，乔治·布林顿·麦克莱伦将军又给他的妻子写道："他们给了我无限的权力和最大的信任。……我们结婚的时候，谁会想到我这么快就会响应号召拯救我的国家呢？"又过了几天，他又给他的妻子写道："我要发动一场大规模的战役，一举歼灭叛军。"

这种虚构的成就使乔治·布林顿·麦克莱伦将军的梦想上升到了一个令人头晕眼花的高度，只差一步，他膨胀的自我就能立即实现这一梦想。1861年8月9日，就在他抵达华盛顿两周后，他写道："我将欣然接受这个职位，愿

乔治·布林顿·麦克莱伦与妻子内丽·麦克莱伦

意为拯救国家献出自己的生命。"他压根没有意识到自己的幻觉，他在同一封信中补充道："我并没有被我意料之外的新职位宠坏。"

乔治·布林顿·麦克莱伦将军是在布尔郎战役失败后，公众情绪最沮丧的时刻来到首都华盛顿的，受到了亚伯拉罕·林肯总统、内阁成员、温菲尔德·斯科特将军和人民热烈而诚挚的欢迎，国会对他寄予厚望，华盛顿的上流社会对他阿谀奉承。从外表上来看，他似乎觉得这一切都是理所当然的。他年轻英俊、学识渊博、和蔼可亲，言谈举止优雅迷人。他立刻表现出了勤奋上进和杀伐决断，并迅速表现出一定程度的军事指挥能力。这是内战时期任何军官都无法望其项背的。在他的密切关注下，源源不断送到华盛顿市的兵役期为三年的新兵被分派到了各个营地，编入旅团和师团，配发了装备、马匹和大炮，接受例行的审查和战术训练，这一切有条不紊、令行如流地进行，并无半点喧嚣与纠纷。在三个月内，波托马克防区的军队就被锻造成了一部完美的战争机器，拥有十五万名士兵和两百多门大炮。

由于认识到乔治·布林顿·麦克莱伦将军在这方面的能力，政府确实给了他充分的信心，并允许他行使几乎无限的权力，他充分利用这些权力来提拔他的私人朋友，用全国最好的武器、补给来配备自己的军队，并吸收了大批受过教育、经验丰富的军官。有一段时间，他的行为举止表明他对自己得到的提升和慷慨的恩惠表示尊重和感激。但他的平步青云反而严重影响了他为国效力。在乔治·布林顿·麦克莱伦将军抵达华盛顿两周后，他向妻子秘密地宣布，他要成为国家唯一的救星。只要他继续大权在握，他就绝对不会放弃这个梦想。然而，伴随着这种令人头晕目眩的想象，乔治·布林顿·麦克莱伦将军很快产生了让他受尽煎熬的双重幻觉：第一，每个人都在密谋阻挠他。第二，敌人要打败他，人数从两倍增加到了四倍。

第一个月，乔治·布林顿·麦克莱伦将军睡不着觉，总是做噩梦。他梦见皮埃尔·古斯塔夫·图坦特·博雷加德将军士气低落的军队突然从马纳萨斯出发占领了华盛顿市。他立刻和温菲尔德·斯科特将军吵了一架。到 1861 年 11 月 1 日，亚伯拉罕·林肯总统终于屈服于温菲尔德·斯科特将军的强烈要求，下令将他列入退伍军人名单，并任命乔治·布林顿·麦克莱伦将军接管了所有军队的指挥权。乔治·布林顿·麦克莱伦将军就这样迫使这位老英雄引退，从而移除了自己前进道路上的一块绊脚石。几个星期后，乔治·布林顿·麦克莱伦将军诬蔑那些有意或无意地鼓励他这么做的内阁成员为一群傻瓜。看到亚伯拉罕·林肯总统在讨论军事问题时态度和蔼、谦逊，乔治·布林顿·麦克莱伦将军很快养成了在秘密书信中对他表示轻蔑的坏习惯。这种轻蔑的感觉变得越来越强烈，直到最后他公开对亚伯拉罕·林肯总统表示不敬。同样的缺点也体现在他与自己的下属军官的关系中，他的下属军官中，只有两三个心腹，他只听信他们的话，而忽视了所有其他军官的忠告。后来，当国会任命了一个由显要的参议员和众议员组成的常设委员会来调查战况的时候，他以同样的态度对待他们的调查和忠告。

作为一名军队的组建者所表现出来的活动力和判断力，自然使人们对乔治·布林顿·麦克莱伦将军能成为一名高效的战地指挥官寄予厚望。但这些希望最终却非常令人失望。他的第一个缺点就是高估自己，认为他是这个国家唯一的救星。还有一个缺点就是，他完全不能合理地判断敌人在前线的力量。1861年9月8日，当马纳萨斯的南方邦联军队达到四万一千人时，他的估计是十三万人。到1861年10月底，他的估计已经上升到了十五万人，为了迎战这么多假想的敌人，他要求将自己的总兵力增加到二十四万人，实际可作战的人数总计要达到二十万零八千人，要有四百八十八门大炮。他建议，要集结这样的一支部队，其他军事要地都只能采取战略防御。波托马克防区的军队掌握着国家的命运，其进攻不应该推迟到1861年11月25日以后。在制订彻底打败马纳萨斯的叛军的计划时，必须由他一个人说了算。

政府沉迷于对乔治·布林顿·麦克莱伦将军的期望，希望这位被报纸经常吹捧为"小拿破仑"的乔治·布林顿·麦克莱伦将军，最终会利用秋高气爽的好天气，并凭借他的坚定意志和将近四倍于敌的庞大的军队，采取大胆的行动，兑现他彻底粉碎马纳萨斯的叛军和"拯救国家"的诺言。但和1861年10月一样，1861年11月的日子来了又去了。乔治·布林顿·麦克莱伦将军和他才华横溢的部下们不停地在各个营地之间来回奔波、视察。当凛冽的寒冬不知不觉地取代了温暖的秋天的时候，这支大军仍然没有任何前进的迹象。

到了1861年12月1日前后，由于乔治·布林顿·麦克莱伦将军以及公众变得越来越不耐烦，亚伯拉罕·林肯总统在一份提议制订作战计划的备忘录中明确地询问，需要多长时间才能真正开始行动。乔治·布林顿·麦克莱伦将军回答道："到1861年12月15日，或许25日。"他对亚伯拉罕·林肯总统的建议置之不理，解释说："我现在正在积极地考虑另一个作战计划，我认为这个作战计划是敌人和我们中的许多人完全预料不到的。"

和1861年11月25日一样，1861年12月25日到了，他仍然没有计划，没有准备，没有行动。乔治·布林顿·麦克莱伦将军那时病得很重。出于自发的和本能的冲动，各个营地的士兵们开始搭建棚屋以躲避暴风雪。几周后，波托马克防区的军队就算不是奉命行事，实际上已经搬进了冬天的营房。日复一日，北方人民从报纸上读到的单调的电报短语"波托马克河上静悄悄"，通过不断的重复，最终从一个表达极度失望的短语演化成了一个讽刺挖苦的批评。

在阿勒盖尼山脉以东的第一大战区存在着如此令人不满的情况。与此同时，在阿勒盖尼山脉和密西西比河之间的第二大战区，和密西西比河以西的第三大战区，前景都同样不妙。1861年9月1日左右，当南方邦联军队入侵肯塔基州时，吉迪恩·约翰逊·皮洛将军率领大约六千人的南方邦联军队，驻扎在密西西比河上固若金汤的哥伦布镇。西蒙·玻利瓦尔·巴克纳将军率领五千人的南方邦联军队驻扎在纳什维尔以北的铁路线上的博林格林。菲利克斯·柯克·佐利克

吉迪恩·约翰逊·皮洛

西蒙·玻利瓦尔·巴克纳

福尔将军率领南方邦联军队的六个团驻扎在肯塔基州东部,正对着坎伯兰山口。直到那时,肯塔基州除了少数几个看家护院的民团之外,还没有任何联邦的军队。然而,现在肯塔基州议会呼吁积极有效的援助。罗伯特·安德森将军在辛辛那提行使了名义上的指挥权,派威廉·特库姆塞·谢尔曼准将到纳什维尔对付西蒙·玻利瓦尔·巴克纳将军,派乔治·亨利·托马斯准将到迪克·鲁滨孙营对付菲利克斯·柯克·佐利克福尔将军。

双方都还没有做好武力进攻的准备。一个月后,由于罗伯特·安德森将军身体欠安,就将指挥权交给了威廉·特库姆塞·谢尔曼准将。威廉·特库姆塞·谢

威廉·特库姆塞·谢尔曼

尔曼准将只召集了一万八千人，这么小的一支部队却要保卫三百英里的边疆，这着实让威廉·特库姆塞·谢尔曼准将感到气馁。1861年10月中旬，战争部部长西蒙·卡梅伦从约翰·查理·弗里蒙特将军的营地回来后，又视察了威廉·特库姆塞·谢尔曼准将的营地。在会面的过程中，威廉·特库姆塞·谢尔曼准将强烈敦促，他需要六万人才能完成眼下的防守任务，至于要完成最后的总攻，还需要"二十万人"。战争部部长西蒙·卡梅伦惊叹道："天哪！到哪里去征集这样庞大的一支军队呢？"威廉·特库姆塞·谢尔曼准将的要求和战争部部长西蒙·卡梅伦的回答，都是对乔治·布林顿·麦克莱伦将军的政策的中肯而恰当的评论——他在华盛顿集结全国的军事力量，试图打一场他从未准备好的大战。

威廉·特库姆塞·谢尔曼准将对自己肩头貌似沉重的负担感到非常苦恼，以至没过多久他就要求解除自己的指挥权。当卡洛斯·贝尔准将被派去接替他对肯塔基州在坎伯兰河以东地区的指挥权时，亚伯拉罕·林肯总统期望卡洛斯·贝尔准将的主要精力能放在实现他非常关注的一个特定的目标上。

自从1861年6月亚伯拉罕·林肯总统主持了战争委员会，讨论并制订了布尔郎战役的作战计划以来，他将全部空闲时间都用来研读兵书和研究兵法，以帮助他解决必须由他自己做出最终决定的问题。他敏锐的洞察力、非凡的记忆力和罕见的逻辑思维能力使他在学习军事著作中讲到的既定的、公认的原则方面取得了迅速的进步。在这方面，和在其他学科中一样，他所面临的主要困难当然在于将不变的理论活学活用。然而，当我们想起，在内战刚刚爆发的时候，所有杰出的指挥官都只当过上尉和中尉，那么，在推测性的军事问题中，亚伯拉罕·林肯总统通过观察和批判获得炉火纯青的推理能力，与指挥官们通过实践和尝试获得炉火纯青的推理能力所用的时间一样快，这就不足为奇了。亚伯拉罕·林肯总统对军事这门深奥的艺术的精通掌握，以及对军事形势直觉的把握的正确程度，已经在那些才华横溢的士官们的赞美和钦佩中得到了验证。他们训练有素、头脑聪慧、善于表达自己的见解，对亚伯拉罕·林肯总统的评论不亚于宣布他为"最有能力的战略家"。

亚伯拉罕·林肯总统很早就看出，在取得并保持对南方各州的军事控制方面，什么才必须成为主导性和决定性的前进路线。布尔郎战役结束两天后，他就写了一份备忘录，建议组建军队时要有三个主要目标：第一，集结军队威胁里士满。第二，从辛辛那提向坎伯兰山口和东田纳西州调兵。第三，从开罗向孟菲斯远征。在他看来，第二个目标从来没有失去它的重要性。事实上，在战争接近尾声的时候，基本上间接和必然地采纳了这一做法。田纳西州三分之一的东部从一开始就矢志不移地忠于联邦。在1861年6月8日的一次选举中，二十九个县的人民以二比一投票反对加入南方邦联。为了防止全面起义，杰斐逊·汉密尔顿·戴维斯和伊斯兰姆·哈里斯州长认为有必要发布命令，进行最严厉的军事镇压。

亚伯拉罕·林肯总统向这些不幸的田纳西人表达的温暖人心的同情，甚至比整个北方对他们的同情还要强烈，他希望将他们建在大山里的要塞变成坚不可摧的爱国的堡垒。如果他们采纳了他的忠告，本来能够完全切断弗吉尼亚州和墨西哥湾各州之间，通过谢南多厄大峡谷、诺克斯维尔和查塔努加的铁路交通，并能够在 1861 年冬天就完成直到两年之后才完成的任务。亚伯拉罕·林肯总统在 1861 年 9 月下旬的第二份备忘录中敦促了这件事。由于反对这么做的主要原因在于陆路运输长期以来困难重重，亚伯拉罕·林肯总统在 1861 年 12 月 3 日给国会的咨文中建议作为一项军事措施，修建一条铁路，通过肯塔基州的莱克星敦将辛辛那提和田纳西州东部山区连接起来。

亚伯拉罕·林肯总统的咨文发布的几天之后，他私下到国会大厦的总统办公室，将几个主要的参议员和众议员召集到一起，指着他们面前的地图上的田纳西州东部地区，对他们说了大致内容如下的一番话：我完全相信战争将在这个山区的某个地方结束。凭借我们在数量和力量上的优势，我们完全能够将叛军从大西洋沿岸的平坦地区、从俄亥俄河南岸和密西西比河东岸赶回老家去。屈服于我们强大的军事力量，他们将逐步撤退到更容易防守的山区，并将南方的弗吉尼亚州、西弗吉尼亚州、北卡罗来纳州、南卡罗来纳州、佐治亚州、田纳西州、肯塔基州相连的山区作为他们最终的落脚点。那里的绝大多数人民都死心塌地地忠于联邦。乔治·亨利·托马斯准将于 1861 年 10 月 28 日和 1861 年 11 月 5 日发来的急件显示，只要再给他四个英勇善战的团，他就愿意发动这场战役，而且他相信他可以马上占领这些地区。一旦他在那里站稳了脚跟，那里的人民就会团结起来支持他，并通过修建铁路，不定期地向他运送常规的供给和需要的援军。我们控制了那里，就可以粉碎所有赶走我们的企图，同时可以对我提到的七个州中的任何一个州的敌人构成威慑。

当亚伯拉罕·林肯总统的听众们饶有兴趣地倾听时，很明显，他们的脑海里仍然充满了在弗吉尼亚州进行大规模的战斗，夺取里士满和尽早镇压叛乱的

安布罗斯·埃弗雷特·伯恩赛德

前景。修建铁路对他们来说似乎是一个过于缓慢的战争行动。为了表明亚伯拉罕·林肯总统的建议是多么明智，我们可以通过回忆预料到，在接下来的那个夏天，卡洛斯·贝尔准将在试图从科林斯向田纳西州东部的征程中所花费的时间、金钱和军力都足以修建一条亚伯拉罕·林肯总统建议的、从肯塔基州的莱克星敦到诺克斯维尔的铁路。卡洛斯·贝尔准将的努力，只导致他被赶回了路易斯维尔。1863年，安布罗斯·埃弗雷特·伯恩赛德少将在更大的困难下进军，

乔治·亨利·托马斯

成功地占领了诺克斯维尔。而乔治·亨利·托马斯准将在 1861 年，甚至在没有一条铁路的情况下，只需要几个团就可以取得这一成就。1865 年春，在叛乱集团最终土崩瓦解的时候，南方邦联的约瑟夫·埃格尔斯顿·约翰斯顿将军和罗伯特·爱德华·李将军的两支败军，就试图撤退到亚伯拉罕·林肯总统在 1861 年 12 月指出的同一片山区，并打算将那里作为他们最后的落脚点。

虽然亚伯拉罕·林肯总统在占领田纳西州东部的计划中并没有得到参议员和众议员们的支持，但当他派卡洛斯·贝尔准将去肯塔基州指挥军队时，在给卡洛斯·贝尔准将的指示中特意提到了这一目标："碰巧，田纳西州东部的大多数居民都是支持联邦的。因此，你应该在从路易斯维尔到纳什维尔的防线上保持守势，同时由坎伯兰山口或沃克斯山口快速推进，将大批军队投向诺克斯维尔，以便占领那里的铁路，从而使田纳西州东部忠于联邦的公民们能够起来反抗南方邦联政府，同时可以切断弗吉尼亚州东部和密西西比州之间的铁路交通。这样做似乎才合适。"

在同一个月内，乔治·布林顿·麦克莱伦将军曾三次对卡洛斯·贝尔准将重复发布了这条命令。来自田纳西州的美国国会参议员安德鲁·约翰逊和众议员贺瑞斯·米纳德从华盛顿给卡洛斯·贝尔准将发电报："我们的人民像森林里的野兽一样遭到压迫和追捕。政府必须前来救援。"

贺瑞斯·米纳德

卡洛斯·贝尔准将回答说，他将信守诺言。但他却在暗暗酝酿着另外一场战役，并逐步但固执地让亚伯拉罕·林肯总统的希望落了空。一个月后，当他承认他的准备和意图是要攻打纳什维尔的时候，亚伯拉罕·林肯总统写信给他："在这两种情况下，我宁愿占领坎伯兰山口南部的铁路上的一个地方，也不愿占领纳什维尔。因为首先，它切断了敌人的交通要道，而纳什维尔没有。其次，它是在忠于联邦的人们中间，他们会团结在它周围，而纳什维尔没有……但让我感到悲痛的是，我们田纳西州东部的朋友们被绞死，并被逼至绝境，甚至是现在，为了保护自己，恐怕他们正在考虑拿起武器反抗南方邦联政府。在这方面，我们失去了南方最有价值的支持。"

乔治·布林顿·麦克莱伦将军对卡洛斯·贝尔准将的评论简直就是严厉的谴责，紧接着，他向卡洛斯·贝尔准将发布了明确的命令："立即向田纳西州东部推进。"卡洛斯·贝尔准将再次承诺执行命令，然而，仅仅几周之后，他又一次向联邦政府报告了自己坚定的信念："现在向田纳西州东部进军，无论规模多么大，都是不切实际的。"很难推测由于指挥官不愿服从命令而导致联邦军失去了怎样的优势，更不用说田纳西州东部对联邦的战略价值了，那里的人民对联邦的忠诚充分体现在南方邦联政府收到的报告中："整个地区现在都处于叛乱状态。……田纳西州东部爆发了内战。……他们怀着和犹太人期待弥赛亚的到来一样的信心，寻求在南方重新确立联邦政府的权威。"

出生于1815年的亨利·韦杰·哈莱克，于1839年毕业于西点军校，因其在墨西哥战争中的突出表现，曾被晋升为名誉工兵上尉，但不久后退役去旧金山当了一名律师。他也许是温菲尔德·斯科特将军在1861夏天召集起来的，在联邦军队中担任重要指挥官的那批人中专业素养最高的军官了。温菲尔德·斯科特将军很可能打算让亨利·韦杰·哈莱克接替自己当上总司令，但当亨利·韦杰·哈莱克到达华盛顿时，已经是深秋时节，而且由于约翰·查理·弗里蒙特将军明显的失败，似乎有必要将亨利·韦杰·哈莱克派到密苏里州的指挥部去。密苏里州战区经过重组，除了西北部的几个州之外，还包括密苏里州和阿肯色州，以及肯塔基州位于坎伯兰河以西的大部分地区。这种战区范围的变化表明

亨利·韦杰·哈莱克

军事行动的一个主要特征即将开始显现，即密西西比河本身成了战略和行动的第三大区域，而不是这条大河以西的广大地区和它两岸紧邻的区域。必须要将它作为一条军事和商业的交通要道而保持畅通无阻。

虽然亨利·韦杰·哈莱克的任命进一步表露了政府通过一支强大的远征军打通密西西比河的意图，但当亨利·韦杰·哈莱克将军在圣路易斯就任指挥官时，他并没有立刻找到足以完成这项任务的方法。约翰·查理·弗里蒙特将军的管理方法让整个指挥部混乱不堪。亨利·韦杰·哈莱克将军说他除了一群乌合之众，没有可以指挥的军队。因此，几个星期以来，他一直在劳神费力地收拾前任给他留下的烂摊子，努力整饬军队，恢复秩序。他面临的一个主要困难是，密苏里州的全体居民多多少少都对联邦表示不忠。与其说这使密苏里州成了军事行动的重大问题中的一个因素，不如说这使密苏里州从战争开始到结束，成了一个无休止的派系仇恨和游击战——或者借用一个被频繁使用的词汇"丛林游击战"——的地区。由于南方邦联的武装力量每年从阿肯色州和印第安人的领土上时不时侵扰密苏里州，使密苏里州的形势更加混乱并长期保持这种状态。

第 **7** 章

军队的整编与联合

1861 年 12 月底，联邦政府的前景变得非常黯淡。乔治·布林顿·麦克莱伦将军在华盛顿确实组织了一支强大的军队，但它没有取得任何战绩来消除布尔郎战役失败的影响。相反，在弗吉尼亚州的海岸上，叛军的炮火实际上封锁了波托马克河，加上在鲍尔斯崖的另一场小规模但令人恼火的失败，大大加剧了公众焦躁的情绪。南方邦联的特使詹姆斯·默瑞·梅森和约翰·斯莱德尔不可避免地会投靠英国，这是极其令人不快的。政府每天的支出增加到了两百万美元，金融危机迫在眉睫。卡洛斯·贝尔准将不会向田纳西州东部进军，亨利·韦杰·哈莱克将军在密苏里州似乎也无能为力。此外，乔治·布林顿·麦克莱伦将军的疾病也让东部和西部的军事行动停滞不前。国会大声疾呼，要求取得战绩。参议院和众议院的联合作战委员会正在对先前战败的原因进行彻底的调查。

　　为了改变这种死气沉沉的局面，亚伯拉罕·林肯总统向西部的指挥官们提出了一些具体的问题。他于 1861 年 12 月 31 日给亨利·韦杰·哈莱克将军发电报，问道："卡洛斯·贝尔准将和你行动一致吗？"第二天，亚伯拉罕·林肯总统又给他写信："我非常担心，如果卡洛斯·贝尔准将向纳什维尔挺进，敌人就不会有太强的防守。而且我认为哥伦布镇的叛军会对他构成危胁。在我看来，如果与此同时，你从密西西比河上游攻打或佯攻哥伦布镇，就可以解除哥伦布镇的叛军对他构成的威胁，或者，作为补偿，直接拿下哥伦布镇并将它掌握在我们手里。"

亚伯拉罕·林肯总统也问了卡洛斯·贝尔准将类似的问题。他们的回答表明，他们没有一致的行动安排或计划，亨利·韦杰·哈莱克将军也没有做好合作的准备。通信从亚伯拉罕·林肯总统的询问开始，第一次对南方邦联的力量做出了明确的估计，其力量之强大不允许联邦军队从西部向南挺进。自从 1861 年 9 月 4 日南方邦联军队入侵肯塔基州以来，叛军在密西西比河上加强了对哥伦布镇的防御工事，以至它被称为"西部的直布罗陀海峡"。那里现在有两万的驻军。而西蒙·玻利瓦尔·巴克纳将军应该在路易斯维尔和纳什维尔之间的铁路上的博林格林拥有四万的兵力。一个多月以来，卡洛斯·贝尔准将和亨利·韦杰·哈莱克将军已经意识到了，沿田纳西河或坎伯兰河南下，进行一次水陆联合远征是可行的。他们如果从侧翼包围，就可以导致叛军撤离，并且几乎不会遇到抵抗。然而，卡洛斯·贝尔准将和亨利·韦杰·哈莱克将军都没有就此事交换意见，也没有为开始这件事做任何准备。两个人都各顾各的，忙于自己的计划。甚至现在，当亚伯拉罕·林肯总统开始讨论合作的话题时，亨利·韦杰·哈莱克将军回答说，他自己攻打哥伦布镇或者卡洛斯·贝尔准将攻打博林格林都非良策，但关于沿田纳西河的远征，或者与卡洛斯·贝尔准将合作实施这次远征，除了间接地抱怨从密苏里州撤军可能会冒着失去这个州的风险之外，他并没有什么话可说。

然而，亚伯拉罕·林肯总统不再满足于优柔寡断和借口。1862年1月7日，他给卡洛斯·贝尔准将发电报："请尽早确定你能安全动身的日期，以便你能在那一天或者在那一天之前准备和亨利·韦杰·哈莱克将军一起向南挺进。拖延正在毁掉我们。我必须要有明确的答复。我向亨利·韦杰·哈莱克将军发送了一封类似的信函。"

对此，卡洛斯·贝尔准将没有做出直接的答复，而亨利·韦杰·哈莱克将军回答说，他曾要求卡洛斯·贝尔准将指定一个军事演习的日期。两天后亨利·韦杰·哈莱克将军解释说："我可以用炮艇和可用的部队来一场声势浩大的军事演习，但不会发动真正的攻击。"事实上，在前一天，也就是 1862 年 1 月 6 日，他写信给尤利西斯·辛普森·格兰特准将："我希望你进行大规模的军事演习。"

尤利西斯·辛普森·格兰特

他又补充了全部的细节。尤利西斯·辛普森·格兰特准将于 1862 年 1 月 8 日对此做出了答复："今天上午收到了您于 1862 年 1 月 6 日发出的指示,并且立即准备执行命令。"他也补充了自己的军事演习的细节。

尤利西斯·辛普森·格兰特生于 1822 年 4 月 27 日,于 1843 年从西点军校毕业,因在墨西哥战争中的英勇行为而被晋升为上尉。但当内战爆发时,他从部队退役,在伊利诺伊州扎丽那市与他父亲一起经营一家皮货店。几周前,尤利西斯·辛普森·格兰特写信给联邦政府的战争部,要求服役,他说道:"我觉得自己有能力指挥一个团。如果亚伯拉罕·林肯总统信任我,请拨给我一个团。"不知为何, 这封信没有得到回复, 他也从来没有得到过任何解释, 尽管当时和后来该部门一直需要受过教育和经验丰富的军官。然而, 几周后, 理查德·耶茨州长应亚伯拉罕·林肯总统的第一次征兵令, 任命尤利西斯·辛普森·格兰特为伊利诺伊州兵役期为三年的一个团的上校, 在斯普林菲尔德协助组织民兵团。从那时起, 直到1861年底, 尤利西斯·辛普森·格兰特通过连续不断的赫赫军功, 晋升为准将, 并担任伊利诺伊州开罗市的重要军职, 与此同时, 1861年11月7日, 他在密苏里河边与哥伦布镇相对的贝尔蒙特战役中获胜。

亨利·韦杰·哈莱克将军下令进行的"军事演习"也许只是为了炫耀一下自己的军事实力, 但尤利西斯·辛普森·格兰特准将却毫不迟疑, 一丝不苟地执行了这一命令, 尽管他严格命令"避免战争", 还是造成了重大的结果。他在距哥伦布镇一两英里以内的区域, 派出了八千人的浩浩荡荡的巡逻队, 并向田纳西河派出了三艘炮艇, 这引起了亨利堡的叛军的炮火。联合演练的结果让尤利西斯·辛普森·格兰特准将确信, 这样真正的行动是可行的, 他匆忙赶到

贝尔蒙特战役中参战的联邦军舰

尤利西斯·辛普森·格兰特的军队在贝尔蒙特战役中后撤

圣路易斯当面向亨利·韦杰·哈莱克将军提出计划。起初，亨利·韦杰·哈莱克将军几乎听不进去。但回到开罗市之后，尤利西斯·辛普森·格兰特准将一遍又一遍地敦促，加上迅速变化的军事形势，很快就使亨利·韦杰·哈莱克将军认识到了真正的行动的重要性。

几天之内，亨利·韦杰·哈莱克将军收到了几条令人瞩目的消息：驻扎在肯塔基州东部的乔治·亨利·托马斯准将战胜了叛军的菲利克斯·柯克·佐利克福尔将军，占领了后者在坎伯兰河上的防御工事，消灭了十几个团的叛军，打开了坎伯兰山口。南方邦联准备向哥伦布镇投入重兵增援。联邦军队的七艘不可战胜的铁甲炮艇准备投入战斗。田纳西河的水位已经上升了十四英尺，大大削弱了叛军在田纳西河和坎伯兰河上的炮火的威力。这些消息一方面表明了联邦军队的优势，另一方面也预示了可能的危险，最终促使亨利·韦杰·哈莱克将军毅然做出决定。1862 年 1 月 28 日，尤利西斯·辛普森·格兰特准将给

联邦军夺取亨利堡

他发电报："如果允许的话，我将在田纳西河上攻占亨利堡，并在那里建立一个大规模的营地。"亨利·韦杰·哈莱克将军于 1862 年 1 月 30 日回复尤利西斯·辛普森·格兰特准将："做好准备，占领亨利堡。"

当尤利西斯·辛普森·格兰特准将于 1862 年 2 月 1 日收到书面指示时，他的准备工作似乎已经完成了，因为第二天，也就是 1862 年 2 月 2 日，他便开始运送一万五千人。1862 年 2 月 4 日，他自己乘坐安德鲁·赫尔·福特海军准将指挥的七艘炮艇中的一艘。1862 年 2 月 6 日，尤利西斯·辛普森·格兰特准将满意地向亨利·韦杰·哈莱克将军回复了一条双料信息："亨利堡是我们的……我将在 1862 年 2 月 8 日攻克并占领唐尼尔森堡。"

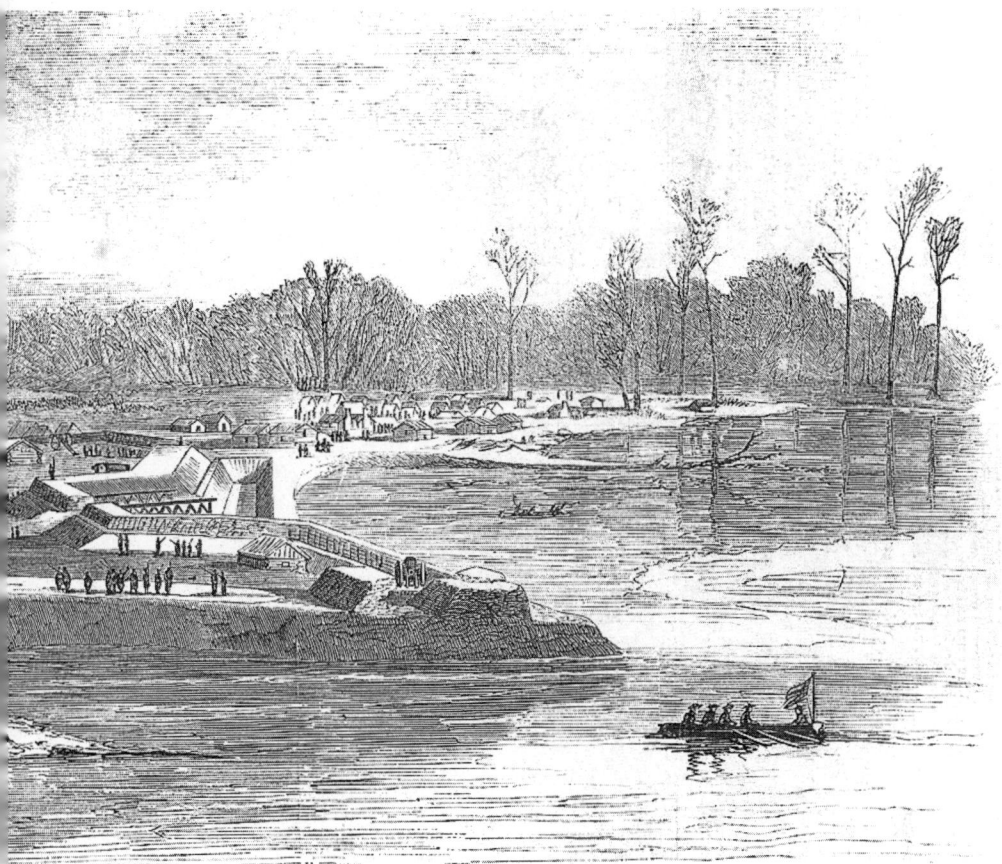

尤利西斯·辛普森·格兰特准将不费吹灰之力就夺取了亨利堡。叛军指挥官确信自己不能保卫这个地方。那天清晨，他命令三千名驻军撤退到唐尼尔森堡，只留下少数人断后，并在两个小时的轰炸中坚持到这三千名驻军安全撤离。攻克唐尼尔森堡是一项更加艰巨的任务。这座堡垒距离坎伯兰河有十二英里之遥，规模比亨利堡大得多，有六千名驻军，装备有十七门重炮和四十八门野战炮。如果尤利西斯·辛普森·格兰特准将能够立即进军唐尼尔森堡，对合为一处的敌军发动攻击，本来是有机会迅速获得成功的。但坎伯兰河居高不下的水位构成了意想不到的障碍。过了将近一个星期，他的军队才小心翼翼地行进到距离唐尼尔森堡的堑壕三英里的地方。在耽搁的这一星期内，形势发生了很大

威廉·约瑟夫·哈迪

的变化。当南方邦联的阿尔伯特·西德尼·约翰斯顿将军接到亨利堡陷落的消息时，他和下属将领威廉·约瑟夫·哈迪将军和皮埃尔·古斯塔夫·图坦特·博雷加德将军在博林格林召开了一次会议。他发现，如果不立即奋起抵抗，联邦军队将乘胜追击。届时纳什维尔和哥伦布镇都将陷入困境，因此，他下定决心，用他自己的话来说，就是"要在唐尼尔森堡保卫纳什维尔"。

南方邦联军队立即从博林格林撤退到了纳什维尔。大量增援部队也奉命赶到了唐尼尔森堡。因此，当尤利西斯·辛普森·格兰特准将准备开始进攻的时候，唐尼尔森堡原有的叛军和增援的叛军人数超过了他整个军队的人数。让他更加沮丧的是，1862年2月14日下午，联邦军队的炮艇对坎伯兰河的攻击被击退，其中两艘受到严重损坏，从唐尼尔森堡派出的一支精锐的南方邦联的突击队使尤利西斯·辛普森·格兰特准将精心安排的战线的右翼陷入混乱。幸运的是，圣路易斯的亨利·韦杰·哈莱克将军竭尽全力派遣增援部队，这些部队及时赶到，恢复了尤利西斯·辛普森·格兰特准将的部队在数量上的优势。

南方邦联指挥官之间的严重分歧也加速了唐尼尔森堡的陷落。1862 年 2 月 16 日，从上级军官那里接过唐尼尔森堡的指挥权的西蒙·玻利瓦尔·巴克纳将军提议停战，并指定专员商定投降条件。对此，尤利西斯·辛普森·格兰特准将以特有的果断做出回应："除了无条件和立即投降之外，任何条款都不能接受。我决定立即攻打你们的工事。"西蒙·玻利瓦尔·巴克纳将军抱怨尤利西斯·辛普森·格兰特准将这么做太偏狭苛刻，缺乏武士的风度，但形势的必要性迫使他接受了这样的条件。尤利西斯·辛普森·格兰特准将于 1862 年 2 月 16 日给亨利·韦杰·哈莱克将军发电报称："我们夺取了唐尼尔森堡，

唐尼尔森堡战役

俘虏了一万两千到一万五千名叛军。"而在前一天晚上,南方邦联的高级将领吉迪恩·约翰逊·皮洛将军和约翰·布坎南·弗洛伊德将军,以及一部分驻军渡过坎伯兰河逃走了。

自从1862年2月6日亨利堡陷落以来,亨利·韦杰·哈莱克将军和卡洛斯·贝尔准将之间书信不断,亨利·韦杰·哈莱克将军恳求卡洛斯·贝尔准将带着他现有的部队,前来协助攻克唐尼尔森堡,并恳求卡洛斯·贝尔准将命令纵队沿坎伯兰河顺流而上,围困哥伦布镇和纳什维尔。

亚伯拉罕·林肯总统也一直在关注新闻,并不失时机地促成这两位指挥官之间有效的合作,他给亨利·韦杰·哈莱克将军发了电报:"只要尤利西斯·辛普森·格兰特准将的外围不受敌军的袭击,那么唐尼尔森堡就是安全的。我想,为了防止尤利西斯·辛普森·格兰特准将的外围受到敌军的袭击,你和卡洛斯·贝尔准将需要提高警惕,全身心地投入,发挥你们的聪明才智,并全力配合。哥伦布镇的南方邦联军队不会袭击尤利西斯·辛普森·格兰特准将,但博林格林的南方邦联军队会的。他们控制着博林格林到唐尼尔森堡的几英里的铁路,克拉克斯维尔的大桥也未受到我们的袭击。因此,认为他们不敢将纳什维尔暴露给卡洛斯·贝尔准将的这种想法是很危险的。他们的一小部分军队可以慢慢地撤退到纳什维尔,途中可以破坏铁路,使卡洛斯·贝尔准将二十天内都无法进入纳什维尔。同时,纳什维尔将受到来自南边,或许还有马纳萨斯的南方邦联军队的大力保护。我们的乔治·亨利·托马斯准将在坎伯兰河上游的骑兵部队就不能冲过河去,在几乎毫无抵抗的情况下,切断田纳西州诺克斯维尔附近的铁路吗?在轰炸唐尼尔森堡的过程中,为什么不能派一艘炮艇顺流而上,炸毁克拉克斯维尔的大桥呢?我们在唐尼尔森堡的成败是非常重要的。我恳求你全力以赴。我给卡洛斯·贝尔准将也发送了一份相似的电报。"

这封电报充分显示了亚伯拉罕·林肯总统对西部的战况和结果的了解和判断是多么精确。然而,卡洛斯·贝尔准将太专注于自己的独立行动了,而未能抓住提供给他的这次绝妙的机会。由于卡洛斯·贝尔准将在追击从博林格林撤退到纳什维尔的南方邦联军队时并没有太大进步,所以攻克唐尼尔森堡的功劳

约翰·波普

自然而然地就落到了亨利·韦杰·哈莱克将军的头上。唐尼尔森堡的叛军投降后的第二天，亨利·韦杰·哈莱克将军给联邦政府发电报称："作为对亨利堡和唐尼尔森堡的胜利的奖励，请任命卡洛斯·贝尔准将、尤利西斯·辛普森·格兰特准将和约翰·波普准将为志愿军少将，让我做西部地区的最高指挥官。"

至少可以说，亨利·韦杰·哈莱克将军对西部地区的最高指挥官的渴望是情有可原的。一幅广阔的前景正展开在他的面前。他发动的另外两场战役激发

塞缪尔·莱恩·柯蒂斯

了他最大的希望。1862 年 12 月下旬，亨利·韦杰·哈莱克将军在密苏里州罗拉的铁路总站，集结了一支一万人的军队，由塞缪尔·莱恩·柯蒂斯准将任指挥，目的是将斯特林·普赖斯将军手下的叛军从斯普林菲尔德赶走，或者赶出密苏里州。尽管冬季天气寒冷，但亨利·韦杰·哈莱克将军以近乎强制性的命令敦促这支部队采取行动，塞缪尔·莱恩·柯蒂斯准将迅速执行了长官的命令。斯特林·普赖斯将军遭到了毁灭性的打击，被迫从斯普林菲尔德迅速向阿肯色州撤退。在西南地区实施这一计划的同时，亨利·韦杰·哈莱克将军也决定在密苏里州东南地区开展一场重要的战役。

1862 年 3 月 2 日，叛军从哥伦布镇撤离。南方邦联在密西西比河上的最强大的防御工事位于十号岛屿上，哥伦布镇以南约四十英里处。为了对付这些敌人，亨利·韦杰·哈莱克将军计划由约翰·波普准将率领一支远征军占领新马德里镇，并将此作为一个初步的行动。唐尼尔森堡的陷落几乎肯定会导致哥伦布镇和纳什维尔的陷落。现在，正当敌人分散撤退的时候，如果亨利·韦杰·哈莱克将军能将密苏里州的两次战役与田纳西州的两次迅捷而强劲的远征结合起来，他就有望迅速夺取孟菲斯。但卡洛斯·贝尔准将的犹豫和迟缓严重阻碍了这一计划的实现。卡洛斯·贝尔准将的确派出了一个师，在纳尔逊的带领下，前去援助尤利西斯·辛普森·格兰特少将，但当唐尼尔森堡的驻军投降的时候，这支援军还没有到达坎伯兰河。因此，亨利·韦杰·哈莱克将军对扩大权力的要求几乎成了当务之急。他诚挚地恳求卡洛斯·贝尔准将："我已要求亚伯拉罕·林肯总统任命你为少将，速到坎伯兰河来指挥。西部的战役将在那附近进行，纳什维尔不会有战斗。"他给乔治·布林顿·麦克莱伦将军的电报更加紧急："将西部战区交给我，我一个月之内就能将叛乱的南方一分为二。"在另一封电报中，亨利·韦杰·哈莱克将军重申："我必须得到西部的军队的指挥权，犹豫和拖延正在让我们失去千载难逢的机会。请将我的请求呈送给亚伯拉罕·林肯总统和战争部部长西蒙·卡梅伦。我可以获得任命吗？请火速回复。"

　　但乔治·布林顿·麦克莱伦将军不愿牺牲自己的好友和爱将卡洛斯·贝尔准将的雄心壮志，便劝说亚伯拉罕·林肯总统暂时不要同意亨利·韦杰·哈莱克将军的请求。当将军们通过电报权衡盘算的时候，卡洛斯·贝尔准将的部下纳尔逊，在尤利西斯·辛普森·格兰特少将的命令下，率领军队沿坎伯兰河溯流而上，占领了纳什维尔。然而，亨利·韦杰·哈莱克将军一再坚持自己的观点和要求，并向乔治·布林顿·麦克莱伦将军解释，说他本人提议向田纳西州进军："目前，这是西部战区的伟大战略路线，我很惊讶，卡洛斯·贝尔准将竟然不情愿增援我。他在唐尼尔森堡的行动太迟缓了。……相信我，将军，在西部地区设立三个独立的司令部，这是你犯下的一个严重错误。在危急时刻，永远不会也不可能有任何合作，任何军事历史都证明了这一点。"

这一强调有了更大的意义，因为有消息说，乘胜追击斯特林·普赖斯将军并进入阿肯色州的塞缪尔·莱恩·柯蒂斯准将，在1862年3月5日至8日期间，在豌豆岭打败了由厄尔·范·多恩少将指挥的斯特林·普赖斯将军和本杰明·麦卡洛克将军的联军，赢得了伟大的胜利。在这个节骨眼儿上，下文将提到的在华盛顿发生的事件，导致了军事指挥部的重组。亚伯拉罕·林肯总统的第三号特别战争动员令将西部的戴维·亨特将军、亨利·韦杰·哈莱克将军和远在东边田纳西州的诺克斯维尔的卡洛斯·贝尔准将的指挥部合而为一，并称为密西西比军事指挥部，由亨利·韦杰·哈莱克将军任总司令。与此同时，亨利·韦

豌豆岭战役中，塞缪尔·莱恩·柯蒂斯准将在普拉特商店的司令部

豌豆岭战役

杰·哈莱克将军命令尤利西斯·辛普森·格兰特少将，率领在唐尼尔森堡取得胜利的联邦军队沿田纳西河向萨凡纳进军。既然现在亨利·韦杰·哈莱克将军有了最高指挥权，他便命令卡洛斯·贝尔准将留下一部分军队保卫纳什维尔，然后率领麾下所有其余的军队"尽可能快地"赶往萨凡纳。亨利·韦杰·哈莱克将军还在圣路易斯。由于他的下一步命令犹豫不决，也由于卡洛斯·贝尔准将行动缓慢，还由于尤利西斯·辛普森·格兰特少将无法解释的疏忽大意，联邦军队差一点遭受一场灾难性的失败。然而，军队和下级军官的坚定和勇气，让他们在危急关头转败为胜。

亨利·韦杰·哈莱克将军如此热切地指出的"千载难逢的机会"，虽然并没有完全失去，却大大地削弱了，因为联邦指挥官们的犹豫和拖延，未能就一些有效的合作计划达成一致。当唐尼尔森堡陷落的时候，南方邦联军队从纳什维尔撤退到了查塔努加，从哥伦布镇撤退到了杰克逊，如果联邦军队沿着田纳西河急行军，本来可以将这两支撤退的南方邦联军队分开。但由于联邦政府没有在这条开放的河流迅速布防兵力，分头逃跑的南方邦联军队有了充足的时间合兵一处。

尤利西斯·辛普森·格兰特少将大约在1862年3月中旬到达了田纳西河东岸的萨凡纳，几天后，开始在田纳西河西岸距萨凡纳南边六英里的匹兹堡登陆点集结军队，他仍然将司令部设在萨凡纳，等待卡洛斯·贝尔准将率军前来。在接下来的两个星期里，尤利西斯·辛普森·格兰特少将几次报告说敌军正在密西西比州的科林斯集结，这是一个重要的铁路交会点，距离匹兹堡登陆点二十英里，估计敌军的数量在四万到八万之间。在这段时间里，尤利西斯·辛普森·格兰特少将心中充满了向科林斯进军的热切愿望，以及通过奇袭赢得胜利的信心，以致他忽视了抵御敌人进攻的必要的防备。而与此同时，南方邦联军队的指挥官阿尔伯特·西德尼·约翰斯顿将军正在考虑对尤利西斯·辛普森·格兰特少将的军队发动攻势。

因此，当尤利西斯·辛普森·格兰特少将于1862年4月6日上午从萨凡纳出发前往匹兹堡登陆点，去了解一场猛烈炮击的原因时，他感到十分震

匹兹堡登陆点战役（1）

匹兹堡登陆点战役（2）

惊。他发现，多达四万之众的南方邦联军队，正在对总共只有五个师、大约有三万三千人的联邦军营发动出乎意料、坚决果断的攻击。联邦军队的将领们对于这样的一场攻击毫无防备。没有修筑堑壕，没有制订计划，也没有交流意见。双方的纠察队之间的几次初步的小冲突，确实使联邦军队的前线处于警戒状态，但旅团指挥官们没有做好准备，以应付南方邦联军队的三条战线接连发动的猛烈冲锋。这三次冲锋拉开了这场重要战斗的序幕。就敌人而言，他们并没有实现发动一场完全令对方出乎意料的战斗的期望。当地的羊肠小路、交错的林地和开阔的田野、泥泞的洼地，以及陡峭的峡谷组成的地表特征，很快就将战线分割成了小规模的、脱节的战斗，几乎没有或根本没有统一的命令或系统的指挥。联邦军队的指挥官们必然只能不断地努力抵抗敌人的进攻，无论它来自哪个方向。而南方邦联军队的指挥官们必然只能不断地努力，迫使联邦军队远离匹兹堡登陆点，以便他们达到破坏联邦军队的运输线路，从而切断联邦军队的所有撤退途径的总目的。尽管在星期天，也就是1862年4月6日，联邦军队

阿尔伯特·西德尼·约翰斯顿阵亡

的战线被迫后退了一英里半，但敌人的这一努力并没有完全成功。日落时分，皮埃尔·古斯塔夫·图坦特·博雷加德将军接替了于当天下午阵亡的阿尔伯特·西德尼·约翰斯顿将军，成为南方邦联军队的指挥官。他下令停止进攻。然而，他坚信，他将于第二天早上赢得完全的胜利。

　　但在这一点上，他失望了。1862年4月6日，卡洛斯·贝尔准将的先锋队已经到达了田纳西河对岸。天黑之前，他命令一个旅渡过田纳西河，部署在斗志昂扬的敌人面前。当天晚上和第二天清晨，卡洛斯·贝尔准将亲自率领三个精锐师团的大约两万名训练有素的新兵，向前线推进。到1862年4月7日3时，联邦军队的两翼再次占领了前一天失去的所有阵地，而遭受挫败、混乱不堪的南方邦联军队则全线向科林斯撤退。战斗的惨重可以通过双方的损失来判断：联邦军队阵亡一千七百五十四人。受伤八千四百零八人。失踪两千八百八十五人。南方邦联军队死亡一千七百二十八人。受伤八千零一十二人。失踪九百五十四人。

在了解到卡洛斯·贝尔准将和尤利西斯·辛普森·格兰特少将成功会师的不确定性之后，亨利·韦杰·哈莱克将军一定收到了匹兹堡登陆点最后胜利的消息，并对此深感满意。与此同时，还有一条更加令人欣慰的消息，那就是，在1862年4月7日这个重大的日子里，六七千名南方邦联的士兵，包括三名将官，向约翰·波普少将和安德鲁·赫尔·福特海军准将的联邦军队投降，并交出了十号岛屿。这两次重要胜利的详细情况过了好几天之后才报告给亨利·韦杰·哈莱克将军。根据之前的建议，约翰·波普少将和安德鲁·赫尔·福特海

安德鲁·赫尔·福特

联邦军舰开往皮洛堡

军准将迅速沿着密西西比河溯流而下，将他们的炮艇和军队开往南方邦联军队的下一个据点皮洛堡，那里有长长的防御工事，以及附近延伸的河岸，使之具有了较强的抵抗能力和相当大的拖延能力。当所有的情况变得更加明朗的时候，亨利·韦杰·哈莱克将军最终决定亲自出马。他很早就有这个想法了。1862年4月10日左右，亨利·韦杰·哈莱克将军从圣路易斯出发，前往匹兹堡登陆点。1862年4月10日，他命令约翰·波普少将率军与他在匹兹堡登陆点会合，约翰·波普少将于1862年4月22日前成功地完成了军队的运送任务。亨利·韦杰·哈莱克将军立即成立了一个新的军事组织，将田纳西州、俄亥俄州和密西西比州的军队分别组成他的右翼、中路和左翼。他自己任总司令，名义上让尤利西斯·辛普森·格兰特少将担任副总司令，然而，实际上，他几乎没有给尤利西斯·辛普森·格兰特少将留下多少权威或职责，这让后者觉得自己受到了轻视，而请求调离这一岗位。

只需要几个星期就能够证明，不管亨利·韦杰·哈莱克将军在其他方面的专业造诣有多么高深，他完全不适合做战地指挥官。毫无疑问，在匹兹堡登陆点，尤利西斯·辛普森·格兰特少将粗心大意，未能对敌人的攻击做好充分的准备。

而亨利·韦杰·哈莱克将军现在又走向了另一个极端，在向科林斯进军的问题
上谨小慎微。自始至终，他指挥的战役就像一场围困。他手下有十多万人，却
像蜗牛一样行动迟缓，修筑道路和胸墙，花了一个多月才前进了二十英里。在
这期间，皮埃尔·古斯塔夫·图坦特·博雷加德将军设法集结了大约五万名南
方邦联军队的精兵，并不辞辛苦地在科林斯周围修筑防御工事。1862 年 5 月
29 日，当亨利·韦杰·哈莱克将军进入叛军的有效攻击范围内的时候，皮埃尔·古
斯塔夫·图坦特·博雷加德将军已经从容不迫地将伤病员送走，武器弹药能带
走的就带走，带不走的就销毁，最后于当晚撤离了科林斯。实际上留给亨利·韦
杰·哈莱克将军一座空城，让他赢得了一场惨淡的胜利。

　　在接下来的六个星期里，亨利·韦杰·哈莱克将军的计划和行动也没有取
得任何成果。他耗费了士兵们大量的时间和精力，在科林斯周围修筑毫无用处
的防御工事。他派遣卡洛斯·贝尔准将率领部下向田纳西州东部进军，但在这
样的命令和限制下，当卡洛斯·贝尔准将离目的地还很远的时候，他就遭遇了

亨利·韦杰·哈莱克向科林斯进军

布拉克斯顿·布拉格将军率领的南方邦联军队，被迫退回了路易斯维尔。然而，比这两次判断失误更应该受到谴责的是，亨利·韦杰·哈莱克将军没有抓住时机。当时，戴维·格拉斯哥·法拉格特海军上将取得了辉煌的胜利，如果亨利·韦杰·哈莱克将军与指挥着一支强大的联邦海军舰队的戴维·格拉斯哥·法拉格特海军上将展开一场声势浩大的联合行动，他可能已经完成了意义深远的打通密西西比河的军事任务。

第 **8** 章

打通密西西比河

除了封锁大西洋的艰巨任务，美国海军还通过 1862 年上半年取得的三场辉煌胜利为镇压叛乱做出了重大贡献。经过几个月的精心准备，1862 年 1 月 11 日，一支由一万两千多人、二十多艘战舰以及大量的运输船组成的联合远征队，在安布罗斯·埃弗雷特·伯恩赛德少将和海军军官戈德斯伯勒的指挥下，从门罗堡出发，目的是占领北卡罗来纳州海岸附近的内海水域。在大型船舰能够进入 1861 年 8 月夺得的哈特拉斯湾之前，一场猛烈的暴风雨袭来，使联合远征队的行动推迟了近一个月。然而，到了 1862 年 2 月 7 日，他们克服了这一困难和其他麻烦。1862 年 2 月 8 日，联合远征队占领了罗安诺克岛，从而完全打通了阿尔伯马尔海峡和帕姆利科海峡附近的整个内海水域，使联合远征队的舰队和部队能够轻松靠岸。

联合远征队将罗安诺克作为基地，在短时间内派出了多支小规模的远征队，摧毁了敌人所能组织的不太强大的舰队，并打击了梅肯堡、伊丽莎白城、新伯尔尼和其他一些小地方的叛乱势力。联合远征队原计划进军戈德斯伯勒，并将这一计划作为其终极目标之一。但在联合远征队实施这一计划之前，变化的形势完全阻碍了该目标的实现。

当联邦海军逐渐占领北卡罗来纳州的海岸线时，另外两支性质相似的远征队正在稳步前进。其中一支远征队在昆西·亚当斯·吉尔摩准将的指挥下，对位于萨凡纳河口一片孤立的海滨沼泽地上的普拉斯基堡进行了一次引人注目的

联邦军占领罗安诺克岛

围攻行动。联邦海军在这里不仅解决了靠岸的困难，而且排除了明显无法克服的、在松软泥泞的沼泽湿地上架设重炮的障碍。经过猛烈的轰炸之后，普拉斯基堡于 1862 年 4 月 11 日向联邦海军投降。另外一支远征队有十九艘战船，在 1862 年 3 月的几天之内，没有遇到顽强的抵抗，占领了整个剩余的大西洋海岸，一直延伸到南部的圣奥古斯丁。

当叛乱爆发时，联邦海军被迫放弃弗吉尼亚州诺福克的海军基地。当时负责销毁事宜的海拉姆·保尔丁海军准将，将工作完成得很不彻底。在焚毁的船中，螺旋桨护卫舰"梅里马克"号在水边被点燃并凿沉。船体和机械装置完全没有受损。在适当的时候，南方邦联政府将它打捞上来，覆盖以用制造铁轨的钢铁制成的坡屋顶，形成了一个巨大的楔形铸铁船首，装备了十门强大的火炮。

有关这项工作进展的秘密消息传到了联邦政府的海军部，这让联邦海军的军官委员会认识到了建造铁甲舰的可能性。1861 年 9 月，他们也决定建造三艘试验性的铁甲舰。

在这三艘试验性的铁甲舰中，有一艘是专门为在滩涂上登陆的紧急情况而全新设计的。它的设计师是著名的约翰·爱立信。约翰·爱立信在瑞典出生，后来被美国人收养，他将伟大的天才和长期的科学研究同经验结合在一起。我们可以简单地将他发明的这艘军舰描述为：船体很小、很低。有一个仅高出海平面一两英尺的又长又宽的平坦甲板。甲板上安放着一座直径二十英尺、高九

约翰·爱立信

"梅里马克"号结构示意图

英尺、厚八英寸的旋转式铁炮楼。内置两门口径为十一英寸的大炮,并排安放,并与炮楼一起旋转。这艘独一无二的军舰很快就有了一个特别的绰号——"筏子上的奶酪盒子"。这个绰号真是恰如其分。海军专家们立刻认识到它的航海品质很差,但它自有它的优点,因为人们相信,它的铁炮楼可以抵抗子弹和炮弹,而它扁平甲板的薄边使敌人的大炮很难瞄准目标。换句话说,它不是巡洋舰,但它是一座威力巨大的漂浮的炮台。它后来充分地证明了这一理念。

对它的战斗性能的测试,伴随着几乎可以称得上奇迹般的巧合。1862年3月8日,星期六,中午时分,有人看见一艘像大乌龟一样的奇形怪状的船从伊丽莎白河的河口驶入了汉普顿路,瞬间便能确定,这就是人们热议的南方邦联的铁甲舰"梅里马克"号,叛乱分子将其更名为"弗吉尼亚"号。它飞快地朝纽波特纽斯驶去,此时,联邦海军的舰艇"国会"号和"坎伯兰"号正停靠在西南三英里处,当他们看到那头丑陋的怪物"梅里马克"号冲了过来,便准备行动。停在门罗堡的联邦军舰"明尼苏达"号、"圣劳伦斯"号和"罗安诺克"

号也看见了"梅里马克"号，就奋起驱赶，但由于水位太低，它们很快就搁浅了。当"梅里马克"号在三百码开外经过"国会"号旁边的时候，"国会"号的船舷面对它那铁皮坡屋顶毫无用武之地。"梅里马克"号径直冲向目标猎物"坎伯兰"号，它的铁船首将"坎伯兰"号的船舷撞出了一个桶一样大的洞，而"坎伯兰"号和岸上的炮火都丝毫未能阻止"梅里马克"号的前进。然后它后退，在"坎伯兰"号周围徘徊，调整好合适的方位之后，用子弹和炮弹扫射"坎伯兰"号的甲板。经过四十五分钟激烈的战斗，"坎伯兰"号和它英勇无畏、不屈不挠的捍卫者们一起，壮烈地沉入了五十英尺深的海水中。

"梅里马克"号击沉了"坎伯兰"号之后，将注意力转向了"国会"号，而此时"国会"号已冲进浅水区搁浅了，叛军的船无法尾随。但"梅里马克"号显然已经证明了自己的铁甲不惧枪炮，因此，在距离"国会"号大约有两根缆绳的长度之处，它占据了一个有利的位置，经过一个小时从容不迫的射击，"国会"号只能被动挨打，最终被迫投降，因为它的指挥官已经阵亡，船体已经起火。"梅里马克"号逼近联邦军舰、调整攻击位置、与联邦军舰的两场接

"梅里马克"号击沉"坎伯兰"号

1041 | 第8章 打通密西西比河

"国会"号燃起熊熊大火

连的战斗耗费了整个下午。傍晚时分，它和南方邦联的另外三艘较小的、几乎没有参加这次战斗的僚舰，撤退到了叛军位于弗吉尼亚州的海岸炮台，不只是因为夜幕降临和船员困顿，还因为在撞击"坎伯兰"号的时候，"梅里马克"号确实遭受了相当大的损坏，而且有一两次，炮弹偶然击中了它的射击孔。

当天晚上，当"国会"号熊熊燃烧的火光照亮了汉普顿路的水面时，一艘小小的、和叛军的"梅里马克"号一样奇特的海战新舰艇，从纽约经海路尾随而来，它奉命立即赶往海战现场，停靠在搁浅的"明尼苏达"号附近。它就是约翰·爱立信的"筏子上的奶酪盒子"。他给它取了一个响亮的名字——"巨蜥"号。亲眼看到当天的海战的联邦军官们感到灰心丧气，并对明天的战况满怀不祥的预感，他们强打起精神欢迎这从天而降的增援，但心里却仍然十五只吊桶打水——七上八下。"巨蜥"号的尺寸只有它的对手"梅里马克"号的一半，只有两门大炮，而"梅里马克"号则有十门大炮。但事实证明，这种天壤之别恰恰是一种重要的优势。相对于"梅里马克"号二十二英尺的吃水量，"巨蜥"号只有十英尺的吃水量，这不仅使它具有了优良的灵活性，还可以让它驶向"梅里马克"号无法尾随的浅水区。因此，星期日那天，也就是1862年3月9日8时，当"梅里马克"号再次来到汉普顿路，来为自己的胜利画上完满的句号的时候，约翰·L.沃登上尉指挥"巨蜥"号大胆出来迎战。

随后，一场长达三个小时的海战让船上积极活跃的参与者们全神贯注，也让岸上热切关注的旁观者们屏息凝气。数周以来，这场海战令识文断字的人惊叹不已。如果说"巨蜥"号那直径为十一英寸的实心炮弹对于"梅里马克"号的铁皮坡屋顶无能为力的话，那么，反过来，"梅里马克"号的船舷射出的炮弹对于"巨蜥"号低矮的甲板也束手无策，或者只能从"巨蜥"号圆形的铁炮塔上弹回来。当叛军那艘"乌龟壳"战舰"梅里马克"号缓慢而笨拙地行动，试图撞击"筏子上的奶酪盒子"，也就是"巨蜥"号的时候，小巧轻便的"巨蜥"号灵活地调转方向，轻而易举地躲开了正面撞击。

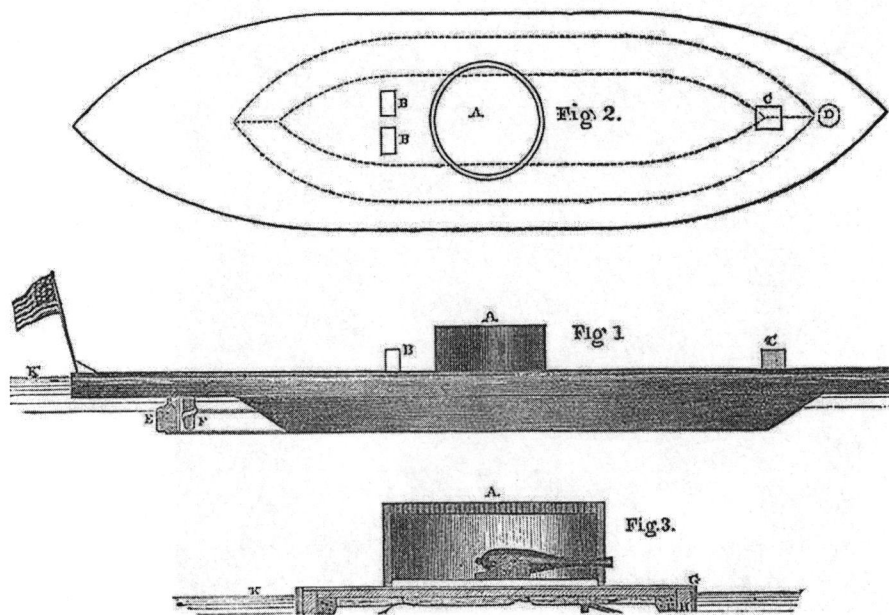

"巨蜥"号构造示意图

两艘战舰各自都经历了偶然的危险时刻。在长达三个小时的漫长遭遇中，当约翰·L.沃登上尉通过"巨蜥"号驾驶室的一个缺口向外瞭望的时候，叛军的一颗炮弹在他身边爆炸，飞起的弹片划伤了他的眼睛，使他暂时性失明，从而导致他失去了指挥能力，但除此之外，并没有造成更加严重的损伤。就在那时，双方同意结束战斗。除了外壳上几处无关紧要的凹痕外，"巨蜥"号并没有受伤，它驶向浅水区，让受伤的指挥官约翰·L.沃登上尉接受手术治疗。而"梅里马克"号则放弃了对其他船的进一步骚扰，在中午时分驶回伊丽莎白

约翰·L.沃登

"梅里马克"号被炸沉

河躲避。迄今为止，"巨蜥"号的大炮发射的四十一发炮弹已经大大削弱了"梅里马克"号的铁甲，再加上"梅里马克"号前一天受到的损伤，避免进一步的冲突是它最明智的做法。悲惨的命运很快结束了这两艘战舰的军事生涯。由于其他军事事件，大约两个月后，"梅里马克"号的指挥官们遗弃、焚烧并炸毁了它。1862 年 12 月，"巨蜥"号也在哈特拉斯角的一场大风中沉入了海底。但这些已经证明了前所未有的战斗性能的先驱铁甲舰的类型却被保留了下来。在美国内战结束前，联邦海军投入使用的类似于"巨蜥"号的铁甲舰已经超过了二十艘。南方邦联在建造战舰时也反复应用"梅里马克"号的构造。

1862 年海军最辉煌的战绩是在戴维·格拉斯哥·法拉格特海军上将的指挥下取得的。他虽然出生于南方，在叛乱爆发时仍然住在弗吉尼亚州，但他依然忠于联邦政府，忠于他为之服役了四十八年的国旗。他已经做了各种准备，讨论了各种计划，以便对墨西哥湾沿岸的某个主要目标实施有效打击。自然而

"巨蜥"号在大风中沉入海底

然地，对这一主题的所有研究最终都指向了密西西比河的开放问题，并将之视为有待解决的主要问题。1862 年 1 月 9 日，戴维·格拉斯哥·法拉格特海军上将被任命为西墨西哥湾封锁中队的指挥官，十一天后，他收到了夺取新奥尔良的秘密指示。

迄今为止，戴维·格拉斯哥·法拉格特海军上将在内战中，还没有接受过任何重要的任务。但现在，他为舰队付出的精力和心血，以及他严谨的治军作风，极大地补偿了他等待机会的耐心。1862 年 4 月中旬，他当时在密西西比河下游，手下有十七艘战舰和一百七十七门大炮。跟随戴维·格拉斯哥·法拉格特海军上将的还有戴维·迪克森·波特海军上将。他指挥着一支由十九艘两桅纵帆船和六艘武装汽船组成的迫击炮舰队。还有本杰明·富兰克林·巴特勒将军，他率领着一支六千人的陆军特遣队。此后不久，他们将迎来大批增援部队。

首先要克服的障碍是杰克逊堡和圣菲利普堡的火力。这两个姊妹堡位于密西西比河口以上二十五英里处的一个弯道附近，彼此相对，而新奥尔良则位于密西西比河口上游七十五英里处。这两个堡垒是坚固的砖石结构的建筑，配备有上百条枪支。每个堡垒有大约六百名叛军驻守。这两个堡垒的敌军还有辅助防御系统：首先，在堡垒下面半英里处，有一道用铁链将木筏和其他坚固的障碍物连接起来形成的坚固堤坝。其次，一支由十六艘炮艇和一个威力巨大的浮

戴维·迪克森·波特

动炮台组成的临时舰队。戴维·格拉斯哥·法拉格特海军上将的船没有一艘是铁甲的。从授命之初，他就坚持这样的理论，即一支木制舰队，只要指挥得当，就有可能成功地通过堡垒的炮台。他说："只要给我'人'来对付它，我很快就能将纸船当铁甲舰来用！"他可能会回不来，但新奥尔良一定能够打下来。在他赌博一样的冒险承诺中，他的信念主要基于他的下属船长们的技巧和勇气，而这种信念完全是由他们的英勇和献身精神所支撑和维持的。

戴维·迪克森·波特海军上将率领的十九艘两桅纵帆船，每艘都装载了两门迫击炮，停泊在堡垒下面，连续对其进行了五天的猛烈轰炸，然后，戴维·格拉斯哥·法拉格特海军上将决定让自己的船试试身手。1862年4月20日晚上，两艘炮艇在堤坝上打开了一个缺口，以便船可以通过。1862年4月24日2时，戴维·格拉斯哥·法拉格特海军上将发出了前进的信号。他的舰队的第一师的八艘船，在贝利船长的率领下，顺利通过了堤坝。第二师的九艘船就没那么幸运了，其中的三艘船没能穿过堤坝，但戴维·格拉斯哥·法拉格特海军上将驾乘旗舰"哈特福德"号亲自率领其他船，跟随第一师的船队顺利前进。

"哈特福德"号

联邦舰队冒着邦联军的炮火通过堤坝

　　舰队和堡垒的大炮持续不断的轮番轰炸产生的烟雾很快就遮蔽了星光灿烂的夜空，但堡垒的重炮对通过的舰队几乎没有产生任何影响。戴维·格拉斯哥·法拉格特海军上将的旗舰"哈特福德"号曾经一度危在旦夕。就在"哈特福德"号稍微搁浅的时候，叛军的拖船将一艘熊熊燃烧的巨大木筏推向了它，火苗点燃了船舷上的油漆，并窜上了索具。但将士们对这样的危险已经提前做好了准备，通过英勇的努力，"哈特福德"号最终摆脱了危险。就在堡垒的上游，叛军的炮艇舰队加入了战斗。现在，叛军堡垒和联邦舰队之间的战斗，分解成了敌我单个船或小团队之间的一系列小冲突。但实力更强、装备更精良的联邦舰队迅速摧毁了南方邦联的舰队，唯一的例外是，敌人的两艘炮艇从侧翼撞沉了"瓦鲁纳"号。除此之外，联邦舰队还遭受了这样那样的损失，但在一个半小时的激烈战斗中没有遭受严重的损伤。

　　戴维·格拉斯哥·法拉格特海军上将和他的十四艘战舰在堡垒上方六英里的封锁区只停留了一小会儿，就迅速向上游推进了七十五英里，1862 年 4 月

25 日中午，新奥尔良无助地暴露在联邦舰队的枪口之下。南方邦联的曼斯菲尔德·洛维尔将军迅速对这座城市进行了疏散。与此同时，在新奥尔良外围，本杰明·富兰克林·巴特勒将军正忙着通过海路将他的物资和军队送往封锁区。联邦军队武力占领了那里之后，杰克逊堡和圣菲利普堡的叛军于 1862 年 4 月28 日投降。清除了最后一个障碍物之后，本杰明·富兰克林·巴特勒将军派

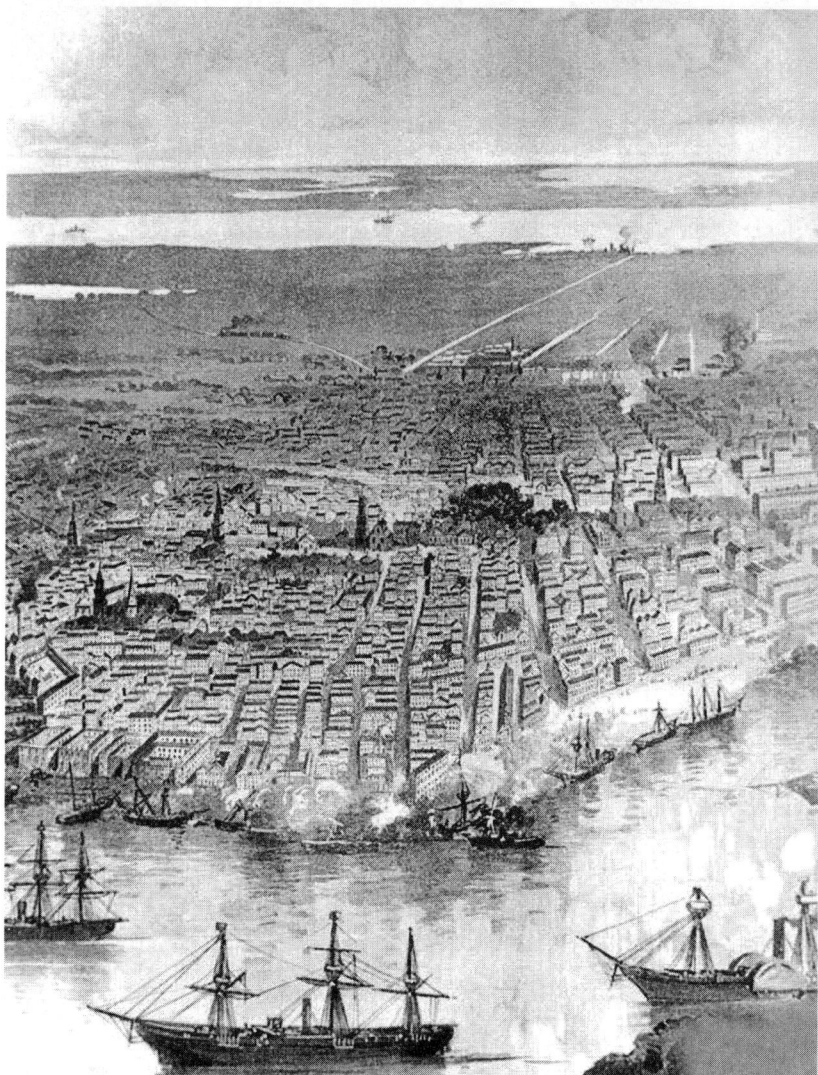

联邦舰队抵达新奥尔良

联邦军进驻新奥尔良

兵驻守这两个堡垒,然后将大部分军队派往新奥尔良。1862年5月1日,戴维·格拉斯哥·法拉格特海军上将正式将新奥尔良的占领权移交给了他。本杰明·富兰克林·巴特勒将军在那里继续坐镇墨西哥湾司令部,直到1863年12月。

戴维·格拉斯哥·法拉格特海军上将立即派遣他舰队的一支先遣队沿密西西比河北上。在维克斯堡下游的密西西比河沿岸,所有重要的城市都还没有设防。随着联邦军舰陆续抵达,他们未加抵抗就投降了。1862年5月20日,戴维·格拉斯哥·法拉格特海军上将随其余的舰队到达了维克斯堡。由于这座城市位于高耸的悬崖峭壁上,在密西西比河流经南方各州的河段上,是最易守难攻的地方。但南方邦联却如此信赖他们在哥伦布镇、十号岛屿、皮洛堡和其他一些地方的防御能力,以至维克斯堡迄今受到的关注相对较少。然而,联邦军队最近在北方以及南方取得的胜利使他们意识到了自己面临的危险。当曼斯菲尔德·洛

曼斯菲尔德·洛维尔

维尔将军疏散新奥尔良的居民时，叛军运来了重炮，并派遣了五个南方邦联军团到维克斯堡。这五个南方邦联军团于 1862 年 5 月 12 日抵达维克斯堡。在戴维·格拉斯哥·法拉格特海军上将到达维克斯堡之前的这八天时间里，他们准备好了六个炮台来攻击他的舰队。

早在 1862 年 4 月 27 日，当亨利·韦杰·哈莱克将军在向科林斯推进，准备围城时，就接到通知，说戴维·格拉斯哥·法拉格特海军上将即将到来，而迫于形势,他本应该派遣一支部队去协助戴维·格拉斯哥·法拉格特海军上将,或者至少,为此制订一个成熟的合作计划。这样的一次远征也是顺应形势的。1862 年 5 月底,当科林斯落入亨利·韦杰·哈莱克将军的手中时,敌人迅速撤离了密西西比河上的皮洛堡和伦道夫堡。1862 年 6 月 6 日,曾经在亨利堡、唐尼尔森堡,以及十号岛屿表现突出的联邦河上炮艇舰队,由于一支由重型内河拖船改装成攻击艇的舰队的加入而得到了加强,从而在孟菲斯发生的一场最激烈的海战中,又一次取得了辉煌的胜利。在这场海战中,南方邦联的一支由类似的攻击艇和炮艇组成的舰队几乎全军覆没,从而被迫立刻撤离孟菲斯。

这使维克斯堡成为密西西比河全面开放的唯一障碍。而在戴维·格拉斯哥·法拉格特海军上将到达之前,南方邦联有六个团的驻军和六个炮台保卫这道屏障。但戴维·格拉斯哥·法拉格特海军上将的远征队只有两个团的兵力,而且叛军的炮台位置海拔很高,以至联邦舰队的大炮无法抬升到有效的高度压制它们。亨利·韦杰·哈莱克将军的军队既没有提供帮助,也没有承诺提供帮助,因此,戴维·格拉斯哥·法拉格特海军上将只能顺流而下,返回新奥尔良。大约在 1862 年 6 月 1 日,他在那里得到了来自海军部的消息,说政府非常迫

孟菲斯战役

切地要打通密西西比河。这一次，他带着戴维·迪克森·波特海军上将的迫击炮舰队和三千名士兵，再次沿密西西比河北上，并于 1862 年 6 月 25 日抵达维克斯堡。

然而，拖延给了南方邦联军队喘息的机会，他们大大加强了防御工事，并增派了驻军。无论是戴维·迪克森·波特海军上将的迫击炮舰队的轰炸，还是戴维·格拉斯哥·法拉格特海军上将经过炮台的舰队，都不足以使南方邦联军队投降。戴维·格拉斯哥·法拉格特海军上将估计，如果有一万两千人到一万五千人的陆上联合部队，他就能打下维克斯堡。1862 年 6 月 28 日和 7 月 3 日，亨利·韦杰·哈莱克将军部分地答应尽早提供援助。但 1862 年 7 月 14 日，他明确宣布，他不可能提供预期的援助。在这种情况下，海军部命令戴维·格拉斯哥·法拉格特海军上将返回新奥尔良，以免他的深吃水船因为水位急速下降而困在密西西比河里。对维克斯堡的占领被推迟了整整一年，亨利·韦杰·哈莱克将军被提前调回华盛顿，从而改变了西部的军事形势。

第 **9** 章

亚伯拉罕·林肯总统的全面战争动员令

精彩
看点

乔治·布林顿·麦克莱伦将军抱恙——亚伯拉罕·林肯总统咨询欧文·麦克道尔准将和本杰明·富兰克林·巴特勒将军——亚伯拉罕·林肯总统攻打马纳萨斯的计划——乔治·布林顿·麦克莱伦将军攻打里士满的计划——西蒙·卡梅伦和埃德温·麦克马斯特斯·斯坦顿——亚伯拉罕·林肯总统的一号战争动员令——亚伯拉罕·林肯总统质问乔治·布林顿·麦克莱伦将军——来自西部的消息——亚伯拉罕·林肯总统的小儿子威利去世——哈珀斯渡口的惨败——亚伯拉罕·林肯总统的二号和三号战争动员令——来自汉普顿路的消息——叛军撤离马纳萨斯——进军弗吉尼亚半岛——约克镇——弗吉尼亚半岛战役——七天战役——撤退到哈里森登陆点

我们已经看到了，1862年1月初，亚伯拉罕·林肯总统明确的特别指示是如何激励西部的指挥官们开始积极行动，并在上半年取得一系列重要胜利的。现在我们来讲讲，他在东部打破类似的军事僵局的决心所带来的结果。

前文已经提到了1862年初令人沮丧的前景。1862年1月10日，亚伯拉罕·林肯总统发现乔治·布林顿·麦克莱伦将军仍然病着，不能来面见他，就召集欧文·麦克道尔准将、本杰明·富兰克林·巴特勒将军、国务卿威廉·亨利·西沃德、财政部部长萨蒙·波特兰·蔡斯和战争部助理部长开会，向他们解释了他对现状的不满和忧虑，他说："如果不能尽快采取行动，整个事件将陷入谷底。如果乔治·布林顿·麦克莱伦将军不想动用军队，假如我能明白怎样才能让它采取行动，我倒是愿意借用它一下。"

虽然欧文·麦克道尔准将和本杰明·富兰克林·巴特勒将军在其他一些问题上意见分歧，但他们在应亚伯拉罕·林肯总统的要求于次日准备的一份备忘录中同意，在马纳萨斯对南方邦联军队采取直接行动比通过水路进军里士满更可取。两位将军都认为前者的准备工作可在一周内完成，而后者则需要一个月或六个星期。1862年1月11日和12日，类似的讨论继续进行。1862年1月13日，乔治·布林顿·麦克莱伦将军的疾病有所好转，终于可以出席会议了。他并没有努力掩饰自己对最近几天的会议记录的不满，当亚伯拉罕·林肯总统问他，何时才能采取何种行动的时候，他并没有贸然给出任何解释。财政部部长萨蒙·波特兰·蔡斯单刀直入，当面质问乔治·布林顿·麦克莱伦将军，问他打算让他的军队做什么，什么时候采取行动。乔治·布林顿·麦克莱伦将军说他不愿意详述他的计划，但他说如果他被命令这么做，他会告诉他们的。随后亚伯拉罕·林肯总统问他，他心中是否已经有了开始行动的具体时间。乔治·布林顿·麦克莱伦将军点头称是。然后，亚伯拉罕·林肯总统回答道："要是这样的话，我就休会了啊。"

在召开这些会议期间，亚伯拉罕·林肯总统的内阁发生了一些变化：战争部部长西蒙·卡梅伦曾多次表示，希望自己可以从战争部的繁重职责中解脱出来。亚伯拉罕·林肯总统便任命他为驻俄罗斯大使，任命埃德温·麦克马斯特斯·斯坦顿接替西蒙·卡梅伦战争部部长的职位。埃德温·麦克马斯特斯·斯坦顿曾在詹姆斯·布坎南总统的政府的最后几个月里任司法部部长。尽管他终其一生都是一个民主党人，却在参议院和众议院与共和党的领导人坦诚协商，共同阻挠分裂计划。埃德温·麦克马斯特斯·斯坦顿是一个能力出众、经验丰富的律师，并具备很强的组织能力，意志坚定，身体健壮，吃苦耐劳。他管理战争部的效率之高，是他后来的继任者难以望其项背的。也正因为如此，人们很容易就忽略了他犯过的几次小错误和性格上的一点小缺陷。埃德温·麦克马斯特斯·斯坦顿在自己的新岗位上，热情洋溢地支持亚伯拉罕·林肯总统促使波托马克防区的军队采取迅速而有力的行动。

乔治·布林顿·麦克莱伦将军在他著名的报告中指出，在埃德温·麦克马斯特斯·斯坦顿成为战争部部长后不久，他就曾口头向埃德温·麦克马斯特斯·斯坦顿陈述了他通过下切萨皮克湾攻打里士满的计划，并在后者的指示下向亚伯拉罕·林肯总统陈述了这一计划。亚伯拉罕·林肯总统和战争部部长埃德温·麦克马斯特斯·斯坦顿都不赞成这一计划，这一点并不奇怪。他们从理论上反对它的原因，后来在实践中得到证明，这一计划显而易见是行不通的。由于该计划从未形成书面报告，因此，完全有理由推断，这仅仅只是一个建议，就像以前所有的建议一样，只会起到推迟行动的作用。

亚伯拉罕·林肯总统的耐心终于耗尽了。1862 年 1 月 27 日，他写下了一号全面战争动员令，指示"1862 年 2 月 22 日是美国所有陆军和海军向叛乱分子采取全面行动的日子", 命令战争部部长、海军部长、总司令, 以及陆、海军的所有指战员们"将各自承担严格和完全的责任, 以便迅速执行这一命令"。亚伯拉罕·林肯总统希望波托马克防区的军队能够带个好头。为了更加明确地表明自己的这一意图, 四天后, 他又发布了一号特别战争动员令, 命令在保证华盛顿安全无虞的前提下, 波托马克防区的军队应该在宣布的日期或在此日期之前, 向马纳萨斯交通枢纽的南方邦联军队发起进攻。

由于乔治·布林顿·麦克莱伦将军在过去六个月中几乎毫无疑问地被允许完全按照自己的计划行事, 也许是由于他已经形成了反对的习惯, 也许是由于他自己头脑中有了某个明智的决定, 以致他再次请求允许自己对亚伯拉罕·林肯总统的计划提出反对意见。于是, 为了使讨论更加切合实际, 亚伯拉罕·林肯总统于 1862 年 2 月 3 日给他写了如下的问题列表:

亲爱的先生:

你和我对波托马克防区的军队的行动有着截然不同的计划——你的计划是要先下到切萨皮克湾, 再沿着拉帕汉诺克河顺流而上, 到达厄巴

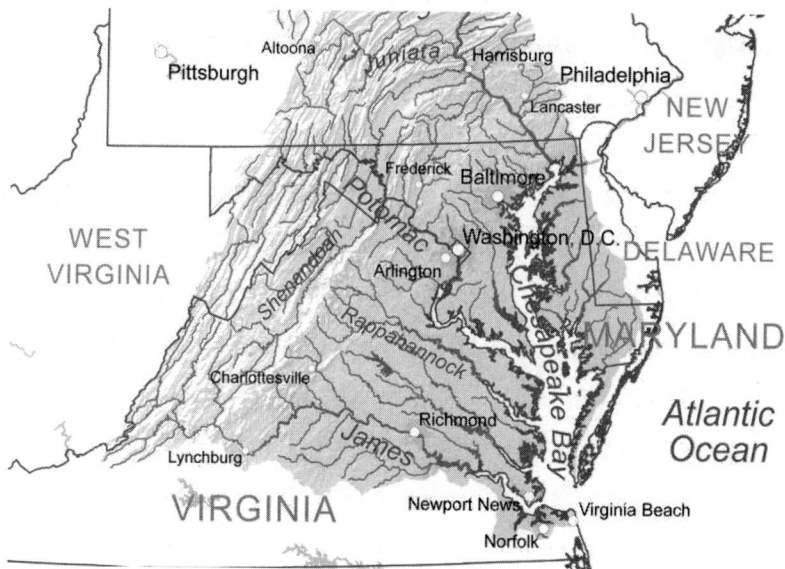

切萨皮克湾的位置

纳，然后穿过陆地，到约克河上的铁路终点站。而我的计划是直接到马纳萨斯西南的铁路上的某一处。

如果你能对以下问题给予我满意的答复，我将乐意放弃我的计划，批准你的计划。

第一，你的计划花费的时间和金钱难道比我的更少吗？

第二，你的计划胜利的可能性难道比我的更大吗？

第三，你的计划的胜利难道比我的更有价值吗？

第四，事实上，你的计划不会破坏敌人的交通线路，而我的会。这样看来，我的计划是不是更可取呢？

第五，万一遭受失败，你的计划撤退起来不是比我的更困难吗？

乔治·布林顿·麦克莱伦将军并没有明确回答亚伯拉罕·林肯总统简洁的质疑，而是在第二天，也就是 1862 年 2 月 4 日，向战争部部长埃德温·麦克马斯特斯·斯坦顿递交了一封长信，详细陈述了他到华盛顿以来所做的工作，并漫无目的地概述了他认为在未来的战争中可能取得的成就。他支持从切萨皮克湾向里士满进军，反对攻打马纳萨斯交通枢纽的理由，主要基于这样的假设：在马纳萨斯，敌人已经做好了抵抗的准备，而在里士满，对方则毫无准备。赢得马纳萨斯，我们只能得到战场和精神上的胜利，而赢得里士满，我们就能得到叛军的首都及其交通线路和物资。在马纳萨斯，我们将在敌人选择的战场上作战，而在里士满，我们将在自己选择的战场上作战。如果作为初步假设，这些比较貌似合理。然而，随后发生的事件很快证明了它们的谬误。

在最近几次会议上，忧心忡忡的亚伯拉罕·林肯总统与军事专家们进行了仔细研究和详尽讨论，充分认识到，在乔治·布林顿·麦克莱伦将军苦心孤诣的战略理论下，存在一个基本的错误。镇压叛乱所需要的不是占领一个地方，而是摧毁叛乱的军队。但亚伯拉罕·林肯总统也看到了，如果他强迫乔治·布林顿·麦克莱伦将军放弃自己的判断和断言，即便这一判断和断言是不正确的，他亚伯拉罕·林肯也将承担可怕的责任和后果。因此，整个话题经历了一次新的但更细致的讨论和研究。这种必要的延误很快就因为另外两个原因而进一步延长了。大约就在这个时候，西部来电汇报战况：1862年2月6日，亨利堡投降。1862年2月13日，封锁唐尼尔森堡。1862年2月16日，唐尼尔森堡投降。这些事件引起了亚伯拉罕·林肯总统和战争部部长埃德温·麦克马斯特斯·斯坦顿的持续关注。几乎与此同时，一场沉痛的家庭悲剧降临到了亚伯拉罕·林肯总统身上。他的儿子威利病得很重。这个引人注目、最有前途的十二岁少年，于1862年2月20日在白宫去世。

1862年2月22日，虽然亚伯拉罕·林肯总统的一号战争动员令显然没有被完全遵守。然而，甚至在华盛顿，正如合理预期的那样，也有了开始行动的端倪。联邦政府的领导人们几乎时刻都在关注两个已经准备了好几天的初步行动的公告：其一是攻击波托马克河上弗吉尼亚河岸的叛军炮台。其二是在哈珀斯渡口的波托马克河上架桥。一座是用平底船搭建的浮桥，另一座是可以通航的永久性桥梁。由纳撒尼尔·普伦蒂斯·班克斯将军的师进军温彻斯特，保证巴尔的摩和俄亥俄州之间的铁路的开通，并重建往返于西部的重要交通线路。

1862年2月27日傍晚，埃德温·麦克马斯特斯·斯坦顿面见亚伯拉罕·林肯总统，锁上门以防受到打扰，然后打开了两封来自乔治·布林顿·麦克莱伦将军的急件，并读给亚伯拉罕·林肯总统听。乔治·布林顿·麦克莱伦将军去了哈珀斯渡口，亲自监督架桥的工作。他的第一封急件描述了部队的精神状态及杜安上尉和他手下的三名中尉督建的浮桥令人满意，并为此请求上级立刻对他们予以名誉晋升。此外，他还派出了八千五百名步兵，渡过了波托马克河。这封急件标注的日期是前一天，也就是1862年2月26日22时。战争部部长埃德温·麦克马斯特斯·斯坦顿说道："下一封不太好。"它说升降船闸太小，航运船无法进入河道，所以不可能建造永久性桥梁。因此，他只能指望安全但缓慢的重建铁路的计划，这项工作冗长而乏味，夺取温彻斯特也就不可能了。

亚伯拉罕·林肯总统惊讶地问："这是什么意思？"

战争部部长埃德温·麦克马斯特斯·斯坦顿回答道："意思是这是一个该死的失败，意思是他压根不打算采取任何行动。"

亚伯拉罕·林肯总统对此表现出了强烈的愤慨。稍后，当乔治·布林顿·麦克莱伦将军的岳父、参谋长兰道夫·巴恩斯·马西将军进来时，亚伯拉罕·林肯总统对这件事的批评比平常更加尖锐。他激动地说："根据常识，乔治·布林顿·麦克莱伦将军难道就不能在花费一百万美元将航运船运到那里之前，弄清楚它们能否通过那个升降船闸吗？我对这些结果几乎感到绝望。一切似乎都失败了。我越来越感觉到乔治·布林顿·麦克莱伦将军根本就不打算采取任何行动。由于这样的失败，我们失去了夺取唐尼尔森堡时获得的所有声望。"

战争部部长埃德温·麦克马斯特斯·斯坦顿的预言变成了现实。同一天，也就是1862年2月27日晚上，乔治·布林顿·麦克莱伦将军撤销了约瑟夫·胡

兰道夫·巴恩斯·马西

约瑟夫·胡克

克少将渡过波托马克河下游并摧毁奥科泉河附近叛军炮台的权力。毫无疑问，这次哈珀斯渡口的事件最终使亚伯拉罕·林肯总统确信，他不能再让乔治·布林顿·麦克莱伦将军大权独揽，不受限制地执行军务了。然而，这位乔治·布林顿·麦克莱伦将军在他职业生涯的某些方面表现出了如此果断的能力，而且显然在很大程度上赢得了波托马克防区的军队的信任，以致他并不希望完全失去为国效力的好处。他仍然希望，一旦他在战场上积极行动起来，也许还能发挥优秀的领导才能。实际上，乔治·布林顿·麦克莱伦将军已经暗下决心，在他提出的通过水路攻打里士满的计划中我行我素，而且在哈珀斯渡口的惨败公之于众之前，就已经下令收集必要的船。

1862年3月8日清晨，亚伯拉罕·林肯总统再次努力说服乔治·布林顿·麦克莱伦将军直接攻打马纳萨斯，但没有成功。相反，乔治·布林顿·麦克莱伦

塞缪尔·彼得·海因泽尔曼

将军召集了他的十二名师长开会，他们以八票赞成、四票反对，决定通过水路攻打里士满。这最终让亚伯拉罕·林肯总统心中的问题有了确定的答案，但他小心谨慎地通过另外两份追加的、未经协商而写就的战争动员令来表明自己的决心。亚伯拉罕·林肯总统的二号全面战争动员令，要求波托马克防区的军队立即组织起来，分为四个军团，分别由欧文·麦克道尔将军、埃德温·沃斯·萨姆纳将军、塞缪尔·彼得·海因泽尔曼将军和基斯指挥，第五军团由纳撒尼尔·普伦蒂斯·班克斯将军指挥。值得注意的是，前三位一直热切地主张向马纳萨斯进军。亚伯拉罕·林肯总统的三号全面战争动员令的基本内容如下：第一，立即占领波托马克河上的炮台。第二，直到这一任务完成之后，至多两个军团才可以开始从切萨皮克湾进军里士满的行动。第三，切萨皮克湾的任何行动都应该在十天内开始。第四，只有在切实保证首都华盛顿安全的前提下，才可以下令开始这样的行动。

即便在亚伯拉罕·林肯总统起草并复印这些重要命令期间，仍然发生了一些重大事件，再次让乔治·布林顿·麦克莱伦将军提议的、进军里士满的行动出现了新的情况。第二天，也就是1862年3月9日上午，从门罗堡发来了一封急件，报告了叛军"梅里马克"号铁甲舰的出现，以及它前一天下午造成的破坏："坎伯兰"号沉没、"国会"号投降并被烧毁、"明尼苏达"号搁浅，即将遭到攻击。亚伯拉罕·林肯总统的行政官邸里很快聚集了一大批官员，包括战争部部长埃德温·麦克马斯特斯·斯坦顿、国务卿威廉·亨利·西沃德、海军部长吉迪恩·韦尔斯、乔治·布林顿·麦克莱伦将军、蒙哥马利·卡宁汉·梅格斯将军、约瑟夫·吉

蒙哥马利·卡宁汉·梅格斯

约翰·阿道弗斯·伯纳德·达尔格伦

尔伯特·托顿将军、史密斯海军准将和约翰·阿道弗斯·伯纳德·达尔格伦上尉，接下来激动人心的场面可是内战期间亚伯拉罕·林肯总统办公室里从未有过的现象。战争部部长埃德温·麦克马斯特斯·斯坦顿像一头被困在笼子里的狮子一样来回地踱着步，热烈的讨论使内阁成员和军官们活跃起来。很快又来了另外两封急件，其中一封来自巴尔的摩的一艘舰艇的船长，他于 1862 年 3 月 8 日晚上离开了门罗堡。另外一封是给《纽约论坛报》的一份电报副本，提供了更多细节。

　　亚伯拉罕·林肯总统是整个会议上最冷静的人。他仔细分析了这两封电报的内容，使其有点令人困惑的陈述变得清晰明了。与会官员就海上新出现的这一令人恐怖的事物——"梅里马克"号铁甲舰——可能会带来的危险提出了五花八门、不着边际的建议。它是否会去纽约或费城索取贡品，去巴尔的摩或安纳波利斯摧毁为乔治·布林顿·麦克莱伦将军的军事行动收集的船，或者甚至沿波托马克河北上，焚烧华盛顿。大家为这些可能提出了各种各样的审慎措施和安保设施。

然而，到了下午，人们的忧惧却大为减轻。就在那一天，也就是1862年3月9日，一根电缆横跨切萨皮克湾，使亚伯拉罕·林肯总统与门罗堡和G.V.福克斯上尉可以进行直接的电报联系，G.V.福克斯上尉碰巧在现场，16时左右，他向亚伯拉罕·林肯总统简要汇报了接下来发生的戏剧性转机——"巨蜥"号铁甲舰的及时出现，它和"梅里马克"号之间引人注目的海战。以及中午时分，"梅里马克"号已经从冲突中撤退，与三艘小僚舰一起返回了伊丽莎白河。

"巨蜥"号和"梅里马克"号的消息引起的激动情绪尚未平息。就在同一天下午，一个新的惊喜又在军方领导人之间传开了。他们接到一份报告，说整个南方邦联军队已经撤离了它在马纳萨斯的要塞和波托马克河上的炮台，并且已经退到了拉帕汉诺克河以南的一条新战线上。乔治·布林顿·麦克莱伦将军匆忙渡过波托马克河，发现这条消息属实，便于当天夜里颁布命令，要求所有军队第二天早上向人去楼空的叛军营地进发。尽管路况不好，但部队还是顺利完成了急行军。他们在叛军废弃的防御工事上插上联邦的旗帜，但心中并没有多少胜利带来的欢乐和光荣。

两个星期以来，敌人一直在为这次撤退做准备，1862年3月7日开始撤退，1862年3月11日全部完成撤退。此时，他们的新防线已经固若金汤。阿尔伯特·西德尼·约翰斯顿将军写道："拉帕汉诺克河南岸通过修建防御工事得到了加强，并设有食品仓库，准备应对这样的紧急情况。整整两个月，乔治·布林顿·麦克莱伦将军指挥着一支十九万人的、随时准备战斗的军队，却让一支四万七千人的、随时准备战斗的南方邦联军队在自己眼皮子底下持续行军了两天，然后不费一枪一弹，撤退到了他们的新据点。我们无须再做进一步的评论。再没有什么比这更能说明乔治·布林顿·麦克莱伦将军的无能或疏漏了。"

乔治·布林顿·麦克莱伦将军不仅失去了在华盛顿附近轻而易举地取得辉煌胜利的机会，而且失去了实施他最满意的计划的可能性，即从拉帕汉诺克河下游通过水路向厄巴纳进军，然后从那里通过陆路经西点镇向里士满进军。敌人在那条路上挡住了他的去路。因此，1862 年 3 月 13 日，乔治·布林顿·麦克莱伦将军匆忙召集他的军队指挥官们召开会议，决定在新的条件下，最好乘船去门罗堡，从那里出发，沿弗吉尼亚半岛北上向里士满进军。当天，亚伯拉罕·林肯总统指示战争部部长埃德温·麦克马斯特斯·斯坦顿，对这个在激动和忙乱中、在压力下通过的新计划做出了如下批示：

> 第一，在马纳萨斯交通枢纽驻守军队，以确保敌人不会重新占领那里，以及那里的交通线路。
> 第二，确保华盛顿的安全。
> 第三，其余部队沿波托马克河南下，在门罗堡或门罗堡与波托马克河之间的任何地方选择一个新的基地。或者，无论如何，率领其余部队立即通过某条路线追击敌人。

两天前，也就是 1862 年 3 月 11 日，亚伯拉罕·林肯总统还宣布了一项他无疑已经考虑了很久的决定，就算没有几个星期，至少也花费了好几天，那就是："乔治·布林顿·麦克莱伦将军亲自率领波托马克防区的军队上战场，除非另有命令。在此之前，现免去他在其他军事部门的指挥权，保留波托马克防区军队的指挥权。"

该命令还包括已经提到的对亨利·韦杰·哈莱克将军领导下的西部各军事部门的合并。在亨利·韦杰·哈莱克将军的辖区和乔治·布林顿·麦克莱伦将军的辖区之外的地区，成立了山区司令部。亚伯拉罕·林肯总统将这个司令部交给约翰·查理·弗里蒙特将军。他的复职是许多显赫而热情的拥护者们强烈要求的结果。

自 1862 年 2 月 27 日以来，通过水路采取军事行动的准备工作一直在进行中，所以波托马克防区的军队在新的战役中的行动迅速而敏捷。部队于 1862 年 3 月 17 日开始登船，到了 1862 年 4 月 5 日，已有十万多人带着全部的战争物资被运送到了门罗堡，乔治·布林顿·麦克莱伦将军本人于 1862 年 4 月 2 日抵达那里，并下令于 1862 年 4 月 4 日开始行军。

不幸的是，就在这次新战役的开始，乔治·布林顿·麦克莱伦将军的无能和缺乏坦诚再次凸显出来。在由四个军团的指挥官共同协商制订的，并且他本人赞成并认可的，以及亚伯拉罕·林肯总统在指示中反复强调的计划中，最基本的要求是必须确保华盛顿的安全。当亚伯拉罕·林肯总统了解到乔治·布林顿·麦克莱伦将军忽视了这项明确的禁令时，他便命令欧文·麦克道尔将军的部队留下来保护首都华盛顿。

乔治·布林顿·麦克莱伦将军对此提出抱怨时，亚伯拉罕·林肯总统于 1862 年 4 月 9 日写信给他："你离开后，我查明只有不到两万人的毫无组织的军队，连一个野战炮台都没有，这就是你为保卫华盛顿和马纳萨斯交通枢纽做的所有安排。甚至是其中的一部分也要被派去驻守约瑟夫·胡克少将原来的防区。原本派驻马纳萨斯交通枢纽的纳撒尼尔·普伦蒂斯·班克斯将军的军队，在温彻斯特和斯特拉斯堡之间的铁路线上被分割，脱不了身，除非再次暴露波托马克河上游，以及巴尔的摩和俄亥俄州之间的铁路。这对敌人来说是个巨大的诱惑，他们可能会从拉帕汉诺克河掉头，前来劫掠华盛顿。当然，如果欧文·麦克道尔将军和埃德温·沃斯·萨姆纳将军离开的话，也有可能会出现这样的诱惑。我明确要求必须确保华盛顿的安全，这也是所有军队指挥官共同的意见，而你却完全忽视了。正因如此，我才留下了欧文·麦克道尔将军和他的军队。

"我并没有忘记，你将纳撒尼尔·普伦蒂斯·班克斯将军的军队安排在马纳萨斯交通枢纽，我对此感到满意，但当这个安排无法实现，又没有任何办法可以解决的时候，我当然就不满意了。我不得不找别的军队来代替它。

"现在，请允许我问一下，你真的认为，除了不到两万人的毫无组织的部队可能提供的抵抗力之外，我会允许从里士满经马纳萨斯交通枢纽到这个城市的路线完全开放吗？这个问题是国家不允许我逃避的。

"通过拖延，敌人相对地会获得比你更多优势，也就是说，他们通过防御工事和增援，比你单靠增援获得的优势更多，当然，他们获得优势的速度也会更快。我再告诉你一次，你必须重拳出击，这对你来说是责无旁贷的。我对此无能为力。你应该公正地记住，我总是坚持认为，沿切萨皮克湾往下寻找战场，而不是在马纳萨斯或马纳萨斯附近作战，只是在兜圈子，而不是在解决争端。我总是坚持认为，我们在任何地方都会发现同样的敌人和同等的堑壕。这个国家不会忘记——现在正在注意到——目前对固守的敌人发动进攻时的犹豫不决只不过是马纳萨斯的故事的重演。"

显然，乔治·布林顿·麦克莱伦将军来到弗吉尼亚半岛，满怀的希望立刻就落空了。首先，他希望叛军的堑壕很少或根本没有。其次，他能够迅速行动。进军的第二天，也就是 1862 年 4 月 5 日下午，他来到敌军的第一道防线，约克河上的约克镇有坚固的防御工事，还有一道又深又宽的堑壕，以及让沃里克河河水泛滥的高高的堤坝，从詹姆斯河一直延伸到了一个不可逾越的水湾。但形势还不至于令人绝望。南方邦联军队的指挥官马格鲁德手下只有一万一千人保卫约克镇和十三英里的沃里克河防线。相反，乔治·布林顿·麦克莱伦将军手下有五万人，还有更多人随时待命，以此来打破南方邦联的防线，继续他提出的"迅速行动"。但现在，由于没有进行任何充分的侦察和勘测，也没有做出其他积极的努力，乔治·布林顿·麦克莱伦将军立刻放弃了"迅速行动"的想法，而是采取了围困约克镇的缓慢的权宜之计。"迅速行动"可是他一直主张通过水路进军的一个主要优势。他最初的作战计划不仅被证明是错误的，而且由于执行方法的改变，它简直成了毁灭性的错误。

详细叙述乔治·布林顿·麦克莱伦将军为占领南方邦联的首都里士满而采取的行动的其余主要细节，会令人厌烦和恼怒。整个战役就是对总司令乔治·布林顿·麦克莱伦将军的犹豫、拖延和失误的一部记录。军队和下级军官的英勇和忍耐，极大地减轻了他的过失造成的不良影响。这场战役从失败中收获荣誉，并为毫无价值的失败的结果涂上了一层荣耀的光辉。乔治·布林顿·麦克莱伦将军浪费了一个月的时间来修建用于轰炸约克镇的围攻工事，而当时他拥有四比一的人员优势，本来可以通过两三天的军事行动拿下这个地方。约克镇的敌军撤离后，由于他未能给出指示，从而导致他的一个先遣师在威廉斯堡被击退。

当时他们的三万名战友近在咫尺，但没有接到命令，他们并未前来救援。乔治·布林顿·麦克莱伦将军写信给亚伯拉罕·林肯总统，说他不得不与两倍于己的顽敌战斗，但事实上，他自己军队的实力是对手的两倍。乔治·布林顿·麦克莱伦将军让自己的军队横跨奇拉霍米尼河，这给了他的对手阿尔伯特·西德尼·约翰斯顿将军一个机会，当奇拉霍米尼河突然涨潮的时候，阿尔伯特·西德尼·约翰斯顿将军在费尔奥克斯，以压倒性多数袭击了乔治·布林顿·麦克莱伦将军被奇拉霍米尼河分开的一部分军队。最后，当乔治·布林顿·麦克莱伦将军在离里士满不到四英里的地方遭到罗伯特·爱德华·李将军攻击时，他开始撤退到詹姆斯河。在连续六天的战斗中，当他的军团指挥官们每一天都成功地将进攻的敌人逼入绝境的时候，他却一次又一次地放弃了每一个用英勇的士兵们的鲜血赢得或控制的战场。1862 年 7 月 1 日，团结一致的联邦军队在马尔文山战役中奋起抵抗，挫败了敌人，几乎粉碎了南方邦联军队，并在一周内迫使其退回了里士满的防御工事。然而，在这场伟大的战斗中，乔治·布林顿·麦克

马尔文山战役

莱伦将军意志消沉，担心迫在眉睫的失败，甚至在马尔文山战役获得辉煌胜利之后，他依然撤退到了哈里森登陆点。在那里，詹姆斯河上的联邦炮艇保证了他的安全和补给。

我们必须牢记的是，从登陆门罗堡到马尔文山战役，弗吉尼亚半岛的这场战役占用了整整三个月的时间。在前一个半月当中，政府屈服于乔治·布林顿·麦克莱伦将军不断的吹毛求疵和对增援的呼吁，又给他增派了四万人的援军。还应该记住，在联邦和南方邦联满腹经纶的批评家们看来，在费尔奥克斯战役之

马尔文山战役，联邦军狙击手向邦联军射击

七天战役中发生在萨维奇车站的战斗

后，乔治·布林顿·麦克莱伦将军有一次绝佳的机会，而在七天战役中他有两次绝佳的机会，可以利用南方邦联军队的失误，通过猛烈的攻势占领里士满。但天生的优柔寡断使乔治·布林顿·麦克莱伦将军无法抓住稍纵即逝的战机。他对失败的恐惧总是将他对胜利的希望化为乌有。虽然乔治·布林顿·麦克莱伦将军在这场战役的大部分时间里，指挥的军队人数是敌军的两倍，实力也比敌人更强，但他的想象力却使他一再在报告中，长他人志气，灭自己威风。

乔治·布林顿·麦克莱伦将军产生的这种错觉，对他造成了如此严重的影响，以至在 1862 年 6 月 27 日晚上，他给战争部部长埃德温·麦克马斯特斯·斯坦顿送去了一封几近绝望和拒不服从的急件，包含如下不可原谅的话语："如果明天我能动用两万名，甚至哪怕只有一万名生力军，我就能攻占里士满，但我连一个人的预备部队都没有。我希望能掩护我撤退，并保存军队的物资和人员。……如果我现在挽救了这支军队，我清楚地告诉你，我不会感激你，也不会感激华盛顿的任何其他人。你已经尽了最大的努力来牺牲这支军队。"

换作其他任何领导人，这样的言辞即便不会受到更严厉的惩罚，写下这些言辞的人也会很快遭到审判和免职。但虽然亚伯拉罕·林肯总统对乔治·布林顿·麦克莱伦将军的不敬感到震惊，他更多还是被这封急件暗含的预兆吓了一跳。它表明了乔治·布林顿·麦克莱伦将军信心丧失和精神不安，甚至有可能导致全军投降。因此，亚伯拉罕·林肯总统用他一贯的冷静，只是发出了一封不动声色的、温和的回复："无论如何都要保存你军队的实力。我们会尽快派出援军。当然，他们今天、明天或后天都无法到达。我并没有说，你说你需要增援，这是不公正的。我是说，你以为我没有尽快派出援军，这是不公正的。我对你和你的军队的任何不幸深表同情，就像你自己对它的任何不幸深表同情一样。如果你打了一场难分胜负的拉锯战或是遭受失败，那也是因为敌人不在华盛顿，我们为此付出的代价。"

第 **10** 章

东部的战况

精彩
看点

谢南多厄大峡谷战役——亚伯拉罕·林肯总统拜访温菲尔德·斯科特将军——约翰·波普将军成为弗吉尼亚军队总司令——罗伯特·爱德华·李将军攻打乔治·布林顿·麦克莱伦将军——乔治·布林顿·麦克莱伦将军撤退到哈里森登陆点——国务卿威廉·亨利·西沃德去纽约——威廉·亨利·西沃德带给州长们的秘密书信——亚伯拉罕·林肯总统给乔治·布林顿·麦克莱伦将军的信——亚伯拉罕·林肯总统会见乔治·布林顿·麦克莱伦将军——亨利·韦杰·哈莱克将军成为联邦陆军总司令——亨利·韦杰·哈莱克将军会见乔治·布林顿·麦克莱伦将军——乔治·布林顿·麦克莱伦将军从哈里森登陆点撤离——约翰·波普将军就任弗吉尼亚军团总司令——第二次布尔郎战役——内阁的抗议——乔治·布林顿·麦克莱伦将军保卫华盛顿——马里兰战役——安提塔姆战役——亚伯拉罕·林肯总统访问安提塔姆——亚伯拉罕·林肯总统给乔治·布林顿·麦克莱伦将军的信——乔治·布林顿·麦克莱伦将军结束军事生涯

1862 年 5 月，正当乔治·布林顿·麦克莱伦将军通过建造桥梁、开挖堑壕，缓慢渡过奇拉霍米尼河的时候，号称"石墙"的托马斯·乔纳森·杰克逊将军指挥了谢南多厄大峡谷战役。这个古怪而勇敢的南方邦联军队的指挥官率众一路高歌猛进，向谢南多厄大峡谷进军，几乎到了哈珀斯渡口。他对里士满战役的主要影响是牵制了欧文·麦克道尔将军的军队，欧文·麦克道尔将军正根据指示，开始通过陆路去与乔治·布林顿·麦克莱伦将军的右翼军队会合，但他总是随时准备调动他的部队来对付任何企图进攻华盛顿的敌人。"石墙"托马斯·乔纳森·杰克逊将军的谢南多厄大峡谷战役得到了军事作家的高度赞扬，但他暂时的成功是由于运气好而不是军事能力。理性地说，这是一次轻率甚至鲁莽的冒险，因为亚伯拉罕·林肯总统曾下令欧文·麦克道尔将军、詹姆斯·希尔兹将军和约翰·查理·弗里蒙特将军指挥的部队合兵一处，要不是因为约翰·查理·弗里蒙特将军的失误和延迟而使三军联合未能实现，那可能会导致"石墙"托马斯·乔纳森·杰克逊将军的阵亡或被俘。这一事件充分证明了亚伯拉罕·林肯总统留下欧文·麦克道尔的军队保护首都华盛顿的智慧。

　　然而，这并不是亚伯拉罕·林肯总统严肃关注的唯一预防措施。在乔治·布林顿·麦克莱伦将军的整个里士满战役中，亚伯拉罕·林肯总统时刻担心着乔治·布林顿·麦克莱伦将军失败的可能性，以及它可能产生的后果。渐渐地，乔治·布林顿·麦克莱伦将军的犹豫不决、满腹怨言，以及对敌军力量的夸大报道，让亚伯拉罕·林肯总统担心的可能性变成了很大的可能性。因此，亚伯拉罕·林肯总统迅速采取措施，为可能发生的新的失败做好准备。1862年6月24日，亚伯拉罕·林肯总统匆匆拜访了西点军校的温菲尔德·斯科特老将军，就当前的军事形势进行磋商。从西点军校回到华盛顿之后，亚伯拉罕·林肯总统将约翰·波普将军从西部召回了华盛顿，并于1862年6月26日颁布命令，特意委派他为约翰·查理·弗里蒙特将军、纳撒尼尔·普伦蒂斯·班克斯将军和欧文·麦克道尔将军指挥下的三军联合部队的总司令，统称为弗吉尼亚步兵团，其职责是保卫谢南多厄大峡谷和首都华盛顿，并尽可能为乔治·布林顿·麦克莱伦将军攻打里士满的行动提供帮助。

亚伯拉罕·林肯总统颁布该命令时恰恰是乔治·布林顿·麦克莱伦将军的战役出现危机的日子，也是他定下来要大举进攻的日子，但他非但没有实现这个愿望，反而发现那也是罗伯特·爱德华·李将军开始进攻波托马克防区的联邦军队的日子。这就是七天战役的开始，它将乔治·布林顿·麦克莱伦将军计划对里士满的进攻变成了向詹姆斯河的撤退。就在第二天午夜之后，也就是1862年6月27日晚上，他给战争部部长埃德温·麦克马斯特斯·斯坦顿送去了那封几近绝望和拒不服从的急件，表明了他全军覆没的可能性。

收到令人震惊的消息后，亚伯拉罕·林肯总统立即采取了额外的安全措施。他给北卡罗来纳州的安布罗斯·埃弗雷特·伯恩赛德少将发了一封电报，让其抽出所有的援军前去增援乔治·布林顿·麦克莱伦将军。亚伯拉罕·林肯总统还通过战争部部长埃德温·麦克马斯特斯·斯坦顿，指示科林斯的亨利·韦杰·哈莱克将军，取道巴尔的摩和华盛顿，向乔治·布林顿·麦克莱伦将军派遣两万五千名步兵。亚伯拉罕·林肯总统最重要的行动是开始组建一支新的军队。就在同一天，亚伯拉罕·林肯总统派国务卿威廉·亨利·西沃德去纽约，将一封秘密书信出示给那些可能匆忙被召集到一起的州长们。亚伯拉罕·林肯总统在这封信中阐述了自己对战争现状的看法，以及自己贯彻战争的决心。在概述了里士满战役的失败和由此产生的新问题之后，信中还谈到了一些其他问题：

"我们应该做的是保留我们在西部拥有的一切,打通密西西比河,不需要太多,只要夺取查塔努加和田纳西州的东部地区。在任何情况下，都应该保留一支强大的武装力量保卫华盛顿。那么就让国家在尽可能短的时间内给我们十万名新兵吧，直接或间接地补充到乔治·布林顿·麦克莱伦将军的队伍中去，在不危及我们现在所拥有的任何其他地方的前提下占领里士满，并大致上结束这场战争。我希望能继续这场斗争直到成功，或者直到我死去，或者直到被征服，或者直到我的任期届满，或者直到国会或国家抛弃了我。要不是因为我担心随之而来的普遍恐慌和逃跑，那么我一定会公开呼吁全国民众，为组建这支新的军队而有人出人，有钱出钱，有力出力。要让人们理解一件事情，实在是太难了。"

与此同时，通过马尔文山战役胜利和乔治·布林顿·麦克莱伦将军撤退到了哈里森登陆点的安全位置的消息，亚伯拉罕·林肯总统了解到，波托马克防区的军队状况并不像当初看起来那么绝望。国务卿威廉·亨利·西沃德去纽约的结果，体现在亚伯拉罕·林肯总统于 1862 年 7 月 2 日回复乔治·布林顿·麦克莱伦将军迫切要求增援的信中："立刻派给你五万或任何其他相当数量的军队的想法实在是荒谬。如果在你频繁提到责任的时候，你认为我责怪你做得不够多，请你不要有这样的感觉。同样地，我只求你不要向我提出不可能的事情。如果你认为你现在还不够强大，不能占领里士满，我不要求你现在就做出尝试。挽救军队、保存实力、物资和人员，我将尽快增派援军，以便再次发动进攻。十八个州的州长向我提供了三十万名新兵，我接受了。"

两天后，亚伯拉罕·林肯总统在给乔治·布林顿·麦克莱伦将军的另一封信中说道："在一个月内，甚至六周内增派援军，让你重新开始进攻是不可能的。在这种情况下，现在你唯一关心的必须是防御。保存军队的实力——首先，如果你能做到，就守住现在的阵地。其次，如果你不得已，就撤退吧。"

为了更充分地了解实际情况，亚伯拉罕·林肯总统于 1862 年 7 月 8 日和 9 日访问了哈里森登陆点，并会见了乔治·布林顿·麦克莱伦将军及其主要的将领。虽然撤军的问题经过了慎重的讨论，但亚伯拉罕·林肯总统目前还没有做出决定。1862 年 7 月 11 日，在返回华盛顿后不久，他发布了一道命令："兹任命亨利·韦杰·哈莱克少将为美国陆军总司令，并请尽快来首都复命，以便确保你现在所负责的部门能够正常运作。"

虽然亨利·韦杰·哈莱克将军不愿放弃他在西部的指挥权，但他还是遵照亚伯拉罕·林肯总统的命令，在那里做了必要的部署之后，于1862年7月23日到达华盛顿，接管了所有的军队，就任了联邦陆军总司令。第二天，他前往乔治·布林顿·麦克莱伦将军设在哈里森登陆点的司令部，经过两天的磋商，亨利·韦杰·哈莱克将军得出了与亚伯拉罕·林肯总统已经得出的同样的结论，那就是必须撤回波托马克防区的军队。乔治·布林顿·麦克莱伦将军强烈反对这种做法。他希望增派援军，以便继续采取针对里士满的军事行动。为此他需要五万多人，而这是不可能的，因为亚伯拉罕·林肯总统已经明确告诉过他。亨利·韦杰·哈莱克将军回到华盛顿后，经过进一步的协商，决定将波托马克防区的军队撤回阿奎亚溪，并与约翰·波普将军的军队合并。1862年7月30日，乔治·布林顿·麦克莱伦将军收到了送走伤病员的初步命令。1862年8月3日，他收到电报，命令他撤离所有部队。由于乔治·布林顿·麦克莱伦将军从头至尾顽固不化和坚持不懈地反对这种改变，所以亨利·韦杰·哈莱克将军在一封语气平和的信中，向他解释了撤军的好处和必要性。因此，乔治·布林顿·麦克莱伦将军的撤退行动被耽搁了，白白浪费了整整十一天的不可估量的宝贵时间，从而导致约翰·波普将军的军队陷入了极大的危险之中。

　　与此同时，根据亚伯拉罕·林肯总统1862年6月26日的命令，约翰·波普将军已经离开西部，并于1862年7月1日左右抵达华盛顿。在那里，他与亚伯拉罕·林肯总统和战争部部长埃德温·麦克马斯特斯·斯坦顿协商了两个星期，研究了军事局势，并于1862年7月14日接管了弗吉尼亚步兵团的指挥权。弗吉尼亚步兵团由约翰·查理·弗里蒙特将军的一万一千五百多人、纳撒尼尔·普伦蒂斯·班克斯将军在谢南多厄大峡谷的八千多人和欧文·麦克道尔将军的一万八千五百多人组成。其中，欧文·麦克道尔将军的一个师在马纳萨斯，另一个师在弗雷德里克斯堡。没有必要详述接下来的行动。约翰·波普将军明智而忠实地执行了分配给他的任务，集中兵力，扼制敌人的前进。当南方邦联军队获悉联邦军队已经从哈里森登陆点撤离的消息，他们就开始前进了。

　　当波托马克防区的军队奉命撤离哈里森登陆点时，很明显，这一行动可能

第二次布尔郎战役

会危及弗吉尼亚步兵团，但人们希望，如果波托马克防区的军队能如预期的那样，迅速转移到阿奎亚溪和亚历山德里亚，两军就能在敌人到达之前联合起来。然而，乔治·布林顿·麦克莱伦将军却日复一日地抗议这一变化，并以如此令人恼火的缓慢速度准备撤离并登船，这表明他仍然希望促使政府改变计划。

尽管约翰·波普将军通过技巧和勇气成功地完成了撤退，但他还是遭到了罗伯特·爱德华·李将军的军队的攻击，并在 1862 年 8 月 30 日打响了第二次布尔郎战役。由于乔治·布林顿·麦克莱伦将军的一个师完全缺失，而另一个师在第一天没有响应约翰·波普将军向前推进的命令，而使约翰·波普将军处于劣势。乔治·布林顿·麦克莱伦将军已于 1862 年 8 月 24 日到达亚历山德里亚。尽管亨利·韦杰·哈莱克将军接二连三地发电报，命令他将驻扎在富兰克林的师派出去支援约翰·波普将军，但借口和拖延似乎是乔治·布林顿·麦克莱伦将军唯一的回答，最后，乔治·布林顿·麦克莱伦将军直接建议，将富兰克林的师留下来保卫华盛顿，让约翰·波普将军尽他自己所能"摆脱困境"。乔治·布林顿·麦克莱伦将军的言行激起了整个内阁的愤慨，让战争部部长埃德温·麦克马斯特斯·斯坦顿怒不可遏，也深深地伤害了亚伯拉罕·林肯总统的感情。但即使在盛怒之下，亚伯拉罕·林肯总统仍然能一如既往地保持冷静，心平气和地做出判断，只有日常和即时的事实逻辑才能影响他的建议或决定。在危机和危险的时刻，亚伯拉罕·林肯总统比以往任何时候都更加强烈地感受到了统治者肩头的责任有多么重大，他每时每刻的一言一行都关乎国家的命运。

虽然亚伯拉罕·林肯总统的行政顾问们和他一样真诚和爱国，却没有他那样平和冷静的好脾气。1862年8月29日，星期五，战争部部长埃德温·麦克马斯特斯·斯坦顿去见财政部部长萨蒙·波特兰·蔡斯，经过令人激动的讨论之后，他们俩起草了一份将由内阁成员签署的抗议备忘录。这份备忘录描述了令人沮丧的现状，意识到了潜在的危险，建议立即解除乔治·布林顿·麦克莱伦将军的军事指挥权。战争部部长埃德温·麦克马斯特斯·斯坦顿和财政部部长萨蒙·波特兰·蔡斯在备忘录上签了字，然后他们立即征求了司法部长爱德华·贝茨的意见，司法部部长爱德华·贝茨也在备忘录上签了字。后来内政部部长凯莱布·布莱德·史密斯也在备忘录上签了字。但当他们将这份备忘录拿给海军部长吉迪恩·韦尔斯，请他在上面签字的时候，他却坚决地拒绝了，并表示尽管他同意他们的判断，但如果亚伯拉罕·林肯总统采取这样的做法是不礼貌的，也是不友好的。他们没有去找国务卿威廉·亨利·西沃德和邮政部长蒙哥马利·布莱尔，显然，他们认为这两位先生对乔治·布林顿·麦克莱伦将军很友好，因此，可能不愿意在备忘录上签字。毫无疑问，海军部长吉迪恩·韦尔斯拒绝签字，让他们对抗议的形式和语言进行了更严肃的讨论，因为1862年9月1日，星期一，司法部部长爱德华·贝茨重新起草了一份抗议，长度不到原来的一半，并再次由原来的四位内阁成员签署。

当他们将第二份抗议书拿给海军部长吉迪恩·韦尔斯，请他在上面签字的时候，他再一次坚决地拒绝了。虽然这份抗议书签上了多数内阁成员的名字，他们却从未将它提交给亚伯拉罕·林肯总统。或许签名的四位内阁成员也接受

联邦军在第二次布尔郎战役中战败撤退

了海军部长吉迪恩·韦尔斯的观点，认为这么做是不礼貌的，或许他们认为，只有四名内阁成员支持它，三名反对它，它将是无效的。或许，更有可能的是，仅仅是事件的进展使他们认为它不合适。

1862年8月30日下午，约翰·波普将军的失败已成定局，他汇报这一结局的电报表明，他已经失去对军队的控制。因此，亚伯拉罕·林肯总统被迫面临最严重的危机和危险。即使没有亲眼看到书面和签署的抗议书，他也很清楚内阁对乔治·布林顿·麦克莱伦将军的不满情绪。面对着乔治·布林顿·麦克莱伦将军的军官们貌似开始严重密谋反对约翰·波普将军，面对约翰·波普将军的军队杂乱无章地撤回华盛顿，面对罗伯特·爱德华·李将军有可能攻占首都华盛顿的危险，面对着一个三心二意、桀骜不驯的内阁，亚伯拉罕·林肯总统需要小心谨慎，大智大勇。同样需要的是他坚忍不拔的耐心和精准的判断力。

1862年9月1日，星期一，亚伯拉罕·林肯总统抑制住所有愤怒的情绪，一心只考虑一切有利于公共安全的权宜之计。亚伯拉罕·林肯总统将乔治·布林顿·麦克莱伦将军从亚历山德里亚召回华盛顿，请他利用个人的影响力，请求那些以前的下属指挥官们看在他的面子上，忠诚并支持约翰·波普将军。乔治·布林顿·麦克莱伦将军本着这样的精神，立即向他以前的下属军官们发了一封电报。

1862年9月1日下午，亚伯拉罕·林肯总统还派遣了亨利·韦杰·哈莱克将军的一名参谋到波托马克河弗吉尼亚州一侧，这位参谋报告了撤退部队的状况比预期的更混乱，情绪比预期的更沮丧。更糟糕的是，联邦陆军总司令亨利·韦杰·哈莱克将军，因为过去几天的劳累而精疲力竭。因此，尽管他仍然愿意给出建议，他却似乎不能也不愿立即采取这一紧急情况所需要的迅速行动。

面对这样的状况，亚伯拉罕·林肯总统意识到，他现在必须亲自行使他作为陆军和海军总司令的军事职能和权力。因此，1862年9月2日上午，他以总司令的身份，下达了常规的口头命令，要求乔治·布林顿·麦克莱伦将军负责华盛顿周围的防御工事，并指挥保卫首都的军队。亚伯拉罕·林肯总统毫不掩饰自己对乔治·布林顿·麦克莱伦将军的看法，他认为乔治·布林顿·麦克莱伦将军对约翰·波普将军见死不救、袖手旁观的行为很不好。亚伯拉罕·林肯总统说道："但在管理这些防御工事、整顿我们这些军队方面，军中没有一个人能做到乔治·布林顿·麦克莱伦将军的一半。我们必须知人善用。乔治·布林顿·麦克莱伦将军虽然自己不能战斗，但擅长让别人做好战斗的准备。"

事实证明，联邦军队在第二次布尔郎战役中并没有像报道的那样混乱无序，华盛顿也没有受到真正的威胁。南方邦联军队在前线徘徊了一两天，但既没有进攻也没有演习。相反，罗伯特·爱德华·李将军在马里兰州发动了一场战役，他希望自己的出现可以激起马里兰州的分裂叛乱，并希望有可能创造成功攻击巴尔的摩或费城的机会。

约翰·波普将军被调任另一个部门，乔治·布林顿·麦克莱伦将军很快恢复了部队的秩序，并且在观察敌人的动向时，展示出了前所未有的精力和警惕。罗伯特·爱德华·李将军的军队慢慢向西北移动，到了离华盛顿三十英里的里斯堡，在那里，他渡过了波托马克河，并在离华盛顿十英里的弗雷德里克摆开

马丁斯堡

了阵势。乔治·布林顿·麦克莱伦将军指挥波托马克防区的军队,也亦步亦趋地追随敌人的行动,时刻准备保卫华盛顿和巴尔的摩免受攻击。碰巧的是,这样一来,在没有亨利·韦杰·哈莱克将军或亚伯拉罕·林肯总统的任何命令或明确意图的情况下,乔治·布林顿·麦克莱伦将军的责任不知不觉地从仅仅保卫首都华盛顿变成了跟随南方邦联军队的行动,积极进军马里兰州。

约 1862 年 9 月 4 日,两军开始进入马里兰州。1862 年 9 月 13 日,乔治·布林顿·麦克莱伦将军的军队到达了弗雷德里克,同时罗伯特·爱德华·李将军的军队正在翻越布恩斯布罗附近的卡托金山脉,但他将自己的军队分成了两部分。他派了相当大的一部分军队返回波托马克河,夺取哈珀斯渡口和马丁斯堡。那一天,乔治·布林顿·麦克莱伦将军手里拿着三天前罗伯特·爱德华·李将军发布的命令的副本,正如乔治·布林顿·麦克莱伦将军自己在报告中指出的那样,这份命令的副本充分披露了罗伯特·爱德华·李将军的计划。因此,当时的情况是这样的:九月的天气晴朗,交通便利。乔治·布林顿·麦克莱伦将军指挥的总兵力超过了八万人。罗伯特·爱德华·李将军指挥的总兵力为四万人。南方邦联军队分开的两部分都距离联邦纵队二十英里。1862年9月13日18时30分之前，乔治·布林顿·麦克莱伦将军对敌人的计划了如指掌。

帕尔弗里将军是一位对乔治·布林顿·麦克莱伦将军十分友善的聪明的批评家。他明确承认，只要联邦军队指挥得当，本来完全可以消灭南方邦联军队，但结果却大相径庭。即便乔治·布林顿·麦克莱伦将军拥有这些优势，也没能促使他采取积极果断的行动。和往常一样，犹豫不决和迟滞拖延是联邦军队的命令和行动的特点。在随后的四天里，罗伯特·爱德华·李将军用一万一千名囚犯和七十三门大炮占领了哈珀斯渡口，重新合并了军队。1862年9月17日，几乎每一个南方邦联的士兵都参加了安提塔姆战役，而乔治·布林顿·麦克莱伦将军的三分之一的军队根本没有参加战斗，其余的则零零散散、或前或后地投入了战斗。在这样的命令下，几乎不可能进行协同作战和相互支持。实际上，这是一场势均力敌的战斗，双方都伤亡惨重。

安提塔姆战役（一）

安提塔姆战役（二）

　　即使在丧失了这样一次机会之后，乔治·布林顿·麦克莱伦将军仍然掌握着宝贵的优势。由于南方邦联军队总人数较少，在战斗中又被大大削弱了，波托马克河几乎就在他们身后，敌人可以说是背水一战。假如乔治·布林顿·麦克莱伦将军接受几位最优秀的军官的劝告，在1862年9月18日早晨重新发起进攻，他一定能取得决定性的胜利。但他总是犹豫不决，尽管有两支增援部队到达，他还是等了一整天才下定决心。他确实下令在1862年9月19日天亮时重新发起进攻，但在此之前，敌人已经撤退到波托马克河对面，乔治·布林顿·麦克莱伦将军显然非常满意地给华盛顿方面发电报，说马里兰州自由了，宾夕法尼亚州安全了。

　　亚伯拉罕·林肯总统密切关注着这场战役的进展。他满怀希望，祈求它能结束这场内战。他向惊慌失措的宾夕法尼亚州当局发了好几封电报，向他们保证费城和哈里斯堡没有危险。亚伯拉罕·林肯总统命令两万一千人的军队前去增援乔治·布林顿·麦克莱伦将军，还给他发了一封鼓励性的电报："请不要让他们毫发无损地从你手中溜走。"亚伯拉罕·林肯总统承认安提塔姆战役就算不是完全的胜利，也是实质性的胜利，就抓住它给他提供的机会，在1862年9月22日，发表了初步的解放奴隶的宣言。

在安提塔姆战役后的两个星期里，乔治·布林顿·麦克莱伦将军一直将他的军队驻扎在战场的各个地点。截至目前，他还没有表现出任何向谢南多厄大峡谷的敌人发起进攻的倾向，反倒表现出持续的忧虑，唯恐敌人来攻击他。1862年10月1日，亚伯拉罕·林肯总统和几个朋友访问了安提塔姆，在随后的三天中，他们检阅了军队，并在乔治·布林顿·麦克莱伦将军的陪同下参观了各个战场。就这样，亚伯拉罕·林肯总统对安提塔姆战役的性质和结果有了更深入的了解，这才使他坚信了自己长期以来的想法，即乔治·布林顿·麦克莱伦将军的缺点大大地抵消了他作为军事指挥官的优点。亚伯拉罕·林肯总统的不耐烦通过一句俏皮话表现了出来：一天早上，当他和一个朋友散步的时候，他指了指联邦军队的白色帐篷，问道："你知道那是什么吗？"这位朋友没有领会他的意思，回答道："我想是波托马克防区的军队。"亚伯拉罕·林肯总统压抑住愤怒，说道："人们是这么称呼它的，但这是错误的，它只不过是乔治·布林顿·麦克莱伦将军的保镖罢了。"

当时，乔治·布林顿·麦克莱伦将军直接指挥的总兵力达到了十万人，纳撒尼尔·普伦蒂斯·班克斯将军在华盛顿直接指挥的总兵力达到了七万三千人。因此，在亚伯拉罕·林肯总统返回华盛顿的第二天，即1862年10月6日，亨利·韦杰·哈莱克将军给乔治·布林顿·麦克莱伦将军发了下面这封并不会令人感到奇怪的电报："我奉命给你传达如下指示：亚伯拉罕·林肯总统指示你部渡过波托马克河，向敌人开战，或者将他们赶回南方去。你应该趁现在路况良好的时候行动。如果你的军队渡过敌人和华盛顿之间的河流，采取行动保护华盛顿，你就可以得到三万人的增援部队。如果你进军谢南多厄大峡谷，派给你的增援部队将不超过一万两千人或一万五千人。亚伯拉罕·林肯总统建议你选择华盛顿和敌人之间的内部防线，但并不会命令你这么做。他非常渴望你的军队尽快行动。请你立即报告你将采取的路线，以及何时打算过河，以及将增援部队派往何地。在发布修路建桥的命令之前，必须确定你们的行动计划。我奉命补充一句，战争部部长埃德温·麦克马斯特斯·斯坦顿和我本人完全同意亚伯拉罕·林肯总统的这些指示。"

亚伯拉罕·林肯总统于 1862 年 10 月 13 日给乔治·布林顿·麦克莱伦将军写了一封长信，进一步强调了这一明确的命令，他特别指出乔治·布林顿·麦克莱伦将军和敌人相比所具有的决定性优势，甚至提出了一个具体的作战计划，其重要性和价值是不言而喻的："你应该记得我跟你说过，我认为你过于谨慎。当你认为你不能做敌人一直在做的事情时，难道你不是过于谨慎吗？难道你不应该声称自己至少是一个和对手一样英勇无畏的人，并像个英勇无畏的人那样去行动吗？……不妨做个换位思考，如果你是罗伯特·爱德华·李将军，你会在接下来的二十四小时内切断你和里士满的交通线路吗？你担心他去宾夕法尼亚州，但如果他全力以赴这么做了，他就会完全将他的交通线路暴露给你，你除了跟上他，并消灭他，别无他法。如果他只派了一部分军队去宾夕法尼亚州，你就能更容易地打败剩下的那一部分。除了水路，你现在比敌人更靠近里士满，你可以走的路线，罗伯特·爱德华·李将军也必须走。你为什么不能在他之前到达那里，除非你承认他在行军方面比你更强？他走的是弯路，而你走的是直线。你们走的路状况一样好。你知道我希望你，但不会命令你，渡过波托马克河下游，而不是攀登谢南多厄大峡谷和蓝岭。因为我想，这么做会立刻威胁到敌人的交通线路，如果罗伯特·爱德华·李将军给了我这样的机会，我会立刻夺取他的交通线路。如果他向北走，我会紧紧地跟着他，夺取他的交通线路。如果他为了避免我们夺取他的交通线路，而向里士满行进，如果出现有利的机会，我就会步步紧逼，和他战斗，至少试着在有利位置，将他打到里士满去。我是说'试着'。如果我们从不尝试，我们就永远不会成功。如果他在温彻斯特站稳脚跟，既不向北走也不向南走，我就在那里和他战斗，因为我认为，如果我们不能在他浪费时间来找我们的时候打败他，我们就永远也不可能在我们浪费时间去找他的时候打败他。"

但和往常一样，建议、劝告、争论、命令，对于情非所愿、犹豫不决的乔治·布林顿·麦克莱伦将军来说，都是白费口舌。他又浪费了整整一个月的时间做准备，慢吞吞地渡过了波托马克河，向蓝岭以东推进，在布尔朗战场以南不远的沃伦顿集结军队，没有猛烈的进攻，也没有任何明显进攻的意图。亚伯拉罕·林肯总统的耐心终于耗尽了，1862 年 11 月 5 日，他给乔治·布林顿·麦克莱伦将军下达命令，解除了他的指挥权。乔治·布林顿·麦克莱伦将军的军事生涯就此结束。

第 **11** 章

废除奴隶制的初步行动

精彩
看点

在描述 1861 年发生的几起事件时，即指定逃亡奴隶为"违禁品"、克里滕登决议、国会特别会议的没收法案、约翰·查理·弗里蒙特将军的宣言的发布和撤销及与联邦军营中的"违禁品"有关的各种命令，已经触及内战与奴隶制的关系。上文提到的前战争部部长西蒙·卡梅伦的辞职也是因为类似的问题。在 1861 年 12 月 3 日召开的国会的年会上，时任战争部部长的西蒙·卡梅伦以第一次印刷的形式，做了如下的报告："如果发现被叛乱分子作为奴隶而扣押的人能够携带武器，并提供有效的军事服务，那么，在适当的军事规章、纪律和指挥下，政府有权，也有义务武装和装备他们，并利用他们来对付叛乱分子。"

亚伯拉罕·林肯总统还没有做好准备，允许内阁成员在未征得他的同意的情况下，让政府在那么早的时间里采取如此激进的政策。他派人将这份报告原来的副本召回并修改为简单的声明："逃亡奴隶"和被遗弃的奴隶，显然是一个重要的军事资源，不应该归还给叛乱的主人，而应该按照国会认为最好的方式，留待以后再处置。亚伯拉罕·林肯总统清楚地看到奴隶制问题在战争持续期间可能发挥多么严重的政治作用。

学识渊博的历史学家乔治·班克罗夫特阁下给亚伯拉罕·林肯总统写了一封信，在信中预言："如果不能增加自由州的数量，子孙后代对战争的结果是不会感到满意的。"亚伯拉罕·林肯总统回复道："您的来信的结尾的主要思想是我不能忽视的。我必须谨慎处理，并尽我所能做出最好的判断。"

这种谨慎在 1861 年 12 月 3 日他给国会的年度咨文中得到了充分的体现。他写道："在考虑采纳镇压叛乱的政策时，我一直都很焦虑和谨慎，希望为此目的而产生的不可避免的冲突不会演变成残酷的、暴力的革命斗争。因此，无论如何，我认为，就我们而言，将保持联邦的完整性作为我们这场斗争的首要目标都是合适的，而将所有无关紧要的军事问题留给议会，经过深思熟虑之后再做打算。联邦必须得以维持，因此，必须采取一切必要的手段。我们不应该急于确定那些激进和极端的措施，它可能会触及忠诚的人，也会触及不忠诚的人，这是不可避免的。"

即便是最保守的人也不能对如此谨慎，同时如此坚决的措辞感到惊慌。然而，事实证明，它非常宽泛，足以囊括这场冲突仍在酝酿中的每一个重大的紧急事件。

亚伯拉罕·林肯总统确实经过了深思熟虑，而且已经在自己的脑海中确定了一个处理奴隶制问题的简单计划，即自愿有偿废除奴隶制的计划。当他还是个国会议员的时候，他曾建议在哥伦比亚特区实施这一计划。当时，地方和全国的偏见妨碍了它的实施，但在他那合乎逻辑和理性的头脑中，现在看来，新的条件为它开辟了至少初步成功的前景。

在最近的总统大选中，小小的特拉华州通过融合约翰·贝尔和亚伯拉罕·林肯的选票，选出了一位支持联邦的国会议员，他在思想和行动上与新政府保持一致。虽然特拉华州是一个蓄奴州，但那里只有少量奴隶制的残余——总共只有一千七百九十八名奴隶。亚伯拉罕·林肯总统现在没有公开宣布他的目的，而是通过特拉华州选出的这位支持联邦的国会议员，向该州的政治领导人提出了一个逐步解放这些奴隶的计划。

该计划提出，美国政府将以每名奴隶四百美元的价格，在三十一年内，分期向特拉华州支付，再由该州分配给各个奴隶主。亚伯拉罕·林肯总统认为，如果能够诱导特拉华州采取这一措施，马里兰州就有可能效仿，而这些先例会让其他州产生共鸣，从而走上同样从容和仁慈地解放奴隶的道路。但根深蒂固的偏见仍然不屈不挠地影响着特拉华州的一些法律制定者。特拉华州众议院的大多数成员都投票赞成这项计划。但特拉华州参议院的九名成员中，有五名成员带有强烈的党派偏见和仇恨，轻蔑地驳斥了这项计划，称它是"废奴贿赂"，这个计划刚刚萌芽就枯萎了。

亚伯拉罕·林肯总统并没有因为他在特拉华州的尝试失败而止步不前，而是立即呼吁更广泛的公众舆论。1862 年 3 月 6 日，他向国会两院递交了一份特别咨文，建议通过以下联合决议："兹决定：联邦政府应当与可能逐步废除奴隶制的任何州竭诚合作，给予这些州财政援助，由这些州酌情使用，以补偿由于制度的变化而给公众和私人造成的麻烦。"

亚伯拉罕·林肯总统在他的解释性咨文中说道："问题的关键不在于所有容忍奴隶制的州都会很快开始解放奴隶，而是在于，当提供给所有州的条件相同时，靠近北方的蓄奴州通过这种初步行动，让靠近南方的蓄奴州相信，无论如何，他们也不可能加入后者提议的南方邦联了。我之所以称它为'初步行动'，是因为，在我看来，缓慢而逐步地解放奴隶对所有人来说都是更好的。……由中央政府提出的这一主张并没有规定联邦政府有权在各州范围内干涉奴隶制，而的确是将不同情况下的奴隶制的处置权完全交给了各州，以及与奴隶制有直接利益相关的个人。这个提议可供他们完全自由选择。在 1861 年 12 月的年度咨文中，我认为这么说是合适的，即'联邦必须得以维持，因此，必须采取一切必要的手段'。我这么说并不是一时冲动，而是经过深思熟虑的。战争已经成为，并将继续成为实现这一目标不可或缺的手段。实际上，只要再次承认国家权力机构，就没有必要继续战争，并将立即停止战争。然而，如果抵抗继续下去，战争也必须继续下去，而且无法预见可能发生的所有事件和随之而来的所有损失。我们必须而且终将采取像这样似乎不可或缺的，或者显然可以保证在结束这场战争方面具有很高的效率的初步行动。"

北方共和党的期刊对亚伯拉罕·林肯总统的咨文和计划进行了广泛的讨论。总的来说，他的咨文和计划都受到了好评。然而，在某些方面，人们提出了反对意见：这项提议可能会因为费用而宣告失败。亚伯拉罕·林肯总统在给一位参议员的私人信函中，就这一异议给出了令人信服的答复："关于我在最近的咨文中提议的，补偿逐步解放奴隶的计划的费用问题，请允许我给出一两条简短的提示。不到半天的战争费用就可以支付特拉华州所有奴隶人均四百美元的费用……同样地，不到八十七天的战争费用将以同样的价格，支付特拉华州、马里兰州、肯塔基州、密苏里州和哥伦比亚特区的所有奴隶的费用。……这些州和这个地区采取这样的初步行动将使战争缩短八十七天以上，从而节省了开支，你还会怀疑这一点吗？"

1862 年 3 月 10 日，亚伯拉罕·林肯总统召见了来自边境蓄奴州的国会代表团，并在一次漫长而诚挚的访谈中反复强调他咨文中的论点，说服他们认识到他采取这一计划的好处，他向他们保证，他是本着最友好的精神提出这一计划的，并且无意损害他们所代表的边境蓄奴州的人民的利益或伤害他们的感情。在这次访谈后的第二天，也就是 1862 年 3 月 11 日，众议院以超过三分之二的票数通过了这项联合决议：八十九票赞成，三十一票反对。只有极少数来自边境蓄奴州的国会众议员有勇气积极地投赞成票。大约一个月之后，参议院也以类似的赞成与反对票的比值通过了这项联合决议。参议院的拖延是由于事务繁忙而不是不情愿。

然而，迄今为止，国会中的激进分子们对这项联合决议更多是容忍，而不是由衷地支持。众议院愤世嫉俗的共和党领袖史蒂文斯说："我承认我不知道是什么让一方如此渴望通过它，或者让另一方如此渴望废除它。我认为这是有史以来给美国民众的最典型的和稀泥的提议。"尽管大多数共和党人没有立即提出使其具有切实可行的法律效力，但仍然将它作为与悬而未决的措施相一致的目标宣言而投票赞成，这一方面是对北方反奴隶制观点的赞扬，另一方面，也是对边境蓄奴州慷慨的表达。与实际立法同时采取的措施是在哥伦比亚特区立即解放奴隶的一项法案，该法案要求按照每名奴隶平均三百美元的价格，向忠诚于联邦的奴隶主支付相应的数额，并任命一个委员会进行评估和裁决。该法案是在本届议会初期提出的，其讨论受到亚伯拉罕·林肯总统的特别咨文和联合决议的极大鼓舞。和其他反对奴隶制的措施一样，除了少数不值一提的例外，它大体上受到民主党的反对和共和党的支持。参议院于 1862 年 4 月 3 日、众议院于 1862 年 4 月 11 日，都以同样的三分之二的票数通过了哥伦比亚特区解放奴隶的这项法案，1862 年 4 月 16 日，亚伯拉罕·林肯总统签署了这项法案，使其成为真正的法律。

因此，无论是通过联合决议的承诺，还是通过哥伦比亚特区解放奴隶的这项法案的执行，国会中的共和党多数派和亚伯拉罕·林肯总统都承诺实施补偿废除奴隶制的政策。如果来自边境蓄奴州的国会众议员和参议员表示愿意接受政府的慷慨，他们本可以避免大约三年后在这些州镇压奴隶主时浪费的金钱。1862 年 4 月 14 日，在众议院，这个问题由来自印第安纳州的怀特先生提出。在他的要求下，任命了一个由九名成员组成的解放奴隶特别委员会，其中大多数成员来自边境蓄奴州。该委员会于 1862 年 7 月 16 日公布了一项全面的法案，授权亚伯拉罕·林肯总统以每名奴隶三百美元的价格，对可能立即或逐渐解放奴隶的特拉华州、马里兰州、弗吉尼亚州、肯塔基州、田纳西州和密苏里州做出补偿。国会随后就密苏里州解放奴隶的问题，召开了会议和讨论。但对于法案中提到的其他州来说，他们的人民、国会的众议员和参议员的冷漠或公开反对，阻止了委员会的进一步行动。

与此同时，发生的一个新的事件又一次引起了公众对通过战争解放奴隶的问题的热烈讨论。联邦军队的南方指挥部控制着爱迪斯托河和沃索湾之间的南卡罗来纳州六七十英里的海岸线，包括 1861 年联邦军队占领罗亚尔港之后，落入联邦手中的著名的海岛棉区。1862 年 5 月 9 日，坐镇南方指挥部的戴维·亨特将军发布了一道军事命令，宣布："奴隶制和戒严令是与一个自由国家完全不相容的，因此，我宣布，佐治亚州、佛罗里达州和南卡罗来纳州这三个州迄今为止被当作奴隶的人获得永远的自由。"

有关这道命令的消息，通过缓慢的海上邮件传到了华盛顿，这使亚伯拉罕·林肯总统大吃一惊，他在第一时间对这件事做了积极而有力的评论。他写信给财政部部长萨蒙·波特兰·蔡斯："任何一位指挥官，在未征求我的意见的情况下，都不能在我的责任范围内做这样的事。"三天后，也就是 1862 年 5 月 19 日，亚伯拉罕·林肯总统发表了一份声明，宣布戴维·亨特将军的命令完全未经授权，是无效的，并补充道："我还要说明，作为联邦陆军和海军总司令，我是否有能力宣布任何一个或多个州的奴隶是自由的，以及在任何情况下，行使这一假定的权力是否已成为维持政府所必不可少的手段。这两个问题是我在自己的职责范围内留给我自己的问题。我认为，让战地指挥官来决定这两个问题是不合理的。这些问题完全不同于军队和营地的治安条例。"

通过对自己的补偿废除奴隶制的计划和提议的重新陈述，以及对边境蓄奴州的公众舆论的强烈呼吁，亚伯拉罕·林肯总统进一步明确强调了要保留自己的行政权力，同样，也明确声明了正当行使这一行政权力的可能性。

亚伯拉罕·林肯总统在宣言中继续说道："我不争辩，我恳求你们为你们自己辩论。如果你们愿意，你们就不能对时代的特征视而不见。我恳求你们冷静而广泛地考虑一下它们，如果可能的话，其范围远远超过了个人和党派政治。这项提议为了共同的目标，制订了共同的计划，没有指责任何人。它不是自以为公正善良的法利赛人①的行为。它所设想的变化会像天堂的露珠一样温柔地滴落，不会撕裂或毁坏任何东西。难道你们还不愿意接受它吗？在过去的所有时间里，没有人能像在上帝的保佑下一样，通过一次努力做这么多好事。现在，你们有特权做这样的好事，这是你们的荣幸。但愿广阔的未来不必因为你们放弃了这一特权而哀叹。"

亚伯拉罕·林肯总统的这份声明自然引起了广泛而多样的评论，但因为一些军事事件的介入，在很大程度上吸引了公众的关注，所以对这份声明的评论就比预想的少得多。在亚伯拉罕·林肯总统发布声明的那一天，也就是1862年5月19日，乔治·布林顿·麦克莱伦将军率领波托马克防区的军队，在向里士满发动进攻的行动中刚刚到达奇拉霍米尼河。"石墙"托马斯·乔纳森·杰克逊将军就要开始对谢南多尼大峡谷发起惊人的突袭。亨利·韦杰·哈莱克将军正在从容不迫地攻打科林斯。在亚伯拉罕·林肯总统发布声明的第二天，也就是1862年5月20日，戴维·格拉斯哥·法拉格特海军上将凯旋的舰队，第一次沿密西西比河北上，到达了维克斯堡。各种繁杂的事务让国会委员们在

---

① 法利赛人，严守律法的古犹太教派成员，引申为伪君子，即自以为公正、善良、高尚的人。

托马斯·乔纳森·杰克逊

漫长的会议的最后几周里忙得不可开交。在这些事务中，就几项积极和直接的反奴隶制立法的措施展开的讨论和程序，成了显著的"时代特征"。在会议期间和会议结束之前，通过了禁止军队遣返逃亡奴隶的法案或修正案。承认海地和利比里亚的独立和主权。规定与英国签订的《禁止非洲奴隶贸易条约》生效。恢复《密苏里妥协法案》，并使其条款适用于美国所有领土。在解放实际上受雇于敌军的奴隶的过程中，在很大程度上扩大了《没收法案》的适用范围。赋予亚伯拉罕·林肯总统组织并武装黑人军团参加战争的权力，就算不是明示的，至少也是简单的暗示。

然而，在亚伯拉罕·林肯总统的声明和国会休会之间，军事事务发生了最令人沮丧的改变。乔治·布林顿·麦克莱伦将军对里士满的进攻变成了向哈里森登陆点的撤退。亨利·韦杰·哈莱克将军在科林斯，除了人去楼空的堡垒，什么也没有得到。戴维·格拉斯哥·法拉格特海军上将在维克斯堡没有得到合作，于是，回到了新奥尔良，让敌人的枪炮继续封锁着密西西比河的贸易。更糟糕的是，亚伯拉罕·林肯总统号召征募三十万新兵，使这个国家陷入了不祥的预感中。

在国会休会前的那一周，亚伯拉罕·林肯总统再次召集了来自边境蓄奴州的代表团，并精心准备了一份文件，第二次向他们宣读了这个最迫切的呼吁，要求他们采纳补偿废除奴隶制的计划。"让那些叛乱的州清楚而肯定地看到，在任何情况下，你们各自所代表的州永远都不可能加入他们提议的南方邦联。他们无法再维持这场战争了。但只要你们表现出要使奴隶制在你们各自所代表的州永存下去的决心，他们就不会放弃你们最终会和他们在一起的希望。尽管你们曾压倒性地在选举中击败他们，他们却毫不气馁，仍然声称你们和他们是自己人。你们和我都知道他们向我施压的筹码是什么。当着他们的面毁掉这个筹码，他们就永远不可能动摇你们了……如果战争持续很长时间，如果这个目标不能早日实现，你们各自所代表的州的奴隶制度必将会因为战争带来的冲突和摩擦而最终消亡。等到那个时候，你们将从这一制度中得不到任何补偿。它的大部分价值已经不复存在了。你们和你们的人民采取一个既能立刻缩短战争，又能获得实质性补偿的措施，岂不是更好？在任何其他情况下，这种实质性的补偿肯定会完全丧失的。通过这种方式，省下我们在战争中浪费掉的金钱，岂不是更好？……我们共同的国家正危在旦夕，需要我们高瞻远瞩、勇猛果敢，才能让它迅速脱离危险。一旦它脱离了危险，它的政府就可以留存在世了，它备受珍爱的历史和记忆也就得到维护了，它美好而幸福的未来也就得到充分的保证了，并且变得无比瑰丽、无比恢宏。是你们，而不是任何其他人，被赋予了这一特权去确保它美好而幸福的未来，成就它的瑰丽与恢宏，并且将你们自己的名字与它的未来永远联系在一起。"

即使代表团听取了亚伯拉罕·林肯总统的意见，亚伯拉罕·林肯总统也能看出，那些军事事件还没有使他们的头脑成熟到可以接受他的提议。在他们几天后提交的书面答复中，三分之二的代表一致表示有条件地拒绝。在承认亚伯拉罕·林肯总统的爱国主义和重申他们对联邦的忠诚的同时，他们提出了一些毫无根据的借口。少数代表的答复承诺会公平地向他们自己州的人民陈述这条提议，但当然不能保证他们的选民会欢迎并接受它。

这次访谈本身只是为了证实亚伯拉罕·林肯总统采取了另外一种行动方式，毫无疑问，他已经深切地思考了很长一段时间，他与艺术家弗朗西斯·比克内尔·卡彭特的对话最能说明这一点："那一定是在 1862 年的仲夏，事情变得越来越糟，直到我感到我们所追求的行动计划已经走到了尽头，我们即将打完最后一张牌，必须改变战术，否则就会输掉这场战争。现在，我决定采取解放奴隶的政策，我没有与内阁协商，也没有告诉他们，我准备了宣言的初稿，经过仔细考虑，就这个问题召开了内阁会议。……在讨论开始的时候，除邮政部长蒙哥马利·布莱尔之外，其他人都出席了会议，蒙哥马利·布莱尔随后便到。我对内阁成员们说，我已决定采取这一步骤，并没有召集他们并征求他们的意见，而是将宣言的初稿摆在他们面前，在他们听我宣读之后，就会提出合理的建议。"

1862 年 7 月 22 日，亚伯拉罕·林肯总统向内阁成员们宣读了第一份《解放宣言》的草案，它向南方邦联发出了正式警告，要求他们停止叛乱，其内容如下："我特此声明，在下一届国会会议上，我的目标是，再次建议采取一项切实可行的措施，向届时将承认并在事实上维护美国权威的，以及届时或随后自愿逐渐废除奴隶制的任何和所有州提供财政援助，这些州可以选择接受或拒绝。其目的是切实恢复，并从此以后维持中央政府与某些州的宪政关系，这些州与中央政府的宪政关系现在已经中断或受到了影响。为了这个目的，战争将一如既往地继续下去。作为实现这一目标的适当和必要的军事措施，作为美国陆、海军总司令，我命令并宣布，从 1863 年 1 月 1 日开始，在所有届时在事实上不承认、不服从、不维护《美国宪法》的权威的州中，所有被当作奴隶的人，届时，并从此以后，将永远获得自由。"

在与边境蓄奴州的代表团访谈后的第二天，亚伯拉罕·林肯总统曾就《解放宣言》给过国务卿威廉·亨利·西沃德和海军部长吉迪恩·韦尔斯秘密的暗示。但对于内阁的其他成员来说，这完全出乎意料。邮政部长蒙哥马利·布莱尔认为，这将使政府在秋季选举中付出代价。财政部部长萨蒙·波特兰·蔡斯更愿意由几个军区的指挥官来宣布解放。国务卿威廉·亨利·西沃德认可了《解放宣言》，但建议推迟到获得军事胜利的时候再向全国公布，而不是像当时的情况那样，在战争中遭受重大失败的时候宣布它。

　　在与艺术家弗朗西斯·比克内尔·卡彭特的对话中，亚伯拉罕·林肯总统继续说道："国务卿威廉·亨利·西沃德的金玉良言真是醍醐灌顶，让我恍然大悟。在我对这个问题的所有思考中，我竟然完全忽略了这个问题的这个方面。结果是，我将《解放宣言》的草案放到一边，就像你绘画的草图一样，等待战场上传来胜利的消息。"

第 12 章

亚伯拉罕·林肯总统对斗争双方的制衡

政府的保密工作做得很好，以至公众对亚伯拉罕·林肯总统向内阁成员们提交《解放宣言》草案的消息一无所知。从那天到第二次布尔郎战役整整过去了一个月。其间，由于没有军事行动或国会公报提供令人激动的消息，无论是个人还是公共期刊，都将新的、有点报复性的批评的矛头指向了政府。为此，他们抓住了无所不在、信手拈来的奴隶制的话题。在这个问题上，保守派愤慨地抗议亚伯拉罕·林肯总统速度太快，恰恰相反，激进派则大声疾呼，认为亚伯拉罕·林肯总统速度太慢。我们已经看到了，他是如何坚定不移地做出决定的，又是如何泾渭分明地表明路线的，但他还没有准备好公开宣布。

因此，在等待军事胜利的这段日子里，亚伯拉罕·林肯总统用非常积极的语言完成了抑制双方不耐烦的艰巨任务。1862 年 7 月 26 日，他给路易斯安那州的一位朋友写信："我已经收到您于 1862 年 7 月 16 日请乔治·福斯特·谢普利州长转交给我的信。约翰·沃尔科特·菲尔普斯将军在路易斯安那州的统治似乎磨灭了该州民众对联邦的感情。请原谅我，因为我相信这只是一个虚假的借口罢了。路易斯安那州的人民——各地所有的聪明人——都非常清楚，我从来不想触及他们的社会根基，或者他们的任何权利。他们对此心知肚明，他们迫使我必须派军队到他们中间去，他们因为约翰·沃尔科特·菲尔普斯将军的出现而恼火，这是他们自己的错，不是我的错。他们也知道补救办法，知道如何让约翰·沃尔科特·菲尔普斯将军离开，消除他待在那里的必要性。……

乔治·福斯特·谢普利

我是一个有耐心的人，总是愿意原谅基督徒的悔改，也给了他们足够的时间悔改。但如果可能的话，我必须拯救这个政府。我不能做的，我当然不会去做。不妨这样理解，不打光手里所有可用的牌，我是永远不会放弃这场游戏的。"

1862年7月28日，他又回复了另一位路易斯安那州的评论家："杜兰特先生抱怨说，我们的军队通过不同的方式，破坏了奴隶主和奴隶的关系，这在一定程度上是在国会的一项法案的掩护下进行的，而宪法对奴隶主的权利保障则因为借口军事必要性被暂停了，他认为这尤其令人恼火。事实上，军队关于奴隶的所作所为也是出于同样的军事必要性的。有人有钱是军事必要性，如果我们禁止奴隶们靠近我们的防线或将靠近我们防线的奴隶们赶走，我们就得不到足够数量的人和足够数额的钱。杜兰特先生不可能不知道这方面的压力，也不可能不知道我会在他和他的同类有时间自救之前，将钱和人控制在我自己手里。……如果你是我，你会做什么？你会结束这场战争吗？或者，你今后会用注满玫瑰水的接骨木喷射器继续这场战争吗？你会施以较轻的打击还是较重的打击？你会放弃任何可用的手段，继而放弃这场斗争吗？我并没有自吹自擂。我将尽我所能去拯救政府，这是我宣过誓的职责，也是我个人的意愿。我不会做任何恶事。我处理的事情涉及的范围太广泛了，那些见不得光的恶意行为根本就无处可藏。"

亚伯拉罕·林肯总统可以不在乎那些反对派的报纸的歪曲事实和抨击谩骂，但他不得不面对有着强烈的反奴隶制倾向的、有影响力的共和党编辑们的过度热情。贺瑞斯·格里利在1862年8月20日的《纽约论坛报》上刊登了一封冗长的、指名道姓写给亚伯拉罕·林肯总统的"公开信"，里面满是对亚伯拉罕·林肯总统和许多军官的不公正的谴责，指控他们在亲奴隶制势力的影响和情绪下玩忽职守。亚伯拉罕·林肯总统回复的公开信不同凡响，不仅是因为它明辨是非的技巧，而且是因为它通过制衡和尊严，维护了他作为斗争双方之间道德仲裁者的权威。

华盛顿，行政官邸

1862年8月22日

贺瑞斯·格里利阁下

亲爱的先生：

我刚刚读了你1862年8月19日在《纽约论坛报》上写给我的信。如果其中有任何我知道可能是关于事实的错误陈述或臆断，我此时此刻不会反驳它们。如果其中有任何我相信可能是错误的推论，我此时此刻不会反驳它们。如果其中有我能觉察到的不耐烦、盛气凌人的语气，我也不会责备你，因为你是我的老朋友，你是善意的，我尊重你。

至于我"似乎在推行的政策"，正如你所说的，我不想让任何人怀疑。

我会拯救联邦。我会以宪法规定的最简短的方式拯救它。国家权力恢复得越快，联邦就越接近"原来的联邦"。如果有人在拯救奴隶制的同时，才会拯救联邦，我不同意他们的观点。如果有人在消灭奴隶制的同时，才会拯救联邦，我也不同意他们的观点。在这场斗争中，我最重要的目标是拯救联邦，而不是拯救或消灭奴隶制。如果我不解放任何奴隶，也能拯救联邦，我就会这么做。如果我解放了所有的奴隶，才能拯救联邦，我就会这么做。如果我只解放一部分奴隶，就能拯救联邦，我也会这么做。我之所以要做关于奴隶制和黑人奴隶的事，是因为我相信它有助于拯救联邦。我之所以忍受克制，是因为我那时候还不相信它有助于拯救联邦。只要我相信，我所做的不利于拯救联邦的大业，我就会少做。只要我相信，我所做的有助于拯救联邦的大业，我就会多做。当错误被证实的时候，我就会设法纠正它。当新的观点被证实是正确的时候，我就会立刻采纳它。

我在这里从我的公务的角度出发，陈述了我的目的。我不打算改变我再三表达的个人愿望，即所有地方的所有人都可以得到自由。

你的朋友

亚伯拉罕·林肯

毋庸置疑，亚伯拉罕·林肯总统在写这封公开信的时候，打算对公共舆论产生双重影响：首先，它应该抑制极端反奴隶制的情绪，使其具有更大的耐心。其次，它应该唤醒顽固的亲奴隶制的保守派，并使他们为他已经决定一有合适的机会就会宣布的《解放宣言》做好心理准备。在写这封信的那一天，亚伯拉罕·林肯总统很清楚，弗吉尼亚州很快就会发生严重的武装冲突。他有充分的理由，希望已经奉命前进的乔治·布林顿·麦克莱伦将军和约翰·波普将军的联军，能够成功实施攻击，并取得决定性的胜利。然而，他的希望却不幸落空了。第二次布尔郎战役发生在贺瑞斯·格里利发表公开信的一周后，被证明是一次严重的失败，需要进一步推迟亚伯拉罕·林肯总统设想的行动。作为这次新的军事失利的次要影响，林肯又一次面临更大的压力，要求他对叛军真正防御薄弱的地方进行报复。1862年9月13日，芝加哥宗教派别的一个有影响力的代表团拜访了他，敦促他立即发表全面解放的宣言。他用最谦恭有礼的语言回复了他们，却含有一丝责备的语气，暗示他日复一日都生活在激动恼怒和神经高度过敏的状态下。

在现实条件下，亚伯拉罕·林肯总统既不能满口答应他们，也不能拒绝他们。由于他所能给出的任何回答都有可能引起误解，他便将大部分谈话内容放在指出他们教条式的坚持的不合理性上："我接触的都是截然相反的意见和建议，以及宗教人士的意见和建议，他们同样确信他们代表着神圣的意志。我确信，他们中有一方在这个信念上是错误的，也许在某些方面，双方都是错误的。我希望我这说不会不敬，如果上帝有可能，就某个与我的职责如此相关的问题，将他的旨意透露给别人，那么他更有可能直接透露给我。……特别是鉴于我们目前所处的位置，我现在公布《解放宣言》又有什么好处呢？我不想发表一份全世界的人都明白它必然无效的文件。……我想，我没有依据法律或宪法反对奴隶制，是因为作为战时陆、海军总司令，我认为我有权采取任何可以制服敌人的最好的措施。鉴于南方可能发生的暴动和大屠杀，我也不主张在道德上反对它。我认为解放奴隶是一项切实可行的战争措施，要根据它可能给镇压叛乱带来的利弊来决定是否采取它。不要因为我反对现在就公布《解放宣言》而误解我。它们表明，迄今为止，困难阻碍了你们希望我采取的行动。我还没有决定放弃向奴隶宣布自由，而是要慎重考虑此事。我可以向你们保证，这个问题日夜萦绕在我的脑海中，比其他任何问题都更让我牵肠挂肚。无论上帝的旨意是什么，我都会按照它去做。"

四天后，也就是1862年9月17日，安提塔姆战役打响了，经过几天的不确定性之后，当人们确信这场战役可以理所当然地被称之为联邦的胜利时，亚伯拉罕·林肯总统决心实现他慎重拟定的目标。

财政部部长萨蒙·波特兰·蔡斯的日记非常完整地记录了这一引人注目的

事件："1862 年 9 月 22 日，在这个难忘的时刻，轻松愉快的开场白之后，亚
伯拉罕·林肯总统对内阁成员说：'先生们，正如你们了解的那样，关于这场
战争与奴隶制的关系，我想了很多。你们都记得，几周前，我向你们宣读了一
道关于这个问题我准备的命令，由于你们有些人反对，该命令没有发布。从那
时起，这个问题一直在我的脑海里翻腾，我一直在想，采取行动的时候可能会

亚伯拉罕·林肯总统起草《解放宣言》

来到。我想现在是时候了。我希望这是一个更好的时机。我希望我们的情况能好一些。军队对叛乱分子的行动并不如人意。但敌人已经被赶出了马里兰州,宾夕法尼亚州也不再面临入侵的危险。当叛军在弗雷德里克的时候,我决定,一旦它被赶出马里兰州,就立刻发布《解放宣言》。我想这才是最有效的。我没有对任何人说什么，但我对我自己和我的造物主做出了承诺。叛军现在已经被赶出去了，我要履行那个承诺了。我将你们召集到一起，听我宣读我写下来的内容。我不希望你们对主要的问题提出建议，因为我已经做出决定了。我这么说，没有任何意图，只是为了尊重你们所有的人。但我已经知道每个人对这个问题的看法了。在此之前，你们已经表达了各自的看法，我已尽可能仔细而彻底地考虑过了。我写下的就是我的想法，同时是我要说的话。在我使用的措辞中，或者任何小问题上，你们中的任何一位认为最好加以改动的，我将乐于接受这些建议。我会重新写一份文件。我很清楚，在这个问题上和在其他问题上一样，其他许多人可能比我做得更好。如果我确信，他们中的任何一个比我得到的公众的信任更广泛，并且，如果我知道根据宪法可以让他取代我的位置，那么他就应该得到它。我很乐意主动让贤。但虽然我相信我不像以前得到那么多人的信任，但经过全面考虑，我还不知道有人比我得到了人民更多信任。何况，不管怎样，我也没有办法让任何其他人取代我的位置。在其位，谋其政。我必须尽我所能，承担起我认为自己应该承担的责任。'"

所有内阁成员都赞成这项政策措施。邮政部长蒙哥马利·布莱尔提出反对意见，他认为时机还不够成熟，而其他人则建议稍做修改。次日上午印制的新的《解放宣言》，重申了有偿废除奴隶制的计划，继续鼓励自愿殖民的努力，承诺向忠诚于联邦的奴隶主做出最大的赔偿，并且"从1863年1月1日开始，在任何一个其人民反叛美国的州或特定地区中，所有被当作奴隶的人，届时，并从此以后，将永远获得自由。并且，无论他们做出何种努力来实现他们真正的自由，美国政府，包括其陆、海军当局，将承认并维护他们的自由，不会采取任何行动来镇压他们，或压制他们中的任何人"。

根据这些公告，亚伯拉罕·林肯总统于1862年12月1日所做的年度咨文，建议国会通过一项联合决议，向几个州议会提出一项宪法修正案，包括三项条款：一是为每一个在1900年之前废除奴隶制的州提供债券补偿。二是为在叛乱期间因战争而享有了真正自由的所有奴隶提供自由保障，并向合法的奴隶主提供补偿。三是授权国会规定殖民事宜。

亚伯拉罕·林肯总统通过长期而实际的论证完善了这项计划，"非但没有排除，反而补充了所有其他旨在恢复并维护整个联邦的国家权威的论点"，并用以下雄辩的语句作为结束："我们只有和谐一致才能成功。它不是'我们中有谁能想象得更好吗'，而是'我们都能做得更好吗'。任何目标都是有可能的，但问题还是会重复出现，平静的过去的教条不足以应付现在的暴风雨。眼前困难重重，我们必须与时俱进。因为我们面临的情况是新的，所以我们必须重新思考，重新行动。我们必须解放思想，然后才能拯救我们的国家。

"同胞们，我们不能逃避历史。这届国会和这届政府的所有人，而不是我们自己，将被历史铭记。无论一个人多么举足轻重，或多么微不足道，都不可能让我们中的任何人免受历史的审判。我们通过了这场艰难的考验，无论我们是荣耀的还是耻辱的，它都将让我们的下一代认清我们的真实面目。我们说我们支持联邦。世界不会忘记我们说过这样的话。我们知道如何拯救联邦。全世界都知道我们真的知道如何拯救它。我们就在这里掌握权力也承担责任。在赋予奴隶自由的同时，我们也保证了自由人的自由，不管是我们给予的，还是我们维护的，都同样光荣和可敬。我们将高尚地拯救，或卑贱地失去地球上最后的，也是最好的希望。其他手段可能会成功，但这一途径不会失败。这种方式是简单直接的、温和慈爱的、慷慨大度的，如果遵循的话，它将是一种世界永远欢迎的、上帝永远保佑的方式。"

但亚伯拉罕·林肯总统热切而诚挚的呼吁，并没有受到来自国会或公众舆论的任何鼓励性的回应。事实上，我们可以合理地推测，他并没有期待得到任何回应。也许他认为它已经是一份令人满意的收获，以至人们认为它是无情的战争机器迅速带来的后果的警告，而不是他和他的政府带来的警告，因而人们也就默默地接受了。亚伯拉罕·林肯总统越来越意识到，他的官方言论对公众情绪产生的无声影响，就算不能改变顽固的反对意见，至少可以调解，使其耐心地服从。

怀着这种信念，亚伯拉罕·林肯总统坚定不移地继续执行他经过深思熟虑的计划，其下一个重要步骤是履行 1862 年 9 月 22 日他在初步的《解放宣言》

中的声明。1862 年 12 月 30 日，他向内阁的每位成员发放了一份他重新认真拟就的《解放宣言》的草案，决定在新年的第一天发布。人们还记得，早在 1862 年 7 月 22 日，他就通知内阁，这份《解放宣言》草案所涉及的主要问题是他已经决定了的。现在，他再次将它交到他们手中，只是针对一些小问题征求他们的意见和建议，让他们提出口头的和附带的批评。

除了在所有已经叛乱的州进行军事解放的中心点之外，亚伯拉罕·林肯总统的《解放宣言》草案第一次宣布，他打算将新解放的一部分奴隶编入联邦军队。这项政策也在 1862 年 7 月首次审议这个主要问题时进行了讨论。亚伯拉罕·林肯总统当时已经认真考虑过这项政策，但那时他觉得时机还不够成熟，而且产生的弊大于利。根据他的判断，现在已经到了积极采用它的时候了。

1862 年 12 月 31 日，内阁成员们开会时，针对《解放宣言》草案，他们提出了若干批评和建议。也许财政部部长萨蒙·波特兰·蔡斯热切而诚挚地反复强调的才是最重要的，新的《解放宣言》不应该将联邦军队控制的某些州的部分地区排除在外，比如路易斯安那州和弗吉尼亚州。从弗吉尼亚州分出来了四十八个县，被指定为西弗吉尼亚州，当时正在组建，并作为一个新州并入联邦。同一天，也就是 1862 年 12 月 31 日，内阁成员以书面形式详细讨论了西弗吉尼亚州的合宪性，并由亚伯拉罕·林肯总统确认其合宪性。

1862 年 12 月 31 日下午，内阁会议结束后，亚伯拉罕·林肯总统再次仔细地重写了《解放宣言》，其中体现了内阁成员们口头改进的建议，但他严格遵守了自己的《解放宣言》草案，保留了联邦军队控制的州的部分地区和西弗吉尼亚州的四十八个县的例外。以及宣布打算征募解放的奴隶服兵役。财政部部长萨蒙·波特兰·蔡斯已经提出了一个结尾的格式。亚伯拉罕·林肯总统也采纳了这一格式，但在"是经宪法授权的"这几个字后面，又加上了重要的限定性的更正："也是符合军事必要性的。"

这份《解放宣言》定稿详细列举了 1862 年 9 月的《解放宣言》草案的公告。将其性质和权威定义为军事命令。指明了截至那一天背叛了联邦政府的州和某些州叛乱的地区。宣布并命令，在叛乱的州和地区中，所有被当作奴隶的人"从今往后都将获得自由",并宣布将接纳他们中条件适当的人服兵役。"我祈求人类对这一法案做出慎重的判断,并祈求全能的上帝对它加以恩典,我诚心诚意地认为,这一做法是正义的行为,是经宪法授权的,也是符合军事必要性的。"

这一重要文件的结论与它的各个准备阶段一样慎重和简洁。1863年1月1日上午和中午,在亚伯拉罕·林肯总统的行政官邸举行了已成惯例的、半社交半正式的新年招待会。15时左右,十几个人聚集在亚伯拉罕·林肯总统的行政办公室里,经过整整三个小时的寒暄和闲聊之后,没有任何事先安排的仪式,亚伯拉罕·林肯总统在这份伟大的《自由法令》上签署并盖章。

对于这一影响深远的行为,再也没有比他本人在一年多以后写给一位朋友霍奇斯先生的信中所体现的更精彩的评论了:"我天生就是反对奴隶制的。如果奴隶制没有错,就没有什么是错的了。我不会忘记,我时刻都有这样的想法和感觉,可是我从未想过,总统的职位会赋予我一种不受限制的权力,根据这种判断和感觉采取官方的行动。我发誓,我会尽我所能,保护、维护并捍卫《美国宪法》。我不能不宣誓就上任。我也不认为,我可以通过宣誓获得权力,并通过权力背弃誓言。我也明白,在普通的民事管理中,这一誓言甚至几乎容不得我最初在奴隶制的道德问题上做出的抽象判断。我曾在很多方面多次公开声明过这一点。并且,时至今日,我敢断言,我还没有仅仅为了遵从我对奴隶制的抽象判断和感觉而采取任何官方的行动。然而,我确实明白,我要尽我所能维护《美国宪法》的誓言,使我有责任通过一切必要的手段维护这个政府和这个国家,而《美国宪法》就是这个政府和这个国家的组织法。有没有可能在失去国家的同时还保留宪法?根据一般规律,生命和肢体必须受到保护,但通常必须截肢才能挽救生命。然而,如果为了挽救肢体而放弃生命,这绝非明智之举。皮之不存,毛将焉附?我认为,原本不合宪法的措施,可以通过维护国家,从而成为维护宪法不可或缺的手段而变得合法。不管是对还是错,我姑且假定了这一点,现在我公开承认。我想,我不可能在政府、国家和宪法一起遭到破坏的情况下,甚至还竭尽全力去维护宪法,维护奴隶制或任何其他小事。

"在战争初期，当约翰·查理·弗里蒙特将军试图军事解放的时候，我禁止了他，因为我当时认为这并不是绝对必要的。不久之后，当时任战争部部长的西蒙·卡梅伦建议武装黑人的时候，我反对，因为我还是认为这并不是绝对必要的。再后来，当戴维·亨特将军试图军事解放的时候，我再次禁止了他，因为我依然认为这并不是绝对必要的。1862年3月、5月和7月，我连续向边境蓄奴州发出了热切而诚挚的呼吁，要求他们支持有偿解放奴隶的措施。我相信，如果他们拒绝采取这些措施，军事解放和武装黑人就具有了不可或缺的必要性。他们最终的确拒绝了这个提议，而我被迫在放弃联邦和宪法，与通过铁腕手段处理黑人奴隶的问题之间做出选择。我选择了后者。"

第 **13** 章

《国家征兵法》

黑人士兵的问题和许多其他问题一样，积极叛乱时期和内战时期的公众舆论已经发生深刻的变化。从联邦政府的建立直到南方诸州的叛乱，一场可能的奴隶起义的可怕梦魇在整个南方不断地酝酿着。北方民众自然而然地对这种情绪产生了同情。起初，他们一想到要将武器交给因为战争而获得实际或合法自由的黑人，就会产生本能的退缩。1862 年，在明显有利的条件下，一些热心的个人零星地做了一些努力，开始组建黑人军团。性情古怪的参议员詹姆斯·亨利·莱恩上校在堪萨斯州，或者更确切地说，沿着密苏里州边境尝试过，但没有成功。戴维·亨特将军在南卡罗来纳州做了一次试验，但发现自由的黑人极不情愿参军。白人军官也对他们有偏见，不愿意训练他们。本杰明·富兰克林·巴特勒将军在新奥尔良将旺盛的精力投入了类似的尝试中，取得了较好的结果。他发现，在占领这个城市之前，路易斯安那州的托马斯·欧弗顿·摩尔州长已经开始组织一个自由黑人民团，用于当地的防御。本杰明·富兰克林·巴特勒将军发展并壮大了这个组织，这也让他在南方邦联的类似榜样和先例中有了优势，同时对武装奴隶的指控也是不可推诿的。1862 年 9 月初，本杰明·富兰克林·巴特勒将军用一贯尖刻的讥讽挖苦报告说：“十天之内，我还将有一支一千多人的黑人民团，肤色最黑的那一个和已故的韦伯斯特先生毫无二致。”

　　所有这些努力都是私下的，而不是法律明文规定的，故而在获得军饷和武器供应方面或多或少会遭遇尴尬，因为它们在军队条例中没有得到明确承认。

只要亚伯拉罕·林肯总统认为这项政策不成熟，这件事就做不好。1862 年 7 月 3 日，战争部部长埃德温·麦克马斯特斯·斯坦顿在一封指示信中提到了亚伯拉罕·林肯总统在这方面的小心谨慎："他认为，根据国会的法律，自由的黑人不能被送回他们的主人那里。本着人道主义精神，他们不能因为缺少食物、住所或其他生活必需品而受苦。为此，军需和物资部门应该为他们提供保障。有劳动能力的，应当安排劳动，并支付合理的工资。在指导这项工作的过程中，亚伯拉罕·林肯总统目前并不打算制定任何关于奴隶的普遍规则，只需为当前出现的特殊情况做出规定。"

所有这一切都因《解放宣言》定稿而改变了。它威严地公告，经它宣布获得自由的、条件适合的黑人将被接纳到联邦军队中服役。在接下来的几个月里，亚伯拉罕·林肯总统给坐镇门罗堡的约翰·亚当斯·迪克斯将军、田纳西州的军事州长安德鲁·约翰逊、坐镇新奥尔良的纳撒尼尔·普伦蒂斯·班克斯将军，

约翰·亚当斯·迪克斯

以及南方指挥部的戴维·亨特将军写了几封私人书信，敦促他们勠力推行这项新的政策。然而，更重要的是，亚伯拉罕·林肯总统在战争部设立了一个专门负责这项任务的局，陆军副官被亲自派往密西西比河畔的联邦军营，监督黑人的招募和征兵工作。在尤利西斯·辛普森·格兰特将军和其他联邦指挥官的精诚合作下，该陆军副官在那里取得了令人鼓舞和欣慰的成功。

南方邦联当局对这项违背他们利益的政策表示强烈抗议。他们不可能对它在激烈的军事斗争中注定要产生的巨大影响视而不见。毫无疑问，他们世世代代的偏见让他们真真切切感受到的忧虑更加深重。然而，即便是接受了这样的事实，他们描述这件事的夸张的语言也变得十分荒谬可笑。南方邦联战争部早前曾宣布戴维·亨特将军和约翰·沃尔科特·菲尔普斯将军为不法分子，因为他们在训练和组织奴隶。1862 年 12 月 23 日，杰斐逊·汉密尔顿·戴维斯发布了耸人听闻的公告，污蔑本杰明·富兰克林·巴特勒将军和他手下的军官是"理应被处死的抢劫犯和罪犯"，命令"无论何时被捕，都要被处以死刑"。

亚伯拉罕·林肯总统的《解放宣言》定稿激起了他们更大的狂怒。南方邦联参议院曾谈到升起黑旗。杰斐逊·汉密尔顿·戴维斯的咨文污蔑它是"史上最可憎的犯罪"。南方邦联国会的一项联合决议规定，联邦军队中指挥黑人士兵的白人军官"一经抓获，将被处死或由法院酌情处罚"。南方邦联军队的一些下属指挥官的一般命令要么重复这些谴责和威胁，要么比这些谴责和威胁更加严厉。

幸运的是，战争记录并没有因为黑人部队数量过多，也没有因为哪怕一例南方邦联宣称的对联邦军队白人军官的暴行而留下污点。据了解，对黑人士兵进行报复的事件，仅限于皮洛堡大屠杀那一次。在那次可悲的事件中，南方邦联军队的指挥官通过电报报告说，他在三十分钟内攻击了一座由七百人驻守的堡垒，对方无一人逃脱，他击毙了五百人，打伤了一百人，俘虏了一百人，而自己只损失了二十人，受伤六十人。不必说，大部分遭到杀戮的是黑人士兵。考虑到战争的激烈程度，历史可以一笔带过，不再对事实明察秋毫，因为这些事实都是被吹嘘的胜利夸大了的。

皮洛堡大屠杀

　　1864 年春天发生的皮洛堡大屠杀事件使亚伯拉罕·林肯总统面临一个非常严重的问题，即是否执行 1863 年 7 月 30 日发布的报复令，并将它作为对南方邦联 1863 年 5 月 1 日的联合决议的回应。亚伯拉罕·林肯总统在这一事件中的处变不惊、沉着冷静，和他在所有官方行为中一样引人注目。在巴尔的摩的一次小型演讲中，亚伯拉罕·林肯总统提到了刚刚收到的大屠杀的传闻，他说道："我们今天还不知道，一个黑人士兵或指挥黑人士兵的白人军官，在被抓获时遭到了叛军的杀害。我可以说，我们害怕这样的事情发生，也相信它会发生，但我们不知道它是否真的发生了。如果假定他们杀害了我们的人，而我们又不确定他们是否真的这么做了，就不分青红皂白地夺走我们抓获的他们的人的生命。这可能是一个严重的、残忍的、错误的决定。"

　　当内阁收到更可靠的消息时，成员们聚集到一起，对这个问题进行了非常认真而热烈的辩论。但辩论只是为了更清楚地揭示报复还是反对报复这两种方针的内在危险。在权衡利弊的过程中，他们发现，有两个因素决定了政府应该采取反对报复的方针。其一是，尤利西斯·辛普森·格兰特将军即将开始他那令人难忘的进攻里士满的战役，而以军事惩罚的悲惨场面作为大战开场的序幕，无论多么正当，都是最不明智的。其二是，宅心仁厚的亚伯拉罕·林肯总统那善良慈悲的人道主义。弗雷德里克·道格拉斯提到一年前与亚伯拉罕·林肯总统的一次谈话："我永远不会忘记他那慈祥的表情，他那含泪的眼神，以及当他不赞成采取报复措施时那颤抖的声音。他说：'一旦开始，我不知道这样的措施会在哪里停下来。'他说他不能因为对方的错而冷酷地将我们手中的俘虏推出去杀掉。如果他能抓住那些残忍杀害黑人士兵的凶手，情况就不同了，但他不能因为对方有罪而杀害无辜者。"

从怀尔德尼斯到阿波马托克斯，公众对一年中的血腥报道和层出不穷的事件应接不暇，不仅内阁成员们忘记了皮洛堡屠杀事件，而且整个国家也将它慢慢淡忘了。1863 年，公众的注意力主要集中在了《国家征兵法》的制定和它的执行上，否则，毫无疑问，相关的解放奴隶和黑人士兵的话题就会引起更加热烈的讨论，摩擦自然也会更多。1861 年和 1862 年，在政治和战争的重压下，自由州响应亚伯拉罕·林肯总统的号召，以武力镇压叛乱的普遍热情已经相当枯竭。乔治·布林顿·麦克莱伦将军进攻里士满的战役失败。约翰·波普将军在第二次布尔郎战役中败北。乔治·布林顿·麦克莱伦将军在安提塔姆战役后没能采取积极的行动。西部早期的胜利逐渐转变为停止一切打通密西西比河的努力。西部的军队分散到各地，从事死气沉沉的修建和保卫长长的铁路线的日常工作，所有这些军事上的失利集中到了一起，几乎导致 1862 年底志愿兵和征兵工作无法继续进行。

迄今为止，爱国记录是辉煌的。将近十万名兵役期为三个月的民兵扛起枪，弥补了萨姆特堡陷落时损失的兵力。根据 1861 年 8 月国会通过的法律，五十多万名兵役期为三年的志愿兵迅速应征入伍，组成了第一支国家军队。在亚伯拉罕·林肯总统 1862 年 7 月的号召下，在自由州州长们的努力下，又有将近五十万名志愿者挺身而出，补充了乔治·布林顿·麦克莱伦将军在失败的弗吉尼亚半岛战役中损失的兵力。还有几次要求兵役期更短的征兵令，总共召集了四万多人。为了简洁起见，就不在这里赘述了。如果西部继续取得胜利，如果密西西比河被打通，如果波托马克防区的军队更加幸运，志愿军的招募工作无疑会以完全或几乎相同的速度继续下去。但随着成功的推迟、战役的挫败、公众情绪的低落，军队开始缺乏兵源。1862 年 8 月 4 日颁布的紧急命令，要求招募三十万兵役期为九个月的军队，最终总共只招到了八万六千八百六十人。在一些根据当地法律，通过征募，试图向联邦政府提供这些兵源的州表示，当地法规和征兵机制是有缺陷的，是不能胜任征兵工作的。

随着内战进入第三个年头，人们认为有必要采取更有力的措施来充实军队。经过一个多月的激烈辩论，国会于 1863 年 3 月 3 日通过了《国家征兵法》，规定所有年龄在二十五岁至四十五岁之间的男性公民都有义务应征入伍，组成国家军队。总统有权根据需要，征募他们服役。该法律还授权任命一位总纠察长，下设一名纠察长、一名专员和一名军医，负责在各选区组建征兵委员会。这些委员会必然要有一批纠察员，他们必须在总纠察长的监督下，通过国家当局执行《国家征兵法》。

一年多的时光不知不觉地过去了。北方各州的民主党领导人对政府采取了强硬的党派主义态度。他们的敌意主要表现为顽固地反对国会的反奴隶制法令和亚伯拉罕·林肯总统的解放措施。他们大声谴责亚伯拉罕·林肯总统，说他借着维护联邦的名义发动了一场废除奴隶制的战争。在 1862 年秋季的国会选举中，通过这一声浪和其他呼声，虽然北方的民主党还不足以打破共和党在众议院的多数地位，但获得了相当大的成功。乔治·布林顿·麦克莱伦将军是民主党人。自从他被削去军队的指挥权之后，北方的民主党便宣布他是废除奴隶制政策的殉道者，并着力培养他为即将到来的总统大选的候选人。

《国家征兵法》的通过为他们提供了攻击政府的新借口。国会两院的民主党以极端的党派怨恨谴责它违反了宪法，践踏了民众的自由。徘徊在十字路口心怀报复的煽动者，以及不负责任的报纸专栏，为城市居民中那些不辨是非、大胆鲁莽的人提供了歪曲事实、夸大其词的政治消息和读物，民主党领导人那放肆的语言在许多情况下退化成了口无遮拦的辱骂和指控。然而，考虑到这是

民众庆祝霍雷肖·西摩当选为州长

美国有史以来的第一部征兵法，考虑到其执行过程中存在着诸多问题和困难，考虑到其执行的必要性从本质上来讲是支持联邦政府的人们不欢迎的，当然也激发了敌人的恶意和诡计来百般阻挠和逃避，在其执行的过程中，拖延、阻挠或由此产生的暴力事件的比例已经算是相当小了。

在相当多的个人违反《国家征兵法》的行为中，就地惩罚防止了类似行为的再次发生。其中，只有两起重大事件具有了所谓的国家意义。在纽约州，1862 年的部分政治反应导致民主党的霍雷肖·西摩当选为州长。然而，作为一个品格高尚、能力超群的人，他却扭曲了自己的党派情感，并将自己的行政职能涂上了危险的色彩。他的敌对情绪体现在 1862 年 7 月 4 日的演讲中的一句话中："民主党组织认为本届政府不利于他们的权利和自由。他们认为对手在最神圣的选举权问题上会不公正地对待他们。"

霍雷肖·西摩

　　霍雷肖·西摩州长也许真的相信《国家征兵法》不符合宪法，他试图通过抗议、争辩和行政抗命，并以首先要求最高法院就其合法性做出裁决为由，来阻止它的执行。对此，亚伯拉罕·林肯总统回答道："我不能同意按照你的要求暂停在纽约州执行《国家征兵法》草案，因为除了其他原因，时间刻不容缓。……我不反对遵守美国最高法院或其法官关于《国家征兵法》草案的合宪性的决定。事实上，我将很愿意促进它获得合宪性，但我不能同意在等待的过程中失去宝贵的时间。我们正在与敌人做斗争。据我所知，敌人正在疯狂地四处抓壮丁，就像屠夫将牛群赶进屠宰场一样。他们没有浪费时间，没有争吵斗嘴，就这样组建了一支军队。如果我们不能给已经在战场上取得胜利的我方军队输送新的兵源，敌人很快就会反扑，向我军发起进攻。"

尽管霍雷肖·西摩州长没能给征兵官员提供任何合作，但征兵的准备工作在纽约市继续进行。除了小报和传单的煽动性语言，不大可能发生严重的干扰事件。但就在征兵的工作人员刚刚开始绘制征兵宣传画的时候，一场骚乱于1862年7月13日爆发了。人群首先拆毁了征兵办公室，接着又抢劫并放火焚烧了毗邻的一些商店，还拒绝让消防员灭火。从那时起，激动和混乱蔓延到了整个纽约市。连续三天，这个城市的很多地方都受到暴民无节制的破坏和蹂躏。他们还扬言要摧毁《纽约论坛报》的办公室。其员工和同住一栋建筑的人们正积极准备守卫它。最野蛮的暴行是针对黑人的。黑人孤儿院那座美丽的建筑遭到暴徒们的抢劫和纵火，几百个孩子几乎无路逃生。值得注意的是，最近移民的外国人是这次骚乱的主要领导者和行动者。这次骚乱造成了两百万美元的财产损失，数百人丧生。

暴徒杀害黑人孤儿院的儿童

联邦军队与暴徒在纽约街头交火

第四天晚上，联邦军队的一支小分队遇到了一群暴徒，便向他们开火，打死了十三人，打伤了十八人，骚乱就这样结束了。霍雷肖·西摩州长在平叛骚乱中几乎没有起到任何积极的作用，他称一部分暴民为"我的朋友"，这给他的履历留下了污点。联邦军队的到来及时恢复并维护了纽约市的平静和安全。

波士顿也发生了短暂的骚乱，但很快就平息了。费城和芝加哥发出了强烈呼吁，要求停止征兵。《国家征兵法》的最终结果与其说是为了获得新的兵源，倒不如说是为了鼓励全国各地努力促进志愿参军的工作，因此，征募的人数要么大大减少，要么在许多地方通过虚报州征兵指标而完全避免了。

俄亥俄州民主党的国会议员克莱门特·莱尔德·瓦兰迪加姆，因用煽动性的语言谴责征兵，而在安布罗斯·埃弗雷特·伯恩赛德少将的命令下被军事逮捕并受审，一个军事委员会认定他有罪，在战争期间被判处军事监禁。军事委员会的理由是，克莱门特·莱尔德·瓦兰迪加姆违反了第三十八号总命令："以削弱政府镇压非法叛乱的权力为目的，宣扬不忠的情绪和意见。"这一事件也演变成了一场值得关注的骚乱。美国巡回法庭的乔纳森·莱维特法官拒绝在本案中的"人身保护令"上签字。亚伯拉罕·林肯总统对克莱门特·莱尔德·瓦兰迪加姆的被捕感到遗憾，但认为撤销安布罗斯·埃弗雷特·伯恩赛德少将和军事法庭的行动是轻率的。他按照安布罗斯·埃弗雷特·伯恩赛德少将的命令的一个条款，修改了判决，将克莱门特·莱尔德·瓦兰迪加姆送往南方，越过了联邦军队的防线。这件事轰动一时，本着党的抗议精神，俄亥俄州的民主党人一致提名克莱门特·莱尔德·瓦兰迪加姆为州长。克莱门特·莱尔德·瓦兰迪加姆前往里士满，与南方邦联当局召开了一次会议。然后取道百慕大群岛，去了加拿大，并在那里发表了一场政治演讲。俄亥俄州和纽约州的民主党人热烈地讨论了政治和法律问题，并派出了场面壮观的委员会，就此事向亚伯拉罕·林肯总统发表了长篇演讲。

亚伯拉罕·林肯总统对这两场演讲做了洋洋洒洒的书面答复。我们只需在这里引述他对自己暂停"人身保护令"特权的简要而权威的解释就可以了："实质上，你问我是否真的声称，我能够以维护公共安全为由，即当我可以选择说公共安全需要它的时候，践踏所有受保护的个人权利。这个问题没有将我描述成一个权欲熏心的人，我在这里表示感谢。我们可以将它理解为一个，在叛乱或入侵的情况下，由谁来决定公共安全需要什么的简单问题，或者，也可以将它理解为一个，在叛乱或入侵的情况下，任何人都无权决定公共安全需要什么的断言。宪法认为叛乱或入侵有可能发生，需要做出决定，但并没有明确宣布由谁来做出决定。根据必要的暗示，当叛乱或入侵来临时，时不时地需要做出决定。我认为，根据宪法，人民当时任命其为陆、海军总司令的人，才是掌握权力、承担责任，并做出决定的人。如果他正当地使用权力，人民也许会为他辩护。如果他滥用权力，他就掌握在人民手中，人民可以根据宪法赋予他们的所有权利来处置他。"

尽管这一法律分析有理有据，令人信服，但亚伯拉罕·林肯总统的答复中仅有的一句俏皮话却更加通俗易懂，更容易让普通民众接受："我必须枪毙一个头脑简单的逃跑的新兵蛋子，却连一个诡计多端、诱使他逃跑的煽动者的头发丝儿都不能碰一下吗？"

"诡计多端"这个词如此精确地描述了克莱门特·莱尔德·瓦兰迪加姆的性格，而这个尖锐的质询也深深地打动了全国人民的心，因为他们最喜欢的"新兵蛋子"自愿加入了联邦军队。这也让来自党派的狡诈的批评和恶意的诽谤显得苍白无力。俄亥俄州的人民反应非常强烈。在1862年10月的选举中，克莱门特·莱尔德·瓦兰迪加姆以超过十万的多数反对票被打败了。

为了支持对克莱门特·莱尔德·瓦兰迪加姆的逮捕，亚伯拉罕·林肯总统不仅在他的宪法权限内，而且在他的严格的法律权限内采取了行动。1861年3月，国会通过了一项法案，使亚伯拉罕·林肯总统在叛乱期间的任何时候做出的所有这种性质的命令合法化，并给予他对根据他的命令进行的所有搜查、扣押、逮捕或监禁做出全额赔偿的权力。该法案还规定："在本次叛乱期间，当美国总统断定公共安全需要暂停'人身保护令'的特权时，他就有权在任何情况下，在美国全境或其任何地方，暂停'人身保护令'的特权。"

大约在1862年9月中旬，亚伯拉罕·林肯总统的公告正式使《国家征兵法》生效，避免了该法律的迅速执行受到妨碍或延迟。虽然克莱门特·莱尔德·瓦兰迪加姆和与他一样的民主党人未能阻止甚至推迟征兵，但他们还是设法通过一些秘密团体，争取并赢得许多没有文化和不善思考的人的同情和支持。这些秘密团体包括"金环骑士""美国骑士会""明星会""自由之子"以及其他一些响亮而高调的名号。当一个名号被发现，并且变得引人注目时，他们就会换一个，就这样不断地换来换去。毫无疑问，这些秘密军事组织的称谓、影响和暗号、他们在会议上的浮夸的口才，以及他们宣誓效忠的成员的秘密训练，都对这些追随者产生了极大的吸引力，其非法的目标在于煽动和支持南方的叛乱。因此，很难确定他们到底招募了多少人，用于诱使联邦士兵叛逃、挑唆人们抵抗征兵、为南方邦联提供武器、密谋建立一个与南方完全一致的西北邦联，实现他们的领导人的终极梦想。这些秘密社团的真正领袖克莱门特·莱尔德·瓦

约瑟夫·霍尔特

兰迪加姆，声称他拥有五十万人。尽管其他人认为克莱门特·莱尔德·瓦兰迪加姆整整拥有一百万支持者。但在一份官方的报告中，约瑟夫·霍尔特法官认为五十万人更接近事实真相。

政府认识到了他们的存在，能够随时随地列举出足够的证据反对这些团伙的领导人，却"明智地"忽略了这些暗中的活动。然而，一旦军事指挥官们在自己的辖区发现了人数众多、行动猖獗的秘密社团，他们自然不敢掉以轻心，一定会严肃对待。印第安纳州的奥利弗·派瑞·莫顿州长因为秘密社团在该州的活动而感到非常不安。

亚伯拉罕·林肯总统对这些秘密社团持一种幽默的蔑视态度。他说："没有什么能让我相信印第安纳州有十万名民主党人不忠诚"。他坚持认为他们的行为更像是犯傻而不是犯罪。事实上，虽然这些秘密组织的成员发誓效忠他们的组织，对联邦则言语忤逆，但他们却格外缺乏活力和主动性。在自由州和北部边界，大多数破坏公共和平的企图，不是来自当地的阴谋家，而是来自南方的特使及其加拿大的支持者。即使是这样，也只是普通的纵火和拦路抢劫罢了。

曾任詹姆斯·布坎南总统的内政部部长的雅各布·汤普森是南方邦联在加拿大的首席代理人。他在那里开展的活动因其不切实际和怀有恶意而引人注目。1864 年夏天，雅各布·汤普森计划在反对联邦的民主党人的帮助下，夺取并占领伊利诺伊州、印第安纳州和俄亥俄州，并据此推断，密苏里州和肯塔基州也会很快加入他们，从而结束战争。

当这个计划失败后，雅各布·汤普森相信北方的民主党是指望不上了，便将目光投向了加拿大的同情者，并将注意力转向了解救被囚禁在桑德斯基湾的约翰逊岛和芝加哥附近的道格拉斯营的南方邦联的囚犯上。但这两项精心策划的阴谋，包括夺取伊利湖上"密歇根"号战舰等惊人的细节，都落空了。焚烧圣路易斯和纽约，以及摧毁密西西比河上他曾批准建造的汽船的计划也没有取得比之前更好的效果。尽管南方邦联政府进行了无休止的抗议，还有个别人因为这些和类似的罪行而受到了审判和惩罚，但雅各布·汤普森和他的同伙所能造成的伤害，就像"金环骑士"在美国边境上的行为一样，仅仅是惹人生厌，从未真正达到威胁联邦政府的尊严的地步。

第 **14** 章

波托马克防区指挥官的频繁更替

亚伯拉罕·林肯总统长期以来一直让乔治·布林顿·麦克莱伦将军指挥波托马克防区的军队。他这么做并非没有深思熟虑的理由。他完全理解乔治·布林顿·麦克莱伦将军的缺点，比如缺乏主动性、犹豫、拖延、没完没了的抱怨。但他早就预见到了解除乔治·布林顿·麦克莱伦将军的指挥权可能会出现的困难，1862年11月5日，这个困难立即就出现了。他应该任命谁为乔治·布林顿·麦克莱伦将军的继任者呢？哪位将军愿意，并且有能力干得更出色呢？亚伯拉罕·林肯总统对这个重要的问题考虑了很长时间，也与几位有前途的将军商议过，然而，即便是他正式地将这个职位放在他们面前，他们也尽可能优雅地规避责任。

亚伯拉罕·林肯总统最终任命安布罗斯·埃弗雷特·伯恩赛德少将为指挥官。他是西点军校的毕业生，现年三十八岁，英俊潇洒，勇敢坚定，慷慨大方，有责任心，是乔治·布林顿·麦克莱伦将军的亲密朋友。安布罗斯·埃弗雷特·伯恩赛德少将在指挥对罗安诺克岛和北卡罗来纳州的海岸的远征时赢得了良好的声誉。在弗吉尼亚半岛战役失败之后，他奉命增援乔治·布林顿·麦克莱伦将军，并在安提塔姆指挥波托马克防区的军队的左翼。他并不觊觎现在授予他的荣誉。他已经两次谢绝了，只是在他的军事参谋的力劝下，才作为一项不可推卸的责任勉强接受了这个任命。他的直觉比朋友们的判断更准确。短短几周就足以证明他对他们说过的话："我没有能力指挥这么庞大的军队。"

安布罗斯·埃弗雷特·伯恩赛德少将一开始的表现就证明了他自我评价的真实性。他拒绝了向他提出的所有作战计划，却又发现自己无法制订出任何合情合理或一以贯之的作战计划。作为第一步，他将军队集中到拉帕汉诺克河下游的弗雷德里克斯堡对面，但由于延误，给了罗伯特·爱德华·李将军充足的时间占领并加固了弗雷德里克斯堡，以及拉帕汉诺克河南岸邻近的重要高地。1862 年 12 月 11 日，安布罗斯·埃弗雷特·伯恩赛德少将的军队渡过拉帕汉诺克河。1862 年 12 月 13 日，联邦军对强大的、几乎坚不可摧的南方邦联军队的堑壕发动了主要和直接的进攻。这次战役以联邦军队的惨败而告终，联邦军队总共伤亡一万多人。

正是顽强的决心，而不是明确而慎重的勇气，使安布罗斯·埃弗雷特·伯恩赛德少将下达了于 1862 年 12 月 14 日再次发起进攻的命令。但由于师长和团长们劝阻他不要做出鲁莽的尝试，他于 1862 年 12 月 15 日夜晚，成功地将军队撤回了拉帕汉诺克河北边的老营地，而没有造成进一步的损失。他关于这

联邦军队在拉帕汉诺克河攻打弗雷德里克斯堡

罗伯特·爱德华·李将军查看弗雷德里克斯堡战场形势

场不幸的战役的报告慷慨陈词，高度赞扬了他的军官和士兵，并独自承担了攻击和失败的全部责任。但它的次要后果很快就变得不可收拾了。由于这场令人沮丧的失败，安布罗斯·埃弗雷特·伯恩赛德少将几乎完全失去了军官和士兵们的信任。不久，亚伯拉罕·林肯总统就听到了军队中弥漫着类似叛乱的精神的传言。

1862年12月26日，当安布罗斯·埃弗雷特·伯恩赛德少将正在为一场新的战役做准备的时候，亚伯拉罕·林肯总统给他发来了电报："我有充分的理由说，在不通知我的情况下，你不可以让军队全面进攻。"

安布罗斯·埃弗雷特·伯恩赛德少将自然会向亚伯拉罕·林肯总统做出解释。经过他们坦诚和充分的讨论，亚伯拉罕·林肯总统在元旦那一天，也就是

1863年1月1日，给亨利·韦杰·哈莱克将军写了下面这封信："安布罗斯·埃弗雷特·伯恩赛德少将希望他的军队渡过拉帕汉诺克河，但他主要的师长们都反对这一行动。如果在这样的困难中你没有伸出援手，你恰恰在我寻求你的帮助时让我失望了。你知道安布罗斯·埃弗雷特·伯恩赛德少将的计划。我希望你跟他一起去战场尽可能仔细地实地调查，与军官们商量，了解他们的看法，摸清他们的脾气。总之，收集所有的信息并形成你自己的判断，然后告诉安布罗斯·埃弗雷特·伯恩赛德少将你赞成，或者不赞成他的计划。如果你不这样做，你的军事技能对我来说是毫无用处的。"

然而，亨利·韦杰·哈莱克将军在这次紧急事件中的道德勇气和行政魄力真的让亚伯拉罕·林肯总统失望了。他拒绝发表自己的军事意见，并要求免除自己联邦陆军总司令的额外职责。这使亚伯拉罕·林肯总统别无选择，因为他在其他问题上仍然需要总司令的建议，他在给安布罗斯·埃弗雷特·伯恩赛德少将的信中对亨利·韦杰·哈莱克将军的要求表示同意："亨利·韦杰·哈莱克将军认为自己事务繁忙而拒绝了。"然而，形势变得更加复杂和严峻，书信中的语气也变得紧张起来。安布罗斯·埃弗雷特·伯恩赛德少将宣布，民众对战争部部长埃德温·麦克马斯特斯·斯坦顿和总司令亨利·韦杰·哈莱克将军都失去了信心。同时，他自己的将军们一致反对再次横渡拉帕汉诺克河。相反，亨利·韦杰·哈莱克将军敦促安布罗斯·埃弗雷特·伯恩赛德少将再次横渡拉帕汉诺克河，但必须由安布罗斯·埃弗雷特·伯恩赛德少将自己决定、计划并负责。1863年1月8日，亚伯拉罕·林肯总统为此再次写信给安布罗斯·埃弗雷特·伯恩赛德少将："我知道亨利·韦杰·哈莱克将军寄给你一封信的副本。我赞同这封信。我很遗憾你的将军们不同意你的意见，但我看不出任何补救办法。要谨慎，不要认为政府或国家在赶你走。我还不知道我怎样才能通过变更波托马克防区的军队的指挥权来获得好处。如果我真的获得好处了，我不希望是通过接受你的辞职而获得的。"

安布罗斯·埃弗雷特·伯恩赛德少将再次下达了他的将军们表示抗议的命令。在他到达拉帕汉诺克河的预定渡口之前，一场暴风雨将他的命令变成了艰难而徒劳的"泥淖中的行军"。1863年1月23日，安布罗斯·埃弗雷特·伯恩赛德少将终于向亚伯拉罕·林肯总统提交了一份备选方案，要么批准免去大约十二名将军的职务的命令，要么接受他自己的辞职。亚伯拉罕·林肯总统再次面临为波托马克防区的军队派遣一位新的指挥官的艰巨任务。1863年1月25日，亚伯拉罕·林肯总统免除了安布罗斯·埃弗雷特·伯恩赛德少将波托马克防区的军队指挥官的职务，指派约瑟夫·胡克少将作为他的继任者。

亚伯拉罕·林肯总统在给约瑟夫·胡克少将的一封特别的书信中，解释了自己的这一做法："我将你放在波托马克防区的军队指挥官这个位子上，当然是因为我认为我有足够的理由这么做，但我认为最好让你知道，有些事情我对你并不十分满意。我相信你是一个勇敢的、军事技能过硬的士兵，当然，这一点我很喜欢。我也相信你不会将政治和你的职业混为一谈，这一点你做得很对。你对自己有信心，就算这不是一个不可缺少的品质，也是难能可贵的。你有雄心壮志，在合理的范围内，这是有益而无害的。但我认为在安布罗斯·埃弗雷特·伯恩赛德少将指挥军队期间，你为自己的雄心壮志筹划打算，尽你所能挤对他，在这件事情上，你对国家以及一位功不可没、光荣可敬的兄弟军官犯下了大错。我听说并相信你最近说过军队和政府都需要独裁者。当然，我将军队的指挥权交给你并不是因为这个，而是尽管如此，我还是将它交给了你。只有那些获得成功的将军才能拥戴独裁者。我现在要求你的是军事上的成功，我愿意冒被拥戴为独裁者的风险。政府将尽其所能支持你，它对你和对以前及所有将来的指挥官是一视同仁的。我很担心，你助长的批评以及不信任指挥官的精神会影响军队，现在转而会落到你头上。我将尽可能地帮助你安抚他们。如果拿破仑·波拿巴一世复活了，你和他都不能从盛行这样一种精神的军队中得到好处。现在一定要避免轻率鲁莽。一方面要谨防鲁莽，但另一方面要充满活力。做到马不卸鞍、人不解甲，保持高度警惕。勇往直前，夺取胜利。"

也许这封信里最值得注意的，是它证明了亚伯拉罕·林肯总统的才能在这段时间，也就是在他的总统任期的中期，已经完全达到了伟大的国家责任的高度。自始至终，他都在用伟大的统治者的语言娓娓道来，体现着他的精神，表明他对人民的信任和官方的权威感到安心，同样也表明，他对接二连三出现在面前的重大紧急情况也稳操胜券。亚伯拉罕·林肯总统对约瑟夫·胡克少将礼貌的赞扬、坦率的指责、慷慨的信任和不同寻常的父亲般的警告，都给人留下了深刻的印象。

约瑟夫·胡克少将以极大的热情和精力致力于整顿军纪和提高士气，他召回缺勤人员，通过增加训练和更新活动来恢复军队的精神风貌，努力弥补自己过去的轻率言行，这是值得肯定的。他让亚伯拉罕·林肯总统知道他在做什么，1863 年 4 月初，他提交了一份亚伯拉罕·林肯总统于 1863 年 4 月 11 日签字认可了的作战计划："我的意见是，现在敌人就在我们面前，我们没有进入里士满的合适的路线，所以，争论拉帕汉诺克河和詹姆斯河这两条路线哪一条更好是毫无意义的。因此，我们的主要目标是我们面前的敌人，而不是里士满，除非在完成了主要目标之后，顺便拿下里士满。"

约瑟夫·胡克少将在将他的有效兵力提高到十三万人左右，又得知先遣队已经将罗伯特·爱德华·李将军的军队削弱到大约六万五千人之后，就在 1863 年 4 月底，准备并采取了一次大胆的行动，暂时取得了令人鼓舞的进展。约瑟夫·胡克少将派约翰·塞奇威克将军率领三个团进行声势浩大的演习，然后从弗雷德里克斯堡南面穿过。约瑟夫·胡克少将和剩下的四个团进行了一次有点漫长和迂回的长征，从弗雷德里克斯堡北面渡过了拉帕汉诺克河和拉皮丹河，没有遭到太大的阻力。1863 年 4 月 30 日晚上，约瑟夫·胡克少将在拉帕汉诺克河以南的钱塞勒斯维尔部署了他的四个团，从那里他可以向敌人的后方推进。但地面的艰难险阻抵消了他的地理优势。他和自己的军队置身于被称为怀尔德尼斯的植被茂密、藤蔓缠绕的森林中，犹豫和迟延的精神突然取代了他那意气风发的前进的决心和活力，明显而公认的胜利在望的机会逐渐丧失了。就在约瑟夫·胡克少将感到震惊的当口，敌人抽出时间集结起来，形成了一道坚固的防线，最后在"石墙"托马斯·乔纳森·杰克逊将军的指挥下组织了一场侧翼进攻，攻击了联邦军队的右后方，在第十一师中制造了恐慌。约翰·塞奇威克将军的部队已经越过弗雷德里克斯堡南面，并占领了这个堡垒，但兵分两路的

托马斯·乔纳森·杰克逊意外死亡

联邦军队却无法再次联合起来。1863年5月1日至4日的战斗，最终以两部分联邦军队在拉帕汉诺克河以北的撤离而结束。联邦军队和南方邦联军队遭受的损失几乎是一样的，但另外一场辉煌的胜利却让罗伯特·爱德华·李将军名声大振。然而，"石墙"托马斯·乔纳森·杰克逊将军却因自己人的枪意外走火而丧生，失去了自己的左膀右臂，这让罗伯特·爱德华·李将军伤心不已。

除了异常明显的精力和意志的减退之外，约瑟夫·胡克少将还在1863年5月3日受了伤，导致他几个小时内无法指挥，他在给联合作战委员会的声明中说道："当我从钱塞勒斯维尔回来时，我感觉自己没有打过仗。事实上，我的兵力虽多，但我能用上的并不多。我没有展开全面的战斗，因为我没能让我的人到位，或许只有右边的不到三个团参加了战斗。"

约瑟夫·胡克少将在钱塞勒斯维尔的失败并不像安布罗斯·埃弗雷特·伯

恩赛德少将在弗雷德里克斯堡的失败那样惨重。虽然约瑟夫·胡克少将的影响力大为削弱，但他的作用并没有立即停止。亚伯拉罕·林肯总统和战争部部长埃德温·麦克马斯特斯·斯坦顿仍然信任他。一位评论家简洁地表达了对约瑟夫·胡克少将的品质的一般看法，他写道："作为下级，他计划得不好，战斗得很好。作为首领，他计划得很好，战斗得很差。"

罗伯特·爱德华·李将军取得的辉煌胜利鼓舞了南方邦联当局和领导人，使他们对叛乱的最终胜利寄予了不切实际的厚望。正是在1863年的夏天，南方邦联军队或许在数量上和实力上都达到了顶峰。整个南方都认为他们在弗吉尼亚战场上取得的成功纪录是无人能破的，这让他们坚定了南方独立的长期梦想，也让官兵们新近焕发出了更高的军事热情，更让罗伯特·爱德华·李将军大胆冒险，第二次入侵北方。

1863年6月初，约瑟夫·胡克少将表示，罗伯特·爱德华·李将军打算对首都华盛顿采取行动，并问在这种情况下，他是否应该攻击南方邦联军队的后方。1863年6月5日，亚伯拉罕·林肯总统回复道："如果你发现罗伯特·爱德华·李将军来到了拉帕汉诺克河的北岸，我绝不会到它的南岸去。如果他在弗雷德里克斯堡留下一支后卫部队，引诱你前去攻打，你们就会打一场阵地战，而你则处于劣势，敌人就这样一命抵一命，在那里打败你，而敌军主力会在某种程度上在你的北边获得优势。总而言之，我不愿冒险在拉帕汉诺克河上与敌人纠缠，就像一头牛骑跨在篱笆上，进也不是，退也不是，既不能用犄角朝前顶，又不能用蹄子朝后踢，只能无可奈何地被身前身后的狗撕成碎片。"

五天后，也就是1863年6月10日，约瑟夫·胡克少将确信罗伯特·爱德华·李将军的大部队正在向谢南多厄大峡谷进发，于是，大胆地提出了迅速而直接攻占里士满的计划。但亚伯拉罕·林肯总统立即给他发了一封电报，提出了令人信服的反对意见："如果让我来做出决定，我就不会在罗伯特·爱德华·李将军向拉帕汉诺克河北岸挺进的时候去它的南岸。如果你今天向里士满进军，二十天内你拿不下它。同时，你的交通线路，还有你的军队，都会毁于一旦。我认为你真正的目标是罗伯特·爱德华·李将军的军队，而不是里士满。

罗伯特·奥格登·泰勒

如果他来到波托马克河上游，你就跟上他的侧翼和内线。如果他拉长他的队伍，你就缩短你的队伍，瞅准机会，向他发起进攻。如果他待在原地不动，你就不断地袭扰他。"

由于接连好几天与联邦骑兵频繁的小冲突，罗伯特·爱德华·李将军的军队向北挺进的意图并不是那么明显。现在，联邦政府彻底看清了这一意图。1863 年 6 月 14 日，亚伯拉罕·林肯总统发电报给约瑟夫·胡克少将："据我们所知，敌人在温彻斯特包围了米尔罗伊，在马丁斯堡包围了罗伯特·奥格登·泰勒将军。如果他们能坚持几天，你能增援他们吗？如果罗伯特·爱德华·李将军的队首在马丁斯堡，队尾在弗雷德里克斯堡和钱塞勒斯维尔之间的栈道上，这头野兽（指罗伯特·爱德华·李将军的军队）的某个部位一定很薄弱。你不能切断它吗？"

当罗伯特·爱德华·李将军的军队毫不犹豫地通过哈珀斯渡口渡过波托马克河，继续向北进入马里兰州和宾夕法尼亚州的时候，约瑟夫·胡克少将谨慎地按照亚伯拉罕·林肯总统的建议，沿着内线行进，有效地将联邦军队插入罗伯特·爱德华·李将军的军队和华盛顿与巴尔的摩之间。但就在这时，约瑟夫·胡克少将和亨利·韦杰·哈莱克将军之间长期存在的不和与嫉妒变得如此尖锐，以至总司令亨利·韦杰·哈莱克将军刚刚拒绝了约瑟夫·胡克少将提出的一个相对次要的要求，约瑟夫·胡克少将就请求解除自己的指挥权。亚伯拉罕·林肯总统认为，在如此危急的时刻，将帅不和比变更指挥官更危险。于是，他听从约瑟夫·胡克少将的话，任命乔治·戈登·米德将军继任波托马克防区军队的指挥官。

乔治·戈登·米德

自从钱塞勒斯维尔战役失败以来，乔治·戈登·米德将军就一直苛刻地批评约瑟夫·胡克少将，就像约瑟夫·胡克少将在弗雷德里克斯堡战役期间和失败之后，一直苛刻地批评安布罗斯·埃弗雷特·伯恩赛德少将那样。但在一场令人兴奋的追击战的压力下，所有的不服和抱怨都烟消云散了。在总命令下，波托马克防区的军队新任命的和即将离职的两位领导人，以高尚的骑士风度互相致意，而军队则豪情不减、马不停蹄地向北行进。当乔治·戈登·米德将军越过宾夕法尼亚州的边界时，罗伯特·爱德华·李将军的军队已经遥遥在望了，正对哈里斯堡构成威胁。南方邦联军队的入侵给沿途的农场和村庄带来了恐惧和损失，并几乎给大城市造成了恐慌。在亚伯拉罕·林肯总统召集十万名兵役期为六个月的民兵的呼吁下，六个相邻的州临时组建的民兵部队，在库奇将军

库奇将军

的指挥下，匆匆赶往萨斯奎汉纳河岸边。罗伯特·爱德华·李将军发现萨斯奎汉纳河守备太严，就折向东直走，而此时乔治·戈登·米德将军的军队正在向北行进，这使敌我双方不可避免地在葛底斯堡遭遇并开火。

乔治·戈登·米德将军已经预料到了这次战役，并做好了精心的准备，在派普溪沿线迎接进攻，展开了一场防御战。但1863年7月1日下午，两支军队的先遣队为了占领葛底斯堡而相遇并发生了激烈的战斗。了解了战斗的性质和地形地势之后，乔治·戈登·米德将军立即决定将葛底斯堡作为整个战争中最重要的、决定性的战场，并命令所有部队向前推进。

联邦军队为了占领葛底斯堡做出了猛烈而顽强的努力，但早先到达的南方邦联军队，在葛底斯堡西边、北边和东边占据了一个半圆形的阵地，将联邦军队赶出了葛底斯堡。表面上的失败反倒变成了一种优势。联邦军队的先遣队占领了葛底斯堡南边半英里处的墓园岭，并将它作为自己的防御阵地。这里有几个岩石高地，还有一个北端向东成弧度的巨石顶，本身就是一座天然的堡垒，

联邦军与邦联军在葛底斯堡遭遇

加上老兵们匆匆挖就的堑壕，几乎让这里变得坚不可摧了。在葛底斯堡西边一个宽阔的山谷上面，南方邦联军队同样迅速地在与山谷平行的神学院岭上建立了自己的防御阵地。罗伯特·爱德华·李将军也希望打一场防御战，但当他在一片敌对的土地上向东进军时，却突然被挡住了去路。他不得不停滞不前，徒劳地等待。

1863 年 7 月 2 日早晨，敌我双方的两位指挥官都在战场上。经过仔细的研究和磋商，罗伯特·爱德华·李将军下令攻击联邦军队的阵地的最右端和最左端，进攻的南方邦联军队在右端取得了一些成功，但在左端被彻底击退。当天晚上，乔治·戈登·米德将军召开了军事会议，将领们的判断与他不谋而合，于是，他决定战斗到底，决出胜负。而罗伯特·爱德华·李将军却将他最得力的下属詹姆斯·朗斯特里特将军的建议束之高阁，同样决定冒险决战。

乔治·戈登·米德将军于 1863 年 7 月 3 日的黎明时分发起了冲锋，但时间只够他重新夺回并控制前一天晚上失去的最右端的堑壕，在接下来的几个小

葛底斯堡战役

葛底斯堡战役中联邦军的炮兵阵地

时内，整个战场静得可怕，笼罩着不祥的气氛。但这只是严肃而紧张的准备阶
段，正午时分，南方邦联军队架设在神学院岭上的一百三十门大炮开始了猛烈
的轰击。联邦军队架设在墓园岭的岩石高地和巨石顶上的七十门大炮，迅速而
积极地进行了反击，震耳欲聋的轰炸声持续了大约一个小时，然后联邦军队的
大炮停止了射击，让滚烫的炮筒冷却下来，并做好准备，迎接即将到来的进攻。
接下来的一段时间里，官兵们紧张地期待着，等待是漫长而痛苦的。接着，南
方邦联军队的精髓，一万七千名叛军步兵，形成了一条长长的进攻战线，他们
穿过广阔、起伏、种满庄稼的山谷，向联邦军队的阵地横扫而来。但这次进攻
是毫无希望的。联邦军队的排炮射出的开花弹和躲在岩石后与堑壕里的步枪手
的致命射击，让敌人的战线变得越来越单薄，几乎像割草一样倒下来。进攻的
南方邦联军队动摇了，犹豫了，最后在毁灭性的炮火面前挣扎着退了回去。叛
军的几面战旗到达了岩石顶。然而，它们只能倒下，因为旗手和护旗手都成了

联邦军队的俘虏。南方邦联梦想占领费城，并在独立大厅主宰和平与分裂的梦想已经永远破灭了。

很难说罗伯特·爱德华·李将军是否立即意识到了自己的彻底失败，或者乔治·戈登·米德将军是否立即意识到了自己的胜利的重要性。因为在随后的国庆节期间，双方的心思和注意力还在葛底斯堡战役造成的可怕损失上，还在为善后事宜而忙碌：联邦军队有三千多人丧生，一万四千人受伤，五千人被俘或失踪。南方邦联军队有两千六百人丧生，一万两千人受伤，五千人失踪。1863

葛底斯堡战役中联邦军依托工事向邦联军射击

年7月5日早晨，南方邦联军队消失了，他们以最快的速度撤退到了哈珀斯渡口附近，这让乔治·戈登·米德将军感到惊讶。由于天降大雨，导致波托马克河河水暴涨，从而耽搁了罗伯特·爱德华·李将军的军队过河，而乔治·戈登·米德将军追随罗伯特·爱德华·李将军的脚步，并于1863年7月10日抵达了前线，因此，亚伯拉罕·林肯总统热切地盼望乔治·戈登·米德将军能再次发动进攻，俘虏或一举摧毁南方邦联军队。亚伯拉罕·林肯总统和亨利·韦杰·哈莱克将军对乔治·戈登·米德将军的胜利大加赞赏，一再提出紧急的建议，要求他再次发动进攻，结束叛乱。但乔治·戈登·米德将军犹豫不决，军官们在作战会议上反对进攻。1863年7月13日晚上，罗伯特·爱德华·李将军再次撤退到了波托马克河对岸。

听到这个消息，亚伯拉罕·林肯总统坐下来写了一封批评乔治·戈登·米德将军的信。这封信反映了他对罗伯特·爱德华·李将军的逃跑感到无以复加的失望和遗憾："概括地说，情况是这样的：你在葛底斯堡与敌人作战并打败了他们，当然了，至少可以说，他的损失和你是一样的。他撤退了，在我看来，你似乎并没有急着追击他，可是河水泛滥，将他困住了，直到你又慢慢地追上了他。除了那些在葛底斯堡和你并肩作战的士兵，你手下直接指挥的还有至少两万名老兵，还有更多新兵可以赶来支援。而罗伯特·爱德华·李将军连一个可以赶来支援的新兵蛋子都没有。然而，你却错失良机，任洪水退去，任敌人不慌不忙地架桥、撤离，你却不发一枪一弹，放虎归山。……再说一遍，我亲爱的将军，我不相信你能明白罗伯特·爱德华·李将军的逃跑将会带来的巨大的灾难性的后果。他本来就在你的掌控之中，如果你轻而易举地抓住他，再加上我们最近取得的其他几场胜利，我们本来就可以结束战争了。现在看来，这场战争将无限期地拖延下去了。如果上周一你都没有把握攻击罗伯特·爱德华·李将军，那么，当你手上只有原来三分之二多一点的军队时，你怎么可能有把握在波托马克河南岸攻击他呢？这样的期望是不合理的，我认为你现在不可能采取什么惊人的行动。你的天赐良机消失了，我为此感到痛心疾首。"

亚伯拉罕·林肯总统对这次事件的描述是如此清晰，对乔治·戈登·米德将军疏忽大意的过失的感受是如此深切，同样地，对乔治·戈登·米德将军已经取得的胜利是如此感激，对乔治·戈登·米德将军的宽恕是如此迅速，以至他从未签署或寄出这封信。

两个令人难忘的事件永远与葛底斯堡的胜利联系在一起：维克斯堡的叛军于 1863 年 7 月 4 日向尤利西斯·辛普森·格兰特将军投降，下一章将对此进行描述，以及 1863 年 11 月 19 日，葛底斯堡战场作为联邦军队的国家公墓，在此举行了落成典礼。亚伯拉罕·林肯总统以如此深厚的文学功底和如此简洁优美的文笔做了演讲，使这场庄严的典礼获得了圆满的成功，以至评论家们将它列为世界史上最重要的演说之一。

他说道："八十七年前，我们的祖先在这个大陆上建立了一个在自由中孕育出来的新国家，它致力于人人生而平等的主张。

"现在，我们正在进行一场伟大的内战，考验这个国家，或任何一个如此孕育出来，并致力于这样的主张的国家是否能够长期存在。我们在这场战争的一个伟大的战场上相遇了。我们来到这里，是为了将这块土地的一部分奉献给那些为国家生存而献出生命的人们，并作为他们最后的安息地。这完全合乎情理。我们应该这样做。

"但从更广泛的意义上来说，我们不能供奉、献祭或神化这块土地。因为在这里战斗过的勇士们，不管是活着的还是死去的，已经将它神圣化了，无须我们再用微薄的力量去锦上添花。世人不会注意到，也不会长久记得我们在这里说过的话，但永远不会忘记他们在这里做过的一切。相反，倒是我们这些活着的人，应该献身于那些在这里战斗过的人们迄今为止未竟的崇高事业。在这里，我们更应该献身于留在我们面前的伟大任务。为了这些光荣的烈士，我们更应该献身于他们最后一次全力献身的事业。我们在这里发誓，这些勇士的鲜血不能白流，生命不能白丢。在上帝的保佑下，这个国家将重新获得自由。人民的政府，来自人民，为了人民，永远也不会从地球上消失。"

在安全渡过波托马克河之后，南方邦联军队星夜兼程地撤退到了他们设在弗吉尼亚州中部曾长期艰苦奋战并保住的熟悉的营地。乔治·戈登·米德将军警惕而谨慎地紧随其后，但从 1863 年 7 月 4 日起，也就是当暴涨的波托马克河像陷阱一样困住敌人的时候，失去的天赐良机却再也没有出现过。在接下来的秋季，两位敌对将领之间不断地进行着战略博弈，以及一连串的行动和反击。在这场角逐中，两位敌对将领指挥大军进行较量所用到的战术，堪比击剑高手所用到的精湛剑术，但谁也不能突破对方的防御。发生的多次小遭遇在其他战争中或许会被称为激烈的战斗，但几周过去了，几个月又过去了，依然没有产生决定性的结果。1863 年 12 月，两支对立的军队最终进入了冬季营区。他们再次在弗吉尼亚州的拉皮丹河两岸对峙，就在他们 1861 年冬天的营地的南边。

第 15 章

维克斯堡战役和查塔努加战役

我们必须从 1863 年的弗吉尼亚战役回到同一年的，或者更确切地说，1862 年中期开始的西部战役上来。1862 年 7 月，当亨利·韦杰·哈莱克将军被召回华盛顿，就任联邦军队总司令的时候，他留下的主要计划是，卡洛斯·贝尔准将率领占领了科林斯的大部分部队，从那里向东转移，占领田纳西州的东部。然而，卡洛斯·贝尔准将的进展如此缓慢，以至在他到达查塔努加之前，南方邦联军队的布拉克斯顿·布拉格将军迅速向北推进，进入了肯塔基州的东部，制造了一起为该州任命了一名南方邦联州长的闹剧，并威胁到了路易斯维尔。因此，卡洛斯·贝尔准将突然被迫放弃了向东的行军，转而向北，与敌人展开了一场肩并肩的赛跑，以免路易斯维尔落入叛军手中。成功做到这一点之后，卡洛斯·贝尔准将又立即回转身，追赶布拉克斯顿·布拉格将军现在正在撤退的军队，并将敌人堵在了佩里维尔。1862 年 10 月 8 日，双方在那里进行了一场相当激烈的战斗。布拉克斯顿·布拉格将军立即退出了肯塔基州。

尽管一方面布拉克斯顿·布拉格将军遭受了失败，但另一方面，他也让卡洛斯·贝尔准将放弃了进入田纳西州东部的所有想法，而这是亚伯拉罕·林肯总统一再坚持的目标。当亨利·韦杰·哈莱克将军明确要求卡洛斯·贝尔准将恢复并继续执行这一计划时，卡洛斯·贝尔准将极力反对并暗示自己很难从命，以至 1862 年 10 月 24 日，他被解除了指挥权。威廉·斯塔克·罗斯克兰斯将军成为他的继任者。威廉·斯塔克·罗斯克兰斯将军也和卡洛斯·贝尔准将一

穆弗里斯博罗战役

样漫不经心地忽视了进军田纳西州东部的命令。但他重组了坎伯兰河防区的军队，巩固了交通线路，向已经进入穆弗里斯博罗冬季营地的布拉克斯顿·布拉格将军的军队发起了进攻。1862 年 12 月 31 日至 1863 年 1 月 3 日，在穆弗里斯博罗发生了一场激烈的交战。双方各自投入的兵力约有四万三千人。从战术上来讲，这是一场势均力敌的拉锯战，但结果是联邦军队取得了重大胜利，迫使布拉克斯顿·布拉格将军的军队撤退。但在接下来的半年当中，威廉·斯塔克·罗斯克兰斯将军并没有保持住明显的优势。对此，他从未给出过令人满意的解释。

亨利·韦杰·哈莱克将军于 1862 年夏天从西部调回华盛顿，留下尤利西斯·辛普森·格兰特将军指挥田纳西州西部的军队。但卡洛斯·贝尔准将的东征几乎没有给尤利西斯·辛普森·格兰特将军留下多少机动部队。因此，除了 1862 年 9 月在尤卡，以及 1862 年 10 月初在科林斯，为保卫自己的司令部而击退敌人之外，在1862年夏天和秋天的大部分时间里，尤利西斯·辛普森·格兰特将军几乎没有什么其他成就。在这两次战斗中，威廉·斯塔克·罗斯克兰斯将军是当地联邦军队的指挥官。正因如此，他才得以接替卡洛斯·贝尔准将的位子。

毫无疑问，在大量的闲暇时间里，尤利西斯·辛普森·格兰特将军认真仔细地研究了打通密西西比河这一重大问题，这项任务也因此，落在了他的手里。但迄今为止，他既没有找到理论上的解决办法，也没有一支足够强大的军队来开始实践工作。从最有利的方面来看，这也是一项极其艰巨的任务。联邦

威廉·斯塔克·罗斯克兰斯

炮舰完全控制了密西西比河从开罗向南，一直到维克斯堡之间的这一河段。而戴维·格拉斯哥·法拉格特海军上将的舰队，控制着从新奥尔良向北，一直到哈德逊港的这一河段。但在这两个河段之间的两百英里的河段完全属于南方邦联所有，使叛乱分子能够不间断地从密西西比河两岸的州和地区获得大量的人力和物资供应，并有效地阻止密西西比河的自由航行。上面提到的这几个城市都有坚固的防御工事，但由于东岸的维克斯堡位于两百英尺高的悬崖上，从河岸上看是坚不可摧的。事实上，戴维·格拉斯哥·法拉格特海军上将的舰队，在仲夏时节曾从维克斯堡旁边来回经过，维克斯堡的火力几乎没有给他的舰队造成什么损失。但反过来，由于维克斯堡位于高高的悬崖上，他自己的大炮也没有对维克斯堡的炮台造成什么实质性的伤害，这就像是轰炸云中的一座堡垒一样鞭长莫及。

等到 1862 年 11 月中旬，当尤利西斯·辛普森·格兰特将军能够召集到足够的增援部队时，他开始南下，直接攻打密西西比州的首府杰克逊，并派遣威廉·特库姆塞·谢尔曼准将率领一支远征队从孟菲斯出发，沿河南下，到达亚祖河的河口，希望联合这些部队攻打维克斯堡。但在尤利西斯·辛普森·格兰特将军到达格林纳达之前，南方邦联军队的一次突袭切断了他的铁路交通，攻占并烧毁了他设在霍利斯普林斯的大型物资补给站，使他在两周内，除了军队自己搜集来的物资之外没有得到任何其他补给品。这一代价高昂的教训对他来说是一次宝贵的经验，他很快就学以致用了。威廉·特库姆塞·谢尔曼准将的远征也遭遇了失败。他在密西西比河西岸的米利肯湾登陆后，冒险从亚祖河东岸，维克斯堡以北十英里的海恩斯崖，向维克斯堡发起了猛烈的突袭，但遭到了血腥的反击。

1863 年 1 月，尤利西斯·辛普森·格兰特将军放弃了通过铁路向前推进的计划，在米利肯湾与威廉·特库姆塞·谢尔曼准将的队伍会合。在那里，戴维·迪克森·波特海军上将也率领了一支由七十艘船组成的河上炮艇中队，其中的十一艘是铁甲舰，加入了尤利西斯·辛普森·格兰特将军的队伍。在接下来的三个月内，尤利西斯·辛普森·格兰特将军让他的大军和舰队忙于四次不

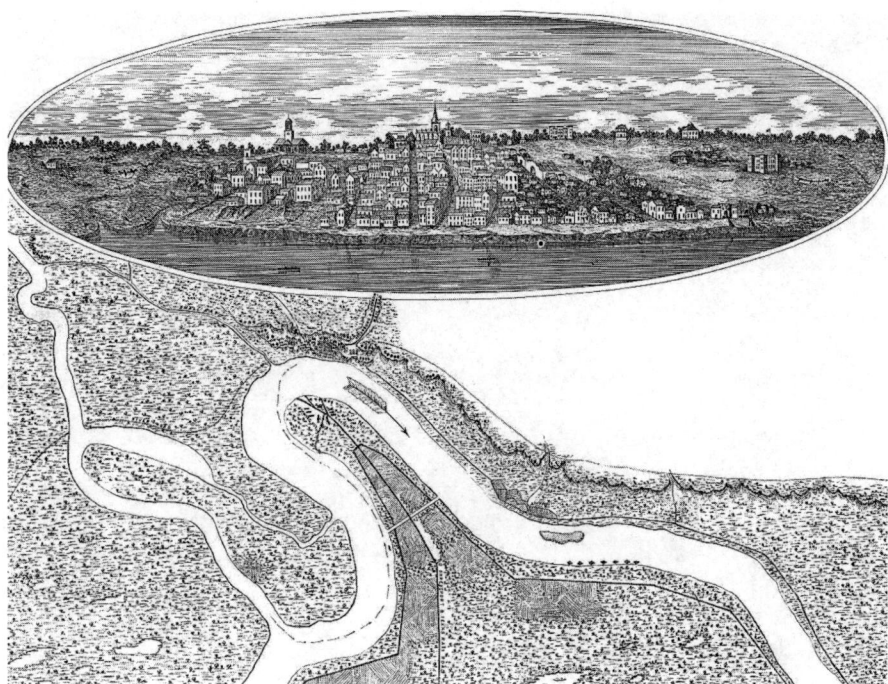

维克斯堡及大河湾示意图

同的尝试，以获得一个可行的进攻维克斯堡的方案。很快他就给出了第五个别出心裁的计划，虽然在其他人看来，这似乎是鲁莽而不可能实现的，却使他获得了辉煌的成功和巨大的军事优势。第一个尝试是在维克斯堡对面狭长的岬角地上，开凿一条超出维克斯堡大炮的射程之外的运河，舰队就可以安全地从这里通过。第二个尝试是让炮艇和运输舰沿蜿蜒曲折、淤泥深重的亚祖河逆流而上，在海恩斯崖的最北边寻找一个登陆点。第三个尝试是让舰队穿过维克斯堡北边两百英里处的亚祖河山口和冷水河，然后向南进入亚祖河，在维克斯堡北边找到一个登陆点。第四个尝试是开凿一条运河，连通密西西比河和它西边的普罗维登斯湖，该湖位于维克斯堡以北七十英里处，并通过两百英里的支流与河汊，找到一条可行的水道，与正致力于占领哈德逊港的纳撒尼尔·普伦蒂斯·班克斯将军和戴维·格拉斯哥·法拉格特海军上将取得并保持联系。

这几项工程耗费的时间、耐心、辛勤的劳动和巨额开支都付诸东流了。

联邦舰队驶过维克斯堡

1863年4月初，尤利西斯·辛普森·格兰特将军开始实施一项全新的计划，遭到了他所有最能干的将军们的反对，而且经过公认的军事科学规则的检验，这个计划看起来就是一个鲁莽轻率、不计后果的冒险。他让戴维·迪克森·波特海军上将准备十五到二十艘船，包括铁甲舰、蒸汽运输船和补给驳船，在夜幕的掩护下勇敢地驶过维克斯堡，之后经过大河湾的炮台。戴维·迪克森·波特海军上将以极少的损失愉快地完成了任务。与此同时，尤利西斯·辛普森·格兰特将军沿着一条七十英里的蜿蜒曲折的路线，率领三万五千人的军队沿着密西西比河西岸南下，通过戴维·迪克森·波特海军上将的军舰和运输船，将这支军队送到密西西比河东岸的布鲁因斯堡。尤利西斯·辛普森·格兰特将军从那里找来了一些简易的农用车辆来运送枪支弹药，同时，部队的生活给养完全依赖当地的乡村，正如他在遭遇失败的格林纳达远征中学会的那样。尤利西斯·辛普森·格兰特将军创造了军事史上最迅速也最辉煌的奇迹之一。在1863年5月的前二十天内，尤利西斯·辛普森·格兰特将军行军一百八十英里，打了五次胜仗，分别是吉布森港战役、雷蒙德战役、杰克逊战役、冠军山战役和大黑河战役。实际上，在每一场战役中，他都用联合起来的军队对付敌人分散的小分队，总共缴获了八十八门大炮，俘虏了六千多名叛军，并将南方邦联的约翰·克利福德·彭伯顿将军围困在维克斯堡。经过六个星期密不透风的围困，尤利西斯·辛普森·格兰特将军迫使他的对手，将这座戒备森严的城堡，以及一百七十二门大炮和将近三万人的军队拱手相让。1863 年 7 月 4 日，也就是乔治·戈登·米德将军在葛底斯堡彻底打败罗伯特·爱德华·李将军的第二天，维克斯堡的叛军投降了。毫无疑问，城里的居民和南方邦联军队的士兵们欢欣鼓舞，因为在分裂之前每年都会庆祝的这个国庆节，让他们不再担惊受怕地躲在岩洞和防空洞里，而北方人也给他们提供了充足的口粮来填饱他们长期忍饥挨饿的肚子。

尤利西斯·辛普森·格兰特将军的辉煌胜利迅速带来了重要的回应。就在联邦军队包围维克斯堡的时候，纳撒尼尔·普伦蒂斯·班克斯将军正在密西西

联邦军围攻维克斯堡

联邦军向哈德逊港发起进攻

比河下游，不屈不挠地开始包围哈德逊港并发起总攻。当哈德逊港的叛军听到纳撒尼尔·普伦蒂斯·班克斯将军为庆祝维克斯堡战役的胜利而下令鸣响的礼炮声，并且叛军指挥官获悉约翰·克利福德·彭伯顿将军已经投降的时候，他也放弃了抵抗。1863年7月9日，哈德逊港的六千名叛军向纳撒尼尔·普伦蒂斯·班克斯将军投降，并交出了五十一门大炮。

在全民欢度国庆的日子里，联邦军队在密西西比河上取得了两场胜利，加上葛底斯堡的胜利，成为这场叛乱的内战的转折点。对于这些在西部取得的胜利，再没有人比亚伯拉罕·林肯总统感到更高兴的人了。它完全恢复了密西西比河的自由通航。和整个国家一样，亚伯拉罕·林肯总统的耐心也经受住了尤利西斯·辛普森·格兰特将军长期而无效的尝试的考验。但自始至终，亚伯拉罕·林肯总统都给了尤利西斯·辛普森·格兰特将军坚定不移的信任和支持。他不仅给了尤利西斯·辛普森·格兰特将军迅速的晋升，还写了下面这封信，对他大加赞赏："亲爱的将军：我不记得你和我曾经私下见过面。我写这封信是为了感谢你对国家所做的几乎不可估量的贡献。我想再多说一句话。当你第一次到达维克斯堡附近的时候，我想你会做你最终要做的事情，即率领部队穿过山口，用运输船消耗敌人的炮台，然后往下走。我从未相信过亚祖河山口的远征和类似的行动能够成功。我只有一个希望，那就是你比我更了解具体的情况。当你到达密西西比河下游，占领吉布森港、大河湾和附近地区时，我想你应该顺流而下，与纳撒尼尔·普伦蒂斯·班克斯将军会合。当你转向北，到达大黑河以东时，我担心那是个错误。现在，我想亲自承认，你是对的，我错了。"

前面已经说过，威廉·斯塔克·罗斯克兰斯将军于1863年初赢得穆弗里斯博罗战役后，在那个地方待了将近半年而没有任何军事行动。当然，他总是忙着招兵买马，收集物资，并抵御南方邦联骑兵的几次袭扰。战败的布拉克斯顿·布拉格将军只好撤退到谢尔比维尔，就在他被迫放弃的穆弗里斯博罗战场以南十英里的地方。于是，田纳西州的军事边界就这样在两个对手之间形成了。威廉·斯塔克·罗斯克兰斯将军不顾联邦政府一再的催促和鼓励，继续寻找真实的或假想的借口，一直拖延到了仲夏。然后，他似乎突然从长期的昏睡中醒了过来，勇敢地向前推进，经过九天灵活巧妙的战役，迫使布拉克斯顿·布拉格将军撤退到了田纳西河以南的查塔努加，那里四周群山环绕，使其成为佐治亚州中部和南部的战略中心和军事门户。威廉·斯塔克·罗斯克兰斯将军的这次行动，结束于维克斯堡投降的前一天，再次使联邦军队完全控制了田纳西州中部，直到其南部边界。

威廉·斯塔克·罗斯克兰斯将军的这次行动结束之后，敌人已经完全撤离了田纳西州。威廉·斯塔克·罗斯克兰斯将军又一次蛰伏了下来，六个星期内再没有任何动静。布拉克斯顿·布拉格将军撤退到查塔努加是对维克斯堡和哈德逊港令人欣慰和鼓舞人心的胜利的补充。亚伯拉罕·林肯总统和亨利·韦杰·哈莱克将军已经因为威廉·斯塔克·罗斯克兰斯将军之前的长期拖延而失去耐心。他们认为不应该给南方邦联军队任何喘息的机会，防止他们招兵买马，加固通往南方邦联腹地的重要通道。因此，1863年8月初，亚伯拉罕·林肯总统和亨利·韦杰·哈莱克将军强行命令威廉·斯塔克·罗斯克兰斯将军前进。

这一指示似乎很及时也很有必要，因为安布罗斯·埃弗雷特·伯恩赛德少将在肯塔基州东部组织了一支联邦特种部队，而且即将开始对田纳西州东部采取直接行动。

最后，威廉·斯塔克·罗斯克兰斯将军服从这一明确的命令，于1863年8月中旬主动开始向南挺进。他装作要从北边威胁查塔努加，实际上却绕着布拉克斯顿·布拉格将军的军队的左翼行进，大胆地翻越坎伯兰山脉，跨过田纳西河，又翻越了另外两座山脉。布拉克斯顿·布拉格将军非常担心威廉·斯塔克·罗斯克兰斯将军会抢占他身后的铁路交通线，因此，他匆忙撤离了查塔努加，但并非像威廉·斯塔克·罗斯克兰斯将军错误地相信和报道的那样企图逃跑。1863年9月9日，威廉·斯塔克·罗斯克兰斯将军的军队的左翼，不费一炮一弹就进驻了查塔努加。联邦特遣队分散在各个山谷中，追击想象中的撤退的布拉克斯顿·布拉格将军的军队，这让布拉克斯顿·布拉格将军相信，在联邦军队能够集合起来之前，自己有了逐个粉碎他们的机会。

有了这个决心，布拉克斯顿·布拉格将军回转身攻击他的对手，但复杂的地形地貌耽搁了他迅速集合部队的努力。直到1863年9月19日，双方才各自在查塔努加东南八英里处的奇卡莫加溪两岸集结起来，摆开阵势，隔溪对峙。布拉克斯顿·布拉格将军有七万一千多人。威廉·斯塔克·罗斯克兰斯将军有五万七千人。冲突终于开始了，更多偶然因素，而非事先计划。1863年9月19日和20日的奇卡莫加战役是整个内战中最激烈的一次对抗。在双方指挥官对敌方的状况和实力知之甚少的情况下，这场冲突演变成了一场运动战。布拉克斯顿·布拉格将军不断向右侧进攻，威廉·斯塔克·罗斯克兰斯将军迅速向左移动，迎战敌人。

1863年9月20日，威廉·斯塔克·罗斯克兰斯将军的军队在这场变化的斗争中，经历了一场可怕的危机。由于一次错误的命令或对命令的误传，导致他的战线中出现了两个旅的缺口，而敌人很快就发现了，他们急速冲过这个缺口，力量之大以至席卷了联邦军队的整个右翼，迫使这一部分的联邦士兵混乱地撤退。威廉·斯塔克·罗斯克兰斯将军自己也陷入了恐慌之中，他相信失败

奇卡莫加战役

已经无可挽回，便赶紧回到查塔努加去向联邦政府报告军情，并尽最大的可能召集打散的军队。然而，毫无希望的形势很快就发生了变化。威廉·斯塔克·罗斯克兰斯将军派自己的副指挥官，最初负责指挥中路的乔治·亨利·托马斯准将，去指挥最左翼的阵线。当右翼让步时，乔治·亨利·托马斯准将成功地击退了面前的敌人。乔治·亨利·托马斯准将很幸运地保住了山头上一个坚固的阵地，在那儿尽可能召集被打散的联邦分遣队，大约是联邦军队总数的一半。从14时一直到天黑，乔治·亨利·托马斯准将一直在这里坚守着半圆形的阵地，英勇顽强地抵御住了敌人一次次的进攻，也因此赢得了"奇卡莫加之岩"的美誉。当天晚上，乔治·亨利·托马斯准将奉命撤退到奇卡莫加溪和查塔努加之间的罗斯维尔。

当威廉·斯塔克·罗斯克兰斯将军发电报说他遭遇了一场严重的失败时，亚伯拉罕·林肯总统当然非常失望，但随后收到的一条消息让他的失望有所减轻，即乔治·亨利·托马斯准将在战斗结束时成功的防御和顽强的抵抗。亚伯拉罕·林肯总统立即给亨利·韦杰·哈莱克将军写了一张便条："我认为威廉·斯塔克·罗斯克兰斯将军保住查塔努加或查塔努加附近的阵地是非常重要的，因为，如果能保住查塔努加，从查塔努加到克利夫兰，当然也包括这两个地方在内，就能使整个田纳西州摆脱敌人，并切断对方最重要的一条铁路线。……如果他只能维持这唯一的一个阵地，叛乱就只能勉强维持下去，而且时间不会很长，这就像有时候，一头野兽的要害部位扎入了一根刺一样。"

亚伯拉罕·林肯总统直接致电威廉·斯塔克·罗斯克兰斯将军，让他振作起来，并补充说："我们将竭尽全力支持你。"为此，政府立即采取了积极措施。1863 年 9 月 23 日晚上，亚伯拉罕·林肯总统、亨利·韦杰·哈莱克将军、几位内阁成员、军队官员和铁路领导在战争部召开了临时会议，并发出紧急命令，要求波托马克防区派出两个团，总共两万人，在约瑟夫·胡克少将的指挥下，带上武器和装备，准备上战场。在接下来的八天里，这两个团通过铁路从拉皮丹河的营地转移到了纳什维尔和田纳西河。安布罗斯·埃弗雷特·伯恩赛德少将于 1863 年 9 月初抵达诺克斯维尔，多次接到命令，敦促他加入威廉·斯塔克·罗斯克兰斯将军的队伍，其他增援部队也已经从孟菲斯和维克斯堡赶来。

然而，所有这些增援部队都不是立即就能赶到的。在他们到达之前，威廉·斯塔克·罗斯克兰斯将军觉得有必要让自己所有的军队都待在查塔努加的防御工事里面，而布拉克斯顿·布拉格将军则趁机迅速包围了他，并几乎阻断了威廉·斯塔克·罗斯克兰斯将军的河流交通线，使他处于被围困的状态。几周后，有限的物资使联邦军队开始面临饥饿。很显然，威廉·斯塔克·罗斯克兰斯将军无法摆脱眼前的危险，他被解除了指挥权，由乔治·亨利·托马斯准将继任。而西部的三个指挥部在尤利西斯·辛普森·格兰特将军的指挥下得到了巩固，他奉命亲自前往查塔努加，并于 1863 年 10 月 22 日到达了那里。

在尤利西斯·辛普森·格兰特将军到达查塔努加之前，W.F. 史密斯将军制订了一个巧妙的计划来重新控制河流交通线。在尤利西斯·辛普森·格兰特将军的命令下，W.F. 史密斯将军成功实施了他的计划，很快便得到了全额的口粮配给，恢复了联邦军队的活力和信心。约瑟夫·胡克少将和威廉·特库姆塞·谢

W.F. 史密斯

尔曼准将率领的大批增援部队即将到来，使围困查塔努加的敌人转而进入防御状态，双方开始了积极的准备工作。1863 年 11 月 23 日，著名的查塔努加战役打响了，一直持续到 1863 年 11 月 25 日，以联邦军队压倒性的胜利而结束。

查塔努加市位于田纳西河东南岸。在该市的后面，查塔努加山谷形成了一个大约两英里宽的平原，通往五百英尺高的狭窄的传教士岭。传教士岭大致与田纳西河平行，一直延伸到西南部。南方邦联军队已经在查塔努加市正对着的传教士岭上，修建了一道五到七英里长的防御工事，在长长的山脊上排列了大约三十门大炮，由步兵把守。除了这道强大的屏障之外，还有两排步枪坑，一排在传教士岭山脚下，另一排在查塔努加市北部，离查塔努加更近，是南方邦联军队的前哨。敌人牢牢控制着传教士岭的尽头，因为铁路隧道穿过那里。而在查塔努加市的南边，他们控制了瞭望山更坚固的据点。它的岩石基座导致田纳西河稍稍向北弯曲。

尤利西斯·辛普森·格兰特将军的大致计划是，威廉·特库姆塞·谢尔曼准将率领田纳西州的军队，在铁路隧道附近袭击传教士岭的北端。约瑟夫·胡克少将率领波托马克防区的两个团驻扎在查塔努加西南方向十三英里处的瓦哈奇市，率军向查塔努加进发，途中袭击瞭望山的叛军据点。驻守在查塔努加城里的乔治·亨利·托马斯准将从正面袭击传教士岭。随着师部的变化，这一计划在开始实施的时候也稍微做了调整，但细节不必在此详述。

1863 年 11 月 23 日晚，威廉·特库姆塞·谢尔曼准将的军队跨过田纳西河，24 日下午夺取传教士岭北端，驱敌前行，直到铁路隧道。然而，他在这里的山脊上发现了一个深深的缺口，之前他对此一无所知，这阻碍了他的前进。同

传教士岭战役

一天下午，约瑟夫·胡克少将的部队在雾霭中爬上了瞭望山崎岖的山坡，取得了辉煌的胜利，这就是著名的"云端的战斗"。还是在同一天下午，在尤利西斯·辛普森·格兰特将军和乔治·亨利·托马斯准将的亲自指挥下，中路的两个师将联邦军队的防线向前推进了大约一英里，占领并加固了一座名为果园山的小山丘，占领了布拉克斯顿·布拉格将军的第一排步枪坑，俘虏了几百名叛军。

到目前为止，发生的一切都让联邦军队感到欢欣鼓舞，而让敌人感到灰心丧气。但主要事件直到 1863 年 11 月 25 日下午还未发生。那一天的整个上午，尤利西斯·辛普森·格兰特将军都在急切地等待威廉·特库姆塞·谢尔曼准将沿着传教士岭北端前进的消息，却不知道他遇到了一个无法通行的缺口。约瑟夫·胡克少将也同样考验了尤利西斯·辛普森·格兰特将军的耐心，尽管他已经成功到达了传教士岭，并且正从罗斯维尔附近的缺口向上攀登，但尤利西斯·辛普森·格兰特将军却没有收到任何关于他的消息。

1863 年 11 月 25 日 15 时，尤利西斯·辛普森·格兰特将军终于给乔治·亨利·托马斯准将发出了前进的命令。联邦军队的十一个旅奉命冲锋，占领敌人在传教士岭山脚下的第二道步枪坑，然后停下来休整。但由于这两次占领敌人的步枪坑都易如反掌，那些整天等待行动时刻的官兵们是如此急切，以至在短暂的停顿之后，在没有命令的情况下，在一种共同的冲动下，不顾敌人山顶上步枪和大炮的火力，爬上了陡峭险峻、遍布巉岩的传教士岭。在联邦军队离开阵地后的五十五分钟内，他们几乎同时在山脊上六个不同的地方打破了敌人的防线，夺取了炮台，操控炮台的敌军对突然出现在自己眼前的这些大胆的攀岩高手感到迷惑而吃惊，几乎没有抵抗就束手就擒了。布拉克斯顿·布拉格将军的官方报告严厉地斥责了他的士兵们的行为，显然忘记了他们给联邦军队造成的巨大损失。尽管如此，联邦军队的老兵们以近乎神奇的爱国英雄主义精神取得了胜利。

布拉克斯顿·布拉格将军的南方邦联军队不仅吃了败仗，而且由于联邦军队的猛烈进攻而前途渺茫、士气低落，惊慌失措地四散逃逸。尤利西斯·辛普森·格兰特将军继续奋力追击二十英里，然后才停了下来，是为了让威廉·特库姆塞·谢尔曼准将立即率领一支强大的增援部队，去解救被南方邦联的詹姆斯·朗斯特里特将军围困在诺克斯维尔的安布罗斯·埃弗雷特·伯恩赛德少将。但在威廉·特库姆塞·谢尔曼准将到达诺克斯维尔之前，安布罗斯·埃弗雷特·伯恩赛德少将已经击退了詹姆斯·朗斯特里特将军的围困。获悉查塔努加战役失败的消息后，詹姆斯·朗斯特里特将军立即向弗吉尼亚州的方向撤退。然而，没有遭到联邦军队追击的詹姆斯·朗斯特里特将军，又率领他的南方邦联军队进入了田纳西州东部的冬季营地。出于同样的原因，被击败的布拉克斯顿·布拉格将军的军队在从传教士岭撤退的途中，在道尔顿停了下来，并在那里进入了冬季营地。查塔努加战役开启了通往南方的大中央门户，但叛军依旧坚定不移，强大无比，仍然在二十八英里之外蓄势待发。

第 16 章

进军里士满

精彩
看点

在美国内战前，中将的军衔只授予过两位联邦军队的指挥官。第一次授予乔治·华盛顿，为他在独立战争中为国家做出的贡献。第二次授予温菲尔德·斯科特，为他征服墨西哥的功绩。1864年2月，国会通过了一项法案，并由亚伯拉罕·林肯总统签署，恢复了这一军衔，作为对唐尼尔森堡、维克斯堡和查塔努加的胜利的奖赏。亚伯拉罕·林肯总统将尤利西斯·辛普森·格兰特将军召回华盛顿。1864年3月8日，他在自己的行政官邸举行的一次公开招待会上第一次见到了尤利西斯·辛普森·格兰特将军。人们对这位著名的将军表现出了正式的社交集会上可能会有的极大的兴趣和热情。第二天13时，亚伯拉罕·林肯总统、内阁成员和几位其他官员，出席了尤利西斯·辛普森·格兰特将军的授衔仪式。他正式成为美国陆军中将，并获得了新的、更大的指挥权。

亚伯拉罕·林肯总统对尤利西斯·辛普森·格兰特说道："将军，我代表全国人民对你所做的一切表示赞赏和感谢，并将这场伟大斗争中还有待你去完成的艰巨任务托付给你，特此颁发这张委任状，授予你美国陆军中将军衔。有了这份崇高的荣誉，也就有了相应的责任。正如这个国家信任你一样，在上帝的保佑下，它也将全力支持你。不必说，除了代表国家对你说的这些话，我个人也对你表示衷心的感谢和祝贺。"

尤利西斯·辛普森·格兰特将军的回答很谦虚，也很简短："总统先生，我接受这份委任，感谢您授予我的这份崇高的荣誉。在出生入死、身经百战的

亚伯拉罕·林肯总统（右二）与尤利西斯·辛普森·格兰特（左二）、威廉·特
库姆塞·谢尔曼（左一）、戴维·迪克森·波特（右一）

军队的帮助下，我们为共同的国家而战，我将竭尽全力，不辜负您的期望。我
感到肩头的责任重大，我知道，要想履行这些责任，就必须依赖我们伟大的军
队，最重要的是，必须依赖指引国家和人民的上帝。"

　　在随后的非正式谈话中，尤利西斯·辛普森·格兰特将军询问是否期望他
接受什么特别任务。亚伯拉罕·林肯总统回答说，希望他占领里士满。当亚伯
拉罕·林肯总统问他是否可以做到这一点时，他回答说，如果他有军队，他
就可以。亚伯拉罕·林肯总统向他保证，一定能如他所愿。第二天，也就是
1864 年 3 月 10 日，尤利西斯·辛普森·格兰特将军去了波托马克防区的军营，
乔治·戈登·米德将军谦恭有礼地接待了他，慷慨地表示他乐意将波托马克防
区的军队指挥权交给尤利西斯·辛普森·格兰特将军可能中意的任何人。然而，
尤利西斯·辛普森·格兰特将军告诉乔治·戈登·米德将军他并不想调换波托

马克防区的军队指挥官，回到华盛顿后，他立即马不停蹄地回到了西部的战场上。1864 年 3 月 12 日，战争部的正式命令使尤利西斯·辛普森·格兰特将军成了美国军队的总司令，而亨利·韦杰·哈莱克将军被免除了这一职务之后，就留在华盛顿，成为亚伯拉罕·林肯总统的参谋长。

尤利西斯·辛普森·格兰特将军在他的《回忆录》中坦承，当他出发去华盛顿时，他下定决心不接受任何要求他离开西部的任命。但"当我到达华盛顿，看到那里的形势，很显然，那里才是指挥官该待的地方"。他在华盛顿的短暂停留消除了他对亚伯拉罕·林肯总统和联邦政府的一些错误印象。未来的经历会改变他以往的更多印象。

当尤利西斯·辛普森·格兰特将军在西部再次见到威廉·特库姆塞·谢尔曼准将时，他向这位最亲密、最值得信赖的战友和弟兄，简明地概述了 1864 年将遵循的军事政策，将会有两场主要的战役。威廉·特库姆塞·谢尔曼准将完全拥有行动自主权。他从查塔努加出发，领导西部联合部队，对抗布拉克斯顿·布拉格将军的继任者阿尔伯特·西德尼·约翰斯顿将军领导的南方邦联军队。尤利西斯·辛普森·格兰特将军将在东部亲自指挥攻打里士满的战役，或者更确切地说，攻打罗伯特·爱德华·李将军领导下的叛军。乔治·戈登·米德将军仍将直接指挥波托马克防区的军队，执行尤利西斯·辛普森·格兰特将军个人的日常指示。这两支南方邦联军队相距八百英里，如果其中一个让步了，从而避免了与另一个的联合，紧接着，另一个要么战斗，要么就投降。大部分联邦军队以驻军和分遣队的形式，广泛散布在不同的地方。当然，还有许多细节需要安排，有几支远征队已经开始行动了。但这些只是为了次要的而不是主要的目标，因此，不需要在这里详述。

尤利西斯·辛普森·格兰特将军立即返回华盛顿，与波托马克防区的军队在卡尔佩珀建立了司令部，并花费大约一个月的时间积极备战。起初，不负责任的报纸对亚伯拉罕·林肯总统的指责似乎给尤利西斯·辛普森·格兰特将军留下了深刻的印象，他很担心亚伯拉罕·林肯总统可能希望影响或者控制他的计划。但他们之间的几次面谈消除了这种不良的印象和怀疑。当他收到亚伯拉罕·林肯总统于 1864 年 4 月 30 日写给他的以下这封明确的书信时，他对这一点的所有怀疑都烟消云散了："我不期望在春季战役开始之前再见到你，我想用这种方式，表达我对你迄今为止所做的一切，据我所知的一切，感到完全满意。你的计划的细节我既不知道也不想知道。你很机警，也很自信。我对此感到很高兴，我不想给你任何限制或约束。虽然我非常渴望你能够避免任何重大的失败或避免我们的大批士兵成为俘虏，但我知道，这些事，你比我考虑得更加周到。如果你有什么需要的东西是我所能给予的，请一定要让我知道。现在，愿上帝保佑你拥有一支勇敢的军队，完成这一正义的事业。"

尤利西斯·辛普森·格兰特将军即时的回复，承认了他的担心纯属无稽之谈："自从我第一次加入志愿军，报效国家，直到今天，我从来就没有过任何怨言，从来没有因为在我积极履行我自认为是自己的职责时给我带来的任何尴尬和难堪，而对政府或战争部部长表达或暗示过任何抱怨。事实上，自从我被晋升为全军总司令以来，鉴于重大责任和成功的重要性，我所要求的一切都已经准备就绪，甚至没有要求我做出任何解释，这让我感到非常吃惊。如果我的成功低于我的期望，至少我可以说，错不在您。"

1864 年 4 月 30 日，十二万两千多人的联邦军队在尤利西斯·辛普森·格兰特将军的率领下，在拉皮丹河北岸扎营。六万两千人的南方邦联军队在罗伯特·爱德华·李将军的率领下，在拉皮丹河南岸扎营。大约三年前，就在他们现在扎营的地方以北不远处，这两支对峙的军队参加过第一次布尔郎战役。他们之间的战场一会儿转移到北方，一会儿转移到南方，但迄今为止，双方都不能声称在冲突中夺取了可观的土地或获得了最终优势。通常，相对的进退以及战场的相对损益基本上是平衡的。虽然他们过去的斗争非常激烈，但他们现在面临的是一场更加艰苦的力量考验。尤利西斯·辛普森·格兰特将军在数量上有二比一的优势。而罗伯特·爱德华·李将军占有防守的优势。罗伯特·爱德华·李将军可以撤退到逐渐积累起来的保护区，进入事先准备好的防御工事。他几乎对弗吉尼亚州的每一条道路、每一座山丘和每一片森林都熟记于心。每一个白人居民都是他友善的侦察员。也许他最大的力量来自南方邦联军队的自豪感，无论成功或失败，三年来，它有效地阻挡了波托马克防区的军队前往里士满的道路。但现在，它面临的威胁是以前所有遭遇中不曾有的，即联邦军队新任指挥官那不屈不挠、坚定不移的意志，这抵消了南方邦联军队的所有优势。

尤利西斯·辛普森·格兰特将军并没有为眼前的问题制订复杂的战略计划，而是打算通过简单、艰苦、持久的战斗来解决它。在罗伯特·爱德华·李将军的军队到达里士满之前，或者与阿尔伯特·西德尼·约翰斯顿将军的军队联合之前，尤利西斯·辛普森·格兰特将军会努力粉碎罗伯特·爱德华·李将军的军队。如果无法实现这一目标，他会将罗伯特·爱德华·李将军的军队围困在那个据点里，然后慢慢地消耗它。鉴于此，他一开始就指示乔治·戈登·米德将军："你的目标就是罗伯特·爱德华·李将军的军队。他去哪儿，你也去哪儿。"1864年5月4日晚上，一切准备就绪，乔治·戈登·米德将军在拉皮丹河上架起了五座桥，1864年5月5日天黑之前，整个联邦军队，以及运输车队，渡过拉皮丹河，从左翼向南移动，经过了南方邦联军队的右翼。

突如其来的行动，并没有逃过罗伯特·爱德华·李将军警觉的眼睛，他立即向联邦纵队的侧翼发动了猛烈的进攻，在那个困难重重、崎岖不平、杂乱不堪，被称为怀尔德尼斯的地区，在长达五英里的战线上，小分队之间的激烈战斗持续了两天。灌丛、沼泽和峡谷使睿智的指挥和联合行动变得不可能。战斗是激烈和血腥的，正如其结果是难以预料的一样。1864年5月7日，没有敌人出现，尤利西斯·辛普森·格兰特将军开始大胆地向斯波茨瓦尼亚县府大楼行进，却发现南方邦联军队就在他前面。1864年5月8日和9日，南方邦联军队将本来就很坚固的阵地变成了堑壕遍布、坚不可摧的营地。尤利西斯·辛普森·格兰特将军于1864年5月10日，对敌人的防御工事发起了猛烈的攻击，但没有成功。1864年5月11日，没有任何军事行动，尤利西斯·辛普森·格兰特将军趁这个空当撰写他的军事报告，只声称，经过六天的艰苦战斗和惨重的损失之后，"到目前为止，结果对我们非常有利"。但他用了一个很快就四处传扬的措辞，表达了自己坚定的决心："就算将整个夏天都搭进去，也要在这条战线上一决雌雄。"

斯波茨瓦尼亚战役

　　1864年5月12日，尤利西斯·辛普森·格兰特将军下令发动一场更加坚决的进攻，在这次攻击中，随着双方可怕的厮杀，联邦军队最终攻占了被称为"血腥角"的土木工事。然而，尤利西斯·辛普森·格兰特将军发现还有更加难以逾越的堑壕仍然阻挡着他进入南方邦联军队的营地，他再一次从左翼绕过敌人向里士满进军。罗伯特·爱德华·李将军沿着内线以同样迅捷的速度紧随其后。在时断时续、势均力敌的战斗中，几天过去了。不同之处在于尤利西斯·辛普森·格兰特将军一直在且战且进，而罗伯特·爱德华·李将军却总是在且战且退。1864年5月26日，尤利西斯·辛普森·格兰特将军向联邦政府报告："罗伯特·爱德华·李将军的军队真的被打垮了。我们现在捕获的俘虏们说明了这一点，他的军队的行动也明白无误地显示了这一点。他们龟缩在堑壕里，因此，和他们在堑壕外战斗是不可能的。我们的士兵觉得自己现在的士气比敌人还要高涨，并满怀信心地攻打敌人。我可能判断错误，但我觉得，我们打败罗伯特·爱德华·李将军的军队已经如探囊取物那么容易了。"

同一天，也就是 1864 年 5 月 26 日晚上，尤利西斯·辛普森·格兰特将军的先头部队在汉诺威镇横渡了帕蒙基河。在接下来的一个星期里，他们进行了一连串的行军、侧翼攻击和战斗。尤利西斯·辛普森·格兰特将军命令联邦军队推进到了冷港。在这里，罗伯特·爱德华·李将军通过堑壕固守的军队又挡在了他和里士满之间。1864 年 6 月 3 日，尤利西斯·辛普森·格兰特将军下令发动另一次坚决的正面进攻，打破这道持续抵抗的障碍。结果却被击退，而且损失惨重。尤利西斯·辛普森·格兰特将军在 1864 年 6 月 5 日写给联邦政府的信中，清楚地说明了这次失败对整个战役的影响："我从一开始就想，如果可能的话，在里士满北部打败罗伯特·爱德华·李将军的军队。然后，在摧毁了他在詹姆斯河北岸的交通线路之后，将军队转移到詹姆斯河南岸，在里士满围困罗伯特·爱德华·李将军的军队，或者，如果他向南撤退，就紧紧地跟着他。我现在发现，经过三十多天的磨难之后，敌人认为他们的第一要务就是保存现有军队的实力，不冒任何风险。它们纯粹是在胸墙后面防御，或者就在它们前面不远处虚弱无力地应对攻击，一旦被击退，他们可以立即退回胸墙

冷港战役

后面。除非做出比我愿意做出的更大的人员牺牲，否则就不可能完成我在里士满城外所计划的一切。"

冷港的惨败结束了尤利西斯·辛普森·格兰特将军所谓的对里士满的战役。在接下来的一周内，尤利西斯·辛普森·格兰特将军准备着手实施其总体计划的第二步，即围困彼得斯堡，这样称呼更加响亮，虽然其全称可能是围困彼得斯堡和里士满。但并没有必要这样扩大范围，因为尽管军事行动和围城计划包括了这两个城市，但彼得斯堡却是至关重要的和易受攻击的地方。彼得斯堡一旦陷落，里士满也就唇亡齿寒，陷落就是迟早的事了。原因是，罗伯特·爱德华·李将军的军队待在综合防御工事内坚守不出，只能靠三条以彼得斯堡为中心的铁路来提供给养。一条来自东南部，一条来自南部，一条来自西南部。在这三条铁路线之间，还有两条木栈道增加了部分供给。到目前为止，尤利西斯·辛普森·格兰特将军的积极行动，虽然未能摧毁罗伯特·爱德华·李将军的军队，却将它逼进了里士满。显然，尤利西斯·辛普森·格兰特将军的下一步计划是要么将它逐出里士满，要么强迫它投降。

冷港靠近华盛顿一侧，距里士满约十英里，被两圈防御工事所保护，这两圈防御工事的设计体现了最好的工程技术。1864 年 6 月 13 日，尤利西斯·辛普森·格兰特将军派一个军团渡过了奇拉霍米尼河，他用这一障眼法让罗伯特·爱德华·李将军相信，他的直接目标是冷港。就这样，尤利西斯·辛普森·格兰特将军巧妙地掩盖了自己的真实意图，即 1864 年 6 月 16 日午夜时分，他已经将所有联邦军队，包括大炮和运输车队，向正南推进了大约二十英里，通过一座两千英尺长的浮桥，渡过了詹姆斯河，到达了锡蒂波因特。1864 年 5 月初，本杰明·富兰克林·巴特勒将军奉命从门罗堡出发，开始了对彼得斯堡的远征。他虽然没能占领彼得斯堡，却占领了锡蒂波因特。因此，尤利西斯·辛普森·格兰特将军立即与本杰明·富兰克林·巴特勒将军的三万两千人会合。在尤利西斯·辛普森·格兰特将军来锡蒂波因特与他会合的途中，本杰明·富兰克林·巴特勒将军曾第二次尝试占领彼得斯堡，但失败了。尤利西斯·辛普森·格兰特将军不愿做出任何无谓的牺牲。现在，他的行动只限于长期的围困。

这需要彻底地改变策略。里士满战役，从跨越拉皮丹河与怀尔德尼斯战役到冷港战役，然后将根据地转移到锡蒂波因特，前后经历了大约六个星期的急行军和激烈的战斗。围困彼得斯堡注定要花费九个多月的时间，进行防御工事的修建和艰苦的战斗。南方邦联在里士满和彼得斯堡的联合驻军大约有七万人。虽然尤利西斯·辛普森·格兰特将军率领的联邦军队在过去的六个星期内，由于阵亡、受伤和失踪，损失了六万多人，但他的兵力很快得到了增援部队的补

围困彼得斯堡的联邦军

充，加上与本杰明·富兰克林·巴特勒将军合兵一处，所以，联邦军队总数大约达到了十五万人。凭借着数量上的优势，尤利西斯·辛普森·格兰特将军奉行车轮战，来对付罗伯特·爱德华·李将军的防御战，有时在詹姆斯河南岸，有时在詹姆斯河北岸，并利用一切有利的机会向西推进围城工事，以便逐渐占领并控制三条铁路和两条栈道，因为这些道路是南方邦联在彼得斯堡和里士满的驻军和居民的生命线，他们的绝大部分食品和物资是通过这五条道路送进来的。尤利西斯·辛普森·格兰特将军的防线、哨所和战壕逐渐向西延伸，加上东边威胁里士满和彼得斯堡的防线、哨所和战壕，据估计，联邦军队最终的防线大约扩展到了四十英里。当罗伯特·爱德华·李将军的军队不足以在整个战线上守卫他的防线时，灾难就降临了。尤利西斯·辛普森·格兰特将军找准机会，攻打其防守薄弱的地方，最终突破了罗伯特·爱德华·李将军的防线，迫使南方邦联军队放弃并撤离了这两个城市，到别处去寻求安身立命的地方。

上文概述的两个独特的行动是最重要的戏剧性的军事事件，在这个漫长的过程中，伴随着密谋、诡计和激动人心的情节。谢南多厄河发源于里士满西北部，但大致朝东北方向，在哈珀斯渡口汇入波托马克河。它流经的一座宽达二十至三十英里、肥沃富饶、遍布庄稼的山谷，以其名字命名，即谢南多厄大峡谷。一条平坦的收费公路横贯谢南多厄大峡谷，在铁路开通以前，它曾是南北之间一条活跃的商业公路。谢南多厄大峡谷西面与崎岖不平的阿勒盖尼山脉接壤，东面与偏远的蓝岭接壤，它在弗吉尼亚州中部面向大西洋的开放的斜坡上，形成了一条受保护的军事通道或大道，与这场战役的战略战术密切相关。因此，在美国内战几乎所有的军事行动中，从第一次布尔郎战役到最后的里士满战役，谢南多厄大峡谷都发挥了至关重要的作用。

尤利西斯·辛普森·格兰特将军的作战计划并没有忽视他面临的任务中这场不可或缺的重头戏。当他正披荆斩棘，朝着南方邦联的首都进军时，他便设想占领谢南多厄大峡谷，并将它作为能够隔离并最终包围里士满的计划的一部分。但尤利西斯·辛普森·格兰特将军的这一行动经历了许多波折。当他刚到锡蒂波因特的时候就意识到，罗伯特·爱德华·李将军同样也注意到了谢南

朱巴·安德森·厄尔利

多厄大峡谷在军事上的优势，并且已经派遣了朱巴·安德森·厄尔利将军率领一万七千人，飞速前往那个天然的、方便的、目前还没有设防的突破口。

朱巴·安德森·厄尔利将军的行军速度如此之快，以至在 1864 年 7 月的第一个星期里，他就横渡了波托马克河，对马里兰州和宾夕法尼亚州南部发动了一次毁灭性的突袭，威胁巴尔的摩，并急转南下。1864 年 7 月 11 日，他竟然已经到华盛顿城郊，谋划着进攻和占领联邦的首都。当天下午，尤利西斯·辛普森·格兰特将军从锡蒂波因特仓促派遣霍雷肖·古弗尼尔·赖特将军率领的第六团及时赶到，才挽救了华盛顿，避免了它被敌人占领或毁灭的厄运。

在这场威胁持续的两天时间里，有些作家曾将政府描绘成惊慌失措。但无论是亚伯拉罕·林肯总统，还是战争部部长埃德温·麦克马斯特斯·斯坦顿，还是亨利·韦杰·哈莱克将军，在这一紧急情况下都不缺乏冷静和活力。其中，联邦军队总司令亨利·韦杰·哈莱克将军更是遭到了无以复加的辱骂和指责。事实上，亚伯拉罕·林肯总统不顾个人安危的行为让他的同僚们感到很不安。1864 年 7 月 10 日，亚伯拉罕·林肯总统像往年夏季一样骑马出城，在郊区的士兵之家过夜。但当战争部部长埃德温·麦克马斯特斯·斯坦顿得知朱巴·安德森·厄尔利将军正以锐不可当的势头向前推进的时候，就派人去追上亚伯拉罕·林肯总统，迫使他回到了城里。此后有两次，为了亲自观察史蒂文斯堡附近发生的战斗，亚伯拉罕·林肯总统将自己高大的身躯暴露在敌人的目光和子弹之下，以致他身边的人为了他的安全，不得不发出诚恳的告诫。

在谢南多厄大峡谷发生的后续军事事件必须在这里做简短的总结。菲利普·亨利·谢里丹将军受命坐镇中路军司令部，指挥一支三四万人的军队。他后来在一系列辉煌的胜利中，将南方邦联军队的分遣队赶回了里士满，彻底毁坏了山谷的南端，使两军都无法在那里生存。通过破坏詹姆斯河的运河和弗吉尼亚州的铁路干线，成功地实现了尤利西斯·辛普森·格兰特将军的目标，即有效地关闭了供应里士满的西北通道。

第 **17** 章

威廉·特库姆塞·谢尔曼准将

精彩
看点

当尤利西斯·辛普森·格兰特将军在弗吉尼亚州行军、打仗、围城攻坚时，西部的威廉·特库姆塞·谢尔曼准将正在执行他的首长尤利西斯·辛普森·格兰特将军交给他的任务，即追击、摧毁或俘虏现在由阿尔伯特·西德尼·约翰斯顿将军指挥的南方邦联在西部的主力军。布拉克斯顿·布拉格将军领导的南方邦联军队在 1863 年秋天在瞭望山和传教士岭被击败，并在联邦军队停止追击之后马上停了下来，留在了道尔顿及其附近的冬季营地，就在查塔努加东南方向二十八或三十英里的铁路线上。1864 年春天，他们的新指挥官阿尔伯特·西德尼·约翰斯顿将军在那里率领大约六万八千人，阻击前进的联邦军队。

西部的一些初步战役和远征无须在此详细说明，因为它们不是决定性的。然而，威廉·特库姆塞·谢尔曼准将在 1864 年 2 月亲自指挥的一场从维克斯堡到默里迪恩的战役不得不说，因为它摧毁了以默里迪恩为中心的大约一百英里长的几条铁路，致使密西西比州的整个铁路系统对南方邦联来说几乎成了一堆废铁。因此，对他未来行动的成功做出了至关重要的贡献。

威廉·特库姆塞·谢尔曼准将在查塔努加做战前的准备，他从坎伯兰步兵团、田纳西步兵团和俄亥俄步兵团这三支联邦军队中抽出最棒的士兵，组成了一支近十万人的军队，拥有二百五十四门大炮。他们全都是经验丰富的老兵。三年的战斗经历让他们学会了如何忍受各种物资匮乏，以及如何利用各种资源。他们配备了各种必需品，但精简了一切可能影响行军速度的无用的行李和辎重。

除了攻打敌人和破坏南方的战争资源之外，威廉·特库姆塞·谢尔曼准将没有收到尤利西斯·辛普森·格兰特将军的任何具体指示，但他面临的情况清楚地表明，佐治亚州的首府亚特兰大是他的首要目标，也是他必经的路线，从查塔努加来的铁路通往那里。显然，这是一条异常艰难的路线，因为它横穿了阿勒盖尼山脉的一片四十英里宽的地带。除了这一地区呈现的自然障碍物，南方邦联军队的指挥官还预见了威廉·特库姆塞·谢尔曼准将的行动，在几个最有效的地点做了精心的防御准备。

　　按照与尤利西斯·辛普森·格兰特将军的约定，威廉·特库姆塞·谢尔曼准将于 1864 年 5 月 5 日开始行动，也就是尤利西斯·辛普森·格兰特将军在弗吉尼亚州开始怀尔德尼斯战役的第二天。我们没有足够的页面来描述威廉·特库姆塞·谢尔曼准将的进展，只要说明以下情况就足够了：他以两倍于敌人的数量优势，在前线进行声势浩大的军事演习，进行有效的侧翼运动，威胁南方邦联军队后方的铁路，通过这种方式，迫使敌人一步一步后撤，直到 1864 年 7 月中旬，他到达亚特兰大附近，在这次进军中，他只发动过一次猛烈的正面进攻，还被敌人击退，而且代价高昂。威廉·特库姆塞·谢尔曼准将的前进绝不仅仅是战略上的大转移。他说，1864 年 5 月，在文明世界的军队曾经战斗过的这片将近一百英里的艰险的荒野的树林和灌丛中，战斗几乎每天都在持续进行着，官兵们在地面上几乎看不到前方一百码的地方。

　　不管阿尔伯特·西德尼·约翰斯顿将军的被迫撤退是多么灵活熟练、值得称颂，对里士满的南方邦联当局来说，这都是不受欢迎的，而且对南方邦联的事业也造成了损害。大约在 1864 年 7 月中旬，杰斐逊·汉密尔顿·戴维斯免去了他的指挥权，并任命该军团的另一位指挥官 J.B. 胡德将军接替了阿尔伯特·西德尼·约翰斯顿将军，J.B. 胡德将军的个人品质和他对自己的老领导阿尔伯特·西德尼·约翰斯顿将军的任意批评，使南方邦联政府的领导层期望从消极的防御转变为积极的进攻。为了回应这种期望，J.B. 胡德将军几乎立刻采取了攻势，对联邦军队的阵地发动了猛烈的攻击，但遭到了灾难性的挫败，以致他发现，光是保卫亚特兰大就让他手忙脚乱。几个星期以来，双方都试图夺

J.B. 胡德

取对方的铁路交通线，但都无果而终。但到了1864年8月底，威廉·特库姆塞·谢尔曼准将的侧翼行动在亚特兰大以南二十五英里处的琼斯伯勒，控制了梅肯铁路，从而危及了J.B.胡德将军的安全。此外，J.B.胡德将军派去驱逐威廉·特库姆塞·谢尔曼准将的分遣队也被击败了。J.B.胡德将军别无选择，只能命令撤离。

1864年9月3日，威廉·特库姆塞·谢尔曼准将致电联邦政府："亚特兰大是我们的。我们赢了。……自1864年5月5日以来，我们一直处于一场持续的战斗或冲突中，需要休息。"

亚特兰大的陷落对南方邦联来说是个沉重的打击。在战争期间，他们将亚特兰大改造成了一座由磨坊、铸造厂和车间组成的城市，他们从这里获取物资、弹药和装备，他们主要依靠这里制造和修理武器。但或许它的陷落对北方政治

威廉·特库姆塞·谢尔曼指挥军队围攻亚特兰大

的影响比对南方造成的军事损失更加重要。直到那时，许多人依旧认为，整个自由州正在进行的总统大选的可能性，也会因为东部和西部军队损失相当惨重、进展明显缓慢而产生波动。但占领亚特兰大立即给联邦选民注入了新的热情和信心。从那时起，亚伯拉罕·林肯总统的再次当选就是板上钉钉的事了。

威廉·特库姆塞·谢尔曼准将于 1864 年 9 月 8 日亲自进入亚特兰大，并迅速采取措施将其变成了纯粹的军事堡垒。他只占领了其强大的防御工事的内线，但加固了它们，使这个地方几乎坚不可摧。然后，他立即采取行动，将所有非战斗居民以及他们的财产转移出去，安排了与 J.B. 胡德将军的休战。根据停战协议，威廉·特库姆塞·谢尔曼准将提供了交通工具，将那些同情南方邦联的事业的人们送到南方去，并将那些喜欢北方的人送到北方去。J.B. 胡德将军大声抗议，称威廉·特库姆塞·谢尔曼准将的这种做法是野蛮的和残忍的，但威廉·特库姆塞·谢尔曼准将回答说，战争就是战争，如果叛乱家庭想要和平，他们和他们的亲属必须停止战斗。"上帝会在适当的时候审判我们，他会宣布，是攻打一个满是妇女以及我们身后勇敢的人们的家人的城镇更仁慈呢，还是将他们及时送到自己的亲友身边的安全地带更仁慈呢。"

直到威廉·特库姆塞·谢尔曼准将占领亚特兰大的时候，他的进一步计划既不是尤利西斯·辛普森·格兰特将军安排的，也不是他自己决定的，而且有一段时间他仍然有些犹豫不决。目前，他在他占领并加固的新据点中完全无虞。但他的供应依赖于一条从亚特兰大到查塔努加大约一百二十英里的铁路线，以及从查塔努加到纳什维尔将近一百五十英里的铁路线。被困在洛夫乔伊车站的 J.B. 胡德将军，没有足够的力量冒险直接攻击或围困亚特兰大，而是选择了更加可行的策略，有条不紊地攻击威廉·特库姆塞·谢尔曼准将那长长的交通线路。在几个星期的时间里，双方在对火车站的攻防中，以及在补给列车的中断和恢复运行中，浪费了大量的时间和军事力量，也开始变得厌倦起来。1864 年 9 月底，杰斐逊·汉密尔顿·戴维斯视察了 J.B. 胡德将军的军队，重新给他安排了一些军事任务，并将他的军队和邻近的南方邦联军队联合起来，由皮埃尔·古斯塔夫·图坦特·博雷加德将军指挥。部分是为了让皮埃尔·古斯塔夫·图坦特·博雷加德将军在军事判断方面，给总是精力充沛、勇敢无畏，但有时冲动鲁莽的 J.B. 胡德将军一些忠告。

在这期间，J.B. 胡德将军针对威廉·特库姆塞·谢尔曼准将的交通线路，采取了两次异乎寻常而徒劳无功的行动。随后，南方邦联军队逐渐形成了一个入侵田纳西州的计划。就威廉·特库姆塞·谢尔曼准将而言，他经过深思熟虑，最终决定，与其每月损失一千人仅能保卫铁路，而没有其他益处，倒不如将部队分开，一部分由乔治·亨利·托马斯准将指挥，保卫田纳西州免受即将到来的入侵。放弃从查塔努加到亚特兰大的整条铁路，完全切断与补给基地的联系，率领其余的部队向海边进军，以便从周边的乡村获得给养，"让佐治亚州内地感受到战争的压力"。尤利西斯·辛普森·格兰特将军并没有立即同意威廉·特库姆塞·谢尔曼准将的建议。威廉·特库姆塞·谢尔曼准将谨慎地等待着，直到联邦军队入侵田纳西州的计划得到了进一步的发展。结果正如他所希望和预料的那样。在逐渐停止对铁路的袭击之后，1864 年 10 月底，J.B. 胡德将军向

富兰克林战役

西移动，到达田纳西河上的塔斯坎比亚。他在那里集结了一支大约三万五千人的军队。不久，福里斯特又率领一万多名南方邦联的骑兵加入进来。

在皮埃尔·古斯塔夫·图坦特·博雷加德将军发出的进攻的命令下，J.B.胡德将军开始向北急行军，有几次差点就切断了联邦军队的一些先遣队与主力部队的联系。我们不必过多关注这次战役的命运，只要说明南方邦联军队入侵田纳西州以惨败告终就可以了。1864年11月30日，南方邦联军队在富兰克林战役中严重受挫。尽管如此，J.B.胡德将军奋力向前推进，率军到达了纳什维尔，好像要进攻或围困的样子。联邦军队已经集结并增加到了大约五万五千人，做好了迎战的准备。一场暴雨和冰雹让对峙的双方在一个星期内被迫停止行动。但在1864年12月15日上午，乔治·亨利·托马斯准将主动发起了进攻。在那一天和第二天的战斗中，他给对手造成了如此惨重的失败，以至J.B.胡德将军指挥的这支南方邦联军队不仅丢盔弃甲、落荒而逃，而且很快就溃不成军、土崩瓦解，作为一个军事实体从西部的战场上永远消失了。

在此之前很久，威廉·特库姆塞·谢尔曼准将就开始了他著名的面朝大海的进军。他对尤利西斯·辛普森·格兰特将军的解释如此令人信服，以至总司令尤利西斯·辛普森·格兰特将军在 1864 年 11 月 2 日给他发来了电报："就照你说的去做吧。"在等待这个批复的过程中，自从 J.B. 胡德将军开始向西转移的时候，威廉·特库姆塞·谢尔曼准将就对他下一步入侵田纳西州的计划有了一个大致的估计。因此，从那时起，威廉·特库姆塞·谢尔曼准将就一直在做着转移的准备。他将伤病员和多余的物资从亚特兰大送回查塔努加，撤走了驻军，烧毁了桥梁，切断了铁路，捣毁了亚特兰大市内的磨坊、铸造厂、商店和公共建筑。1864 年 11 月 15 日，他率领六万名最优秀的士兵，带上六十五门大炮，出发前往大西洋，行军三百英里。他们随身携带了二十天的口粮、五天的马料和两百发炮弹，外加每人四十发子弹。

被炮火毁坏的亚特兰大建筑

在向大海进军过程中，威廉·特库姆塞·谢尔曼指挥军队破坏敌人的运输线

　　在南方秋天的好天气里，威廉·特库姆塞·谢尔曼准将的军队对他们的领导人满怀信心，战友间完全信任彼此的勇敢、耐心和兄弟情谊，他们高唱着鼓舞人心的军歌《约翰·布朗的尸体》，开始了"穿越佐治亚州"的征程，他们喜气洋洋，就像是去度假一般。事实上，和这些战斗经验丰富的老兵们在各种战役中所经历的战争的艰险和苦难相比，这次行军几乎无异于一次愉快的度假了。他们尽可能排成四列，并肩前进，每天平均行军大约十五英里。基尔帕特里克率领的令人钦佩的骑兵使他们的前线和侧翼免受敌人临时组建起来的民兵和非正规军的骚扰。精心组织的觅食聚会让他们每天的食谱花样翻新——玉米、甘薯、肉类、家禽，在这个季节，这些食物沿途俯拾即是。

　　南方邦联当局发布了激动人心的公告和命令，号召人们"拿起武器"，"无论白天还是黑夜，在前方、侧面和后方攻击侵略者"。但并没有出现任何起义，以任何方式阻挡威廉·特库姆塞·谢尔曼准将的军队向东前进的步伐。南方的白人当然沉默寡言、闷闷不乐，但黑人对联邦军队表示欢迎和善意，尽管威廉·特库姆塞·谢尔曼准将做出了努力，但跟在他们身后的黑人如此众多，以至影响了他的行军。当威廉·特库姆塞·谢尔曼准将的队伍继续前进时，他们通过填平路堑、燃烧枕木、加热铁轨，再将它们绕到树干上，变成螺旋状，从而彻底破坏了铁路。他们熟练地穿过左右两边的大城市，让市民们感受到了威胁。

1864年12月10日，威廉·特库姆塞·谢尔曼准将的队伍到达了萨凡纳的外围防御区，轻而易举地赶走了一万人的敌军。1864年12月13日，他攻占了麦考利斯特堡，并与穿过奥萨博海峡的联邦舰队取得了联系，他向联邦政府报告，说他的行军非常愉快，旅途中没有丢失一辆马车，彻底摧毁了两百多英里的铁路，消耗了罗伯特·爱德华·李将军和J.B.胡德将军的军队所必需的物资和储备。1864年12月22日，威廉·特库姆塞·谢尔曼准将以情有可原的沾沾自喜，致电亚伯拉罕·林肯总统："我恳求将萨凡纳作为圣诞礼物赠送给您。那里有一百五十门重炮和大量弹药，还有大约两万五千包棉花。"

联邦军占领麦考利斯特堡

威廉·特库姆塞·谢尔曼准将有理由感到欣慰。亚伯拉罕·林肯总统在下面这封信中热情地表达了对他的感谢："我亲爱的威廉·特库姆塞·谢尔曼准将：非常感谢你的圣诞礼物——夺取萨凡纳。当你要离开亚特兰大去大西洋沿岸时，就算我不担心，也难免会有一点焦虑。但我感觉，对于那里的形势而言，你比我更有发言权，而且我知道，'不入虎穴，焉得虎子'，所以我没有干涉你。现在，这项任务完成得很出色，荣誉都是你们的，因为我相信所有人都会默认这一点。考虑到乔治·亨利·托马斯准将的行动，本来就应当考虑，这的确是一个巨大的成功。它不仅提供了明显而直接的军事优势，而且向世界表明，你们的军队可以分散，将更强大的一部分兵力投入到一项重要的新任务中，而留下足够多的兵力去征服原有的整个敌对势力，即 J.B. 胡德将军的军队。它让坐在黑暗中的人们看到了一道亮光。但下一步你会怎么做呢？如果我让尤利西斯·辛普森·格兰特将军和你自己决定的话，我想应该是万无一失的。请向全军官兵表达我的谢意。"

　　威廉·特库姆塞·谢尔曼准将制订了下一步的作战计划。尤利西斯·辛普森·格兰特将军命令他去巩固一个坚实的哨所，留下炮兵和骑兵，通过海路将步兵送到彼得斯堡，与那里的波托马克防区的军队会合。令威廉·特库姆塞·谢尔曼准将感到极其满意的是，这个命令很快就撤销了。他得知，尤利西斯·辛普森·格兰特将军希望"你未来的一切行动都完全由你自己决定"。在威廉·特库姆塞·谢尔曼准将看来，下一步应该采取的措施是"清清楚楚、明明白白的"。现在可以逐步描述西部战争的进展，也可以通过合理的判断来估计西部的战争形势和可能的过程。1863 年密西西比河的开放已经切断了叛军在密西西比河以西的大量资源。威廉·特库姆塞·谢尔曼准将在 1864 年 2 月的默里迪恩战役使密西西比州的铁路变得毫无用处。占领亚特兰大，向大西洋进军又毁掉了佐治亚州的铁路，切断了南方邦联的另一片巨大的资源。富兰克林战役和纳什维尔战役几乎歼灭了南方邦联在西部的主力军。威廉·特库姆塞·谢尔曼准将现在向尤利西斯·辛普森·格兰特将军提议，他将以同样的方法和策略让北卡罗来纳州和南卡罗来纳州臣服，率领他的军队从萨凡纳出发，穿过这两个州的中心地带，最后到达罗利。他自信地补充道："接下来，这场游戏就要看罗伯特·爱德华·李将军的了，除非他从里士满出来，避开你，和我打。在这种情况下，我就要指望你断了他的后路。……如果你自信你能在罗伯特·爱德华·李将军的堑壕之外对他迎头痛击，我也同样相信，我在野外收拾他，也如小菜一碟。"

尤利西斯·辛普森·格兰特将军立即批复了这项计划，并通过正式命令，要求威廉·特库姆塞·谢尔曼准将付诸实施。在西部组织的几次小规模的远征，促进了这项计划的成功。海岸附近的联邦舰队随时准备尽可能地配合威廉·特库姆塞·谢尔曼准将的进军，并给他提供了一个新的补给基地，以便他在适当的地点可能需要与它取得联系。1865年1月中旬，当一支联邦海军的远征队攻占了位于开普菲尔河河口的费希尔堡的时候，从乔治·亨利·托马斯准将在田纳西州的军队中，分出一部分军队，在约翰·麦考利斯特·斯科菲尔德将军的率领下向东进军，再由海路将他们送到北卡罗来纳州的海岸，从那里进入北卡罗来纳州，与威廉·特库姆塞·谢尔曼准将会合。

联邦军进攻费希尔堡

休息和准备了五个星期之后，威廉·特库姆塞·谢尔曼准将于 1865 年 2 月 1 日，开始了他第三阶段的战役，共投入六万人的军队、二十天的给养、七天的马料，以及一场大战所需的充足的弹药。结果证明，这项新任务远比他面朝大海的那次行军困难得多，也艰险得多。这一次，没有了秋高气爽的温和天气，军队不得不面对从邻近海岸吹来的凛冽寒风。这一次，没有了佐治亚州干燥的高地，威廉·特库姆塞·谢尔曼准将的行军路线横贯一片由河流切割而成的低矮的沙地，边缘是宽阔泥泞的沼泽湿地。河流的支流正好与他的行军路线垂直分布。但这是一支非同寻常的军队。他们曾忍饥挨饿、栉风沐雨，曾吃苦耐劳、身经百战，所以才能傲雪凌霜、心如磐石，不畏艰险、视死如归。他们要在水深齐腰的沼泽和水道中跋涉。要用树枝铺设无穷无尽的木排路，然后这些木排路在沉重的军用货车一遍又一遍的碾压下陷入淤泥，然后再一次又一次地重新铺设。常常需要在河流的引水渠上架桥。要将沿途的铁路彻底毁坏并使其不可能再修复。需要自己采集、寻觅食物。同时还要保证平均每天十到十二英里的行程。在这种情况下，威廉·特库姆塞·谢尔曼准将的军队在隆冬时节，在五十天内完成了四百二十五英里的行程，跨越了五条可通航的河流，占领了三个重要城市，使南卡罗来纳州的整个铁路系统对敌人来说毫无用处。

威廉·约瑟夫·哈迪将军从萨凡纳撤退到查尔斯顿的一万到一万五千人的南方邦联军队，当然无力阻止威廉·特库姆塞·谢尔曼准将的行军。相反，当 1865 年 2 月 16 日，威廉·特库姆塞·谢尔曼准将抵达南卡罗来纳州的首府哥伦比亚的时候，威廉·约瑟夫·哈迪将军却撤离了查尔斯顿。在那里，南方邦联军队防守了四年之久，并经受住了联邦舰队每一次最猛烈的进攻。在那里，联邦军队最巧妙的围攻和孤注一掷的强攻也未能从敌人手中夺走瓦格纳堡。虽然查尔斯顿不费一枪一弹，就于 1865 年 2 月 18 日落入了联邦军队的手中，但战争的破坏之手最终还是重重地打在了它的身上。南方邦联政府顽固地坚持焚烧棉包的政策，以防它落入联邦军队的手中。聚集在查尔斯顿的粮食补给本来是要用偷过封锁线的船运往国外的，结果也被撤离的南方邦联官员放火焚烧了。火焰不仅蔓延到了相邻的建筑物上，而且酿成了一场大火灾，使市中心只

参加瓦格纳堡战役的黑人部队

剩下一片发黑的断垣残壁，默默地证明着第一份《脱离联邦条例》的愚蠢。南卡罗来纳州的首府哥伦比亚，也经历了同样的命运，范围甚至更广。在这里，他们将棉花堆放在一条狭窄的街道上，按照南方邦联当局的类似命令，用火炬点燃棉花堆。上升的风很容易将炽热的火星吹到附近建筑物的屋顶上。威廉·特库姆塞·谢尔曼准将进入哥伦比亚的当天晚上，风越刮越大。无论是市民们的努力，还是威廉·特库姆塞·谢尔曼准将的士兵们现成的帮助，都无法阻挡这场毁灭。在很长一段时间里，南方邦联的作家们指控说，是联邦军队蓄意报复，烧毁了城市。威廉·特库姆塞·谢尔曼准将的命令提供了相反的证据，他曾下令为受难者留下大量食物。另外，一个联合委员会的仔细调查也证明了联邦军队的清白。

威廉·特库姆塞·谢尔曼准将还在继续他的行军，并于 1865 年 3 月 3 日抵达奇洛，与从费希尔堡进军威尔明顿的特里将军取得了联系。迄今为止，威廉·特库姆塞·谢尔曼准将的进军几乎可以说是畅通无阻的。但现在，他了解到阿尔伯特·西德尼·约翰斯顿将军又一次成了南方邦联军队的指挥官，正在北卡罗来纳州的罗利市附近集结军队。由于对阿尔伯特·西德尼·约翰斯顿将军的能力了然于心,威廉·特库姆塞·谢尔曼准将变得更加谨慎了。但阿尔伯特·西德尼·约翰斯顿将军只能集结起一支两万五千人或三万人的军队,其中威廉·约瑟夫·哈迪将军从查尔斯顿带来的部队构成了其核心力量。1865 年 3 月 16 日和 19 日的两次小规模交战丝毫没有妨碍威廉·特库姆塞·谢尔曼准将向戈德斯伯勒进军,他于 1865 年 3 月 23 日抵达目的地,并与前一天从海路到达戈德斯伯勒的约翰·麦考利斯特·斯科菲尔德将军率领的联邦军队会师。

威廉·特库姆塞·谢尔曼准将伟大战役的第三大步就这样圆满地完成了。他占领了亚特兰大,向大海进军,占领了萨凡纳,在南、北卡罗来纳州取得了进展,占领了查尔斯顿,完成了总计将近一千英里的远征。南方邦联中部各州的叛乱分子对他无可奈何。联邦骑兵的几次突袭也同样摧毁了亚拉巴马州和邻近田纳西州东部的南方邦联的资源。显然,当时的军事形势使威廉·特库姆塞·谢尔曼准将暂时将指挥权移交给约翰·麦考利斯特·斯科菲尔德将军,并匆忙从海路去设在里士满和彼得斯堡附近的联邦军队司令部,与尤利西斯·辛普森·格兰特将军进行短暂的紧急磋商。

第 **18** 章

废奴行动和重建运动

征服南方邦联军队并根据《戒严法》建立秩序，并不是亚伯拉罕·林肯总统面临的唯一任务。随着联邦军队迅速占领叛乱的州或地区，有必要撤掉篡权的南方邦联官员，并任命忠诚的州、县和下级官员来取代他们，以恢复在联邦权威下地方民政的管理。在西弗吉尼亚州，人民自发地实行了这项改革。首先，废除了里士满邦联政府通过的《分裂条例》，并组织了一个临时州政府。其次，通过了一套新的州宪法，并获准作为一个新州加入联邦。在密苏里州，州代表大会拒绝采用《分裂条例》，并通过建立一个临时州政府实现了同样的目标。这两个州在随后几年中被全面命名为"重建"的整个过程，都是由当地民众自发完成的。除了迅速得到联邦政府的承认和大量的军事支持和保护之外，联邦政府没有任何倡议或干预。

　　但其他脱离联邦的州没有忠诚的群众基础来重建公民政府的结构。因此，当田纳西州、路易斯安那州、阿肯色州和北卡罗来纳州的部分地区处于联邦控制之下时，亚伯拉罕·林肯总统在1862年上半年任命军事州长开始临时的民事管理工作。他有一套明确而一致的宪法理论。在亚伯拉罕·林肯总统的第一次就职典礼上，他宣布了"这些州的联盟是永久的"和"完整的"这一声明。1861年7月4日，亚伯拉罕·林肯总统在给国会的特别咨文中补充声明："各州在联邦中拥有自己的地位，而没有其他法律地位。"在同一份咨文中，他对此做出了进一步的界定："弗吉尼亚州的人民就这样允许这场大规模的叛乱在其境内筑巢安窝。而联邦政府别无选择，只能在发现它的地方处理它。由于忠诚的公民以适当的方式要求得到保护，政府也就少了一些遗憾。联邦政府一定会承认西弗吉尼亚州，并保护这些忠诚的公民。"

国会的行动完全符合这一理论。它承认西弗吉尼亚州和密苏里州临时州政府的参议员和众议员的席位。允许来自田纳西州的国会参议员安德鲁·约翰逊保留他在国会的席位，并承认同样来自田纳西州的贺瑞斯·米纳德和安德鲁·杰克逊·克莱门茨为国会众议员，尽管自他们当选以来，田纳西州已经参与了叛乱和篡权，至今还没有组织起忠诚的临时州政府。

安德鲁·杰克逊·克莱门茨

爱德华·斯坦利

到目前为止，联邦军队的进展在1862年下半年受到了制约。为阿肯色州任命的军事州长约翰·沃尔科特·菲尔普斯没有担任其职务。而军事州长爱德华·斯坦利在北卡罗来纳州只行使了微乎其微的权力。参议员安德鲁·约翰逊被任命为田纳西州的军事州长，他在首府纳什维尔建立了自己的管理机构，尽管联邦政府对田纳西州的控制波动很大，但他能够通过任命忠诚的州和县官员，在真正的联邦权限内，在相当大的地区控制民事政府的管理。

在路易斯安那州，恢复联邦权力的过程更进了一步，主要是由于联邦军队控制的领土虽然相当有限，仅包括新奥尔良市和几个邻近的教区，但控制更加牢靠，其敌对边界也没有受到太多的干扰。很快，情况就变得很明显。在被占领的城市和周边地区，仍然存在着相当多的同情联邦的群众。当一些忠诚的公民开始对戒严的限制表现出不耐烦时，亚伯拉罕·林肯总统在一封坦率的信中指出了一种补救办法。1862年7月28日，他写道："路易斯安那州的人民希望得到人身和财产保护，但他们必须伸出手来，主动得到它。让他们诚心诚意地重新确立国家权威，并建立一个符合宪法的州政府。他们知道怎么做，并且在做的过程中可以得到军队的保护。一旦这样的州政府不再需要军队压阵，并且其人民那时也可以按照旧的宪法条款，按照自己的意愿来管理自己，军队就会撤离。"

大约在这一天，弗吉尼亚州发生了严重的军事危机。弗吉尼亚半岛战役、第二次布尔郎战役和安提塔姆战役必然迫使一些小问题延期解决。但在这一时期，亚伯拉罕·林肯总统关于奴隶制问题的政策有了进展并得到了解决。1862年9月22日，亚伯拉罕·林肯总统发布了初步的《解放宣言》，也为进一步确定其重建政策铺平了道路。

1863年1月2日，该《解放宣言》宣布了针对所有叛乱州的军事解放的惩罚。但规定，如果他们的人民在国会有正当选举出来的成员做代表，他们就不应被视为叛逆，从而可以逃脱惩罚。现在，为了证明他在给贺瑞斯·格里利的公开信中所说的诚意，即他的首要目标是拯救联邦，而不是拯救或摧毁奴隶制，亚伯拉罕·林肯总统给路易斯安那州、田纳西州和阿肯色州的军事州长和指挥官写了一封通函，指示他们允许并援助他们所控制地区内的人民，选举国会议员，或许还有州议会、州官员和国会参议员。

亚伯拉罕·林肯总统写道："以所有可能的方式，给人民一个机会在选举中表达他们的愿望。尽可能遵循法律的形式，但在任何情况下，都要尽可能让更多人表达出他们的心声。所有人都知道这样的行动将如何与1862年9月22日的《解放宣言》相联系并影响它。当然，当选的人应该是品格高尚的绅士，愿意宣誓支持《美国宪法》，并且不至于被人怀疑口是心非的人。"

但亚伯拉罕·林肯总统希望这是一个真心实意的，而非装模作样的过程，正如一个月后他在给乔治·福斯特·谢普利州长的一封信中所解释的那样："我们并不特别需要来自那里的国会议员使我们能够完善这里的立法。我们真正想要的是确凿的证据，证明路易斯安那州的可敬的公民愿意成为国会议员并宣誓支持宪法，那里的其他可敬的公民愿意为他们投票并让他们做自己的代表。正如我们所理解的那样，在刺刀的胁迫下，或许真是如此，选派一批南方人到这里来做代表，是可耻的和骇人听闻的。如果我是国会的一名议员，我将投票反对让任何这样的人获得议员席位。"

根据这一指示，乔治·福斯特·谢普利州长于1862年12月3日在路易斯安那州的第一和第二个国会选区举行了选举，选出了国会议员。候选人中没有一位是联邦官员，而且得到了大约一半的普选票。众议院在经过全面审查后允许他们获得众议员席位，委员会主席宣布这"具备了和平时期定期选举的每一个基本要素，只有一点例外，即公告是由军方而不是路易斯安那州的民政州长发布的"。

1863年，在华盛顿和各军区司令部，军事事务如此重要，引起了人们的极大关注，以至重建问题在一定程度上被忽视了。1863年6月中旬，路易斯安那州的军事州长确实下令对忠诚的选民进行登记，目的是组建一个忠诚的州政府。但其唯一的结果是，保守派和自由派之间不可避免地产生了敌对和竞争，前者希望恢复路易斯安那州在叛乱前的旧宪法，以维持当时就已存在的奴隶制度，后者要求制定和通过一部全新的宪法，立即废除奴隶制。保守派要求亚伯拉罕·林肯总统通过他们的计划。

尽管亚伯拉罕·林肯总统拒绝了这一要求，但他在1863年8月5日给纳撒尼尔·普伦蒂斯·班克斯将军的一封信中建议采取逐步解放的折中方针。他写道："就我个人而言，我认为无论如何，我不会撤销《解放宣言》。也不会以行政元首的身份，倒退到奴役任何根据该宣言的条款或国会法案获得自由的人的时代。如果路易斯安那州将派遣议员到国会，他们是否能获得议员席位，如你所知，将取决于参议院和众议院，而不是总统。我很高兴路易斯安那州能制定一部新宪法，承认《解放宣言》，并在该宣言没有涉及的地方解放奴隶。虽然路易斯安那州正在努力，但我认为，对它来说，采用某种实际可行的制度，使两个种族逐渐脱离彼此的旧关系，并为新的关系做好准备，这才是更加可取的。该计划还应该包括对年轻黑人的教育。"

在秋天的几个月里，亚伯拉罕·林肯总统越来越关注重建问题，他在1863年12月8日向国会提交的年度咨文中制订了一项总体计划。同一天，他向所有叛乱者发布了一份大赦公告，在某些条件下，某些特定的阶层除外，并要求他们宣誓效忠。该公告还规定，在任何一个叛乱的州，如果获得赦免的人数相当于1860年总统大选中投票人数的百分之十时，都应该"重建一个共和党的州政府，并绝不违背上述誓言"，这样的政府将被承认为真正的州政府。该年度咨文详细讨论并倡导了这一计划，但补充道："我说重建以特定方式提出将被接受，并不是说它以任何其他方式提出，将永远不被接受了。"

这个所谓的"百分之十"的重建计划在国会遭到了很多议员的反对，国会在之前的情况下改变了它的行动，长期以来拒绝接纳来自如此组织起来的州的众议员和参议员。但这里不需要再讨论这一点。

在发布大赦公告的前一个月，亚伯拉罕·林肯总统写信给纳撒尼尔·普伦蒂斯·班克斯将军，表达了他对路易斯安那州的主要联邦官员，包括民事官员和军事官员，暂停重建工作感到极度失望。他写道："不过，我确实希望你和他们不要再浪费时间了。乔治·福斯特·谢普利州长得到了战争部的特别指示。我希望他和这些绅士以及其他人能够精诚合作，不用等待得到更多领土，抓紧行动，让我看到一个积极的开端，而这个州的其余部分可能会以最快的速度聚拢过来，我可以立即承认它是真正的州政府并维护它。"

他竭力主张，这样的重建应该考虑制定一套新的自由州的宪法。他解释道："因为，如果有几个自称忠心的人将不忠的人召集到他们周围，并以似是而非的方式建立起一个州政府，否认《解放宣言》，重新确立奴隶制，我就不能承认或维护他们的行为。……我已经说过，再重申一遍，如果一个新的州政府与联邦政府协调一致，并坚持普遍自由的原则，认为最好是对获得自由，但无地、无家的人做出合理的临时安排，对此我并不反对。但关于他们永久自由的问题，我的承诺是支持他们，而不是反对他们。"

作为回应，纳撒尼尔·普伦蒂斯·班克斯将军解释说，军事州长和其他人已经让他明白，他们才是专门负责路易斯安那州的重建工作的人，以此为自己的不作为辩解。为此，亚伯拉罕·林肯总统于1863年12月24日再次回复道："我一直希望，你能在为路易斯安那州重新组建一个州政府的问题上，和在战争部的军事问题上一样发挥主导作用，因此，我关于重建的信，就算不是全部，也几乎都是寄给你的。我的错误在于，我并没有想到，乔治·福斯特·谢普利州长或其他任何人会提出一个行动主张，而将你撇在一边。……我现在明确地告诉你，你是那里的主宰，我希望你能尽快处理这一情况，在最短的时间内让我们看到路易斯安那州重建为一个自由州。"

在亚伯拉罕·林肯总统的明确指示下，纳撒尼尔·普伦蒂斯·班克斯将军用《戒严法》来指导自己的行动，并将它作为路易斯安那州的根本法律，于1864年2月22日选举了一名州长和州官员。为了平息保守派和自由派的嫉妒和争吵，纳撒尼尔·普伦蒂斯·班克斯将军在公告中指出，当选的官员们应该"在其他人由主管当局任命之前，根据路易斯安那州的宪法和法律组建该州的民事政府，但上述宪法和法律中承认、规范或涉及奴隶制的部分除外。由于这些内容与当前公共事务的状况不符，显然也不适用于目前在其境内存在的任何阶层，所以必须暂停执行。因此，特此宣布其无效"。

新当选的州长于1864年3月4日就职，并公开举行了盛大的典礼。亚伯拉罕·林肯总统还授予他"迄今为止由路易斯安那州的军事州长行使的权力"。在纳撒尼尔·普伦蒂斯·班克斯将军的进一步敦促下，选出了州大会的代表，在1864年4月6日至1864年7月25日召开的会议上，代表们完善并通过了一部新的州宪法，紧接着，1864年9月5日再次通过大众投票。纳撒尼尔·普伦蒂斯·班克斯将军报告说，这套州宪法是"有史以来写得最好的一套宪法。……它废除了该州的奴隶制，禁止议会颁布任何承认人是财产的法律。对奴隶的解放是即时的、绝对的。是没有条件的，也是没有补偿的。是几乎全体一致的"。

阿肯色州因军事恐怖主义而被迫叛乱，并一直处于南方邦联的统治之下，这仅仅是因为直到联邦军队攻克维克斯堡并打通密西西比河的时候，才为该州潜在的忠诚于联邦的人民提供了有效的支持。在这场决定性的胜利之后，斯蒂尔将军率领大约一万三千人的联邦纵队从海伦娜行至首府小石城，1863年9

月 10 日晚上，小石城的叛军向他投降。到了 1863 年 12 月，阿肯色州已经成立了八个联邦军团。并且，在 1863 年 12 月 8 日亚伯拉罕·林肯总统的大赦公告之后，迅速重组了一个忠诚的州政府，主要是民众的自发行动，当然也少不了斯蒂尔将军的指导和帮助。

1864 年 1 月 20 日，亚伯拉罕·林肯总统给斯蒂尔将军写信，作为对斯蒂尔将军的一封申诉信的回复。在这封信中，亚伯拉罕·林肯总统基本上重复了他为路易斯安那州给纳撒尼尔·普伦蒂斯·班克斯将军的指示。1864 年 1 月 8 日，在这些指示被执行之前，一场正式的代表大会在小石城召开。这场代表大会的四十四名代表声称自己代表了该州五十四个县中的二十二个县。1864 年 1 月 22 日，阿肯色州代表大会通过了经过修正的州宪法，宣布脱离联邦的行为无效，立即无条件地废除了奴隶制，完全废除了对南方邦联的债务。该代表大会指定了一个临时的州政府，并在它的安排下，于 1864 年 3 月 14 日举行了选举。斯蒂尔将军根据亚伯拉罕·林肯总统的建议，下令采用代表大会的形式，为州宪法公开投票，三天内共投了一万两千一百七十九票，只有二百二十六张反对票。同时，当选的临时州长和国会议员也开始了新的任期，新成立的议会也适时地选出了美国国会的参议员。

迄今为止，国会一直反对亚伯拉罕·林肯总统的这一计划，但亚伯拉罕·林肯总统态度坚定，1864 年 6 月 29 日，他写信给斯蒂尔将军："我了解到，国会拒绝承认阿肯色州派来的参议员和众议员在国会的合法席位。这些人认为，你可能因此，不会支持那里的新的州政府。我希望，无论国会是否接纳阿肯色州派来的参议员和众议员，你都能给予那里的政府和人民以同样的支持和保护，因为在任何情况下，从任何角度来看，这么做都不会有任何害处，相反，这将是你对镇压叛乱所能做出的最大努力。"

尽管军事州长安德鲁·约翰逊是最早开始恢复田纳西州忠诚于联邦政府的人，但该州的战争和战斗进程却使其完成时间比其他州更晚。1862 年夏天，南方邦联的布拉克斯顿·布拉格将军入侵了田纳西州。1863 年夏天，联邦军队的威廉·斯塔克·罗斯克兰斯将军拖延了很长一段时间，对布拉克斯顿·布拉格将军发起了一场积极的战役，这使民事州政府的重组陷入了一个非常不确定和混乱的境地。当威廉·斯塔克·罗斯克兰斯将军最终挺进并占领查塔努加时，亚伯拉罕·林肯总统认为这是一个积极开始重组州政府的有利时机，1863年9月11日之前，他给军事州长安德鲁·约翰逊写信，着重建议："改组不能将该州的控制权及其在国会的代表权交给联邦的敌人，而让那里支持联邦的朋友们成为政治流亡者。……你必须用其他方式进行改组。重建工作只能交给联邦政府可以信赖的人们。排除所有其他人。并且相信你如此组织起来的州政府将得到美国国会的承认，确保它成为共和党的州政府，并保护它免受外来入侵和境内暴力。关于时间问题，需要记住的是，不知道谁是我的继任者，也不知道他会做什么。我看你已经宣布支持田纳西州的解放，愿上帝保佑你。将解放运动纳入你的新的州政府和新的宪法，这样的话，你就不可能遭遇失败。"

在1864年9月19日的另一封信中，亚伯拉罕·林肯总统授予安德鲁·约翰逊州长具体的权力，来执行他上一封信中建议的大致计划。但在1864年田纳西州的重建过程中，还没有取得实质性的成功，当时J.B.胡德将军领导的南方邦联军队，从亚特兰大向北，开始了第三次也是最后一次对田纳西州的入侵。这又一次推迟了所有重建工作，直到1864年12月15日，南方邦联军队在纳什维尔战役中溃败并解散。群众之前自发召开了一次州代表大会，立刻抓住敌人被赶出田纳西州的好机会，于1865年1月9日在纳什维尔召开会议，来自五十八个县和一些团体的总计约四百六十七名代表参加了这次会议。经过六天的审议，大会通过了一系列宪法修正案，其主要的条例规定：奴役和非自愿的奴役，除作为对被正式定罪的犯人的惩罚外，特此在全州境内永久废除和禁止。

这些修正案是在1865年2月22日举行的一次全民选举中正式通过的，根据这些修正案，接下来，一个完善而忠诚的州政府也适时地组建起来了。

密苏里州不需要重建。前文已经说过了，该州的地方事务是在叛乱爆发前由人民选举产生的州代表大会组建的临时政府管理的。因此，在这种状态下，人民的直接行动压制了奴隶制,但并非没有长期而激烈的党派冲突和军事斗争。这里存在着两种敌对的舆论潮流。一种是农村人口支持奴隶制的心胸狭窄的偏见，另一种是在圣路易斯市占主导地位的、众多的德裔人口的进步和自由主义精神。早在 1856 年，密苏里州的自由派就向国会选派过一位曾大胆地主张逐步解放奴隶的议员候选人。圣路易斯以及边远的城市和乡镇，在整个叛乱期间，产生了将密苏里州留在联邦的主要的影响力，并最终将它从一个蓄奴州变成了自由州。密苏里州在战争中遭受了严重的损失，但不是通过重要的战役或伟大的战斗。持续不断的分裂阴谋、堪萨斯州的边界冲突，以及来自阿肯色州的南方邦联特工的秘密命令，煽动了无法无天的冲突，使密苏里州成为游击战和残酷的邻里纠纷的温床。党派之间的武装冲突常常演变成骇人听闻的野蛮暴行，以战争为借口进行私人的恶意报复。

亚伯拉罕·林肯总统针对要求撤销约翰·麦考利斯特·斯科菲尔德将军在当地的军事指挥权的投诉，生动地描绘了密苏里州根深蒂固的混乱状态："我们正在内战中。在这样的情况下，总是存在一个主要问题。但在密苏里州的情况下，这个主要问题是一个令人困惑的复合物：联邦和奴隶制。因此，这就变成了一个不仅是双方的问题，而且，即使是在那些支持联邦的人中，也至少有四个方面，更不要说反对联邦的人了。这样一来，支持联邦的人就可以分为那些支持有奴隶制的联邦，但不支持没有奴隶制的联邦的人。那些支持没有奴隶制的联邦，但不支持有奴隶制的联邦的人。那些无论有没有奴隶制都支持联邦，但更希望有奴隶制的人。以及那些无论有没有奴隶制都支持联邦，但更希望没有奴隶制的人。这些人又可以细分为，那些赞成逐渐而不是立即废除奴隶制的人，以及那些赞成立即而不是逐渐废除奴隶制的人。很容易想到，老实的人可能会怀有所有这些，甚至更多不同观点。然而，所有这些人都是支持联邦的。由于这些差异，每个人都会选择一种不同的方式来支持联邦。诚意立即遭到了质疑，动机受到了指责。真正的战争即将来临，人们激动万分，流血受伤。旧的思想受到冲击，变得更加困惑、混乱。坑蒙拐骗滋生，尔虞我诈盛行。信任消亡，怀疑蔓延。每个人都有一种杀死邻居的冲动，以免自己先被邻居杀死。随后是报复和反击。如前所述，这一切有可能只发生在老实人中间。但这并不是全部。每一个作恶多端的坏蛋都会跳出来寻衅滋事，每一个卑鄙无耻的家伙

约翰·麦考利斯特·斯科菲尔德

都会钻出来惹是生非。这些人增加了犯罪率，让时局更加混乱。强有力的措施被认为是必不可少的，但管理者采取的手段充其量也只能算是严厉的。因为管理不善，这些人会让情况变得更糟。积怨杀人，谋财害命，都在以任何最能掩饰真实情况的借口进行着。这些原因充分解释了密苏里州发生的事情，而不会归因于任何将军的软弱或邪恶。报纸上的文章以及那些记录时事的人将表明，现在抱怨的情况在约翰·查理·弗里蒙特将军、戴维·亨特将军、亨利·韦杰·哈莱克将军和塞缪尔·莱恩·柯蒂斯准将统治下和在约翰·麦考利斯特·斯科菲尔德将军统治下一样普遍。……我认为现在处理你们提出的关于激进派和保守派之间的宽泛的政治分歧问题是不合适的。我时常做我觉得应该做的事，说我觉得应该说的话。公众对此了如指掌。它不会强迫任何人跟随我,我相信它也不会强迫我跟随任何人。激进派和保守派在某些方面都同意我的意见,而在其他方面则与我意见相左。我希望他们在所有的事情上都同意我的意见,因为那样的话他们会彼此同意,就会强大到足以应付来自任何地方的任何敌人。然而,他们并没有选择这么做。我相信他们有权自己做出选择。我也应该尽我的职责。我认为在密苏里州或其他地方指挥的人应该对我负责,而不是对激进派或保守派负责。我有责任听取所有人的意见,但最后我必须在我的职权范围内,判断该做什么和不该做什么。"

正是在这种血腥和煎熬中,密苏里州的政治复兴才得以发展,这也许是对历史的一种慰藉。奴隶制和解放运动之间的斗争从未有过片刻的中止。1861年8月,约翰·查理·弗里蒙特将军发布的公告使这一问题变得极其尖锐。尽管亚伯拉罕·林肯总统撤销了这项不明智的措施,但战争的摩擦和刺激使这一问题继续存在。在接下来的一年里,密苏里州代表大会的一名成员提出了一项法案,接受并应用亚伯拉罕·林肯总统的补偿废除奴隶制的计划。国会在这方面做了进一步的努力。1863年1月,众议院通过了一项拨款一千万美元的法案。1863年2月,参议院通过了另一项拨款一千五百万美元的法案,以补偿密苏里州废除奴隶制的行动。但众议院三名支持奴隶制的密苏里州议员的顽固反对,阻止了后一项法案或任何折中方案的实施。

然而,废除奴隶制的问题在密苏里州人民中不断扩大着影响,并且取得了如此大的进展,以至各派最终接受了实际上已经确定了的要点,只是在程序和方式上出现了分歧。保守派希望由原来的州代表大会来完成这项工作。激进派则要求将它提交给从人民中重新选出的新的州代表大会。立法协议失败后,临时州长召集了原来的州代表大会。该代表大会的领导人询问亚伯拉罕·林肯总统是否会支持他们的行动。

亚伯拉罕·林肯总统在1863年6月22日给约翰·麦考利斯特·斯科菲尔德将军的一封信中对此做了答复:"您的急件已收讫。您实际上是在询问,如果密苏里州需要采取逐步解放的方式,短时间内,密苏里州将允许奴隶在其境内存在，那么联邦政府是否会保护奴隶主的这种财产。虽然我渴望密苏里州能够解放奴隶，但我也相信，对黑人和白人来说，逐渐解放比直接解放更好，除非出于军事的考虑，需要改变情况，我很想说我将给予这种保护。我不能确切地知道解放行动的具体形式。如果解放行动从开始到最后结束的时间相对较短，并且该运动能够阻止在此期间贩卖人口，能够防止奴隶制的延续，那么整个过程就容易得多了。我不能保证联邦政府肯定会支持临时的奴隶制，这超出了宪法所能允许的合理要求的范围。但他们希望您在解放的过程中，不用通过在密苏里州的联邦的军事力量来剥夺暂时保留的奴隶主的合法权利。这也是我所希望的。"

迄今为止有着最光荣的历史的原来的密苏里州代表大会，在开展工作的过程中却错失良机。它确实在 1863 年 7 月 1 日通过了一项逐步解放奴隶的法令，但由于其犹豫不决和拖拖拉拉的特点，公众舆论立即对其予以拒绝。1864 年 1 月 31 日，临时州长去世。密苏里州的保守派失去了最值得信任的领导人。此后，激进派继承了该州的政治权力。在 1864 年的总统大选中，激进派选出了一个新的州代表大会。该代表大会于 1865 年 1 月 6 日在圣路易斯召开会议，并于会议的第六天，也就是 1865 年 1 月 11 日，正式通过了一项立即解放奴隶的条例。

和密苏里州一样，马里兰州也不需要重建。除了巴尔的摩的骚乱，以及在战争的第一年逮捕了它脱离联邦的议会成员之外，它的州政府继续其常规职能。但在其相当少的一部分居民中，涌动着一股强烈的、普遍的、恶毒的、同情分裂的暗流，虽然受到了联邦军事力量的遏制，但两年来，该州的公共舆论对解放事业没有任何支持。马里兰州在国会的代表，也和大多数其他边境蓄奴州的代表一样，冷冷地拒绝了亚伯拉罕·林肯总统有偿废除奴隶制的诚恳请求。国会为此目的通过了一项法案，给马里兰州拨款一千万美元，但立刻遭到了马里兰州的一个主要代表的拒绝。他声明，马里兰州没有要求这样的拨款。然而，这一问题在马里兰州和在其他州一样，都需要重视起来了。亚伯拉罕·林肯总统的《解放宣言》公布之后，一个解放党在马里兰州发展起来。

1863 年 10 月初，在亚伯拉罕·林肯总统的指示下，战争部部长埃德温·麦克马斯特斯·斯坦顿发布了一项军事命令，规定奴隶可以在未经奴隶主同意的情况下被征召入伍，但会提供补偿，从而在某些边境蓄奴州增加了黑人军队的数量，因此，人们也就不再回避这个实际问题了。在 1863 年 11 月的总统大选中，马里兰州的解放党以压倒性多数通过了选举，制定法律的议会依法选出了一个州代表大会来修订州宪法。在 1864 年 4 月 6 日当选的代表中，六十一人是解放主义者，只有三十五人是反对派。

　　经过两个月的辩论，马里兰州代表大会以将近三分之二的多数通过了一项条款："从今以后，在马里兰州不得有奴役或非自愿的奴役，除非用于惩罚已被正式定罪的犯人，特此宣布所有被作为奴隶提供服务或劳动的人获得自由。"

　　然而，通过全民投票，整体接受修改后的州宪法的决定性考验仍然有待完成。亚伯拉罕·林肯总统欣然答应了一项请求，通过自己的官方发言权和影响力来支持这项措施，于 1864 年 10 月 10 日写道："马里兰州的代表大会制定了一部新宪法。今晚在巴尔的摩召开了一次公开会议，以确保该宪法得到人民的批准。你们还请我就此讲两句话。这份存在着严重争议的法律文件唯一的特征就是，它规定了奴隶制的灭亡。无须对它藏着掖着，我想它算不上是个机密，我希望这项规定能够成功。从各方面来考虑，我都渴望它能够成功。我希望所有的人都能自由。我希望已经获得自由的人能够过上富足的生活。我相信奴隶制的灭绝会带来这样的好日子。在奴隶制消亡的过程中，我希望看到它是唯一使这个国家陷入内战的事物。我不想争论这个问题。马里兰州那些比我更能干、更了解实际情况、更感兴趣的子民们已经彻底地探讨了它。我只想补充一点，如果马里兰州善良的人民通过投票批准了这部新的州宪法，我将非常高兴。"

　　在 1864 年 10 月 12 日和 13 日举行的选举中，马里兰州顽固的保守派——其根源可追溯到殖民地时期——仍然孤注一掷地坚持他们的立场。在总计将近六万张选票中，马里兰州的这部新宪法仅以三百七十五张多数票通过。但结果被认为是决定性的。在适当的时候，州长发布公告，宣布新宪法在法律上被正式通过。

第 **19** 章

亚伯拉罕·林肯再次获得总统提名

竞选活动的最终计划、重大问题的界定、竞选纲领的措辞和候选人的选举，都是从国家政治中发展出来的，而不仅仅取决于政党的联合或个人的阴谋。当然，战争的胜利和联邦的命运支配着对所有其他问题的考虑。除此之外，对奴隶制问题的各种各样的处理方式，几乎成了一个关乎个人直接利益的问题。第一次布尔郎战役的失败，又一次唤醒了几个月来在北方完全消失了的纯粹的党派情感。从那时起，无论亚伯拉罕·林肯和他的支持者们在任何地方触及奴隶制这个问题，人们就会带着党派情感不断地大声批评他们。为了几十年的奴隶制的利益而与南方的政客结盟的民主党，自然而然地开始了习惯性的抗议，认为奴隶制不应因战争事件而受到伤害或损害。在边境蓄奴州，它依然合法地存在于忠诚于联邦的民众中。

　　另一方面，推选亚伯拉罕·林肯为总统的共和党人，出于党派的职责，认可并支持他的措施。约翰·查理·弗里蒙特将军在战争的第一年宣布军事解放奴隶，立刻激发了反奴隶制极端分子过度的热情，并发展了一个规模不大但非常活跃的小团体。当亚伯拉罕·林肯撤销了这项不够成熟和考虑不周的措施时，该团体对他严厉谴责。不管亚伯拉罕·林肯总统后来对奴隶制做了什么，民主党的媒体和党徒总是攻击他做得太多，而支持约翰·查理·弗里蒙特将军的共和党的媒体和党徒则指责他做得太少。

　　与此同时，个人因素也在扮演着次要但并非无关紧要的角色。当乔治·布林顿·麦克莱伦将军被召回华盛顿时，在他有望获得的伟大胜利的所有充满希望的承诺中，一些精明的纽约民主党政客聚集在他周围，将他培养成民主党未来的总统候选人。乔治·布林顿·麦克莱伦将军很容易就陷入了他们的计划和野心。即使在他表现出自己在军事方面的无能之后，当他以失败代替胜利，以屈辱代替成功时，他的党派支持者们依然抱着一线孤注一掷的希望。尽管他们不能为他赢得征服者的掌声，但作为一个被忽视和受迫害的天才，他们仍然可能为他赢得公众的同情。

总统的内阁成员经常会发展为总统候选人的竞争对手。亚伯拉罕·林肯总统的内阁成员也不例外。考虑到组成它的那些能力非凡的人们，唯一奇怪的是他们之间的摩擦竟然这么小。他们在一些次要的事情上经常与亚伯拉罕·林肯总统或者彼此之间意见分歧。但他们对联邦的巨大贡献，加上亚伯拉罕·林肯总统温和的忍耐和克制，以及使他能够掌控自己和他人的清晰的远见，维持了他那非比寻常、性格迥异的内阁成员之间的平静，甚至培养了私人友情。

在亚伯拉罕·林肯总统的内阁成员中，最想成为总统候选人的是他的财政部部长萨蒙·波特兰·蔡斯。他接受了共和党的一个小派别对他的友好表示，并积极地鼓励他们。1863年底，这个小派别围绕在他身边，支持他竞选总统。萨蒙·波特兰·蔡斯思想单纯、大公无私，全心全意致力于联邦的事业。然而，他对于当前公众关心的问题却异常无知，完全不能对真正的人际关系做出正确的判断。他认为自己是亚伯拉罕·林肯总统的朋友，并明确地告诉了亚伯拉罕·林肯总统和其他人。但他认为亚伯拉罕·林肯总统的才智和品格根本无法与他自己的才智和品格相提并论，以致他无法相信人们竟盲目到宁可选择亚伯拉罕·林肯也不愿意选择他当总统。萨蒙·波特兰·蔡斯认为自己并不贪图加官晋爵，他一心只为公众谋福利。然而，在他巨大的努力中，他抽出时间给全国各地写信，声明他对总统的职位并不热心，但暗示他愿意接受，并将政府混乱的状况描绘得如此无望，以至让人忍不住会得出结论，只有他才能拯救这个国家。

从一开始，亚伯拉罕·林肯总统就已经知道了这个准候选人整个冬天都在忙碌。事实上，尽管亚伯拉罕·林肯总统不鼓励关于这个问题的所有谈话，并且拒绝阅读与之相关的书信，但他不可能不知道萨蒙·波特兰·蔡斯的野心。

总统竞选海报：左为亚伯拉罕·林肯，右为安德鲁·约翰逊

亚伯拉罕·林肯总统对萨蒙·波特兰·蔡斯在批评他和内阁同僚们时所表现出来的品位和判断力有自己的看法，但他并不以为意。他说："我已经下定决心，对这类事情尽可能地闭上眼睛，不闻不问。萨蒙·波特兰·蔡斯是个好部长。我会让他留在原来的位子上。如果他成为总统，好吧，我希望我们永远不会有比他更糟的人选。"

他继续让萨蒙·波特兰·蔡斯的支持者和追随者在政府中任职。尽管他自己的再次提名是一件即使他与亲密的朋友也拒绝多谈的事情，他完全知道事情的真正动向。在判断时局潮流的能力上，和亚伯拉罕·林肯总统比起来，萨蒙·波特兰·蔡斯就像个孩子。亚伯拉罕·林肯总统让内阁中反对自己的人继续反对下去，却不加以质疑或评论，反而表现得更加耐心，因为他知道这种反对是多么的软弱无力。

支持萨蒙·波特兰·蔡斯的运动在 1864 年 2 月达到了高潮。来自堪萨斯州的参议员波默罗伊签署了一份秘密的信函,在联邦境内广泛传播。波默罗伊在该信函中批评亚伯拉罕·林肯总统"倾向于妥协和临时的权宜之计"。波默罗伊解释说,即使他的连任是有希望的,但面对已经发展起来的反对党,这点希望也几乎是不可能的。称赞萨蒙·波特兰·蔡斯是最适合将国家从目前的危险中拯救出来,并防止未来产生弊端的政治家。当然,这份信函的副本很快就传到了白宫,在亚伯拉罕·林肯总统的秘书的办公桌上堆积如山,但亚伯拉罕·林肯总统拒绝看它们。最后,报纸将它登了出来,萨蒙·波特兰·蔡斯写信给亚伯拉罕·林肯总统,并向亚伯拉罕·林肯总统保证,他在报纸上看到这封信之前,对其一无所知。

对此,亚伯拉罕·林肯总统回复道:"我对这封信的出现并不感到震惊或惊讶,因为我几个星期前就知道波默罗伊先生的委员会,也知道一些秘密的发行物。我料想它就是出自这个委员会。……我对这些事情知之甚少,因为我的朋友们不让我对这样的事情知道太多。……我完全同意你的观点,我们俩都不能在没有我们的鼓动或怂恿的情况下,对我们各自的朋友可能做出的事情负责。……至于你是否继续担任财政部部长这个问题,除了公共服务,我不会从别的角度去考虑。在这一点上,我认为没有理由做出改变。"

甚至在亚伯拉罕·林肯总统写这封信之前,萨蒙·波特兰·蔡斯的候选人资格就已经消失了。事实上,除了在财政部部长萨蒙·波特兰·蔡斯本人和他的少数追随者们的想象中,它从未真正存在过。尽管激进分子们因为亚伯拉罕·林肯总统在处理奴隶制问题上的深思熟虑而对他表示不满,而保守派又因为他在这方面走得太快太远而对他表示反对,但他们也绝对不会选择萨蒙·波特兰·蔡斯作为总统候选人。

这两个派系都对亚伯拉罕·林肯总统将成功连任的种种迹象感到震惊,并发出呼吁,要求 1864 年 5 月 31 日在俄亥俄州的克利夫兰召开一次群众大会。而一周后,共和党全国代表大会将在巴尔的摩召开。因此,这两个派系想要团结一致,最后一搏,阻止对亚伯拉罕·林肯总统有利的潮流。民主党的报纸自然在这方面做了很多努力，宣称亚伯拉罕·林肯总统和萨蒙·波特兰·蔡斯之间的竞争是共和党阵营中无可救药的分裂，并刊登了来自克利夫兰的虚构的急件，报道说该市挤满了极具影响力的和诚挚热心的代表。事实远非如此，那里根本就没有人群，更不要说热心的人群了。直到群众大会召开的那一天为止，都没有为群众大会提供任何会场。最后，代表们聚集到一个狭小的大厅里，这个大厅容量有限，但足以容纳代表们和旁观者。尽管这次群众大会的组织工作被推迟了将近两个小时，人们徒劳地希望有更多代表能够到场，但那些被指望为这次集会定基调的人却偏偏没有露面。代表们谨慎地避免计算他们那少得可怜的人数。在一个多少有些荒谬可笑的准备程序之后，他们为一个纲领投票。该纲领与稍后在巴尔的摩通过的那份纲领有点不同。代表们听取了温德尔·菲利普斯宣读了一封言辞犀利、强烈谴责亚伯拉罕·林肯政府，并建议选举约翰·查理·弗里蒙特将军为总统的信，以口头表决的方式提名约翰·查理·弗里蒙特将军为总统候选人，与纽约州的约翰·科克伦将军为竞选伙伴，自称为"激进的民主党"，然后休会。

尽管某些民主党的报纸出于无恶意的、一目了然的动机，严肃认真地对该群众大会及其工作给予了高度的赞扬，但媒体对其普遍表示嘲笑。约翰·查理·弗里蒙特将军认真对待自己的候选人资格，接受了提名，但三个月之后，他发现公众没有任何反应，便退出了竞选。

就在这场注定要失败的克利夫兰群众大会上，那些认为亚伯拉罕·林肯总统过于激进的人曾做出过软弱无力的尝试，提名尤利西斯·辛普森·格兰特将军为总统，而不是约翰·查理·弗里蒙特将军。但尤利西斯·辛普森·格兰特将军被指责为亚伯拉罕·林肯总统的雇工，他的名字被毫不客气地撇到了一边。在同一个星期内，纽约的人们也做出了同样的努力，尽管负责此事的委员会没有提前公开它的意图，仅仅是召开了一次会议，对尤利西斯·辛普森·格兰特将军为国家做出的重大贡献表示感激，甚至邀请了亚伯拉罕·林肯总统参加会议。虽然亚伯拉罕·林肯总统拒绝了，但他写道："不过，我赞成任何可能加强和维持尤利西斯·辛普森·格兰特将军和他领导下的威武雄壮的军队的做法。

我以前对尤利西斯·辛普森·格兰特将军的评价很高，我对他现在进行的卓越的竞选活动的评价甚至更高，因为他面前的任务的规模和难度比我预期的还要大。他和他勇敢的士兵们正在接受严峻的考验。我相信，你们将在会议上仔细斟酌你们的发言，并将它转化为人和枪，转化为对他和军队的支持。"

由于亚伯拉罕·林肯总统极力赞成该举动，会议自然而然地落入了支持他的人手里。尤利西斯·辛普森·格兰特将军无论是在这个时候还是在任何其他时候，都丝毫不赞成使他自己在政治上与亚伯拉罕·林肯总统对立的努力。

这些诋毁亚伯拉罕·林肯总统的名声，并提名其他人代替他的五花八门的企图，几乎没有影响到公众舆论的大方向。只有死亡才能阻止全国代表大会选择亚伯拉罕·林肯当总统。这种趋势是如此绝对和普遍，以至大多数政治家都不用去操纵或引导它。他们只需要竭尽全力保住自己的领导地位，不被压倒就可以了。全国代表大会于1864年6月7日召开，但不定期地提名亚伯拉罕·林肯为总统早在1864年1月6日在新罕布什尔州召开的第一届州代表大会上就开始了。

从这个国家的一端到另一端，这种自发的提名欣然重复着他的名字。只有在密苏里州，它才失去了压倒性的凝聚力，甚至在密苏里州的议会中，将支持他重新提名的决议摆到桌面上的也只有屈指可数的八个人，虽然这八个人也算是多数派。这样的潮流不可抗拒地在整个春天席卷全国。亚伯拉罕·林肯总统的一些反对者不遗余力地试图将全国代表大会推迟到1864年9月，因为他们知道他们唯一的希望在于夏季可能发生的一些偶然事件和机遇。尽管这些人得到了《纽约论坛报》这样极具影响力的媒体的支持，然而，全国代表大会的委员会却没有注意到他们的呼吁。事实上，全国代表大会的委员会不妨考虑一下由杰出公民组成的这个团体的请求，以便阻止一场即将来临的暴风雨。

亚伯拉罕·林肯总统没有采取任何措施来提高自己的候选人资格。虽然他没有表现出不情愿或害羞的样子，但他劝阻了陌生人对他连任的任何建议。在他的朋友当中，他毫不掩饰，如果这是大家的普遍愿望的话，他愿意继续他所从事的工作。他给伊莱休·本杰明·沃什伯恩写道："第二个任期既是一份莫大的荣誉，同时是一份艰辛的工作，如果正式向我提出，也许我不会拒绝。"亚伯拉罕·林肯总统的支持者们不仅提醒他要提防萨蒙·波特兰·蔡斯的野心，还警告他要当心尤利西斯·辛普森·格兰特将军，但他以同样平静的方式回答道："如果尤利西斯·辛普森·格兰特将军拿下里士满，就让他来当这个总统好了。"亚伯拉罕·林肯总统还劝阻了那些想要支持他而表现出极大热情的文官或军官。

卡尔·克里斯蒂安·舒尔茨将军写信要求允许他积极参加亚伯拉罕·林肯总统的竞选活动。亚伯拉罕·林肯总统回复道："请允许我提出建议，如果你想继续留在军队里，暂时退出是非常危险的。因为一旦一位少将退出，连总统都几乎不可能让他再官复原职。……当然，我很高兴你能在即将到来的政治游说中为国家服务。但我担心我们不能完全赢得它，除非将你彻底调离军队。"

卡尔·克里斯蒂安·舒尔茨

亚伯拉罕·林肯总统在后来的一封信中补充道："我不反对你在需要的地方发表政治演讲。但可以肯定的是，在北方演讲，同时在南方战斗，这是不可能的。我也没有正当理由在政治运动持续期间选派任何军官，然后再将他送回军队。"

亚伯拉罕·林肯总统不仅在自己的提名中坚定地采取这一立场，而且，当他得知联邦官员正在努力挫败某些共和党议员回到国会的企图时，他更加坚定地采取了这一立场。在一些这样的情况下，他写了如下的指示："有人向我投诉说，你们在利用职权挫败凯利法官再次被提名国会议员的资格。……我认为，正确的原则是，我们所有的朋友都应该有绝对的自由在我们的朋友中做出选择。因此，我希望在这种情况下，你们能按照你们认为合适的方式来进行选举，而不是强迫你们的任何下属去做他们认为不适合他们做的事情。"

当然，亚伯拉罕·林肯总统在竞选期间没有发表任何长篇大论。在清洁产品展览会上的简短演讲，也是为了回应来访的代表团。或者在类似场合，在习

清洁产品展览会

俗和礼貌要求他必须说些什么的时候，他都能保持心境的平和。他的讲话诚恳、贴切，但巧妙地避免了总统候选人在讲话时面临的陷阱和圈套。

1864年6月7日，共和党全国代表大会终于召开了。它比我们政治史上任何一个会议都要做得更少，因为它的代表们受到了强制性任期的约束。来自纽约州的参议员埃德温·丹尼森·摩根先生发表了简短的开场白，他郑重地声明，除非该代表大会宣布一项禁止奴役非洲黑人的宪法修正案，否则它将远远不能完成自己的伟大使命。埃德温·丹尼森·摩根先生的讲话得到了热烈的欢呼。在关于担任大会主席的演讲中，来自肯塔基州的临时主席罗伯特·杰斐逊·布雷肯里奇牧师和来自俄亥俄州的常任主席小威廉·丹尼森，都认为亚伯拉罕·林肯的提名是一个必然的结果。实际上，代表大会面临的任务只有三项：确定各竞争代表团的地位。商定一个纲领。提名一位副总统候选人。

罗伯特·杰斐逊·布雷肯里奇

该纲领宣布支持镇压叛乱并维护联邦的完整性，赞扬政府不与叛乱者妥协的决心。它还赞扬亚伯拉罕·林肯总统在履行职责时的爱国主义和忠诚，并指出只有那些与"这些决议"相一致的人才应该在政府的管理中有发言权。这虽然旨在赢得整个联邦的激进分子的支持，却是特别针对曾经树敌无数的邮政部长蒙哥马利·布莱尔的。它批准了所有反对奴隶制的行为。宣布赞成永久废除奴隶制的宪法修正案。要求制定战争法，给予黑人部队完全的保护。对联邦的陆、海军官兵表示感谢。宣布鼓励外国移民。支持建设太平洋铁路。保护国家信仰不受侵犯。承诺偿还国家债务。极力重申门罗主义。

接下来是提名总统候选人。由于代表们在大会上试图以即时和不规范的方式表达自己的意愿，因而这一过程被耽搁了。当俄亥俄州的德拉诺先生按照惯例继续提名的时候，前战争部部长西蒙·卡梅伦却以口头表决的方式取代了以前的惯例，提名亚伯拉罕·林肯和汉尼拔·汉姆林为总统和副总统候选人。代表们继而就提请考虑以口头表决的方式取代以前的惯例的动议进行了长久的争论，最后，那些头脑冷静的人制止了这场争论，他们希望，无论代表对亚伯拉罕·林肯总统有什么反对意见，都应该有充分表达的机会。因此，按照以前的惯例，通过点名由各州依次提出总统和副总统候选人。近年来冗长的提名演讲在那时还没有流行起来。伊利诺伊州代表团的主席 B.C. 库克只说："伊利诺伊州再次向这个国家忠诚的人民推荐美国总统亚伯拉罕·林肯——愿上帝保佑他！"

附议提名的其他人同样言简意赅。除密苏里州之外，所有其他州都全体一致将票投给了亚伯拉罕·林肯总统，而密苏里州正如大会主席所说的那样，在积极的指示下，将票投给了尤利西斯·辛普森·格兰特将军。但在公布结果之前，密苏里州的约翰·F.休姆提议一致宣布亚伯拉罕·林肯为总统候选人。不过，只有在投票结果公布后，才能这样做。亚伯拉罕·林肯获得四百八十四张选票，尤利西斯·辛普森·格兰特将军获得二十二张选票。密苏里州随后改投了亚伯拉罕·林肯，大会秘书宣读了亚伯拉罕·林肯的总票数为五百零六张。代表们对这一结果报之以经久不息的掌声和欢呼。

洛维尔·哈里森·卢梭

　　副总统候选人主要有现任副总统汉尼拔·汉姆林、田纳西州的安德鲁·约翰逊和纽约州的丹尼尔·S.狄金森。除此之外，肯塔基州将副总统的提名给了该州的洛维尔·哈里森·卢梭将军。密苏里州的激进分子支持本杰明·富兰克林·巴特勒将军，他也从新英格兰各州得到了几张零散的选票。然而，在主要的候选人中，投票人之间的分歧也相当大，使这场竞争充满了活力和趣味。

　　在共和党全国代表大会召开前的几天里，亚伯拉罕·林肯总统一直被问到，关于副总统候选人名单上的几位，他个人最希望哪一位成为自己未来的搭档。他一直拒绝对这种愿望做丝毫暗示。他的私人秘书约翰·乔治·尼古拉先生在巴尔的摩出席共和党全国代表大会。他非常了解亚伯拉罕·林肯总统的这种态度。但由于亚伯拉罕·林肯总统的一位最亲密的朋友莱昂纳德·斯韦特支持约瑟夫·霍尔特成为副总统候选人，这让伊利诺伊州代表团主席 B.C. 库克感到很迷惑，便恳切请求约翰·乔治·尼古拉先生告诉他亚伯拉罕·林肯总统对这件事的个人意愿。约翰·乔治·尼古拉先生最终盛情难却，便给代替他留下来负责行政办公室的约翰·弥尔顿·海伊先生写了一封信："B.C. 库克想秘密地知道，莱昂纳德·斯韦特支持约瑟夫·霍尔特成为副总统候选人是否合适。是否反映了亚伯拉罕·林肯总统的意愿。亚伯拉罕·林肯总统是否有任何偏好，无论是个人的还是政策上的。或者他是否希望甚至不用通过秘密暗示进行干预。……如果可能的话，请帮我获得这些信息。"

约翰·弥尔顿·海伊先生将这封信呈给了亚伯拉罕·林肯总统，亚伯拉罕·林肯总统在信的背面写下了回复："毫无疑问，莱昂纳德·斯韦特做得没错。约瑟夫·霍尔特先生是个好人，但我没有听说过他，也没有想过他成为副总统。我希望不要干涉副总统的人选问题，不要干涉纲领的问题。大会代表们必须自己做出判断。"

约翰·弥尔顿·海伊先生立即将这一积极而最终的指示发给了约翰·乔治·尼古拉先生，并由他传达给了亚伯拉罕·林肯总统在代表大会上最亲密的朋友们。因此，即使对亚伯拉罕·林肯总统的愿望有所了解，也完全不影响大会代表们在副总统候选人名单上选择他的合伙人的工作。无论是在本届共和党全国代表大会上，还是在大会以外，人们普遍认为选择一位支持战争的民主党人作为副总统候选人是明智的。要不是因为这样的普遍印象，1860 年的副总统候选人很有可能是在没有竞争的情况下被提名的。丹尼尔·S. 狄金森虽然没有提名自己为副总统候选人，但他鼓励以他的名义参选副总统，理由是，他的副总统候选人的资格可能会吸引许多民主党人转而支持联邦党，民主党人本来是不愿意公然支持共和党的。但这些考虑却为安德鲁·约翰逊先生赢得了更多支持，他不仅是一个民主党人，还是一个蓄奴州的公民。第一轮投票显示安德鲁·约翰逊先生获得了二百张选票，汉尼拔·汉姆林先生获得了一百五十张选票，丹尼尔·S. 狄金森获得了一百零八张选票。在宣布结果之前，与会的代表们几乎都将票投给了安德鲁·约翰逊。于是，他的提名被宣布一致通过。这项工作完成得太快了，以至在亚伯拉罕·林肯总统收到宣布自己被提名为总统候选人的电报几分钟之后，就收到了代表大会宣布安德鲁·约翰逊被提名为副总统候选人的通知。

第二天，他在回复一个通知委员会的信中提到："我既不隐瞒我的喜悦之情，也不克制我的感激之情，因为联邦的人民通过他们的代表大会，在继续努力拯救和促进国家发展的过程中，认为我值得留在我现在的位置上。我没有理由怀疑我将接受提名，但或许我不应该在阅读和考虑所谓的纲领之前明确表态。不过，我现在要说的是，我同意声明，赞成修改宪法，在全国禁止奴隶制。我们曾以一百天为限，明确宣告，叛乱的人民可以在此期限内，在不推翻他们的制度的前提下恢复他们对联邦的忠诚。如果超出这个期限，他们将永远失去机会。但他们选择坚持到底，现在提出的宪法修正案，成为联邦事业最终胜利的合适和必要的结论。……让我们以自由与联邦的联合名义，努力使之具有法律形式和实际效果。"

亚伯拉罕·林肯总统在 1864 年 6 月 29 日正式接受提名的回信中，同样明智地遵循了四年前他曾遵循的简洁原则。他只明确地提到了任何讨论的主题。在接受代表大会重申门罗主义的决议时，亚伯拉罕·林肯总统向代表大会和国民明确表示，他将坚持他本人和国务卿威廉·亨利·西沃德已经采取的行动。他说："国务院得到了代表大会的批准和认可，表明了政府对法国在墨西哥的行动所持的立场，只要事实情况使该立场适当和适用，行政部门就会在其措施和行为中，忠实地坚持这一立场。如果我不说明这一点的话，可能会引起误解。"

这项决议的确是对门罗主义更加有力的重申，远比其提出者所梦想的更加有力。激进分子在代表大会上提出这项决议，将它作为对亚伯拉罕·林肯总统对法国入侵我们的姐妹共和国墨西哥的态度的一种隐蔽的谴责。但通过纲领中巧妙的措辞，亚伯拉罕·林肯总统的朋友们已经将它变成了对政府的认可。

事实上，这是最公正的，因为从一开始，亚伯拉罕·林肯总统和威廉·亨利·西沃德就竭尽全力阻止外国军队进入墨西哥领土。当英国、法国和西班牙以自己的臣民在墨西哥受到了暴行为借口，要求墨西哥赔偿而不得的时候，便商量联合远征，占领墨西哥的某些港口。英国邀请美国加入他们的行动。相反，亚伯拉罕·林肯总统和威廉·亨利·西沃德试图为墨西哥提供足够的经济援助，以满足这几个国家的要求，并通知英国他们打算这样做。以及促使他们这样做的动机。友好的援助无济于事。但当这三个大国极力否认对墨西哥的领土或其政府形式有任何企图时，除了表明其为各方利益考虑的态度之外，美国认为没有必要采取进一步的行动。

在英国退出对墨西哥的远征之后，美国继续重申自己的这一立场。西班牙很快也召回了它的军队，留下拿破仑三世扶植马西米连诺大公坐上了没有实权的墨西哥王位，并在美国的中心实施他建立一个对南方友好的帝国的计划。尽管美国政府看到了欧洲隐藏的敌意——这已经在所谓的共和国右翼运动中表现出来了——但目前它能做的也仅限于此。虽然亚伯拉罕·林肯总统和威廉·亨利·西沃德没有对侵略者的侵略行为表示愤慨，也没有对侵略者遭遇的灾难表示喜悦，但他们仍然抓住每一个适当的时机，不断表明美国政府坚持其传统政策的态度，即反对欧洲干涉美洲大陆的事务。

第 **20** 章

亚伯拉罕·林肯再次当选总统

1864 年 5 月，纽约《商业杂志》和《纽约世界》因出版了一份伪造的呼吁增加四十万军队的公告而被查封，这在亚伯拉罕·林肯政府的批评者中引起了极大的轰动。尤利西斯·辛普森·格兰特将军首次攻打里士满的可怕的杀戮使这个国家当时对这类消息非常敏感。而事实证明，这份伪造的公告出自两个年轻的波希米亚的新闻界人士之手，达到了提高黄金价格，使证券交易所暂时陷入狂热的目的。这一冒名顶替、招摇撞骗的电报公告引起的恐慌很快就平息了。对犯罪分子的迅速侦察和抓捕也极大地降低了这一事件的严重性。但与此同时，脾气火爆的战争部部长埃德温·麦克马斯特斯·斯坦顿下令查封两家报纸，并逮捕了他们的编辑。人们对这一事实既不会遗忘，也不会原谅。编辑们从未被监禁过。这两家报纸两天后就重新发行了。但整个夏天，这起事件被作为攻击政府的手段大加利用。

　　国会两院那些不赞成亚伯拉罕·林肯总统对重建的态度的成员也强烈地反对他。尽管亚伯拉罕·林肯总统 1863 年 12 月 8 日的年度咨文中关于在叛乱的地区组建忠诚于联邦的州政府的那一部分，起初受到了保守派和激进分子的热烈赞扬，但很快就证明，在一个由有着坚定信念和鲜明个性的人组成的国会中，有许多人不会永远服从任何人的领导，尤其是不会服从任何一个像亚伯拉罕·林肯总统那样理性而善良的人的领导。

亨利·温特·戴维斯

亨利·温特·戴维斯立刻提议，将亚伯拉罕·林肯总统的年度咨文中的这一部分提交给他担任主席的一个特别委员会。1864年2月15日，该委员会公布了一项法案。该法案的序言宣布南方邦联各州完全脱离联邦，规定了一种完全不同的重建忠诚的州政府的方法，其中一个要点是禁止奴隶制。国会否决了这份序言，但经过广泛的辩论，该法案获得了通过，其精神贯穿始终。这项措施最终也在参议院获得通过，并且在会议闭幕时交给亚伯拉罕·林肯总统签字。亚伯拉罕·林肯总统将它放在一边，继续处理其他事情，尽管有几个朋友明显感到焦虑，担心他不支持它会使共和党在西北地区失去许多选票。亚伯拉罕·林肯总统在向内阁陈述他的态度时说道："这项法案断言叛乱的州已不在联邦之内，这些绅士们的立场无异于承认了，只要各州愿意，他们可以主动解除与联邦的关系。在我看来，这简直是致命的，现在我深信，这样的承认让我们无法存活。如果这些州真的脱离了联邦，我也就不是总统了，这些绅士们也就不是国会议员了。自从这个问题被提出以来，我一直在努力避免它，从而避免在我们自己的委员会中出现困扰和骚乱。正是为了避免这个问题，我才热切地支持废除奴隶制的宪法修正案，该修正案在参议院通过了，但在众议院失败了。我认为，如果有可能的话，在朋友之间不必就战争期间某些州在或不在联邦之内展开激烈争吵的情况下，恢复联邦就更好了。这只是一个形而上学的问题，一个不必强迫讨论的问题。"

但尽管内阁的每一位成员都同意亚伯拉罕·林肯总统的观点，但他预见到他决心采取的步骤的重要性，以及可能给自己带来的灾难性后果。当有人说激进分子的威胁是毫无根据的，人们不会因为一个形而上学的问题就放弃投票的时候，亚伯拉罕·林肯总统回答道："如果他们选择在这一点上发表看法，我毫不怀疑他们会给我造成伤害。他们从来没有对我友好过。不管怎样，我必须保持一种靠'右'的意识。我内心必须坚持一些标准或原则。"

经过充分考虑，亚伯拉罕·林肯总统深信该法案的规定过于严格，但不愿意放弃该法案可能实现的任何实际利益，他便无视先例，并根据他毕生取信于民的原则，于1864年7月8日发布公告，提供了一份国会法案的副本，回顾了该法案通过时的详细情况，并宣布，虽然他还没有做好准备正式批准该法案，还没有想好是坚定不移地致力于任何单一的重建计划，还是撤销已经在阿肯色州和路易斯安那州批准重组的自由州政府，还是宣布国会有权颁布废除奴隶制的法令。但作为一种非常恰当的重建方法，他对这项计划感到完全满意，并承诺向任何一个可能认为适合采用该计划的州提供行政援助。

共和党的大多数选民对该法案中"形而上学"的内容不感兴趣。他们接受了这份公告，认为它是处理奴隶制问题的最明智和最可行的方法，就像他们六个月前接受亚伯拉罕·林肯总统的《解放宣言》一样。但在那些已经对亚伯拉罕·林肯总统抱有敌意的人当中，以及在那些对自由事业如此热心以至他们认为亚伯拉罕·林肯总统对自由事业如此冷淡的人当中，已经激起了更大的怒火。亨利·温特·戴维斯先生和本杰明·富兰克林·韦德先生在参议院提出了这项法案，看到他们的工作因为得不到亚伯拉罕·林肯总统的同意而无法生效，他们变得怒不可遏。1864 年 8 月 5 日，他们俩在《纽约论坛报》上共同签署并发表了有史以来来自党内的针对亚伯拉罕·林肯总统最猛烈的攻击文章。暗示只有最低俗的动机才决定了林肯的行动，因为他拒绝签署这项法案，所以叛乱各州在他的授意下将票投给了他。他将需要他批准的国会法案称作是对任何一个选择采用它的州来说，都是一个非常合适的计划，这种做法简直就是"故意的暴行"。并告诫人民"考虑这些侵权行为的补救办法，找到之后，要大胆地执行它"。

国会已经废除《逃亡奴隶法》。对于那些欣然接受《解放宣言》的广大选民来说，根据国会法案或行政法令，"奴隶制"在它仍然存在的零星的领土上，是否不可避免地走到了尽头，这一点无关紧要。因此，这场关于重建方式的风波对总统大选几乎没有影响，对批评亚伯拉罕·林肯总统的人比对民众更具有吸引力。

萨蒙·波特兰·蔡斯在日记中写道："亚伯拉罕·林肯总统将那份伟大的法案扣下了。……他不敢贸然投否决票，所以将它扣下了。这是对他的大赦宣言和他的重建总政策的谴责，拒绝了奴隶制可能重建的想法。在我看来，亚伯拉罕·林肯总统和他的首席顾问们都没有放弃这一想法。"萨蒙·波特兰·蔡斯不再是亚伯拉罕·林肯总统的首席顾问。在他从毫无希望的总统大选中退出之后，他对亚伯拉罕·林肯总统开始变得有些愤愤不平，直到他们在公共服务中的关系再也不可能友好如初。1864 年 6 月 30 日，他向亚伯拉罕·林肯总统递交了辞呈。亚伯拉罕·林肯总统接受了他的辞职。有理由相信，他没有料到他们的公务关系会如此迅速地断绝，因为在这次决裂之前的几个月的摩擦中，他曾不止一次以辞职为手段来挑起争议。

威廉·皮特·费森登

亚伯拉罕·林肯总统接受了萨蒙·波特兰·蔡斯的辞职后，立即向参议院推荐俄亥俄州的戴维·托德作为萨蒙·波特兰·蔡斯的继任者，但戴维·托德以健康欠佳为由，发电报婉言谢绝了亚伯拉罕·林肯总统。亚伯拉罕·林肯总统随后推荐了参议院财政委员会主席威廉·皮特·费森登。提名立即获得批准，并得到了普遍认可。

1864 年夏，一些爱国主义者的沮丧和不满使他们时刻准备欣然接受结束战争的任何建议，而极具影响力的《纽约论坛报》的编辑贺瑞斯·格里利，就是他们中的一员。1864 年 7 月，他写信给亚伯拉罕·林肯总统，并转寄了一封署名为"科罗拉多州的威廉·康奈尔·杰维特"的信。这封转寄的信中宣布，杰斐逊·汉密尔顿·戴维斯派出的两位特使抵达了加拿大，全权负责和平谈判。贺瑞斯·格里利在他那封热情的信中敦促亚伯拉罕·林肯总统就以下调整计划表态：第一，恢复联邦并宣布它永久存在。第二，彻底而永久地废除奴隶制。第三，彻底赦免所有政治犯。第四，根据奴隶人数，按比例向蓄奴州支付四亿美元。第五，蓄奴州按其总人口的比例来选派代表。第六，立即召开全国代表大会。

尽管亚伯拉罕·林肯总统不相信威廉·康奈尔·杰维特的信中所说的事情，并且怀疑是否真的存在所谓的特使，但他决定立即采取行动解决这个问题。他觉得贺瑞斯·格里利的信是不合理的，也是不公正的。事实上，它指责亚伯拉罕·林肯总统的政府冷酷无情，不愿意与叛乱分子商谈。因此，亚伯拉罕·林肯总统决心至少说服贺瑞斯·格里利，也许还有其他人，让他或者他们相信，这样的指责是没有根据的。所以他准备让贺瑞斯·格里利本人亲眼见证，他是愿意听取任何可能来自南方的提议的，便于1864年7月9日立即给贺瑞斯·格里利回信："如果你能在任何地方找到任何人，声称他有杰斐逊·汉密尔顿·戴维斯为了和平的任何书面的主张，支持恢复联邦，放弃奴隶制，不管它还包括什么其他内容，请你告诉他，他可以和你一起来找我，如果他真的提出这样的主张，他至少应该在你遇见他之前避免与媒体有过多的接触。如果他愿意的话，暂时不要公开。如果有两个或两个以上的人，也一样可以和你来找我。"

亚伯拉罕·林肯总统爽快的赞同显然让贺瑞斯·格里利感到惊讶，反而有点不好意思。他在不同的日子里，给亚伯拉罕·林肯总统回了几封信，但并没有提出要给亚伯拉罕·林肯总统带来南方的特使。最后，在1864年7月15日，为了结束有可能会无限期延长的通信，亚伯拉罕·林肯总统给贺瑞斯·格里利发了一封电报："我不希望你给我写信，只要将人给我带来就好了。"贺瑞斯·格里利随后去了尼亚加拉瀑布，从那里写信给所谓的南方特使克莱门特·科莫·克莱和詹姆斯·菲勒蒙·霍尔科姆，提议带他们去华盛顿，但没有提到亚伯拉罕·林肯总统在1864年7月9日的信中提到，并在1864年7月15日的电报中重申的两个条件，即恢复联邦和放弃奴隶制。即使有了这样巨大的优势，克莱门特·科

克莱门特·科莫·克莱

莫·克莱和詹姆斯·菲勒蒙·霍尔科姆也觉得自己没有资格接受贺瑞斯·格里利的提议，但他们回答说，如果他们能带着"这封信中披露的情况"被派往里士满，他们就能轻而易举地拿到南方邦联政府颁发的大使的资格证书，或者其他代理人也能拿到资格证书。

当然，这意味着亚伯拉罕·林肯总统应该根据里士满当局提出的条件，主动向里士满当局提出和平的诉求。然而，贺瑞斯·格里利并不清楚这些条款根本就不可行，他将这些条款送到华盛顿，征求新的指示。亚伯拉罕·林肯总统不厌其烦地为"相关人员"起草了最后一份文件，正式重申了他的立场，并派遣约翰·弥尔顿·海伊少校带着它去尼亚加拉瀑布。这终结了双方的正式会谈。

南方邦联通过报纸指责亚伯拉罕·林肯总统"突然和彻底地改变了观点"。虽然贺瑞斯·格里利因其行为受到了媒体同僚的攻击，但他只能通过含蓄地谴责亚伯拉罕·林肯总统来为自己辩护，完全忽略了他自己最初的书信中也包含了亚伯拉罕·林肯总统坚持的相同主张的事实。

争论变得如此热烈，以至贺瑞斯·格里利和抨击他的人最后都请求亚伯拉罕·林肯总统公开这些书信。当然，这是亚伯拉罕·林肯总统为自己的行为辩护的绝佳机会。但他很少从个人利益的角度来看待这样的事情，而且他担心，北方最著名的共和党编辑贺瑞斯·格里利不惜任何代价，为了和平而在信中提出的那些充满激情、近乎绝望的诉求，会加深公众的悲观情绪，并对联邦事业产生有害的影响。人们公正地评价这位经验丰富的新闻工作者贺瑞斯·格里利，是反奴隶制方面最具争议的作家。他准备为和平牺牲一切，并疯狂地谴责联邦政府拒绝放弃这场战争。他上演的这场好戏，就其对公众舆论的影响而言，将是一场灾难，相当于一场大战的失败。因此，亚伯拉罕·林肯总统建议贺瑞斯·格里利，如果要出版这些书信，就删掉一些言辞最激烈的段落。然而，贺瑞斯·格里利拒绝接受亚伯拉罕·林肯总统的建议。亚伯拉罕·林肯总统据此拒绝出版这些书信。

亚伯拉罕·林肯总统就是这样的一个人。看到贺瑞斯·格里利对这件事的态度后，他便将这件事抛诸脑后，默不作声地忍受了这件事引起的人们对他的歪曲和误解。有人认为他不该听取叛乱分子的意见。有人批评他挑选了一位专员。反对党自然会充分利用他提出的谈判条件大做文章，指责他为了黑人的利益而发动了一场惨绝人寰的战争。

虽然亚伯拉罕·林肯总统没有公开为自己辩护，但他对他们的态度很敏感。他给一个朋友写信："我说如果南方提出恢复联邦和放弃奴隶制，我就会考虑停战，并不是说如果南方提出任何别的条件，我就不会考虑停战了。……请允许我提醒你，事实上，在对叛军有控制权的任何人中，或者在叛乱分子的阵营中有诸如此类的影响力的任何人中，没有一个人在任何情况下，或者在任何条件下，提出或者暗示愿意恢复联邦。……如果杰斐逊·汉密尔顿·戴维斯为了他自己，或者为了他北方的朋友们的利益，想知道，如果他对奴隶制只字不提，只提供和平与统一，那么我会怎么做，那就让他来试试吧。"

如果贺瑞斯·格里利在尼亚加拉瀑布努力的结果让人怀疑目前无法实现和平，那么发表的另一份关于同时进行的一次非官方的和自愿的谈判的报告，无疑证明了这一事实。1863 年 5 月，伊利诺伊州的州长理查德·耶茨任命一位虔诚和狂热的卫理公会牧师詹姆斯·F. 杰克斯为一个团的上校。詹姆斯·F. 杰克斯申请南下，并保证说，凭借他的教会关系，他可以在九十天内从南方邦联获得可接受的和平条件。他的军事上级表示赞同，并将他的请求转达给了亚伯拉罕·林肯总统。亚伯拉罕·林肯总统回答说，如果他们认为合适，同意他们准予他休假，但补充道："无论怎样，他都不能与任何政府当局合作。这是绝对必要的。"

十一天后，詹姆斯·F. 杰克斯又回到了联邦的阵营，声称获得了宝贵的"非官方的"和平建议。亚伯拉罕·林肯总统没有理会他要求面谈的请求。过了一段时间，他回到了他的军队。然而，詹姆斯·F. 杰克斯并没有气馁。一年后，他申请再次访问南方，并获得了许可。这一次，他与一位名叫 J.R. 吉尔摩的讲师和作家一起前往，但和上次一样，他没有得到亚伯拉罕·林肯总统的明确指示或授权。他们去了里士满，与杰斐逊·汉密尔顿·戴维斯进行了一次长时间的会谈。其间，他们向他提出了一项调整计划。这项计划是未经授权的，也是异想天开、虚无缥缈的。其核心内容是在六十天内，在全国范围内，包括南方和北方，就两个主张举行全民公投，即基于分裂联邦和南方独立的和平，或基于恢复联邦、解放奴隶、不没收奴隶主的财产和普遍大赦的和平。由多数票来决定，华盛顿政府和里士满政府最终也受投票结果而定。

这次会谈的结果只不过让杰斐逊·汉密尔顿·戴维斯再次声明他将为分裂斗争到底。这一声明从总体上来看是有助于联邦的事业的，因为它在很大程度上堵住了主和派的嘴，让他们在总统大选期间再没有理由抗议和喧闹。然而，杰斐逊·汉密尔顿·戴维斯态度坚决的声明并没有完全让主和派安静下来。仍然有足够的批评促使共和党执行委员会主席亨利·J. 雷蒙德，于 1863 年 8 月

亨利·J. 雷蒙德

22日给亚伯拉罕·林肯总统写信并建议，他应该以适当的形式任命一个委员会，在承认宪法至高无上的前提下，向杰斐逊·汉密尔顿·戴维斯求和。所有其他问题将由全国人民代表大会来解决。

亚伯拉罕·林肯总统耐心而礼貌地回答了这个问题。为了表明自己的观点，他制定了一份实验性的指示草案，提议如果再有人提出这样的求和建议，就派亨利·J. 雷蒙德本人去叛军当局。亨利·J. 雷蒙德本来是到华盛顿来敦促他的计划的，但当他一看到这些书面的指示，便很快改弦易辙，同意了亚伯拉罕·林肯总统、国务卿威廉·亨利·西沃德、战争部部长埃德温·麦克马斯特斯·斯坦顿和财政部部长威廉·皮特·费森登的意见，认为执行这一计划比输掉总统大选更糟糕，因为它是提前屈服的不光彩的行为。白宫的一名同僚写道："不过，亨利·J. 雷蒙德和委员会来这里的会面也不无裨益。他们发现亚伯拉罕·林肯总统和内阁成员们比他们自己见多识广，就欢欣鼓舞地回去了。"

民主党的领导人曾呼吁其全国代表大会在 1864 年 7 月 4 日召开。但在克利夫兰的会议提名约翰·查理·弗里蒙特将军和巴尔的摩的会议提名亚伯拉罕·林肯之后，民主党的领导人认为推迟其全国代表大会是明智而谨慎的，希望这段多事之秋可能发生的意外事故或产生的机遇会对自己的党有利。有一阵子，民主党这种调整了的政策似乎让他们如愿以偿。军事形势远不能令人满意。尤利西斯·辛普森·格兰特将军的军队在弗吉尼亚州的苦战使这个国家深感震惊和沮丧。到目前为止，他对彼得斯堡的进攻还没有取得决定性的结果，也几乎没有带来任何希望或鼓励。威廉·特库姆塞·谢尔曼准将在佐治亚州的军事行动至今还不能保证他后来取得的辉煌成果。南方邦联军队于 1864 年 7 月突袭了马里兰州和宾夕法尼亚州，引起了极大的不满和愤怒。

军事行动中的出师不利总能在政治运动中找到完全对应的举步维艰。有几种情况导致了执政党的分裂和气馁。在不少共和党领袖看来，萨蒙·波特兰·蔡斯的辞职是政府解体的预兆。贺瑞斯·格里利在尼亚加拉瀑布的使命使许多人心烦意乱。民主党目前还没有提名总统候选人，也没有制定竞选纲领。他们利用所有的闲暇时间来攻击政府。叛军在加拿大的特使们与北方的主和派通力合作，进一步扰乱了公众的安宁，达到了一定的目的。在这些令人沮丧的情况下，《韦德－戴维斯宣言》似乎给普遍的悲观情绪增添了一份忧愁和郁闷。

亚伯拉罕·林肯总统充分认识到了竞选中的重大问题。1864 年 8 月，一位朋友注意到他面容憔悴，便问他能否放下工作，休息两周。他回答说："我无法摆脱我的思绪——无论我走到哪里，我对这个伟大国家的牵挂都如影随形。我认为这不是个人的虚荣或野心，虽然我没有摆脱这些弱点，但我能预感到 1864 年 11 月将决定这个伟大国家的命运。民主党的任何派系都没有提出任何方案，但这必然会导致联邦的彻底毁灭。"

他的朋友反驳道："但总统先生，乔治·布林顿·麦克莱伦将军赞成用武力镇压这场叛乱。他将成为芝加哥民主党代表大会的候选人。"

亚伯拉罕·林肯总统回答道："先生，稍微有点算术知识的人都能向任何人证明，民主党的策略是摧毁不了叛军的。要对付叛军，它必须牺牲北方所有的白人。现在，联邦军队中有将近十五万名身强力壮的黑人士兵，他们中的大多数都配备了武器，夺取并保卫联邦的领土。民主党的策略要求解散这些黑人部队，并通过恢复对他们的奴役来安抚奴隶主。……如果你能保证他们最终成功，你才能安抚南方。如果你将成千上万的黑人的义务劳动抛到他们一边，那么，现在战争的经验证明他们的成功将是不可避免的。……放弃现在所有由黑人士兵驻守的岗哨，从我们这边带走十五万人，将他们安置在战场上或玉米地里，我们将被迫在三个星期内放弃战争。……我的敌人假装我现在正在进行的这场战争的唯一目的是废除奴隶制。只要我还在总统这个位置上，这场战争的唯一目的就是恢复联邦。但没有解放奴隶的政策和其他任何旨在削弱叛乱分子的精神和物质力量的政策，任何人的力量都无法镇压这场叛乱。……只要我的敌人能向这个国家证明，奴隶制的毁灭对于恢复联邦是没有必要的，我就容忍这一制度继续存在下去。"

政治形势仍在恶化。最后，到了 1864 年 8 月底，连亚伯拉罕·林肯总统本人都沉浸在一片阴郁之中。他的行动是最新颖和最独特的。他觉得竞选活动会对他不利，就下定决心，从容不迫地坚持自己既定的方针，并为自己制定了他的职责信念所要求的行动。1864 年 8 月 23 日，亚伯拉罕·林肯总统写了以下的备忘录："就过去几天而言，今天上午看来，本届政府极有可能不会连任。那么，我有责任与当选总统合作，在他当选和就职之间的这段时间里拯救联邦，因为他将以他今后不可能拯救联邦为由来保证他的当选。"

然后，亚伯拉罕·林肯总统将那张纸折起来粘好，这样别人就看不到它的内容了。当内阁成员们聚到一起时，他将它依次交给每一个人，要求他们在它背面写下自己的名字。亚伯拉罕·林肯总统以这种独特的方式承诺自己和政府将忠诚地接受人民对他的预期裁决，并在他任期的剩余时间内尽最大努力挽救联邦。直到他连任之后，他才向内阁成员透露了他们之前签署的文件的性质。

民主党的全国代表大会最终于 1864 年 8 月 29 日在芝加哥召开。主和派对其西北部追随者的力量和胆量寄予了厚望。事实上，民主党的全国代表大会的日期竟然是在加拿大的叛军特使指定的一个引发西北部各州叛乱的日期，这是他们长期以来的白日梦。然而，和往常一样，由于他们中的一些成员的背叛，使这些美国骑士的计划被发现并遭到了防范。民主党人是否能从推迟他们的全国代表大会中获得任何真正的、永久的好处，这一点是值得怀疑的。

当民主党的主和派和主战派聚到一起，他们达成协议的唯一方式就是互相欺骗。主战派在纽约代表团的领导下，努力从军队中推选出一名总统候选人。而主和派在克莱门特·莱尔德·瓦兰迪加姆的领导下，全力以赴地在竞选纲领中明确阐述他们的原则。由于克莱门特·莱尔德·瓦兰迪加姆所公然反抗的联邦政府对他的宽大处理，才使他得以从加拿大回来后继续逍遥法外。这一方面是由于政府对他不屑一顾，另一方面是由于政府的精心计划。

民主党的两个派系都各得其所。乔治·布林顿·麦克莱伦将军在第一轮投票中获得总统候选人的提名，而克莱门特·莱尔德·瓦兰迪加姆则写下了唯一值得在竞选纲领中引用的条款。它断言，在经过四年通过战争恢复联邦的尝试最终失败后，在此期间，……宪法本身在各方面都被忽视了，公共福利要求"立即为停止敌对行动做出努力"。如果民主党主战派有勇气坚持自己的信念，那么向南方邦联投降这一明确的主张很有可能在大会上被修改或作废。但他们如此专注于乔治·布林顿·麦克莱伦将军的提名，以至他们认为纲领是次要的，因而这些致命的决议未经讨论就被通过了。

克莱门特·莱尔德·瓦兰迪加姆就这样接管了民主党全国代表大会，随后在巨大的欢呼声中，他提议一致通过了乔治·布林顿·麦克莱伦将军的提名，暗含了克莱门特·莱尔德·瓦兰迪加姆对乔治·布林顿·麦克莱伦将军的险恶用心。乔治·亨特·彭德尔顿被提名为副总统，然后民主党全国代表大会休会——不是像往常那样无限期地休会，而是"由全国执行委员会随机指定时间和地点再次召开会议"。这一做法的动机没有被公开，但它被视为一个重大警告，即民主党的领导人们已经做好了准备，随时准备采取任何当时的紧急情况可能会引起或要求采取的特别措施。

然而，纽约人却下了定论，因为霍雷肖·西摩州长在他作为委员会主席通知乔治·布林顿·麦克莱伦将军获得提名的信中，向他保证："我们为之说话的人都对拯救联邦充满了热忱、忠诚和祈愿"。乔治·布林顿·麦克莱伦将军知道致命的"毒药"就包含在纲领里面，在接受提名的信中不时重申自己对联邦、宪法、法律和国旗的忠诚。在完全否定了提名他的纲领之后，他冷静地得出结论："我相信，这里所表达的意见是党的全国代表大会和你们所代表的人民的意见，我接受提名。"

　　作为一个用委曲求全换取和平的不光彩的纲领推选出来的候选人，乔治·布林顿·麦克莱伦将军的地位既绝望又荒唐。当然，他唯一可能成功的机会在于他的战功。但军队中的优秀将领们在战场上与民主党的候选人展开了竞争。甚至在乔治·布林顿·麦克莱伦将军获得提名的大会之前，戴维·格拉斯哥·法拉格特海军上将赢得了莫比尔湾的辉煌胜利。就在芝加哥的街道上燃烧着民主党的火炬的几个小时里，J.B. 胡德将军正准备撤离亚特兰大。刊登克莱门特·莱尔德·瓦兰迪加姆的和平纲领的同一份报纸也报道了威廉·特库姆塞·谢尔曼准将进入了佐治亚州的制造业大都市。最黑暗的时刻过去了，黎明即将临，在人们感恩的祈祷声和欢快的礼炮声中，总统大选开始了。

　　当国家意识到芝加哥纲领的真正意义时，威廉·特库姆塞·谢尔曼准将的成功激发了人民的热情。联邦主义者从仲夏的倦怠中醒来，开始对共和党的总统候选人亚伯拉罕·林肯表现出信心，所有削弱他的努力都变得毫无希望。

　　竞选活动从 1864 年 9 月佛蒙特州和缅因州的纠察队开火开始，1864 年 10 月，在宾夕法尼亚州、俄亥俄州和印第安纳州所谓的大保卫战中继续进行，最后一场战斗于 1864 年 11 月 8 日全线展开。对亚伯拉罕·林肯总统来说，这是他一生中一个最庄严的日子。他对自己的成功充满信心，并对过去几周的军事胜利充满信心，相信和平和联邦的重建指日可待，面对自己的对手，他既不感到高兴，也不感到胜利。亚伯拉罕·林肯总统在选举之夜去战争部等待选举结果，当他第二天凌晨离开那里的时候，一群小夜曲演奏者向他致敬。他向他们发表了一个简短的演讲。演讲的最后几句话表达了他满脑子的想法："我

莫比尔湾战役

为人民对我的认可感谢上帝。但虽然我深深地感激他们对我的信任，但如果我
知道我的心，我的感激是没有任何个人胜利的色彩的。我不怀疑任何反对我的
人的动机。战胜任何人都不会给我带来快乐，但我要感谢全能的上帝，因为这
证明了人民支持自由政府和人权的决心。"

　　亚伯拉罕·林肯总统和安德鲁·约翰逊获得了四十一万一千二百八十一张
多数普选票，在总计二百三十三张选举人票中共获得二百一十二张多数票，
只有新泽西州、特拉华州和肯塔基州的二十一张选举人票投给了乔治·布林
顿·麦克莱伦将军。1864 年 12 月 5 日，亚伯拉罕·林肯总统在给国会的年
度咨文中，对选举结果做出了有史以来最好的总结："忠诚于联邦的各州的
人民在维护联邦完整性的目标中，从来没有比现在更坚定，也几乎没有比现
在更一致。……无论职位高低，没有一个候选人敢于在他宣布放弃联邦的声
明下寻求获得选票。关于推进联邦事业的适当手段和最佳方式，人们对动机
有着非常多的谴责和非常激烈的争论。但在是否维护联邦这个明确的问题上，

政治家们表明了他们直觉的认识，即人民没有分歧。这次选举为人民提供了一个公平的机会，向彼此和世界展示自己在这一目标中的坚定和一致，对国家的事业具有巨大的价值。"

在选举当日，乔治·布林顿·麦克莱伦将军辞去了军队指挥官的职务。空缺的职位由菲利普·亨利·谢里丹将军继任。菲利普·亨利·谢里丹将军是一个非常合适的人选，他成为乔治·布林顿·麦克莱伦将军的继任者也说明了时局的转变。从那时起，形势变得越来越有利，直到取得决定性的全国的胜利。

第 **21** 章

宪法修正案

精彩
看点

1864 年 4 月 8 日，参议院通过了一项联合决议，提议修改宪法，在美国全境禁止奴隶制，但未能在众议院通过，因为没能获得必要的三分之二的票数。1864 年 6 月，让共和党在巴尔的摩召开的全国代表大会充满活力的两个最重要的想法是：第一，亚伯拉罕·林肯总统的连任。第二，这项宪法修正案的成功通过。第一个想法被认为是一个只需要大会正式宣布的普遍决定。因此，讲话和决议的核心都集中在第二个想法上面，并将它作为占主导地位的激进改革，与共和党在总统大选中的政治命运息息相关。亚伯拉罕·林肯总统暗示埃德温·丹尼森·摩根先生在大会开幕前的讲话中表明这一基调是明智的做法，在 1864 年 11 月的民意调查中取得的巨大胜利不仅显示了亚伯拉罕·林肯总统的聪明才智，而且使他能够在 1864 年 12 月 6 日的年度咨文中，在向国会提出的建议中，充满信心地提出这个问题。提到在上一届会议上该措施的命运，他说道："我冒昧地建议在本届会议上重新审议和通过这项措施，而不质疑反对者的智慧和爱国精神。当然，尽管这个抽象的问题并没有改变，但其间的一次选举可以肯定地表明，如果这届国会不通过的话，下一届国会也将通过这项措施。因此，拟议的修正案何时将交付各州采取行动，只是一个时间的问题。既然无论如何它都会被通过，我们可不可以越早同意越好呢？作为一项待考虑的附加因素，没有人声称它强加给议员们一项义务，不仅影响了他们的判断，而且进一步改变了他们的意见或投票。现在是第一次听到人民对这个问题的呼声。在像我们这样的国家大危机中，寻求共同目标的各方一致行动是非常可取的，也几乎是必不可少的。然而，除非尊重大多数人的意愿，仅仅因为这是大多数人的意愿，否则无法达成一致意见。在这种情况下，共同的目标是维护联邦。在确保这一目标的手段中，通过选举，这种意愿不言而喻地宣布支持这项宪法修正案。"

联合决议于1865年1月6日在众议院提出，随后时不时地会进行全面讨论，大概占用了半个月的时间。与上一届会议一样，共和党人都赞成，而民主党人大致上反对，但民主党中一些重要的人士例外，这表明民意和国会在承认和体现这一提案的意愿方面取得了巨大的进展。重大事件产生的压力已经变得比政党的信条或策略更加强大。十五年来，民主党一直是奴隶制的卫兵和堡垒，然而，尽管有它这个盟友和捍卫者，这一"特殊的制度"却被战火吞噬。它在普选中枯萎，被《没收法案》麻痹，被行政法令粉碎，被行进的联邦军队践踏。更值得注意的是，废除奴隶制的痛苦出现在其最后的据点——蓄奴州的宪法中。在西弗吉尼亚州、密苏里州、阿肯色州、路易斯安那州、马里兰州，当地的公共舆论已经将它扼杀了，同样的变革精神也出现在田纳西州，甚至在肯塔基州也有所体现。民主党没有也不可能对既成事实视而不见。

1865年1月31日下午，他们终于对该问题做出了决定。这是一个非常有趣的场景。走廊里挤满了围观的群众，议员们殷切地关注着会议的整个过程。一份同期的报告说："直到中午，据说支持奴隶制的政党都有信心推翻这项修正案。但到了16时，众议院进行了最后的投票，唱票显示：有一百一十九票支持这项修正案。五十六票反对。八票弃权。几位民主党成员投了赞成票之后，传来了阵阵掌声。但当议长宣布最终结果后，众议院共和党一方的议员们站起身来，不顾议会的规定，鼓掌欢呼。他们的热情很快引起了走廊里拥挤的观众们的共鸣，人们挥舞着帽子、手帕等，洋溢的欢乐持续了好几分钟。"

一百门轰鸣的礼炮很快使这一时刻成为全城评论和祝贺的话题。第二天晚上，一支浩浩荡荡的游行队伍奏着乐来到亚伯拉罕·林肯总统的行政官邸，向他表示衷心的祝贺。为了表示对他们的回应，亚伯拉罕·林肯总统出现在一个窗口，做了一个简短的演讲，这次演讲后来只保留了一份摘要报告，尽管如此，这份报告仍然非常重要，因为它表明亚伯拉罕·林肯总统对这个问题产生了浓厚的兴趣，深入分析了这个问题的因果关系及他对这项措施及其成功造成的深远影响："这是对国家和全世界的祝贺。但在我们面前还有一个任务，需要通过国会昨天如此勇敢地开始的各州的投票来完成。我很荣幸地通知在场的各位，伊利诺伊州今天已经完成了这项工作。马里兰州大约已经完成了一半，但我为伊利诺伊州的领先感到自豪。我认为这一措施即使不是必不可少的，至少也是非常合适的，有助于彻底解决这一巨大的困难。我希望所有州都能够完整地回归联邦，以便将来消除所有的干扰因素。为了达到这一目的，有必要在可能的情况下根除最初的干扰因素。我认为所有的一切都能证明，我从来没有因为发布《解放宣言》、尽我所能来根除奴隶制而畏缩过。但《解放宣言》在废除奴隶制方面远远不如这项宪法修正案彻底。人们可能会提出一个问题，《解放宣言》是否合法有效？可能有人认为，它只能帮助那些进入我们阵营的人。对于那些不愿放弃奴隶制的人来说，它是无效的。或者它对以后出生的奴隶的子女不会产生影响。事实上，可能有人认为它没有彻底地消除邪恶。但这项修正案是一位国家元首消除一切罪恶的良方。它能解决所有问题。我会重申，这一措施即使不是必不可少的，至少也是非常合适的，有助于结束我们正在参与的这场伟大的战争。"

能干的律师们就怎样才能使第十三项宪法修正案得到有效的认可各抒己见。一些律师认为，由四分之三忠诚于联邦的州认可就足够了。另一些律师则认为，无论是忠诚于联邦的州还是叛乱的州，得到四分之三的所有州的认可是必要的。亚伯拉罕·林肯总统在关于路易斯安那州重建的演讲中，虽然没有对第一个提议发表任何反对意见，但他却雄辩有力地宣布，后一条提议"将是公认的、毫无疑问的"。这种观点似乎也支配了亚伯拉罕·林肯总统的继任者的行动。

正如亚伯拉罕·林肯总统骄傲地提到的，伊利诺伊州是第一个认可宪法修正案的州。1865 年 12 月 18 日，仍在安德鲁·约翰逊总统的内阁中担任国务卿的威廉·亨利·西沃德正式宣布，组成美国三十六个州中四分之三的二十七个州的议会批准了该项修正案，该修正案已作为宪法的一部分生效。其中的四个州——弗吉尼亚州、路易斯安那州、田纳西州和阿肯色州——是在亚伯拉罕·林肯总统的指导下重建的。随后又有六个州批准了该修正案，得克萨斯州于 1870 年 2 月最后一个批准了该修正案。

美国共和政体经历的深刻的政治变革，也许最好通过对比国会赋予亚伯拉罕·林肯政府正式向各州提交的两项宪法修正案来衡量。第一项宪法修正案是由詹姆斯·布坎南总统作为最后的一项官方行为而签署，并由亚伯拉罕·林肯总统在就职演说中认可并接受了的，其内容如下："不得对授权或给予国会在任何州废除或干涉其当地制度的宪法，包括根据该州法律从事劳动或服务的人员的法律条款，做出任何修正。"

在亚伯拉罕·林肯总统的就职典礼和内战爆发之间，国务院将这一修正案转交给几个州，让他们采取行动。如果南方表现出愿意停止分裂，并作为和平提议接受这一修正案，那么毫无疑问，它将成为宪法的一部分。但皮埃尔·古斯塔夫·图坦特·博雷加德将军的炮声驱散了批准它的所有可能性。四年内，亚伯拉罕·林肯政府又提出了 1865 年的修正案，仅用一句话就废除了奴隶制，而在第一项宪法修正案中事实上提出了永久承认和容忍奴隶制的主张。亚伯拉罕·林肯总统在葛底斯堡演说中为国家祈求的"新生的自由"已经实现。

1864 年 12 月 6 日，亚伯拉罕·林肯总统给国会的年度咨文的最后几段是对当前形势的总结。投票的结果不仅决定了战时政府和战时政策的延续，而且再次证明了公众支持战时政府以及贯彻和执行战时政策的决心。亚伯拉罕·林肯总统受到这种普遍意志的庄严表现的鼓舞，能够满怀希望和信心地谈论未来。但他以特有的谨慎和良好的品位，不说自夸的话，也不说刻薄的话。相反，他以慈父般的关怀，再次向叛乱诸州提供了他以前提供的慷慨条件。

"那么，国家的资源是用之不竭的，正如我们所相信的那样，是应有尽有的。重建和维护国家权威的公共目标是未曾改变的，也正如我们所相信的那样，是不可改变的。但继续努力实现这一目标的方式仍有待选择。仔细考虑所有可以得到的证据，在我看来，任何与叛乱的领导人谈判的尝试都不会带来任何好处。

除了与联邦断绝关系，他不会接受任何条件，而这恰恰是我们不会也不能给予的。他对这一点的声明是明确的，而且反复重申。……然而，领导叛乱事业的人的真实情况并不一定是他的跟随者的真实情况。虽然他不能重新接受联邦，但他们可以。我们知道，他们中的一些人，已经开始渴望和平与团聚。这些人的数量可能会增加。只要他们放下武器，根据宪法向联邦政府投降，就可以立即获得和平。如果他们真的愿意这么做，政府就不能继续对他们发动战争。忠诚的人民是不会支持或允许继续战争的。如果问题仍然存在，我们将通过和平的立法、会议、法院和投票方式对其进行调整，只在宪法和合法渠道中运作。……对于政府来说，叛乱分子向联邦政府提出放弃武装抵抗，是结束战争的唯一必要条件，我不会收回此前任何有关奴隶制的言论。我重申了一年前的声明，即'只要我还在总统这个位子上，我就不会试图撤回或修改《解放宣言》。我也不会让任何根据《解放宣言》或国会的任何法案获得自由的人重新回到被奴役的状态'。如果人民以任何方式或手段，使重新奴役这些人成为国家元首的行政责任，那么，那一定是另一个人成了他们执行它的工具，而不是我。在陈述和平的一个单一条件的时候，我的意思是说，只要挑起战争的人停止了战争，政府就会停止战争。"

　　这个国家即将进入实际战争的第五个年头，但所有迹象都表明叛乱正在迅速走向瓦解。南方邦联军队预料之中的灾难引发了另一场自愿的和平谈判，这场谈判从其活跃的思想的大胆性和其参与者的突出性来说，具有特殊的重要意义。资深政治家老弗朗西斯·普雷斯顿·布莱尔先生，根据自己长期在华盛顿的政治生涯和个人经历，也许比其他任何人都更加清楚南方领导人的脾气和秉性，认为现在是时候让自己在南北之间扮演成功的调解人的角色了。他就自己的愿望给亚伯拉罕·林肯总统做出了各种暗示，但既没有得到鼓励，也没有机会开展他的计划。亚伯拉罕·林肯总统含糊其词地回答道："萨凡纳陷落后来找我。"在那座城市的叛军投降之后，老弗朗西斯·普雷斯顿·布莱尔先生匆忙将他的计划付诸实施，只随身携带亚伯拉罕·林肯总统于1864年12月28日写给他的一张小卡片，并将它作为唯一的凭据和证件，出发前往里士满。这张卡片上写着："允许持证人老弗朗西斯·普雷斯顿·布莱尔穿过我们的防线向南走，然后返回。"

老弗朗西斯·普雷斯顿·布莱尔先生从尤利西斯·辛普森·格兰特将军的营地，向杰斐逊·汉密尔顿·戴维斯转发了两封书信：一封较短，请求允许他去里士满，寻找可能是在朱巴·安德森·厄尔利将军的突袭时，自己从马里兰州的家里带出来丢失了的房屋地契。另一封较长，解释了他这次来访的真正目的，但他非常坦率地说，除了允许他通过两军的防线之外，他来的时候完全没有经过任何人的授权，还说他没有向华盛顿的任何权威人士提出他希望亲自向杰斐逊·汉密尔顿·戴维斯提出的建议。

经过一段时间，他到达了里士满，并于 1865 年 1 月 12 日受到了叛军总统杰斐逊·汉密尔顿·戴维斯的秘密接见，他向其陈述了他的计划，它原来只是一条建议，即联邦军队和南方邦联军队停止战斗，联合起来将法国军队从墨西哥赶走。他在一篇洋洋洒洒的文章中支持这个大胆的想法，并指出，作为内战的真正原因，奴隶制已经注定了失败的结局，除了外国可能的武力干预之外，现在没有任何东西可以让这个国家的两个部分保持分裂的状态。因此，所有的考虑都应该指向将法国侵略者驱逐出美洲的土地，这才是明智之举，只有这样，才能让"拿破仑三世使我们南方人受制于'墨西哥民族'的计划落空"。

老弗朗西斯·普雷斯顿·布莱尔先生在这篇文章中继续说道："将拿破仑三世扶植起来的哈布斯堡王朝从我们南方人身边驱逐出去的人，将作为国家自由的捍卫者，与乔治·华盛顿和安德鲁·杰克逊齐名，并流芳百世。如果在拯救墨西哥的过程中，他在形式和原则上将其国家塑造成适应我们的联邦，并当我们在巴拿马地峡完满完成对北美大陆的占领的同时，在墨西哥柔和的夜空添加一个南方的新星座……他将完成杰斐逊·汉密尔顿·戴维斯的工作。杰斐逊·汉密尔顿·戴维斯在墨西哥湾跨出一大步，就能让我们伟大的政府在太平洋上捷足先登。"

老弗朗西斯·普雷斯顿·布莱尔先生在关于这次会面的报告中说："然后我对他说：'杰斐逊·汉密尔顿·戴维斯，这就是我的问题，你认为可以解决吗？'经过考虑，他说：'我想是的。'然后我说：'你看，我认为这件事的重点在于，战争不再是为了奴隶制，而是为了君主制。你知道，如果战争继续下去，联邦继续分裂，军队也必须继续存在下去。如果这种状况持续太久，就必然会导致一方或另一方的君主制，通常会导致双方的君主制。'他也同意这种观点。"

杰斐逊·汉密尔顿·戴维斯当时写的同一次会面的备忘录，证实了老弗朗西斯·普雷斯顿·布莱尔先生的报告从本质上来说是准确的。在这次谈话中，叛军领袖杰斐逊·汉密尔顿·戴维斯并没有刻意掩饰他参与军事征服和吞并墨西哥的疯狂计划的强烈意愿，而这很容易让人解读出政治运动的言外之意，即通过门罗主义让自己摆脱目前的危险。如果老弗朗西斯·普雷斯顿·布莱尔先生对如此迅速地改变了南方邦联总统的想法而感到高兴，那么他就会为在里士满的官方环境中发现的更有利的迹象感到更加高兴。在叛军首都里士满度过的三四天里，他发现几乎所有的达官显贵都对叛乱毫无希望的前景深信不疑，甚至渴望抓住任何能帮助他们摆脱困境的手段。

但华盛顿的联邦政府的委员会并不受政治冒险精神的支配。亚伯拉罕·林肯总统有着更崇高的爱国责任感和更高的民族伦理理想。他对老弗朗西斯·普雷斯顿·布莱尔先生的使命的全部兴趣在于它所揭露的反叛者的沮丧情绪，以及它显示的使南方邦联放弃抵抗的可能性。杰斐逊·汉密尔顿·戴维斯确实给了老弗朗西斯·普雷斯顿·布莱尔先生一封信，要他转交给亚伯拉罕·林肯总统，说"尽管拒绝了我们以前的提议"，但他愿意任命一位委员参加谈判，"以确保两国的和平"。这当然还是以前那种亚伯拉罕·林肯总统不可能接受的态度。作为答复，亚伯拉罕·林肯总统于1865年1月18日给老弗朗西斯·普雷斯顿·布莱尔先生写了如下的便条："先生：您给我看了杰斐逊·汉密尔顿·戴维斯于1865年1月12日给您的信，您可以对他说，我一直是、现在是，并将继续准备接见他或任何其他现在抵制国家权威的有影响力的人非正式地派来的任何代理人，以确保我们这个共同的国家和人民的和平。"

老弗朗西斯·普雷斯顿·布莱尔先生带着这张便条回到了里士满，就亚伯拉罕·林肯总统为什么拒绝了他联合入侵墨西哥的计划给杰斐逊·汉密尔顿·戴维斯临时编造了一些借口。因此，杰斐逊·汉密尔顿·戴维斯面前只有两种选择——要么重复他顽固的分裂与独立的最后通牒，要么坦然接受亚伯拉罕·林肯总统统一联邦的最后通牒。里士满的主要政要都知道，他们中的一些人甚至承认，他们的南方邦联几近崩溃。罗伯特·爱德华·李将军发来的一份急件，说他军队的口粮连两天都维持不了。里士满全城上下已经对撤离的谣言感到恐慌。面粉是以每桶一千美元的南方邦联货币出售的。最近费希尔堡的陷落切断了最后一条可以让通过封锁线的船将外国补给送进来的道路。佐治亚州的州长约瑟夫·爱默生·布朗拒绝服从里士满南方邦联当局的命令，并称之为"专制

约瑟夫·爱默生·布朗

的"命令。在这种情况下,杰斐逊·汉密尔顿·戴维斯发出的挑衅的独立的呼声并不能使任何人安心。此外,南方的民众也不可能保持长久的沉默。老弗朗西斯·普雷斯顿·布莱尔先生的第一次来访引起了普遍的兴趣。而他的第二次来访让南方人大为吃惊,谣言四起。

杰斐逊·汉密尔顿·戴维斯被迫采取行动,没有勇气直言不讳。在与内阁磋商后,他任命了一个由三个人组成的和平委员会,包括副总统亚历山大·汉密尔顿·斯蒂芬斯、参议员兼前国务卿罗伯特·墨瑟·托利弗·亨特和助理战争部部长约翰·阿奇博尔德·坎贝尔——他们都认为叛乱是毫无希望的,但不愿意承认合乎逻辑的后果和必要性。为他们起草指导性的命令可是一个难题,因为亚伯拉罕·林肯总统在便条中规定的明确条件是,他只会接见为了维护"我们这个共同的国家和人民的和平"而派给他的代理人。为了使命令"尽可能地模糊和笼统",叛军的国务卿提议简单的指示,以磋商"与之相关的主题"。但他的首长杰斐逊·汉密尔顿·戴维斯拒绝了这一建议,并写下了以下指示,这在其表面上带有明显的矛盾性:"遵照亚伯拉罕·林肯的来信,上述书信为副本,请你们前往华盛顿市就现有战争中涉及的问题与他举行非正式会谈,以确保两国的和平。"

1865 年 1 月 29 日晚上,和平委员会的委员们带着这份命令,在联邦的防线上做了自我介绍,并"声称尤利西斯·辛普森·格兰特将军了解他们此行的目的",申请进入联邦境内,但没有展示他们带有弦外之音的委任状。亚伯拉罕·林肯总统接到报告后,立即向战争部的托马斯·汤普森·埃克特少校发出书面指示,如果南方邦联的委员们以书面形式,说他们是依据 1865 年 1 月 18 日他写给老弗朗西斯·普雷斯顿·布莱尔先生的便条,前来与他举行非正式会谈的,就给他们发放安全通行证,准许他们过境。在这期间,委员们重新审核了他们的申请表,并填写了一份符合要求的新的申请表,临时送往尤利西斯·辛普森·格兰特将军的司令部。

1865 年 1 月 31 日,亚伯拉罕·林肯总统委托国务卿威廉·亨利·西沃德前去会见这些南方邦联的委员们,并在他的书面指示中说道:"你要让他们知道，有三件事是必不可少的：第一，在所有州恢复国家的权威。第二，美国行政当局在奴隶制问题上，没有放弃在最近向国会提交的年度咨文中和之前的文件中所持的立场。第三，在战争结束之前，敌对行动不会停止，他们需要解散所有与政府为敌的武装力量。你要通知他们，他们的所有不违背上述规定的主张，将以真诚的自由主义精神予以考虑并通过。你会听到他们所说的一切，并向我汇报。你不要明确承诺他们任何事情。"

威廉·亨利·西沃德于 1865 年 2 月 1 日上午出发，在他离开的同时，亚伯拉罕·林肯总统又向尤利西斯·辛普森·格兰特将军重复了两天前就已经发给他的通知："不要让正在发生的任何事情改变、阻碍或拖延你的军事行动或计划。"当威廉·亨利·西沃德还在路上的时候，托马斯·汤普森·埃克特少校已经见到了南方邦联的委员们，当他看到杰斐逊·汉密尔顿·戴维斯的指示后，

托马斯·汤普森·埃克特

立即通知委员们，如果不严格遵守亚伯拉罕·林肯总统的规定，他们就无法继续北上。因此，1865 年 2 月 1 日 21 时 30 分，他们的任务实际上已经结束了，但第二天他们又重新以书面形式放弃了杰斐逊·汉密尔顿·戴维斯指示中的主张，并接受了亚伯拉罕·林肯总统的条件。亚伯拉罕·林肯总统在 1865 年 2 月 2 日上午读到托马斯·汤普森·埃克特少校的报告时，正准备发电报召回国务卿威廉·亨利·西沃德。就在这时，他收到了尤利西斯·辛普森·格兰特将军发给战争部部长埃德温·麦克马斯特斯·斯坦顿的一封密电，声明他相信委员们的意图是好的，他们对和平的渴望是真诚的，并对亚伯拉罕·林肯总统不能接见他们感到遗憾。这封信改变了亚伯拉罕·林肯总统的行动，他决定不忽视这里描述的诚意，转而立刻给托马斯·汤普森·埃克特少校发电报："对先生们说，我一到门罗堡就亲自接见他们。"当晚，他就和国务卿威廉·亨利·西沃德一同前往门罗堡。

1865 年 2 月 3 日上午，叛军的委员们被带到了停泊在门罗堡附近的"大河女王"号汽船上，亚伯拉罕·林肯总统和国务卿威廉·亨利·西沃德在那里等着他们。他们事先商定，会面期间不应写下任何书面记录或备忘录，因此，亚伯拉罕·林肯总统和威廉·亨利·西沃德都未做过任何详细的报告，这次面谈的记录只保留在叛军的委员们事后根据记忆单独写下的报告中。经过对这些报告的仔细分析，我们发现第一个显著的特点是双方的意图有着明显的差异。很明显，亚伯拉罕·林肯总统坦诚地向他们提供了他所能提供的最好的条件，以确保和平与统一，但丝毫不损害自己的公务职责或个人尊严。而委员们主要关心的是回避他们获准参加面谈的明确条件，寻求拖延关键问题，以及只通过讨论一个权宜之计来提出停战协议，而这个权宜之计是他们在一个私下协议中彼此已经承诺过的。

然而，在老弗朗西斯·普雷斯顿·布莱尔先生第一次暗示墨西哥计划的时候，亚伯拉罕·林肯总统就坚决否认对这一建议或采纳它的任何意图负有任何责任，并且在四小时的谈话中，不断将对话引回会议的最初目标。委员们向他提出了诸多问题，比如，如果南方各州答应了亚伯拉罕·林肯总统提出的条件，针对各种必然立刻会出现的重要问题，联邦政府可能会做些什么。尽管亚伯拉罕·林肯总统耐心地回答了这些问题，并且在他的回答中仔细区分，作为行政首脑，根据宪法的授权，哪些是他可以做的，哪些是需要移交政府各部门才能做出决定的，但这次面谈毫无结果。委员们大失所望地回到了里士满，将他们失败的努力告诉了杰斐逊·汉密尔顿·戴维斯。他的懊恼和他们的沮丧不相上下。他们原本都热切地希望，这次谈判能以某种方式使他们摆脱目前的困境和危险。杰斐逊·汉密尔顿·戴维斯在拒绝了亚伯拉罕·林肯总统提供的体面的和平之后，选择了唯一一条对他开放的道路。他将委员们的报告提交给南方邦联的国会，其简短而枯燥的信息表明，除了征服者可能会同意的条件之外，对方拒绝接受任何条件。然后在允许的情况下，尽最大努力"点燃南方民众的激情"。他们召开了一次公共集会，演讲者们以委员们印发的贫乏的报告为根据，在会上发表了怀恨在心的南方邦联的领导人们所期望的、极尽辱骂和攻击的演讲。杰斐逊·汉密尔顿·戴维斯在极具挑衅的英雄主义方面表现得尤为出色。他说道："我们很快就会重新团结起来。如果有可能，我愿意放弃我在地球上拥有的一切，哪怕牺牲一千次。"他还进一步宣布，他相信他们会"在不到十二个月的时间里，迫使北方人以我们自己的条件祈求和平"。

要不是考虑到说话者满腹怨恨、怒气冲冲，而这些话预示着成千上万名勇敢的士兵将在一场显然毫无希望的军事斗争中继续去送死，这种夸夸其谈的言辞也未免显得太奇怪了吧！

第 **22** 章

内阁的改组

精彩
看点

蒙哥马利·布莱尔——萨蒙·波特兰·蔡斯继任首席大法官——詹姆斯·斯皮德接替爱德华·贝茨司法部部长的职位——休·麦卡洛克接替威廉·皮特·费森登财政部部长的职位——约翰·帕尔默·亚瑟辞去内政部部长的职位——亚伯拉罕·林肯总统为南方提供四亿美元——亚伯拉罕·林肯总统的第二次就职典礼——亚伯拉罕·林肯总统的文学地位——亚伯拉罕·林肯总统的最后一次讲话

在巴尔的摩召开的共和党全国代表大会的纲领中，政府的朋友们对反对者——激进分子们——做出的主要让步是要求内阁保持和谐的决议。不管是公开的还是私下的，亚伯拉罕·林肯总统起初都没有注意到这项决议。它其实是建议他遣散委员会中那些被指责为保守派的成员。实际上，在共和党全国代表大会休会后发生的第一次内阁变动，让亚伯拉罕·林肯总统的支持者们中的激进分子感到沮丧，因为他们将萨蒙·波特兰·蔡斯看作他们在政府中的特别代表。《韦德－戴维斯宣言》的发表进一步加剧了他们的不安情绪，并给亚伯拉罕·林肯总统带来了各方面的巨大压力，要求他罢免邮政部长蒙哥马利·布莱尔，以满足激进分子的要求。蒙哥马利·布莱尔是共和党的一名创始人，一直走在反对奴隶制扩散的最前沿，却慢慢招来了国内所有激进的共和党人的敌意。造成这种不和的直接原因是他的家人和密苏里州的约翰·查理·弗里蒙特将军之间的激烈争吵。在这场争吵中，布莱尔家族一开始毫无疑问是对的，但后来争论范围不断扩大，直到他们最终重返民主党的阵营。

亚伯拉罕·林肯总统认为这场争论是形式上的，而不是实质上的。亚伯拉罕·林肯总统不仅对邮政部长蒙哥马利·布莱尔，而且对他的兄弟小弗朗西斯·普雷斯顿·布莱尔上校，以及他们杰出的父亲老弗朗西斯·普雷斯顿·布莱尔先生都深表敬意，非常不愿意对蒙哥马利·布莱尔采取行动。然而，即使是在政府内部，也表现出对蒙哥马利·布莱尔强烈的敌意。只要萨蒙·波特兰·蔡斯留在内阁中，他们之间就会有郁积的敌意，而蒙哥马利·布莱尔对国务卿威廉·亨利·西沃德和战争部部长埃德温·麦克马斯特斯·斯坦顿先生的敌意也在日益增长。据报道，在朱巴·安德森·厄尔利将军的突袭中，蒙哥马利·布莱尔在华盛顿附近的家族财产遭受了损失，突袭过后，蒙哥马利·布莱尔对首都的保卫者做出了一些尖酸刻薄的评论，这让亨利·韦杰·哈莱克将军感到非常愤怒，他给战争部写了一张便条，希望知道这种"大规模的谴责"是否得到了亚伯拉罕·林肯总统的批准。并补充说，要么将被指控的军官除名，要么将"诽谤者从内阁中免职"。战争部部长埃德温·麦克马斯特斯·斯坦顿先生未加评论，就将这张便签送到了亚伯拉罕·林肯总统手里。这么做太过分了。战争部部长埃德温·麦克马斯特斯·斯坦顿先生在同一天收到了一份以亚伯拉罕·林肯总统最熟练的方式书写的答复："我不知道蒙哥马利·布莱尔是否真的说了这样的话，我认为，就算知道了这件事，也没有必要做出正确的回答。如果蒙哥马利·布莱尔真的说了这样的话，我不赞成，但在这种情况下，我不会因为这样的事情罢免一名内阁成员。我认为，蒙哥马利·布莱尔在遭受了如此严重的财产损失下，在如此心烦意乱的时刻，一时性起脱口而出的气话，不足以让我采取如此严重的行动。我打算继续由我自己来做出判断，决定何时该罢免内阁成员。"

亚伯拉罕·林肯总统对此并不满意，当内阁聚集在一起的时候，他给他们读了这篇令人印象深刻的演讲稿："我必须自己做出判断，你们中的任何人应该在自己的位子上待多久，以及何时被罢免。如果我发现你们中的任何一个人试图让别人离开，或者以任何方式在公众面前损害别人，我会非常痛苦。这样的做法对我来说是错误的，更糟糕的是，对国家来说也是有害的。我希望在这个问题上，你们中的任何一个人，无论现在还是将来，无论在这里还是其他地方，相互之间都不发表任何评论，也不提出任何问题。"

这是亚伯拉罕·林肯总统有史以来最引人注目的一次讲话。权威的语气是毋庸置疑的，比乔治·华盛顿更威严，比安德鲁·杰克逊更强硬。

整个夏天，人们对蒙哥马利·布莱尔的不满，以及要求罢免蒙哥马利·布莱尔而向亚伯拉罕·林肯总统施加的压力都在增加。在一段阴郁和沮丧的时期里，即使亚伯拉罕·林肯总统相信国家的裁决可能会与他的决定相违背，而且，他从各个方面了解到的情况使他确信，对激进分子做出这样的让步可能对他有很大的好处，但他仍然拒绝罢免蒙哥马利·布莱尔邮政部长的职位。但当机会来临，联邦事业胜利在望的时候，亚伯拉罕·林肯总统觉得，他不应该在内阁中保留一名已经失去了大多数共和党人信任的成员了，无论该成员是多么优秀。于是，亚伯拉罕·林肯总统于 1864 年 9 月 9 日，给蒙哥马利·布莱尔写了一封亲切的短信，请求他辞职。

蒙哥马利·布莱尔坦然接受了自己被免职的这一事实，这一点可以从他的男子气概和慷慨的品格中看出，他并不是假装高兴，而是认为亚伯拉罕·林肯总统有充分的理由这么做。而且，在将他的职位移交给他的继任者俄亥俄州的前州长小威廉·丹尼森之后，他就立即前往马里兰州参加总统竞选运动，全心全意为亚伯拉罕·林肯总统的连任做出不懈的努力。

1864 年 10 月，当罗杰·布鲁克·坦尼大法官去世后，蒙哥马利·布莱尔一度沉迷于自己可能被任命为首席大法官的希望中，他的天赋和法律上的学识和能力使他非常适合这个职位。但萨蒙·波特兰·蔡斯获得了这一殊荣。尽管这并没有动摇蒙哥马利·布莱尔对联邦事业坚定的忠诚或对亚伯拉罕·林肯总统的私人友谊，但却让布莱尔家族非常失望。在亚伯拉罕·林肯总统的第二次就职典礼之后，他立即向蒙哥马利·布莱尔提供了出使西班牙或奥地利的机会，但后者礼貌而断然地拒绝了。

尽管在 1864 年 12 月 6 日将提名提交参议院之前，亚伯拉罕·林肯总统没有公开透露他任命萨蒙·波特兰·蔡斯为首席大法官的想法，但可能从一开始他就自行做出了这一决定。萨蒙·波特兰·蔡斯的支持者们声称，亚伯拉罕·林肯总统实际上已经向萨蒙·波特兰·蔡斯许诺了这个职位。萨蒙·波特兰·蔡斯的反对者们则指望通过国务卿威廉·亨利·西沃德对萨蒙·波特兰·蔡斯的批评态度来阻挠对萨蒙·波特兰·蔡斯的任命。但亚伯拉罕·林肯总统坚决制止了所有这些个人论点的陈述。萨蒙·波特兰·蔡斯曾向亚伯拉罕·林肯总统说过一些刺耳和无礼的话，劝说亚伯拉罕·林肯总统对此不要介意的人们也没有必要为此祈祷。亚伯拉罕·林肯总统对他们说："哦，那件事我根本就不在乎。萨蒙·波特兰·蔡斯的能力，以及他在战争的一般问题上的稳健与公正是毫无疑问的。我对他的任命只有一点疑虑。他是一个志向无限高远的人，一生都在致力于成为总统，而他永远都不可能成为总统。我担心，如果我让他成为首席大法官，他只会变得更加焦躁不安，而在使自己成为总统的斗争和阴谋中忘乎所以。如果我确信，他会放弃他的愿望，安安心心地坐上法官席，心无旁骛地让自己成为一个好法官，我就毫不犹豫地提名他为首席大法官。"

亚伯拉罕·林肯总统亲笔写下了萨蒙·波特兰·蔡斯就任首席大法官的提名，并在国会开会的第二天将其送交给参议院。这一任命未经委员会的讨论，立刻获得了通过。当萨蒙·波特兰·蔡斯获悉这一喜讯的时候，他向亚伯拉罕·林肯总统致以亲切的问候，感谢他对自己的任命，并补充道："我珍惜你对我的信任和美意，这次提名比任何其他职位的提名都更让我看重。"但亚伯拉罕·林肯总统的忧虑大于希望，这是有根有据的。尽管萨蒙·波特兰·蔡斯想在他伟大的法官职位上认真履行其全部职责，但他不能将国家的政治事务抛诸脑后，他仍然认为自己有义务抵制亚伯拉罕·林肯总统在调解各方关系和仓促重建方面的有害倾向。

内阁的改组是通过逐步解体进行的，而不是通过亚伯拉罕·林肯总统的任何唐突甚至自愿的行动。司法部部长爱德华·贝茨越来越厌倦他的职位和工作，便于1864年11月底提出了辞职。地域的要求对亚伯拉罕·林肯总统的影响总是很大。他无法决定将另一个密苏里人安置在这个职位上，便将它给了肯塔基州的约瑟夫·霍尔特，但约瑟夫·霍尔特拒绝了，然后亚伯拉罕·林肯总统又将它给了詹姆斯·斯皮德。他也是一个有着很高的职业素养和社会地位的肯塔基人，他是亚伯拉罕·林肯总统早年的朋友约书亚·福瑞·斯皮德的兄弟。新年伊始，威廉·皮特·费森登先生又从缅因州当选为国会参议员，从而辞去了财政部部长的职务。因此，这个空缺的职位立刻引起了一场广泛而激烈的推荐竞争。亚伯拉罕·林肯总统希望任命纽约州的埃德温·丹尼森·摩根州长，在

约翰·帕尔默·亚瑟

遭到回绝之后，亚伯拉罕·林肯总统最终选择了印第安纳州的休·麦卡洛克，他在货币审计方面成就斐然。因此，亚伯拉罕·林肯总统原来的内阁中只有两位，国务卿威廉·亨利·西沃德和海军部长吉迪恩·韦尔斯，在他的第二次就职典礼上依然留在内阁。另外还有一个变动正在考虑之中。印第安纳州的约翰·帕尔默·亚瑟先生有一段时间曾经履行了内政部部长的职责，正如他所说的那样，他不希望亚伯拉罕·林肯总统因其两个内阁成员都来自同一个州而面临可能产生的任何尴尬，便递交了辞职书。亚伯拉罕·林肯总统接受了他的辞呈，并宣布该辞呈于"1865 年 5 月 15 日生效"。

谁也无法预料未来的悲剧事件。亚伯拉罕·林肯总统期待着自己对这个国家接下来四年多的领导，正在计划另一个慷慨的提议，以缩短冲突的时间。他与南方邦联的委员们在汉普顿路的汽船上的谈话，可能已经让他感觉到了他们绝望和焦虑的暗流。他曾告诉他们，就个人而言，他将支持政府为南方各州损失的奴隶财产、彻底停战以及自愿废除奴隶制做出慷慨的补偿。

这的确已经是宽宏大量、仁至义尽了。尽管叛军犯了所有的罪行和错误，但亚伯拉罕·林肯总统不会忘记，他们仍然是美国公民，是同一个国家的成员，是同一个血脉的兄弟。他也不会忘记，战争的目标同样是和平与自由，是维护一个政府和维持一个联邦的永久性。不仅要停止敌对行动，而且要消除纷争、猜疑和疏远。在他从汉普顿路返回的第二天，他充满了这样的想法和目的，考虑并完善了一项新的提议，旨在向叛乱诸州提供和平。1865 年 2 月 5 日晚，他召集内阁，向他们宣读了一份体现这一想法的联合决议和公告的草案，向南方叛乱诸州提供四亿美元，或相当于两百天的战争费用的一笔款项。条件是对方必须于 1865 年 4 月 1 日停止敌对行动。这笔款项按照 1860 年人口普查所显示的奴隶人口比例，以百分之六的政府债券支付，其中一半于 1865 年 4 月 1 日支付，另一半只有在第十三项修正案于 1865 年 7 月 1 日前在一定数量的州通过的条件下才可以支付。

结果证明亚伯拉罕·林肯总统比他的宪法顾问们更人道、更慷慨。他在手写的草稿上的亲笔签名记录了其呼吁和建议的结果：

> 1865年2月5日，也就是今天，这些清楚明了的文件被起草并提交内阁，遭到他们的一致反对。

> 亚伯拉罕·林肯

亚伯拉罕·林肯总统悲伤地说道："你们都反对我。"然后将那张纸折叠起来，结束了讨论。

亚伯拉罕·林肯总统的第二届任期的正式就职典礼定于 1865 年 3 月 4 日举行。庆祝官方典礼的盛况简单但令人印象深刻，与以往相比几乎没有任何变化。报纸评论的主要新奇之处是，迄今为止这个被奴役的种族第一次参与了这种公开的政治事件。黑人公民社团参加了游行，一队黑人士兵组成了护卫队的一部分。天气晴好，他们选择在国会大厦的东门廊上举行仪式，方便一大批群众的观礼。这次活动的中心内容是亚伯拉罕·林肯总统的第二次就职演说，这又是一篇杰作，丰富了联邦的政治文献，值得完整引用。

同胞们：

在这第二次宣誓就职的典礼中，不像第一次那样需要发表长篇演说。在那个时候，对于当时所要进行的事业多少做一详细的说明似乎是适当的。现在，四年任期已满，在这段战争期间的每个重要时刻和阶段中经常发布公告，所以现在几乎没有什么新的内容可以奉告。而这场战争至今仍为国人关注，而且占用了国家大量的人力、物力和财力。我们武器的进步，是一切其他问题的关键所在，公众对此情形与我一样熟悉。而且我相信，我们全体人民都有理由对此感到满意和鼓舞。既然我们对未来充满信心，那么我们也就用不着在这方面妄加预测了。

四年前在与此同样的场合里，所有人都焦虑地关注着一场迫在眉睫的内战。大家害怕它，想尽一切办法去避免它。当时我正在这里做就职演说，试图竭尽全力不通过战争而能保全联邦，然而，叛乱分子的代理人们想在这座城市不通过战争而破坏联邦，他们力图解散联邦，并以谈判的方式来分裂联邦。双方都声称反对战争，可是有一方宁愿发动战争也不愿国家幸存，另一方则宁可接受战争也不愿国家灭亡，于是，战争就爆发了。

我们全国人口的八分之一是黑奴，他们并非遍布整个联邦，而是分布于南方的局部地区。这些奴隶构成了一种特殊而巨大的利益。大家知道，这种利益可以说是这场战争的起因。为了加强、保持及扩大这种利益，叛乱分子不惜以战争来分裂联邦。而政府只不过要限制这种利益在其他地区的扩张。双方当初都没有料到这场战争的规模会发展到目前这么大，时间会持续到目前这么久。也没有想到冲突的起因会随着冲突本身的终止而终止，甚至会在冲突终止之前就终止。双方都在寻求一种代价较低的胜利，都没有期望获得根本性的和惊人的结果。双方都诵读同一本《圣经》，向同一位上帝祷告。都祈求上帝的援助以反对另一方。人们竟敢求助于公正的上帝，夺取他人用血汗换来的面包，这似乎很奇怪。可是我们不要轻易去评判人家，免得人家来评判我们。我们双方的祈祷都不能如愿，而且绝对没有全部如愿以偿。

全能的上帝自有安排。"世界有祸了，因为有作恶！因为作恶必有发生，作恶的人必有祸了。"如果我们认为美国的奴隶制就是这些罪恶中的一种，而它按照上帝的旨意在所难免，但既然已经持续了他所指定的一段时间，他现在便要消除它。如果我们认为上帝让南、北双方来经受这场惨烈的战争，将它作为对那些招致罪恶的人的责罚，我们是否可以认为，这件事有悖于信奉上帝永生的虔诚的信徒们归之于上帝的那些圣德呢？我们天真地盼望着，我们热切地祈祷着，希望这场战争的重罚可以很快地过去。可是，如果上帝要让战争继续下去，直到二百五十年来奴隶无偿劳动所积聚的财富化为乌有，并像三千年前所说的那样，直到用鞭子抽出来的每一滴血，都要用刀剑下所流的每一滴血来偿还，那么我们仍然只能说，上帝的裁判是完全正确而且公道的。

我们对任何人都不怀恶意，都怀有善心。上帝让我们看到正义，我们就坚信那是正义。让我们继续奋斗，以完成我们正在进行的工作，去治疗国家的创伤，去照顾艰苦作战的勇士的妻儿或烈士的孤儿和遗孀，尽力实现并维护我们自己之间和我国与各国之间的公正和持久的和平。

第二次听到亚伯拉罕·林肯总统讲话的观众已经能够背诵他的誓言："我郑重宣誓，我将忠实地履行美国总统的职责，并将尽我所能，保护和捍卫《美国宪法》。"他们怀着感激和信任，从这个令人难忘的活动现场回到了各自的家，他们相信，国家的命运和公民的自由都有了安全的保证，相信迄今为止，亚伯拉罕·林肯总统经历过的"严酷的磨难"表明，他有能力、勇气和意志信守誓言。

在作家和思想家们对亚伯拉罕·林肯总统的第二次就职演讲的众多评论中，没有人能像亚伯拉罕·林肯总统本人那样引起读者的兴趣。就职典礼十天后，他给一位朋友写了一封信："亲爱的特鲁·威德先生：每个人都喜欢赞美。感谢你对我小小的通告讲话和最近的就职演讲的夸赞。我希望这次就职演讲能和我创作的任何东西一样历久弥新，但我相信它不会立即风行一时。人们不会因为被证明全能的上帝和他们之间有不同的目的而感到荣幸。然而，在这种情况下，否认它，就是否认上帝对这个世界的统治。这是一个我认为需要被说出来的事实，而且，无论其中有什么耻辱，都会最直接地落在我个人身上，所以我认为其他人可能会为了我，而说出这个事实。"

没有什么比听到自己被称为文人墨客更让亚伯拉罕·林肯总统感到吃惊的了，但这个时代很少有比他更伟大的作家了。拉尔夫·沃尔多·爱默生将他与伊索相提并论。查尔斯·福布斯·雷内·德·蒙塔伦贝尔称赞他的演讲风格具有贵族的风范。他主要关心当时的政治问题，以及其中涉及的道德问题。的确，在他的作品中，主题的范围并不是很大，但处理的方式却是丰富多彩的，从巡回演讲的机智幽默、妙语连珠，到葛底斯堡演讲的能言善辩、言简意赅，再到第二次就职演讲的以德报怨、宽大为怀、悲天悯人、高瞻远瞩，他的许多词汇已经融入百姓的日常话语。

仔细研究亚伯拉罕·林肯总统的品性的人会发现这篇就职演说具有另一种含义，当然，亚伯拉罕·林肯总统自己的评论中并没有触及。这篇就职演说运用了与古希伯来预言中的火和尊严相媲美的措辞，宣告了永恒的补偿法，并将它应用于美国奴隶制的罪恶和堕落。这一永恒的补偿法不用通过费力的推断，便可以被理解为预示着在适当的时候，将兄弟般的善意作为礼物再次送给南方的意图，而这种意图已经遭到过冷遇了。这样的推论在他最后一次公开演讲的结束语中得到了进一步的证实。1865 年 4 月 11 日，星期二晚上，华盛顿的市民们聚集在亚伯拉罕·林肯总统的行政官邸外面，庆祝尤利西斯·辛普森·格兰特将军战胜了罗伯特·爱德华·李将军。然而，亚伯拉罕·林肯总统在那一场合所做的相当冗长而细致的演讲，却对过去很少提及，主要谈到了未来。它以路易斯安那州为例讨论了重建的问题，还说明了这个问题与解放奴隶、自由人的现状、南方的福利以及宪法修正案的批准之间的关系。

亚伯拉罕·林肯总统总结道："整个事件都是前所未有的新情况，以至对于具体情况和附带的问题，不可能十拿九稳地制订出专门的、不变的计划。这种专门的、不变的计划肯定会成为新的纠缠不清的问题。重要的原则可能，也必须是不可变更的。在目前的情况下，正如俗话所说的那样，我有责任向南方人民宣布一些新的消息。我正在考虑，在确信采取行动是适当的情况下，我一定会采取行动。"

谁又能怀疑，他心中正在形成的这个"新的消息"会再次包含并结合对黑人的公正和对南方白人的慷慨，以及整个国家的团结和自由呢？

第 **23** 章

里士满陷落

从亚伯拉罕·林肯总统连任的那一刻起，南方邦联的事业就注定要走向失败。在里士满和彼得斯堡，人们听到了联邦军营中，士兵们对来自北方的这个好消息致以排山倒海般的欢呼。尽管南方邦联的领导人们对此仍然保持蔑视的态度，但民众很快就有了一种预感，战争的结束已经指日可待了。希望的刺激消失了，他们开始感到物资越来越匮乏。他们的货币几乎一文不值。1864 年 10 月，三十五美元的南方邦联的货币相当于一美元的黄金。随着新年的到来，金价上涨到了六十美元。尽管南方邦联财政部偶尔也会努力干预市场，某一天将金价压低了百分之十或百分之二十，但货币依然在逐渐贬值，甚至跌到了一比一百的兑换率都无人问津。里士满市民自然会认为，食品、服装和供应品的价格高得无异于敲诈。而实际上，他们支付的价格并没有超过合理价格。花一千美元买一桶面粉足以使一个户主感到震惊，但其实际价格只有十美元，这可算不上是饥荒的代价。然而，即便是用干树叶来支付高昂的价格，在干树叶不充足的情况下，也是令人犯难的事情。而南方邦联甚至连纸币也稀缺。

尤利西斯·辛普森·格兰特将军的防线每向前推进一步，里士满都会出现新的恐慌。第一个证据始终是，受到惊吓的南方邦联当局的征兵法令和专横的命令执行得更严格了。当联邦军队攻占了詹姆斯河以北的哈里森堡之后，南方邦联的一队卫兵奉命到街上抓捕他们遇到的所有壮丁。据说医疗委员会接到命令，不能豁免连续十天没有扛过枪打过仗的壮年男子。人们不堪重负。逃兵比比皆是，以至法不责众。

随着军队的节节败退，南方邦联政府逐渐丧失了人民的信任和尊重。杰斐逊·汉密尔顿·戴维斯和他的议员们尽了最大的努力，但他们再也没有得到任何荣誉。南方邦联内部怨声四起，人们提出的要求根本就无法满足。一些州几乎要准备起义。活力的逐渐丧失使南方邦联几近瘫痪，甚至在它的核心集团内部，其活力也明显下降。迄今为止，南方邦联的国会只是杰斐逊·汉密尔顿·戴维斯总统的意志的"自动登记器"，现在却开始向他发难。1865年1月19日，它通过了一项决议，任命罗伯特·爱德华·李将军为陆军总司令。杰斐逊·汉密尔顿·戴维斯对此也只好忍了下来，尽管叛乱的国会是想借此告诉他，他对军事事务的干涉必须到此为止了。但更糟糕的是，作为这一行动的后续行动，他不得不重新起用约瑟夫·埃格尔斯顿·约翰斯顿将军，指挥军队抵抗威廉·特库姆塞·谢尔曼准将向北的胜利进军。叛军的战争部部长詹姆斯·亚历山大·塞登辞职了，因为他认为弗吉尼亚州代表团在国会的一次投票损害了他的荣誉。军队每天都会发出士气严重低落的警告。里士满政界的不满情绪越来越普遍，人们认为通过高压手段引起公众的关注是不明智的。

　　将这时候解放行动在里士满实际实施的过程记录下来，是不寻常的，也是很有意义的。奴隶财产的价值消失了。诚然，奴隶偶尔也会被卖出去，但其价格还不到战前他被买入时的价格的十分之一。但名义上的主人可以雇佣自己以前的奴隶做仆人，但几乎没有任何报酬，仅能维持一种表面上的隶属关系。事实上，任何人都可以雇佣一个黑人，而只需要支付他基本的生活费用就可以了，而基本的生活费用也是里士满的任何人，无论黑人还是白人，辛苦劳作所能得到的一切。最后，就连杰斐逊·汉密尔顿·戴维斯也屈服于这些重大事件带来的经验教训。随着解放的到来，在1864年11月的年度咨文中，他曾建议在军队中雇佣四万名奴隶，开始的确只是用作杂役，直到最后极度缺乏兵源的情况下，才让他们充当士兵。

　　1864年12月27日，朱达·菲利普·本杰明给南方邦联驻欧洲的大使约翰·斯莱德尔写了最后一份重要指示。那只不过是一声绝望的呐喊罢了。由于南方邦联为了英国和法国的利益，在与北方交战，所以朱达·菲利普·本杰明对这两个国家的态度牢骚满腹，他问道："在他们征得美国的同意之前，他们是否决心永远不承认南方邦联？"并疯狂地提出，只要欧洲这两个国家承认南方邦联独立，南方邦联愿意接受他们强加的任何条件，而且几乎不加掩饰地威胁，除非英、法两国迅速采取行动，否则南方邦联就与北方和解。南方邦联国务院结束了为期四年的毫无成果地向英、法两国求援的活动。

罗伯特·爱德华·李将军于 1865 年 2 月 9 日接管了南方邦联所有的军队。他的处境前所未有的悲观。他报告说，他的部队在哈彻斯朗已经连续打了两天仗，在冰天雪地中忍饥挨饿，已经三天没有肉食供应了。他们做出了巨大的努力，暂时避免了挨饿的危险，但缺衣少食的问题没有得到根本的解决。联邦军队正从四面八方逼近。尤利西斯·辛普森·格兰特将军那强大的左翼，每天都在向罗伯特·爱德华·李将军能够逃脱的唯一的后路推进。乔治·亨利·托马斯准将威胁着南方邦联政府与田纳西州的交通线路。菲利普·亨利·谢里丹将

围困里士满期间，联邦军修筑的工事

军最后一次率领骑兵进入谢南多厄大峡谷，消灭朱巴·安德森·厄尔利将军指挥的南方邦联军队。而威廉·特库姆塞·谢尔曼准将那威风凛凛的纵队，正由南向北稳步前进，势不可当。

此时，罗伯特·爱德华·李将军做出了一次独特而重大的谈判尝试。南方人民对他十分信任，而里士满政府却在迅速失去民心，以致他本来完全可以得到公众的支持，并迫使他的行政长官同意他认为任何有利于实现和平的措施。他和其他人很容易由此得出完全错误的结论，即尤利西斯·辛普森·格兰特将军与联邦政府和人民的关系类似于他与南方邦联政府和南方人民的关系。詹姆斯·朗斯特里特将军向罗伯特·爱德华·李将军报告，说他与爱德华·奥索·克雷萨普·奥德将军打着休战旗交换战俘的时候曾经交谈过。爱德华·奥索·克

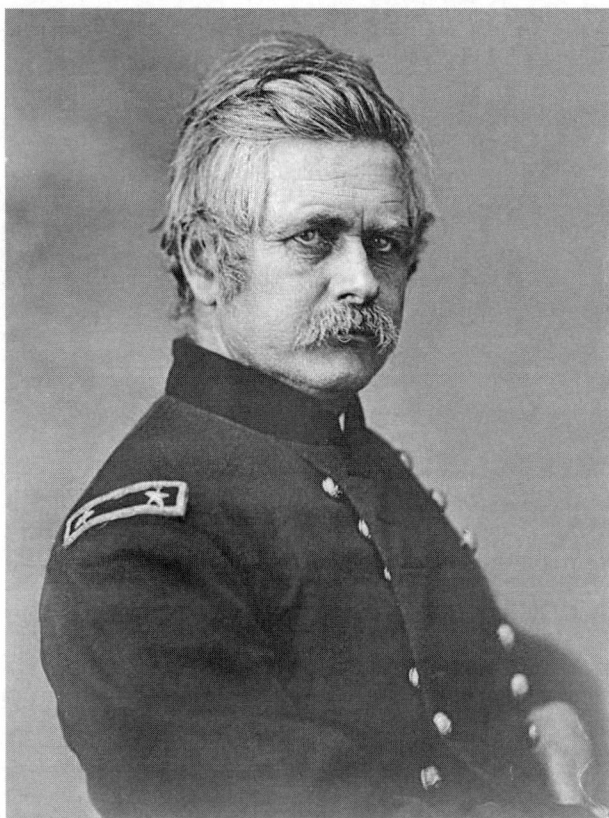

爱德华·奥索·克雷萨普·奥德

雷萨普·奥德将军表示，如果罗伯特·爱德华·李将军有权提议面谈，尤利西斯·辛普森·格兰特将军不会拒绝接受，以期"通过军事会议满意地走出目前不愉快的困境"。因此，罗伯特·爱德华·李将军以此为借口，在杰斐逊·汉密尔顿·戴维斯的授权下，给尤利西斯·辛普森·格兰特将军写了一封信，提议会见尤利西斯·辛普森·格兰特将军，希望"将有争议的问题提交上述的会议是可行的"，自称"已获得授权做任何提议的面谈的结果认为必要的事情"。

尤利西斯·辛普森·格兰特将军立刻发电报，将这些提议向联邦政府做了汇报。战争部部长埃德温·麦克马斯特斯·斯坦顿在国会大厦收到了这封电报，按照习惯，亚伯拉罕·林肯总统总是在国会开会的最后一晚住在国会大厦，以便签署法案。埃德温·麦克马斯特斯·斯坦顿将电报交给亚伯拉罕·林肯总统。他默默地读完，没有向任何人征求意见或建议，而是拿起笔，以他一贯的缓慢和精确的方式，用战争部部长埃德温·麦克马斯特斯·斯坦顿的名义写了一份急件，交给国务卿威廉·亨利·西沃德阅罢，然后交给战争部部长埃德温·麦克马斯特斯·斯坦顿签字并寄出。这份急件的语言体现了亚伯拉罕·林肯总统是一位经验丰富、信心十足、恪尽职守的统治者："亚伯拉罕·林肯总统让我告诉你，他希望你不要与罗伯特·爱德华·李将军会谈，除非是为了罗伯特·爱德华·李将军的军队的投降，或是为了一些小的或纯粹的军事问题。他让我告诉你，你不能决定、讨论或商议任何政治问题。亚伯拉罕·林肯总统会亲自处理这些政治问题，不会将它们提交给任何军事会议。同时，你要最大限度地发挥你的军事优势。"

尤利西斯·辛普森·格兰特将军回复罗伯特·爱德华·李将军，说他无权同意他提议的面谈，并解释说，罗伯特·爱德华·李将军一定是误解了爱德华·奥索·克雷萨普·奥德将军的话。这使南方邦联当局失去了妥协的最后一线希望，而通过妥协至少可以避免彻底失败或无条件投降。

1865年3月初，罗伯特·爱德华·李将军回到里士满，与杰斐逊·汉密尔顿·戴维斯就他认为迫在眉睫的危机需要采取的措施举行会谈。罗伯特·爱德华·李将军从来没有赞同国会在授予他最高军事权力的同时，有意对杰斐逊·汉密尔顿·戴维斯表示轻蔑，而是自始至终视杰斐逊·汉密尔顿·戴维斯视为军队的总司令。杰斐逊·汉密尔顿·戴维斯和罗伯特·爱德华·李将军之间的直接矛盾，在于前者如何对待后者对形势的必要性所做的陈述。杰斐逊·汉密尔顿·戴维斯建议立即从里士满撤出，但罗伯特·爱德华·李将军说，他的马匹瘦骨嶙峋，在目前的状况下不能上路，他必须等待。另一方面，有人引述罗伯特·爱德华·李将军的话，说他希望撤退到斯汤顿河对岸，他可能从那里无限期地拖延战争，但杰斐逊·汉密尔顿·戴维斯否决了他。然而，双方都同意，里士满迟早必然会被放弃，下一步行动应该是到丹维尔。

但在罗伯特·爱德华·李将军永远背弃他曾如此坚定不移地防守过的防线之前，他决定重整旗鼓，突出重围。他将一半的军队交给约翰·布朗·戈登将

约翰·布朗·戈登

约翰·格拉布·帕克

军指挥，命令他突破斯特曼堡的联邦防线，占领他们身后的高地。一个月前，尤利西斯·辛普森·格兰特将军预见到了罗伯特·爱德华·李将军会采取这样的行动，便命令约翰·格拉布·帕克将军准备迎接对他的集中袭击，并让他的指挥官们做好准备，将他们所有的弹药都用在防守较弱的地方，并补充道："在这方面，只要你愿意，我并不反对敌人通过防线。"这句极具个人风格的话，明白无误地展示了尤利西斯·辛普森·格兰特将军的性格品质和娴熟的军事技能与素质。在这样的将才领导下的军队的防线无异于陷阱，而进入这样的防线则无异于自杀。

　　1865 年 3 月 25 日 4 时 30 分，约翰·布朗·戈登将军的军队开始了勇猛的进攻。它最初的成功是由于单一的原因。他们选择了逃兵们进入联邦战线时最常用的地点。最近，南方邦联的士兵成群结队地逃进联邦军队的战线。因此，当约翰·布朗·戈登将军的小规模战斗人员从黑暗中偷袭过来的时候，却被误认为是一大群逃兵，他们在没有开枪的情况下，就冲过了几个警戒哨。突击队立刻跟进，匆匆占领了堑壕，几分钟后就占领了斯特曼堡右边的主线，接着占领了斯特曼堡。黑暗中很难分清敌友，因此，约翰·格拉布·帕克将军有一段时间没能取得任何进展，但随着天越来越亮，他的部队向四面八方推进，以修补缺口，并干净利落地收拾了南方邦联先遣队，夺回了斯特曼堡，在大炮威力无比的交叉火力下，几乎没有几个南方邦联的士兵能退回自己的阵线。此外，这并不是南方邦联遭受的唯一损失。安德鲁·阿特金森·汉弗莱斯将军和霍雷肖·古弗尼尔·赖特将军在联邦军队的左翼，他们确定约翰·格拉布·帕克将军自己能够应付敌人，便立即开始搜查他们前线的敌人，看敌人是否已经被削

安德鲁·阿特金森·汉弗莱斯

弱到无法支持约翰·布朗·戈登将军的攻击。他们发现敌人的力量并没有太大的削弱，但了解了这一情况后，他们夺取了敌人最前面的警戒线，这让联邦军队在下一周的战斗中获得了不可估量的优势。

尤利西斯·辛普森·格兰特将军有一段时间最担心罗伯特·爱德华·李将军会放弃自己的防线。但尽管他急于进攻，他也不得不面对让罗伯特·爱德华·李将军滞留在里士满的那糟糕的路况，加上另一个原因，尤利西斯·辛普森·格兰特将军的进攻也被耽搁了。直到菲利普·亨利·谢里丹将军在谢南多厄大峡谷完成了分配给自己的任务，并与彼得斯堡的联邦军队或威廉·特库姆塞·谢尔曼准将的军队会合之后，尤利西斯·辛普森·格兰特将军才决定采取行动。然而，1865 年 3 月 24 日，就在约翰·布朗·戈登将军为第二天的出击做准备的那一刻，尤利西斯·辛普森·格兰特将军发布了命令，要求向左翼进行大规模的运动，以结束战争。他本来打算于 1865 年 3 月 29 日再开始行动，但罗伯特·爱德华·李将军于 1865 年 3 月 25 日不顾一切的突围使他相信，再也不能贻误战机了。菲利普·亨利·谢里丹将军于 1865 年 3 月 26 日到达了锡蒂波因特。威廉·特库姆塞·谢尔曼准将从北卡罗来纳州过来，短暂停留了一天。亚伯拉罕·林肯总统也在那里，他与这些著名的亲密战友进行了一次有趣的会谈，之后，威廉·特库姆塞·谢尔曼准将回到了戈德斯伯勒，尤利西斯·辛普森·格兰特将军开始用比平时更多精力和意志将他的军队向左翼推进。

这是一支伟大的军队，是政府所有的权力和智慧、人民所有的奉献、士兵们所有的悟性和经验，以及军官们在一场伟大的战争中发展起来的所有能力的结晶。统领一切的是尤利西斯·辛普森·格兰特将军，这个国家在他身上看到了有史以来最非凡的军人气质。在最后一次战斗中，双方投入的兵力引起了无休止的争论。几乎可以确定的是，联邦军队所有武器的总数是十二万四千七百支。南方邦联军队所有武器的总数是五万七千支。

尤利西斯·辛普森·格兰特将军的计划，正如他在 1865 年 3 月 24 日的指示中宣布的那样，首先是派菲利普·亨利·谢里丹将军去摧毁南侧铁路和丹维尔铁路，同时向左翼派出重兵，以确保这次袭击的成功，然后转向罗伯特·爱德华·李将军的阵地。但尤利西斯·辛普森·格兰特将军的行动时刻都在发生变化，在他离开冬季司令部的前一天，他放弃了这个相对狭隘的计划，采用了他为获得无上荣誉而实施的更大胆的计划。他命令菲利普·亨利·谢里丹将军不要去攻占铁路，而是向敌人的右后方推进，他写道："我现在想结束这场战争。……在这里，我们将团结一致，齐心协力，直到我们能想方设法地对付敌人为止。"

1865 年 3 月 30 日，菲利普·亨利·谢里丹将军来到了五路口，他在那里发现了敌人的重兵。罗伯特·爱德华·李将军对尤利西斯·辛普森·格兰特将军的行动感到十分震惊，他派了一支精锐的分遣队来控制那个重要的岔路口，并在白橡树岭上亲自指挥其余的部队。1865 年 3 月 29 日晚上开始，持续二十四小时以上的暴雨极大地阻碍了军队的前进。1865 年 3 月 31 日，古弗内尔·肯布尔·沃伦将军正朝白橡树岭前进，却遭到了罗伯特·爱德华·李将军

古弗内尔·肯布尔·沃伦

乔治·爱德华·皮克特

的袭击，被赶回了主防线。但他又重新集结起来，于当天下午又迫使罗伯特·爱
德华·李将军的军队退回了他们的防御工事。菲利普·亨利·谢里丹将军同时
遭到了乔治·爱德华·皮克特将军指挥的一支庞大的步兵和骑兵的阻击，也被
迫后撤，但他且战且退，顽强地战斗到了丁威迪法院，他希望在天黑时从那里
向尤利西斯·辛普森·格兰特将军报告他的情况。尤利西斯·辛普森·格兰特
将军比菲利普·亨利·谢里丹将军本人更心烦意乱，为了白天集中精力对付菲
利普·亨利·谢里丹将军前面的那部分敌人，他整晚都在下达命令、提供建议。
但乔治·爱德华·皮克特将军却在晚上率领军队，悄悄地退出了阵地，在五路

五路口战役

口摆开了坚不可摧的阵地战的架势。1865 年 4 月 1 日，菲利普·亨利·谢里丹将军尾随他至此，再次运用了他在谢南多厄大峡谷的成功策略，彻底粉碎了罗伯特·爱德华·李将军的右翼。

五路口战役本应结束这场内战。罗伯特·爱德华·李将军的右翼被彻底粉碎，其防线一直向西延伸，直到被攻破。他再也没有希望拯救里士满，甚至没有希望推迟它的陷落。但显然，罗伯特·爱德华·李将军认为，即使是一天的拖延也对里士满的南方邦联政府有利，并且他在弗吉尼亚州北部留下的军队，依然纪律严明，它能以毫不动摇的精神完成分派给它的所有任务。尤利西斯·辛普森·格兰特将军担心罗伯特·爱德华·李将军可能会离开彼得斯堡，在白橡树岭打败菲利普·亨利·谢里丹将军，便命令于 1865 年 4 月 2 日 4 时全线发动进攻，他的指挥官们都积极响应。而罗伯特·爱德华·李将军并没有打算在前一天受到如此严重的打击后再去攻击任何人，只能仓促准备，勉强应战。

记录接下来的恶战是令人心痛的。霍雷肖·古弗尼尔·赖特将军在攻打费希尔堡和沃尔什堡的战斗中，在占领它们的十五分钟的残酷的冲突中损失了一千一百人。其他司令部的情况几乎不比他好多少，联邦军队和南方邦联军队都奋不顾身、视死如归。当我们想到这场战争胜负已定，所有这些英雄的鲜血都白流了的时候，我们就难以理解，甚至会为他们的行为感到痛苦。从阿波马托克斯河到韦尔登路，南方邦联军队慢慢地撤回到他们内线的防御工事中去。罗伯特·爱德华·李将军看着疲惫虚弱的部队在联邦军队强大的攻势面前节节败退，便给里士满的南方邦联政府写了一封信，宣布他将把主要目标放在丹维尔路上，撤离是现在唯一可行的方法，并为此做好了准备。

一些南方作家对尤利西斯·辛普森·格兰特将军于 1865 年 4 月 2 日没有攻击和摧毁罗伯特·爱德华·李将军的军队表示惊讶。但这种观点是马后炮，说起来容易做起来却很难。联邦军队的左翼步行了十八个小时，打了一场重要的战役，前进了好几英里，又后退了好几英里，现在又遭遇了詹姆斯·朗斯特里特将军精力充沛的军团据守的坚固的防御工事，而约翰·格拉布·帕克将军则需要密切关注彼得斯堡南侧的约翰·布朗·戈登将军的部队的动向。尤利西斯·辛普森·格兰特将军预料到罗伯特·爱德华·李将军将提前从他的大本营撤退，明智地决定避免对彼得斯堡内线的直接攻击所造成的物资浪费和流血牺牲。他命令菲利普·亨利·谢里丹将军截断罗伯特·爱德华·李将军的退路。派安德鲁·阿特金森·汉弗莱斯将军去增援菲利普·亨利·谢里丹将军。然后，于 1865 年 4 月 2 日 5 时下令进行全面轰炸，6 时发动攻击，然后让他自己和士兵们得到一点来之不易和迫切需要的休息。

白天，尤利西斯·辛普森·格兰特将军给在锡蒂波因特的亚伯拉罕·林肯总统发了电报，向他汇报了瞬息万变的军情。他将俘虏看作是净收益。他厌倦了杀戮，希望战争以尽可能少的流血来结束。周日下午，他高兴地总结道："从军队开始轰炸以来，所有的俘虏将不少于一万二千人，可能还有五十门大炮。"

罗伯特·爱德华·李将军竭尽全力拯救军队，并将其从詹姆斯河上无法防守的阵地引向一个他可以与北卡罗来纳州的约瑟夫·埃格尔斯顿·约翰斯顿将军会合的地方。为此，他选择了位于南侧铁路和丹维尔铁路交叉口的伯克维尔，在里士满西南五十英里处,从那里能很快到达丹维尔,也容易与约瑟夫·埃格尔斯顿·约翰斯顿将军会合。即便如此,罗伯特·爱德华·李将军仍然抱着这样一种错觉:这只是一场失败的战役,他可能会在另一个战场上无限期地继续这场战争。夜幕降临时,一切准备就绪,罗伯特·爱德华·李将军在通往阿梅利亚法院的路口下了马,这是第一个集合点,他指示要将补给送到这里,他看着自己的部队在黑暗中无声地排着队。到了1865年4月3日3时,罗伯特·爱德华·李将军完全放弃了彼得斯堡。4时30分,彼得斯堡正式向联邦军队投降。乔治·戈登·米德将军向尤利西斯·辛普森·格兰特将军报告了这一消息,尤利西斯·辛普森·格兰特将军命令他立即将军队向阿波马托克斯河上游推进。尤利西斯·辛普森·格兰特将军猜到罗伯特·爱德华·李将军的意图,也给菲利普·亨利·谢里丹将军下达了命令,让他火速赶往丹维尔铁路。

就这样,逃跑和追击几乎同时开始。弗吉尼亚州北部那支健步如飞的南方邦联军队正在疲于奔命。尤利西斯·辛普森·格兰特将军表现出了比平常更多韧性和精力,他不仅在敌人后面步步紧逼,还紧紧地牵制住了敌人的侧翼,而且竭尽全力想冲到敌人前面去。他甚至不允许自己第一时间享受进入里士满的快乐,里士满在1865年4月3日早上就向戈德弗雷·威泽尔将军投降了。

那一整天,罗伯特·爱德华·李将军都在朝着阿梅利亚法院推进。除了骑兵队伍偶尔会与联邦军队遭遇冲突,一路上几乎没有打仗。当罗伯特·爱德华·李将军于1865年4月4日到达阿梅利亚法院时,感到非常失望。他曾下令将补给运到那里,但他那饿得半死的部队没有找到等待他们的食物,所以接下来的二十四小时几乎都浪费在为人和马收集食物和饮用水上了。当罗伯特·爱德华·李将军的军队于1865年4月5日晚上再次出发时,整个追击的联邦部队都在南边,一直延伸到了敌人的西边。尤利西斯·辛普森·格兰特将军占领了伯克维尔。封锁了通往丹维尔的道路。切断了南方邦联的粮食供应。罗伯特·爱德华·李将军被迫改变路线,转而前往西边的林奇堡,而他注定永远也无法到达那里了。

尤利西斯·辛普森·格兰特将军本来打算于1865年4月6日上午在阿梅

戈德弗雷·威泽尔

利亚法院袭击罗伯特·爱德华·李将军，但得知他转向西行之后，乔治·戈登·米德将军立即开始追击，很快便追上了罗伯特·爱德华·李将军的军队，并一路尾随。接着是一场战线长达十四英里的运动战，敌人以惊人的敏捷和灵活，不时地停住脚步，阻击尾随的联邦军队。一部分南方邦联军队不时地躲进堑壕，却被联邦军队逐出了每一个阵地。与此同时，联邦骑兵不断地骚扰行进中的南方邦联军队的左翼，并对他们的运输车队造成了极大的破坏。他们还烧毁了罗伯特·爱德华·李将军司令部的行李，包括大量的统计表和报告，给历史造成了巨大的损失。在一条向北流入阿波马托克斯河的名叫赛勒溪的小溪附近，理查德·斯托德·埃维尔将军的军队被逼入绝境，发生了重要的战斗。罗伯特·爱

理查德·斯托德·埃维尔

德华·李将军这一天在那里和其他地方总共损失了八千人，他的几个将军也成了战俘。这一天的战斗对于国家权威具有不可估量的价值。菲利普·亨利·谢里丹将军准确无误地看到了它的重要性，他在草草写就的报告的结尾写道："如果我们步步紧逼，我想罗伯特·爱德华·李将军会投降的。"尤利西斯·辛普森·格兰特将军将这封急件寄给了亚伯拉罕·林肯总统，随即得到了亚伯拉罕·林肯总统的批复："那你们就步步紧逼好了。"

事实上，1865年4月6日夜幕降临后，罗伯特·爱德华·李将军的军队只能像一只折翼的鸟一样绝望而无助地扑腾，再也没有逃跑的可能了。但罗伯特·爱德华·李将军发现很难放弃多年的幻想。夜幕一降临，他就又开始了人困马乏的向西的逃亡。1865年4月7日的一次小小的成功再次鼓起了罗伯特·爱德华·李将军的希望，但他的部下却没有分享他的乐观情绪。他的一些主要的指挥官相信，继续抵抗是无用的，于是，建议他投降。罗伯特·爱德华·李将军告诉他们，还有很多人不想放下武器。但在同一天，尤利西斯·辛普森·格兰特将军发来了一份礼貌的召唤令。罗伯特·爱德华·李将军问尤利西斯·辛普森·格兰特将军愿意提供什么条件。还没有等到答复，罗伯特·爱德华·李将军又让他的部下行动起来，1865 年 4 月 8 日，逃亡和追击继续，他们穿过弗吉尼亚州一片春机盎然的绿色原野。在那之前，敌对的军队都没有到过那里。

菲利普·亨利·谢里丹将军以闻所未闻的努力，终于完成了重要的使命，让自己稳稳当当地挡在了罗伯特·爱德华·李将军撤退的路线上。1865 年 4 月 8 日黄昏，他的先遣部队占领了阿波马托克斯车站和四列补给列车。不久之后，一次侦察发现罗伯特·爱德华·李将军的全部军队正朝这条路走来。尽管菲利普·亨利·谢里丹将军除了骑兵以外什么都没有，但他决心要抓住他所获得的不可估量的优势，并请求尤利西斯·辛普森·格兰特将军火速派来所需的步兵支援。他说，如果罗伯特·爱德华·李将军当晚到达他那里，他们"第二

阿波马托克斯车站

天早上也许就已经完成了任务"。提到前面说起的谈判，菲利普·亨利·谢里丹将军带着非凡的先见之明补充道："我认为，除非罗伯特·爱德华·李将军被迫投降，否则他是不会主动投降的。"

尤利西斯·辛普森·格兰特将军回答罗伯特·爱德华·李将军关于自己能提供什么条件的问题时，他说他坚持的唯一条件是，应该取消投降的官兵再次拿起武器的资格，直到适当地交换战俘为止。罗伯特·爱德华·李将军否认自己有任何投降的意图，但提议与尤利西斯·辛普森·格兰特将军会面，讨论恢复和平的问题。从他的报告看来，直到 1865 年 4 月 8 日晚，他都无意停战。他希望第二天早上只有联邦骑兵挡在他面前，并认为，当他自己在后面用不切实际的商议来取悦尤利西斯·辛普森·格兰特将军时，其余步兵可以突破对方的防线。但当他到达他建议的会面地点时，他收到了尤利西斯·辛普森·格兰特将军礼貌但坚决拒绝参加政治谈判的消息，以及一支强大的步兵部队挡住了道路并控制了邻近的山丘和山谷的消息。南方邦联军队的行军永远结束了，罗伯特·爱德华·李将军突然意识到自己面临的现实情况，他下令停止敌对行动，并写了另一封信给尤利西斯·辛普森·格兰特将军，要求会谈，商量投降事宜。

1865 年 4 月 9 日，会谈在阿波马托克斯村边的威尔默·麦克林恩家里举行。罗伯特·爱德华·李将军在门口迎接尤利西斯·辛普森·格兰特将军，将他带到一个几乎没有任何家具的小客厅里，那里很快就挤满了联邦军队主要的指挥官。陪同罗伯特·爱德华·李将军的只有秘书查尔斯·马歇尔上校。简短的交谈之后，罗伯特·爱德华·李将军询问要求他的军队投降的条件。尤利西斯·辛普森·格兰特将军就这些问题做了简要说明，并写了下来。官兵们将被有条件地释放，武器、火炮和公共财产将移交给指定接收他们的军官。尤利西斯·辛普森·格兰特将军补充道："这不包括军官们的随身武器，也不包括他们的私人马匹或行李。这样的话，只要所有的官兵们遵守假释条件和他们居住地的现行法律，都将获准回到他们的家中，并不会受到联邦政府的干扰。"

尤利西斯·辛普森·格兰特将军在他的备忘录中说，直到他将笔放到纸上的那一刻，他还没有想好要写什么。他口头提出的条件，顺手就写了下来。他

尤利西斯·辛普森·格兰特与罗伯特·爱德华·李会面

本来可能就在那里停下来了，但心头又涌起了对这位勇敢的对手的同情，便又加上了那句极其慷慨的条款，就这样完成了这份文件。当他看到罗伯特·爱德华·李将军的佩剑，才想起要加上那句允许军官们保留随身武器的话语。显然他自己也没有想到，他会说出最后那句话。实际上，他并没有权力原谅和赦免罗伯特·爱德华·李将军军队中的每一个人，这是他前一天拒绝考虑的，也是亚伯拉罕·林肯总统 1865 年 3 月 3 日的命令中明确禁止他做的。然而，这场胜利带来的喜悦是如此之大，政府和人民对他的英雄军队的感激之情也是如此之深，以至亚伯拉罕·林肯总统接受了他给南方邦联军队写下的条件，并原谅了他越权执行总统的赦免权的行为。然而，必须注意的是，几天后，它导致尤利西斯·辛普森·格兰特将军最伟大的将领们犯了一个严重的错误。

罗伯特·爱德华·李将军一定既惊讶又高兴地读了那份备忘录。他提出了另一条建议，即让拥有自己马匹的骑兵和炮兵将马匹带回家种庄稼，并获得了同意。他又写了一份接受投降条件的简短回复。然后他说，他的军队正在忍饥挨饿，要求尤利西斯·辛普森·格兰特将军为他们提供粮食和饲料，尤利西斯·辛

普森·格兰特将军不假思索就答应了，询问需要多少人的口粮。罗伯特·爱德华·李将军回答说："大约有两万五千人。"尤利西斯·辛普森·格兰特将军立刻下令按这个人数发放口粮。事实证明，投降的南方邦联军队的人数远不止这些，签名获得假释的人员总计为两万八千二百三十一人。如果再加上尤利西斯·辛普森·格兰特将军前一周捕获的俘虏，以及成千上万放弃南方邦联失败

邦联军放下武器投降

的事业，从每一条通往家园的小路上逃跑的官兵，我们就不难想象，当尤利西斯·辛普森·格兰特将军的炮手"开始轰炸"的时候，罗伯特·爱德华·李将军指挥的军队有多么庞大。

通过这些简短而简单的手续，现代最重要的一件大事得以结束。联邦军队的炮手准备发射二十一响礼炮，以示庆贺，但尤利西斯·辛普森·格兰特将军禁止任何人对败军表示欢庆的行为，他希望他们不再是敌人。第二天，他骑着马到南方邦联的队伍里去拜会罗伯特·爱德华·李将军，并与他告别。他们带着礼貌而良好的祝愿离开了。尤利西斯·辛普森·格兰特将军没有停下来看看他攻下来的城市，也没有停下来看看让他长期处于困境中的南方邦联军队的庞大的防御体系，而是匆匆赶往华盛顿，只想早日结束战争带来的浪费和负担。

南方邦联当局从里士满逃离的过程，伴随着疯狂的焚烧和破坏。1865 年 4 月 2 日，星期天晚上，杰斐逊·汉密尔顿·戴维斯带着内阁和重要文件，乘坐一列拥挤而超载的火车，匆匆离开了这座注定会陷落的城市。弗吉尼亚州的议会成员和州长则坐船经运河驶向林奇堡。疯狂的居民们慌不择路，他们运用所有可用的交通工具，急于在联邦军队玷污他们的首都之前逃走。到了第二天清晨，当南方邦联军队离开时，一场大火已经开始点燃。叛军的国会通过了一条法律，下令烧毁政府的烟草和其他公共财产。军事指挥官理查德·斯托德·埃维尔将军，声称他承担违反这条法律的责任，他不会下令烧毁这些物资。尽管如此，这座城市的各个地方还是发生了火灾。前一天晚上，一伙鱼龙混杂的暴徒，在酒精的作用下，吵吵嚷嚷地从一家商店冲到另一家商店，破门而入，肆无忌惮、贪得无厌地掠夺和抢劫。公德心丧失了，整个社会的结构似乎崩塌了。监狱里的犯人战胜了他们的守卫，出现在街道上，陶醉于自由之中。这群大呼小叫、活蹦乱跳的恶魔们，最后给混乱的局面增添了极大的恐怖。

很有可能，正是这场灾难的严重性和迅速性恰恰减轻了其可怕的后果。在短短的一天时间内，烧毁包括里士满仓库、制造厂、磨坊、军需库和商店等全部商业区在内的七百座建筑物，是如此突然、如此出人意料、如此令人惊愕的灾难，结果连那些犯下如此滔天罪行的人也被吓住了。暴徒们掠夺而来的财物如此丰富，满足了他们快速暴富的贪欲。于是，他们慢慢散去了。

在新的饥荒出现之前，援助就在眼前。接管了里士满的戈德弗雷·威泽尔将军，将他的司令部设在最近被杰斐逊·汉密尔顿·戴维斯占用的房子里，并立即着手救灾工作。他组织了有效的灭火行动，扑灭了到目前为止还在熊熊燃烧的大火。向由于叛军国会无情的行动而遭受饥饿折磨的穷人发放口粮。恢复社会秩序和公民的权利。在里士满的白人居民看来,一支协助这项崇高的救援工作的黑人军团,一定是他们杯中的最后一滴苦酒。

1865年4月4日上午,亚伯拉罕·林肯总统来到了这个满眼断垣残壁、瓦砾废墟的南方邦联的首都。在世界历史上,从来没有一个强大国家的领导人和一场大规模叛乱的征服者,以如此谦逊和简单的方式进入叛乱者被攻克的主要城市。两周前,亚伯拉罕·林肯总统去了锡蒂波因特,会见了尤利西斯·辛普森·格兰特将军,和当时在尤利西斯·辛普森·格兰特将军的参谋部工作的自己的大儿子罗伯特·托德·林肯上尉。亚伯拉罕·林肯总统带着可能是他在整个总统任期中最轻松惬意的心情,舒适自在地坐着送他来的汽船,在尤利西斯·辛普森·格兰特将军的陪同下参观了各个军营,所到之处,士兵们都欢呼雀跃,向他致以满怀敬意和爱戴的问候。他还在那里接见了刚从胜利的行军中归来的威廉·特库姆塞·谢尔曼准将。当尤利西斯·辛普森·格兰特将军展开对罗伯特·爱德华·李将军的决定性的追击之后,亚伯拉罕·林肯总统仍然留在锡蒂波因特。正是在那里,他接到了里士满陷落的消息。

从接到这条消息的那一刻起到次日上午,在还没有收到有关里士满大火的任何消息之前,尤利西斯·辛普森·格兰特将军为亚伯拉罕·林肯总统和戴维·迪克森·波特上将安排了一次对里士满的访问。访问开始时采取了充分的预防措施。亚伯拉罕·林肯总统乘坐他自己的"大河女王"号汽船,还有一艘"蝙蝠"号护卫船,和一艘在锡蒂波因特用来从汽船上登陆的拖船。戴维·迪克森·波特上将乘坐"马尔文"号旗舰,还有一艘载着一支小型骑兵护卫队和救护车的运输船随行前往。但河水中的障碍物很快就使这支队伍无法以这种方式前进。一次次意想不到的事故迫使他们连小船都弃之不用。直到最后,大家都坐上戴维·迪克森·波特上将的船,不带任何护卫,由十二名水手划着继续前进。亚伯拉罕·林肯总统就这样来到了里士满,在利比监狱附近登陆。当这支来访的队伍上岸时,街道上已经挤满了"违禁者",因为亚伯拉罕·林肯总统可能会到来的消息已经在城里传开了。他们在这些"违禁者"中找了一个向导。十名配备着卡宾枪的水手组成了一个护卫队,六人在前,四人在后,亚伯拉罕·林肯总统、戴维·迪克森·波特上将和随行的三名军官走在中间,他们大概走了一英里半,才到达里士满市中心。

我们可以很容易地想象这样的一幅画面:逐渐聚集起来的人群,主要是黑人,跟随着一小群海军陆战队员和军官,亚伯拉罕·林肯总统高大的身躯走在中间。当人群了解到这确实是亚伯拉罕·林肯总统之后,他们用黑人独有的生动而奇特的方式,表达他们的喜悦和对亚伯拉罕·林肯总统的感激。我们也很容易想象,在这个令人厌烦甚至有些鲁莽的行程中,那些负责亚伯拉罕·林肯总统的安全的人该有多么紧张焦虑,因为他们穿过的是一座火焰还没有完全熄灭的城市,那里的白人居民心怀怨恨,他们随时都有可能将他们的悲伤和愤怒,发泄到这个他们视为给自己带来不幸的人身上。幸运的是,亚伯拉罕·林肯总统并没有发生意外。到达戈德弗雷·威泽尔将军的司令部之后,亚伯拉罕·林肯总统下榻在杰斐逊·汉密尔顿·戴维斯担任南方邦联总统时的官邸。一天的巡视结束后,他乘坐汽船回到了华盛顿。

第 **24** 章

俘虏杰斐逊·汉密尔顿·戴维斯

在里士满期间，亚伯拉罕·林肯总统两次会见了叛军的战争部部长约翰·阿奇博尔德·坎贝尔，他没有陪同其他叛乱的官员逃跑，而是选择服从联邦政府。约翰·阿奇博尔德·坎贝尔曾是参加汉普顿路会议的南方邦联和平委员会的一员，亚伯拉罕·林肯总统现在给了他一份书面的备忘录，实质上重复了他当时向南方邦联提出的条件。根据约翰·阿奇博尔德·坎贝尔的建议，如果允许弗吉尼亚州议会召开会议，它将立即废除其分裂条例，并从战场上撤出所有弗吉尼亚州的军队。约翰·阿奇博尔德·坎贝尔还允许为此目的召集议会的成员，但这场集会演变成了议员们对战争的政治后果的评判，所以很快就被取消了。

　　杰斐逊·汉密尔顿·戴维斯及其内阁成员逃往丹维尔，在他们抵达丹维尔的两天后，这位叛军的总统再次努力，试图点燃南方人的激情，他宣布："我们现在进入了一个新的斗争阶段。我军不必再固守某一个特定的地点，可以自由地从一个地点转移到另一个地点，彻底地打击远离其根据地的敌人。让我们为自由而战吧"。并铿锵有力地宣布，他绝不会将哪怕一英尺的土地让给侵略者。

　　当罗伯特·爱德华·李将军的军队投降的消息和联邦骑兵正向南推进到了丹维尔以西的消息传来时，杰斐逊·汉密尔顿·戴维斯煽动人心的演讲稿上的墨水几乎还没有干透。于是，南方邦联政府又匆匆整理档案，逃到了北卡罗来纳州的格林斯博罗，在那里，杰斐逊·汉密尔顿·戴维斯将他的总部谨慎地设在火车站的火车上。然后他派人去请约瑟夫·埃格尔斯顿·约翰斯顿将军和皮埃尔·古斯塔夫·图坦特·博雷加德将军参加会议，与会的还有逃亡的政府官员们。这场会议的气氛很尴尬，因为杰斐逊·汉密尔顿·戴维斯仍然"执意"相信南方邦联会成功，这种愿望是如此强烈，以致他无法看清真正令人绝望的局势，而将军们和大多数内阁成员都一致认为他们的事业失败了。这场军事会议结束后，约瑟夫·埃格尔斯顿·约翰斯顿将军回到他的军队，开始与威廉·特库姆塞·谢尔曼准将谈判。第二天，也就是 1865 年 4 月 14 日，杰斐逊·汉密尔顿·戴维斯和他的随行人员离开格林斯博罗，继续向南行进。

威廉·特库姆塞·谢尔曼准将去锡蒂波因特拜会完亚伯拉罕·林肯总统后回到戈德斯伯勒，立即着手重组军队、补充物资。他仍然认为自己面临着一场硬仗。甚至在 1865 年 4 月 6 日，当他接到里士满陷落，罗伯特·爱德华·李将军以及南方邦联政府逃亡的消息时，他也无法完全理解联邦军队到底取得了多大的胜利。威廉·特库姆塞·谢尔曼准将对尤利西斯·辛普森·格兰特将军推崇备至，差点就将他当成了自己的偶像。然而，他长期以来对罗伯特·爱德华·李将军的敬重使他认为，罗伯特·爱德华·李将军会以某种方式脱身，并至少率领一部分弗吉尼亚州北部的军队，在他的前线与约瑟夫·埃格尔斯顿·约翰斯顿将军会合。当威廉·特库姆塞·谢尔曼准将得知罗伯特·爱德华·李将军已经在阿波马托克斯投降时，他已经开始向约瑟夫·埃格尔斯顿·约翰斯顿将军进军了。

毫无疑问，威廉·特库姆塞·谢尔曼准将再也不用担心两支南方邦联军队的联合了，现在，除了约瑟夫·埃格尔斯顿·约翰斯顿将军的部队逃亡并分散成了很多游击队之外，他没有什么可怕的了。如果他们逃跑了，他觉得他就抓不到他们了。他们可能会在无边无际的原野中四散开来，再会合联手，这样就会无限期地继续一场游击战。威廉·特库姆塞·谢尔曼准将不可能料到意志坚定的敌人已经在战争中五脏俱损了。他也不可能料到，只有一群穿越南、北卡罗来纳州的松林，逃离了不存在的危险的政治家们，才渴望更多战斗。

1865 年 4 月 13 日早晨，威廉·特库姆塞·谢尔曼准将进入罗利市，将纵队的排头转向西南方向，希望切断约瑟夫·埃格尔斯顿·约翰斯顿将军向南的行军，但他并不着急，因为他认为约瑟夫·埃格尔斯顿·约翰斯顿将军的骑兵比他自己的骑兵更胜一筹，所以他希望自己将南方邦联军队逼入绝境之前，菲利普·亨利·谢里丹将军能够与自己会合。然而，就在这里，他收到约瑟夫·埃格尔斯顿·约翰斯顿将军当天写给他的一封提出停战的信，要求联邦政府和南方邦联政府能够以平等的条件进行谈判。这封信是杰斐逊·汉密尔顿·戴维斯在格林斯博罗会议期间口述，由 S.R. 马洛里书写，仅由约瑟夫·埃格尔斯顿·约翰斯顿将军签署的，其条款是不可接受的，甚至是冒犯的。但威廉·特库姆塞·谢尔曼准将渴望和平，他不能对一个勇敢的敌人失礼。因此，他对其措辞毫不在意，而且回复得非常亲切诚恳，这可能助长了南方邦联的得寸进尺，提出了比他们预期的更好的投降条件。

这两位伟大的对手于 1865 年 4 月 17 日会面。威廉·特库姆塞·谢尔曼准将向约瑟夫·埃格尔斯顿·约翰斯顿将军提出了与尤利西斯·辛普森·格兰特将军给罗伯特·爱德华·李将军同样的条件，同时通报了他那天早上收到的亚伯拉罕·林肯总统被谋杀的消息。约瑟夫·埃格尔斯顿·约翰斯顿将军对这场

威廉·特库姆塞·谢尔曼与约瑟夫·埃格尔斯顿·约翰斯顿就投降事宜进行谈判

灾难表达了毫不掩饰的悲痛，他说，这场灾难使南方和北方一样深受其害。在这种同情心下，讨论开始了。约瑟夫·埃格尔斯顿·约翰斯顿将军声称，他不会按照威廉·特库姆塞·谢尔曼准将提出的条款投降，但他建议，他们可以一起商定一项永久性的和平条款。这个想法使威廉·特库姆塞·谢尔曼准将感到高兴，他希望在不用多流一滴血的情况下结束战争，这种想法太诱人了，以致他没有充分考虑到他在这件事上的权限。此外，亚伯拉罕·林肯总统于1865年3月3日明确禁止尤利西斯·辛普森·格兰特将军"决定、讨论或商议任何政治问题"的急件，从未传达给威廉·特库姆塞·谢尔曼准将。而尤利西斯·辛普森·格兰特将军给罗伯特·爱德华·李将军的条件非常宽松，这让威廉·特库姆塞·谢尔曼准将相信，他是按照政府的观点行事的。可以说，这在某种程度上减轻了威廉·特库姆塞·谢尔曼准将的罪责。

但亚伯拉罕·林肯总统这不容置辩的命令的智慧被证明是完全正确的。威廉·特库姆塞·谢尔曼准将怀着世界上最好的意图，结束了两天的谈判，与南方邦联签署了和平协议，包括初步的停战协议、解散南方邦联的军队、美国行政长官承认南方邦联的几个州政府、重建联邦法院和大赦。这份协议实事求是地总结道："我们没有得到各自首长的充分授权来履行这些条款，我们将单独和正式地保证自己立即获得必要的授权。"

叛军的总统杰斐逊·汉密尔顿·戴维斯，以不必要的繁文缛节，就批准这项最有利的协议的必要性，要求其战争部部长约翰·卡贝尔·布雷肯里奇将军上交一份报告。然而，杰斐逊·汉密尔顿·戴维斯还没开口表示赞同，就有消息传来，说联邦政府不赞成威廉·特库姆塞·谢尔曼准将与约瑟夫·埃格尔斯顿·约翰斯顿将军签订的协议，威廉·特库姆塞·谢尔曼准将受命继续他的军事行动。流浪的南方邦联政府又开始了向南的逃亡。

尤利西斯·辛普森·格兰特将军读了威廉·特库姆塞·谢尔曼准将与约瑟夫·埃格尔斯顿·约翰斯顿将军签订的协议，就觉得完全不能接受。新总统安德鲁·约翰逊召集了内阁成员，将亚伯拉罕·林肯总统于1865年3月3日给尤利西斯·辛普森·格兰特将军的指示，作为行动准则重新传达给威廉·特库姆塞·谢尔曼准将。我们必须承认，这件事做得有点拖沓了。当然，这一切都是方针问题，威廉·特库姆塞·谢尔曼准将完全不能，或不会反对。但政府的委员会现在缺乏亚伯拉罕·林肯总统的冷静精神。安德鲁·约翰逊总统和战争部部长埃德温·麦克马斯特斯·斯坦顿不会放过这样的错误，即使犯错的人是这个时代的一位最杰出的军事指挥官。他们命令尤利西斯·辛普森·格兰特将军立即前往威廉·特库姆塞·谢尔曼准将的司令部，指示他打击敌人。更糟糕的是，战争部部长埃德温·麦克马斯特斯·斯坦顿在报纸上刊登了政府不同意这份协议的理由，并严厉谴责了威廉·特库姆塞·谢尔曼准将。几个星期后，当威廉·特库姆塞·谢尔曼准将注意到这篇报道的时候，他义愤填膺。再加上时任波托马克河和詹姆斯河防区指挥官的亨利·韦杰·哈莱克将军，下令乔治·戈登·米德将军，不要理会威廉·特库姆塞·谢尔曼准将的停战协议，向约瑟夫·埃格尔斯顿·约翰斯顿将军的军队挺进。这激起了威廉·特库姆塞·谢尔曼准将公开反抗政府的情绪，他认为政府在迫害他，并在一份报告中宣布，他将不惜以生命为代价来维护停战协议。然而，由于约瑟夫·埃格尔斯顿·约翰斯顿将军的投降，亨利·韦杰·哈莱克将军的命令随即宣告无效。尤利西斯·辛普森·格兰特将军暗示威廉·特库姆塞·谢尔曼准将没有必要因为这件事而大发雷霆，他给了威廉·特库姆塞·谢尔曼准将改正声明的机会。但威廉·特库姆塞·谢尔曼准将拒绝了尤利西斯·辛普森·格兰特将军的好意，他坚持一人做事一人当，要为自己说过的话负责，尽管他公开表示，愿意服从尤利西斯·辛普森·格兰特将军和安德鲁·约翰逊总统未来下达的所有命令。

就约瑟夫·埃格尔斯顿·约翰斯顿将军而言，战争确实结束了。他再也不能将他的人团结起来了。在停战的那一周，他们中有八千人离开营地回了家，许多人骑着炮兵部队的战马和运输物资的骡子离开了。一接到联邦政府不同意他与威廉·特库姆塞·谢尔曼准将谈判的通知，约瑟夫·埃格尔斯顿·约翰斯顿将军就无视杰斐逊·汉密尔顿·戴维斯关于解散步兵、率领骑兵带上轻型火炮逃跑的指示，通过再次邀请会谈来回应威廉·特库姆塞·谢尔曼准将的召唤。1865 年 4 月 26 日，在与威廉·特库姆塞·谢尔曼准将的第二次面谈中，按照罗伯特·爱德华·李将军在阿波马托克斯得到的同样的条件，约瑟夫·埃格尔斯顿·约翰斯顿将军交出了他所有的部队。威廉·特库姆塞·谢尔曼准将也像尤利西斯·辛普森·格兰特将军那样，为被击败的敌军提供口粮。在北卡罗来纳州，有三万七千名南方邦联军队的官兵获得假释，当然，这一数据不包括在停战期间溜回家的那数千人。

罗伯特·爱德华·李将军在阿波马托克斯投降后，叛乱立刻土崩瓦解。1865年4月9日，与他一起缴械投降的南方邦联军不到其全部兵力的六分之一。尽管与强大的联邦军队相比，南方邦联军队的残余力量是微不足道的，但其规模却比乔治·华盛顿曾经指挥过的任何军队都要大得多，能够进行激烈的抵抗，有着不可估量的危害。但威廉·特库姆塞·谢尔曼准将从亚特兰大向大海的进军，以及他穿过南、北卡罗来纳州向北的行进，使内陆大部分地区几乎结束了冲突。而詹姆斯·哈里森·威尔逊将军的骑兵穿过亚拉巴马州的巧妙的突袭，以及在塞尔玛击败了内森·贝德福德·福雷斯特将军，使这一有利的形势变得更加令人满意。1865年4月19日，罗伯特·奥格登·泰勒将军手下的一名参

詹姆斯·哈里森·威尔逊

内森·贝德福德·福雷斯特

爱德华·理查德·斯普里格·坎比

谋来到爱德华·理查德·斯普里格·坎比将军的司令部，安排密西西比河以东尚未被威廉·特库姆塞·谢尔曼准将和詹姆斯·哈里森·威尔逊将军假释的所有南方邦联部队的投降事宜，总计大约四万两千人。协议于 1865 年 5 月 4 日在亚拉巴马州的锡特罗内尔村达成并签署。在同一时间和同一地点，南方邦联的埃比尼泽·法兰德海军准将，率领莫比尔湾附近的南方邦联的所有海军力量，包括数百名军官和十二艘军舰，向亨利·诺克斯·撒切尔海军少将投降。

几个月前叛军的海军实际上已经不复存在了。1864 年 8 月 5 日，戴维·格拉斯哥·法拉格特海军上将的舰队和叛军的攻击舰"田纳西"号及其三艘僚舰在莫比尔湾展开了一场精彩的战斗。1864年10月27日，威廉·巴克·库欣中尉在阿尔伯马尔海峡大胆摧毁了南方邦联强大的战舰"阿尔伯马尔"号，标志着它在南方邦联水域的终结。联邦海军的战舰"基尔斯基"号和南方邦联的战舰"亚拉巴马"号在瑟堡附近展开了决斗。在外国港口或其附近的几次遭遇，为个人的勇敢和随后频繁的外交通信提供了机会和理由。在法国和英国过分宽容的"中立"政策下，装备精良的叛军船曾经一度在世界各地对美国的航运造成了浩劫。但1865年初联邦军队最终占领费希尔堡和威尔明顿，南方邦联胆大包天的偷过封锁线的船的最后的避难所也被关闭了，再加上联邦海军的这两次成功，实际上使南方邦联的海军陷入了沉寂。

埃德蒙·科比·史密斯将军指挥着密西西比河以西的所有叛军部队。杰斐逊·汉密尔顿·戴维斯和他逃亡的内阁成员们将最后的一线希望寄托在他身上，

"基尔斯基"号与"亚拉巴马"号展开决斗

埃德蒙·科比·史密斯

因为罗伯特·爱德华·李将军和约瑟夫·埃格尔斯顿·约翰斯顿将军相继投降，使他们在东方没有了前途。他们想象着他们可以向西移动，沿途召集散兵游勇，然后，渡过密西西比河，加入埃德蒙·科比·史密斯将军的军队，在那里继续这场战争。但过了一段时间之后，甚至连这个希望也落空了。他们的护卫队消失了。内阁成员们也以各种各样的借口离开了，杰斐逊·汉密尔顿·戴维斯放弃了到达密西西比河的企图，再次转向东部，试图到达佛罗里达州的海岸，从那里坐船逃往得克萨斯州。

詹姆斯·哈里森·威尔逊将军为追捕杰斐逊·汉密尔顿·戴维斯而派遣的两支远征队都没有圆满完成这一任务，联邦政府可能会平静地看待此事。

1865年5月10日拂晓，普里查德中校指挥军队，包围了杰斐逊·汉密尔顿·戴维斯在佐治亚州欧文维尔附近的营地，正当杰斐逊·汉密尔顿·戴维斯准备和几个同伴骑马前往海岸的时候被抓获，他的家人缓慢地跟随其后。人们传说他男扮女装试图最后一次绝望的逃跑，事实是，当联邦士兵慢慢逼近的时候，杰斐逊·汉密尔顿·戴维斯的夫人正将一件斗篷披在丈夫的肩上，又给他头上包了一条围巾。他被带到了门罗堡，在那里关押了大约两年。后因叛国罪被弗吉尼亚州的地区巡回法院传讯，并被保释出狱。最后，除了担任公职的特权，安德鲁·约翰逊总统于1868年12月25日的大赦公告恢复了他所有的公民职责和权利。

寄托了杰斐逊·汉密尔顿·戴维斯的最后一线希望的埃德蒙·科比·史密斯将军，一直保持着一种威胁性的态度，以至联邦政府派威廉·特库姆塞·谢尔曼准将去说服他。但他并没有长时间地保持这种孤傲的态度。双方在得克萨斯州的布拉索斯河附近又发生了一次不必要的小冲突。然后埃德蒙·科比·史密斯将军以罗伯特·奥格登·泰勒将军为榜样，于1865年5月26日向爱德华·理查德·斯普里格·坎比将军交出了他的全部兵力，约一万八千人。南方邦联不同的指挥官投降的总人数达到了十七万五千人。除此之外，当年全国在押的俘虏约有九万九千人。其中三分之一的俘虏用于交换，三分之二的俘虏获释。从1865年5月9日开始，这项工作一直持续到了夏天。

联邦政府在这一时期的首要目标是停止战争造成的浪费。罗伯特·爱德华·李将军投降后，联邦政府立即停止征兵，并采取措施尽快减少庞大的军事设施。1865年4月28日，各局局长接到命令，立即着手将各自部门的开支降到和平时期的标准。这项工作在罗伯特·奥格登·泰勒将军或埃德蒙·科比·史密斯将军投降之前，在杰斐逊·汉密尔顿·戴维斯还逍遥法外的时候，就已经开始了。一百万人的军队以难以置信的轻松和快捷被裁减到了两万五千人。

在联邦大军融入更广大的人民群众之前，官兵们享受了最后一次胜利的成果，即在最高的军事和民事指挥官以及他们所拯救的民族的代表们的注视下，不受死亡或危险的干扰，在首都进行了一场游行。那些目睹了这场庄严而欢乐的盛会的人们永远不会忘记它，他们会祈祷自己的孩子永远不会看到类似的场面。两天来，这支浩浩荡荡的队伍从国会大厦圆顶的阴影处出发，穿过长长的宾夕法尼亚大道。老兵们迈着轻松而矫健的、富有节奏的步伐，行进在通往乔治敦的宽阔的大道上，路两边挤满了看热闹的人群。作为一个纯粹的奇观，这个大陆上有史以来人们见过的聚集在一起的最强大的军队的游行是气势恢宏的，也是威风凛凛的。但它不仅仅是一个给旁观者留下了深刻印象的宏大的场面。它不仅仅是一场节日游行，而是一支经过漫长而可怕的战争后正在回家途中的人民的军队。他们的衣服磨破了，被子弹洞穿了。他们的旗帜经历了成千上万次战斗的腥风血雨，被子弹和炮弹撕破了。他们的口哨曾在无数个夜里向军队发出过警报。他们的战鼓和军号在具有历史意义的战场上曾反复敦促他们向敌人发起冲锋。整个国家都声称这些英雄是他们自己的一部分。现在，仗打完了，他们兴高采烈、平平安安地回到自己的家中，在国家危难时刻将重新承担起他们自愿承担的任务。

世界从这场伟大的战争中吸取了许多教训，它解放了一个受压迫的民族，改变了现代战争的战略战术。但它给欧洲那些正在观望、等待的国家带来的最大教训是保守的民主力量，即一百万手拿武器、因为胜利而激动得满面通红的军队，当国家不再需要他们的服务时，可以被信任地解散，一旦国家有了新的需要，他们会再次拿起武器，为和平而战。

当这些退伍的官兵们在街道上走过的时候，朋友们和百姓们给他们送上鲜花，直到有些人的面庞被自己怀中芬芳的"负担"完全掩盖。人群中不时爆发出阵阵欢笑和掌声。当威廉·特库姆塞·谢尔曼准将的军队经过时，并不缺乏那些行为怪诞的人物，包括他们的"无赖们"及"宝贝们"。但伴随着这场空前绝后的典礼中的所有欢声笑语，那些见证了这一场面的人们的头脑中却始终萦绕着深深的悲伤，无论怎样都无法排解，那就是对那些已经不在了的人们的浓浓的怀念，他们才是最有资格出现在那里的人。那些人数锐减的连队里的士兵们心中满是对那些倒在路上的勇敢的战友们的永恒的记忆。整个军队对他们睿智、温和、强大的朋友亚伯拉罕·林肯充满了热情和遗憾。在他们为保卫国家而战的四年中，是他将这支庞大的军队召集起来的，也是他掌控着这个国家的命运之舟，而今，他从大道旁的那座房子里永远地离开了。这场加冕的和平盛会不是因为其他任何人，而是因为他而充满了深刻而快乐的意义。

第 25 章

亚伯拉罕·林肯遇刺：伟人时代的终结

亚伯拉罕·林肯总统回到了华盛顿。对锡蒂波因特的访问让他精神振奋，并为战争即将结束的明显迹象而感到高兴。他以独有的、一贯的责任感，将自己的思想集中到了两个重要的问题上，那就是恢复联邦和促进新近交战的双方之间的和谐。现在他全心全意地投入到"包扎国家创伤"的工作中，并尽一切可能"实现并维持公正而持久的和平"。

　　在美国全境，1865 年 4 月 14 日是一个平静而幸福的日子。这是一个美好的星期五，有一部分人将它看作禁食和宗教冥想的日子。但前一周的重大消息带来的欢乐也感染了最虔诚的人们，他们甚至将这个传统的哀悼日变成了普遍的感恩节。尽管《上帝怜我》的曲子变成了赞美诗，但这一天并没有失去日历上的可怕意义：当天夜里，它再次让全世界沉浸在悲痛里。

　　这个国家的感恩在查尔斯顿港得到了最主要的体现，1865 年 4 月 14 日，联邦的旗帜在那里，在它第一次受到侮辱的地方引人注目地恢复了名誉。正午时分，罗伯特·安德森将军在萨姆特堡升起了四年前被他降下并致以敬礼的同一面旗帜。罗伯特·爱德华·李将军的投降使这个仪式更加重要，演讲、音乐和军事演习让这一时刻更加庄严。

　　在华盛顿，这是一个和平与感恩的日子。尤利西斯·辛普森·格兰特将军那天早上到达那里，在去亚伯拉罕·林肯总统的行政官邸的路上，他遇见了内阁成员们，星期五是他们集会的固定日子。尤利西斯·辛普森·格兰特将军说他每时每刻都在期待威廉·特库姆塞·谢尔曼准将的消息。亚伯拉罕·林肯总统用一种富有诗意的、独特的神秘主义风格回答了尤利西斯·辛普森·格兰特将军，这种神秘主义虽然经常受到亚伯拉罕·林肯总统自己那强烈的常识的制约，但在他的性格中却形成了非常显著的特征。他向尤利西斯·辛普森·格兰特将军保证，威廉·特库姆塞·谢尔曼准将很快就会传来消息，而且是很好的消息，因为他昨晚做了一个梦，在重大事件发生前，他常常会做同样的梦。他说，他似乎是在一个奇异的、难以形容的容器里，但始终是一样的容器，以极快的速度向黑暗而模糊的岸边移动。在安提塔姆战役、穆弗里斯博罗战役、葛底斯堡战役和维克斯堡战役之前，他都曾做过这样的梦。内阁成员们对这个故事印象深刻。但尤利西斯·辛普森·格兰特将军是一个最讲求实际的人，他做出了极具个人特色的回答："穆弗里斯博罗战役没有取得胜利，也没有产生重要的结果。"亚伯拉罕·林肯总统没有和他争论这一点，而是重申了威廉·特库姆塞·谢尔曼准将会击败或已经击败了约瑟夫·埃格尔斯顿·约翰斯顿将军。他说他的梦一定与此有关，因为他知道目前不可能发生其他重要的事件。

在亚伯拉罕·林肯总统坚定而宽容的统治的最后一天，各州之间的贸易问题，以及重建的各个阶段，成了内阁成员们讨论的重点。亚伯拉罕·林肯总统详尽的发言，透露了他希望做更多事情来重振南方各州，并在国会开会之前，使其各个州政府成功运作起来。亚伯拉罕·林肯总统不想对这段斗争时期做过多的讨论，他急切地想结束它。他尤其想避免流血，或任何报复性的惩罚措施。没人指望亚伯拉罕·林肯总统会参与任何绞死或杀害这些人的行动，哪怕他们是最坏的人。他大声说道："牺牲的生命已经够多了，如果我们期望和谐和团结，我们必须消除我们的怨恨。"他不希望国家的自主权和独特性受到干扰。在会议结束前，亚伯拉罕·林肯总统将整个主题提请内阁成员认真考虑。他说，这是一个悬而未决的重大问题，他们现在必须开始为和平而行动。这就是亚伯拉罕·林肯总统对内阁成员说的最后一句话。他们听了这些仁慈和善意的话就散去了，再也没有在他英明而和蔼的主持下会面。那天早晨，他给他们讲了一个奇怪的故事，这对他们的信仰提出了一些要求，但他们下一次聚在一起的情况却完全超出了他们的想象。

罗伯特·托德·林肯

　　这一天对亚伯拉罕·林肯总统来说是一种不同寻常的享受。他的大儿子罗伯特·托德·林肯上尉和尤利西斯·辛普森·格兰特将军从战场上回来了，亚伯拉罕·林肯总统和儿子就竞选运动这个话题愉快地交谈了一个小时。当天下午，亚伯拉罕·林肯总统和夫人一起驾车长途旅行。他一整天都心情愉悦，态度温和。他谈到了过去和未来。在经历了四年的麻烦和骚乱之后，他期待着四年相对平静和正常的工作。之后，他期望回到伊利诺伊州继续实践法律。在这个获得前所未有的胜利的日子里，他从来没有比现在更单纯、更温和的了。他心中充满了对上帝的感激之情，这种感激之情形成了他慷慨大方的天性，并让他关爱并善待所有的人。

　　就任总统以来，亚伯拉罕·林肯经常受到敌人的威胁。他收到的书信充满了野蛮和粗俗的威胁，以及来自热心或担忧的朋友们的各种各样的提醒和警告。大多数书信都没有引起他的注意。在似乎有理由进行调查的情况下，由亚伯拉罕·林肯总统的私人秘书或战争部尽可能小心谨慎地进行调查，但总是没有实质性的结果。经过调查，那些似乎最明确的警告也被证明过于含糊和混乱，无法引起进一步的注意。亚伯拉罕·林肯总统太聪明了，不可能不知道自己面临的危险。一些疯狂的家伙经常会走到亚伯拉罕·林肯总统的行政办公室的门口，有时也会走到他的面前。但他头脑清醒，心地善良，甚至对他的敌人也是如此，以致他很难相信政治仇恨如此深重，甚而至于会导致谋杀。

亚伯拉罕·林肯总统确实知道，在南方煽动谋杀他的情况并不罕见，但正如人们天性勇敢，他认为危险的可能性很小，并断然拒绝为自己的安全而采取预防措施。他认为这是一种折磨，总结这件事的时候他说道：朋友和陌生人必须每天都能接触到他。所以任何人，无论是神志正常的人，还是精神失常的人，只要做好了谋杀以及为此被绞死的准备，都能轻而易举地要了他的性命。他不可能防范所有的危险，除非他将自己关在一个铁盒子里，这样的话，他几乎不能履行总统的职责。因此，他在人们面前进进出出，总是手无寸铁，通常无人陪伴。他有一天接待了数百名来访者，胸部裸露在手枪或匕首下。他会在午夜时分和一个秘书，或者独自一人，从行政官邸走到战争部再走回来。他会在黄昏的暮霭中从白宫出发，在偏僻的道路上骑车穿过一个无人居住的郊区，来到士兵之家，并在第二天清晨，在城市开始变得喧闹之前回到工作岗位上去。当他得知要在行政官邸派驻警卫，并且每天必须有一队骑兵陪着他开车的决定后，感到很恼火。但他总是很理性，并且屈从于别人的最佳判断。

四年来，毫无根据的威胁和扬言，以及毫无结果的阴谋都消失了。但正是在这个国家似乎已经胜利在望的时候，正当一种和平与安全的感觉在这个国家蔓延开来的时候，其中一个阴谋，显然并不比其他阴谋更加重大，却在突如其来的仇恨和绝望中逐渐成熟起来。一小撮恶毒的分裂分子在寡妇玛丽·伊丽莎白·詹金斯·苏拉特夫人家里会面，那里通常是他们聚会的老地方。玛丽·伊丽莎白·詹金斯·苏拉特夫人以前是马里兰州一名有些地产的妇女，但后来沦

刘易斯·桑顿·鲍威尔

落到华盛顿，开了一家小小的寄宿公寓。这群分裂分子包括：著名演艺家族的演员约翰·威尔克斯·布思。来自佛罗里达州的被遣散的叛军士兵刘易斯·桑顿·鲍威尔，别名佩恩。以前的马车制造商乔治·安德鲁·阿特泽洛特，但最近成了一名间谍和偷渡波托马克河的走私犯。年轻的药剂师戴维·埃德加·赫罗德。马里兰州的分裂分子和南方邦联的士兵塞缪尔·阿诺德和迈克尔·奥洛弗林。玛丽·伊丽莎白·詹金斯·苏拉特夫人的儿子小约翰·哈里森·苏拉特。

约翰·威尔克斯·布思是这个小圈子的领袖。他是一个二十六岁的年轻人。长相英俊、举止潇洒。有着戏剧祖先遗传给他的那种从容与优雅。他当演员已经好几个年头了，但只取得了微不足道的成功。他作为一个演员的价值在于他个人的风流倜傥，而不是他所拥有的任何才能或勤奋。约翰·威尔克斯·布思

约翰·威尔克斯·布思

是一个极端的分裂主义者，曾在里士满和南方的其他城市接受过分裂主义的熏陶，他在那里表现出狂热的党派精神，强烈反对亚伯拉罕·林肯总统和联邦党。亚伯拉罕·林肯总统连任后，约翰·威尔克斯·布思访问了加拿大，与那里的叛军使者们联起手来，构想了一个计划，要抓住亚伯拉罕·林肯总统并将他带到里士满。我们现在已无从考证，他的阴谋是否受到了加拿大叛军使者们的怂恿。约翰·威尔克斯·布思在秋冬的大部分时间里都在追求这项异想天开的事业，似乎总有人给他提供足够的资金。但冬天已经过去了，他什么也没有完成。

1865 年 3 月 4 日，他在国会大厦制造了一场骚乱：当时他试图强行穿过大楼东面的警戒线。我们不知道他这一次的意图是什么，后来，他说那天他失去了杀死亚伯拉罕·林肯总统的绝佳机会。

约翰·威尔克斯·布思对他的同谋者们似乎有着绝对的权威。罗伯特·爱德华·李将军投降后，约翰·威尔克斯·布思以一种近乎疯狂的恶意和愤怒将他们召集在一起，并在新的犯罪计划中给他们分配了各自的角色，他放弃了原来的绑架计划，头脑中随即便出现了这一新的犯罪计划。这个计划既简单又可怕。来自佛罗里达州的健壮、残忍、头脑简单的男孩刘易斯·桑顿·鲍威尔去谋杀威廉·亨利·西沃德。喜剧中的反派乔治·安德鲁·阿特泽洛特去除掉安

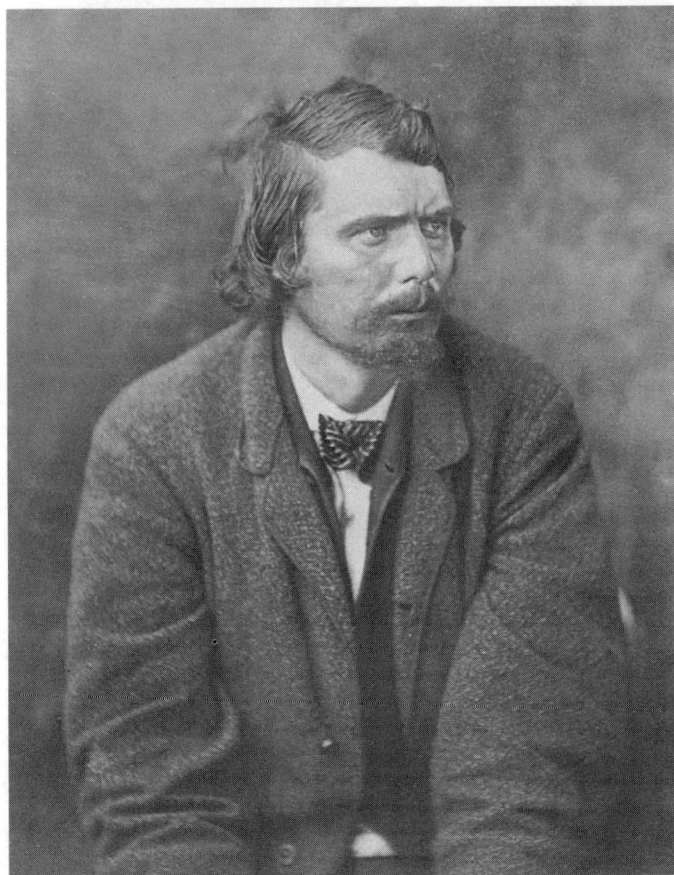

乔治·安德鲁·阿特泽洛特

小约翰·哈里森·苏拉特

德鲁·约翰逊。约翰·威尔克斯·布思为自己保留了悲剧中最引人注目的角色。戴维·埃德加·赫罗德的职责是作为他的跟班，照顾他并帮助他逃走。无关紧要的任务派给了那些跑龙套的贩夫走卒。这些人或许都不明白这一切意味着什么。戴维·埃德加·赫罗德、乔治·安德鲁·阿特泽洛特和小约翰·哈里森·苏拉特以前曾在马里兰州苏拉茨维尔的一家酒馆里存放过用于绑架计划的大量武器和材料。这家酒馆属于玛丽·伊丽莎白·詹金斯·苏拉特夫人，但由一个名叫劳埃德的人经营。1865 年 4 月 11 日，玛丽·伊丽莎白·詹金斯·苏拉特夫人正在酒馆，警告劳埃德准备好那些"家什"。1865 年 4 月 14 日，她再次来到酒馆，告诉劳埃德他们那天晚上可能会用到那些武器和材料。

最后一击的准备工作是急不可待地进行的。就在 1865 年 4 月 14 日中午，约翰·威尔克斯·布思得知亚伯拉罕·林肯总统当晚要去福特剧院看《我们的美国表兄》这出戏。亚伯拉罕·林肯总统竟然在耶稣受难日去一个娱乐场所，这在欧洲一直是个令人惊讶的事情。但在美国，除了某些教堂的成员外，这一天并没有被视为神圣的日子。亚伯拉罕·林肯总统喜欢这个剧院。这是他为数不多的消遣方式之一。此外，城里满是士兵和军官，他们都渴望见到他。他在公共场合露面，会使许多他不可能遇到的人感到高兴。林肯夫人请尤利西斯·辛普森·格兰特将军和夫人陪同。他们已经接受了邀请，而且当天的晚报上也刊登了他们将陪同亚伯拉罕·林肯总统和夫人一起看戏的消息。但他们临时改变了计划，乘下午的火车去了北边。林肯夫人随后邀请了参议员艾拉·哈里斯的女儿克拉拉·汉密尔顿·哈里斯小姐，以及他的继子，也是未来的女婿亨利·里德·拉什本少校。由于受到来访者的耽搁，当亚伯拉罕·林肯总统出现在福特

亨利·里德·拉什本

剧院的时候，戏已经开演了有一段时间了。乐队开始演奏《向统帅致敬》的曲子，演员们停止了表演，观众们起立，大声欢呼，亚伯拉罕·林肯总统鞠躬致谢，演出继续进行。

从约翰·威尔克斯·布思了解了亚伯拉罕·林肯总统的行踪的那一刻起，他的每一个行动都是机警而充满活力的。人们看到他和同伙骑着马在城市的各个角落转悠。在玛丽·伊丽莎白·詹金斯·苏拉特夫人去劳埃德的酒馆之前，约翰·威尔克斯·布思和她匆匆地碰了个面。然后他将一份精心准备的关于他谋杀的原因的陈述，托付给一位名叫马修斯的演员，并委托马修斯将它交给《国家情报员日报》的出版商。但马修斯在恐怖和惊愕的夜晚，没有向任何人展示就将它烧了。约翰·威尔克斯·布思对福特剧院熟悉得就像在自己家里一样。在朋友们的帮助下，当天下午，他安排了整个刺杀和逃跑的计划。他打算凭借殷勤和胆量，进入亚伯拉罕·林肯总统的包厢后面的走廊。一旦到了那里，他就可以利用走廊门背后的榫眼和墙壁的夹角，用一根木棍将走廊的门从里面固定死，这样就防止了有人进来干涉。他甚至提前在亚伯拉罕·林肯总统的包厢门上钻了一个洞，以便在自己没有机会进入包厢的情况下，可以通过这个洞观察包厢里面的情况或者瞄准目标射击。他在一家马厩里租了一匹敏捷的小马。

22 时左右，约翰·威尔克斯·布思在剧院后面下马，将马交给福特剧院的一个催场员看管。他走进隔壁的一家酒馆，喝了一杯白兰地，然后迅速走进福特剧院，来到通往亚伯拉罕·林肯总统包厢的走廊门口。约翰·威尔克斯·布思向当班的仆人出示了一张卡片，就被放了进去。他无声地关上走廊的门，用事先准备好的木棍将它固定住，没有惊动包厢里的任何人。现在，在他们和他之间还隔着他在上面钻了一个洞的那道包厢的门。

没有人还记得当天晚上那出戏的最后一句话，那也是亚伯拉罕·林肯在地球上听到的最后一句话，甚至连说这些话的喜剧演员都不记得了。包厢里的悲剧让舞台上的戏剧和演员变成了最不真实的幻影。在这个狭小的空间里有五个人：那个时代最伟大的人，沐浴在我们历史上最伟大的成功的荣耀中。他快乐而自豪的妻子。一对订了婚的恋人，带着青春、社会地位和财富可以给予他们

魔鬼引诱约翰·威尔克斯·布思刺杀亚伯拉罕·林肯总统

的所有幸福的承诺。以及这位年轻英俊的演员，他那个小圈子的宠儿。名望、幸福和安逸的光辉笼罩着这个小群体，但就在那一瞬间，一切都将发生天翻地覆的改变。呜呼哀哉，17世纪伟大而著名的中心人物命不久矣！命运之神在其余的几个人头顶上徘徊，他们的母亲也许曾经在他们的婴儿期向命运之神祈祷过，希望自己的孩子能够安详走向死亡。其中的一个，其灵魂将带着谋杀的污点，承受着肉体上的极度痛苦，惶惶不可终日，最后在全世界人民的诅咒声中，在一座燃烧的谷仓里，像丧家犬一般付出生命的代价。失去了丈夫的妻子将在忧郁和癫狂中度过余生。两个恋人中的一个成了狂暴的疯子，在杀死自己的妻子之后，也结束了自己的生命。

约翰·威尔克斯·布思刺杀亚伯拉罕·林肯总统

　　杀人犯约翰·威尔克斯·布思感觉自己似乎在演一场戏。仇恨和白兰地已经让他的大脑处于病态好几个星期了。他一手拿着手枪，另一手拿着刀，打开了包厢的门，将手枪对准亚伯拉罕·林肯总统的脑袋，然后扣动了扳机。亨利·里德·拉什本少校跳起来和他扭打，手臂却被残忍地刺伤。然后，约翰·威尔克斯·布思冲上前去，抓住包厢前面的栏杆，凌空跃到了下面的舞台上。这简直就是一次飞跃，但对于像他这样一个身手矫健的人来说也算不上什么。约翰·威尔克斯·布思本来可以安全地逃走，但因为他靴子上的马刺挂住了悬挂在包厢前面的旗帜，导致他跌倒在舞台上，撕破的旗帜还挂在他的靴子上。尽管摔断了腿，但约翰·威尔克斯·布思立刻站了起来，挥舞着刀子大喊："这就是暴君的下场！"他随即迅速穿过舞台，逃离了人们的视线。亨利·里德·拉什本少校声嘶力竭地喊道："拦住他！他枪杀了总统！"观众们起初因为惊讶而有些发蒙，等他们反应过来，又因为激动和恐惧而变得惊慌而狂乱。有两三个男人从观众席跳上舞台，去追逐刺客。但约翰·威尔克斯·布思跑过熟悉的走廊，帮他看管马匹的催场员抓住了他，他嘴里咒骂着，一脚踢开了那个男孩，然后跳上马，在茫茫夜色的掩护下逃跑了。

亚伯拉罕·林肯总统几乎一动不动，头微微前倾，眼睛紧紧地闭着。亨利·里德·拉什本少校顾不上自己严重的伤势，冲到包厢门口大声呼救。他发现走廊的门被封死了，有人在外面使劲地拍打，嚷嚷着要进来。我们一眼就可以看出，亚伯拉罕·林肯总统的伤是致命的。一颗巨大的子弹射进了左后脑，正好停在

约翰·威尔克斯·布思企图逃跑

左眼后面。人们将他抬到马路对面的一所房子里，让他躺在一楼大厅后面的一个小房间的床上。林肯夫人在克拉拉·汉密尔顿·哈里斯小姐体贴的照顾下紧随其后。亨利·里德·拉什本少校由于失血过多而精疲力竭，他晕倒了，被送回了家。人们派信使去请内阁成员、卫生部部长、亚伯拉罕·林肯总统的家庭医生罗伯特·斯通，以及其他与亚伯拉罕·林肯总统有官方或私人关系，并有权去那里的人。一群人本能地冲向白宫，冲进大门，向坐在楼上一个房间里的

政府要员与亲属守护着中枪昏迷的亚伯拉罕·林肯总统

罗伯特·托德·林肯上尉和约翰·弥尔顿·海伊少校喊出了这个可怕的消息。他们跑下楼梯，正当他们准备跳上一辆马车赶往第十街的时候，一个朋友跑上来告诉他们，威廉·亨利·西沃德和大多数内阁成员都被谋杀了。这消息似乎不太可能，以至他们希望这一切都不是真的。但当他们到了第十街，聚集在那里的激动的人群却让他们做好了最坏的心理准备。过了一会儿，那些被派人去

罗伯特·斯通

请来的人们和许多其他人都聚集在国家元首痛苦地躺着的那个小房间里。罗伯特·斯通医生在门口迎接了亚伯拉罕·林肯总统的儿子罗伯特·托德·林肯上尉，他沉重而温和地告诉他没有希望了。

10时刚过，亚伯拉罕·林肯总统遭到枪杀。伤口本可以使大多数人立即死亡，但他的生命力是非常旺盛的。当然，他从一开始就失去了知觉，但他整个晚上呼吸缓慢而均匀。当黎明来临，灯光变得苍白，他的脉搏也变得越来越微弱。但即使在那时，他的脸色也没有他周围那些悲伤的面孔那么憔悴。他停止了无意识的呻吟，一种无法形容的平静的表情出现在他疲惫而沧桑的面庞上。1865年4月15日7时22分，亚伯拉罕·林肯总统停止了呼吸。战争部部长埃德温·麦克马斯特斯·斯坦顿打破沉默，说道："现在他属于整个时代了。"

约翰·威尔克斯·布思的工作效率很高。他最得力的下属刘易斯·桑顿·鲍威尔，采取了同样大胆和残忍的手段，但没有取得同样致命的结果。刘易斯·桑顿·鲍威尔在约翰·威尔克斯·布思的授意下，去了卧病在床的国务卿威廉·亨利·西沃德的家。他手里拿着一包药，借口是医生派他来送药的，强行进入了大门，门口的仆人试图阻止他上楼，国务卿威廉·亨利·西沃德的儿子弗雷德里克·威廉·西沃德听到了争吵的声音，就走进大厅去查看闯入者。刘易斯·桑顿·鲍威尔举着枪冲到弗雷德里克·威廉·西沃德身边，不料子弹却卡壳了，他立刻用枪柄雨点般地暴打弗雷德里克·威廉·西沃德的头部，两个人扭打着，挣扎着，来到了威廉·亨利·西沃德的房间，撞开房门，摔倒在地。弗雷德里克·威廉·西沃德很快就失去了知觉，就这样昏迷了好几个星期，他也许是文明世界里最后一个知道那天晚上发生的奇怪的事件的人了。威廉·亨利·西沃德的女儿和军队里的一名男护士在房间里陪护他。刘易斯·桑顿·鲍威尔左右开弓，对他们俩拳打脚踢，并用刀刺伤了男护士，然后冲向床边，开始攻击那

刘易斯·桑顿·鲍威尔与弗雷德里克·威廉·西沃德扭打在一起

个残废的政治家的喉咙，在他的脖子和脸颊上造成了三处严重的伤口。这时，男护士恢复了知觉，从后面抓住了刺客，而威廉·亨利·西沃德的另一个儿子被他姐姐的尖叫声惊醒，跑进房间，终于设法将刺客逼到了门外，但他和男护士也身中数刀，伤势严重。刘易斯·桑顿·鲍威尔最终挣脱了他们，跑下楼梯，又严重地刺伤了一个与他狭路相逢的仆人，然后毫发无损地走到门口，跳上马，悠闲地逃走了。

当救援人员到达时，国务卿威廉·亨利·西沃德的家看起来就像一家野战医院。房子里有五个人浑身是伤，血肉模糊，其中两个是国家的高级官员，人们认为他们俩可能再也看不到第二天的太阳了。好在上天护佑，五个人都幸运地恢复了健康。

刺客刘易斯·桑顿·鲍威尔将帽子落在了犯罪现场，这看似轻微的损失却让他和一个同伙付出了生命的代价。由于担心没了帽子会引起怀疑，他弃马步行，没有设法逃跑，而是在华盛顿市东郊的树林里躲了两天。最后在饥饿的驱使下，他回到了城里，出现在玛丽·伊丽莎白·詹金斯·苏拉特夫人的家里，而就在那时，房子里所有的人都被一锅端了，并被带到宪兵司令的办公室。刘易斯·桑顿·鲍威尔就这样落入了正义之手，他和他寻求庇护的不幸的女人说出的六个字，证明了他们俩死有余辜。

当约翰·威尔克斯·布思站在舞台前的脚灯旁挥舞着匕首的时候，几十个人都认出他来了。但他的快马很快就将他带到了任何毫无计划的追踪都无法企及的地方。他过了海军船坞的大桥，骑着马进入马里兰州，戴维·埃德加·赫罗德不久就和他会合了。午夜时分，刺客约翰·威尔克斯·布思和他那可怜的助手来到玛丽·伊丽莎白·詹金斯·苏拉特夫人的酒馆，随后趁着月光赶往约翰·威尔克斯·布思的一个熟人的家。这是一个叫穆德的外科医生，他将约翰·威尔克斯·布思的腿包扎好，腾出一个房间，让他们在那里休息到第二天傍晚，然后送他们走上通往南方的荒无一人的小路。和穆德分手后，他们去了塞缪尔·考克斯位于烟草港村附近的住所，他将约翰·威尔克斯·布思和戴维·埃德加·赫罗德托付给马里兰州和里士满之间的一个走私商人托马斯·琼斯。托

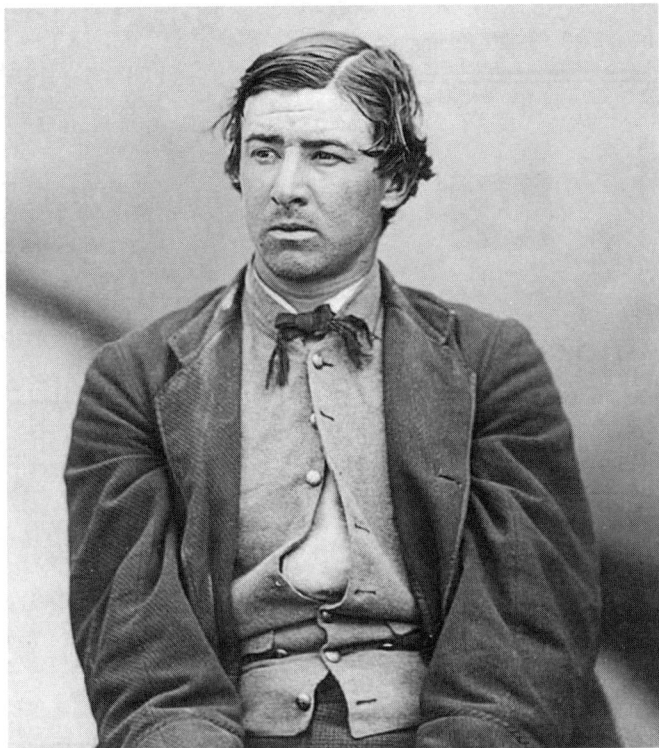

戴维·埃德加·赫罗德

马斯·琼斯对南方邦联的利益如此关心，以至在他眼里，叛国和谋杀就像家常便饭一样稀松平常。他冒着生命危险，让约翰·威尔克斯·布思和戴维·埃德加·赫罗德在他家附近的树林里躲了一个星期，给他们提供食物并照顾他们，等待机会用船将他们送过波托马克河。在这期间，每一条林荫道上都有联邦政府的侦探出没。托马斯·琼斯深知，一旦自己窝藏罪犯的行为被人发觉，死神就会立刻降临，还知道，只要他将自己照顾的那两个无助的罪犯交给联邦政府，就可以得到一大笔赏金，他就可以一夜暴富。

有了这样无私而忠诚的援助，约翰·威尔克斯·布思本来可能会走很长的一段路，但法网恢恢，疏而不漏，对于一个断腿的刺客来说，除了自杀，他不可能有最后的出路。每一次痛苦的挪动，都会增加被人发现的概率。屡次失败后，托马斯·琼斯终于能通过小船将他命运已定的客人送到波托马克河对岸去。

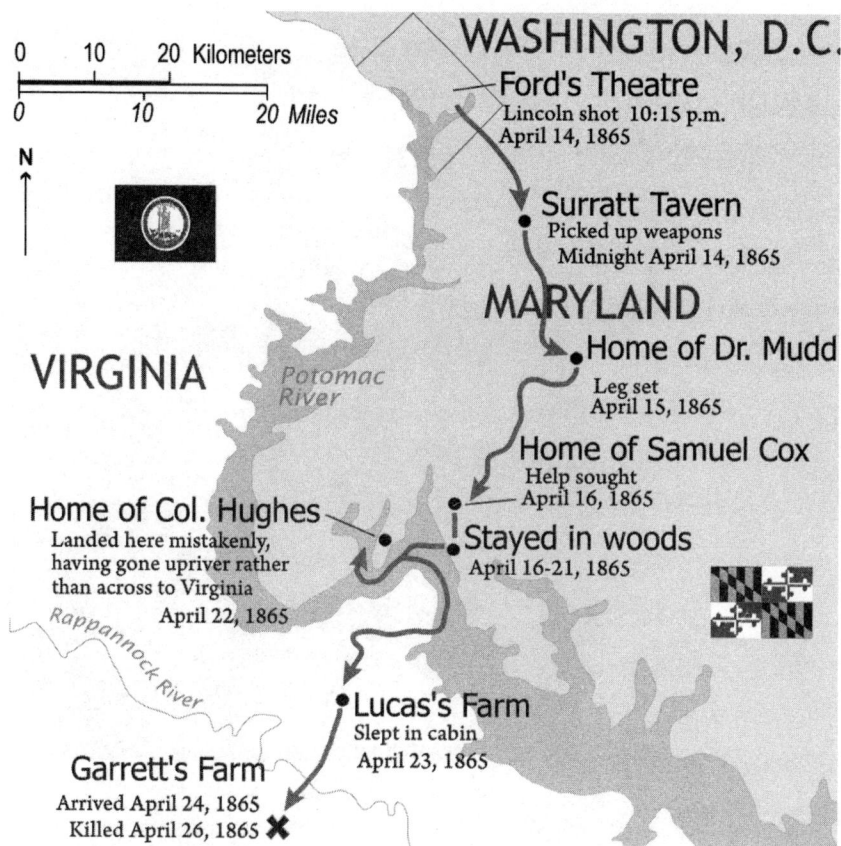

WASHINGTON, D.C.
Ford's Theatre
Lincoln shot 10:15 p.m.
April 14, 1865

Surratt Tavern
Picked up weapons
Midnight April 14, 1865

MARYLAND

Home of Dr. Mudd
Leg set
April 15, 1865

Home of Samuel Cox
Help sought
April 16, 1865

VIRGINIA

Potomac River

Home of Col. Hughes
Landed here mistakenly,
having gone upriver rather
than across to Virginia
April 22, 1865

Stayed in woods
April 16-21, 1865

Rappannock River

Lucas's Farm
Slept in cabin
April 23, 1865

Garrett's Farm
Arrived April 24, 1865
Killed April 26, 1865 ✖

0   10   20 Kilometers
0   10   20 Miles

N

约翰·威尔克斯·布思的逃跑路线

到了弗吉尼亚州，他们像被猎杀的动物一样多活了两三天，令他们感到恐惧的是，他们发现接待他们的是最极端的分裂分子，这些人正在为分裂事业的失败而感到愤怒，对他们自然不会有太多的热情，尽管事实上并没有人会背叛他们。这时，约翰·威尔克斯·布思已经看到了报纸对他的刺杀行为的评论，比死亡或肉体上的疼痛更让他感到痛苦的是对他的虚荣心的打击。他在日记里倾诉了自己的感受，认为自己遭到了不公正的待遇，他将自己比作布鲁特斯和威廉·泰尔，并抱怨说："我被抛弃了，该隐①的诅咒加在我身上。如果世界知道我的心，那一击本来会成就我的伟大。"

———————

① 《圣经》中亚当的一个儿子。

1865年4月25日晚上，E.P.多尔蒂中尉率领的一队联邦士兵包围了约翰·威尔克斯·布思和戴维·埃德加·赫罗德，当时他们正躺在弗吉尼亚州卡罗琳县一个名叫加勒特的人的谷仓里，准备睡醒后赶往博林格林。当E.P.多尔蒂中尉要求他们投降时，约翰·威尔克斯·布思拒绝了。经过谈判，E.P.多尔蒂中尉告诉他们，他将点燃谷仓。这时，戴维·埃德加·赫罗德出来投降了。谷仓被点燃了。在熊熊燃烧的火光中，从谷仓的墙缝中可以清楚地看到约翰·威尔克斯·布思，一个骑兵中士波士顿·科贝特朝他开了一枪，击中了约翰·威尔克斯·布思的后颈，离他射杀亚伯拉罕·林肯总统的位置不远。他痛苦地弥留了大约三个小时，于1865年4月26日7时咽了气。

E.P. 多尔蒂

审判谋杀者

除了小约翰·哈里森·苏拉特，幸存下来的其余的同谋者都于 1865 年 5 月和 6 月在华盛顿的军事委员会接受了审判。对他们的指控表明，他们在杰斐逊·汉密尔顿·戴维斯和南方邦联在加拿大的叛军使者们的"煽动和鼓励"下叛国和谋杀。这在审判中没有得到证实。尽管与案件有关的证据显示加拿大和里士满以及华盛顿的约翰·威尔克斯·布思的阴谋集团之间有着频繁的交流，并在蒙特利尔银行有一些汇票交易，雅各布·汤普森和约翰·威尔克斯·布思都在那里开有账户。1865 年 7 月 7 日，玛丽·伊丽莎白·詹金斯·苏拉特夫人、刘易斯·桑顿·鲍威尔、戴维·埃德加·赫罗德和乔治·安德鲁·阿特泽洛特被绞死。穆德、塞缪尔·阿诺德和迈克尔·奥洛弗林被判终身监禁，后来获得减刑。而福特剧院的换景师斯潘格勒被判处六年监禁。小约翰·哈里森·苏拉特逃到了加拿大，又从那里逃到了英国，他在欧洲各地游荡，最后在埃及被人发现，并于 1867 年被带回华盛顿，在那里，对他的审判持续了两个月，最后以陪审团的分歧而告终。

亚伯拉罕·林肯总统遇刺的消息在因胜利而欢欣鼓舞的人民的心中激起了轩然大波。这是《每日电讯报》首次被要求向全世界报道如此深沉而令人悲痛的消息。在这场无法形容的灾难的惊人影响下，国民忘记了过去一周取得的全国性的胜利，因此，在北方，没有任何有组织的活动，用以表达对叛乱者的失败的普遍的欢庆。毫无疑问，最好是这样，本应如此，就算亚伯拉罕·林肯总统还活着，他本人也不会鼓励人们对南方的失败表示欢庆的。他憎恨胜利的狂妄。即便是他被残忍地杀害后，如果他知道，他走向永恒阻止了人民对被征服者表示过分欢欣的行动，他也会感到很高兴的。正因为如此，南方人对如此真实、如此合理的悲痛不该感到愤怒。在某种程度上，大部分南方人甚至也对亚伯拉罕·林肯总统表示哀悼，因为在他们内心深处，他们知道这个人曾祝他们幸福。

在普遍的悲伤中只有一个例外，因为它太显著了，在这里我们不可能一笔带过。亚伯拉罕·林肯总统坚定地对南方人民表示仁慈和慷慨，让国会的极端激进分子们感到极其不快，以至尽管他们自然而然地对他遭到谋杀感到震惊，但他们并没有隐瞒他们对此感到的满足，因为他已经不再是他们前进道路上的绊脚石了。在亚伯拉罕·林肯总统去世数小时后召开的一次政治会议上，引用他们中一位最杰出的代表的话就是："人们几乎普遍认为，安德鲁·约翰逊就任总统将被证明是天赐良机。"

在华盛顿，除了这个例外，公众悲痛的表现是直接的和公开的。在亚伯拉罕·林肯总统的遗体被运回白宫后的一个小时之内，全城都覆盖上了黑纱。不仅公共建筑、商店和达官显贵的宅第挂上了丧礼的装饰，而且在平民百姓，甚至贫民窟里也能看到更加感人的情感证明。在那里，两种肤色的劳动者们都能用自己的方式，来组织一些微不足道的哀悼活动，表达对领袖的爱戴和怀念。在白宫东厅一个高高的灵台上，已故的亚伯拉罕·林肯总统庄严地躺在那里。人们的牵挂和崇敬仍然集中在白宫，而不在宾夕法尼亚大道上那个简陋的小酒馆里，那是新总统安德鲁·约翰逊的住处，也是首席大法官萨蒙·波特兰·蔡斯于1865年4月15日11时向他宣誓就职的地方。

亚伯拉罕·林肯总统的葬礼定于 1865 年 4 月 19 日星期三在华盛顿举行，全国所有的教堂受邀同时参加适当的仪式。东厅的仪式非常简短——葬礼、祈祷和演讲。同时，政府所能用到的所有排场和典礼都被用来护送亚伯拉罕·林肯总统的遗体从白宫前往国会大厦，人们将在那里吊唁。在礼炮声里，在华盛顿、乔治敦和亚历山德里亚的教堂的钟声里，送葬队伍浩浩荡荡地向前移动。为了将当时的盛况与亚伯拉罕·林肯总统一生中最伟大的事业联系起来，一支黑人部队在队伍的最前面列队行进。

亚伯拉罕·林肯总统将被安葬在伊利诺伊州的斯普林菲尔德的消息一经宣布，沿途的每一个村镇和城市都请求火车在其境内停留一段时间，以便其人民有机会表达他们的悲痛和尊敬。最后决定，送葬队伍应大致按照 1861 年亚伯拉罕·林肯总统来华盛顿，接受他永远赋予新的尊严和价值的职位时所走的路线。1865 年 4 月 21 日，在一个仪仗队的陪同下，在一辆装饰了黑纱的火车上，送亚伯拉罕·林肯总统回家的旅程开始了。四年前，新当选的亚伯拉罕·林肯总统是否能安全无虞地通过巴尔的摩还很难说，而现在，人们恭恭敬敬、小心翼翼地将他的灵柩抬到了巴尔的摩市的股票交易所的圆屋顶下，他在常绿植物和百合花的怀抱中躺了几个小时，悲伤的人们排着队瞻仰伟人的遗容。在送葬队伍经过的每一个城市，同样的哀悼仪式被不断地重复着，但人们对亚伯拉罕·林肯总统的感情越来越强烈深沉，哀悼现场的气氛也越来越庄严肃穆。纽约的哀悼会同样不负这个伟大的城市，也值得纪念他们尊敬的这个伟大人物。亚伯拉罕·林肯总统的遗体躺在纽约市政厅里，五十万人静静地从他身旁走过。温菲尔德·斯科特将军来到这里，面色苍白，身体虚弱，但表情刚毅地向故去的朋友和指挥官致敬。

火车在夜间沿哈德逊河向上游行驶，沿途的每一个城镇和村庄，忽明忽暗的火把将等候的人群照亮，他们唱着挽歌和赞美诗。当火车驶进俄亥俄州时，人群越来越拥挤，载着亚伯拉罕·林肯总统灵柩的火车每向西行进一步，公众的悲痛似乎就会增加一分。大中央盆地的人民表达着他们自己的悲伤和哀思。在克利夫兰停留的这一天，人民对自己敬爱的领袖的深情是绝无仅有的。一些仪仗队的士兵说，正是在此时此地，他们才开始意识到亚伯拉罕·林肯总统在历史上的重要地位。

这趟特别的旅程的最后阶段已经完成，1865 年 5 月 3 日 9 时，火车到达斯普林菲尔德。两个星期以来，斯普林菲尔德的人们，除了为这一天做准备之外，什么也没做，什么也没想。他们的工作非常细致周到，这让东边来的客人感到惊讶。亚伯拉罕·林肯总统的遗体躺在伊利诺伊州的议会大厦里一个摆满了鲜花的凉亭里供人们瞻仰，带有银色流苏的厚厚的黑色天鹅绒从屋顶一直垂到地面。二十四个小时以来，络绎不绝的人流走出走进，欢迎他们的朋友和邻居回家，并向他告别。1865 年 5 月 4 日 10 时，棺盖被合上了，送葬队伍向橡树岭出发，橡树岭镇专门在那里留出了一片风景秀丽的土地作为亚伯拉罕·林肯总统的墓地，已故的总统将长眠在那片曾经如此爱戴和尊敬他的土地下。坟墓前的仪式简单而感人。马修·辛普森主教做了一场荡气回肠的演讲。然后是祈祷和唱赞美诗。但那一天在任何地方人们所说的最有分量和最雄辩的话都是亚伯拉罕·林肯总统第二次就职演讲中的话语，治丧委员会明智地指定在他的坟墓上宣读，正如拉斐尔的朋友们选择将他无与伦比的油画《耶稣显形》作为他葬礼上主要的装饰物一样。

亚伯拉罕·林肯总统凭着信仰、公正和慷慨，进行了长达四年的内战，其战线从波托马克河延伸到了里奥格兰德河，双方的兵力都达到了一百万人。在这场战争中，大规模的战斗和小规模的冲突平均每天进行两次，每二十四小时耗费两百万美元。然而，他为这项伟大的任务付出的体力、脑力，承受的责任、压力和痛苦，又有谁能衡量呢？

当共和国的创始人们的诚意受到指责时，他为他们辩护。当《独立宣言》被称为"一系列闪光的概论"和"不言而喻的谎言"时，他驳斥了这种诽谤。当《美国宪法》被歪曲时，他纠正了这种错误。当国旗被侮辱时，他惩治了罪行。当政府遭到攻击时，他恢复了它的权威。当奴隶制将内战之剑刺向国家的中心时，他粉碎了奴隶制，用全新的、更强大的纽带巩固了纯洁的联邦。

而一直以来，调解是积极的，正如辩护是坚定的。他为南方人的怒火辩护，并恳求人们理解他们。他给了叛乱分子悔改的时间。他禁止实施报复。他还给奴隶主提供补偿。他赦免叛国罪。

除了终生失望的教育，除了这位开拓者的自力更生和不偏不倚，除了这个有着如此谦卑的精神和如此伟大的灵魂的人的坚定信念、对天赋权利的清晰理解、不折不扣的同情和无穷无尽的仁慈，还有什么能够使他为取得胜利而付出如此巨大的努力呢?

如果说领土是一个国家的身体，资源是它的血液，那么爱国主义就是它的生命气息。爱国主义一旦消亡，国家就会随之消亡。它的领土和资源就会被其他有着更强大的生命力的民族所占有。

培养爱国主义最有效的方式莫过于纪念伟人们的成就，学习伟人们的美德。他们为国家而生，为国家而死。他们促进国家的繁荣，增强国家的力量，增添国家的荣耀。在我们短暂的历史中，美国可以夸耀许多伟人，也可以夸耀其子民成就的许多伟大的事迹。如果我们将乔治·华盛顿列为首屈一指的创始人，那么我们必须毫不犹豫地让亚伯拉罕·林肯位居其二。他是美国自由的保护者和更新者。截至目前，无论他们俩的政见是对立的还是一致的，在人民的心中，他们早已被奉为美国神殿里的两位英雄，是美国名望的天空中最耀眼的双子星。

译名对照表

President Abraham Lincoln	亚伯拉罕·林肯总统
Fort Sumter	萨姆特堡
The Century Magazine	《世纪杂志》
Illinois	伊利诺伊州
Washington	华盛顿市
Member of Congress	国会议员
White House	白宫
Robert Todd Lincoln	罗伯特·托德·林肯
Virginia	弗吉尼亚州
Rockingham County	罗金厄姆县
Kentucky	肯塔基州
Jefferson County	杰斐逊县
England	英格兰
Tennessee	田纳西州
Quakers	公谊会教徒
Pennsylvania	宾夕法尼亚州
Berks County	伯克斯县
Samuel Lincoln	塞缪尔·林肯
Norwich	诺维奇
Massachusetts	马萨诸塞州
Hingham	欣厄姆
Mordecai Lincoln	莫迪凯·林肯
New Jersey	新泽西州
Monmouth County	莫默思县

Amity Township	阿米蒂镇
Philadelphia	费城
Gentleman Mordecai Lincoln	莫迪凯·林肯绅士
John Lincoln	约翰·林肯
Isaac Lincoln	艾萨克·林肯
Jacob Lincoln	雅各布·林肯
Holston River	霍斯顿河
Hancock County	汉考克县
Robert Lincoln	罗伯特·林肯
Daniel Boone	丹尼尔·布恩
George Boone	乔治·布恩
North Carolina	北卡罗来纳州
Mary Shipley	玛丽·希普利
Explorer Squite Boone	探险家斯奎尔·布恩
Indians	印第安人
Yadkin County	亚德金县
Cumberland Gap	坎伯兰山口
Clinch River	克林奇河
Richard Henderson	理查德·亨德森
Harrodsburg	哈罗兹堡
Ohio River	俄亥俄河
Detroit	底特律
Gorge I	乔治一世
Boonsboro	布恩斯布罗
Battle of Blue Licks	布鲁林克斯战役
Floyd's Fork	弗洛伊兹河
Alexander Spotswood	亚历山大·斯波茨伍德
Alleghenies	埃利格哈尼斯山脉
Williamsburg	威廉斯堡
Knights of The Golden Horseshoe	金马掌骑士
George Washington	乔治·华盛顿
Cheraw	奇洛
Benjamin Franklin	本杰明·富兰克林

Missouri	密苏里州
Transylvania Company	特兰西瓦尼亚公司
Shawnees	肖尼族
George Rogers Clark	乔治·罗杰斯·克拉克
Kaskaskia	卡斯卡斯基亚
Vincennes	万塞纳斯
Atlantic States	大西洋沿海诸州
Thomas Bullitt	托马斯·布利特
Louisville	路易斯维尔镇
Lexington	莱克星敦
Transylvania University	特兰西瓦尼亚大学
Anglo-Saxon	盎格鲁－撒克逊人
Continental currency	大陆币
Carolinians	卡罗来纳人
Lucas	卢卡斯
Treaty of Greenville	《格林维尔条约》
Washington County	华盛顿县
Ralph Crume	拉尔夫·克鲁姆
Brumfield	布鲁姆菲尔德
Beechland	比奇兰德
Nancy Hanks	南希·汉克斯
Elizabethtown	伊丽莎白镇
Joseph Hanks	约瑟夫·汉克斯
Lucy Hanks	露西·汉克斯
Betty	贝蒂
Polly	波丽
Thomas Sparrow	托马斯·斯帕罗
Jesse Friend	杰瑟·弗兰德
Levi Hall	利瓦伊·霍尔
Nancy Sparrow	南希·斯帕罗
Indiana	印第安纳州
Nancy Lincoln	南希·林肯
Nolin Creek	诺林溪

Big South Fork	大南汉
Hardin County	哈丁县
La Rue County	拉瑞县
Hodgensville	霍金维尔
New England	新英格兰
Knob Creek	诺布溪
Rolling Fork	罗陵河汉
Zachariah Riney	撒凯利亚·瑞尼
Caleb Hazel	凯莱布·黑泽儿
Perry County	佩里县
Posey	波西
Little Pigeon Creek	小鸽溪
Gentryville	金特里维尔
Dennis Hanks	丹尼斯·汉克斯
David Elkin	戴维·埃尔金
Sarah Bush	莎拉·布什
Johnston	约翰斯顿
Baptist Church	浸礼会
Bible	《圣经》
Aesop's Fables	《伊索寓言》
Robinson Crusoe	《鲁滨孙漂流记》
The Pilgrim's Progress	《天路历程》
A History of the United States	《美国历史》
Life of Washington	《华盛顿传》
David Turnham	戴维·特纳姆
Three Guardsmen	《三个火枪手》
John Hanks	约翰·汉克斯
City Hall	纽约市政厅
Hudson River	哈德逊河
Oak Ridge	橡树岭
Raphael	拉斐尔
Transfiguration	《耶稣显形》
Mr. William Henry Herndon	威廉·亨利·赫尔登先生

Split-log Mitchell	劈木大神米切尔
Rabelaisian	拉伯雷式
Fall Creek	福尔溪
Pendleton	彭德尔顿
Circuit Prosecuting Attorney	巡回检察官
Spencer County	斯潘塞县
Mr. Gentry	金特里先生
Allen Gentry	艾伦·金特里
New Orleans	新奥尔良
Madame Duchesne	杜申夫人
Baton Rouge	巴吞鲁日
Macon County	梅肯县
Aaron Grigsby	艾伦·格里斯贝
John Johnston	约翰·约翰斯顿
Decatur	迪凯特
Sangamon River	桑加蒙河
Old Settlers	老开拓者
Central Illinois	伊利诺伊州中部地区
Christmas	圣诞节
St. Louis	圣路易斯
Mississippi River	密西西比河
Cairo	开罗市
Galena	扎利纳市
Alton	奥尔顿
Peoria	皮奥里亚
Illinois River	伊利诺伊河
Fort Dearborn	迪尔伯恩堡
Chicago	芝加哥市
Military Tract	军事用地
Stock Exchange	股票交易所
Springfield	斯普林菲尔德
Gettysberg	葛底斯堡
Sangamon	桑加蒙

Joshua Fury Speed	约书亚·福瑞·斯皮德
Northern and Eastern States	北方和东部诸州
Governor Thomas Ford	托马斯·福特州长
Governor John Reynolds	约翰·雷诺兹州长
Crusader	十字军士兵
Beirut	贝鲁特
Vienna	维也纳
Iliad	伊里亚特
McLean County	麦克莱恩县
Stout	斯托特
Nimrod	尼姆罗德
Macoupin County	马库平县
Tennesseans	田纳西人
Kentuckians	肯塔基人
Winnebago War	温尼贝格战争
Black Hawk War	黑鹰战争
Pottawatomies	鲍特瓦特梅人
Kickapoos	基卡普人
Machina	马齐纳
Vannoy	佛诺伊
Spring Creek	春溪
John Kelly	约翰·凯利
Spoon River	匙河
Quincy	昆西
Pike County	派克县
Judge Stephen Arnold Douglas	斯蒂芬·阿诺德·道格拉斯法官
Bloomington	布卢明顿
Daniel Pope Cook	丹尼尔·波普·库克
John McLean	约翰·麦克莱恩
Ninian Edwards	尼尼安·爱德华兹
East Room	白宫东厅
Saltillo	萨尔提略
Elias Kent Kane	伊莱亚斯·肯特·凯恩

Jackson Party	杰克逊党
Governor Joseph Duncan	约瑟夫·邓肯州长
John Quincy Adams	约翰·昆西·亚当斯
Governor Edward Coles	爱德华·科尔斯州长
James Madison	詹姆斯·麦迪逊
Europe	欧洲
John Grammar	约翰·古瑞默
Wiggins Loan	《威金斯借贷法案》
Circuit Court	巡回法庭
Menard County	梅纳德县
Denton Offutt	丹顿·奥法特
Jamestown	詹姆斯敦
New Salem	新塞勒姆
Mr. Rutledge	拉特利奇先生
Department of the Interior	内政部
Coles County	科尔斯县
Goose Nest Prairie	鹅窝草原
California	加利福尼亚州
Shelbyville	谢尔比维尔
Charleston	查尔斯顿
Dr. Nelson	尼尔森医生
Texas	得克萨斯州
Cameron	卡梅伦
United States	美利坚合众国
Clary's Grove Boys	克莱瑞街男孩
Jack Armstrong	杰克·阿姆斯特朗
Odin	欧丁
Menton Graham	门顿·格雷厄姆
Kirkham's Grammar	《柯卡姆语法》
Captain Vincent Bogue	文森特·博格上尉
Cincinnati	辛辛那提
Sangamon Journal	《桑加蒙期刊》
Talisman	"塔利斯曼"号

Beardstown	比尔兹敦
Black Hawk	黑鹰
Sac	苏克族
Rock Island	岩岛
General Edmund Pendleton Gaines	埃德蒙·彭德尔顿·盖恩斯将军
Oquawka	奥阔卡
Keokuk	基奥卡克
Rock River	岩河
Winnebagoes	温尼贝格族人
General Henry Atkinson	亨利·阿特金森将军
Prophetstown	普罗菲茨敦
Wabokishick	瓦波克史克
Kirkpatrick	柯克帕特里克
Colonel Samuel Thompson	塞缪尔·汤普森上校
Richland	里奇兰
General Samuel Whitesides	塞缪尔·怀特赛兹将军
Yellow Banks	黄堤
Henderson River	亨德森河
William Wallace	"威廉·华莱士"号
Dixon	狄克逊
Major Stillman	斯蒂尔曼少校
Major Bailey	贝利少校
Old Man's Creek	老人溪
Stillman's Run	斯蒂尔曼河
Major John Todd Stuart	约翰·托德·斯图尔特少校
Aptain Elijah Iles	伊利亚·艾尔斯上尉
Independent Spy Battalion	独立侦察营
George M. Harrison	乔治·M.哈里森
Wisconsin	威斯康星州
Battle of Bluffs	峭壁战役
Battle of Bad Axe	钝斧战役
General James D. Henry	詹姆斯·D.亨利将军
Wisconsin River	威斯康星河

President Andrew Jackson	安德鲁·杰克逊总统
Iowa	艾奥瓦州
River Des Moines	得梅因河
Burlington Museum	伯灵顿博物馆
Robert Anderson	罗伯特·安德森
Horatio	霍雷肖
Harrison	哈里森
Pekin	贝肯
Havana	哈瓦那
Petersburg	彼得斯堡
General Lewis Cass	刘易斯·卡斯将军
Mr. Speaker	大喇叭先生
William Hull	威廉·赫尔
Federalism	联邦主义
Mr. William Butler	威廉·巴特勒先生
Island Grove	艾兰格罗夫
Mr. Brown	布朗先生
Peter Cartwright	彼得·卡特赖特
Whig	辉格党
Henry Clay	亨利·克莱
American System	美国计划
Judge Stephen Trigg Logan	斯蒂芬·特里格·洛根法官
Democratic Party	民主党
Democrats	民主党人
Orville Hickman Browning	奥维尔·希克曼·布朗宁
Jesse Kilgore Dubois	杰西·基尔戈·杜波依斯
Colonel John Jay Hardin	约翰·杰伊·哈丁上校
Judge Sidney Breese	西德尼·布里斯法官
Governor William Kinney	威廉·金尼州长
Opposition Five	《反对派五号》
Spangler	斯潘格勒
Montreal	蒙特利尔
Kearsarge	"基尔斯基"号

Louisville Journal	《路易斯维尔日报》
Webster	韦伯斯特
John Caldwell Calhoun	约翰·卡德威尔·卡尔霍恩
Lick Creek	利克溪
Achilles Morris	阿基利斯·莫里斯
Row Herndon	瑞欧·赫尔登
Jim Herndon	吉姆·赫尔登
Berry	贝瑞
Reuben Radford	鲁宾·雷德福
Green	格林
County Court	地方法院
Trent	特伦特
William Blackstone	威廉·布莱克斯通
Joseph Chitty	约瑟夫·奇蒂
Ellis	埃利斯
Postmaster	邮政局局长
John Calhoun	约翰·卡尔霍恩
Salt Creek	盐溪
Jacksonville	杰克逊维尔
John Dawson	约翰·道森
Carpenter	卡彭特
Vandalia	万达利亚
Republican Party	共和党
Vermonter	佛蒙特人
Hugh Lawson White	休·劳森·怀特
Robinson	鲁滨孙
Bank and Canal bills	《银行及运河法案》
General William Lee Davidson Ewing	威廉·李·戴维森·尤因将军
Martin Van Buren	马丁·范·布伦
Mr. Semple	赛姆珀先生
Vermont	佛蒙特州
Garrett	加勒特
Morgan County	摩根县

Ebenezer Peck	埃比尼泽·佩克
Apportionment Act	《分配法令》
Long Nine	九大高人
Dan Stone	丹·斯通
Ninian W. Edwards	尼尼安·W. 爱德华兹
William F. Elkin	威廉·F. 埃尔金
House of Representatives	伊利诺伊州众议院
Andrew McCormick	安得烈·麦考密克
Job Fletcher	乔波·弗莱彻
General Government	联邦政府
Lake Michigan	密歇根湖
Shawneetown	肖尼敦
Mount Carmel	卡梅尔山
Wabash River	沃巴什河
Warsaw	华沙
Homer	荷马
Rural Hotel	乡村旅店
Edward Dickinson Baker	爱德华·迪金森·贝克
Athens	雅典市
General Assembly	全体大会
Constitution	宪法
North-west	西北地区
John Shaw	约翰·肖
Nicholas Hansen	尼古拉斯·汉森
Senator	参议员
James Alexander McDougall	詹姆斯·亚历山大·麦当高尔
Elijah Parish Lovejoy	以利亚·帕里什·洛夫乔伊
William Lloyd Garrison	威廉·劳埃德·加里森
Liberator	《解放者》
Oliver Johnson	奥利弗·约翰逊
Standard	《标准》
Georgia	佐治亚州
Boston	波士顿

North-east	东北地区
Ridgelys	里奇利家族
Conklings	康克林家族
Morocco	摩洛哥
Cyrus Edwards	赛勒斯·爱德华兹
Thomas Carlin	托马斯·卡林
New York	纽约
London	伦敦
Blue Monday	蓝色星期一
Joseph Gillespie	约瑟夫·吉莱斯皮
Supreme Court	最高法院
Judge Smith	史密斯法官
Lamborn	兰伯恩
General William Henry Harrison	威廉·亨利·哈里森将军
Presidential Elector	总统选举人
Comedy of Errors	《错误的喜剧》
Hamlet	《哈姆雷特》
Samuel Swartwout	塞缪尔·斯沃特沃尔特
Prices	普莱西斯
Harringtons	哈林顿
Irish	爱尔兰
Julius Caesar	尤利乌斯·恺撒
Bishop Matthew Simpson	马修·辛普森主教
Old Tippecanoe	老蒂珀卡努
Maine	缅因州
Governor Kent	肯特州长
John Tyler	约翰·泰勒
Noah	诺亚
Dr. Isaac Knapp	艾萨克·纳普博士
Wyckoff	威科夫
Caroline County	卡罗琳县
John Milton Hay	约翰·弥尔顿·海伊
Simon Francis	西蒙·弗朗西斯

Land Resolutions	土地决议书
Senate Journal of New York	《纽约参议院期刊》
Gregory	格雷戈里
Mormons	摩门教徒们
Evan Butler	埃文·巴特勒
Old Colonel Elkin	老埃尔金上校
Sheriff	治安官
Dr. Henry	亨利博士
Carlinville	卡林维尔
Joseph C. Howell	约瑟夫·C. 豪厄尔
American	《美国人》
Register	《登记员》
Mary Todd	玛丽·托德
John L. McConnell	约翰·L. 麦康奈尔
Peruvian	金鸡纳霜
Elsinore	埃尔西诺
Arcadia	《阿卡狄亚》
Philip Sidney	菲利普·西德尼
Ann Rutledge	安·拉特利奇
James Speed	詹姆斯·斯皮德
Attorney-General	司法部部长
Pythias	派西厄斯
Pylades	派勒迪斯
Mrs. Lucy G. Speed	露西·G. 斯皮德夫人
Oxford	牛津
Elysium	天堂
Fanny	范妮
Rev. Charles Dresser	查尔斯·德雷瑟牧师
Edward Baker Lincoln	爱德华·贝克·林肯
William Wallace Lincoln	威廉·华莱士·林肯
Johana Wolfgang von Goethe	约翰·沃尔夫冈·冯·歌德
Joe Smith	乔·史密斯
Thomas	托马斯

James Shields	詹姆斯·希尔兹
Lost Townships	失落的小镇
Rebecca	丽贝卡
Coriolanus	科里奥兰纳斯
Mexican War	墨西哥战争
Tremont	特里蒙特
Merryman	梅里曼
Dr. William Hayden English	威廉·海登·英格雷士博士
Fund Commissioner	基金会委员
Bob Allen	鲍勃·艾伦
Commissioner of the General Land Office	土地总局局长
Cerro gordo	赛罗戈多
Thomas Jonathan Jackson	托马斯·乔纳森·杰克逊
Blackstone's Commentaries	《黑石评注》
David Logan	戴维·洛根
Oregon	俄勒冈州
Beck	拜珂
Secretary of War	战争部部长
Minister to England	驻英大使
Eighth	第八街
Jackson streets	杰克逊街
Whig Central Committee	辉格党中央委员会
Aesop	伊索
Mason County	梅森县
Broderick	布罗德里克
Union Square	联合广场
John Cabell Breckinridge	约翰·卡贝尔·布雷肯里奇
Charles Sumner	查尔斯·萨姆纳
Battle of Ball's Bluff	鲍尔斯崖战役
Prince Rupert	鲁珀特亲王
Presbyterian	长老会成员
Episcopalian	圣公会教徒
Deism	自然神教派

Representative	众议员
Baltimore	巴尔的摩
Watkins Leigh	沃特金斯·雷
Chatham	查塔姆
Burke	伯克
Patrick Henry	帕特里克·亨利
Lumpkin	伦普金
Frederick Theodore Frelinghuysen	弗雷德里克·西奥多·弗里林海森
Sabine	萨宾河
Paris	巴黎
Government of France	法国政府
Union	美联邦
James Knox Polk	詹姆斯·诺克斯·波尔克
Raleigh	罗利市
Mexico	墨西哥
Alabama	亚拉巴马州
Horace Greeley	贺瑞斯·格里利
Liberty Party	自由党
Free States	自由州
James Gillespie Birney	詹姆斯·吉莱斯皮·伯尼
William Travis	威廉·特拉维斯
James Bowie	詹姆斯·鲍伊
David Crockett	戴维·克罗克特
Defense of Alamo	阿拉莫保卫战
James Walker Fannin	詹姆斯·沃克·范宁
Goliad	戈利亚德
Samuel Houston	塞缪尔·休斯敦
Santa Anna	桑塔·安纳
Mexican	墨西哥人
Ulysses Simpson Grant	尤利西斯·辛普森·格兰特
Santo Domingo	圣多明各
William Tell	威廉·泰尔
William Henry Seward	威廉·亨利·西沃德

St. Thomas	圣托马斯
Alaska	阿拉斯加
Catholic	天主教教徒
Protestant	新教教徒
Clay Clubs	克莱协会
Dr. Anson Jones	安森·琼斯博士
Walker Amendment	《沃克修正案》
Austin	奥斯丁
Missouri Compromise Line	密苏里妥协线
New Mexico	新墨西哥州
Rio Grande del Norte	里奥格兰德河
Nueces	纽埃西斯河
Matamoras	马塔莫拉斯
Albert Garza Bustamante	阿尔伯特·加尔萨·布斯塔曼特
Mexican Government	墨西哥政府
Abel Parker Upshur	埃布尔·帕克·厄普舍
Mexican Minister of Foreign Affairs	墨西哥外交部
Waddy Thompson Jr	小沃迪·汤普森
General Juan Nepomuceno Almonte	胡安·内波穆切诺·阿尔蒙特将军
American Legation	美国大使馆
Mr. Donelson	唐尼尔森先生
Secretary of State	国务卿
General Zachary Taylor	扎卡里·泰勒将军
Corpus Christi	科珀斯克里斯蒂
General Mariano Arista	马里亚诺·阿里斯塔
Palo Alto	帕罗奥图
Resaca de la Palma	雷萨卡德拉帕尔玛
Monterrey	蒙特雷
Buena Vista	布埃纳维斯塔
Cass County	卡斯县
Scott County	斯科特县
Logan County	洛根县
Tazewell County	塔兹韦尔县

Woodford County	伍德福德县
Davenport	达文波特
Simms	西姆斯
Willard	威拉德
Braken	布瑞肯
Perry	佩里
Travis	特拉维斯
Dr. Hazzard	哈扎德博士
Clarks	克拉克家族
Marshall County	马歇尔县
Lacon	莱肯镇
Ebenezer Methodist Episcopal Church	埃比尼泽卫理公会
Friar Tuck	塔克修士
Atlantic	大西洋
Richard Yates	理查德·耶茨
General Pedro Ampudia	佩德罗·安普迪亚将军
Colonel William Henry Bissell	威廉·亨利·比塞尔上校
Chapultepec	查普特佩克
Capitol	国会大厦
Jefferson Hamilton Davis	杰斐逊·汉密尔顿·戴维斯
Hector	赫克托尔
Greece	希腊
Paris	帕里斯
Troy	特洛伊
General Winfield Scott	温菲尔德·斯科特
Vera Cruz	维拉克鲁斯
Jalapa road	翟乐巴路
John Henry	约翰·亨利
Robert Charles Winthrop	罗伯特·查尔斯·温斯罗普
George Ashmun	乔治·阿什曼
Morrison	莫里森
Thomas Jones	托马斯·琼斯
Cortes	科尔特斯

Pueblo	普韦布洛
South Carolina	南卡罗来纳州
Mr. Palfrey	帕尔弗里先生
Charles Jared Ingersoll	查尔斯·贾里德·英格索尔
Bravo rivers	布拉沃河
Mauritanian	毛里塔尼亚人
Thomas Lanier Clingman	托马斯·拉尼尔·克林曼
Justice John McLane	约翰·麦克莱恩法官
New Hampshire	新罕布什尔州
John Parker Hale	约翰·帕克·黑尔
Reverdy Johnson	瑞弗迪·约翰逊
Guadalupe Hidalgo	瓜达卢佩伊达尔戈
Captain John Augustus Sutter	约翰·奥古斯都·萨特船长
Coloma	科洛马
Nevada	内华达
Congressman	国会议员
David Wilmot	戴维·威尔莫特
Republic of Mexico	墨西哥共和国
Harvey Putnam	哈维·帕特南
Marcus Tullius Cicero	马库斯·图留斯·西塞罗
Mexican revolution	墨西哥革命
Spain	西班牙
Committee of the Whole	全体委员会
Fort Brown	布朗堡
Captain James Thornton	詹姆斯·桑顿上尉
Florida	佛罗里达州
Haman	哈曼
Linder	林德
Millard Fillmore	米勒德·菲尔莫尔
Barnburners	烧仓派
Buffalo	布法罗市
Free-soil Party	自由土壤党人
Salmon Portland Chase	萨蒙·波特兰·蔡斯

Preston King	普雷斯顿·金
William Cullen Bryant	威廉·卡伦·布莱恩特
William Lowndes Yancey	威廉·郎兹·彦西
Henry Wilson	亨利·威尔逊
Cleveland	克利夫兰
Executive Department	行政部门
Mr. Root	茹特先生
Committee on Territories	领土委员会
Civil Appropriation Bill	《民事拨款条例草案》
John Alexander McClernand	约翰·亚历山大·麦克林纳
Richard Wigginton Thompson	理查德·威金顿·汤普森
Mayor of Washington	华盛顿市市长
Colonel Seaton	西顿上校
Joshua Reed Giddings	约书亚·瑞德·吉丁斯
Mr. Gott	戈特先生
Georgetown	乔治敦
Washington Conservatives	华盛顿的保守派们
Secretary of the Interior	内政部部长
Pension Agency	养老金管理局
Mr. Bond	邦德先生
Justin Butterfield	贾斯汀·巴特菲尔德
Mr. William Maxwell Evarts	威廉·麦克斯韦尔·埃瓦茨先生
Jesse Weldon Fell	杰西·威尔登·菲尔
Eighth Judicial Circuit	第八巡回法庭
Bear Creek	熊溪
Justice David Davis	戴维·戴维斯法官
Cabinet	内阁
Judge Drummond	德拉蒙德法官
Leonard Swett	莱昂纳德·斯韦特
Nemesis	复仇女神
Creek Howleglass	克里克·豪里格拉斯
Francois Rabelais	弗朗索瓦·拉伯雷
Central Railway	中央铁路公司

Central America	中美洲
West India Islands	西印度群岛
South America	南美洲
Mayflower	"五月花"号
Pilgrims	清教徒
Plymouth Rock	普利茅斯岩
Dutch	荷兰
English Government	英国政府
Declaration of Independence	《独立宣言》
Thomas Jefferson	托马斯·杰斐逊
Satan	撒旦
Newport	新港
Slave Codes	《奴隶法典》
Emancipation Bills	《解放法案》
Secession Forces	南方邦联军队
James River	詹姆斯河
Ordinance of 1787	《1787年条例》
Continental Congress	大陆会议
Confederation	南方邦联
Ohio Company	俄亥俄公司
Michigan	密歇根州
Charles Cotesworth Pinckney	查尔斯·科茨沃思·平克尼
Gouverneur Morris	古弗尼尔·莫里斯
Delaware	特拉华州
Louisiana	路易斯安那
Savannah	萨凡纳
Mrs. Nathanel Greene	纳撒内尔·格林尼夫人
Mr. Eli Whitney	伊莱·惠特尼先生
Arkansas	阿肯色州
Pacific	太平洋
Utah	犹他州
James Buchanan	詹姆斯·布坎南
William Learned Marcy	威廉·勒尼德·马西

State's Attorney	州检察官
Democratic Review	《民主评论》
Young America	小美国
Democratic National Convention	民主党全国代表大会
Franklin Pierce	富兰克林·皮尔斯
Manifest Destiny	天命论
Monroe	门罗
Caribbean Sea	加勒比海
Minnesota	明尼苏达州
Golden State	金州
Union Pacific Railroad Company	太平洋联合铁路公司
John Charlie Fremont	约翰·查理·弗里蒙特
South Pass	南水道
Kansas	堪萨斯州
Nebraska	内布拉斯加州
Rocky Mountains	落基山脉
El Dorado	黄金州
William Alexander. Richardson	威廉·亚历山大·理查森
Missouri River	密苏里河
Volney Erskine Howard	沃尔尼·厄尔斯金·霍华德
David Rice Atchison	戴维·赖斯·艾奇逊
Dred Scott	德雷德·斯科特
Archibald Dixon	阿奇博尔德·狄克逊
Washington Union	《华盛顿联盟》
Hards	强硬派
Softs	温和派
Baltimore Sun	《巴尔的摩太阳报》
Port Tobacco Village	烟草港村
Sabbath	安息日
Caliban	凯列班
Thomas Hart Benton	托马斯·哈特·本顿
Know-Nothings	一无所知党
Native-American	美国本土派

Anti- Nebraska Party	反《内布拉斯加法案》党
Nathaniel Prentiss Banks	纳撒尼尔·普伦蒂斯·班克斯
William Aiken Jr.	小威廉·艾肯
Norman Buel Judd	诺曼·比尔·贾德
La Salle	拉萨尔
John McAuley Palmer	约翰·麦考利·帕尔默
Cassius Marcellus Clay	卡修斯·马塞勒斯·克莱
Owen Lovejoy	欧文·洛夫乔伊
Thomas Langrell Harris	托马斯·朗格瑞尔·哈里斯
Agricultural Fair	农业博览会
Candlebox	"蜡烛箱"
Cincinnati Directory	辛辛那提通讯录
Lecompton Constitution	《莱康普顿宪法》
Judge Lyman Trumbull	莱曼·特朗布尔法官
State House	众议院
Representatives'Hall	议员大厅
Mammon	玛门
Steamboat Smith	汽船史密斯
McDaniels	麦克丹尼尔斯
Republican State Convention	共和党全州代表大会
Ichabod Codding	伊卡博德·科丁
Joel Aldrich Matteson	乔尔·奥德瑞奇·玛特森
Mahomet	穆罕默德
George Robertson	乔治·罗伯森
Russia	俄罗斯
Autocrat	独裁者
Alexander II	亚历山大二世
Kansas Emigrant Aid Society	堪萨斯移民援助协会
Massachusetts Emigrant Aid Company	马萨诸塞移民援助公司
Eli Thayer	伊莱·塞耶
Lawrence	劳伦斯镇
Fort Leavenworth	莱文沃斯堡
Platte County	普拉特县

Blue Lodges	蓝色小屋
Friends' Society	朋友社
Social Band	社会帮
Sons of the South	南方之子
American Bottom	美国谷底
New France	新法兰西
Mackinaw	麦基诺
Fort Duquesne	迪凯纳堡
Canada	加拿大
Kaw River	考河
Kansas River	堪萨斯河
Independence	独立城
Santa Fe	圣达菲
Clay County	克莱县
Bay County	贝伊县
Jackson County	杰克逊县
Lafayette County	拉法艾特县
Saline County	萨林县
Planter's House	播种者之家
Stringfellows	斯特林费洛家族
Squatter Sovereign	《寮屋主权报》
Andrew Horatio Reeder	安德鲁·霍雷肖·瑞德
The Organic Act	《州建制法》
Missourians	密苏里人
Popular Sovereignty	主权在民
Whitfield	惠特菲尔德
Border Ruffians	边境暴徒
Shawnee Mission	肖尼米逊
Westport	韦斯特波特市
Caleb Cushing	凯莱布·库欣
Fort Riley	赖利堡
Pawnee	波尼镇
John H. Stringfellow	约翰·H. 斯特林费洛

Shawnee Manual Labor School	肖尼手工劳动学校
Solon	梭仑
Federal Treasury	联邦财政部
Rev. Thomas Johnson	托马斯·约翰逊牧师
Daniel Woodson	丹尼尔·伍德森
Judiciary Committee of the House	众议院司法委员会
Revised Statutes of Missouri	《密苏里修正法令》
Fugitive-Slave Law	《逃亡奴隶法》
Samuel Dexter Lecompte	塞缪尔·德克斯特·莱康普特
Lecompton	莱康普顿
National Democrats	国家民主党人
National Democratic Party	国家民主党
Topeka Constitution	《托皮卡宪法》
Notes on Virginia	《弗吉尼亚笔记》
Big Springs	比格斯普林斯
Topeka	托皮卡
Pittsburg	匹兹堡
Colonel James Henry Lane	詹姆斯·亨利·莱恩上校
Governor Wilson Shannon	威尔逊·谢侬州长
Colonel Edwin Vose Sumner	埃德温·沃斯·萨姆纳上校
Governor Robert John Walker	罗伯特·约翰·沃克州长
Samuel J. Jones	塞缪尔·J.琼斯
Douglas County	道格拉斯县
Buckley	巴克利
Branson	布兰森
Liberty	利伯蒂
Franklin	富兰克林
Wakarusa Creek	瓦卡鲁萨溪
Free-State Hotel	自由州酒店
Kansas City	堪萨斯城
Sharps rifle	夏普斯步枪
John Brown	约翰·布朗
Colonel Jefferson Buford	杰斐逊·布福德上校

Titus	泰特斯
Wilkes	威尔克斯
Hampton	汉普顿
Treadwell	崔德威尔
William A. Howard	威廉·A. 霍华德
John Sherman	约翰·舍曼
Mordecai Oliver	莫迪凯·奥利弗
Marshal Donaldson	唐纳森执法官
Weston	韦斯顿
Kickapoo Rangers	基卡普流浪者
Colonel Zadock Jackson	扎道克·杰克逊上校
General John Trousdale Coffee	约翰·特劳斯代尔·科菲将军
Weston Argus Extra	《韦斯顿－阿格斯周报增刊》
Colonel Philip. St. George Cooke	菲利普·圣乔治·库克中校
John White Geary	约翰·怀特·吉尔瑞
San Francisco	旧金山
Army of the North	北方军队
Glasgow	格拉斯哥
Sterling G. Cato	斯德林·G. 卡托
New Boston	新波士顿
Delegate State Convention at Bloomington	布卢明顿全州代表大会
Democratic State Convention	民主党全州代表大会
James Alexander Seddon	詹姆斯·亚历山大·塞登
Archibald Williams	阿奇鲍德·威廉姆斯
Republican National Convention	共和党全国代表大会
Henry Smith Lane	亨利·史密斯·莱恩
Senior Francis Preston Blair	老弗朗西斯·普雷斯顿·布莱尔
Joseph Nicolas Nicollet	约瑟夫·尼古拉斯·尼克赖特
Gallic	高卢人
Pathfinder	开路先锋
William Lewis Dayton	威廉·刘易斯·代顿
Ostend Circular	《奥斯坦德通告》
Albany	奥尔巴尼

William Rufus DeVane King	威廉·鲁福斯·德维恩·金
King Lear	李尔王
Richmond Enquirer	里士满的询问者
Andrew Pickens Butler	安德鲁·贝肯斯·巴特勒
Preston Smith Brooks	普瑞斯顿·史密斯·布鲁克斯
Henry Alonzo Edmundson	亨利·阿郎索·埃德蒙森
Lawrence Massillon Keitt	劳伦斯·麦斯隆·基特
Mr. Morgan	摩根先生
Willard's Hotel	威拉德酒店
James Murray Mason	詹姆斯·默瑞·梅森
Anson Burlingame	安森·蒲安臣
Clifton House	克利夫顿之家
Neri and Bianchi	白天使与黑天使
Emerson	爱默森
Fort Snelling	斯奈林堡
Upper Louisiana	上路易斯安那
Somersett	萨默塞特
Lord Mansfield	曼斯菲尔德勋爵
Lord William Scott Stowell	威廉·斯科特·斯图维尔勋爵
Sandford	桑德福
Roger Brooke Taney	罗杰·布鲁克·坦尼
James Moore Wayne	詹姆斯·摩尔·韦恩
John Catron	约翰·卡特伦
Peter Vivian Daniel	彼得·维维安·丹尼尔
William Bigler	威廉·比格勒
Samuel Nelson	塞缪尔·尼尔森
Robert Cooper Grier	罗伯特·库珀·格里尔
Benjamin Robbins Curtis	本杰明·罗宾斯·柯蒂斯
John Archibald Campbell	约翰·阿奇博尔德·坎贝尔
Executive Mansion	政府大楼
Creator	造物主
Alexander Hamilton	亚历山大·汉密尔顿
John Jay	约翰·杰伊

General Gorge Washington	乔治·华盛顿将军
Freeport doctrine	弗里波特主义
Mississippi	密西西比州
General William Selby Harney	威廉·西伯尼·哈尼将军
Senator Robert Toombs	罗伯特·图姆斯
Frederick Perry Stanton	弗雷德里克·佩里·斯坦顿
Cuba	古巴
Porto Rico	波多黎各
Ransom	兰瑟姆
Parrott	派洛特
Johnson County	约翰逊县
Jacob Thompson	雅各布·汤普森
Secretary of Treasury	财政部部长
Thomas Howell Cobb	托马斯·豪威尔·科布
Captain Alfred Pleasonton	阿尔弗雷德·普莱曾顿上尉
Mrs. Bache	贝克夫人
State Department	国务院
James William Denver	詹姆斯·威廉·丹佛
Benjamin Tallmadge	本杰明·塔尔米奇
Rives	里夫斯
Benjamin Silliman	本杰明·西利曼
Arizona	亚利桑那州
John Jordan Crittenden	约翰·乔丹·克里滕登
Cain	该隐
Crittenden-Montgomery substitute	《克里滕登－蒙哥马利替代法案》
Schuyler Colfax	斯凯勒·科尔法克斯
John Wentworth	约翰·温特沃斯
Ottawa	渥太华
Freeport	弗里波特
Jonesboro	琼斯伯勒
Galesburg	盖尔斯堡
Quixotism	堂吉诃德式
Independence Hall	独立大厅

Lower Egypt	下埃及
Mendota	门多塔
Judah Philip Benjamin	朱达·菲利普·本杰明
Henry Alexander Wise	亨利·亚历山大·怀斯
Dougherty	多尔蒂
Miller	米勒
Fondey	福迪
Memphis	孟菲斯
James Henry Hammond	詹姆斯·亨利·哈蒙德
Mudsill Theory	底梁理论
Alexander Hamilton Stephens	亚历山大·汉密尔顿·斯蒂芬斯
Cornerstone Doctrine	基石学说
George Ellis Pugh	乔治·埃利斯·皮尤
Des Moines	得梅因
Thurlow Weed	特鲁·威德
Dennison	丹尼森
An Apple of Discord	不和的苹果
Napoleon Bonaparte I	拿破仑·波拿巴一世
Victor Emmanue II	维克托·伊曼纽尔二世
Canisius	卡尼西乌斯
know-nothingism	一无所知主义
Pierce	皮尔斯
Harper's Magazine	《哈珀杂志》
Jeremiah Sullivan Black	杰里米亚·沙利文·布莱克
Columbus	哥伦布市
American Colonies	美洲殖民地
Harper's Ferry	哈珀斯渡口
Gerrit Smith	盖瑞特·史密斯
Adirondacks	阿迪朗达克山
Old Testament	《旧约全书》
Collinsville	科林斯维尔
Frederick Douglass	弗雷德里克·道格拉斯
Thomas Wentworth Higginson	托马斯·温特沃思·希金森

Rev. Theodore Parker	西奥多·帕克牧师
George L. Stearns	乔治·路德·斯特恩斯
Franklin Benjamin Sanborn	富兰克林·本杰明·森伯恩
Peterboro	彼得伯勒
Provisional Constitution and Ordinances	《临时宪法和条例》
Seminole Indians	塞米诺尔印第安人
Hayti	海地
Nat Turner	奈特·特纳
Samson	参孙
Delany	德莱尼
Potomac River	波托马克河
Shenandoah River	谢南多厄河
Blue Ridge	蓝岭
Kennedy Farm	肯尼迪农场
Robert Edward Lee	罗伯特·爱德华·李
Clement Laird Vallandigham	克莱门特·莱尔德·瓦兰迪加姆
Fitch	菲奇
Jacob Collamer	雅各布·科拉默
James Rood Doolittle	詹姆斯·鲁德·杜利特尔
Henry David Thoreau	亨利·戴维·梭罗
Ralph Waldo Emerson	拉尔夫·沃尔多·爱默生
Wendell Phillips	温德尔·菲利普斯
Charles O'Conor	查尔斯·奥康纳
Southampton	南安普顿
Black Republicanism	黑人共和主义
Gunpowder Plot	火药阴谋
Felice Orsini	菲利斯·奥尔西尼
Napoleon III	拿破仑三世
Hinton Rowan Helper	欣顿·罗恩·赫尔珀
Impending Crisis of the South:How to Meet It	《如何应对迫在眉睫的南方危机》
William Pennington	威廉·彭宁顿
Brooklyn	布鲁克林区
Plymouth Church	普利茅斯教堂

Young Men's Central Republican Union	青年中央共和党联盟
Montgomery Blair	蒙哥马利·布莱尔
Cooper Institute	库珀研究院
David Dudley Field II	戴维·杜德利·菲尔德二世
John Alsop King	约翰·艾尔索普·金
James Warren·Nye	詹姆斯·沃伦·奈
James A. Briggs	詹姆斯·A.布瑞格斯
Cephas Brainerd	赛法斯·布瑞纳德
Charles Cooper Nott	查尔斯·库珀·诺特
Hiram Barney	海勒姆·巴尼
New York Tribune	《纽约论坛报》
Sedition Law	《煽动叛乱法》
Henry B. Payne	亨利·B.佩恩
Benjamin Franklin Butler	本杰明·富兰克林·巴特勒
Institute Hall	学院大厅
Court House Square	法院大楼广场
Electoral College	选举团
Dead-lock	死锁状态
Richmond	里士满市
Alfred Iverson	阿尔弗雷德·艾弗逊
John Slidell	约翰·斯莱德尔
Constitutional Union Party	宪法联邦党
Washington Hunt	华盛顿·亨特
Simon Cameron	西蒙·卡梅伦
Edward Bates	爱德华·贝茨
Richmond House	里士满之家
Edwin Denison Morgan	埃德温·丹尼森·摩根
Kelley	凯利
Carl Schurz	卡尔·舒尔茨
Naturalization Laws	《移民归化法》
Gaulden	高尔登
George William Curtis	乔治·威廉·柯蒂斯
David Kellogg Cartter	戴维·凯洛格·卡特

Hannibal Hamlin	汉尼拔·汉姆林
Herschel Vespasian Johnson	赫歇尔·维斯帕西安·约翰逊
Nullifiers	废宪主义者
Hartford	哈特福德
Wide Awake Club	"大觉醒"俱乐部
Meredosia	梅里多西亚
War of 1812	1812 年战争
Thomas W. Ligon	托马斯·W. 里根
Winchester	温彻斯特
Selma	塞尔玛
Montgomery	蒙哥马利
Augean stable	奥吉亚斯的马厩
Mr. Thomas Ruffin	托马斯·拉芬先生
Advertiser	《广告报》
League of United Southerners	南方人联盟
James Edwin Slaughter	詹姆斯·埃德温·斯朗特
Robert Newman Gourdin	罗伯特·纽曼·古丁
Governor William Henry Gist	威廉·亨利·吉斯特州长
General States Rights Gist	斯戴茨·怀茨·吉斯特将军
Unionville	尤宁维尔
Governor Thomas Overton Moore	托马斯·欧弗顿·摩尔州长
John Willis Ellis	约翰·威利斯·艾利斯
Alexandria	亚历山德里亚
John Jones Pettus	约翰·琼斯·佩特斯
Milledgeville	米利奇维尔
Joseph Emerson Brown	约瑟夫·爱默生·布朗
Andrew Moore	安德鲁·摩尔
Madison Starke Perry	麦迪逊·斯达克·佩里
Tallahassee	塔拉哈西
John Buchanan Floyd	约翰·布坎南·弗洛伊德
Isaac Toucey	艾萨克·托西
Joseph Holt	约瑟夫·霍尔特
Assistant Secretary of State	助理国务卿

Miss Lane	莱恩小姐
Mr. William Henry Trescott	威廉·亨利·特雷斯科特先生
Mr. Thomas Fenwick Drayton	托马斯·芬维克·德雷顿先生
Beach	比奇
Mr. Pickens	贝肯斯先生
Robert McGraw	罗伯特·麦格劳
Barnwell Rhett	巴恩韦尔·雷特
Louis Trezevant Wigfall	刘易斯·特雷兹万特·威格福
Ordnance Department	军械局
Colonel Benjamin Huger	本杰明·休格上校
Quartermaster-General	总军需官
General Joseph Eggleston Johnston	约瑟夫·埃格尔斯顿·约翰斯顿将军
President of the Bank of the Republic	共和国银行行长
Watervliet Arsenal	瓦特弗利特兵工厂
Speeches and Writings	《演讲和著作》
Southern Republic	南方共和国
Fort Moultrie	莫尔特里堡
General-in-Chief of the Army	陆军总司令
Pensacola Harbor	彭萨科拉港
Fort Pickens	贝肯斯堡
Fort McRae	麦克雷堡
Fort Jackson	杰克逊堡
Fort St. Philip	圣菲利普堡
Mobile Harbor	莫比尔港
Fort Morgan	摩根堡
Fort Pulaski	普拉斯基堡
Hampton Roads	汉普顿路
Fortress Monroe	门罗堡
Castle Pinckney	平克尼堡
Colonel Gardner	加德纳上校
Old Point Comfort	老安乐窝
Major Fitz John Porter	菲茨·约翰·波特少校
Assistant Adjutant-General	助理副官长

Secession Ordinance	《脱离联邦条例》
Ashley river	艾希礼河
Cooper river	库珀河
Carlos Buell	卡洛斯·贝尔
Edwin McMasters Stanton	埃德温·麦克马斯特斯·斯坦顿
Times	《泰晤士报》
Chief Magistrate	最高行政长官
Estray Laws	《走失牲畜法》
Wolf-scalp Bounties	狼头皮赏金
Mr. Magrath	马格拉斯先生
Revenue Laws	《税收法》
Steamboat Laws	《汽船法》
Postal Laws	《邮政法》
Criminal Laws	《刑法》
Brooklyn	"布鲁克林"号
Chiriqui Lagoon	奇里基潟湖
David Glasgow Farragut	戴维·格拉斯哥·法拉格特
Saladin	萨拉丁
Robert Mercer Taliaferro Hunter	罗伯特·墨瑟·托利弗·亨特
Brutus	布鲁特斯
African Slave Trade Law	《非洲奴隶贸易法》
Lazarus Whitehead Powell	拉扎勒斯·怀特海德·鲍威尔
Senator Foster	参议员福斯特
Senator Green	参议员格林
Personal Liberty Laws	《人身自由法》
Benjamin Franklin Wade	本杰明·富兰克林·韦德
Henry Mower Rice	亨利·莫厄尔·赖斯
James Wilson Grimes	詹姆斯·威尔逊·格赖姆斯
Alexander Robinson Boteler	亚历山大·鲁滨孙·博特勒
John J. Jones	约翰·J. 琼斯
George S. Hawkins	乔治·S. 霍金斯
Clopton	克洛普顿
William Porcher Miles	威廉·波彻·迈尔斯

Thomas Corwin	托马斯·科温
Trojan Horse	特洛伊木马
Daniel Edgar Sickles	丹尼尔·埃德加·西科尔斯
Cobb	科布
Reuben Davis	鲁本·戴维斯
Jenkins	詹金斯
Noell	诺尔
Andrew Johnson	安德鲁·约翰逊
Albert Rust	阿尔伯特·拉斯特
William McKee Dunn	威廉·麦基·邓恩
Most High	上帝
New World Republic	新世界共和国
Sydenham Moore	西德纳姆·摩尔
James Jackson	詹姆斯·杰克逊
Martin Jenkins Crawford	马丁·詹金斯·克劳福德
William Barksdale	威廉·巴克斯代尔
Burton Craige	伯顿·克雷格
John Hemphill	约翰·亨普希尔
John McQueen	约翰·麦昆
John Durant Ashmore	约翰·杜兰特·阿什莫尔
Captain Humphreys	汉弗莱斯上尉
Columbia	哥伦比亚市
General Schnierle	施尼尔将军
Lieutenant Snyder	斯奈德中尉
Lieutenant Meade	米德中尉
Caleb Blood Smith	凯莱布·布莱德·史密斯
Gideon Welles	吉迪恩·韦尔斯
Springfield Journal	《斯普林菲尔德日报》
John Adams Gilmer	约翰·亚当斯·吉尔默
Elihu Benjamin Washburne	伊莱休·本杰明·沃什伯恩
Illinois State Journal	《伊利诺伊州日报》
Mr.William H. Bailhache	威廉·H.贝尔哈奇先生
Indianapolis	印第安纳波利斯

Steubenville	斯图本维尔
Trenton	特伦顿
Harrisburg	哈里斯堡
Frederick William Seward	弗雷德里克·威廉·西沃德
Colonel Stone	斯通上校
Francis Wilkinson Pickens	弗朗西斯·威金森·贝肯斯
Pierre Gustave Toutant Beauregard	皮埃尔·古斯塔夫·图坦特·博雷加德
Force Bill	《军队法案》
Thomas Holliday Hicks	托马斯·豪勒迪·希克斯
Monument Square	纪念碑广场
John Letcher	约翰·莱彻尔
Mount Vernon	弗农山
Fort Washington	华盛顿堡
Chesapeake Bay	切萨皮克湾
Annapolis	安纳波利斯
Federal Hill	联邦山
Fort McHenry	麦克亨利堡
General George Cadwalader	乔治·卡德瓦拉德将军
Jefferson Barracks	杰斐逊营
Captain Nathaniel Lyon	纳撒尼尔·里昂上尉
Claiborne Fox Jackson	克莱伯恩·福克斯·杰克逊
Camp Jackson	杰克逊营
Boonville	布恩维尔
Samuel Cooper	塞缪尔·库珀
Chain Bridge	链桥
Hunting Creek	狩猎溪
General Patterson	帕特森少将
Shenandoah valley	谢南多厄大峡谷
Charles Francis Adams	查尔斯·弗朗西斯·亚当斯
Lord John Russell	约翰·拉塞尔勋爵
Queen Alexandrina Victoria	维多利亚女王
Ellsworth	埃尔斯沃思
Fairfax Courthouse	费尔法克斯法院大楼

Philippi	菲利比
Big Bethel	大伯特利
Manassas	马纳萨斯
Bull Run	布尔郎
Irvin McDowell	欧文·麦克道尔
George Brinton McClellan	乔治·布林顿·麦克莱伦
International Law	《国际法》
Fox River	福克斯河
William Dennison Jr	小威廉·丹尼森
West Point	西点军校
West Virginia	西弗吉尼亚州
Wheeling	惠灵
Porterfield	波特菲尔德
William Starke Rosecrans	威廉·斯塔克·罗斯克兰斯
Rich Mountain	富山
Cheat River	吉特河
Carrick's Ford	卡里克渡口
General Garnett	加内特将军
Blackburn's Ford	布莱克本渡口
Centreville	森特维尔
Scott's Anaconda	斯科特的蟒蛇计划
Sierra Nevada	内华达山脉
General Sterling Price	斯特林·普赖斯将军
Battle of Wilson's Creek	威尔逊河战役
Rolla	罗拉
General David Hunter	戴维·亨特将军
Colonel Francis Preston Blair, Jr	小弗朗西斯·普雷斯顿·布莱尔上校
Colonel James Adelbert Mulligan	詹姆斯·阿德尔伯特·穆利根上校
Benjamin McCulloch	本杰明·麦卡洛克
Samuel Ryan Curtis	塞缪尔·莱恩·柯蒂斯
Sedalia	西代利亚
Silas Horton Stringham	西拉斯·霍顿·斯特林厄姆
Hatteras Inlet	哈特拉斯湾

Henry Algernon du Pont	亨利·阿尔杰农·杜邦
Port Royal Sound	罗亚尔湾
Fort Walker	沃克堡
Fort Beauregard	博雷加德堡
Christopher Raymond Perry Rodgers	克里斯托弗·雷蒙德·佩里·罗杰斯
Stars and Stripes	星条旗
San Jacinto	"圣阿辛托"号
Charles Wilkes	查尔斯·威尔克斯
Trent	"特伦特"号
Lord Richard Bickerton Pemell Lyons	理查德·比克顿·佩梅尔·里昂勋爵
Prince Albert	阿尔伯特亲王
Young Napoleon	小拿破仑
General Gideon Johnson Pillow	吉迪恩·约翰逊·皮洛将军
Town of Columbus	哥伦布镇
General Simon Bolivar Buckner	西蒙·玻利瓦尔·巴克纳将军
Bowling Green	博林格林
General Felix Kirk Zollicoffer	菲利克斯·柯克·佐利克福尔将军
William Tecumseh Sherman	威廉·特库姆塞·谢尔曼
George Henry Thomas	乔治·亨利·托马斯
Camp Dick Robinson	迪克·鲁滨孙营
Cumberland River	坎伯兰河
Islam Harris	伊斯兰姆·哈里斯
Knoxville	诺克斯维尔
Chattanooga	查塔努加
Corinth	科林斯
Ambrose Everett Burnside	安布罗斯·埃弗雷特·伯恩赛德
Walker's Gap	沃克斯山口
Horace Maynard	贺瑞斯·米纳德
Henry Wager Halleck	亨利·韦杰·哈莱克
Gibraltar	直布罗陀海峡
Tennessee River	田纳西河
Belmont	贝尔蒙特
Fort Henry	亨利堡

Andrew Hull Foote	安德鲁·赫尔·福特
Fort Donelson	唐尼尔森堡
Albert Sidney Johnston	阿尔伯特·西德尼·约翰斯顿
William Joseph Hardee	威廉·约瑟夫·哈迪
Clarksville	克拉克斯维尔
John Pope	约翰·波普
New Madrid	新马德里镇
Nelson	纳尔逊
Western Division	西部战区
Pea Ridge	豌豆岭
Jackson	杰克逊
Pittsburg Landing	匹兹堡登陆点
Fort Pillow	皮洛堡
Braxton Bragg	布拉克斯顿·布拉格
Goldsborough	戈德斯伯勒
Roanoke Island	罗安诺克岛
Sound Albemarle	阿尔伯马尔海峡
Sound Pamlico	帕姆利科海峡
Fort Macon	梅肯堡
Elizabeth City	伊丽莎白城
New Berne	新伯尔尼
Quincy Adams Gillmore	昆西·亚当斯·吉尔摩
St. Augustine	圣奥古斯丁
Hiram Paulding	海拉姆·保尔丁
Merrimac	"梅里马克"号
John Ericsson	约翰·爱立信
Sweden	瑞典
Elizabeth River	伊丽莎白河
Virginia	"弗吉尼亚"号
Newport News	纽波特纽斯
Congress	"国会"号
Cumberland	"坎伯兰"号
Minnesota	"明尼苏达"号

St. Lawrence	"圣劳伦斯"号
Roanoke	"罗安诺克"号
Monitor	"巨蜥"号
John L. Worden	约翰·L. 沃登
Cape Hatteras	哈特拉斯角
David Dixon Porter	戴维·迪克森·波特
Captain Bailey	贝利船长
Hartford	"哈特福德"号
Varuna	"瓦鲁纳"号
Mansfield Lovell	曼斯菲尔德·洛维尔
Vicksburg	维克斯堡
Fort Randolph	伦道夫堡
Assistant Secretary of War	战争部助理部长
Rappahannock	拉帕汉诺克河
Urbana	厄巴纳
York River	约克河
Captain Duane	杜安上尉
Randolph Barnes Marcy	兰道夫·巴恩斯·马西
Joseph Hooker	约瑟夫·胡克
Occoquan River	奥科泉河
Samuel Peter Heintzelman	塞缪尔·彼得·海因泽尔曼
Keyes	基斯
Montgomery Cunningham Meigs	蒙哥马利·卡宁汉·梅格斯
Joseph Gilbert Totten	约瑟夫·吉尔伯特·托顿
Commodore Smith	史密斯海军准将
John Adolphus Bernard Dahlgren	约翰·阿道弗斯·伯纳德·达尔格伦
West Point	西点镇
Virginia Peninsula	弗吉尼亚半岛
Mountain Department	山区司令部
Strasburg	斯特拉斯堡
Warwick River	沃里克河
Magruder	马格鲁德
Chickahominy	奇拉霍米尼河

Fair Oaks	费尔奥克斯
Malvern Hill	马尔文山
Harrison's Landing	哈里森登陆点
Seven Days Battles	七天战役
Acquia Creek	阿奎亚溪
Fredericksburg	弗雷德里克斯堡
Leesburg	里斯堡
Frederick	弗雷德里克
Catoctin Range	卡托金山脉
General Palfrey	帕尔弗里将军
Antietam	安提塔姆
Warrenton	沃伦顿
Samuel Cox	塞缪尔·考克斯
George Bancroft	乔治·班克罗夫特
Stevens	史蒂文斯
Edisto River	爱迪斯托河
Warsaw Sound	沃索湾
Pharisee	法利赛人
Liberia	利比里亚
Francis Bicknell Carpenter	弗朗西斯·比克内尔·卡彭特
George Foster Shepley	乔治·福斯特·谢普利
John Wolcott Phelps	约翰·沃尔科特·菲尔普斯
Mr. Durant	杜兰特先生
Edict of Freedom	《自由法令》
Mr.Hodges	霍奇斯先生
John Adams Dix	约翰·亚当斯·迪克斯
Wilderness	怀尔德尼斯
Appomattox	阿波马托克斯
National Conscription Law	《国家征兵法》
Horatio Seymour	霍雷肖·西摩
Orphan Asylum	孤儿院
Jonathan Leavitt	乔纳森·莱维特
Bermuda	百慕大群岛

Knights of the Golden Circle	金环骑士
Order of American Knights	美国骑士会
Order of the Star	明星会
Sons of Liberty	自由之子
Oliver Perry Morton	奥利弗·派瑞·莫顿
Sandusky Bay	桑德斯基湾
Johnson's Island	约翰逊岛
Camp Douglas	道格拉斯营
Michigan	"密歇根"号
John Sedgwick	约翰·塞奇威克
Rapidan	拉皮丹河
Chancellorsville	钱塞勒斯维尔
Milroy	米尔罗伊
Robert Ogden Tyler	罗伯特·奥格登·泰勒
George Gordon Meade	乔治·戈登·米德
General Couch	库奇将军
Susquehanna	萨斯奎汉纳河
Pipe Creek	派普溪
Cemetery Ridge	墓园岭
Seminary Ridge	神学院岭
James Longstreet	詹姆斯·朗斯特里特将军
Perryville	佩里维尔
Murfreesboro	穆弗里斯博罗
Iuka	尤卡
Port Hudson	哈德逊港
Yazoo	亚祖河
Grenada	格林纳达
Holly Springs	霍利斯普林斯
Milliken's Bend	米利肯湾
Haines's Bluff	海恩斯崖
Yazoo Pass	亚祖河山口
Cold Water River	冷水河
Lake Providence	普罗维登斯湖

Grand Gulf	大河湾
Bruinsburg	布鲁因斯堡
Port Gibson	吉布森港
Raymond	雷蒙德
Champion's Hill	冠军山
Big Black River	大黑河
John Clifford Pemberton	约翰·克利福德·彭伯顿
Cumberland Mountains	坎伯兰山脉
Chickamauga Creek	奇卡莫加溪
Martinsburg	马丁斯堡
Rossville	罗斯维尔
Missionary Ridge	传教士岭
Lookout Mountain	瞭望山
Orchard Knob	果园山
Dalton	道尔顿
War of Independence	独立战争
Culpepper	卡尔佩珀
Spotsylvania Courthouse	斯波茨瓦尼亚县府大楼
Bloody Angle	血腥角
Hanover Town	汉诺威镇
Pamunkey River	帕蒙基河
Cold Harbor	冷港
Jubal Anderson Early	朱巴·安德森·厄尔利
Horatio Gouverneur Wright	霍雷肖·古弗尼尔·赖特
Soldiers' Home	士兵之家
Fort Stevens	史蒂文斯堡
Philip Henry Sheridan	菲利普·亨利·谢里丹
Middle Military Division	中路军司令部
Meridian	默里迪恩
Macon	梅肯
Lovejoy's Station	洛夫乔伊车站
Tuscumbia	塔斯坎比亚
Forrest	福里斯特

John Brown's Body	《约翰·布朗的尸体》
Kilpatrick	基尔帕特里克
Fort McAllister	麦考利斯特堡
Ossabaw Sound	奥萨博海峡
Cape Fear River	开普菲尔河
Fort Fisher	费希尔堡
John McAllister Schofield	约翰·麦考利斯特·斯科菲尔德
Provost-Marshal	宪兵司令
Fort Wagner	瓦格纳堡
Wilmington	威尔明顿
General Terry	特里将军
Andrew Jackson Clements	安德鲁·杰克逊·克莱门茨
General Steele	斯蒂尔将军
Helena	海伦娜
Little Rock	小石城
Pomeroy	波默罗伊
John Cochrane	约翰·科克伦
Carl Christian Schurz	卡尔·克里斯蒂安·舒尔茨
Judge Kelley	凯利法官
Robert Jefferson Breckinridge	罗伯特·杰斐逊·布雷肯里奇
Mr. Delano	德拉诺先生
John F.Hume	约翰·F.休姆
Daniel S.Dickinson	丹尼尔·S.狄金森
Lovell Harrison Rousseau	洛维尔·哈里森·卢梭
Archduke Maximilian	马西米连诺大公
Journal of Commerce	《商业杂志》
New York World	《纽约世界》
Bohemian	波希米亚
Henry Winter Davis	亨利·温特·戴维斯
David Tod	戴维·托德
Senate Committee on Finance	参议院财政委员会
William Pitt Fessenden	威廉·皮特·费森登
Colorado	科罗拉多州

William Cornell Jewett	威廉·康奈尔·杰维特
Niagara Falls	尼亚加拉瀑布
Clement Comer Clay	克莱门特·科莫·克莱
James Philemon Holcombe	詹姆斯·菲勒蒙·霍尔科姆
James F.Jaquess	詹姆斯·F.杰克斯
Henry J. Raymond	亨利·J.雷蒙德
American Knights	美国骑士
George Hunt Pendleton	乔治·亨特·彭德尔顿
Isthmus of Panama	巴拿马地峡
Thomas Thompson Eckert	托马斯·汤普森·埃克特
River Queen	"大河女王"号
Austria	奥地利
Hugh McCulloch	休·麦卡洛克
John Palmer Usher	约翰·帕尔默·亚瑟
Charles Forbes René de Montalembert	查尔斯·福布斯·雷内·德·蒙塔伦贝尔
Fort Harrison	哈里森堡
Hatcher's Run	哈彻斯朗
Edward Otho Cresap Ord	爱德华·奥索·克雷萨普·奥德
Staunton River	斯汤顿河
Danville	丹维尔
John Brown Gordon	约翰·布朗·戈登
Fort Stedman	斯特曼堡
John Grubb Parke	约翰·格拉布·帕克
Andrew Atkinson Humphreys	安德鲁·阿特金森·汉弗莱斯
Five Forks	五路口
White Oak Ridge	白橡树岭
Gouverneur Kemble Warren	古弗内尔·肯布尔·沃伦
George Edward Pickett	乔治·爱德华·皮克特
Dinwiddie Court House	丁威迪法院
Fort Walsh	沃尔什堡
Weldon Road	韦尔登路
Burkeville	伯克维尔
Amelia Court House	阿梅利亚法院

Godfrey Weitzel	戈德弗雷·威泽尔
Lynchburg	林奇堡
Sailor's Creek	赛勒溪
Richard Stoddert Ewell	理查德·斯托德·埃维尔
Appomattox Station	阿波马托克斯车站
Wilmer McLean	威尔默·麦克林
Charles Marshall	查尔斯·马歇尔
Libby Prison	利比监狱
James Harrison Wilson	詹姆斯·哈里森·威尔逊
Nathan Bedford Forrest	内森·贝德福德·福雷斯特
Edward Richard Sprigg Canby	爱德华·理查德·斯普里格·坎比
Citronelle	锡特罗内尔村
Ebenezer Farrand	埃比尼泽·法兰德
Henry Knox Thatcher	亨利·诺克斯·撒切尔
William Barker Cushing	威廉·巴克·库欣
Alabama	"亚拉巴马"号
Cherbourg	瑟堡
Edmund Kirby Smith	埃德蒙·科比·史密斯
Colonel Pritchard	普里查德中校
Irwinville	欧文维尔
Brazos	布拉索斯河
Misereres	《上帝怜我》
Mary Elizabeth Jenkins Surratt	玛丽·伊丽莎白·詹金斯·苏拉特
John Wilkes Booth	约翰·威尔克斯·布思
Lewis Thornton Powell	刘易斯·桑顿·鲍威尔
Payne	佩恩
George Andrew Atzerodt	乔治·安德鲁·阿特泽洛特
David Edgar Herold	戴维·埃德加·赫罗德
Samuel Arnold	塞缪尔·阿诺德
Michael O'Laughlin	迈克尔·奥洛弗林
John Harrison Surrat Jr	小约翰·哈里森·苏拉特
Surrattsville	苏拉茨维尔
Lloyd	劳埃德

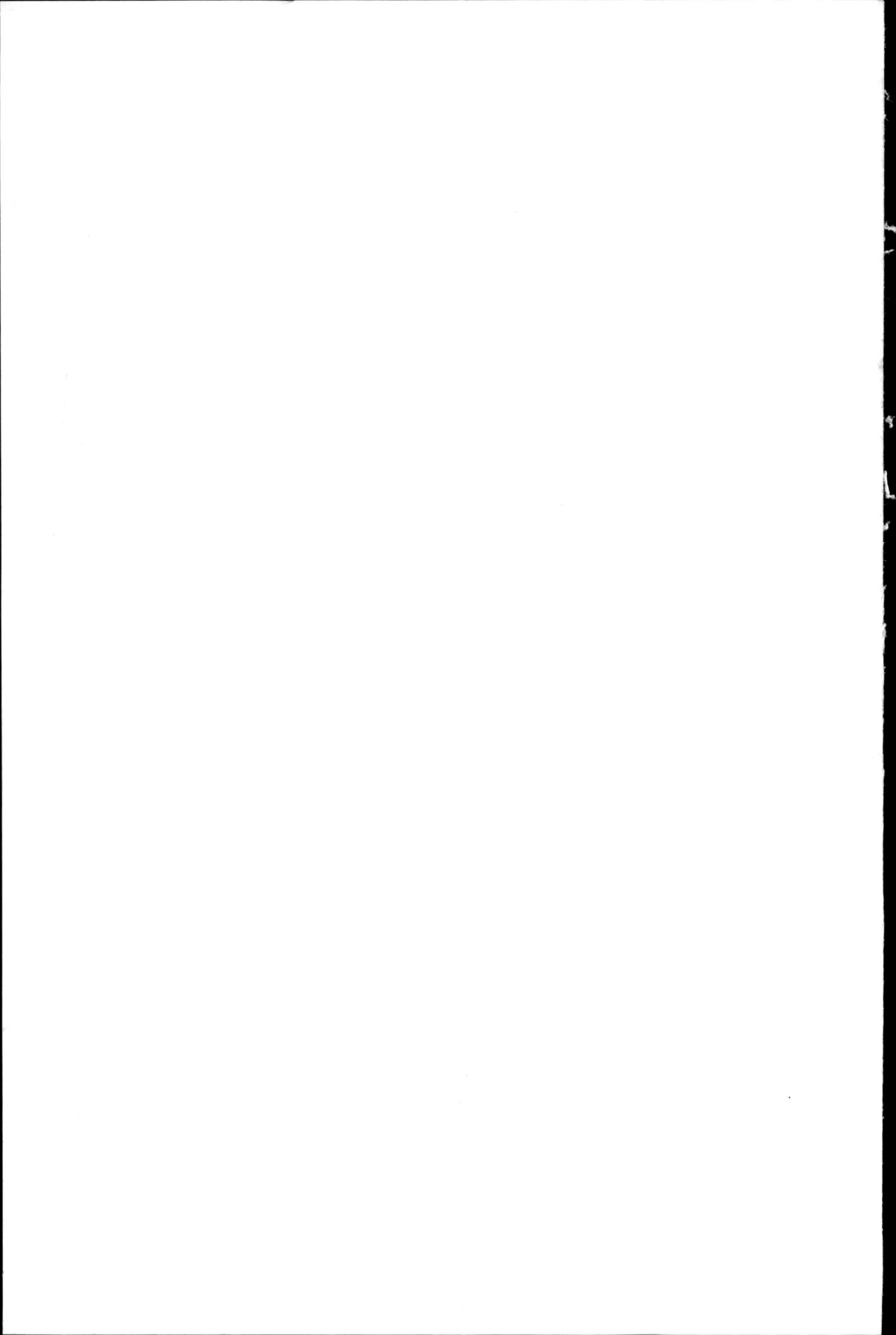